PiRAM

PROLOGUE

"공부란 '머릿속에 지식을 쑤셔넣는 행위'가 아니라

'세상의 해상도를 올리는 행위'라고 생각한다.

뉴스의 배경음악에 불과했던 코스피 평균 주가가 의미를 지닌 숫자가 되거나

외국인 관광객의 대화를 알아들을 수 있게 되거나

단순한 가로수가 '개화 시기를 맞이한 배롱나무'가 되기도 한다.

이 '해상도 업그레이드감'을 즐기는 사람은 강하다."

인터넷에서 우연히 보고 큰 감명을 받았던 글입니다.

왜 공부를 해야 하는가에 대한 막연한 의문을 꽤 구체적으로 풀어준 것만 같은 느낌이 들었습니다. 흐릿하던 세상의 여러 요소들이 점점 뚜렷하게 보이는 과정, 이것이 바로 '공부'의 진짜 목적이었습니다.

수능 국어 공부도 마찬가지라고 생각합니다. 단순한 활자의 조합으로 보였던 지문이 하나의 유기성을 가진 '글'로 보이고, 다 다른 이야기를 하는 것 같던 여러 지문들이 사실은 다 같은 원리로 이루어졌다는 것을 깨닫는 과정, 이렇게 '수능 국어의 해상도'가 업그레이드되는 과정을 즐기는 것이 진정한 국어 공부의 의의가 아닐까 하는 생각이 듭니다.

"상상력의 한계가 그 사람의 한계가 된다."라는 말이 있습니다. 어쩌면 우리는 우리가 바라볼 수 있는 세상의 해상도를 지나치게 낮은 한계 속에 가둬두고 있는지도 모르겠습니다. 이 교재는 학생들이 만나게 될 세상의 해상도를 높이는, 나아가 그렇게 높아진 해상도를 바탕으로 학생 스스로의 상상력 한계치를 높여 주기 위한 하나의 프로젝트입니다. 수능 국어에 대해 아무것도 모른 채 지방에서 공부하는 학생도, 주요 학군지에서 훌륭한 교육을 받으며 공부하는 학생도 제대로 된 공부를 할 수 있도록. 열심히 하지 않아서가 아닌, 잘 몰라서 성적이 나오지 않는 일이 일어나지 않도록. 그래서 그 학생의 상상력에 한계가 생기지 않도록. 그런 세상을 위한 작은 노력의 일부입니다.

이 교재는 하위권부터 상위권, 나아가 대치동 학원 강사까지 모두 경험한 저의 경험이 녹아 있습니다. 특정 지문, 특정 제재에서만 통하는 잡기술이 아닌, 근본적인 '생각의 힘'을 키울 수 있는 당연한 이야기들만 적혀 있습니다. 여러분은 이 교재에서 이야기하는 내용을 바탕으로, '생각'하고 '고민'하는 습관을 들여 주시면 됩니다.

'생각'하고 '고민'하는 과정은 역설적이게도 즐겁습니다. 내 사고력의 한계가 뚫리는 느낌을 받고, 처음에 어려웠던 내용이 사실 별 것 아니라는 것을 깨닫고, 내가 더 큰 상상을 할 자격이 있는 사람임을 인지하는 것은 정말로 즐거운 과정입니다. 힘들고 외로운 수험생활에서 이 '즐거움'이 작은 위로가 되었으면 좋겠습니다. 그리고 이 교재가 그 과정에 큰 도움이 되었으면 좋겠습니다. 너무나 냉정한 수능 결과에 상관없이, '올 한해 국어 공부 즐겁게 했다.'라는 생각이 앞으로의 인생을 상상할 수 있는 원동력이 되었으면 좋겠습니다.

아직 저는 많이 부족한 사람입니다. 다른 사람들의 인생에 영향을 줄 만큼 대단한 업적을 이루거나, 엄청난 깨달음을 얻은 사람도 아닙니다. 그저 미래를 '상상'하고, 그 상상을 '현실'로 만들기 위해 노력하는 과정은 너무나 즐겁다는 걸 굳게 믿는 한 범인입니다. 여러분도 제가 믿고 있는 이 즐거움을 함께 느꼈으면 좋겠습니다. 이 교재와 함께, 저도 열심히 돕겠습니다.

범람하는 컨텐츠의 홍수 속에서 기꺼이 이 교재를 선택해주신 수험생 여러분께 진심으로 감사합니다. 이제부터 여러분의 선택이 헛되지 않았음을 증명하겠습니다. 이 교재와 함께, 즐거운 국어 공부를 시작해봅시다.

P.I.R.A.M 국어 저자 김민재

CONTENTS

본교재와 해설지 모두 맨 뒤쪽에는 '빠른 정답'이 있습니다. 해설지를 보기 전 채점을 하고 싶으시다면 활용하시기 바랍니다.

지문 목차 _ 문학편

복습시 이용할 수 있도록 각 지문의 목차를 정리했습니다. 설명을 위해 예시로 들었던 지문을 제외하고, 한 지문 단위로 공부해보았던 지문만 정리했습니다.

1권

생각의 시작

Day 2 선지 판단의 대원칙 : 독해하고, 허용 가능성을 평가한다.

2011.06 [19~22] 현대시 '강우'
2018.06 [26~29] 현대시 '결빙의 아버지'
2013.06 [13~18] 현대시 '알 수 없어요'
2017.06 [34~38] 현대시 '향현'
2023.06 [32~34] 현대시 '향아'
2015.09A [34~37] 극문학 '안개'

생각의 전개

Day 4~Day 12 시와 수필 : 운문문학은 주제 중심으로 해결한다.

2015.11B [43~45] 현대시 '고향 앞에서 / 낡은 집'
2020.11 [43~45] 현대시 '바람이 불어 / 새'
2019.11 [43~45] 고전시가 '일동장유가'
2023.09 [22~27] 현대시+수필 '별 – 금강산시 3 / 길 / 편지'
2019.06 [27~31] 현대시+수필 '휴전선 / 우포늪 왁새 / 주을온천행'
2025.11 [22~27] 현대시+수필 '배를 밀며 / 혼자 가는 먼 집 / 이젠 되도록 편지 안 드리겠습니다'
2025.06 [22~26] 고전시가+수필 '우부가 / 타농설'
2022.11 [18~23] 현대시+수필 '초가 / 거산호 2 / 담초'
2024.11 [32~34] 고전시가 '일동장유가 / 화암구곡'
2022.09 [28~31] 현대시 '종가 / 노래와 이야기'
2021.12 [38~42] 고전시가+수필 '사미인곡 / 창 밧긔 워석버석~ / 옛집 정승초당을 둘러보고 쓰다'
2024.06 [31~34] 현대시 '맹세 / 봄'
2022.11 [32~34] 고전시가 '탄궁가 / 농가'
2011.11 [13~16] 현대시 '자화상 / 선제리 아낙네들 / 그 나무'
2021.09 [38~42] 고전시가+수필 '만흥 / 우언'
2024.09 [22~27] 현대시+수필 '월훈 / 연 1 / 문의당기'
2026.09 [27~30] 고전시가 '화전가 / 공명을 헤아리니~ / 석문가'
2010.11 [32~37] 현대시+고전시가 '승무 / 지리산 뻐꾹새 / 면앙정가'

Day 13~Day 22 소설과 극문학 : 산문문학을 통해 인물의 삶을 간접경험한다.

2018.09 [43~45] 현대소설 '눈이 오면'
2023.09 [28~31] 현대소설 '크리스마스 캐럴 5'
2020.09 [32~34] 고전소설 '장끼전'
2008.09 [40~43] 현대소설 '날개'

P . I . R . A . M

PART 3

생각의 확장 〈Day 23~Day 40〉

앞에서 배웠던 문학 문제풀이의 기본기를 갈고 닦는 파트입니다. 문학 작품을 훨씬 더 깊게 이해하는 연습을 하는 파트로, 이 부분 공부까지 끝내고 나시면 수능 문학 문제에 더 이상 어려움을 느끼지 않으실 겁니다. 나아가 고난도 기출 세트와 2026학년도 수능 문제들을 통해 실전 전략을 수립하는 시간까지 가져 볼 거예요. 마지막까지 최선을 다해서 달려보도록 합시다.

고전시가의 기본적인 세계관을 바탕으로, '필수 고전시가'에 대한 대처법을 확립하는 파트입니다. 고전시가에 어려움을 겪는 학생들에게 가장 중요한 파트라고 할 수 있으니, 요구하는 대로 확실하게 정리합시다.

고전시가의 세계관은 단순하다.

'생각의 전개' 파트에서 다뤘듯이, 고전시가 역시 '화자의 내면세계'라는 핵심 포인트에 맞춰 '독해'하고 선지의 '허용 가능성'을 평가하며 해결하면 됩니다. 그런데 고전시가는 현대시에 비해 훨씬 쉽다고 할 수 있어요. 유교적 세계관에 갇혀 자유로운 표현을 하기가 어려웠던 조선 시대의 시대적 배경상, 주제 의식이나 표현 등이 매우 단순하거든요. 반면 조금 더 자유로운 표현이 가능해진 현대시의 경우, 다양한 주제 의식이나 표현 방식으로 인해 어느 정도의 독해력을 갖추지 못하면 화자의 내면세계를 파악하는 것이 쉽지 않습니다. 이것이 이 교재에서 꾸준하게 '현대시 독해 연습'을 시키는 이유이기도 하구요.

그렇다면, 고전시가의 주제 의식이나 표현 등을 단순하게 만든 '유교적 세계관'은 도대체 어떤 것일까요? 이에 대해서는 그동안 출제된 독서 지문들을 통해 충분히 배울 수 있습니다.

> 동양에서 '천(天)'은 그 함의가 넓다. 모든 존재의 근거가 그것으로부터 말미암지 않는 것이 없다는 면에서 <u>하나의 표본</u>이었고, 모든 존재들이 자신의 생존을 영위하고 그 존재 가치와 의의를 실현하는 데도 그것의 이치와 범주를 벗어날 수 없다는 면에서 <u>하나의 기준</u>이었다. 그래서 현실 세계 안에서 인간의 삶을 모색하는 데 관심을 두었던 <u>동양에서는 인간이 천을 어떻게 이해하느냐에 따라 삶의 길이 달리 설정되었을 만큼 천에 대한 이해가 다양</u>하였다. (2010학년도 9월 모의평가)

동양에서의 '천'이라는 개념이 제시되고 있습니다. 이는 모든 존재에 대한 '하나의 표본'이었고, 또한 '하나의 기준'이었다고 합니다. 이처럼 과거 동양에서는, '천'(하늘)을 절대적인 것으로 여기는 사상을 가지고 있었어요. 따라서 마지막 문장에서 말하는 것처럼 인간이 '천'을 어떻게 이해하는지가 매우 중요했었죠. 그렇다면 왜 동양에서는 '천'(하늘)을 절대적인 것으로 여겼을까요?

> 천은 자연현상 가운데 인간에게 가장 크게 영향을 미치는 것이자 가장 크고 뚜렷하게 파악되는 현상으로 여겨졌다.
> 이러한 천 개념하에서 인간은 도덕적 자각이 없었을 뿐만 아니라 자연 변화의 원인과 의지도 알 수 없었다. 이에 따라 천은 신성한 대상으로 숭배되었고, 여러 자연신 가운데 하나로 생각되었다. (2010학년도 9월 모의평가)

해당 지문의 다음 문단을 보면 알 수 있습니다. 동양 사람들에게 '하늘'은 기본적으로 '자연현상의 주체'를 의미했습니다. 과학적 지식이 크게 부족했던 과거에는, 비가 너무 안 와서 농사를 망치거나 홍수가 나서 집을 잃고 하는 일들이 그 원인과 의지를 알 수 없는, 그저 두렵고 신성한 일이었던 것이죠. 이에 '하늘'을 여러 '자연신' 가운데 하나로, 즉 절대적인 존재로 생각하게 된 것입니다. 물론 단순히 '자연신' 중 하나라기보다는, 인간 삶의 '표본이자 기준'이라는 1문단의 내용처럼 가장 강한 힘을 가진 '자연신'으로 생각하게 되었다고 보는 게 맞겠죠.

특히 상제(上帝)와 결부됨으로써 모든 것을 주재하는 절대적인 권능을 가진 '상제천(上帝天)' 개념이 자리 잡았다. 길흉화복을 주재하고 생사여탈권까지 관장하는 종교적인 의미로 그 성격이 변화한 것이다. 가치중립적이었던 천이 의지를 가진 절대적 권능의 존재로 수용되면서 정치적인 개념으로 '천명(天命)'이 등장하였다. 그리고 통치자들은 천의 명령을 통해 통치권을 부여받았고, 천의 의지인 천명은 제사 등을 통해 통치자만 알 수 있는 것으로 규정되었다. 그리하여 천명은 통치자가 권력을 행사하고, 정권의 정통성을 보장하는 근거가 되었다. (2010학년도 9월 모의평가)

계속해서 같은 지문입니다. '하늘'이 신성한 '자연신' 중 하나로 여겨지는 양상이 이어지면서, '하늘'은 길흉화복을 주재하고 생사여탈권까지 관장하는 종교적인 의미를 가지게 됩니다. '하늘'의 뜻에 따라 길흉화복이 결정되고, 또 '하늘'이 원하면 언제든 나의 목숨을 빼앗을 수 있다는 식의 생각이 퍼지게 된 것이죠. 통치자들은 '하늘'의 의지를 알 수 있는 유일한 존재로 규정되었고, 이에 '하늘'의 의지는 통치자의 권력을 보장하는 근거가 됩니다. 조선 시대의 통치자는 임금이었기 때문에, 임금 외의 백성들은 모두 '하늘'의 의지를 알 수 있는 유일한 존재인 임금에게 절대적인 충성을 보일 필요가 있었던 것이죠.

그러나 독점적이고 배타적인 천명에 근거한 권력 행사는 부작용을 가져왔다. 도덕적 경계심이 결여된 통치자의 권력 행사는 백성에 대한 억압의 계기로 작용하였다. 통치의 부작용이 심화됨에 따라 천에 대한 반성이 제기되었고, 도덕적 반성을 통해 천명 의식은 수정되었다. 그리고 '천은 명을 주었다가도 통치자가 정치를 잘못하면 언제나 그 명을 박탈해 간다.', '천은 백성들이 원하는 것을 들어준다.'는 생각이 현실화되었다.
천명 의식의 변화와 맞물려 천 개념은 복합적으로 수용되었다. 상제로서의 천 개념이 개방되면서 주재적 측면이 도덕적 측면으로 수용되었고, '의리천' 개념은 더욱 심화되어 천은 인간의 도덕성과 규범의 근거로 받아들여졌다. 천을 인간 내면으로 끌어들여 인간 본성을 자연한 것이자 도덕적인 것으로 간주하였다. 천이 도덕 및 인간 본성과 결부됨에 따라 인간 내면에 있는 천으로서의 본성을 잘 발휘하면 도덕을 실현함은 물론, 천의 경지에 도달할 수 있다고 여겨졌다. 내면화된 천은 비도덕적 행위에 대한 제어 장치 역할을 하는 양심의 근거로도 수용되어 천의 도덕적 의미는 더욱 강조되었다. (2010학년도 9월 모의평가)

하지만 '하늘'의 의지인 '천명'에 근거한 권력 행사는 백성에 대한 억압이라는 부작용을 가져왔고, '하늘'은 인간의 '도덕성'과 '규범'의 근거로 받아들여집니다. 단순한 두려움의 대상이었던 '하늘'이 '도덕'과 연결된 의미를 가지게 된 것이죠.

공자가 살았던 춘추 시대는 주나라 봉건제가 무지고 제후국들이 주도권을 놓고 치열하게 전쟁을 일삼던 시기였다. 이러한 사회적 혼란을 극복하기 위한 방법으로 공자는 예(禮)를 제안하였다. 예란 인간의 도덕 본성을 그 사회에 맞게 규범화한 것으로 단순히 신분적 차이를 드러내거나 행동을 타율적으로 규제하는 억압 장치는 아니었다. 예는 개인의 윤리 규범이면서 사회와 국가의 질서를 바로잡는 제도였으며, 인간관계를 올바르게 형성하는 사회적 장치였다. (2013학년도 9월 모의평가)

이러한 사상을 바탕으로, '공자'라는 사람은 윤리 규범에 대한 여러 내용을 집대성합니다. 이러한 공자의 가르침을 따르는 일종의 종교로 '유교'가 나타났고, 이를 근본으로 하여 인간과 사회의 윤리 규범을 다루는 '유학'이라는 학문이 만들어집니다. 조선은 기본적으로 이 '유교적 세계관'을 기반으로 하는 나라였어요.

유학은 수기치인(修己治人)을 통해 성인(聖人)이 되기 위한 학문으로 성학(聖學)이라고도 불린다. '수기'는 사물을 탐구하고 앎을 투철히 하고 뜻을 성실하게 하고 마음을 바르게 하여 자신을 닦는 일이며, '치인'은 집안을 바르게 하고 나라를 통치하고 세상을 평화롭게 하는 것을 의미한다. 수기치인을 통해 하늘의 도리인 천도(天道)와 합일되는 경지에 도달한 사람이 바로 '성인'이다. (2018학년도 6월 모의평가)

이런 지문을 보면, 당시 사람들이 도덕적 수양을 통해 '하늘'의 도리에 합일되는 경지에 도달하는 것을 중요한 가치로 여겼다는 것을 알 수 있겠죠? 나아가 이것을 목표로 하는 학문이 '유학'으로 정의되어 있다는 것도요.

동양 사람들은 절대적이면서 인간 삶의 기준이 되는 '하늘'을 '천상계'로, 그리고 인간이 살고 있는 곳을 '지상계'로 분류하고, 이를 엄격하게 구분하는 모습을 보였어요. 그래서 고전 문학을 보면, '하늘'의 도리를 알 수 있다고 여겨진 임금이 사는 곳을 '천상계'로 비유하는 경우가 많은 것입니다.

그리고 '지상계'는 '자연'과 '속세'로 나눌 수 있습니다. '자연'은 말 그대로 '하늘'이 만든 상태 그대로의 'nature'를 의미해요. 앞에서도 언급했듯이, '하늘'은 인간의 '도덕성과 규범'의 근거였습니다. 따라서 '하늘'이 만든 상태 그대로의 'nature'는 깨끗하고, 순수하고, 욕심이 없고, 호연지기(굽히지 않고 흔들리지 않는 바르고 큰 마음)를 기를 수 있는 평화로운 곳으로 인식되었죠. '자연'이라는 공간은 '유교적 세계관'에서 가장 이상적으로 생각하는 상태(하늘이 만들었으니까요.)가 전제된 공간이었기 때문에, 당시 사람들은 '자연'에 머무는 것에 높은 가치를 두었어요.

한편 '속세'는 '인간'이 인위적으로 만든 세상 그 자체를 의미한다고 할 수 있습니다. '하늘'과 달리 '인간'은 순수하고 깨끗한 '도덕성'만 가지고 있는 것이 아니기 때문에, 이들이 만든 세상인 '속세'는 더럽고, 욕심이 가득하고, 이익만을 좇아 도덕성을 저버리는 공간으로 인식됩니다. 결국 '속세'라는 공간은 '유교적 세계관'에서 가장 이상적이지 않은 상태가 전제된 공간이었기 때문에, 당시 사람들은 '속세'에 머무는 것을 아주 낮게 평가했어요. 물론, '속세'에 나쁜 점만 있는 것은 아닙니다. '속세'는 '하늘'의 도리를 알고 있는 임금을 모실 수 있는 공간이기 때문에, '자연'에 머물며 만족하는 모습을 보이다가도 언제든 '속세'로 돌아가고 싶은 내면세계가 묘사되기도 합니다. 하지만 기본적으로 '속세'는 부정적인 의미를 가진 공간이었어요. '속세'를 표현하는 대표적인 단어인 '홍진(紅붉을 홍/塵티끌 진)'만 봐도, '속세'는 티끌(먼지)이 가득한 공간으로 묘사되니까요.

중요한 것은, 고전시가에서 '자연'과 '속세'는 완벽하게 대립되는 이분법적 개념이라는 것입니다. '자연'과 '속세'의 중간 지대 같은 것은 거의 없고, '자연'이 아니면 '속세', '속세'가 아니면 '자연'이라는 식으로 파악할 수 있어요. 이를 이용하면 '자연 친화'의 주제 의식을 보이는 고전시가를 굉장히 쉽게 읽어낼 수 있습니다. '자연'과 '속세'의 이분법적 구도를 바탕으로, '자연 좋아'와 '속세 싫어'라는 두 가지 내면세계만을 보여 줄 것이니까요.

지금까지 배운 내용을 바탕으로 하면, 고전시가의 대표적인 주제 의식은 크게 다음과 같이 정리할 수 있습니다.

– '삼강오륜'으로 대표되는, 도덕적 삶에 대한 지향 (+신분별 역할 강조 : 조선 시대에는 신분별로 자신의 역할을 다하는 것을 '도덕적'이라고 여겼어요.)
– '하늘'의 도리를 알고 있는 임금에 대한 충정 표현
– '속세'와 대비되는 '자연'에 대한 지향

거의 대부분의 작품이 이 세 가지의 주제 의식을 벗어나지 않습니다. 나아가 이런 '유교적 세계관'을 기반으로 하여 화자의 내면세계를 파악해야 해요. 평가원이 고전시가를 통해 묻고자 하는 것은, 결국 이런 세계관을 바탕으로 당시 화자들의 내면세계를 파악할 수 있느냐는 것이니까요.

물론, 이러한 주제 의식 외의 것들도 나타나기는 합니다. 외국에 사신으로 나가 보고 느낀 것을 기록하거나, 가난 때문에 양반의 도리를 다하지 못하는 자신의 처지를 비관하거나, 탄압받았던 여성의 입장에서 한탄스러움을 드러내거나, 탐관오리를 몰래 비판하거나 하는 내용들도 나타나기는 해요. 이런 작품들의 경우, 현대시를 읽을 때처럼 '화자의 내면세계'에 집중하며 독해하고 문제를 해결하시면 됩니다. 다만 여러분이 만나게 될 대부분의 고전시가들은 앞에서 제시한 주제 의식을 크게 벗어나지 못할 것이니, 이를 바탕으로 독해하고 문제를 해결하는 태도를 가지도록 해요.

필수 고전시가

애석하게도, 고전시가에서는 넘을 벽이 하나 더 존재합니다. 바로 '필수 고전시가'입니다. '필수 고전시가'는 공식적으로 정해진 목록이 있는 것은 아니지만, 대한민국에서 중고등학교를 나왔다면 한 번쯤은 들어봤을 법한 그런 고전시가를 의미합니다. 제가 뽑은 목록은 대충 아래와 같습니다.

> 제망매가, 청산별곡, 서경별곡, 동동, 가시리, 관동별곡, 성산별곡, 사미인곡, 상춘곡, 면앙정가, 만흥, 도산십이곡, 규원가

자세한 내용은 잘 모르더라도, 수업 시간에 한 번쯤은 들어봤던 것들이죠? 위와 같은 '필수 고전시가'들의 경우, 모의평가는 물론 수능에서도 마치 내신처럼 출제되는 경우가 있습니다. 즉, 그 시구의 해석을 미리 알고 있는 것이 아니라면 시험장에서 생각해내기 어려운 내용을 아무렇지 않게 묻기도 한다는 것이죠. 물론 그 내용이 정답을 고르는 데 정말 결정적인 역할을 하는 경우는 그리 많지 않지만, '수능'에서도 이 내용을 바탕으로 변별을 한 적이 있다는 점에서 만점을 목표로 한다면 꼭 신경 써야 할 포인트일 겁니다. 따라서 위의 작품들은 반드시 미리 공부가 되어 있어야 합니다.

특히, 위의 작품 목록 중 '제망매가~가시리'는 '유교적 세계관'이 지배적이던 조선 시대의 작품이 아니라 신라 혹은 고려 시대의 작품들입니다. 이 작품들이 출제될 확률은 아주 낮지만, 현대 국어와 너무나도 다른 언어 체계 및 세계관 때문에 내용을 미리 알고 있는 게 아니라면 읽고 이해하는 것 자체가 불가능한 경우가 많아요. 따라서 만약을 대비하여 반드시 미리 공부를 하셔야 합니다.

이들이 내신처럼 출제된다는 것 외에도, 이 작품들 자체가 아주 중요한 고전시가의 공부 재료로 쓰일 수 있기에 따로 정리해 주시는 것이 아주 중요합니다. 앞에서 배웠듯이, 고전시가는 시대적 특성상 주제 의식 및 표현이 한정적일 수밖에 없습니다. 이렇게 자주 쓰이는 표현, 자주 등장하는 주제 등이 아주 한정적이기에, 몇 작품만 공부해도 수십 작품을 공부한 효과가 생기는 것이죠. 다 똑같은 말을 하고 있으니까요.

그런데 위의 작품들은 왜 '필수 고전시가'가 되었을까요? 그렇죠. 바로 위에서 이야기한 '한정된 주제 의식 및 표현'의 대표격인 작품들이기 때문입니다. 실제로 위 작품들을 열심히 공부하고 나면, 처음 보는 고전시가가 나오더라도 어디서 본 듯한 느낌을 받을 수가 있습니다. 표현 · 주제가 계속 반복되니까요! 따라서 우리는 '필수 고전시가'를 바탕으로 고전시가 공부에 나서야 합니다. 내신처럼 출제되는 몇 문제, 몇 선지를 제대로 판단하기 위해서라도, 처음 보는 고전시가를 아무렇지 않게 읽어내기 위해서라도 말이죠.

일단, 위의 작품들을 내신처럼 공부하고 옵시다. 어떤 자료, 어떤 강의를 이용하든 상관없습니다. 내신처럼 어휘 하나하나, 시구 하나하나 꼼꼼하게 분석하고 외우셔야 합니다. 그리고 이를 바탕으로 고전시가의 기본적이고 단순한 세계관에도 익숙해지셔야 합니다. 정말 지겹고 고통스러운 공부겠지만, 이 공부를 조금만 해 주시면 고전시가가 어렵다는 말은 나오지 않을 것이라 자신합니다. 이렇게 내신 공부하듯이 정말 꼼꼼하게 공부하시는 게 가장 좋고, 여의치 않다면 '수능 수준'에서 꼭 알아야 하는 정도로는 공부해 주셔야 합니다. 영어 단어처럼 반드시 알아야 할 고전시가 어휘나, 표현 방식 등이 존재하거든요. 따로 공부하고 있는 강의나 교재가 있다면 그 도움을 받아도 좋고, "P.I.R.A.M 국어 필수 고전시가" 교재로 공부하셔도 좋습니다. 아니 이게 제일 좋습니다. ^^

이 교재에서는 해당 작품들에 대한 내용을 싣지는 않았습니다. 거의 교재 한 권 분량이 필요한 작업이니까요. 아직 준비가 안 되었다면 그냥 다음 파트로 넘어가세요. 필수 고전시가 공부와 다음 파트에 대한 공부를 병행하다, 준비가 되었다 싶으면 뒤에 있는 문제들을 풀어봅시다. 만약 어느 정도 공부가 되어 있거나 고전시가에 자신감이 있다면 바로 도전하셔도 좋아요. 물론 지금까지 배운 문학 문제풀이의 기본 원칙은 지키셔야 합니다! 오늘은 두 지문만 공부해보고, 내일부터는 하루에 세 지문 정도씩 공부해봅시다. 문학 문제풀이의 감이 꽤 올라왔을 테니까요!

(가)

　　문장(文章)을 ᄒᆞ쟈 ᄒᆞ니 인생식자(人生識字) 우환시(憂患始)*오

　　공맹(孔孟)을 비호려 ᄒᆞ니 도약등천(道若登天) 불가급(不可及)*이로다

　　이 내 몸 쓸 디 업ᄉᆞ니 성대농포(聖代農圃)* 되오리라

〈제1장〉

　　홍진(紅塵)에 절교(絶交)ᄒᆞ고 백운(白雲)으로 위우(爲友)ᄒᆞ야

　　녹수(綠水) 청산(靑山)에 시름 업시 늘거 가니

　　이 듕의 무한지락(無限至樂)을 헌ᄉᆞᄒᆞᆯ가 두려웨라

〈제3장〉

　　인간(人間)의 벗 잇단 말가 나는 알기 슬희여라

　　물외(物外)에 벗 업단 말가 나는 알기 즐거웨라

　　슬커나 즐겁거나 내 분인가 ᄒᆞ노라

〈제6장〉

　　유정(有情)코 무심(無心)ᄒᆞᆯ 손 아마도 풍진(風塵) 붕우(朋友)

　　무심(無心)코 유정(有情)ᄒᆞᆯ 손 아마도 강호(江湖) 구로(鷗鷺)

　　㉠이제야 작비금시(昨非今是)*을 ᄭᅢ ᄃᆞ른가 ᄒᆞ노라

〈제8장〉

　　도팽택(陶彭澤) 기관거(棄官去)*ᄒᆞᆯ 제와 태부(太傅) 걸해귀(乞骸歸)*ᄒᆞᆯ 제

　　호연(浩然) 행색(行色)을 뉘 아니 부러ᄒᆞ리

　　알고도 부지지(不知止)*ᄒᆞ니 나도 몰나 ᄒᆞ노라

〈제9장〉

　　인간(人間)의 풍우(風雨) 다(多)ᄒᆞ니 므스 일 머무ᄂᆞᆫ뇨

　　물외(物外)에 연하(煙霞) 족(足)ᄒᆞ니 므스 일 아니 가리

　　이제ᄂᆞᆫ 가려 정(定)ᄒᆞ니 일흥(逸興) 계워 ᄒᆞ노라

〈제11장〉

-안서우, 「유원십이곡」-

* 인생식자 우환시 : 사람은 글자를 알게 되면서부터 근심이 시작됨.
* 도약등천 불가급 : 도는 하늘로 오르는 것과 같이 미치기 어려움.
* 성대농포 : 태평성대에 농사를 지음.
* 작비금시 : 어제는 그르고 지금은 옳음.
* 도팽택 기관거 : 도연명이 벼슬을 버리고 떠남.
* 태부 걸해귀 : 한나라 태부 소광이 사직을 간청함.
* 부지지 : 그만두어야 할 때를 알지 못함.

(나)

　어느 날 나는 잠이 들었는데 비몽사몽간이었다. 정신이 산란하고 병이 아닌데 병이 든 듯하여 그 원기가 상했다. 가슴이 돌에 눌린 것처럼 답답한 게 게으름의 귀신이 든 것이 틀림없었다. 무당을 불러 귀신에게 말하게 했다.

　"네가 내 속에 숨어들어서 큰 병이 났다. …(중략)… 게을러서 집을 수리할 생각도 못하며, 솥발이 부러져도 게을러서 고치지 않고, 의복이 해져도 게을러서 깁지 않으며, 종들이 죄를 지어도 게을러서 묻지 않고, 사람들이 시비를 걸어도 게을러서 화를 내지 않아서, 마침내 날로 행동은 굼떠 가고, 마음은 바보가 되며, 용모는 날로 여위어 갈 뿐만 아니라 말수조차 줄어들고 있다. 이 모든 허물은 네가 내게 들어와 멋대로 함이라. 어째서 다른 이에게는 가지 않고 나만 따르며 귀찮게 구는가? 너는 어서 나를 떠나 저 낙토(樂土)로 가거라. 그러면 나에게는 너의 피해가 없고, 너도 너의 살 곳을 얻으리라."

　이에 귀신이 말했다.

　"그렇지 않습니다. 내가 어떻게 당신에게 화를 입히겠습니까? 운명은 하늘에 있으니 나의 허물로 여기지 마십시오. 굳센 쇠는 부서지고 강한 나무는 부러지며, 깨끗한 것은 더러워지기 쉽고, 우뚝한 것은 꺾이기 쉽습니다. 굳은 돌은 고요함으로 이지러지지 않고, 높은 산은 고요함으로 영원한 것입니다. 움직이는 것은 쉽게 요절하고 고요한 것은 장수합니다. 지금 당신은 저 산처럼 오래 살 것입니다. 경우에 따라서는 세상의 근면은 화근이, 당신의 게으름은 복의 근원이 될 수도 있지요. 세상 사람들은 세력을 좇다 우왕좌왕하여 그때마다 시비의 소리가 분분하지만, 지금 당신은 물러나 앉았으니 당신에 대한 시비의 소리가 전혀 없지 않습니까? 또 세상 사람들은 물욕에 휘둘려서 이익을 얻기 위해 날뛰지만, 지금 당신은 걱정이 없어 제정신을 잘 보존하니, 당신에게 어느 것이 흉하고 어느 것이 길한 것이겠습니까? 당신이 이제부터 유지(有知)를 버리고 무지(無知)를 이루며, 유위(有爲)를 버리고 무위(無爲)에 이르며, 유정(有情)을 버리고 무정(無情)을 지키며, 유생(有生)을 버리고 무생(無生)을 즐기면, 그 도는

죽지 않고 하늘과 함께 아득하여 **태초와 하나가** 될 것입니다. 내가 앞으로도 당신을 도울 것인데, 도리어 나를 나무라시니 자신의 처지를 아십시오. 그래서야 어디 되겠습니까?"

이에 나는 그만 말문이 막혔다. 그래서 ⓛ앞으로 나의 잘못을 고칠 터이니 그대와 함께 살기를 바란다고 했더니, 게으름은 그제야 떠나지 않고 나와 함께 있기로 했다.

-성현, 「조용(嘲慵)」-

01 (가)와 (나)의 공통점으로 가장 적절한 것은?

① 대조적 소재를 통해 삶에 대한 글쓴이의 인식을 드러내고 있다.
② 명령적 어조를 통해 세태에 대한 부정적 시각을 진술하고 있다.
③ 공간의 이동을 통해 주어진 삶에 순응해야 함을 드러내고 있다.
④ 구체적인 청자를 설정하여 자연에서 얻은 깨달음을 진술하고 있다.
⑤ 계절의 변화를 통해 과거와 대비되는 현재의 상황을 드러내고 있다.

02 〈보기〉를 참고하여 (가)를 이해한 내용으로 적절하지 <u>않은</u> 것은? [3점]

[보기]

「유원십이곡」은 강호에서의 삶을 추구하는 노래지만, 화자는 강호에 머문 뒤에도 강호와 속세 사이에서 갈등을 반복한다. 이는 강호에서의 만족한 삶이라는 이상에 도달하는 것이 쉽지 않음을 보여 주는 것이다. 그뿐 아니라 화자가 갈등을 반복하면서도 항상 강호를 선택하는 모습은, 결국 자신의 결정이 가치 있는 것임을 드러내기 위한 것으로 이해할 수 있다.

① 〈제1장〉의 초장에는 화자가 강호를 선택하게 되는 동기가 드러난다.
② 〈제3장〉의 중장에는 강호를 선택한 삶의 모습이 긍정적으로 드러난다.
③ 〈제6장〉의 종장에는 화자 자신이 분수에 맞는 선택을 했음이 드러난다.
④ 〈제9장〉의 중장에는 속세에 미련을 갖게 하는 가치를 언급함으로써 화자의 갈등이 드러난다.
⑤ 〈제9장〉의 종장에는 갈등하는 화자의 모습이, 〈제11장〉의 종장에는 자신의 선택에 만족하는 화자의 모습이 드러난다.

03 절교와 위우를 중심으로 (가)를 감상한 내용으로 적절하지 <u>않은</u> 것은?

① 화자가 '절교'하고자 하는 대상은 '인간의 벗'으로 볼 수 있다.
② 화자는 '붕우'를 '절교'하고자 하는 대상으로 인식한다고 볼 수 있다.
③ 화자는 '백운'과의 '위우'를 통해 '무한지락'을 느끼고 있다고 볼 수 있다.
④ 화자가 '위우'하고자 하는 '구로'는 '물외에 연하 족'한 곳에 있다고 볼 수 있다.
⑤ 화자가 '물외에 벗'과 '위우'하고자 하는 이유는 '유정코 무심'하기 때문으로 볼 수 있다.

04 ㉠과 ㉡을 참고하여 (가)와 (나)를 이해한 내용으로 가장 적절한 것은?

① ㉠의 화자는 '공맹을 비호'기 위해 '성대농포'의 길을 가야 함을 알게 되었다.

② ㉡의 '나'는 '태초와 하나가' 되게 하는 상대방의 제안을 수용하며 '굳센 쇠'와 같은 변치 않는 삶을 다짐하고 있다.

③ ㉠의 화자는 '녹수 청산'에서의 삶을 즐거워하고, ㉡의 '나'는 '깨끗한 것'을 '길한 것'으로 받아들이고 있다.

④ ㉠의 화자는 현재의 삶이 옳음을 '씨 두 른가'로 밝히고, ㉡의 '나'는 반성의 태도를 '고칠 터이니'로 드러내고 있다.

⑤ ㉠의 화자는 '풍우 다'한 현실을 긍정적으로 받아들이고, ㉡의 '나'는 '시비의 소리'에 흔들렸던 자신의 잘못을 고치겠다고 다짐하고 있다.

05 〈보기〉를 참고하여 (나)를 감상한 내용으로 적절하지 <u>않은</u> 것은?

[보기]

「조용」에서 필자는 '나'와 '게으름 귀신'의 대화라는 구조를 활용하여 게으름에 대한 사색의 결과를 담아내고 있다. 필자는 게으름의 양면성을 드러내어 게으름의 부정적 측면을 경계하는 한편 게으름의 긍정적 측면을 통해 세태에 대한 비판적 시각을 보여 준다.

① '나'가 무당을 내세워 '귀신'에게 말을 건네는 것에서, 자신의 게으른 생활에 대해 살펴보려는 필자의 모습을 알 수 있겠군.

② '나'가 집안의 대소사를 해결하지 않고 게으름을 피우는 행위를 나열하는 것에서, 게으름의 폐단을 드러내려는 필자의 생각을 알 수 있겠군.

③ '나'가 '멋대로' 행동하는 게으름을 탓하면서도 게으름은 자신의 '허물'이라 여기는 것에서, 게으름의 양면성을 드러내려는 필자의 의도를 알 수 있겠군.

④ '나'가 게으름 덕분에 '물욕'에서 벗어날 수 있다는 '귀신'의 말에서, 게으름의 긍정적 측면을 보여 주려는 필자의 의도를 알 수 있겠군.

⑤ '나'가 게으름 덕분에 세상 사람들과 달리 걱정 없이 살 수 있다는 '귀신'의 말에서, 이익을 얻기 위해 다투는 사람들에 대한 필자의 비판적 시각을 알 수 있겠군.

[6~10] 다음 글을 읽고 물음에 답하시오.

—— (해설 p.017)

(가)

생평(生平)에 원ᄒᆞᄂᆞ니 다만 충효(忠孝)뿐이로다
이 두 일 말면 금수(禽獸) ㅣ 나 다르리야
마음에 ᄒᆞ고져 ᄒᆞ야 십재황황(十載遑遑)*ᄒᆞ노라

〈제1수〉

계교(計校)* 이렇더니 공명(功名)이 늦었어라
부급동남(負笈東南)*ᄒᆞ야 여공불급(如恐不及)*ᄒᆞᄂᆞᆫ 뜻을
세월이 물 흐르듯 ᄒᆞ니 못 이룰까 ᄒᆞ야라

〈제2수〉

강호(江湖)에 놀자 ᄒᆞ니 성주(聖主)를 버리겠고
성주를 섬기자 ᄒᆞ니 소락(所樂)에 어긋나네
호온자 기로(岐路)에 서서 갈 데 몰라 ᄒᆞ노라

〈제4수〉

출(出)ᄒᆞ면 치군택민(致君澤民) 처(處)ᄒᆞ면 조월경운(釣月耕雲)
명철군자(明哲君子)는 이룰사 즐기ᄂᆞ니
하물며 부귀(富貴) 위기(危機) ㅣ 라 빈천거(貧賤居)를 ᄒᆞ오리라

〈제8수〉

행장유도(行藏有道)*ᄒᆞ니 버리면 구태 구ᄒᆞ랴
산지남(山之南) 수지북(水之北) 병들고 늙은 나를
뉘라서 회보미방(懷寶迷邦)*ᄒᆞ니 오라 말라 ᄒᆞᄂᆞ뇨

〈제16수〉

성현(聖賢)의 가신 길이 만고(萬古)에 ᄒᆞᆫ가지라
은(隱)커나 현(見)*커나 도(道) ㅣ 어찌 다르리
일도(一道) ㅣ 오 다르지 아니커니 아무 덴들 어떠리

〈제17수〉

– 권호문, 「한거십팔곡」 –

* 십재황황 : 급한 마음에 십 년을 허둥지둥함.
* 계교 : 견주어 헤아림.
* 부급동남 : 책을 짊어지고 여기저기 다니면서 열심히 공부함.
* 여공불급 : 이르지 못할까 두려워하듯 함.
* 행장유도 : 쓰이면 세상에 나아가 도(道)를 행하고 버려지면 은 둔하는 것을 자신의 상황에 따라 알맞게 함.
* 회보미방 : 뛰어난 능력을 지니고서 은둔하는 것은 나라를 혼란 스럽게 하는 것과 같음.
* 현 : 세상에 나아감.

(나)

진주 장터 생어물전에는
바닷밑이 깔리는 해 다 진 어스름을,

울 엄매의 장사 끝에 남은 고기 몇 마리의
빛 발(發)하는 눈깔들이 속절없이
은전(銀錢)만큼 손 안 닿는 한(恨)이던가
울 엄매야 울 엄매,

별 밭은 또 그리 멀리
우리 오누이의 머리 맞댄 골방 안 되어
손 시리게 떨던가 손 시리게 떨던가,

진주 남강 맑다 해도
오명 가명
신새벽이나 밤빛에 보는 것을,
울 엄매의 마음은 어떠했을꼬,
달빛 받은 옹기전의 옹기들같이
말없이 글썽이고 반짝이던 것인가.

– 박재삼, 「추억에서」 –

(다)

　시의 원심력을 담당하는 비유와 달리 리듬은 시의 구심력을 담당한다. 글자의 개수이건 음의 보폭이건 동일 요소의 반복은 시에 질서를 부여하고 리듬을 형성한다. 그런데 고전 시가의 리듬에는 외적 규율이 전제되어 있는 반면 현대 시의 리듬은 내적 규범을 창출한다. 가령 시조는 4음보를 기본으로 종장 첫 음보는 3음절을 유지하고, 둘째 음보는 그보다 길게 하는 규율을 따른다. 현대 시에서는 따라야 할 규율이 없는 대신 말소리, 휴지(休止), 고전 시가에 없던 쉼표나 마침표 등 모든 요소들의 책임이 더 커졌다. 이들의 반복은 내적 규범을 형성하여 시의 고유한 의미를 만들어 낸다.

　"멀위랑 / ᄃᆞ래랑 / 먹고"와 같은 고려 속요의 3음보, "동짓ᄃᆞᆯ / 기나긴 밤을 / 한 허리를 / 버혀 내여"와 같은 시조의 4음보 등 고전 시가의 리듬은 현대에 이르러 해체되었다기보다는 배후로 물러나 때로는 강하게, 때로는 약하게 압력을 행사하고 있다고 보는 것이 적절하다. 어떤 시는 고전 시가의 리듬이 강하게 감지되어 친숙하지만 어떤 시는 리듬이라고 할 만한 부분이 거의 감지되지 않아 낯설다. 우리는 앞의 예를 김소월의 시에서, 뒤의 예를 이상의 시에서 찾을 수 있다. 한국의 현대 시는 김소월과 이상 사이에서 각각의 좌표를 찍는다.

06 (가)와 (나)의 공통점으로 가장 적절한 것은?

① 의문형 어미를 활용하여 화자의 정서를 강조하고 있다.
② 특정 대상과 대화하는 방식으로 주제를 부각하고 있다.
③ 시적 공간의 탈속성이 시상을 형성하는 데 기여하고 있다.
④ 계절적 배경을 소재로 하여 시적 분위기를 고조하고 있다.
⑤ 의성어와 의태어를 구사하여 화자의 상황을 제시하고 있다.

07 (가)에 대한 설명으로 적절하지 <u>않은</u> 것은?

① 〈제2수〉의 '부급동남'은 〈제4수〉의 '성주를 섬기'기 위해 화자가 행한 일이다.
② 〈제2수〉의 '공명'을 이루기 위해 화자는 〈제17수〉의 '성현의 가신 길'을 따르고자 한다.
③ 〈제4수〉의 '강호'를 화자가 선택한 이유 중 하나는 〈제8수〉의 '부귀 위기'이다.
④ 〈제4수〉의 '기로'가 〈제17수〉의 '일도'로 나타난 데에서 화자의 내적 갈등이 해소되었음을 알 수 있다.
⑤ 〈제8수〉의 '빈천거를 ᄒᆞ면서도 화자는 〈제17수〉의 '도'를 실천할 수 있다고 생각한다.

08 〈보기〉를 통해 (가)를 감상한 것으로 적절하지 <u>않은</u> 것은?

[3점]

[보기]

　　조선 시대에 과거 급제는 개인이 입신양명하는 길이자 부모에게 효도하고, 임금을 보필할 수 있는 주된 통로였다. 권호문 역시 이를 위해 과거에 여러 번 응시하였으나 뜻을 이루지 못했다. 모친 사후, "뜻을 얻으면 그 은택을 백성들에게 베풀고, 뜻을 얻지 못하면 자신을 수양한다."라는 유교적 출처관(出處觀)에 따라 은자로서의 삶을 살아가던 그는 42세 이후 줄곧 조정에 천거되어 정치 현실로 나올 것을 권유받았으나 매번 이를 거절했다. 「한거십팔곡」에는 권호문의 이러한 삶과 생각이 반영되어 있는 것으로 보인다.

① 〈제1수〉의 '충효'는 화자가 이루고자 했던 삶의 덕목으로 볼 수 있겠군.
② 〈제1수〉에서 화자가 '십재황황'하는 모습은 과거에 여러 차례 응시했으나 급제하지 못했기 때문으로 볼 수 있겠군.
③ 〈제16수〉의 '행장유도ᄒᆞ니'는 화자가 유교적 출처관을 따르고 있음을 보여 주는 것이라고 할 수 있겠군.
④ 〈제16수〉의 '병들고 늙은 나를'은 화자가 정치 현실로 나오라는 권유를 거절하는 표면적 이유라고 할 수 있겠군.
⑤ 〈제16수〉의 '회보미방'은 조정의 권유에 대한 화자의 답변으로 볼 수 있겠군.

09 (나)에 대한 감상으로 적절하지 <u>않은</u> 것은?

① '해 다 진 어스름'은 어둠이 깔리는 파장 무렵 '생어물전'의 분위기를 보여 주는군.
② '빛 발하는 눈깔'은 '손 안 닿는' '은전'과 연결되어 '한'의 정서를 유발하는군.
③ '손 시리게 떨던가'에서는 추운 밤 '별 밭' 아래의 '골방' 속에서 느꼈던 행복감이 드러나는군.
④ '진주 남강'은 공간적 구체성을 보여 주는 한편 낮에 강을 보지 못할 정도로 바삐 생계를 꾸려 가던 '울 엄매'를 떠올리게 하는군.
⑤ '글썽이고 반짝이던'은 달빛이 비친 '옹기'의 표면과 '울 엄매'의 눈물을 함께 환기하는군.

10 (다)를 참고하여 (가)와 (나)를 이해한 내용으로 가장 적절한 것은?

① (가)에서 각 수의 종장 첫째 음보를 3음절로 한 것은 내적 규범을 따른 것이다.
② (가)에서 각 수의 종장 둘째 음보의 글자 수가 첫째 음보의 글자 수보다 많은 것은 따라야 하는 규칙을 위반한 것이다.
③ (나)에서 '울 엄매야 울 엄매'는 울림소리의 반복으로 리듬을 창출하고 화자의 정서를 표출한 것이다.
④ (나)에서 '오명 가명'은 외적 규율에 따라 'ㅇ'을 반복하여 일터의 무료한 삶에 생동감을 불어넣은 예이다.
⑤ (나)에서 1연부터 3연까지 쉼표로 연을 마무리한 것은 고전 시가의 리듬을 계승한 예이다.

[11~15] 다음 글을 읽고 물음에 답하시오.　　2020.09 [16~20]

— (해설 p.026) —

(가)

　㉠홍진(紅塵)에 뭇친 분네 이 내 생애 엇더ᄒ고
넷사룸 풍류룰 미출가 못 미출가
천지간 남자 몸이 날만 ᄒ 이 하건마ᄂ
산림에 뭇쳐 이셔 지락(至樂)을 ᄆᆞ룰 것가
ⓐ수간모옥(數間茅屋)을 벽계수(碧溪水) 앒픠 두고
송죽 울울리*예 풍월주인 되여셔라
엇그제 겨을 지나 새봄이 도라오니
도화행화(桃花杏花)ᄂ 석양리(夕陽裏)예 퓌여 잇고
녹양방초(綠楊芳草)ᄂ 세우(細雨) 중에 프르도다
칼로 몰아 낸가 붓으로 그려 낸가
조화신공(造化神功)이 물물마다 헌ᄉ룹다
수풀에 우ᄂ 새ᄂ 춘기(春氣)룰 ᄆᆞᆺ내 계워 소릭마다 교태로다
물아일체(物我一體)어니 흥이이 다룰소냐
시비예 거러 보고 ⓑ정자애 안자 보니
소요음영*ᄒᆞ야 산일(山日)이 적적ᄒᆞᆫ디
한중진미(閒中眞味)룰 알 니 업시 호재로다
㉡이바 니웃드라 산수 구경 가쟈스라
답청(踏靑)으란 오늘 ᄒᆞ고 욕기(浴沂)란 내일 ᄒᆞ새
아춤에 채산(採山)ᄒᆞ고 나조ᄒᆡ 조수(釣水)ᄒᆞ새
ᄀᆞᆺ 괴여 닉은 술을 갈건(葛巾)으로 밧타 노코
곳나모 가지 것거 수 노코 먹으리라
화풍(和風)이 건 듯 부러 녹수(綠水)룰 건너오니
청향(淸香)은 잔에 지고 낙홍(落紅)은 옷새 진다
㉢준중(樽中)이 뷔엿거든 날ᄃᆞ려 알외여라
소동 아히ᄃᆞ려 주가에 술을 믈어
얼운은 막대 집고 아히ᄂ 술을 메고
미음완보(微吟緩步)ᄒᆞ야 ⓒ시냇ᄀᆞ의 호자 안자
명사(明沙) 조ᄒᆞᆫ 믈에 잔 시어 부어 들고
청류(淸流)룰 굽어보니 ᄯᅥ오ᄂᆞ니 도화(桃花)ㅣ로다
무릉이 갓갑도다 져 미이 긘 거인고

　　　　　　　　　　　　　　　　　　　　-정극인, 「상춘곡」-

* 울울리: 빽빽하게 우거진 속.
* 소요음영 : 자유로이 천천히 걸으며 시를 읊조림.

(나)

　ⓓ고산구곡담(高山九曲潭)을 사룸이 모로더니
주모복거(誅茅卜居)ᄒᆞ니 **벗님ᄂᆞ** 다 오신다
어즈버 무이를 상상ᄒᆞ고 **학주자(學朱子)**를 ᄒᆞ리라

　　　　　　　　　　　　　　　　　　　　　　〈1수〉

일곡은 어디미오 ⓔ관암에 ᄒᆡ 비췬다
평무(平蕪)에 ᄂᆡ 거드니 원산(遠山)이 그림이로다
송간(松間)에 녹준*을 노코 벗 오ᄂ 양 보노라

　　　　　　　　　　　　　　　　　　　　　　〈2수〉

이곡은 어디미오 화암에 춘만(春晩)커다
벽파*에 곳을 ᄯᅴ워 야외로 보니노라
ⓔ사룸이 승지(勝地)를 모로니 알게 ᄒᆞᆫ들 엇더리

　　　　　　　　　　　　　　　　　　　　　　〈3수〉

오곡은 어디미오 **은병(隱屛)**이 보기 됴타
수변(水邊) 정사는 소쇄홈*도 ᄀᆞ이 업다
이 중에 **강학(講學)**도 ᄒᆞ려니와 **영월음풍**ᄒᆞ리라

　　　　　　　　　　　　　　　　　　　　　　〈6수〉

칠곡은 어디미오 ⓕ풍암에 추색(秋色) 됴타
청상(淸霜) 엷게 치니 절벽이 금수(錦繡)ㅣ로다
한암(寒巖)에 혼ᄌᆞ셔 안쟈 집을 잇고 잇노라

　　　　　　　　　　　　　　　　　　　　　　〈8수〉

구곡은 어디미오 문산에 세모(歲暮)커다
기암괴석이 눈 속에 무쳐셰라
㉤유인(遊人)은 오지 아니ᄒᆞ고 볼 것 업다 ᄒᆞ더라

　　　　　　　　　　　　　　　　　　　　　　〈10수〉

　　　　　　　　　　　　　　　　　-이이, 「고산구곡가」-

* 녹준 : 술잔 또는 술동이.
* 벽파 : 푸른 물결.
* 소쇄홈 : 기운이 맑고 깨끗함.

11　(가)와 (나)의 공통점으로 가장 적절한 것은?

① 과거를 회상하며 현실의 덧없음을 환기하고 있다.
② 음성 상징어의 사용으로 생동감을 부각하고 있다.
③ 점층적인 표현으로 대상과의 거리감을 강조하고 있다.
④ 역사적 인물들을 호명하여 회고적 분위기를 조성하고 있다.
⑤ 자연물을 통하여 시간적 배경을 시각적으로 드러내고 있다.

12 〈보기〉를 참고하여 ㉠~㉤을 설명한 내용으로 가장 적절한 것은?

---[보기]---

　조선 전기의 시조와 가사는 노래로 향유되며, 사대부들이 서로의 문화적 동질성을 확인하는 데 활용되었다. 이러한 갈래적 특성으로 인해 사대부 시가에는 대화 상황이 연상되는 여러 표현으로 공감을 유도하는 방식이 관습화되었다.

---

① ㉠에서는 청자와 화자가 서로 동질적인 삶을 살고 있음을 질문하기를 통해 확인하고 있다.

② ㉡에서는 청자를 불러들여 함께했던 지난날의 경험을 상기시키며 동질성 회복을 권유하고 있다.

③ ㉢에서는 화자가 상대의 부탁을 수용하며 자신과 뜻을 같이 할 것을 청자에게 명령하고 있다.

④ ㉣에서는 사람들을 일깨우려는 화자의 생각을 청자에게 묻는 방식으로 제시해 공감을 유도하고 있다.

⑤ ㉤에서는 눈으로 확인한 사실만을 믿어야 한다고 주장하는 이의 말을 청자에게 전하며 조언을 구하고 있다.

13 (가)에 대한 감상으로 적절하지 <u>않은</u> 것은?

① 자신의 삶을 옛사람과 비교하며 스스로를 풍월주인이라 여기는 데에서 화자의 자부심이 드러나는군.

② 붓으로 그린 듯한 숲 속에서 봄의 흥을 노래하는 새를 바라보는 데에서 새에 대한 화자의 부러움이 드러나는군.

③ 오늘과 내일, 아침과 저녁에 할 일들을 나열하는 데에서 하고 싶은 일에 대한 화자의 기대감이 드러나는군.

④ 맑은 향이 담긴 술잔과 옷에 떨어지는 꽃잎을 주목하는 데에서 자연과 화자의 일체감이 드러나는군.

⑤ 시냇물에 떠내려오는 도화를 보며 이상향을 연상하는 데에서 화자의 고조되는 감흥이 드러나는군.

14 ⓐ~ⓕ를 중심으로 (가)와 (나)를 이해한 내용으로 적절하지 <u>않은</u> 것은?

① (가)의 화자는 거처인 ⓐ를 나와 ⓑ와 ⓒ의 장소들로 옮겨 다니고 있다.

② (나)의 화자가 소개하는 ⓔ와 ⓕ는 ⓓ를 구성하는 장소들이라는 점에서 서로 대등한 관계에 있다.

③ (가)와 (나)의 화자는 각각 ⓑ와 ⓔ를 주위에서 가장 빼어난 경치를 볼 수 있는 곳이라고 예찬하고 있다.

④ (가)의 화자는 ⓐ에 인접한 맑은 풍경을, (나)의 화자는 자신이 ⓓ에 터를 정함으로써 생긴 변화를 드러내고 있다.

⑤ (가)의 화자는 ⓒ에서 주변으로 시선을 보내고 있고, (나)의 화자는 ⓕ를 향해 시선을 보내고 있다.

15 〈보기〉를 활용하여 (나)를 탐구한 내용으로 적절하지 <u>않은</u> 것은? [3점]

---[보기]---

　이이의 생애를 기록한 연보에는, 그가 고산구곡에 정사를 건립한 일이 주자가 무이구곡의 은병에서 후학을 양성한 것을 본받았다는 점과 「고산구곡가」의 창작 이후 이곳을 찾는 이들이 더 많아졌다는 사실이 기록되어 있다. 한편 그가 고산구곡의 곳곳에서 지인들과 교유한 경험을 소개한 「송애기」에는 욕심 없는 마음으로 자연과 인간이 별개가 아님을 느끼고, 자연으로부터 마음을 바르게 하는 도리를 찾으면 군자의 참된 즐거움을 누릴 수 있다는 그의 생각이 나타나 있다.

---

① 고산구곡에서의 생활에 대한 「송애기」의 기록을 참고할 때, 고산구곡이 작자와 '벗님'들의 교유 장소로도 활용되었음을 추리할 수 있겠군.

② 작품 창작 이후와 관련한 연보의 기록을 참고할 때, '학주자'를 하려는 작자의 선택에 대한 사람들의 긍정적 반응을 추측할 수 있겠군.

③ 정사에 대한 연보의 기록을 참고할 때, '은병'이 주자를 학문적으로 계승하기 위해 선택된 공간이기도 했음을 짐작할 수 있겠군.

④ 참된 즐거움과 관련한 「송애기」의 기록을 참고할 때, '강학'과 '영월음풍'이 모순 없이 서로 어울릴 수 있는 행위임을 유추할 수 있겠군.

⑤ 자연의 감상에 대한 「송애기」의 기록을 참고할 때, 바위를 덮은 '눈'에서 자연과 합일을 이루려는 인간의 의지를 엿볼 수 있겠군.

(가)

공후배필은 못 바라도 군자호구 원하더니
삼생의 원업(怨業)이오 월하의 연분으로
장안유협(長安遊俠) 경박자(輕薄子)를 ㉠꿈같이 만나 있어
당시의 용심(用心)하기 살얼음 디디는 듯
삼오이팔 겨우 지나 천연여질 절로 이니
이 얼골 이 태도로 백년기약하였더니
연광(年光)이 훌훌하고 조물이 다시(多猜)*하여
봄바람 가을 물이 베오리에 북 지나듯　　　　┐
설빈화안 어디 두고 면목가증(面目可憎)* 되거고나　[A]
내 얼골 내 보거니 어느 임이 날 괼소냐　　　┘

(중략)

옥창에 심은 매화 몇 번이나 피여 진고
겨울밤 차고 찬 제 자최눈 섯거 치고　　　　┐
여름날 길고 길 제 궂은비는 무슨 일고　　　[B]
삼춘화류(三春花柳) 호시절(好時節)의 경물이 시름없다
가을 달 방에 들고 실솔(蟋蟀)이 상(床)에 울 제
긴 한숨 지는 눈물 속절없이 혬만 많다
아마도 모진 목숨 죽기도 어려울사
도로혀 풀쳐 혜니 이리하여 어이하리
청등을 돌라 놓고 녹기금(綠綺琴) 빗겨 안아
벽련화(碧蓮花) 한 곡조를 시름 좇아 섯거 타니
소상야우(瀟湘夜雨)의 댓소리 섯도는 듯
화표천년(華表千年)의 별학이 우니는 듯
옥수(玉手)의 타는 수단 옛 소리 있다마는
부용장(芙蓉帳) 적막하니 뉘 귀에 들리소니
간장이 구곡되어 굽이굽이 끊쳤어라
차라리 잠을 들어 ㉡꿈에나 보려 하니
바람의 지는 잎과 풀 속에 우는 짐승
무슨 일 원수로서 잠조차 깨우는다
　　　　　　　　　　　　－허난설헌, 「규원가」－

* 다시 : 시기가 많음.
* 면목가증 : 얼굴 생김이 남에게 미움을 살 만한 데가 있음.

(나)

재 위에 우뚝 선 소나무 바람 불 적마다 흔덕흔덕　┐
개울에 섰는 버들 무슨 일 좋아서 흔들흔들　　　[C]
　임 그려 우는 눈물은 옳거니와 입하고 코는 어
이 무슨 일 좋아서 후루룩 비쭉 하나니
　　　　　　　　　　　　　　　　　－작자 미상－

16 [A]~[C]의 표현상 특징에 대한 설명으로 적절하지 않은 것은?

① [A]는 여성의 생활에 밀접한 소재를 활용하여 흘러가는 세월에 대한 화자의 인식을 시각적으로 표현하였다.
② [B]는 단어를 반복하는 구절을 행마다 사용하여 화자가 주목하는 각 계절의 특성을 강조하였다.
③ [C]는 두 대상을 발음이 비슷한 의태어로 표현하여 움직이는 모습의 유사성을 드러내었다.
④ [A], [B]는 계절적 배경을 알려 주는 시어를 활용하여 시간에 따라 화자의 처지가 달라졌음을 드러내었다.
⑤ [B], [C]는 대구를 활용하여 리듬감을 형성하였다.

17 ㉠, ㉡에 대한 이해로 가장 적절한 것은?

① ㉠은 흐릿한 기억 때문에 혼란스러운 화자의 심정을 나타낸다.
② ㉡은 현실에서는 화자가 문제를 해결할 수 없어서 선택한 방법이다.
③ ㉠은 임과의 만남에 대한 기대에서, ㉡은 임과의 이별에 대한 망각에서 비롯된다.
④ ㉠은 이미 일어난 일에 대해 회상하고, ㉡은 곧 일어날 일에 대해 단정하고 있다.
⑤ ㉠은 인연의 우연성에 대한, ㉡은 재회의 필연성에 대한 화자의 우려를 드러내고 있다.

18 〈보기〉를 참고하여 (가), (나)를 감상한 내용으로 적절하지 <u>않은</u> 것은? [3점]

[보기]

　(가), (나)는 이별에 대한 서로 다른 대처를 보여 준다. (가)의 화자는 외부와 단절된 채 자신의 쓸쓸한 내면에 몰입하고, 자신의 슬픔을 주변으로 확장한다. (나)의 화자는 외부 대상의 모습에서 자신과의 동질성을 발견하며 슬픔을 확인하면서도, 슬픔을 분출하는 자신의 우스운 외양에 주목한다. (가)는 슬픔을 확장하고 펼쳐 냄으로써, (나)는 슬프지만 슬픔과 거리를 둠으로써 이별에 대처한다.

---

① (가)에서 '실솔이 상에 울 제'는 화자가 자신의 슬픔을 주변으로 확장한 것을 보여 주는군.

② (가)에서 '부용장 적막하니 뉘 귀에 들리소니'는 화자가 외부와의 교감을 거부하고 내면에 몰입하는 모습을 드러내는군.

③ (나)에서 화자는 '소나무'가 '바람 불 적마다 흔덕'거리는 모습에서 자신과의 동질성을 발견한 것이겠군.

④ (가)의 '삼춘화류'는, (나)의 '버들'과 달리 화자의 내면과 대비되어 외부와의 단절감을 강조하는군.

⑤ (나)의 '후루룩 비쭉'하는 '입하고 코'는, (가)의 '긴 한숨 지는 눈물'과 달리 화자가 자신의 우스운 외양에 주목하여 슬픔과 거리를 두는 것을 보여 주는군.

[19~21] 다음 글을 읽고 물음에 답하시오.　　　2019.06 [32~34]

──── (해설 p.040) ────

(가)

서경(西京)이 아즐가 서경(西京)이 **셔울히마르는**
위 두어렁셩 두어렁셩 다링디리
닷곤디 아즐가 닷곤디 쇼셩경 고외마른
위 두어렁셩 두어렁셩 다링디리
여히므론 아즐가 여히므논 **질삼뵈** 브리시고
위 두어렁셩 두어렁셩 다링디리
괴시란디 아즐가 괴시란디 **우러곰 좃니노이다**
위 두어렁셩 두어렁셩 다링디리

〈제1연〉

구스리 아즐가 구스리 바회예 디신돌
위 두어렁셩 두어렁셩 다링디리
긴히똔 아즐가 긴힛똔 그츠리잇가 나는
위 두어렁셩 두어렁셩 다링디리
즈믄 히를 아즐가 즈믄 히를 외오곰 녀신돌　　[A]
위 두어렁셩 두어렁셩 다링디리
신(信)잇돈 아즐가 신(信)잇돈 **그츠리잇가** 나는
위 두어렁셩 두어렁셩 다링디리

〈제2연〉
–작자 미상, 「서경별곡」–

(나)

이 몸이 녹아져도 옥황상제 처분이요
이 몸이 싀여져도 옥황상제 처분이라
녹아지고 싀여지어 혼백(魂魄)조차 흩어지고
공산(空山) 촉루(髑髏)*같이 임자 업시 구닐다가
곤륜산(崑崙山) 제일봉의 만장송(萬丈松)이 되어 이셔
바람비 뿌린 소리 님의 귀에 들리기나
윤회(輪廻) 만겁(萬劫)ᄒ여 금강산(金剛山) 학(鶴)이 되어
일만 이천봉에 무음껏 솟아올라
ᄀ을 둘 불근 밤에 두어 소리 **슬피 우러**
님의 귀에 들리기도 옥황상제 처분이로다
흔(恨)이 뿌리 되고 눈물로 가지 삼아
님의 집 창밧긔 외나모 매화(梅花) 되어
설중(雪中)에 혼자 피어 침변(枕邊)*에 시드는 듯
월중(月中) 소영(疎影)*이 님의 옷에 **빗취어든**
어엿븐 이 얼굴을 너로다 **반기실가**
동풍이 유정(有情)ᄒ여 암향(暗香)을 불어 올려
고결(高潔)ᄒ 이내 생애 죽림(竹林)에나 부치고져

빈 낙대 빗기 들고 빈 비를 혼자 띄워
백구(白溝) 건네 저어 **건덕궁(乾德宮)**에 가고지고
–조위, 「만분가」–

* 공산 촉루 : 텅 빈 산의 해골.
* 침변 : 베갯머리.
* 월중 소영 : 달빛에 언뜻언뜻 비치는 그림자.

19 (가)와 (나)에 대한 설명으로 가장 적절한 것은?

① (가)의 '셔울'과 (나)의 '건덕궁'은 모두 화자가 현재 머무르고 있는 공간이다.
② (가)의 '질삼뵈'와 (나)의 '빈 낙대'는 모두 화자가 현재 회피하고 싶은 대상이다.
③ (가)의 '우러곰'과 (나)의 '슬피 우러'는 모두 임의 심정을 드러내고 있다.
④ (가)의 '좃니노이다'와 (나)의 '빗취어든'은 모두 임의 곁에 있고 싶은 화자의 소망을 드러내고 있다.
⑤ (가)의 '그츠리잇가'와 (나)의 '반기실가'는 모두 미래 상황에 대한 의혹을 드러내고 있다.

20 (나)에 대한 감상으로 적절하지 **않은** 것은?

① '임자 업시 구닐'던 '이 몸'이 '학'이 되어 솟아오르게 함으로써 상승의 이미지를 구현하고 있다.
② '만장송'과 '매화'라는 소재를 활용하여 임을 향한 화자의 마음을 표상하고 있다.
③ '바람비 뿌린 소리'와 '두어 소리'의 청각적 이미지를 활용하여 임에게 알리고 싶은 화자의 심정을 나타내고 있다.
④ '매화'의 '뿌리'와 '가지'를 활용하여 '흔'의 정서를 형상화하고 있다.
⑤ 'ᄀ을 둘 불근 밤'과 '월중'이라는 시간적 배경을 통해 임과 재회한 순간을 드러내고 있다.

21 〈보기〉를 참고할 때, (가)의 [A]와 〈보기〉의 [B]를 비교하여 이해한 내용으로 적절하지 <u>않은</u> 것은? [3점]

「서경별곡」의 제2연에서 여음구를 제외한 부분은 당시 유행하던 민요의 모티프를 수용한 것으로, 「정석가」에도 동일한 모티프가 나타난다. 고려 시대의 문인 이제현도 당시에 유행하던 민요를 다음과 같이 한시로 옮긴 적이 있다.

비록 구슬이 바위에 떨어져도	縱然巖石落珠璣
끈은 진실로 끊어질 때 없으리.	纓縷固應無斷時
낭군과 천 년을 이별한다고 해도	與郎千載相離別
한 점 붉은 마음이야 어찌 바뀌리오?	一點丹心何改移

[B]

① [A]와 [B]에서 '구슬'은 변할 수 있는 것을, '긴'이나 '끈'은 변하지 않는 것을 비유하는 소재로 활용하였군.

② [A]에서는 '신'을, [B]에서는 '붉은 마음'을 굳건한 '바위'로 형상화하였군.

③ [A]와 [B] 모두에서 변하지 않는 마음을 소중한 가치로 여기는 화자의 태도가 나타나는군.

④ [A]와 [B]를 보니 동일한 모티프가 서로 다른 형식의 작품으로 수용되었군.

⑤ [A]와 [B]를 보니 여음구의 사용 여부에 차이가 있군.

[22~24] 다음 글을 읽고 물음에 답하시오. 2015.06B [43~45]

────── (해설 p.045) ──

이런들 엇더ᄒ며 져런들 엇더ᄒ료
초야우생(草野愚生)이 이러타 엇더ᄒ료
ᄒ믈며 천석고황(泉石膏肓)을 고쳐 므슴 ᄒ료
〈제1수〉

연하(煙霞)로 집을 삼고 풍월(風月)로 벗을 사마
태평성대(太平聖代)에 병(病)으로 늘거 가네
이 즁에 ᄇ라는 일은 허믈이나 업고쟈
〈제2수〉

순풍(淳風)*이 죽다 ᄒ니 진실(眞實)로 거즛말이
인성(人性)이 어지다 ᄒ니 진실(眞實)로 올흔 말이
천하(天下)에 허다영재(許多英才)를 소겨 말슴홀가
〈제3수〉

유란(幽蘭)이 재곡(在谷)ᄒ니 자연(自然)이 듯디 죠해
백운(白雲)이 재산(在山)ᄒ니 자연(自然)이 보디 죠해
이 즁에 피미일인(彼美一人)*을 더옥 닛디 못ᄒ애
〈제4수〉

산전(山前)에 유대(有臺)ᄒ고 대하(臺下)에 유수(有水)
ㅣ로다
ᄯᅦ 많은 **갈매기**는 오명가명 ᄒ거든
엇더타 **교교백구(皎皎白駒)***는 멀리 ᄆᆞ음 두는고
〈제5수〉

춘풍(春風)에 **화만산(花滿山)**ᄒ고 추야(秋夜)에 **월만
대(月滿臺)**라
사시가흥(四時佳興)이 사름과 ᄒᆞ가지라
ᄒ믈며 어약연비(魚躍鳶飛) 운영천광(雲影天光)*이야
어찌 끝이 있으리
〈제6수〉
- 이황, 「도산십이곡(陶山十二曲)」 -

* 순풍 : 순박한 풍속.
* 피미일인 : 저 아름다운 한 사람. 곧 임금을 가리킴.
* 교교백구 : 현자(賢者)가 타는 흰 망아지. 여기서는 현자를 가리킴.
* 어약연비 운영천광 : 대자연의 우주적 조화와 오묘한 이치를 가
리킴.

22 윗글에 대한 설명으로 적절하지 **않은** 것은?

① 제1수에서는 화자가 자신을 드러내고 삶의 지향을 제
시함으로써 주제 의식을 환기한다.
② 제2수에 나타난 화자 자신에 대한 관심을 제3수에서
는 사회로 확대하면서 시상을 전개한다.
③ 제3수의 시적 대상을 제4수에서도 반복적으로 다룸으
로써 주제 의식을 강화한다.
④ 제4수와 제5수에서는 화자의 시선에 포착된 장면들을
배치하여 공간의 입체감을 부각하며 시상을 심화한다.
⑤ 제6수에서는 화자의 인식을 점층적으로 드러내어 주
제 의식을 집약한다.

23 윗글의 시어에 대한 이해로 적절하지 **않은** 것은?

① '연하'와 '풍월'은 화자가 자신의 삶에 대해 자족감을
갖도록 하는 소재이다.
② '순풍'과 어진 '인성'은 화자가 바라는 세상의 모습을
알려 주는 표지이다.
③ '유란'과 '백운'은 화자가 심미적으로 완상하는 대상
이다.
④ '갈매기'와 '교교백구'는 화자의 무심한 심정이 투영된
상징적 존재이다.
⑤ '화만산'과 '월만대'는 화자의 충만감을 자아내는 정경
의 표상이다.

24 윗글과 〈보기〉를 비교하여 감상한 내용으로 가장 적절한 것은? [3점]

그곳(부친에게 물려받은 별장)에는 씨 뿌려 식량을 마련할 만한 밭이 있고, 누에를 쳐서 옷을 마련할 만한 뽕나무가 있고, 먹을 물이 충분한 샘이 있고, 땔감을 마련할 수 있는 나무들이 있다. 이 네 가지는 모두 내 뜻에 흡족하기 때문에 그 집을 '사가(四可)'라고 이름을 지은 것이다.

녹봉이 많고 벼슬이 높아 위세를 부리는 자야 얻고자 하는 것은 무엇이든지 얻을 수 있지만, 나같이 곤궁한 사람은 백에 하나도 가능한 것이 없었는데 뜻밖에도 네 가지나 마음에 드는 것을 차지하였으니 너무 분에 넘치는 것은 아닐까? 기름진 음식을 먹는 것도 나물국에서부터 시작하고, 천리를 가는 것도 문 앞에서 시작하니, 모든 일은 점진적으로 되는 것이다.

내가 이 집에 살면서 만일 전원의 즐거움을 얻게 되면, 세상일 다 팽개치고 고향으로 돌아가 태평성세의 농사짓는 늙은이가 되리라. 그리고 밭을 갈고 배[腹]를 두드리며 성군(聖君)의 가르침을 노래하리라. 그 노래를 음악에 맞춰 부르며 세상을 산다면 무엇을 더 바랄 게 있으랴.

–이규보, 「사가재기(四可齋記)」–

① 윗글과 〈보기〉는 모두 지배층의 핍박에서 도피하기 위해 선택한 자연 은둔의 삶을 제시하고 있다.

② 윗글과 〈보기〉는 모두 불우한 처지에서 점진적으로 벗어날 수 있으리라는 낙관적 태도를 보여 주고 있다.

③ 윗글과 〈보기〉는 모두 유교적 가치를 존중하면서 한 개인으로서의 소망을 이루려는 모습을 드러내고 있다.

④ 윗글은 〈보기〉와 달리 삶의 물질적 여건이 마련된 후에야 자연의 즐거움을 누릴 수 있음을 강조하고 있다.

⑤ 윗글은 속세에 있으면서 자연을 동경하는 인간을, 〈보기〉는 자연에 있으면서 속세를 그리워하는 인간을 형상화하고 있다.

(가)

이런들 어떠하며 저런들 어떠하료
초야우생(草野愚生)이 이렇다 어떠하료
하물며 **천석고황(泉石膏肓)**을 고쳐 므슴하료
〈제1수〉

[A]

연하(烟霞)로 **집을 삼고** 풍월(風月)로 **벗을 삼아**
태평성대에 병으로 늙어 가네
이 중에 바라는 일은 **허물이나 없고자**
〈제2수〉

춘풍(春風)에 화만산(花滿山)하고 **추야(秋夜)에 월만대(月滿臺)**라
사시 가흥(佳興)이 **사람과 한가지라**
하물며 어약연비(魚躍鳶飛) 운영천광(雲影天光)이야 어느 끝이 있으리
〈제6수〉
－이황, 「도산십이곡」－

(나)

산가(山家) 풍수설에 동구 못이 좋다 할새
십 년을 경영하여 한 땅을 얻으니
형세는 좁고 굵은 암석은 많고 많다
옛 길을 새로 내고 **작은 연못** 파서
활수*를 끌어 들여 가는 것을 **머물게 하니**

[B]

맑은 거울 **티 없어 산 그림자** 잠겨 있다
천고(千古)에 황무지를 아무도 모르더니
일조(一朝)에 진면목을 **내 혼자 알았노라**
처음의 이 내 뜻은 물 머물게 할 뿐이더니
이제는 돌아보니 **가지가지 다 좋구나**
백석은 치치(齒齒)하여 은도로 새겨 있고
벽류는 콸콸 흘러 옥 술잔을 때리는 듯
첩첩한 산들은 좌우의 병풍이요
빽빽한 소나무는 전후의 울타리로다
구곡 상대는 층층이 둘러 있고
삼경(三逕) 송국죽(松菊竹)은 줄지어 벌여 있다
하물며 바위 벼랑 높은 위에 노송이 용이 되어 구부려 누웠거늘
운근(雲根)을 베어 내고 ㉠작은 정자 붙여 세워
띠 풀로 지붕 이고 자르지 않으니 이것이 어떤 집인가
남양의 제갈려인가 무이의 와룡암인가*
다시금 살펴보니 필굉 위언의 그림의 것이로다

무릉도원을 예 듣고 못 봤더니
이제야 알겠구나 이 진짜 거기로다
－김득연, 「지수정가」－

* 활수 : 흐르는 물.
* 남양의 제갈려, 무이의 와룡암 : 옛 현인이 은거한 거처.

(다)

　내 초로의 어느 가을날, 나는 겸재가 동해안을 따라 내려가면서 동해 승경을 화폭에 옮겼던 월송정, 망양정, 청간정, 성류굴을 일삼아 떠돌아다녔다. 망양정은 옛 기성면의 바닷가에서 지금의 근남면 산포리로 옮겨 세운 지가 140여 년이 넘어, 기성면의 ㉡옛 망양정 자리는 도로 공사로 단애의 허리가 잘리워 나가, 바닷물은 단애 끝으로부터 멀찌감치 쫓겨났고 그 사이는 시멘트 칠갑이 되어 있었다. 정자 터는 사방이 깎여져 나갔고 화폭 속의 소나무 숲도 베어져 버린 채, 그 언덕은 그저 무의미한 흙더미로 변해 있었다. 마을의 고로(古老)들도 그곳에 들어서 있던 정자를 본 일은 없었고, 다만 그들의 승조나 고조로부터 전해 오는 구전에 의해 그 흙더미가 망양정 옛터였음을 옮길 뿐이었다.

　겸재의 화폭을 마음속에 앞세우고 겸재 실경산수(實景山水)의 자리를 찾을 적에 그곳에 옛 정자가 이미 오래전에 없어져 버린 그 허전한 사태는 그다지 허전하지 않았다. 왜 그런가. 현실 속의 정자에 오르면 화폭 속의 정자는 보이지 않는다. 육신의 눈을 앞세워 정자를 찾아오는 자에게는 풍경 전체 속에서 인간세의 위치와 규모를 대표하는 상징으로서의 정자는 보이지 않는다.

(중략)

　먼 산을 그릴 때 그는 그 산과 인간 사이의 거리를 그리는 것이 아니라, **그 거리를 들여다보는 시선의 깊이를 그린다.** 먼 것들은 원근상의 거리에 의해 격리되는 것이 아니라, 깊이에 의해 자리 잡는다. 겸재의 화폭 속에서 풍경은 **가깝다는 이유만으로 사실성을 부여받지 않고** 또 멀다는 이유만으로 사실성을 박탈당하지 않는다. 대체로 그의 그림 속에서는 **인간과 인간에 직접 관련된 것들** - 정자, 집, 배, 나귀, 가마, 화분, 성곽 같은 것들이 **비교적 명료한 사실성을** 띠고 있지만, 그 사실성은 원근에 의해 정립되는 사실성이 아니라, **세계를 관찰하는 인간과의 관계 속에서 정립되는 사실성이다.**
－김훈, 「겸재의 빛」－

[C]

25 (가)~(다)의 공통점으로 가장 적절한 것은?

① 대상에 주목하여 대상과 관련된 가치를 추구하는 자세를 나타내고 있다.
② 부정적인 현실을 비판하며 좌절을 극복하려는 의지를 부각하고 있다.
③ 현실을 통찰하며 관용적 삶에 대한 지향을 보여 주고 있다.
④ 계절감을 활용하여 환경의 다양한 변화를 표현하고 있다.
⑤ 가상의 상황을 제시하여 환상적 분위기를 강화하고 있다.

26 [A], [B]에 대한 설명으로 적절하지 <u>않은</u> 것은?

① [A]의 〈제1수〉 초장은 유사한 어휘의 반복을 통해 리듬감을 형성하고 있다.
② [A]의 〈제2수〉 초장은 〈제1수〉 종장의 시상을 이어받아 자연 친화적인 모습을 드러내고 있다.
③ [B]에서는 '산 그림자'가 담긴 '작은 연못'의 경관을 묘사하여 깨끗한 자연의 형상을 보여 주고 있다.
④ [A]의 '집을 삼고'와 '벗을 삼아'는 화자와 대상의 가까운 관계를, [B]의 '끌어 들여'와 '머물게 하니'는 화자가 대상을 가까이 하려는 행동을 제시하고 있다.
⑤ [A]의 '허물이나 없고자'는 미래에 대한 화자의 바람을, [B]의 '티 없어'는 대상을 관찰하기 전에 나타난 화자의 심리를 표현하고 있다.

27 〈보기〉를 바탕으로 (가), (나)를 이해한 내용으로 적절하지 <u>않은</u> 것은? [3점]

[보기]

「도산십이곡」에서 강호는 자연의 이치와 인간이 지향하는 이치가 일치된 이상적 공간으로, 「지수정가」에서 강호는 자연에서 생활하면서 자연의 가치를 새롭게 발견할 수 있는 공간으로 나타난다. 「도산십이곡」에서는 조화로운 자연과 합일하는 화자가 등장하며, 「지수정가」에서는 자연의 구체적인 모습을 묘사하며 자연의 가치를 확인한 화자가 등장한다.

① (가)의 '초야우생'은 인간이 지향하는 이치와 자연의 이치가 일치된 공간에 존재하는 화자가 스스로를 이르는 말이겠군.
② (나)의 '내 혼자 알았노라'는 자연에서 생활하면서 자연의 가치를 발견한 화자의 심정을 드러내는 말이겠군.
③ (가)의 '천석고황'은 이상적 공간에 다다르지 못한 것에 대한 화자의 아쉬움이, (나)의 '무릉도원'은 현실적 공간을 이상적 공간으로 바라보는 화자의 인식이 나타난 말이겠군.
④ (가)의 '사람과 한가지라'는 자연의 이치와 인간이 지향하는 이치가 다르지 않음을 확인한 화자의 인식이, (나)의 '가지가지 다 좋구나'는 자연의 가치를 확인한 화자의 심정이 나타난 말이겠군.
⑤ (가)의 '춘풍에 화만산하고 추야에 월만대라'는 계절의 양상을 통해 조화로운 자연을, (나)의 '벽류는 콸콸 흘러 옥 술잔을 때리는 듯'은 화자가 발견한 자연의 아름다운 모습을 드러낸 말이겠군.

28 ㉠과 ㉡을 이해한 내용으로 가장 적절한 것은?

① ㉠은 화자가 노력을 기울여 만든 인공물이고, ㉡은 글쓴이가 의도하지 않게 찾아낸 장소이다.
② ㉠은 현실에서 명예를 실현하려는 의지를, ㉡은 현실에서 편의를 실현한 결과를 보여 준다.
③ ㉠은 화자에게 만족하며 머무르는 삶에 대해, ㉡은 글쓴이에게 허전하지 않은 이유에 대해 생각하게 한다.
④ ㉠은 화자에게 일상적인 유용성을 상실한 공간이고, ㉡은 글쓴이에게 본래적인 유용성을 상실한 공간이다.
⑤ ㉠은 화자에게 자신의 삶을 가다듬는 역할을 수행하고, ㉡은 글쓴이에게 자신의 삶을 비판하는 계기로 작용한다.

29 〈보기〉를 바탕으로 [C]를 읽은 독자의 반응으로 적절하지 않은 것은?

―――――――[보기]―――――――

겸재는 산을 그리면서도 뺄 건 빼고 과장할 것은 과장하면서 필요한 경우에는 자리를 옮겨 가면서까지 자신이 생각하는 구도로 풍경을 재구성하였다. 한 폭의 그림 속에서 물과 바다, 하늘과 땅, 그리고 정자와 인간을 포함한 모든 대상이 화가의 시선에 의해 재구성되어 회화의 구도상 의미를 지닌 자리에 놓일 때야말로 진정한 그림의 요체가 드러나기 때문에, 겸재의 그림은 실물과 똑같이 그리는 것이 능사가 아니라는 점을 증명하고 있다.

① '먼 산을 그릴 때' 그 거리에 집착하지 않는 까닭은, 실물과 똑같이 그리는 것이 능사가 아니기 때문이겠군.

② '그 거리를 들여다보는 시선의 깊이를 그린다'는 뜻은, 화가가 자신의 시선으로 풍경을 재구성하는 작업이 중요하다는 의미이겠군.

③ '가깝다는 이유만으로 사실성을 부여받지 않'는 까닭은, 대상을 표현할 때 뺄 건 빼고 과장할 것은 과장할 수 있다는 화가의 생각 때문이겠군.

④ '인간과 인간에 직접 관련된 것들'을 '비교적 명료한 사실성을 띠'도록 그린다는 뜻은, 대상을 회화의 구도상 의미를 지닌 자리로 옮겨 풍경의 원근감을 보이는 그대로 실현해야 한다는 의미이겠군.

⑤ '세계를 관찰하는 인간과의 관계 속'에서 사실성이 '정립'되는 까닭은, 화가의 의도에 따라 풍경을 재구성하는 창작 작업을 통해 그림의 요체가 드러나기 때문이겠군.

(가)

비로봉 상상두(上上頭)의 올라 보니 긔 뉘신고
동산(東山) 태산(泰山)이 어느야 놉돗던고
㉠노국(魯國) 조븐 줄도 우리는 모르거든
넙거나 넙은 천하 엇씨호야 젹닷 말고
㉡어와 뎌 디위를 어이호면 알 거이고
오르디 못호거니 느려가미 고이홀가
원통골 フ는 길로 사자봉을 추자가니
그 알피 너러바회 **화룡(化龍)쇠** 되여셰라
천 년 노룡(老龍)이 구비구비 서려 이셔
주야의 흘녀내여 창해(滄海)예 니어시니
㉢풍운(風雲)을 언제 어더 삼일우(三日雨)를 디련는다
음애(陰崖)예 이온 풀을 다 살와 내여스라
㉣마하연(摩訶衍) 묘길상(妙吉祥) 안문(雁門)재 너머
디여

[A]
　외나모 쎠근 드리 불정대(佛頂臺) 올라호니
　천심(千尋) 절벽을 반공(半空)애 셰여 두고
　은하수 한 구비를 촌촌이 버혀 내여
　실フ티 플텨이셔 뵈フ티 거러시니

도경(圖經) 열두 구비 내 보매는 여러히라
이적선(李謫仙)이 이제 이셔 고텨 의논호게 되면
여산(廬山)이 여긔도곤 낫단 말 못호려니
산중을 미양 보랴 동해로 가쟈스라
㉤남여(籃輿) 완보(緩步)호야 산영루(山映樓)의 올나호니
영롱벽계(玲瓏碧溪)와 수성제조(數聲啼鳥)는 이별을
원(怨)호는 둣

　　　　　　　　　　　　–정철, 「관동별곡」–

(나)

　얼마 후 검은 안개가 몰려오더니 서쪽에서 동쪽으로 산등성이를 휘감았다. 나는 괴이하게 여겼지만, 이곳에까지 와서 한라산의 진면목을 보지 못한다면 이는 바로 산을 쌓는 데 아홉길의 흙을 쌓고도 한 삼태기의 흙을 얹지 못해 완성하지 못하는 것이 되어, 섬사람들의 웃음거리가 되지 않을까 하는 생각이 들었다.
　마음을 굳게 먹고 곧장 수백 보를 전진해 북쪽 가의 오목 한곳에 당도하여 굽어보니, 상봉이 여기에 이르러 갑자기 가운데가 터져 구덩이를 이루었는데 이것이 바로 **백록담**이었다. 주위가 1리 남짓하고 수면이 담담한데 반은 물이고 반은 얼음이었다. 홍수나 가뭄에도 물이 줄거나 불지 않는데, 얕은 곳은 무릎에, 깊은 곳은 허리에

찼으며 맑고 깨끗하여 조금의 먼지기운도 없으니 은연히 신선이 사는 듯하였다. 사방을 둘러싼 봉우리들도 높고 낮음이 모두 균등하니 참으로 천부의 성곽이었다.
　석벽에 매달려 백록담을 따라 남쪽으로 내려가다가 털썩 주저앉아 잠깐 휴식을 취했다. 일행은 모두 지쳐서 남은 힘이 없었지만 서쪽의 가장 높은 봉우리가 최고봉이었으므로 조심스럽게 조금씩 올라갔다. 그러나 따라오는 자는 겨우 세 명뿐이었다.

[B]
　　최고봉은 평평하게 퍼지고 넓어서 그리 아찔해 보이지는 않았으나, 위로는 별자리에 닿을 듯하고 아래로는 세상을 굽어보며, 좌로는 부상(扶桑)*을 돌아보고 우로는 서쪽 바다를 접했으며, 남으로는 소주와 항주를 가리키고 북으로는 내륙을 끌어당기고 있었다. 그리고 옹기종기 널려 있는 섬들이 큰 것은 구름 조각 같고 작은 것은 달걀 같아 놀랍고 괴이한 것들이 천태만상이었다.

　『맹자』의 "바다를 본 자에게는 다른 물이 물로 보이지 않으며 태산에 오르면 천하가 작게 보인다."라는 말에 담긴 **성현**의 역량을 이로써 가히 상상할 수 있다. 또 **소동파**에게 당시에 이 산을 먼저 보게 하였다면 그의 이른바, "허공에 떠 바람을 다스리고 신선이 되어 하늘에 오른다."라는 시구가 적벽에서만 알맞지는 않았을 것이다.
　이어서 "낭랑하게 읊조리며 축융봉을 내려온다."라는 주자의 시구를 읊으며 백록담 가로 되돌아오니, 하인들이 이미 정성스럽게 밥을 지어 놓았다.

　　　　　　　　　　　–최익현, 「유한라산기」–

* 부상 : 해가 뜨는 동쪽 바다.

30 ㉠~㉤에 대한 이해로 가장 적절한 것은?

① ㉠ : 여행에 대한 경륜과 많은 지식을 가지고 있음을 반어적으로 표현하고 있다.

② ㉡ : 정치적 포부를 펼칠 만큼 높은 지위에 이르지 못한 데 대한 불만을 우회적으로 드러내고 있다.

③ ㉢ : 자신에게 험난한 역경이 다가오고 있음을 자연현상에 비유하여 표현하고 있다.

④ ㉣ : 거쳐 온 곳을 열거하면서 행위를 나타내는 서술어를 최소화하여 여정을 압축적으로 표현하고 있다.

⑤ ㉤ : 이동하는 모습을 과장되게 묘사하여 자신의 권위를 강조하고 있다.

31 (나)에 대한 설명으로 적절하지 <u>않은</u> 것은?

① 기상 상황이 좋지 않음에도 불구하고 등정을 계속하려는 이유를 제시하고 있다.

② 객관적인 사실에 자신의 소감을 추가하여 백록담의 모습을 나타내고 있다.

③ 일행 중 낙오한 이들이 있었음을 밝혀 등정 과정이 힘들었음을 드러내고 있다.

④ 최고봉에서 백록담으로 내려오는 과정을 등정 과정에 비해 간략하게 제시하고 있다.

⑤ 시구를 낭송하는 모습을 통해 등정 과정에서 있었던 일행들 사이의 갈등이 해소되었음을 함축적으로 표현하고 있다.

32 〈보기〉는 (가) 작품의 다른 부분이다. 〈보기〉와 [A], [B]를 비교한 내용으로 가장 적절한 것은?

[보기]

천근(天根)을 못내 보와 망양정(望洋亭)의 올은말이
바다 밧근 하늘이니 하늘 밧근 므서신고
긋득 노흔 고래 뉘라셔 놀내관디
블거니 쑴거니 어즈러이 구는 디고
은산(銀山)을 것거 내여 육합(六合)의 누리는 듯
오월(五月) 장천(長天)의 백설(白雪)은 므스 일고

① [A]와 〈보기〉는 모두 자연이 시간의 흐름에 따라 변화하는 모습을 표현하고 있다.

② [A]는 지상의 자연물을 천문 현상에 비유하고, 〈보기〉는 천문 현상을 지상의 자연물에 비유하고 있다.

③ [B]와 〈보기〉는 모두 인간의 접근을 허용하지 않는 자연의 냉혹함을 드러내고 있다.

④ [B]는 자연물을 의인화하여 제시하고, 〈보기〉는 자연물의 움직임을 비유적으로 표현하고 있다.

⑤ [A]와 [B]에서는 자연의 모습을 관조하고 있고, 〈보기〉에서는 자연을 통해 자신을 반성하고 있다.

33 〈보기〉를 참조하여 (가), (나)를 감상한 내용으로 적절하지 <u>않은</u> 것은? [3점]

[보기]

선비들의 산수 유람에는 와유(臥遊)와 원유(遠遊)가 있다. 와유는 일상에서 산수화나 산수 유람의 글 등을 감상하며 국내외의 여러 경치를 간접적인 방식으로 즐기는 것을 말한다. 이와 달리 원유는 이름난 경치를 직접 찾아가 실제의 자연을 즐기는 흔치 않은 체험으로, 유교에서 강조하는 호연지기를 기르는 기회가 되기도 하였다.

① (가)의 화자가 '화룡소'를 보고 감상한 부분은 다른 이들이 같은 장소를 와유할 때 활용될 수 있겠군.

② (가)의 화자는 와유를 통해 상상하던 '여산'의 모습과 원유를 통해 실제로 바라본 '여산'의 모습을 비교하며 와유의 가치를 확인하고 있군.

③ (나)의 글쓴이는 원유를 통해 '백록담'에서 실감한 자연의 형세를 묘사하고 있군.

④ (나)의 글쓴이가 정상에 올라 '성현'의 호연지기를 상상하는 데서 원유가 호연지기를 기르는 기회가 될 수 있음을 알 수 있군.

⑤ (나)의 글쓴이는 '소동파'의 시를 통해 와유했던 적벽의 모습과 원유를 통해 확인한 한라산의 모습을 비교하여 한라산의 아름다움을 강조하고 있군.

고전소설에 뚜렷하게 나타나는 클리셰를 정리하는 날입니다. 단순히 클리셰를 정리하는 것을 넘어서서, 고전소설을 공부하는 태도를 정확히 확립하도록 합시다.

고전소설은 고통받는 이들에 대한 위로이다.

흔히 '막장'이라고 하는 드라마들을 보면, 기막힌 출생의 비밀이나 재벌과 서민 사이의 사랑 등 너무나도 '뻔한 전개'를 바탕으로 하는 경우가 많습니다. 많은 사람들은 뻔한 내용으로 전개될 것임을 알면서도 '막장드라마'를 계속 보게 됩니다. 이유는 간단합니다. 재밌기 때문입니다. 그리고 이러한 전개가 재밌는 이유는 현대사회에서 많은 사람들이 가지고 있는 콤플렉스(외모 · 자산 · 가족 관계 등)를 아주 자극적으로 풀어내기 때문이라고 할 수 있습니다. 이처럼 많은 이들에게 자극적인 즐거움을 주는, 판에 박은 듯한 전개 방식을 '클리셰'라고 부릅니다. 이때 드라마를 '산문문학'의 일종으로 본다면, 우리가 수능에서 만나게 되는 '산문문학'들에도 여러 가지 '클리셰'가 들어 있다는 것을 알 수 있습니다. 그리고 이때의 '클리셰'는 당연히 당대 민중들의 콤플렉스를 건드리겠죠?

먼저 고전소설의 경우, 당대의 민중들이 전쟁 · 기아 · 흉년 · 세금 등 여러 가지 문제로 인해 '생명 유지' 자체가 목적일 정도로 아주 힘든 삶을 살았다는 점을 반영하고 있습니다. 고전소설은 이렇게 고통받는 이들을 위한 '위로' 역할을 했고, 이에 '해피엔딩 · 권선징악' 등과 같은 클리셰를 가지고 있어요. 그리고 이러한 클리셰로부터 크게 두 가지의 장르가 나타나게 됩니다.

① 영웅 소설

고전소설에서 가장 많이 등장하는 장르 중 하나는 '영웅 이야기'입니다. 앞에서도 말했듯이 조선시대 자체가 워낙 힘든 시기였기 때문에, 이때를 살았던 민중들이 자신들의 문제를 모두 해결해 줄 영웅에 대한 염원을 가지고 있었기 때문이죠. 영웅 소설은 조선시대 당시 집권층에 대해 불만이 있었던 평범한 백성들의 의식을 대변하며, 이러한 영웅의 일생을 통해 사회에 대한 비판 의식을 보이는 것이 특징입니다.

특히 여성에 대한 억압이 심했던 시대의 분위기를 반영하듯, 여성이 주인공이 되어 난관을 헤쳐 나가는 식의 작품도 많습니다. 이때는 여성 주인공이 사회에서 성공하기 위해 남장을 하는 경우도 자주 등장합니다. 이러한 영웅 소설의 경우, 작품마다 조금씩 다르지만 다음과 같은 특징을 보여요.

- 비정상적으로 출생함. (주로 사람이 아닌 모습으로 태어나거나, 하늘의 선관이 내려오는 식으로)
- 탁월한 능력을 타고남.
- 어려서 1차적인 위기를 맞음.
- 조력자를 만나 죽을 고비에서 벗어남.
- 자라서 2차적인 위기에 부딪힘.
- 위기를 극복하고 영웅으로 취급됨.

물론 이 특징이 모두 살아 있는 형태의 지문은 거의 없습니다. 다만 전반적으로 이런 느낌이라는 것만 알아주시면 될 것 같아요! 나아가 '임경업'과 같은 실존했던 영웅의 이야기를 허구화한 작품들도 이러한 영웅 소설 중 하나로 볼 수 있어요. 위의 특징을 한 마디로 하면, '고생하다 인정받는 영웅의 이야기'라고 보시면 됩니다. 당대 민중들의 가슴을 울리기에 충분한 소재라고 할 수 있겠죠?

전문을 싣지 못하는 수능에서는 위의 특징들 중 일부 장면이 등장해요. 고전소설을 읽다가 영웅의 이야기인 것이 느껴지면, 앞에서 설명한 특징 중 어느 부분이 나타나 있는지를 생각하면 더욱 쉽게 이해할 수 있을 겁니다. 쉬운 지문 하나로 예를 들어볼까요?

[13~16] 다음 글을 읽고 물음에 답하시오. 2013.11

막 씨 졸연 복통이 있어 마치 태중에 아이 놀 듯하여 점점 불러 오거늘 심히 괴이히 여겨 행여 남이 알까 근심하더니, 십 삭에 미쳐는 산점이 있어 초막(草幕)에 엎드렸더니, 해산하고 돌아보니 아이는 아니요, 금방울 같은 것이 금광이 찬란하거늘, 막 씨 대경하여 괴이히 여기며 손으로 누르되 터지지 아니하고 돌로 깨쳐도 깨어지지 아니하거늘, 이에 집어다가 멀리 버리고 돌아보니 금방울이 굴러 따라오는지라. 더욱 의심하여 집어다가 깊은 물에 들이치고 돌아오니 금방울이 물 위에 가볍게 떠다니다가 막 씨의 가는 양을 보고 여전히 굴러 따라오는지라.

막 씨 헤아리되,

'나의 팔자 기구하여 이 같은 괴물을 만나 타일에 이로 인하여 반드시 큰 화근이 되리로다.'

하고 불 땔 때에 아궁이에 들이쳤더니, 닷새 후에 헤쳐 본즉 금방울이 뛰어나오되 상하기는커녕 새로이 금빛이 더욱 씩씩하고 향내 진동하거늘, 막 씨 하릴없어 두고 보니 밤이면 품속에 들어 자고 낮이면 굴러다니며 혹 칩떠 나는 새도 잡고 나무에 올라 과실도 따 가지고 와 앞에 놓으니, 막 씨 자세히 본즉 속에서 실 같은 것이 온갖 것을 묻혀 오되 그 털이 출입이 있어 평시에는 반반하고 뵈지 아니하거늘, 추위를 당하여도 방울이 굴러 품에 들면 조금도 춥지 아니하여 엄동설한에 한데서 남의 방아를 찧어 주고 저녁에 초막으로 돌아오니 방울이 굴러 막에서 내달아 반기는 듯 뛰놀거늘 막 씨 추위를 견디지 못하여 막 속으로 들어가니 그 속이 놀랍게 더우며 방울이 빛을 내어 밝기 낮 같거늘, 막 씨 기이히 여겨 남이 알까 저어하여 낮이면 막 속에 두고 밤이면 품속에 품고 자더니, 방울이 점점 자라매 산에 오르기를 평지같이 다니며 진 데와 마른 데 없이 굴러다니되 몸에 흙이 묻지 아니하더라.

[중략 줄거리] 금방울을 탐내다 뜻을 이루지 못한 자가 금방울이 요괴롭다고 비방한다. 이에 고을 수령인 장 공은 막 씨를 잡아서 금방울을 제압하고자 하나, 오히려 금방울이 신통력을 발휘하여 장 공은 먹고 자는 것조차 여의치 않게 된다.

부인이 막 씨 놓음을 권하니 장 공이 깨닫고 즉시 막 씨를 놓으니 그날부터 침식이 여전한지라. 장 공이 막 씨의 효행을 듣고 크게 뉘우쳐 초막을 헐고 그 터에 크게 집을 지으며 정문(旌門)을 세워 잡인을 금하고 달마다 월음을 주어 일생을 편안케 하니라.

차설. 장 공이 뇌양에 온 후로 몸이 평안하나 주야 해룡을 생각하고 부인으로 더불어 슬퍼하더니, 부인이 이로 인하여 침석에 위독하여 백약이 무효하매 공이 주야 병측을 떠나지 아니하더니, 일일은 부인이 공의 손을 잡고 눈물을 흘려 왈,

"첩의 팔자 기박하여 한 낱 자식을 난중(亂中)에 잃고 지금 보전함은 요행 생전에 만나 볼까 하였더니 십여 년 존망을 모르매 병입골수하여 명이 오늘뿐이라. 구천에 돌아간들 어찌 눈을 감으리오? 바라건대 공은 길이 보중하소서."

하고 인하여 명이 진하니, 장 공이 낯을 대고 애통하여 자로 기절하매 좌우가 붙들어 구호하더니, 밖에서 방울이 굴러 부인 시신 앞으로 들어가거늘, 모두 보니 풀잎 같은 것을 물어다 놓고 가는지라. 급히 집어 보니 나뭇잎 같은 것이로되 가늘게 썼으되 '보은초(報恩草)'라 하였거늘, 공이 대희 왈,

"이는 막 씨가 보은한 것이로다."

하고, 그 풀을 부인 입에 넣으니, 식경 후에 부인이 몸을 운동하여 돌아눕거늘, 좌우가 울음을 그치고 수족을 주무르니 그제야 부인이 숨을 길게 쉬는지라. 공이 병을 물은대, 부인이 자고 나매 정신이 씩씩하다고 대답하니, 공이 대열하여 방울의 수말을 다하고 못내 기뻐하더라.

그 후로 부인의 병세 과연 평복되니 부인이 친히 막 씨의 집에 가 재생지은(再生之恩)을 만만사례하고 맺어 형제 되매, 그 후로는 방울이 굴러 부인 앞에 오거늘 장 공 부부 사랑하여 손에 놓지 아니하니, 방울이 아는 듯 이리 안기며 저리 품기어 영민함이 사람 뜻대로 하는지라, 이름을 '금령(金鈴)'이라 했다.

– 작자 미상, 「금방울전」 –

밑줄 친 부분 위주로 읽으면 영웅 소설의 전형적인 특징을 살필 수 있는 지문입니다. 사람이 아닌 '방울' 형태로 태어난다는 점에서 상당히 기이한 출생을 하고, 아궁이에 들어가게 되는 것처럼 시련을 겪다가도 다시 아무렇지 않게 나오는 비범한 능력을 가졌으며, '장 공'과 같은 인물에 의해 고난을 겪어도 위기를 탈출했다가 '부인'에게 신비한 능력을 발휘하여 결국 영웅으로 인정받는 흐름이죠. 상당히 진부한 클리셰의 느낌이 오죠?

② 애정 소설

다음 장르는 '사랑'에 대한 이야기입니다. 현대소설이나 드라마, 영화처럼 고전소설에서도 애틋하고 감동적인 사랑 이야기가 많습니다. 이렇게 전형적인 애정 소설에 쓰인 클리셰는 우리가 알고 있는 현재의 뻔한 멜로드라마의 전개와 다르지 않습니다. 운명처럼 만나 사랑을 하다가, 그 사랑이 특정한 계기를 바탕으로 위기에 처하고, 모든 위기가 제거된 뒤 행복한 결말을 맺는 식이죠. 요즈음의 소설·영화 등에는 평범한 주인공들끼리의 사랑 이야기가 많이 등장하기도 하지만, 고전소설에서는 대부분 선남선녀들의 사랑을 다루고 있다는 점이 큰 특징입니다. 또한 영웅 소설처럼 비현실적인 이야기도 많이 등장하구요.

그런데 고전소설에서는 약간 지저분한(?) 사랑을 다루는 경우가 많습니다. 조선시대는 본처(정식 아내) 외에 여러 명의 첩을 두는 것을 허용하는 '축첩 제도'를 운영했기 때문에, 양반의 첩이었던 여성들과 그 자식들의 애환이 이만저만이 아니었어요. 우리가 '아버지를 아버지라 부르지 못하고'라는 대사로 익히 알고 있는 〈홍길동전〉 역시 이런 문제를 꼬집고 있는 작품 중 하나죠. 이 경우 본처에 의한 차별, 혹은 그를 이기지 못한 첩의 질투심 등으로 인해 가정 파괴가 일어나는 형태의 전개가 많습니다. 물론 이 경우 작품의 주제는 '권선징악'이기에, 처음 화를 불러 온 인물이 결국 벌을 받는 식으로 마무리됩니다. 착한 피해자인 주인공의 이야기는 대부분 해피엔딩이지만, 화를 불러 온 인물이 벌을 받을 수 있는 계기를 마련하기 위해 죽는 경우도 많아요.

사실 클리셰라고 할 것도 없는 뻔한 내용이지만, '애정 소설'의 특징을 정리해보자면

– 주인공 중 최소 한 명은 비범한 능력을 가지고 외모도 출중한 선남선녀임.
– 반드시 위기를 맞이함. 보통은 외부적 요인.
– 그 위기는 어떻게든 해결됨. (해결 과정에서 비현실적 요소가 개입되는 경우도 많음.)
– 악인은 벌을 받고, 선인인 주인공은 행복한 결말을 맞음. (죽어도 다시 살아나거나, 이후 행복하게 살거나)
– 물론 주인공이 죽는 경우도 있음. 이 경우 주인공의 죽음은 사건 해결의 결정적 단서가 됨.

정도로 볼 수 있겠네요. 영웅 소설과 마찬가지로 위의 특징들이 살아 있는 부분들이 선택적으로 제시가 되기 때문에, 지문을 읽어나가면서 이 클리셰들을 적절하게 활용하시면 됩니다.

그럼 이번에도 예시 하나만 들어볼까요?

[16~19] 다음 글을 읽고 물음에 답하시오. 2010.11

이때 만복사는 이미 허물어져 승려들은 구석진 방에서 살고 있었다. 법당 앞에는 행랑만이 쓸쓸히 남아 있었고, 그 끝에는 좁은 판자방 하나가 있었다.

양생이 여인을 불러 그곳으로 들어가니 여인은 별 주저함 없이 따라갔다. 서로 이야기를 나누며 즐기는 것이 보통 사람과 다름없었다.

이윽고 밤이 깊어지자 달이 동산에 떠올라 달그림자가 창살에 비쳤다. 문득 발자국 소리가 들렸다. 여인이 묻기를,

"누구냐? 시녀가 왔느냐?"

시녀가 말하기를,

"예, 접니다. 요즘 아가씨께서는 중문 밖을 나가지 않으셨고 뜰 안에서도 좀처럼 걷지 않으셨습니다. 그런데 엊저녁에는 우연히 나가시더니 어찌 이 먼 곳까지 오셨습니까?"

라고 하였다. 이에 여인이 말하기를,

"오늘 일은 아마도 우연이 아닌가 보다. 하늘이 도우시고 부처님이 돌보셔서 한 분 고운 님을 만나 백년해로하기로 했느니라. 부모님께 알리지 않은 것은 비록 명교의 법전에는 어긋나지만, 서로 즐거이 맞이하게 되니 이 또한 평생의 기이한 인연일 것이다. 너는 집에 가서 앉을 자리와 술, 과일을 가져오너라."

시녀는 그 분부에 따라 돌아갔다. 이윽고 뜰에는 술자리가 베풀어졌는데, 밤은 이미 사경(四更)에 가까웠다.

시녀는 앉을 자리와 술상을 품위 있게 펼쳐 놓았는데, 기구들이 모두 말쑥하며 무늬라고는 찾아볼 수 없었다. 술에서는 진한 향기가 풍겨 나왔는데 정녕 인간 세상의 것은 아니었다.

양생은 의심이 나고 괴이하게 생각하는 바도 있었

다. 하지만 여인의 말씨와 웃음이 맑고 고우며 몸가짐과 용모가 얌전했으므로, 틀림없이 귀한 집 처녀가 몰래 나온 것이려니 생각하고는 더 의심치 않았다.

여인은 시녀에게 노래를 불러 술을 권하도록 하고는, 양생에게 말했다.

"이 아이는 옛 가곡을 그대로만 부릅니다. 제가 새로운 가사를 하나 지어서 술을 권해 드려도 될까요?"

양생은 기뻐하며 대답했다.

"예."

여인은 만강홍 곡조에 맞추어 가사를 지어 시녀에게 부르게 했다.

(중략)

잔치가 끝나자 작별하게 되었다. 여인이 은주발 하나를 내어 양생에게 주며 말했다.

"내일 보련사에서 부모님께서 제게 음식을 내려 주십니다. 만약 저를 버리지 않으신다면, 길가에서 기다리고 계시다가 함께 절로 가셔서 부모님께 인사를 드려 주십시오."

"좋소."

이튿날 양생은 여인이 시킨 대로 주발을 쥐고 서서 보련사로 가는 길가에서 기다리고 있었다. 과연 어떤 귀족 집안에서 딸의 대상(大祥)을 치르기 위해 수레와 말을 길게 이끌고 보련사를 찾아가고 있었다. 그때 길가에서 한 서생이 주발을 들고 서 있는 것을 본 종이 주인에게 말했다.

"아가씨 장례 때 함께 묻었던 물건을 어떤 사람이 훔쳐서 가지고 있습니다."

"뭐라고?"

"저 서생이 가지고 있는 주발을 보십시오."

주인은 말을 몰아 양생에게 다가가 그 연유를 물었다. 양생은 그 전날 여인과 약속한 일을 그대로 이야기했다. 여인의 부모는 놀라고 의아하게 생각하더니 이윽고 입을 열었다.

"내겐 딸만 하나 있었네. 그런데 그 아이는 왜구들의 난리 때 싸움의 와중에 죽고 말았지. 정식으로 장례도 치르지 못해서 개령사 옆에다 임시로 묻어 두고, 장사를 미루어 오다가 오늘에 이르게 되었네. 오늘이 벌써 대상 날이라 재(齋)를 올려 명복이나 빌어 줄까 해서 가는 길일세. 자네가 약속을 지키려거든 내 딸을 기다리고 있다가 같이 오게. 그리고 조금도 놀라지 말게."

말을 마치고 부모는 먼저 보련사로 떠나고, 양생은 우두커니 서서 기다리고 있었다. 약속한 시간이 되자 과연

한 여인이 시녀를 데리고 하늘거리며 왔다. 그 여인이었다. 그들은 서로 기뻐하며 손을 잡고 절 안으로 들어갔다.

여인은 부처님께 절을 올리고 하얀 휘장 안으로 들어가는데 친척들과 승려들은 모두 그녀를 보지 못하고 오직 양생만이 볼 수 있었다. 여인이 양생에게 말했다.

"진지 드시죠."

양생은 여인의 말을 그녀의 부모에게 전했다. 부모가 시험 삼아 함께 밥을 먹도록 명했더니 수저 놀리는 소리만이 들릴 뿐이었지만, 인간이 먹는 것과 조금도 다름이 없었다. 여인의 부모는 이에 경탄해 마지않더니, 양생에게 그곳에서 여인과 함께 머물도록 권했다. 밤중에 그들의 이야기 소리가 낭랑히 들렸지만 사람들이 가만히 엿들으려 하면 갑자기 중지되곤 했다.

-김시습, 「만복사저포기」-

전형적인 애정 소설입니다. 이번에도 밑줄 친 부분 위주로 읽으면 애정 소설의 주요 클리셰를 확인할 수 있어요.

'양생'과 '여인'은 '기이한 인연'을 맺습니다. 이것은 이들 중 최소 한 명이 특별한 사람임을 암시하겠죠? 실제로 '여인'은 인간 세상의 사람이 아니었고, '왜구들의 난리' 때 죽었다는 위기를 겪는 상태였습니다. '여인'을 버리지 않은 '양생'의 믿음으로 둘은 다시 만나게 되고, 기이한 형태의 데이트를 벌이는 모습이네요.

지문이 그리 어렵지 않지만, 이런 식으로 곳곳에 숨어 있는 클리셰를 미리 알고 있다면 훨씬 쉽게 읽어낼 수 있겠죠?

이처럼 고전소설은 뻔하디 뻔한 클리셰가 범벅된 경우가 많기 때문에, '경험'을 조금만 쌓으면 상당히 빠르게 실력을 올릴 수 있습니다. 다르게 말하면, '경험'이 제대로 쌓이지 않을 경우에는 어려운 느낌을 받을 수 있다는 것이겠죠? 기출이든 사설이든 여기저기서 수많은 고전소설들을 접하고, 모르는 단어는 찾아보고, 클리셰에 주목하고, 인물관계를 처리하는 연습을 하고... 이런 과정들을 거치다보면 어느 순간 고전소설을 아주 쉽게 처리하는 자신을 발견할 수 있을 거예요. 그날이 올 때까지 파이팅해 봅시다! 여기에 앞에서 배운 이 시기의 '유교적 세계관', 그리고 '인물에 대한 공감'이라는 산문문학의 기본 포인트도 잊지 않았죠? 계속 활용할 수 있어야 합니다.

(가)

　　일일은 박씨가 계화를 불러 왈, "대감께 여쭐 말이 있으니 아뢰거라."

하니, 계화 명을 받아 공께 아뢰니, 공이 즉시 ㉠내당에 들어가 묻기를, "무슨 말인지 듣고자 하노라."

　　박씨 아뢰기를, "명일 종로에 각처 사람들이 말을 팔려고 모였을 것이니, 노복에게 그중에서 비루하고 파리하여 모양이 볼 것 없는 말을 삼백 냥을 주고 사 오게 하소서."

　　공이 들음에 허황하나 자부가 범인과 다름을 알고 즉시 허락하며 근실한 노복들에게 분부 왈, "명일 종로에 가면 말 장사들이 있을 것이니, 그중에서 비루하고 파리한 말 하나를 삼백 냥을 주고 사 오라."

하며 돈을 주니, 노복들이 받아 가지고 나와 서로 이르되, "대감께서 무슨 연고로 비루하고 파리한 말을 삼백 냥이나 주고 사 오라 하시는고?"

하고 서로 의혹해 하며, 이튿날 삼백 냥을 가지고 ㉡종로에 나가 본즉 과연 여러 말이 있더라.

　　　┌ 그중에 비루하고 파리한 말을 골라 임자를 찾아 값을 물으니 임자가 말하기를, "그 말 값은 닷 냥이오. 좋은 말이 많거늘 어찌 저런 용렬한 것을 사려 하시오?"

　　　노복이 대왈, "우리 대감의 분부가 그러하오."

　　하니 장사 왈, "그러면 닷 냥만 내고 가져가시오."

　　하니 노복이 말하되, "우리 대감께서 삼백 냥을 내
[A] 고 사 오라 하시니 삼백 냥을 받고 주시오."

　　한데, 장사 왈, "본값이 닷 냥인데 어찌 비싼 값을 받으리오?"

　　하니 노복이 말하되, "대감 분부대로 주는 것이니 여러 말 말고 받으시오."

　　하며 주거늘 장사가 사양하고 받지 않거늘 노복이 마지못해 억지로 백 냥을 주고 이백 냥은 감추고
　　　└ 돌아오더라.

　　노복이 대감에게 말을 사 왔다 아뢰니, 공은 즉시 자부를 부르니, 박씨 노복에게 말을 가져오라 하며 말을 한참 보다가 말하기를, "말 값이 삼백 냥을 주어야 쓸 데 있거늘 무지한 노복이 말 장사에게 백 냥만 주고 이백 냥은 감추었으니 도로 주거라 하옵소서."

　　공이 이 말을 듣고 박씨의 신명함을 탄복하고 즉시 ㉢외당에 나와 노복들을 불러 꾸짖기를, "너희들이 말 값을 제대로 주지 않고 백 냥만 주고 왔으니 상전을 기

망한 죄는 나중에 중치하려니와 감춘 돈은 말 주인에게 주고 오라. 만일 지체하면 목숨을 보전치 못하리라."

하니 노복들이 사죄 왈, "이같이 명백하시니 어찌 기망하오리까? 과연 대감 분부대로 말 장사에게 삼백 냥을 준즉 말 값이 닷 냥이라 하고 받지 아니하옵기로 억지로 백 냥만 주고 이백 냥은 감추었으니, 이렇듯 신령하옵시면 소인들의 죄는 만사무석이로소이다."

하고 즉시 ㉣종로에 나가 말 장사를 찾아 돈 이백 냥을 주며 왈, "이 사람아, 주는 돈을 고집하고 받지 아니하더니 우리 등이 상전에게 죄를 당하게 되니 어찌 통분치 아니리오?"

하며 이백 냥을 억지로 맡기고 돌아오더라.

　　박씨 말을 기른 지 삼년에 준총(駿驄)이 되어 걸음은 비호(飛虎) 같은지라. 박씨가 공께 왈, "모월 모일에 명나라 사신이 올 것이니, 그 말을 가져다 ㉤사신 오는 길에 놓으면 사신이 사려 할 것이며, 값은 삼만 냥이라 하고 팔아 오라 하소서."

　　　┌ 공이 듣고 자부 말대로 노복을 불러 분부한 후 사신 오기를 기다리더라.

　　　과연 그날 사신 나오니, 사신이 말을 보고 파는가 묻거늘 노복 왈, "파는 말이니다."

　　　사신이 또 묻기를, "값을 얼마나 받으려 하느냐?"

　　　노복이 답 왈, "값은 삼만 냥이로소이다."
[B]
　　　사신이 대희하여 삼만 냥을 아끼지 아니하고 사 가더라.

　　　노복들이 받아 가지고 돌아와 공께 말 팔던 사연을 낱낱이 아뢰고, 공은 삼만 금을 얻음에 가산이 부요하니 박씨에게 물어 왈, "삼만 냥을 받았으나
　　　└ 아지 못게라. 어떤 연고인고?"

　　박씨 아뢰기를, "그 말은 곧 천리 준총마로 조선은 작고 조만간 쓸 곳이 없으나, 사신은 준마를 알아보고 삼만 금을 아끼지 아니하고 사 갈 것이니 그런 고로 사신에게 팔았나이다."

　　공이 듣고 왈, "너는 여자이나 명견만리하니 진실로 아깝도다. 만일 남자였던들 보국 충신이 될 것을 여자임이 한이로다."

하며 탄식하더라. 박씨 무릎을 꿇고 왈, "소부의 원하는 바는 가군이 과거에 급제하여 부모에게 영화를 뵈옵고 입신양명하여 나라를 충성으로 돕고, 소부는 다만 유자 유손하고 만수무강하오면 죽어도 무한이로소이다."

하거늘 공이 그 말을 들음에 못내 탄복하더라.

-작자 미상, 「박씨전」-

(나)

　그녀는 늘 우하형에게 비변사 서리를 통하여 조보(朝報)*를 구입해 오게 하여 보는데, 대개 열흘 만에 도착했다. 그녀는 조보를 통해서 조정 일을 헤아리고 전관(銓官)*이 누가 될 것인가를 미리 알아맞히는데 귀신같아 열에 하나도 틀림이 없었다. 그리하여 우하형으로 하여금 다음 전관이 될 사람에게 미리 손을 써 평안도 물화를 긁어모아 정성으로 바치니, 그 효험이 십분 나타나게 되었다. …(중략)… 봉급이 점차 불어서 위로 섬김도 더욱 풍부하여 앞길이 날로 양양해졌다. 그리고 순차로 승진하여 마침내 절도사에 이르렀다.

　우하형은 나이 칠십이 되어 집에서 삶을 마쳤다. 그녀는 자식들을 위로하며, "영감께서는 시골 무관으로 지위가 절도사에 이르렀고 고희 가까이 사셨으니, 당신이 보아도 유감이 없을 것이요, 자식들은 과히 애통할 것이 없소. 나의 일을 두고 말하더라도 여자가 지아비를 섬김에 자기 공치사는 아니지만 오랫동안 벼슬길을 도와서 높은 지위에 이르시도록 했으니, 내 소임 역시 다한 셈이라 또 무엇을 슬퍼하겠소."
하고 겨우 장례 기간이 지나자 그녀는, "영감이 살아 계실 때에는 내가 집안을 맡았지만 영감이 돌아가신 뒤에는 큰며느리가 마땅히 이 집의 주인이 되어야 하오. 나는 한 서모(庶母)에 불과하니 가정을 큰며느리에게 맡기겠소."
하고는 창고에 저장하고 농 속에 담아둔 재물을 기록하여 열쇠와 함께 내주었다.

　큰며느리가 울며 사양하기를, "서모님이 우리 집에서 얼마나 공로가 많으셨는지요. 아버님이 이제 별세하셨으니 저희는 아버님이 하셨던 것처럼 서모님을 의지하겠어요. 집안일 모두를 예전같이 하고 싶은데, 서모님께서는 왜 이런 말씀을 하시는지요?"
　그러나 그녀는 큰며느리에게 기어이 집안을 맡겼다.

-작자 미상, 「조보」-

* 조보 : 승정원에서 재결 사항을 기록하여 반포하던 관보.
* 전관 : 문무관을 선발하는 일을 맡아보던 벼슬아치.

01 (가)의 내용에 대한 이해로 적절한 것은?

　① 계화는 박씨의 말을 듣고 자신이 짐작한 바를 공에게 전달하고 있다.
　② 공은 말을 사라는 박씨의 말을 듣고 한탄하다가 제안을 받아들이고 있다.
　③ 노복은 말을 사 오라는 공의 명을 받고 의심 없이 행동하고 있다.
　④ 박씨는 노복이 사 온 말을 관찰하면서 자기 안목에 대해 불만을 표현하고 있다.
　⑤ 노복들은 자신들이 돈을 감춘 죄가 드러나자 그 책임을 장사에게 전가하고 있다.

02 ㉠~㉤에 대한 설명으로 적절하지 <u>않은</u> 것은?

　① ㉠에서 박씨가 공에게 요청한 바가 ㉡에서 제대로 이행되지 않았음이 ㉢에서 확인된다.
　② 박씨가 ㉠에서 공에게 받았던 신뢰는 ㉤에서 타당성이 확인된다.
　③ ㉡에서 노복들이 공에게 보인 신뢰는 ㉢에서 행해진 공의 꾸짖음을 거치면서 동요된다.
　④ 노복은 ㉡에서 한 거래로 인해 ㉣에서의 행위를 해야만 했다.
　⑤ 박씨가 ㉡에서의 사건을 문제 삼은 이유는 ㉤에서의 사건을 가능하게 하기 위함이다.

03 [A]와 [B]에 대한 설명으로 가장 적절한 것은?

　① [A]의 임자와 [B]의 공은 모두 팔린 말의 진가를 알지 못하고 있다.
　② [A]의 노복과 [B]의 사신은 모두 말을 사려는 사유를 밝히고 있다.
　③ [A]의 노복은 [B]의 사신과 달리 사려는 말의 진가를 알고 있다.
　④ [B]의 사신은 [A]의 노복과 달리 상대의 의도에 대해 의혹을 품고 있다.
　⑤ [A]에서는 임자가 받으려는 값대로, [B]에서는 사신이 지불하려는 값대로 말 값을 정했다.

04 (나)의 '그녀'에 대한 평가로 적절하지 <u>않은</u> 것은?

① 조보를 읽고 전관이 될 사람을 짐작했다는 점에서는, 정보의 가치를 인지하고 이를 적극적으로 활용했다고 볼 수 있겠군.

② 공적 정보인 조보를 사익을 위해 이용했다는 점에서는, 조보의 공적 가치를 훼손했다고 볼 수 있겠군.

③ 긁어모은 물화로 청탁을 하여 남편을 절도사까지 이르게 했다는 점에서는, 인사 제도의 공정성을 침해했다고 볼 수 있겠군.

④ 장례 중에는 자식들을 위로하고 장례 후에는 집안을 챙겼다는 점에서는, 서모의 신분임에도 불구하고 자식들에게 귀감이 된다고 볼 수 있겠군.

⑤ 남편의 사후 집안일 모두를 남편이 살아 있을 때와 달리하려했다는 점에서는, 신분의 한계를 뛰어넘으려 했다고 볼 수 있겠군.

05 〈보기〉를 참고하여 (가)와 (나)를 이해한 내용으로 적절하지 <u>않은</u> 것은? [3점]

> ─────[보기]─────
>
> 　한글 고소설 「박씨전」이 신이한 능력을 지닌 여성을 허구적으로 보여 줌으로써 여성 독자들의 소망에 부응했다면, 한문 야담 「조보」는 현실적이면서 비범한 능력을 지녔던 실재의 여성을 제시함으로써 식자층 남성 독자들의 관심을 끌었다. '박씨'는 남성보다 우월한 능력을 지녔지만 결국 전통적인 부인의 삶에 만족하고, '그녀'도 탁월한 혜안을 지녔지만 서모로서의 삶에 만족한다. 두 작품은 잠재된 능력을 인정받지 못하여 남성에게 종속된 존재로 간주되었던 여성상을 탈피하여 새로운 여성상을 모색했다. 그러나 「박씨전」은 새로운 여성상에 대한 자유로운 상상에, 「조보」는 새로운 여성상에 대한 사회적 제한에 치중했다. 두 작품은 서로 주목하는 바를 달리하여 새로운 여성상을 형상화했다는 점에서 고소설과 야담의 상호 보완성을 잘 보여 준다.

① (가)에서 '공'이나 '노복'이 짐작하지 못하는 지략을 발휘한 '박씨'의 모습에서, 고소설의 여성 독자가 소망하였던 여성상을 확인할 수 있다.

② (나)에서 '그녀'가 '우하형'의 성공을 위해 노력하는 모습에서, 비범한 능력을 지녔지만 그 능력을 가정의 융성으로만 발휘하였던 실재 여성의 모습이 구현되었음을 확인할 수 있다.

③ (가)에서 '박씨'의 말을 '공'이 따르고, (나)에서는 '그녀'의 말을 '우하형'이 따르는 데에서, 남성에 종속되지 않는 새로운 여성상이 추구되고 있음을 확인할 수 있다.

④ (가)의 '박씨'는 신이한 능력을, (나)의 '그녀'는 남다른 수완을 지녔다는 점에서, 당대 여성의 사회적 제한에 대해 여성 독자가 남성 독자보다 현실적으로 인식하고 있음을 확인할 수 있다.

⑤ (가)에서 보국 충신이 될 만한 '박씨'가 유자유손을 원한다고 말하고, (나)에서 집안에 공로가 많았던 '그녀'가 '큰며느리'에게 가정을 맡기는 데에서, 전통적 부인의 삶과 서모의 삶이 형상화되었음을 확인할 수 있다.

— (해설 p.074) —

이때 예부 상서 진량을 황제 가장 총애하시니 진량이 의기양양하고 교만 방자한지라, 정 상서 일찍 진량이 소인인 줄 알고 황제께 간하되 황제 종시 그렇지 않다 하심에, 진량이 이 일을 알고 정 상서를 해하려 하더라. 차시 황제의 탄생일이 되었는지라, ㉠마침 정 상서 병이 있어 상소하고 참석지 못하였더니 황제 만조백관더러 묻기를,

"정 상서의 병이 어떠하더뇨?"

하시고 사관을 보내려 하시니 진량이 나아가 왈,

"정 상서는 간악한 사람이라 그 병세를 신이 자세히 아옵니다. 상서가 요사이 황제께 조회하는 것이 다르옵고 신이 상서의 집에 가오니 상서의 말이 수상하옵더니 오늘 조회에 불참하오니 반드시 무슨 생각 있는 줄 아나이다."

황제 대경하여 처벌하려 하시거늘 중관이 아뢰길,

"정 상서의 죄 명백함이 없으니 어찌 벌로 다스리오리까?"

황제 듣지 않고 절강에 귀양을 정하시니 중관이 명을 듣고 정 상서의 집에 나아가 황명을 전하니, 상서 크게 울며,

"내 일찍 국은을 갚을까 하였더니 소인의 참언을 입어 이제 귀양을 가니 어찌 애달프지 않으리오."

하고 칼을 빼어 서안을 치며 말하기를,

"소인을 없애지 못하고 도리어 해를 입으니 누구를 원망하리오."

하며 눈물을 흘리니 부인은 애원 통도하고 친척 노복이 다 서러워하더라.

사관이 재촉 왈,

"㉡황명이 급하오니 수이 행장 차리소서."

정 상서가 일변 행장을 준비하여 부인더러 이르기를,

"나는 천만 의외에 귀양 가거니와 부인은 여아를 데리고 조상 제사를 받들어 길이 무탈하소서."

하고 즉시 발행할새, 모녀 가슴이 막혀 아무 말도 못하더라. 정 상서 여러 날 만에 귀양지에 이르니 절강 만호가 관사를 깨끗이 하고 정 상서를 머물게 하더라.

차설. 정 상서 적거한 후로 슬픔을 머금고 세월을 보내더니 석 달 만에 홀연 득병하여 마침내 세상을 영결하니 절강 만호 슬퍼 놀라 황제께 ⓐ장계로 보고하고 부인께 기별하니라. 이때 부인과 정수정이 정 상서를 이별하고 눈물로 세월을 보내더니 일일 문득 시비 고하되,

"절강에서 사람이 왔나이다."

하거늘 부인이 급히 불러 물으니 답하기를,

"㉢정 상서께서 지난달 보름께 별세하셨나이다."

하는지라. 부인과 정수정 이 말을 듣고 한마디 소리를 내며 혼절하니 시비 등이 창황망조하여 약물로 급히 구함에 오랜 후에야 숨을 내쉬며 눈물이 비 오듯 하더라.

[중략 부분의 줄거리] 남장을 한 정수정은 장원 급제한 뒤 북적을 물리친다. 이후 황제에게 자신이 여성임을 밝히고 정혼자인 장연과 혼인한다. 호왕이 침공하자 정수정은 대원수, 장연은 중군장으로 출전한다.

㉣대원수 호왕에 승리하여 황성으로 향할새 강서 지경에 이르러 한복더러 묻기를,

"진량의 귀양지가 여기서 얼마나 되는가?"

"수십 리는 되나이다."

대원수 분부하되 철기를 거느려 결박하여 오라 하니 한복 등이 듣고 나는 듯이 가 바로 내실로 들어갈새 진량이 대경하여 연고를 묻거늘 한복이 칼을 들어 시종을 베고 군시를 호령하여 진량을 결박하여 본진으로 돌아와 대원수께 고하되, 대원수 이에 진량을 잡아들여 장하에 꿇리고 노기 대발하여 부친 모해하던 죄상을 문초하니 진량이 다만 살려 달라 빌거늘, 대원수 무사를 호령하여 빨리 베라 하니 이윽고 무사 진량의 머리를 드리거늘, 대원수 **제상을 차려 부친께 제사 지내**더라.

황제께 ⓑ첩서를 올려 승전을 알리고, 중군장 장연을 기주로 보내고 대군을 지휘하여 경사로 향하여 여러 날 만에 궐하에 이르니, 황제 백관을 거느려 대원수를 맞아 치하하시고 좌각로 평북후를 봉하시니 대원수 사은하고 청주로 가니라.

차설. 장연이 기주에 이르러 모친 태부인 뵈옵고 전후 사연을 고하되 태부인이 듣고 통분 왈,

"너를 길러 벼슬이 공후에 이르니 기쁨이 측량없던 차에 **전쟁터에서 부인에게 욕을 보고 돌아올 줄** 어찌 알았으리오."

장연의 다른 부인들인 원 부인과 공주가 아뢰기를,

"정수정 벼슬이 높으니 능히 제어치 못할 것이요, 저 사람 또한 대의를 알아 삼가 화목할 것이니 이제는 노하지 마소서."

태부인이 그렇게 여겨 이에 시녀를 정하여 서찰을 주어 청주로 보내니라. 이때 정수정은 전쟁에서 **장연 징계한 일로 심사 답답**하더니 시비 문득 아뢰되 기주 시녀 왔다 하거늘 불러들여 ㉤서찰을 본즉 태부인의 서찰이라. 기뻐 즉시 회답하여 보내고 익일에 행장 차려 갈새,

홍군 취삼으로 봉관 적의에 명월패 차고 수십 시녀를 거
느려 성 밖에 나오니, 한복이 정수정을 **호위**하여 기주에
이르러 **태부인께 예**하고 두 부인으로 더불어 예필 좌정
함에, 태부인이 지난 일에 조금도 거리낌이 없으니, 정수
정 또한 태부인을 지성으로 섬기더라.

-작자 미상, 「정수정전」-

06 윗글의 인물에 대한 이해로 적절하지 <u>않은</u> 것은?

① '황제'는 자신이 총애하는 사람의 말을 듣고 정 상서를
처벌하기로 결심한다.

② '중관'은 정 상서를 처벌하기에는 그 죄가 분명하지 않
음을 황제에게 주장한다.

③ '정 상서'는 자신이 소인의 참언 때문에 뜻하지 않게
귀양을 가게 되었다고 생각한다.

④ '한복'은 대원수의 명령에 따라 진량의 귀양지로 가서
그의 죄를 묻고 처벌을 내린다.

⑤ '원 부인'과 '공주'는 정수정이 도리를 지켜 원만하게
지낼 것임을 내세워 태부인을 진정시킨다.

07 ㉠~㉤에 대한 이해로 적절하지 <u>않은</u> 것은?

① ㉠으로 진량에게는 정 상서를 모함할 기회가 생긴다.

② ㉡으로 정 상서는 비보가 전해질 것을 짐작하게 된다.

③ ㉢으로 부인과 정수정은 충격을 받고 정신을 잃게 된다.

④ ㉣로 정수정은 황제로부터 노고에 대한 보답을 받게
된다.

⑤ ㉤으로 정수정은 걱정을 덜며 떠날 채비를 하게 된다.

08 ⓐ, ⓑ에 대한 이해로 가장 적절한 것은?

① ⓐ는 자신의 귀양살이를 보고할 목적으로 작성되었다.

② ⓐ는 황제와의 갈등을 해결하기 위한 목적으로 작성
되었다.

③ ⓑ는 호왕과 벌인 전쟁의 결과를 보고할 목적으로 작
성되었다.

④ ⓑ는 황제를 직접 만나 보고하는 것을 피할 목적으로
작성되었다.

⑤ ⓐ와 ⓑ에 담긴 소식은 황제 외의 사람들에게는 알려
지지 않았다.

09 〈보기〉를 참고하여 윗글을 감상한 내용으로 적절하지 <u>않은</u> 것은? [3점]

> [보기]
>
> 정수정은 국가적 위기를 해결하는 영웅이자, 부친
> 의 원수를 갚는 효녀이고, 부녀자로서의 덕목을 지
> 녀야 하는 장씨 가문의 여성이다. 정수정은 주어진
> 상황과 조건에 따라 세 역할 사이에서 갈등하기도
> 하지만, 결과적으로는 모든 역할에 충실하며 다양
> 한 능력과 덕목을 갖춘 인물로 형상화된다.

① '진량의 귀양지가 여기서 얼마나 되는'지 묻는 '대원수'
의 발언에서, '진량'을 찾아 부친의 한을 풀어 주려는
'정수정'의 효녀로서의 면모가 드러남을 알 수 있군.

② '제상을 차려 부친께 제사 지내'는 '대원수'의 모습에
서, '정수정'은 부친의 원수를 갚는 효녀로서의 소임
을 수행하여 죽은 부친의 넋을 위로하고 있음을 알 수
있군.

③ '장연'이 '전쟁터에서 부인에게 욕을 보고 돌아'왔다며
통분하는 '태부인'의 모습에서, '태부인'은 '정수정'이
아내의 역할보다 대원수의 역할을 중시한 것에 대해
못마땅해함을 알 수 있군.

④ '장연 징계한 일로 심사 답답'한 '정수정'의 모습에서,
'정수정'은 군대를 통솔했던 국가적 영웅으로 돌아가
고 싶어 함을 알 수 있군.

⑤ '한복'의 '호위'를 받으며 기주로 가서 '태부인께 예'하
는 '정수정'의 모습에서, 국가적 영웅의 면모를 유지
하는 '정수정'이 며느리로서의 역할도 수행함을 알 수
있군.

[10~13] 다음 글을 읽고 물음에 답하시오.　2024.11 [18~21]

(해설 p.080)

[A]

　　황상과 만조백관이 어찌할 줄 모르더니 좌장군 서경태가 급히 입직군을 동원하여 칼을 들고 내달아 크게 꾸짖길,

　　"이 몹쓸 흉악한 놈아, 어찌 이런 변을 짓느냐?"

하고 칼을 들어 치니 아귀가 몸을 기울여 피하고 입을 벌려 숨을 들이쉬니 서경태가 날리어 아귀 입으로 들어갔다. 상이 보시다가 크게 놀라,

　　"짐이 여러 번 **전장**을 지내었으되 이런 일은 보도 듣도 못하였으니 제신 중에 뉘 이 짐승을 잡아 짐의 한을 씻으리오."

　　정서장군 한세충이 나와 아뢰길,

　　"소장이 비록 재주 없으나 저것을 베어 황상께 바치리이다."

하고 황금 투구에 엄신갑을 입고 팔 척 장창을 들고 청룡마를 내달아 외쳐 말하길,

　　"흉적은 목을 늘여 내 칼을 받으라."

　　아귀가 크게 웃고 말하길,

　　"아까는 내 숨을 들이쉬니 모기 같은 것도 삼켰으니 지금은 숨을 내쉴 것이니 네 눈을 부릅뜨고 자세히 보라."

하고 입을 벌려 숨을 내부니 황상과 만조백관이 오리나 밀려갔다. 아귀가 궁중이 텅 빈 것을 보고 세 공주를 등에 업고 돌아갔다.

　　이때 황상이 제신과 함께 정신을 겨우 차려 환궁하시니 세 공주가 다 없었다. 상께 이 연고를 아뢰니 상이 크게 놀라 하교하시되,

　　"이런 해괴한 변이 천고에 없으니 경들의 소견이 어떠하뇨?"

하고 용루를 흘리시니 **조정**에 모인 여러 신하가 감히 우러러 보지 못하였다.

이우영이 아뢰길,

　　"전 좌승상 김규가 지모 넉넉하오니 불러 문의하심이 마땅할까 하나이다."

상이 깨달아 조서를 내려 김규를 부르셨다.

이때 승상이 원을 데리고 평안히 지내더니 천만의외에 사관이 조서를 가지고 왔거늘 받자와 본즉,

　　"전임 좌승상에게 부치나니 그사이 **고향**에서 무사한가. ⓐ짐은 불행하여 공주를 잃고 종적을 모르니 통한

함을 어찌 측량하리오. 경에게 옛 벼슬을 다시 내리나니 바삐 올라와 고명한 소견으로 짐의 아득함을 깨닫게 하라."

하였다. 승상이 사관을 후대하고 ㉠국변을 물으니 아귀 작란하던 일과 세 공주 잃은 말을 대강 고하니 승상이 못내 슬퍼하며 상경하여 사은숙배하니, 상이 보시고,

　　"경이 고향에 돌아감은 짐이 불명한 탓이로다. 국운이 불행하여 세 공주를 일시에 잃었으니 짐의 이 원을 어찌하리오? 경의 소견으로 이 일을 도모하면 평생의 한을 풀리로다."

　　승상이 엎드려 아뢰길,

　　"소신이 자식이 있삽는데 창법 검술이 일세에 무쌍하와 매일 종적 없이 다니옵기 연고를 물으니 **철마산**에 가 무예를 익히다가 일일은 그 산에서 아귀라 하는 짐승을 만나 겨루고 그 뒤를 좇아 바위 구멍으로 들어감을 보았노라 하옵기 과연 허언이 아닌가 싶사오니 ⓑ자식을 불러 들으심이 마땅하올까 하나이다."

[중략 부분의 줄거리] 원은 황성을 뵙고 원수가 되어 철마산 아귀의 소굴로 들어간다.

　　원수가 백계를 생각하다가 갑자기 깨달아 공주께 아뢰기를,

　　"독한 술을 많이 빚어 좋은 안주를 장만하여야 계교를 베풀리이다."

하고, 약속을 정해 여러 여자를 청하여 여차여차하게 계교를 갖추고 기다리라고 하였다.

　　이때 아귀가 원의 칼에 상한 머리 거의 나으니 모든 시녀를 불러 말하기를,

　　ⓒ"내 병이 조금 나았으니 사오일 후 세상에 나가 남두성을 잡아 죽여 이 원한을 풀리라. 너희는 나를 위하여 마음을 위로하라."

　　여자들이 이 말을 듣고 크게 기뻐하여 각각 술과 성찬을 권하기를,

　　"대왕의 상처가 나으시면 첩 등의 복인가 하나이다. ⓓ수이 차도를 얻사오면 남두성 잡기야 어찌 근심하리오? 주찬을 대령하였사오니 다 드시어 첩 등의 우러르는 마음을 즐겁게 하소서."

　　아귀가 가져오라 하거늘, 여러 여자가 일시에 한 그릇씩 드리니 아홉 입으로 권하는 대로 먹으니 그 수를 알 수 없었다. 술이 취하매 여러 여자가 거짓으로 위로하여,

　　"장군은 잠깐 잠을 청하여 아픔을 잊으소서."

　　아귀가 듣고 잠을 자려 하거늘, 막내 공주가 곁에 앉아 말하길,

“보검을 놓고 주무소서. 취중에 보검을 한번 휘둘러 치면 잔명이 죄 없이 상할까 하나이다.”

아귀가 말하기를,

“장수가 잠이 드나 칼을 어찌 손에서 놓으리오마는 혹 실수함이 있을까 하노니 머리맡에 세워 두라.”

하고 주거늘, 공주가 받아 놓고 잠들기를 기다렸다. 아귀가 깊이 잠들었거늘, 비수를 가지고 **협실**로 나와 원수에게 잠들었음을 이르고 함께 후원에 이르러 큰 기둥을 가리키며,

“원수의 칼로 저 기둥을 쳐 보소서.”

원수가 칼을 들어 기둥을 치니 반쯤 부러졌다. 공주가 크게 놀라 말하기를,

“만일 그 칼을 썼더라면 성사도 못하고 도리어 큰 화가 미칠 뻔하였습니다.”

아귀가 쓰던 비수로 기둥을 치니 썩은 풀이 베어지는 듯하였다.

-작자 미상, 「김원전」-

---

10 [A]의 서술상 특징에 대한 설명으로 가장 적절한 것은?

① 서술자가 개입하여 인물에 대한 평가를 제시하고 있다.
② 대화를 통해 인물 간의 위계나 관계를 보여 주고 있다.
③ 현재와 과거를 교차하여 장면의 전환을 보여 주고 있다.
④ 인물의 회상을 통해 인물 간 갈등의 원인을 암시하고 있다.
⑤ 상황에 대한 인물의 반응을 과장되게 서술하여 사건의 비극성을 완화하고 있다.

11 ㉠과 관련하여 윗글을 이해한 내용으로 적절하지 <u>않은</u> 것은?

① 황상은 ㉠의 심각성을 이전의 ‘전장’과 비교하고, 그때의 경험에 근거하여 ㉠에 대한 대처 방안을 찾아낸다.
② 이우영은 ㉠의 해결을 위해 ‘조정’에서 황상의 질문에 답하며 ㉠에 대처할 방안을 찾아 줄 지모 있는 인물을 거명한다.
③ 황상은 ㉠의 여파가 미치지 않은 ‘고향’에서 편안히 지내던 승상에게 ㉠으로 인한 위기 상황을 알린다.
④ 승상은 ㉠의 원흉인 아귀를 원이 ‘철마산’에서 본 것을 황상에게 아뢰고, ㉠을 해결할 단서를 제공할 인물을 천거한다.
⑤ 원은 ㉠의 해결 방안을 떠올리고, ‘협실’에서 공주를 만나 ㉠을 해결할 수 있는 기회가 왔음을 알게 된다.

12 ⓐ~ⓓ에 대한 설명으로 가장 적절한 것은?

① ⓐ와 ⓑ에서는 상대에 대한 신뢰를 바탕으로, 숨겨 온 사실을 드러내고 있다.
② ⓑ와 ⓒ에서는 자신의 위세를 드러내어, 상대의 복종을 이끌어내고 있다.
③ ⓐ에서는 자신의 감정을 상대에게 드러내고, ⓓ에서는 자신들의 의도를 상대에게 숨기고 있다.
④ ⓑ에서는 당위를 내세워 상대의 행위를 요구하고, ⓓ에서는 상대의 안위를 우려하여 자제를 요청하고 있다.
⑤ ⓒ에서는 상대에게 자신의 목표를 위해 행동할 것을 촉구하고, ⓓ에서는 상대의 목표를 위해 행동할 것을 약속하고 있다.

13 〈보기〉를 참고하여 윗글을 감상한 내용으로 적절하지 <u>않은</u> 것은? [3점]

[보기]

「김원전」은 당대의 보편적 가치인 충군을 주제로, 초월적 능력을 지닌 주인공과 기이한 존재인 적대자의 필연적 대결 관계를 보여 준다. 특히 적대자의 압도적 무력에 맞서는 과정에서 인물에 따라, 혹은 인물이 처한 상황에 따라 다른 대응 방식을 보여 줌으로써 독자의 흥미를 자극한다.

① 서경태가 입직군을 동원해 아귀와 맞서고 원수가 계교를 마련해 아귀를 상대하는 데서, 압도적 무력을 지닌 적대자에 대응하는 양상이 서로 다름을 알 수 있군.
② 한세충이 황상의 한을 씻고자 아귀에게 대항하고 승상이 황상의 불행에 슬퍼하며 상경하는 데서, 인물들이 충군의 가치를 지키고 있음을 알 수 있군.
③ 원이 아귀의 머리를 상하게 한 것과 아귀가 남두성인 원에게 원한을 갚겠다고 다짐하는 데서, 주인공과 적대자의 대결이 피할 수 없는 것임을 알 수 있군.
④ 공주가 황상에게는 국운의 불행으로 잃은 대상이지만 원수에게는 약속대로 아귀를 잠들게 하는 인물인 데서, 여성 인물이 사건의 피해자이자 해결을 돕는 존재임을 알 수 있군.
⑤ 일세에 무쌍한 무예를 갖춘 원수가 아귀의 비수로 기둥을 베어 보는 데서, 주인공이 적대자를 처치하기 위해 자신의 계획대로 초월적 능력을 시험하고 있음을 알 수 있군.

—— (해설 p.088) ——

[앞부분의 줄거리] 승상 정을선이 출정한 사이 정렬부인의 모략으로 충렬부인이 옥에 갇히자 시비 금섬이 충렬부인을 피신시키고 자진한다. 옥에서 얼굴이 상한 금섬의 시신이 발견되자 왕비는 월매를 문초한다. 전장에서 정을선은 호첩이 전한 편지를 읽는다.

원수가 대경하여 호첩을 불러 **연고**를 물으시고 인하여 중군장에게 분부하시되 '나는 집에 변이 있어 먼저 가니 중군장은 차후에 인솔하여 오라.' 하고 밤낮 삼 일 만에 득달하니 이때에 왕비의 시비 월매가 종시 토설치 아니하매 **매를** 많이 맞고 여쭈오되

"어서 바삐 죽이시면 금섬의 뒤를 쫓아가겠나이다."

한데 왕비 크게 노하여 목을 베라 할 즈음에 이때 승상이 필마로 달려오다가 월매 죽이려 하는 거동을 보고 급히 소리를 지르며 말에서 내려 이를 구호하매 문왈

"충렬부인은 어디 계시냐?"

월매 인사를 모르다가 승상을 보고 방성통곡 왈

"승상은 바삐 충렬부인을 살리소서."

힌데 승상이 급히 문왈

"어디 계시냐?"

한데 월매 울며 왈

"소인이 걷지 못하오니 어찌 가오리까?"

한데 급히 종을 불러 월매를 업히고 구덩이를 찾아가 보니 부인이 아기를 안고 있거늘 아기는 잠을 깊이 들었는지라. 승상이 **통곡** 왈

"부인은 눈을 떠 나를 보소서."

한데 부인이 눈을 떠 보니 승상이 왔거늘 정신 아득하여 인사를 모르다가 겨우 인사를 차려 왈

"이것이 꿈인가 생시인가 구년지수의 해 같고 칠년대한의 빗발같이 바라더니 지금 구덩이에서 만날 줄 알았으리까. 승상은 나의 누명을 씻겨 주소서."

하며 인사를 모르는지라. 그 참혹한 형상을 어디에 비하리오. 슬픔에 매우 야위어 **뼈가 드러나게** 되었는지라. 승상이 아기를 안아 월매를 주고 부인을 구한 후에 자리를 마련하여 옥석을 구별할새, 왕비전에 뵈온대 왕비 못내 반기시며 **사연**을 낱낱이 이르시되 승상 왈

㉠"이 일은 소자가 이미 아는 바이오니 염려 마옵소서."

하며 왈

㉡"처음에 그놈이 충렬부인 방에 간 줄 어찌 알으셨나이까?"

왕비 왈

"사촌 오라비가 이르기로 알았노라."

하신대 승상이 복록을 찾는데 벌써 제 **죄**를 알고 후원에 올라가 이미 죽었는지라. 하릴없어 옥졸을 잡아들여 엄히 문왈

"너희는 어찌 충렬부인 아닌 줄 알았느냐? 바로 아뢰라."

하신대 옥졸이 급히 여쭈오되

"얼굴이 상하여 아모란 줄 모르오나 손길이 곱지 못하오매 소인 등 소견에 충렬부인이 천하일색이라 하더니 손이 곱지 아니하더라 하올 제 정렬부인의 시비 금연이 이를 듣고 묻기에 자세히 이르고 부디 다른 데 가서 이 말 말라 당부하옵더니, 필연 금연의 입을 통해 발설이 된가 하나이다."

한데 승상이 금연을 잡아들여 문왈

"이 말을 듣고 네게 국문하니 바른대로 고하라."

하는 소리가 벼락이 꼭두에 임한 듯하고 궁궐이 뒤집히는 듯 하더라. 이때에 정렬부인이 **승상의 호통 소리**를 듣고 똥을 한 무더기를 싸고 자빠졌는지라. 금연이 하릴없어 바로 아뢰나니라 하고 정렬부인 하던 말이며 제가 남복을 하고 충렬부인 침소로 들어간 말이며 이불 속에 누웠다가 달아난 말이며 정렬부인이 앓는 체하고 누웠사오매 충렬부인이 약으로 구병하며 곁에 있으시매 침소로 가라 강권하여 침소로 마지못하여 가시매 복록이 왕비께 참소하던 연유를 낱낱이 아뢴대 왕비 곁에 있다가 **앙천통곡**하시며 왈

"내 밝지 못하여 **악녀**의 꾀에 빠져 충렬부인을 죽이려 하였나니 무슨 면목으로 충렬부인을 보리오."

하시며 자결코자 하거늘 승상이 붙들고 울며 왈

"모친이 너무 과도히 하시면 소자가 먼저 죽으려 하나이다."

왕비 금침에 누워 일어나지 못하더라. 승상이 정렬부인을 결박하여 땅에 꿇리고 크게 노하여 왈

"너는 무엇이 부족하여 충렬부인을 해코자 하느냐. 어찌 일시를 살리리오. 내 임의로는 죽이고 싶으나 황상께 아뢰고 죽게 하리라."

하고 **상소**하니 그 글에 하였으되

"대사마 대도독 대원수 정을선은 돈수백배하고 아뢰나니 신이 서융을 쳐 사로잡고, 백성을 진무하고 돌아오려 할 때, 집에서 급한 소식을 듣고 군사를 중군장에게 맡기옵고 필마로 올라와 본즉, 정렬부인이 이러이러한 변을 일으켰사오니 세상에 이러하온 일이 있사오닛가."

하고 금연이 흉계를 꾸민 일과 월매가 당하던 고초를 낱
낱이 아뢰었다.

-작자 미상, 「정을선전」-

14 ㉠, ㉡과 관련하여 윗글을 이해한 내용으로 적절하지
않은 것은?

① ㉠을 보니, 호첩에게 물은 '연고'의 내용은 왕비가 말
한 '사연'의 내용과 관련이 있겠군.
② ㉠을 보니, 승상이 황상에게 올린 '상소'에 들어 있는
내용은 '이미 아는 바'와 같겠군.
③ ㉡을 보니, 승상은 '사연'의 진상을 밝히는 데에 왕비
가 '그놈'의 행위를 알게 된 경위가 중요하다고 생각했
겠군.
④ ㉡에 대한 왕비의 대답을 보니, 왕비에게 '그놈'의 행
위에 대해 제보한 사람이 있었군.
⑤ ㉡이 제시된 후에 드러난 복록의 상황을 보니, 복록은
자신이 지은 '죄'에 대하여 심리적 중압감을 느꼈겠군.

15 누명과 관련한 설명으로 가장 적절한 것은?

① 누명이 벗겨지면서, 누명을 썼던 인물은 자신의 어리
석음을 탓하고 있다.
② 누명을 쓴 인물의 요청으로 남주인공은 누명을 씌운
인물의 처벌을 유보한다.
③ 누명의 내용은 누명을 쓴 인물이 남몰래 자신의 처소
에서 벗어나 구덩이에 있다는 사실이다.
④ 누명을 씌우기 위한 계략에는 누명을 쓰는 인물을 특
정 장소로 가게 하는 것이 포함되어 있다.
⑤ 누명이 벗겨지는 계기는 남주인공이 자신의 어머니가
극단적 선택을 하겠다는 것을 만류한 것이다.

16 〈학습 활동〉을 수행한 결과로 적절하지 **않은** 것은?

> ─[학습 활동]─
>
> 「정을선전」은 모략을 중심으로 사건이 전개되므
> 로 인물 간 소통 양상을 파악하는 것이 중요하다. 윗
> 글을 바탕으로 인물 간에 나타난 소통의 내용을 정
> 리해 보자.

	인물A	인물B	소통의 내용
①	원수	중군장	A가 B에게 군사를 이끌고 가 서융을 사로잡으라고 명령함.
②	승상	월매	A가 B에게 충렬부인이 있는 곳이 어디인지 물음.
③	옥졸	금연	B가 A로부터 옥중 시신의 정체와 관련한 정보를 얻음.
④	옥졸	승상	A가 B에게, 금연이 옥중 시신에 대하여 발설했을 것이라는 의혹을 제기함.
⑤	금연	승상	B가 A로부터 정렬부인이 거짓으로 앓아 누웠었다는 정보를 얻음.

17 〈보기〉를 참고하여 윗글을 이해한 내용으로 적절하지 <u>않은</u> 것은? [3점]

---[보기]---

「정을선전」은 영웅소설과 가정소설의 상투적인 면모가 혼재되어 나타난다. 이를테면, 가정 안팎의 서사는 남주인공을 매개로 연결되고, 사건이 선악 구도로 전개되며, 인물의 고난과 감정은 극대화된다. 이 과정에서 일부다처제에서 비롯되는 가정 내 갈등이 개인의 인성 문제로 축소된다. 그러면서도 상전의 수족에 불과한 하층의 시비가 능동적인 행위자로 등장하거나, 가정과 사회에서 상층인 인물이 희화화된다.

---

① 정을선이 황상에게 올린 상소에서, 대원수와 가장으로서의 모습이 드러나는 것으로 보아, 가정 안팎의 사건에 남주인공이 두루 관여하고 있음을 알 수 있군.

② 승상이 충렬부인을 구출하는 장면에서, '슬픔에 매우 야위어 뼈가 드러'난 부인의 모습과 '통곡'하는 승상의 모습은 인물의 고난과 감정이 극대화된 형상임을 알 수 있군.

③ 왕비가 '앙천통곡'하는 장면에서, 충렬부인의 수난이 '악녀'의 탓이라는 인식이 드러나면서 일부다처제의 문제가 개인의 인성 문제로 축소되고 있음을 알 수 있군.

④ 월매가 '매를' 맞는 장면에서, 월매는 자신이 모시는 주인에게 죽음을 각오하고 진실을 밝힘으로써 능동적인 행위자를 지향하고 있음을 알 수 있군.

⑤ 정렬부인이 '승상의 호통 소리'에 반응하는 장면에서, 가정의 상층 인물이 자신의 위엄이 실추되는 행동을 보이면서 희화화되고 있음을 알 수 있군.

———— (해설 p.095) ————

이때 태보 궐문 밖으로 나오니 그제야 정신없어 기절하거늘 좌우 제신이며 일가 제족이 구완하여 겨우 인사 차려 좌우를 돌아보며 왈,

"이 몸이 명재경각(命在頃刻)이라. 어찌 살기를 바라리오. 군 등은 태보가 죽거든 죽기로써 간하여 왕비를 내치지 못하게 하옵소서."

한데 이때에 상소 중에 이름 올린 제원(諸員)이 모두 이로되,

[A]
"그대는 죽기로써 간하다 어명을 입고 사경이 되었으나 우리도 역시 한 탓이로다. 막중한 충을 몰랐으니 무슨 낯이 있으리오. 일은 여럿이 참여하고 죄는 그대만 혼자 당하였으니 죄스럽고 민망하기 측량없노라."

무수히 위로하다가 형옥(刑獄)으로 전송하더라. 이튿날에 형조 판서 마지못하여 위계를 갖추고 대강 직계(直啓)로 올렸더니 상(上)이 보시고 다시 하교하사,

"금부로 가두라."

하시거늘 금부 옥졸이 옹위하여 금부에 이르니 만조백관이며 장안 백성이 구름 뫼듯 하더라. 이때에 생가 친척이며 양가 제족이 애연 돌탄하거늘 태보 위로 왈,

[B]
"인명이오면 재천이옵거늘 설마 무죄로 죽어 청춘 원혼이 되리오마는 나의 뜻은 정한 지 오래되었는지라. 하늘이 무너지고 땅이 꺼져도 변할 길이 없사오니 이 몸이 죽거든 영천수 흐르는 물에 훨훨 씻어 다른 곳에는 묻지 말고 남산하에 묻어 주오면 죽은 혼백이라도 궐내를 향하여 우리 주상 심하에 복지하여 주야로 간하여 왕비를 다시 환궁하게 하올 것이니 아무리 죽은 사람의 말이라 하옵고 저버리지 마시며 부디 명심하소서."

금부에 수일 잡혀 갇혔더니, 상이 구태여 왕비는 내치시고 태보는 진도로 정배하라 하시니라.

[중략 부분의 줄거리] 박태보의 정배를 따라가려다 되돌아온 박태보의 부인은 꿈에서 남편을 만난다.

한림이 울어 왈,

"내 무죄하여 탕탕한 청천이 감동하사 사생풍진을 다 버리고 전고 충신을 따라 황성에로 구경 가나니, 슬프다! 부인은 기다리지 말고 만세 무양하옵소서."

하되, 부인이 대경 왈,

"어디를 가시며 기다리지 말라 하시니까? 한림은 그

다지 독하시오. 첩도 한가지로 가사이다."

하며 한림의 소매를 잡고 못 가게 하니 한림이 왈,

"부인은 안심하소서. 구구한 사정을 어찌 잊으오리까? 일후 상봉할 날이 있으오리다."

하고 떨치고 나가거늘 부인 한림의 손을 잡고 따라가니 어떤 남자 십여 명이 의관을 정제하고 서 있거늘 겸연쩍어 방으로 들어앉으며 가만 보니 학발의관(鶴髮衣冠)을 갖춘 어린 제자 오륙 인이 분명하거늘 부인이 놀라 깨달으니 남가일몽이라.

부인이 몽사를 생각함에 심신이 산란하여 명월을 대하여 내념에

'분명 한림이 기사하였도다.'

시비를 데리고 몽사를 설화하더니 이미 동방이 밝았거늘 시부모 당하에 문안차로 나가니, 이화촌에 개 짖으며 문밖에 울음소리 들리거늘 부인이 놀라 문을 열어 보니 한림의 하인 동일이라 하는 사람이 한림의 편지를 드리거늘 대감 부부와 부인이 망극하야 서로 붙들고 통곡하다가 기절하거늘 비복 등이 급히 구완하여 겨우 인사를 분별하는지라.

이때에 원근 제족과 만조백관이 다 조문 후에 장안 백성이 뉘 아니 낙루하리오. 이러구러 곡성이 진동하니 어찌 천신이 감동치 아니하리오. 그 편지를 떼어 보니 하였으되,

'불효자 태보는 두어 자 문안을 부모 전에 올리나이다. 천 리원정에 가다가 과천의 관에서 신병과 심회가 울적하거늘 구천에 들어가오니, 사람의 죄 삼천을 정하였으되 불효한 죄가 제일이라 하였으니 삼천 수죄(首罪) 지었으나 국은을 또한 갚지 못하옵고 중로 고혼이 되어 구천에 돌아가는 자식을 생각지 마옵고 말년 귀체를 안보하시다가 만세 후에 부자지정을 만분지일이나 바라나이다.'

하였더라.

이날 대감이 판서 노복 등을 거느리고 즉시 과천으로 행할새, 장안 백성이 다 애연하며 구름 뫼듯 하더라. 대감과 판서 애통함이 측량없더라. 초종례로 극진히 한 후에 채단으로 염습하고 도로 집으로 옮겨와 장사를 지내니 일문이 애통함을 차마 못 볼러라.

각설, 이때에 상이 민 중전을 내치시고 태보를 정배 후, 자연 심신이 산란하여 밤이면 성내 성외를 미복으로 순행하시더니 일일은 한 곳에 다다르니 명월은 명랑한데 어떤 아이 오륙 인이 월색 희롱하며 노래하야 즐거워하거늘 상이 몸을 은신하시고 자세히 들으니 그 노래에 하였으되,

"저 달은 밝다마는 우리 주상은 불명하야 충신을 무슨 일로 천 리 원정에 내치시며, 무슨 일로 민 중전은 **외관**에 내치시고 군의신충 없었으니 이 부자자효 쓸데 없다. 인심은 분명하건마는 국운이 말세 되어 백성도 못할 일을 국가에서 행하고 한심하고 가련하다. 사백 년 사직을 뉘라서 붙들랴. 이 애야, 저 애야. 흥망성쇠 는 불관하다마는 당상 부모 모셨어라. **심산궁곡**에 들 어가 초목으로 붓을 적시고, 금수로 벗을 삼아 세월을 보내다가 성군을 기다리자."

서로 비기며 애연히 가거늘 상이 그 노래를 들으시매 심신이 산란하여 그 아이들 성명을 묻고자 하시니 아이 들이 달아나는지라 못내 애연하시며 곧 환궁하시니라.

–작자 미상, 「박태보전」–

18 윗글의 내용에 대한 이해로 적절한 것은?

① 태보는 형옥에서 금부로 이송해 줄 것을 자청했다.
② 부인은 꿈에서 학발의관을 갖춘 사람들을 보고 놀라 꿈을 깼다.
③ 대감은 아들의 주검을 집으로 데려와 초종례를 극진 히 지냈다.
④ 상은 노래의 내용을 알기 위해 아이들에게 이름이 무 엇인지 물었다.
⑤ 형조 판서는 상의 명령대로 태보에 대한 조사 결과를 자세히 보고했다.

19 윗글에 제시된 공간에 대한 설명으로 적절하지 않은 것은?

① '금부'는 임금이 권위를 실현하는 공간이고, '한 곳'은 임금이 권위를 내세우는 공간이다.
② '진도'는 임금에게 정배받은 태보가 향해야 하는 곳이 고, '외관'은 임금에게 내쳐진 민 중전이 거처해야 하 는 곳이다.
③ '이화촌'은 부인이 시부모에게 직접 문안하는 곳이자 태보가 하인을 보내 부모에게 문안하는 곳이다.
④ '과천'은 태보가 '진도'로 가는 경유지이자, 태보의 소 식을 받은 대감이 '이화촌'을 떠나 향하는 지점이다.
⑤ '심산궁곡'은 '성내 성외'와 대비되어 임금을 피하려는 백성의 마음이 투영된 공간이다.

20 [A]와 [B]에 대한 설명으로 가장 적절한 것은?

① [A]에서 태보의 위기에 대해 책임을 통감하는 제원들 의 탄식은, [B]에서 그 책임을 자신에게 돌리는 태보의 자책과 대비된다.
② [A]에서 태보가 받은 제원들의 위로는, [B]에서 삶을 도모하여 무죄를 소명하겠다는 태보의 결심으로 이어 진다.
③ [A]에서 제원들이 칭송하는 태보의 강직함은, [B]에서 소신을 지키겠다고 하는 태보의 다짐에서 확인된다.
④ [A]에서 제원들 간의 갈등으로 인한 태보의 심리적 상 처는, [B]에서 가족과의 만남을 통해 해소된다.
⑤ [A]에서 제원들의 말을 통해 드러난 태보의 후회는, [B]에서 가족들을 향한 태보의 말에서 반복된다.

21 〈보기〉를 참고하여 윗글을 감상한 내용으로 적절하지 않은 것은? [3점]

[보기]

『박태보전』은 숙종 대의 실존 인물 박태보의 삶을 소설화한 작품이다. 이 작품에서 박태보는 임금의 부당함으로 드러나는 부도덕한 세계와의 대결에서 패배하여 숭고한 뜻을 이루지 못한다. 그럼에도 그 는 가족과 국가에 윤리적 책무를 다하는 인물로 인 정받음으로써 도덕적 영웅으로 고양된다. 이때 다양 한 서사 장치들은 사건의 입체적 전개에 기여한다.

① 하늘이 태보를 무죄로 판명하여 전고 충신을 따르게 함을 몽사로 드러내어, 태보가 윤리적 명분 면에서 인 정받은 도덕적 영웅임을 보여 주는군.
② 국은을 갚지 못하고 죽는다는 태보의 한탄을 편지로 제시하여, 태보가 임금을 올바른 길로 인도하려는 숭 고한 뜻을 이루지 못하고 세계와의 대결에서 패배했 음을 보여 주는군.
③ 만세 후에도 부자지정을 바라는 태보의 염원을 편지로 제시하여, 태보가 죽음에 이른 상황에서조차 부모에 대한 윤리적 책임을 다하려 한 인물임을 보여 주는군.
④ 주상이 밝은 달의 속성과 대비되는 불명한 인물임을 노래를 통해 제시하여, 백성들이 주상을 부도덕한 인 물로 평가하여 신임하지 않았음을 보여 주는군.
⑤ 태보에 대한 민심을 편집자적 논평을 통해 반복적으 로 나타내어, 태보가 기우는 국운을 회복한 영웅으로 추대되어 백성들의 지지를 받았음을 보여 주는군.

[22~24] 다음 글을 읽고 물음에 답하시오.　　2017.06 [43~45]

── (해설 p.102) ──

경자년(庚子年, 1600년) 늦봄, 최척(崔陟)은 주우(朱佑)*와 함께 배를 타고 이곳저곳을 돌아다니며 차(茶)를 팔다가 마침내 안남*에 이르게 되었다. 이때 일본인 상선(商船) 10여 척도 강어귀에 정박하여 10여 일을 함께 머물게 되었다.

날짜는 어느덧 4월 보름이 되어 있었다. 하늘에는 구름 한 점 없고 물은 비단결처럼 빛났으며, 바람이 불지 않아 물결 또한 잔잔하였다. 이날 밤이 장차 깊어 가면서 밝은 달이 강에 비치고 옅은 안개가 물 위에 어리었으며, 뱃사람들은 모두 깊은 잠에 빠지고 물새만이 간간이 울고 있었다. 이때 문득 일본인 배 안에서 염불하는 소리가 은은히 들려왔는데, 그 소리가 매우 구슬펐다. 최척은 홀로 선창에 기대어 있다가 이 소리를 듣고 자신의 신세가 처량하게 느껴졌다. 그래서 즉시 행장에서 피리를 꺼내 몇 곡을 불어서 가슴속에 맺힌 회한을 풀었다. 때마침 바다와 하늘은 고요하고 구름과 안개가 걷히니, 애절한 가락과 그윽한 흐느낌이 피리 소리에 뒤섞이어 맑게 퍼져 나갔다. 이에 수많은 뱃사람들이 놀라 잠에서 깨어났으며, 그들은 처연하게 앉아 피리 소리에 조용히 귀를 기울였다. 격분해서 머리가 곧추선 사람도 피리 소리에 분을 가라앉힐 정도였다.

잠시 후에 일본인 배 안에서 조선말로 칠언절구(七言絕句)를 읊었다.

왕자진*의 피리 소리에 달마저 떨어지려 하는데,

[王子吹簫月欲底]

바다처럼 푸른 하늘엔 이슬만 서늘하구나.

[碧天如海露凄凄]

시를 읊는 소리는 처절하여 마치 원망하는 듯, 호소하는 듯하였다. 시를 다 읊더니, 그 사람은 길게 한숨을 내쉬었다. 최척은 그 시를 듣고 크게 놀라서 피리를 땅에 떨어뜨린 것도 깨닫지 못한 채, 마치 실성한 사람처럼 멍하니 서 있었다. 이를 보고 주우가 말했다.

"어디 안 좋은 곳이라도 있는가?"

최척은 대답을 하고 싶었으나 목이 메고 눈물이 떨어져 말을 할 수 없었다. 시간이 조금 흐른 뒤에 최척은 기운을 차려 말했다.

"조금 전에 저 배 안에서 들려왔던 시구는 바로 내 아

내가 손수 지은 것이라네. 다른 사람은 평생 저 시를 들어도 절대 알아내지 못할 것일세. 게다가 시를 읊는 소리마저 내 아내의 목소리와 너무 비슷해 절로 마음이 슬퍼진 것이라네. 하지만 어떻게 내 아내가 여기까지 와서 저 배 안에 있을 수 있겠는가?"

이어서 온 가족이 왜군에게 포로로 잡혀간 일을 말하자, 배 안에 있던 사람들 가운데 비탄에 젖지 않은 사람이 없었다. 그 가운데는 두홍(杜洪)*이라는 사람이 있었는데, 젊고 용맹한 장정이었다. 그는 최척의 말을 듣더니, 얼굴에 의기를 띠고 주먹으로 노를 치면서 분연히 일어나며 말했다.

"내가 가서 알아보고 오겠소."

주우가 저지하며 말했다.

"깊은 밤에 시끄럽게 굴면 많은 사람들이 동요할까 두렵네. 내일 아침에 조용히 물어보아도 늦지 않을 것일세."

주위 사람들이 모두 말했다.

"그럽시다."

최척은 앉은 채로 아침이 되기를 기다렸다. 동방이 밝아 오자, 즉시 강둑을 내려가 일본인 배에 이르러 조선말로 물었다.

"어젯밤에 시를 읊었던 사람은 조선 사람 아닙니까? 나도 조선 사람이기 때문에 한번 만나 보았으면 합니다. 멀리 다른 나라를 떠도는 사람이 비슷하게 생긴 고국 사람을 만나는 것이 어찌 그저 기쁘기만 한 일이겠습니까?"

옥영(玉英)도 어젯밤에 들려왔던 피리 소리가 조선의 곡조인데다 평소에 익히 들었던 것과 너무나 흡사하여서 남편 생각에 감회가 일어 저절로 시를 읊게 되었던 것이다. 옥영은 자기를 찾는 사람의 목소리를 듣고는 황망하게 뛰어나와 최척을 보았다. 두 사람은 서로 마주 바라보고는 놀라서 소리를 지르며 끌어 안고 모래밭을 뒹굴었다. 목이 메고 기가 막혀 마음을 안정할 수가 없었으며, 말도 할 수 없었다. 눈에서는 눈물이 다하자 피가 흘러내려 서로를 볼 수도 없을 지경이었다. 두 나라의 뱃사람들이 저잣거리처럼 모여들어 구경하였는데, 처음에는 단지 친척이나 잘 아는 친구인 줄로만 알았다. 뒤에 그들이 부부 사이라는 것을 알고 사람마다 서로 돌아보며 소리쳐 말했다.

"이상하고 기이한 일이로다! 이것은 하늘의 뜻이요, 사람이 이룰 수 있는 일이 아니로다. 이런 일은 옛날에도 들어 보지 못하였다."

최척은 옥영에게 그간의 소식을 물으며 말했다.

“산 속에서 붙들려 강가로 끌려갔다는데, 그때 아버님
과 장모님은 어떻게 되었소?”
옥영이 말했다.

“날이 어두워진 뒤에 배에 오른 데다 정신이 없어 서
로 잃어버리게 되었으니, 제가 두 분의 안위를 어찌 알
수 있었겠습니까?”
두 사람이 손을 붙들고 통곡하자, 옆에서 지켜보던 사
람들도 슬퍼하며 눈물을 닦지 않는 이가 없었다.
주우는 돈우(頓于)*를 만나 백금 세 덩이를 주고 옥영
을 사서 데려 오려고 하였다. 그러자 돈우가 얼굴을 붉
히며 말했다.

“내가 이 사람을 얻은 지 이제 4년 되었는데, 그의 단
정하고 고운 마음씨를 사랑하여 친자식처럼 생각해
왔습니다. 그래서 침식을 함께하는 등 잠시도 떨어진
적이 없었으나, 지금까지 그가 아낙네인 것을 몰랐습
니다. 오늘 이런 일을 직접 겪고 보니, 이는 천지신명
도 오히려 감동할 일입니다. 내가 비록 어리석고 무디
기는 하지만 진실로 목석은 아닙니다. 그런데 차마 어
떻게 그를 팔아서 먹고살 수 있겠습니까?”
돈우는 즉시 주머니 속에서 은자(銀子) 10냥을 꺼내어
전별금(餞別金)으로 주면서 말했다.

“4년을 함께 살다가 하루아침에 이별하게 되니, 슬픈
마음에 가슴이 저리기만 하오. 온갖 고생 끝에 살아남
아 다시 배우자를 만나게 된 것은 실로 기이한 일이며,
이 세상에는 없었던 일일 것이오. 내가 그대를 막는다
면 하늘이 반드시 나를 미워할 것이오. 사우(沙于)*여!
사우여! 잘 가시게! 잘 가시게!”

–조위한, 「최척전(崔陟傳)」–

* 주우, 두홍 : 최척과 함께 장사를 하는 중국인들.
* 안남 : 베트남.
* 왕자진 : 주나라 영왕의 태자로, 죄를 입어 서인이 되었음.
* 돈우 : 옥영을 데리고 장사를 하는 일본인.
* 사우 : 돈우가 옥영에게 붙여 준 이름.

22 최척과 옥영의 재회에 대한 이해로 가장 적절한 것은?

① 타국에서 만난 동포의 도움을 통해 우연히 이루어진다.
② 두 인물이 공유하고 있는 과거의 기억을 매개로 하여
이루어진다.
③ 두 인물이 평소에 주변 사람들에게 베푼 자비로 인해
이루어진다.
④ 주변 사람들의 오해로 인해 우여곡절을 겪다가 기적
적으로 이루어진다.
⑤ 주변 인물들 중 대다수에게는 환영을 받지만 일부에
게는 의구심을 유발한다.

23 윗글의 '밤'과 '아침'에 대한 설명으로 가장 적절한 것은?

① 밤은 주인공이 초월적 존재와 교감하고, 아침은 주인
공이 현실적 문제와 대결하는 시간이다.
② 밤은 운명과의 대결을 통해 주인공이 위기에 처하고,
아침은 조력자의 등장으로 그 위기에서 벗어나는 시
간이다.
③ 밤은 폐쇄적인 공간에서 새로운 계획이 구상되고, 아
침은 개방적인 공간에서 그 계획을 실행할지 논의하
는 시간이다.
④ 밤은 인물의 내면적 갈등이 점진적으로 심화되고, 아
침은 그 내면적 갈등이 새로운 인물들 간의 갈등으로
비화되는 시간이다.
⑤ 밤은 주인공이 새로운 상황을 맞이하면서 서사적 긴
장이 조성되고, 아침은 극적 장면이 펼쳐지면서 그 긴
장이 해소되는 시간이다.

24 〈보기〉를 참고하여 윗글을 감상한 내용으로 적절하지 않은 것은? [3점]

　임진왜란(1592~1598년) 등 16세기 말~17세기 초 동아시아에서 발생한 전쟁들은 각국 백성들의 삶에 심대한 수난을 초래했다. 이러한 역사를 반영한 대표적인 작품이 조위한의 「최척전」이다. 최척에게서 체험의 전말을 전해 듣고 이 작품을 썼다는 후기로 보면 이 작품이 실제 체험에 바탕을 둔 인물들의 이산(離散)과 귀향의 과정을 그린 유랑의 서사임을 알 수 있다. 특히 서사 공간이 조선을 포함하여 아시아 여러 국가에 걸쳐 있고 국가 간 갈등을 넘어선 개인 간의 인간적 배려 및 전쟁의 참상에 대해 각국 백성들이 보인 인류애적 연민의 모습도 형상화하고 있다는 점이 주목할 만하다.

① '경자년', '4년' 등은 최척과 옥영이 겪어야 했던 전란과 유랑체험이 역사적 실제성을 지닌 것임을 알려 주는군.
② 처절하게 시를 읊고 한숨까지 내쉰 것은 시가 옥영 자신의 이산과 유랑 체험을 계기로 지어진 것임을 알려 주는군.
③ '조선말', '조선의 곡조' 등이 사건 전개에 중요한 역할을 하는 것은 최척 부부의 재회가 외국에서 이루어지고 있기 때문이겠군.
④ 최척 가족의 이산의 사연을 듣고 주변 사람들이 눈물 흘린 것은 전쟁의 참상에 대한 인류애적인 연민을 보여 준 사례이겠군.
⑤ 돈우가 백금을 받고 옥영을 파는 대신 오히려 옥영에게 전별금을 주며 안타까이 보낸 것은 국가 간 갈등을 넘어선 인간적 배려를 보여 주는 사례이겠군.

———— 해설 p.108 ————

[앞부분의 줄거리] 김 진사의 딸 채봉은 선비 필성과 정혼하나, 우여곡절 끝에 스스로 기녀가 되어 송이로 이름을 바꾼다. 송이의 서화를 눈여겨본 감사가 송이를 데려와 관아에서 살게 한다.

송이는 감사가 있는 별당 건넌방에 가 홀로 살고 지내며 감사가 시키는 일을 처리하고 지내며 마음에 기생을 면함은 다행하나, 주야로 잊지 못하는 바는 부모의 소식과 장필성을 못 봄을 한하고 이 감사가 보는 데는 감히 그 기색을 드러내지 못하니, 혼자 있을 때에는 주야 탄식으로 지내더라.

장필성이 이 소문을 듣고 또한 다행하나, 이때 감사는 송이 있는 별당은 외인 출입을 일절 엄금하니, 다시 만날 길이 없어 수심으로 지내더니, 한 계책을 생각하되,

"나도 감사 앞에서 거행하는 관속이 된다면 채봉을 만나기가 쉬우리라."

하고 여러 가지로 주선하더니, ㉠이때 마침 감사가 문필이 있는 이방을 구하는지라. 필성이 한 길을 얻어 이방이 되어 감사에게 현신하니 감사가 일견 대희하여 칭찬하며 왈,

"가위 여옥기인(如玉其人)이로다. 필성아, 이방이라 하는 것은 승상접하(承上接下)하는 책임이 중대하니, 아무쪼록 일심봉공(一心奉公)하여 민원(民怨)이 없도록 잘 거행하라."

필성이 국궁수명(鞠躬受命)*하고 차후로 공사 문첩(文牒)*을 가지고 매일 드나들며 송이의 소식을 알고자 하나 별당이 깊고 깊어 지척이 천 리라 어찌 알리오.

차시 송이는 별당에 있어 이 감사가 들어와 공문을 쓰라면 쓰고 판결문을 내라면 내고 하더니, ㉡하루는 ⓐ공사 문첩 한 장을 본즉, 필성의 글씨가 완연한지라, 속으로 생각하되,

'이상하다. 필법이 장 서방님 필적 같으니, 혹 공청에 를 드나드나.'

하고 감사더러 묻는다.

"㉢요사이 공사 들어온 것을 보면 전과 글씨가 다르오니 이방이 갈리었습니까?"

"응, 전 이방은 갈고 장필성이란 사람으로 시켰다. 네 보아라, 글씨를 잘 쓰지 않느냐."

송이가 이 말을 듣고 속으로 암암이 기꺼하며, 어떻게 하면 한번 만나 볼까, 그렇지 못하면 편지 왕복이라도 할까, 사람을 시키자니 만일 대감이 알면 무슨 죄벌이 내려올지 몰라 못 하고 무슨 기회를 기다리나 때를 타지 못하

여 필성이나 송이나 서로 글씨만 보고 창연히 지내기를 ㉣이미 반년이라. 자연 서로 상사병이 될 지경이더라.

이때는 추구월(秋九月) 보름 때라. 월색은 명랑하여 남창에 비치었고, 공중에 외기러기 옹옹한 긴 소리로 짝을 찾아 날아가고, 동산의 송림 간에 두견이 슬피 울어 불여귀를 화답하니, 무심한 사람도 마음이 상하거든 독수공방에 눈물로 세월을 보내는 송이야 오죽할까. 송이가 모든 심사 잊어버리고 책상머리에 의지하여 잠깐 졸다가 기러기 소리에 놀라 눈을 뜨고 보니, 남창 밝은 달 발허리에 가득하고 쓸쓸한 낙엽성은 심회를 돕는지라. 잊었던 심사가 다시 가슴에 가득하여지며 눈물이 무심히 떨어진다.

[A] 송이가 남창을 가만히 열고 달빛을 내다보며 위연탄식하는데,

"달아, 너는 내 심사를 알리라. 작년 이때 뒷동산 명월 아래 우리 님을 만났더니, 달은 다시 보건마는 님은 어찌 못 보는고. 그 옛날 심양강 거문고 뜯던 여인은 만고문장 백낙천(萬古文章白樂天)을 달 아래 만날 적에 마음속에 맺힌 말을 세세히 풀었건만, 나는 어찌 박명하여 명랑한 저 달 아래서 부득설진심중사(不得說盡心中事)하니 가련하지 아니할까. 사람은 없어 말 못하나 차라리 심중사를 종이 위에나 그리리라."

하고 연상을 내어 먹을 흠씬 갈고 청황모 무심필을 덤벅 풀어 백릉화주지를 책상에 펼쳐 놓고 섬섬옥수로 붓대를 곱게 쥐고 장우단탄(長吁短歎)에 맥맥히 앉았다가 고개를 돌리어 벽공의 높은 달을 두세 번 우러러보더니, 서두에 '추풍감별곡(秋風感別曲)' 다섯 자를 쓰고, 상사가 생각 되고 생각이 노래 되고 노래가 글이 되어 붓끝을 따라 나오니 붓대가 쉴 새 없이 쓴다.

(중략)

아득한 정신은 기러기 소리를 따라 멀어지고 몸은 책상머리에 엎드렸더니, 잠시간에 잠이 들어 주사야몽(晝思夜夢) 꿈이 되어 장주(莊周)의 나비같이 두 날개를 떨치고 바람 좇아 중천에 떠다니며 사면을 살피니, 오매불망하던 장필성이 적막 공방에 혼자 몸이 전일의 답시(答詩)를 내놓고 보며 울고 울고 보며 전전반측 누웠거늘, 송이가 달려들어 마주 붙들고 울다가 꿈 가운데 우는 소리가 잠꼬대가 되어 아주 내처 울음이 되었더라.

사람이 늙어지면 상하물론(上下勿論)하고 잠이 없는 법이라. ㉤이때 이 감사는 연광도 팔십여 세뿐 아니라,

일도방백(一道方伯)이 되어 밤이나 낮이나 어떻게 하면
백성의 원성이 없을까, 어떻게 하면 국은(國恩)에 보답
할까 하며 잠을 이루지 못하고 누웠더니, 홀연히 송이의
방에서 흐느껴 우는 소리가 들리거늘, 깜짝 놀라 속으로
짐작하되,

　'지금 송이가 나이 십팔 세라. 필연 무슨 사정이 있어
　저리하나 보다.'

하고 가만히 나와 보니, 남창을 열고 책상머리에 누웠는
데 불을 돋우어 놓고 책상 위에 무엇을 써서 펼쳐 놓았
거늘, 마음에 괴이하여 가만히 들어가 ⓑ두루마리를 펼
치고 본즉 '추풍감별곡'이라.

–작자 미상, 「채봉감별곡」–

* 국궁수명 : 존경하는 뜻으로 몸을 굽히며 분부를 받음.
* 공사 문첩 : 관청에서 공무상 작성하는 문서.

25 윗글의 내용에 대한 이해로 적절하지 <u>않은</u> 것은?

① 송이는 부모의 소식으로 애태우다 감사의 걱정을 산다.
② 송이는 필성이 이방이 되었음을 감사를 통해 알게 된다.
③ 감사는 필성의 문필 능력을 높이 평가하고 기대를 건다.
④ 송이는 필성과 꿈속에서나마 일시적으로 만남을 이룬다.
⑤ 필성은 송이를 그리워하는 마음을 감사에게 숨기고
　있다.

26 ⓐ와 ⓑ에 대한 설명으로 가장 적절한 것은?

① ⓐ에 대해 대화하며 송이의 그리움을 눈치챈 감사는,
　ⓑ를 읽으며 그 대상이 필성임을 알게 된다.
② ⓐ를 작성한 사람에 대한 궁금증을 갖게 된 송이는,
　ⓑ를 통해 자신의 궁금증을 필성에게 알린다.
③ ⓐ를 본 송이는 필성이 가까운 곳에 있음을 알게 되고,
　ⓑ에 필성을 만나지 못하는 마음을 풀어낸다.
④ ⓐ를 감사로부터 전달받은 필성은 송이의 마음을 알
　게 되고, ⓑ를 쓰면서 송이에 대한 자신의 그리움을 드
　러낸다.
⑤ ⓐ를 보면서 필성이 자신을 찾고 있음을 알게 된 송이
　는, ⓑ를 쓰면서 필성과 재회하고자 하는 의지를 드러
　낸다.

27 [A]의 '달'에 대한 이해로 적절하지 <u>않은</u> 것은?

① 송이가 필성의 안녕을 기원하는 마음을 의탁하는 대
　상이다.
② 자연물의 다양한 소리와 어울려 송이의 외로움을 심
　화한다.
③ 송이가 자신의 심사를 들추어내어 감정을 토로하는
　인격화된 상대이다.
④ 송이의 처지와 대조되는 옛 이야기를 환기시켜 송이
　가 스스로에 대한 연민을 표하게 한다.
⑤ 송이에게 필성과의 추억을 떠올리게 하면서 재회를
　기약할 수 없는 현재 상황을 부각한다.

28 〈보기〉를 참고하여 ㉠~㉤을 이해한 내용으로 적절하지 <u>않은</u> 것은? [3점]

[보기]

> 　소설에서 시간 표지는 배경을 지시할 뿐 아니라,
> 우연하게 일어날 수 있는 사건들에 개연성을 부여
> 하거나 사건의 전개나 장면의 전환 등에 관여된 서
> 사적 정보를 제시하기도 한다. 또한 장면을 제시하
> 는 것은 물론 서로 다른 장면을 연결하거나, 사건이
> 요약적으로 제시되었음을 가늠하게 하는 등 서사의
> 주요 요소들을 보조하는 기능을 한다.

① ㉠은 우연으로 보이는 감사의 이방 선발이, 필성이 송
　이와 만나기 위해 애써 왔던 시간과 맞물려 있음을 드
　러냄으로써 필성의 관아 입성에 개연성을 부여한다.
② ㉡은 평범한 일상을 지내던 송이와 감사의 대화를 통
　해 중요한 서사적 정보가 드러난 시간을 부각하여, 필
　성과 재회하고자 하는 송이의 바람을 심화하게 되는
　서사적 전환에 관여한다.
③ ㉢은 공청에서 일어난 최근의 변화에 송이가 주목하고
　있음을 보여 주는 한편, 송이가 공청의 일을 돕게 되기
　까지의 과정이 요약적으로 제시되었음을 드러낸다.
④ ㉣은 송이와 필성의 만남이 이루어지지 않은 상태에
　서 상당한 시간이 흘렀음을 드러내면서, 송이와 필성
　이 가진 그리움의 깊이를 함축한 서사적 정보로 기능
　한다.
⑤ ㉤은 감사의 사람됨과 감사가 잠을 이루지 못하는 이
　유를 관련짓게 하는 한편, 흐느껴 울던 송이를 감사가
　발견하는 사건의 시간적 배경을 지시한다.

(가)

　우리나라 전기소설(傳奇小說)은 중국의 전기(傳奇)와 우리의 설화 등 다양한 서사 갈래의 영향을 받아 성립했다. 중국의 전기는 기이한 사건을 다채로운 문체로 엮은 서사 양식이다. 이는 당나라 문인들이 자신의 글 솜씨가 담긴 작품집을 출세의 수단으로 삼았던 관습에서 유래했다. 기이한 사건은 흥미를 끌기 위한 소재로만 쓰여서, 서사 구조가 유기적이지 못했고 결말의 양상도 다양했다. 이에 비하면 우리의 전기소설에서 기이한 사건은 작가의 불우함을 위로하기 위한 창작 동기에 걸맞게 유기적으로 짜였다. 작가의 분신으로서 불우한 처지에 놓인 전기소설의 남주인공은 기이한 사건을 겪으면서 자신의 능력을 인정받고 위로받지만, 결국 비극적 종결을 맞이하는 전형성을 보인다. 이처럼 우리의 전기소설은 중국 전기의 영향을 받아 기이한 사건을 다루면서도, 비극적 종결을 통해 전기와 구별되는 독자성을 보인다.

　우리 전기소설의 성립에는 민담과 전설 등 설화도 영향을 끼쳤다. 구전되던 설화를 기록하면서 작가의 역량이 발휘되었고, 이 과정에서 새로운 유형의 인물이 등장하여 전기소설의 갈래적 성격을 드러내었다. 전기소설 주인공의 특질은 다음과 같다. 첫째는 외로움이다. 주인공은 사회적으로 소외된 존재이거나 짝을 얻지 못한 상태에서 실의에 빠져 있는 존재이다. 외로운 주인공은 현실에서의 소외를 부당하다고 느껴 온갖 금기를 넘어선 사랑을 하거나 용궁과 같은 이계(異界)에 가기를 주저하지 않는다. 둘째는 내면성이다. 주인공은 풍부한 감성을 지녀서 외로움을 토로하거나 시를 자주 짓고 시를 통해 자신의 능력을 인정받거나 서로 소외감을 나누고 싶어 한다. 셋째는 소극성이다. 남주인공은 소심하고 나약한 존재로서 자신으로서는 받아들이기 어려운 상황이나 모순된 현실에 대해 적극적으로 저항하지는 않는다. 사랑에 몰두하거나 세상을 등지는 등 세상과 소통하지 않으려는 폐쇄성을 통해 모순된 현실에 대한 비극적 인식을 보여 줄 뿐이다. 이처럼 전기소설의 주인공은 서사 문학사에서 새로운 인물이었다. 이런 주인공을 내세운 작품들은 설화로부터 분기되어 ‘소설’로 접근하게 되었고 동시에 다른 작품들과 달리 ‘전기소설’로 구분되었다.

　물론 전기소설의 정립은 점진적으로 진행되어서, 「조신」, 「김현감호」, 「최치원」 등은 정도의 차이는 있지만 설화와 전기소설 중 어느 한쪽만으로 갈래적 성격을 규정할 수 없는 작품들로 평가받는다. 이들 작품은 남녀의 기이한 만남과 파국을 그린다는 점에서 전기소설의 성격을 지녔지만, 기이한 사건으로써 환기되는 현실에 대한 이해는 전설의 성격을 띤다. 전설에서 인물은 특정한 시공간에서 현실의 문제에 부딪히지만 이것은 인간의 힘으로는 어찌할 수 없는 경이로운 세계의 일부분으로 다루어진다. 가령 「김현감호」는 벼슬에 대한 김현의 간절함에 부처가 감동하여 범의 희생으로 응답하고, 김현이 이를 기린다는 이야기이다. ㉠개인의 욕망을 포용하는 부처의 전능함을 형상화한 것이다. 전설과 달리 소설에서 인물은 구체적인 사회현실에서 현실의 문제에 부딪히고 갈등함으로써 인간과 세계는 서로 맞서는 관계로 다루어진다. 가령 「이생규장전」은 사랑하는 남녀가 전쟁 때문에 이별했다가 기이한 방식으로 다시 결연하지만 결국 비극적으로 종결되는 이야기이다. 생사를 초월한 사랑을 통해 개인과 세계의 갈등 관계를 형상화한 것이다. 전기소설은 「금오신화」를 통해 소설사에 안착했고, 「금오신화」는 현실의 문제를 드러내는 ㉡다양한 소설적 면모를 보였다. 그리고 이는 후대로 계승되었다. 사대부 남성이 이계를 체험하고 돌아오는 구도는 몽유록 소설로, 이원적 공간 구도는 적강한 영웅의 일생을 다룬 영웅 소설로 계승되었다. 금기에 도전하는 애정 추구의 구도와 능동적인 여인상 그리고 애정 교류의 매개로써의 시의 활용은 애정 소설로 이어졌다. 이렇게 보면 전기소설은 우리나라 최초의 소설 양식인 것이다.

(나)

　김현이 말하기를, “사람과 사람의 사귐은 인륜의 도리이지만 다른 유와 사귀는 것은 대개 정상이 아닙니다. 이미 조용히 만난 것은 진실로 천행이라고 할 것인데, 어찌 차마 배필의 죽음을 팔아서 일생의 벼슬을 바랄 수 있겠소?”라고 하였다.

　처녀가 말하기를, “낭군은 그런 말 마십시오. 지금 제가 일찍 죽는 것은 천명이며, 또한 저의 소원이요, 낭군의 경사요, 우리 일족의 복이요, 나라 사람들의 기쁨입니다. 한 번 죽어 다섯 이로움이 갖춰지니 어떻게 그것을 어길 수 있겠습니까? 다만 저를 위하여 절을 짓고 불경을 강하여 불법(佛法)을 얻도록 도와주시면 낭군의 은혜는 더없이 클 것입니다.”라고 하였다.

　드디어 서로 울면서 헤어졌다.

　다음 날 과연 사나운 범이 성 안으로 들어왔는데, 매우 사나워 감당할 수가 없었다. 원성왕이 이 소식을 듣고 범을 잡은 자에게는 벼슬 2급을 주라고 하였다. 김현이 대궐로 들어가서, "소신이 잡을 수 있습니다."라고 아뢰자, 임금이 우선 벼슬을 주어 그를 격려하였다. 김현이 단도를 지니고 숲 속으로 들어갔다. 범이 처녀로 변하여 반갑게 웃으면서, "간밤에 낭군과 함께 마음속 깊이 정을 맺던 일을 잊지 마십시오. 오늘 내 발톱에 상처를 입은 사람들은 모두 흥륜사의 간장을 바르고 그 절의 나발 소리를 들으면 나을 것입니다."라고 하였다.

이에 처녀가 김현의 칼을 뽑아 스스로 목을 찔러 쓰러지니 곧 범이었다. 김현이 숲 속에서 나와, "지금 범을 쉽게 잡았다."라고 소리쳤다. 그 사정은 누설하지 않았다. 일러 준 대로 상한 사람들을 치료하니 그 상처가 모두 나았다. 지금도 세간에서는 그 방법을 쓰고 있다.

김현은 등용된 뒤 서천(西川)에 절을 세워 호원사(虎願寺)라고 하고 항상 「범망경」을 강설하여 범의 저승길을 인도하고, 범이 제 몸을 죽여서 자기를 성공시켜 준 은혜에 보답하였다.

-작자 미상, 「김현감호」-

(다)

"장차 백년해로의 낙을 누리려 했는데 어찌 횡액(橫厄)을 만나 구렁에 넘어질 줄 알았겠습니까? 이리 같은 놈들에게 정조를 잃지는 않았으나, 육체는 진흙탕에서 찢겼사옵니다. 절개는 중하고 목숨은 가벼워 해골은 들판에 던져졌으나, 혼백을 의탁할 곳이 없었습니다. 가만히 옛일을 생각하면 원통한들 어찌하겠습니까? 당신과 그날 깊은 산골짜기에서 헤어진 뒤 속절없이 짝 잃은 새가 되었던 것입니다. 이제 저의 환신은 이승에 돌아와 남은 인연을 맺어 옛날의 굳은 맹세를 결코 헛되게 하지 않으려 하는데 당신 생각은 어떠십니까?"

이생은 매우 기뻐하고 감사히 여기며, "그것이 원래 나의 소원이오."라고 대답했다. 둘은 말을 주고받았다.

이생은, "모든 가산은 어떻게 되었소?"라고 물었다.

"하나도 잃지 않고 어떤 골짜기에다 묻어 두었습니다."

"그럼 양가 부모님의 유골은 어찌 되었소?"

"하는 수 없이 어떤 곳에 그냥 내버려 두었습니다."

이야기를 마치고 함께 취침하니 기쁜 정은 옛날과 조금도 다를 바 없었다. 이튿날 부부는 가산을 묻어 둔 곳을 찾아갔다. 그곳에는 금은 몇 덩이와 약간의 재물이 있었다. 그들은 양가 부모의 유골을 거두고 금은, 재물을 팔아 각각 오관산 기슭에 합장하고는 나무를 세우고 제

사를 드려 모든 예를 다 마쳤다.

그 후 이생은 벼슬을 구하지 않고 최낭과 함께 살았고, 피란 갔던 노복들도 찾아왔다. 이생은 이제 세상사를 완전히 잊은 채 친척의 길흉사에도 가 보지 않고 집에서 늘 최낭과 함께 시를 지어 주고받으며 즐거이 세월을 보냈다.

어느덧 몇 년이 지난 어느 날 밤에 최낭은, "세 번 가약을 맺었건만, 세상일은 뜻대로 되지 않나 봅니다. 즐거움도 다하기 전에 슬픈 이별이 닥쳐왔습니다."라고 말하고는 오열하였다.

(중략)

[A]

"나도 부인과 함께 황천으로 갔으면 하오. 어찌 무료히 홀로 여생을 보내겠소. 지난번에 난리를 겪어 친척들과 노복들이 뿔뿔이 흩어지고, 부모님의 유골이 들판에 버려졌을 때, 부인이 아니었더라면 누가 능히 장사를 지내 주었겠소. 옛사람 말씀에, '부모님이 살아 계실 때에 예의를 다하여 섬기고 돌아가신 뒤에 예의를 다하여 장례 지낸다.' 했는데, 부인이 이를 실천했소. 그것은 부인의 천성이 순효하고 인정이 두터운 때문이니, 감격해 마지않았으며 스스로 부끄러움을 이기지 못하였소. 이승에서 함께 오래 살다가 백 년 후에 같이 세상을 떠날 수는 없겠소?"

최낭은, "낭군의 수명은 아직 남아 있으나 저는 이미 저승의 명부에 이름이 올라 있어 더 이상 머물 수 없습니다. 만일 제가 인간 세상을 그리워해 미련을 가지면 저승의 법에 위반되고, 죄가 제게만이 아니라 낭군님께도 미칠 것입니다. 다만 제 유골이 아무 곳에 흩어져 있으니 은혜를 베풀어 유골을 거두어 비바람 맞지 않게 해 주십시오." 하였다.

두 사람은 서로 바라보며 눈물을 흘렸다.

"낭군님 부디 안녕히 계십시오." 말을 마치자 점점 사라져서 마침내 자취를 감추었다. 이생은 아내가 말한 대로 그녀의 시신을 거두어 부모의 무덤 곁에 묻어 주었다.

그 후 이생은 최낭을 지극히 생각한 나머지 병이 나서 두어 달 만에 세상을 떠났다.

이 소식을 들은 사람들은 모두 슬퍼하고 탄식하면서 그들의 절개를 사모하지 않는 사람이 없었다.

-김시습, 「이생규장전」-

29 (가)에서 설명한 중국의 전기와 우리의 전기소설에 대한 이해로 가장 적절한 것은?

① 전기에서 작가는 현실적 사건을 통해 독자들의 관심을 유도했다.
② 전기와 전기소설의 결말은 모두 유기적인 서사 구조 속에서 전형성을 보여 주었다.
③ 전기소설은 작가가 자신의 글 솜씨가 담긴 작품집을 출세의 수단으로 삼기 위해 창작하였다.
④ 전기는 전기소설의 영향을 받아 다채로운 문체를 활용하면서도 서사적 독자성을 지향했다.
⑤ 전기소설의 작가는 불우한 처지에 놓여 있는 자신의 삶을 작품 속 주인공을 통해 위로받고자 했다.

30 (가)를 바탕으로 (나), (다)의 인물에 대해 설명한 것으로 적절하지 <u>않은</u> 것은? [3점]

① (나)의 김현은 배필의 죽음을 결국 막지 못하는 나약한 모습을 보인다는 점에서 '소극성'을 지닌 인물임을 알 수 있다.
② (나)의 범은 자신의 죽음을 통해 불법을 얻을 수 있도록 도와달라고 김현에게 부탁한다는 점에서 (나)에서 갈등 해결은 종교적 차원에서 모색되고 있음을 알 수 있다.
③ (다)의 이생은 최낭의 환신과 더불어 지낼 뿐 벼슬을 구하려하지 않는다는 점에서 '폐쇄성'을 지닌 인물임을 알 수 있다.
④ (다)의 최낭은 혼백을 의탁할 곳이 없어서 기이한 방식으로 이생과 인연을 이어 가려 한다는 점에서 '외로움'을 지닌 인물임을 알 수 있다.
⑤ (다)의 최낭이 이생의 말을 따르지 않고 자취를 감춘다는 점에서 (다)에서 현실의 문제는 서로 대등하게 맞서는 개인 사이의 갈등에서 비롯되고 있음을 알 수 있다.

31 (나)와 [A]를 비교한 내용으로 가장 적절한 것은?

① (나)의 남주인공은 여주인공이 스스로 희생을 선택한 것을 안타까워하고, [A]의 남주인공은 여주인공과 영원히 함께하고 싶은 마음을 드러낸다.
② (나)의 여주인공은 자신의 죽음이 서로에게 이로운 일이라며, [A]의 여주인공은 자신의 죽음이 저승의 법을 어긴 대가라며 남주인공을 설득한다.
③ (나)의 여주인공은 남주인공에게 타인과의 관계에서 맺힌 한을 풀어달라는, [A]의 여주인공은 생전에 자신에게 맺힌 한을 풀어달라는 부탁을 한다.
④ (나)의 남주인공은 여주인공의 부탁을 실현함으로써 사회로부터 인정을 받고, [A]의 남주인공은 여주인공의 부탁을 실현함으로써 사회로부터의 소외감을 해소한다.
⑤ (나)의 남주인공은 세속적 삶에 회의를 느끼며 속세를 등지고, [A]의 남주인공은 세속적 삶의 무의미함을 견디지 못하고 세상을 떠난다.

32 ㉠을 참고하여 (나)를 이해한 것으로 가장 적절한 것은?

① 처녀가 자신의 죽음을 '낭군의 경사'라고 말하는 장면은 김현에 대한 부처의 응답을 암시한다.
② 매우 '사나운 범'이 사람들을 해치는 장면은 김현 개인의 욕망 실현을 가로막는 현실의 경이로움을 보여 준다.
③ 김현이 임금에게 범을 '잡을 수 있'다고 아뢰는 장면은 김현과 범 사이의 긴장감이 해소됨을 보여 준다.
④ 임금이 김현에게 '벼슬을 주어' 격려하는 장면은 부처의 전능함을 실현하려는 임금 개인의 의지를 드러낸다.
⑤ 범이 김현 앞에서 '처녀로 변하여 반갑게 웃'는 장면은 부처가 남녀의 기이한 만남에 감동하는 계기를 드러낸다.

33 (다)에 나타난 주인공들의 사랑에 대한 감상으로 적절하지 <u>않은</u> 것은?

① 최낭이 '횡액을 만나 구렁에' 넘어졌다고 하는 것에서, 주인공들의 사랑이 외부적 요인에 의해 좌절되었음을 알 수 있군.

② 최낭이 '깊은 산골짜기에서' 이생과 이별한 자신을 '짝 잃은 새'로 표현하는 것에서, 사랑을 잃은 여주인공의 슬픔을 알 수 있군.

③ '굳은 맹세'를 지키자는 최낭의 말에 이생이 '그것이 원래 나의 소원'이라고 대답하는 것에서, 사랑을 지속하고 싶었던 남녀주인공의 마음을 알 수 있군.

④ 최낭이 이생에게 '세 번 가약을 맺었건만, 세상일은 뜻대로 되지 않나 봅니다'라고 하는 것에서, 현세에서 좌절된 사랑을 저승에서 완성하고자 하는 여주인공의 의지를 알 수 있군.

⑤ 최낭이 자신의 '죄'가 이생에게도 미칠 것을 염려하는 것에서, 남주인공의 안위를 우선시하는 여주인공의 사랑에 대한 인식을 알 수 있군.

34 (다)에서 구현된 ⓛ에 대한 이해로 적절하지 <u>않은</u> 것은?

① 사대부 남성이 이계를 체험하고 돌아오는 구도는 이생이 '가산을 묻어 둔 곳'을 찾아가 금은과 재물을 가져오는 데에서 나타나고 있다.

② 능동적 여인상은 최낭의 '환신'이 이생에게 '남은 인연'을 맺자고 제안하는 데에서 나타나고 있다.

③ 금기에 도전하는 애정 추구는 이생이 최낭의 '환신'과 옛날과 다름없이 '기쁜 정'을 누리는 데에서 나타나고 있다.

④ 이원적 공간 구도는 최낭의 '환신'이 '이승'에 있음에도 '저승의 법'을 따라 '황천'으로 가야 한다는 데에서 나타나고 있다.

⑤ 시가 애정 교류의 매개로 활용되는 것은 이생과 최낭이 '시를 지어 주고받'는 데에서 나타나고 있다.

암울했던 우리의 현대사와 연결하며, 대부분의 현대소설에서 나타나는 클리셰를 정리하는 단계입니다. 소설 지문 독해 시간을 단축하는 열쇠가 될 수도 있으니, 확실하게 정리하면서 따라옵시다!

현대소설은 암울한 현대사를 반영한다.

고전소설과 마찬가지로, 현대소설에서도 여러 가지 '클리셰'가 나타나는 경우가 많습니다. 고전소설의 '클리셰'를 그 시절 민중들의 삶을 바탕으로 이해했듯이, 현대소설의 '클리셰' 역시 우리의 암울한 현대사를 이용하면 좀 더 깊이 이해할 수 있을 것입니다. 물론 모든 작품을 일관된 기준으로 분류할 수는 없겠지만요. 이 내용을 외울 필요는 전혀 없어요. 역사적 맥락을 바탕으로, 어떤 '클리셰'가 나타나는 것이 당연하겠다는, 나아가 이런 역사적 맥락 속에 있던 인물들은 특정한 '내면세계'를 가지는 것이 당연하겠다는 생각을 해 주시는 게 중요합니다. 결국 일반적인 지문의 흐름을 알아두고, 이를 이용해서 지문 독해 시간을 단축하는 게 목표니까요!

일제 강점기 〈1910~1945〉

우리나라의 현대 문학(또는 근대 문학)은 일제 강점기에 시작된 것으로 볼 수 있습니다. 이 시기의 특징은 크게 '근대 문물의 도입'과 '나라를 빼앗긴 설움'으로 말할 수 있어요. 이에 1930년대 무렵에는 <u>도시화로 인한 여러 갈등을 다루는 소설들</u>이 나타납니다.

① 근대 문물의 도입

> 차가 남대문에 닿았다. 아직 다 어둡지는 아니하였으나 사방에 반작반작 <u>전기등</u>이 켜졌다. <u>전차 소리</u>, 인력거 소리, 이 모든 소리를 합한 '도회의 소리'와 넓은 플랫폼에 울리는 나막신 소리가 합하여 지금까지 고요한 자연 속에 있던 사람의 귀에는 퍽 소요하게 들린다. '도회의 소리!' 그러나 그것이 <u>문명의 소리</u>다. 그 소리가 요란할수록에 그 나라가 잘된다. <u>수레바퀴 소리</u>, <u>증기와 전기 기관 소리</u>, <u>쇠마차 소리</u>…… 이러한 모든 소리가 합하여서 비로소 찬란한 문명을 낳는다. 실로 현대의 문명은 소리의 문명이라. 서울도 아직 소리가 부족하다. 종로나 남대문통에 서서 서로 말소리가 아니 들리리만큼 문명의 소리가 요란하여야 할 것이다. 그러나 불쌍하다. 서울 장안에 사는 삼십여 만 흰옷 입은 사람들은 이 소리의 뜻을 모른다. 또 이 소리와는 상관이 없다. 그네는 이 소리를 들을 줄을 알고, 듣고 기뻐할 줄을 알고,

> 마침내 제 손으로 이 소리를 내도록 되어야 한다. 저 플랫폼에 분주히 왔다 갔다 하는 사람들 중에 몇 사람이나 이 분주한 뜻을 아는지, 왜 저 전등이 저렇게 많이 켜지며, 왜 저 전보 기계와 전화 기계가 저렇게 불분주야하고 때각거리며, 왜 저 흉물스러운 기차와 전차가 주야로 달아나는지……. 이 뜻을 아는 사람이 몇몇이나 되는가.
>
> −이광수, 「무정」−
> (2014학년도 예비시행 B형)

이 지문에서는 밑줄 친 부분과 같은 '근대 문물'이 도입되던 서울의 모습을 다루고 있습니다. 이러한 '문명의 소리'가 어떤 의미를 지니고 있는지 잘 모르는 서울 사람들을 불쌍히 여기기도 하고 말이죠. 인기리에 종영했던 드라마 "미스터 션샤인"에 나오는 대사, "어제는 멀고, 오늘은 낯설며, 내일은 두려운. 우리 모두는 그렇게 각자의 방법으로 격변하는 조선을 지나는 중이었다."와 같은 대사는 이러한 시대상을 잘 반영하고 있어요. (물론 저 드라마의 시대적 배경은 일제 강점기보다는 조금 앞이긴 하지만요.)

이러한 내용은 해당 지문의 〈보기〉로도 제시되었습니다.

지금의 우리에겐 너무나 익숙한 '기차'가 당시에는 공포와 동경
의 대상이었다는 점에서, 이 시대의 공기가 확 느껴지시죠?

나아가 일제 강점기는 '유교적 세계관' 및 신분 체제 등 전통적
인 가치가 무너지고, 급변하는 정세에 잘 적응하여 많은 부를 축
적한 신흥 세력이 나타나기도 했어요. 앞에서 공부했던 박경리
작가의 「토지」 지문에서도 이러한 〈보기〉가 제시되었죠.

이렇게 권력 관계가 복잡하게 뒤얽히는 것 역시 '근대 문물의 도
입'으로 인한 일제 강점기의 특징으로 봐 주시면 됩니다.

한편, 일제 강점기에는 전차나 가로등 같은 물건만 들어온 것이
아니라, 서구적인 '근대성' 개념도 들어왔어요. **'각 개인은 주체
로서 존재한다.'**라는 것이 근대적 개인의 개념이에요. 이전의 소
설에는 임금이나 공동체에 대한 헌신과 충성, 유교적 윤리에 따
른 주인공의 행동이 나타났다면, 이때부터는 각 개인이 자기 스
스로의 가치를 탐구하고 갈등하기 시작합니다. 본격적으로 **'사회
와 구분되는 개인'**이 나타나기 시작한 거예요. 이러한 개념은 소
설 속 개인의 '내면세계'가 그 시대의 세계관이라는 틀을 깨고 다
양해지는 계기가 되었습니다.

앞에서도 만나봤던 지문이죠? 그래서 이 당시의 지식인들은, 스
스로의 내면에 대해서 탐구하고 '내가 정말 근대적 개인이 맞는
가?'에 대해서 고민합니다. 또, 이를 바탕으로 전근대적인 조선
사회를 비판하기도 하죠. 특히 이광수와 같은 문인들은, '조선의
사람들은 미개하고, 따라서 근대성을 가르쳐서 계몽시켜야 해!'
라고 생각할 정도였어요. 따라서 이 시기의 소설에는 **'전근대적
조선 사회vs근대적 개인'**의 대립이 자주 나타나기도 합니다.
작가의 특징, 시대의 특징을 외우는 게 목적이 아니에요! 전반적
인 흐름을 이해해주셔야 합니다!

② 일제 강점기의 비극적 삶

1930년대로 들어오면, 도시화가 진행되는 등 조선 사회가 복잡해지고 서양의 여러 문학 이론들이 소개되며 한국 소설은 질적·양적으로 풍성해집니다. 수능에 출제되는 이 시기의 작품들은 크게 농촌의 현실을 반영했냐, 도시의 현실을 반영했냐로 나눠볼 수 있을 거 같습니다. 이론적으로 나눌 수도 있지만 그런 건 중요하지 않아요! 우리의 목적은 소설의 배경을 빠르게 파악해 내용을 읽는 시간을 줄이는 것이니까 말이죠.

"이 자식 남의 벼를 훔쳐 가니!"
하고 대포처럼 고함을 지르니 논둑으로 고대로 데굴데굴 굴러서 떨어진다 얼결에 호되게 놀란 모양이다.
　응칠이는 덤벼들어 우선 허리께를 내려조겼다 어이쿠쿠, 쿠 — 하고 처참한 비명이다. 이 소리에 귀가 번쩍 띄어서 그 고개를 들고 팔부터 벗겨 보았다 그러나 너무나 어이가 없었음인지 시선을 치걷으며 그 자리에 우두망찰한다.
　그것은 무시운 침묵이있다. 살뚱맞은 바람만 공중에서 북새를 논다.
　한참을 신음하다 도적은 일어나더니,
"성님까지 이렇게 못살게 굴기유?"
　제법 눈을 부라리며 몸을 홱 돌린다. 그리고 느끼며 울음이 복받친다. 봇짐도 내버린 채,
"내 것 내가 먹는데 누가 뭐래?"
하고 데퉁스러이 내뱉고는 비틀비틀 논 저쪽으로 없어진다.
　형은 너무 꿈속 같아서 멍하니 섰을 뿐이다.

－김유정, 「만무방」－
(2007학년도 수능)

「만무방」에서 '형'은 동생의 벼를 훔쳐 가는 도둑을 잡기 위해 매복을 합니다. 그런데 도둑을 잡고 보니 도둑이 바로 동생이었네요. 알고 보니 동생은 지주에게 소작료를 내지 않기 위해 자신의 벼를 훔쳐야 했던 것이었습니다. 이처럼, 1930년대에는 일제의 수탈이 심해지면서 하층민들의 고통이 심해졌습니다. 그리고 당시 조선 사람들의 대부분은 농촌에서 살았으니, 소설가들이 농촌 하층민들의 현실에 주목한 것은 당연하겠죠?

한편, 1930~1940년대에는 도시화가 일어나면서 이전에는 볼 수 없었던 새로운 삶의 양식이 생겨나기도 했습니다. 이런 도시의 삶을 다룬 작품들은 농촌의 삶을 다루는 작품들처럼 도시 하층민들의 삶에 주목하기도 하지만, 도시라는 새로운 삶의 방식의 충격을 다루기도 하면서 보다 입체적으로 일제강점기의 현실을 비판합니다. 말이 좀 어렵죠? 사례를 들어 볼게요.

　이 도회에서의 패잔자는 좀 더 남의 마음에 애달픔을 주는 일 없이 무심한 이의 눈에는, 참말 어디 볼일이라도 보러 가는 사람같이, 그곳에서 얼마 안 되는 작은 광교 차부에서 강화행 자동차를 탔다. 천변에 일어나는 온갖 일에 관찰을 게을리하지 않는 이발소 소년이, 용하게도 막, 그들의 이미 오래 전에 팔린 집을 나오는 일행을 발견하고 그래 이발소 안의 모든 사람이 그것을 알았을 뿐으로, 그들이 남부끄럽다 해서, 고개나마 변변히 못 들고 빠른 걸음걸이로 천변을 걸어 나가, 그대로 큰길로 사라지는 뒷모양이라도 흘낏 본 이는 몇 명이 못 된다. 얼마 있다, 원래의 신전은 술집으로 변하고, 또 그들의 살던 집에는 좀 더 있다, 하숙옥 간판이 걸렸다.

－박태원, 「천변풍경」－
(2019학년도 수능)

도시의 삶에 적응하는 데 실패한 가족이 쫓겨나듯이 집을 떠나고 있네요. 도시의 삶을 다룬 소설들은 이런 하층민의 삶에 주목한다는 점에서 농촌의 현실을 다룬 소설과 유사하지만, 차이점도 있습니다. 그리고 그 차이점은 도시와 농촌의 근본적인 차이에서 생겨나죠. 이건 해방 이후 현대소설에도 해당되는 이야기예요.

농촌과 도시의 가장 큰 차이점이 뭘까요? '농촌'이라고 하면 가슴 따뜻한 시골 인심이 떠오릅니다. 이처럼 농촌에는 아무리 삶이 고되다 해도 그 고됨을 같이 나누는 전통적인 공동체가 있습니다. 하지만 도시는요? 도시에는 너무나도 다양한 사람들이 모여있고 사는 모양도 제각각이라, 서로 이해하고 공감할 여지가 별로 없습니다. 그렇기 때문에 위 소설의 가족들도 공동체에 기대기보다는 도망치듯이 이사를 가고 있네요. 도시에선 먹고 살기도 힘든데, 기댈 사람도 없는 것이죠. 이처럼 당시 도시의 풍경을 그린 작가들은 농촌 사회와는 다른, 도시에서의 삭막한 삶의 방식이 가져다주는 충격을 다루기도 한 것이에요.

이런 삭막한 현실은 하층민들의 삶도 어렵게 했지만, 지식인들의 삶도 피폐하게 했습니다. 박태원의 『소설가 구보씨의 일일』(2008학년도 6월 모의평가), 이상의 『날개』(2008학년도 9월 모의평가)에는 도시의 삶에 적응하지 못하는 지식인들의 모습이 나오기도 합니다.

6 · 25 전쟁 〈1950~1953〉

해방이 되고 얼마 지나지 않아, 한반도는 미국 · 소련의 영향 아래 분단이 되고 결국 전쟁이 일어납니다. 이로 인해 전후소설에는 전쟁 자체의 참담함을 다루거나, 분단으로 인한 아픔을 담은 경우가 많아요.

> 밤사이에 중공군과 인민군이 후퇴하면서 미처 날라가지 못했던 식량이 여기저기 흩어져 있었던 것이다. 사람들은 갈가마귀떼처럼 몰려들어 가마니를 열었다. 그리고 악을 쓰면서 자루에다 쌀과 수수를 집어넣는다. 쌀과 수수가 강변에 흩어진다. 사람들은 굶주린 이리떼처럼 눈에 핏발이 서서 자루에 곡식을 넣어 짊어지고 일어섰다. 쌀자루를 짊어지고 강변을 따라 급히 도망쳐 가는 사나이들, 쌀자루에 쌀을 옮겨 넣는 아낙들, 필사적이다. 그야말로 전쟁이다. 김씨 댁 아주머니와 윤씨도 허겁지겁 달려들어 쌀을 퍼낸다. 그리고 떨리는 손으로 자루 끝을 여민 뒤 머리에 이고 일어섰다. 그 순간 하늘이 진동하고 땅이 꺼지는 듯 고함 소리, 총성과 함께 윤씨가 푹 쓰러진다. 윤씨는 외마디 소리를 지르며 쌀자루 위에 얼굴을 처박는다. 거무죽죽한 피가 모래밭에 스며든다.
>
> -박경리, 「시장과 전장」-
> (2017학년도 수능)

전쟁의 참담함을 보여주는 대표적인 장면이에요. 1950년에 일어난 한국전쟁은, 분단을 기정사실로 만드는 동시에 이념 갈등까지 격화시켰어요. 이처럼 한국전쟁은 한국인 모두에게 너무나도 큰 트라우마로 남았죠.

> 나는 집에 도착한 그 첫 순간에 베일에 가린 듯이 모든 사물, 모든 사람들로부터 차단된 나 자신을 느꼈다. 집에서 맞는 첫날 아침을 나는 이상한 비현실감 속에서 맞았다. "이런 전선에서 두부 장수 종소리, TV에서 흘러나오는 노랫소리, 수돗물이 넘치는 소리가 웬일일까?"라고 중얼거리며 주위를 둘러보았던 것이다.'이런 전선에서'란 느낌은 어떤 긴박한 위기에 대처한 생생한 의지였다. 그것은 아직도 내 몸에 밴 전쟁 냄새였다. 그런데 두부 장수 종소리, 유행가 소리 따위를 의식했을 때 나는 뭔가 맥이 탁 풀리는 것 같았다. 나의 안에 있는 긴박감에 비해서 밖은 너무도 무의미하고 태평스럽고 어쩌면 패덕스럽기까지 했다. 나미도, 학교 공부도, 또 나로부터 그토록 수많은 밤을 앗아 갔던 아틀리에도 예외일 수는

> 없었다. 나는 그것들과의 관계를 다시 시작할 하등의 흥미도 관심도 없었다. 나날이 권태스럽고 짜증스럽기만 했다. 이따금 나는 내 안의 긴장에 대해서, 적어도 숨김없는 그 진실에 대해서 누군가에게 말하려 애써보았다. 그러나 이해하는 사람은 아무도 없었다.
>
> -서영은, 「사막을 건너는 법」-
> (2021학년도 수능)

이번에도 앞에서 공부했던 지문을 가져왔습니다. 이 지문은 전쟁 당시의 공포뿐 아니라, 전쟁 이후 참전용사들이 가지게 된 트라우마를 다루고 있어요. 전쟁이라는 끔찍한 일을 겪었다는 것을 이해하면 인물들의 내면세계에 공감하는 게 훨씬 쉬워질 것입니다.

산업화 〈1960년대~1980년대〉

1960년대부터는 독재정권의 주도 아래 산업화가 일어나며, 도시화가 앞서 살펴본 1930년대의 상황과는 비할 수 없을 정도로 진전됩니다. 젊은이들이 농촌을 떠나며 농촌은 점점 쇠락해갔고, 도시에는 사람들이 몰리며 많은 문제점이 생겼습니다. 그리고 1930년대와 마찬가지로, 농촌에서 도시로 올라온 사람들은 농촌과 다른 도시의 삭막함에 큰 혼란을 겪을 수밖에 없었죠.

1930년대와 다른 점이라고 한다면, 식민지 시절 사람들의 대부분은 농민이었던 반면, 1960년대 이후 국민의 대부분은 도시민이 되었다는 것입니다. 때문에 이 시기의 소설은 농촌에 유입되는 도시적인 생활방식을 다루거나 도시에 온 시골 사람들이 겪는 가치관의 혼란 등을 다루는 경우가 많았습니다.

이문구의 『관촌수필』(2010학년도 수능, 2018학년도 수능), 윤흥길의 『아홉 켤레의 구두로 남은 사내』(2016학년도 수능 B형), 양귀자의 『한계령』(2019학년도 6월), 김원일의 『도요새에 관한 명상』(2015학년도 9월 B형), 조세희의 『난쟁이가 쏘아올린 작은 공』(2014학년도 수능 A형) 등등 수많은 작품들이 모두 60~80년대의 산업화 도시화를 소재로하는 작품들입니다. 이 지문들은 교재에 실어두지 않았으니, 여러분이 스스로 찾아서 풀어보면 더 좋겠죠?

나는 바깥 게시판에 적혀 있는 공고문을 읽었다. 거기에는 아파트 입주 절차와 아파트 입주를 포기할 경우 탈수 있는 이주 보조금 액수 등이 적혀 있었다. 동사무소 주위는 시장바닥과 같았다. 주민들과 아파트 거간꾼들이 한데 뒤엉켜 이리 몰리고 저리 몰리고 했다. 나는 거기서 아버지와 두 동생을 만났다. 아버지는 도장포 앞에 앉아 있었다. 영호는 내가 방금 물러선 게시판 앞으로 갔다. 영희는 골목 입구에 세워 놓은 검정색 승용차 옆에서 있었다. 아침 일찍 일들을 찾아 나섰다가 철거 계고장이 나왔다는 소리를 듣고 돌아온 것이었다. 누군들 이런 날 일을 할 수 있을까. 나는 아버지 옆으로 가 아버지의 공구들이 들어 있는 부대를 둘러메었다. 영호가 다가오더니 나의 어깨에서 그 부대를 내려 옮겨 메었다. 나는 아주 자연스럽게 그것을 넘겨주면서 이쪽으로 걸어오는 영희를 보았다. 영희의 얼굴은 발갛게 상기되어 있었다. 몇 사람의 거간꾼들이 우리를 둘러싸고 아파트 입주권을 팔라고 했다. 아버지가 책을 읽고 있었다. 우리는 아버지가 책을 읽는 것을 처음 보았다. 표지를 쌌기 때문에 무슨 책을 읽는지도 알 수 없었다. 영희가 허리를 굽혀 아버지의 손을 잡아끌었다. 아버지는 우리들의 얼굴을 물끄러미 쳐다보더니 자리를 털고 일어났다. "난장이가 간다"고 처음 보는 사람들이 말했다.

어머니는 대문 기둥에 붙어 있는 알루미늄 표찰을 떼기 위해 식칼로 못을 뽑고 있었다. 내가 식칼을 받아 반대쪽 못을 뽑았다. 영호는 어머니와 내가 하는 일이 못마땅한 모양이었다. 그러나 마음에 드는 일이 우리에게 일어나 주기를 바랄 수는 없는 일이었다. 어머니는 무허가 건물 번호가 새겨진 알루미늄 표찰을 빨리 떼어 간직하지 않으면 나중에 괴로운 일이 생길 것이라는 것을 알고 있었다.

어머니는 손바닥에 놓인 표찰을 말없이 들여다보았다. 영희가 이번에는 어머니의 손을 잡아끌었다.

-조세희, 「난장이가 쏘아 올린 작은 공」-
(2014학년도 수능 A형)

이 지문처럼 집에서 쫓겨나고, 생계를 유지하기 어렵게 된 빈곤층의 문제는 산업화의 어두운 면으로 자리 잡았습니다. 많은 현대소설들이 산업화로 인한 사람들 간의 갈등, 빈부 격차, 인간 소외 등의 문제를 다루었죠.

나아가 급속한 산업화·도시화로 인해 나타난 물질만능주의와 그에 대항하는 기성세대의 모습도 자주 나타납니다. 다음과 같은 지문을 예시로 들 수 있어요.

아들은, 의사인 아들은, 마치 환자에게 치료 방법을 이르듯이, 냉정히 차근차근히 이야기를 시작하였다. 외아들인 자기가 부모님을 진작 모시지 못한 것이 잘못인 것, 한집에 모이려면 자기가 병원을 버리기보다는 부모님이 농토를 버리시고 서울로 오시는 것이 순리인 것, 병원은 나날이 환자가 늘어 가나 입원실이 부족되어 오는 환자의 삼분지 일밖에 수용 못 하는 것, 지금 시국에 큰 건물을 새로 짓기란 거의 불가능의 일인 것, 마침 교통 편한 자리에 삼층 양옥이 하나 난 것, 인쇄소였던 집인데 전체가 콘크리트여서 방화 방공으로 가치가 충분한 것, 삼층은 살림집과 직공들의 합숙실로 꾸미었던 것이라 입원실로 변장하기에 용이한 것, 각층에 수도·가스가 다 들어온 것, 그러면서도 가격은 염한 것, 염하기는 하나 삼만 이천 원이라, 지금의 병원을 팔면 일만 오천 원쯤은 받겠지만 그것은 새 집을 고치는 데와, 수술실의 기계를 완비하는 데 다 들어갈 것이니 집값 삼만 이천 원은 따로 있어야 할 것, 시골에 땅을 둔대야 일 년에 고작 삼천 원의 실리가 떨어질지 말지 하지만 땅을 팔아다 병원만 확장해 놓으면, 적어도 일 년에 만 원 하나씩은 이익을 뽑을 자신이 있는 것, 돈만 있으면 땅은 이담에라도, 서울 가까이라도 얼마든지 좋은 것으로 살 수 있는 것…….

(중략)

"천금이 쏟아진대두 난 땅은 못 팔겠다. 내 아버님께서 손수 이룩허시는 걸 내 눈으루 본 밭이구, 내 할아버님께서 손수 피땀을 흘려 모신 돈으루 장만허신 논들이야. 돈 있다고 어디가 느르지논 같은 게 있구, 독시장밭 같은 걸 사? 느르지 논둑에 선 느티나문 할아버님께서 심으신 거구, 저 사랑 마당의 은행나무는 아버님께서 심으신 거다. 그 나무 밑에를 설 때마다 난 그 어룬들 동상(銅像)이나 다름없이 경건한 마음이 솟아 우러러보군 헌다. 땅이란 걸 어떻게 일시 이해를 따져 사구팔구 허느냐? 땅 없어 봐라, 집이 어딨으며 나라가 어딨는 줄 아니? 땅이란 천지만물의 근거야. 돈 있다구 땅이 뭔지두 모르구 욕심만 내 문서 쪽으로 사 모기만 하는 사람들, 돈놀이처럼 변리만 생각허구 제 조상들과 그 땅과 어떤 인연이란 건 도시 생각지 않구 헌신짝 버리듯 하는 사람들, 다 내 눈엔 괴이한 사람들루밖엔 뵈지 않드라."

-이태준, 「돌다리」-
(2012학년도 수능)

물질적인 가치를 중시하며 땅을 팔자고 설득하는 아들과, 선조들과 함께 가꿔 온 땅의 가치를 중시하는 아버지의 모습이 적나라하게 드러나죠? 해당 지문의 〈보기〉에서 이 내용을 더 자세히 설명하고 있어요.

> ─────[보기]─────
>
> '장소애(場所愛)'는 인간의 안정된 삶을 보호하는 터전인 장소에 애착하는 심성이다. 근대 이전에는 '땅'과 '집'이 대표적인 장소애의 대상이었으나, 근대 이후 도시 사회에서는 이들이 도구적 대상이나 교환의 대상으로 변질되었다.

비단 '땅'에 대한 이야기가 아니라도, '물질'을 중시하는 젊은 세대와 '전통'을 중시하는 기성세대의 갈등 역시 이 시기의 소설에서 보이는 주요한 클리셰라는 걸 알아두도록 합시다. 내용을 이해하기가 훨씬 쉬워질 거예요.

한편, 딱 어떤 시점에 대한 이야기는 아니지만 사회 현실 대신 예술 자체나 관념적인 주제를 표현하는 소설들도 별개의 흐름을 구성하고 있습니다. 개인의 다양한 '내면세계'를 다룰 수 있게 되면서 나타나게 된 흐름인 것이죠. 이청준의 소설들이나 황순원의 『독 짓는 늙은이』 등을 예로 들 수 있겠네요.

125. 가마 앞(황혼)

마당에 놓인 중웅, 통웅, 반웅 등 갖가지 독들. 그런데 그 형태가 모두 고르지 않다. 비틀어진 독, 밑이 내려앉은 독, 거미줄처럼 금이 간 독들.

왱손이, 석현이 걱정스럽게 본다. 그러자 송 영감이 비실거리며 달려온다. 독을 하나하나 살핀다.

송 영감 : (혼잣말처럼) 이럴 수가 …… 지금까지 이런 일은 없었는데 …… 이게 내가 만든 독이야! (절망) 아냐! 이건 독이 아냐! (계속 보며) 이것두! 이것두 …… (비통하게) 이건 흙덩이다! 가마 앞에 달려가 망치를 든다.

왱손이 : 아니 여보게! 무슨 짓인가!

송 영감 : 비켓! (뿌리친다)

나가떨어지는 왱손이

석　현 : (잡으며) 안됩니다! 성한 것두 있어요!

송 영감 : 닥쳣! 이건 부정을 탔어! 모두 쳐부셔야 햇!

밀어붙이며 달려가 미친 사람처럼 독을 박살 내기 시작한다.

Ⓔ 뚜왕! 뚜왕!

박살 나는 독들. 마치 자기 심장이 박살 나는 것처럼 느껴지는 옥수.

왱손이 : (비통 혼잣말같이) 자네 환장했구먼!

석현이 매섭게 보다가 휭하니 간다. 옥수 몹시 불안하게 그를 바라본다.

Ⓔ 뚜왕! 뚜왕!

송 영감 그만 숨이 턱에 닿는다. 풀썩 주저앉고 만다. 목구멍에서 차츰 오열이 새어 나온다.

Ⓔ 뚜왕! 뚜왕! 뚜왕!

옥수 귀엔 언제까지나 확대되어 가는 박살 나는 독 소리. 송 영감 조각난 독을 쓸어안고 오열해 운다. 석양에 물든 하늘.

－ DIS －

－황순원 원작, 여수중 각색, 「독 짓는 늙은이」－
(2017학년도 9월 모의평가)

> ─────[보기]─────
>
> '장인(匠人)'을 소재로 한 문학 작품에서 '장인'은 실용적 가치를 추구하는 기술자의 모습과 미적 가치를 추구하는 예술가의 모습을 모두 지닌 존재로 등장하는 경우가 많다. 오랜 시간의 숙련 과정에서 다양한 갈등을 극복하며 경지에 이른 장인은 자신이 제작하는 작품을 통해 예술가적 집념과 열의를 보여 준다.

이런 '장인 정신'을 다루는 소설들도 수능에 자주 나오니, 하나의 유형으로 이해하면 좋을 것 같아요. 물론 이 소설들이 사회적인 것들에 아예 관심이 없는 건 아닙니다. 최일남의 『흐르는 북(2008학년도 수능, 2016학년도 6월 모의평가 B형)』처럼 전통예술이 사라지는 상황과 산업화 시대의 세태를 대비함으로써 둘 모두를 다루는 작품들도 있으니까요.

이 내용들을 모두 정리하면, 수능에 자주 나오는 현대소설은 다음과 같은 클리셰를 가진다고 할 수 있겠어요.

1) 사회적 현실에 대한 비판 〈자아 외부의 세계에 관심〉
2) 현실을 살아가는 자신에 대한 성찰 〈자아 내부의 세계에 관심〉

소설을 읽으면서, 위의 내용들을 어느 정도 대입하며 읽을 수 있는 경우에는 적극적으로 활용하시는 게 좋습니다. 나아가 내용이 뻔하다는 생각이 들면서 훨씬 빠르고 깊게 내용을 이해할 수 있을 거예요.

물론 이 내용들을 절대적인 기준으로 삼으면 안 됩니다. 이 흐름에서 벗어나는 작품들도 많으니,(사실 최근에는 이런 시대적 상황을 고려한 작품의 출제를 지양하는 추세이긴 합니다.) 말 그대로 '참고용'으로만 사용하도록 합시다. 그럼 이런 클리셰가 잘 나타나는 지문들을 한 번 공부해볼까요?

———— 해설 p.124 ————

내가 태어난 날임을 상기시키는 아무런 특별함은 없다. 그해 봄날 바람이 불었는지 비가 내렸는지 맑았는지 흐렸는지, 이제는 층계를 오르는 일조차 잊어버린 치매 상태의 노모에게 묻는 것은 의미 없는 일이다. 다산의 축복을 받은 농경민의 마지막 후예인 그녀에게 아이를 낳는 것은, 밤송이가 벌어 저절로 알밤이 툭 떨어지는 것, 봉숭아 여문 씨들이 바람에 화르르 흐트러지는 것처럼 자연스럽고 범상한 일이었을 것이다.

나는 막냇동생이 태어나던 때를 기억하고 있다. 깨끗한 바가지에 쌀을 담고 그 위에 마른 미역을 한 잎 걸쳐 안방 시렁에 얹어 삼신에게 바친 다음 할머니는 또다시 깨끗한 짚을 한 다발 안방으로 들여갔다. 사람도 짐승처럼 짚북데기 깔자리에서 아기를 낳나? 누구에게도 물을 수 없었던 마음속의 의문에 안방 쪽으로 가는 눈길이 자꾸 은밀하고 유심해졌다.

할머니는 아궁이가 미어지게 나무를 처넣어 부엌의 무쇠솥에 물을 끓였다. 저녁 내내 어둡고 웅숭깊은 부엌에는 설설 물 끓는 소리와 더운 김이 가득 서렸다. 특별히 누군가 말해 준 적은 없지만 아이들은 무언가 분주하고 소란스럽고 조심스러운 쉬쉬함으로 어머니가 아기를 낳으려 한다는 눈치를 채게 마련이었다.

할머니는 언니에게, 해지기 전에 옛우물에서 물을 길어 와 독을 채워 놓으라고 말했다. 머리카락 빠뜨리지 마라. 쓸데없이 수다 떨다 침 떨구지 마라. 부정 탄다. 할머니는 엄하게 덧붙였다.

(중략)

한 사람의 생애에 있어서 사십오 년이란 무엇일까. 부자도 가난뱅이도 될 수 있고 대통령도 마술사도 될 수 있는 시간일뿐더러 이미 죽어서 물과 불과 먼지와 바람으로 흩어져 산하에 분분히 내리기에도 충분한 시간이다.

나는 창세기 이래 진화의 표본을 찾아 적도 밑 일천 킬로미터의 바다를 건너 갈라파고스 제도로 갈 수도, 아프리카에 가서 사랑의 의술을 펼칠 수도 있었으리라. 무인도의 로빈슨 크루소도, 광야의 선지자도 될 수 있었으리라. 피는 꽃과 지는 잎의 섭리를 노래하는 근사한 한 권의 책을 쓸 수도 있었을 테고 맨발로 춤추는 풀밭의 무희도 될 수 있었으리라. 질량 불변의 법칙과 영혼의 문제, 환생과 윤회에 대한 책을 쓸 수도 있었을 것이다. 납과 쇠를 금으로 만드는 연금술사도 될 수 있었고 밤하늘의 별을 보고 나의 가야 할 바를 알았을는지도 모른다.

그러나 나는 지금 작은 지방 도시에서, 만성적인 편두통과 임신 중의 변비로 인한 치질에 시달리는 중년의 주부로 살아가고 있다. 유행하는 시와 에세이를 읽고 티브이의 뉴스를 보고 보수적인 것과 진보적인 것으로 알려진 두 가지의 일간지를 동시에 구독해 읽는 것으로 세상을 보는 창구로 삼고 있다. 한 달에 한 번씩 아들의 학교 자모회에 참석하고 일주일에 두 번 장을 보고 똑같은 거리와 골목을 지나 일주일에 한 번 쑥탕에 가고 매주 목요일 재활 센터에서 지체 부자유자들의 물리 치료를 돕는 자원 봉사의 일을 하고 있다. 잦은 일은 아니지만 이름난 악단이나 연주자의 순회공연이 있을 때면 남편과 함께 성장을 하고 밤 외출을 하기도 한다.

갈라파고스를 떠올린 것도 엊그제, 벌써 한 주일 이상이나 화재가 계속되어 희귀 생물의 희생이 걱정된다는 티브이 뉴스에 비친 광경이 의식의 표면에 남긴 잔상 같은 것일 테고 더 먼저는 아들이, 자신이 사용하는 물건들에 붙여 놓은, '도도'라는 말에서 비롯된 것일 수도 있다. 도도가 무엇인가를 묻자 아들은 4백 년 전에 사라진, 나는 기능을 잃어 멸종된 새였다고 말했었다. 누구나 젊은 한 시절 자신을 전설 속의, 멸종된 종으로 여기지 않겠는가. 관습과 제도 속으로 들어가야 하는 두려움과 항거를 그렇게 나타내지 않겠는가.

우리 삶의 풍속은 그만큼 빈약한 상상력에 기대어 부박하다. 삶이 내게 도태시킨 가능성에 대해 별반 아쉬움도 없이 잠깐 생각해 본 것은 내가 새로 보태어진 나이 테에 잠깐 발이 걸렸다는 뜻일 게다. 그러나 나는 이제 혼례에나 장례에 꼭 같은 한 가지 옷으로 각각 알맞은 역할을 연출할 줄 알고 내 손으로 질서 지워지는 일들에 자부심을 갖고 있다. 마늘과 생강이 어우러져 내는 맛을 알고 행주와 걸레의 질서를 사랑하지만 종종 무질서 속으로 피신하는 것도 한 방법이라는 것을 알고 있다.

-오정희, 「옛우물」-

① 사건에 대한 객관적 진술을 통해 사건의 전모를 제시하고 있다.

② 이야기 내부 서술자의 자기 고백적 진술을 통해 내면을 제시하고 있다.

③ 인물의 행적을 요약적으로 진술하여 갈등의 해결 방향을 제시하고 있다.

④ 의문과 추측의 진술을 통하여 다른 인물에 대한 반감을 제시하고 있다.

⑤ 감각적인 묘사를 통해 혼란스러운 시대적 분위기를 입체적으로 제시하고 있다.

02 [도도]에 대한 이해로 가장 적절한 것은?

① '나는 기능'을 상실한 '도도'와 스스로를 가능성이 도태된 존재로 여겼던 주인공을 연관 짓는다는 점에서, '도도'는 주인공이 자신을 비추어 보는 대상이다.

② 주인공의 아들이 자기 물건들에 '도도'라는 이름을 붙이고 멸종된 종이라고 말한다는 점에서, '도도'는 주인공 아들의 불행한 미래를 암시하는 대상이다.

③ 주인공이 '도도'에 대해 '멸종된 새'로서 진화의 표본으로 남아 있다는 것을 떠올리는 점에서, '도도'는 주인공이 과학을 깊이 탐구했던 이력을 알려 주는 대상이다.

④ '도도'를 통해 바다 건너 외딴 '갈라파고스' 섬의 희귀종을 연상하는 점에서, 주인공에게 '도도'는 외롭게 살아가는 현대인의 단절된 인간관계를 환기하는 대상이다.

⑤ '도도'가 인간 앞에 '항거'하지 못하고 희생되어 '전설 속'의 존재로 여겨진다는 점에서, '도도'는 주인공이 두려움을 느끼는 현실 사회의 '관습과 제도'를 상징하는 대상이다.

03 〈보기〉를 참고할 때 윗글에 대한 감상으로 적절하지 <u>않은</u> 것은? [3점]

─────[보기]─────

인간은 일생 동안 출생·성년·결혼·죽음의 과정을 겪는데, 이 과정에서 일상적 경험 세계와 현실 너머의 상상의 세계에서 새로운 정체성을 탐색한다. 이때 두 세계의 어느 편에도 온전히 편입되지 못하고 경계에 선 인간은 정체성의 혼란을 겪기도 한다.

「옛우물」에서는 경계 상황에 놓인 중년 여성 인물이 자신의 삶을 돌아보며 정체성을 탐색하는 모습을 보여 준다. 그 탐색의 과정에서 출생부터 죽음에 이르기까지 삶의 다양한 양상에 대해 성찰한다. 이를 통해, 생명과 죽음이 서로 대립되고 분리된 것이 아니라 자연의 순환 원리를 바탕으로 한다는 점이 부각된다.

① 주인공이 주기적으로 학교나 재활 센터 등에 오가면서도 밤 외출을 하는 행위에서, 일상 세계에서 안정된 삶을 영위하지 못하는 경계 상황에 놓여 있음을 읽을 수 있겠군.

② 죽음을 물과 불과 바람과 먼지로 산하에 흩어져 내리는 것으로 보는 주인공의 생각에서, 생명과 죽음이 자연의 순환 원리를 바탕으로 연결된 것이라는 인식을 엿볼 수 있겠군.

③ 막냇동생이 태어나던 때에 할머니가 조심스럽게 준비하는 장면을 주인공이 떠올리는 것에서, 출생이라는 생의 첫 과정에 주목하며 정체성을 탐색하려는 모습을 볼 수 있겠군.

④ 한 사람의 생애에서 사십오 년의 의미를 묻는 주인공이 아프리카나 광야를 상상하는 장면에서, 새로운 정체성을 일상과는 다른 세계에서 찾으려고 하는 것을 확인할 수 있겠군.

⑤ 질서 지워지는 일들에 자부심을 가지면서도 무질서 속으로 피신하는 것도 한 방법이라고 하는 부분에서, 질서와 무질서 사이를 오가며 정체성을 탐색할 수 있음을 알 수 있겠군.

　　도시의 발전은 옛 성벽을 깨트리고, 아직도 초평(草坪)이 남아 있는 이 성 밖으로 꾀여 나오기 시작한 것이었다. 그리하여 아직도 자리 잡히지 않은 이 거리의 누렇던 길이 매연과 발걸음에 나날이 짙어서 ⓐ꺼멓게 멍들기 시작한 이 거리를 지나면 얼마 안 가서 옛 성문이 있었다. 그 성문을 통하여 이 신작로의 수직선으로 뚫린 시가가 바라보이는 것이었다. 그 성문 밖을 지나치면 신흥 상공 도시라는 이 도시의 공장 지대에 들어서게 된다. 병일이가 봉직하고 있는 공장도 그곳에 있었다. 병일이는 이 길을 2년간이나 걸었다. 아침에는 집에서 공장으로, 저녁에는 공장에서 집으로 가는 가장 가까운 길이므로 이 길을 걷는 것이었다.

　　병일이는 취직한 지 2년이 되도록 신원 보증인을 얻지 못하였다. 매일 저녁마다 병일이가 장부의 시재(時在)를 막아 놓으면, 주인은 금고의 현금을 헤었다. 병일이가 장부에 적어 놓은 숫자와 주인이 헤인 현금이 맞맞아떨어진 후에야 그날 하루의 일이 끝나는 것이었다. 주인이 금고 문을 잠근 후에 병일이는 모자를 집어 들고 사무실 문밖에 나선다. 한 걸음 앞서 나섰던 주인은 곧 사무실 문을 잠가 버리는 것이었다. 사무실 마루를 쓸고, 훔치고, 손님에게 차와 점심 그릇을 나르고, 수십 장의 편지를 쓰고, 장부를 정리하는 등 ⓑ소사와 급사와 서사의 일을 한 몸으로 치르고 난 뒤에 하숙으로 돌아가는 병일의 다리와 머리는 물병과 같이 무거웠다.

　　주인에게 작별 인사를 하고 공장 문밖을 나서면 하루의 고역에서 벗어났다는 시원한 느낌보다도 작은 별들이 반짝이는 하늘 아래 말할 수 없이 호젓해짐을 금할 수 없었다. 그는 주인 앞에서 참고 있었던 담배를 가슴속 깊이 빨아 들이켜며, ㉠2년 내로 구하여도 얻지 못하는 신원 보증인을 다시금 궁리하여 보는 것이었다. 현금에 손을 대지 못하고, 금고에 들어 있는 서류에 참견을 못 하는 것이 책임 문제로 보아서 무한히 간편한 것이지만 ㉡취직한 첫날부터 지금까지 하루도 변함없이 자기를 감시하는 주인의 꾸준한 태도에 병일이도 꾸준히 불쾌한 감을 느껴온 것이었다. 주인의 이러한 감시에 처음 얼마 동안은 신원 보증이 없어서 그같이 못 미더운 자기를 그래도 써 주는 주인의 호의를 한없이 감사하고 미안하게 여겼다. 그다음 얼마 동안은 병일이가 스스로 믿고 사는 자기의 담박한 성정을 그리도 못 미더워하는 주인의 태도에 원망과 반감을 가지게 되었다.

(중략)

　　근자에 병일이는 사무실에서 장부 정리를 할 때에도 혹시 후원에서 성낸 소와 같이 거닐고 있던 니체가 푸른 이끼 돋친 바위를 붙안고 이마를 부딪치는 것을 상상하고 작은 신음 소리가 나오려는 것을 깨닫고는 몸서리를 치기도 하였다. 그럴 때마다 곁에서 담배를 피우며 신문을 뒤적이고 있는 주인을 바라볼 때 ㉢신문 외에는 활자와 인연이 없이 살아갈 수 있는 그들의 생활이 부럽도록 경쾌한 것 같았다. 사실 ㉣월급에서 하숙비를 제하고 몇 푼 안 남는 돈으로 탐내어 사들인 책들이 요즈음에는 무거운 짐같이 겨웠다. 활자로 박힌 말의 퇴적이 발호하여서 풍겨 오는 문학의 자극에 자기의 신경은 확실히 피곤하여졌다고 병일은 생각하였다.

　　피곤한 병일이는 사무실에서 돌아올 때마다 이 지루한 ⓒ장마는 언제까지나 계속할 셈인가고 중얼거렸다. 지금부터는 마음대로 할 수 있는 '나의 시간'이라고 생각하며 돌아가는 길에 언제나 발을 멈추고 바라보는 성문을 요즈음에는 우산 속에 숨어서 그저 지나치는 때가 많았다. 혹시 생각나서 돌아볼 때에는 수없는 빗발에 씻기며 서 있는 ⓓ누각을 박쥐조차 나들지 않았다. 전날 큰 구렁이가 기왓장을 떨어쳤다는 말이 병일에게는 육친의 시체를 보는 듯한 침울한 인상을 주는 것이었다. 모기 소리와 빈대 냄새와 반들거리다가 새침히 뛰어오르는 벼룩이가 기다릴 뿐인 바람 한 점 없는 하숙방에서 활자로 시꺼멓게 메워진 책과 마주 앉을 용기가 없어진 병일이는 어떤 유혹에 끌리듯이 사진관으로 찾아가게 되었다.

　　사진사도 병일이를 환영하였다. 그리고 거기는 술과 한담이 있었다. 아직껏 취흥을 향락해 본 경험이 없던 병일이는 자기도 적지 않게 마시고 제법 사진사와 같이 한담을 주고받을 수 있다는 것이 만족하게 생각되기도 하였다. 사진사가 수다스럽게 주워섬기는 이야기를 듣고 있는 동안에 병일이는 ㉤문득 자기를 기다릴 듯한 어젯밤 펴놓은 대로 있을 책을 생각하고 시계를 쳐다보기도 하였으나 문밖에 빗소리를 듣고는 누구에 대한 것인지도 모른 송구한 마음을 가라앉히는 것이었다. 그럴 때마다 그는 이야기에 신이 나서 잊고 있는 사진사의 잔을 집어서 거푸 마셨다.

　　밤 12시가 거진 되어서 하숙으로 돌아가는 병일이는 비를 맞는 것이 오히려 마음이 편하였다. '이것이 무슨 짓이냐!' 하는 반성은 갈라진 검은 구름 밖으로 보이는 별 밑에 한층 더하므로 '이 생활은 일시적이다. 장마의

탓이다.' 하는 생각을 오는 비에 핑계하기가 편하였던 것
이다. 책상 앞에 돌아온 병일이는 '내 마음대로 할 수 있
는 시간'이 모두 없어진 것을 새삼스럽게 느끼고 있는
자기를 발견하는 것이었다. 이른 아침 시간을 위하여 자
야 할 병일이는 벌써 깊이 잠들었을 사진사의 ⓔ코 고
는 소리가 들리는 듯하여 잠이 오지 않았다.

-최명익, 「비 오는 길」-

04 윗글에 대한 설명으로 가장 적절한 것은?

① 풍자적 어조를 통해 세태를 우회적으로 비판하고 있다.
② 상황에 대한 인물의 주관적인 판단을 중심으로 이야
　기를 서술하고 있다.
③ 인물의 과장된 말과 행동을 통해서 비극적인 분위기
　에 반전을 꾀하고 있다.
④ 자연에 대한 감각적인 묘사를 중심으로 환상적인 분
　위기를 그려내고 있다.
⑤ 빈번하게 장면을 전환하여 인물들 사이에 조성된 긴
　장감을 해소하고 있다.

05 ⓐ~ⓔ에 대한 이해로 적절하지 않은 것은?

① ⓐ는 변화하고 있는 주변 환경을 말하고 있다.
② ⓑ는 '병일'이 '사무실'에서 하는 반복적인 일이다.
③ ⓒ는 피곤한 '병일'에게 지루함을 더하는 요인 중 하나
　이다.
④ ⓓ는 노동에서 벗어난 '병일'이 '나의 시간'을 보내는
　곳이다.
⑤ ⓔ는 '병일'의 휴식을 방해하는 상상의 소리이다.

06 〈보기〉를 참고하여 ㉠~㉤을 감상한 내용으로 적절하지 않은 것은? [3점]

[보기]

　소망이나 욕구가 충족되지 못해서 갈등을 겪는
개인은 심리적으로 불안한 상태에 빠진다. 특히 사
회적으로 불안정한 처지에 놓여 있는 개인은 긴장
과 갈등 상황에 과민하게 반응하며 현실에 적응하
는 데에 어려움을 겪는다. 이 과정에서 불쾌감, 고
독, 우울, 불면 같은 심리적 불안 증세가 표출된다.
이 같은 증세를 보이는 개인은 불안을 야기하는 요
소를 차단하기 위해 자기만의 세계에 몰두하려고
한다. 그렇다고 자기만의 세계에 만족하는 것은 아
니며 타인의 삶에 대한 관심과 실망을 오가는 이중
적 감정을 드러낸다.

① ㉠은 사회적으로 불안정한 처지에 놓여 있는 '병일'의
　상태를 보여 주는군.
② ㉡은 자신이 의심을 받는다고 생각하는 '병일'의 심리
　적 불안이 드러난 예이군.
③ ㉢에서는 자신의 세계에 만족하지 못하는 '병일'이 타
　인의 세속적 삶에 관심을 갖고 있음을 알 수 있군.
④ ㉣에서는 자신이 몰두하던 세계에서 '병일'이 더 이상
　만족을 찾지 못하고 있음을 알 수 있군.
⑤ ㉤에서는 '병일'이 타인의 삶에 대한 관심과 실망을 오
　가고 있음을 알 수 있군.

07 하숙방 과 사진관 에 대한 이해로 가장 적절한 것은?

① 하숙방은 '병일'이 자신을 대면하는 고독한 곳이고, 사
　진관은 삶에 지친 '병일'이 일시적으로 도피하는 곳
　이다.
② 하숙방은 '병일'이 '니체'에 관한 상상을 하였던 곳이
　고, 사진관은 '사진사'에 대한 '병일'의 동정이 드러나
　는 곳이다.
③ 하숙방은 '병일'이 자신의 사회적 관계를 회복하려고
　노력하는 곳이고, 사진관은 '병일'에게 위안을 주는 곳
　이다.
④ 하숙방은 '주인'의 감시가 계속되는 곳이고, 사진관은
　'병일'이 이전에 해 보지 못한 경험을 하는 곳이다.
⑤ 하숙방은 '병일'이 '고역'을 지속하는 곳이고, 사진관은
　'병일'이 자신의 과거를 긍정하는 곳이다.

[8~11] 다음 글을 읽고 물음에 답하시오.　　2021.09 [16~19]

— (해설 p.136) —

[A]
　　안승학은 원래 이 고을 읍내에서 살았다. 지금부터 이십 년 전만 해도 그는 다 찌그러진 오막살이에서 **콩나물죽으로 연명**하던 처지였다. 그러던 사람이 오늘은 수백 석 추수를 하고 서울 사는 민판서 집 **사음*까지** 얻어서 이 동리로 옮겨 앉은 것이다.

　　그것은 안승학의 근본을 아는 사람은 누구나 놀랄 만한 일이었다. 그는 **지체도 없고** 형세도 없이 타관에서 떠들어온 사람이었다. 그러므로 이 고을에는 그의 일가친척이라고는 면 서기를 다니는 아우 하나밖에 아무도 없다. 그의 부친은 경기도 죽산이라던가 어디서 호방 노릇을 하던 아전이었다는데 승학이가 성년 되기 전에 별세하고 그의 모친도 부친이 돌아간 지 삼 년 만에 마저 세상을 떠났다 한다. 그래서 거기서는 살 수가 없어서 아내와 어린 동생 하나를 데리고 이 고장으로 들어왔다. 이 고을 읍내에는 그의 처가가 사는 터이므로.

　　처가도 역시 가난하였으나 그래도 처가 끝으로 옹대가리나마 다시 장만해 놓고 살림이라고 떠벌였다.

　　그런데 그 **무렵**이 마침 **경부선이 개통**한 직후이다. 이 근처 사람들은 생전 처음 보는 기차와 정거장과 전봇대를 보고 경이의 눈을 크게 떴다.

　　안승학은 지금도 그때 **목판차를 맨 처음**으로 먼저 타고 서울을 가 보았다는 것을 자랑삼아 말하였다. 그때 그는 어떤 **친구의 심부름**으로 혼수 흥정을 하러 따라간 것이었다.

[B]
　　그의 **자만(自慢)**은 그것뿐만 아니었다. 그는 경기도 출생이라고 이 지방에서는 제일 똑똑한 체를 하였다.

　　우편소가 새로 생긴 것을 보고 이웃 사람들은 그게 무엇인지 몰라서 겁을 잔뜩 집어먹고 있었다. 장승같이 늘어선 전봇대에는 노상 잉―하는 소리가 들렸다. 그것은 전신줄을 감은 사기 안에다 귀신을 잡아넣어서 그런 소리가 무시로 난다는 것이다. 그리고 우편소 안에는 무슨 이상한 기계를 해 앉히고 거기서는 무시로 괴상한 소리가 들렸다. 그래서 이웃 사람들은 그것도 무슨 귀신을 잡아넣어서 그런 소리가 들리는 것이라고 하였다.

　　그럴 때에 안승학은 마술사처럼 이 귀신을 부리는 재주를 그들 앞에서 시험해 보였다.

　　그는 엽서 한 장을 사서 자기 집 통호수와 자기 이름을 쓰고 편지 사연을 써서 우편통 안으로 집어넣었다. 그리고 그들에게 장담하기를 이것이 오늘 해전 안에 우리 집으로 들어갈 터이니 가 보자는 것이었다. 과연 그날 저녁때였다. 지옥사자 같은 누렁 옷을 입은 사람은 안승학의 집에 엽서 한 장을 던지고 갔다. 그것은 아까 써 넣던 그 엽서였다.

　　"참, 조홧속이다!"

　　하고 그들은 일시에 소리를 질렀다.

(중략)

　　안승학이는 사랑방에서 혼자 앉아서 금테 안경을 콧잔등에 걸고는 문서질을 하다가 인동이를 앞세우고 김 선달 조첨지 수동이아버지 희준이 이렇게 다섯 사람이 일시에 달려드는 것을 보고 적이 마음에 불안을 느꼈다.

　　그래 그는 붓을 놓고서 마당을 내려다보며

　　"무슨 일들인가? 식전 댓바람에 내 집에를 이렇게 찾아오거든 문간에서 주인을 찾고 들어와야지."

　　매우 **위엄스럽게** 하는 말이었다.

　　"아무도 없는데 누구보고 말하랍니까? 대문 기둥에다 대고 말씀하랍시오."

　　김선달이 받는 말이다.

　　저런 괘씸한 놈 말하는 것 좀 봐라…… 그런데 행랑 놈은 어디를 갔기에 문간에 아무도 없었더람! 안승학은 속으로 분해했다.

　　그러나 **호령할 용기**는 생기지 않는다. 희준이와 인동이와 김선달은 신발을 벗고 마루에 올라가 앉았다.

　　조첨지와 수동 아버지는 뜰아래서 올라갈까 말까 하는 눈치다.

　　"하여간 무슨 일들인가?"

　　안승학은 얼른 이야기나 들어보고 돌려보내자는 계획이다.

　　"저희들이 이렇게 댁을 찾아왔을 때는 무슨 별다른 소관사가 있겠습니까…… 지난번에도 왔다가 코만 떼우고 갔습니다만 대관절 어떻게 저희들의 요구 조건을 들어주시겠습니까?"

　　희준이가 정식으로 말을 꺼냈다.

　　"그따위 이야기를 할 작정으로 이렇게들 식전 아침에 왔어? 못 들어주겠어! 벌써 여러 번째 요구 조건은 들을 수 없다고 말했는데, 자꾸 조르기만 하면 될 줄 아

는가? 어림없지…… 괜히 그러지들 말고 일찍이 **나락
을 베는 것**이 당신들에게 유익할 것이야……."

 안승학이는 긴 장죽에 담배를 한 대 담아 가지고 불을
붙이기 위해서 성냥을 세 개비나 허비했건만 잘 붙지 아
니하므로 그래 네 번째 불을 댕겨서는 쉴 새 없이 빠끔
빠끔 빨다가 그만 입귀로 붉은 침을 주르르 흘리고서는
제 풀에 화가 나서 담뱃대를 탁 밀어 내던진다.

 "괜스리 시간만 낭비하고 **피차의 물질상 손해**만 더
나게 하지 말고 어서 돌아가서 잘들 의논해서 오늘부
터라도 일을 시작하란 말이야! 나도 아침부터 바쁜 일
이 있으니 어서들 가소."

 "그래 정녕코 요구 조건을 못 들어주시겠다는 말씀이
지요."

 "암!"

-이기영, 「고향」-

* 사음 : 마름. 지주를 대리하여 소작권을 관리하는 사람.

08 [A]의 서술상 특징에 대한 설명으로 가장 적절한 것은?

① 서술 대상에 대한 독백적 서술을 통해 서술 대상에 대
한 정서적 반응이 제시되고 있다.

② 서술 대상에 대한 회고적 서술을 통해 서술 대상에 대
한 성찰적 태도가 드러나고 있다.

③ 서술 대상에 대한 병렬적 서술을 통해 서술 대상에 관
한 정보가 반복적으로 제시되고 있다.

④ 서술 대상에 대한 묘사적 서술을 통해 서술 대상에 관
한 정보가 단계적으로 제시되고 있다.

⑤ 서술 대상에 대한 요약적 서술을 통해 서술 대상에 관
한 정보가 개괄적으로 제시되고 있다.

09 [B]에 대한 이해로 적절하지 <u>않은</u> 것은?

① 새로운 문물의 도입이 사람들의 의식을 혼란스럽게
하는 상황이 나타나고 있다.

② 새로운 문물이 실생활에 쓰이는 현장을 소개함으로써
사람들의 생활 방식이 변해야 함을 알려 주고 있다.

③ 새로운 문물의 이용 방법을 알고 있는 인물과 그렇지
못한 사람들 간에 문물에 대한 이해의 차이가 있음이
드러나고 있다.

④ 새로운 문물을 접한 사람들의 반응이 직접적으로 드
러남으로써 새로운 세상의 도래에 대한 정서적 충격
을 표현하고 있다.

⑤ 새로운 문물에서 신이한 현상을 연상하는 사람들의
반응을 통해 낯선 문물이 도입될 당시의 문화적인 환
경을 보여 주고 있다.

10 요구 조건 을 중심으로 윗글을 이해한 내용으로 적절하지 <u>않은</u> 것은?

① '요구 조건'을 관철시키러 온 '김선달'의 '안승학'에 대
한 비아냥거리는 태도가 표출되고 있다.

② '요구 조건'의 이행을 요청하는 '희준'에 대해 '안승학'
의 거부 의사가 직접적으로 표출되고 있다.

③ '요구 조건'의 불이행 때문에 벌어질 일을 경고하는
'희준'에 대해 '안승학'이 염려하고 있음이 암시되어
있다.

④ '요구 조건'의 수락 여부를 둘러싸고 빚어진 '안승학'과
'다섯 사람' 간의 갈등 양상이 긴장된 분위기를 자아내
고 있다.

⑤ '요구 조건'에 대한 확답을 받기 원하는 '다섯 사람'의
갑작스러운 방문에 대한 '안승학'의 심리적인 동요가
제시되고 있다.

11 〈보기〉를 참고하여 윗글을 감상한 내용으로 적절하지 <u>않은</u> 것은? [3점]

> ───────[보기]───────
>
> 　1930년대 리얼리즘 장편 소설에는 변화하는 사회적 환경 속에서 사회적 지위가 상승한 인물형이 등장한다. 이 유형의 인물들은 근대 문물에 발 빠르게 적응하면서도 소작제와 같은 전근대적 토지 제도에 편승하는 모습을 보인다. 이들은 근대 문물을 체험해 보지 못한 사람들에게 자신을 과시하지만 자신만의 이익을 추구하기 때문에 그 지위를 인정받지 못한다. 이러한 인물들을 통해 1930년대 농촌 사회에 등장한 속물적 인물형의 면모를 확인할 수 있다.

① '지체도 없'이 '콩나물죽으로 연명하'다가 '사음까지' 된 인물의 모습은, 소작제를 이용하여 지위가 변한 인물형을 보여 주는군.

② '경부선이 개통'할 '무렵'의 시대 변화에 적응하여 '근본'에서 벗어날 기회를 얻었던 인물의 모습은, 근대 문물이 유입되는 사회적 환경 속에서 변모해 갈 수 있었던 인물형을 보여 주는군.

③ '친구의 심부름으로' '목판차를 맨 처음으로' 타 보고서 '자만'하는 인물의 행동은, 근대 문물을 경험했다는 점을 앞세워 자신을 과시하는 인물의 모습을 보여 주는군.

④ '위엄스럽게' 하대하면서도 '호령할 용기'를 내지 못하는 인물의 심리는, 자신의 사회적 지위를 인정하지 않는 이들에게 반감을 드러내는 인물의 모습을 보여 주는군.

⑤ '피차의 물질상 손해'를 강조하면서도 일방적으로 사람들에게 '나락을 베는 것'을 종용하는 인물의 모습은, 다른 사람의 이익보다 사적인 이익을 우선시하는 인물형을 보여 주는군.

―――――――――――――――――― (해설 p.143) ―

[앞부분의 줄거리] 해방 후 '나'는 벗인 '방(方)'과 함께, 장춘에서 서울에 이르는 귀로에 오른다. 회령에서 우연히 '방'과 헤어진 '나'는 수성에 이르러 뱀장어를 잡아 파는 한 소년을 만난다. 이후 '나'는 '방'과 재회하기 위해 청진에 도착하여 어느 국밥집 할머니를 만나게 된다.

　노인은 대 끝으로 국 솥을 가리키며,

[A]

　"이런 걸 하던 것도 아니요, 어려서부터 배운 것도 아니지마는 그 애가 돌아가던 해 여름, 처음 얼마 동안은 어쩔 줄을 모르고 어리둥절해 있기만 하다가 늘 그러구 있을 수도 없고, 또 아이 몇 잃어버리는 동안에 생긴 잠 안 오는 나쁜 버릇이 다시 도져서 몇 해 만에 다시 남의 고궁살이*를 들어갔지요."
　"네에, 그러세요."
　"그 긴 다섯 해 동안을 그저 모진 일과 고단한 잠만으로 지어 나아오다가, 하루아침은 문득 그것이 죽었으니 찾아가라는 기별이 감옥에서 나왔을 때에야 얼마나 앞이 아득하였겠어요."
　"그러셨겠습니다."

[B]

　"사람의 가죽은 질기다고 했습니다. 병과 액으로 앞서도 자식새끼 몇 되던 것 하나씩 둘씩 이리저리 다 때우기는 하였지마는, 그런 땐들 왜 안 그럴 수야 있었겠나요마는, 이제는 힘을 줄 데라고는 하나 남지 않고 없어지고, 그것 하나만 믿고 산다 한 그놈마저 죽어 없어졌는데도 사람의 목숨은 이렇게 모진 것이."
　마음이 제법 단단해 보이던 그도 한 번 내달으니 비로소 젊은이 앞에서 긴 한숨을 걷잡지 못하였다. 여기서 처음으로 나는 그를 위로할 기회를 얻었으므로,
　"그럼 어떻게 하십니까. 그러고 가는 사람도 다 제 명이 아닙니까."
　하여 드리니까 그는,
　"하기야 명이지요. 하지만 명이란들 그럴 수야 있습니까. 해방이 되었다 해서 갇히었던 사람들은 이제 살인 강도 암질*이라도 다 옥문을 걷어차고 훨훨 튀어서 세상에 나오지 않습니까."
　하였다.

　"부질없는 말로 이가 어째 안 갈리겠습니까― 하지만 내 새끼를 갖다 가두어 죽인 놈들은 자빠져서 다들 무릎을 꿇었지마는, 무릎 꿇은 놈들의 꼴을 보면 눈물밖에 나는 것이 없이 되었습니다그려. 애비랄 것 없이 남편이랄 것 없이 잃어버릴 건 다 잃어버리고 못 먹고 굶주리어 피골이 상접해서 헌 너즐떼기에 깡통을 들고 앞뒤로 허친거리며*, 업고 안고 끌고 주추 끼고 다니는 꼴들― 어디 매가 갑니까. 벌거벗겨 놓고 보니 매 갈 데가 어딥니까."
　"……."
　"만주서 오셨다니깐 혹 못 보셨는지 모르지마는, 낮에 보면 이 조그만한 장터에도 그 헐벗은 굶주린 것들이 뜨문히 바닥에 깔리곤 합니다. 그것들만 실어서 보내는 고무산*인가 아오지*인가 간다는 차가 저기 와 선 채 저 차도 벌써 나 알기에 닷새도 더 되는가 봅니다만. 참다 참다 못해 자원해 나오는 것들이 한 차 되기를 기다려 떠나는 것인데, 닷새 동안이면 닷새 동안 긴내 굶은 것인들 그 속에 어째 없겠어요."
　그러지 아니하여도 나는 할머니의, 아까 그것들이 업고, 안고, 끼고 다닌다는 측은한 표현을 한 것으로부터, 낮에 수성서 들어오는 길로 맞닥뜨린 사람이 복작거리는 ⓐ좁은 행상로 위에 일어난 한 장면의 짤막한 씬을 연상하기 시작하는 중이었는데, 노인은 이러고는 말을 끊고 흐응 깊은 한숨을 들여 쉬었다.

[가]

　참으로 그 일본 여자는 업고, 달고 또 하나는 손을 잡고, 아마 아오지 가기를 기다리는 차에서 기어내려온 듯 폼 가까운 행상로 위에 우두커니 서 있었다. 허옇게 퉁퉁 부어오른 낯에 기름때에 전 걸레 같은 헝겊 조각으로 머리를 질끈 동이고, 업고, 달리우고, 잡힌 채, 길 바추에 비켜 서 있었다. 머리를 동인 것만으로는 휘둘리우는 몸을 어찌할 수 없다는 모양으로, 골살을 몇 번 찌푸렸다가는 펴서, 하늘을 쳐다보고, 또 찌푸렸다가는 펴서 쳐다보고 하기를 한참이나 하며 애를 쓰는 것을 자기는 유심히 건너다보고 있었던 것이다.

　이윽고 그는 정신이 들었는지 지척지척 걸어 들어와 광주리며 함지며, 채두렝이 같은 데에 여러 가지 먹을 것을 담아 가지고 나와, 혹은 섰기도 하고, 혹은 앉았기도 한, 여인 행상꾼들 앞을 지나쳐오다가 문득 한 여인 앞에 서서 발부리에 놓인 광주리의 속을 손가락으로 가리키는 것이었다.
　"한 개에 오 원씩."
　행상의 여인네는 허리를 꾸부리어 광주리에서 속에 담기었던 배 한 개를 집어 들고 다른 한 손을 활짝 펴서

일본인 **아낙네** 눈앞을 가리우매, 아낙네는 실심한 사람 모양으로 한참 동안이나 자기 눈앞을 가리운 활짝 편 그 손가락을 멀거니 바라만 보고 있었다.

뒤에 달린 여덟 살 난 **사낼미***가 엉것바치를 움켜잡고 비어 틀듯이 앞으로 떠밀고 그보다 두어 살이나 덜 먹었을, 손을 잡혀 나오던 **어린 계집아이**가 어미의 손을 끌어당기었다. 그리고 **업힌 것**이 띤 띠개*에서 넘나와 두 손을 내어 뻗으며 어미의 어깨 너머를 솟아오르려고 한다.

"이것들이 이렇게 야단이야요."

세 어린것의 어머니는 참다 못하여 일본말로 이러며 고개를 개우뚬하고는 행상 여인의 눈동자를 들여다보는 것이었다.

애걸이 없었다기로니 이것들이 어찌 그것만으로 덜 비참할 리가 있을 정경이었을 것이냐.

-허준, 「잔등(殘燈)」-

* 고궁살이 : 고공살이. 남의 집 살이.
* 암질(暗質) : 어리석은 천성이나 성질.
* 허친거리며 : 발을 헛디뎌 균형을 잡지 못해 이리저리 쏠리며.
* 고무산, 아오지 : 함경북도에 있는 곳으로, 고무산은 농산물과 목재의 집산지였고 아오지는 석탄 산업 시설이 있었음.
* 사낼미 : 사내아이의 방언.
* 띠개 : 주로 아이를 업을 때 쓰는, 너비가 좁고 기다란 천을 이르는 방언.

---

12 윗글의 인물에 대한 설명으로 가장 적절한 것은?

① '노인'은 '그 애'가 죽기 전에는 고공살이를 경험한 적이 없다.

② '아이 몇 잃어버리는' 슬픔에도 불구하고 '노인'은 불면의 고통을 겪지 않았다.

③ '행상의 여인네'는 '일본인 아낙네'에게 돈을 받지 않고 과일을 주었다.

④ '노인'은 마지막까지 살아남았던 자식이 옥중에서 죽는 순간을 보지 못했다.

⑤ '사낼미', '어린 계집아이', '업힌 것' 등 '세 어린것'은 '행상의 여인네'에게 구걸하고 있었다.

---

13 다음의 학습활동을 수행한 결과로 적절하지 <u>않은</u> 것은?

[3점]

> 학습활동 다음을 작가가 작성한 창작 노트의 일부라고 가정하자. ㉠~㉤이 [A], [B]에 실현된 양상을 파악해 보자.
>
> ㉠ 대화를 통해 인물 간의 관계를 드러낼 것.
> ㉡ 비유적 표현을 사용할 것.
> ㉢ 서술과 대화를 결합해 사용할 것.
> ㉣ 인물의 심리를 드러내는 표현을 활용할 것.
> ㉤ 대상을 지칭하는 표현을 다양화할 것.

① ㉠은 [A]에서 '노인'과 '나'의 갈등을 해소하는 장치로 실현되었군.

② ㉡은 [B]에서 '사람의 가죽은 질기다고 했습니다'라는 표현을 사용하는 방법으로 실현되었군.

③ ㉢은 [B]의 '마음이~하였다'에서 인물의 성격을 드러내기 위해 서술과 대화를 결합하는 방식으로 실현되었군.

④ ㉣은 [B]에서 '긴 한숨을 걷잡지 못하였다'를 통해 실현되었군.

⑤ ㉤은 [A]와 [B]에서 동일 인물을 '그 애', '그것', '그놈'으로 바꾸어 부르는 방법으로 실현되었군.

---

14 ⓐ를 참고할 때, [가]에 대한 이해로 가장 적절한 것은?

① 나의 회상을 통해 떠오른 인물의 외양과 행동을 묘사하고 있다.

② 나의 회상 속에는 '자기'와 인물들 간의 외적 갈등이 드러나고 있다.

③ 나의 회상을 통해 현재의 '자기'가 과거 속의 자아를 부정하고 있다.

④ 나의 회상을 통해 인물이 처한 실제의 상황을 환상적 분위기로 그려 내고 있다.

⑤ 나의 회상 속에는 인물의 현재의 처지와 미래의 모습이 구체적으로 제시되고 있다.

15 〈보기〉를 참고하여 윗글을 감상할 때, 적절하지 <u>않은</u> 것은?

「잔등」에서 서술자인 '나'는 해방 전후 우리 사회의 모습을 냉정하게 인식하기 위해 대상과의 객관적인 거리를 유지하고 있었다. 「잔등」에서 반복적으로 등장하는 '제삼자의 정신'이란 말은 이를 암시한다. 또한 귀로에서 접한 인물들을 통해 같은 인간으로서 지니는 측은지심을 드러냄으로써 관용의 정신을 발휘하기도 한다. 이런 점에서 노인이나 잔류 일본인 등과의 만남은 주목할 만하다.

① '일본인 아낙네'의 아이들이 '야단'인 모습을 '비참'하다고 한 것에서, '나'의 객관적 태도에 변화가 있었음을 알 수 있어.

② '일본인 아낙네'가 자신의 아이들과 함께 행상로 위에서 있는 모습을 떠올린 것에서, '나'가 '노인'의 마음을 헤아리게 되었음을 알 수 있어.

③ '노인'이 자신의 자식을 죽인 사람들의 처지가 바뀐 것을 보고 '눈물'이 난다고 한 말에서, '노인'이 그들에 대해 연민을 느꼈음을 알 수 있어.

④ 잔류 일본인에 대한 '노인'의 마음을 '측은한 표현'이라 한 것에서, '나'가 제삼자의 정신에서 벗어나 관용의 자세까지 보여 주고 있음을 알 수 있어.

⑤ '일본인 아낙네'가 '실심한 사람 모양으로', '행상의 여인네'의 '손가락을 멀거니 바라만 보고 있'는 모습에서, 두 사람이 서로를 위로하며 격려하고 있음을 알 수 있어.

— (해설 p.150) —

(가)

　그 골목이 그렇게도 짧은 것을 그가 처음으로 느낄 수 있었을 때, 신랑의 몸은 벌써 차 속으로 사라지고, 자기와 차 사이에는 몰려든 군중이 몇 겹으로 길을 가로막았다. 이쁜이 어머니는 당황하였다. 그들의 틈을 비집고,

　'이제 가면, 네가 언제나 또 온단 말이냐?……'

　딸이 이제 영영 돌아오지 못하기나 하는 것같이, 그는 막 자동차에 오르려는 딸에게 달려들어,

　"이쁜아."

　한마디 불렀으나, 다음은 목이 메어, 얼마를 벙하니 딸의 옆 얼굴만 바라보다가, 그러한 어머니의 마음을 알아줄 턱없는 운전수가, 재촉하는 경적을 두어 번 울렸을 때, 그는 또 소스라치게 놀라며, 그 입에서 나오는 대로,

　"모든 걸, 정신 채려, 조심해서, 해라 ……"

　그러나 ⊙자동차의 문은 유난히 소리 내어 닫히고, 다시 또 경적이 두어 번 운 뒤, 달리는 자동차 안에 이쁜이 모양을, 어머니는 이미 찾아볼 수가 없었다. 그는 실신한 사람같이, 얼마를 그곳에 서 있었다. 깨닫지 못하고, 눈물이 뺨을 흐른다. 그 마음속을 알아주면서도, 아낙네들이, 경사에 눈물이 당하냐고, 그렇게 책망하였을 때, 그는 갑자기 조금 웃고, 그리고, 문득, 정신을 바짝 차리지 않으면, 그대로 그곳에서 혼도해 버리고 말 것 같은 극도의 피로와, 또 이제는 이미 도저히 구할 길 없는 마음속의 공허를, 그는 일시에 느꼈다.

　　　제6절 몰락

　한편에서 이렇게 경사가 있었을 때—(그야, 외딸을 남을 주고 난 그 뒤에, 홀어머니의 외로움과 슬픔은 컸으나 그래도 아직 그것은 한 개의 경사라 할 밖에 없을 것이다)—, 또 ⊙한편 개천 하나를 건너 신전 집에서는, 바로 이날에 이제까지의 서울에서의 살림을 거두어, 마침내 애달프게도 온 집안이 시골로 내려갔다.

[A]
　　독자는, 그 수다스러운 점룡이 어머니가, 이미 한 달도 전에, 어디서 어떻게 들었던 것인지, 쉬이 신전 집이 낙향을 하리라고 가장 은근하게 빨래터에서 하던 말을 기억하고 계실 것이다. 이를테면 그것이 그대로 실현된 것에 지나지 않는다. 그러나 다만 그들의 가는 곳이, 강원도 춘천이라든가 그러한 곳이 아니라, 경기 강화였다.

　이 봄에 대학 의과를 마친 둘째 아들이 아직 취직처가 결정되지 않은 채, 그대로 서울 하숙에 남아 있을 뿐으로

— (그러나, 그도 그로써 얼마 안 되어 충청북도 어느 지방의 '공의'가 되어 서울을 떠나고 말았다)—, 신전 집의 온 가족은, 아직도 장가를 못 간 주인의 처남까지도 바로 어디 나들이라도 가는 것처럼, 별로 남들의 주의를 끄는 일도 없이, 스무 해를 살아온 이 동리에서 사라지고 말았다.

　한번 기울어진 가운은 다시 어쩌는 수 없어, 온 집안사람은, 언제든 당장이라도 서울을 떠날 수 있는 준비 아래, 오직 주인 영감의 명령만을 기다리고 있었던 것이므로, 동리 사람들도 그것을 단지 시일 문제로 알고 있었던 것이나, 그래도 이 신전 집의 몰락은, 역시 그들의 마음을 한때, 어둡게 해 주었다.

　그러나 오직 그뿐이다. 이 **도회에서의 패잔자**는 좀 더 남의 마음에 애달픔을 주는 일 없이 무심한 이의 눈에는, 참말 어디 볼일이라도 보러 가는 사람같이, 그곳에서 얼마 안 되는 작은 광교 차부에서 강화행 자동차를 탔다. 천변에 일어나는 온갖 일에 관찰을 게을리하지 않는 이발소 소년이, 용하게도 막, 그들의 이미 오래 전에 팔린 집을 나오는 일행을 발견하고 그래 이발소 안의 모든 사람이 그것을 알았을 뿐으로, 그들이 남부끄럽다 해서, 고개나마 변변히 못 들고 빠른 걸음걸이로 천변을 걸어 나가, 그대로 큰길로 사라지는 뒷모양이라도 흘낏 본 이는 몇 명이 못 된다. ⓒ얼마 있다, 원래의 신전은 술집으로 변하고, 또 그들의 살던 집에는 좀 더 있다, 하숙옥 간판이 걸렸다.

-박태원, 「천변풍경」-

(나)

#68. 산비탈 길

　뚜벅뚜벅 걷고 있는 철호.

#69. 피난민 수용소 안(회상)

　담요바지 철호의 아내가 주워 모은 널빤지 조각을 이고 들어와 부엌에 내려놓고 흩어진 머리칼을 치키며 숨을 돌리고 있다.

철호ⓔ* : 저걸 저토록 고생시킬 줄이야.

　담요바지 아내의 모습 위에 —O·L* —

　여학교 교복을 입고 강당에 서서 노래를 부르고 있는 그 시절의 아내. 또 O·L되며 신부 차림의 아내가 노래를 부르고 있다. 그 옆에 상기되어 앉아 있는 결혼 피로연 석상의 철호. 노래는 '돌아오라 소렌토'.

#70. 산비탈

　철호가 멍하니 시가지를 내려다보고 섰다. 황홀에 묻힌 거리.

#71. 자동차 안

　　해방촌의 골목길을 운전수가 땀을 빼며 빠져나와서 뒤를 돌아보고

운전수 : 손님! 이상 더 올라가지 못하겠는데요.

영호 : 그럼 내립시다. **시시한 동네까지 몰구 오느라고** 수고했소.

　　천 환짜리 한 장을 꺼내 준다.

운전수 : (공손히) 감사합니다.

#72. 철호의 방 안

　　철호의 아내가 만삭의 배를 안고 누더기를 꿰매고 있다. 옆에서 콜콜 자고 있는 혜옥.

영호 : (들어오며) 혜옥아!

(중략)

#73. 철호의 집 부엌 안

　　민호가 팔다 남은 신문을 끼고 들어와 신들메를 끌르며

민호 : 에이 날씨도 꼭 겨울 같네.

철호Ⓔ : 어쨌든 너도 인젠 정신을 차려야지! 군대에서 나온 지도 이태나 되잖니.

영호Ⓔ : 정신 차려야죠. 그렇잖아도 금명간 판결이 날 겁니다.

철호Ⓔ : 어디 취직을 해야지.

#74. 철호의 집 방 안

영호 : 취직이요. 형님처럼 전차 값도 안 되는 월급을 받고 남의 살림이나 계산해 주란 말예요? 싫습니다.

철호 : 그럼 뭐 뾰죽한 수가 있는 줄 아니?

영호 : 있지요. 남처럼 용기만 조금 있으면.

철호 : 용기?

영호 : 네. 분명히 용기지요.

철호 : 너 설마 엉뚱한 생각을 하고 있는 건 아니겠지.

영호 : 엉뚱하긴 뭐가 엉뚱해요.

철호 : (버럭 소리를 지르며) 영호야! 그렇게 살자면 이 형도 벌써 잘살 수 있었단 말이다.

영호 : 저도 형님을 존경하지 않는 건 아녜요. 가난하더라도 깨끗이 살자는 형님을 …… 허지만 형님! 인생이 저 골목에서 십 환짜리를 받고 코 흘리는 어린애들에게 보여 주는 요지경이라면야 가지고 있는 돈값만치 구멍으로 들여다보고 말 수도 있죠. 그렇지만 어디 인생이 자기 주머니 속의 돈 액수만치만 살고 그만둘 수 있는 요지경인가요? 형님의 **어금니**만 해도 푹푹 쑤시고 아픈 걸 견딘다고 절약이 되는 건 아니죠. 그러니 비극이 시작되는 거죠. 지긋지긋하게 살아야 하니까

문제죠. 왜 우리라고 좀 더 넓은 테두리까지 못 나가라는 법이 어디 있어요.

　　영호는 반쯤 끌러 놨던 넥타이를 풀어서 방구석에 픽 던진다. 철호가 무겁게 입을 연다.

철호 : 그건 억설이야.

영호 : 억설이오?

철호 : 네 말대로 꼭 잘살자면 양심이구 윤리구 버려야 한다는 것 아니야.

영호 : 천만에요.

#75. 철호의 집 골목

　　스카프를 두르고 핸드백을 걸친 명숙이가 엿듣고 있다.

철호Ⓔ : 그게 바루 억설이란 말이다. 마음 한구석이 어딘가 비틀려서 하는 억지란 말이다.

영호Ⓔ : 비틀렸죠. 분명히 비틀렸어요. 그런데 그 비틀리기가 너무 늦었단 말입니다.

-이범선 원작, 이종기 각색, 「오발탄」-

* Ⓔ : 효과음(effect). 화면에 삽입된 음향.

* O·L(overlap) : 하나의 화면이 끝나기 전에 다음 화면이 겹치면서 먼저 화면이 차차 사라지게 하는 기법.

---

16 (가)와 (나)의 공통점으로 가장 적절한 것은?

① 인물 간의 대결 의식을 통해 사건의 긴장감을 조성하고 있다.

② 인물 간의 대화를 통해 특정 인물의 생각과 행동을 희화화하고 있다.

③ 인물의 회상 장면을 통해 사건 해결의 실마리를 과거에서 찾고 있다.

④ 인물 간의 갈등을 다각적으로 조명하여 사건 전개의 양상을 다면화하고 있다.

⑤ 인물의 내면을 행위로 제시하여 상황을 받아들이기 어려워하는 심리를 보여 주고 있다.

17 (가)의 <u>이발소 소년</u>에 대한 이해로 가장 적절한 것은?

① 주변을 관찰하여 일상의 변화를 포착한다.
② 특정 가족이 몰락하게 된 이유를 분석한다.
③ 새로운 사건을 모으고 그 진위를 논평한다.
④ 천변의 소식을 타 지역 주민에게 전해 준다.
⑤ 천변 주민들 사이에 발생하는 문제를 중재한다.

18 [A]에 대한 설명으로 적절하지 <u>않은</u> 것은?

① 독자가 가진 정보를 상기시키고 있다.
② 정보를 제공한 인물을 독자에게 환기시키고 있다.
③ 독자를 언급하여 서술자의 개입을 드러내고 있다.
④ 정보가 실현되지 못한 원인을 독자의 망각에서 찾고 있다.
⑤ 인물의 행선지와 관련한 정보를 독자에게 제공하고 있다.

19 (가)와 (나)에 대한 감상으로 적절하지 <u>않은</u> 것은?

① (가)의 짧게 느껴지는 '골목'은 어머니의 아쉬움을, (나)의 빠져 나오기 힘든 '골목길'은 '시시한 동네'의 열악함을 보여 주고 있다.
② (가)는 딸이 멀리 떠나는 모습을 통해, (나)는 명숙이 집 밖에서 엿듣는 모습을 통해 가족들 간의 갈등 상황을 보여 주고 있다.
③ (가)의 '눈물'은 가족을 떠나보내는 자의 아픔을, (나)의 '어금니'는 가족의 생계를 꾸려 나가는 자의 견딤을 보여 주고 있다.
④ (가)는 주인 영감의 명령만을 기다리는 신전 집 가족들을 통해, (나)는 만삭의 몸에도 누더기를 꿰매는 아내의 모습을 통해 가족이 처한 불우한 상황을 보여 주고 있다.
⑤ (가)는 '도회에서의 패잔자'가 낙향하는 모습을 통해, (나)는 영호가 취직을 거부하는 모습을 통해 현실에 적응하지 못하는 인물의 처지를 보여 주고 있다.

20 (나)의 '#68~#71'에 대한 이해로 적절하지 <u>않은</u> 것은?

① #68의 장면에 이어지는 #69에서 '철호Ⓔ'를 삽입하여 회상의 주체가 철호임을 알려 주고 있다.
② #69에서 '철호Ⓔ'를 삽입하여 아내에 대한 연민을 드러내고 있다.
③ #69에서 '노래'를 활용하여 학창 시절 아내의 화면을 결혼 피로연장 아내의 화면으로 전환하고 있다.
④ #70에서 침묵하는 철호의 모습과 시가지의 분위기를 대비하여, 거리를 바라보는 철호의 심리를 암시하고 있다.
⑤ #70의 침묵과 #71의 대화를 상호 대비하여 영호의 소심함을 드러내고 있다.

21 〈보기〉를 바탕으로 (가)의 ㉠~㉢과 (나)의 '#71~#75'에 대해 이해한 내용으로 적절하지 <u>않은</u> 것은? [3점]

[보기]

　작가는 시간의 흐름에 따라 나타나는 모든 상황을 서술하지는 않는다. 일련의 상황이나 사건들 중 작가의 시선에 의해 특정한 부분이 부각되어 서술되는 것이다. 즉, 서사는 시간과 공간을 배경으로 하는 사건의 선택과 결합을 통해 구성된다. 선택이란 시간과 공간을 분할한 후 의미 있는 부분을 선택하는 것을, 결합이란 이렇게 선택된 시간과 공간을 다양한 방식으로 연결하여 새롭게 사건을 구성하는 것을 의미한다. 이렇게 서사는 다양한 사건 구성의 방식을 통해 인간의 문제를 총체적으로 파악하고자 하는 고민을 담고 있다.

① ㉠에서는 두 인물 사이에서 발생한 여러 상황에서 몇 개의 상황만을 선택적으로 제시하여 그 상황에 대한 인물의 심리를 암시하고 있고, #71과 #72에서는 서로 다른 두 공간을 동일 인물의 등장으로 연결하여 인물의 공간 이동을 나타내는군.

② ㉡에서는 같은 날에 서로 다른 공간을 배경으로 하는 사건이 일어났음을 밝혀 ㉡의 공간에서 일어나는 사건과 ㉠의 공간에서 일어나는 사건을 결합하고 있고, #73과 #74의 서로 다른 공간은 동일한 인물들의 이어지는 대화를 통해 서로 결합하고 있군.

③ ㉡에서는 일련의 상황을 선택적으로 제시하면서 인물들에 대한 감정을 서술하고 있고, #73~#75에서는 두 인물의 대화를 매개로 서로 다른 공간을 결합함으로써 #73과 #75의 장면에 등장하는 인물들이 #74의 상황을 공유할 수 있도록 구성하고 있군.

④ ㉠과 ㉡의 연결은 같은 날에 서로 다른 공간에서 발생하는 사건의 연결이라는 점에서는 #74와 #75의 연결과 유사하지만, 인물의 목소리를 활용하는 #74와 #75의 연결과 비교하면 연결 방식에서 구별되는군.

⑤ ㉢은 시간의 흐름을 분할하고 대상의 특징적인 변화를 선택하여 제시한다는 점에서 #75와 유사하지만, 서로 다른 두 공간의 결합이 나타나지 않는다는 점에서는 #75와 구별되는군.

현대시가 만들어지는 기본적인 창작 원리에 대해 알아보고, 이를 바탕으로 지문을 더 깊게 이해하는 방법에 대해 알아보는 파트입니다. 앞에서 열심히 독해 연습을 했던 현대시를 더욱 깊게 이해하게 될 것이니, 기대하면서 공부해봅시다.

현대시는 이렇게 만들어진다.

우리는 교재의 초반부에서 현대시를 독해하는 연습도 해 보고, 또 무수히 많은 현대시 문제도 풀어보았습니다. 이렇게 많이 연습해 보았지만, 현대시는 수능에서 항상 어렵게 출제되는 파트이므로 더 많은 준비가 필요합니다. 이번 파트에서는 현대시 의 '창작 원리'라는 관점에서 공부하는 시간을 가져 보겠습니다. 새로운 걸 배우기보다는, 현대시에 대한 추가 학습을 한다는 느낌 정도로 접근해 주시면 좋을 것 같아요.

사실 '창작 원리'라는 말을 쓰면 무언가 엄청난 개념처럼 느껴질 수도 있을 것 같습니다. 그냥 단순하게 생각하면 됩니다. 현 대시라는 것들은 보통 어떤 방식으로 만들어지는지를 정리하고, 그 방식에 따라 읽는 것을 연습해 보자는 것입니다. 이를 알 아보기 전에, 먼저 앞에서 배운 개념을 바탕으로 기본적인 현대시(나아가 문학)의 구조에 대해서 파악해봅시다.

우리는 앞에서 '내면세계의 주인'인 '자아'라는 개념에 대해 배웠습니다. 현대시에서 '자아'는 일반적으로 '화자'를 의미한다 고 할 수 있고, 이러한 '화자'의 '내면세계'를 정확하게 파악하는 것이 현대시 문제해결의 핵심이라는 것 역시 잘 알고 있구요.

'화자'는, 기본적으로 자신의 '내면세계'를 바탕으로 '외부세계'의 대상들을 인식합니다. 자신이 가지고 있는 생각, 감정 등을 바탕으로 '외부세계'에 있는 대상들을 바라보는 것이죠. 나아가 '화자'는 자신의 '내면세계'를 인식하기도 합니다. 이것을 '성 찰'이라고 부른다고 했죠? '외부세계'의 대상들에게 눈길을 줄 여유도 없이, 자신의 '내면세계'를 골똘하게 생각하는 것 자체 에 주목하기도 한다는 것입니다. 결국 정리하면, '화자'는 외부세계나 내면세계 중 하나를 반드시 인식한다고 할 수 있겠습니 다. 따라서 외부세계에 주목하지 않으면, 자연스럽게 자신의 내면세계를 들여다보고 있다고(=성찰하고 있다고) 할 수 있는 것이에요. 정리해볼까요?

〈화자는 외부세계나 내면세계 중 하나를 반드시 인식한다.〉

중요한 건, 어떤 세계를 인식하고 있든 현대시 속 화자의 목표는 '자신의 내면세계 드러내기'라는 것을 잊지 않는 것입니다. 결국 우리와 같은 독자는 화자가 세계를 인식하는 방식을 바탕으로 그 '내면세계'를 파악하는 것이 핵심이라는 것이죠. 이를 기본적인 틀로 삼아, 구체적인 사례와 함께 현대시의 창작 원리에 대해 알아보도록 합시다.

1) 외부세계의 대상에 주목

가장 많은 사례라고 할 수 있습니다. 화자 자신이 아닌, 외부세계 속 대상에게 주목하면서 시가 전개되는 경우입니다. 이때의 대상은 화자가 바라보는 자연이 될 수도 있고, 다른 사람이 될 수도 있으며, 걸어가다 문득 눈길이 가는 사물이 될 수도 있겠죠. 나아가, 어떤 대상을 상상하는 것도 '외부 대상에게 주목'하는 사례라고 할 수 있습니다. 앞에서 봤던 작품들 중에서는 다음과 같은 예를 들 수 있어요.

새는 새장 밖으로 나가지 못한다.
매번 머리를 부딪치고 날개를 상하고 나야 보이는,
창살 사이의 간격보다 큰, 몸뚱어리.
하늘과 산이 보이고 울음 실은 공기가 자유로이 드나드는
그러나 살랑거리며 날개를 굳게 다리에 매달아 놓는,
그 적당한 간격은 슬프다.

-김기택, 「새」-

➜ '새장 속 새'라는 외부 대상에게 주목

얇은 사(紗) 하이얀 고깔은
고이 접어서 나빌레라.

파르라니 깎은 머리
박사(薄紗) 고깔에 감추오고

두 볼에 흐르는 빛이
정작으로 고와서 서러워라.

-조지훈, 「승무」-

➜ '무녀'라는 외부 대상에게 주목

오늘, 북창을 열어,
장거릴 등지고 산을 향하여 앉은 뜻은
사람은 맨날 변해 쌓지만
태고로부터 푸르러 온 산이 아니냐.

-김관식, 「거산호 2」-

➜ '산'이라는 외부 대상에게 주목

화자가 이렇게 외부세계 속 대상에게 주목하는 이유는 무엇일까요? 바로 '자신의 처지와 유사'하거나 '반대'되기 때문입니다. 즉, 앞에서 이야기했듯이 '자신의 내면세계와 관련'되기 때문입니다. 평소에는 아무런 관심이 없던 하늘의 구름은, 방황하고 있을 때 문득 '정처 없이 떠도는 존재'라는 점에서 나와 유사하다고 생각하는 경우가 많습니다. 또한 지겨운 등굣길에서 매일같이 만나던 새들은, 갑자기 '자유롭게 떠도는 존재'라는 점에서 나와 반대되는 부러운 존재라는 생각이 들기도 하죠. 이처럼 시의 화자들도 자신이 처한 '상황'과 그에 대한 '반응'에 걸맞는 대상을 발견하게 될 때, 그 대상에게 주목하면서 시상이 떠오르게 되는 것입니다.

따라서 '외부세계의 대상에 주목'하는 작품을 읽을 때는, 화자가 묘사하는 그 대상의 특징이 곧 화자의 처지 그 자체거나 반대되는 성질을 가지고 있음을 생각하시는 것이 좋습니다. 즉, '외부세계의 대상에 주목'하여 화자의 '내면세계'를 강조하고 드러내는 것이 이런 작품들의 목표라는 것이죠. 이러한 창작 원리를 미리 알고 있다면 현대시를 읽고 이해하는 과정이 더욱 쉬워지겠죠? 앞에서 예로 든 작품들의 후반부를 확인해 봅시다.

새는 새장 밖으로 나가지 못한다.
매번 머리를 부딪치고 날개를 상하고 나야 보이는,
창살 사이의 간격보다 큰, 몸뚱어리.
하늘과 산이 보이고 울음 실은 공기가 자유로이 드나드는
그러나 살랑거리며 날개를 굳게 다리에 매달아 놓는,

그 적당한 간격은 슬프다.
그 창살의 간격보다 넓은 몸은 슬프다.
넓게, 힘차게 뻗을 날개가 있고
날개를 힘껏 떠받쳐 줄 공기가 있지만
새는 다만 네 발 달린 짐승처럼 걷는다.
부지런히 걸어 다리가 굵어지고 튼튼해져서
닭처럼 날개가 귀찮아질 때까지 걷는다.

새장 문을 활짝 열어 놓아도 날지 않고
닭처럼 모이를 향해 달려갈 수 있을 때까지 걷는다.
걸으면서, 가끔, 창살 사이를 채우고 있는 바람을
부리로 쪼아 본다, 아직도 벽이 아니고
공기라는 걸 증명하려는 듯.
유리보다도 더 환하고 선명하게 전망이 보이고
울음 소리 숨내음 자유롭게 움직이도록 고안된
공기,
　그 최첨단 신소재의 부드러운 질감을 음미하려는 듯.
-김기택, 「새」-

→ 이 작품은 마지막까지 '새장 속 새'에 대해서만 묘사하는 것처럼 보입니다. 하지만 화자가 주목한 '새'라는 대상은 화자의 처지와 '유사'할 것이라는 생각으로 읽으면, 진짜 하고 싶은 이야기가 읽힙니다. 화자 자신도 '새장 속 새'처럼 자유롭지 않은 생활을 하고 있다는 것이죠. 이를 조금 더 확장하면, 화자 자신뿐 아니라 현대인 전체를 상징하는 작품으로 읽을 수 있는 것입니다. 이처럼 인간이 아닌 자연물에 대해 이야기하는 작품은 결국 화자 자신, 혹은 '인간' 자체에 대해 이야기한다는 점을 알고 있으면 좋습니다.

얇은 사(紗) 하이얀 고깔은
고이 접어서 나빌레라.

파르라니 깎은 머리
박사(薄紗) 고깔에 감추오고

두 볼에 흐르는 빛이
정작으로 고와서 서러워라.

빈 대(臺)에 황촉(黃燭)불이 말없이 녹는 밤에
오동잎 잎새마다 달이 지는데

소매는 길어서 하늘은 넓고
돌아설 듯 날아가며 사뿐히 접어 올린 외씨보선
이여.

까만 눈동자 살포시 들어
먼 하늘 한 개 별빛에 모두오고

복사꽃 고운 뺨에 아롱질 듯 두 방울이야
세사에 시달려도 번뇌는 별빛이라.

휘어져 감기우고 다시 접어 뻗는 손이
깊은 마음 속 거룩한 합장인 양하고

이 밤사 귀또리도 지새는 삼경(三更)인데
얇은 사(紗) 하이얀 고깔은 고이 접어서 나빌레라.
-조지훈, 「승무」-

→ 역시 계속해서 '무녀'에게 주목하면서, 그의 슬픔에 공감하는 모습을 보이고 있습니다. 이를 단순히 '무녀'에 대한 이야기로만 읽기보다는, 결국 슬픔을 겪고 있는 수많은 인간들에 대한 이야기로 읽을 수 있으면 좋겠습니다. 이 작품을 꼭 그렇게 읽어야만 한다는 것이 아니라, '외부 대상에 주목'하는 작품의 대다수가 그러하다는 뜻이에요.

오늘, 북창을 열어,
장거릴 등지고 산을 향하여 앉은 뜻은
사람은 맨날 변해 쌓지만
태고로부터 푸르러 온 산이 아니냐.
고요하고 너그러워 수(壽)하는 데다가
보옥을 갖고도 자랑 않는 겸허한 산.
마음이 본시 산을 사랑해
평생 산을 보고 산을 배우네.
그 품 안에서 자라나 거기에 가 또 묻히리니
내 이승의 낮과 저승의 밤에
아아라히 뻗쳐 있어 다리 놓는 산.
네 품이 내 고향인 그리운 산아
미역취 한 이파리 상긋한 산 내음새
산에서도 오히려 산을 그리며
꿈같은 산 정기(精氣)를 그리며 산다.
-김관식, 「거산호 2」-

→ 이 작품 역시 '산'이라는 외부 대상에 계속해서 주목하고 있습니다. 그런데 '산'을 '사람'과 비교하고 있다는 것을 확인할 수 있죠? 이는 화자 자신을 비롯한 '사람'과 '산'이라는 외부 대상이 '반대'되는 경우를 다루고 있는 작품이라고 할 수 있습니다. 이를 통해 '산'이 가지고 있는 여러 가지 긍정적 속성들을 지향하는 자신의 '내면세계'를 드러내는 것이죠.

물론 100% 완벽하게 대응되는 것은 아니지만, '외부 대상 →화자 자신 혹은 인간에 대한 이야기'라는 틀을 가지고 현대시를 읽으면 작품을 더욱 쉽게 이해할 수 있을 겁니다. 그렇다면 또 다른 창작 원리에는 어떤 것이 있을까요?

2) 내면세계에 주목

역시 많은 시들에서 확인할 수 있는 내용입니다. 교재의 초반부에서 언급했듯이, '시'는 결국 화자의 특정한 '상황' 속 '내면세계'를 드러내는 도구입니다. 그리고 대부분 자신의 처지가 부정적이라고 느낄 때 시를 쓰기 때문에, 왜 이런 상황에 처했는지 '성찰'하고 어떻게 대처해야 하는지 등을 다루는 작품들이 많아요. 역시 앞에서 봤던 작품들을 가지고 예를 들어 볼까요?

산모퉁이를 돌아 논가 외딴 우물을 홀로
찾아가선 가만히 들여다봅니다.

우물 속에는 달이 밝고 구름이 흐르고
하늘이 펼치고 파아란 바람이 불고 가을이 있습니다.

그리고 한 사나이가 있습니다.
어쩐지 그 사나이가 미워져 돌아갑니다.

돌아가다 생각하니 그 사나이가 가엾어집니다. 도로 가 들여다보니 사나이는 그대로 있습니다.

다시 그 사나이가 미워져 돌아갑니다.
돌아가다 생각하니 그 사나이가 그리워집니다.

우물 속에는 달이 밝고 구름이 흐르고 하늘이 펼치고 파아란 바람이 불고 가을이 있고 추억처럼 사나이가 있습니다.

-윤동주, 「자화상(自畵像)」-

내 어린 날!
아슬한 하늘에 뜬 연같이
바람에 깜박이는 연실같이
내 어린 날! 아슴풀하다*

하늘은 파랗고 끝없고
편편한 연실은 조매롭고*
오! 흰 연 그새에 높이
아실아실* 떠 놀다 내 어린 날!

바람 일어 끊어지던 날
엄마 아빠 부르고 울다
희끗희끗한 실낱이 서러워
아침저녁 나무 밑에 울다

오! 내 어린 날 하얀 옷 입고
외로이 자랐다 하얀 넋 담고
조마조마 길가에 붉은 발자욱
자욱마다 눈물이 고이었었다

-김영랑, 「연1」-

* 아슴풀하다 : '아슴푸레하다'의 방언.
* 조매롭고 : '조마롭다'의 방언. 보기에 마음이 초조하고 불안하다.
* 아실아실 : '아슬아슬'의 방언.

→ 아주 전형적인 작품입니다. '우물'에 비친 '그 사나이'는 결국 화자의 '내면세계'를 표상할 것이고, '그 사나이'에 대한 여러 감정을 보여 주면서 '성찰'하는 모습이 드러나고 있죠? 이처럼 '우물'이나 '거울' 등에 비친 자신의 모습을 바라보는 경우, 자신의 외양이 아닌 '내면세계'를 바라보고 있는 것으로 생각하셔도 좋습니다. 화자가 자신의 '내면세계'에 하는 말들이 곧 '성찰'의 과정이라고 할 수 있으니, 화자의 '내면세계'를 어렵지 않게 파악할 수 있을 것입니다.

→ '내 어린 날'이라는 과거를 '회상'하고 있습니다. 교재의 초반부에서 정리했듯이, '회상'은 '성찰'을 전제로 하는 것이라고 했어요. 구체적인 장면, 즉 '연'과 관련된 추억을 '회상'하기 위해 자신의 내면세계를 들여다보는 '성찰'을 하고 있는 것이죠. 이를 통해 화자가 가지고 있는 '과거에 느꼈던 서러움'이라는 '내면세계'를 효과적으로 드러내는 것으로 이해하시면 됩니다.

사실 '내면세계에 주목'하는 작품 역시 자신의 처지를 돌아본다는 점에서, '외부세계의 대상에 주목'하는 작품과 크게 다르지 않습니다. 두 경우 모두 결국 목적은 '화자 자신의 내면세계 확인 및 드러내기'라고 할 수 있으니까요. 결국 화자가 어떤 '상황'에 처해 있고 그에 대해 어떻게 '반응'하는지, 즉 어떤 '내면세계'를 가지고 있는지 위주로 읽어내면 된다는 점에서 딱히 새로운 것은 없습니다.

3) 시의 주제 / 시인의 삶

그런데, '화자 자신'은 일반적으로 '시인'입니다. '내면세계에 주목'하여 '시인'인 자신의 삶을 성찰하다 보면, '시'는 무엇을 주제로 삼아야 하는지, 그리고 '시인'은 어떻게 살아야 하는지에 대한 고민으로 이어지는 경우가 많아요. 따라서 '내면세계에 주목'하는 작품들 중 몇몇은 '시의 주제와 시인의 삶'이라는 주제를 다룹니다. 역시 다음과 같은 작품들을 예로 들 수 있어요.

노래는 심장에, 이야기는 뇌수에 박힌다
처용이 밤늦게 돌아와, 노래로써
아내를 범한 귀신을 꿇어 엎드리게 했다지만
막상 목청을 떼어 내고 남은 가사는
베개에 떨어뜨린 머리카락 하나 건드리지 못한다
하지만 처용의 이야기는 살아남아
새로운 노래와 풍속을 짓고 유전해 가리라
정간보가 오선지로 바뀌고
이제 아무도 시집에 악보를 그리지 않는다
노래하고 싶은 시인은 말 속에
은밀히 심장의 박동을 골라 넣는다
그러나 내 격정의 상처는 노래에 쉬이 덧나
다스리는 처방은 이야기일 뿐
이야기로 하필 시를 쓰며
뇌수와 심장이 가장 긴밀히 결합되길 바란다.
-최두석, 「노래와 이야기」-

→ 시는 '노래'이면서 '이야기'여야 한다는 화자의 생각을 드러내고 있습니다. '노래'를 통해 '심장의 박동'으로 표현된 감정을 다루고, 그러면서도 냉철한 '이야기'로 '격정의 상처'를 다스려야 한다는 것이죠. 이는 시의 주제가 무엇이어야 하는지, 시는 어떻게 써야 하는지에 대해 화자 스스로 성찰한 결과를 나타낸 것이라 할 수 있겠습니다.

…… 활자(活字)는 반짝거리면서 하늘 아래에서
간간이
자유를 말하는데
나의 영(靈)은 죽어 있는 것이 아니냐

벗이여
그대의 말을 고개 숙이고 듣는 것이
그대는 마음에 들지 않겠지
마음에 들지 않아라

모두 다 마음에 들지 않아라
이 황혼도 저 돌벽 아래 잡초도
담장의 푸른 페인트빛도
저 고요함도 이 고요함도

그대의 정의도 우리들의 섬세도
행동이 죽음에서 나오는
이 욕된 교외에서는
어제도 오늘도 내일도 마음에 들지 않아라

그대는 반짝거리면서 하늘 아래에서
간간이
자유를 말하는데
우스워라 나의 영(靈)은 죽어 있는 것이 아니냐
-김수영, 「사령(死靈)」-

→ '활자'는 자유를 말하지만, 시인인 화자 자신의 '영은 죽어 있'다는 이야기를 하고 있습니다. 이러한 삶에 대해 반성하면서, 결국 화자는 '시인은 자유를 말해야 한다.'라는 말을 하고 싶다고 할 수 있겠습니다. 이는 '시인의 삶'에 대해 화자 스스로 성찰한 결과를 나타낸 것이라고 할 수 있겠죠.

당연히 작가에 따라 다르겠지만, 일반적으로 시인들이 생각하는 '시의 주제'와 '시인의 삶'은 다음과 같습니다. 대부분의 화자들은 이러한 틀 속에서 자신의 '내면세계'를 형성하죠. 이 정도를 미리 알고 있으면 시를 읽는 게 훨씬 쉬워지겠죠?

시의 주제 : 약자의 이야기, 자유와 저항
시인의 삶 : 약자의 편에 서는 삶, 불의에 저항하는 삶, 자유를 추구하는 삶, 현재에 안주하지 않고 발전하는 삶

이렇게만 정리하면, 시를 쓴다는 것 자체가 굉장히 숭고하고 많은 희생을 요구하는 작업이라는 생각이 듭니다. 이런 고통을 견딘 시인들이 대단해 보이기도 하구요. 하지만 재미있게도, 이러한 삶은 시인들에게 있어 '즐거운' 삶이었습니다. 말 그대로 즐겁다는 것이 아니라, '더 만족스러운' 삶이었다고 이야기하는 것이 정확하겠네요. 오히려 시를 멀리하는 '생활'을 더 부정적으로 표현할 정도였으니까요. 다음 시를 예로 들어 생각해 볼까요?

〈나〉는
흔들리는 저울대.
시(詩)는
그것을 고누려는* 추(錘).
겨우 균형이 잡히는 위치에
한 가락의 미소.
한 줌의 위안.
한 줄기의 운율.
이내 무너진다.
하늘 끝과 끝을 일렁대는 해와 달
아득한 진폭(振幅)
생활이라는 그것.

-박목월,「시」-

* 고누려는 : '겨누려는'의 방언. 이 작품에서는 '균형을 맞추
  려는'의 의미로 사용되었다고 볼 수 있음.

→ 박목월 시인이 생각하는 '시'에 대해 다룬 작품입니다. 이에 따르면, 〈나〉(사실은 인간 전체)는 '흔들리는 저울대'이고, '시'는 '균형을 맞추려는' 추라고 합니다. 앞에서 언급했듯이 시인은 약자의 편에 서고 불의에 저항하는 올곧은 삶을 살아야 하는데, 대부분의 인간들은 여기저기 '흔들리는' 삶을 살게 됩니다. 화자가 생각하기에 이러한 '흔들림'을 잡아 주는 것은 결국 '시'라고 하네요.

그리고 '시'가 '균형'을 잡아 주면, '미소·위안·운율'이 만들어진다고 합니다. '시'가 제대로 쓰여서 화자 자신의 '흔들림'을 잡아 주기만 한다면 화자의 삶에 만족감을 크게 더해 준다는 것이죠. 이처럼 '시'는 시인의 삶을 고통스럽게 하는 게 아니라 더 즐거운 삶으로 이끌어 주는 역할을 하는 것이에요.

하지만 '미소·위안·운율'은 고작 '한 가락·한 줌·한 줄기'만 만들어집니다. 따라서 '이내 무너'질 수밖에 없는 것이죠. 화자의 '흔들림'은 '하늘 끝과 끝을 일렁대는 해와 달'처럼 '아득한 진폭'을 가지고 있는 것이기에, '균형'을 잡는 것은 결코 쉬운 일이 아닙니다.

이때, 이렇게 '아득한 진폭'을 가지고 화자를 흔들어 대는 것은 '생활이라는 그것'이라고 합니다. 결국 '생활' 속 화자는 계속 흔들리는데, 이를 '시'가 잡아 주는 식으로 살고 있음을 말하는 것이죠. 이 작품을 읽는 것 자체는 크게 어려움이 없겠죠?

중요한 것은, 이 작품에서 확인할 수 있는 '시↔생활'의 이분법적 구도입니다. 이는 '현대시 클리셰'라고 부를 만큼 자주 등장하는 내용 중 하나로, 화자 자신의 삶을 더 가치 있게 만들어 주는 '시'와 그저 단순한 일상에 지나지 않는 '생활'을 대비하는 것이죠. 마치 고전시가에서 '자연'과 '속세'를 이분법적으로 생각하듯이, 현대시에서도 이러한 '클리셰'가 나타나는 것입니다. 이 구도를 활용한 작품이 나오는 경우, '시=좋은 것 / 생활=나쁜 것'으로 단순화시키면서 읽을 수 있겠죠?

이렇게 주요 작품들을 바탕으로 '현대시의 창작 원리'를 살펴보았습니다. 이것저것 거창하게 설명하기는 했지만, 결국 '화자의 상황과 내면세계'라는 주제에 맞춰 '일상 언어의 감각' 그대로 읽어내면 된다는 내용을 반복한 것이나 다름없습니다. 그렇다면 문제를 풀면서 더 연습해보기 전에, 지금까지 배운 내용들을 총동원하여 교재 초반부에서도 했던 '현대시 독해 연습'을 한 번만 더 해봅시다. 그때 봤던 지문들보다 더 어려운 지문들로 구성되어 있으니, 긴장하고 따라오세요!

('교재의 사용법' 파트에서 소개한 카페에 오시면, 추가적인 '현대시 독해 연습'을 위한 자료를 받으실 수 있습니다.)

(해설 p.162)

아주 오랜 세월이 흐른 뒤에
힘없는 책갈피는 이 종이를 떨어뜨리리
그때 내 마음은 너무나 많은 공장을 세웠으니
어리석게도 그토록 기록할 것이 많았구나
구름 밑을 천천히 쏘다니는 개처럼
지칠 줄 모르고 공중에서 머뭇거렸구나
나 가진 것 탄식밖에 없어
저녁 거리마다 물끄러미 청춘을 세워 두고
살아온 날들을 신기하게 세어 보았으니
그 누구도 나를 두려워하지 않았으니
내 희망의 내용은 질투뿐이었구나
그리하여 나는 우선 여기에 짧은 글을 남겨 둔다
나의 생은 미친 듯이 사랑을 찾아 헤매었으나
단 한 번도 스스로를 사랑하지 않았노라

-기형도, 「질투는 나의 힘」-

(해설 p.163)

떡갈나무 숲을 걷는다. 떡갈나무 잎은 떨어져
너구리나 오소리의 따뜻한 털이 되었다. 아니면,
쐐기 집이거나, 지난여름 풀 아래 자지러지게
울어 대던 벌레들의 알의 집이 되었다.

이 숲에 그득했던 풍뎅이들의 혼례(婚禮),
그 눈부신 날개짓 소리 들릴 듯 한데,
텃새만 남아
산(山) 아래 콩밭에 뿌려 둔 노래를 쪼아
아름다운 목청 밑에 갈무리한다.

나는 떡갈나무 잎에서 노루 발자국을 찾아본다.
그러나 벌써 노루는 더 깊은 골짜기를 찾아,
겨울에도 얼지 않는 파릇한 산울림이 떠내려오는
골짜기를 찾아 떠나갔다.

나무 등걸에 앉아 하늘을 본다. 하늘이 깊이 숨을 들이켜
나를 들이마신다. 나는 가볍게, 오늘 밤엔
이 떡갈나무 숲을 온통 차지해 버리는 별이 될 것 같다.

떡갈나무 숲에 남아 있는 열매 하나.
어느 산(山)짐승이 혀로 핥아 보다가, 뒤에 오는
제 새끼를 위해 남겨 놓았을까? 그 순한 산(山)짐승의
젖꼭지처럼 까맣다.

나는 떡갈나무에게 외롭다고 쓸쓸하다고
중얼거린다.
그러자 떡갈나무는 슬픔으로 부은 내 발등에
잎을 떨군다. 내 마지막 손이야. 뺨에 대 봐,
조금 따뜻해질 거야, 잎을 떨군다.

-이준관, 「가을 떡갈나무 숲」-

　당신과 나와 이별한 때가 언제인지 아십니까.
　가령 우리가 좋을 대로 말하는 것과 같이, 거짓 이별이라 할지라도 나의 입술이 당신의 입술에 닿지 못하는 것은 사실입니다.
　이 거짓 이별은 언제나 우리에게서 떠날 것인가요.
　한 해 두 해 가는 것이 얼마 아니 된다고 할 수가 없습니다.
　시들어 가는 두 볼의 도화(桃花)가 무정한 봄바람에 몇 번이나 스쳐서 낙화가 될까요.
　회색이 되어 가는 두 귀밑의 푸른 구름이, 쪼이는 가을 볕에 얼마나 바래서 백설(白雪)이 될까요.

　머리는 희어 가도 마음은 붉어 갑니다.
　피는 식어 가도 눈물은 더워 갑니다.
　사랑의 언덕엔 사태가 나도 희망의 바다엔 물결이 뛰놀아요.

　이른바 거짓 이별이 언제든지 우리에게서 떠날 줄만은 알아요.
　그러나 한 손으로 이별을 가지고 가는 날은 또 한 손으로 죽음을 가지고 와요.

-한용운, 「거짓 이별」-

적산 가옥 구석에 짤막한 층층계……
그 이 층에서
나는 밤이 깊도록 글을 쓴다.
써도 써도 가랑잎처럼 쌓이는
공허감.
이것은 내일이면
지폐가 된다.
어느 것은 어린것의 공납금.
어느 것은 가난한 시량대*.
어느 것은 늘 가벼운 나의 용전*.
밤 한 시, 혹은
두 시. 용변을 하려고.
아래층으로 내려가면
아래층은 단칸방.
온 가족은 잠이 깊다.
서글픈 것의
저 무심한 평안함.
아아 나는 다시
층층계를 밟고
이 층으로 올라간다.
　(사닥다리를 밟고 원고지 위에서
　곡예사들은 지쳐 내려오는데……)

나는 날마다
생활의 막다른 골목 끝에 놓인
이 짤막한 층층계를 올라와서
샛까만 유리창에
수척한 얼굴을 만난다.
그것은 너무나 어처구니없는
〈아버지〉라는 것이다.

　　　　　*

나의 어린것들은
왜놈들이 남기고 간 다다미방에서
날무처럼 포름쪽쪽 얼어 있구나.

-박목월, 「층층계」-

* 시량대 : 땔감과 식량을 마련할 비용.
* 용전 : 개인이 자질구레하게 쓰는 돈.

(해설 p.166)

내 마음은 한 폭의 기(旗)
보는 이 없는 시공(時空)에
없는 것 모양 걸려 왔더니라

스스로의
혼란과 열기를 이기지 못해
눈 오는 네거리에 나서면
눈길 위에
연기처럼 덮여 오는 편안한 그늘이여
마음의 기(旗)는
눈의 음악이나 듣고 있는가

나에게 원이 있다면
뉘우침 없는 일몰(日沒)이
고요히 꽃잎인 양 쌓여가는
그 일이란다
황제의 항서(降書)와도 같은
무거운 비애(悲哀)가
맑게 가라앉은
하얀 모랫벌 같은 마음씨의
벗은 없을까

내 마음은 한 폭의 기(旗)
보는 이 없는 시공(時空)에서
때로 울고 때로 기도드린다
-김남조, 「정념의 기(旗)」-

(해설 p.167)

나를 쫓아온 눈발 어느새 여기서 그쳐
어둠 덮인 이쪽 능선들과 헤어지면 바다 끝까지
길게 걸쳐진 검은 구름 떼
헛디뎌 내 아득히 헤맨 날들 끝없이 퍼덕이던
바람은 다시 옷자락에 와 붙고
스치는 소매 끝마다 툭툭 수평선 끊어져 사라진다

사라진다 일념도 세상 흐른 웃음소리에 감추며
여기까지 끌고 왔던 사랑 헤진 발바닥의
무슨 감발*에 퍼진 피얼룩도
저렇게 저문 바다의 파도로서 풀어지느냐
폐선된 목선 하나 덩그렇게 뜬 모래벌에는
무엇인가 줍고 있는
남루한 아이들 몇 몇

굽은 갑*에 부딪혀 꺾어지는 목소리가 들린다
어둡고 외진 길목에 자식 두엇 던져 놓고도
평생의 마음 안팎으로 띄워 올린
별빛으로 환해지던 어느 밤도 있었다.
희미한 빛 속에서는 수없이 물살 흩어지면서
흩어 놓은 인광만큼이나 그리움 끝없고
마주 서면 아직도
등불을 켜고 어디론가 가고 있는 돛배 한 척이 보인다
-김명인, 「김정호의 대동여지도」-

* 감발 : 양말의 일종.
* 갑(岬) : 바다 쪽으로, 부리 모양으로 뾰족하게 뻗은 육지.

(해설 p.168)

감나무쯤 되랴,
서러운 노을빛으로 익어 가는
내 마음 사랑의 열매가 달린 나무는!

이것이 제대로 벋을 데는 저승밖에 없는 것 같고
그것도 내 생각하던 사람의 등 뒤로 벋어 가서
그 사람의 머리 위에서나 마지막으로 휘드러질까 본데,

그러나 그 사람이
그 사람의 안마당에 심고 싶던
느꺼운* 열매가 되는지 몰라!
새로 말하면 그 열매 빛깔이
전생(前生)의 내 전(全) 설움이요 전(全) 소망인 것을
알아내기는 알아낼는지 몰라!
아니, 그 사람도 이 세상을
설움으로 살았던지 어쨌던지
그것을 몰라, 그것을 몰라!

-박재삼, 「한(恨)」-

* 느꺼운 : 어떤 느낌이 마음에 북받쳐서 벅차는.

(해설 p.169)

내 골방의 커-튼을 걷고
정성된 마음으로 황혼(黃昏)을 맞아들이노니
바다의 흰 갈매기들같이도
인간(人間)은 얼마나 외로운 것이냐

황혼아 네 부드러운 손을 힘껏 내밀라
내 뜨거운 입술을 맘대로 맞추어 보련다
그리고 네 품 안에 안긴 모든 것에
나의 입술을 보내게 해 다오

저- 십이성좌(十二星座)의 반짝이는 별들에게도
종(鐘)소리 저문 삼림(森林) 속 그윽한 수녀(修女)들에게도
시멘트 장판 위 그 많은 수인(囚人)들에게도
의지할 가지 없는 그들의 심장(心腸)이 얼마나 떨고 있는가

고비 사막(沙漠)을 걸어가는 낙타(駱駝) 탄 행상대(行商隊)에게나
아프리카 녹음(綠陰) 속 활 쏘는 토인(土人)들에게라도
황혼아 네 부드러운 품 안에 안기는 동안이라도
지구(地球)의 반(半)쪽만을 나의 타는 입술에 맡겨 다오

내 오월(五月)의 골방이 아늑도 하니
황혼아 내일(來日)도 또 저-푸른 커-튼을 걷게 하겠지
암암(暗暗)히* 사라지긴 시냇물 소리 같아서
한번 식어지면 다시는 돌아올 줄 모르나 보다

-이육사, 「황혼」-

* 암암히 : 기억에 남은 것이 눈앞에 아른거리는 듯하게. 또는 깊숙하고 고요하게.

오늘부터는 현대시 문제들을 더 풀어보며, 현대시의 창작 원리를 바탕으로 독해하고 선지를 판단하는 연습을 해봅시다.

[1~3] 다음 글을 읽고 물음에 답하시오.
2019.11 [33~35]

— (해설편 p.171) —

(가)

검정 포대기 같은 까마귀 울음소리 고을에 떠나지 않고   [A]
밤이면 부엉이 괴괴히 울어
남쪽 먼 포구의 백성의 순탄한 마음에도
상서롭지 못한 세대의 어둔 바람이 불어오던
─융희(隆熙) 2년!

그래도 계절만은 천 년을 다채(多彩)하여
지붕에 박넌출 남풍에 자라고   [B]
푸른 하늘엔 석류꽃 피 뱉은 듯 피어
나를 잉태한 어머니는
짐짓 어진 생각만을 다듬어 지니셨고   [C]
젊은 의원인 아버지는
밤마다 사랑에서 저릉저릉 글 읽으셨다

왕고못댁 제삿날 밤 열나흘 새벽 달빛을 밟고   [D]
유월이가 이고 온 제삿밥을 먹고 나서
희미한 등잔불 장지 안에
번문욕례 사대주의의 욕된 후예로 세상에 떨어졌나니

신월(新月)같이 슬픈 제 족속의 태반을 보고
내 스스로 고고(呱呱)*의 곡성(哭聲)*을 지른 것이 아니련만   [E]
명(命)이나 길라 하여 할머니는 돌메라 이름 지었다오

─유치환, 「출생기(出生記)」─

* 고고 : 아이가 세상에 나오면서 처음 우는 울음소리.
* 곡성 : 사람이 죽어 슬퍼서 크게 우는 소리.

(나)

샤갈의 마을에는 삼월에 눈이 온다.
봄을 바라고 섰는 사나이의 관자놀이에
새로 돋은 정맥이
바르르 떤다.
바르르 떠는 사나이의 관자놀이에
새로 돋은 정맥을 어루만지며
눈은 수천수만의 **날개**를 달고
하늘에서 내려와 샤갈의 마을의
지붕과 굴뚝을 덮는다.
삼월에 눈이 오면
샤갈의 마을의 쥐똥만 한 **겨울 열매**들은
다시 **올리브빛**으로 물이 들고
밤에 **아낙**들은
그해의 제일 아름다운 불을
아궁이에 지핀다.

─김춘수, 「샤갈의 마을에 내리는 눈」─

01 (가)와 (나)의 공통점으로 가장 적절한 것은?

① 시간과 관련된 표지를 제시하여 시적 분위기를 조성하고 있다.
② 과거 시제를 사용하여 서사적 사건을 들려주는 형식을 취하고 있다.
③ 시적 상황의 객관적 관찰에 초점을 둠으로써 주관적 의미의 서술을 배제하고 있다.
④ 암울하고 비관적인 정서를 내포한 시어를 사용하여 비극적 상황을 고조하고 있다.
⑤ 자연물을 살아 있는 대상으로 묘사하여 화자가 느끼는 이국적인 세계의 모습을 담아내고 있다.

02 [A]~[E]에 대한 이해로 적절하지 <u>않은</u> 것은? [3점]

① [A] : 청각의 시각화를 통해 음산한 시적 상황을 조성하고 있다.
② [B] : 시대 상황과 대비되는 자연의 모습을 통해 생명력을 표현하고 있다.
③ [C] : 대구 형식을 활용하여 화자의 출생을 앞둔 집안의 분위기를 드러내고 있다.
④ [D] : 화자가 태어난 날의 상황을 구체적으로 서술하여 출생에 대한 감격을 드러내고 있다.
⑤ [E] : 울음소리에서 연상되는 상반된 의미와 연결하여 화자의 이름이 지어진 이유를 제시하고 있다.

O3 〈보기〉를 참고하여 (나)를 감상한 내용으로 적절하지 <u>않은</u> 것은?

[보기]

　김춘수는 샤갈의 그림 「나와 마을」에서 받은 느낌을 시로 표현함으로써 상호 텍스트성을 구현했다. 올리브빛 얼굴을 가진 사나이와 당나귀가 서로 마주 보고 있는 그림에서 영감을 받은 시인은, "특히 인상 깊었던 것은 커다란 당나귀의 눈망울이었고, 그 당나귀의 눈망울 속에 들어앉아 있는 마을이었다."라고 느낌을 말했다. 또한 밝고 화려한 색감을 지닌 이질적 이미지들의 병치로 이루어진 샤갈의 초현실주의적 그림에 대한 감각적 인상을, 자신의 고향 마을에 투사하여 다양한 이미지의 병치로 변용했다. 이는 봄을 맞이한 생동감과 고향 마을의 따뜻한 풍경에 대한 그리움을 형상화한 것이라고 할 수 있다.

① '샤갈의 마을'은 시인이 그림 속 마을 풍경에서 받은 인상을 자신의 고향 마을에 투사하여 표현한 것이군.

② '삼월에 눈', '봄을 바라고 섰는 사나이', '새로 돋은 정맥' 등은 시인이 그림 속 이질적 이미지들의 병치를 다양한 이미지들의 병치로 변용하여 봄의 생동감을 형상화한 것이군.

③ '날개', '하늘', '지붕과 굴뚝' 등은 시인이 밝고 화려한 색감을 지닌 그림 속 마을의 모습을 공감각적 이미지의 풍경으로 변용한 것이군.

④ '올리브빛'은 시인이 그림 속에서 영감을 받은 것으로 '겨울 열매들'을 물들이는 따뜻한 봄의 이미지를 표상한 것이군.

⑤ '아낙', '아궁이' 등은 시인이 초현실주의적 그림 속 풍경에 대한 감각적 인상을 고향 마을을 떠올리게 하는 이미지로 전이시킨 것이군.

(가)

　살구나무 그늘로 얼굴을 가리고, 병원 뒤뜰에 누워, 젊은 여자가 흰옷 아래로 하얀 다리를 드러내 놓고 일광욕을 한다. 한 나절이 기울도록 가슴을 앓는다는 이 여자를 찾아오는 이, 나비 한 마리도 없다. 슬프지도 않은 살구나무 가지에는 바람조차 없다.

　나도 모를 아픔을 오래 참다 처음으로 이곳에 찾아왔다. 그러나 나의 늙은 의사는 젊은이의 병을 모른다. 나한테는 병이 없다고 한다. 이 지나친 시련, 이 지나친 피로, 나는 성내서는 안 된다.

　여자는 자리에서 일어나 옷깃을 여미고 화단에서 금잔화 한 포기를 따 가슴에 꽂고 병실 안으로 사라진다. 나는 그 여자의 건강이 — 아니 내 건강도 속히 회복되기를 바라며 그가 누웠던 자리에 누워 본다.

-윤동주, 「병원」-

(나)

　유성에서 조치원으로 가는 어느 들판에 우두커니 서 있는 한 그루 늙은 나무를 만났다. 수도승일까. 묵중하게 서 있었다.

　다음날은 조치원에서 공주로 가는 어느 가난한 마을 어귀에 그들은 떼를 져 몰려 있었다. 멍청하게 몰려 있는 그들은 어설픈 과객일까. 몹시 추워 보였다.

　공주에서 온양으로 우회하는 뒷길 어느 산마루에 그들은 멀리 서 있었다. 하늘 문을 지키는 파수병일까, 외로워 보였다.

　온양에서 서울로 돌아오자, 놀랍게도 그들은 이미 내 안에 뿌리를 펴고 있었다. 묵중한 그들의. 침울한 그들의. 아아 고독한 모습. 그 후로 나는 뽑아낼 수 없는 몇 그루의 나무를 기르게 되었다.

-박목월, 「나무」-

04 (가), (나)에 대한 설명으로 가장 적절한 것은?

① (가)와 (나)는 모두 색채 이미지를 활용하여 사물의 역동성을 드러내고 있다.

② (가)와 (나)는 모두 일상을 벗어난 공간과 대비하여 일상의 공간에 의미를 부여하고 있다.

③ (가)는 (나)와 달리, 사물의 속성을 분석하여 미래에 대한 긍정적인 전망을 제시하고 있다.

④ (나)는 (가)와 달리, 추측을 나타내는 표현을 변주하여 사물이 연상시키는 의미를 심화하고 있다.

⑤ (가)는 현재형 시제로 계절의 상징성을, (나)는 과거형 시제로 시간에 따른 사물의 변화상을 보여 주고 있다.

05 〈보기〉의 관점에서 (가), (나)의 '화자와 대상의 관계'에 대해 이해한 내용으로 적절하지 <u>않은</u> 것은? [3점]

[보기]

　(가), (나)의 화자는 특정한 대상에 대한 인식을 통해 자신을 성찰하고 대상에 공감한다. (가)의 화자는 병원에서 본 '여자'의 모습에 주목하고 '여자'의 아픔에 비추어 자신의 처지를 성찰하며 '여자'가 지닌 치유에 대한 소망에 공감한다. (나)의 화자는 여행 중에 만난 '나무'들의 모습에 주목하고 '나무'들에 비추어 자신의 내면을 성찰하며 '나무'들의 모습에서 드러나는 정서에 공감한다. 이를 통해 (가), (나)의 화자는 대상과의 동질성을 확인한다.

① (가)의 화자는 '병원 뒤뜰'에 누워 있는 '여자'를 관찰함으로써, (나)의 화자는 여로에서 만난 '나무'를 반복적으로 제시함으로써 대상을 인식하고 있음을 보여 주고 있다.

② (가)의 화자는 찾는 이가 없는 '가슴을 앓는다는 이 여자'의 처지에, (나)의 화자는 '나무'에게서 본 '수도승', '과객', '파수병'의 모습에 자신을 비추어 보고 있다.

③ (가)의 화자는 '젊은이의 병'을 모르는 '늙은 의사'에 대한 원망을 '여자'와 공유함으로써, (나)의 화자는 '멀리 서 있'는 '나무'들의 위치를 확인함으로써 대상과 자신의 거리를 좁히려 하고 있다.

④ (가)의 화자는 '금잔화 한 포기'를 꽂고 병실로 들어가는 '여자'에게서 '회복'에 대한 소망을 읽어 냄으로써, (나)의 화자는 '나무'들이 '외로워 보였다'고 표현함으로써 대상에 공감하고 있다.

⑤ (가)의 화자는 '그가 누웠던' 곳에 '누워 본다'고 함으로써, (나)의 화자는 '뽑아낼 수 없'는 '나무를 기르게 되었다'고 함으로써 대상과 자신의 동질성을 드러내고 있다.

(가)
고향에 돌아온 날 밤에
내 백골이 따라와 한방에 누웠다.

어둔 **방**은 우주로 통하고
하늘에선가 소리처럼 바람이 불어온다.

어둠 속에 곱게 풍화작용하는
백골을 들여다보며
눈물짓는 것이 내가 우는 것이냐
백골이 우는 것이냐
아름다운 혼이 우는 것이냐

지조 높은 개는
밤을 새워 어둠을 짖는다.

어둠을 짖는 개는
나를 쫓는 것일 게다.

가자 가자
쫓기우는 사람처럼 가자
백골 몰래
아름다운 또 다른 고향에 가자.
　　　　　　　　　－윤동주, 「또 다른 고향(故鄕)」－

(나)
전신이 검은 까마귀,
까마귀는 까치와 다르다.
마른 가지 끝에 높이 앉아
먼 설원을 굽어보는 저
형형한* 눈,
고독한 이마 그리고 날카로운 부리.
얼어붙은 지상에는
그 어디에도 낟알 한 톨 보이지 않지만
그대 차라리 눈발을 뒤지다 굶어 죽을지언정
결코 **까치**처럼
인가의 안마당을 넘보진 않는다.
검을 테면
철저하게 검어라. 단 한 개의 깃털도
남기지 말고……
겨울 되자 온 세상 수북이 ㉠눈은 내려

저마다 하얗게 하얗게 분장하지만
나는
빈 가지 끝에 홀로 앉아
말없이
먼 지평선을 응시하는 한 마리
검은 까마귀가 되리라.
　　　　　　　　　－오세영, 「자화상 · 2」－

* 형형한 : 광채가 반짝반짝 빛나며 밝은.

(다)
[A]
굳어지기 전까지 저 딱딱한 것들은 물결이었다
파도와 해일이 쉬고 있는 바닷속
지느러미의 물결 사이에 끼어
유유히 흘러 다니던 **무수한 갈래의 길**이었다

[B]
그물이 물결 속에서 멸치들을 떼어냈던 것이다
햇빛의 꼿꼿한 직선들 틈에 끼이자마자
부드러운 물결은 팔딱거리다 길을 잃었을 것이다

[C]
바람과 햇볕이 달라붙어 물기를 빨아들이는 동안
바다의 무늬는 뼈다귀처럼 남아
멸치의 등과 지느러미 위에서 딱딱하게 굳어갔
던 것이다
모래 더미처럼 길거리에 쌓이고
건어물집의 푸석한 공기에 풀리다가
기름에 튀겨지고 접시에 담겨졌던 것이다

[D]
지금 젓가락 끝에 깍두기처럼 딱딱하게 집히는
이 멸치에는
두껍고 뻣뻣한 공기를 뚫고 흘러가는
바다가 있다 그 바다에는 아직도
지느러미가 있고 지느러미를 흔드는 물결이 있다

[E]
이 작은 물결이
지금도 멸치의 몸통을 뒤틀고 있는 이 작은 무늬가
파도를 만들고 **해일**을 부르고
고깃배를 부수고 그물을 찢었던 것이다
　　　　　　　　　－김기택, 「멸치」－

06 (가)~(다)의 공통점으로 가장 적절한 것은?

① 영탄법을 활용하여 화자의 정서를 표출하고 있다.
② 동일한 시행의 반복을 통해 운율감을 자아내고 있다.
③ 공간의 대비를 통해 지향하는 가치를 드러내고 있다.
④ 과거에 대한 회상을 통해 그리움의 정서를 환기하고 있다.
⑤ 반어적 표현을 활용하여 현실에 대한 비판적 태도를 드러내고 있다.

07 〈보기〉를 참고하여 (가)와 (나)를 감상한 내용으로 적절하지 <u>않은</u> 것은? [3점]

---[보기]---

　자아 성찰의 주제를 담은 현대시에서는 시적 자아가 분열된 모습으로 등장하는 경우가 많다. (가)와 (나)의 화자는 자아 성찰을 통해 자아의 부정적인 모습과 단절하고 새로운 존재로 거듭나려 한다는 점에서 공통적이다. 하지만 (가)의 화자는 시선을 자신의 내면으로 돌려 자아의 부정적, 긍정적 면모를 발견한 후 이들을 상징적 시어로 표현하고 있고, (나)의 화자는 시선을 바깥으로 돌려 자신의 삶의 태도를 외부의 상징적 존재에 투영하여 표현하고 있다.

---

① (가)의 '들여다보며'에서는 '백골'로 상징화된 부정적 자아를 향한 화자의 내면의 시선을 확인할 수 있군.
② (가)의 '지조 높은 개'는 자아의 부정적인 모습과 대비되어 화자를 새로운 존재로 거듭나게 하는군.
③ (나)에서 먼 설원을 굽어보는 '형형한 눈'은 바람직한 삶을 지향하는 화자의 태도를 떠올리게 하는군.
④ (나)에서 인가의 안마당을 넘보는 '까치'는 화자가 단절하고자 하는 삶의 태도를 나타내는군.
⑤ (가)의 '방'은 화자의 어두운 내면을, (나)의 '먼 지평선'은 화자가 처한 부정적 현실을 상징하는군.

08 (나)의 ㉠에 대한 설명으로 가장 적절한 것은?

① 충만한 느낌을 통해 평온한 삶을 드러낸다.
② 본질을 가리는 속성을 통해 세상의 허위를 암시한다.
③ 색채 이미지를 통해 화자의 순결한 정신을 드러낸다.
④ 하강 이미지를 통해 화자가 연약한 존재임을 보여 준다.
⑤ 역동적 이미지를 통해 미래에 대한 화자의 소망을 나타낸다.

09 〈보기〉를 바탕으로 (다)의 시상 전개를 이해할 때, 적절하지 <u>않은</u> 것은?

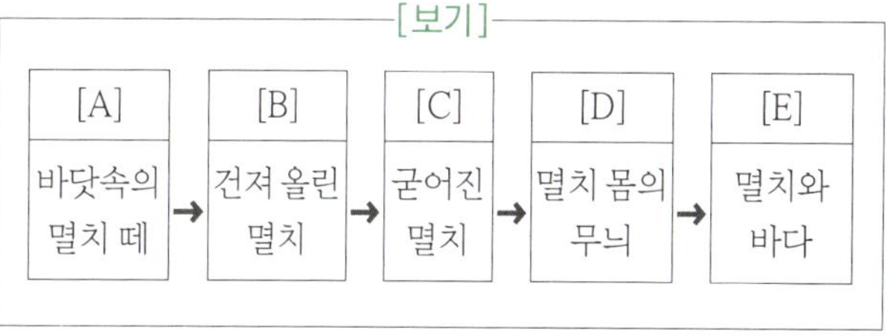

① [A]에서 멸치 떼의 유유한 움직임은 '무수한 갈래의 길'과 연결되어 바닷속의 자유로운 분위기를 보여 주고 있다.
② [B]에서 '그물', '햇빛의 꼿꼿한 직선들'은 멸치의 생명을 앗아가려는 외부 세계의 폭력성을 환기하고 있다.
③ [C]는 멸치가 본래의 속성을 잃어 가는 과정을 순차적으로 보여 주고 있다.
④ [D]는 바다 물결의 실제 움직임을 사실적으로 묘사하여 마른 멸치의 몸에 남은 무늬에 시선을 집중시키고 있다.
⑤ [E]는 '파도'와 '해일'의 움직임을 통해 멸치가 본래 지녔던 생명력을 환기하며 시상을 마무리하고 있다.

[10~12] 다음 글을 읽고 물음에 답하시오.　　2020.06 [43~45]

──── (해설 p.191) ────

(가)

　낙엽은 폴 – 란드 망명정부의 지폐
　포화(砲火)에 이즈러진
　도룬 시(市)의 가을 하늘을 생각케 한다
　길은 한 줄기 구겨진 넥타이처럼 풀어져
　일광(日光)의 폭포 속으로 사라지고
　조그만 담배 연기를 내어 뿜으며
　새로 두 시의 급행차가 들을 달린다
　포플라 나무의 근골(筋骨) 사이로
　공장의 지붕은 흰 이빨을 드러내인 채
　한 가닥 구부러진 철책이 바람에 나부끼고
　그 위에 세로팡지(紙)로 만든 구름이 하나
　자욱 – 한 풀벌레 소리 발길로 차며
　호올로 황량한 생각 버릴 곳 없어
　허공에 띄우는 돌팔매 하나
　기울어진 풍경의 장막 저쪽에
　고독한 반원을 긋고 잠기어 간다

　　　　　　　　　　　　　　–김광균, 「추일서정」–

(나)

　담쟁이덩굴이 가벼운 공기에 **업혀** 허공에서
　허공으로 이동하고 있다

　새가 푸른 하늘에 **눌려** 납작하게 날고 있다

　들찔레가 길 밖에서 하얀 꽃을 **버리며**
　빈자리를 만들고

　사방이 몸을 비워놓은 마른 길에
　하늘이 내려와 누런 돌멩이 위에 **얹힌다**

　길 한켠 모래가 바위를 들어올려
　자기 몸 위에 놓아두고 있다

　　　　　　　　　　　　　　–오규원, 「하늘과 돌멩이」–

10　(가)에 대한 설명으로 가장 적절한 것은?

① 수미상관의 기법을 활용하여 구조적 안정감을 얻고 있다.

② 유사한 문장 형태를 변주하여 시간의 흐름을 드러내고 있다.

③ 의도적으로 변형한 시어를 통해 현실 극복 의지를 드러내고 있다.

④ 추측을 나타내는 표현을 통해 대상에 대한 회의감을 드러내고 있다.

⑤ 자연물을 인공물에 빗대어 풍경에 대한 화자의 인상을 드러내고 있다.

11 다음은 (나)에 대한 〈학습 활동〉 과제이다. 이를 수행한 결과로 적절하지 <u>않은</u> 것은? [3점]

〈학습 활동〉

「하늘과 돌멩이」는 사물에 대한 우리의 고정관념을 버리고 새로운 시각으로 사물들을 바라보려고 시도한다. 각 연의 서술어에 주목하여, 이 시에 나타난 새로운 관점을 사물에 대한 고정관념과 비교하여 탐구해 보자.

	사물	사물에 대한 고정관념	서술어	새로운 관점
1연	담쟁이 덩굴	담쟁이덩굴은 벽에 붙어 자란다.	업혀	㉠
2연	새	새는 자유롭게 하늘을 난다.	눌려	㉡
3연	들찔레	들찔레의 꽃이 떨어진다.	버리며	㉢
4연	하늘	하늘은 땅에서 멀리 떨어져 있다.	얹힌다	㉣
5연	모래	모래가 바위 밑에 깔려 있다.	들어 올려	㉤

① ㉠: '업혀'에 주목하면, 담쟁이덩굴은 벽에 붙어 자라는 것이 아니라 공기를 누르며 수직 상승하는 강인한 존재로 볼 수 있다.

② ㉡: '눌려'에 주목하면, 새가 아무 제약 없이 하늘을 나는 것이 아니라 하늘의 무게를 견디며 나는 것으로 볼 수 있다.

③ ㉢: '버리며'에 주목하면, 꽃이 저절로 떨어지는 것이 아니라 들찔레가 스스로 꽃을 떨어뜨리는 것으로 볼 수 있다.

④ ㉣: '얹힌다'에 주목하면, 하늘은 땅과 멀리 떨어져 있지 않고 길에 가깝게 내려와 돌멩이 위에 닿는 존재로 볼 수 있다.

⑤ ㉤: '들어올려'에 주목하면, 모래는 바위 밑에 깔려 있지 않고 자신의 힘으로 거대한 바위를 지탱할 수 있는 존재로 볼 수 있다.

12 이미지의 활용을 중심으로 (가)와 (나)를 감상한 내용으로 적절하지 <u>않은</u> 것은?

① (가)는 '낙엽'을 '망명정부의 지폐'에 연결하여 낙엽의 이미지에서 연상되는 무상감을 드러내고 있군.

② (가)는 '돌팔매'가 땅으로 떨어지는 이미지를 '고독한 반원'으로 표현하여 외로움의 정서를 부각하고 있군.

③ (나)는 '빈자리'를 '들찔레'가 의도적으로 만들어 낸 대상인 것처럼 표현하여 비어 있는 공간의 이미지를 떠올릴 수 있도록 의미를 부여하고 있군.

④ (가)는 '길'을 '구겨진 넥타이'의 이미지와 연결하여 도시에서 느껴지는 소외감을 표현하고, (나)는 '길 밖'과 '길 한켠'처럼 중심에서 벗어난 공간의 이미지를 활용하여 대상들 간의 거리감을 드러내고 있군.

⑤ (가)는 '허공'을 '황량한 생각'이 드러나는 공허한 이미지로 활용하고, (나)는 '담쟁이덩굴'의 움직임을 활용하여 '허공'을 감각적으로 경험할 수 있는 대상으로 묘사하고 있군.

(가)

　　유자낡에 유자가 열리고 귤나무에는 귤이 열리는 이
지순한 길은 바다로 기울었다.

　　길에는 자갈이 빛났다. 건조한 가을길에 가뿐한 나의
신발(겨우 무거운 젊음의 젖은 구두를 벗은……) 길은 바
다로 기울고 발바닥에 느껴지는 이 **신비스러운 경사감**.

　　겨우 시야가 열리는 남색, 심오한, 잔잔한 세계. **하늘
과 맞닿을** 즈음에 이 신비스러운 수평의 거리감.

　　유자낡에 유자가 열리고, 귤나무에는 귤이 열리는 이
당연한 길은 바다로 기울고, 가뿐한 나의 신발.

　　나의 뒤통수에는 해가 저물고. 설레는 구름과 바람. **저
녁 햇살** 속에 자갈이 빛나는 길은 바다로 기울고, 나의
발바닥에 이 신비스러운 경사감. 오오 **기우는 세계**여.

–박목월, 「경사」–

(나)

　　내 조상은 뜨겁고 부신
　　태양 체질이 아니었다. 내 조상은
　　뒤안처럼 아늑하고
　　조용한
　　달의 숭배자였다.

　　그는 달빛 그림자를 밟고 뛰어놀았으며
　　밝은 달빛 머리에 받아 글을 읽고
　　자라서는, 먼 장터에서
　　달빛과 더불어 집으로 돌아왔다.

　　낮은
　　이 포근한 그리움
　　이 크나큰 기쁨과 만나는
　　힘겨운 과정일 뿐이었다.

　　일생이 달의 자장(磁場) 속에
　　갇히기를 원했던 내 조상의 달빛 체질은
　　지금
　　내 몸 안에 피가 되어 돌고 있다.

　　밤하늘 떠오르는 달만 보면
　　왠지 가슴이 멍해져서
　　끝없이 야행(夜行)의 길을 더듬고 싶은 나는

　　아, 그것은 모체의 태반처럼 멀리서도
　　나를 끌고 있다는 생각이 든다.
　　마치
　　보이지 않는 인력(引力)이 바닷물을 끌듯이.

–이수익, 「달빛 체질」–

(다)

　　천지 만물에는 큼이 있고 작음이 있다. 큼과 작음은 사
물의 형태이다. ㉠형태가 처음 생겨나면 그 종류가 이미
구별되니, 누가 바꿀 수 있겠는가. 하지만 작으면서도 크
고 크면서도 작은 이치가 또한 없지 아니하다. 무엇보다
작은 것이 대나무 도시락의 밥과 한 그릇의 국인데, 그
것에서 표정이 드러나는 사람이 있으니, 이는 사물은 작
은데 사람이 그것을 보고 크게 여기는 것이다. 무엇보다
큰 것이 진나라와 초나라의 부유함인데, 성인(聖人)은
㉡“내가 무슨 부족할 것이 있겠는가.”라고 하였으니, 이
것은 사물은 큰데 사람이 그것을 보고 작게 여기는 것이
다. 그렇다면 사물에는 **큼과 작음**이 일찍이 없었던 것이
고, 사람의 마음이 그것을 대처함이 어떠한지에 달린 것
일 뿐이다.

　　우 상사 사앙(禹上舍士仰)은 약봉의 아래에 자리를 잡
고 산다. 집터가 몇 이랑도 되지 않고 띠로 지붕을 이었
으니, 집 가운데서도 지극히 작은 경우이다. 그래도 사앙
은 그 집을 **편히 여기며, 자고 거처하는 집**을 '용연사(容
燕舍)'라고 명명하였다. 그 집이 제비 둥지를 겨우 수용
할 수 있는 정도라는 의미이다. 사앙이 언젠가 ㉢나에게
집의 규모를 말한 적이 있었는데, 표정에 스스로 작다고
여기는 듯한 기색이 있었다. 그래서 나는 웃으며 말해 주
었다.

　　"군(君)의 집은 정말 작네. 하지만 작다고 여기면 작은
것이고 크다고 여기면 큰 것이니, 군이 어떻게 여기느
냐에 달렸을 뿐일세. 저 집이 이미 군을 수용하고, 그
남은 공간에 다시 군의 처와 자식을 수용하며, 뜰에는
국화를 많이 심어 매년 가을이면 **향기와 빛깔이 서로
한데 모이고**, 처마 밖에는 종남산 일대가 아침저녁으
로 푸르른 **산 빛을 보내오**네. 집이 이 모든 것을 **사양
하지 않고 다 수용하니**, 군의 집은 수용하는 것이 많
네. 하지만 이것은 모두 외면의 것이지 내면이 아니라

네. ㉢군은 독서하는 사람이니 가까운 내면의 것을 시험 삼아 생각해 보게. 군에게 몸을 주재하는 것은 마음이 아닌가. 마음의 자리는 사방 한 치일 뿐이니, 비록 지극히 작은 사물이라고 말해도 될 것이네. 하지만 한량이 없고 방향이 없는 마음으로서 의로운 행동을 쌓아 생기는 것을 병졸로 삼아 제대로 기르면 천지 사이에 가득하게 된다네. 그래서 소자(邵子)는 '베 이불로 몸을 따뜻하게 하고 명아주 국으로 배를 불리고 나서 흉중의 기를 토해 내니 우주에 가득하도다.'라고 하였지. 안락한 오두막 하나가 천지 사이의 커다란 구역이 된다는 것을 누가 알겠는가. ㉤지금 군은 집으로 군의 몸을 수용하고, 몸으로 군의 마음을 수용하고, 마음으로 과연 능히 천지 사이에 가득한 것을 수용하였으니, 수용한 것의 근본을 바탕으로 정진한다면 집이 그것을 주인으로 삼지 않음이 없을 것이네."

-채제공, 「용연사기」-

13 (가)~(다)에 대한 설명으로 가장 적절한 것은?

① (가)는 일부 시행을 명사로 종결하여, 바라는 바를 이루고자 하는 화자의 의지를 부각하고 있다.
② (나)는 의인화된 대상을 활용하여, 대상이 가지는 의미의 변화를 드러내고 있다.
③ (다)는 서로 다른 관점을 대비하여, 글쓴이가 주목한 세태에 대한 냉소적 태도를 드러내고 있다.
④ (가)는 유사한 통사 구조를 반복하여, (나)는 동일한 시어를 반복하여 주제 의식을 부각하고 있다.
⑤ (가), (나), (다)는 모두 감탄사를 활용하여, 대상에서 촉발된 정서의 변화를 부각하고 있다.

14 (나)에 대한 이해로 적절하지 <u>않은</u> 것은?

① 2연과 4연을 통해, 1연에서 화자가 자신의 조상을 '달의 숭배자'라고 생각한 이유를 짐작할 수 있군.
② 4연을 통해, 화자의 '몸 안'에 '돌고 있'는 '피'의 속성은 '일생' 동안 '내 조상'이 '원했던' 것과 관련이 있음을 알 수 있군.
③ 6연을 통해, '그것'이 '멀리' 있음으로 인해 화자가 느끼는 아쉬움이 '모체의 태반'을 떠올리는 행위로 해소되고 있음을 알 수 있군.
④ 2연과 3연을 통해 알 수 있는, 함께하는 대상에 대한 '그'의 정서를 바탕으로, 6연에서 '나를 끌고 있다'고 생각되는 '그것'에 대한 화자의 인식을 짐작할 수 있군.
⑤ 6연의 '바닷물'과 관련된 자연 현상을 통해, 4연의 '달의 자장'과 화자가 맺고 있는 관계의 특징을 알 수 있군.

15 〈보기〉를 참고하여 (가), (나)를 감상한 내용으로 적절하지 <u>않은</u> 것은? [3점]

① (가)에서는 '젊음'에 대한 화자의 인식과 '젖은 구두'를, 무거움이라는 유사성을 바탕으로 연관 지어, 과거를 힘겨웠다고 여기는 화자의 인식을 드러내고 있군.

② (가)에서는 '시야가 열리는' '바다'에 대한 인식과 '잔잔한' 모습을, 고요하고 평화롭다는 유사성을 바탕으로 연관 지어, 화자의 평온한 내면 상태를 드러내고 있군.

③ (나)에서 '태양 체질'을 '뜨겁'다는 것과, '달빛 체질'을 '뒤안'처럼 '아늑하'고 '조용한' 것과 연관 지어 표현한 것은, 추상적 개념을 감각적 이미지로 형상화한 것이겠군.

④ (가)에서 '해가 저물' 때의 심리를 '설레는 구름'과, (나)에서 밤에 느끼는 심리를 '크나큰 기쁨과 만나는' 상황과 연관 지어 표현한 것은, 모두 화자의 개성적 인식에 바탕을 둔 것이겠군.

⑤ (가)에서 '길'에 놓인 '자갈'을 '빛나는' 것으로, (나)에서 '달빛'을 '밝은' 것으로 표현한 것은, 각각 눈이 부신 속성을 가졌다는 유사성을 바탕으로 연관 지어, 희망을 추구하는 화자의 내적 지향을 드러낸 것이겠군.

16 ㉠~㉤에 대해 이해한 내용으로 적절하지 <u>않은</u> 것은?

① ㉠: 물음의 방식을 활용하여, 사물의 외적 형태에 대한 '나'의 생각을 드러내는 진술이다.

② ㉡: 인용의 방식을 활용하여, 사물의 크기에 대한 '나'의 관점을 뒷받침하는 진술이다.

③ ㉢: 경험을 상기하는 표현을 통해, 자기 집의 크기에 대한 '사앙'의 인식이 변화하였음을 보여 주는 진술이다.

④ ㉣: 명령하는 표현을 통해, '나'의 생각을 이해하는 데 도움이 되는 방법을 '사앙'에게 권유하는 진술이다.

⑤ ㉤: 연쇄적 표현을 바탕으로, '나'가 중요하게 생각하는 바를 '사앙'에게 적용하여 설명하는 진술이다.

17 다음에 따라 (가)와 (다)를 감상한 내용으로 가장 적절한 것은?

① (가)에서 화자는 '유자낢에 유자가 열리'는 자연의 섭리에 주목해 나이 듦이 당연함을, (다)에서 글쓴이는 '사양하지 않'는 '집'에 주목해 이견을 포용하는 삶의 중요성을 부각하고 있군.

② (가)에서 화자는 '신비스러운 경사감'에 주목해 황혼기에 대한 기대감을, (다)에서 글쓴이는 '향기와 빛깔이 서로 한데 모이'는 '뜰'에 주목해 더불어 사는 삶의 가치를 드러내고 있군.

③ (가)에서 화자는 '하늘과 맞닿'아 있는 대상을 통해, (다)에서 글쓴이는 '푸르른 산 빛을 보내오'는 현상을 통해 자연으로부터 위로를 받고 있음을 드러내고 있군.

④ (가)에서 화자는 '저녁 햇살'이 비추는 대상을 통해 황혼기의 아름다움을, (다)에서 글쓴이는 '큼과 작음'을 통해 대상의 가치는 마음먹기에 따라 달라질 수 있음을 드러내고 있군.

⑤ (가)에서 화자는 '기우는 세계'에 주목해 황혼기의 불완전함을, (다)에서 글쓴이는 '편히 여기며, 자고 거처하는 집'에 주목해 주어진 상황에 순응하는 삶의 중요성을 부각하고 있군.

(가)

아득한 옛날에 나는 떠났다
㉠부여를 숙신을 발해를 여진을 요를 금을
흥안령을 음산을 아무우르를 숭가리를
범과 사슴과 너구리를 배반하고
송어와 메기와 개구리를 속이고 나는 떠났다

나는 그때
㉡자작나무와 이깔나무의 슬퍼하던 것을 기억한다
갈대와 장풍의 붙드던 말도 잊지 않았다
㉢오로촌이 멧돝을 잡아 나를 잔치해 보내던 것도
쏠론이 십릿길을 따라 나와 울던 것도 잊지 않았다

나는 그때
㉣아무 이기지 못할 슬픔도 시름도 없이
다만 게을리 먼 앞대로 떠나 나왔다
그리하여 따사한 햇귀에서 하이얀 옷을 입고 매끄러운 밥을 먹고 단 샘을 마시고 낮잠을 잤다
밤에는 먼 개소리에 놀라나고
아침에는 지나가는 사람마다에게 절을 하면서도
나는 나의 부끄러움을 알지 못했다

그동안 돌비는 깨어지고 많은 은금보화는 땅에 묻히고 가마귀도 긴 족보를 이루었는데
이리하여 또 한 아득한 새 옛날이 비롯하는 때
㉤이제는 참으로 이기지 못할 슬픔과 시름에 쫓겨
나는 나의 옛 하늘로 땅으로 ― 나의 태반으로 돌아왔으나

이미 해는 늙고 달은 파리하고 바람은 미치고 보래구름만 혼자 넋 없이 떠도는데

㉥아, 나의 조상은 형제는 일가친척은 정다운 이웃은
그리운 것은 사랑하는 것은 우러르는 것은 나의 자랑은
나의 힘은 없다 바람과 물과 세월과 같이 지나가고 없다
　　　　　　　　　　－백석, 「북방에서－정현웅에게」－

(나)

겨울 아침 언 길을 걸어
물가에 이르렀다
나와 물고기 사이

창이 하나 생겼다
물고기네 지붕을 튼 ⓐ살얼음의 창
투명한 창 아래
물고기네 방이 한눈에 훤했다
나의 생가 같았다
창으로 나를 보고
생가의 식구들이
나를 못 알아보고
사방 쪽방으로 흩어졌다
젖을 갓 뗀 어린것들은
찬 마루서 그냥저냥 **그네끼리 놀고**
어미들은
물속 쌓인 돌과 돌 그 틈새로
그걸 깊은 데라고
그걸 가장 깊은 속이라고 떼로 들어가
나를 못 알아보고
무슨 **급한 궁리를 하느라**
그 비좁은 **구석방에** 빼곡히 서서
마음아, 너도 아직 이 생가에 살고 있는가
시린 물속 시린 물고기의 눈을 달고
　　　　　　　　－문태준, 「살얼음 아래 같은 데 2 － 생가(生家)」－

(다)

이문원 동쪽 늙은 나무가 있는데 적어도 **백여 년은** 된 것 같다. 그 몸통은 울퉁불퉁 옹이가 졌고 가지는 구불구불 뻗어서 멀찍이서 보면 가파른 산등성이나 성난 파도 같았고 다가가서 보면 둥그스름한 큰 집채 같았다. ⓑ기둥으로 나무를 받쳐 놓았는데 그 기둥이 모두 열두 개이다. 나무 옆에 누각이 있는데 바로 내가 이불을 들고 가서 숙직하는 장소이다. 좌우에 책을 쌓아 놓고 교정하느라 바쁘게 시간을 보내다가 이따금 나무 곁을 산책하였다. 쏴쏴 불어오는 긴 바람 소리를 들으며 널찍이 드리운 **서늘한 그늘 아래를** 거닐면 몸은 대궐 안 관청에 있어도 숲속의 소나무와 바위 사이로 **훌쩍 벗어나 있는 기분이 든다.**

하루는 내가 동료에게 다음과 같이 말했다.

"이 나무는 정말 특이하군! 대체로 **풀과 나무가** 살아가려면 제각기 **몸을 보전하는 계책이** 있기 마련일세. 풀명자나 배, 귤이나 유자, 사과나 석류 같은 나무들은 열매가 커도 가지가 그 무게를 충분히 감당할 수 있다네. 하지만 질경이나 냉이, 강아지풀 같은 풀들은 살아가려면 땅바닥에 붙어 있어야 하네. 그래야 말발굽

이 짓밟거나 수레가 밟고 지나가도 더 손상을 입지 않지. 지금 저 늙은 나무는 줄기의 길이가 몸통보다 갑절로 뻗어 사방에 드리워도 잘라 낼 줄 모르네. 만약 받쳐 주는 기둥이 없으면 부러지고야 말 걸세. **조물주**가 이 나무에게는 사람의 손을 빌려 온전하도록 한 것인가?"

아! 내가 **암소**의 뿔을 보니 **뿔이 구부러져 안쪽으로 향**했는데 심한 것은 사람이 반드시 **톱으로 잘라** 내야만 광대뼈를 뚫는 걱정을 모면하였다. 이제야 알겠구나. 늙은 나무를 가축에 견주자면 뿔을 잘라 내야 온전해질 수 있는 암소와 같다. **가축**이 인간에게 의지하여 살아가듯이 늙은 나무도 인간에게 의지하여 살아간다.

나는 **저 깊은 산중 인적 끊긴 골짜기**에 이렇듯이 번성하게 자란 늙은 나무를 아직까지 보지 못했다.

-유본예, 「이문원노종기(「文院老樅記」)」-

18 (가)~(다)의 공통점으로 가장 적절한 것은?

① 비판적 태도로 현실의 부정적 측면을 부각하고 있다.
② 역사적 상황을 묘사하여 비극적 현실을 부각하고 있다.
③ 빗대어 표현하는 방식으로 '나'의 인식을 드러내고 있다.
④ 영탄적 어조로 대상에 대한 '나'의 경외감을 드러내고 있다.
⑤ 향토적 소재를 활용하여 '나'의 과거에 대한 그리움을 드러내고 있다.

19 [태반]과 [생가]에 대한 설명으로 가장 적절한 것은?

① (가)의 화자는 태반에서 상실감을 느끼고 있고, (나)의 화자는 생가에서 서글픔을 느끼고 있다.
② (가)의 화자는 태반에서 소외감을 느끼고 있고, (나)의 화자는 생가에서 느꼈던 수치심을 떠올리고 있다.
③ (가)에서 태반은 이별을 수용하는 공간이고, (나)에서 생가는 만남을 기약하는 공간이다.
④ (가)에서 태반은 화자의 희망이 드러나는 공간이고, (나)에서 생가는 화자의 절망이 드러나는 공간이다.
⑤ (가)에서 태반은 생명의 섭리를 지향하는 공간이고, (나)에서 생가는 생명의 섭리를 거부하는 공간이다.

20 ㉠~㉥을 이해한 것으로 적절하지 않은 것은?

① ㉠에서는 여러 민족, 나라, 지명을 열거하여, 화자가 떠나온 공간을 북방으로 포괄되는 동질적 공간으로 표현하고 있다.
② ㉡에서는 의인화된 자연물을 제시하여, 화자가 북방을 떠나면서 느낀 슬픔을 드러내고 있다.
③ ㉢에서는 이별하던 장면을 유사한 통사 구조로 제시하여, 화자가 북방에서의 기억을 여전히 간직하고 있음을 보여 주고 있다.
④ ㉣의 시구가 ㉤에서 반복, 변주되는 것을 통해, 상반된 상황이 시간의 추이에 따라 일치되는 과정을 드러내고 있다.
⑤ ㉥에서 '없다'와 그 앞에 열거된 시어들을 통해, 화자가 가깝게 느끼고 가치를 부여했던 것들이 부재함을 표현하고 있다.

21 〈보기〉를 참고하여 (나)를 감상한 내용으로 적절하지 <u>않은</u> 것은? [3점]

> ──────[보기]──────
>
> 　이 시에서 성년이 된 화자는 얼음 아래의 물고기를 보면서 유년 시절 자신의 생가를 회상한다. 화자는 물고기의 움직임을 지켜보면서 '물고기네'의 여기저기를 본다. 그리고 '물고기네'의 모습에 화자의 생가에 대한 기억이 겹쳐진다. 화자는 자신을 물고기에 투영하면서, 성년이 된 지금도 여전히 생가에서의 '시린' 기억을 간직하고 있는 자신을 발견한다.

① '투명한 창'을 통해 본 물고기의 생활 공간을 '물고기네 방'이라고 표현한 것을 보니, 화자는 얼음 아래 물고기의 공간과 자신의 생가를 겹쳐 보고 있군.

② '창으로 나를 보'고 '사방 쪽방으로 흩어'지는 물고기들의 움직임을, 화자는 '생가의 식구들'이 자신을 못 알아본 것으로 표현하였군.

③ '젖을 갓 뗀 어린것들'이 '그네끼리 놀고'라고 표현한 것을 보니, 화자는 물고기들이 노는 모습을 통해 유년 시절 생가에서 지내던 아이들의 모습을 떠올리고 있군.

④ 화자는 '비좁은 구석방'에서 '급한 궁리를 하'는 물고기의 모습에 유년 시절 생가에서 외따로 지내야 했던 자신의 모습을 투영하고 있군.

⑤ 화자는 '마음아, 너도 아직' 생가에서 '살고 있는가'라고 하여, 성년인 자신의 마음속에 유년의 기억이 자리 잡고 있음을 드러내고 있군.

22 ⓐ와 ⓑ에 대한 이해로 가장 적절한 것은?

① ⓐ는 화자의 불안을 심화하는, ⓑ는 글쓴이의 의지를 북돋아 주는 역할을 한다.

② ⓐ는 화자의 이상향을 형상화하는, ⓑ는 글쓴이의 태도를 전환하는 역할을 한다.

③ ⓐ는 ⓑ와 달리, 화자에게 책임감을 떠올리게 하는 계기가 된다.

④ ⓑ는 ⓐ와 달리, 글쓴이가 처한 상황을 극복하게 하는 역할을 한다.

⑤ ⓐ와 ⓑ는 모두 대상을 새롭게 주목하게 하는 계기를 마련하고 있다.

23 〈보기〉의 [A]에 들어갈 학생의 말로 적절하지 <u>않은</u> 것은?

> ──────[보기]──────
>
> **선생님** : 여러분, 「이문원노종기」는 이문원의 늙은 나무가 인간의 도움을 받아 오랫동안 무성하게 자라고 있는 점에 착안한 글입니다. 서로 다른 생명체가 각각 이익을 주거나 받는 현상을 중심으로, 「이문원노종기」를 다시 읽어 보려고 해요. 이런 관점에서 이 작품을 감상해 볼까요?
> **학　생** : ＿＿＿＿＿＿＿[A]＿＿＿＿＿＿＿
> **선생님** : 네, 잘 말했습니다.

① '이문원 동쪽 늙은 나무'가 '백여 년'을 살 수 있었던 것은, 인간이 나무를 보살펴 주었기 때문입니다.

② 글쓴이가 '널찍이 드리운 서늘한 그늘'로 인해 '훌쩍 벗어나 있는 기분'이 든 것은, '이문원 동쪽 늙은 나무'에게서 인간이 이익을 얻은 경우에 해당합니다.

③ '풀과 나무'가 '몸을 보전하는 계책'이 있는 것은, '조물주'가 서로 다른 생명체가 이익을 주고받도록 해 준 경우에 해당합니다.

④ '암소'의 '뿔이 구부러져 안쪽으로 향'하는 위험을 인간이 '톱으로 잘라'서 해결해 주는 것은, '가축'이 인간에게 의지하며 살아가는 경우에 해당합니다.

⑤ 글쓴이가 '이문원 동쪽 늙은 나무'가 '저 깊은 산중 인적 끊긴 골짜기'에서 자란 나무보다 번성하게 자랐다고 한 것은, 인간의 도움이 필요하다는 것을 말하기 위함입니다.

[24~26] 다음 글을 읽고 물음에 답하시오.   2018.11 [20~22]

— (해설 p.220) —

(가)

섣달에도 보름께 달 밝은 밤
㉠앞내강 쨍쨍 얼어 조이던 밤에
내가 부른 [노래]는 강 건너 갔소

㉡강 건너 하늘 끝에 사막도 닿은 곳
내 노래는 제비같이 날아서 갔소

못 잊을 계집애 집조차 없다기에
가기는 갔지만 어린 날개 지치면
㉢그만 어느 모래불에 떨어져 타서 죽겠죠.

사막은 끝없이 푸른 하늘이 덮여
㉣눈물 먹은 별들이 조상* 오는 밤

㉤밤은 옛일을 무지개보다 곱게 짜내나니
한 가락 여기 두고 또 한 가락 어디멘가
내가 부른 노래는 그 밤에 강 건너 갔소.

               -이육사, 「강 건너간 노래」-

* 조상 : 남의 죽음에 대하여 슬퍼하는 뜻을 드러내어 위문함.

(나)

한 줄의 시(詩)는커녕
단 한 권의 소설도 읽은 바 없이
그는 한평생을 행복하게 살며
많은 돈을 벌었고
높은 자리에 올라
이처럼 훌륭한 비석을 남겼다
그리고 어느 유명한 문인이
그를 기리는 [묘비명]을 여기에 썼다
비록 이 세상이 잿더미가 된다 해도
불의 뜨거움 꿋꿋이 견디며
이 묘비는 살아 남아
귀중한 사료(史料)가 될 것이니
역사는 도대체 무엇을 기록하며
시인(詩人)은 어디에 무덤을 남길 것이냐

             -김광규, 「묘비명(墓碑銘)」-

(다)

    [A] 시는 인간의 삶을 반영한다. 시에서 반영은 현실과 인생을 모방한다는 의미에서 외부 현실을 시 속에 담아내는 것으로, 역사와 현실의 상황을 시를 통해 어떻게 재현할 것인가에 초점을 둔다. 여기서 반영은 '있는 그대로의 현실'로서의 반영과 '있어야 하는 현실'로서의 반영으로 구분할 수 있다. 전자는 역사와 현실의 모습을 사실 그대로 보여 주는 일상적 진실을 반영하는 것을 말하고, 후자는 일상적 현실을 넘어 화자가 지향하는 당위적 진실을 반영하는 것을 말한다.

    한편 '시에 대한 시 쓰기'라는 형식을 통해 시 그 자체를 반영하는 특수한 경우도 있다. 이때 반영의 대상은 외부 현실이 아니라 시 쓰기 상황이나 시를 쓰는 시인이 된다. 이 경우 시는 그 자체로 시론 혹은 시인론의 성격을 지닌다. 이러한 성격의 작품에서 시는 노래나 기타 여러 갈래의 글로 표상되기도 한다.

    이처럼 시인들은 시 속에 형상화된 세계를 통해 인간이 지향해야 할 바람직한 삶의 방향을 모색한다. 이를 통해 시는 무엇을 말해야 하고, 시인은 어떤 존재로 살아가야 하는가에 대한 자기 성찰의 태도를 드러내는 것이다.

24 (가)와 (나)의 공통점으로 가장 적절한 것은?

① 청자를 명시적으로 설정하여 풍자적으로 비판하고 있다.

② 유사한 시구를 반복함으로써 화자의 의지를 강조하고 있다.

③ 시적 대상에 생명력을 부여하여 의지를 지닌 존재로 나타내고 있다.

④ 다양한 이미지를 통해 자연의 모습을 감각적으로 드러내고 있다.

⑤ 반어적 어조를 활용하여 현실에 대한 비판적 태도를 드러내고 있다.

25 [A]의 관점에서 ㉠~㉤을 이해한 내용으로 적절하지 <u>않은</u> 것은?

① ㉠: 극한의 추위를 드러내는 시간적 배경을 제시하여, 화자나 인물이 처한 상황을 드러내고 있다.

② ㉡: 현실의 모습을 사막으로 표상하여, 화자나 인물이 직면하게 될 공간적 배경을 드러내고 있다.

③ ㉢: 죽음의 상황을 가정하여, 화자에게 닥친 일상적 현실이 절망적인 상황임을 노래에 투영하여 드러내고 있다.

④ ㉣: 자연물에 대한 화자의 태도 변화를 통해, 일상적 현실이 희망적으로 바뀌었음을 보여 주고 있다.

⑤ ㉤: 밤과 무지개의 이미지를 대응시켜, 화자가 추구하는 당위적 진실에 대한 소망을 담아내고 있다.

26 (다)를 참고하여, (가)의 노래와 (나)의 묘비명을 이해한 것으로 적절하지 <u>않은</u> 것은? [3점]

① '노래'가 시를 표상한다면, 이 '노래'는 (가)를 쓴 시인 자신이 추구하는 바람직한 삶의 방향을 반영하고 있다고 할 수 있겠군.

② '노래'가 시를 표상한다면, 이 '노래'는 시가 '집조차 없'는 처지에 있는 이의 삶에 다가서야 한다는, (가)를 쓴 시인의 관점을 드러내고 있겠군.

③ '묘비명'이 시를 표상한다면, 이 '묘비명'은 (나)를 쓴 시인 자신이 추구하는 삶과는 거리가 있는 사람의 인생을 반영하고 있겠군.

④ '묘비명'이 시를 표상한다면, 이 '묘비명'은 (나)를 쓴 시인이 시 쓰기를 통해 '무엇을 기록'해야 하는지에 대해 자기 성찰을 하게 되는 계기라 할 수 있겠군.

⑤ '묘비명'이 시를 표상한다면, 이 '묘비명'은 한 줄의 시조차 읽지 않아도 '행복하게 살' 수 있다는, (나)를 쓴 시인의 관점을 드러내는 소재라 할 수 있겠군.

— (해설 p.227) —

(가)

만약에 나라는 사람을 유심히 들여다본다고 하자
그러면 나는 **내가 시와는 반역된 생활을 하고 있다는**
것을 알 것이다

먼 산정에 서 있는 마음으로 나의 자식과 나의 아내와
그 주위에 놓인 잡스러운 물건들을 본다

그리고
나는 이미 정해진 물체만을 보기로 결심하고 있는데
만약에 또 어느 나의 친구가 와서 나의 꿈을 깨워 주고
나의 그릇됨을 꾸짖어 주어도 좋다

함부로 흘리는 피가 싫어서
이다지 낡아빠진 생활을 하는 것은 아니리라
먼지 낀 잡초 우에
잠자는 구름이여
고생도 마음대로 할 수 없는 세상에서는
철 늦은 거미같이 존재 없이 살기도 어려운 일

방 두 칸과 마루 한 칸과 말쑥한 부엌과 애처로
운 처를 거느리고　　　　　　　　　　　　　　┐
　외양만이라도 남과 같이 살아간다는 것이 이다　　├ [A]
지도 쑥스러울 수가 있을까　　　　　　　　　　┘

시를 배반하고 사는 마음이여
　자기의 나체를 더듬어 보고 살펴볼 수 없는 시인처럼
비참한 사람이 또 어디 있을까
거리에 나와서 **집**을 보고 집에 앉아서 **거리**를 그리던
어리석음도 이제는 모두 사라졌나 보다
　날아간 제비와 같이

날아간 제비와 같이 자국도 꿈도 없이
어디로인지 알 수 없으나
어디로이든 가야 할 반역의 정신

나는 지금 산정에 있다—
　시를 반역한 죄로
　이 **메마른 산정**에서 오랫동안 꿈도 없이 바라보아야
할 구름
　그리고 그 **구름의 파수병**인 나.

–김수영, 「구름의 파수병」–

(나)

함이정 : 처녀 때 난 생각했었지. 영리하고 듬직한 아
　들 하나 있으면 얼마나 좋을까…… 기쁜 일 슬픈 일 뭐
　든지 의논할 수 있는 내 아들…… 그러다가 너를 느꼈
　고…… 네 느낌과 이야기하길 즐겼다. 사람들은 나 혼
　자 중얼중얼거린다고 괴상하게 보더라. 사실은 너와
　나, 둘이서 함께 말하고 있었는데…….
조숭인 : 처음부터 다시 이야기해 주세요, 어머니.
함이정 : 처음부터……?
조숭인 : 네. 제가 태어나기 전, **어머니의 처녀 시절부터**
　요. 그때 두 분 아버지의 관계는 어땠죠?
함이정 : 그땐 좋았다. 두 분 다 우리 집에서 가족처럼 살
　면서, 우리 아버님한테 불상 제작을 배우는 제자였지.
　그런데 어느 날, 스승인 아버님이 불상 제작장에 가
　보니까 두 제자들이 자릴 비우고 없었어. 몹시 화가
　난 아버님은 집 안으로 들어와 제자들의 이름을 부르
　셨지. "동연아! 서연아!" 아버님 목소리가 어찌나 쩌렁
　쩌렁 울렸는지, 천 리 밖까지 들릴 것 같더라.

(조명, 밝게 변화한다. ⓐ한가운데 펼쳐 있던 천막이 접
혀지면서 무대 천장 위로 올라간다. 함묘진의 집. 함묘진
이 성난 모습으로 등장한다. 함이정과 조숭인은 서연의
관, 촛대, 향로 등을 무대 밖으로 갖고 나간다.)

함묘진 : 동연아! 서연아! 어디 있느냐?
함이정 : (무대 밖에서) 여긴 없어요, 아버지.
함묘진 : 여기 집 안에도 없다……?
함이정 : (무대 밖에서) 내가 나가서 찾아올까요?
함묘진 : 넌 가만 있거라. (다시 외쳐 부른다.) 동연아! 서
　연아!

(ⓑ상복을 벗고 밝은 색 옷을 입은 함이정과 조숭인, 무
대 안으로 나온다.)

조숭인 : 할아버지 목청은 왜 저렇게 커요?
함이정 : 귀머거리도 들을 정도야. 그치?
함묘진 : 동연아! 서연아!

(동연과 서연, 등장한다. 그들은 당황한 모습으로 함묘진
앞에 선다.)

동연, 서연 : 부르셨습니까?

함묘진 : 작업상엔 너희들이 없너구나!

동연 : 죄송합니다. 잠깐 밖에 나가 있었습니다.

함묘진 : 밖에는 왜?

동연 : 말다툼 때문에…… 서로 의견이 달라서요.

함묘진 : 말다툼?

동연 : 네.

함묘진 : 서연아, 네가 다툰 이유를 말해 봐라.

서연 : 송구스럽습니다…….

함묘진 : 너흰 생각도 행동도 똑같았다. 그런 너희들이
　　말다툼을 하다니, 도대체 다르다면 뭐가 달랐더냐?

서연 : 동연은 부처의 모습을 만들면, 그 모습 속에 부처
　　의 마음도 있다고 했습니다.

함묘진 : 그런데, 너는?

서연 : 그런데 저는…… 부처의 모습을 만들어도, 부처의
　　마음이 그 안에 없다면 무슨 소용이 있겠는가 했습니다.

동연 : 사부님, 서연을 꾸짖어 주십시오. **서연은 쓸데없
　　는 주장으로 저를 괴롭힙니다.**

(중략)

(서연과 함이정, 일어선다. **돌부처**를 만들면서 길을 따
라간다. 물 흐르는 소리가 점점 가깝게 들려온다. ⓒ조
명, 개울물의 흐름을 나타낸다.)

함이정 : 개울물이에요, 서연 오빠. 여기서 길은 끊겼어요.

서연 : (개울가로 다가가서 두 손으로 물을 떠서 마시며)
　　너도 마시렴. 목마를 텐데…….

함이정 : (서연 곁으로 가서 개울물을 바라본다.)
　　물 위에 비쳐 보여요, 우리 얼굴이…… 얼굴 뒤
　　엔 구름이…… 구름 뒤엔 **하늘**이……. (물을 떠서
　　마신다.) 물이 맑고 시원해요.　　　　　　　[B]

(서연, 장난스럽게 개울물을 마치 눈덩이처럼 뭉치는 동
작을 한다.)

함이정 : 오빠…… 뭘 하는 거죠?

서연 : 물부처를 만든다.

함이정 : 물부처요?

서연 : 돌로도 부처님을 만드는데, 물이라고 안 될 건
　　없지.

(서연, 흐르는 물 속으로 들어가 물로 만든 부처를 세워
놓는다. 부처의 느낌은 '남고 형태는 사라진다.)

함이정 : 오빠, **이쪽**으로 나와요.

서연 : (개울물을 건너가며) 난 이제 **저쪽**으로 간다.

함이정 : 서연 오빠…….

서연 : 넌 나중에 건너와.

함이정 : (손을 흔든다.) 그래요, 오빠…… 먼저 가요. 나는
　　나중에…….

(서연과 함이정, 잠시 개울물 양쪽에서 서로를 바라본
다. ⓓ조숭인이 피아노 앞에 앉아 건반을 두드리며 작곡
중이다. 개울물 건너쪽, 눈부시도록 밝아진다. 때를 놓치
지 않으려는 듯 함묘진이 다급하게 휠체어 바퀴를 굴리
면서 들어온다. 그는 피아노 옆을 지나 개울물을 건너간
다. / 코러스(돌부처)들, 개울물을 건너가는 서연을 배웅
하듯이, 따라가듯이, 마중하듯이, 서연과 함께 어우러져
춤을 추며 간다. 개울 저쪽, 눈부시도록 빛이 밝다. ⓔ함
묘진이 다급하게 휠체어 바퀴를 굴리며 들어온다.)

조숭인 : 할아버지, 어딜 그렇게 급히 가세요?

함묘진 : 극락문이 열렸다! 극락문이 열렸어!

(함묘진, 휠체어에서 일어난다. 그는 서연의 뒤를 따라
빛 안으로 들어간다. 무대 조명, 변화한다. 동연, 등장한
다. 그는 조숭인에게 다가와서 전보 용지를 내놓는다.)

-이강백, 「느낌, 극락같은」-

27 (가)를 이해한 내용으로 적절하지 <u>않은</u> 것은?

① 화자는 자신과 가족뿐만 아니라 '주위'의 '물건들'까지
　살펴보면서 자기의 생활을 성찰하고 있다.

② 화자는 '나의 친구'가 방문한 뒤에야 비로소 자신의 삶
　이 '그릇됨'을 자각하고 있다.

③ 화자는 '고생도 마음대로 할 수 없는 세상'에서 '존재
　없이' 살아가는 것이 어렵다고 느끼고 있다.

④ 화자는 자신을 '자기의 나체를 더듬어 보고 살펴볼 수
　없는' 비참한 존재로 인식하고 있다.

⑤ 화자는 '시와는 반역된 생활'을 '죄'로 받아들이면서 자
　신을 '구름의 파수병'으로 규정하고 있다.

28 〈보기〉를 고려하여 (가)를 감상한 내용으로 적절하지 <u>않은</u> 것은?

① '내가 시와는 반역된 생활을 하고 있다'에서는 화자의 진솔한 성찰의 어조가 느껴지는군.
② '나는 이미 정해진 ~ 결심하고'는 ㉠과 ㉡의 갈등을 해소한 화자의 심정을 드러낸 것이겠군.
③ 화자가 자신을 '어디로이든 가야 할' 존재로 여기는 것은 ㉠에서 ㉡으로 나아가려는 의지에서 비롯한 것이겠군.
④ 화자가 '메마른 산정'에서 지향하는 '반역의 정신'은 ㉡이 추구하는 것이겠군.
⑤ '구름의 파수병'은 두 자아의 갈등 속에서 시를 새롭게 지향하려는 화자의 의식이 반영된 이미지이겠군.

29 [A]와 [B]에 대한 설명으로 가장 적절한 것은?

① [A]는 대상을 나열함으로써 화자의 정서가 촉발된 상황을 제시하고 있다.
② [B]는 의미가 확장되는 대상들의 연쇄를 통해 인물의 혼란스러운 내면을 보여 주고 있다.
③ [A]의 대상들은 화자의 만족을, [B]의 대상들은 인물의 불만을 드러내는 기능을 하고 있다.
④ [A]에서는 화자와 대상들 간의 연속성이 드러나고, [B]에서는 인물 간의 단절감이 암시된다.
⑤ [A]와 [B]는 대상의 속성을 반어적으로 표현함으로써 화자나 인물의 심리적 상황을 드러내고 있다.

30 무대 상연을 전제로 하는 희곡의 특성을 고려할 때, ⓐ~ⓔ를 설명한 내용으로 가장 적절한 것은?

① ⓐ: 무대 장치의 이동으로 극중 공간을 좌우로 분리시킨다.
② ⓑ: 등장인물들의 의상 교체로 장면 전환을 나타낸다.
③ ⓒ: 조명 변화를 통해 등장인물들의 갈등 해소를 보여 준다.
④ ⓓ: 등장인물이 무대 밖에서 피아노로 음향 효과를 낸다.
⑤ ⓔ: 소품을 이용해서 극적 긴장감을 완화시킨다.

31 〈보기〉를 바탕으로 (가), (나)를 감상한 내용으로 적절하지 <u>않은</u> 것은? [3점]

① (가)의 '집'과 '거리'는 삶의 방향을 정하지 못했던 화자에게 대비적으로 인식되었던 공간이군.
② (가)에서 생활공간과 대비되는 '먼 산정'은 화자가 자신의 현실을 응시하기 위해 상정한 공간이군.
③ (나)에서 '작업장'은 불상을 제작하는 과정에서 동연과 서연의 예술관이 부딪치는 공간이군.
④ (나)의 '돌부처'를 만들며 가는 '길'은 '하늘'과 대비되는 곳으로 서연의 예술관이 조숭인에게 전수되는 공간이군.
⑤ (나)의 개울물 '저쪽'은 개울물 '이쪽'과 대비되는 곳으로 예술의 본질을 추구하던 서연이 도달하게 되는 공간이군.

32 (나)의 등장인물에 대한 이해로 적절하지 <u>않은</u> 것은?

① "그런데 어느 날, 스승인 아버님이 ~ 두 제자들이 자릴 비우고 없었어."라는 대사에서 함이정은 극 중의 사건을 현재에서 과거로 전환시키는 기능을 한다.

② "동연아! 서연아! 어디 있느냐?"라는 대사에서 함묘진은 '어머니의 처녀 시절' 이야기 속의 인물들을 무대로 등장하게 하는 기능을 한다.

③ "할아버지 목청은 왜 저렇게 커요?"라는 대사에서 조숭인은 등장인물의 행동을 평하면서 다른 인물들 간의 갈등을 유발하는 기능을 한다.

④ "서연은 쓸데없는 주장으로 저를 괴롭힙니다."라는 대사에서 알 수 있듯 동연은 '어머니의 처녀 시절' 이야기 속 갈등의 한 축으로서 기능한다.

⑤ "돌로도 부처님을 ~ 안 될 건 없지."라는 대사에서 알 수 있듯 서연은 작품의 주제 의식을 전달하는 인물 중 하나로 기능한다.

실전 문제풀이

지금부터 4일 동안은, 여태껏 배운 내용을 총정리하는 연습의 시간입니다. 여러분들이 시험장에서 만날 만한 난이도의 기출 지문들을 엮어 실전처럼 풀어볼 거예요. 최근 문학의 난이도가 꽤 높기 때문에, 결코 쉽지 않은 문제들의 연속일 것입니다. 그래도 다 끝나고 나면 '뭐야 할 만한데?'라는 생각이 들었으면 좋겠습니다. 지금껏 배운 것들로 다 풀 수 있을 테니까요. 하루에 4지문씩 배정되어 있으니, 꽤 많은 공부 시간이 필요할 거예요. 부담스럽다면 2지문씩 나눠서 공부하셔도 됩니다. 그럼 화이팅입니다!

[1~4] 다음 글을 읽고 물음에 답하시오.　　2026.06 [27~30]

— (해설 p.240) —

[앞부분 줄거리] 진옥은 월국에 승전한 일을 황제에게 전하고 돌아오다 문득 대풍을 만나 외딴섬에 이르러 한 노인을 만난다.

그 노인이 눈물을 흘리며 왈
"사십 후에 한 자식을 두었다가 갑자년 난중에 잃었나이다."
진옥이 왈
"그 자식의 이름을 아시나이까?"
노인이 답왈
"내 자식의 이름은 김진옥이거니와 화초암에서 공부하다가 이별하였더니 지금 사생존망을 모르나이다."
하거늘 원수가 그제야 부친인 줄 알고 그 노인을 붙들고 ㉠대성통곡 왈
"소자의 이름이 진옥이로소이다."
하니 그 노인이 진옥이란 말을 듣고 ㉡대성통곡하고 기절하고 엎어지니 진옥이 눈물을 그치고 부친을 위로하며 전후사를 낱낱이 설화하더라.

그런 뒤에 배를 타고 만경창파에 떠서 고국으로 향하더니 한곳에 다다르니 바람결에 청아한 ⓐ옥피리 소리 들리거늘 살펴보니 일위 **동자**가 **청의**를 입고 머리에 화관을 쓰고 ⓑ일엽편주를 타고 살같이 오며 왈
"김 원수는 배를 잠시 멈추소서."
하며 급히 불러 왈
"수부 왕이 청하시니 가사이다."
하거늘 원수가 대왈
"용왕은 수부 용신이요, 진옥은 진세지인이라. **용궁과 인세가 길이 다르니** 어찌 서로 미치리오?"
원수가 부친께 고하여 왈
"어찌 하오리까?"
하니 그 부친이 왈

"용왕이 청하시니 어찌 거역하리오. 아모케든 가리라."
하시니 원수가 동자를 따라 수부에 이르니 일월이 명랑하고 천지가 광활하고 주궁이 장려하고 위의가 거룩하더라.
이때 용왕이 원수를 맞아 ⓒ백옥상에 좌정한 후 왈
"원수의 존명을 들은 지 오래더니 오늘에서야 처음 보는도다."
원수가 대왈
"저는 인간 사람이라. 이다지 관대하시니 감사무지로소이다."
한참이나 자리를 즐기더니 한 신하가 아뢰어 왈
"동곡 대병이 지경을 범하오니 대왕은 급히 막으소서."
하였더라.
이때 용왕이 원수를 돌아보아 왈
"과인이 김 원수를 청한 것은 다름 아니라 동곡 용왕이 **지경을** 침노하니 원수는 일신을 아끼지 말고 **공을 이루라.** 만일 **적병을** 소멸하면 수부의 영광이 될 것이요, 또 공을 **표창**하리라."
하니 원수가 대왈
"저는 진세 사람이라 어찌 수부 용왕을 당하리오. 그러나 힘을 다하여 보겠나이다."
용왕이 ㉢대희하여 즉시 정병 팔만을 조발하여 주거늘 동곡 용왕과 **대진**하니 천지가 진동하고 **남해 용궁**이 가득 찬 듯하더라. 원수 사은하고 물러 나오니 군영이 엄숙하고 위엄이 진동하는지라.
각설, 이때 **중국** 대병이 회환하다가 일야 대풍에 원수 탄 배 표풍하여 간 곳이 없는지라. 군중이 황황하여 두루 찾았으나 종적을 모르는지라. 삼 삭 만에 본국에 돌아와 황제께 아뢰길 '대원수 김진옥을 중도에 잃어버렸다.'라고 하니 황제가 그 말을 듣고 대경차탄하시고 다른 제장 군졸들은 무사 귀국함을 기꺼하시나 원수 표풍함을 슬퍼하시고 또한 이상하게 여기시더라.

이때 유 승상이 이 말을 듣고 ㉣대경실색하여 부인과 소저와 주야 근심하여 천만다행으로 살아 돌아옴을 두 손 모아 기도하더라. 이에 앞서 우양 공주가 김진옥이 파혼하매 형성군의 며느리 되었으니, 김진옥이 부마됨을 지극히 피함을 시기하여 항상 모해할 뜻을 두고 그윽이 틈을 엿보더니, 원수 표풍하여 사생 모름을 듣고 대희하여 병부상서 정동한 등으로 통하여 황제께 여쭈오되

"갑자년 난중에 김진옥의 아비 시광도 오랑캐와 내응하다가 성사치 못함으로 월국으로 들어가더니 지금 진옥이 월국을 치는 체하다가 월국으로 도망하여 제 아비와 동심합력하여 중국을 해코자 하오니 그 처자를 어찌 살려 두리까? 황제는 앞날을 생각하소서."

황제 그 말을 듣고 그러할 듯한지라 즉시 유 승상을 삭탈관직하고 진옥의 처 유 씨를 잡아다가 죽이려 하더라.

(중략)

각설, 이때 원수 수부에서 용궁 대병을 거느리고 일자장사진을 쳐 제장을 호령하시니 선봉 장신갑이 아뢰어 왈

"동곡 용왕은 유수진을 쳤거늘 원수께서는 어찌 일자장사진을 쳤나니까?"

원수 웃으며 왈

"오행 중에 상극이 있으니 유수진을 치고 들면 어찌 살기를 바라리오."

제장이 서로 돌아보고 왈

"원수의 **진법**은 과연 **명장**이라."

하며 **칭찬**하더라.

이때 원수가 군법을 정제하고 싸움을 돋우더니 '동곡 용왕은 들어보라.' 하며 풍운조화를 부리니 동곡 용왕이 ㉤대로하여 비룡마를 타고 ⓓ청전검을 들고 달려들거늘 원수가 응하여 동서남북으로 충돌하다가 용왕의 머리를 베어 들고 만군 중에 횡행하니 수중 명장이 대경실색하더라.

이때 적진 군중에서 ⓔ항서를 써 올리거늘 원수가 받은 후에 군사를 몰아 돌아오니 용왕이 대희하여 원수와 그 부친을 좌상에 앉히고 원수 공덕을 무수히 **치사**하시더라. 그 부친으로 서해군을 봉하시고 원수로서 **동해군**을 **봉하**시니라.

–작자 미상, 「김진옥전」–

01 ㉠~㉤에 대한 이해로 적절하지 <u>않은</u> 것은?

① ㉠: '노인'과 함께 전란을 극복했던 과거를 떠올린 '진옥'의 반응이며, '진옥'이 서러움을 토로하는 모습으로 이어지는군.

② ㉡: 자신이 알지 못했던 의외의 사실을 확인한 '노인'의 반응이며, '노인'이 격한 감정을 못 이기는 모습으로 이어지는군.

③ ㉢: '진옥'의 태도에 만족한 '용왕'의 반응이며, '용왕'이 '진옥'에게 목표 달성을 위한 수단을 제공하는 행위로 이어지는군.

④ ㉣: '진옥'의 실종 소식에 대한 '유 승상'의 반응이며, 가족들과 '유 승상'이 '진옥'의 생환을 비는 모습으로 이어지는군.

⑤ ㉤: 싸움을 걸며 조화를 부리는 '진옥'에 대한 '동곡 용왕'의 반응이며, '동곡 용왕'이 '진옥'을 제압하려는 행위로 이어지는군.

02 ⓐ~ⓔ에 대한 설명으로 가장 적절한 것은?

① ⓐ는 환상적 분위기를 조성하여, 새롭게 등장하는 존재에 대한 인물의 주의를 환기하는 소재이다.

② ⓑ는 인물들이 계획했던 항해가 무사히 지속될 수 있도록 안내하여, 당초 목적한 곳에 이를 수 있도록 하는 소재이다.

③ ⓒ는 주변 풍광을 보여 주는 앞선 장면과 대비되어, 인물이 당면한 처지에 안절부절못함을 상징적으로 나타내는 소재이다.

④ ⓓ는 인물이 지닌 비범함을 돋보이게 하여, 직면한 공격에 상대가 미처 대응하지 못하게 도움을 주는 소재이다.

⑤ ⓔ는 갈등의 양상을 감추어, 건네받는 인물이 상대의 진의를 파악할 수 없도록 기능하는 소재이다.

03 다음은 학생이 윗글을 읽고 작성한 감상문의 일부이다. ㉮~㉲ 중 적절하지 <u>않은</u> 것은?

「김진옥전」에서는 진옥의 표류를 계기로 서로 다른 공간에서 가족의 상봉과 위기의 서사가 전개되었다. 진옥이 표류해 도착한 공간에서는 진옥이 부친과 상봉했는데, ㉮진옥과 부친이 이별하였을 때의 상황이 언급되었고, ㉯진옥이 부친과 함께 배를 타고 고국으로 출발하는 이야기가 이어졌다. 한편, 진옥이 부재한 공간에서는 진옥의 가족을 해치려는 시도가 이루어졌다. ㉰황제는 진옥이 귀환하지 못했다는 상황이 그러할 듯하다고 이해했지만, ㉱공주는 진옥의 부재를 기회로 삼아 계략을 꾸몄다. 그 후 ㉲진옥을 모함하는 말을 들은 황제에 의해 진옥의 가족은 위기에 처하게 되었다. 이렇듯 표류는 진옥과 가족의 만남을 돕거나 방해하면서 이야기를 입체적으로 만들고 있었다.

① ㉮　　② ㉯　　③ ㉰　　④ ㉱　　⑤ ㉲

04 〈보기〉를 참고하여 윗글을 감상한 내용으로 적절하지 <u>않은</u> 것은?

[보기]

「김진옥전」의 영웅 서사가 보여 주는 바다 세계에서의 모험담에서는 초월적 세계에 대한 변모된 서술 양상이 드러난다. 이 작품 속 초월적 세계는 다른 영웅소설에서처럼 인간 세계와의 간극을 지닌 곳으로 인식되지만, 인간 세계에나 있을 법한 갈등이 일어나는 곳으로도 그려진다. 주인공은 초월적 존재의 요청으로 초월적 세계의 문제를 대신 해결하는데, 이 과정에서 초월적 세계의 존재에게 우월한 능력을 인정받고, 약속된 보상을 받아 영웅의 자격을 증명한다.

① 진옥이 '청의'를 입은 '동자'와 이야기하는 장면에서 '용궁과 인세가 길이 다르'다고 하는 것을 보면, 진옥이 초월적 세계와의 간극을 인식하고 있음을 알 수 있군.

② 용왕이 '공을 이루라'고 한 장면에서 '적병'의 처치를 진옥에게 요청한 것을 보면, 진옥으로 하여금 인간 세계와 초월적 세계 사이에서 생긴 문제를 대신 해결하게 하려 함을 알 수 있군.

③ 진옥이 '지경'을 침입한 적과 '대진'하는 장면에서 '남해 용궁'에서도 '중국'처럼 전란이 생기는 것을 보면, 초월적 세계에도 인간 세계에나 있을 법한 갈등이 나타남을 확인할 수 있군.

④ 진옥이 '진법'을 펼치는 장면에서 용궁의 '제장'이 '명장'이라고 '칭찬'하는 것을 보면, 진옥이 초월적 세계의 존재에게 뛰어난 능력을 인정받고 있음을 확인할 수 있군.

⑤ 용왕이 진옥을 '치사'하는 장면에서 진옥을 '동해군'으로 '봉하'며 '표창'하는 것을 보면, 진옥이 약속된 보상을 받아 영웅으로서의 자격을 증명하고 있음을 알 수 있군.

(가)

㉠평생에 원하느니 다만 충효뿐이로다
이 두 일 말면 금수(禽獸)나 다르리야
마음에 하고자 하여 ㉡십재 황황(十載遑遑)*하노라
〈제1수〉

비록 못 이뤄도 임천(林泉)이 좋으니라
무심 어조(魚鳥)는 절로 한가하였나니　　[A]
조만간 세상일 잊고 너를 좇으려 하노라
〈제3수〉

출(出)하면 치군택민* 처(處)하면 조월경운*
명철 군자는 이것을 즐기나니
하물며 **부귀 위기라 가난하게 살리로다**
〈제8수〉

날이 저물거늘 도무지 할 일 없어
소나무 문을 닫고 달 아래 누웠으니　　[B]
세상에 티끌 마음이 일호말(一毫末)도 없다
〈제13수〉

성현의 가신 길이 ㉢만고(萬古)에 한가지라
은(隱)커나 현(見)커나 도(道)가 어찌 다르리　　[C]
한가지 길이오 다르지 않으니 아무 덴들 어떠리
〈제17수〉

강가에 누워서 강물 보는 뜻은
세월이 빠르니 ㉣백세(百歲)인들 길겠느뇨
㉤십 년 전 진세(塵世) 일념이 얼음 녹듯 한다
〈제19수〉
- 권호문, 「한거십팔곡」-

* 십재 황황 : 십 년을 허둥지둥함.
* 치군택민 : 임금에게 충성하고 백성에게 혜택을 베풂.
* 조월경운 : 달 아래 고기 낚고 구름 속에서 밭을 갊.

(나)

　　몇 칸의 집을 수선하려 함에, 아내가 취서사로 들어가 겨릅*을 구해 오길 권하였다. 유택은 안 된다고 하고, 유평은 해 보자고 하는데, 나도 스스로 생각해 보니, 절은 기와를 쓰기에 겨릅은 그다지 아끼는 것이 아니고, 다만 민간의 요구와 요청에 응하는 것이기에, 이를 요구하더라도 의리를 심히 해치지 않을 듯하였다. 그래서 다시 의견을 널리 구해 보지 않았다.　　[D]

　　마침 처숙부 상사공이 약을 지으려고 취서사로 가게 되었는데, 내가 가고자 함을 알고 따르게 하였다. 대개 공 또한 안 된다고 생각하지는 않았기 때문이다.

　　이윽고 취서사에 도착하니 근방 마을에서 모여든 자가 거의 승려들 수와 맞먹었는데, 모두 겨릅 때문에 온 자들이었다. 좌우에서 낚아채 가며 많이 가지려 다투고, **시끌벅적하게 뒤섞여 밟아 대어** 곧 시장판을 만들었으며, 가져감이 많고 적음은 그 힘의 강약에 따랐으나 승려들은 참견하는 바가 없었다. 그런데 늦게 도착하여 종도 없는 자는 승려들을 나무라며, 심지어 가혹한 일을 하기까지 했지만 또한 얻을 수 없었다.

(중략)

　　나는 마음속으로 민망히 생각하였지만, 이미 그 속에 가 있었기에 ⃞의리⃞를 ⃞이욕⃞에 빼앗겨서 초연히 **버리고 돌아오지 못하였다.** 상사공의 힘으로 수십 묶음을 얻어 햇빛에 말려 보관할 수 있었으니, 다 상사공의 도움 덕분이었다.

　　스스로 헛걸음하지 않은 것을 매우 다행스럽게 여겼는데, 집으로 돌아오자 멍하기가 마치 술에서 막 깨어난 사람이 잔뜩 취했을 때를 되짚어 생각하는 듯하였다.　　[E]

　　내 아내는 비록 원대한 식견이 있는 사람은 아니지만, 내가 항상 곤궁함 때문에 치욕을 입을까 걱정하였으니, 가령 이와 같을 줄 알았다면 반드시 나의 행차를 권하지 않았을 것이고, 유평도 또한 마땅히 찬동하지 않았을 것이다.

　　상사공은 청렴하고 정직하여 주고받음이 구차하지 않다. 거처하는 집 아래채가 세 칸의 초가집이니, 마땅히 겨릅이 필요하였을 것이다. 그리고 막 삼계 서원 원장이 되었는데, 취서사가 바로 삼계 서원에 귀속된 절이었다. 그때 서원의 노비가 개인적으로 취서사에 가서 머물고 있는 자가 서너 명 있었으니, 진실로 가지려고 하면 힘이 없을 걱정이 없었다. 그런데 담담하게 한 마디도 간섭함이 없었으니, 그 마음속으로 반드시 나를 비난하였을 것이다. 그런데도 애써 나를 위하여 저와 같이 마음과 힘을 써 주신 것은 다만 나의 곤궁함을 불쌍히 여겨서일 뿐이리라.

맹자는 "궁해도 **의(義)를 잃지 않는다**." 하였고, 이극은 "궁할 때에 그 해서는 안 될 일을 살펴본다." 하였다. 나는 궁함 때문에 이미 스스로 **의를 잃어서** 평소에 하지 않던 행동을 했고, 또 어른에게까지 폐를 끼쳤으니 참으로 부끄러워할 일이다. 이미 뉘우칠 줄 알았으니, **이후에는 마땅히 조심**해야겠기에 이를 갖추어 기록하고, 또 유택이 나를 아껴 약이 되는 유익한 말을 했음을 드러낸다.

-김낙행, 「기취서행」-

* 겨릅 : 껍질을 벗긴 삼대.

05 [A]~[E]의 표현상 특징에 대한 설명으로 가장 적절한 것은?

① [A]는 자연물을 대상화하여 그 자연물에 역동성을 부여하고 있다.

② [B]는 근경에서 원경으로 시선을 이동하여 인간과 자연의 차이점을 강조하고 있다.

③ [C]는 성현의 말을 인용함으로써 화자가 지닌 궁금증을 드러내고 있다.

④ [D]는 점층적인 표현으로 앞으로 해야 할 일의 중요성을 환기하고 있다.

⑤ [E]는 비유적 표현을 통해 자신의 행동을 돌아보는 글쓴이의 상태를 부각하고 있다.

06 ㉠~㉤을 이해한 내용으로 적절하지 않은 것은?

① ㉠은 화자의 인생을 포괄한다는 점에서 충효를 중요하게 여겨 온 화자의 생각을 강조한다.

② ㉡은 화자가 돌이켜 보는 삶의 기간을 가리킨다는 점에서 충효를 실현하려고 애쓴 세월을 나타낸다.

③ ㉢은 유구한 세월이라는 의미를 드러낸다는 점에서 성현의 도는 예나 지금이나 변함없음을 강조한다.

④ ㉣은 흘러간 시간이 길다는 의미를 드러낸다는 점에서 세월이 빨리 지나가는 것에 대한 화자의 안타까움을 강조한다.

⑤ ㉤은 과거의 한때를 가리킨다는 점에서 현재 자연에서 여유를 느끼는 상황과 대비되는 시절을 나타낸다.

07 〈보기〉를 참고하여 (가)를 이해한 내용으로 가장 적절한 것은?

> ──────[보기]──────
>
> 권호문의 「한거십팔곡」은 지향하는 삶을 실천하는 태도의 변화 과정을 형상화한 연시조로, 〈제1수〉부터 〈제19수〉까지의 내용이 긴밀히 연결되어 있다.

① 〈제3수〉의 '임천이 좋으니라'에는 〈제1수〉의 '마음에 하고자 하여'에 담긴 태도와는 다른 태도가 나타난다.

② 〈제3수〉의 '너를 좇으려' 했던 태도는 〈제8수〉에서 '출'하는 모습으로 실현되어 나타난다.

③ 〈제8수〉의 '이것을 즐기나니'에는 〈제1수〉의 '이 두 일'을 더 이상 추구하지 않겠다는 의도가 드러난다.

④ 〈제13수〉의 '달 아래 누'운 모습에는 〈제3수〉에서 '절로 한가하였'던 삶으로 되돌아가고 싶어 하는 태도가 나타난다.

⑤ 〈제17수〉에서 '아무 덴들' 상관없다고 하는 화자의 생각은 〈제19수〉에서 '일념'으로 바뀌어 나타난다.

08 의리 와 이욕 을 중심으로 (나)를 이해한 내용으로 적절하지 않은 것은?

① 글쓴이는 겨릅을 얻은 것을 다행스럽게 여겼던 것은 자신이 '이욕'에 빠졌기 때문이라고 본다.
② 글쓴이는 아내가 자신에게 취서사에 가길 권한 것은 글쓴이가 '이욕'에 빠지게 될 줄 몰랐기 때문이라고 본다.
③ 글쓴이는 겨릅을 얻도록 상사공이 자신을 도와준 것은 글쓴이가 '의리'를 해칠 것을 걱정했기 때문이라고 본다.
④ 글쓴이는 취서사에 가는 것을 유택이 반대한 것은 글쓴이를 아껴 '의리'를 해치지 않기를 바랐기 때문이라고 본다.
⑤ 글쓴이는 겨릅을 구하러 가는 것에 유평이 동의한 것은 그 일이 '이욕'에 빠지는 것은 아니라고 생각했기 때문이라고 본다.

09 〈보기〉를 참고하여 (가), (나)를 감상한 내용으로 적절하지 않은 것은? [3점]

[보기]

　(가)와 (나)에는 작가가 유학자로서의 신념을 바탕으로 자신이 선택한 가치를 추구하는 삶이 나타난다. (가)에는 출사와 은거 사이에서의 고민과 그 해소 과정이, (나)에는 경제적 문제로 인해 곤란을 겪은 상황에 대한 성찰이 나타난다. 한편 (나)는 세속적 가치를 떨치지 못해 과오를 저질렀던 상황이 나타난다는 점에서 (가)와 차이를 보인다.

① (가)의 '부귀 위기라 가난하게 살리로다'에서 자신이 선택한 가치를 추구하려는 작가의 태도를 엿볼 수 있군.
② (나)의 '궁해도 의를 잃지 않는다.'에서 작가가 추구하는 유학자로서의 신념을 엿볼 수 있군.
③ (가)의 '세상에 티끌 마음이 일호말도 없다'에서 세속적 가치에 구애되지 않은 모습을, (나)의 '버리고 돌아오지 못하였다'에서 세속적 가치를 떨치지 못한 모습을 엿볼 수 있군.
④ (가)의 '도무지 할 일 없어'에서 출사하지 못한 것에 대해 고민하는 모습을, (나)의 '시끌벅적하게 뒤섞여 밟아 대'는 모습에서 경제적 문제로 곤란을 겪는 상황을 확인할 수 있군.
⑤ (가)의 '도가 어찌 다르리'에서 출사와 은거 사이에서의 고민이 해소되었음을, (나)의 '의를 잃'은 것에 대해 '이후에는 마땅히 조심'하겠다는 다짐에서 성찰적 태도를 확인할 수 있군.

——— (해설 p.256) ———

어머니의 변명은 끝끝내 내 마음을 어루만져 주지 못했다. 그 후로 나는 좀처럼 아버지에 대한 얘기를 꺼내지 않게 되었다. 뜻밖에도 아버지의 죄를 순순히 시인하는 그녀의 ⓐ한마디가 내게는 그토록 엄청난 충격으로 깊이 남겨졌던 탓이리라. ⓘ바로 그 순간부터 나는 아버지의 그 죄라는 것을 내 스스로 함께 나누어 지니고만 느낌이었고, 그 때문에 나이에 걸맞지 않게 나는 눈빛이 깊고 어두운 아이가 되어 가고 있었다. 그리고 그 때부터 아버지의 무서운 환영은 저주처럼 내 곁을 따라다니기 시작했다. 그는 언제나 시커먼 어둠 저편에 숨어서 음산하기 그지없는 눈빛으로 나를 쏘아보고 있었다. 그는 어디에나 숨어 있었다. 내 어릴 때 이따금 고개를 디밀어 들여다보면 마루 밑 저편 깊숙이 도사리고 있던 그 까마득한 어둠 속에도 그 어둠 속에서 술술 기어 나오던 그 눅눅하고 음습한 냄새 속에서도 내가 한 번도 얼굴을 본 적이 없는 그 사내는 핏발 선 눈알을 번득이며 나를 쏘아보고 있는 것이었다. 그건 어디서 묻었는지도 모르는, 오랜 시간이 흐른 뒤에까지 지워지지 않는 핏자국처럼 내게는 저주와 공포의 **낙인**으로 깊이 박혀져 있었다. 그리고 그 낙인을 가슴에 지닌 채, 나는 끝끝내 나를 휘감고 있는 어떤 엄청난 **죄악감과 불길한 예감**으로부터 영영 벗어날 수가 없었다.

[중략 부분의 줄거리] 나와 부대원들은 훈련에 대비해 참호를 파다가 발견한 유해를 인근 마을의 노인과 함께 수습하여 매장하는 일을 행한다.

두개골과 다리뼈를 꼼꼼히 문질러 닦은 뒤, 노인은 몸통뼈에 묶인 줄을 풀어내기 시작했다. 완강하게 묶인 매듭은 마침내 노인의 손끝에서 풀리어졌다. 금방이라도 쩔걱쩔걱 쇳소리를 낼 듯한 철삿줄은 싱싱하게 살아 있었다. 살을 녹이고 뼈까지도 녹슬게 만든 그 오랜 시간과 땅 밑의 어둠을 끝끝내 견뎌 내고 그렇듯 시퍼렇게 되살아 나오는 그것의 놀라운 끈질김과 냉혹성이 언뜻 소름끼치도록 무서움증을 느끼게 했다.

노인은 손목과 팔에 묶인 결박까지 마저 풀어낸 다음 허리를 펴고 일어서더니 **줄 묶음**을 들고 저만치 걸어 나갔다. 그가 허공을 향해 그것을 멀리 **내던지는** 순간 나는 까닭 모르게 마당가에서 하늘을 치어다보며 서 있는 어머니의 가녀린 목 줄기와 그녀가 아침마다 소반 위에 떠서 올리곤 하던 하얀 **물 사발**이 눈앞에 떠올랐다가 스

러져 버리는 것이었다.

ⓛ나는 담배를 피워 물었다. 멀리 메마른 초겨울의 야산이 헐벗은 등을 까 내놓고 죽은 듯이 엎드려 있었다. 사위는 온통 잿빛의 풍경이었다. 피잉, 현기증이 일었다.

광주리를 머리에 인 어머니가 **모래밭**을 걸어오고 있었다. 돌돌거리며 흐르는 물소리를 거슬러 강변 모래밭을 어머니가 혼자 저만치서 다가오고 있었다. 모래밭은 하얗게 햇살을 되받아 쏘며 은빛으로 반짝였다. 허리띠를 질끈 동인 어머니의 치맛자락이 흐느적이며 바람결에 흔들리고 있었다. 나는 햇살에 부신 눈을 가늘게 오므리고 줄곧 그녀를 지켜보고 있었다. 그때였다. 꿈속에서처럼 나는 그녀의 뒤를 바짝 따라오고 있는 한 **사내의 환영**을 보았다. 그건 아버지였다. ⓒ언젠가 어머니의 낡은 반닫이 깊숙한 옷가지 밑에 숨겨져 있던 액자 속에서 학생복 차림으로 서 있던 그대로 그건 영락없는 그 사내였다. 나를 어머니의 배 속에 남겨 놓은 채 어느 바람이 몹시 부는 날 밤, 산길을 타고 지리산인가 어디로 황황히 떠나가 버렸다는 사내. 창백해 뵈는 뺨에 마른 몸집의 그 사내가 어머니와 함께 걸어오고 있는 것이었다. 놀란 눈으로 풀밭에 앉아 나는 그들을 지켜보고 있었다. 이윽고 어머니의 눈썹과 코, 입의 윤곽과 야윈 목 줄기까지 뚜렷이 드러날 만큼 가까워졌을 때 사내의 환영은 어느 틈에 사라져 버리고 없었다. 몇 번이나 눈을 비비고 보았으나 역시 마찬가지였다. 하얗게 반짝이는 모래밭 위로 어머니가 찍어 내는 발자국만 유령처럼 끈질기게 그녀의 발꿈치를 뒤따라오고 있을 뿐이었다.

우리는 관 대신에 신문지로 싼 **유해**를 맨 처음 그 자리에 다시 묻어 주었다. 도톰하니 봉분을 만들고 뗏장까지 입혀 놓고 보니 엉성한 대로 형상은 갖춘 듯싶었다. 노인은 술을 흙 위에 뿌려 주었다. 그리고 자신이 먼저 한 모금 마신 다음에 잔을 돌렸다. 오 일병이 노파가 준 북어를 내놓았고, 덕분에 작은 술판이 벌어졌다. 음복인 셈이었다.

"얌마, 이런 느닷없는 장례식도 모두 너희 두 놈들 때문이니까, 자 한 잔씩 마셔라."

"그래그래, 어쨌든 너희들은 좋은 일 했으니 천당 가도 되겠다."

소대장이 병을 기울였고 다른 녀석들도 낄낄대며 ⓑ한마디씩 보태었다.

술이 가득 차오른 반합 뚜껑을 나는 두 손으로 받쳐 들었다. ⓓ저것 봐라이. ㉮날짐승도 때가 되면 돌아올 줄 아는 법이다. 어머니가 말했다. 저만치 웬 사내가 서 있

었다. 가슴과 팔목에 철삿줄을 동여맨 채 사내는 이쪽을 응시하며 구부정하게 서 있었다. 퀭하니 열려 있는 그 사내의 눈은 잔뜩 겁에 질려 있는 채로였다. 애앵. 총성이 울렸고 그는 허물어지듯 앞으로 고꾸라지고 있었다. ⓜ불현듯 시야가 부옇게 흐려 왔다.

아아. 아버지는 지금 어디에 쓰러져 누워 있을 것인가. 해마다 머리맡에 무성한 ㉯쑥부쟁이와 엉겅퀴꽃을 지천으로 피워 내며 이제 아버지는 어느 버려진 밭고랑, 어느 응달진 산기슭에 무덤도 묘비도 없이 홀로 잠들어 있을 것인가.

-임철우, 「아버지의 땅」-

10 ㉠~ⓜ의 서술 방식에 대한 설명으로 적절하지 <u>않은</u> 것은?

① ㉠: '나'의 지각 내용을 '나'가 서술하는 상황으로 인물과 서술자가 겹쳐 있다.

② ㉡: 서술의 주체를 알 수 있는 표지가 분명하게 제시되어 서술자와 지각의 주체가 뚜렷이 구분된다.

③ ㉢: '나'가 아니라 '나'가 지각하는 대상을 주어로 서술함으로써 지각의 대상을 부각하는 효과가 나타난다.

④ ㉣: 인용 부호 없이 서술된 발화에서 인물의 목소리가 드러난다.

⑤ ⓜ: 지각의 주체를 알리는 표지가 나타나지 않아서 누가 지각한 바를 서술한 것인지 모호한 상황이 빚어진다.

11 윗글에서 ⓐ와 ⓑ의 서사적 기능에 대한 설명으로 가장 적절한 것은?

① ⓐ가 이야기의 심화된 주제를 구현하는 제재라면, ⓑ는 이야기의 주제를 가늠하도록 하는 단서이다.

② ⓐ가 이야기를 절정에 치닫도록 하는 추진력이라면, ⓑ는 이야기를 결말에 이르게 하는 원동력이다.

③ ⓐ가 이야기의 긴장감이 형성되는 요인이라면, ⓑ는 이야기의 긴장감이 완화됨을 드러내는 표지이다.

④ ⓐ가 이야기의 위기감이 해소된 종착점이라면, ⓑ는 이야기의 위기감이 고조된 정점이다.

⑤ ⓐ가 이야기를 일으키는 시발점이라면, ⓑ는 이야기의 전모가 드러나게 되는 귀결점이다.

12 ㉮와 ㉯에 대한 이해로 가장 적절한 것은?

① ㉮는 ㉯에 비해 능동적이므로 인물이 처한 문제 상황에 미치는 영향력이 크다.

② ㉮는 ㉯와 달리, 시간과 공간에 관여되면서 이야기의 배경에 실감을 더하게 된다.

③ ㉯는 ㉮와 달리, 희망적인 성격이 강하므로 인물이 원하는 바를 집약한 결과이다.

④ ㉯에서 연상되는 상황이 현실이 될 경우 ㉮에 투영된 염원은 실현 가능성이 사라진다.

⑤ ㉮와 ㉯ 모두, 관념적 의미가 부여됨으로써 인물이 이념에 편향되어 있음이 알려진다.

13 〈보기〉를 참고하여 윗글을 감상한 내용으로 적절하지 <u>않은</u> 것은? [3점]

> ─────[보기]─────
>
> 부정적인 방향으로 응고된 기억을 돌이켜 긍정적인 방향으로 재편함으로써 심리적 안정을 도모하는 기회를 마련할 수 있다. 심리 요법의 일환으로 적용되는 '기억 재응고화'는 마음의 상처로 남은 기억을 재구성하여 다른 의미와 가치에 대응시킴으로써, 사람들로 하여금 부정적 기억으로 빚어진 심리적 불안정에 대응할 힘을 회복하도록 돕는 원리이다.

① '낙인'과도 같은 유년의 기억을 성인이 되어서도 떨쳐 버리지 못했다는 고백에 비추어 보면, 응고된 기억의 영향력에서 벗어나는 일이 쉽지 않음을 짐작할 수 있겠군.

② '죄악감과 불길한 예감'을 유발한 동인을 추적해보면, '아버지'에 관한 기억이 마음의 상처로 남음으로써 '나'의 심리적 불안정이 비롯되고 있음을 추정할 수 있겠군.

③ '줄 묶음'을 '내던지'는 '노인'의 행위와 '물 사발'을 올리는 '어머니'의 행위가 이어지며 제시되는 부분을 보면, '나'의 기억을 재응고화하기 위한 이들의 노력을 확인할 수 있겠군.

④ '모래밭'에서의 '어머니' 형상과 '사내의 환영'이 어우러지는 장면에서, '아버지'에 대해 굳어져 있던 기억이 재편될 수 있는 가능성이 시사된다고 할 수 있겠군.

⑤ '아버지'에 대한 이미지가 '유해'에 대응되면서 '나'의 정서적 반응에 변화가 생기는 것을 보면, 부정적인 기억을 재구성함으로써 심리적 안정을 회복해 가는 경위를 엿볼 수 있겠군.

— (해설 p.264) —

(가)

무너지는 꽃 이파리처럼
휘날려 발 아래 깔리는
서른 나문 해야

구름같이 피려던 뜻은 **날로** 굳어
한 금 두 금 곱다랗게 감기는 연륜(年輪)

갈매기처럼 꼬리 떨며
산호 핀 바다 바다에 나려앉은 섬으로 가자

비취빛 하늘 아래 피는 꽃은 맑기도 하리라
무너질 적에는 눈빛 파도에 적시우리

초라한 경력을 육지에 막은 다음
주름 잡히는 연륜마저 끊어버리고
나도 **또한** 불꽃처럼 **열렬히** 살리라

-김기림, 「연륜」-

(나)

제 손으로 만들지 않고
한꺼번에 싸게 사서
마구 쓰다가
망가지면 내다 버리는
플라스틱 물건처럼 느껴질 때
나는 **당장** 버스에서 뛰어내리고 싶다
현대 아파트가 들어서며
홍은동 사거리에서 사라진
털보네 대장간을 찾아가고 싶다
풀무질로 이글거리는 불 속에
시우쇠처럼 나를 달구고
모루 위에서 벼리고
숫돌에 갈아
시퍼런 무쇠 낫으로 바꾸고 싶다
땀 흘리며 두들겨 **하나씩** 만들어 낸
꼬부랑 호미가 되어
소나무 자루에서 송진을 흘리면서
대장간 벽에 걸리고 싶다
지금까지 살아온 인생이
온통 부끄러워지고

직지사 해우소
아득한 나락으로 떨어져 내리는
똥덩이처럼 느껴질 때
나는 가던 길을 멈추고 문득
어딘가 걸려 있고 싶다

-김광규, 「대장간의 유혹」-

14 (가)와 (나)에 대한 설명으로 가장 적절한 것은?

① (가)는 (나)와 달리 과정을 나타내는 시어들을 나열하여 시간의 급박한 흐름을 드러내고 있다.
② (나)는 (가)와 달리 자연물에 빗대어 화자의 움직임을 드러내고 있다.
③ (나)는 (가)와 달리 색채어를 활용하여 공간적 배경이 만들어내는 분위기를 드러내고 있다.
④ (가)와 (나)는 모두 하강의 이미지가 담긴 시어를 활용하여 화자의 인식을 드러내고 있다.
⑤ (가)와 (나)는 모두 표면에 드러난 청자에게 말을 건네는 방식으로 화자의 정서를 드러내고 있다.

15 (가), (나)의 시어에 대한 이해로 적절하지 <u>않은</u> 것은?

① (가)에서 '열렬히'는 화자가 추구하는 삶에 대한 적극적인 태도를 표방한다.
② (나)에서 '한꺼번에'와 '하나씩'의 대조는 개별적인 존재의 고유성을 부각한다.
③ (나)에서 '온통'은 화자의 성찰적 시선이 자신의 삶 전반에 걸쳐 있음을 부각한다.
④ (가)에서 '날로'는 부정적 상황의 지속적인 심화를, (나)에서 '당장'은 당면한 상황에서 벗어나려는 절박감을 강조한다.
⑤ (가)에서 '또한'은 긍정적인 존재와 화자의 동질성을, (나)에서 '마구'는 부정적으로 취급되는 대상과 화자 간의 차별성을 부각한다.

16 〈보기〉를 참고하여 (가), (나)를 감상한 내용으로 적절하지 <u>않은</u> 것은? [3점]

　　시인은 결핍을 느끼는 상황에서 새로운 가치를 발견하고 이를 통해 삶을 성찰하는 경우가 많다. 예컨대 「연륜」은 축적된 인생 경험에서, 「대장간의 유혹」은 현대인이 추구하는 편리함에서 결핍을 발견한 화자를 통해 일상에서 경험하는 것들이 재해석된다. 두 작품은 결핍된 상황에서 벗어나려는 의지를 구심점으로 삼아 시상을 전개한다.

① (가)에서 '서른 나문 해'를 '초라한 경력'으로 표현한 것은, 화자가 자신이 살아온 인생을 변변치 않은 경험으로 재해석한 것이겠군.

② (가)에서 '불꽃'을 긍정적인 이미지로 표현한 것은, '주름 잡히는 연륜'에 결핍되어 있는 속성을 끊을 수 있는 수단이라는 의미로 재해석한 것이겠군.

③ (나)에서 지금은 사라진 '털보네 대장간'을 '찾아가고 싶다'고 표현한 것은, 일상에서 결핍된 가치를 찾고자 하는 화자의 열망을 공간에 투영한 것이겠군.

④ (나)에서 '가던 길을 멈추고' '걸려 있고 싶다'고 표현한 것은, 화자가 추구하는 가치를 표상하는 사물의 상태가 되고 싶다고 진술함으로써 결핍에서 벗어나고자 하는 의지를 드러낸 것이겠군.

⑤ (가)에서 '육지'를 지나간 시간을 막아 둘 공간으로, (나)에서 '버스'를 벗어나고 싶은 공간으로 표현한 것은, '육지'와 '버스'를 화자가 결핍을 느끼는 공간으로 재해석한 것이겠군.

[17~19] 다음 글을 읽고 물음에 답하시오.　　　2021.12 [31~33]

(해설 p.271)

승상 나업은 딸 하나가 있었다. 재예(才藝)가 당대에 빼어났다. 아이는 이 말을 듣고 헌 옷으로 갈아입고 거울 고치는 장사라 속여 승상 집 앞에 가서 "거울 고치시오!"라 외쳤다. 소저는 이 말을 듣고 **거울**을 꺼내 유모에게 주어 보냈다. 소저는 유모 뒤를 따라 바깥문 안쪽까지 나가 문틈으로 엿보았다. 장사가 소저의 얼굴을 언뜻 보고 반해, 손에 쥐었던 **거울**을 일부러 떨어뜨려 깨뜨렸다. 유모가 놀라 화내며 때리자 장사가 울며 말했다.

"거울이 이미 깨졌거늘 때려 무엇 하세요? 저를 노비로 삼아 거울 값을 갚게 해 주세요."

유모가 들어가 이를 승상께 아뢰니 허락하였다. 승상은 그의 이름을 거울을 깨뜨린 노비라는 뜻으로 파경노(破鏡奴)라 짓고 말 먹이는 일을 시켰다. 말들은 저절로 살쪄 여윈 것이 하나도 없었다.

하루는 천상의 선관들이 구름처럼 몰려와 말 먹일 꼴을 다투어 그에게 주었다. 이에 파경노는 말들을 풀어놓고 누워만 있었다. 날이 저물어 말들이 파경노가 누워 있는 곳에 와 그를 향해 머리를 숙이며 늘어서자 보는 자마다 모두 기이하게 여겼다. 승상 부인은 이 말을 듣고 승상에게 말했다.

"파경노는 용모가 기이하고 탄복할 일이 많으니 필시 비범한 사람일 것입니다. 마부 일도, 천한 일도 맡기지 마세요."

승상이 옳게 여겨 그 말을 따랐다. 이전에 승상은 동산에 꽃과 나무를 많이 심었는데, 파경노에게 이를 기르게 했다. 이때부터 동산의 **화초**가 무성하며 조금도 시들지 않아, 봉황이 쌍쌍이 날아들어 꽃가지에 깃들었다.

열흘이 지났다. 파경노는 소저가 동산의 **꽃**을 보고 싶으나 파경노가 부끄러워 오지 못한다는 말을 들었다. 이에 파경노는 승상을 뵙고 말했다.

"제가 이곳에 온 지 여러 해 지났습니다. 한 번도 노모를 뵙지 못했으니, 노모를 뵙고 올 말미를 주십시오."

승상은 닷새를 주었다. 소저는 파경노가 귀향했다는 소식을 듣고 동산에 들어와 꽃을 보고,

"꽃이 난간 앞에서 웃는데 소리는 들리지 않네."라고 시를 지었다. 파경노는 꽃 사이에 숨어 있다가,

"새가 숲 아래서 우는데 눈물 보기 어렵네."라고 **시로**

화답했다. 소저가 부끄러워 얼굴을 붉히며 돌아갔다.

[중략 부분 줄거리] 중국 황제는 신라 왕에게 석함을 보내, 그 안에 있는 물건을 알아내 시를 지어 올리라 명한다. 신라 왕은 이를 해결하지 못하고 나업에게 과업을 넘긴다.

나업은 집으로 돌아와 석함을 안고 통곡했다. 파경노는 이 말을 듣고 사람들에게 왜 우는지를 물었다. 사람들이 모두 말해 주자, 자못 기쁨을 띠며 꽃가지를 꺾어 외청으로 갔다.

소저가 슬피 울다가 문득 벽에 걸린 **거울**에 비친 그림자를 보았다. 속으로 놀라 창틈으로 엿보니 파경노가 **꽃**을 들고 서 있었다. 소저가 이상히 여겨 묻자, 시치미를 떼며 말했다.

"그대가 이 꽃을 보고 싶다 하여 그대를 위해 가져 왔소. 시들기 전에 받아 보시오."

소저가 한숨을 크게 쉬니, 파경노가 위로하며 말했다.

"거울 속에 비친 이가 반드시 그대 근심을 없애 줄 것이오. 근심치 말고 꽃을 받으시오."

소저가 꽃을 받고 부끄러워하며 안으로 들어갔다.

얼마 뒤 소저는 파경노의 말을 괴이히 여겨 승상께 말했다.

"파경노가 비록 어리지만 재주가 남보다 뛰어나고, 신인(神人)의 기운이 있어 석함 속의 물건을 알아내어 시를 지을 수 있을 것입니다."

승상이 말했다.

"너는 어찌 쉽게 말하느냐? 만약 파경노가 할 수 있다면 나라의 이름난 선비 가운데 한 명도 시를 짓지 못해 이 석함을 나에게 맡겼겠느냐?"

소저가 말했다.

"뱁새는 비록 작지만 큰 새매를 살린다 합니다. 그가 비록 노둔하나 큰 재주를 지니고 있는지 어찌 알겠습니까?"

이어서 파경노가 걱정하지 말라고 했음을 고했다.

"만약 그가 시를 지을 수 없다면 어찌 그런 말을 냈겠습니까? 원컨대 그를 불러 시험 삼아 시를 짓게 하소서."

승상이 파경노를 불러 구슬리며 말했다.

"만약 이 석함 속의 물건을 알아내 시를 짓는다면 후한 상을 줄 것이며, 마땅히 네 뜻을 이루어 주겠다."

파경노가 거절하며 말했다.

"비록 후한 상을 준다 한들 제가 어찌 시를 짓겠습니까?"

소저가 이 말을 듣고 승상에게 말했다.

"살고 싶고 죽기 싫은 것이 인지상정입니다. 옛날에 어

떤 이가 사형을 당하게 되었을 때, 그에게 '네가 만약 시를 짓는다면 내 마땅히 사면해 주겠다.' 했습니다. 그 사람은 무식한 이였으나 그 명을 따랐습니다. 하물며 파경노는 문학이 넉넉해 시를 지을 수 있지만 거짓으로 못하는 체하고 있습니다. 지금 아버님께서 그를 겁박하시면 어찌 삶을 좋아하고 죽음을 싫어하는 마음이 없어 복종치 않겠습니까?"

승상이 그럴듯하다 여기고 파경노를 불렀다.

-작자 미상, 「최고운전」-

17 윗글의 서술상 특징으로 가장 적절한 것은?

① 시간의 역전을 통해 사건의 진상을 밝히고 있다.

② 서술자의 개입을 통해 사건의 전모를 밝히고 있다.

③ 인물의 희화화를 통해 사건의 반전 효과를 나타내고 있다.

④ 인물 간의 대화를 통해 사건 해결의 방안을 제시하고 있다.

⑤ 꿈과 현실의 교차를 통해 앞으로 일어날 사건을 암시하고 있다.

18 윗글의 내용에 대한 이해로 적절하지 않은 것은?

① 유모에게 주어 보낸 '거울'은 아이가 소저의 얼굴을 보게 되는 계기를 만들고, 벽에 걸린 '거울'은 파경노가 소저에게 자신의 존재감을 드러내는 계기를 만든다.

② 깨뜨린 '거울'은 아이가 파경노라는 이름을 얻고 승상의 집안으로 들어가는 계기가 되고, 파경노가 관리한 동산의 '화초'는 승상 부인으로부터 인정받는 계기로 작용한다.

③ 동산의 '꽃'은 소저가 보고 싶었으나 파경노로 인해 접근하기 어렵게 된 대상이고, 파경노가 들고 서 있던 '꽃'은 소저에게 자신의 마음을 전달하기 위한 수단이다.

④ 동산에서 화답한 '시'는 파경노가 소저와 교감하기 위해 읊은 것이고, 석함 속 물건에 대한 '시'는 파경노가 해결할 수 있다고 소저가 기대하는 과제이다.

⑤ 석함 속 물건에 대한 '시'는 나업에게 슬픔을 유발하는 과업이지만, 파경노에게는 소저의 슬픔을 해소시켜 줄 수 있는 수단이다.

19 〈보기〉를 참고하여 윗글을 감상한 내용으로 적절하지 않은 것은? [3점]

─────[보기]─────

「최고운전」은 비범한 인물로서의 최치원을 형상화했다. 주인공은 문제 해결의 국면에서 치밀함, 기지, 당당함을 보인다. 또한 초월적 존재의 도움을 받으면서도 이에 전적으로 의존하지 않고 자신이 지닌 신이한 능력을 발휘하여 개인의 문제와 국가의 과제를 직접 해결한다. 이는 당대 독자들이 원했던 새로운 영웅상을 최치원에 투영하여 작품 속에서 구현한 것이다.

① 아이가 헌 옷으로 바꾸어 입고 거울 고치는 장사라 속이는 장면은 최치원이 치밀한 면모를 지닌 인물임을 보여 주는군.

② 파경노에게 선관들이 몰려와 말먹이를 가져다주는 장면은 최치원이 초월적 존재에게 도움을 받는 인물임을 보여 주는군.

③ 파경노가 기른 뒤로 화초가 시들지 않아 봉황이 날아드는 장면은 최치원이 신이한 능력을 지닌 인물임을 보여 주는군.

④ 파경노가 노모를 핑계 삼아 말미를 얻는 장면은 최치원이 원하는 바를 얻기 위해 기지를 발휘하는 인물임을 보여 주는군.

⑤ 파경노가 승상의 제안을 거절하는 장면은 최치원이 보상을 추구하기보다 스스로 국가의 과제를 해결하려는 당당한 인물임을 보여 주는군.

(가)

손 흔들고 떠나갈 미련은 없다
며칠째 청산에 와 발을 푸니
㉠흐리던 산길이 잘 보인다.
상수리 열매를 주우며 인가를 내려다보고
쓰다 둔 편지 구절과 버린 칫솔을 생각한다.
남방으로 가다 길을 놓치고
두어 번 허우적거리는 여울물
산 아래는 때까치들이 몰려와
모든 야성을 버리고 들 가운데 순결해진다.
길을 가다가 자주 뒤를 돌아보게 하는
서른 번 다져 두고 서른 번 포기했던 ⓐ관습들
서쪽 마을을 바라보면 나무들의 잔숨결처럼
㉡가늘게 흩어지는 저녁 연기가
한 가정의 고민의 양식으로 피어오르고
생목 울타리엔 들거미줄
맨살 ㉢비비는 돌들과 함께 누워
실로 이 세상을 앓아 보지 않은 것들과 함께
잠들고 싶다.

-이기철, 「청산행」-

(나)

나는 차를 앞에 놓고
고즈넉한 저녁에 호을로 마신다.
내가 좋아하는 차를 마신다.
그러나 이것은 다만 사실일 뿐,
차의 짙은 향기와는 관계 없이
이것은 물과 같이 담담한 사실일 뿐이다.

누구의 시킴을 받아
참새 한 마리가 땅에 떨어지는 것도 아니고
누구의 손으로 들국화를 어여삐 가꾼 것도 아니다.
차를 마시는 것은
이와 같이 ㉣스스로 달갑고 가장 즐거울 뿐,
이것은 다만 사실이며 또 ⓑ관습이다.
나의 고즈넉한 관습이다.

물에게 물은 물일 뿐
소금물일 뿐,
앞으로 남은 십년을 더 살든지 죽든지

나에게도 나는 나일 뿐,
㉤이제는 차를 마시는 나일 뿐,

이 짙은 향기와는 관계도 없이
차를 마시는 사실과 관습은
내가 아는 내게 대한 모든 것이다.
그리고 모든 것에 대한 모든 것도 된다.

-김현승, 「사실과 관습: 고독 이후」-

20 (가), (나)에 대한 설명으로 적절하지 <u>않은</u> 것은?

① (가)는 인격화한 대상을 통해 화자의 심리를 내포하고 있다.

② (나)는 대상을 한정하는 어휘들을 사용하여 주제 의식을 강조하고 있다.

③ (가)는 (나)와 달리, 공간의 이동에 따라 포착된 사물을 통해 화자의 태도를 드러내고 있다.

④ (나)는 (가)와 달리, 화자를 거듭 명시하면서 시상을 전개하고 있다.

⑤ (가)와 (나)는 모두, 자연물에 화자의 정서를 투영함으로써 대상에 대한 친밀감을 드러내고 있다.

21 ⓐ, ⓑ에 대한 이해로 가장 적절한 것은?

① ⓐ는 '길을 가다가 자주 뒤를 돌아보게' 하는 것이라는 점에서 다시 돌아갈 수 없는 그리움의 대상이다.

② ⓑ는 '호을로' 하는 행위라는 점에서 행위 주체의 사회적 고립을 드러내고 있다.

③ ⓐ는 바라봄의 대상인 '서쪽 마을'과 관련되어 있다는 점에서 피안에 대한 지향을, ⓑ는 일과를 마친 '저녁'과 관련되어 있다는 점에서 안식에 대한 지향을 드러내고 있다.

④ ⓐ는 '서른 번 다져 두고 서른 번 포기'한 것이라는 점에서 내면의 갈등을, ⓑ는 '고즈넉한' 상황에서 이루어지는 '담담한 사실'이라는 점에서 내면의 평정함을 내포한다.

⑤ ⓐ는 사물들을 '내려다보'아 촉발된 것이라는 점에서 자기 연민의 성격을, ⓑ는 '달갑고', '좋아하는' 것이라는 점에서 자기 위안적 성격을 띠고 있다.

22 ⓐ~ⓜ에 대한 이해로 적절하지 <u>않은</u> 것은?

① ㉠은 대상이 이전에는 제대로 파악되지 않았음을 드러내는 표현이다.

② ㉡은 '저녁 연기'의 형상으로 '한 가정'의 상황과 처지를 시각화한 표현이다.

③ ㉢은 '맨살'을 드러낸 '돌들'이 부대끼는 형상으로 세파에 시달리는 모습을 나타내는 표현이다.

④ ㉣은 '차를 마시는 것'이 화자의 선호에 따른 주체적 행위임을 드러내는 표현이다.

⑤ ㉤은 '나'에 대한 현재의 인식이 이전과는 달라졌음을 드러내는 표현이다.

23 〈보기〉를 참고하여 (가), (나)를 감상한 내용으로 적절하지 <u>않은</u> 것은? [3점]

> ─────[보기]─────
>
> 자연과 절대자는 각각 인간에게 안식을 주거나 인간과 세계를 규정하는 중요한 준거로 인식되어 왔다. (가)는 세속의 일상을 떠나 자연에 들어온 화자가 점차 자연에 동화되어 가는 과정과 심리 상태를 그리고 있다. (나)는 자신과 세계 인식의 준거였던 절대자와의 관계를 회의하고 자신이 경험한 사실에 기초하여 존재를 인식하겠다는 태도를 표명하고 있다.

① (가)의 '쓰다 둔 편지 구절과 버린 칫솔을 생각한다'는 것은 자연에 온전히 동화되지 못하는 화자의 심리를 보여 주는 것이겠군.

② (나)의 '차를 마시는' 행위가 '내가 아는 내게 대한 모든 것', '모든 것에 대한 모든 것'으로 확장되는 것은 경험적 사실을 '나'와 모든 존재들에 대한 인식의 유일한 근거로 삼겠다는 의식이 반영된 것이겠군.

③ (가)의 '발을 푸니' '잘 보인다'는 것은 화자가 자연에 친숙해지는 심리 상태를, (나)의 '앞으로 남은 십년을 더 살든지 죽든지'는 절대자에 대해 회의하고 현실에 얽매이지 않겠다는 태도를 드러내고 있겠군.

④ (가)의 '여울물'과 '때까치들'에는 자연에 들어와서 느끼는 화자의 심리가 투사되어 있음을, (나)의 '참새'의 떨어짐이 '누구'에 의한 것이 '아니'라는 데에서 절대자와의 관계에 대한 회의가 드러나 있음을 알 수 있겠군.

⑤ (가)의 '이 세상을 앓아 보지 않은 것들과 함께'는 자연에 동화되려는 태도를, (나)의 '물은 물일 뿐'은 경험적 사실로만 대상을 인식하겠다는 태도를 드러내는 것이겠군.

———— (해설 p.285) ————

⊙불편스런 일이 한두 가지가 아니었다. 하지만 허원은 그렇게 스스로 주의하고 고통을 감내해 냈기 때문에 자신의 비밀을 남 앞에 감쪽같이 숨겨 나갈 수 있었다. 아무도 그의 비밀을 눈치챈 사람이 없었다. 비밀이 탄로 나지 않는 한 그의 일상생활은 더 이상 불편을 겪을 필요도 없었다. 인체 생리나 해부학 서적 같은 걸 뒤져 봐도 성인의 배꼽은 거의 아무런 기능도 수행하지 않음을 알 수 있었다. 적어도 그의 외모나 바깥 생활은 정상을 유지할 수 있었다. 그 점만이라도 무척 다행이었다. 그는 일단 안도의 한숨을 내쉬었다.

ⓒ—그깟 놈의 배꼽, 안 가지고 있음 어때.

그쯤 체념을 하고 될 수 있으면 배꼽에 관한 일들을 잊어버리려 했다. ©자신으로부터 배꼽이 사라져 버린 사실을, 그리고 그 때문에 생긴 모든 불편을 잊고, 그 배꼽 없는 생활에 스스로 익숙해져 버리기를 바라 마지않았다. 하지만 문제는 그렇게 간단하지 않았다. 아무리 일상생활에선 드러나게 불편한 점이 있다 해도 그는 역시 배꼽이 없는 자신에 대해 좀처럼 익숙해질 수가 없었다. 그는 자꾸만 허전해서 견딜 수가 없어지곤 했다. 있느니라 여기고 지낼 때는 그처럼 무심스럽던 일이 그런 식으로 한번 **의식의 끈을 건드려** 오자 허원의 상념은 잠시도 그 잃어 버린 배꼽에서 떠나 있을 수가 없었다.

그는 마침내 **회사 출근**마저 단념하기에 이르렀다. 그러자 신통하게도 **늦잠 버릇**이 깨끗이 자취를 감춰 버렸다. 그는 눈만 뜨면 사라져 없어진 배꼽 때문에 기분이 허전했고, 그러면 그 허망감을 쫓기 위해 배꼽에 관한 끝없는 상념들을 쌓기 시작했다.

(중략)

그리하여 배꼽에 관한 허원의 지식과 **사념**은 자꾸 더 **심오하고 추상적인** 것이 되어 갔다. 그에게는 어느덧 그 나름의 독특한 배꼽론 같은 것이 윤곽을 지어 가고 있었다. 하지만 그러면 그럴수록 허원은 더욱더 허전해지고, 아무 곳에도 발이 닿아 있는 것 같지 않고, 혼자서 외롭게 허공을 둥둥 떠다니고 있는 것처럼 느껴졌다. 그러면 그는 또 거듭 그 허망감을 쫓기 위해 자신의 배꼽론을 완벽하게 발전시켜 나갔다. 마치 그렇게 하여 그는 자신의 사념 속에서 잃어버린 배꼽을 되찾아내고, 그것으로 그 **실물**을 대신해 어떤 식으로든 자신과 세상 간에 큰 불편이 없도록 화해시키고 그것으로 그 난감스런 허망감을 채우려는 듯이. 그의 배꼽론은 가령 이런 식으로까

지 발전되어 있었다.

—우리는 누구나 **배꼽**을 가지고 있다…… 우리는 우리들의 어머니로부터 **탯줄**이 끊어지는 순간 이 우주의 한 단자(單子)로서 고독하게 존재하게 되었다. 그러나 우리는 영원히 그 탯줄의 기억을 잊지 않는다. 우리 영혼은 언제까지나 그 어머니의 탯줄과 이어지려 하고, 또다시 그 어머니의 어머니의 탯줄과 이어져 나가면서 우리 **존재**를 설명하고 근원을 밝혀 나가며, 마침내는 마지막 어머니의 탯줄이 이어지는 우리들의 **우주와 만나게 된다**…… 우리의 배꼽은 우리가 그 마지막 우주와 만나고자 하는 향수의 표상이며 가능성의 상징이며 존재의 비밀로 나아가는 형이상학이다. 그 비밀의 문이다……

그는 어느덧 배꼽에 대해 당당한 일가견을 이룬 배꼽 전문가가 되어 가고 있었다.

②어느 해 여름이었다. 하니까 그것은 허원이 자신의 배꼽을 잃어버리고 나서 불편하기 그지없는 세 번째의 여름을 맞고 있을 때였다. 그는 물론 배꼽을 잃어버린 자신에 대해 아직도 완전히 익숙해지질 못하고 있었다. **그의 사념** 역시 언제나 그 눈에 보이지 않는 배꼽에 매달려 거기에서밖에는 영영 더 이상 자유로워질 수가 없었다. 그 대신 허원은 이제 그 자신의 **배꼽론**에 대해선 매우 **확고한 경지**에 도달해 있었다.

그럴 즈음이었다. 허원은 문득 **세상 사람**들이 수상쩍어지기 시작했다. 어느 때부턴지는 확실히 알 수 없었지만, 세상 사람들 역시 무슨 이유에선지 이 인간 장기의 한 조그만 흔적에 대해 **심상찮은 관심**을 나타내기 시작한 것이다. 배꼽에 대한 사람들의 관심 역시 기왕부터 있어 온 것을 여태까지 서로 모르고 지내 오다가 비로소 어떤 기미를 알아차리게 된 것인지, 혹은 사람들로 하여금 그런 관심을 내보이게 할 만한 무슨 우연찮은 계기가 마련되었는지는 확실치가 않았다. 그리고 무엇 때문에 사람들에게서 그런 관심이 시작되었는지 그 이유를 알 수도 없었다. 하지만 그것은 어쨌든 **사실**이었다. 주의를 기울여 보니 관심의 정도도 여간이 아니었다. 한두 사람, 한두 곳에서만 나타난 현상이 아니었다. 그것은 이미 일반적인 현상이 되어 가고 있었다. 그리고 그렇듯 **배꼽 이야기**가 **일반화**의 기미를 엿보이기 시작하자 사람들은 이제 그걸 신호로 아무 흉허물 없이 터놓고 지껄이거나 신문, 잡지 같은 데서 진지하게 논의의 대상을 삼기도 하였다. ⑩배꼽에 관한 논의가 그렇듯 갑자기 시중 일반에까지 성행하기 시작한 것이다.

기묘한 현상이었다.

—이청준, 「배꼽을 주제로 한 변주곡」—

24 ㉠~㉤의 서술 방식에 대한 설명으로 가장 적절한 것은?

① ㉠: 누구의 생각을 누가 말하는지 명시한 표현을 나타내어 서술하고 있다.

② ㉡: 인물의 생각을 서술자가 평가하며 그 심화된 의미를 함축하여 서술하고 있다.

③ ㉢: 인물의 의식을 인물 자신의 생생한 목소리를 통해 서술하고 있다.

④ ㉣: 인물의 상황에 관련된 정보를 부가하여 서술하고 있다.

⑤ ㉤: 인물 행동의 진행 과정을 순차적으로 서술하고 있다.

25 비밀 의 서사적 기능으로 가장 적절한 것은?

① 자신의 신념을 인물이 돌이켜 본 결과로, 새로운 세계관을 바탕으로 하는 주제를 형성한다.

② 얽힌 인간관계를 인물이 성찰하는 전환점으로, 갈등으로 인한 위기감을 완화한다.

③ 일상적이지 않은 경험을 인물이 의식한다는 표지로, 인물의 심리적 동요를 부른다.

④ 상충된 이해관계를 인물이 조정하는 단서로, 심화된 사회적 갈등을 해소한다.

⑤ 기성의 질서에 인물이 저항한다는 신호로, 돌발적 사건의 발생을 알린다.

26 '허원'을 중심으로 윗글을 이해한 내용으로 적절하지 <u>않은</u> 것은?

① '허원'은 '실물'과 관련하여 시작된 '사념'을 통해 '존재'의 의미를 발견해 간다.

② '허원'은 '실물'이 몸에서 큰 기능을 하지 않는다는 것을 알고 일단 안도감을 느끼게 된다.

③ '허원'은 '사념'을 방편으로 삼아 자신의 현재 상태에 대해 다른 방향에서 접근하고자 한다.

④ '허원'은 '심상찮은 관심'의 원인에 대해 궁금해하면서 '세상 사람들'에게 주의를 기울이게 된다.

⑤ '허원'은 '실물'에 대한 인식을 '세상 사람들'과 공유하게 되면서, 그간 이어 온 '사념'을 더 이상 지속하지 않게 된다.

27 〈보기〉를 참고하여 윗글을 감상한 내용으로 적절하지 <u>않은</u> 것은? [3점]

> ─────[보기]─────
>
> 「배꼽을 주제로 한 변주곡」은 주인공이 배꼽을 잃어버렸다는 허구적 설정으로 시작하여, 이후 배꼽을 둘러싼 희화적 에피소드들이 이어진다. 주인공은 으레 있어야 할 것이 없어져 불편한 생활을 이어 가던 중 배꼽에 관심을 갖는 이들이 늘어나고 있음을 알게 된다. 이 과정에서 배꼽에 관련된 개인적 상황은 물론 인간 존재와 사회 상황에 대한 심층적 의미의 탐색이 이루어진다.

① '의식의 끈'이 '건드려'짐으로써 주인공이 비정상적 문제 상황에 지속적으로 주목하게 된 것이겠군.

② '회사 출근'을 포기하게 되고 '늦잠 버릇'이 사라진 상황은, 주인공의 일상이 변화된 모습을 보여 준다고 할 수 있겠군.

③ '배꼽'을 '탯줄'에 연관하여 이해하는 것은, 개인에 관련된 생각을 '우주와 만나'는 '심오하고 추상적인' 생각으로 확장하는 실마리가 된다고 할 수 있겠군.

④ '그의 사념'이 도달한 '배꼽론'의 '확고한 경지'는 사소한 것의 심층적 의미를 탐색할 때 이를 수 있으므로, 그 사소한 것에 얽매이지 않는 자유로운 상태에서 실현이 가능해지겠군.

⑤ '기묘한 현상'은, '배꼽 이야기'가 '일반화'되는 상황이 뜻밖이지만 '사실'로 나타나는 현상을 두고 일컬은 말이라고 할 수 있겠군.

(가)

청강 녹초변에 소 먹이는 아이들이
석양에 흥이 겨워 피리를 빗기 부니
물 아래 잠긴 **용**이 잠 깨어 일어날 듯
내 기운에 나온 **학**이 제 깃을 던져 두고 반공에 솟아
뜰 듯
소선(蘇仙)* 적벽은 추칠월이 좋다 하되
팔월 십오야를 모두 어찌 칭찬하는가
구름이 걷히고 물결이 다 잔 적에
하늘에 돋은 달이 솔 위에 걸렸거든
잡다가 빠진 줄이 **적선(謫仙)***이 헌사할샤
공산에 쌓인 잎을 삭풍이 거둬 불어
떼구름 거느리고 눈조차 몰아오니
천공이 호사로워 옥으로 꽃을 지어
만수천림을 꾸며곰 낼세이고
앞 여울 가리 얼어 독목교(獨木橋) 비꼈는데
막대 멘 늙은 중이 어느 절로 간단 말고
산옹의 이 부귀를 남더러 자랑 마오
경요굴(瓊瑤窟)* 숨은 세계 찾을 이 있을세라
산중에 벗이 없어 서책을 쌓아 두고
만고 인물을 거슬러 혜여하니
성현도 많거니와 호걸도 하도 할샤
하늘 삼기실 제 곧 무심할까마는
어찌한 시운(時運)이 흥망이 있었는고
모를 일도 하거니와 애달픔도 그지없다
기산의 늙은 고블* 귀는 어찌 씻었던고
박 소리 핑계하고 지조가 가장 높다
인심이 낯 같아야 볼수록 새롭거늘
세사는 구름이라 험하기도 험하구나
엊그제 빚은 술이 얼마나 익었느냐
잡거니 밀거니 실컷 기울이니
마음에 맺힌 시름 조금은 풀리나다

　　　　　　　　　　　　　　–정철, 「성산별곡」–

[A]

* 소선 : 소동파를 신선에 빗댄 말.
* 적선 : 이태백을 신선에 빗댄 말.
* 경요굴 : 눈 내린 성산의 모습을 빗댄 말.
* 고블 : 기산에 은거한 인물인 허유.

(나)

생매 잡아 길 잘 들여 먼 산 두메로 꿩 사냥 보내고 흰
말 구불구종* 갈기 솔질 활활 쌀쌀 하여 임의 집 송정 뒤
잔디 잔디 금잔디 밭에 말 말뚝 꽝꽝쌍쌍 박아 숭마 바
고삐 길게 늘려 매고
앞내 여울 **고기** 뒷내 여울 고기 오르는 고기 내리는
고기 자나 굵으나 굵으나 자나 주섬주섬 낚아 내어 시내
동으로 뻗은 움버들 가지 와지끈 뚝딱 꺾어 거꾸로 잡고
잎사귀 셋만 남기고 주루룩 훑어 아가미 너슬너슬 꿰어
시내 잔잔 흐르는 물에 납작 실죽 청바둑돌로 임도 모르
고 아무도 모르게 가만히 살짝 자기자 장단 맞춰 지근지
지 눌러 놓고 동자야 이 뒤에 학 타신 **선관**이 날 찾거든
그물 낚싯대 종이 종다래끼* 파리 밥풀통 고추장 **술병**
까지 가지고 뒷내 여울로 오라고 일러만 주소
아마도 산중호걸이 **나뿐**인가 하노라

　　　　　　　　　　　　–작자 미상, 사설시조–

* 구불구종 : 말 모는 하인.
* 종다래끼 : 작은 바구니.

---

28 (가), (나)에 대한 설명으로 가장 적절한 것은?

① (가)는 영탄적 표현을 통해 인물에 대한 그리움을 드
　러내고 있다.
② (나)는 음성 상징어를 통해 인물의 역동성을 드러내고
　있다.
③ (가)는 (나)와 달리 공간의 이동을 통해 다양한 대상의
　면모를 드러내고 있다.
④ (나)는 (가)와 달리 시간의 흐름에 따라 인물의 심리
　변화를 드러내고 있다.
⑤ (가)와 (나)는 모두 대구를 사용하여 대조적 대상의 속
　성을 드러내고 있다.

29 [A]에 대한 이해로 적절하지 <u>않은</u> 것은?

① '삭풍'이 가을 잎을 쓸고 간 자리에 구름을 불러와 '공산'을 눈 세상으로 만들었다고 한 것에는, 인물이 거처한 공간의 아름다움에 대한 인식이 계절에 따른 자연의 변화를 통해 드러난다.

② '앞 여울'을 건너가는 노승을 발견하고 '경요굴'이 들키지 않기를 바라는 것에는, 빼어난 경치를 소중하게 여기는 태도가, 숨어 있는 세계가 알려질 것에 대한 염려를 통해 드러난다.

③ 만족스러운 외적 풍경에서 눈을 돌려 벗이 없는 '산중'에서 '만고 인물'을 생각하는 것에는, 정신적 세계에 주목하는 태도가, 적적한 상황에 놓인 인물의 행위를 통해 드러난다.

④ 하늘의 이치가 제대로 구현되지 못했음을 '시운'의 '흥망'에서 발견하고도 모를 일이 많다고 한 것에는, 인물의 담담한 태도가, 이상에 미치지 못하는 현실을 수용하는 것을 통해 드러난다.

⑤ 세상을 등진 인물의 삶을 '기산'의 '고블'에 비유한 것에는, 험한 세사와의 단절과 은거 지향에 대한 긍정적 인식이 인물의 선택에 대한 평가를 통해 드러난다.

30 〈보기〉를 바탕으로 (가)와 (나)를 감상한 내용으로 적절하지 <u>않은</u> 것은? [3점]

고전 시가에서 자연은 작품에 따라 다양하게 그려진다. (가)의 자연은 속세와 구별되는 청정한 이상 세계로 그려지며, 신선의 이미지를 통해 탈속적이고 고고한 가치를 추구하는 곳이다. (나)의 자연은 풍요롭게 그려지는 현실적 풍류의 장으로, 활달하고 흥겹게 놀이를 펼치는 곳이며, 신선의 이미지를 통해 멋이 고조된다.

① (가)의 '용'은 피리 소리로 조성된 탈속적 분위기를 환상적으로 표현하는 소재이고, (나)의 '생매'는 고고한 취향을 사실적으로 보여 주는 소재이군.

② (가)의 '학'은 이상적 세계의 아름다움을 구현하는 소재이고, (나)의 '고기'는 풍요롭고 생동하는 세계를 표현하는 소재이군.

③ (가)의 '소선', '적선'은 청정한 강호의 세계에서 떠올린 인물의 이미지이고, (나)의 '선관'은 '나'가 현재의 행위를 함께 하고 싶은 인물을 멋스럽게 표현한 이미지이군.

④ (가)의 '산옹'은 계절에 따른 산의 모습을 바라보며 이상 세계의 삶을 지향하는 인물이고, (나)의 '나'는 사냥과 고기잡이를 통해 현실의 즐거움을 향유하는 인물이군.

⑤ (가)의 '술'은 강호에서 세상에 대한 시름을 달래 주는 소재이고, (나)의 '술병'은 풍류의 장에 흥취를 더해 줄 소재이군.

[31~34] 다음 글을 읽고 물음에 답하시오.　　2025.06 [18~21]

───── (해설 p.299)

　장 소저가 남복을 벗고 담장 소복으로 여복을 개착하고 금로에 향을 사르며 시랑의 영위 먼저 차린 후 제문을 읽으니, ⓐ그 글에 하였으되,

　'유세차 기축 삼월 정묘 삭 십오 일에 기주 장 한림의 딸 애황은 감히 이부 시랑 이 공 영위 앞에 아뢰나이다. 오호 애재라! 소첩의 부친이 대인과 사귐이 깊사옵더니, 그 후에 대인은 귀자를 두시고 부친은 소첩을 얻으시니 피차에 동년 동일생이라. 부친이 신기한 꿈을 꾸고는 대인과 **진진지연***을 깊이 맺었더니, 슬프다, 양가 시운이 불리하여 대인은 **간신의 모해**를 입어 외딴섬에 유배 가시고, 부친은 대인의 억울함과 소첩의 앞길이 그릇됨을 원통히 여겨 걱정과 분노가 병이 되어 중도에 **세상을 버리시니**, 모친 또한 부친의 뒤를 따라 별세하시니, 외롭고 연약한 소첩은 의지할 곳이 없더라. 간적 왕희가 첩의 고독함을 업신여겨 **혼인을 강제하옵**기로 변복 도주하였다가, 남자로 행세하여 용문에 올라 남적을 멸하고 대공을 이룸은, 적자 왕희를 없이하여 원통함을 풀고 대인과 공자를 찾아 혼약을 이루기 위함이었는데, 사신의 말을 들으니 대인 부자가 형적이 없다 하니, 반드시 수중고혼이 되신지라. 어찌 참통치 않으리잇고. 이에 한 잔 술을 바치옵나니 삼가 바라건대 존령은 흠향하옵소서.'

하였더라.

(중략)

　각설. 이 공자 대봉이 부친을 모시고 ㉠용궁을 떠나 여러 날 만에 ㉡황성에 올라와 머물 곳을 정한 후, 흉노의 머리 벤 것을 봉하여 성상께 올릴새 상소를 지어 전후사연을 주달하였거늘, 이때 성상이 이 시랑 부자의 생사를 알지 못하시고 장 소저의 앞길을 애련히 여기사 마음에 잊지 못하시더니, 또 장 소저의 상표가 이르렀거늘 상이 반기사 급히 열어 보시니 왈,

　'신첩 장애황은 일장 표를 용탑 하에 올리나이다. 신첩이 성상의 큰 은혜를 받자와 바닷가에서 제를 올려 고혼을 위로하오나, 이승과 저승이 판이하게 달라 영혼이 자취가 없사오니, 비록 앞에 와 흠향하온들 어찌 알리 있사오리잇가. 아득한 경상과 슬픈 마음을 진정치 못하와 제를 지내며 통곡하옵더니, 천우신조하와 삭

발 승려를 만나오니 이 곧 시랑 이익의 처 양씨라. 비록 **성혼 행례**는 아니 하였사오나 어찌 시어머니와 며느리 사이가 아니리잇가. 일비일희하여 즐겁기 무궁하오니, 이는 다 성상의 넓으신 덕택으로 말미암음이라. 그러나 왕희 부자는 국가를 혼란스럽게 한 간신이옵고 신첩의 원수라. 바라건대 폐하는 왕희 부자를 엄형 국문하사 국법을 밝히시고, 그 부자를 신첩에게 내어 주시면 남선우 베던 칼로 난신을 죽여 이익의 부자에게 제하여 영혼을 위로하리이다.'

하였더라.

　상이 다 보신 후 정히 처결코자 하시더니, 이때 또 하나의 표문이 올라오거늘, 상이 의괴하여 열어 보시니 ⓑ그 소에 하였으되,

　'죄신 이대봉은 황공함과 두려운 마음으로 머리를 조아려 절을 올리며 한 장 표문을 황상 용탑 하에 바치옵나이다. 신의 부자가 간신 왕희의 모함을 입었사오나, 폐하의 성덕을 입사와 이 한목숨에 너그러움을 베풀어 ㉢해도에 내치신 덕택으로 유배지로 가옵더니, 도중을 향하와 배를 타고 대해 중에 행하옵더니, 뜻밖에 뱃사람들이 달려들어 아비를 결박하여 물에 던지거늘, 신의 아비 죽는 양을 보고 또한 뒤를 따라 수중에 빠지오매 거의 죽게 되었삽더니, 마침 서해 용왕의 구함을 입어 살아나 서역 천축국 ㉣백운암에 가 팔 년을 의탁하였나이다. 생각하옵건대 신의 부자가 국가의 죄인이라. 타처에 오래 있사옴이 옳지 않아 세상에 나와 수중에 빠진 아비 유골이나마 찾고 고국에 있는 어미를 찾아보고자 하와 중원으로 돌아가옵다가, 농서에서 한나라 장수 이릉의 영혼을 만나 갑옷과 투구를 얻고, 사평에서 오추마를 얻으며, 화용도에서 관 공의 영혼을 만나 칼을 얻어, 황성으로 향코자 하옵다가, 반적 흉노가 천자의 자리를 범하여 황성을 함몰하고 어가가 ㉤금릉으로 행하셨다 함을 듣고, 분심을 이기지 못하와 전죄를 무릅쓰고 천 리를 달려와 금릉에 이르러 자칭 충의장군이라 하옵고 필마단창으로 적군을 파하고 적장 묵특남과 동돌수를 베어 성상의 급하심을 구하옵고, 흉노가 도망하는 것을 따라 서릉도에 들어가 흉노를 베었나이다. 돌아오는 길에 해중에서 풍랑을 만나 나흘 밤낮을 정처 없이 가다가 천우신조하옵고, 성상의 하해지덕으로 무인절도에 다다라 바람이 그치오며, 그 섬에 올라가 죽었던 아비를 만났사오니 황명을 기다리지 아니하고 감히 함께 와 대죄하옵나니, 신의 부자의 죄 만 번 죽어도 아까울 것이 없나이다. 그러하오나 왕희는 국가의 난신적자요 신의 원

수라. 뱃사람이 재물 없이 적소로 가는 죄수를 무단히
살해하올 일은 만무하온즉, 이는 반드시 왕희의 사주
를 받은 것으로, 의심할 바 없는지라 바라옵건대 성상
은 엄형 국문하옵신 후 왕적을 내어 주시고 신의 죄를
다스리옵소서.'
하였더라.

–작자 미상, 「이대봉전」–

* 진진지연(秦晉之緣) : 혼인의 인연.

31 ㉠~㉤에 대한 설명으로 가장 적절한 것은?

① ㉠은 이대봉이 이릉의 영혼을 만나 갑옷과 칼을 얻은
공간이다.

② ㉡은 흉노가 침범한 곳이자 이대봉이 흉노를 처단한
공간이다.

③ ㉢은 장 한림 부부가 간신의 모해로 유배 간 공간이다.

④ ㉣은 이대봉이 중원으로 향하기 전에 머물던 공간이다.

⑤ ㉤은 동돌수가 이대봉을 피해 달아난 공간이다.

32 장 소저 에 대한 이해로 적절하지 않은 것은?

① 부친과 이 시랑이 '진진지연'을 맺은 데에는 신기한 꿈
이 영향을 미쳤을 것이라고 알고 있다.

② 이 시랑이 '간신의 모해'를 입은 것은 시운이 좋지 않
았기 때문이라고 생각했다.

③ 부친이 '세상을 버'린 까닭은 혼약이 어그러진 것과 이
시랑의 죽음에 대한 분노 때문이라고 여겼다.

④ 왕희가 '혼인을 강제하'는 것으로 판단하여 변복 도주
했다.

⑤ '성혼 행례'는 하지 않았으나, 승려가 된 양씨를 시어
머니로 대했다.

33 〈보기〉의 [A]에 들어갈 말로 적절하지 않은 것은?

> ──────[보기]──────
>
> 선생님 : 고전 소설에서는 제문, 표문 등과 같은 다양
> 한 글이 활용되기도 해요. 윗글의 ⓐ와 ⓑ에서 글
> 을 바치는 사람과 받는 상대가 누구인지 고려하여,
> 글의 특징이나 기능에 대해 말해 보세요.
> 학 생 : ＿＿＿＿＿＿＿＿＿＿＿＿＿＿ [A]
> 선생님 : 네, 맞아요.

① ⓐ는 망자에게 바치는 제문이고, ⓑ는 성상에게 바치
는 표문이에요.

② ⓐ는 상대의 원통함을 위로하기 위하여, ⓑ는 상대에
게 사건 경과를 알려 특별한 조치를 요청하기 위하여
작성되었어요.

③ ⓐ와 달리 ⓑ에는 글을 바치는 사람이 스스로를 낮추
는 표현이 사용되었어요.

④ ⓐ에서 글을 바치는 사람이 오해했던 사건의 실상이
ⓑ에서 드러나고 있어요.

⑤ ⓐ와 ⓑ는 모두 글을 바치는 사람과 상대를 서두에서
밝히고 있어요.

34 〈보기〉를 참고하여 윗글을 감상한 내용으로 적절하지 않은 것은? [3점]

> ──────[보기]──────
>
> 「이대봉전」에서 주인공은 공적 가치와 사적 목표
> 를 실현하기 위해 노력한다. 공적 가치는 국가 차원
> 의 사건에 참여하는 당위로 제시되고, 사적 목표는
> 가문의 일원으로서 그 사건 해결에 가담하는 동력이
> 된다. 현실계나 비현실계의 존재들 또한 주인공의 이
> 러한 문제 해결 과정에 조력한다. 공적 활약을 통해
> 공적 가치의 권위를 인정하는 이면에 사적 목표의 추
> 구를 배치하는 이러한 구도는 영웅소설이 지향하는
> '충'이라는 이념을 훼손하지 않으면서도 사적 목표의
> 추구를 정당화한다.

① 장애황이 혼약을 이루기 위해 대공을 세웠다고 한 데
에서, 혼약이 국가 차원의 사건에 참여하는 동력이 되
었음을 알 수 있군.

② 장애황이 난신 왕희를 국법으로 다스린 후 자신에게
내어 달라고 한 데에서, 공적 권위를 존중하되 사적 목
표도 실현하고자 하는 마음을 알 수 있군.

③ 흉노의 침입으로 성상이 피신했다는 소식에 분노하여
이대봉이 출전한 데에서, 국가 차원의 문제 해결에 참
여하는 당위성을 확인할 수 있군.

④ 표류하던 이대봉이 천우신조로 무인절도에서 이 시랑
과 재회한 데에서, 비현실계의 존재가 이대봉의 공적
활약에 조력한 것을 확인할 수 있군.

⑤ 이대봉이 흉노 제압을 공으로 드러낸 후 성상에게 왕
희의 처벌을 요구한 데에서, 충의 이념을 훼손하지 않
으면서도 사적 목표의 정당성을 확보하려는 인물의
의중을 확인할 수 있군.

　고전 시가의 세계에서는 많은 사람들에게 애창되던 작품이 후대로 전승되다가, 창작 당시와는 다른 상황에 놓이면서 변모하는 사례가 종종 발견된다. '개'를 소재로 한 아래의 시조들이 이러한 사례에 해당한다.

　국립중앙박물에는 '하기야키'라고 불리는 도자기 가운데 한 점이 소장되어 있다([사진]). '하기야키'는 진주 지방에서 도자기 비법을 이어 오다가 임진왜란 때에 일본으로 끌려간 도공 형제와 그 후손들이 일본 하기 지방에서 만든 도자기이다. [사진]의 도자기에는 한글로 (가)와 같은 시조가 씌어 있다.

[사진]
추철회시문다완(萩鐵繪詩文茶碗)

(가)

　개야 즈치 말라 밤 사름 다 도듯가
　즈목지 호고려 님 지슘 덩겨ᄉ라
　그 개도 호고려 개로다 듯고 줌즘ᄒᄂ라

　그런데 18세기의 가집인 『고금명작가』에 이와 유사하면서도 그보다 더 이른 시기에 창작된 작품 (나)가 수록되어 있어 주목된다.

(나)

　개야 즞지 마라 밤 스람이 다 도적가
　두목지* 호걸이 님 츄심 단니노라*
　그 개도 호걸의 집 갠지 듯고 줌즘ᄒ더라

* 두목지 : 기생들에게 인기가 많았던 당나라 시인 두목(杜牧).
* 츄심 단니노라 : 찾으러 다니노라.

　(가)와 (나)는, 일부 시어의 표기가 다르기는 하지만 대부분의 구절과 표현이 일치하기 때문에 같은 작품으로 간주된다. (나)가 우리나라에 전하고 있을 뿐 아니라 오기가 거의 없다는 점에서, 조선에서 오래전부터 전승되어 오던 (나)를 고국에서 익힌 도공들이 일본으로 끌려가 도자기를 구울 때 (가)를 기록해 넣은 것으로 판단된다. ㉠(나)는 화자를 여성으로 간주할 경우, 두목지 같은 남성이 찾아오기를 기다리는 한 여인의 마음을 노래한 것으로 해석된다.

　임병양란 이후에 개를 소재로 한 작품은 기존 평시조

의 틀을 벗고 다른 양식의 갈래인 사설시조로 다시 창작되었다. 사설시조 (다)는 수많은 가집에 수록될 정도로 인기 있던 작품인데, 여기에서는 중심 소재가 개이고 화자가 여성인 점은 그대로 이어지고 있지만 이를 담아내는 양식은 달라졌다.

(다)

　개를 여남은이나 기르되 요 개같이 얄미우랴
　미운 임 오면은 꼬리를 홰홰 치며 치뛰락 내리뛰락 반겨서 내닫고 고운 임 오면은 뒷발을 버둥버둥 무르락 나으락 캉캉 짖어서 돌아가게 한다
　쉰밥이 그릇그릇 난들 너 먹일 줄이 있으랴

　1907년 한일신협약이 체결된 이후, 개를 소재로 한 (다)는 그 조약의 조인에 찬성한 이완용 등의 정미칠적(丁未七賊)을 비판하기 위한 수단으로 다시 쓰였다. 작품이 창작된 시점을 고려할 때 (라)의 '일곱 마리 요 박살할 개'는 정미칠적을 비유한 것으로 해석된다. 제목 '살구(殺狗)'는 '개를 죽이다.'라는 뜻이다.

(라)

　개를 여러 마리나 기르되 요 일곱 마리같이 얄밉고 잣미우랴
　낯선 타처 사람 보게 되면 꼬리를 회회 치며 반겨라고 내달아 요리 납작 조리 갸웃하되 낯익은 집안사람 보면은 두 발을 뻗디디고 콧살을 찡그리고 이빨을 엉성거리고 컹컹 짖는 일곱 마리 요 박살할 개야
　보아라 근일에 새로 개 규칙 반포되어 개 임자의 성명을 개 목에 채우지 아니하면 박살을 당한다 하니 자연(自然) 박살

　　　　　　　　　　　　　－작자 미상, 「살구」－

　이상과 같은 변모의 사례들에서는 앞선 작품의 형식과 내용이 그대로 이어지기도 하지만, 표기·표현·주제·양식 등에서 다양한 변모가 이루어지기도 한다. 이러한 변모는 이본, 작품, 갈래의 세 가지 차원으로 구분할 수 있다. ⓐ이본 차원의 변모는 앞선 작품의 표기나 표현 가운데 일부가 바뀌기는 하지만, 주제·양식 등은 대체로 그대로 유지되는 경우를 말한다. ⓑ작품 차원의 변모는 앞선 작품의 양식은 그대로 따르지만, 표현·주제 등이 바뀌어서 후속 작품을 새로운 작품으로 인정할 수 있는 경우를 말한다. ⓒ갈래 차원의 변모는 새로운 작품이 앞선

작품과 다른 양식에 근거하여서 후속 작품을 새로운 갈
래로 보아야 하는 경우를 말한다.

35 ㉠을 바탕으로 (나)를 감상한 내용으로 적절하지 <u>않은</u>
것은?

① 초장에서 화자가 개에게 '즛지 마라'라고 한 것은 '밤
  ㅅ람'이 개가 짖는 소리에 발걸음을 되돌릴까 염려했
  기 때문이겠군.
② 초장의 '도적'과 중장의 '두목지 호걸'은 모두 화자가
  기다리는 사람을 가리키는군.
③ 중장의 '두목지 호걸'은 '두목지 같은 호걸'로 풀이되어
  '호걸'에 대한 화자의 호감을 드러내는군.
④ 종장의 '줌줌ㅎ더라'는 '호걸'이 '님 츄심'하기에 용이
  한 상황이 되었음을 암시하는군.
⑤ 중장은 초장에서 화자가 개에게 '즛지 마라'라고 부탁
  한 이유를, 종장은 그 결과를 드러내는군.

36 '개'를 중심으로 (나)와 (다)를 비교한 내용으로 적절하지
<u>않은</u> 것은?

① (나)와 (다)의 개는 모두 화자의 기다림을 표현하는 매
  개물로 기능하고 있다.
② (나)와 (다)에서는 모두 지시어에 의해 개와 화자 간의
  물리적 거리가 환기되고 있다.
③ (나)와 (다)에서는 모두 기다리는 사람에 대한 화자의
  기대와 개의 반응이 다른 데서 시적 상황이 조성되고
  있다.
④ (나)의 개는 화자와 교감이 가능한 대상으로, (다)의
  개는 화자와 교감을 나누기 어려운 대상으로 간주되
  고 있다.
⑤ (나)의 개가 상황이 변해도 행동을 바꾸지 않는 존재
  라면, (다)의 개는 상황이 변하면 행동을 바꾸는 존재
  로 제시되고 있다.

37 (가)~(라) 사이에 이루어진 변모의 양상을 ⓐ~ⓒ에 따라
적절하게 구별한 것은?

	ⓐ	ⓑ	ⓒ
①	(가)→(나)	(나)→(다)	(다)→(라)
②	(가)→(나)	(다)→(라)	(나)→(다)
③	(나)→(가)	(나)→(다)	(다)→(라)
④	(나)→(가)	(다)→(라)	(나)→(다)
⑤	(다)→(라)	(나)→(다)	(가)→(나)

38 (가), (다), (라)의 향유 양상에 대한 추론으로 적절하지
<u>않은</u> 것은? [3점]

① (가)가 일본으로 끌려간 도공들이 기록한 것이라면,
  한글 표기를 통해 그들이 고국에 대한 기억을 간직하
  고 있었음을 알 수 있겠군.
② (가)가 일본에서 태어난 도공들의 후손이 기록한 것이
  라면, 그들이 조선인임을 잊지 않으려 노력했음을 알
  수 있겠군.
③ (다)가 만나지 못하는 '고운 임'에 대한 원망(怨望)을
  표현한 것이라면, 개는 '고운 임' 탓에 부당하게 대접
  받고 있는 셈이겠군.
④ (라)가 한일신협약을 비판하기 위해 지어진 것이라면,
  '개 규칙'은 한일신협약을 비유적으로 가리키는 표현
  이겠군.
⑤ (라)가 정미칠적에 대한 비판의 의도로 지어진 것이라
  면, '타처 사람'과 '집안사람'은 일본과 조선을 대조하
  는 표현이겠군.

　　한참 정이와 별의별 말이 다 오고 가고 하였을 때, '불단집*'에서 마악 설거지를 하고 있던 갑순이 할머니가 뛰어나왔다. 갑득이 어미는, 경우에 따라서는 그들 모녀를 상대하여서도, 할 말에 궁하지는 않다고 은근히 마음에 준비가 있었던 것이나, 뜻밖에도 갑순이 할머니는 자기 딸의 역성을 들려고는 하지 않고,

　　㉠"애최에 늬가 말 실수헌 게 잘못이지, 남을 탄해 뭘 허니? 이게 모두 모양만 숭업구……, 온, 글쎄, 그만 허구 들어가. 늬가 잘못했어. 네 잘못이야."

하고 도리어 딸을 나무라던 것을, 갑득이 어미는 그 당장에는, 귀에 솔깃하여,

　　"그렇지. 자계가 먼저 말을 냈지. 나야 그저 대꾸헌 죄밖엔 없으니까. 잘했든 잘못했든 자계가 시초를 낸 게니까——"

하고, 뽐내도 보았던 것이나, 나중에 깨달으니, 그것은 얼토당토않은 생각으로, 갑순이 할머니가 그렇게 자기 딸을 꾸짖으며 한사코 집으로 데리고 들어간 것에는,

　　㉡"아, 그 배지 못헌 행랑것허구, 쌈이 무슨 쌈이냐?"

　　"똥이 무서워 피허니? 더러우니까 피허는 게지!"

하고, 그러한 사상이 들어 있었던 것이 분명하였다.

　　사실, 을득이 녀석이 나중에 보고하는데 들으니까, 저녁때 돌아온 집주름 영감이 그 얘기를 듣고 나자,

　　"걔두 그만 분별은 있을 아이가, 그래 그런 상것허구 욕지거리를 허구 그러다니……."

쩻, 쩻, 쩻 하고 혀를 차니까, 늙은 마누라는 또 마주 앉아서,

　　"그렇죠, 그렇구 말구요. 쌈을 허드래두 같은 양반끼리 해야지, 그런 것허구 허는 건, 꼭 하늘 보구 침 뱉기지. 그 욕이 다아 내게 돌아오지, 소용 있나요."

　　㉢그리고 후유우 하고 한숨조차 내쉬는데, 방 안에서들 그러는 소리가 대문 밖까지 그대로 들리더라 한다.

　　[중략 부분의 줄거리] 골목 안 아홉 가구가 공동변소처럼 쓰는 불단집 소유의 뒷간에 양 서방이 갇힌다.

　　그는 아무리 상고하여 보아도 도무지 나갈 도리가 없는 것에 은근히 울화가 올랐다.

　　'제 집 뒷간두 아니구 남의 집 것을 그렇게 기가 나서 꼭꼭 잠그구 그럴 건 뭐 있누? 늙은이두 제엔장헐…….'

　　㉣인제는 할 수가 없으니, 소리를 한번 질러 볼까?———하기도 하였으나, 이러한 경우에 있어, 사람들은, 흔히

자기가 꼭 어떠한 수상한 인물인 듯싶게 스스로 느껴지는 경향이 있다. 그래, 그는 생각 끝에,

　　"아, 누가 문을 잠겄어어어?"

　　"문 좀 여세요오. 아, 누가……."

하고, 그러한 말을 제법 외치지도 못하고 그저 중얼대며, 한참이나 문을 잡아, 흔들어 자물쇠 소리만 덜거덕거렸던 것이다.

　　을득이한테 저의 아비가 불단집 뒷간에 가 갇히어 있다는 말을 듣고, 어인 까닭을 모르는 채 그곳까지 뛰어온 갑득이 어미는, 대강 사정을 알자, 곧 이것은 평소에 자기에게 좋지 않은 생각을 품고 있는 갑순이 할머니가 계획적으로 한 일임에 틀림없다고 혼자 마음에 단정하고,

[A]　"아아니, 그래, 애아범이 미우면 으떻게는 뭇 해서, 그 더러운 뒷간 숙에다 글쎄 가둬야만 헌단 말예요? 그래 노인이 심사를 그렇게 부려야 옳단 말예요?"

하고, 혼자 흥분을 하였다. 갑순이 할머니는, 그것은 전혀 예기하지 못하였던 억울한 말이라, 그래, 눈을 둥그렇게 뜨고, 손조차 내저어 가며,

[B]　"그건, 괜한 소리유, 괜한 소리야. 이 늙은 사람이 미쳐서 남을 뒷간 속에다 가둬? 모르구 그랬지, 모르구 그랬어. 난 꼭 아무두 없는 줄만 알구서, 그래, 모르구 자물쇨 챘지. 온, 알구야 왜 미쳤다구 잠그겠수?"

발명을 하였으나,

[C]　"모르긴 왜 몰라요. 다아 알구서 한 짓이지. 그래 자물쇨 챌 때, 안에서 말하는 소리두 뭇 들었단 말예요? 듣구두 모른 체했지. 듣구두 그냥 잠가 버린 거야."

하고, 갑득이 어미는 덮어놓고 시비만 걸려는 것을, 구경 나온 이웃 사람들이,

　　"아무러기서루니 갑순이 할머니께서 아시구야 그러셨겠소?"

　　"노인이 되셔서 귀두 어두시구 그래 몰르셨지!"

하고 말들이 있었고, 정작, 양 서방이 또 머뭇거리다가,

　　"자물쇨 채실 때, 내가 얼른 소리를 냈어두 아셨을 텐데, 미처 못 그래 그리 된 거야."

하고, 그러한 말을 매우 겸연쩍게 하여, 갑득이 어미는 집주름집 마누라를 좀더 공박할 것을 단념하여 버릴 수밖에 없는 동시에,

　　㉤"오오, 그러니까, 채, 무어, 말할 새두 없이 문이 잠겨져서, 그냥 갇힌 채, 누구 오기만 기대린 게로군?"

"그래, 얼마 동안이나 들어가 있었어?"

"뭐어 오래야 갇혔겠수? 동안이야 잠깐이겠지만……."

-박태원, 「골목 안」-

* 불단집 : 집 밖에도 전등을 단, 살림이 넉넉한 집.

39 윗글에 대한 설명으로 가장 적절한 것은?

① 집 안에서의 대화가 이웃에 노출되어 인물의 속내가 드러난다.

② 서로의 말실수에 대한 비난이 인물 간 다툼의 원인임이 드러난다.

③ 이웃의 갈등을 곁에서 지켜보고 있는 인물들의 냉담함이 드러난다.

④ 이웃을 무시하는 인물의 차별적 언행을 함께 견뎌 내려는 사람들의 결연함이 드러난다.

⑤ 곤경에 빠진 가족의 상황을 다른 가족에게 전한 것이 이웃 간 앙금을 씻는 계기가 됨이 드러난다.

40 [A]~[C]에 대한 설명으로 적절하지 <u>않은</u> 것은?

① [A]에서 인물은 상대의 행위가 옳지 않다고 판단하여, 반복적으로 추궁하며 상대가 잘못했음을 분명히 한다.

② [B]에서 인물은 상대의 주장이 사실과 다르다며, 모르고 그랬다는 말을 반복함으로써 자신의 억울함을 알린다.

③ [C]에서 인물은 추측을 바탕으로 상대의 발언이 신뢰하기 어렵다고 반박하고, 상대의 반응에 아랑곳하지 않고 거짓으로 답했다며 몰아붙인다.

④ [A]에서 인물은 상대의 행위와 동기를 함께 비난하고, [B]에서 인물은 상대의 비난을 파악하지 못해 자신의 행위에 대해서만 인정한다.

⑤ [A]에서 인물이 상대에게 화를 내자, [B]에서 인물은 당황하며 자신을 방어하지만, [C]에서 갈등 상황은 지속된다.

41 집주름 영감과 양 서방에 대한 이해로 가장 적절한 것은?

① 집주름 영감이 딸의 행동을 분별없다고 탓한 이유는 아내가 갑득이 어미 앞에서 딸을 나무란 뒤 남편에게 밝힌 생각과 같다.

② 집주름 영감은 아내와 갑득이 어미의 갈등이 드러나지 않게 하는, 양 서방은 결과적으로 이들의 갈등을 완화하는 역할을 한다.

③ 양 서방이 여러 궁리를 하면서도 뒷간을 빠져나오지 못한 이유는 아내에게 밝힌 사건의 경위와 무관하다.

④ 양 서방은 아내가 갑순이 할머니에게 한 말과 이에 대한 이웃들의 반응을 듣고도 아내에게 무덤덤한 태도를 보이고 있다.

⑤ 양 서방이 자신의 상황을 갑순이 할머니에게 알리지 못했다고 말한 것은 누가 뒷간 문을 잠갔는지에 대한 의문이 풀려서 화가 누그러졌기 때문이다.

42 〈보기〉를 참고하여 ㉠~㉤을 이해한 내용으로 적절하지 <u>않은</u> 것은? [3점]

[보기]

서술자는 자신의 시선만으로 서술하기도 하고 인물의 시선으로 초점화하여 서술하기도 한다. 그런데 이 작품에서는 두 서술 방식이 겹쳐 나타나는 경우가 있다. 이때 서술자는 인물과 거리를 둠으로써 그들의 말이나 생각, 감정 등에 대한 태도를 드러낸다. 이 밖에도 쉼표의 연이은 사용은 시간의 지연이나 인물의 상황 등을 드러낸다. 이러한 서술 기법은 문맥 속에서 글의 의미를 다양하게 보충한다.

① ㉠ : 말줄임표 이후 쉼표를 연이어 사용한 것은, 인물이 자신의 생각을 감추거나 다른 할 말을 떠올리면서 시간의 지연이 있음을 드러낸 것이겠군.

② ㉡ : 서술자 시선의 서술과 인물의 시선으로 초점화한 서술이 겹쳐 나타난 것은, 상황을 잘못 인지한 채 상대의 생각을 추측하는 인물에게 서술자가 거리를 두고 있음을 드러낸 것이겠군.

③ ㉢ : 말을 전하는 '~라 한다'의 주체가 인물일 수도 있고 서술자일 수도 있게 서술한 것은, 인물의 경험을 전하기만 하고 특정 인물의 편에 서지 않으려는 서술자의 태도를 드러낸 것이겠군.

④ ㉣ : 인물의 생각에 대해 쉼표를 연이어 사용하며 설명한 것은, 인물이 생각을 실행에 옮기지 못하고 망설이는 상황을 드러낸 것이겠군.

⑤ ㉤ : 감탄사 이후 쉼표를 연이어 사용한 것은, 인물이 새로운 정보를 바탕으로 사건을 파악하는 상황을 드러낸 것이겠군.

—— (해설 p.322) ——

(가)

마을 안에 차 집어넣고
이 집, 한 집 건너 저 집, 또 저 집,
구름처럼 피고 있는 **살구꽃**과 만난다.　［A］
빈집에는 작지만 **분홍빛 더 실린** 꽃구름,
때맞춰 깬 벌들이 이리저리 날고
날개맥(脈) 덜 여문 나비들이 저속으로 오간다.
소의 순한 얼굴이 너무 좋아
소 앞세우고 오는 마을 사람과 눈웃음으로 인사　［B］
한다.
하늘 구름이 온통 동네에 내려와 있으니
말을 걸지 않아도 말이 되는군.
차에 올라 시동 걸고도 한참 동안 밖을 내다본다.
꽃들의 생애가 좀 짧으면 어때?
달포 뒤쯤 이곳을 다시 지날 때
이 꽃구름들 낡은 귀신들처럼 그냥 **허옇게 매달려** 있
다면……
꽃도 황홀도 **때맞춰** 피고 지는 거다.

다리를 건너 가속 페달 밟으려다 말고
천천히 차를 몬다.　　　　　　　　　　　　　　［C］
몸 돌려 보지 않아도
차 거울들 속에 꽃구름 피고 있고
차 거울로는 잘 잡히지 않으나
하늘의 연분홍을 땅 위에 내려 받는 검은 둥치　　［D］
들이
군소리 없이 구름을 잔뜩 인 채 서 있겠지.
차를 멈추고 뒤돌아본다.　　　　　　　　　　　［E］
아 **하늘의 기둥들!**

　　　　　　　　　　　　-황동규, 「살구꽃과 한때」-

(나)

1

　저 하잘것없는 한 송이의 달래꽃을 두고 보드래도, 다
사롭게 타오르는 햇볕이라거나 보드라운 바람이라거나
거기 모여드는 벌나비라거나 그보다도 이 하늘과 땅 사
이를 어렴풋 **이끌고 가는 크나큰** 그 어느 알 수 없는
마음이 있어 저리도 조촐하게 **한 송이의 달래꽃은 피어
나는 것이요 길이 멸하지 않을** 것이다.

2

　바윗돌처럼 꽁꽁 얼어붙었던 대지를 뚫고 솟아오른
저 애잔한 달래꽃의 **긴긴 역사**라거나 그 막아 낼 수 없
는 위대한 힘이라거나 이것들이 빚어내는 아름다운 모
든 것을 내가 찬양하는 것도 오래오래 우리 마음에 걸친
거추장스러운 푸른 **수의**(囚衣)를 자작나무 허울 벗듯
훌훌 **벗고 싶은** 달래꽃같이 위대한 역사와 힘을 가졌기
에 이렇게 살아가는 것이요 살아가야 하는 것이다.

3

　한 송이의 달래꽃을 두고 보드래도 햇볕과 바람과 벌
나비와 그리고 또 무한한 마음과 입 맞추고 살아가듯 너
의 뜨거운 심장과 아름다운 모든 것이 샘처럼 왼통 괴어
있는 그 눈망울과 그리고 항상 내가 꼬옥 쥘 수 있는 그
뜨거운 핏줄이 나뭇가지처럼 타고 오는 뱅어같이 예쁘디
예쁜 손과 네 고운 청춘이 나와 더불어 가야 할 저 **환히
트인 길**이 있어 늘 이렇게 죽도록 사랑하는 것이요 사랑
해야 하는 것이다.

　　　　　　　　　　　　　　-신석정, 「역사」-

43 (가)와 (나)의 공통점으로 가장 적절한 것은?

① 공감각적 심상을 활용하여 대상의 외양을 묘사하고
　있다.
② 영탄적 어조를 통해 대상에 대한 그리움을 부각하고
　있다.
③ 중심 소재를 반복적으로 제시하여 주제 의식을 드러
　내고 있다.
④ 대립적인 의미의 시어를 통해 현실에 대한 비판 의식을
　강조하고 있다.
⑤ 말을 주고받는 방식을 사용하여 의인화된 대상과의
　교감을 나타내고 있다.

44 [A]~[E]에 대한 이해로 적절하지 <u>않은</u> 것은?

① [A]: '이 집', '저 집'과 '빈집'으로 시선을 이동하며 대상의 형태와 색채를 인식하고 있다.

② [B]: '소'와 '마을 사람'에게 호의적 시선을 보내고 '하늘 구름'의 영향을 의식하고 있다.

③ [C]: '다리를 건너'며 '꽃구름'과 이별하는 상황에서도 '찬 거울들'에 비친 대상을 보고 있다.

④ [D]: '찬 거울로는' 시야에 온전히 들어오지 않는 '검은 둥치들'이 묵묵히 서 있는 모습을 떠올리고 있다.

⑤ [E]: 대상과의 정서적 거리가 멀어지는 상황에서 '차를 멈추고 뒤돌아'봄으로써 경외감을 드러내고 있다.

45 (나)에 대한 설명으로 적절하지 <u>않은</u> 것은?

① 1에서 '저 하잘것없는 한 송이의 달래꽃을 두고' 본다는 것은 사소해 보일 수 있는 대상에 대한 관심을 드러낸다.

② 2에서 '얼어붙었던 대지'라는 부정적 여건을 극복하여 '뚫고 솟아오른'다는 것은 '달래꽃'의 강인한 모습을 드러낸다.

③ 2에서 '이것들이 빚어내는 아름다운 모든 것'을 '찬양'한다는 것은 '역사와 힘'의 위대함을 기리는 태도를 드러낸다.

④ 3에서 '예쁘디예쁜 손'을 '항상 내가 꼬옥 쥘 수 있'다는 것은 함께하는 존재와의 결속에 대한 화자의 인식을 드러낸다.

⑤ 3에서 '네 고운 청춘'을 '죽도록 사랑하'겠다는 것은 공동체의 갈등을 해소하기 위한 화자의 희생정신을 드러낸다.

46 〈보기〉를 참고하여 (가), (나)를 감상한 내용으로 적절하지 <u>않은</u> 것은? [3점]

> ——————[보기]——————
>
> (가)와 (나)는 시간적 속성에 주목하여 시적 대상을 의미화한다는 점에서 공통적이지만, 구체적 이미지와 추상적 관념을 통합하는 방식의 측면에서 차이를 보인다. (가)는 대상의 일시성에 주목하며 포착한 경험 세계를 비유와 묘사를 통해 그려 냄으로써 생명과 자연에 대한 내적 인식을, (나)는 대상의 영속성에 주목하며 인식한 관념적 세계를 감각적으로 형상화함으로써 역사에 대한 상징적 의미를 드러내고 있다.

① (가)에서 꽃을 '구름'으로, 나무둥치를 '하늘의 기둥'으로 비유한 것을 통해, '때맞춰' 꽃을 피워 하늘과 땅을 연결하고 있는 생명에 대한 내적 인식이 드러나는군.

② (가)에서 '분홍빛 더 실린' 꽃의 모습과 '때맞춰 깬 벌'의 움직임을 포착하여 그려 낸 것을 통해, 작은 생명이 선명하게 드러나는 순간에 대한 관심을 엿볼 수 있군.

③ (나)에서 온 세상의 역사를 '이끌고 가는' 힘은 '크나큰' '마음'으로 표현되며, '한 송이의 달래꽃'이 '피어나는 것'이라는 구체적인 이미지를 통해 감각적으로 형상화되는군.

④ (가)에서 '살구꽃'이 '허옇게 매달'린 모습에 대한 지향은 '달포 뒤쯤' 회복될 생명에 대한 기대로, (나)에서 '수의'를 '벗고 싶은' 소망은 '환히 트인 길'로 상징된 역사적 전망으로 이어지는군.

⑤ (가)에서 '꽃들의 생애가 좀 짧'아도 괜찮다는 것은 일시성에 주목하여 자연의 섭리를, (나)에서 '길이 멸하지 않을 것'은 영속성에 주목하여 '긴긴 역사'의 의미를 인식함을 보여 주는군.

[47~50] 다음 글을 읽고 물음에 답하시오.　2023.06 [18~21]

— (해설 p.332) —

　　상서의 셋째 부인 여씨는 둘째 부인 석씨의 행실과 마음 씀이 매사 뛰어남을 보고 마음속에 불평하여 생각하되, '이 사람이 있으면 내게 상서의 총애가 오지 않으리라.' 하여 좋은 마음이 없더라. 날이 늦어져 모임이 흩어진 후 상서의 서모(庶母) 석파가 청운당에 오니 여씨가 말하길,

　　"석 부인은 실로 적강선녀. 상공의 총애가 가볍지 않으리로다."

　　석파가 취해 실언함을 깨닫지 못하고 왈,

　　"석 부인은 비단 얼굴뿐 아니라 덕행을 겸비하여 시모이신 양 부인이 더욱 사랑하시나이다."

　　이때 석씨가 석파를 청하자 석파가 벽운당에 이르러 웃고 왈,

　　"나를 불러 무엇 하려 하느뇨? 내 석 부인이 받는 총애를 여 부인에게 자랑하였나이다."

　　석씨가 내키지 않아 하며 당부하되,

　　"㉠후일은 그런 말을 마소서."

하니, 석파 웃더라.

　　여씨의 거동이 점점 아름답지 않으나 양 부인과 상서는 내색하지 않더라. 일일은 상서가 문안 후 청운당에 가니 여씨 없고, 녹운당에 이르니 희미한 달빛 아래 여씨가 난간에 엎드려 화씨의 방을 엿듣는지라, 도로 청운당에 와 시녀로 하여금 청하니 여씨가 급히 돌아오니 상서가 정색하고 문 왈,

　　"부인은 깊은 밤에 어디 갔더뇨?"

　　여씨 답 왈,

　　"㉡문안 후 소 부인의 운취각에 갔더이다."

　　상서는 본래 사람을 지극한 도로 가르치는지라 책망하며 왈,

　　"부인이 여자의 행실을 전혀 모르는지라. 무릇 여자의 행세 하나하나 몹시 어려운지라. 어찌 깊은 밤에 분주히 다니리오? 더욱이 다른 부인의 방을 엿들음은 금수의 행동이라 전일 말한 사람이 있어도 전혀 믿지 않았더니 내 눈에 세 번 뵈니 비로소 그 말이 사실임을 알지라. 부인은 다시 이 행동을 말고 과실을 고쳐 나와 함께 늙어갈 일을 생각할지어다."

하며 기세가 엄숙하니, 여씨가 크게 부끄러워하더라.

　　이후 여씨 밤낮으로 생각하더니, 문득 옛날 강충이란 자가 저주로써 한 무제와 여 태자를 **이간**했던 일을 떠올리고, 저주의 말을 꾸며 취성전을 범하니 일이 치밀한지라 뉘 능히 알리오?

　　일일은 취성전에서 양 부인이 일찍 일어나 앉았으나 석씨가 마침 병이 나서 문안에 불참하매 시녀 계성에게 청소시키니, 계성이 짐짓 침상 아래를 쓸다가 갑자기 **봉한 것**을 얻어 내며,

　　"알지 못하겠도다. 누가 잃은 것인고? 필연 동료 중 잃은 것이니 임자를 찾아 주리라."

하고 스스로 혼잣말 하거늘 부인이 수상히 여겨 가져오라 하여 풀어 보니, 그 글에 품은 한이 흉악하여 차마 보지 못할 바이러라. 필적이 산뜻하니 완연히 석씨의 것이라 크게 괴히 여겨 다시 보니 그 언사의 흉함이 차마 바로 보지 못할지라. 양 부인이 불을 가져다가 사르고 시녀들을 당부하여 왈,

　　"너희들이 이 일을 누설한즉 죽을죄를 당하리라."

　　좌우 시녀 듣고 송구하여 입을 봉하되, 홀로 계성은 누설치 못함을 조급해하고 양 부인은 이후 석씨와 자녀를 보나 내색하지 않더라.

　　[중략 부분의 줄거리] 석씨가 쫓겨난 후, 첫째 부인 화씨를 모함하려고 여씨가 여의개용단을 먹고 화씨로 둔갑해 나타나자, 상서는 친누나 소씨, 의남매 윤씨, 석파를 불러 모아 함께 실상을 밝히려 여씨의 심복을 찾는다.

　　시녀가 여씨 심복 미양을 가리켜 아뢰니, 상서가 미양을 잡아내어 엄하게 조사하더라. 미양이 혼비백산하여 사실대로 고하고 두 가지 약을 내어 드리니, 소씨 등이 다투어 보고 웃되, 상서는 홀로 눈을 들어 보지 않으니 사악한 빛을 보지 않으려 함이라. 석파가 그중 **회면단**을 물에 풀어 두 화씨에게 나누어 주니 진짜 화씨 노기 가득하여 먹고 왈,

　　"약을 먹더라도 부모님 남긴 몸이 달리 되랴? 네 굳이 내 얼굴이 되고자 하니, 이 무슨 괴이한 생각으로 패악을 떨려 하느뇨?"

　　상서 왈,

　　"어지럽게 굴지 말라."

　　진짜 화씨는 회면단을 마시되 용모 변치 않더라. 상서가 또 여씨에게 권하니, 여씨 먹지 않거늘 윤씨 웃고 왈,

　　"아니 먹는 죄 의심되도다."

　　소씨 나아가 우김질로 들이붓더라. 여씨가 마지못하여 먹으니 화씨 변하여 여씨 되는지라. 좌우 사람들이 박

장대소하더라. 상서 바야흐로 단정히 고쳐 앉으며 왈,

"군자 있는 곳에는 요사스러운 일이 없거늘 이 아우가
어질지 못하여 집안에 이런 변이 있으니 대장부 되어
아녀자를 거느리지 못하여 이런 행동거지 있으니 어
찌 부끄럽지 않으리오. 석씨를 모함함도 여씨의 일이
니 누님은 따져 물으소서."

석파가 먼저 나서며 미양을 붙들고 물으니 미양이 당
초부터 여씨가 계교를 꾸몄던 일들을 낱낱이 말하더라.
소씨, 윤씨 두 사람이 웃으며 왈,

"이제 보건대, 당초 우리 의심이 그르지 않았도다."

석파가 몹시 좋아해 뛰면서 기쁨을 이기지 못하고, 여
씨는 부끄러움을 이기지 못하여 움직이지 못하고, 화씨
는 꾸짖기를 마지않더라. 날이 새어 취성전에 들어가 **어
젯밤** 일을 일일이 아뢰더라. 양 부인이 놀라고 여씨를
불러 마루 아래에 꿇리고 벌주니 가장 엄숙하여 언어 명
백하며 들음에 모골이 송연하더라. 이에 여씨를 내치고
계성과 미양 등을 엄히 다스리고 집안을 평정하더라.

–작자 미상, 「소현성록」–

47 윗글에 대한 설명으로 가장 적절한 것은?

① 배경 묘사를 통해 인물의 성격 변화를 암시하고 있다.
② 독백을 반복하여 내적 갈등의 해결 과정을 드러내고
있다.
③ 과거와 현재를 교차하여 사건을 입체적으로 전개하고
있다.
④ 한 인물과 다른 인물들 간의 다면적 갈등 관계를 제시
하고 있다.
⑤ 두 공간에서 동시에 일어나는 사건을 병렬적으로 배
치하고 있다.

48 윗글의 내용에 대한 이해로 적절하지 <u>않은</u> 것은?

① 석파는 집안사람들과 교류하며 집안일에 관여한다.
② 상서는 남의 말의 진위를 직접 확인하여 판단한다.
③ 여씨는 상서의 책망에도 부끄러워하지 않는다.
④ 양 부인은 권위를 지니고 가족과 시녀들을 통솔한다.
⑤ 소씨는 여씨를 압박하여 의혹을 해소하려 한다.

49 맥락을 고려하여 ㉠과 ㉡을 이해한 내용으로 가장 적절한 것은?

① ㉠은 석파의 독선을 질책하는 말이고, ㉡은 상서의 오
해를 증폭시키는 말이다.
② ㉠은 석파의 안전을 도모하기 위한 말이고, ㉡은 상서
를 위험에 빠뜨리기 위한 말이다.
③ ㉠은 석파에 대한 호의를 표현하는 말이고, ㉡은 상서
에 대한 불신을 표현하는 말이다.
④ ㉠은 석파의 경솔함을 염려하는 말이고, ㉡은 상서의
의심을 피하기 위해 한 말이다.
⑤ ㉠은 석파에게 얻은 정보를 불신하는 말이고, ㉡은 상
서가 가진 정보를 몰라서 하는 말이다.

50 〈보기〉를 참고하여 윗글을 감상한 내용으로 적절하지 <u>않은</u> 것은? [3점]

[보기]

음모 모티프는 인물이 욕망을 실현하기 위해 음
모를 실행하는 이야기 단위이다. 음모의 진행 과정
에 환상적 요소가 사용되기도 하고 조력자가 등장
해 음모자를 돕기도 한다. 음모가 실행되면서 서사
적 긴장이 고조되는데, 음모자의 욕망 실현이 지연
되면 서사적 긴장은 일시적으로 이완된다. 이때 음
모자가 또 다른 음모를 꾸미나 결국 음모의 실체가
드러나며 죄상에 따라 처벌된다.

① 여씨가 자신을 석씨와 견주고 양 부인과 석씨를 '이간'
하려는 데서, 석씨와의 경쟁 관계를 의식한 여씨의 욕
망에서 음모가 비롯됨을 알 수 있군.
② 여씨가 꾸민 '봉한 것'이 계성을 통해 양 부인에게 건
네진 데서, 상하 관계에 있는 음모자와 조력자에 의해
서사적 긴장이 고조됨을 알 수 있군.
③ '그 글'이 불살라지고 시녀들의 누설이 금지된 데서,
양 부인에 의해 음모의 실행이 저지되어 서사적 긴장
이 일시적으로 이완됨을 알 수 있군.
④ '회면단'을 먹고 여씨가 본래 모습으로 돌아오는 데서,
음모자가 욕망의 실현을 위해 준비한 환상적 요소가
음모의 실체를 드러내는 도구로 작용함을 알 수 있군.
⑤ 상서는 '금수의 행동'을 한 여씨를 교화하려 했지만 양
부인은 '어젯밤 일'로 여씨를 내친 데서, 처벌 방법을
두고 대립이 있음을 알 수 있군.

(가)

흰 벽에는――

어련히 해들 적마다 나뭇가지가 그림자 되어 떠오를 뿐이었다.

그러한 정밀*이 천년이나 머물렀다 한다.

단청은 연년(年年)이 빛을 잃어 두리기둥에는 틈이 생기고, 볕과 바람이 쓰라리게 스며들었다. 그러나 험상궂어 가는 것이 서럽지 않았다.

기왓장마다 푸른 이끼가 앉고 세월은 소리없이 쌓였으나 ㉠문은 상기 닫혀진 채 멀리 지나가는 바람 소리에 귀를 기울이는 밤이 있었다.

주춧돌 놓인 자리에 가을풀은 우거졌어도 봄이면 돋아나는 푸른 싹이 살고, 그리고 한 그루 진분홍 꽃이 피는 나무가 자랐다.

유달리도 푸른 높은 하늘을 눈물과 함께 아득히 흘러간 별들이 총총히 돌아오고 사납던 비바람이 걷힌 낡은 처마 끝에 찬란히 빛이 쏟아지는 새벽, 오래 닫혀진 문은 산천을 울리며 열리었다.

――그립던 깃발이 눈뿌리에 사무치는 푸른 하늘이었다.

　　　　　　　　　　　　　　　　　-김종길, 「문」-

* 정밀 : 고요하고 편안함.

(나)

이를테면 수양의 늘어진 ㉡가지가 담을 넘을 때
그건 수양 가지만의 일은 아니었을 것이다
얼굴 한번 못 마주친 애먼 뿌리와
잠시 살 붙였다 적막히 손을 터는 꽃과 잎이　　　[A]
혼연일체 믿어주지 않았다면
가지 혼자서는 한없이 떨기만 했을 것이다

한 닷새 내리고 내리던 고집 센 비가 아니었으면
밤새 정분만 쌓던 도리 없는 폭설이 아니었으면
담을 넘는다는 게
가지에게는 그리 신명 나는 일이 아니었을 것이다　　[B]
무엇보다 가지의 마음을 머뭇 세우고
담 밖을 가둬두는
저 금단의 담이 아니었으면

담의 몸을 가로지르고 담의 정수리를 타 넘어
담을 열 수 있다는 걸
수양의 늘어진 가지는 꿈도 꾸지 못했을 것이다

그러니까 목련 가지라든가 감나무 가지라든가
줄장미 줄기라든가 담쟁이 줄기라든가
가지가 담을 넘을 때 가지에게 담은　　　　　　[C]
무명에 획을 긋는
도박이자 도반*이었을 것이다

　　　　　　　　　　　　-정끝별, 「가지가 담을 넘을 때」-

* 도반 : 함께 도를 닦는 벗.

(다)

나는 이홍에게 이렇게 말했다.

"ⓐ너는 잊는 것이 병이라고 생각하느냐? 잊는 것은 병이 아니다. 너는 잊지 않기를 바라느냐? 잊지 않는 것이 병이 아닌 것은 아니다. ⓑ그렇다면 잊지 않는 것이 병이 되고, 잊는 것이 도리어 병이 아니라는 말은 무슨 근거로 할까? 잊어도 좋을 것을 잊지 못하는 데서 연유한다. 잊어도 좋을 것을 잊지 못하는 사람에게는 잊는 것이 병이라고 치자. 그렇다면 잊어서는 안 되는 것을 잊는 사람에게는 잊는 것이 병이 아니라고 말할 수 있다. ⓒ그 말이 옳을까?

천하의 걱정거리는 어디에서 나오겠느냐? 잊어도 좋을 것은 잊지 못하고 잊어서는 안 될 것은 잊는 데서 나온다. 눈은 아름다움을 잊지 못하고, 귀는 좋은 소리를 잊지 못하며, 입은 맛난 음식을 잊지 못하고, 사는 곳은 크고 화려한 집을 잊지 못한다. 천한 신분인데도 큰 세력을 얻으려는 생각을 잊지 못하고, 집안이 가난하건만 재물을 잊지 못하며, 고귀한데도 교만한 짓을 잊지 못하고, 부유한데도 인색한 짓을 잊지 못한다. 의롭지 않은 물건을 취하려는 마음을 잊지 못하고, 실상과 어긋난 이름을 얻으려는 마음을 잊지 못한다.

그래서 잊어서는 안 될 것을 잊는 자가 되면, 어버이에게는 효심을 잊어버리고, 임금에게는 충성심을 잊어버리며, 부모를 잃고서는 슬픔을 잊어버리고, 제사를 지내면서 정성스러운 마음을 잊어버린다. 물건을 주고받을 때 의로움을 잊고, 나아가고 물러날 때 예의를 잊으며, 낮은 지위에 있으면서 제 분수를 잊고, 이해의 갈림길에서 지켜야 할 도리를 잊는다.

ⓓ먼 것을 보고 나면 가까운 것을 잊고, 새것을 보고 나면 옛것을 잊는다. 입에서 말이 나올 때 가릴 줄을

잊고, 몸에서 행동이 나올 때 본받을 것을 잊는다. 내적인 것을 잊기 때문에 외적인 것을 잊을 수 없게 되고, 외적인 것을 잊을 수 없기 때문에 내적인 것을 더더욱 잊는다.

ⓔ<u>그렇기 때문에 하늘이 잊지 못해 벌을 내리기도 하고, 남들이 잊지 못해 질시의 눈길을 보내며, 귀신이 잊지 못해 재앙을 내린다.</u> 그러므로 잊어도 좋을 것이 무엇인지를 알고 잊어서는 안 되는 것이 무엇인지를 아는 사람은 내적인 것과 외적인 것을 서로 바꿀 능력이 있다. 내적인 것과 외적인 것을 서로 바꾸는 사람은, 다른 사람의 잊어도 좋을 것은 잊고 자신의 잊어서는 안 될 것은 잊지 않는다."

- 유한준, 「잊음을 논함」 -

51 (가)~(다)에 대한 설명으로 가장 적절한 것은?

① (가)는 명시적 청자에게 말을 건네는 방식으로 화자의 감정을 드러낸다.
② (가)는 동일한 색채어를, (나)는 유사한 문장 구조를 반복적으로 제시하며 시상을 전개한다.
③ (가)와 (나)는 모두, 사라져 가는 대상에 대한 화자의 안타까움을 드러낸다.
④ (나)는 사물을 관조함으로써, (다)는 세태를 관망함으로써 주제 의식을 부각한다.
⑤ (가), (나), (다)는 모두, 대상과 소통하며 문제 해결 과정을 연쇄적으로 제시한다.

52 〈보기〉를 참고하여 (가)를 감상한 내용으로 적절하지 <u>않은</u> 것은?

[보기]

　(가)에서 순환하는 자연이 가진 변화의 힘은 인간 역사의 쇠락과 생성에 관여한다. 인간의 역사는 쇠락의 과정에서도 생성의 기반을 잃지 않고, 자연과 어우러지며 자연의 힘을 탐색하거나 수용한다. 이를 통해 '문'은 새로운 역사를 생성할 가능성을 실현하게 되고, 인간의 역사는 '깃발'로 상징되는 이상을 향해 다시 나아갈 수 있게 된다.

① '흰 벽'에 나뭇가지가 그림자로 나타나는 것은, 천년을 쇠락해 온 인간의 역사가 자연의 힘을 탐색하는 과정에서 자연의 모습에 영향을 미친 결과를 보여 주는군.
② '두리기둥'의 틈에 볕과 바람이 쓰라리게 스며드는 것을 서럽지 않다고 한 것은, 쇠락해 가는 인간의 역사가 자연이 가진 변화의 힘을 수용함을 드러내는군.
③ '기왓장마다' 이끼와 세월이 덮여 감에도 멀리 있는 바람 소리에 귀를 기울이는 것은, 자연의 영향을 받으면서도 자연이 가진 변화의 힘에서 생성의 가능성을 찾는 모습이겠군.
④ '주춧돌 놓인 자리'에 봄이면 푸른 싹이 돋고 나무가 자라는 것은, 생성의 기반을 잃지 않은 인간의 역사가 자연과 어우러져 생성의 힘을 수용하는 모습이겠군.
⑤ '닫혀진 문'이 별들이 돌아오고 낡은 처마 끝에 빛이 쏟아지는 새벽에 열리는 것은, 순환하는 자연 속에서 인간의 역사를 다시 생성할 가능성이 나타남을 보여 주는군.

53 (나)에 대한 이해로 가장 적절한 것은?

① [A]에서는 '얼굴 한번 못 마주친' 상황과 '손을 터는' 행위가 '한없이' 떠는 가지의 마음으로 인한 것임을 드러낸다.

② [B]에서는 '고집 센'과 '도리 없는'을 통해 가지가 '꿈도 꾸지 못'하게 만든 두 대상의 성격을 부각한다.

③ [B]에서는 '가지의 마음을 머뭇 세우'는 대상을 '신명 나는 일'에 연결하여 '정수리를 타 넘'는 행위의 의미를 드러낸다.

④ [A]에서 '가지만의'와 '혼자서는'에 나타난 가지의 상황은, [B]에서 '담 밖'을 가두어 [C]에서 '획'을 긋는 가지의 모습으로 이어진다.

⑤ [A]에서 '앉았다면'과 [B]에서 '아니었으면'이 강조하는 대상들의 의미는, [C]에서 '목련'과 '감나무' 사이의 관계에서도 나타난다.

54 ⓐ~ⓔ에 대한 설명으로 적절하지 <u>않은</u> 것은?

① ⓐ: 잊는 것에 대한 '나'의 생각을 전개하기 위한 물음이다.

② ⓑ: 잊음에 대한 '나'의 생각이 어디에서 비롯된 것인지에 대한 답을 제시하기 위해 던지는 물음이다.

③ ⓒ: 잊음에 대해 '나'가 제시한 가정적 상황이 틀리지 않았음을 강조하기 위한 물음이다.

④ ⓓ: 잊지 못하는 것과 잊어버리는 것의 관계를 대비적 표현을 통해 제시하며 잊음에 대한 '나'의 생각을 드러내는 진술이다.

⑤ ⓔ: 잊음의 대상을 제대로 구분하지 못할 때 일어날 수 있는 일을 열거하여 잊음에 대한 '나'의 생각이 옳음을 강조하는 진술이다.

55 ㉠과 ㉡에 대한 이해로 가장 적절한 것은?

① ㉠은 주변 대상의 도움을 받으며 미래로 나아가고, ㉡은 주변 대상에게 도움을 주며 미래를 대비한다.

② ㉠은 자신의 자리를 지켜 내는, ㉡은 자신의 영역을 확장하는 모습을 보인다.

③ ㉠은 주변과 단절된 상황을 극복하려 하고, ㉡은 외부의 간섭을 최소화하려 한다.

④ ㉠과 ㉡은 외면의 변화를 통해 내면의 불안을 감추려 한다.

⑤ ㉠과 ㉡은 과거의 행위에 대해 반성하는 모습을 보인다.

56 〈보기〉를 참고하여 (나), (다)를 감상한 내용으로 적절하지 <u>않은</u> 것은? [3점]

> ─────[보기]─────
>
> (나)와 (다)에는 주체가 대상을 바라보고 사유하여 얻은 인식이 드러난다. 이는 대상에서 발견한 새로운 의미를 보여 주는 방식이나, 대상의 속성에 주목하여 얻은 깨달음을 제시하는 방식으로 나타난다.

① (나)는 '수양'을 부분으로 나눠 살피고 부분들의 관계가 '혼연일체'라는 것을 발견해 수양이 하나의 통합된 대상이라는 인식을 드러내는군.

② (다)는 '잊어도 좋을 것'과 '잊어서는 안 될 것'에 대해 사유하여 타인과 자신의 관계 속에서 지켜야 할 자세에 대한 깨달음을 드러내는군.

③ (다)는 '내적인 것과 외적인 것을 서로 바꾸는 사람'의 특성에 주목해 잊음의 본질에 대한 깨달음이 바람직한 삶의 태도를 이끈다는 인식을 드러내는군.

④ (나)는 '담쟁이 줄기'의 속성에 주목해 담쟁이 줄기가 담을 넘을 수 있다는, (다)는 잊어서는 안 될 것을 잊는 데 주목해 '내적인 것'을 잊으면 '외적인 것'에 매몰된다는 인식을 드러내는군.

⑤ (나)는 담의 의미를 사유하여 담이 '도박이자 도반'이라는, (다)는 '예의'나 '분수'를 잊지 않아야 함에 주목해 '잊지 않는 것이 병이 아닌 것은 아니'라는 깨달음을 드러내는군.

—— (해설 p.353) ——

[앞부분의 줄거리] 동림산업은 사무직 남자 사원들에게까지 제복 착용을 확대하는 정책을 시행하기로 했다. 이를 위해 준비 위원회를 결성해 전체 사원이 새로운 제복을 착용하도록 결정했으나, 그 결과에 불만을 품은 사무직 남자 사원들이 있었다.

"**이미 끝난 일이야.** 지금 와서 아무리 떠들어대 봤자 제복은 벌써 우리 몸에 절반쯤이나 입혀져 있어."

민도식이 나서서 **험악해진 분위기**를 간신히 가라앉혔다.

"준비 위원회를 구성하고 회의를 소집한 건 처음부터 요식 행위에 지나지 않았던 거야. 경영자 독단으로 처리하지 않고 사원들의 의사를 물어서 전폭적인 지지를 얻어 가지고 결정했다는 인상을 대내외에 풍길 필요가 있었던 거야. 이제 길은 두 가지뿐야. ㉠나머지 절반을 찾아서 마저 몸에 꿰든가, 아니면 기왕 우리 몸에 입혀진 절반을 아예 벗어 버리든가 각자가 알아서 결정할 일이야. 저기 좀 보라고. 저 사람 아까부터 우릴 비웃고 있어. 제복 얘기 앞으로는 그만하기로 하지."

생산부 공원 복장을 한 사내가 엇비뚜름한 자세로 이쪽을 돌아다보며 ⓐ야릇한 웃음을 입가에 물고 있었다. 그를 보더니 장상태가 화를 벌컥 내면서 큰 소리로 미스 윤을 불렀다.

"이봐, 저기 앉은 저 사람 내가 좀 보잔다고 전해!"

ⓑ눈이 휘둥그레진 미스 윤이 종종걸음으로 그에게 다가가기 전에 그쪽에서 자진해서 먼저 일어섰다. 그가 충분히 알아들을 수 있을 정도로 장의 목소리가 컸던 것이다.

"저를 부르셨습니까?"

여전히 웃음기를 입에 문 얼굴이 장을 정면으로 상대했다.

"당신 뭐야? 뭔데 어제부터 남의 얘길 엿듣고 비웃지, 비웃길?"

"비웃음으로 보셨다면 용서하십쇼. 엿듣고 싶은 생각은 없었습니다. 가만히 앉아 있어도 들릴 정도로 선생님들 말소리가 컸습니다. 말씀 내용이 동림산업에 계신 분들 같아서 저도 모르게 관심이 갔나 봅니다."

"오오라, 그러고 보니 당신도 동림 가족의 일원이 분명하군. 부서가 어디야?"

"생산부 제1 공장입니다. 거기서 잡역부로 근무하고 있습니다."

"이름은?"

"권입니다."

"이름이 권이다? 그럼 성까지 아주 짝을 채워 보게."

"성이 권입니다."

만만한 상대를 만난 장은 권 씨를 노리갯감으로 삼아 화풀이할 작정임을 분명히 하면서 동료들에게 은밀히 눈짓을 보냈다. 함께 놀이에 끼어들라는 뜻일 것이다.

[A]

그러나 도식이 보기엔 첫눈에 결코 만만한 상대가 아니었다. 그는 참을성 좋게 여전히 웃고 있었다. 그것은 생산부 공원들이 본사의 사무직을 대할 때 일반적으로 갖는 비굴한 표정이 아니었다. 그렇다고 적대감도 아닌 그것은 일종의 자신감의 표현임이 분명했다. 두툼한 입술과 커다란 눈이 얼핏 눈에 띄는 특징이었다. 장상태하고 비교해서 둘이 서로 어금어금할 정도로 작은 체구였다. 실제 나이는 장보다 두세 살쯤 위일 것 같은데 적어도 이삼십 년은 더 세상을 살아 냈을 법한 관록 같은 게 엿보이는 얼굴이었고, 그것이 교양이라는 것하고도 연결되어 잡역부라던 자기소개가 아무래도 믿어지지 않는 그런 사람이었다.

"짝을 채우기 싫다 이거지? 좋았어. 그런데 자네가 하는 잡역 일하고 무슨 상관이 있어서 우리 얘기에 이틀 동안이나 관심이 갔지?"

"물론 상관은 없습니다. 그렇지만 한쪽에선 작업 중에 팔이 뭉텅 잘려져 나간 사람이 있고 그 팔 값을 찾아 주려고 투쟁하는 사람들이 있는 반면에 다른 한쪽에선 몸에 걸치는 옷 때문에 자기 인생을 걸려는 분들도 계시구나 하는 생각이 들어서 **그냥 지나칠 수가 없었습니다.**"

그 순간 장상태의 얼굴색이 하얗게 질리는 것 같았다.

(중략)

체육 대회가 열리는 제1 공장까지 가자면 다른 날보다 더 일찍 나서야 되는데도 여전히 밍기적거리고만 있는 남편 곁에서 아내는 시종 근심스런 눈초리를 거두지 않았다. 제복 때문에 **총각 사원 하나**가 사표를 던졌다는 소문을 아내는 믿지 않았다. 사표를 제출한 게 아니라 강제로 모가지가 잘린 거라고 굳게 믿고 있었다.

"까짓것 난 필요 없어. 거기 아니면 밥 빌어먹을 데 없는 줄 알아? 세상엔 아직도 유니폼 안 입는 회사가 수두룩하단 말야!"

ⓒ거듭되는 재촉에 이렇게 큰소리로 대거리를 했지만 결국 민도식은 뒤늦게나마 집을 나서고 말았다.

시내를 멀리 벗어나서 교외에 널찍하게 자리 잡은 제1 공장 앞에 당도했을 때는 벌써 개회식이 시작된 뒤였다. 공장 정문 철책 너머로 **검정 곤색 일색**의 운동장을 넘어다보는 순간 민도식은 갑자기 ⓓ숨이 턱 막혀 옴을 느꼈다. 새로 맞춘 제복으로 단장한 남녀 전 사원이 각 부서별로 군대처럼 질서 정연하게 도열해 서서 연단에 선 지휘자의 손끝을 우러러보며 사가(社歌)를 제창하기 직전의 예비 운동으로 목청을 가다듬는 헛기침들을 하고 있었다. 이윽고 공장 일대를 한바탕 들었다 놓는 우렁찬 노래가 터지기 시작했다. 노래 부르는 사원들 모두가 작당해서 ⓔ지각한 사람을 야유하는 듯한 기분이 들었다. 검정 곤색의 제복들이 일치단결해 가지고 사복 차림으로 꽁무니에 따라붙으려는 유일한 사람을 완강히 거부하는 듯한 기분에 사로잡혔다. 세상 전체가 온통 제복투성이인 가운데 저 혼자만 외돌토리로 떨어져 있는 셈이었다. 자기 한 사람쯤 불참한다 해도 아무렇지도 않게 체육 대회 개회식은 진행될 수 있다는 사실이 민도식을 무척 화나면서도 그지없이 외롭게 만들었다. 정문으로 들어서지도 못하고 그렇다고 뒤돌아서서 나오지도 못한 채 그는 일단 멈춘 자리에 붙박여 버린 듯 언제까지고 움직일 줄을 몰랐다.

-윤흥길, 「날개 또는 수갑」-

57 [A]의 서술상의 특징으로 가장 적절한 것은?

① 인물의 행위를 사실적으로 그려 내어 내적 갈등을 표면화하고 있다.

② 과거와 현재를 교차하여 인물이 겪는 인식의 변화를 드러내고 있다.

③ 공간적 배경을 구체적으로 묘사하여 인물이 처한 상황을 드러내고 있다.

④ 서술자가 특정 인물의 시선을 통해 인물의 특징을 관찰하여 알려 주고 있다.

⑤ 서술자가 인물의 경험을 삽화 형식으로 나열하여 사건을 입체적으로 보여 주고 있다.

58 ㉠의 의미와 관련하여 윗글을 이해한 내용으로 적절하지 <u>않은</u> 것은?

① '이미 끝난 일이야'라는 말로 보아, 남자 사원들 중에 ㉠을 마저 입을지를 결정해야 하는 상황에 직면했다고 생각하는 사람이 있음을 알 수 있다.

② '험악해진 분위기'로 보아, ㉠과 관련된 문제로 남자 사원들 사이에 소란스러운 일이 있었음을 알 수 있다.

③ '그냥 지나칠 수가 없었습니다'라는 말로 보아, 권 씨도 남자 사원들과 마찬가지로 ㉠을 마저 입을지를 선택하는 일이 무엇보다 중요한 문제라고 생각하고 있음을 알 수 있다.

④ '총각 사원 하나'에 대한 아내의 반응으로 보아, 아내는 총각 사원이 ㉠ 때문에 회사를 스스로 그만두었다는 소문을 믿지 않고 있음을 알 수 있다.

⑤ '검정 곤색 일색'으로 보아, 체육 대회에 참석한 전체 사원이 ㉠을 마저 입게 되었음을 알 수 있다.

59 ⓐ~ⓔ에 대한 이해로 적절하지 <u>않은</u> 것은?

① ⓐ는 권 씨가 사무직 사원들의 대화에 관심이 있었음을 나타내는 반응이다.

② ⓑ는 장상태가 화를 내며 큰 소리로 명령하였기 때문에 미스 윤이 드러낸 반응이다.

③ ⓒ는 아내가 집을 나서지 않고 있는 남편 때문에 걱정하여 보인 반응이다.

④ ⓓ는 전체 사원들이 같은 옷을 입고 군대처럼 도열한 모습을 본 민도식에게 나타난 반응이다.

⑤ ⓔ는 사원들이 사복을 입은 민도식에 대한 불만을 드러내는 반응이다.

60 〈보기〉를 바탕으로 윗글을 감상한 내용으로 적절하지 <u>않은</u> 것은? [3점]

─────[보기]─────

  '중도적 주인공'은 자신이 속한 집단의 논리를 비판적으로 인식하면서도 집단의 논리를 따를지 여부를 결정하지 못하는 상태에 있는 인물이다. '중도적 주인공'은 인식 측면에서는 집단의 논리에 숨겨진 문제를 읽어 내는 주체적인 관점을 보인다. 그러나 행동 측면에서는 자신의 인식에 따라 적극적으로 행동하지 못하거나, 집단에 동화되지 못한 채 집단 논리의 수용 여부를 두고 머뭇거리는 모습을 보인다.

① 동료에게 '준비 위원회'의 '회의'에 담긴 '경영자'의 숨은 의도를 파악하여 발언하는 것을 보니, 민도식은 '동림산업'이 내세우는 논리에 대해 비판적으로 인식하는 주체적인 관점을 지니고 있다고 볼 수 있군.

② 권 씨를 '노리갯감'으로 삼자는 장상태의 '눈짓'을 읽었지만 이에 선뜻 동참하지 않은 것을 보니, 민도식은 '작업 중' 사고를 둘러싼 '투쟁'과 '몸에 걸치는 옷'을 둘러싼 논쟁에 적극적으로 참여하고 있지 않다고 볼 수 있군.

③ 아내에게 '큰소리'로 자신의 생각을 말하면서도 '뒤늦게나마 집을 나서'는 것을 보니, 민도식은 '동림산업'의 문제를 인식하고 있으면서도 회사를 떠나지 못하는 상황에 놓여 있다고 볼 수 있군.

④ '사복 차림'으로 체육 대회에 가지만 자신을 '꽁무니에 따라붙으려는' 사람이라고 생각하는 것을 보니, 민도식은 집단의 논리를 거부하고 싶지만 집단에 소속되고 싶은 마음도 지니고 있다고 볼 수 있군.

⑤ '제1 공장' 정문 앞에서 '붙박여 버린 듯' 움직이지 않는 모습을 보니, 민도식은 '동림산업'의 정책에 대한 비판을 적극적인 행동으로 옮길지 여부를 결정하지 못하고 있다고 볼 수 있군.

(가)

　이 중에 시름없으니 **어부(漁父)**의 생애로다
　일엽편주를 만경파(萬頃波)에 띄워 두고
　인세(人世)를 다 잊었거니 날 가는 줄을 아는가
　　　　　　　　　　　　　　　　　〈제1수〉

　굽어보면 천심 녹수 돌아보니 만첩 청산
　십장 홍진(十丈紅塵)이 얼마나 가렸는가　　　[A]
　강호에 월백(月白)하거든 더욱 무심(無心)하여라
　　　　　　　　　　　　　　　　　〈제2수〉

　청하(靑荷)에 밥을 싸고 **녹류(綠柳)에 고기 꿰어**
　노적 화총(蘆荻花叢)에 배 매어 두고
　일반 청의미(一般淸意味)를 어느 분이 아실까
　　　　　　　　　　　　　　　　　〈제3수〉

　㉠산두(山頭)에 한운(閑雲) 일고 수중(水中)에 백구
(白鷗) 난다
　무심코 다정한 것 이 두 것이로다
　㉡일생에 시름을 잊고 너를 좇아 놀리라
　　　　　　　　　　　　　　　　　〈제4수〉
　　　　　　　　　　　　　　　　-이현보, 「어부단가」-

(나)

　때마침 부는 **추풍(秋風)** 반갑게도 보이도다
　말술이 다나 쓰나 술병 메고 벗을 불러
　언덕 너머 어촌에 내 놀이 가자꾸나
　흰 두건을 젖혀 쓰고 **소정(小艇)**을 타고 오니
　㉢바람에 떨어진 갈대꽃 갠 하늘에 눈이 되어
　석양에 높이 날아 어지러이 뿌리는데
　갈잎에 닻 내리고 그물로
　잔잔한 강물 속 자린은순(紫鱗銀脣)* **수없이 잡아내어**
　연잎에 담은 회와 항아리에 채운 술을
　실컷 먹은 후에
　태기 넓은 돌에 높이 베고 누웠으니
　희황천지(羲皇天地)*를 오늘 다시 보는구나
　잠시 잠들어 뱃노래에 깨어 보니
　추월(秋月)이 만강(滿江)하여 밤빛을 잃었거늘
　반쯤 취해 시 읊으며 배 위로 건너오니
　강물 아래 잠긴 달은 또 어인 달인 게오
　달 위에 배를 타고 달 아래 앉았으니　　　　　[B]

문득 의심은 월궁(月宮)에 올랐는 듯
물외(物外)의 기이한 경관 넘치도록 보이도다
청경(淸景)을 다투면 내 분에 두랴마는
즐겨도 말리는 이 없으니 나만 둔가 여기노라
놀기를 탐하여 돌아갈 줄 잊었도다
㉣아이야 닻 들어라 만조(晚潮)에 띄워 가자
푸른 물풀 위로 **강풍(江風)**이 짐짓 일어
귀범(歸帆)을 재촉하는 듯
아득하던 앞산이 뒷산처럼 보이도다
잠깐 사이 날개 돋아 연잎배 탄 신선된 듯
연파(烟波)를 헤치고 월중(月中)에 돌아오니
㉤동파(東坡) 적벽유(赤壁遊)*인들 이내 흥(興)에 미
치겠는가
　강호 흥미(興味)는 나만 둔가 여기노라
　　　　　　　　　　　　-박인로, 「소유정가」-

* 자린은순 : 물고기를 아름답게 표현하는 말.

* 희황천지 : 복희씨(伏羲氏) 때의 태평스러운 세상.

* 동파 적벽유 : 중국 송나라 때 소식(蘇軾)이 적벽에서 했던 뱃놀이.

61 ㉠~㉤에 대한 이해로 적절하지 **않은** 것은?

① ㉠은 대구를 통해 자연 경물의 모습을 제시함으로써 한적한 분위기를 조성하고 있다.

② ㉡은 자연 경물을 '너'로 지칭하여 관계를 맺음으로써 이들과 동화하려는 의지를 표출하고 있다.

③ ㉢은 자연 경물의 모습을 감각적으로 표현함으로써 물가의 아름다운 풍경을 묘사하고 있다.

④ ㉣은 명령형 어미를 사용하여 '아이'가 해야 할 행동을 제시함으로써 자연 경물에 대한 인식의 변화를 촉구하고 있다.

⑤ ㉤은 유사한 놀이를 즐겼던 과거 인물과 비교함으로써 화자의 자긍심을 드러내고 있다.

62 [A], [B]에 대한 설명으로 가장 적절한 것은?

① [A]에서 화자는 달을 절대적 존재로 인식하고 강호 자연에서 '무심'한 삶을 살 수 있도록 기원하고 있다.

② [A]에서 화자는 달에 인격을 부여하여 '녹수'와 '청산'으로 둘러싸인 강호 자연의 가을 달밤 정경을 묘사하고 있다.

③ [B]에서 화자는 하늘의 달과 강물에 비친 달 사이에 놓임으로써 '월궁'에 오른 듯한 신비로움을 표현하고 있다.

④ [B]에서 화자는 시간의 흐름에 따라 모양을 달리 하는 달의 특성을 활용하여 계절의 변화를 다채롭게 나타내고 있다.

⑤ [A]와 [B]에서 강호 자연에 은거한 화자는 달을 대화 상대이면서 동시에 위안의 대상으로 여기고 있다.

63 〈보기〉를 바탕으로 (가), (나)를 감상한 내용으로 적절하지 **않은** 것은? [3점]

[보기]

'어부'는 정치 현실과 거리를 둔 은자로 형상화된다. 이때 '어부 형상'은 어부 관련 소재, 행위, 정서 등의 어부 모티프와 연관하여 작품별로 공통적인 속성을 가지면서 다양한 변주를 보인다. (가)는 어부와 관련된 상황의 일부를 초점화하여 유유자적한 삶을 사는 어부를, (나)는 어부와 관련된 여러 상황을 이어 가며 흥취 있는 삶을 사는 어부를 형상화하고 있다.

---

① (가)의 '어부'는 '십장 홍진'으로 표현된 정치 현실에서 벗어나 뱃놀이를 즐기며 '인세'의 근심과 시름을 다 잊고 한가로움을 추구하려고 하는군.

② (나)의 '추풍'은 뱃놀이의 흥취를 북돋우는 자연 현상이고, '강풍'은 흥취의 대상을 강에서 산으로 옮겨 가는 자연 현상이라 볼 수 있군.

③ (가)의 '일엽편주'와 (나)의 '소정'은 화자가 소박한 뱃놀이를 즐기고 있다는 것을 알려 주는 어부 형상 관련 소재라고 할 수 있군.

④ (가)의 '녹류에 고기 꿰어'에는 어부의 삶과 관련된 일부 행위를 통해 유유자적한 삶이, (나)의 '그물로', '수없이 잡아 내어', '실컷 먹은'에는 뱃놀이의 여러 상황들이 연결되어 흥취를 즐기는 삶이 나타나고 있군.

⑤ (가)의 '어부'는 강호 자연의 삶 속에서 홀로 자족감을 표출하고 있고, (나)의 어부는 벗들과 함께한 흥겨운 뱃놀이를 통해 만족감을 표출하고 있군.

DAY
39 ~ 40

지금까지 배운 내용들을 총정리한 뒤, 2026학년도 수능 문제를 풀어 보면서 나의 현재 실력 확인과 앞으로의 공부 방향성 설정 등을 하는 날입니다. 하루만에 풀고 분석까지 완벽하게 해 주셔도 좋지만, 힘들 테니 하루는 전체 문제를 풀고 한 지문 정도 분석, 다음날은 나머지 지문 분석 및 최종 정리 등으로 시간을 보내 주세요. 여기까지 했다고 국어 공부가 다 끝난 건 아닙니다! 이후 공부를 위한 '방향성 설정'에 목적을 두고 마무리해봅시다.

생각의 틀 총정리

지금까지 수능 문학의 모든 것에 대해 배웠습니다. 이제 여러분은 여기서 배운 내용을 온갖 지문에 적용해보기만 하시면 됩니다. 처음엔 버벅거리겠지만, 점점 저와, 혹은 평가원이 요구하는 사고와 비슷해지는 여러분을 보면서 희열을 느껴보세요!

본격적으로 2026학년도 수능을 공부하기 전에, 우리가 지금까지 무엇을 배웠는지 가볍게 정리해보도록 합시다.

생각의 시작 〈Day 1~Day 3〉

교재의 사용법, 제대로 된 공부를 위한 마인드 확립으로 시작했습니다. 그 뒤 '허용 가능성 평가'라는, 수능 문학의 선지를 대하는 기본적인 태도를 배웠습니다. 나아가 기본적인 용어의 의미를 정리하면서, '문학 개념어'의 환상에서도 벗어났어요. 핵심은 결국 '어휘력'이었죠? 그 후엔 '현대시 독해 연습'을 통해, 문학 작품을 읽고 이해한다는 것이 어떤 것인지 이해하는 경험을 했습니다. 이 글을 읽으니, 교재를 처음 시작할 때의 마음가짐이 떠오르죠? 그 초심 잊지 않고 끝까지 열심히 해주세요.

생각의 전개 〈Day 4~Day 22〉

이 교재에서 가장 많은 분량을 차지하는 부분이었습니다. 이 단계에서는 문학 문제풀이의 실전적인 태도를 배웠습니다. 1년 내내 외치게 되실 '허용 가능성 평가'라는 대전제와 그것을 바탕으로 운문문학, 산문문학의 독해 태도를 잡았습니다. 시는 '객관적인 요소'에 집중하며 '화자의 내면세계'라는 '주제' 위주로 독해하고, 소설은 인물에게 '공감'하며 내용을 이해하고, 이를 바탕으로 선지의 허용 가능성을 '평가'한다! 이 하나만 확실하게 이해했다면 사실상 이 교재의 모든 것을 가져가신 겁니다.

생각의 확장 〈Day 25~Day 38〉

본격적인 '문학 고인물'이 되기 위한 단계였습니다. 먼저 고전시가의 세계관 및 공부 방향과 함께 '필수 고전시가'에 대한 내용을 설정했고, 소설의 클리셰에 대해서도 정리했어요. 이 클리셰를 바탕으로, 반복되는 소설의 전개 방식이 있음을 깨닫고 조금 더 능동적으로 지문을 읽을 수 있게 되었습니다. 나아가 현대시의 '창작 원리'를 바탕으로 조금 더 깊게 읽어 보는 연습을 했습니다.

생각보다 별 내용 없었습니다. 이 적은 원칙만 가지고도 여러분은 수능 문학을 완벽하게 풀어낼 수 있습니다. 이제부터 그것을 증명할 것이구요.

오답과 정답을 가르는 시험장에서의 태도

여기에 실전에서 문제를 풀 때 중요한 태도를 정리하고 갑시다. 변명의 여지가 없이 '실력'으로 틀리는 것이 아닌, '실수'로 틀리는 억울한 일을 방지하기 위한 태도들입니다.

1. 발문 확인

➜ 발문을 보고, 그 발문이 묻고자 하는 것이 무엇인지 정확하게 잡아야 합니다.

41 일제 강점기에 미쓰꼬시 백화점은 서울에서 매우 높은 건물이었다. 이 사실에 비추어 볼 때, [A]에서 '미쓰꼬시 옥상'이 가지는 기능에 대한 설명으로 적절하지 <u>않은</u> 것은?

① '나'로 하여금 내면적 성찰을 시도하게 한다.
② '나'에게 이전과는 다른 삶의 태도를 갖게 한다.
③ '회탁의 거리'를 압축적으로 조감할 수 있게 한다.
④ '나'와 '회탁의 거리' 사이의 괴리감을 드러내 준다.
⑤ '회탁의 거리'를 부자유와 체념의 공간으로 인식하게 한다.

➜ 앞에서 풀어본 문제죠? 발문을 보면 '일제 강점기에 매우 높은 건물에 해당했던 미쓰꼬시 옥상의 기능'에 대해 묻고 있습니다. 이렇게 발문에서 묻는 것이 무엇인지를 꼭 생각한 채로 선지를 판단하셔야 합니다. 만약 발문을 대충 보고 나면, 1번 선지를 열심히 읽은 다음 '내가 뭘 해야하지?'라는 생각이 들며 뇌정지가 오는 본인을 발견할 수 있을 겁니다.

이 외에도, '적절한 것/적절하지 않은 것'을 잘못 보고 틀리는 불상사는 없도록 합시다. 제가 하는 것처럼 표시를 해도 좋아요.

34 [A]~[E]에 대한 이해로 적절하지 ~~않은~~ 것은? [3점]

44 ㉠과 ㉡에 대한 이해로 가장 적절한 것은?

정말 아무것도 아닌 태도지만, 실수로 잃을 수 있는 몇 점을 아껴주는 소중한 태도입니다. 여기에 선지 하나를 판단하는 사고 과정이 아주 길었다면, 다시 발문을 슥 보고 x표시를 했는지 o표시를 했는지 확인해주시면 좋습니다. 긴 사고 과정 속에서, 적절한 것을 고르는 것인지 적절하지 않은 것을 고르는 것인지 까먹었을 확률이 높거든요.

2. OMR에 마킹을 하려면, 신중하게

➜ 아래는 시험장에서 여러분이 겪을 수 있는 상황입니다.

① 이건 때려 죽여도 아님
② 이건 진짜 정답이다!
③ 이건 때려 죽여도 아님2
④ 이건 때려 죽여도 아님3
⑤ (이거 좀 애매하네...)

생각보다 자주 있는 상황입니다. 흔히들 '둘 중 하나가 헷갈린다'고 표현하는데, 만약 5번이 '애매해서' 5번을 답으로 한다면, 기껏 열심히 판단해 놓은 2번 선지가 쓸모 없게 되겠죠? OMR에 마킹을 할 '단 하나'의 정답은 정말 신중하게 고르셔야 합니다. 그게 답일 수밖에 없는 근거를 잡으시고, 그 근거를 바탕으로 맞는 선지라고 하셔야 합니다.

다만 5번 선지처럼, 도저히 판단하기 어려운 선지가 나오면 과감하게 넘기셔도 됩니다. 왜? 우리는 2번이라는 정답을 찾았으니까요. 해설지에서도 가끔 언급했듯이, 우리의 목표는 45개의 정답을 고르는 것입니다. 225개의 선지에 해설을 쓰는 게 아니에요!

같은 맥락에서, 아래와 같은 상황도 있겠죠.

① 아 좀 애매한데...
➜ 이 상황에서, 실제 시험장이라면 정말 어렵겠지만 바로 넘어갈 수 있어야 합니다. 일단 다른 선지 먼저 판단해 보고, 답이 다른 곳에서 나오면 그 선지를 답으로 하면 됩니다. 아래와 같은 상황이죠.

② 이것도 좀 애매하네...
③ 오 이건 답이야!
④ 때려 죽여도 아님
⑤ 때려 죽여도 아님

이럴 땐 1, 2번 선지를 못 지우더라도 3번을 답으로 하시면 된다는 겁니다.

물론 1번 선지가 애매한 가운데, 이런 상황도 있을 겁니다.

② 때려 죽여도 아님
③ 때려 죽여도 아님
④ 때려 죽여도 아님
⑤ 때려 죽여도 아님

이런 경우엔, 울며 겨자먹기로 1번을 답으로 해야할 겁니다. 하지만 우리는 신중하게 답을 고른 겁니다. 2~5번 선지는 '때려 죽여도' 아니라는, 엄청난 신중함을 보였으니까요. 이해되시죠? 핵심은 모든 선지를 완벽하게 해결하려고 하지 말자는 겁니다. 그런데 만약 애매한 선지가 3~4개라면? 그 문제는 당장은 풀기 힘든 문제입니다. 일단 넘어가고, 나중에 풉시다.

3. 문학에서의 몇 가지 시간 절약 팁

지금까지 설명한 내용들은 독서, 문학, 심지어 선택과목까지 모두 통용되는 내용들입니다. 여기에 '문학'에서만 사용할 수 있는 몇 가지 팁을 드리도록 하겠습니다. (사실 화법과 작문 및 매체 파트에도 적절하게 활용할 수 있습니다. 여기서 배운 걸 통해 스스로 응용해보세요.) 말 그대로 '팁'이기 때문에, 너무 절대적인 기준으로 삼기보다는 적절한 수준으로 활용하시기 바랍니다.

1) 소설 지문의 모든 부분을 꼼꼼하게 읽을 필요는 없다. (skip 가능 구간)

그동안 이 교재로 열심히 공부하셨다면, 해설지에서 'skip 가능 구간'에 대해 자주 언급했다는 것을 기억하실 겁니다. 센스가 있는 학생들은 알아서 이 내용을 활용하고 있으셨을 것이라고 봐요. 이걸 미리 알려드리면, 인물에게 '공감'한다는 소설 독해의 기본 원칙을 연습하는 데 방해가 될 것이라 생각해서 마지막에 알려드립니다. 2026학년도 수능 문제를 풀어볼 때, 그리고 앞으로 기출분석을 할 때 활용해보도록 하세요!

'skip 가능 구간'은, 말 그대로 'skip'이 가능한 구간을 의미합니다. 무언가 똑같고 뻔한 이야기가 반복되는 구간은 굳이 꼼꼼하게 다 읽을 필요가 없다는 것이에요. 물론 이건 어느 정도 연습을 통해 '감'을 얻어야 하는 부분입니다. 2회독 과정, 혹은 따로 기출문제를 푸는 과정에서 많이 연습하고 사용하도록 하세요. 앞에서 봤던 지문을 중에서는, 다음과 같은 부분을 예로 들 수 있습니다.

나는 다시 기범이 지껄였던 과거의 요설들이 생각난다. 세상을 항상 역(逆)으로만 바라보던 그의 난해성이 또 한 번 나를 혼란 속에 빠뜨린다. 그는 어쩌면 이 세상을 역순(逆順)과 역행(逆行)에 의해 누구보다 열심으로 가장 솔직하게 살다 간 것 같다. 그에게 악과 선은 등과 배가 서로 맞붙은 동위(同位) 동질(同質)의 것이었는지도 알 수 없다. 그는 악과 선 중 아무것도 믿지 않고 오직 믿은 것이라고는 세상에는 아무것도 믿을 것이 없다는 사실뿐이었다. 그와 오일규가 맞부딪쳤을 때 오일규가 해체되는 것은 너무나 당연하다. 그것은 가장 비열한 삶이 가장 올바른 삶을 해체시키는 역설적인 예인 것이다.

[A]

이 부분을 보시면, 굉장히 추상적인 말들이 나열되어 있다는 것을 알 수 있습니다. 그런데 사실 이걸 꼼꼼하게 읽으면서 하나하나 이해하려고 할 필요가 없습니다. 이 부분은 결국 '나'가 '기범'을 이해했다는 '뻔한 내용'이 반복되는 부분이니까요.

18 [A]의 서술상 특징으로 가장 적절한 것은? ②

① 이야기 내부의 서술자가 인물의 행동을 객관적으로 서술하고 있다.
② 이야기 내부의 서술자가 인물에 대한 평가를 관념적으로 서술하고 있다.
③ 이야기 외부의 서술자가 인물의 체험을 바탕으로 사건의 배경을 실감나게 서술하고 있다.
④ 이야기 외부의 서술자가 인물의 회상을 중심으로 사건의 전개를 지연시키며 서술하고 있다.
⑤ 이야기 외부의 서술자가 인물의 내면을 묘사하여 인물 간의 갈등이 지속되고 있음을 서술하고 있다.

그리고 문제를 보시면, [A] 부분의 내용을 하나하나 이해했는지가 아닌 '이야기 내부의 서술자(나)가 인물(기범)에 대한 평가를 관념적으로 서술하고 있다.'는, 즉 [A] 부분에서 반복되는 내용을 요약한 선지가 정답으로 제시되어 있다는 걸 알 수 있습니다. 이 문제 외에도, [A][B]로 묶은 부분이 'skip 가능 구간'에 해당할 때는 그 부분의 세세한 내용 하나하나가 아닌 큰 틀에서 반복되는 내용 그 자체를 묻는 경우가 많습니다. 역시 기출문제를 통해 계속해서 확인해 보시기 바랍니다.

물론 이렇게 [A], [B] 등으로 묶인 부분이 아니더라도, 무언가 반복되는 느낌이 들면 빠르게 넘어가도 됩니다. 예를 들면 다음과 같은 부분이요.

최척은 앉은 채로 아침이 되기를 기다렸다. 동방이 밝아 오자, 즉시 강독을 내려가 일본인 배에 이르러 조선말로 물었다.

"어젯밤에 시를 읊었던 사람은 조선 사람 아닙니까? 나도 조선 사람이기 때문에 한번 만나 보았으면 합니다. 멀리 다른 나라를 떠도는 사람이 비슷하게 생긴 고국 사람을 만나는 것이 어찌 그저 기쁘기만 한 일이겠습니까?"

옥영(玉英)도 어젯밤에 들려왔던 피리 소리가 조선의 곡조인데다 평소에 익히 들었던 것과 너무나 흡사하여서 남편 생각에 감회가 일어 저절로 시를 읊게 되었던 것이다. 옥영은 자기를 찾는 사람의 목소리를 듣고는 황망하게 뛰어나와 최척을 보았다. 두 사람은 서로 마주 바라보고는 놀라서 소리를 지르며 끌어 안고 모래밭을 뒹굴었다. 목이 메고 기가 막혀 마음을 안정할 수가 없었으며, 말도 할 수 없었다. 눈에서는 눈물이 다하자 피가 흘러내려 서로를 볼 수도 없을 지경이었다. 두 나라의 뱃사람들이 저잣거리처럼 모여들어 구경하였는데, 처음에는 단지 친척이나 잘 아는 친구인 줄로만 알았다. 뒤에 그들이 부부 사이라는 것을 알고 사람마다 서로 돌아보며 소리쳐 말했다.

"이상하고 기이한 일이로다! 이것은 하늘의 뜻이요, 사람이 이룰 수 있는 일이 아니로다. 이런 일은 옛날에도 들어 보지 못하였다."

2017학년도 6월 모의평가 '최척전'에 제시된, '최척'과 '옥영'의 재회 장면입니다. 해설지에서도 언급했지만, 중간 정도에서 '최척'과 '옥영'이 만나 놀라서 소리를 지른다는 것까지 읽으면 그 뒤는 굳이 꼼꼼하게 읽지 않아도 됩니다. 결국 만나서 너무 좋고, 너무 좋으니 엉엉 우는 장면의 연속일 것이니까요.

43 최척과 옥영의 재회에 대한 이해로 가장 적절한 것은?

② 두 인물이 공유하고 있는 과거의 기억을 매개로 하여 이루어진다.

실제로 이에 대한 문제 역시, 이들의 눈에서 피가 흘러내린 게 언제인지, 사람들은 원래 이들이 친척이라고 생각했는지 아닌지 등 세세한 정보들이 아닌 핵심적인 정보를 다루는 선지를 정답으로 제시한 모습입니다.

물론 디테일한 내용일치를 묻는 선지들도 당연히 출제가 되지만, 그런 선지들은 '정답'으로 제시되는 경우가 거의 없어요. 지문을 읽을 때 2번 선지의 생각을 하면서 적당히 'skip' 했다면, 남들보다 몇십 초의 시간을 아낀 채 문제를 해결할 수 있을 것입니다. 이런 몇십 초가 모이면 한두 지문을 더 풀 수 있는 시간까지 만들어낼 수 있다는 것, 확실하게 기억해주세요.

2) 지문의 특정 부분에 대해서 물어 보면, 바로 문제를 풀어 보자.

이는 운문문학 문제풀이 과정이든 산문문학 문제풀이 과정이든 모두 요긴하게 써먹을 수 있는 내용입니다. 독서 파트의 경우, 지문에 밑줄이 있거나 [A][B] 묶음이 나오는 경우 해당 부분만 가지고 해결되기보다는 지문 전체 내용을 파악해야 제대로 해결할 수 있는 식으로 출제되는 경우가 많습니다. 하지만 문학 파트의 경우, 지문에 밑줄이 있거나 [A][B] 묶음이 나오는 경우 대부분 해당 부분의 근처만 제대로 독해해도 선지를 판단할 수 있는 경우가 많아요. 따라서 지문을 읽다가 밑줄 혹은 [A][B] 묶음 등이 나오면, 바로 해당 부분에 대해 묻는 문제를 풀어 보는 것이 좋습니다. 이렇게 하면 지문을 다 읽었을 때 이미 1~2문제를 해결한 상태가 되는 상황을 맞이할 수 있어요. 이번에도 예를 한번 들어볼까요?

오십이 넘은 판교(板橋)는 마음에 맞지 않는 관직을 버리고 거리낌 없는 자유로운 심경에서 여생을 보냈다.

"청수(淸瘦)한 한 폭 대를 그리어 추풍강상(秋風江上)에 낚대나 만들까 보다."

○ 궁핍을 면할 양으로 본의 아닌 생활을 계속하느니보다 모든 속사(俗事)를 버리고 표연히 강상(江上)의 어객(漁客)이 되는 것이 운치 있는 생활이기도 하려니와 얼마나 자유를 사랑하는 청고(淸高)한 마음이냐. 고기를 낚는 취미도 실로 삼매경에 몰입할 수 있는 좋은 놀음이다.

푸른 물이 그득히 담긴 못가에서 흐느적거리는 낚싯대를 척 휘어잡고 바늘에 미끼를 물린다. 가장자리에는 물이끼들이 꽉 엉겼을 뿐 아니라 고기도 **송사리** 떼밖에 오지 않는지라, 팔 힘 자라는 대로 낚싯줄이 허(許)하는 대로 되도록 멀리 낚시를 던져 조금이라도 큰 고기를 잡을 양으로 한껏 내던져도 본다. 풍당 물결이 여울처럼 흔들리고 나면 거울 같은 수면에 찌만이 외롭고 슬프게 곤추서 있다.

○ 한 점 찌는 객이 되고 나는 주인이 되어 알력과 모략과 시기와 저주로 꽉 찬 이 풍진(風塵) 세상을 등 뒤로 두고 서로 무언의 우정을 교환한다.

내 모든 정열을 오로지 외로이 떠 있는 한 점 찌에 기울이고 있노라면, 가다가 © 별안간 이 한 점 찌는 술 취한 놈처럼 까딱까딱 흔들리기 시작한다.

'고기가 왔구나!'

다음 순간, 찌는 물속으로 자꾸 딸려 들어간다.

'옳다, 큰 놈이 물린 게로군.'

[A]
　　　잡아당길 때 무거울 것을 생각하면서 배꼽에 힘을 잔뜩 주고 행여나 낚대를 놓칠세라 두 손으로 꽉 붙잡고 번쩍 치켜 올리면, 허허 이런 기막힌 일도 있을까. 큰 고기는커녕 어떤 때는 방게란 놈이 달려 나오고, 어떤 때는 개구리란 놈이 발버둥을 치는 수가 많다. 하면 되는 줄만 알았던 낚시질도 간대로 우리 따위까지 단번에 되란 법은 없나 보다.

[B]
　　　세상일이란 모조리 그러한 것이리랴마는 아무리 내 재주가 서툴다기로서니 개구리나 방게란 놈들도 염치가 있지, 속어에 이르기를 숭어가 뛰니 망둥이도 뛴다는 셈으로 나는 나대로 제법 강상의 어객인 양하고 나섰는 판에, 그래도 그럴 듯 미끈한 잉어까지야 못 물린다손 치더라도 고기도 체면은 알 법한지라, 하다못해 붕어 새끼쯤이야 안 물리랴 하는 판에, 얼토당토않은 구역질 나는 놈들이 제가 젠체 하고 가다듬은 내 마음을 더럽힐 줄 어찌 알았으랴.

② 세상이 하 뒤숭숭하니 고요히 서재나 지키어 한묵(翰墨)*의 유희(遊戲)로 푹 박혀 있자는 것도 말처럼 쉽사리 되는 것은 아니라, 그렇다고 거리로 나가 성격 파산자처럼 공연스레 왔다 갔다 하기도 부질없고, 보이는 것 들리는 것이 모조리 심사 틀리는 소식밖엔 없어 그래도 죄 없는 곳은 내 서재니라 하여 며칠만 틀어박혀 있으면 그만 속에서 울화가 터져 나온다.

위진(魏晉) 간에 심산벽촌(深山僻村)에 은거하여 청담(淸談)이나 일삼던 그네의 심경을 한때는 욕을 한 적도 있었으나, ⑩ 막상 나 자신이 그런 심경에 처해 있고 보니 고인(古人)의 불우한 그 심정을 넉넉히 동감하게 된다.

-김용준, 「조어삼매(釣魚三昧)」-

* 한묵 : 글을 짓거나 쓰는 것을 이르는 말

24 문맥을 고려하여 ○~⑩에 대해 이해한 내용으로 적절하지 않은 것은?

① ○ : 생계를 유지하기 위한 생활과 대비되는 낚시의 의의를 드러내고 있다.

② © : 낚시 도구와 글쓴이의 관계를 설정하여 낚시에 몰입하는 태도를 표현하고 있다.

③ © : 낚시에 집중했던 글쓴이의 기다림과 기대에 부응하는 순간을 부각하고 있다.

④ ② : 낚시의 대안으로 선택한 것으로서, 글쓴이에게 마음의 안정을 찾게 해 준 방법으로 제시되고 있다.

⑤ ⑩ : 낚시를 해 본 후 달라진 글쓴이의 마음가짐으로서, 은거했던 옛사람들에 기대어 자신의 심정을 드러내고 있다.

26 [A]와 [B]에 대한 이해로 가장 적절한 것은?

① [A]에 나타난 글쓴이의 경이감은 [B]에서 인생에 대한 낙관적 기대로 확장된다.

② [A]에 나타난 글쓴이의 무력감은 [B]에서 과거의 삶에 대한 동경을 통해 해소된다.

③ [A]에 나타난 글쓴이의 실망감은 [B]에서 자신의 손상된 체면에 대한 한탄으로 이어진다.

④ [A]에 나타난 글쓴이의 상실감은 [B]에서 새로운 이상을 품도록 만드는 계기로 작용한다.

⑤ [A]에 나타난 글쓴이의 혐오감은 [B]에서 자신의 능력에 대한 겸손한 반성으로 전환된다.

이 두 문제 모두, ㉠~㉤의 밑줄이나 [A][B]로 묶은 부분을 읽자마자 바로 문제를 풀었다면 지문을 다 읽었을 때 두 문제가 해결된 상태가 되겠죠? 두 문제 모두 지문 전체 내용을 몰라도, 해당 부분만으로 충분히 해결이 가능하게끔 출제가 된 것을 확인하실 수 있습니다.

이는 문학 문제에서 묻고자 하는 것이 '지문 전체의 유기적 독해'(이건 독서 파트에서 이미 충분히 물어봤죠.)라기보다는, '특정 부분에서 나타난 인물의 내면세계 파악'이기 때문에 그렇다고 할 수 있습니다. 지문 전체 내용을 파악할 것을 요구하는 문제가 나오지 않는 것은 아니지만, 기본적으로 특정 부분에 표시를 하고 묻는다는 것은 해당 부분의 정확한 독해를 바탕으로 한 내면세계 파악이 목적이라고 할 수 있는 것이에요.

그런데, 선지가 다음과 같이 구성된 경우에는 그냥 지문을 다 읽고 푸는 게 낫습니다.

19 ⓐ~ⓕ를 중심으로 (가)와 (나)를 이해한 내용으로 적절하지 않은 것은?

① (가)의 화자는 거처인 ⓐ를 나와 ⓑ와 ⓒ의 장소들로 옮겨 다니고 있다.
② (나)의 화자가 소개하는 ⓔ와 ⓕ는 ⓓ를 구성하는 장소들이라는 점에서 서로 대등한 관계에 있다.
③ (가)와 (나)의 화자는 각각 ⓑ와 ⓔ를 주위에서 가장 빼어난 경치를 볼 수 있는 곳이라고 예찬하고 있다.
④ (가)의 화자는 ⓐ에 인접한 맑은 풍경을, (나)의 화자는 자신이 ⓓ에 터를 정함으로써 생긴 변화를 드러내고 있다.
⑤ (가)의 화자는 ⓒ에서 주변으로 시선을 보내고 있고, (나)의 화자는 ⓕ를 향해 시선을 보내고 있다.

이런 문제의 경우 ⓐ~ⓕ 각각을 독립적으로 묻는 것이 아니기 때문에, 지문을 전체적으로 이해한 다음 해당 부분을 다시 독해하여 해결하는 방식이 더 효과적일 수 있습니다. ㉠~㉤에 대해 독립적으로 묻고 있는, 앞에서 본 24번 문제의 경우와는 확실히 다르죠?

29 [A], [B]를 고려하여 ㉠과 ㉡을 이해한 내용으로 가장 적절한 것은?

① ㉠은 용팔의 '웃음'에 대한 정일의 불쾌감으로 인해, ㉡은 아버지가 내비치는 '황홀한 눈'으로 인해 발생한다.
② ㉠은 정일이 갈등 끝에 '도장'을 찍음으로써, ㉡은 아버지가 사무치는 '동경'을 포기함으로써 지속된다.
③ ㉠은 정일의 '신경 쇠약'을 일으키는 원인이고, ㉡은 아버지가 '꺼멓게 탄 혀'의 고통을 줄이기 위한 방편이다.
④ ㉠은 용팔에 대한 미움이 '뺨을 갈기고 싶은 충동'으로 격화되는 정일의 마음을, ㉡은 '물그릇'에서 '어항', '드리우는 물줄기'로 심화되는 아버지의 갈망을 함축한다.
⑤ ㉠은 용팔의 '공모' 요구로 인해 표면화된 정일의 물질 지향적인 태도를, ㉡은 '심한 구역' 이후로 아버지가 '물'에서 얻고자 하는 육체적 안정에 대한 추구를 드러낸다.

여기서 한 단계 더 나아가면, 다음과 같은 태도를 잡을 수도 있습니다. 위와 같은 문제가 출제되는 경우, ㉠과 ㉡을 함께 묻고 있으니 지문을 다 읽은 뒤 해결하는 게 낫겠다는 생각을 할 수도 있습니다. 하지만 선지를 자세히 보시면, 일단 ㉠과 ㉡ 두 가지에 대해서만 묻고 있는 다소 단순한 문제라는 점과 함께 사실상 두 부분에 대해서 독립적으로 묻고 있다는 것을 파악할 수 있습니다. 선지의 구조가 '㉠은 A이고, ㉡은 B이다.'이니까요.

이런 경우, ㉠을 읽은 뒤 모든 선지의 ㉠ 부분만 판단하고, 허용할 여지가 있는 선지들에 대해서만 ㉡ 부분을 판단하는 식의 태도를 세울 수 있겠습니다. 남들은 ㉡ 부분을 다섯 선지 모두 판단하고 있을 때, 우리는 두 선지 내지는 세 선지만 판단하고 넘어갈 수 있는 것이에요. 여기서 확보하는 몇 초 내지 몇십 초 역시 모이고 모이면 굉장히 큰 힘을 발휘한다고 할 수 있겠죠?

3) 귀찮은 건 나중에!

이는 '생각의 시작' 파트에서 소위 '문학 개념어'와 관련된 문제에 대해 공부할 때 배웠던 내용과 유사합니다. 소위 '문학 개념어'와 관련된 문제를 풀 때, '심리의 변화', '성격의 변화' 등 '변화'가 있다고 하는 선지들은 '미시적인 선지'에 해당하기 때문에 답이 되기 어렵다는 말씀을 드린 적이 있습니다. 이 내용을 조금 확장시키면, '귀찮은 건 나중에!'라는 태도를 잡을 수 있어요. 소위 '문학 개념어' 문제에서 이런 태도를 잡아드린 것은, '변화'가 있는지 여부를 지문에서 찾는 것은 정말로 귀찮은 일이기 때문이었어요. 그러니 일단 미뤄 두고 화자의 상황이나 내면세계를 언급하는, '별로 귀찮지 않은' 선지들을 먼저 판단하자고 했던 것이죠. 또 예를 들어볼까요?

22 (가)와 (나)에 대한 설명으로 가장 적절한 것은?

① (가)는 <u>계절의 변화</u>에 따라 달라지는 주변 풍경을, (나)는 <u>공간의 이동</u>에 따른 풍경 변화를 묘사하고 있다.

② (가)는 시각적 이미지를 통해 자연의 위대함을, (나)는 청각적 이미지를 통해 자연에 대한 두려움을 표현하고 있다.

③ (가)는 명령형 어조를 활용하여 대상의 행동을 유도하고, (나)는 단정적 진술을 활용하여 주제 의식을 드러내고 있다.

④ (가)와 (나)는 <u>인격화된</u> 사물을 청자로 하여 화자의 소망을 전달하고 있다.

⑤ (가)와 (나)는 <u>도치된 표현</u>을 활용하여 화자가 처한 부정적 현실에 대한 극복 의지를 강조하고 있다.

밑줄 친 부분들은 '귀찮은 것들'에, 색깔을 넣은 부분은 '그리 귀찮지 않은 것들'에 해당한다고 할 수 있습니다. 밑줄 친 부분들은 '계절 · 풍경 · 공간의 변화'나 '청각적 이미지, 인격화된 사물, 청자, 도치된 표현'처럼 정말 지문에 그런 게 있는지 꼼꼼하게 찾아야 하는 것들에 해당한다고 할 수 있습니다.

한편 색깔을 넣은 부분은 '시각적 이미지'처럼 시라면 당연하게 있을 것이기에 굳이 찾지 않아도 되는 표현, '명령형 어조 · 단정적 진술'처럼 각 시구의 끝부분만 봐도 빠르게 찾을 수 있는 표현, 혹은 화자의 '내면세계' 자체와 관련된 핵심적인 표현들이라는 것을 알 수 있습니다. 이런 선지들은 아예 시간을 쓰지 않아도 되거나 조금만 시간을 쓰면 되는, 즉 어느 정도 시간을 쓰더라도 어느 곳을 보면 되는지 확실한 그런 내용들이라고 할 수 있습니다. 따라서 위와 같은 문제를 풀 때 '그리 귀찮지 않은 것들'로만 이루어진 3번 선지를 먼저 판단하는 식으로 문제를 풀 수 있고, 이 경우 답이 3번임을 빠르게 파악하며 다른 선지를 판단하는 시간을 아낄 수 있죠. 기본적으로는 문제를 풀 때 답을 이미 찾은 상황이라도 모든 선지를 확인하는 것을 권하고 싶지만, 이와 같은 소위 '문학 개념어' 문제에서는 '그리 귀찮지 않은 것들'로만 이루어진 선지를 답으로 고르는 경우 그냥 넘어가시는 것을 권하고 싶습니다. 정말 많은 시간을 아낄 수 있을 것이에요.

나아가, 이는 결국 '모든 선지를 엄밀하게 판단할 필요는 없다.'는 태도로 이어집니다. 소위 '문학 개념어' 문제가 아니라도, 판단하기 어려운 선지를 꼼꼼하게 판단하고 있을 필요는 없습니다. 앞에서도 언급했듯이 우리의 목표는 45개의 정답을 고르는 것이니까요. 예를 들어볼까요?

> 상서는 본래 사람을 지극한 도로 가르치는지라 책망
> 하며 왈,
>
> 〈"부인이 여자의 행실을 전혀 모르는지라. 무릇 여자
> 의 행세 하나하나 몹시 어려운지라. 어찌 깊은 밤에 분
> 주히 다니리오? 더욱이 다른 부인의 방을 엿들음은 금
> 수의 행동이라 전일 말한 사람이 있어도 전혀 믿지 않
> 았더니 내 눈에 세 번 뵈니 비로소 그 말이 사실임을
> 알지라. 부인은 다시 이 행동을 말고 과실을 고쳐 나와
> 함께 늙어갈 일을 생각할지어다."〉
>
> 하며 기세가 엄숙하니, 여씨가 크게 부끄러워하더라.

이번에도 앞에서 풀어본 지문입니다. 해당 부분은 '화씨'의 방을 엿듣는 등 악행을 저지른 '여씨'를 남편인 '상서'가 혼내는 장면입니다. 〈 〉 부분은 '상서가 여씨를 혼낸다.'로 정리 가능한 'skip 가능 구간'입니다. "부인이 여자의 행실을 전혀 모르는지라."만 보고 그냥 skip해도 무방합니다.

19 윗글의 내용에 대한 이해로 적절하지 <u>않은</u> 것은?

    ② 상서는 남의 말의 진위를 직접 확인하여 판단한다.
    ③ 여씨는 상서의 책망에도 부끄러워하지 않는다.

그런데 이런 문제가 나왔습니다. 이 문제에서 2번 선지는 적절한 선지인데, 지문 속 '근거'는 'skip 가능 구간' 중 "전일 말한 사람이 있어도~"입니다. 우리는 이 부분을 읽지 않았거나 대충 봤기 때문에, 기억이 안 날 수도 있습니다.

하지만 모든 선지를 엄밀하게 판단할 필요는 없습니다. 특히 3번 선지처럼, '여씨'가 '상서'의 말을 듣고 부끄러워했다는 것에 '공감'했다면 어렵지 않게 답으로 고를 수 있는 정답 선지가 제시되어 있으니까요. 따라서 2번 선지는 다음과 같이 엄밀하지 않게 판단하고 넘어갈 수도 있습니다.

'상서라면 왠지 그럴 것 같다.'

해당 지문의 해설지에서도 언급한 내용이었죠? 2번 선지의 내용이 잘 기억이 나지 않는 상황에서, 지문 속에서 찾기에는 조금 귀찮으니 그냥 이런 생각을 하면서 넘어간다는 것입니다. 실제로 해당 지문에서는 '상서'가 FM에 도를 중시하는 꼰대같은 성격을 가지고 있음을 여러 번 알려줍니다.

> 여씨의 거동이 점점 아름답지 않으나 양 부인과 <u>상서
> 는 내색하지 않더라.</u>
>
> <u>상서는 본래 사람을 지극한 도로 가르치는지라 책망
> 하며 왈,</u>
>
> 시녀가 여씨 심복 미양을 가리켜 아뢰니, 상서가 미양
> 을 잡아내어 엄하게 조사하더라. 미양이 혼비백산하여
> 사실대로 고하고 두 가지 약을 내어 드리니, 소씨 등이
> 다투어 보고 웃되, <u>상서는 홀로 눈을 들어 보지 않으니
> 사악한 빛을 보지 않으려 함이라.</u>
>
> "약을 먹더라도 부모님 남긴 몸이 달리 되랴? 네 굳이
> 내 얼굴이 되고자 하니, 이 무슨 괴이한 생각으로 패악
> 을 떨려 하느뇨?"
>
> 상서 왈,
>
> <u>"어지럽게 굴지 말라."</u>
>
> 소씨 나아가 우김질로 들이붓더라. 여씨가 마지못하
> 여 먹으니 화씨 변하여 여씨 되는지라. 좌우 사람들이
> 박장대소하더라. <u>상서 바야흐로 단정히 고쳐 앉으며 왈,</u>
>
> "군자 있는 곳에는 요사스러운 일이 없거늘 이 아우가
> 어질지 못하여 집안에 이런 변이 있으니 대장부 되어
> 아녀자를 거느리지 못하여 이런 행동거지 있으니 어
> 찌 부끄럽지 않으리오. 석씨를 모함함도 여씨의 일이
> 니 누님은 따져 물으소서."

밑줄 친 부분들을 읽으며 '상서'의 성격을 충분히 파악하셨다면, 2번 선지의 '근거'를 찾지 않고도 가볍게 허용하고 넘어갈 수 있겠죠? 이런 식의 풀이에도 익숙해지시면 비로소 문학 문제풀이 과정에서 시간을 남길 수 있는 것입니다.

뭘 이렇게까지 해야 하냐고 물으실 수도 있습니다. 하지만 기억하세요. 우리는 '시간 제한'이 있는 시험을 봅니다. 조급함에 배운 내용을 하나도 이용하지 못하는 상황을 방지하려면, 시험 내에서 '확실한 전략'이 있어야 합니다. 앞에서 언급한 내용들 외에도, 여러분이 공부를 하면서 느꼈던 '실전'에서 써먹을 수 있는 다양한 전략들을 세운 다음 뒤의 문제들을 풀어봅시다. 국어 영역 시험은 시간이 아주 부족하다는 특수성이 있기 때문에, '실력'이 충분하더라도 그것을 '점수'로 발현하는 것은 정말 다른 이야기거든요. 여러분이 가진 실력을 온전히 점수로 산출하기 위해, 시험장에서의 '행동 양식'을 만드셔야 합니다. 뭐 딱히 없다면 바로 다음 수능 문제들을 풀어보며 깨달아도 됩니다. 중요한 건, 내가 어디에서 막히는지, 어떻게 해야 그 난관을 뚫어낼 수 있는지 등을 고민하는 것이에요.

물론 가장 중요한 것은 '실력' 자체를 올리시는 것입니다. '독해와 상상'을 통해 화자·글쓴이·인물의 '내면세계'를 파악하고, 이에 공감하는 능력. 이 기본적인 능력을 최대한 끌어올려 '실력' 자체를 올리는 것이 시간 단축 및 고득점을 위해 가장 중요한 요소입니다. 이렇게 '실력'이 충분해진 상태에서, 이와 같은 여러 전략들을 통해 조금 더 수월하게 고득점을 하시기 바랍니다.

이렇게 보니 정말 별거 없죠? 이게 다입니다. 딱 이 정도만 가지고, 가장 최근 시험에 나왔던 문학 문제들을 풀어봅시다. 시간 내에 다 맞고 기분 좋게 다음 공부를 시작하실 수 있기를 빕니다!

2026학년도 수능

가장 최근의 수능, 2026학년도 수능입니다. 이 시험지를 가지고 지금까지 배운 내용을 잘 활용할 수 있는지 확인해보도록 합시다.

시간은 30분을 재보도록 합시다! 만약 지금까지 공부를 하면서 문학에 대한 자신감이 충분히 쌓였다면, 20분 혹은 25분을 재고 풀어보시는 것도 좋습니다. 여러분이 실제 시험장에서 이 4지문을 해결하는 데 걸려야 하는 현실적인 마지노선입니다. 나름대로 시간 배분을 하면서 확실하게 풀어 보세요. 난이도는 굳이 언급하지 않을게요. 이미 풀어봤더라도 새로운 마음으로 해결해봅시다.

먼저 시간을 재고 풀어 주시고, (만약 시간이 오버된다면 꼭 풀이를 멈춰 주세요. 본인이 어디까지 풀 수 있는지 확인해야 합니다.) 채점을 해서 본인의 위치를 확인한 뒤 지금까지 한 것처럼 충분한 시간을 통해 분석을 해 봅시다. 직전 시험만큼 분석의 중요도가 높은 지문들은 없으니까요.

—— (해설 p.366) ——

[중모리] 그때에 사슴이 발론하되 근래 인간이 하 무서워 짐승을 잡아먹기 온갖 꾀가 다 생기고 산중에 수목이 없어 은신할 곳 없어지니 각기 의견 들어 보면 방책이 있을런가 이 모임을 했사오니 수령님의 좋은 꾀를 일러 주옵소서

[아니리] 호랑이가 수령 말을 듣더니마는 거두룸을 피우며 오늘은 노소고하를 막론하고 자세히 말해 보라 토끼가 여짜오되

[자진모리] 사냥개라 허는 것은 같은 우리 모족(毛族)으로 사람 집에 기식허니 제 무슨 아첨으로 내 잘 맡는 자랑허여 심산궁곡 층암절벽 찾고 찾어 들어와 동제간 살해만 허니 수령님 이후로는 사냥개를 있는 대로 다 잡어 잡수오면 그 덕이 모든 금수에게 미치오리다

[아니리] 호랑이 듣더니만 다 잡어 먹었으면 네 원통함도 풀고 나도 배부른 꼴을 보련마는 일등 **포수**가 따러 다녀 어설피 물랴다가 조총에 불이 번듯 탄환이 쑥 나오면 거 내 신세는 어쩔 것이냐

　그때에 별주부 저기 토 선생 계시오 부른다는 것이 수로 팔천 리를 아래턱으로 밀고 오자니 아래턱이 빳빳허여 토 자가 살짝 늘어져 호 자로 되였것다 저기 호 생원 계시오 불러 놓으니 첩첩산중 호랑이가 생원 말 듣기는 제 평생 처음이라 ⓐ반기 듣고 내려오는듸

[엇모리] 범 내려온다 범이 내려온다 송림 깊은 골로 한 짐승이 내려온다 누에머리를 흔들며 양 귀 찢어지고 몸은 얼숭덜숭 꼬리는 잔득 한 발이 남고 동아 같은 뒷다리 전동 같은 앞다리 새낫 같은 발톱으로 엄동설한 백설 격으로 잔디 뿌리 왕모래를 좌르르르 흩으며 주홍 같은 입 벌리고 홍행행 허는 소리 산천이 진동하고 강산이 뒤눕고 땅이 뚝 꺼지난 듯 자라가 ⓑ깜짝 놀래여 목을 움치고 가만히 엎졌을 제

[아니리] 호랑이가 척 내려와 이것 무엇인고 이리 보아도 둥굴 둥굴 저리 보아도 둥굴 둥굴아 하고 불러도 대답이 없것다 옳다 이것 한 입가심 허여 볼까
　자라가 ⓒ깜짝 놀래여 여보 당신이 뉘라 허시오
　호랑이 깜짝 놀래 에끼 이것 보아라 도리줌치 속에 배암 잡어 넣어 놓은 것같이 생긴 것이 인사성은 밝네 나는 ㉠이 산중 지키는 호 생원 어른이로다
　자라가 호랑이란 말을 듣고서 접짐에 바로 일러 나는 명색이 자라 새끼요

[중모리] 호랑이 ⓓ반기 듣고 얼시구나 좋을시고 내 평생에 원하기를 왕배탕이 원일러니 오늘날 만났구나 맛진 진미를 먹어 보자 으르르르앙 허고 달려드니 자라 듣고 깜짝 놀래여 아이고 내 자라 아니요 이놈 그러면 무엇인고 내가 두꺼비요 두꺼비 같으면 더욱 좋다 너를 산 채로 불에 살라 술에 타 먹었으면 만병회춘 명약이라니 너를 먹으리라 아이고 내 남생이요 남생이 같으면 더욱 좋다 습기에는 제일이라 허니 너를 산 채로 먹으리라

[아니리] 별주부 듣고 기가 막혀 이 급살 맞어 죽을 놈이 **동의보감**을 얼마나 통달허였는지 보는 대로 약 취해 먹기로만 드니 기왕 죽을 바에는 속임수나 한번 써 보고 죽을 밖에 없구나 허고 목을 길게 내놓으며 네 이놈 호랑아 내 목 나간다
　호랑이 ⓔ깜짝 놀래 에끼 이것 목 나온다 고만 나오시오 하루 수천 발 나오겠소 대체 당신 명색이 무엇이오
　나는 수국 전옥주부 공신 사대손 별주부 별나리로다 이놈 내 목 이 모양 된 내력을 들어 보아라

[자진모리] 우리 ㉡수궁 퇴락허여 영덕전 새로 질 제 일천팔백 칸 기와를 내 손으로 올리다가 추녀 끝에 뚝 떨어져 목으로 잘칵 꺼꾸러져 이 모양이 되얏기로 명의다려 문의한즉 호랑이 쓸개를 열 보만 먹으면 목이 즉효헌다기로 우리 수궁 도리랑귀신 잡어 타고 호랑이 사냥을 나왔더니 쓸개 한 보 못 주겠느냐 도리랑귀신 게 있느냐 이 호랑이 배 갈라라 앞으로 기어 들며 도리랑 도리랑 허고 달려들어 호랑이 아랫도리를 꽉 물고 뺑 돌아 놓으니

[아니리] 호랑이 ⓕ질색허여 아이고 별나리 이것 좀 놓아주시오 이놈 잔말 말고 쓸개만 내놓아라 호랑이 그 육중헌 놈이 자라에게 매달려 애걸을 허는듸

[중모리] 별나리 전에 비나이다 나는 오대독신으로 오십이 다 되도록 슬하 일점혈육이 없소 만일 내가 죽게 되면 **선영**에 죄가 망극허오 차라리 내 왼눈이나 하나 빼 잡수시오 이놈 잔말 말고 쓸개만 내놔라 여기만 놓아주면 당장에 쓸개를 드리리다

[아니리] 별주부 가만히 생각한즉 쓸개 주겠다고 놓아 달라는 것이 얼주검이 된 모양이라 꽉 물었던 호랑이 아랫도리를 슬그머니 늦춰 놓으니

[휘모리] 호랑이 몽그랏다 후다닥 뛰어갈 제 급한 난리 화살 닫듯 조총에서 철환 닫듯 오림에서 조조 닫듯 산을 넘고 바다 건너 홀연히 간 곳 없네

[아니리] 전라도 해남에서 냅다 뛴 놈이 의주 **압록강 가**에서 숨을 내쉬고 한편을 살펴보는데 남생이 한 마리가 뾰쪼롬허고 내다보니 별주부로 알았것다 에끼 저놈 그 새 저기 쫓아왔구나 게서 또 후다닥 빼 놓은 것이 함경도 ⓒ세수람 고개에다 덜럭 올라앉어 장담을 허것다 내 용맹이나 된 게 여기까지 살아왔지 잡놈 같았으면 하마 그놈 뱃속에 굳었으렷다

-작자 미상, 「수궁가」-

18 윗글에 대한 이해로 적절하지 <u>않은</u> 것은?

① 사슴이 호랑이에게 대책을 구하자 호랑이는 거드름을 부리며 다른 동물들에게 발언하게 하였다.
② 호랑이가 자라의 외양에 주목하여 관심을 보이자 자라는 호랑이보다 먼저 자신의 정체를 밝혔다.
③ 자라는 자신을 해치려고 드는 호랑이에게 목을 내밀어 놀라게 한 후 도리랑귀신을 들먹이며 맞섰다.
④ 호랑이가 쓸개를 주겠다며 놓아 달라는 것을 듣고 자라는 호랑이가 얼주검 상태가 되었다고 생각하였다.
⑤ 호랑이는 남생이가 내다보는 것을 보고 자신이 매달려 애걸했던 자라가 자신을 쫓아왔다고 생각하였다.

19 ㉠~㉢에 대한 이해로 가장 적절한 것은?

① ㉠은 공동의 문제를 해결하기 위한 모족의 노력이 나타나는 공간으로, 이곳에서 자라와 호랑이의 화해가 이루어진다.
② ㉡은 자라가 자신의 내력을 소개하며 언급한 공간으로, 자라는 호랑이와의 만남을 예상하고 이곳에서 이를 대비하였다.
③ ㉢은 호랑이가 안도감을 나타내는 공간으로, 이곳에서 호랑이는 살아남은 것을 자신의 능력을 넘어서는 뜻밖의 행운이라고 여겼다.
④ ㉠은 자라가 자신의 행위로 인해 위험에 빠지게 된 공간이며, ㉡은 자라가 위험에서 벗어나고자 언급한 공간이다.
⑤ ㉠은 호랑이의 지위가 다른 존재의 발언을 통해 확인되는 공간이며, ㉢은 호랑이가 다른 존재와의 비교를 통해 자신의 위엄을 부정하는 공간이다.

20 ⓐ~ⓕ에 대한 설명으로 가장 적절한 것은?

① ⓐ와 ⓑ는 각기 다른 주체가 예의를 갖춘 상대의 태도에 대해 보인 반응이다.
② ⓑ와 ⓒ는 동일한 주체가 상대의 당황하는 모습에 대해 보인 반응이다.
③ ⓒ와 ⓕ는 각기 다른 주체가 상대의 말이나 행동으로 인해 생긴 위기 상황에서 보인 반응이다.
④ ⓓ와 ⓔ는 동일한 주체가 자신의 숙원이 성취될 수 있음을 확인하면서 보인 반응이다.
⑤ ⓔ와 ⓕ는 동일한 주체가 상대의 예상 밖 제안에 대해 보인 반응이다.

21 다음에 제시된 선생님의 설명을 참고하여 윗글을 감상한
내용으로 적절하지 <u>않은</u> 것은? [3점]

> **선생님:** 「수궁가」는 우화에서 판소리 사설로 발전한
> 작품입니다. 동물들이 인물로 등장하는 우화 속 세
> 상에 청중의 현실 속 다양한 요소를 중첩하는 방식
> 으로 이야기의 변모가 이루어졌어요. 이로써 부정
> 적 면모를 지닌 다양한 인간에 대한 비판을 드러내
> 거나, 현실감을 부여하여 인물이 처한 상황을 강조
> 하거나, 현실이라면 불가능한 상황을 가능한 것으
> 로 과장되게 표현하여 청중의 흥미를 높였어요.

① '사냥개'에 대한 토끼의 평가에서, 현실에서 사냥개가
　사람에게 길들여진 것을 우화 속 상황에 중첩함으로
　써 강자의 환심을 사 이익을 얻는 인간에 대한 비판이
　드러남을 알 수 있군.

② 자라가 '동의보감'을 떠올린 데서, 현실의 의서를 우화
　속 상황에 중첩함으로써 명약을 탐하는 속내를 지식
　을 내세워 숨기는 위선적 인간에 대한 비판이 드러남
　을 알 수 있군.

③ '포수'에 대한 호랑이의 태도에서, 현실의 인간이 지닌
　힘을 우화 속 인물들의 위계질서에 중첩함으로써 권력
　자가 상대에 대한 두려움을 보여 위신을 잃는 상황이
　강조됨을 알 수 있군.

④ 호랑이가 '선영'을 언급한 데서, 현실의 윤리를 우화
　속 인물이 내세운 구실에 중첩함으로써 자손의 도리
　를 말하며 곤란한 처지를 벗어나려는 인물의 절박한
　상황이 강조됨을 알 수 있군.

⑤ 호랑이가 '해남'에서 '압록강 가'까지 뛴 데서, 현실의
　지명을 우화 속 공간에 중첩함으로써 실제라면 단숨
　에 닿기 불가능한 거리를 이동하는 상황이 과장되게
　표현된 것임을 알 수 있군.

—— (해설 p.373) ——

(가)

두고 온 것들이 빛나는 때가 있다
빛나는 때를 위해 소금을 뿌리며
우리는 이 **저녁**을 떠돌고 있는가
사방을 둘러보아도
등불 하나 켜 든 이 보이지 않고
등불 뒤에 속삭이며 **밤을 지키는**
발자국 소리 들리지 않는다
잊혀진 목소리가 살아나는 때가 있다
잊혀진 ⊙한 목소리 잊혀진 다른 목소리의 끝을 찾아
목메이게 부르짖다 잦아드는 때가 있다
잦아드는 ⓛ외마디 소리를 찾아 칼날 세우고
우리는 이 **새벽**길 숨가쁘게 넘고 있는가
하늘 올려보아도
함께 어둠 지새던 **별 하나 눈뜨지 않는다**
그래도 **두고 온 것**들은 빛나는가
빛을 뿜으면서 한 번은 되살아나는가
우리가 뿌린 **소금**들 반짝반짝 별빛이 되어
오던 길 환히 비춰 주고 있으니

　　　　　　　　　　　　-이시영, 「그리움」-

(나)

감나무 잎새를 흔드는 게
어찌 ⓐ바람뿐이랴.
감나무 **잎새**를 **반짝**이는 게
어찌 햇살뿐이랴.
아까는 ⓑ오색딱다구리가
따다다닥 찍고 가더니
봐 봐, 시방은 ⓒ청설모가
쪼르르 타고 내려오네.
사랑이 끝났기로서니
그리움마저 사라지랴,
그 그리움 날로 자라면
주먹송이처럼 커 갈 땡감들.
때론 머리 위로 ⓓ흰 구름 이고
때론 온종일 ⓔ장대비 맞아 보게.
이별까지 나눈 마당에
기다림은 웬 것이랴만,
감나무 그늘에 평상을 놓고
그래 그래, **밤**이면 **잠 뒤척여**
산이 우는 소리도 들어 보고

새벽이면 퍼뜩 깨어나
계곡 물소리도 들어 보게.
그 기다림 날로 익으니
서러움까지 **익어선**
저 **짙푸른 감들**, 마침내
형형 등불을 밝힐 것이라면
세상은 어찌 환하지 않으랴.
하늘은 어찌 부시지 않으랴.

　　　　　　　　　　　-고재종, 「감나무 그늘 아래」-

(다)

　천지간에 만물이 소리를 내게 만드는 것은 무엇인가? 초목은 움직이지 않으면 그 자체로 소리가 나지 않으나 바람이 불면 소리가 난다. 그런즉 초목이 소리를 내게 하는 것은 바람이다. 금석은 때리지 않으면 그 자체로는 소리가 나지 않으나 물건이 때리면 소리가 난다. 그런즉 금석이 소리를 내게 하는 것은 물건이다. 무릇 크고 작은 만물이 소리를 내는 것은 또한 반드시 그렇게 만드는 것이 있다. 사람이 세상에 태어나면 안으로는 오장이 있고 밖으로는 형체가 있지만 그것만으로 어찌 소리를 내겠는가. 기(氣)가 안에 쌓이고 밖으로 드러난 뒤라야 소리가 나는 것이다. 그런즉 사람이 소리를 내게 하는 것은 기이다.

　소리는 한 가지가 아니니, 쓸모없는 소리가 있고 쓸모 있는 소리가 있다. 재채기 소리와 코 고는 소리는 사람의 소리 가운데 쓸모없는 것이고, 탄식하고 담소하는 소리는 사람의 소리 가운데 쓸모 있는 것이다. 쓸모 있는 소리에는 아름다운 소리와 추한 소리가 있다. 사람이 그 소리를 듣고 좋아하면 아름다운 소리이고, 미워하면 추한 소리이다. 아름다운 소리에는 실상이 있는 소리가 있고 흩어지는 소리가 있다. 입에서 나와 글로 쓰이지 못하면 흩어지는 소리가 되고, 입에서 나와 글로 쓰이면 실상이 있는 소리가 된다. 실상이 있는 소리에는 바른 것이 있고 삿된 것이 있다. 또 바른 것 같으면서 삿된 것도 있고, 혹 삿된 것 같으면서 바른 것도 있다. ⓒ사람의 소리로서 남에게 듣기 좋고, 남에게 듣기 좋아 글로 쓰이고, 글로 쓰였으면서 바름에 합당하다면 그것을 일컬어 ⓔ좋은 소리라 한다. 좋은 소리를 내는 것은 참으로 어려운 일이구나.

　최립은 좋은 소리를 내는 사람에 가깝다. 그의 문장이 비록 완성된 것은 아니지만 그 뜻은 바름을 향한다. 그러니 학업을 게을리하지 않는다면 바르게 되는 데 무슨 어려움이 있겠는가. 내가 들으니 소리를 내는 만물은 그 본체가 크면 그 소리 또한 크고, 그 본체가 작으면 그 소리 또한 작다고 한다. 최립은 소리가 크니 그 본체가 큰 것을 알 만하다. 사람의 본체는 마음이니 그의 마음이 가히 크다고 하겠다. 내가 또 들으니 크게 부딪치면 큰 소리가 나며, 작게 부딪치면 작은 소리가 난다고 한다. 큰 바람이 초목을 움직이면 천지를 뒤흔들 듯하나, 작은 바람이 불면 한 번 살랑거림에 불과할 뿐이다. 금석을 치는 것도 또한 이와 같다. 사람의 소리는 기가 크면 그 소리가 크게 나고 기가 작으면 그 소리가 작게 나니, 최립의 기는 가히 크다고 하겠다.

-이이, 「최립에게 주는 글」-

22 (가)~(다)에 대한 설명으로 가장 적절한 것은?

① (가)는 계절을 나타내는 소재로 시적 분위기를 조성하고 있다.

② (나)는 자연을 관조하며 시적 상황을 탈속적 태도로 바라보고 있다.

③ (다)는 글쓴이와 타인의 생각을 비교하며 세태를 비판하고 있다.

④ (가)와 (다)는 모두, 연쇄적 표현을 통해 주체의 태도 변화 과정을 보여 주고 있다.

⑤ (나)와 (다)는 모두, 가정적 표현을 통해 대상의 속성을 드러내고 있다.

23 〈보기〉를 참고하여 (가), (나)를 감상한 내용으로 적절하지 <u>않은</u> 것은? [3점]

[보기]

　(가)와 (나)는 밝음과 어두움의 이미지를 활용하는 양상이 서로 다르다. (가)는 연대를 상실한 암울한 현실 상황을 어두운 밤으로 표상하고, 빛이 회복되는 미래에 대한 소망을 드러낸다. 이러한 소망은 소금을 뿌리며 그리운 이를 찾아다니는 행동으로 형상화된다. (나)는 자연 속에서 공존하고 있는 명암의 이미지를 바탕으로 성숙에 대한 성찰을 드러낸다. 이러한 성찰은 자연물과 내면을 동일시하며 시간의 흐름에 따른 변화의 양상을 그려 내는 방식으로 나타난다.

---

① (가)에서 '사방을 둘러보'며 '발자국 소리'가 '들리지 않'음을 확인하는 것은, '밤을 지키는' 이의 눈을 피해 다니며 그리운 존재를 찾고 있는 암울한 현실 상황을 보여 주는군.

② (가)에서 '오던 길'을 '소금들'이 '환히 비춰 주'는 것은, '두고 온 것들'이 되살아날 미래를 기대하게 한다는 점에서 빛의 회복에 대한 소망이 실현될 수 있음을 암시하겠군.

③ (나)에서 '반짝'이는 '잎새'와 '그늘'을 함께 지닌 '감나무' 아래에 '평상을 놓'는 것은, 밝음과 어두움이 어우러져 있는 자연에서 내면에 대한 성찰을 이어 가고 있음을 나타내는군.

④ (가)에서 '별 하나 눈뜨지 않'는 밤은 함께하던 이가 보이지 않는 상실의 상황을, (나)에서 '잠 뒤척'이는 '밤'은 마음이 감처럼 '익어' 가는 데 필요한 성숙의 시간을 의미하겠군.

⑤ (가)에서 '빛나는 때를 위해' '저녁'부터 '새벽'까지 길을 걷는 행동과, (나)에서 '짙푸른 감들'이 '등불을 밝힐 것'이라는 전망은 모두, 밝음이 나타날 것이라는 인식을 드러내는군.

24 ⊙~②에 대한 이해로 적절하지 <u>않은</u> 것은?

① ⊙이 '목메이게 부르짖'는 것과 ⓒ을 찾고자 '숨가쁘게' 길을 넘는 것에는 모두, 대상을 향한 간절한 마음이 드러난다.

② ⓒ 중에는 쓸모는 있지만 남들이 듣고 미워하는 소리가 있는 한편, ②은 아니지만 남들이 듣고 좋아하는 소리도 있다.

③ ⊙이 잦아드는 것은 '다른 목소리의 끝'에 닿지 못하고 있는 상태를, ⓒ이 흩어지는 것은 아름다운 소리가 글로써 실현되지 못한 상태를 의미한다.

④ ⊙은 '잊혀진' 상태이지만 다시 '살아'날 수 있다고 화자가 생각하는 대상이고, ②은 바른 것 같으면서도 삿된 것일 수 있다고 글쓴이가 생각하는 대상이다.

⑤ ⓒ을 찾기 위해 화자는 미세한 소리에도 '칼날'을 '세우'듯이 민감하게 반응하려 하고, ⓒ 중에서 담소하는 소리뿐만 아니라 탄식하는 소리도 글쓴이는 쓸모 있다고 여기고 있다.

25 ⓐ~ⓔ를 중심으로 (나)를 이해한 내용으로 가장 적절한 것은?

① 화자는 ⓐ가 흔드는 것이 감나무 잎새뿐이라고 여기다가 ⓑ를 보며 그 생각을 바로잡고 있다.

② 화자는 ⓑ가 내는 소리와 ⓒ의 움직임을 통해 감나무 열매가 충분히 익은 상태임을 짐작하고 있다.

③ 화자는 ⓑ와 ⓒ가 감나무에서 만났다가 한순간에 헤어지는 것을 보며 자신의 사랑이 끝났음을 떠올리고 있다.

④ 화자는 감나무 열매가 자라는 과정에서 ⓓ를 만나기도 하고 ⓔ를 만나기도 하는 일이 유의미하다고 여기고 있다.

⑤ 화자는 ⓑ와 ⓒ가 감나무를 떠난 후에 ⓓ와 ⓔ가 오는 것을 보며 머지않아 새로운 사랑이 시작될 것을 기대하고 있다.

26 〈보기〉를 참고하여 (다)를 감상한 내용으로 적절하지 <u>않은</u> 것은?

[보기]

(다)는 마음에서 기가 움직여 뜻이 소리로 나오는 데 있어 도리에 합당해야 좋은 글[文]이라는 글쓴이의 문학론을 바탕으로, 상대의 문장을 평가하며 칭찬과 당부를 전하고 있다.

① '만물'이 소리 나는 이치에서 시작하여 '사람'이 소리를 내는 이치를 밝히며, 소리를 화두로 삼아 문장에 대해 말하고 있군.

② '소리'가 지닌 상반된 특성들이 서로 균형을 이루어야 '좋은 소리'임을 제시하여, 문장이 궁극적으로 도달해야 할 바를 드러내고 있군.

③ 최립의 문장이 완성된 것은 아니지만 '참으로 어려운 일'에 가까움을 언급하며, 그의 문장에 대한 평가를 드러내고 있군.

④ 최립의 문장에 담긴 '뜻'이 도리에 합당함을 향하고 있음을 언급하며, 그가 학업에 정진할 것을 당부하고 있군.

⑤ 글로 드러난 최립의 소리가 크게 나는 것이 그의 '마음'과 '기'에서 비롯됨을 언급하여, 그의 문장이 뜻을 크게 드러내고 있음을 칭찬하고 있군.

───── (해설 p.384) ─────

"8·15 이후의 비극은…… 주민들이, 그러니까 국민들이 중요하지 않은 것처럼 되는 가운데에 그 마을과 동네가 이루어지고 역사가 이루어져 왔다는 바로 그 점에 있는 것 아니겠습니까? 그게 앞으로도 그럴까요? 적어도 이 독가촌에서만은 그렇게 되지 않을 겁니다."

㉠이 세상에서 서로 말이 통하지 않는 두 종류의 인간 군들이 사는가 보았다.

"역사에 관해서 말씀을 하시니, 나는 무식하고 먹고살기에 바빠서. 도무지 그런 얘기라는 것이…… 글쎄요."

허명두 씨는 하품을 하였다.

[A]
　　"실례지만 선생께서는 8·15 직후에 무슨 청년당 일에……?"

온 씨의 어조가 진지한 것이 아니었다면 허명두 씨는 욕설을 퍼부어 네가 무슨 사찰 요원이냐고 따질 뻔하였다. 하지만 허명두 씨는 오랜만에 증오가 되살아나서 온 씨를 냉담하게 바라보며 입을 열었다.

"8·15 직후라? 그때 참 별의별 못난 것들이 제 세상 만났다고 착각하며 날뛰었지요."

"역시 그러셨구만."

"왜? 나를 본 적이라도?"

"많이 보았지요. 지금도 많이 보고 있고, 이봐요. 허 선생. 더 이상 서툰 짓은 하지 마시오. 당신이 무슨 짓을 꾸미고 있는지 다들 알고 있소. 그런데 이제 당신 같은 사람들이 날뛰던 시대는 서서히 지나가고 있는 거요. 우리의 피땀으로 이룩한 독가촌을 가지고 서툰 짓을 벌이려고 하다가는 당신이 온전치는 못할 거요."

"나한테 협박을 하는 것이라면…… 그런 협박은 하나도 무섭지 않으니 어디 한번 해볼 대로 해보라지."

허명두 씨는 증오를 억누르며 말했는데 온 씨도 거연히 일어났다.

　　"내가 한 말 명심하시오. 당신 같은 사람이 날뛰던 시대는 서서히 지나가고 있다는 것을."

그러고 나서 온 씨는 가 버렸는데, 독가촌 일대에는 금방 그 소문이 돌 대로 돌았다. 온 씨가 만나는 사람에게마다 ⓐ이야기를 퍼뜨렸기 때문이었다.

허명두 씨로서는 마지막 안간힘을 내어 그가 일으켜 보려는 이번 싸움이 과거 어느 때보다도 어렵다는 것은 알고 있었다. 그리고 온 씨의 말이 단순한 협박만은 아니라는 것도 알았다. ㉡그러나 그렇기는 하지만 명분이나

사리의 옳음이란 것이 싸움에 무슨 필요가 있단 말인가.

이러한 사단이 벌어지게 된 것은 다름이 아니었다. 아무도 거들떠보지 않던 심심산골, 불모의 황무지였던 이곳 독가촌 일대가 하루아침에 각광을 받는 지대로 둔갑이 되었기 때문에 생긴 일이었다. 특히 독가촌은 오늘의 달라진 인문지리의 환경으로 따져 보았을 적에 고속도로와 접속이 되게 될 교통 요충지가 되었을 뿐 아니라 관광지로서의 좋은 조건을 모두 구비하고 있다는 것이었다.

[중략 부분 줄거리] 허명두는 온 씨와의 언쟁 전에 있었던, 외부 기업 측으로부터 독가촌의 주택 매입을 요청받은 일을 회상한다.

행정 당국은 지목(地目) 변경은 해 두었지만 서류상으로는 그 모든 가옥들이 무허가 주택이나 다름없었으며, 따라서 집들의 매매는 권리금에 다름이 아니었다. 물론 불하를 내게 될 적에는 이미 지어진 집 임자에게 기득권을 부여하게 될 터이었다. 허명두 씨가 관청을 들락거리고 야금야금 집들을 사두게 된 것이 이 때문이었다.

그러다가 그는 ⓑ소문을 듣고 찾아온 온 씨와 만나 언쟁을 벌이게 되었던 것이지만, 온 씨가 무슨 이야기를 하고 싶어 하는지 모르는 바는 아니었다. ㉢전국 각처에서 찾아든 사람들이 이곳 독가촌에 정착하여 그럭저럭 안정을 얻을 만하게 된 이즈음 이곳이 외부의 자본에 의해 관광지로 돼 버린다면 도대체 이 사람들은 또 어느 곳으로 찾아들어 가 얼마만큼 방황을 해야 한다는 말인가? 그러니 두메산골이었던 곳을 피땀 흘려 오늘의 독가촌으로 개척해 온 이곳 사람들이 이 마을을 지켜야 한다는 것이 틀린 말일 수는 없는 것이었다. 더구나 농촌 부락으로서는 어느 정도 자립할 수 있는 터전도 굳혀 놓은 게 사실이었다. 온 씨의 주장은 옳은 것이었다. 허명두 씨의 입장에서도 그것은 부정할 수 없었다. 피땀 흘려 가꾼 땅이 도시의 온갖 잡것들이 논다니를 치는 관광지로 되려는 것을 어찌 귀농 개척자들이 가만 보고만 있을 것인가. 하지만 그런 사리만을 가지고는 모자라는 것이 현실인 것이고, 그 모자라는 부분을 채워 놓고 있는 게 무엇이겠느냐를 따져 보면서 허명두 씨는 웃음을 짓는 것이었다. 대한청년단 시절의 일하며 화랑동지회의 체험들을 그가 요 근래 부쩍 회상해 보는 것도 그 때문이었다. ㉣명분보다는 실리를 추구해 오는 측이 항상 이겨오고 있었던 게 아닌가. 온 씨가 찾아와서 자신에게 하였던 말을 그가 곰곰 생각해 보는 것도 그 때문이었다. '이제 당신 같은 사람들이 날뛰던 시대는 서서히 지나가

고 있다'는 말을 그는 물론 실감으로 받아들이고는 있으되, ⑩문제는 그것이 아직까지는 완전히 지나간 게 아니라는 데 있었다.

-박태순, 「독가촌 풍경」-

27 [A]에 대한 이해로 적절하지 <u>않은</u> 것은?

① 온 씨와 허명두는 서로에게 질문을 하며 상대의 반응을 살폈다.

② 허명두는 온 씨의 발언에 불쾌해하며 과거에 자신이 느꼈던 감정을 떠올렸다.

③ 온 씨는 허명두와 대화를 나누며 상대에 대한 자신의 짐작이 맞았다고 생각하였다.

④ 온 씨는 상대의 행위를 평가하는 표현을 반복하며 허명두에게 꾸미고 있는 일을 그만두라고 경고하였다.

⑤ 온 씨가 공격적인 태도를 보이자 허명두는 에둘러 말하여 상대의 관심을 다른 곳으로 돌릴 수 있었다.

28 ⓐ와 ⓑ에 대한 이해로 가장 적절한 것은?

① ⓐ가 형성된 과정은 ⓑ가 주변에 전해진 것과 무관하다.

② ⓐ가 처음 퍼진 시점은 ⓑ가 처음 퍼진 시점보다 앞선다.

③ ⓐ는 ⓑ로 인한 인물 간의 갈등을 해결할 실마리를 제공하고 있다.

④ ⓐ가 주변에 빠르게 확산된 것은 ⓑ가 거짓으로 판명되었기 때문이다.

⑤ ⓐ에는 ⓐ를 처음 퍼뜨린 인물이 ⓑ와 관련하여 찾아가 만난 인물에게 확인한 내용이 반영되어 있다.

29 '독가촌'에 대한 설명으로 가장 적절한 것은?

① 고속도로가 연결될 것이 알려진 후 외부 사람들의 관심을 받게 된 곳이다.

② 허명두가 지목 변경으로 기득권을 부여받고서 집들을 사들이고 있는 곳이다.

③ 마을 사람들이 농사를 지어 왔지만 여전히 경제적으로 자립하기 어려운 곳이다.

④ 온 씨가 마을 사람들과 함께 농업 중심의 기존 생활양식을 바꾸려 하는 곳이다.

⑤ 관광지로서의 좋은 조건을 갖추게 하려고 마을 사람들이 피땀 흘려 노력한 곳이다.

30 〈보기〉를 참고하여 ㉠~㉤을 이해한 내용으로 적절하지 <u>않은</u> 것은? [3점]

---[보기]---

　윗글에서 서술자는 부정적 인물인 허명두에게 초점화하여 그의 내면을 서술하였다. 이를 통해 허명두가 자신의 생각이나 경험을 일반화하거나, 주어진 상황을 주관화하거나, 상대의 생각을 헤아리는 모습을 보여 준다. 이는 인물의 생각을 타당한 것처럼 보이게 하지만 한편으로는 상황을 자신에게 유리하게 해석하는 인물의 태도를 드러내어, 서술의 이면에 그 부정성에 대한 서술자의 비판이 함께 있음을 보여 준다.

---

① ㉠: 인물과 상대를 '두 종류의 인간군'으로 일반화함으로써 상대와의 인식 차이가 좁힐 수 없는 것임을 드러내어, 상대와 소통이 어렵다는 인물의 생각이 타당한 것처럼 서술하였다.

② ㉡: 마을의 상황을 '싸움'으로 주관화함으로써 상대가 추구하는 '사리의 옳음'이 싸움에서 이기는 데에 유용하지 않음을 드러내어, 인물의 생각이 타당한 것처럼 서술하였다.

③ ㉢: 상황 변화가 '안정'을 위협한다는 상대의 생각을 헤아림으로써 변화의 부정성을 인정하면서도 무엇이 변화의 원인인지는 달리 보아, 인물의 왜곡된 시선이 드러나도록 서술하였다.

④ ㉣: '실리'를 추구한 측이 언제나 우위를 차지했다며 과거의 경험을 일반화함으로써 현재 상황에서도 실리가 우선되어야 한다고 합리화하여, 인물의 생각이 타당한 것처럼 서술하였다.

⑤ ㉤: '그것'이 지나가고 있음에도 '아직'은 유효하다고 주관화함으로써 현실의 변화를 인식하면서도 기존의 선택을 고수하여, 인물의 자기중심적 태도가 드러나도록 서술하였다.

── (해설 p.391) ──

(가)

온성이 몇 리런고 ㉠우리 말이 지쳤구나
서성 밖에 잠깐 쉬어 말 얻어 먹이려니
홀연히 소주 장사 앞에 와 팔려 하니
그 술을 먹어 보자 ㉡촌인(村人)의 솜씨 아녀
분명 관가 술일네 그 곡절 모를쏘냐
이 사람이 술 즐김을 태수가 들었더라
미리 독에 빚어 예 와서 기다린 지
여러 날이 되었더라 ㉢수상히 오는 손을
나인 줄 짐작하고 짐짓 싸게 파는구나
자연히 이 소식을 바람결에 들으니
알은체 무엇 하리 담뱃대 둘을 주고
한 병을 기울이니 감홍로와 진배없네
㉣유심터라 이 부사야 너 언제 날 알더냐
여기에서 종성 가기 오십 리가 된다 하니
바삐 가는 저문 길에 얼음 밑에 빠지고나
버선 행전 다 적시고 **농태가 되었더라**
이 몰골 이 거동을 남 뵈기 부끄럽다
만인 중에 출두하고 남여 위에 높게 앉아
㉤억지로 발 드리운들 그 누가 저어하리

　　　　　(중략)

여러 달 주리다가 혹시 혹시 출두하면
음식은 장하건만 하나나 살로 가랴
여러 날 칩떨다가 더운 방에 들어오면
가슴에 열이 나니 먹느니 **냉수로다**
뉘라서 어사 벼슬 좋다고 하던가
봉고파출* 쾌한 일가 형문 곤장 차마 하랴
못할 일 마지못하니 제 심정 글러지고
송사 진 이 원통하여 몹쓸 말 지어내니
모르는 이 어이 알리 그 말을 곧이듣네
고맙단 이 잠깐이오 원수는 대대로다
괴롭기는 저 혼자라 못할 것이 어사로다

　　　　　　　　　　-구강, 「북새곡」-

* 봉고파출 : 어사가 고을 원을 파면하고 관가의 창고를 잠금.

(나)

이 시름 저 시름 여러 가지 시름 ⓐ방패연에 세세히
적어

정월 대보름에 서풍이 고이 불 제 하얀 실 한 얼레를
끝까지 풀어 띄울 제 **큰 잔에 술을 부어 마지막 전송하**
자 둥게 둥게 둥둥 떠서 높고 높이 솟아올라 백룡의 굽
이같이 **굼틀뒤틀 뒤틀여져** 구름 속에 들거고나 동해 바
다 건너가서 외로이 섰는 나무에 걸렸다가
풍소소 우낙락할 제* 자연 소멸 하여라

　　　　　　　　　　-작자 미상, 사설시조-

* 풍소소(風蕭蕭) 우낙락(雨落落)할 제 : 바람 솔솔 불고 비가 후
둑후둑 내릴 때에.

(다)

강원도 설화지를 제 크기로 ⓑ연을 지어
대사(大絲) 황사(黃絲) 백사(白絲) 줄을 통 얼레에 살
이 없이 바람이 한창인 제 삼간 퇴김 사간 근두* 반공에
솟아올라 구름에 걸쳤으니 풍력도 있거니와 줄맥*이 없
이 그러하랴
먼 데 임 줄맥을 길게 대어 낚아 올까 하노라

　　　　　　　　　　-작자 미상, 사설시조-

* 삼간 퇴김 사간 근두 : 갖은 재주를 부려 연을 날리는 것을 말함.
* 줄맥(脈) : 줄의 힘.

---

31 (가), (나)에 대한 설명으로 가장 적절한 것은?

① (가)는 남의 말을 인용하여 목적지의 위험성을 드러내
　고 있다.

② (가)는 대구와 대조 표현을 함께 사용하여 화자의 괴
　로운 처지를 드러내고 있다.

③ (나)는 가상의 존재에 빗대는 표현을 사용하여 자연
　현상의 변화를 드러내고 있다.

④ (나)는 방위의 의미를 포함한 두 어휘를 사용하여 대
　상이 서로 반대 방향으로 이동함을 드러내고 있다.

⑤ (가)와 (나)는 모두, 색채를 나타내는 표현을 통해 배
　경 속에서 대상의 움직임을 뚜렷하게 드러내고 있다.

32 ㉠~㉢에 대한 이해로 적절하지 <u>않은</u> 것은?

① ㉠은 행로를 잠시 멈추게 된 이유가 되는 인식으로, 서성 밖까지 이르는 여정이 고단했음을 드러내고 있다.

② ㉡은 술맛에 대한 평가로, 장사가 홀연히 등장했다는 인식과 함께 술의 출처를 판단하는 근거가 된다.

③ ㉢은 장사에게 화자가 어떻게 보였을지 추측한 진술로, 화자에게 물건을 싸게 판 이유를 추정하는 단서가 되고 있다.

④ ㉣은 이 부사에 대한 평가로, 좋은 술을 얻은 것은 그가 옛 인연이 있었던 화자를 알아보았기 때문이라는 생각을 바탕으로 한다.

⑤ ㉤은 발을 내려 모습을 가리는 행위의 효과를 의심하는 표현으로, 위엄을 세우기 어렵겠다는 인식과 연결되고 있다.

33 ⓐ, ⓑ에 대한 이해로 가장 적절한 것은?

① ⓐ는 감긴 실을 끝까지 풀어서 멀리 떠나보내려는 대상이다.

② ⓐ는 비를 기원하여 바다 건너 자연물에 걸어 두려는 대상이다.

③ ⓑ는 바람이 잦아들었을 때 하늘에 유유히 띄워 두는 대상이다.

④ ⓐ와 ⓑ는 모두, 임에게 보내려는 전언을 담고 있는 대상이다.

⑤ ⓐ와 ⓑ는 모두, 집단의 의지를 실현하기 위해 날리는 대상이다.

34 〈보기〉를 참고하여 (가)~(다)를 감상한 내용으로 적절하지 <u>않은</u> 것은? [3점]

[보기]

이 시가들은 경험의 실상과 외적 대상을 다양한 모습으로 표현한다. (가)는 장면 속에서 묘사된 행위를 통해 정서나 의미를 드러내기도 하고, 화자를 대상화하며 해학의 대상으로 삼기도 한다. (나)와 (다)는 동일한 소재를 중심으로 시상을 전개하며, 구체적이고 생동감 있는 표현을 통해 대상이 그 자체로 부각되는 모습을 보여 준다. 하지만 (나)는 화자가 가지고 있는 정서를 대상과 행위에 담아내고, (다)는 대상으로부터 화자의 정서가 촉발되는 모습을 보여 준다.

① (가)에서 얼음물에 빠져 '버선 행전' 다 적시는 대목은 경험을 실감 나게 보여 주면서 화자를 장면 속에서 대상화하여 '동태가 되었더라'라고 우스꽝스럽게 표현하는군.

② (나)는 정월 보름날에 '큰 잔에 술을' 붓는 행위로 예를 갖추며 연을 '마지막 전송'하는 모습을 통해 평안함에 대한 화자의 바람을 담아내는군.

③ (다)에서 연이 '솟아올라 구름'에 걸치는 것을 보고 화자가 연줄의 힘을 빌려 '먼 데 임'에게 가려고 하는 것은 대상의 역동성이 화자의 욕망을 불러일으키는 모습을 보여 주는군.

④ (가)에서 '가슴에 열'이 나서 '냉수'를 먹는 행위는 임무 수행에서 느낄 수 있는 고충을 드러내고, (나)에서 근심을 '세세히 적'는 행위는 문제 해소를 원하는 화자의 마음을 보여 주는군.

⑤ (나)는 연이 '꿈틀뒤틀 뒤틀어져' 올라가는 모습을 생동감 있게 묘사하여, (다)는 연의 재료를 '강원도 설화지'로 구체적으로 제시하고 '크기'까지 언급함으로써 대상 자체를 부각하는군.

교재를 마무리한 후

정말 고생하셨습니다. 지금까지 여러분이 넘긴 페이지들은 여러분 스스로에게 수능 국어영역을 정복할 수 있는 '기초체력'을 주었습니다. 만약 이 교재 한 권을 처음부터 끝까지 꼼꼼하게 따라오며 끝내셨다면, 스스로에게 뿌듯해하셔도 됩니다. 진짜 대단한 일을 해낸 것이니까요.

다시, '기초체력'이라고 했습니다. 이 말은, 아직 수능 국어영역을 완벽하게 정복한 것은 아니라는 뜻입니다. 여러분은 이제 이 '기초체력'을 바탕으로 다시 지겨운 기출문제 공부를 하셔야 합니다. 주요 기출문제를 꼼꼼하게 뜯어보셨으니 이제는 답도 기억나고, 풀이과정도 떠오르며 무엇을 공부해야 하는지 목적의식이 흐려지기도 하겠죠.

하지만 명심하세요. 최대한 '생각의 틀'을 간단하게 정제하고, 그것을 토대로 모든 문제에 적용되도록 한다. 끊임없이, '왜' 정답인지가 아니라 '어떻게' 하면 이 문제의 정답을 고를지를 고민한다. 이 목표를 향해 우리가 닦은 기초체력을 사용하는 겁니다.

혹시 조금 더 욕심이 있다면, 거기서 멈추지 말고 '본인만의 원칙'을 만들어 보세요. 이 책의 내용과 여러분의 경험이 합쳐진 '여러분만의 원칙'은 여러분을 수능장에서 웃게 만들어 줄 것입니다.

· 문학 공부의 세 가지 방향성

이렇게 '본인만의 원칙'을 바탕으로 문학을 정복하는 과정에서, 우리는 세 가지의 방향성을 설정할 필요가 있습니다. 어떤 것들이 있는지, 그리고 그 과정을 위한 공부 도구들은 무엇이 있는지 자세히 알아보도록 합시다.

1) 선지 판단 태도 확립

이 교재의 '생각의 시작' 파트에서 특히 강조해서 연습했던 부분입니다. 수능 문학의 핵심은 결국 '선지 판단'이라고 할 수 있습니다. 단순히 선지 판단을 '정확'하게 해 내는 수준이 아니라, '빠르고 정확'하게 해 낼 수 있어야 해요. 수능은 다른 시험과 다른, 수능만의 선지 출제 방식을 가지고 있고 우리는 거기에 익숙해져야 합니다. '해석하는 것이 아니라 평가하는 것이다.'라는 대원칙 아래, 일관된 선지 판단의 틀과 반복되어 출제되는 선지의 유형을 파악하셔야 합니다.

– 평가원(6월, 9월, 수능) 기출문제 : 혹자는 '기출 무용론'을 이야기하지만, 기출문제 분석은 누가 뭐라고 해도 여전히 가장 중요한 공부입니다. 게을리 하지 말아 주세요. 특히 문학의 경우에는, 평가원 기출문제가 시작이자 끝이라고 할 수 있습니다. 이 교재를 처음부터 다 푸셨다면 어렵거나 유명한 기출문제들은 거의 다 풀어 보신 것이라고 생각하셔도 됩니다. 하지만 다시 한번, 익숙한 제 교재가 아니라 다른 교재를 가지고도 공부를 해 주세요. 현 교육과정 체제에서 출제된 2021학년도부터의 기출문제들은 거의 외우다시피 몇 번이고 봐 주셔야 하고, 이왕이면 2008학년도 정도까지 공부하시는 걸 권합니다. 참고로, 'P.I.R.A.M 국어 생각 워크북'을 활용하면 2008학년도부터 2026학년도까지의 주요 지문을 피램식 해설로 더 공부하실 수 있습니다. 핵심은 모든 기출문제를 본인만의 방법으로, '필연적으로' 해설할 수 있을 정도로 공부해 주시는 겁니다. 몇 회독 해야 하냐고는 묻지 마세요. 그냥 수능의 그날까지 최대한 반복해서 하는 겁니다!

2) 지문 독해 태도 확립

수능 문학은 결국 '선지 판단' 싸움이지만, 이를 가능케 하는 것은 '지문의 완벽한 독해'입니다. 문학적으로 해석하거나 작가의 의도를 완벽하게 파악하는 게 아니라, 객관적으로 적힌 말 그대로를 받아들이고 이해하는 것이 핵심이라고 했어요. 결국 문학 작품도 하나의 '글'이기에, 우리는 유기적으로 연결하며 독해하고 이해할 수 있습니다.

– 평가원(6월, 9월, 수능) 기출문제 : 당연히 이것부터 나와야겠죠? 평가원 기출문제는 문학 공부의 시작이자 끝이라고 했습니다!

– EBS 연계교재 / 사설 문제집 / 교육청(3월, 4월, 7월, 10월) 기출문제 / 사관학교 기출문제들 : 수능의 선지 판단 연습은 평가원 기출문제만 가지고 공부할 수 있지만, 지문을 독해하는 과정은 나머지 모든 공부 도구들을 가지고도 할 수 있습니다. 만나는 지문마다, 이 교재에서 배웠던 지문 독해의 틀을 적용하며 '문학 감상력'을 극대화시켜 주세요. EBS 연계 공부는 자동으로 될 것이고, 처음보는 낯선 지문들도 아무렇지 않게 풀어낼 수 있는 힘을 줄 것입니다. 참고로 앞에서부터 소개해드린 '피램의 국어공작소' 카페에 오시면 사관학교 전개년 해설집을 다운받으실 수 있습니다. 피램 교재만큼 자세하지는 않아도 가볍게 참고할 정도는 될 것이니 많이 활용하세요.

3) 효과적인 EBS 연계 활용 + 실전 전략 확립

비록 연계율이 낮아졌지만, 그렇다고 무시할 수는 없는 부분입니다. 하지만 작품의 내용을 정리하고 시어의 의미를 정리하고 하는 무의미한 공부는 정말로 시간낭비일 가능성이 높습니다. 우리는 EBS 연계를 바탕으로 '공부'를 해야 합니다. 나아가 실전에서의 '전략'을 수립할 필요가 있습니다. 문학은 '전략'을 바탕으로 시간을 줄일 여지가 아주 많이 있거든요.

– EBS 연계교재 : 바로 위에서도 설명드렸지만, EBS 연계교재의 지문들도 결국 하나의 '문학 작품'입니다. 따라서 우리는 이를 '감상'하고 '독해'하는 연습을 할 수 있습니다. 연계교재를 구매하셔서, 운문문학들을 '스스로' 독해해보고 산문문학들의 주인공에게 '스스로' 공감해보는 연습을 하세요. 자기가 잘 하고 있는지 궁금하다면 저에게 질문을 하셔도 좋고, 인터넷에 해당 작품에 대한 내용을 검색하며 확인하시는 것도 괜찮습니다. 중요한 건, EBS 연계교재 역시 '능동적'으로 활용하셔야 한다는 것입니다. 추후 출판될 '생각의 위기:기회' 교재를 이용하시면 이런 식의 학습을 피램과 함께 하실 수 있습니다.

– 사설 문제집 : 역시 '지문 독해력'을 끌어올리기 위해 좋은 공부 도구가 될 수 있습니다. 사설 문제집의 경우 다소 애매한 선지들이 많이 출제된다고 해도, 어쨌든 지문은 우리가 읽고 이해해야 할 '문학 작품'이니까요. 나아가 주간지 형태로 나오는 사설 문제집들은 EBS 연계를 해 주는 경우가 많기 때문에, 연계 대비를 간접적으로 할 수 있다는 장점이 있습니다. EBS 연계 자체를 위한 공부를 하기보다는, 문학 실력을 올리면서 자연스럽게 연계 대비가 될 수 있도록 하세요!

– 실전 모의고사 : 최근의 어려운 수능은 단순히 실력만 가지고 있다고 해서 좋은 점수를 받을 수가 없습니다. 그 실력을 온전히 점수로 출력할 수 있도록 치밀한 전략을 세우셔야 해요. 특히 문학 파트는 많은 전략들을 바탕으로 시간을 줄일 수 있기 때문에, 본인만의 전략으로 최대한 빠르게 풀 수 있게끔 준비하셔야 합니다. 이는 실전 모의고사를 한두 번 풀어 본다고 얻을 수 있는 것은 아니에요. 어느 정도 공부가 충분히 이루어졌다고 생각되는 파이널 기간, 적절히 많은 실전 모의고사를 통해 이 '전략' 수립에 공을 들이도록 합시다. 실전 모의고사를 푸는 과정에서 맞이한 수많은 위기 상황들을 복기하고, 이에 대한 대처법을 고민하시는 방향으로 공부하시면 좋은 전략들을 수립할 수 있을 거예요.

· 기출문제 n회독에 대해서

이 교재에서도 계속해서 강조하고 있고, 수많은 국어 전문가들이 이야기하듯이 평가원 기출문제는 여러 번 반복해서 공부하는 것이 좋습니다. 이 교재를 끝낸 뒤 '생각 워크북' 시리즈를 푸시면 2008~2016학년도 주요 문항, 2017~2026학년도 전문항을 공부하게 됩니다. 하지만 저는 이 과정이 끝난 후 '10개년 기출문제집' 시리즈와 '옛기출 선별집' 공부도 이어가길 권합니다. 이 두 교재를 공부하면 다시 한번 2008~2016학년도 주요 문항, 2017~2026학년도 전문항을 공부하게 됩니다. 똑같은 문제·똑같은 해설을 본다는 점에서 돈낭비라고 생각할 수도 있지만, 조금 다른 환경에서 기출문제를 한 번 더 공부한다는 의미가 있으니 아끼지 않으셨으면 좋겠습니다. 너무 낭비라고 생각이 든다면, 평가원 홈페이지에서 기출문제만을 출력해서 스스로 해설을 만들며 공부하는 것도 아주 좋을 것 같아요.

그런데, 이렇게 기출문제 n회독을 하는 학생들 중 대다수가 하는 질문이 있습니다. 바로 "답이 다 기억나서 뭘 해야 할지 모르겠어요."라는 질문이에요. 사실 이 교재에서 요구하는 것처럼 한 지문씩 열심히 분석하다 보면 당연히 기억이 나는 것이 정상이에요. 또 이런 상황에서 많이들 슬럼프를 겪고, 사설 문제집 등 낯선 문제만 찾게 되면서 자연스레 기출문제와 멀어지는 경우가 많습니다.

하지만 기출문제는 수능의 그날까지, 언제나 곁에 두고 봐야 하는 공부 도구입니다. 특히 국어 영역은 퀄리티 좋은 공부 도구의 수가 매우 적기 때문에 기출문제에 더 집중하는 것이 중요해요. 그렇다면 답도, 지문 구성 방식 등도 다 기억나는 상황에서 기출문제 n회독은 어떤 방식으로 진행해야 할까요? 몇 가지 팁을 드리겠습니다.

1) 스스로 해설지 만들어 보기

'P.I.R.A.M 국어' 시리즈로 기출문제를 열심히 공부하셨다면, 이제 스스로 해설지를 만들면서 공부할 수 있는 경지에 올랐을 것입니다. 이때부터는 작품의 모든 문장 / 문제의 모든 선지에 대해 스스로 해설을 만들어 보시는 것이 좋습니다. 정말로 텍스트화를 시킬 정도까지는 할 필요가 없고, 책상 옆에 가상의 과외 학생이 앉아 있다고 생각하고 한 문장씩 논리적으로 설명해 보는 것이죠. 이때 명쾌하게 이해되지 않거나, 해당 문장의 존재 이유 등이 확실하게 납득되지 않는 문장들, 시험장에서 처음 봤을 때 도저히 논리적으로 해결하기 어려울 것 같은 선지들에 주목하세요. 즉, 옆에 있는 가상의 학생을 이해시킬 자신이 없는 문장들·선지들에 집중하는 겁니다. 그 내용들은 시험장에서 여러분의 발목을 잡을 수 있는 것들이니, 스스로 더 고민해 본 뒤 해설의 도움을 받는 방식으로 채워나가시면 됩니다. 특히 문학의 경우, 모든 선지를 교재에서 제시한 '선지 유형'에 따라 나눠 보는 것도 좋은 공부가 될 수 있습니다. 정답이 있는 것은 아니지만, 본인만의 확실한 기준이 될 것이니까요. 궁극적으로 수능 전날 여러분이 완벽하게 설명할 수 없는 기출문제는 없는 상태로 만들어야 해요. 이 과정은 생각보다 고단하기 때문에, n회독의 과정을 아주 풍성하게 만들어 줄 것입니다.

2) 특정 포인트 반복 연습하기

이 교재에서 배운 내용들, 그리고 스스로 공부하면서 터득한 여러 가지 독해·선지 판단의 태도가 있을 것입니다. 그리고 그 태도들 중에서 유난히 잘 적용되지 않는 것들이 있을 거예요. 이런 경우에는 기출문제 n회독의 과정에서 그 특정 포인트만을 집중적으로 연습하는 것이 좋은 방법이 될 수 있습니다. 예를 들어 '고전소설 클리셰'를 활용한 독해가 어색하다면, 고전소설 기출문제를 풀면서 '클리셰'에만 집중하며 읽어 보는 것이죠. 이러한 과정에서 교재에서 언급한 '클리셰+@'가 정리되면서 고전소설 독해에 크나큰 자신감을 얻을 수 있을 것입니다. 또한 이 과정에서 그 전에는 알지 못했던 해당 지문의 여러 가지 포인트들을 새롭게 발견하기도 할 겁니다. 이는 앞에서 설명한 '스스로 해설지 만들어 보기' 과정에도 큰 도움이 되겠죠.

물론, 이런 내용들은 먼저 이 교재에서 제시하는 공부법(풀기→스스로 생각→해설지와 비교→정리)으로 1~2회독 정도를 한 뒤에 해 주시는 걸 권합니다. 정말로 답도 다 기억나고 기출문제 공부가 너무 재미없다는 생각이 들 때 말이죠!

· 수능이라는 긴 레이스를 잘 치러내는 법

수능은 마라톤에 비유되는 긴 레이스입니다. 마라톤에서 시작하자마자 전력 질주를 하면 전체 레이스가 망가지듯이, 수능이라는 레이스도 아주 긴 호흡으로 달려 주시는 것이 중요합니다. 이를 잘 해내기 위해서는 각 시기별 공부의 목표를 제대로 설정하는 것이 중요해요. 물론 이를 꼭 따를 필요는 없지만, 일종의 가이드라인으로 삼는다면 힘든 수험생활에 큰 도움이 될 것 같습니다.

1) 상반기 (공부 시작~6월 모의평가)

11월 수능이 끝난 후, 다음 평가원 시험까지는 무려 7개월이라는 시간이 주어집니다. 즉, 6월 모의평가 전까지는 본인의 실력을 제대로 확인할 만한 시험을 보지 않아요. 3월·4월 교육청 학력평가 등은 시험의 성격 및 모집단의 성격 등을 고려했을 때 제대로 된 실력 평가용 시험이라고 할 수는 없으니까요.

따라서 이 시기에는 당장의 시험 점수보다 내 '실력의 상한선'을 최대치로 끌어 올린다는 목표를 세워야 합니다. 굳이 시간을 재며 실전 연습을 하기보다는 한 지문이라도 완벽하게 공부하고 더 많은 '생각'을 해 본다는 목표를 가지고 공부하셔야 해요. 중간중간 보는 교육청 학력평가나 사설 모의고사도 '점수 확인'보다는 '배운 내용의 점검'이라는 목표로 임하셔야 합니다. 최상위권 학생들은 이런저런 사설 문제집이나 상위권용 인터넷 강의 등을 수강하며 여러분을 유혹하겠지만, 흔들리지 않고 '생각의 힘 강화'라는 목표에만 집중하셔야 합니다. 따라서 이때는 오직 기출문제만으로 공부하는 것을 권하고 싶어요. 이 시기에 주요 기출문제를 3회독 정도 할 수 있다면 파이널 기간 누구보다 더 멀리 치고 나갈 수 있을 겁니다.

2) 6월 모의평가

시간이 흐르면 대망의 6월 모의평가가 다가옵니다. 처음으로 N수생 표본이 낀 시험이라는 점에서, 그리고 그해의 경향을 처음으로 보여 주는 시험이라는 점에서 많은 의미가 있는 것처럼 느껴져요. 하지만 6월 모의평가를 치르고 나도 아직 수능까지 160여일 정도가 남은 상황이기에, 이 시험의 목적을 '높은 점수 확보'에 두는 것을 별로 권하고 싶지 않아요. 슬프게도 많은 중위권 학생들에게는, 상반기의 공부만으로 1등급 이상의 성적을 받는 것이 굉장히 어려운 일일 수 있거든요.

이런 이유로, 6월 모의평가의 목표는 '배운 것을 실전에서 사용해 보는 경험'이 되어야 합니다. 시간이 모자라서 한두 지문을 못 풀고, 이로 인해 3~4등급 혹은 그 이하의 점수가 나온다고 해도, 단 한 지문이라도 배운 것을 완벽하게 활용해 보는 경험을 통해 실전에서도 배운 것을 사용할 수 있다는 자신감을 얻는 정도면 충분합니다. 아무 생각 없이 문제를 풀고 받은 4등급과, 한 지문이라도 완벽하게 풀고 시간이 모자라서 받은 4등급의 의미는 차원이 다릅니다. 6월 모의평가에서 후자의 목표를 이룰 수만 있다면 이미 반은 성공한 것이니 다름없습니다. 물론 1~2등급을 받아낼 수 있다면 더할 나위 없겠지만요 ㅎㅎ

3) 중반기 (6월 모의평가~9월 모의평가)

6월 모의평가의 완벽한 분석과 함께 중반기를 시작하셔야 합니다. 약간의 실험적 성격이 가미된 9월 모의평가와 달리 6월 모의평가는 평가원 입장에서도 표본의 수준 및 시험 전체의 방향성에 대한 반응 정도를 확인할 수 있는 중요한 시험이기 때문에, 정말 열심히 분석해 주셔야 합니다. 수능과 연계되는 정도도 9월 모의평가보다 6월 모의평가가 훨씬 높거든요.

이렇게 6월 모의평가의 분석을 열심히 한 다음에는, 상반기에 열심히 높여 둔 '실력의 상한선'을 더 끌어 올려야 합니다. 다만 이때부터는 평가원 기출문제 외에도 '양적 확대'를 도모할 수 있는 여러 공부 도구들을 활용하시길 권합니다. 자신의 '실력의 상한선'을 높일 수 있는 사실상 마지막 기회이기 때문에, 이 시기를 잘 견디셔야 합니다. 수많은 학생들이 중반기에 지쳐 버려 '실력의 상한선'을 제대로 높이지 못한 상태로 수능을 보거든요.

물론, 평가원 기출문제 n회독은 게을리하지 않으셔야 합니다. 다만 그 양을 조금 줄이고 '양적 확대'를 위한 공부 비중을 높이는 방식으로 공부해 주세요.

4) 9월 모의평가

파이널로 돌입하기 전 마지막 평가원 모의평가입니다. 앞에서도 언급했듯이, 이 시험은 약간의 실험적 문항을 통해 학생들의 반응을 확인하는 경우가 많습니다. 따라서 6월 모의평가에 비해 '수능과의 유사성'은 약간은 떨어지는 모습을 보여요. 하지만 수능 전 최대 규모의 N수생과 함께 시험을 치르게 되고, 그동안 갈고 닦은 자신의 실력을 제대로 평가할 수 있다는 점에서 너무나도 중요한 시험입니다. 6월 모의평가와 달리 이 시험의 목표는 '수단과 방법을 가리지 않고 100점 가까이 받아 오기'가 되어야 합니다. 몇 문제를 찍어서 맞히든, 이해가 안 된 채로 육감을 동원해서 제일 그럴듯한 선지를 답으로 고르든 무슨 수를 써서라도 최대한 높은 점수를 받아 올 수 있어야 해요. 이렇게 절박하게 1점이라도 따내는 경험은 수능 외에는 할 수 없으니, 9월 모의평가에서 그 연습을 미리 해야 하는 것이죠.

5) 파이널 기간 (9월 모의평가~수능)

9월 모의평가 역시 6월 모의평가처럼 꼼꼼하게 분석하고 정리하는 것이 중요합니다. 또한, 이때부터는 '자기객관화'가 매우 중요합니다. 상반기와 중반기에 열심히 높여 놓은 '실력의 상한선'을 정확하게 인식하셔야 한다는 것이죠. 만약 6월 모의평가에서 한 지문도 제대로 풀지 못한 채 4등급을 받았고, 죽기 살기로 시험을 본 9월 모의평가에서도 3등급 정도의 실력을 받았다면, 냉정하게 자신이 가진 '실력의 상한선'은 높아 봐야 2등급 정도라고 생각해야 합니다. 이 학생이 수능 100점을 목표로 공부한다면, 파이널 기간 무의미한 공부로 시간을 날려버릴 수도 있는 것이에요.

이렇게 '자기객관화'를 통해 '현실적인 목표'를 세우는 것이 중요합니다. 그리고 이 '현실적인 목표'는 '범위'로 세우는 것이 좋습니다. 다시 말해 '90점'을 목표로 삼는 것이 아니라, '85점~95점'을 목표로 세우는 것이죠. 자신이 가진 실력의 '하한선~상한선'을 목표로 세우시는 겁니다. 그리고 파이널 기간 공부는 '점수의 하한선'을 높이는 데 집중해야 해요. 처음 세웠던 목표가 '85점~95점'이라면, 남은 기간 여러 공부를 통해 '88점~95점' 정도로 목표를 수정하는 것이죠. 냉정하게 파이널 기간 동안 '상한선 뚫기'를 목표로 공부하기엔 너무 시간이 부족하니, 아무리 망해도 최소 몇 점은 확보하겠다는 '하한선'을 만드는 것이 중요한 것입니다.

이를 위해, 실전에서의 여러 가지 상황에 대한 완벽한 대응책을 세우시는 것이 중요합니다. 실전 모의고사를 주기적으로 응시하면서, 80분의 시간 동안 나의 발목을 잡았던 여러 가지 상황들을 정리하시고, 그에 대한 해결책을 마련하셔야 합니다. 예를 들어 과학 지문의 한 문장이 도저히 이해되지 않아 시간을 너무 끌었다면, 어느 정도 시간이 지나면 이해를 포기해야겠다는 전략을 세우는 식이죠. 이렇게 여러분들의 맞춤 전략들이 하나씩 완성되기 시작하면, 수능장에서 아무리 흔들려도 '최소한 확보할 수 있는 점수'가 높아집니다. 이렇게 '하한선'을 확고하게 다진 상태에서 수능 시험장으로 가면 훨씬 부담감이 덜한 상태로 실력을 발휘할 수 있어요.

어쨌든, 중요한 것은 이 교재의 내용을 바탕으로 '능동적'인 공부를 이어나가셔야 한다는 것입니다. 이 교재의 진짜 교훈은 '수능 국어를 잘 보는 법'이 아니라, '생각의 힘을 키우는 법'에 있습니다. 후자를 목표로 삼고, 매일같이 '생각의 힘'을 키워나갈 여러분을 응원합니다. 이 외에도 더 많은 이야기들 역시 오르비 사이트 및 유튜브/카페 등을 통해 나누도록 하겠습니다. 이 교재 하나로 끝나는 것이 아니라, 수능 당일 아침까지 여러분의 국어 영역을 책임지겠습니다. 제 교재의 내용들에 공감하시고 도움을 얻으셨다면 꼭 가입해서 질문도 하고 다양한 정보들도 얻어 가시기 바랍니다.

카페 주소 : https://cafe.naver.com/piramgukeo

유튜브 주소 : https://www.youtube.com/@piramgukeo

교재 구매처 : https://atom.ac/

➜ 이 외 대다수 온오프라인 서점에서 구매 가능합니다.

피램의 국어공작소 카페 제공 자료

1. 생각의 전개 교재 복습용 지문 편집 파일

2. 생각의 발단 문학 / 생각의 전개 언어(문법)편, 생각의 전개 화법과 작문편 (파일 비밀번호 : todrkrrhdwkrth)

3. 평가원/교육청/사관학교 선별 핵심 단어장

4. EBS 연계교재 현대시 독해 연습 자료(2024~2026)

5. 사관학교 전개년(2003~2027) 해설집

6. 수능 직전 예열 자료

7. 그 외 피램이 만드는 모든 칼럼 + 자료

고생하셨습니다. 그리고 다시 한번, 시중의 수많은 교재 중 이 교재와 함께해 주셔서 진심으로 감사합니다. 마지막까지 최선을 다합시다.

빠른 정답 (문학편 2권)

Day 23~Day 25
고전시가의 세계관은 단순하다.

[1~5] 2020.06 [32~36]				
01	02	03	04	05
①	④	⑤	④	③

[6~10] 2019.09 [16~20]				
06	07	08	09	10
①	②	⑤	③	③

[11~15] 2020.09 [16~20]				
11	12	13	14	15
⑤	④	②	③	⑤

[16~18] 2022.09 [32~34]		
16	17	18
④	②	②

[19~21] 2019.06 [32~34]		
19	20	21
④	⑤	②

[22~24] 2015.06B [43~45]		
22	23	24
③	④	③

[25~29] 2023.11 [22~26]				
25	26	27	28	29
①	⑤	③	③	④

[30~33] 2015.11B [31~34]			
30	31	32	33
④	⑤	④	②

Day 26~Day 28
고전소설은 고통받는 이들에 대한 위로이다.

[1~5] 2022예시 [11~15]				
1	2	3	4	5
⑤	③	①	⑤	④

[6~9] 2023.09 [18~21]			
6	7	8	9
④	②	③	④

[10~13] 2024.11 [18~21]			
10	11	12	13
②	①	③	⑤

[14~17] 2025.11 [18~21]			
14	15	16	17
②	④	①	④

[18~21] 2022.11 [28~31]			
18	19	20	21
②	①	③	⑤

[22~24] 2017.06 [43~45]		
22	23	24
②	⑤	②

[25~28] 2022.06 [28~31]			
25	26	27	28
①	③	①	③

[29~34] 2017.09 [40~45]					
29	30	31	32	33	34
⑤	⑤	①	①	④	①

Day 29~Day 30
현대소설은 암울한 현대사를 반영한다.

[1~3] 2016.09B [39~41]		
1	**2**	**3**
②	①	①

[4~7] 2019.09 [42~45]			
4	**5**	**6**	**7**
②	④	⑤	①

[8~11] 2021.09 [16~19]			
8	**9**	**10**	**11**
⑤	②	③	④

[12~15] 2016.09A [39~42]			
12	**13**	**14**	**15**
④	①	①	⑤

[16~21] 2019.11 [21~26]					
16	**17**	**18**	**19**	**20**	**21**
⑤	①	④	②	⑤	⑤

Day 31~Day 34
현대시는 이렇게 만들어진다.

[1~3] 2019.11 [33~35]		
1	**2**	**3**
①	④	③

[4~5] 2017.09 [19~20]	
4	**5**
④	③

[6~9] 2013.09 [27~30]			
6	**7**	**8**	**9**
③	⑤	②	④

[10~12] 2020.06 [43~45]		
10	**11**	**12**
⑤	①	④

[13~17] 2026.09 [22~26]				
13	**14**	**15**	**16**	**17**
④	③	⑤	③	④

[18~23] 2025.09 [22~27]					
18	**19**	**20**	**21**	**22**	**23**
③	①	④	④	⑤	③

[24~26] 2018.11 [20~22]		
24	**25**	**26**
③	④	⑤

[27~32] 2017.11 [27~32]					
27	**28**	**29**	**30**	**31**	**32**
②	②	①	②	④	③

Day 35~Day 38
실전 문제풀이

[1~4] 2026.06 [27~30]			
1	**2**	**3**	**4**
①	①	③	②

[5~9] 2024.06 [22~26]				
5	**6**	**7**	**8**	**9**
⑤	④	①	③	③

[10~13] 2025.06 [27~30]			
10	**11**	**12**	**13**
②	③	④	③

[14~16] 2022.06 [32~34]		
14	**15**	**16**
④	⑤	②

[17~19] 2021.12 [31~33]		
17	**18**	**19**
④	②	⑤

[20~23] 2025.06 [31~34]			
20	**21**	**22**	**23**
⑤	④	③	③

[24~27] 2025.11 [28~31]			
24	25	26	27
④	③	⑤	④

[28~30] 2024.09 [32~34]		
28	29	30
②	④	①

[31~34] 2025.06 [18~21]			
31	32	33	34
④	③	③	④

[35~38] 2022예시 [22~25]			
35	36	37	38
②	⑤	④	④

[39~42] 2024.11 [28~31]			
39	40	41	42
①	④	①	②

[43~46] 2026.06 [31~34]			
43	44	45	46
③	⑤	⑤	④

[47~50] 2023.06 [18~21]			
47	48	49	50
④	③	④	⑤

[51~56] 2024.11 [22~27]					
51	52	53	54	55	56
②	①	③	③	②	⑤

[57~60] 2025.09 [28~31]			
57	58	59	60
④	③	⑤	②

[61~63] 2023.09 [32~34]		
61	62	63
④	③	②

Day 39~Day 40
2026학년도 수능

[18~21] 2026.11 [18~21]			
18	19	20	21
②	④	③	②

[22~26] 2026.11 [22~26]				
22	23	24	25	26
⑤	①	④	④	②

[27~30] 2026.11 [27~30]			
27	28	29	30
⑤	⑤	①	③

[31~34] 2026.11 [31~34]			
31	32	33	34
②	④	①	③

PiRAM

해설지의 사용법

이 해설지에서는 각 지문들 · 문제들을 읽으며 제가 했던, 그리고 여러분이 했어야 할 '생각들'을 제시합니다. 여러분은 이 해설지의 생각을 본인의 생각과 '비교'하며 생각의 힘을 키워나가셔야 합니다. 해설의 내용을 이해한 뒤에는 그것으로 그치지 마시고, 다시 스스로 해설해 보면서 본인 스스로 '필연적인' 사고 과정을 통해 해결할 수 있는지 확인하셔야 합니다. 다소 과할 정도로 깊이 들어가는 해설도 있고, 아주 실전적인 태도를 전하는 해설도 있을 것이에요. 이렇게 풍부한 해설들을 읽으며 저와 생각이 비슷해질 때, 여러분들의 국어 영역 실력은 몰라보게 올라와 있을 겁니다. 그 순간만을 기대하며 따라와 봅시다!

이 교재로 공부하셨으나 효과를 보지 못했던 학생들의 공통점 중 가장 대표적인 것으로 '해설지를 대충 읽었다'는 점을 꼽을 수 있습니다. 빠르게 읽어도 어느 정도 이해가 되고, 대충 무슨 말 하는지 알겠으니 휙휙 넘어가는 것이죠. '효율성'을 취한다는 미명하에 여러분의 '생각의 힘'을 기를 수 있는 기회를 놓치지 마시기 바랍니다. 문장 하나하나 많은 것을 배우고 익힐 수 있도록 최선을 다해서 작성했으니, 여러분도 문장 하나하나 열심히 읽고 따라와주세요.

스스로 고민해보고, 생각을 비교하며 체화한다. 간단하죠?

해설지 속에는 여러분의 공부를 돕기 위한 다양한 요소들이 포함되어 있습니다. 이들이 어떤 의미가 있는지를 아시면 훨씬 풍부하게 공부하실 수 있겠죠?

① 지문 정보

> **DAY 36 [17~19]**
> 2021.12 [31~33] 고전소설 '최고운전' ☆☆

→ 순서대로 Day 정보와 본교재에서의 문제 번호, 그리고 시행 년도 및 실제 시험지에서의 문제 번호, 제재와 작품 제목, 난이도가 표시되어 있습니다. 난이도의 경우, 별 한 개부터 다섯 개까지 부여되며 정답률, 학생들의 당시 체감, 집필진의 주관적 난이도 평가, 완벽하게 이해하는 데 드는 시간 등을 반영하여 표시했습니다. 사람마다 다르게 느낄 수 있는 부분이나, 대략적인 참고가 되었으면 하는 바람으로 표시했습니다.

② 〈보기〉 확인

〈보기〉 확인

> ─────[보기]─────
>
> 「조웅전」에서 꿈은 초월적 세계의 뜻을 주인공에게 전달하는 기능을 한다. 꿈속 경험을 통해 주인공은 자신에게 부여된 천명과 현실 세계에서의 위기, 자신에 대한 초월적 세계의 비호 등을 알게 된다. 이러한 초월적 세계의 뜻에 대해 주인공은 확신하지 못하지만, 전달자와 구체적 증거물을 통해 초월적 세계의 뜻을 확인하게 된다. 주인공은 이와 같이 초월적 세계의 뜻을 확인하고 실천하여 영웅적 면모를 드러낸다.

영웅소설에서 자주 나오는 '꿈 모티프'를 이용한 지문이네요. 〈보기〉에서 이야기하는 ~

→ 이 교재에서는 문학 문제를 풀 때 기본적으로 〈보기〉를 먼저 확인하는 것을 원칙으로 합니다. 〈보기〉를 읽고 지문 독해에 도움이 되는 정보를 끄집어 내는 과정을 보여드립니다. 이를 통해 〈보기〉의 내용을 어떻게 읽어내면 되는지 확실하게 기준을 세울 수 있을 겁니다. 물론 〈보기〉가 지문 내용을 이해하는 데 큰 도움을 주지 않는다고 판단하는 경우, 그냥 넘어가기도 합니다.

③ 지문 독해

1) 운문문학 (실전적 지문 독해)
실전적 지문 독해

> (가)
>
> 낙엽은 폴 – 란드 망명정부의 지폐
> 포화(砲火)에 이즈러진
> 도룬 시(市)의 가을 하늘을 생각케 한다
> 길은 한 줄기 구겨진 넥타이처럼 풀어져
> 일광(日光)의 폭포 속으로 사라지고
> 조그만 담배 연기를 내어 뿜으며
> 새로 두 시의 급행차가 들을 달린다

포플라 나무의 근골(筋骨) 사이로
공장의 지붕은 흰 이빨을 드러내인 채
한 가닥 구부러진 철책이 바람에 나부끼고
그 위에 세로팡지(紙)로 만든 구름이 하나
자욱 – 한 풀벌레 소리 발길로 차며
<u>호올로 황량한 생각 버릴 곳 없어</u>
허공에 띄우는 돌팔매 하나
기울어진 풍경의 장막 저쪽에
고독한 반원을 긋고 잠기어 간다
–김광균, 「추일서정」–

〈보기〉가 없어 주제를 스스로 파악해야 하는 작품입니다. 일단 '낙엽'을 통해 화자가 쓸쓸한~

(가)
<u>홍진(紅塵)에 뭇친 분네 이 내 생애 엇더ᄒᆞᆫ고</u>
→ 속세에 묻혀 있는 분네야 이 내 생애 어떠하냐

녯사름 풍류ᄅᆞᆯ 미ᄎᆞᆯ가 못 미ᄎᆞᆯ가
→ 옛사람 풍류에 미치는가 못 미치는가

천지간 남자 몸이 날만 ᄒᆞᆫ 이 하건마ᄂᆞᆫ
→ 천지간에 남자 몸이 나만 한 사람 많지만

산림에 뭇쳐 이셔 <u>지락(至樂)을</u> ᄆᆞᄅᆞᆯ 것가
→ 산림(자연)에 묻혀 있는 지락을 모를 것이다

수간모옥(數間茅屋)을 벽계수(碧溪水) 앏픠 두고
→ 자연 앞에 두고

송죽 울울리*예 풍월주인 되여셔라
→ 자연에 풍월주인이 되었다

엇그제 겨울 지나 새봄이 도라오니
→ 엊그제 겨울 지나 새봄이 돌아오니

→ 실전에서 시를 읽을 때 주목하면 좋은 화자의 상황·정서 등의 부분에 밑줄을 쳐 두었습니다. 고전시가의 경우, '실전적'인 지문 독해 과정을 제시하기도 했습니다. 실전에서 시를 어디까지 읽으면 되는지에 대해 배워보시기 바랍니다.

2) 운문문학 (현대시 독해 연습)
현대시 독해 연습

(가)
　검정 포대기 같은 까마귀 울음소리 고을에 떠 나지 않고
　밤이면 부엉이 괴괴히 울어
　남쪽 먼 포구의 백성의 순탄한 마음에도
　상서롭지 못한 세대의 어둔 바람이 불어오던
　–융희(隆熙) 2년!

'까마귀 울음소리'가 떠나지 않고, 밤에는 '부엉이'가 울고, '순탄한 마음'을 가진 백성들에게도 '상서롭지 못한 ~

→ 본교재에서 배운 '현대시 독해 연습'을 돕는 부분입니다. 실전을 넘어서서, 조금 더 완벽하게 해당 시를 독해하는 과정을 제시했습니다. 이렇게 읽지 못했다고 자책하지만 마시고, 교재에서 제시한 가이드대로 현대시를 읽고 이해하는 연습 및 경험을 한다는 데 의의를 두시기 바랍니다.

3) 산문문학
지문 독해

　이때 태보 궐문 밖으로 나오니 그제야 정신없어 기절하거늘 좌우 제신이며 일가 제족이 구완하여 겨우 인사 차려 좌우를 돌아보며 왈,
　"이 몸이 명재경각(命在頃刻)이라. 어찌 살기를 바라리오. 군 등은 태보가 죽거든 죽기로써 간하여 왕비를 내치지 못하게 하옵소서."
한데 이때에 상소 중에 이름 올린 제원(諸員)이 모두 이로되,
　"그대는 죽기로써 간하다 어명을 입고 사경이 되었으나 우리도 역시 한 탓이로다. 막
[A] 중한 충을 몰랐으니 무슨 낯이 있으리오. 일은 여럿이 참여하고 죄는 그대만 혼자 당하였으니 <u>죄스럽고 민망하기 측량없노라.</u>"

'태보'가 '궐문 밖'으로 나와 기절하는 ~

→ 박스 : 주요 인물(최초 등장시에만)
→ **밑줄+굵은 글씨** : 시 · 공간적 배경
→ 그냥 밑줄 : 인물의 심리

→ 소설 지문을 읽으면서 주목해야 할 부분에 하는 표시들을 시각화시켰습니다. 저런 표시를 꼭 따라할 필요는 없지만, 어떤 부분에 주목하여 지문을 이해하는지 참고하시기 바랍니다. 이 표시와 해설을 따라가며, 저의 사고과정을 훔쳐보세요.

④ 문제풀이

선지	①	②	③	④	⑤
선택률	79%	2%	3%	4%	12%

02 도도 에 대한 이해로 가장 적절한 것은? ①

– '도도'는 '나는 기능'을 상실하여 멸종한 새로, ~

→ 해당 문제의 실제 선택률(정답률 데이터가 없는 경우 예상 정답률)을 제시했습니다. 선택률을 통해 확인할 수 있는 다른 학생들의 반응을 바탕으로 나의 태도를 피드백할 수 있을 겁니다. 나는 쉽게 맞았는데 다른 학생들은 어려워한 선지나, 다른 학생들은 쉽게 넘어갔는데 나만 고민했던 그러한 선지들에 주목하세요. 여러분의 약점이 될 수 있는 부분들이니까요.

나아가 '발문'을 보고서 해야 하는 생각들이 있으면 역시 제시해두었습니다. 문제풀이의 시작은 '발문 독해'입니다. '발문'에서 필요한 정보를 확실하게 가져갈 수 있도록 합시다.

> ① '연하'와 '풍월'은 화자가 자신의 삶에 대해 자족감을 갖도록 하는 소재이다.

<u>연하(煙霞)</u>로 집을 삼고 <u>풍월(風月)</u>로 벗을 사마 태평성대(太平聖代)에 병(病)으로 늘거 가네 이 즁에 ᄇᆞ라는 일은 허믈이나 업고쟈 〈제2수〉

선지 유형	근거가 있어서 허용 가능
실전에서의 판단 과정	연하에 집 짓고 풍월을 벗 삼는 걸 좋아하고 있지.

해설	화자는 '연하'로 집을 삼고, '풍월'을 벗으로 삼으며 살고 있습니다. 이러한 상황을 '태평성대'라고 표현하고 '바라는 일'도 딱히 없다고 했으니, 이를 근거로 하면 '자족감'이라는 말을 충분히 허용할 수 있겠네요.

→ 해당 선지를 그대로 제시하고, 그 선지를 판단할 때 돌아가야 하는 부분이 있다면 함께 제시했으며, 아래 표를 통해 자세한 해설을 적어두었습니다. '선지 유형'을 통해 '허용 가능성 평가'라는 기본 원칙을 확실히 익힐 수 있도록 했고, '실전에서의 판단 과정'을 통해 만점을 받는 사람들의 시험장에서의 사고과정을 엿볼 수 있게 했습니다. 나아가 '근거'를 바탕으로 '허용'한다는 기본적인 태도를 바탕으로 완벽한 '해설'도 실어두었습니다.

⑤ FAQ

FAQ

Q 이 문제를 풀다보니 이상한 점이 있어요. 분명히 어머니의 '처녀 시절' 이야기인데, ~

A 날카로운 질문이네요. 일단 '조숭인'이 ~

→ 지난 몇 년간 '피램의 국어공작소'라는 카페에서 QnA 서비스를 운영했습니다. 해당 카페에서 몇 천 개 이상의 질문을 받았고, 답해드렸습니다. 덕분에 학생들이 헷갈려하는 부분에 대해 인식할 수 있었는데, 이를 교재에 반영했습니다. 여러분이 궁금해했던 그 내용, 미리미리 답변드립니다. 간혹 FAQ 부분에서 상당히 중요한 내용이 언급되는 경우가 있습니다. 그러니 별로 안 궁금한 내용이었다고 해도 꼭 읽어 보시는 걸 추천합니다.

⑥ 생각 심화

| 생각 심화 |

'사물이 연상시키는 의미 심화'를 조금 더 엄밀하게 설명해 보겠습니다. (나)의 화자는 ~

→ 여러분의 '생각의 힘'을 극대화할 수 있는 다양한 이야기를 녹인 부분입니다. 약간은 사후적인 해설부터, 굳이 시험장에서 생각할 필요는 없지만 한 번쯤 이해해보면 좋은 내용들에 대한 설명, 자잘한 팁 및 알아두면 좋은 배경지식 등이 적혀 있습니다. 나올 때마다 꼼꼼하게 읽고 넘어가

⑦ 몰랐던 어휘 정리하기

몰랐던 어휘 정리하기

→ 한 지문의 마지막엔 항상 이런 칸이 있습니다. 교재의 초반부에서 강조했듯이, 국어 공부의 시작은 어휘력입니다. 지문에서 처음 보는 단어들, 생소한 단어들은 모두 스스로 정리하도록 합시다. 기출된 단어들은 평가원에서 여러분이 당연히 알고 있을 거라고 생각하는 '기본 수준의 어휘'에 해당하니까요!

⑧ 핵심 point

| 핵심 point |

① **허용 가능성 평가** : 선지의 내용을 '허용'하려는 태도를 바탕으로 지문을 '독해'하며 '근거'를 찾아야 합니다. 허용할 수 있는 '근거'가 있어야만 허용할 수 있습니다. 주관적인 생각을 개입시키면 안 됩니다.
② **현대시 독해** : 〈보기〉의 도움 등을 통해 '주제' 위주로, 그리고 일상 언어의 감각으로 읽어내면 됩니다. 현대시도 읽을 수 있는 하나의 글입니다.

→ 해당 지문에서 주목했어야 할 포인트들을 정리한 부분입니다. 본교재에서 배운 내용을 기반으로 작성한 것이므로, 가벼운 복습도 가능할 것입니다. 복습할 때 이 부분들에 주목하면 더 효과적인 공부가 가능할 것이에요.

⑨ 지문 내용 총정리

| 지문 내용 총정리 |

영웅소설의 클리셰를 활용하며 읽었다면 ~

→ 그 지문에서 배울 수 있었던 내용을 요약해둔 파트입니다. 많이 공부하다보면 반복된다는 느낌이 들 겁니다. 그

느낌이 들면 공부를 잘 하고 있다고 생각하셔도 좋을 것 같아요. 모든 지문이 똑같이 해결되는 느낌이 든다는 것이니까요!

이렇게 중요한 내용은 끊임없이 강조하고 복습할 수 있도록 다양한 요소들을 통해 해설을 작성했습니다. 정말 열심히 쓰고 검토한 해설들입니다. 여러분의 공부에 적극적으로 활용해주시기 바랍니다.

※ 본교재와 해설지 모두 맨 뒤쪽에는 '빠른 정답'이 있습니다. 해설지를 보기 전 채점을 하고 싶으시다면 활용하시기 바랍니다.

CONTENTS

본교재와 해설지 모두 맨 뒤쪽에는 '빠른 정답'이 있습니다. 해설지를 보기 전 채점을 하고 싶으시다면 활용하시기 바랍니다.

P.I.R.A.M 국어 생각의 전개 문학편

고전시가의 세계관은 단순하다.

DAY 23 [1~5]
2020.06 [32~36] 고전시가+수필 '유원십이곡 / 조용' ☆☆☆

〈보기〉 확인

---[보기]---

「유원십이곡」은 강호에서의 삶을 추구하는 노래지만, 화자는 강호에 머문 뒤에도 강호와 속세 사이에서 갈등을 반복한다. 이는 강호에서의 만족한 삶이라는 이상에 도달하는 것이 쉽지 않음을 보여 주는 것이다. 그뿐 아니라 화자가 갈등을 반복하면서도 항상 강호를 선택하는 모습은, 결국 자신의 결정이 가치 있는 것임을 드러내기 위한 것으로 이해할 수 있다.

전형적으로 자연을 예찬하는 고전시가의 내용이라고 할 수 있네요. 강호와 속세 사이에서 '갈등'을 반복하기도 하지만, 항상 강호를 택하면서 자연을 예찬하는 작품일 것으로 보입니다. 주제를 얻었으니 소중하게 가지고 가도록 합시다.

---[보기]---

「조용」에서 필자는 '나'와 '게으름 귀신'의 대화라는 구조를 활용하여 게으름에 대한 사색의 결과를 담아내고 있다. 필자는 게으름의 양면성을 드러내어 게으름의 부정적 측면을 경계하는 한편 게으름의 긍정적 측면을 통해 세태에 대한 비판적 시각을 보여 준다.

(나)는 '게으름의 양면성'이라는 독특한 이야기를 바탕으로, '세태에 대한 비판적 시각'이라는 주제를 담고 있는 작품인가 보네요. 우리는 흔히 나쁘게만 보는 '게으름'이 어떤 긍정적 측면을 가지고 있고, 그게 '세태 비판'과 어떻게 연결되는지 궁금해하면서 읽어보도록 합시다.

실전적 지문 독해

(가)
　문장(文章)을 호쟈 호니 인생식자(人生識字) 우환시(憂患始)*오
　➡ 문장을 하자 하니 글자를 알면 고통스럽고

공맹(孔孟)을 비호려 호니 도약등천(道若登天) 불가급(不可及)*이로다
➡ 공맹을 배우고자 하니 도를 알기도 어렵다.

이 내 몸 쓸 디 업스니 성대농포(聖代農圃)* 되오리라
➡ 이 내 몸 쓸 데 없으니 농사나 짓자

〈제1장〉

홍진(紅塵)에 절교(絕交)호고 백운(白雲)으로 위우(爲友)호야
➡ 속세에 절교하고 자연과 어울리자

녹수(綠水) 청산(靑山)에 시룸 업시 늘거 가니
➡ 자연 속에서 시름 없이 늙어 가니

이 듕의 무한지락(無限至樂)을 헌ᄉ홀가 두려웨라
➡ 이 중의 무한지락을 한사할까 두려워라

〈제3장〉

인간(人間)의 벗 잇단 말가 나는 알기 슬희여라
➡ 인간의 벗이 있단 말인가 나는 알기 슬프다

물외(物外)에 벗 업단 말가 나는 알기 즐거웨라
➡ 물밖에 벗이 없단 말이냐 나는 알기 즐겁다

슬커나 즐겁거나 내 분인가 ᄒ노라
➡ 슬프거나 즐겁거나 내 분인가 한다

〈제6장〉

유정(有情)코 무심(無心)홀 순 아마도 풍진(風塵) 붕우(朋友)
➡ 유정하고 무심한 건 아마도 풍진 붕우고

무심(無心)코 유정(有情)홀 순 아마도 강호(江湖) 구로(鷗鷺)
➡ 무심하고 유정한 건 아마도 강호 구로다

이제야 작비금시(昨非今是)*을 ᄭᅵ두룬가 ᄒ노라
➡ 이제야 옳은 것을 깨달았나 한다

〈제8장〉

도팽택(陶彭澤) 기관거(棄官去)*홀 제와 태부(太傅) 걸해귀(乞骸歸)홀 제
➡ 도연명이 벼슬을 버릴 때와 걸해귀가 사직을 간청할 때

호연(浩然) 행색(行色)을 뉘 아니 부러ᄒ리
➡ 호연 행색을 누가 아니 부러워할까

알고도 부지지(不知止)*ᄒ니 나도 몰나 ᄒ노라
➡ 알고도 (속세에 대한 욕심을) 그만두질 못하니 나도 모르겠다

〈제9장〉

인간(人間)의 풍우(風雨) 다(多)ᄒ니 므스 일 머므ᄂᆞ뇨
→ 인간 세상의 풍우가 많으니 무슨 일 머무는가
물외(物外)에 연하(煙霞) 족(足)ᄒ니 므스 일 아니 가리
→ 물밖에 연하 만족하니 무슨 일이 아니 갈까
이제논 가려 정(定)ᄒ니 일흥(逸興) 계워 ᄒ노라
→ 이제는 가서 정하려니까 신난당

〈제11장〉
-안서우, 「유원십이곡」-

* 인생식자 우환시 : 사람은 글자를 알게 되면서부터 근심이 시작됨.
* 도약청천 불가급 : 도는 하늘로 오르는 것과 같아 미치기 어려움.
* 성대농포 : 태평성대에 농사를 지음.
* 작비금시 : 어제는 그르고 지금은 옳음.
* 도팽택 기관거 : 도연명이 벼슬을 버리고 떠남.
* 태부 걸해귀 : 한나라 태부 소광이 사직을 간청함.
* 부지지 : 그만두어야 할 때를 알지 못함.

제 해설이 항상 그렇듯, 위의 현대어 풀이는 완벽하지 않습니다. 제가 실제 시험장에서 저 정도 읽었다는 것이에요. '현대어와 비슷하게 대충.' 고전시가 읽기의 기본적인 태도 기억하시죠? 보다 정확한 해석을 원하신다면 『P.I.R.A.M 국어 필수 고전시가』 책을 참고해보세요.

나중에 문제를 풀 때야 엄청나게 꼼꼼하게 읽겠지만, 실전에서는 대충 읽으셔도 됩니다. 전반적으로 자연 속에서 자연을 좋아한다는 주제 정도만 잡아주시면 돼요. 처음 보는 시라도, 아무리 어려운 내용을 가지고 있다고 해도 고전시가를 비롯한 운문문학 해결법은 똑같아요.

(나)

　어느 날 나는 잠이 들었는데 비몽사몽간이었다. 정신이 산란하고 병이 아닌데 병이 든 듯하여 그 원기가 상했다. 가슴이 돌에 눌린 것처럼 답답한 게 게으름의 귀신이 든 것이 틀림없었다. 무당을 불러 귀신에게 말하게 했다.
　"네가 내 속에 숨어들어서 큰 병이 났다. …(중략)… 게을러서 집을 수리할 생각도 못하며, 솥발이 부러져도 게을러서 고치지 않고, 의복이 해져도 게을러서 깁지 않으며, 종들이 죄를 지어도 게을러서 묻지 않고, 사람들이 시비를 걸어도 게을러서 화를 내지 않아서, 마침내 날로 행동은 굼떠 가고, 마음은 바보가 되며, 용모는 날로 여위어 갈 뿐만 아니라 말수조차 줄어들고 있다. 이 모든 허물은 네가 내게 들어와 멋대로 함이라.

어째서 다른 이에게는 가지 않고 나만 따르며 귀찮게 구는가? 너는 어서 나를 떠나 저 낙토(樂土)로 가거라. 그러면 나에게는 너의 피해가 없고, 너도 너의 살 곳을 얻으리라."
　이에 귀신이 말했다.

잠이 들어 '게으름 귀신'이 든 글쓴이가 '게으름 귀신'에게 물러나라고 하는 부분입니다. 〈보기〉에서 이야기했던 대로 '게으름'의 부정적 측면이 나오고 있죠? 글쓴이는 자신이 게을러져서 너무 힘드니 제발 자기 몸에서 나가라고 하고 있습니다.

　"그렇지 않습니다. 내가 어떻게 당신에게 화를 입히겠습니까? 운명은 하늘에 있으니 나의 허물로 여기지 마십시오. 굳센 쇠는 부서지고 강한 나무는 부러지며, 깨끗한 것은 더러워지기 쉽고, 우뚝한 것은 꺾이기 쉽습니다. 굳은 돌은 고요함으로 이지러지지 않고, 높은 산은 고요함으로 영원한 것입니다. 움직이는 것은 쉽게 요절하고 고요한 것은 장수합니다. 지금 당신은 저 산처럼 오래 살 것입니다. 경우에 따라서는 세상의 근면은 화근이, 당신의 게으름은 복의 근원이 될 수도 있지요. 세상 사람들은 세력을 좇다 우왕좌왕하여 그때마다 시비의 소리가 분분하지만, 지금 당신은 물러나 앉았으니 당신에 대한 시비의 소리가 전혀 없지 않습니까? 또 세상 사람들은 물욕에 휘둘려서 이익을 얻기 위해 날뛰지만, 지금 당신은 걱정이 없어 제정신을 잘 보존하니, 당신에게 어느 것이 흉하고 어느 것이 길한 것이겠습니까? 당신이 이제부터 유지(有知)를 버리고 무지(無知)를 이루며, 유위(有爲)를 버리고 무위(無爲)에 이르며, 유정(有情)을 버리고 무정(無情)을 지키며, 유생(有生)을 버리고 무생(無生)을 즐기면, 그 도는 죽지 않고 하늘과 함께 아득하여 태초와 하나가 될 것입니다. 내가 앞으로도 당신을 도울 것인데, 도리어 나를 나무라시니 자신의 처지를 아십시오. 그래서야 어디 되겠습니까?"
　이에 나는 그만 말문이 막혔다. 그래서 앞으로 나의 잘못을 고칠 터이니 그대와 함께 살기를 바란다고 했더니, 게으름은 그제야 떠나지 않고 나와 함께 있기로 했다.

-성현, 「조용(嘲慵)」-

이렇게 떠나라고 하는 글쓴이에게, '게으름 귀신'은 게으름의 긍정적 측면을 이야기해주고 있습니다. 게으르게 사니 오히려 조용

하고 걱정없이 잘 살 수 있다는 거죠! 이런 식으로 자신을 버리지 말라며 설득하고, 글쓴이는 넘어가고 맙니다. 그래서 결국 게으르게 산다는(?) 이야기로 마무리되고 있네요. 〈보기〉의 내용이 그대로 녹아 있습니다. 가볍게 읽어낼 수 있겠죠?

선지	①	②	③	④	⑤
선택률	84%	5%	4%	6%	1%

01 (가)와 (나)의 공통점으로 가장 적절한 것은? ①

– 거시적인 부분에서 답이 나올 겁니다! 미시적인 부분은 그냥 무시하면서 가볍게 해결해봅시다.

① 대조적 소재를 통해 삶에 대한 글쓴이의 인식을 드러내고 있다.

선지 유형	근거가 있어서 허용 가능
실전에서의 판단 과정	자연이랑 속세랑 대조적이고, 게으름의 양면성도 대조적이니 맞네.
해설	'자연↔속세', '게으름의 부정적 측면↔긍정적 측면'이라는 대조적 소재가 있으니 완벽하게 정답이네요. '글쓴이의 인식' 같은 당연한 말은 고민할 필요가 없겠죠? 역시 정답은 아주 거시적으로 나오는 모습이네요.

② 명령적 어조를 통해 세태에 대한 부정적 시각을 진술하고 있다.

선지 유형	근거가 없어서 허용 불가능
실전에서의 판단 과정	명령적 어조가 어디 있는데?
해설	일단 (가)에서는 명령적 어조를 찾아보기가 어렵습니다. 하지만 (나)에는 '게으름 귀신'으로 하여금 떠나라고 명령하는 글쓴이의 말이 나타나고 있어요. 그런데 〈보기〉를 보면, '세태에 대한 부정적 시각'은 '게으름의 긍정적 측면'을 통해 드러낸다고 했습니다. 여기서 명령적 어조는 '게으름의 부정적 측면'과 함께 나타났으니, (나)에서도 허용할 수 없는 선지가 되겠네요. 애초에 이렇게 미시적인 내용은 답이 되기 어렵겠죠?

③ 공간의 이동을 통해 주어진 삶에 순응해야 함을 드러내고 있다.

선지 유형	근거가 없어서 허용 불가능
실전에서의 판단 과정	공간의 이동이 어디에 있는데?
해설	'공간의 이동'이 있다면 우리가 민감하게 체크했겠죠? '주어진 삶에 순응하는 자세'는 허용이 될 듯해요. 각각 '자연', '게으름'이라는 화자와 글쓴이의 현재 상황을 받아들인다는 근거가 있으니까요.

④ 구체적인 청자를 설정하여 자연에서 얻은 깨달음을 진술하고 있다.

선지 유형	근거가 없어서 허용 불가능
실전에서의 판단 과정	(가)에는 구체적인 청자가, (나)에는 자연에서 얻은 깨달음이 없지.
해설	(가)에는 눈을 씻고 찾아봐도 '구체적인 청자'가 나타나지 않습니다. (나)에서는 '게으름 귀신'이라는 청자가 나타나긴 하지만, 이러한 청자 설정으로 '자연'에서 얻은 깨달음을 진술한다는 건 주제를 너무 벗어나는 내용이죠?

⑤ 계절의 변화를 통해 과거와 대비되는 현재의 상황을 드러내고 있다.

선지 유형	근거가 없어서 허용 불가능
실전에서의 판단 과정	계절의 변화가 도대체 어디에 나타나냐.
해설	(가)와 (나) 모두 '계절의 변화'를 허용할 만한 근거를 찾기는 어렵습니다.

선지	①	②	③	④	⑤
선택률	6%	15%	15%	53%	11%

02 〈보기〉를 참고하여 (가)를 이해한 내용으로 적절하지 <u>않은</u> 것은? [3점] ④

① 〈제1장〉의 초장에는 화자가 강호를 선택하게 되는 동기가 드러난다.

> 문장(文章)을 호쟈 호니 인생식자(人生識字) 우환시(憂患始)*오
>
> * 인생식자 우환시 : 사람은 글자를 알게 되면서부터 근심이 시작됨.

선지 유형	근거가 있어서 허용 가능
실전에서의 판단 과정	글자를 알게 되면서 근심이 시작되었고, 이것이 동기가 되어 자연을 선택한 거지.
해설	'글자를 알게 되면서부터 근심이 시작된다.'라고 했습니다. 고전시가에 대한 경험이 풍부하다면, '글자→공부→과거시험→벼슬'과 같은 논리로, 자연스레 '글자'가 곧 '속세'를 의미한다고 생각하실 수 있을 겁니다. '글자를 알면 근심이 있기 때문에 자연을 택했다!'라고 볼 여지가 충분하니 허용할 수 있겠네요.

② 〈제3장〉의 중장에는 강호를 선택한 삶의 모습이 긍정적으로 드러난다.

녹수(綠水) 청산(靑山)에 시름 업시 늘거 가니

선지 유형	근거가 있어서 허용 가능
실전에서의 판단 과정	시름이 없으니 긍정적이라고 할 수 있지.
해설	'녹수 청산'은 '강호', 즉 '자연'을 의미한다고 할 수 있겠습니다. 물(水)과 산(山)을 보고서 확실히 알 수 있겠죠? 이곳에서 화자는 '시름 없이' 늙어 간다고 합니다. 시름이 없다는데, '긍정적인 삶의 모습'을 허용하기는 너무나 쉽겠습니다.

③ 〈제6장〉의 종장에는 화자 자신이 분수에 맞는 선택을 했음이 드러난다.

슬커나 즐겁거나 내 분인가 ᄒᆞ노라

선지 유형	근거가 있어서 허용 가능
실전에서의 판단 과정	자기 분수라는데 당연히 허용되겠지.
해설	'내 분인가 하노라'라는 표현은 '다 내 분수다.'를 의미하죠? 굉장히 자주 나오는 표현이기 때문에, 고전시가에 대한 경험치가 쌓인 학생들은 당연하게 지워낼 수 있는 선지였을 겁니다.

④ 〈제9장〉의 중장에는 속세에 미련을 갖게 하는 가치를 언급함으로써 화자의 갈등이 드러난다.

도팽택(陶彭澤) 기관거(棄官去)*ᄒᆞᆯ 제와 태부(太傅) 걸해귀(乞骸歸)*ᄒᆞᆯ 제 　호연(浩然) 행색(行色)을 뉘 아니 부러ᄒᆞ리

<hr>

* 도팽택 기관거 : 도연명이 벼슬을 버리고 떠남.
* 태부 걸해귀 : 한나라 태부 소광이 사직을 간청함.

선지 유형	근거가 있어서 허용 불가능
실전에서의 판단 과정	벼슬 버리는 걸 부럽다고 하면서 왜 속세에 미련을 갖는다고 해석하냐.
해설	〈제9장〉의 중장에서 화자가 부러워하는 '호연 행색'은, 근처 맥락을 독해하면 '도팽택 기관거'와 '태부 걸해귀'를 의미합니다. 각주를 보면 모두 '속세'를 등진 사람들의 이야기임을 알 수 있죠? 속세를 등졌다는 것은 당연히 '자연'을 택한다는 이야기일 겁니다. 그것이 고전시가의 세계관이니까요. 이러한 근거가 있는데, '속세에 미련'을 갖게 한다는 해석은 절대로 허용할 수 없겠죠.

⑤ 〈제9장〉의 종장에는 갈등하는 화자의 모습이, 〈제11장〉의 종장에는 자신의 선택에 만족하는 화자의 모습이 드러난다.

도팽택(陶彭澤) 기관거(棄官去)*ᄒᆞᆯ 제와 태부(太傅) 걸해귀(乞骸歸)*ᄒᆞᆯ 제 　호연(浩然) 행색(行色)을 뉘 아니 부러ᄒᆞ리 　알고도 부지지(不知止)*ᄒᆞ니 나도 몰나 ᄒᆞ노라

<hr>

* 도팽택 기관거 : 도연명이 벼슬을 버리고 떠남.
* 태부 걸해귀 : 한나라 태부 소광이 사직을 간청함.
* 부지지 : 그만두어야 할 때를 알지 못함.

이제는 가려 정(定)ᄒᆞ니 일흥(逸興) 계워 ᄒᆞ노라

선지 유형	근거가 있어서 허용 가능
실전에서의 판단 과정	나도 모르겠다고 하니 갈등을 허용할 수 있고, 흥이 난 모습을 보이고 있으니 만족도 허용되겠네.
해설	'속세'를 등진 사람들의 모습을 부러워하면서도 '부지지'하며 모르겠다고 하는 모습, '갈등'의 근거로 쓰기에 충분하겠죠? 나아가 '일흥 계워 ᄒᆞ노라'는 쉽게 말해 '너무 신난다.'라는 뜻입니다. 이를 근거로 하면 '만족감'은 충분히 허용이 되겠죠? '일흥 계워 ᄒᆞ노라'라는 구절은 여기저기 많이 등장하므로, 몰랐다면 확실하게 알아두도록 합시다.

선지	①	②	③	④	⑤
선택률	7%	17%	10%	10%	56%

03 절교와 위우를 중심으로 (가)를 감상한 내용으로 적절하지 않은 것은? ⑤

> 홍진(紅塵)에 절교(絶交)ᄒ고 백운(白雲)으로 위우(爲友)ᄒ야

– 일단 '절교'와 '위우'가 의미하는 바를 생각해 봅시다. 절교라는 말에서도 바로 느낌이 오기도 하고, '홍진'과 절교한다고 했으니 절교는 연을 끊는다는 부정적인 느낌이네요. 참고로 '홍진'이 '속세'를 의미한다는 건 기본적으로 알고 계셔야 합니다. 한편 '위우'하는 대상은 '백운', 즉 자연이니 긍정적인 느낌이라고 할 수 있겠습니다. 싫어하는 것, 즉 '속세'와 관련된 것은 '절교'하고 '자연'과 관련된 것은 '위우'한다는 게 핵심입니다.

① 화자가 '절교'하고자 하는 대상은 '인간의 벗'으로 볼 수 있다.

> 인간(人間)의 벗 잇단 말가 나는 알기 슬희여라

선지 유형	근거가 있어서 허용 가능
실전에서의 판단 과정	인간이면 속세지.
해설	'인간의 벗'은 인간 세상, 즉 '속세'와 관련된 내용이기도 하고, 대놓고 '알기 슬프다'라는 반응을 보이고 있으니 이를 근거로 '절교'하고자 하는 대상이라는 말을 허용할 수 있겠습니다.

② 화자는 '붕우'를 '절교'하고자 하는 대상으로 인식한다고 볼 수 있다.

> 유정(有情)코 무심(無心)ᄒ올 순 아마도 풍진(風塵) 붕우(朋友)
> 무심(無心)코 유정(有情)ᄒ올 순 아마도 강호(江湖) 구로(鷗鷺)

선지 유형	근거가 있어서 허용 가능
실전에서의 판단 과정	강호랑 반대되는 것이니까 속세겠지.

| 해설 | '붕우'는 '유정코 무심한' 대상이자, '강호 구로'라는 자연과 대비되는 대상입니다. ('강호 구로'는 무심코 유정하니까요. 뭔가 반대로 쓰여 있으니 반대된다는 걸 생각할 수 있겠죠?) 그럼 '붕우'는 속세와 관련된 대상이니 절교해야 한다고 할 수 있겠네요. 해당 작품에 대한 배경지식으로 푸는 것이 아니라, 고전시가에 대한 기본적인 감 + 논리적인 관계를 통해, 즉 '팩트'를 통해 풀어주시면 됩니다. |

| 생각 심화 |

'유정코 무심'과 '무심코 유정'은 사실 같은 말처럼 보이기도 합니다. 'A이고 B'와 'B이고 A'는 같은 말이니까요. 하지만 이 둘은 다른 표현으로 쓰이고 있습니다. '유정코 무심'의 경우 '정이 있는 척하면서 사실은 서로에게 무심한' 인간들의 속세를 비판하는 어휘입니다. 반면 '무심코 유정'은 '무심한 척하면서 사실은 항상 우리에게 정을 주는' 자연을 예찬하는 어휘입니다. 이걸 미리 알고 있으면 훨씬 쉬웠겠지만, 몰랐더라도 풀 수 있어야 합니다. 고전시가를 많이 보셨다면 '자연과 속세의 대비 구도'를 충분히 떠올릴 수 있으실 거예요. 기본적으로 자연과 속세는 정반대의 속성을 가지고 있으니, '자연'과 반대되는 것은 자동으로 '속세'라고 생각할 수 있어야 합니다! 역시 고전시가에 대한 경험치가 쌓이면 자연스레 알 수 있는 내용이에요.

③ 화자는 '백운'과의 '위우'를 통해 '무한지락'을 느끼고 있다고 볼 수 있다.

> 홍진(紅塵)에 절교(絶交)ᄒ고 백운(白雲)으로 위우(爲友)ᄒ야
> 녹수(綠水) 청산(靑山)에 시름 업시 늘거 가니
> 이 듕의 무한지락(無限至樂)을 헌ᄉᆞᆯ호가 두려웨라

선지 유형	근거가 있어서 허용 가능
실전에서의 판단 과정	전부 자연 관련 내용이네.
해설	'백운'과의 '위우', '무한지락' 모두 '자연'에서 느끼는 '즐거움'과 관련된 내용이네요. 가볍게 허용할 수 있겠죠? '자연↔속세' 구도를 적극적으로 활용하면서 읽어야 해요.

④ 화자가 '위우'하고자 하는 '구로'는 '물외에 연하 족'한 곳에 있다고 볼 수 있다.

> 유정(有情)코 무심(無心)ᄒ올 순 아마도 풍진(風塵) 붕우(朋友)

인간(人間)의 풍우(風雨) 다(多)ᄒ니 므스 일 머므ᄂᄂ뇨
물외(物外)에 연하(煙霞) 족(足)ᄒ니 므스 일 아니 가리

선지 유형	근거가 있어서 허용 가능
실전에서의 판단 과정	전부 자연 관련 내용이네.
해설	2번 선지에서 '구로'는 자연과 관련된 것임을 알 수 있었습니다. 이렇게 '속세'인지 '자연'인지만 생각하면 되고, '구로'가 정확히 무엇인지 따질 필요는 없어요. 또한 '물외에 연하' 역시 바로 위의 '인간'과 대비되는, '자연'과 관련된 장소라고 할 수 있습니다. 그럼 '구로' 같은 자연이 '물외에 연하' 같은 곳에 있다고 할 수 있겠네요. 이렇게 '자연 예찬'의 주제를 가진 고전시가는 '자연↔속세' 구도로 모든 시어를 단순화시키면서 읽어내는 게 좋습니다.

⑤ 화자가 '물외에 벗'과 '위우'하고자 하는 이유는 '유정코 무심'하기 때문으로 볼 수 있다.

인간(人間)의 벗 잇단 말가 나는 알기 슬희여라
물외(物外)에 벗 업단 말가 나는 알기 즐거웨라

유정(有情)코 무심(無心)홀 손 아마도 풍진(風塵) 붕우
(朋友)
무심(無心)코 유정(有情)홀 손 아마도 강호(江湖) 구로
(鷗鷺)

선지 유형	근거가 있어서 허용 불가능
실전에서의 판단 과정	물외에 벗은 자연이고, 유정코 무심은 속세지.
해설	'물외에 벗'과 '위우하는 것'은 모두 '자연'과 관련된 내용입니다. 반면 '유정코 무심'한 것은 '붕우', 즉 '속세'와 관련된 내용이네요. '자연'과 '속세'를 연결 짓고 있으니 절대 허용할 수 없다고 판단할 수 있겠습니다. 앞 선지에서 판단한 내용이 다음 문제를 푸는데 큰 도움을 주고 있네요. 나아가 '자연↔속세' 구도로 단순화시키는 것의 위력도 실감할 수 있죠?

선지	①	②	③	④	⑤
선택률	4%	6%	6%	77%	7%

04 ㉠과 ㉡을 참고하여 (가)와 (나)를 이해한 내용으로 가장 적절한 것은? ④

유정(有情)코 무심(無心)홀 손 아마도 풍진(風塵) 붕우
(朋友)
무심(無心)코 유정(有情)홀 손 아마도 강호(江湖) 구로
(鷗鷺)
㉠이제야 작비금시(昨非今是)*을 씨ᄃ론가 ᄒ노라

* 작비금시 : 어제는 그르고 지금은 옳음.

이에 나는 그만 말문이 막혔다. 그래서 ㉡앞으로 나의 잘못을 고칠 터이니 그대와 함께 살기를 바란다고 했더니, 게으름은 그제야 떠나지 않고 나와 함께 있기로 했다.

– ㉠은 진짜 정이 있는 건 '강호 구로'와 같은 자연임을 깨달은 모습을, ㉡은 '게으름 귀신'이 말한 '게으름의 긍정적 측면'을 받아들이는 모습을 나타내고 있습니다. 이와 비슷한 말을 찾아봅시다.

① ㉠의 화자는 '공맹을 비호'기 위해 '성대농포'의 길을 가야 함을 알게 되었다.

공맹(孔孟)을 비호려 ᄒ니 도약등천(道若登天) 불가급
(不可及)*이로다
이 내 몸 쓸 ᄃ 업스니 성대농포(聖代農圃)* 되오리라

* 도약등천 불가급 : 도는 하늘로 오르는 것과 같아 미치기 어려움.
* 성대농포 : 태평성대에 농사를 지음.

선지 유형	근거가 있어서 허용 불가능
실전에서의 판단 과정	공맹은 속세 쪽이고 농사는 자연 쪽인데?
해설	'공맹을 배우는 것'은 '도'를 배워 벼슬을 하고자 하는 행위, 즉 '속세'와 관련된 것이라고 할 수 있습니다. 반면 '성대농포'는 '농사', 즉 '자연'과 관련된 것이니 둘을 연결하는 건 허용하기 어렵네요. 나아가 ㉠에서 화자가 깨달은 건 '자연'이 좋다는 내용이었지, '속세'와 관련된 내용을 이루어야 한다는 것이 아니었죠? 여러모로 허용하기 어려운 선지였네요.

② ㉡의 '나'는 '태초와 하나가' 되게 하는 상대방의 제안을 수용하며 '굳센 쇠'와 같은 변치 않는 삶을 다짐하고 있다.

> 당신이 이제부터 유지(有知)를 버리고 무지(無知)를 이루며, 유위(有爲)를 버리고 무위(無爲)에 이르며, 유정(有情)을 버리고 무정(無情)을 지키며, 유생(有生)을 버리고 무생(無生)을 즐기면, 그 도는 죽지 않고 하늘과 함께 아득하여 <u>태초와 하나가</u> 될 것입니다.

> <u>굳센 쇠</u>는 부서지고 강한 나무는 부러지며,

선지 유형	근거가 있어서 허용 불가능
실전에서의 판단 과정	굳센 쇠는 부서진다며.
해설	'태초와 하나가' 되게 하는 '게으름 귀신'의 제안은 쉽게 말하면 게으르게 살라는 것입니다. 이때 '굳센 쇠'는 성실하게 사는 사람에 대한 비유로 제시된 것이죠? 둘을 연결하는 건 허용하기 어렵겠네요. 혹은 '실전에서의 판단 과정'처럼, 애초에 '굳센 쇠'는 부서진다고 했는데 '변치 않는 삶'으로 해석하고 있으니 허용하기 어렵다고 해도 됩니다.

③ ㉠의 화자는 '녹수 청산'에서의 삶을 즐거워하고, ㉡의 '나'는 '깨끗한 것'을 '길한 것'으로 받아들이고 있다.

> <u>녹수(綠水) 청산(靑山)</u>에 시름 업시 늘거 가니

> <u>깨끗한 것</u>은 더러워지기 쉽고, …(중략)… 당신에게 어느 것이 흉하고 어느 것이 <u>길한 것</u>이겠습니까?

선지 유형	근거가 있어서 허용 불가능
실전에서의 판단 과정	깨끗한 건 더러워지기 쉽다면서 어떻게 길한 것으로 연결되냐.
해설	㉠의 화자가 '녹수 청산'에서의 삶을 즐거워한다는 건 너무나 당연하게 허용할 수 있습니다. 하지만 '깨끗한 것'은 더러워지기 쉬운, '게으름'과 대조되는 '성실함'의 이미지로 제시된 것인데 '길한 것'은 '게으름 귀신'이 제안하는 '글쓴이에게 좋은 것'입니다. 그 내용은 당연히 게으르게 살라는 것이겠죠? 이를 근거로 하면 '깨끗한 것'을 '길한 것'이라고 하는 건 절대 허용할 수 없겠습니다.

④ ㉠의 화자는 현재의 삶이 옳음을 '찌두룬가'로 밝히고, ㉡의 '나'는 반성의 태도를 '고칠 터이니'로 드러내고 있다.

선지 유형	근거가 있어서 허용 가능
실전에서의 판단 과정	지금은 옳다는 것을 깨달았다고 했고, 잘못을 고친다고 했으니 반성의 태도도 허용되겠네.
해설	'실전에서의 판단 과정' 그대로입니다. 발문을 보고 미리 생각한 내용과도 유사하고, 각 내용을 허용할 만한 근거가 충분히 살아 있는 쉬운 선지네요.

⑤ ㉠의 화자는 '풍우 다'한 현실을 긍정적으로 받아들이고, ㉡의 '나'는 '시비의 소리'에 흔들렸던 자신의 잘못을 고치겠다고 다짐하고 있다.

> 인간(人間)의 <u>풍우(風雨) 다(多)</u>하니 므스 일 머무느뇨

> 세상 사람들은 세력을 좇다 우왕좌왕하여 그때마다 <u>시비의 소리</u>가 분분하지만,

선지 유형	근거가 있어서 허용 불가능
실전에서의 판단 과정	풍우 다한 현실은 속세와 관련된 것이잖아.
해설	일단 '풍우 다'한 것은 '인간'이라는 '속세'와 관련된 것이므로 이를 긍정적으로 받아들인다는 건 절대 허용할 수 없겠습니다. 한편 '시비의 소리'는 '세상 사람들'의 우왕좌왕하는 모습으로 인해 듣는 이야기이지, '나'를 흔들리게 하고 잘못을 뉘우치게 하는 소리라고 보기는 어렵겠죠?

선지	①	②	③	④	⑤
선택률	8%	11%	68%	7%	6%

05 〈보기〉를 참고하여 (나)를 감상한 내용으로 적절하지 <u>않은</u> 것은? ③

① '나'가 무당을 내세워 '귀신'에게 말을 건네는 것에서, 자신의 게으른 생활에 대해 살펴보려는 필자의 모습을 알 수 있겠군.

선지 유형	근거가 있어서 허용 가능
실전에서의 판단 과정	귀신한테 말 걸어서 사색한 결과라며.

④ '나'가 게으름 덕분에 '물욕'에서 벗어날 수 있다는 '귀신'의 말에서, 게으름의 긍정적 측면을 보여 주려는 필자의 의도를 알 수 있겠군.

> 또 세상 사람들은 물욕에 휘둘려서 이익을 얻기 위해 날뛰지만, 지금 당신은 걱정이 없어 제정신을 잘 보존하니,

선지 유형	근거가 있어서 허용 가능
실전에서의 판단 과정	물욕 걱정이 없으면 긍정적이라고 할 수 있지.
해설	글쓴이는 '게으름 귀신'의 말을 빌려 '게으름'이 가진 긍정적 측면을 강조한다고 했습니다. 그 중 하나로, 세상 사람들이 휘둘리는 '물욕'에 대한 걱정이 없다는 것을 이야기하고 있네요. '물욕' 걱정이 없다는 걸 근거로 하면, '긍정적 측면'을 충분히 허용할 수 있겠습니다.

⑤ '나'가 게으름 덕분에 세상 사람들과 달리 걱정 없이 살 수 있다는 '귀신'의 말에서, 이익을 얻기 위해 다투는 사람들에 대한 필자의 비판적 시각을 알 수 있겠군.

> 또 세상 사람들은 물욕에 휘둘려서 이익을 얻기 위해 날뛰지만, 지금 당신은 걱정이 없어 제정신을 잘 보존하니,

선지 유형	근거가 있어서 허용 가능
실전에서의 판단 과정	물욕 걱정이 없는 게 좋은 것이면, 반대로 물욕 걱정을 하는 건 안 좋다는 뜻이겠지.
해설	처음 〈보기〉를 확인할 때부터 궁금해하던 내용이 제시되고 있습니다. '세태에 대한 비판적 시각'이 도대체 무엇인가 했더니, 여기서 드러나고 있네요. '물욕'에 대한 걱정을 안 할 수 있다는 게 '게으름'의 긍정적 측면이라면, '물욕'에 대한 걱정을 하면서 살아가는 건 좋지 않은 일이라는 비판적 시각을 보이고 있다고 할 수 있겠습니다. 어렵지 않게 허용할 수 있어야 해요!

① 〈보기〉도 선지 판단의 근거로 사용해야 합니다. 〈보기〉에서는 '게으름 귀신'과 대화하는 구조가 곧 '게으름에 대한 사색의 결과'라고 했습니다. 그렇다면 '귀신'에게 말을 건네는 모습은 사실 자기 자신의 '게으름'에 대한 사색이 시작되는 순간이라고 할 수 있겠죠? 충분히 허용할 수 있네요.

② '나'가 집안의 대소사를 해결하지 않고 게으름을 피우는 행위를 나열하는 것에서, 게으름의 폐단을 드러내려는 필자의 생각을 알 수 있겠군.

선지 유형	근거가 있어서 허용 가능
실전에서의 판단 과정	처음엔 게으름의 부정적 측면을 드러냈지.
해설	'나'는 '게으름 귀신'에게 자신이 게을러서 집안의 대소사도 해결하지 않는다며 한탄했습니다. 이는 '게으름'이 가진 '부정적 측면'을 드러낸 것이라 할 수 있으므로, '폐단'을 드러낸다는 해석을 허용하기에 충분하다고 봐야겠네요.

③ '나'가 '멋대로' 행동하는 게으름을 탓하면서도 게으름은 자신의 '허물'이라 여기는 것에서, 게으름의 양면성을 드러내려는 필자의 의도를 알 수 있겠군.

> 이 모든 허물은 네가 내게 들어와 멋대로 함이라.

선지 유형	근거가 있어서 허용 불가능
실전에서의 판단 과정	둘 다 게으름의 부정적인 측면이잖아.
해설	〈보기〉에서 이야기하는 '게으름의 양면성'은 '긍정적 측면'과 '부정적 측면'을 모두 드러내는 것입니다. 그런데 '멋대로' 행동해서 '허물'이 만들어진 것은 모두 게으름의 '부정적 측면' 때문이죠? 선지의 내용이 단순히 '양면적'이라고 허용해버리는 우를 범하면 안 돼요. 핵심은 이 문제에서 이야기하는 '양면성'의 정의가 무엇인지 정확히 따지는 겁니다. 이것만 됐다면 어렵지 않게 답으로 고를 수 있겠네요.

몰랐던 어휘 정리하기

| 핵심 **point** |

① **허용 가능성 평가** : 선지의 내용을 '허용'하려는 태도를 바탕으로 지문을 '독해'하며 '근거'를 찾아야 합니다. 허용할 수 있는 '근거'가 있어야만 허용할 수 있습니다. 주관적인 생각을 개입시키면 안 됩니다.

② **고전시가 독해** : 겁먹지 않고, 현대시를 읽듯이 읽어내면 됩니다. 현대시와 마찬가지로, 〈보기〉의 도움 등을 통해 '주제' 위주로 가볍게 읽어내면 되는 거예요. 자세한 해석은 선지가 해줄 겁니다!

③ **수필 독해** : 운문문학과 마찬가지로, 글쓴이가 하고자 하는 말인 '주제'를 파악하는 것이 핵심입니다. 수필이 어렵게 출제될 것을 대비해, 독서 지문을 읽듯이 꼼꼼하게 읽으며 주제를 파악하는 연습을 해야 해요.

| 지문 내용 총정리 |

고전시가에 대한 기본적인 접근법, 그리고 '허용 가능성 평가'라는 문학 선지 판단의 대원칙을 잊지 않았다면 어렵지 않게 다 맞혔을 것이에요. 지금은 이 고전시가가 어렵다고 생각할 수도 있겠지만, 정말 조금만 공부하시면 고전시가가 더 이상 두렵지 않을 거라고 자신 있게 말씀 드립니다. 그날까지 최선을 다해 봅시다!

〈보기〉 확인

---[보기]---

　　조선 시대에 과거 급제는 개인이 입신양명하는 길이
자 부모에게 효도하고, 임금을 보필할 수 있는 주된 통로
였다. 권호문 역시 이를 위해 과거에 여러 번 응시하였으
나 뜻을 이루지 못했다. 모친 사후, "뜻을 얻으면 그 은택
을 백성들에게 베풀고, 뜻을 얻지 못하면 자신을 수양한
다."라는 유교적 출처관(出處觀)에 따라 은자로서의 삶
을 살아가던 그는 42세 이후 줄곧 조정에 천거되어 정
치 현실로 나올 것을 권유받았으나 매번 이를 거절했다.
「한거십팔곡」에는 권호문의 이러한 삶과 생각이 반영되
어 있는 것으로 보인다.

과거 급제를 하려 했으나 실패해 '은자'로서의 삶을 살아가던 작
가의 이야기입니다. 이 작가의 삶에는 '유교적 출처관'이라는 가
치관이 영향을 끼쳤다고 해요. 저기서 '뜻을 얻다.'라는 게 곧 '과
거에 급제한다.'를 의미한다는 건 충분히 읽어낼 수 있을 것이라
생각합니다. 이렇게 '뜻'을 얻지 못했으니, 정치 현실로 나오라는
권유를 매번 거절했겠죠. 지문의 주제를 거의 다 알려 준 것이나
다름 없는 〈보기〉입니다.

여기에 (다)에는 '비평문'도 나와 있네요. 이 역시 〈보기〉처럼 미
리 읽고 가면 좋다고 했습니다.

(다)
　　시의 원심력을 담당하는 비유와 달리 리듬은 시의 구
심력을 담당한다. 글자의 개수이건 음의 보폭이건 동일
요소의 반복은 시에 질서를 부여하고 리듬을 형성한다.
그런데 고전 시가의 리듬에는 외적 규율이 전제되어 있
는 반면 현대 시의 리듬은 내적 규범을 창출한다. 가령
시조는 4음보를 기본으로 종장 첫 음보는 3음절을 유지
하고, 둘째 음보는 그보다 길게 하는 규율을 따른다. 현
대 시에서는 따라야 할 규율이 없는 대신 말소리, 휴지
(休止), 고전 시가에 없던 쉼표나 마침표 등 모든 요소들
의 책임이 더 커졌다. 이들의 반복은 내적 규범을 형성
하여 시의 고유한 의미를 만들어 낸다.

　　"멀위랑 / 두래랑 / 먹고"와 같은 고려 속요의 3음보,
"동짓돌 / 기나긴 밤을 / 한 허리를 / 버혀 내여"와 같은
시조의 4음보 등 고전 시가의 리듬은 현대에 이르러 해
체되었다기보다는 배후로 물러나 때로는 강하게, 때로
는 약하게 압력을 행사하고 있다고 보는 것이 적절하다.
어떤 시는 고전 시가의 리듬이 강하게 감지되어 친숙하
지만 어떤 시는 리듬이라고 할 만한 부분이 거의 감지되
지 않아 낯설다. 우리는 앞의 예를 김소월의 시에서, 뒤
의 예를 이상의 시에서 찾을 수 있다. 한국의 현대 시는
김소월과 이상 사이에서 각각의 좌표를 찍는다.

'리듬'에 대한 내용입니다. 내용이 조금 어렵지만, '고전 시가'의
리듬에는 '외적 규율'이, '현대 시'의 리듬에는 '내적 규범'이 형성
되어 있다는 차이점에 주목하면 좋겠습니다. 자세한 내용은 선지
에 적용될 때 활용해도 될 것 같아요. 작품의 주제를 알려 주지는
않으니, 가볍게 읽고 바로 지문 독해를 해보도록 합시다.

| 생각 심화 |

(다)의 내용을 조금 깊게 이해해보도록 합시다. '비유'는 시의
'원심력'을 담당하고, '리듬'은 시의 '구심력'을 담당한다고 해요.
'원심력'은 원운동을 하는 물체가 원의 바깥쪽으로 받는 힘이고,
'구심력'은 원의 중심으로 받는 힘을 의미합니다. 이때 '원운동'
을 '시'라는 언어의 전개로 볼 때, '비유'는 세상에 존재하지 않
던 표현이기에 '시'의 바깥쪽으로 나가려고 하는 힘을 가집니다.
'너의 얼굴은 달덩이같아.'라는 표현이 있으면, '얼굴이 달덩이
라는 게 무슨 뜻이지?'라고 생각하게 되면서 '시'의 내용 파악은
잠시 뒷전으로 미뤄두게 되겠죠? 이는 '시'라는 '원운동'을 이탈
하려는 힘이라고 할 수 있는 것입니다.

한편, '리듬'은 그 자체로 '시'라는 '원운동'에 질서를 부여하면
서, 독자로 하여금 '시'의 내용 자체에 집중할 수 있게끔 합니다.
(다)에서 이야기하는 것처럼 고전 시가에서는 이 '리듬'을 '외적
규율'이라는 '구심력'으로 활용했고, 현대 시에서는 '내적 규범'
이라는 '구심력'으로 활용하고 있는 것이죠. '외적 규율'이든, '내
적 규범'이든 독자로 하여금 '시'의 내용 그 자체에 집중할 수 있
게끔 돕는 표지라고 할 수 있으니까요.

이에 (다)에서는 현대 시에 새롭게 등장한 여러 '리듬'의 요소들
이 '내적 규범'을 형성하여 '시의 고유한 의미'를 만들어 낸다는
표현을 하는 것입니다. 말소리, 휴지, 쉼표나 마침표 등을 반복
하여 이들을 마치 시에서 지켜야 하는 '규범'처럼 만들고, 이를
통해 '시의 고유한 의미', 즉 '화자의 내면세계'를 강조하게 된다
는 것이죠. 결국 (다)는 '리듬' 역시 '화자의 내면세계'라는 시의
중심으로 이끄는 역할을 한다는 이야기를 하고 있는 것입니다.

사실 문제를 푸는 데는 아무런 쓸모가 없긴 하지만, 이왕 나온 것 자세하게 설명해드리고자 했습니다. 핵심은 '리듬은 의미를 만들어낸다.'는 것을 알고 가는 것입니다.

실전적 지문 독해

(가)
생평(生平)에 원ᄒᆞ느니 다만 충효(忠孝)뿐이로다
→ 평생 원하는 건 충효밖에 없다.

이 두 일 말면 금수(禽獸)ㅣ나 다르리야
→ 이 두 일(임금에 대한 충성, 부모에 대한 효도)을 안 하면 짐
  승이랑 다를 게 없다.

마음에 ᄒᆞ고져 ᄒᆞ야 십재황황(十載遑遑)*ᄒᆞ노라
→ 마음에 갖추고자 해서 십 년을 허둥지둥했다.

〈제1수〉

계교(計校)* 이렇더니 공명(功名)이 늦었어라
→ 생각이 이렇더니 공명(과거 급제)이 늦었다.

부급동남(負笈東南)*ᄒᆞ야 여공불급(如恐不及)*ᄒᆞᄂᆞ
뜻을
→ 공부해서 이루지 못할까 하는 뜻을

세월이 물 흐르듯 ᄒᆞ니 못 이룰까 ᄒᆞ야라
→ 세월이 물 흐르듯 하니 못 이룰 것 같다.

〈제2수〉

강호(江湖)에 놀자 ᄒᆞ니 성주(聖主)를 버리겠고
→ 자연에 있으려니 임금님을 버릴 수 없고

성주를 섬기자 ᄒᆞ니 소락(所樂)에 어긋나네
→ 임금님을 섬기자 하니 즐거움을 얻을 수 없네.

호온자 기로(岐路)에 서서 갈 데 몰라 ᄒᆞ노라
→ 혼자 갈림길에 서서 갈 곳 몰라 한다.

〈제4수〉

출(出)ᄒᆞ면 치군택민(致君澤民) 처(處)ᄒᆞ면 조월경운
(釣月耕雲)
→ 관직에 나아가면 백성들을 잘 다스리고 나아가지 않으면 자
  연을 즐겨야 한다.

명철군자(明哲君子)는 이룰사 즐기ᄂᆞ니
→ 똑똑한 군자는 이런 걸 즐기니

하물며 부귀(富貴) 위기(危機)ㅣ라 빈천거(貧賤居)를
ᄒᆞ오리라
→ 하물며 부귀는 위기가 있으니 (부귀를 이룰 수는 없으니) 빈
  천거를 해야겠다.

〈제8수〉

행장유도(行藏有道)*ᄒᆞ니 버리면 구태 구ᄒᆞ랴
→ 행장유도하니 날 버리시면 구태여 다시 구할까.

산지남(山之南) 수지북(水之北) 병들고 늙은 나를
→ 자연 속에서 병들고 늙은 나를

뉘라서 회보미방(懷寶迷邦)*ᄒᆞ니 오라 말라 ᄒᆞᄂᆞ뇨
→ 내가 누구길래 좋은 인재이니 오라 말라 하냐

〈제16수〉

성현(聖賢)의 가신 길이 만고(萬古)에 ᄒᆞᆫ가지라
→ 성현들이 가신 길이 만고에 한가지다.

은(隱)커나 현(見)*커나 도(道)ㅣ 어찌 다르리
→ 자연에 숨거나 벼슬에 나가거나 도가 어찌 다르겠나.

일도(一道)ㅣ오 다르지 아니커니 아무 덴들 어떠리
→ 도는 다르지 않을 테니 자연이든 속세든 상관없다.

〈제17수〉
-권호문, 「한거십팔곡」-

* 십재황황 : 급한 마음에 십 년을 허둥지둥함.
* 계교 : 견주어 헤아림.
* 부급동남 : 책을 짊어지고 여기저기 다니면서 열심히 공부함.
* 여공불급 : 이르지 못할까 두려워하듯 함.
* 행장유도 : 쓰이면 세상에 나아가 도(道)를 행하고 버려지면 은
  둔하는 것을 자신의 상황에 따라 알맞게 함.
* 회보미방 : 뛰어난 능력을 지니고서 은둔하는 것은 나라를 혼란
  스럽게 하는 것과 같음.
* 현 : 세상에 나아감.

굉장히 어렵습니다. 일단 이 시의 해석(물론 100% 맞는 해석은 아닙니다. 늘 하던 대로 제가 처음 보고 하는 그대로 제시한 거예요.)을 보기 전에 아셔야 할 것은, '고전시가의 세계관'입니다. 고전시가는 기본적으로 세상을 '자연'과 '속세'라는 이분법으로 나눕니다. 그리고 자연은 깨끗하고, 욕심이 없고, 아름다운 곳으로, 속세는 더럽고 먼지가 많고('홍진'이라는 표현 기억해 두세요. 붉은 먼지라는 뜻입니다. 속세를 상징하는 단어예요.) 욕심이 많은 공간으로 그려집니다. 이 세계관을 알고 있고, 〈보기〉를 봤다는 전제하에 실전에서 제가 한 것 정도의 해석이 가능해져요.

내용은 〈보기〉의 내용과 거의 똑같습니다. 과거 급제를 못하는 상황에서 자연에 머물겠다는 다짐을 하고, 정계의 스카웃을 거절하는 모습 등이 나타나고 있습니다. 〈보기〉에서 제시한 주제가 적용되어 있다는 것만 생각할 수 있으면 충분해요.

(나)

진주 장터 생어물전에는
바닷밑이 깔리는 해 다 진 어스름을,

울 엄매의 장사 끝에 남은 고기 몇 마리의
빛 발(發)하는 눈깔들이 속절없이
은전(銀錢)만큼 손 안 닿는 한(恨)이던가
울 엄매야 울 엄매,

별 밭은 또 그리 멀리
우리 오누이의 머리 맞댄 골방 안 되어
손 시리게 떨던가 손 시리게 떨던가,

진주 남강 맑다 해도
오명 가명
신새벽이나 밤빛에 보는 것을,
울 엄매의 마음은 어떠했을꼬,
달빛 받은 옹기전의 옹기들같이
말없이 글썽이고 반짝이던 것인가.

-박재삼, 「추억에서」-

뭐 어렵지 않습니다. 제목과 과거 시제 선어말 어미들에서 보듯(시를 읽을 때 과거 시제의 어미를 체크하는 것은 은근히 중요해요!) 상황 자체는 '회상'일 것이고, 진주 장터 생어물전에서 장사를 하며 힘들게 살아가던 어머니와 누이들의 삶에 대해 이야기하고 있습니다. 주제를 잡아내는 것이 어렵지는 않네요. 가볍게 문제 풀어봅시다.

선지	①	②	③	④	⑤
선택률	72%	6%	15%	3%	4%

06 (가)와 (나)의 공통점으로 가장 적절한 것은? ①

- 공통점 문제는 항상 거시적으로, 답의 후보를 미리 정해두면서 풀자고 했습니다. '정서 강조', '주제 부각', '시상 형성', '시적 분위기 고조', '화자의 상황 제시' 등 당연한 선지들이 제시되어 있네요. 전부 거시적인 내용을 담고 있어요. 눈물을 머금고 하나씩 체크해봅시다.

① <u>의문형 어미를 활용</u>하여 화자의 정서를 강조하고 있다.

선지 유형	근거가 있어서 허용 가능
실전에서의 판단 과정	의문형 어미 많네.
해설	정서 강조는 당연한 것이니, '의문형 어미'만 찾으면 되네요. 엄청 많죠? 답으로 골라주시면 되겠습니다. 참고로 '설의법'을 포함하여 '의문형 어미'를 사용하는 시는 굉장히 많습니다. '의문형 어미'와 관련된 선지가 나오면 강력한 답의 후보로 설정하도록 합시다.

② 특정 대상과 대화하는 방식으로 주제를 부각하고 있다.

선지 유형	근거가 없어서 허용 불가능
실전에서의 판단 과정	대화를 하지는 않았지.
해설	'대화하는 방식'이 허용되려면, 화자의 이야기를 듣고 있는 '청자'의 존재와 그의 대답이 필요합니다. 굉장히 미시적인 부분이기에, 답이 되는 경우는 거의 없을 거예요.

③ 시적 공간의 탈속성이 시상을 형성하는 데 기여하고 있다.

선지 유형	근거가 있어서 허용 불가능
실전에서의 판단 과정	탈속성이라니...
해설	'탈속성'은 (가)에서는 어느 정도 허용할 수 있겠습니다. 속세에서 벗어난 모습이 나타나고 있으니까요. (나)는 도저히 안 되겠죠? (나)는 속세의 이야기 그 자체입니다. 참고로, '탈속성'은 '탈속'(부나 명예와 같은 현실적인 이익을 추구하는 마음 혹은 속세부터 벗어남.)의 성질을 가지고 있는 것을 말합니다. '문학 개념어'가 아닌 하나의 '어휘'로 알아두세요.

④ 계절적 배경을 소재로 하여 시적 분위기를 고조하고 있다.

선지 유형	근거가 없어서 허용 불가능
실전에서의 판단 과정	(가)에는 계절적 배경이라고 할 만한 게 없는 것 같네.
해설	(가)에서는 눈을 씻고 찾아봐도 계절적 배경이 없네요. (나)도 애매하지만 '손 시리게 떨던가'가 겨울이라 추워서 떤다고 '볼 수 있으니' 계절적 배경을

허용할 수도 있겠습니다. 작가의 의도가 무엇이든 간에, 그렇게 해석할 여지가 있으니까요.

⑤ 의성어와 의태어를 구사하여 화자의 상황을 제시하고 있다.

선지 유형	근거가 없어서 허용 불가능
실전에서의 판단 과정	의성어나 의태어가 없는 것 같은데?
해설	'의성어'나 '의태어'가 보이지는 않습니다. 애초에 이렇게 미시적인 내용은 답이 될 가능성이 낮아요. 조금 더 거시적인 내용에서 답을 찾는 습관을 들이도록 합시다!

선지	①	②	③	④	⑤
선택률	6%	43%	31%	10%	10%

07 (가)에 대한 설명으로 적절하지 <u>않은</u> 것은? ②

– 꽤나 어려운 문제입니다. 하지만 늘 강조하듯이, 고전시가에 대한 경험이 충분히 쌓이면 해낼 수 있는 수준이에요. 지금은 어렵더라도, 어느 정도 공부가 된다면 고전시가는 너무 쉽다는 생각을 가질 수 있을 겁니다. 다 똑같은 말만 하거든요!

① 〈제2수〉의 '부급동남'은 〈제4수〉의 '성주를 섬기'기 위해 화자가 행한 일이다.

계교(計校)* 이렇더니 공명(功名)이 늦었어라
<u>부급동남(負笈東南)</u>*ᄒ야 여공불급(如恐不及)*ᄒᄂ 뜻을
세월이 물 흐르듯 ᄒ니 못 이룰까 ᄒ야라

〈제2수〉

* 계교 : 견주어 헤아림.
* 부급동남 : 책을 짊어지고 여기저기 다니면서 열심히 공부함.
* 여공불급 : 이르지 못할까 두려워하듯 함.

강호(江湖)에 놀자 ᄒ니 성주(聖主)를 버리겠고
<u>성주를 섬기</u>자 ᄒ니 소락(所樂)에 어긋나네
호온자 기로(岐路)에 서서 갈 데 몰라 ᄒ노라

〈제4수〉

선지 유형	근거가 있어서 허용 가능
실전에서의 판단 과정	공부한 건 임금님을 섬기기 위해서겠지.
해설	'부급동남'은 쉽게 말하면 '공부'를 한다는 뜻입니다. 고전시가에서 '공부'를 하는 이유는 '벼슬'을 해서 임금님을 섬기기 위한 것이라고 보면 돼요. 이때 '성주'라는 말이 곧 '임금님'을 의미한다는 건 쉽게 추측할 수 있겠죠? 가볍게 허용할 수 있네요.

② 〈제2수〉의 '공명'을 이루기 위해 화자는 〈제17수〉의 '성현의 가신 길'을 따르고자 한다.

계교(計校)* 이렇더니 공명(功名)이 늦었어라
부급동남(負笈東南)*ᄒ야 여공불급(如恐不及)*ᄒᄂ 뜻을
세월이 물 흐르듯 ᄒ니 못 이룰까 ᄒ야라

〈제2수〉

* 계교 : 견주어 헤아림.
* 부급동남 : 책을 짊어지고 여기저기 다니면서 열심히 공부함.
* 여공불급 : 이르지 못할까 두려워하듯 함.

<u>성현(聖賢)의 가신 길</u>이 만고(萬古)에 ᄒ가지라
은(隱)커나 현(見)*커나 도(道)ㅣ 어찌 다르리
일도(一道)ㅣ오 다르지 아니커니 아무 덴들 어떠리

〈제17수〉

* 현 : 세상에 나아감.

선지 유형	근거가 있어서 허용 불가능
실전에서의 판단 과정	이미 자연에 살기로 마음 먹었는데?
해설	지문의 주제와 반대되는 내용을 말하고 있습니다. 〈제8수〉와 〈제16수〉의 내용에 따르면, 이 지문의 화자는 '속세'를 등지고 '자연'에 머물고자 하고 있어요. 〈제2수〉의 '공명'은 이미 늦었기 때문이죠! 이러한 내면세계가 유지되어 있는 채로 〈제17수〉가 나오고, 이를 독해하면 '성현의 가신 한 가지 길인 자연 속에서의 삶을 택하겠다.'라는 식으로 읽어낼 수 있겠죠. 이렇게 화자의 내면세계를 따라갔더니 허용하기 어렵다는 결론이 나오네요.

③ 〈제4수〉의 '강호'를 화자가 선택한 이유 중 하나는 〈제8수〉의 '부귀 위기'이다.

> 강호(江湖)에 놀자 ᄒ니 성주(聖主)를 버리겠고
> 성주를 섬기자 ᄒ니 소락(所樂)에 어긋나네
> 호온자 기로(岐路)에 서서 갈 데 몰라 ᄒ노라
>
> 〈제4수〉

> 출(出)ᄒ면 치군택민(致君澤民) 처(處)ᄒ면 조월경운(釣月耕雲)
> 명철군자(明哲君子)는 이룰사 즐기ᄂ니
> 하물며 부귀(富貴) 위기(危機)ㅣ라 빈천거(貧賤居)를 ᄒ오리라
>
> 〈제8수〉

선지 유형	근거가 있어서 허용 가능
실전에서의 판단 과정	속세가 위기니까 자연을 선택한 것이겠지.
해설	'실전에서의 판단 과정'처럼 해결하는 게 가장 좋습니다. 다만 공부하는 과정이니 제대로 독해해서 해결해 봅시다. 생각보다 어려워요! 일단 화자가 〈제4수〉의 '강호'에 살고자 한다는 건 주제 그 자체이므로 허용이 됩니다. 그렇다면 핵심은 〈제8수〉의 독해인데, 초장에 나오는 '출'과 '처'에 주목해야 합니다. 〈보기〉를 독해하면서 얻은 내용에 따르면, 이는 '유교적 출처관'을 의미한다고 할 수 있겠습니다. '출'하면(벼슬을 하면) 백성(民)을 잘 다스려야 한다는 것이고, '처'하면(벼슬을 하지 못하면) 달(月)과 구름(雲)을 가까이 해야 한다는 뜻이죠. '명철군자', 즉 똑똑한 군자들은 이를 즐길 정도로 잘 알고 있다고 합니다. 그렇다면 화자의 입장에선 '유교적 출처관'을 지키는 것이 좋겠네요. 다른 군자들도 그렇게 하니까요! 이를 근거로 화자는 '강호'라는 자연에 머물겠다고 다짐하는 것입니다. 이러한 상황에서 '하물며' 부귀 위기라고 합니다. '하물며'라는 말의 의미를 생각하면, '부귀 위기'가 '유교적 출처관'의 의미와 비슷하다는 것을 독해할 수 있겠네요. '유교적 출처관'을 따르려고 하는데, 하물며 '부귀 위기'라는 일도 일어났으니 '빈천(가난하고 천함.)'하게 살겠다는 것이죠. 결국 '부귀 위기'는 화자가 자연에 머물 수 있는 이유를 제공한다는 3번 선지의 해석은 근거가 충분

한, 즉 '허용 가능한' 해석이 되는 것입니다. 비록 이 문제는 〈보기〉 문제가 아니지만, 주제를 알려주는 〈보기〉는 다른 문제의 풀이에 활용해도 좋다는 교훈을 얻을 수 있네요.

〈보기〉의 활용, 기본적인 한자어의 의미 파악, 부사를 활용한 독해 등 정말 많은 것들을 요구한 선지였습니다. 배울 것이 많으니 확실하게 이해할 수 있도록 합시다.

④ 〈제4수〉의 '기로'가 〈제17수〉의 '일도'로 나타난 데에서 화자의 내적 갈등이 해소되었음을 알 수 있다.

> 강호(江湖)에 놀자 ᄒ니 성주(聖主)를 버리겠고
> 성주를 섬기자 ᄒ니 소락(所樂)에 어긋나네
> 호온자 기로(岐路)에 서서 갈 데 몰라 ᄒ노라
>
> 〈제4수〉

> 성현(聖賢)의 가신 길이 만고(萬古)에 ᄒ가지라
> 은(隱)커나 현(見)*커나 도(道)ㅣ 어찌 다르리
> 일도(一道)ㅣ오 다르지 아니커니 아무 덴들 어떠리
>
> 〈제17수〉

* 현 : 세상에 나아감.

선지 유형	근거가 있어서 허용 가능
실전에서의 판단 과정	일도니까 하나의 길이고, 그럼 내적 갈등 해소지.
해설	〈제4수〉에서 '기로'에 서서 갈 데 몰라 하던 화자는 〈제17수〉에선 아무 덴들 어떻겠냐는 반응을 보이고 있습니다. 지문의 주제와 〈제17수〉의 초장에 나온 '성현의 가신 길'이 가진 의미(2번 선지 해설 참고)를 고려할 때, 이때의 '일도'에는 '자연'으로 가겠다는 의지가 녹아 있다고 할 수 있겠죠? 고민하다가 '자연'으로 행선지를 정했으니, 이를 근거로 하면 '내적 갈등'이 해소되었음을 허용할 수 있겠습니다. 역시 쉽지 않은 선지였지만, '주제'에 대한 인식이 중요하다는 것을 다시 한번 배울 수 있게 해 주네요.

⑤ 〈제8수〉의 '빈천거를 ᄒᆞ'면서도 화자는 〈제17수〉의 '도'를 실천할 수 있다고 생각한다.

> 출(出)ᄒᆞ면 치군택민(致君澤民) 처(處)ᄒᆞ면 조월경운(釣月耕雲)
> 명철군자(明哲君子)는 이룰사 즐기ᄂᆞ니
> 하물며 부귀(富貴) 위기(危機)ㅣ라 빈천거(貧賤居)를 ᄒᆞ오리라
>
> 〈제8수〉

> 성현(聖賢)의 가신 길이 만고(萬古)에 ᄒᆞᆫ가지라
> 은(隱)커나 현(見)*커나 도(道)ㅣ 어찌 다르리
> 일도(一道)ㅣ오 다르지 아니커니 아무 ᄃᆡᆫ들 어떠리
>
> 〈제17수〉
>
> * 현 : 세상에 나아감.

선지 유형	근거가 있어서 허용 가능
실전에서의 판단 과정	자연에 사는 것도 도의 실천이라고 생각하고 있지.
해설	빈천거는 '부귀 위기'에 하는 것이니 자연의 삶을 의미하겠죠? 자연 속에서도 도를 실현할 수 있다고 말하는 것은 이 지문의 주제 그 자체이니, 가볍게 허용할 수 있습니다.

선지	①	②	③	④	⑤
선택률	2%	6%	9%	12%	71%

08 〈보기〉를 통해 (가)를 감상한 것으로 적절하지 않은 것은? [3점] ⑤

① 〈제1수〉의 '충효'는 화자가 이루고자 했던 삶의 덕목으로 볼 수 있겠군.

> 생평(生平)에 원ᄒᆞᄂᆞ니 다만 충효(忠孝)뿐이로다
> 이 두 일 말면 금수(禽獸)ㅣ나 다르리야
> 마음에 ᄒᆞ고져 ᄒᆞ야 십재황황(十載遑遑)*ᄒᆞ노라
>
> 〈제1수〉
>
> * 십재황황 : 급한 마음에 십 년을 허둥지둥함.

선지 유형	근거가 있어서 허용 가능
실전에서의 판단 과정	평생 원한 것이니 허용되네.
해설	한 평생 할 것이 충효뿐이며, 그걸 안 하면 금수(짐승)나 다름없다고 했으니 허용할 수 있겠네요.

② 〈제1수〉에서 화자가 '십재황황'하는 모습은 과거에 여러 차례 응시했으나 급제하지 못했기 때문으로 볼 수 있겠군.

> 생평(生平)에 원ᄒᆞᄂᆞ니 다만 충효(忠孝)뿐이로다
> 이 두 일 말면 금수(禽獸)ㅣ나 다르리야
> 마음에 ᄒᆞ고져 ᄒᆞ야 십재황황(十載遑遑)*ᄒᆞ노라
>
> 〈제1수〉
>
> * 십재황황 : 급한 마음에 십 년을 허둥지둥함.

선지 유형	근거가 있어서 허용 가능
실전에서의 판단 과정	허둥지둥한 건 충효를 다 못한 거니까 과거라고 할 수 있겠네.
해설	〈보기〉에 따르면 과거에 급제하는 것은 '효도'와 '임금 보필'의 통로라고 했습니다. 각각 '효'와 '충'에 해당하는데, 이를 하고 싶었지만 그저 '허둥지둥'했다면 과거에 급제하지 못했기 때문이라고 할 수 있겠죠. 이렇게 〈보기〉와 지문 내용에서 '근거'를 잡을 수 있으니 충분히 허용할 수 있겠습니다. 허용하려고 하면 근거를 찾을 수 있어요!

③ 〈제16수〉의 '행장유도ᄒᆞ니'는 화자가 유교적 출처관을 따르고 있음을 보여 주는 것이라고 할 수 있겠군.

> 행장유도(行藏有道)*ᄒᆞ니 버리면 구태 구ᄒᆞ랴
> 산지남(山之南) 수지북(水之北) 병들고 늙은 나를
> 뉘라서 회보미방(懷寶迷邦)*ᄒᆞ니 오라 말라 ᄒᆞᄂᆞ뇨
>
> 〈제16수〉
>
> * 행장유도 : 쓰이면 세상에 나아가 도(道)를 행하고 버려지면 은둔하는 것을 자신의 상황에 따라 알맞게 함.
> * 회보미방 : 뛰어난 능력을 지니고서 은둔하는 것은 나라를 혼란스럽게 하는 것과 같음.

선지 유형	근거가 있어서 허용 가능
실전에서의 판단 과정	행장유도의 뜻이 유교적 출처관이네.
해설	'행장유도'의 뜻을 확인해보니, 〈보기〉에서 설명한 '유교적 출처관' 그 자체죠? 이를 근거로 하면 충분히 허용할 수 있겠습니다.

④ 〈제16수〉의 '병들고 늙은 나를'은 화자가 정치 현실로
   나오라는 권유를 거절하는 표면적 이유라고 할 수 있
   겠군.

행장유도(行藏有道)*ᄒ니 버리면 구태 구ᄒ랴
산지남(山之南) 수지북(水之北) 병들고 늙은 나를
뉘라서 회보미방(懷寶迷邦)*ᄒ니 오라 말라 ᄒᄂ뇨
〈제16수〉

* 행장유도 : 쓰이면 세상에 나아가 도(道)를 행하고 버려지면 은
  둔하는 것을 자신의 상황에 따라 알맞게 함.
* 회보미방 : 뛰어난 능력을 지니고서 은둔하는 것은 나라를 혼란
  스럽게 하는 것과 같음.

선지 유형	근거가 있어서 허용 가능
실전에서의 판단 과정	병들고 늙었는데 왜 부르냐고 하니까 허용되네.
해설	누군가 '회보미방'이라며 화자를 정치 현실로 부르는 모습입니다. 그런데 화자는 '병들고 늙었'는데 왜 부르냐고 하고 있어요. 이는 거절하는 이유라는 말로 허용하기에 충분한 근거들이고, 지문에 적혀 있는 말 그대로이기 때문에 '표면적'이라는 해석도 허용할 수 있겠네요.

⑤ 〈제16수〉의 '회보미방'은 조정의 권유에 대한 화자의
   답변으로 볼 수 있겠군.

행장유도(行藏有道)*ᄒ니 버리면 구태 구ᄒ랴
산지남(山之南) 수지북(水之北) 병들고 늙은 나를
뉘라서 회보미방(懷寶迷邦)*ᄒ니 오라 말라 ᄒᄂ뇨
〈제16수〉

* 행장유도 : 쓰이면 세상에 나아가 도(道)를 행하고 버려지면 은
  둔하는 것을 자신의 상황에 따라 알맞게 함.
* 회보미방 : 뛰어난 능력을 지니고서 은둔하는 것은 나라를 혼란
  스럽게 하는 것과 같음.

선지 유형	근거가 있어서 허용 불가능
실전에서의 판단 과정	저건 화자의 말이 아니잖아?
해설	〈제16수〉를 〈보기〉에 근거하여 독해하면, '회보미방'이라며 정치 현실로 나오라는 이의 말을 거절하고 있는 화자의 모습을 확인할 수 있습니다. 즉, '회보미방'은 화자의 대답이 아닌 정치 현실에 나오라고 권유하는 사람의 이야기라는 것이죠. '화자의 답변'으로 해석할 수 없는 확실한 근거가 존재하기 때문에, 허용할 수 없는 선지가 되겠습니다.

선지	①	②	③	④	⑤
선택률	2%	3%	89%	4%	2%

09 (나)에 대한 감상으로 적절하지 <u>않은</u> 것은? ③

① '해 다 진 어스름'은 어둠이 깔리는 파장 무렵 '생어물
   전'의 분위기를 보여 주는군.

진주 장터 생어물전에는
바닷밑이 깔리는 해 다 진 어스름을,

선지 유형	근거가 있어서 허용 가능
실전에서의 판단 과정	해가 다 졌다고 했으니 허용되네.
해설	일단 '생어물전'이라는 공간적 배경이 드러나고, 이곳에 '해 다 진' 어스름이 깔리는 모습입니다. 해가 다 졌다고 했으니, '어둠이 깔리는 파장 무렵'이라는 해석은 쉽게 허용할 수 있겠죠? 사실 '분위기를 보여 주는군'과 같은 이런 선지는 웬만하면 옳은 것으로 생각해도 됩니다.

② '빛 발하는 눈깔'은 '손 안 닿는' '은전'과 연결되어 '한'
   의 정서를 유발하는군.

울 엄매의 장사 끝에 남은 고기 몇 마리의
빛 발(發)하는 눈깔들이 속절없이
은전(銀錢)만큼 손 안 닿는 한(恨)이던가
울 엄매야 울 엄매,

선지 유형	근거가 있어서 허용 가능
실전에서의 판단 과정	눈깔=은전=손 안 닿는 한이니까 맞네.
해설	핵심은 '독해'입니다. 화자는 '빛 발하는 눈깔'에 '손 안 닿는 한'이 녹아 있다고 보고, 이것은 '은전'과 비슷한 속성을 가지고 있다고 생각하고 있어요. 쉽게 허용할 수 있겠네요.

③ '손 시리게 떨던가'에서는 추운 밤 '별 밭' 아래의 '골방'
   속에서 느꼈던 행복감이 드러나는군.

별 밭은 또 그리 멀리
우리 오누이의 머리 맞댄 골방 안 되어
손 시리게 떨던가 손 시리게 떨던가,

선지 유형	근거가 없어서 허용 불가능
실전에서의 판단 과정	도대체 행복감이 어디 드러나.
해설	'별 밭' 아래 '골방'에 앉아 있는 오누이는 너무 추워 '손 시리게 떨고' 있습니다. 추워서 오들오들 떠는 모습에서 '행복감'을 허용할 만한 근거를 찾아내기는 너무 어렵네요.

④ '진주 남강'은 공간적 구체성을 보여 주는 한편 낮에 강을 보지 못할 정도로 바삐 생계를 꾸려 가던 '울 엄매'를 떠올리게 하는군.

> 진주 남강 맑다 해도
> 오명 가명
> 신새벽이나 밤빛에 보는 것을,
> 울 엄매의 마음은 어떠했을꼬,

선지 유형	근거가 있어서 허용 가능
실전에서의 판단 과정	엄마가 진주 남강을 신새벽이나 밤에만 보고 있네.
해설	어머니가 '진주 남강'이라는 '오며 가며 보는 풍경'을 새벽이나 밤에만 본다고 했으니 바쁜 것을 허용할 수 있네요. 여러분도 매일 이렇게 바쁘게 살고 있죠?

⑤ '글썽이고 반짝이던'은 달빛이 비친 '옹기'의 표면과 '울 엄매'의 눈물을 함께 환기하는군.

> 울 엄매의 마음은 어떠했을꼬,
> 달빛 받은 옹기전의 옹기들같이
> 말없이 글썽이고 반짝이던 것인가.

선지 유형	근거가 있어서 허용 가능
실전에서의 판단 과정	글썽이고 반짝이는 건 눈물이라고 할 수 있지.
해설	'글썽이고 반짝이던'이란 표현은 '옹기'와 '울 엄매의 마음'을 연결하는 속성으로 제시되었습니다. 따라서 이는 달빛 받은 옹기의 표면을 환기하는 것이며, 동시에 어머니의 '눈물'을 은유적으로 표현하여 환기하는 것이라고도 말할 수 있겠네요.

선지	①	②	③	④	⑤
선택률	9%	8%	69%	6%	8%

10 (다)를 참고하여 (가)와 (나)를 이해한 내용으로 가장 적절한 것은? ③

– '리듬'에 대해 이야기하던 (다)가 활약할 차례입니다. '고전 시가'와 '현대 시'의 차이점인 '외적 규율vs내적 규범', 그리고 '현대 시'에 나타나기도 하는 '고전 시가의 리듬' 등을 떠올리면서 차분하게 판단해봅시다.

① (가)에서 각 수의 종장 첫째 음보를 3음절로 한 것은 내적 규범을 따른 것이다.

선지 유형	근거가 있어서 허용 불가능
실전에서의 판단 과정	고전 시가는 외적 규율이라며.
해설	'내적 규범'은 '현대 시'에서 확인할 수 있는 것이라고 했죠? 고전 시가의 리듬은 '외적 규율'과 관련된 것이라고 했습니다.

② (가)에서 각 수의 종장 둘째 음보의 글자 수가 첫째 음보의 글자 수보다 많은 것은 따라야 하는 규칙을 위반한 것이다.

선지 유형	근거가 있어서 허용 불가능
실전에서의 판단 과정	규칙을 잘 따른 거 아니야?
해설	일단 저 내용 자체가 규칙을 잘 따른 것이죠? 혹시나 해서 (다)를 확인해보니 '종장 첫 음보는 3음절 유지, 둘째 음보는 그보다 길게 하는 규율'이 있다고 하네요. 규칙을 위반했다고 보면 안 되는 근거가 확실하게 살아 있는 모습이죠?

③ (나)에서 '울 엄매야 울 엄매'는 울림소리의 반복으로 리듬을 창출하고 화자의 정서를 표출한 것이다.

선지 유형	근거가 있어서 허용 가능
실전에서의 판단 과정	울림소리 반복되고 있고 정서는 당연히 표출되지.
해설	모음, ㄹ, ㅁ 같은 울림소리가 반복되고 있고, 리듬 창출 및 이를 바탕으로 한 내적 규범, 즉 '화자의 정서'가 표출되고 있다고 할 수 있겠죠? 어렵지 않게 허용할 수 있겠습니다.

앞의 '생각 심화'를 통해 (다)를 이해한 내용에 따르면, 이 선지는 '울림소리'라는 '말소리'의 반복으로 '리듬'을 창출하여 '내적 규범'을 형성하고, 이를 통해 '화자의 정서(=내면세계)'라는 '시의 고유한 의미'를 만들어 냈다는 내용이네요. 왜 이 선지가 정답으로 제시된 건지 알 수 있겠죠? (다)의 주제와 직결되는 내용이기 때문입니다.

④ (나)에서 '오명 가명'은 외적 규율에 따라 'ㅇ'을 반복하여 일터의 무료한 삶에 생동감을 불어넣은 예이다.

선지 유형	근거가 있어서 허용 불가능
실전에서의 판단 과정	생동감은 무슨 헛소리야.
해설	일단 '외적 규율'은 '고전 시가'에서 나타나는 특징이라고 했습니다. 여기서부터 틀렸는데, '무료한 삶에 생동감'이라는 건 (나)의 주제를 고려했을 때 절대 허용할 수 없는 내용이죠?

⑤ (나)에서 1연부터 3연까지 쉼표로 연을 마무리한 것은 고전 가의 리듬을 계승한 예이다.

선지 유형	근거가 있어서 허용 불가능
실전에서의 판단 과정	쉼표는 고전 시가에 없던 거라며.
해설	쉼표는 현대 시에서 나타나는 것이라고 했습니다. 이는 고전시가의 리듬을 계승하는 사례보다, 오히려 고전시가의 리듬을 약화시키는 사례라고 보는 것이 적절하죠.

몰랐던 어휘 정리하기

① **허용 가능성 평가** : 선지의 내용을 '허용'하려는 태도를 바탕으로 지문을 '독해'하며 '근거'를 찾아야 합니다. 허용할 수 있는 '근거'가 있어야만 허용할 수 있습니다. 주관적인 생각을 개입시키면 안 됩니다.
② **고전시가 독해** : 겁먹지 않고, 현대시를 읽듯이 읽어내면 됩니다. 현대시와 마찬가지로, 〈보기〉의 도움 등을 통해 '주제' 위주로 가볍게 읽어내면 되는 거예요. 자세한 해석은 선지가 해줄 겁니다!
③ **현대시 독해** : 〈보기〉의 도움 등을 통해 '주제' 위주로, 그리고 일상 언어의 감각으로 읽어내면 됩니다. 현대시도 읽을 수 있는 하나의 글입니다.

지문 독해와 허용 가능성을 통해 판단해야 하는 까다로운 선지도 있었고, 비평문 또는 〈보기〉를 근거로 객관적인 요소를 잡아내야 하는 선지들도 있었습니다. 문학에서 물어볼 수 있는 다양한 유형들이 포함된 세트이니, 확실히 자기 것으로 만들고 넘어가시면 좋을 것 같아요!

〈보기〉 확인

---[보기]---

　조선 전기의 시조와 가사는 노래로 향유되며, 사대부들이 서로의 문화적 동질성을 확인하는 데 활용되었다. 이러한 갈래적 특성으로 인해 사대부 시가에는 대화 상황이 연상되는 여러 표현으로 공감을 유도하는 방식이 관습화되었다.

두 작품 모두 대화 상황이 연상되는 다양한 표현이 있다고 합니다. 이걸 기대하면서 읽으면 되겠네요. 사실 (가) 작품이 상춘곡이라는 걸 알자마자 여기서 말하는 '대화 상황'이 뭘 의미하는지를 알아야 한다고 생각해요. 상춘곡은 '필수 고전시가'의 하나라고 할 수 있으니까요. 이에 대해서는 뒤에서 더 자세히 이야기해 보도록 하겠습니다.

---[보기]---

　이이의 생애를 기록한 연보에는, 그가 고산구곡에 정사를 건립한 일이 주자가 무이구곡의 은병에서 후학을 양성한 것을 본받았다는 점과 「고산구곡가」의 창작 이후 이곳을 찾는 이들이 더 많아졌다는 사실이 기록되어 있다. 한편 그가 고산구곡의 곳곳에서 지인들과 교유한 경험을 소개한 「송애기」에는, 욕심 없는 마음으로 자연과 인간이 별개가 아님을 느끼고, 자연으로부터 마음을 바르게 하는 도리를 찾으면 군자의 참된 즐거움을 누릴 수 있다는 그의 생각이 나타나 있다.

(나)를 이해하는데 아주 큰 힌트를 주는 〈보기〉네요. 주자를 본받아 학문을 하고, 자연을 좋아한다는 전형적인 고전시가의 주제를 가지고 있어요. '학문'과 '자연'에 대한 표현에 주목하면서 (나)를 읽어봅시다.

실전적 지문 독해

(가)

홍진(紅塵)에 뭇친 분네 이 내 생애 엇더ᄒᆞᆫ고
→ 속세에 묻혀 있는 분네야 이 내 생애 어떠하냐

녯사름 풍류를 미츨가 못 미츨가
→ 옛사람 풍류에 미치는가 못 미치는가

천지간 남자 몸이 날만 ᄒᆞᆫ 이 하건마는
→ 천지간에 남자 몸이 나만 한 사람 많지만

산림에 뭇쳐 이셔 지락(至樂)을 ᄆᆞ를 것가
→ 산림(자연)에 묻혀 있는 지락을 모를 것이다

수간모옥(數間茅屋)을 벽계수(碧溪水) 앏픠 두고
→ 자연 앞에 두고

송죽 울울리*예 풍월주인 되여셔라
→ 자연에 풍월주인이 되었다

엇그제 겨을 지나 새봄이 도라오니
→ 엊그제 겨울 지나 새봄이 돌아오니

도화행화(桃花杏花)는 석양리(夕陽裏)예 퓌여 잇고
녹양방초(綠楊芳草)는 세우(細雨) 중에 프르도다
→ 자연 이쁘다

칼로 몰아 낸가 붓으로 그려 낸가
조화신공(造化神功)이 물물마다 헌ᄉᆞ롭다
수풀에 우는 새는 춘기(春氣)를 ᄆᆞᆺ내 계워 소리마다 교태로다
물아일체(物我一體)어니 흥이이 다룰소냐
→ 자연 이쁘다...

시비예 거러 보고 정자애 안자 보니
소요음영*ᄒᆞ야 산일(山日)이 적적ᄒᆞᆫ디
한중진미(閒中眞味)를 알 니 업시 호재로다
→ 자연에서 혼자 놀고 있다

이바 니웃드라 산수 구경 가쟈스라
→ 이봐 이웃들아 산수 구경 가자

답청(踏靑)으란 오늘 ᄒᆞ고 욕기(浴沂)란 내일 ᄒᆞ새
→ 답청은 오늘 하고 욕기는 내일 하자

아춤에 채산(採山)ᄒᆞ고 나조히 조수(釣水)ᄒᆞ새
→ 아침에 채산하고 저녁엔 조수하자

ᄀᆞᆺ 괴여 닉은 술을 갈건(葛巾)으로 밧타 노코
→ 갓 익은 술을 갈건으로 받아 놓고

곳나모 가지 것거 수 노코 먹으리라
→ 꽃나무 가지 꺾어 수 놓고 먹으리라

화풍(和風)이 건듯 부러 녹수(綠水)를 건너오니
→ 바람이 건듯 불어 녹수를 건너오니

청향(淸香)은 잔에 지고 낙홍(落紅)은 옷새 진다
→ 청향은 잔에 지고 낙홍은 옷에 진다

준중(樽中)이 뷔엿거든 날ᄃᆞ려 알외여라
→ 준중이 비었거든 날더러 알려라

소동 아ᄒᆡᄃᆞ려 주가에 술을 믈어
→ 소동 애더러 주가에 술을 물어

얼운은 막대 집고 아히는 술을 메고
→ 어른은 막대 짚고 애들은 술을 메고

미음완보(微吟緩步)ᄒ야 시냇ᄀ의 호자 안자
→ 미음완보하여 시냇가에 혼자 앉아

명사(明沙) 조흔 믈에 잔 시어 부어 들고
→ 명사 좋은 물에 잔 씻어 부어 들고

청류(淸流)를 굽어보니 ᄯᅥ오ᄂᆞ니 도화(桃花)ㅣ로다
→ 청류를 굽어보니 떠오는 게 꽃이다

무릉이 갓갑도다 져 ᄆᆡ이 긘 거인고
→ 자연 죽인다!

-정극인, 「상춘곡」-

* 울울리 : 빽빽하게 우거진 속.
* 소요음영 : 자유로이 천천히 걸으며 시를 읊조림.

처음엔 자연에 있다는 것, 그 자연 이쁘다고 하는 것 정도를 체크하다가, 나중엔 그냥 다 똑같은 소리라고 생각하면서 넘어가시면 되겠습니다. 일단 상춘곡이라는 '필수 고전시가'이기에 내용을 대강 알고 있었어야 해요. '홍진(紅塵)에 뭇친 분네 이 내 생애 엇더ᄒ고'는 '분네'와의 대화를 시작하는 부분이라는 건 알고 계시죠? 여기에 자연 예찬의 주제를 가지고 있는 전형적인 작품이라는 것만 확실하게 체크하시면 됩니다.

(나)
고산구곡담(高山九曲潭)을 사ᄅᆞᆷ이 모ᄅᆞ더니
→ 고산구곡담을 사람이 모르더니

주모복거(誅茅卜居)ᄒ니 벗님ᄂᆡ 다 오신다
→ 주모복거하니 벗님네 다 오신다

어즈버 무이를 상상ᄒ고 학주자(學朱子)를 ᄒ리라
→ 무이를 상상하고 학주자를 하리라

〈1수〉

일곡은 어ᄃᆡ미오 관암에 ᄒᆡ 비쵠다
→ 일곡은 어디냐 관암에 해 비친다

평무(平蕪)에 ᄂᆡ 거드니 원산(遠山)이 그림이로다
→ 평무에 내 거드니 원산이 그림이다 (자연 이쁘다)

송간(松間)에 녹준*을 노코 벗 오ᄂᆞᆫ 양 보노라
→ 소나무 사이에 술잔을 놓고 벗 오는 모습 본다

〈2수〉

이곡은 어ᄃᆡ미오 화암에 춘만(春晚)커다
→ 이곡은 어디냐 화암에 봄이 왔다

벽파*에 곳을 ᄯᅴ워 야외로 보니노라
사ᄅᆞᆷ이 승지(勝地)를 모로니 알게 ᄒᆞᆫ들 엇더리
→ 자연 이쁘다

〈3수〉

오곡은 어ᄃᆡ미오 은병(隱屛)이 보기 됴타
→ 오곡은 어디냐 은병이 보기 좋다

수변(水邊) 정사는 소쇄흠*도 ᄀᆞ이 업다
이 중에 강학(講學)도 ᄒᆞ려니와 영월음풍 ᄒ리라
→ 자연 이쁘다

〈6수〉

칠곡은 어ᄃᆡ미오 풍암에 추색(秋色) 됴타
→ 칠곡은 어디냐 풍암에 가을빛이 좋다

청상(淸霜) 엷게 치니 절벽이 금수(錦繡)ㅣ로다
한암(寒巖)에 혼ᄌᆞ셔 안쟈 집을 잇고 잇노라
→ 자연 이쁘다

〈8수〉

구곡은 어ᄃᆡ미오 문산에 세모(歲暮)커다
→ 구곡은 어디냐 문산에 세모커다(?)

기암괴석이 눈 속에 무쳐셰라
→ 기암괴석이 눈 속에 묻혔다.

유인(遊人)은 오지 아니 ᄒ고 볼 것 업다 ᄒ더라
→ 유인은 오지도 않고 볼 것 없다고 하더라

〈10수〉
-이이, 「고산구곡가」-

* 녹준 : 술잔 또는 술동이.
* 벽파 : 푸른 물결.
* 소쇄흠 : 기운이 맑고 깨끗함.

이 작품도 마찬가지죠? 결국 자연을 이야기하고 있다는 것만 생각해주시면 됩니다. 그리고 〈보기〉에서 말한 것처럼 '학문과 자연의 연관'이라는 내용도 있다는 것도 정리하고 가면 될 것 같아요. 이처럼 각 수, 각 행 하나하나의 해석에 매몰되는 것이 아니라 (사실 위에 해 둔 해석만큼도 할 필요가 없어요.) 전반적인 주제만 잡고 나머지는 선지에게 맡기는 겁니다! 문제 풀어 볼까요?

선지	①	②	③	④	⑤
선택률	5%	2%	3%	2%	88%

11 (가)와 (나)의 공통점으로 가장 적절한 것은? ⑤

– 공통점 문제입니다. 하던 대로 답이 될 가능성이 높은 '거시적'인 선지들에 특히 주목하면서 해결해보도록 합시다.

① 과거를 회상하며 현실의 덧없음을 환기하고 있다.

선지 유형	근거가 없어서 허용 불가능
실전에서의 판단 과정	현실의 덧없음은 주제랑 너무 관련이 없지.
해설	일단 (가)에서는 '엇그제' 같은 표현으로 과거를 회상한다고 볼 수 있는데, ('엇그제'가 '과거 회상'의 근거라는 건 2009학년도에 기출된 내용이기도 합니다.) 이게 덧없음이라는 '반응'을 환기한다고 보기는 어렵죠? 주제와 너무 어긋나니까요. (나)에는 애초에 과거 회상으로 볼 만한 표현이 없구요.

② 음성 상징어의 사용으로 생동감을 부각하고 있다.

선지 유형	근거가 없어서 허용 불가능
실전에서의 판단 과정	음성 상징어를 본 기억이 없는데?
해설	'음성 상징어'는 나온 적이 없어요. '음성 상징어'는 굉장히 튀는 표현이기에, 있다면 분명히 눈에 띄었을 겁니다.

③ 점층적인 표현으로 대상과의 거리감을 강조하고 있다.

선지 유형	근거가 없어서 허용 불가능
실전에서의 판단 과정	대상과의 거리감은 주제와 반대되는 내용이네.
해설	'점층적인 표현'도 없고, 애초에 두 작품 모두 자연을 좋아한다는 반응을 보이고 있기에 '대상과의 거리감'을 허용하기도 힘들겠죠.

④ 역사적 인물들을 호명하여 회고적 분위기를 조성하고 있다.

선지 유형	근거가 없어서 허용 불가능
실전에서의 판단 과정	역사적 인물 누구?
해설	'역사적 인물'들이라고 할 만한 사람이 딱히 나오지 않았고, '회고적 분위기'라는 말은 지문의 주제와 크게 어긋나기 때문에 가볍게 틀린 선지로 처리해주시면 되겠습니다.

⑤ 자연물을 통하여 시간적 배경을 시각적으로 드러내고 있다.

선지 유형	근거가 있어서 허용 가능
실전에서의 판단 과정	자연물은 당연히 있을 거고, 시간적 배경도 많이 나타났으니 맞겠지.
해설	자연물이야 주제를 생각하면 당연히 엄청나게 많을 텐데, 이들이 '시간적 배경'을 '시각적'으로 드러내는지만 보면 되겠네요. (가)에서는 '새봄이 돌아'오며 핀 다양한 꽃들을 통해, (나)에서는 '춘만'한 '화암' 등을 통해 시간적 배경을 드러내고 있네요. 이들 모두 '시각적'으로 확인할 수 있는 내용이니 정답이네요.

이러한 문제는 지문을 실전적으로 읽은 다음 바로 해결하기 쉽지 않기 때문에, 다른 문제들을 풀면서 지문의 내용을 어느 정도 파악한 후에 해결하는 것이 좋습니다. 이런 실전적인 풀이 태도도 갖춰 주도록 합시다!

선지	①	②	③	④	⑤
선택률	3%	8%	6%	79%	4%

12 〈보기〉를 참고하여 ㉠~㉤을 설명한 내용으로 가장 적절한 것은? ④

① ㉠에서는 청자와 화자가 서로 동질적인 삶을 살고 있음을 질문하기를 통해 확인하고 있다.

㉠홍진(紅塵)에 뭇친 분네 이 내 생애 엇더ᄒᆞᆫ고

선지 유형	근거가 없어서 허용 불가능
실전에서의 판단 과정	화자는 자연에 있는데 분네는 속세에 있지.
해설	화자는 지금 자연 속에 있는 상황인데, 대화를 건네는 대상은 '홍진'에 묻힌 사람입니다. '홍진'이 '속세'를 의미한다는 것 정도는 알고 계시죠? 그럼 이 대화는 자신과 '이질적'인 삶을 살고 있는 사람에게 건네는 말이라고 할 수 있겠네요. 사실 이 정도는 상춘곡에 대한 기본 지식으로 알고 계셔야 합니다.

② ㉡에서는 청자를 불러들여 함께했던 지난날의 경험을 상기시키며 동질성 회복을 권유하고 있다.

> ㉡이바 니웃드라 산수 구경 가쟈스라

선지 유형	근거가 없어서 허용 불가능
실전에서의 판단 과정	지난날의 경험을 상기시키지는 않는데?
해설	'지난날의 경험' 상기요? 그냥 자연 구경을 가자는 거죠. '지난날의 경험을 상기'시켰다고 볼 '근거'가 없으므로 허용할 수 없습니다.

③ ㉢에서는 화자가 상대의 부탁을 수용하며 자신과 뜻을 같이 할 것을 청자에게 명령하고 있다.

> ㉢준중(樽中)이 뷔엿거든 날드려 알외여라

선지 유형	근거가 없어서 허용 불가능
실전에서의 판단 과정	상대의 부탁을 수용하지는 않는 것 같은데?
해설	'준중'이라는 단어의 뜻을 모르면 제대로 해석하기 힘든 시구입니다. '준중'은 '술이 든 곳'을 의미하는데, 술독이 비었으면 자신에게 알리라는 내용을 담고 있습니다. 이걸 몰랐다고 해도, '상대의 부탁 수용'을 허용할 만한 근거를 찾을 수는 없다는 식으로 해결할 수 있었어야 합니다.

④ ㉣에서는 사람들을 일깨우려는 화자의 생각을 청자에게 묻는 방식으로 제시해 공감을 유도하고 있다.

> ㉣사룸이 승지(勝地)를 모로니 알게 흔들 엇더리

선지 유형	근거가 있어서 허용 가능
실전에서의 판단 과정	알게 하는 게 어떠냐고 하고 있으니 묻는 방식, 공감 유도 둘 다 허용되지.
해설	'승지'를 모르는 사람들이 '알게 하는 게 어떠냐'고 했습니다. 이를 근거로 하면 '묻는 방식'과 '공감 유도'를 모두 허용할 수 있겠죠. 현대어처럼 읽고 근거를 찾으면 됩니다. 고전시가를 너무 두려워하지 마세요!

⑤ ㉤에서는 눈으로 확인한 사실만을 믿어야 한다고 주장하는 이의 말을 청자에게 전하며 조언을 구하고 있다.

> ㉤유인(遊人)은 오지 아니 흐고 볼 것 업다 흐더라

선지 유형	근거가 있어서 허용 불가능
실전에서의 판단 과정	조언을 구하는 게 아닌데?
해설	㉤은 '유인'들이 오지도 않고 볼 것 없다 한다고 비판하는 부분입니다. 이런 독해의 결과를 근거로 하면, '눈으로 확인한 사실만을 믿어야 한다'는 주장을 하고 있다는 건 억지로나마 허용할 수 있겠습니다. 하지만 선지에선 이러한 주장을 전하며 '조언'을 구하고 있는지 물어보고 있어요. 비판하는 부분인데, 뜬금없이 '조언'을 구한다고 하면 절대로 허용할 수 없겠죠?

선지	①	②	③	④	⑤
선택률	5%	78%	13%	2%	2%

13 (가)에 대한 감상으로 적절하지 <u>않은</u> 것은? ②

① 자신의 삶을 옛사람과 비교하며 스스로를 풍월주인이라 여기는 데에서 화자의 자부심이 드러나는군.

> 녯사룸 풍류룰 미출가 못 미출가
> 천지간 남자 몸이 날만 흔 이 하건마는
> 산림에 뭇쳐 이셔 지락(至樂)을 모룰 것가
> 수간모옥(數間茅屋)을 벽계수(碧溪水) 앏피 두고
> 송죽 울울리*에 풍월주인 되어셔라
>
> * 울울리 : 빽빽하게 우거진 속.

선지 유형	근거가 있어서 허용 가능
실전에서의 판단 과정	옛사람 풍류에 미치는지를 물어봤으니 비교 허용되고, 풍월주인이라고 했으니 자부심 허용되지.
해설	'옛사람 풍류'에 미치는지 물어보고 있으니 옛사람과의 '비교'를 허용할 수 있겠고, 자연 속에서 '풍월주인'이 되었다고 말하는 것을 근거로 '자부심'을 허용할 수 있겠죠. '주인'이라는 표현에서 자부심이 제대로 느껴지시죠?

② 붓으로 그린 듯한 숲 속에서 봄의 흥을 노래하는 새를 바라보는 데에서 새에 대한 화자의 부러움이 드러나는군.

> 칼로 몰아 낸가 붓으로 그려 낸가
> 조화신공(造化神功)이 물물마다 헌스럽다
> 수풀에 우는 새는 춘기(春氣)를 믓내 계워 소리마다 교태로다

선지 유형	근거가 있어서 허용 불가능
실전에서의 판단 과정	화자랑 새 둘 다 자연 속에 있는데 왜 부러워.
해설	붓으로 그린 것이냐고 물어본 '수풀' 속에서 울고 있는 '새'는 '춘기'를 느끼며 '소리'마다 '교태'를 부리고 있습니다. 어렵게 설명했지만, 핵심은 노래하는 '새'가 '자연' 속에 있기 때문에 신난 것이라는 점이에요. 화자 역시 자연 속에서 충분히 신난 상황이기에, 이러한 '새'를 보고 '부러움'을 느낄 이유는 전혀 없겠습니다. 결국 화자의 '반응'이라는 주제가 정답의 근거로 사용되는 모습이네요.

③ 오늘과 내일, 아침과 저녁에 할 일들을 나열하는 데에서 하고 싶은 일에 대한 화자의 기대감이 드러나는군.

> 답청(踏靑)으란 오늘 ᄒ고 욕기(浴沂)란 내일 ᄒ새
> 아춤에 채산(採山)ᄒ고 나조히 조수(釣水)ᄒ새

선지 유형	근거가 있어서 허용 가능
실전에서의 판단 과정	오늘, 내일, 아침, 저녁에 하고 싶은 일 나열하고 있지.
해설	오늘은 답청을 하고, 내일은 욕기를 하고, 아침엔 채산을 하고, 저녁(나조ᄒㅣ)에는 조수를 한다고 합니다. 이런 일들을 굳이 말하는 건, 이 일들을 하고 싶어서라고 볼 수 있겠죠? 또 이 지문 전반적으로 화자가 신난 모습이기도 하구요. 혹시 '저녁'을 못 찾았다면 고전시가에 대한 공부를 더 많이 해 주셔야 해요!

④ 맑은 향이 담긴 술잔과 옷에 떨어지는 꽃잎을 주목하는 데에서 자연과 화자의 일체감이 드러나는군.

> 청향(淸香)은 잔에 지고 낙홍(落紅)은 옷새 진다

선지 유형	근거가 있어서 허용 가능
실전에서의 판단 과정	주제 그 자체네.
해설	잔에 지는 '청향'을 근거로 '맑은 향'이 담긴 술잔을, 옷에 지는 '낙홍'을 근거로 '떨어지는 꽃잎'을 충분히 허용할 수 있겠네요. 자연과의 '일체감'이라는 반응은 이 지문의 주제 그 자체죠?

⑤ 시냇물에 떠내려오는 도화를 보며 이상향을 연상하는 데에서 화자의 고조되는 감흥이 드러나는군.

> 청류(淸流)를 굽어보니 ᄶ떠오ᄂ니 도화(桃花)ㅣ로다
> 무릉이 갓갑도다 져 ᄆ이 권 거인고

선지 유형	근거가 있어서 허용 가능
실전에서의 판단 과정	청류의 도화를 보면서 무릉이 가깝다고 하니 이상향 및 고조되는 감흥을 허용할 수 있지.
해설	'청류'라는 '시냇물'을 굽어보니 '도화'가 떠올랐다고 합니다. 이걸 본 화자는 '무릉'을 떠올리고 있어요. '무릉'이라는 단어의 의미를 생각해보면, '이상향'을 연상한다는 말을 충분히 허용할 수 있겠죠. 이상향을 떠올리고 있다는 것을 근거로 하면 '고조되는 감흥' 또한 당연하게 허용할 수 있겠구요.

선지	①	②	③	④	⑤
선택률	3%	7%	49%	27%	14%

14 ⓐ~ⓕ를 중심으로 (가)와 (나)를 이해한 내용으로 적절하지 않은 것은? ③

① (가)의 화자는 거처인 ⓐ를 나와 ⓑ와 ⓒ의 장소들로 옮겨 다니고 있다.

> ⓐ수간모옥(數間茅屋)을 벽계수(碧溪水) 앞픠 두고

> 시비예 거러 보고 ⓑ정자애 안자 보니

> 미음완보(微吟緩步)ᄒ야 ⓒ시냇ᄀ의 호자 안자

선지 유형	근거가 있어서 허용 가능
실전에서의 판단 과정	수간모옥에서 정자, 시냇가로 옮겨 다니고 있네.

| 해설 | (가)의 화자는 '수간모옥→정자→시냇가'의 순서대로 공간을 옮기고 있습니다. 지문을 좀 디테일하게 읽었다면 미리 체크할 수도 있었을 것이고, 그러지 못했더라도 선지를 통해 돌아가서 맞다고 할 수는 있겠죠. '수간모옥'(작은 초가집)과 같은 기본적인 어휘는 미리 알아두는 게 좋겠죠? |

② (나)의 화자가 소개하는 ⓔ와 ⓕ는 ⓓ를 구성하는 장소들이라는 점에서 서로 대등한 관계에 있다.

ⓓ고산구곡담(高山九曲潭)을 사름이 모로더니

일곡은 어디미오 ⓔ관암에 히 비췬다

칠곡은 어디미오 ⓕ풍암에 추색(秋色) 됴타

선지 유형	근거가 있어서 허용 가능
실전에서의 판단 과정	일곡과 칠곡이 구곡을 구성하는 대등한 관계라는 건 쉽게 허용되네.
해설	관암, 풍암은 각각 '고산구곡'의 '일곡', '칠곡'에 해당하는 곳입니다. 이들 모두 '구곡'의 일부라는 점에서, '대등한 관계'는 자연스레 허용이 되겠네요.

③ (가)와 (나)의 화자는 각각 ⓑ와 ⓔ를 주위에서 가장 빼어난 경치를 볼 수 있는 곳이라고 예찬하고 있다.

시비예 거러 보고 ⓑ정자애 안자 보니
소요음영*호야 산일(山日)이 적적훈디
한중진미(閑中眞味)를 알 니 업시 호재로다

* 소요음영 : 자유로이 천천히 걸으며 시를 읊조림.

일곡은 어디미오 ⓔ관암에 히 비췬다
평무(平蕪)에 니 거드니 원산(遠山)이 그림이로다
송간(松間)에 녹준*을 노코 벗 오는 양 보노라
〈2수〉

* 녹준 : 술잔 또는 술동이.

선지 유형	근거가 없어서 허용 불가능
실전에서의 판단 과정	가장 빼어난 경치라고 한 적은 없는데?

| 해설 | '정자'와 '관암' 모두 자연의 아름다운 풍경을 묘사하는 건 맞는데, '가장' 빼어난 경치요? 최상급 표현을 사용한 적이 없으므로, 이를 허용할 만한 근거를 찾을 수가 없네요. 단순한 '느낌'이 아닌, 명확한 '근거'를 바탕으로 판단을 해 주셔야 합니다. |

④ (가)의 화자는 ⓐ에 인접한 맑은 풍경을, (나)의 화자는 자신이 ⓓ에 터를 정함으로써 생긴 변화를 드러내고 있다.

ⓐ수간모옥(數間茅屋)을 벽계수(碧溪水) 앏픠 두고
송죽 울울리*예 풍월주인 되어셔라

* 울울리 : 빽빽하게 우거진 속.

ⓓ고산구곡담(高山九曲潭)을 사름이 모로더니
주모복거(誅茅卜居)호니 벗님니 다 오신다
어즈버 무이를 상상호고 학주자(學朱子)를 호리라
〈1수〉

선지 유형	근거가 있어서 허용 가능
실전에서의 판단 과정	수간모옥 근처는 당연히 맑겠고, 고산구곡담에 주모복거한 후에 벗님네가 모이고 있으니 변화도 맞네.
해설	'수간모옥' 근처는 당연히 자연 속이니 엄청 이쁘겠죠? 실제로 '벽계수'와 '송죽 울울리' 같은 '맑은 풍경'이라 할 만한 내용들이 같이 제시되고 있네요. 다음으로 '고산구곡담'입니다. 사람들은 원래 '고산구곡담'을 몰랐는데, '주모복거' 후엔 '벗님네'가 오고 있습니다. 사람이 없다가 모이고 있으니 '변화'를 허용할 수 있겠죠. 이때 '주모복거'가 바로 '화자가 터를 정함'을 의미합니다. '居(거주할 거)'라는 한자를 알고 있었다면 훨씬 확실하게 파악할 수 있었겠네요. 이처럼 자주 나오는 한자들은 눈에 익혀두는 것도 고전시가 실력 향상에 큰 도움이 될 겁니다.

⑤ (가)의 화자는 ⓒ에서 주변으로 시선을 보내고 있고, (나)의 화자는 ⓕ를 향해 시선을 보내고 있다.

미음완보(微吟緩步)호야 ⓒ시냇 고의 호자 안자
명사(明沙) 조흔 믈에 잔 시어 부어 들고
청류(淸流)를 굽어보니 써오느니 도화(桃花)ㅣ로다

<table>
<tr><td colspan="2">칠곡은 어디미오 ⓕ풍암에 추색(秋色) 됴타</td></tr>
</table>

선지 유형	근거가 있어서 허용 가능
실전에서의 판단 과정	시냇가에서 시냇물 보고 있고, 칠곡에서 풍암에 시선을 보내고 있네.
해설	(가)의 화자는 '시냇가'에 혼자 앉아 '명사 좋은 물'이라는 '주변'으로 시선을 보내고 있습니다. 한편 (나)의 화자는 '칠곡'에서 '풍암'에 주목하고 있네요. 가볍게 허용할 수 있겠습니다.

선지	①	②	③	④	⑤
선택률	3%	9%	16%	8%	64%

15 〈보기〉를 활용하여 (나)를 탐구한 내용으로 적절하지 <u>않은</u> 것은? [3점] ⑤

① 고산구곡에서의 생활에 대한 「송애기」의 기록을 참고할 때, 고산구곡이 작자와 '벗님'들의 교유 장소로도 활용되었음을 추리할 수 있겠군.

선지 유형	근거가 있어서 허용 가능
실전에서의 판단 과정	송애기 자체가 고산구곡에서 벗들이랑 교유한 이야기라며.
해설	〈보기〉에 나온 '송애기'의 정의 자체가 '고산구곡의 곳곳에서 지인들과 교유한 경험을 소개한 책'입니다. 이 내용을 근거로 하면 쉽게 허용이 되는 선지죠? 이렇게 〈보기〉도 선지 판단의 근거로 사용할 수 있어야 해요!

② 작품 창작 이후와 관련한 연보의 기록을 참고할 때, '학주자'를 하려는 작자의 선택에 대한 사람들의 긍정적 반응을 추측할 수 있겠군.

<table>
<tr><td>고산구곡담(高山九曲潭)을 사름이 모로더니
주모복거(誅茅卜居)ᄒ니 벗님ᄂ 다 오신다
어즈버 무이를 상상ᄒ고 <u>학주자(學朱子)</u>를 ᄒ리라
 〈1수〉 </td></tr>
</table>

선지 유형	근거가 있어서 허용 가능
실전에서의 판단 과정	주모복거한 후에 학주자를 한다고 했는데, 실제로 사람들이 더 많이 찾아줬다고 했네.

해설	〈보기〉에 제시된 연보를 보면, '고산구곡가' 창작 이후 이곳을 찾는 이들이 더 많아졌다고 했습니다. 화자는 '고산구곡가'라는 작품 속에서 '학주자'를 하려는 의지를 보였는데, 이를 본 사람들이 '고산구곡'을 많이 찾았다는 내용을 근거로 하면 '사람들의 긍정적 반응'을 충분히 허용할 수 있겠네요.

③ 정사에 대한 연보의 기록을 참고할 때, '은병'이 주자를 학문적으로 계승하기 위해 선택된 공간이기도 했음을 짐작할 수 있겠군.

<table>
<tr><td>오곡은 어디미오 <u>은병(隱屏)</u>이 보기 됴타
수변(水邊) 정사ᄂ 소쇄홈*도 ᄀ이 업다
이 중에 강학(講學)도 ᄒ려니와 영월음풍ᄒ리라
 〈6수〉 </td></tr>
</table>

* 소쇄홈 : 기운이 맑고 깨끗함.

선지 유형	근거가 있어서 허용 가능
실전에서의 판단 과정	주자와 관련된 은병을 보기 좋다고 했으니 허용되겠네.
해설	〈보기〉를 보면, '주자'가 무이구곡의 '은병'에서 후학을 양성했다고 해요. 화자가 이걸 본받아 고산구곡가를 지었다고 했으니 일단 주자를 학문적으로 계승한 건 허용이 되겠습니다. 나아가 화자는 그러한 '은병'을 '보기 좋다'고 했습니다. 이는 화자 역시 '은병'이라는 공간을 선택하여 머물고 있다는 것을 의미하니 허용이 가능한 선지네요.

④ 참된 즐거움과 관련한 「송애기」의 기록을 참고할 때, '강학'과 '영월음풍'이 모순 없이 서로 어울릴 수 있는 행위임을 유추할 수 있겠군.

<table>
<tr><td>오곡은 어디미오 은병(隱屏)이 보기 됴타
수변(水邊) 정사ᄂ 소쇄홈*도 ᄀ이 업다
이 중에 <u>강학(講學)</u>도 ᄒ려니와 <u>영월음풍</u>ᄒ리라
 〈6수〉 </td></tr>
</table>

* 소쇄홈 : 기운이 맑고 깨끗함.

선지 유형	근거가 있어서 허용 가능
실전에서의 판단 과정	강학과 영월음풍을 같이 하니까 모순 없는 거지.

해설	'강학'은 학문과 관련된, '영월음풍'은 자연과 관련된 것이라고 할 수 있습니다. 이 지문의 주제는 자연과 학문을 함께 추구하는 것이죠? 이를 근거로 하면 '모순 없이 서로 어울릴 수 있는 행위'를 가볍게 허용할 수 있겠네요.

⑤ 자연의 감상에 대한 「송애기」의 기록을 참고할 때, 바위를 덮은 '눈'에서 자연과 합일을 이루려는 인간의 의지를 엿볼 수 있겠군.

> 구곡은 어디미오 문산에 세모(歲暮)커다
> 기암괴석이 눈 속에 무쳐셰라
> 유인(遊人)은 오지 아니ᄒ고 볼 것 업다 ᄒ더라
>
> 〈10수〉

선지 유형	근거가 없어서 허용 불가능
실전에서의 판단 과정	인간의 의지가 어디 있어.
해설	'눈'은 그저 '기암괴석'이라는 바위를 덮고 있습니다. 근처를 독해해봐도, 인간의 '의지'를 허용할 만한 근거를 찾을 수는 없어요. 단순한 묘사로부터 '의지'를 생각해내는 건 그저 여러분의 상상일 뿐이에요. 지문이나 〈보기〉 속에서 명백한 근거를 찾을 수 있어야 합니다.

몰랐던 어휘 정리하기

| 핵심 point |

① **허용 가능성 평가** : 선지의 내용을 '허용'하려는 태도를 바탕으로 지문을 '독해'하며 '근거'를 찾아야 합니다. 허용할 수 있는 '근거'가 있어야만 허용할 수 있습니다. 주관적인 생각을 개입시키면 안 됩니다.
② **필수 고전시가** : 대부분의 교과서에 실려 있을 정도로 필수적인 고전시가들은 그 내용을 아주 디테일하게 물어보는 경우가 많습니다. 확실하게 정리해두도록 합시다.

| 지문 내용 총정리 |

'상춘곡'과 같은 필수 고전시가가 출제되면 디테일한 선지 판단을 요구하기도 한다는 것을 배울 수 있는 지문이었습니다. 기본적인 필수 고전시가들은 미리 공부해주셔야 합니다. 정리가 된 후에는 우리가 알고 있는 '허용 가능성 평가'의 원칙으로 선지를 판단해 주시면 되는 것이죠!

〈보기〉 확인

─────────[보기]─────────

　(가), (나)는 이별에 대한 서로 다른 대처를 보여 준다. (가)의 화자는 외부와 단절된 채 자신의 쓸쓸한 내면에 몰입하고, 자신의 슬픔을 주변으로 확장한다. (나)의 화자는 외부 대상의 모습에서 자신과의 동질성을 발견하며 슬픔을 확인하면서도, 슬픔을 분출하는 자신의 우스운 외양에 주목한다. (가)는 슬픔을 확장하고 펼쳐 냄으로써, (나)는 슬프지만 슬픔과 거리를 둠으로써 이별에 대처한다.

우선, (가)와 (나) 둘 모두 '이별'에 대한 작품임을 전제하고 읽어야겠네요. 나아가 (가)에서는 '외부와 단절된' 화자의 모습을, (나)에서는 '우스운 외양'에 대한 표현을 찾으며 읽으면 될 것 같아요. (나)가 슬픔과 거리를 둔다는 것은 슬픈데도 그 감정만을 얘기하기보다는 '자신의 우스운 외양'에 대신 주목하여 슬픔을 조금 멀리 두려는 시도를 뜻하는 것이라 이해하시면 되겠습니다. 그럼 작품 독해해볼까요?

지문 독해

필수 고전시가인 '규원가'입니다. 이번엔 정말 꼼꼼하게 한번 읽어 보겠습니다. 고전시가 공부는 이렇게 해야 한다는 걸 알려 드릴 거예요. "P.I.R.A.M 국어 – 필수 고전시가"의 설명 방식 그대로 보여 드리겠습니다. 고전시가에 약점을 가지고 있는 상태인데, 이런 식으로 공부하니 도움이 된다는 느낌이 오시면 꼭 이용해보도록 하세요.

(가)

　공후배필은 못 바라도 군자호구 원하더니
　삼생의 원업(怨業)이오 월하의 연분으로
　장안유협(長安遊俠) 경박자(輕薄子)를 꿈같이 만나 있어
　당시의 용심(用心)하기 살얼음 디디는 듯

화자는 '공후배필'까지는 몰라도 '군자호구' 정도는 되는 남편을 원했습니다. 근데 '삼생의 원업', '월하의 연분'이라는 운명으로 인해 '장안유협 경박자'를 남편으로 맞이하게 돼요. 제가 따옴표

친 단어들 뜻을 몰랐더라도, 뭔가 남편이 별로라는 느낌은 받으셔야겠어요. 어찌 되었든, '경박자'인 남편을 맞이한 화자는 '살얼음 디디는 듯'한 심정을 느꼈어요.

　삼오이팔 겨우 지나 천연여질 절로 이니
　이 얼골 이 태도로 백년기약하였더니
　연광(年光)이 훌훌하고 조물이 다시(多猜)*하여
　봄바람 가을 물이 베오리에 북 지나듯
　설빈화안 어디 두고 면목가증(面目可憎)* 되거고나 　[A]
　내 얼골 내 보거니 어느 임이 날 괼소냐

* 다시 : 시기가 많음.
* 면목가증 : 얼굴 생김이 남에게 미움을 살 만한 데가 있음.

'삼오이팔(15~16세)'을 막 지나서 '천연여질(아름다운 모습)'이 된 화자는 남편과 '백년기약'을 맺어요. 그런데 시간은 금방 흘러가고, '설빈화안(=천연여질)'같은 자기 얼굴은 '면목가증(못생긴 얼굴)'이 되어버렸습니다. '봄바람 가을 물이 베오리에 북 지나듯'은, '베올'과 '북'이라는 옷 짜는 도구를 가지고 세월의 빠름을 표현한 것입니다. 이렇게 시간이 흘러 예뻤던 얼굴도 못생기게 바뀌어 버린 화자는 어느 임이 자신을 사랑하겠냐며 슬퍼하고 있어요. '괴다' 정도의 어휘는 당연하게 알고 있을 거라고 믿어요.

　(중략)

　옥창에 심은 매화 몇 번이나 피여 진고
　겨울밤 차고 찬 제 자최눈 섯거 치고
　여름날 길고 길 제 궂은비는 무슨 일고 　[B]
　삼춘화류(三春花柳) 호시절(好時節)의 경물이 시름없다
　가을 달 방에 들고 실솔(蟋蟀)이 상(床)에 울 제
　긴 한숨 지는 눈물 속절없이 혬만 많다
　아마도 모진 목숨 죽기도 어려울사

(중략) 부분에서 아마 〈보기〉가 언급한 '이별'이 있었을 듯합니다. '매화'는 일 년에 한 번 피고 지는데, 이게 몇 번이나 피고 졌다는 것을 보니 남편은 떠난 지 이미 몇 년이나 된 것 같습니다. 겨울은 차고 눈이 치고, 여름은 길고 비만 오고... 각 계절의 자연 현상들은 화자의 슬픈 심정을 더욱 심화시키는 것 같아요.

'삼춘화류'처럼 '춘(春)', '화(花)'가 들어간 단어는 대개 자연의 아름다움을 나타내는 시어인데요. 임과 이별한 화자는 이런 아름다운 풍경을 봐도 즐겁지가 않습니다. 오히려 '삼춘화류'가 화자의 처지와 대비되어 슬픔을 부각한다고도 할 수 있죠.

가을이 되고 **실솔(귀뚜라미)**'이 우는데, 이런 식으로 어떤 동물이 '운다'고 운문에서 표현되는 경우에는 이것이 화자의 심정을 자연물에 투사한 감정이입의 일종이라고 이해하시면 됩니다. 그 냥 화자가 슬프다는 이야기예요. 이렇게 슬픈 화자는 그저 '긴 한숨 지는 눈물'을 흘리며 밤을 지새웁니다. 죽기도 어렵다고 말하면서 말이죠!

여기서 만약 '혬'이 '생각'이라는 뜻을 가진다는 것을 몰랐다면, 고전시가 공부를 꼭 다시 하실 필요가 있습니다. 여러 고전시가에 자주 나오는 단어니까요.

> 도로혀 풀쳐 혜니 이리하여 어이하리
> 청등을 돌라 놓고 녹기금(綠綺琴) 빗겨 안아
> 벽련화(碧蓮花) 한 곡조를 시름 좇아 섯거 타니
> 소상야우(瀟湘夜雨)의 댓소리 섯도는 듯
> 화표천년(華表千年)의 별학이 우니는 듯
> 옥수(玉手)의 타는 수단 옛 소리 있다마는
> 부용장(芙蓉帳) 적막하니 뉘 귀에 들리소니
> 간장이 구곡되어 굽이굽이 끊쳤어라

슬퍼하던 화자는 다시 생각해보니(=도로혀 풀쳐 혜니) 이렇게 슬 퍼해봐야 어쩌겠냐(=이리하여 어이하리)? 하는 생각을 합니다. 그러고 '녹기금(고전시가에 금(琴)이 나오면 악기입니다)'을 꺼 내들고, 음악으로 이 슬픔을 좀 달래보려고 시도해요. 근데 자기 악기 솜씨가 '댓소리 섯도는 듯'하기도 하고, '별학이 우니는 듯' 하기도 한데, 정작 이런 훌륭한 연주를 들어줄 사람이 아무도 없 어요. '옛 소리 있다마는'에서 보조사 '만'이 갖는 의미에 집중해 서 생각해보면 이 해석을 쉽게 떠올릴 수 있죠. 결국 '부용장'이 적막하여 주변에 아무도 없는 상황, 특히 임이 없다는 상황을 인 식한 화자는 다시 슬픔을 느낍니다. 간장이 구곡이 되어 끊어지 는 슬픔을 말이에요.

> 차라리 잠을 들어 꿈에나 보려 하니
> 바람의 지는 잎과 풀 속에 우는 짐승
> 무슨 일 원수로서 잠조차 깨우는다
> -허난설헌, 「규원가」-

슬픔을 달래지 못한 화자는 꿈에서라도 임을 보려 시도합니다. 그런데 '잎'과 '짐승' 때문에 잠에도 들지 못한다고 말해요. 자신 의 슬픈 감정을 자연물을 탓하는 방식으로 표출하는 것이라고도 이해할 수 있겠습니다.

물론, 시험장에서는 '이별한 상황 및 슬픔'이라는 '주제' 정도만 가볍게 잡고 바로 문제를 푸셔도 됩니다. 어차피 모든 해석은 선 지에서 해 줄 것이니까요!

> (나)
> 　재 위에 우뚝 선 소나무 바람 불 적마다 흔덕흔덕
> 　개울에 섰는 버들 무슨 일 좇아서 흔들흔들　　　[C]
> 　임 그려 우는 눈물은 옳거니와 입하고 코는 어이 무슨
> 일 좇아서 후루룩 비쭉 하나니
> -작자 미상-

'소나무'와 '버들'이 흔들거리는 모습을 봅니다. 화자는 '임'을 그 리워하며 울고 있는데, 자기 입과 코가 '후루룩 비쭉'하다며 스스 로의 모습을 우습게 그려내고 있어요. 이런 사설 시조는 가볍게 읽고 문제를 풀 때 필요하다면 다시 읽는 것이 효율적일 것 같습 니다.

선지	①	②	③	④	⑤
선택률	13%	11%	5%	61%	10%

16 [A]~[C]의 표현상 특징에 대한 설명으로 적절하지 않은 것은? ④

– '표현상 특징'을 물어보며 언뜻 문학 개념어를 묻는 문제처럼 보이지만, 사실은 작품을 '독해'할 수 있는 힘이 있는지를 물어보 는 문제입니다. 늘 하던 대로 풀어봅시다.

① [A]는 여성의 생활에 밀접한 소재를 활용하여 흘러가 는 세월에 대한 화자의 인식을 시각적으로 표현하였다.

선지 유형	근거가 있어서 허용 가능
실전에서의 판단 과정	베오리에 북 지나는 것으로 흘러가는 세월을 은유 했으니 맞겠군.
해설	'베오리', '북'은 모두 여성이 옷을 만들 때 사용하 는 물건입니다. 고전시가에 자주 나오기 때문에 필 수 고전시가 공부가 잘 되었다면 알고 있었을 것 같아요. 나아가 '봄바람 가을 물' 등을 근거로 '흘 러가는 세월'을 허용할 수 있겠고, 이들은 모두 눈 에 보이는 것이니 '화자의 인식을 시각적으로 표 현'했다는 말도 허용할 수 있겠네요.

② [B]는 단어를 반복하는 구절을 행마다 사용하여 화자가 주목하는 각 계절의 특성을 강조하였다.

선지 유형	근거가 있어서 허용 가능
실전에서의 판단 과정	차고 찬 제, 길고 길 제는 단어를 반복하는 구절이고, 각각 계절을 나타내고 있네.
해설	두 행은 각각 '차다'와 '길다'라는 단어를 반복하는 구절을 사용하고 있습니다. 이는 각각 '겨울'과 '여름'이라는 계절의 특성이라고 할 수 있는데, 이렇게 반복하는 것을 근거로 '화자가 주목'한다는 내용을 허용하는 건 그리 어렵지 않겠죠?

③ [C]는 두 대상을 발음이 비슷한 의태어로 표현하여 움직이는 모습의 유사성을 드러내었다.

선지 유형	근거가 있어서 허용 가능
실전에서의 판단 과정	흔덕흔덕, 흔들흔들!
해설	'흔덕흔덕', '흔들흔들'이라는 의태어를 사용하였고, 이는 각각 소나무와 버들의 움직임을 묘사하는 말입니다. 두 자연물의 움직이는 모습이 유사하다는 것 역시 단어의 유사성을 근거로 허용할 수 있겠네요.

④ [A], [B]는 계절적 배경을 알려 주는 시어를 활용하여 시간에 따라 화자의 처지가 달라졌음을 드러내었다.

선지 유형	근거가 있어서 허용 불가능
실전에서의 판단 과정	[B]는 계절이 달라져도 그냥 화자가 계속 힘들다는 거 아니야?
해설	[A]의 경우, '봄바람 가을 물'과 같은 표현에서 '계절적 배경을 알려 주는 시어'라는 말을 허용할 수 있겠습니다. 물론 이를 단순한 '시간의 흐름'으로 본다면, 현재 정확히 어떤 계절인지 특정할 수 없다는 점에서 '계절적 배경을 알려 주는 시어'는 나오지 않았다고 볼 수도 있겠어요. 하지만 '설빈화안'에서 '면목가증'으로 화자의 모습이 바뀌었으니, '화자의 처지가 달라진 것'은 확실히 허용할 수 있겠습니다. 한편 [B]에서는 겨울이든, 여름이든 임이 없는 화자의 심정이 괴로울 뿐임을 얘기하는 것이에요. 이를 근거로 하면, 화자의 처지가 달라졌다는 건 허용하기 어렵겠네요. [A]가 애매하지만, [B]에서 확실히 틀렸다는 것을 잡아낼 수 있겠네요.

⑤ [B], [C]는 대구를 활용하여 리듬감을 형성하였다.

선지 유형	근거가 있어서 허용 가능
실전에서의 판단 과정	대구 활용하고 있지.
해설	두 부분 모두 대구가 사용되었다는 건 어렵지 않게 확인할 수 있습니다. 문장 구조가 완벽하게 동일하지 않아도, 어느 정도 비슷한 느낌만 들면 맞다고 할 수 있어야 해요. 대구가 활용되었다면 리듬감 형성은 어렵지 않게 허용할 수 있겠죠?

선지	①	②	③	④	⑤
선택률	2%	79%	9%	6%	4%

17 ㉠, ㉡에 대한 이해로 가장 적절한 것은? ②

공후배필은 못 바라도 군자호구 원하더니
삼생의 원업(怨業)이오 월하의 연분으로
장안유협(長安遊俠) 경박자(輕薄子)를 ㉠꿈같이 만나 있어
당시의 용심(用心)하기 살얼음 디디는 듯

차라리 잠을 들어 ㉡꿈에나 보려 하니
바람의 지는 잎과 풀 속에 우는 짐승
무슨 일 원수로서 잠조차 깨우는다

– '꿈'에 대한 내용을 묻고 있습니다. ㉠은 화자가 기대와 다른 남편을 만나 실망한 상황을 '꿈이겠지...'라고 생각하며 애써 부정하는 모습이고, ㉡은 남편을 그리워하다 꿈에서라도 만나려 하는 장면입니다. 해당 부분의 맥락을 제대로 독해했다면 쉽게 해결할 수 있겠습니다.

① ㉠은 흐릿한 기억 때문에 혼란스러운 화자의 심정을 나타낸다.

선지 유형	근거가 없어서 허용 불가능
실전에서의 판단 과정	흐릿한 기억은 없는 것 같은데?
해설	바로 다음 행에서 '당시의 용심(마음 씀)'을 언급하는 것을 보면, 화자가 당시를 제대로 기억하고 있다고 추론할 수도 있을 것 같아요. 이렇게까지 하지 못하더라도, 화자가 흐릿한 기억이라는 원인으로 인해 혼란을 느낀다는 내용을 허용할 만한 근거를 찾기는 어렵죠.

② ⓛ은 현실에서는 화자가 문제를 해결할 수 없어서 선택한 방법이다.

선지 유형	근거가 있어서 허용 가능
실전에서의 판단 과정	현실에서 임을 못 만나니까 꿈에서라도 만나려는 거잖아?
해설	현실에서 화자가 겪는 '문제'는 임과의 이별입니다. 그리고 임이 돌아오지 않으니 이 문제는 해결될 수 없죠. 이에 대한 대안으로 화자는 꿈에서라도 임을 만나려 하는 것이고요. 또한 이 선지는 '임을 만날 수 없는 상황'이라는, 작품의 '주제'와 직결되는 내용이기도 하죠? 적절한 선지를 고르라는 문제의 정답 선지는 대부분 '주제'와 직결되는 내용으로 출제되는 모습을 보입니다. 이런 부분까지 확실하게 챙겨가도록 합시다.

③ ㉠은 임과의 만남에 대한 기대에서, ⓛ은 임과의 이별에 대한 망각에서 비롯된다.

선지 유형	근거가 있어서 허용 불가능
실전에서의 판단 과정	이별을 망각했다고? 그럼 왜 슬픈데?
해설	㉠은 원하던 남편감을 만나지 못해서 실망한 모습을 묘사한 것입니다. 이렇게 실망했다는 것은 '군자호구'와 같은 임과의 만남에 대한 '기대'가 있었기 때문이라고 할 수 있겠죠? 이를 근거로 하면 ㉠이 임과의 만남에 대한 기대에서 비롯되었다는 것은 허용할 수 있겠습니다. 하지만 ⓛ은 화자가 임과의 이별에 너무 슬퍼서 시도한 일입니다. '망각'하지 않고 슬퍼한다는 명백한 근거가 있으니, 어렵지 않게 지워낼 수 있겠네요.

④ ㉠은 이미 일어난 일에 대해 회상하고, ⓛ은 곧 일어날 일에 대해 단정하고 있다.

선지 유형	근거가 없어서 허용 불가능
실전에서의 판단 과정	꿈에서 볼지 못 볼지 모르잖아?
해설	㉠의 경우에는 이미 일어난 남편과의 만남을 회상하는 장면이라고 할 수 있겠죠? 하지만 ⓛ의 경우, 곧 일어날 일을 단정한다는 말을 허용할 만한 근거를 찾을 수 없습니다. 오히려 '곧 일어났으면 좋겠을 일(=꿈에서 임을 만남)'에 대해 말하는 것이라고 봐야겠죠.

⑤ ㉠은 인연의 우연성에 대한, ⓛ은 재회의 필연성에 대한 화자의 우려를 드러내고 있다.

선지 유형	근거가 있어서 허용 불가능
실전에서의 판단 과정	'재회의 필연성'이면 재회를 무조건 한다는 거잖아? 못하는데?
해설	㉠이 '인연의 우연성'을 의미한다는 것 자체는 허용할 수 있겠지만, 그것에 대해 '우려'한다는 반응을 허용하기는 어렵죠? '우려'라는 건 미래에 일어날 법한 일에 대해 가지는 감정인데, ㉠은 '과거'에 일어난 일이니까요. 나아가 ⓛ이 '재회의 필연성'을 말한다는 것 역시 절대 허용할 수 없죠. 재회를 못할 것 같으니까 꿈에서라도 만나겠다는 것이에요. 나아가 '재회'는 화자 입장에서 하면 좋은 것이지, '우려'할 일은 더더욱 아닙니다.

선지	①	②	③	④	⑤
선택률	6%	34%	6%	45%	9%

18 〈보기〉를 참고하여 (가), (나)를 감상한 내용으로 적절하지 않은 것은? [3점] ②

– 2022학년도 9월 모의평가의 오답률 1위 문항입니다. 물론 다를 건 없어요. 어떻게 하면 오답률 1위 문항을 간단하게 해결할 수 있는지 알아보러 갑시다.

① (가)에서 '실솔이 상에 울 제'는 화자가 자신의 슬픔을 주변으로 확장한 것을 보여 주는군.

가을 달 방에 들고 실솔(蟋蟀)이 상(床)에 울 제
긴 한숨 지는 눈물 속절없이 헴만 많다

선지 유형	근거가 있어서 허용 가능
실전에서의 판단 과정	한숨과 눈물이라는 슬픔을 실솔이라는 주변으로 확장한 것이지.
해설	'실솔(귀뚜라미)'이 우는 그 순간, 화자는 '한숨' 짓고 '눈물'을 흘립니다. 자신의 슬픔을 '실솔'과 같은 주변의 울음소리와 연결지어 확장한 것이라고 할 수 있겠죠.

② (가)에서 '부용장 적막하니 뉘 귀에 들리소니'는 화자
가 외부와의 교감을 거부하고 내면에 몰입하는 모습
을 드러내는군.

> 옥수(玉手)의 타는 수단 옛 소리 있다마는
> 부용장(芙蓉帳) 적막하니 뉘 귀에 들리소니
> 간장이 구곡되어 굽이굽이 끊쳤어라

선지 유형	근거가 있어서 허용 불가능
실전에서의 판단 과정	조용해서 아무도 안 듣는 게 힘들다는 거잖아. 그럼 외부와 교감하려는 거 아니야?
해설	화자는 '부용장'이 '적막'해서 그 누구의 귀에도 들리지 않는 상황 때문에 더욱 슬퍼하고 있습니다. 따라서 저 부분은 화자가 '외부와의 교감을 거부'하는 것이 아니라, '외부(특히, 임)와 교감할 수 없어서' 슬퍼하는 것이라 할 수 있겠네요. 고전시가를 몰라서 틀리는 게 아니라, 맥락을 '독해'하지 못해서 틀리는 것입니다. 이 태도를 확실하게 잡아주세요.

FAQ

Q 〈보기〉에서는 (가)의 화자가 외부와 단절되어 있다고 했으니, '외부와의 교감 거부'를 허용할 수 있는 것 아닌가요?

A 일단 〈보기〉를 끝까지 읽어봅시다. '외부와 단절'된 채 자신의 내면에 몰입하는 것도 맞지만, '슬픔을 주변으로 확장'하기도 한다고 했습니다. 따라서 '외부와의 교감 거부'는 허용할 수 없어요. '외부'라는 주변으로 슬픔을 확장하는 '교감'을 하려는 게 화자의 모습이니까요.

나아가, '단절'과 '교감 거부'라는 어휘의 정확한 의미를 알고 있는 학생이라면 훨씬 더 쉽게 지워낼 수 있었을 거예요. '단절'은 화자의 의지가 포함되지 않은 채 어쩔 수 없이 외부와 끊겨 있는 것이라면, '교감 거부'는 화자가 의지를 가지고 외부와 거리를 두는 것이니까요. 이들은 함께 쓸 수 없는 어휘였던 것입니다! 어휘력이 이렇게 활용되기도 하네요. 열심히 어휘력을 쌓아주셔야겠죠?

③ (나)에서 화자는 '소나무'가 '바람 불 적마다 흔덕'거리는 모습에서 자신과의 동질성을 발견한 것이겠군.

> 재 위에 우뚝 선 소나무 바람 불 적마다 흔덕흔덕

선지 유형	근거가 있어서 허용 가능
실전에서의 판단 과정	〈보기〉에서 화자와 외부 대상은 동질성을 가지고 있다며.

선지 유형	근거가 있어서 허용 가능
해설	〈보기〉도 선지 판단의 근거가 될 수 있다는 걸 다시 한번 보여 주는 선지입니다. 〈보기〉에서는 (나)의 화자가 외부 대상의 모습에서 자신과의 '동질성'을 발견한다고 했습니다. 이를 근거로 하면 '소나무'라는 외부 대상의 '흔덕'거리는 모습에서 자신과의 '동질성'을 발견했다는 말을 허용할 수 있겠네요.

④ (가)의 '삼춘화류'는, (나)의 '버들'과 달리 화자의 내면과 대비되어 외부와의 단절감을 강조하는군.

> 옥창에 심은 매화 몇 번이나 피여 진고
> 겨울밤 차고 찬 제 자최눈 섯거 치고
> 여름날 길고 길 제 궂은비는 무슨 일고
> 삼춘화류(三春花柳) 호시절(好時節)의 경물이 시름없다

> 개울에 섰는 버들 무슨 일 좋아서 흔들흔들
> 임 그려 우는 눈물은 옳거니와 입하고 코는 어이 무슨
> 일 좋아서 후루룩 비쭉 하나니

선지 유형	근거가 있어서 허용 가능
실전에서의 판단 과정	삼춘화류는 화자의 힘든 내면과 대비되는데, 버들은 화자와 동질성을 가지고 있지.
해설	'삼춘화류'라는 단어 자체에 매몰되지 말고, 근처 맥락을 살펴야 합니다. 바로 위 세 행에서는, '매화'가 몇 번이나 피고 지고 추운 '겨울'이 지나고 궂은비가 오는 '여름'이 지나도 '임'이 오지 않는 상황을 그리고 있습니다. 이런 상황에서 화자의 내면은 당연히 우울할 텐데, '삼춘화류'는 '호시절의 경물'로 아름답기만 합니다. ('삼춘화류'가 무엇인지 몰라도, '봄 춘' 자와 '꽃 화' 자를 보고 화려한 느낌은 받을 수 있어야 합니다.) 이는 화자의 내면과 대비된다고 볼 수 있고, 〈보기〉에서 이야기하는 '외부와의 단절감'까지 허용시키는 근거로 이용할 수 있겠네요. 한편 (나)의 '버들'이 화자와 동질성이 있다는 것은 3번 선지에서 언급했듯이 〈보기〉에 드러나 있으므로, '버들과 달리'라는 말도 쉽게 허용할 수 있겠습니다.

이렇게 'A는 B와 달리 ~'의 구조로 된 선지에서는 일단 B를 무시하고 A만 먼저 판단한 뒤 B를 판단하는 식으로 해결하는 것이 좋습니다. 둘을 함께 생각하다 보면 더 헷갈리기 때문에, 하나씩 천천히 판단하는 것이죠. 실수 방지에 좋은 태도이니 팁으로 가져갑시다.

⑤ (나)의 '후루룩 비쭉'하는 '입하고 코'는, (가)의 '긴 한숨 지는 눈물'과 달리 화자가 자신의 우스운 외양에 주목하여 슬픔과 거리를 두는 것을 보여 주는군.

> 임 그려 우는 눈물은 옳거니와 입하고 코는 어이 무슨 일 좋아서 후루룩 비쭉 하나니

> 긴 한숨 지는 눈물 속절없이 혬만 많다

선지 유형	근거가 있어서 허용 가능
실전에서의 판단 과정	후루룩 비쭉 정도면 우스운 외양을 표현한 것이라 할 수 있겠네.
해설	〈보기〉에서 '우스운 외양에 주목'한다고 해석을 단정하였으니 '후루룩 비쭉' 정도는 '우스운 외양'으로 허용할 수 있겠지만, '긴 한숨 지는 눈물'은 정말로 슬픔 그 자체인 화자의 모습을 나타내죠? 쉽게 허용할 수 있는 선지네요.

몰랐던 어휘 정리하기

① **허용 가능성 평가** : 선지의 내용을 '허용'하려는 태도를 바탕으로 지문을 '독해'하며 '근거'를 찾아야 합니다. 허용할 수 있는 '근거'가 있어야만 허용할 수 있습니다. 주관적인 생각을 개입시키면 안 됩니다.
② **고전시가 독해** : 겁먹지 않고, 현대시를 읽듯이 읽어내면 됩니다. 현대시와 마찬가지로, 〈보기〉의 도움 등을 통해 '주제' 위주로 가볍게 읽어내면 되는 거예요. 자세한 해석은 선지가 해줄 겁니다!
③ **필수 고전시가** : 대부분의 교과서에 실려 있을 정도로 필수적인 고전시가들은 그 내용을 아주 디테일하게 물어보는 경우가 많습니다. 확실하게 정리해두도록 합시다.

'필수 고전시가' 공부의 필요성을 역설하는 지문이었습니다. '규원가'의 내용을 몰라도 문제를 푸는 데 지장은 없었겠지만, 엄청난 '독해력'을 발휘했어야 할 거예요. 하지만 '규원가'에 대해 미리 공부가 되어 있었다면? 아니, 다른 필수 고전시가들을 통해 고전시가의 세계관, 자주 나오는 표현 방식 등에 익숙했다면? 그리 어렵지 않게 해결할 수 있는 지문이었겠죠. '필수 고전시가' 공부의 필요성을 확실하게 느끼면서 복습해보도록 합시다.

〈보기〉 독해

〈보기〉가 있기는 하지만, 다른 작품과 비교하는 부분이기 때문에 무언가 도움을 얻기는 어려워 보입니다. 바로 지문을 읽어보도록 합시다.

실전적 지문 독해

> (가)
> 서경(西京)이 아즐가 서경(西京)이 셔울히마르는
> → 서경이 서울이지만은 (아즐가: 의미 없는 감탄사)
> 위 두어렁셩 두어렁셩 다링디리
> 닷곤디 아즐가 닷곤디 쇼셩경 고외마른
> → 닦은 데인 서울을 고외마른
> 위 두어렁셩 두어렁셩 다링디리
> 여히므론 아즐가 여히므논 질삼뵈 부리시고
> → 여의면 실삼베를 버리고
> 위 두어렁셩 두어렁셩 다링디리
> 괴시란디 아즐가 괴시란디 우러곰 좃니노이다
> → 사랑해주시면 울면서 쫓겠습니다.
> 위 두어렁셩 두어렁셩 다링디리
> 〈제1연〉
>
> 구스리 아즐가 구스리 바회예 디신돌
> → 구슬이 바위에 닿은들
> 위 두어렁셩 두어렁셩 다링디리
> 긴히쫀 아즐가 긴힛쫀 그츠리잇가 나는
> → 끈이 그치겠습니까 (끊어지다 정도)
> 위 두어렁셩 두어렁셩 다링디리
> 즈믄 히를 아즐가 즈믄 히를 외오곰 녀신돌
> → 즈믄 해(천년)를 외롭게 사신들
> 위 두어렁셩 두어렁셩 다링디리   [A]
> 신(信)잇돈 아즐가 신(信)잇돈 그츠리잇가 나는
> → 믿음이 그치겠습니까
> 위 두어렁셩 두어렁셩 다링디리
> 〈제2연〉
> -작자 미상, 「서경별곡」-

이번에도 필수 고전시가인 '서경별곡'입니다. 서경별곡 역시 내용을 모르면 아예 해석이 불가능한 수준이기에 확실하게 정리해두시는 것이 좋습니다.

일단 1연의 '셔울'은 평양을 의미합니다. 화자는 현재 이 '평양'에 머무르고 있습니다. 그리고 임과 이별한 상황인데, 질삼뵈(길쌈하는 베를 의미해요. 옛날 집안일의 상징 + 여성들에게 중요한 존재를 의미)를 버리면서까지 울며 임을 따르겠다고 하는 내용입니다. (질삼뵈 부리시고 / 괴시란디 아즐가 괴시란디 우러곰 좃니노이다) 와 이렇게까지 알아야 되나요? 네... 막막해도 어쩔 수 없어요. 몰랐으면 알아 둡시다.

그리고 2연은 '구슬이 바위에 떨어진들 끈이야 끊어지겠습니까?' (구스리 아즐가 ~ 그츠리잇가 나는) '천 년을 외롭게 살아간들 믿음이야 끊어지겠습니까?' (즈믄 흘를 아즐가 ~ 그츠리잇가 나는) 로 해석됩니다. '녀신돌'에 쓰인 '녀다'라는 단어는 '지나다, 지내다(살다)'라는 뜻이에요. 알고 계셔야 해요! 정말로 내용 모르면 해석이 아예 안 될 것 같죠? 평가원이 이렇게 내고 있습니다. 필수 고전시가 목록에 있는 것들은 꼭 한 번 정리합시다.

물론 이렇게 읽지 못해도 여기 있는 문제의 답은 고를 수 있습니다. 하지만 이건 평가원이 봐준 것이고, 악랄하게 물어볼 가능성은 언제나 존재합니다. 현대시는 절대 이렇게 할 필요가 없습니다. 다만 '필수 고전시가'들은 내신처럼 빡세게 공부해 두시기 바랍니다. 꼭이요!!!

> (나)
> 이 몸이 녹아져도 옥황상제 처분이요
> → 이 몸이 녹아도 옥황상제 처분이고
> 이 몸이 싀여져도 옥황상제 처분이라
> → 이 몸이 죽어도 옥황상제 처분이다
> 녹아지고 싀여지어 혼백(魂魄)조차 흩어지고
> → 녹고 죽어서 혼백조차 흩어지고
> 공산(空山) 촉루(髑髏)*같이 임자 엽시 구닐다가
> → 텅 빈 산의 해골처럼 임자 없이 거닐다가
> 곤륜산(崑崙山) 제일봉의 만장송(萬丈松)이 되어 이셔
> → 곤륜산 제일봉의 만장송이 되어 있어
> 바람비 뿌린 소리 님의 귀에 들리기나
> → 바람비 뿌린 소리 님의 귀에 들리게 하거나
> 윤회(輪廻) 만겁(萬劫) ᄒ여 금강산(金剛山) 학(鶴)이 되어
> → 윤회 만겁(여러 번 환생한다는 의미)하여 금강산 학이 되어
> 일만 이천봉에 무음껏 솟아올라
> → 일만 이천봉에 마음껏 솟아올라
> ᄀ을 둘 불근 밤에 두어 소리 슬피 우러
> → 가을 달 밝은 밤에 두어 소리 슬피 울어

님의 귀에 들리기도 옥황상제 처분이로다
→ 님의 귀에 들리게 하는 것도 옥황상제의 처분이다

흔(恨)이 뿌리 되고 눈물로 가지 삼아
→ 한이 뿌리가 되고 눈물로 가지를 삼아서

님의 집 창밧긔 외나모 매화(梅花) 되어
→ 남의 집 창밖에 외나무 매화가 되어

설중(雪中)에 혼자 피어 침변(枕邊)*에 시드는 듯
→ 눈 오는 데 혼자 피어 베갯머리에 시드는 듯

월중(月中) 소영(疎影)*이 님의 옷에 빗취어든
→ 달 그림자가 님의 옷에 비치게 하든

어엿븐 이 얼굴을 너로다 반기실가
→ 불쌍한 이 얼굴을 너구나 하고 반기실까

동풍이 유정(有情)ᄒ여 암향(暗香)을 불어 올려
→ 동풍이 유정하여 암향을 불어 올려 (봄의 이미지)

고결(高潔)ᄒ 이내 생애 죽림(竹林)에나 부치고져
→ 고결한 이내 생애 죽림에나 부치고자

빈 낙대 빗기 들고 빈 비를 혼자 띄워
→ 빈 낙대를 빗겨 들고 빈 배를 혼자 띄워서

백구(白溝) 건네 저어 건덕궁(乾德宮)에 가고지고
→ 백구 건네 저어 건덕궁에 가고싶구나

-조위, 「만분가」-

* 공산 촉루 : 텅 빈 산의 해골.
* 침변 : 베갯머리.
* 월중 소영 : 달빛에 언뜻언뜻 비치는 그림자.

'만분가' 역시 '필수 고전시가'에 준하는 작품이라고 할 수 있습니다. 적어도 위에 적힌 정도로는 읽어낼 수 있으면 좋겠어요. 특히 주요 어휘는 확실하게 정리할 수 있어야 합니다. '만분가'는 임금을 그리워하는 마음을 담은 전형적인 작품이기에, 슬쩍 보고 그 주제를 파악할 수 있어야 합니다.

(가)와 (나) 모두 이별과 관련된 전형적인 작품들이었네요. 그럼 문제 한 번 풀어볼까요?

선지	①	②	③	④	⑤
선택률	3%	4%	25%	62%	6%

19 (가)와 (나)에 대한 설명으로 가장 적절한 것은? ④

① (가)의 '셔울'과 (나)의 '건덕궁'은 모두 화자가 현재 머무르고 있는 공간이다.

> 서경(西京)이 아즐가 서경(西京)이 셔울히마르는

> 백구(白溝) 건네 저어 건덕궁(乾德宮)에 가고지고

선지 유형	근거가 있어서 허용 불가능
실전에서의 판단 과정	건덕궁은 가고 싶은 곳이잖아.
해설	'셔울'은 화자가 현재 머무르는 공간이 맞습니다. 이건 그냥 알고 있어야 하는 내용이었어요. 하지만 이걸 몰랐다고 해도, '건덕궁'은 '가고지고' 하는 공간입니다. 가고 싶다는 근거가 있기에, '현재 머무르는 공간'을 허용하기는 어렵네요.

② (가)의 '질삼뵈'와 (나)의 '빈 낙대'는 모두 화자가 현재 회피하고 싶은 대상이다.

> 여히므론 아즐가 여히므논 질삼뵈 부리시고

> 빈 낙대 빗기 들고 빈 비를 혼자 띄워

선지 유형	근거가 있어서 허용 불가능
실전에서의 판단 과정	빈 낙대를 들고 가고 있는데 어떻게 회피야.
해설	'질삼뵈'는 여성 화자에게 아주 중요한 물건이라고 했습니다. 화자는 이를 버리고서라도 님을 만나고 싶다고 하고 있어요. 이를 '회피하고 싶은 대상'을 허용하기 위한 근거로 쓰기에는 좀 애매한데, '빈 낙대'는 화자가 들고서 낚시하러 가는 도구이므로 '회피하고 싶은 대상'이 절대 아니라는 근거로 사용할 수 있겠죠?

③ (가)의 '우러곰'과 (나)의 '슬피 우러'는 모두 임의 심정을 드러내고 있다.

> 괴시란디 아즐가 괴시란디 우러곰 좃니노이다

<table>
<tr><td></td><td>ᄀᆞ을 ᄃᆞᆯ 불근 밤의 두어 소리 슬피 우러</td></tr>
</table>

선지 유형	근거가 있어서 허용 불가능
실전에서의 판단 과정	둘 다 화자의 반응인데?
해설	'우러곰'과 '슬피 우러' 모두 '화자'의 슬퍼하는 반응을 의미하네요. 임의 심정이라고 보기는 어려워요. '우러곰'에 대해서 몰랐다면 틀리기 딱 좋겠죠?

④ (가)의 '좃니노이다'와 (나)의 '빗쵀어든'은 모두 임의 곁에 있고 싶은 화자의 소망을 드러내고 있다.

괴시란디 아즐가 괴시란디 우러곰 좃니노이다

월중(月中) 소영(疎影)*이 님의 옷에 빗쵀어든

* 월중 소영 : 달빛에 언뜻언뜻 비치는 그림자.

선지 유형	근거가 있어서 허용 가능
실전에서의 판단 과정	주제와 직결되기도 하고, 맥락상 맞는 말이네.
해설	울면서 '쫓겠다'는 건 임 근처를 쫓아가겠다는 뜻이고, 달 그림자가 님의 옷에 '비친다'는 건 그림자가 되어서라도 님의 근처에 있고 싶다는 마음을 드러낸 것이라고 할 수 있겠죠. 나아가 이는 두 작품의 '주제'이므로, 이 선지가 정답이라는 점에 더 확신을 가질 수 있겠습니다.

⑤ (가)의 '그츠리잇가'와 (나)의 '반기실가'는 모두 미래 상황에 대한 의혹을 드러내고 있다.

신(信)잇ᄃᆞᆫ 아즐가 신(信)잇ᄃᆞᆫ 그츠리잇가 나ᄂᆞᆫ

어엿븐 이 얼굴을 너로다 반기실가

선지 유형	근거가 있어서 허용 불가능
실전에서의 판단 과정	그츠리잇가는 오히려 확신 아니야?
해설	'그츠리잇가'는 '끊길 일이 있겠냐'라는 표현으로, 오히려 미래에 대한 확신을 드러낸다고 할 수 있습니다. 한편 '반기실가'의 경우 임이 자신을 반길지 안 반길지 모르는 상황을 나타내므로 '의혹'이라는 말을 허용할 수 있겠네요.

선지	①	②	③	④	⑤
선택률	5%	5%	6%	11%	73%

20 (나)에 대한 감상으로 적절하지 <u>않은</u> 것은? ⑤

① '임자 업시 구닐'던 '이 몸'이 '학'이 되어 솟아오르게 함으로써 상승의 이미지를 구현하고 있다.

공산(空山) 촉루(髑髏)*같이 임자 업시 구닐다가

* 공산 촉루 : 텅 빈 산의 해골.

윤회(輪廻) 만겁(萬劫)ᄒᆞ여 금강산(金剛山) 학(鶴)이 되어

선지 유형	근거가 있어서 허용 가능
실전에서의 판단 과정	솟아오르면 상승 이미지 허용되지.
해설	'학'은 하늘로 솟아오를 수 있고, 이는 '상승의 이미지'를 구현한 것이라고 할 수 있겠네요.

② '만장송'과 '매화'라는 소재를 활용하여 임을 향한 화자의 마음을 표상하고 있다.

곤륜산(崑崙山) 제일봉의 만장송(萬丈松)이 되어 이셔

님의 집 창밧긔 외나모 매화(梅花) 되어

선지 유형	근거가 있어서 허용 가능
실전에서의 판단 과정	저것들이 되려는 게 다 임을 위한 거니까 허용되지.
해설	이별의 상황을 주제로 하는 고전시가에서 무엇인가가 되고 싶다는 표현은 그것이 되어 임에게 도움을 주거나 만나고 싶다는 의미를 가집니다. 이를 알고 있다면 쉽게 허용할 수 있는 선지네요.

③ '바람비 뿌린 소리'와 '두어 소리'의 청각적 이미지를 활용하여 임에게 알리고 싶은 화자의 심정을 나타내고 있다.

바람비 뿌린 소리 님의 귀에 들리기나

ᄀ을 둘 불근 밤에 두어 소리 슬피 우러
님의 귀에 들리기도 옥황상제 처분이로다

선지 유형	근거가 있어서 허용 가능
실전에서의 판단 과정	둘 다 님의 귀에 들리게 하려는 거네.
해설	둘 다 '님의 귀'에 들리게 하려는 소리들을 나타내고 있습니다. '청각적 이미지'는 당연히 맞는 말이고, 자신의 외로운 마음을 임에게 알리고 싶은 심정이 드러나고 있다는 것도 쉽게 허용할 수 있겠네요. 애초에 '님의 귀'에 들리게 하려는 이유를 생각한다면 어렵지 않게 지울 수 있는 선지입니다.

④ '매화'의 '뿌리'와 '가지'를 활용하여 '흔'의 정서를 형상화하고 있다.

흔(恨)이 뿌리 되고 눈물로 가지 삼아
님의 집 창밧긔 외나모 매화(梅花) 되어

선지 유형	근거가 있어서 허용 가능
실전에서의 판단 과정	그렇지.
해설	'한'이라는 정서가 '뿌리', '가지'가 되고, 이를 가진 '매화'로 탈바꿈한 모습입니다. 쉽게 허용할 수 있겠죠?

⑤ 'ᄀ을 둘 불근 밤'과 '월중'이라는 시간적 배경을 통해 임과 재회한 순간을 드러내고 있다.

ᄀ을 둘 불근 밤에 두어 소리 슬피 우러

월중(月中) 소영(疎影)*이 님의 옷에 빗취어든

* 월중 소영 : 달빛에 언뜻언뜻 비치는 그림자.

선지 유형	근거가 있어서 허용 불가능
실전에서의 판단 과정	애초에 임과 재회한 순간이 없잖아.
해설	'가을 달 밝은 밤'과 '월중'은 모두 임을 그리워하는 화자의 처지가 나타나는 시간입니다. 허용할 수 없네요. 애초에 임과 재회했다면 이렇게 구슬픈 노래를 하지도 않았을 터이니, 지문의 주제를 거스르는 선지이기도 합니다. 확실하게 정답으로 고를 수 있겠네요.

선지	①	②	③	④	⑤
선택률	10%	64%	8%	11%	7%

21 〈보기〉를 참고할 때, (가)의 [A]와 〈보기〉의 [B]를 비교하여 이해한 내용으로 적절하지 <u>않은</u> 것은? [3점] ②

― [보기] ―

「서경별곡」의 제2연에서 여음구를 제외한 부분은 당시 유행하던 민요의 모티프를 수용한 것으로,「정석가」에도 동일한 모티프가 나타난다. 고려 시대의 문인 이제현도 당시에 유행하던 민요를 다음과 같이 한시로 옮긴 적이 있다.

비록 구슬이 바위에 떨어져도	縱然巖石落珠璣
끈은 진실로 끊어질 때 없으리.	纓縷固應無斷時
낭군과 천 년을 이별한다고 해도	與郞千載相離別 [B]
한 점 붉은 마음이야 어찌 바뀌리오?	一點丹心何改移

– [A]와 [B]는 모두 '구슬'을 '끈'에 대비하는 형식을 통해, 임에 대한 마음이 변치 않을 것임을 강조하고 있습니다. 이런 내용을 확실하게 정리한 채로 선지 판단해봅시다.

① [A]와 [B]에서 '구슬'은 변할 수 있는 것을, '긴'이나 '끈'은 변하지 않는 것을 비유하는 소재로 활용하였군.

선지 유형	근거가 있어서 허용 가능
실전에서의 판단 과정	그렇지.
해설	미리 생각한 내용 그대로죠? '구슬'은 바위에 떨어져 깨질 수 있는 것이지만, '긴=끈'은 절대 끊어지지 않는 것입니다. 이는 '변하지 않는 것'을 비유하는 소재라는 해석의 근거로 쓰기에 충분한 내용이네요.

② [A]에서는 '신'을, [B]에서는 '붉은 마음'을 굳건한 '바위'로 형상화하였군.

선지 유형	근거가 있어서 허용 불가능
실전에서의 판단 과정	바위는 구슬 깨는 건데 저것들이랑 무슨 상관이야.
해설	'바위'는 '구슬'을 깨뜨리는 존재로 제시된 것입니다. '신'과 '붉은 마음'은 모두 변하지 않는 화자의 마음을 드러낸 것인데, 이는 '바위'와 아무런 상관이 없죠. 가볍게 답으로 고를 수 있겠습니다.

③ [A]와 [B] 모두에서 변하지 않는 마음을 소중한 가치
로 여기는 화자의 태도가 나타나는군.

선지 유형	근거가 있어서 허용 가능
실전에서의 판단 과정	주제네.
해설	'끈'과 같이 변하지 않는 '신', '붉은 마음'을 강조하는게 두 작품의 주제죠?

④ [A]와 [B]를 보니 동일한 모티프가 서로 다른 형식의
작품으로 수용되었군.

⑤ [A]와 [B]를 보니 여음구의 사용 여부에 차이가 있군.

선지 유형	근거가 있어서 허용 가능
실전에서의 판단 과정	그렇지.
해설	가볍게 허용할 수 있는 내용들이죠? 사실상 주는 선지들입니다.

몰랐던 어휘 정리하기

| 핵심 point |

① **허용 가능성 평가** : 선지의 내용을 '허용'하려는 태도를 바탕으로 지문을 '독해'하며 '근거'를 찾아야 합니다. 허용할 수 있는 '근거'가 있어야만 허용할 수 있습니다. 주관적인 생각을 개입시키면 안 됩니다.
② **필수 고전시가** : 대부분의 교과서에 실려 있을 정도로 필수적인 고전시가들은 그 내용을 아주 디테일하게 물어보는 경우가 많습니다. 확실하게 정리해두도록 합시다.

| 지문 내용 총정리 |

'서경별곡'과 같은 고려 가요들은 현대 국어와 언어 체계가 정말 다르기 때문에, 미리 내용을 정리하지 않으면 시험장에서 읽어 내는 게 불가능할 수 있습니다. 귀찮더라도, 꼭 "P.I.R.A.M 국어 – 필수 고전시가"와 같은 교재로 꼭 한 번 정리하도록 합시다.

〈보기〉 독해

〈보기〉부터 보려고 했는데, 〈보기〉가 단순히 지문과의 비교용이네요. 지문부터 읽고 〈보기〉를 보는 게 나을 것 같아요.

실전적 지문 독해

이런들 엇더ᄒ며 져런들 엇더ᄒ료
→ 이런들 어떠하며 저런들 어떠하리

초야우생(草野愚生)이 이러타 엇더ᄒ료
→ 초야우생이 이렇다 한들 어떠하리

ᄒ믈며 천석고황(泉石膏肓)을 고쳐 므슴 ᄒ료
→ 하물며 천석고황을 고쳐 뭐할까

〈제1수〉

연하(煙霞)로 집을 삼고 풍월(風月)로 벗을 사마
→ 연하로 집 짓고 풍월을 벗 삼아

태평성대(太平聖代)에 병(病)으로 늘거 가네
→ 태평성대에 병으로 늙어가네

이 즁에 ᄇᆞ라는 일은 허믈이나 업고쟈
→ 이 중에 바라는 일은 허물이나 없었으면

〈제2수〉

순풍(淳風)*이 죽다 ᄒ니 진실(眞實)로 거즛말이
→ 순풍이 죽었다더니 진짜 거짓이다

인성(人性)이 어지다 ᄒ니 진실(眞實)로 올흔 말이
→ 인성이 어지다니 진짜 옳은 말이다

천하(天下)에 허다영재(許多英才)를 소겨 말슴 흘가
→ 천하에 허다영재를 속여 말할까

〈제3수〉

유란(幽蘭)이 재곡(在谷)ᄒ니 자연(自然)이 듯디 죠해
→ 자연 좋아!

백운(白雲)이 재산(在山)ᄒ니 자연(自然)이 보디 죠해
→ 자연 좋아!

이 즁에 피미일인(彼美一人)*을 더욱 닛디 못ᄒ얘
→ 이 중에 임금을 더욱 잊지 못한다

〈제4수〉

산전(山前)에 유대(有臺)ᄒ고 대하(臺下)에 유수(有水)ㅣ로다
→ 자연 멋있다!

떼 많은 갈매기는 오명가명 ᄒ거든
→ 떼 지어 갈매기는 오고가고 하는데

엇더타 교교백구(皎皎白駒)*는 멀리 ᄆᆞ음 두는고
→ 어째서 현자는 멀리 마음 두냐

〈제5수〉

춘풍(春風)에 화만산(花滿山)ᄒ고 추야(秋夜)에 월만대(月滿臺)라
→ 자연 좋아!

사시가흥(四時佳興)이 사름과 ᄒ가지라
→ 사시가흥이 사람과 한가지다

ᄒ믈며 어약연비(魚躍鳶飛) 운영천광(雲影天光)*이야 어찌 끝이 있으리
→ 자연 좋아!

〈제6수〉
-이황, 「도산십이곡(陶山十二曲)」-

* 순풍 : 순박한 풍속.
* 피미일인 : 저 아름다운 한 사람. 곧 임금을 가리킴.
* 교교백구 : 현자(賢者)가 타는 흰 망아지. 여기서는 현자를 가리킴.
* 어약연비 운영천광 : 대자연의 우주적 조화와 오묘한 이치를 가리킴.

이번에도 아래에 적어둔 것처럼만 읽어주시면 됩니다. 그런데 적어도 '연하로 집 짓고 풍월로 벗 삼아' 등이 '안분지족'(분수에 만족하는 삶, 보통 자연에서 행복하게 사는 삶을 의미해요.)을 가리킨다는 것 정도는 알아둡시다! 고전시가의 클리셰격인 표현이니까요.

나아가, 이 '도산십이곡'도 필수 고전시가 목록에 있었죠? 기본적인 내용은 알고 계셔야 해요. 일단 〈제1수〉의 '초야우생', '천석고황', 〈제3수〉의 '허다영재' 정도의 어휘는 알아두시는 게 좋습니다! '초야우생'은 '시골에 사는 어리석은 사람'이라는 뜻으로, 화자 자신을 낮춰 부르는 말이구요. '천석고황'은 '자연을 사랑하는 마음이 병처럼 깊음을 비유하는 말' 정도가 됩니다. 화자의 자연 사랑을 강조하는 표현이에요. 허다영재는 한자 그대로 '많은 영재들' 정도로 생각하시면 됩니다. 그래서 '천하에 허다영재를 속여 말할까'는 '천하에 그렇게 많은 똑똑한 사람들을 속일 수 없을 것이다.' 정도가 됩니다. 즉, 순풍이 죽었다는 건 거짓말이고, 인성이 어질다는 건 진짜라는 말, 그러니까 '아직 세상 살 만하다!'라는

내용이 천하의 영재들을 속일 수 없을 만큼 맞는 말이라는 거죠. 이 정도는 알아두면 좋을 것 같네요!

그 외에 유란이 재곡, 춘풍에 화만산 등등 <u>자연을 묘사하는 시구가</u> 나오면 퉁쳐서 '자연 좋아!'라고 생각해주시면 됩니다. 내용 자체는 쉬워요! 전형적으로 "자연에서 만족하며 사는데 임금님이 쪼끔 그립기도 하네..."라고 하는 고전시가입니다. 자주 나오는 형태예요.

선지	①	②	③	④	⑤
선택률	7%	11%	68%	10%	4%

22 윗글에 대한 설명으로 적절하지 <u>않은</u> 것은? ③

① 제1수에서는 화자가 자신을 드러내고 삶의 지향을 제시함으로써 주제 의식을 환기한다.

> 이런들 엇더ᄒᆞ며 져런들 엇더ᄒᆞ료
> 초야우생(草野愚生)이 이러타 엇더ᄒᆞ료
> ᄒᆞ믈며 친석고황(泉石膏肓)을 고쳐 므슴 ᄒᆞ료
> 〈제1수〉

선지 유형	근거가 있어서 허용 가능
실전에서의 판단 과정	초야우생, 천석고황으로 허용되네.
해설	'초야우생'이라는 표현을 통해 화자가 자신을 드러내고 있고, '천석고황을 고쳐서 무엇하냐.'라는 표현으로 삶의 지향을 제시하고 있다고 할 수 있죠. 필수 고전시가에 대한 지식이 없었다면 쉽게 해결하기 어려웠겠어요.

② 제2수에 나타난 화자 자신에 대한 관심을 제3수에서는 사회로 확대하면서 시상을 전개한다.

> 연하(煙霞)로 집을 삼고 풍월(風月)로 벗을 사마
> 태평성대(太平聖代)에 병(病)으로 늘거 가네
> 이 즁에 ᄇᆞ라는 일은 허믈이나 업고쟈
> 〈제2수〉
>
> 순풍(淳風)*이 죽다 ᄒᆞ니 진실(眞實)로 거즛말이
> 인성(人性)이 어지다 ᄒᆞ니 진실(眞實)로 올흔 말이
> 천하(天下)에 허다영재(許多英才)를 소겨 말슴ᄒᆞᆯ가
> 〈제3수〉
>
> * 순풍 : 순박한 풍속.

선지 유형	근거가 있어서 허용 가능
실전에서의 판단 과정	제2수는 자기 이야기고, 제3수는 천하 이야기 하고 있네.
해설	제2수에서는 자신이 살고 있는 모습을 이야기하고 있어요. 그러다가 제3수에서는 순풍이 있고 인성이 어질며, '천하'에 인재가 많다는 이야기를 통해 '사회'로 관심을 확대하고 있네요. 어렵지 않게 허용할 수 있겠죠?

③ 제3수의 시적 대상을 제4수에서도 반복적으로 다룸으로써 주제 의식을 강화한다.

> 순풍(淳風)*이 죽다 ᄒᆞ니 진실(眞實)로 거즛말이
> 인성(人性)이 어지다 ᄒᆞ니 진실(眞實)로 올흔 말이
> 천하(天下)에 허다영재(許多英才)를 소겨 말슴ᄒᆞᆯ가
> 〈제3수〉
>
> 유란(幽蘭)이 재곡(在谷)ᄒᆞ니 자연(自然)이 듯디 죠해
> 백운(白雲)이 재산(在山)ᄒᆞ니 자연(自然)이 보디 죠해
> 이 즁에 피미일인(彼美一人)*을 더옥 닛디 못ᄒᆞ얘
> 〈제4수〉
>
> * 순풍 : 순박한 풍속.
> * 피미일인 : 저 아름다운 한 사람. 곧 임금을 가리킴.

선지 유형	근거가 있어서 허용 불가능
실전에서의 판단 과정	한 글자도 안 겹치는데?
해설	제3수의 시적 대상은 여러 가지가 있지만, 제4수에 반복되어 제시된 건 단 하나도 없네요. 어렵지 않게 답으로 골라낼 수 있겠습니다.

④ 제4수와 제5수에서는 화자의 시선에 포착된 장면들을 배치하여 공간의 입체감을 부각하며 시상을 심화한다.

> 유란(幽蘭)이 재곡(在谷)ᄒᆞ니 자연(自然)이 듯디 죠해
> 백운(白雲)이 재산(在山)ᄒᆞ니 자연(自然)이 보디 죠해
> 이 즁에 피미일인(彼美一人)*을 더옥 닛디 못ᄒᆞ얘
> 〈제4수〉
>
> 산전(山前)에 유대(有臺)ᄒᆞ고 대하(臺下)에 유수(有水)ㅣ로다
> 떼 많은 갈매기는 오명가명 ᄒᆞ거든
> 엇더타 교교백구(皎皎白駒)*ᄂᆞᆫ 멀리 ᄆᆞᆷ 두는고
> 〈제5수〉

* 피미일인 : 저 아름다운 한 사람. 곧 임금을 가리킴.

* 교교백구 : 현자(賢者)가 타는 흰 망아지. 여기서는 현자를 가리킴.

선지 유형	근거가 있어서 허용 가능
실전에서의 판단 과정	자연의 여러 장면들 보여 주고 있으니 입체감을 부각한다고 할 수 있지.
해설	'유란', '백운', '산전', '대하' 같은 자연을 묘사하고 있는데, 이렇게 여러 가지 장면이 배치되면 공간의 '입체감'이 발생한다고 할 수 있겠죠. 어렵지 않게 허용할 수 있습니다.

⑤ 제6수에서는 화자의 인식을 점층적으로 드러내어 주제 의식을 집약한다.

춘풍(春風)에 화만산(花滿山)ᄒ고 추야(秋夜)에 월만대(月滿臺)라
　사시가흥(四時佳興)이 사룸과 ᄒ가지라
　ᄒ믈며 어약연비(魚躍鳶飛) 운영천광(雲影天光)*이야 어찌 끝이 있으리

〈제6수〉

* 어약연비 운영천광 : 대자연의 우주적 조화와 오묘한 이치를 가리킴.

선지 유형	근거가 있어서 허용 가능
실전에서의 판단 과정	우주 이야기면 점층적이라고 할 수 있지.
해설	제6수에서는 자연이 예쁘다는 이야기를 하다가 갑자기 '대자연의 우주적 조화'를 이야기하고 있습니다. 이 선지를 내려고 저 부분에 각주를 달아줬나 봐요. 쉽게 말해서 '지구→우주'로 인식이 확장되었으니, 이를 근거로 하면 '점층적'이라는 말을 허용할 수 있겠네요! 이렇게 각주가 답의 근거로 쓰이는 경우도 있으니, 빠짐없이 체크하는 습관을 들이도록 합시다.

선지	①	②	③	④	⑤
선택률	3%	5%	11%	76%	5%

23 윗글의 시어에 대한 이해로 적절하지 **않은** 것은? ④

① '연하'와 '풍월'은 화자가 자신의 삶에 대해 자족감을 갖도록 하는 소재이다.

연하(煙霞)로 집을 삼고 풍월(風月)로 벗을 사마
태평성대(太平聖代)에 병(病)으로 늘거 가네
이 즁에 부라는 일은 허믈이나 업고쟈

〈제2수〉

선지 유형	근거가 있어서 허용 가능
실전에서의 판단 과정	연하에 집 짓고 풍월을 벗 삼는 걸 좋아하고 있지.
해설	화자는 '연하'로 집을 삼고, '풍월'을 벗으로 삼으며 살고 있습니다. 이러한 상황을 '태평성대'라고 표현하며 '바라는 일'도 딱히 없다고 했으니, 이를 근거로 하면 '자족감'이라는 말을 충분히 허용할 수 있겠네요.

② '순풍'과 어진 '인성'은 화자가 바라는 세상의 모습을 알려 주는 표지이다.

순풍(淳風)*이 죽다 ᄒ니 진실(眞實)로 거즛말이
인성(人性)이 어지다 ᄒ니 진실(眞實)로 올흔 말이

* 순풍 : 순박한 풍속.

선지 유형	근거가 있어서 허용 가능
실전에서의 판단 과정	순풍, 인성 둘 다 좋아하는 거지.
해설	일단 '도산십이곡'의 내용을 알고 있는 상태로 가볍게 허용하는 것이 최선입니다. '순풍'과 '인성' 같은 가치는 고전시가에서 싫어할 수가 없는 것이에요. 이를 몰랐다면, '맥락 독해'를 바탕으로 판단해주시면 됩니다. 화자는 '순풍'이 죽었다는 말은 거짓이고, '인성'이 어질다는 것인 옳은 말이라고 하고 있습니다. 즉, '순풍'과 '인성'이 모두 살아 있다는 것을 말하고 있고, 이 작품의 전반적인 주제가 '만족'이라는 것을 생각하면 '순풍'과 '인성'이 있는 상태 역시 만족스러운 것이라 할 수 있겠죠.

③ '유란'과 '백운'은 화자가 심미적으로 완상하는 대상
  이다.

유란(幽蘭)이 재곡(在谷)ᄒ니 자연(自然)이 듯디 죠해
백운(白雲)이 재산(在山)ᄒ니 자연(自然)이 보디 죠해

선지 유형	근거가 있어서 허용 가능
실전에서의 판단 과정	둘 다 자연이네.
해설	'유란'과 '백운' 모두 화자가 듣기 좋고 보기 좋아하는 대상들, 즉 '자연'을 의미하는 것들입니다. 이를 '완상'(즐겨 구경함.)한다는 말로 연결짓는 건 어렵지 않겠죠.

④ '갈매기'와 '교교백구'는 화자의 무심한 심정이 투영된
  상징적 존재이다.

산전(山前)에 유대(有臺)ᄒ고 대하(臺下)에 유수(有水)ㅣ로다
ᄯ 많은 갈매기는 오명가명 ᄒ거든
엇더타 교교백구(皎皎白駒)*ᄂ 멀리 ᄆ음 두는고
〈제5수〉

* 교교백구 : 현자(賢者)가 타는 흰 망아지. 여기서는 현자를 가리킴.

선지 유형	근거가 있어서 허용 불가능
실전에서의 판단 과정	교교백구는 멀리 마음 두고 있다고 했으니 화자와 다른 마음을 가지고 있는 거지.
해설	일단 선지에서 이야기하는 '무심한 심정'은 '욕심이 없는 심정'을 의미한다는 것을 알아두셔야 합니다. 고전시가의 기본적인 어휘니까요. 이걸 알고 있다면, 핵심은 '독해'입니다. 화자는 떼지어 날아다니면서 자연의 풍경을 이루고 있는 '갈매기'를 바라보는 가운데, '멀리' 마음을 두고 있는 '교교백구'를 떠올립니다. 화자는 '자연'에 마음을 두고 있는데, 이를 기준으로 하면 '멀리' 마음을 두는 '교교백구'는 '속세'에 마음을 두는 이들이라고 할 수 있겠죠. 즉, '욕심 덩어리' 그 자체이기 때문에, '교교백구'에 화자의 무심한 심정이 투영되어 있다고 하는 건 절대로 허용할 수 없겠습니다. 기본적인 고전시가의 세계관, 어휘와 더불어 '독해력'을 요구한 선지네요.

⑤ '화만산'과 '월만대'는 화자의 충만감을 자아내는 정경
  의 표상이다.

춘풍(春風)에 화만산(花滿山)ᄒ고 추야(秋夜)에 월만대(月滿臺)라
사시가흥(四時佳興)이 사롬과 ᄒ가지라
〈제6수〉

선지 유형	근거가 있어서 허용 가능
실전에서의 판단 과정	자연이면 충만감이지.
해설	'화만산'과 '월만대'는 모두 자연을 의미하는 시어들입니다. 꽃(花), 산(山), 달(月)과 같은 한자어들을 보면 자연스럽게 생각할 수 있겠죠? '자연'은 당연히 화자의 '충만감'을 자아낸다고 할 수 있을 것이에요.

선지	①	②	③	④	⑤
선택률	6%	7%	76%	6%	5%

24 윗글과 〈보기〉를 비교하여 감상한 내용으로 가장 적절한 것은? [3점] ③

[보기]

그곳(부친에게 물려받은 별장)에는 씨 뿌려 식량을 마련할 만한 밭이 있고, 누에를 쳐서 옷을 마련할 만한 뽕나무가 있고, 먹을 물이 충분한 샘이 있고, 땔감을 마련할 수 있는 나무들이 있다. 이 네 가지는 모두 내 뜻에 흡족하기 때문에 그 집을 '사가(四可)'라고 이름을 지은 것이다.

녹봉이 많고 벼슬이 높아 위세를 부리는 자야 얻고자 하는 것은 무엇이든지 얻을 수 있지만, 나같이 곤궁한 사람은 백에 하나도 가능한 것이 없었는데 뜻밖에도 네 가지나 마음에 드는 것을 차지하였으니 너무 분에 넘치는 것은 아닐까? 기름진 음식을 먹는 것도 나물국에서부터 시작하고, 천리를 가는 것도 문 앞에서 시작하니, 모든 일은 점진적으로 되는 것이다.

내가 이 집에 살면서 만일 전원의 즐거움을 얻게 되면, 세상일 다 팽개치고 고향으로 돌아가 태평성세의 농사짓는 늙은이가 되리라. 그리고 밭을 갈고 배[腹]를 두드리며 성군(聖君)의 가르침을 노래하리라. 그 노래를 음악에 맞춰 부르며 세상을 산다면 무엇을 더 바랄 게 있으랴.

-이규보, 「사가재기(四可齋記)」-

– 일단 지문과 비교하기 위해 〈보기〉를 읽어봅시다. 내용은 지문과 비슷하네요. '자연'에 대응되는 '별장'은 약간 곤궁하지만, 그곳에서 행복을 찾을 수 있을 거라고 하고 있는 거죠! 주제 자체가 지문과 다르지 않으니 어렵지 않게 읽어낼 수 있겠어요.

① 윗글과 〈보기〉는 모두 지배층의 핍박으로부터 도피하기 위해 선택한 자연 은둔의 삶을 제시하고 있다.

선지 유형	근거가 없어서 허용 불가능
실전에서의 판단 과정	지배층의 핍박이 어디 있어.
해설	모두 자연에서 사는 건 맞는데, 그 이유가 '지배층의 핍박'으로부터 도피하기 위해서는 아니죠? 도저히 허용할 만한 근거가 없습니다.

② 윗글과 〈보기〉는 모두 불우한 처지에서 점진적으로 벗어날 수 있으리라는 낙관적 태도를 보여 주고 있다.

선지 유형	근거가 없어서 허용 불가능
실전에서의 판단 과정	애초에 불우한 처지가 있긴 하나?
해설	두 작품의 화자는 모두 자신이 '불우한 처지'에 있다고 생각하지 않아요. 그저 자연 속에서 행복할 뿐입니다.

③ 윗글과 〈보기〉는 모두 유교적 가치를 존중하면서 한 개인으로서의 소망을 이루려는 모습을 드러내고 있다.

선지 유형	근거가 있어서 허용 가능
실전에서의 판단 과정	임금님이랑 성군 이야기했으니 유교적 가치 허용되겠다.
해설	윗글에서는 '임금'을, 〈보기〉에서는 '성군'을 이야기하고 있습니다. 이 정도의 근거라면 '유교적 가치 존중'이라는 말을 충분히 허용할 수 있겠죠? '한 개인으로서의 소망'은 자연 속에서 행복하자는 내용의 주제 그 자체라고 할 수 있구요.

④ 윗글은 〈보기〉와 달리 삶의 물질적 여건이 마련된 후에야 자연의 즐거움을 누릴 수 있음을 강조하고 있다.

선지 유형	근거가 없어서 허용 불가능
실전에서의 판단 과정	물질적 여건을 언제 이야기했어.
해설	윗글은 처음부터 끝까지 '자연 좋아!'라는 이야기만 하고 있습니다. '물질적 여건'에 대한 이야기를 할 여지가 없어요.

⑤ 윗글은 속세에 있으면서 자연을 동경하는 인간을, 〈보기〉는 자연에 있으면서 속세를 그리워하는 인간을 형상화하고 있다.

선지 유형	근거가 있어서 허용 불가능
실전에서의 판단 과정	속세를 그리워하는 건 주제에 반대되잖아.
해설	두 작품은 모두 자연 속에 살면서 자연을 동경한다는 주제를 가지고 있습니다. '속세를 그리워한다'는 건 이 주제를 역행하는 내용이네요.

몰랐던 어휘 정리하기

| **핵심 point** |

① **허용 가능성 평가** : 선지의 내용을 '허용'하려는 태도를 바탕으로 지문을 '독해'하며 '근거'를 찾아야 합니다. 허용할 수 있는 '근거'가 있어야만 허용할 수 있습니다. 주관적인 생각을 개입시키면 안 됩니다.
② **필수 고전시가** : 대부분의 교과서에 실려 있을 정도로 필수적인 고전시가들은 그 내용을 아주 디테일하게 물어보는 경우가 많습니다. 확실하게 정리해두도록 합시다.

| **지문 내용 총정리** |

그리 어렵지는 않았지만, '도산십이곡'에 대한 공부가 되어 있지 않았다면 당황할 만한 선지들이 조금 있었습니다. 이 정도의 필수 고전시가는 완벽하게 공부하도록 합시다.

〈보기〉 확인

— [보기] —

「도산십이곡」에서 강호는 자연의 이치와 인간이 지향하는 이치가 일치된 이상적 공간으로, 「지수정가」에서 강호는 자연에서 생활하면서 자연의 가치를 새롭게 발견할 수 있는 공간으로 나타난다. 「도산십이곡」에서는 조화로운 자연과 합일하는 화자가 등장하며, 「지수정가」에서는 자연의 구체적인 모습을 묘사하며 자연의 가치를 확인한 화자가 등장한다.

(가)와 (나)의 주제를 제시하는 〈보기〉입니다. 핵심은 '자연과의 교감'이죠? 구체적으로 (가)에는 '조화로운 자연과 합일'하는 모습이, (나)에는 '자연의 가치를 확인'하는 모습이 드러납니다. 특히 (가)의 경우 필수 고전시가 그 자체인 '도산십이곡'이니, 어렵지 않게 읽어낼 수 있겠네요.

— [보기] —

겸재는 산을 그리면서도 뺄 건 빼고 과장할 것은 과장하면서 필요한 경우에는 자리를 옮겨 가면서까지 자신이 생각하는 구도로 풍경을 재구성하였다. 한 폭의 그림 속에서 물과 바다, 하늘과 땅, 그리고 정자와 인간을 포함한 모든 대상이 화가의 시선에 의해 재구성되어 회화의 구도상 의미를 지닌 자리에 놓일 때야말로 진정한 그림의 요체가 드러나기 때문에, 겸재의 그림은 실물과 똑같이 그리는 것이 능사가 아니라는 점을 증명하고 있다.

(다) 작품과 관련된 내용입니다. 다른 건 일종의 '지식 전달'이기에 굳이 읽을 필요가 없어 보이지만, '겸재의 그림'에 대한 내용은 지문의 주제와도 연관될 것이니 확실하게 체크할 필요가 있네요. 실물과 똑같이 그리는 것에 집착하지 않는 모습이 나타날 것입니다. 이를 미리 생각하면서 읽어 보면 되겠어요.

(가)

이런들 어떠하며 저런들 어떠하료
초야우생(草野愚生)이 이렇다 어떠하료
하물며 천석고황(泉石膏肓)을 고쳐 므슴하료

〈제1수〉

연하(烟霞)로 집을 삼고 풍월(風月)로 벗을 삼아
태평성대에 병으로 늙어 가네
이 중에 바라는 일은 허물이나 없고자

〈제2수〉

춘풍(春風)에 화만산(花滿山)하고 추야(秋夜)에 월만대(月滿臺)라
사시 가흥(佳興)이 사람과 한가지라
하물며 어약연비(魚躍鳶飛) 운영천광(雲影天光)이야 어느 끝이 있으리

〈제6수〉
-이황, 「도산십이곡」-

[A]

전형적으로 '자연 좋아!'만을 외치는 필수 고전시가 '도산십이곡'입니다. 사실 미리 정리가 되었어야 하는 부분이기 때문에, 가볍게 넘어갈 수 있겠네요. '천석고황' 같은 표현에만 주목하면 되겠죠?

(나)

산가(山家) 풍수설에 동구 못이 좋다 할새
십 년을 경영하여 한 땅을 얻으니
형세는 좁고 굵은 암석은 많고 많다
옛 길을 새로 내고 작은 연못 파서
활수*를 끌어 들여 가는 것을 머물게 하니
맑은 거울 티 없어 산 그림자 잠겨 있다
천고(千古)에 황무지를 아무도 모르더니
일조(一朝)에 진면목을 내 혼자 알았노라
처음의 이 내 뜻은 물 머물게 할 뿐이더니
이제는 돌아보니 가지가지 다 좋구나
백석은 치치(齒齒)하여 은도로 새겨 있고
벽류는 콸콸 흘러 옥 술잔을 때리는 듯
첩첩한 산들은 좌우의 병풍이요
빽빽한 소나무는 전후의 울타리로다
구곡 상하대는 층층이 둘러 있고
삼경(三逕) 송국죽(松菊竹)은 줄지어 벌여 있다

[B]

하물며 바위 벼랑 높은 위에 노송이 용이 되어 구부려
누웠거늘
　　운근(雲根)을 베어 내고 작은 정자 붙여 세워
　　띠 풀로 지붕 이고 자르지 않으니 이것이 어떤 집인가
　　남양의 제갈려인가 부이의 와룡암인가*
　　다시금 살펴보니 필굉 위언의 그림의 것이로다
　　무릉도원을 예 듣고 못 봤더니
　　이제야 알겠구나 이 진짜 거기로다
-김득연, 「지수정가」-

* 활수 : 흐르는 물.
* 남양의 제갈려, 무이의 와룡암 : 옛 현인이 은거한 거처.

밑줄 친 부분 위주로 읽으면, '자연의 가치 확인'이라는 주제를 확실하게 확인할 수 있을 것 같습니다. 어차피 이 이상의 해석은 선지에서 도와 줄 것이니, 이 정도로 처리하고 넘어가면 되겠어요.

(다)
　　내 초로의 **어느 가을날**, 나는 겸재가 동해안을 따라 내려가면서 동해 승경을 화폭에 옮겼던 월송정, 망양정, 청간정, 성류굴을 일삼아 떠돌아다녔다. **망양정**은 〈옛 기성면의 바닷가에서 지금의 근남면 산포리로 옮겨 세운 지가 140여 년이 넘어, 기성면의 옛 망양정 자리는 도로 공사로 단애의 허리가 잘리워 나가, 바닷물은 단애 끝으로부터 멀찌감치 쫓겨났고 그 사이는 시멘트 칠갑이 되어 있었다. 정자 터는 사방이 깎여져 나갔고 화폭 속의 소나무 숲도 베어져 버린 채, 그 언덕은 그저 무의미한 흙더미로 변해 있었다. 마을의 고로(古老)들도 그곳에 들어서 있던 정자를 본 일은 없었고, 다만 그들의 증조나 고조로부터 전해 오는 구전에 의해 그 흙더미가 망양정 옛터였음을 옮길 뿐이었다.〉

'어느 가을날', 글쓴이는 '겸재'가 그림을 그리기 위해 돌아다녔던 장소들을 둘러보고 있습니다. 이때 '망양정'에 주목하는 모습이에요. 〈 〉 표시한 부분은 망양정의 풍경을 묘사하는 부분이니, 굳이 꼼꼼하게 읽을 필요가 없겠죠? 이곳이 '망양정'의 흔적을 찾기 어려울 정도로 변했다는 것만 체크한다면 충분하겠습니다.

겸재의 화폭을 마음속에 앞세우고 겸재 실경산수(實景山水)의 자리를 찾을 적에 그곳에 옛 정자가 이미 오래전에 없어져 버린 그 허전한 사태는 그다지 허전하지 않았다. 왜 그런가. 현실 속의 정자에 오르면 화폭 속의 정자는 보이지 않는다. 육신의 눈을 앞세워 정자를 찾아오는 자에게는 풍경 전체 속에서 인간세의 위치와 규모를 대표하는 상징으로서의 정자는 보이지 않는다.

이렇게 '망양정'이 사라진 것을 보면 아쉬울 만도 한데, 글쓴이는 '그다지 허전하지 않았다'는 반응을 보이고 있어요. 그리고 그 이유로 '현실 속의 정자'에서는 '화폭 속의 정자'를 볼 수 없음을 들고 있어요. 조금 이상한 말인 것 같기도 하지만, 〈보기〉를 통해 얻은 주제를 바탕으로 이해할 수 있어야 합니다. 〈보기〉에 따르면 '겸재의 그림'은 실물과 똑같이 그리는 것을 중요시하지 않았다고 했어요. '겸재'의 뜻을 따르는 글쓴이는, 어차피 진짜 '망양정'이 있었다고 해도 그것은 '화폭 속의 정자'와는 다를 것이기에 허전하지 않다는 내면세계를 가지고 있는 것입니다. 이처럼 '주제' 중심으로 읽으면 어렵지 않게 이해할 수 있겠죠?

[C]
　　먼 산을 그릴 때 그는 그 산과 인간 사이의 거리를 그리는 것이 아니라, 그 거리를 들여다보는 시선의 깊이를 그린다. 먼 것들은 원근상의 거리에 의해 격리되는 것이 아니라, 깊이에 의해 자리 잡는다. 겸재의 화폭 속에서 풍경은 가깝다는 이유만으로 사실성을 부여받지 않고 또 멀다는 이유만으로 사실성을 박탈당하지 않는다. 대체로 그의 그림 속에서는 인간과 인간에 직접 관련된 것들 - 정자, 집, 배, 나귀, 가마, 화분, 성곽 같은 것들이 비교적 명료한 사실성을 띠고 있지만, 그 사실성은 원근에 의해 정립되는 사실성이 아니라, 세계를 관찰하는 인간과의 관계 속에서 정립되는 사실성이다.
-김훈, 「겸재의 빛」-

마지막까지 주제를 강조하고 있습니다. 실물과 닮게 그려서(원근에 의해) 얻는 '사실성'이 아니라, '세계를 관찰하는 인간과의 관계' 속에서 정립되는 '사실성'이 중요하다는 것이 진짜 하고 싶은 말이었네요.

선지	①	②	③	④	⑤
선택률	76%	3%	13%	5%	3%

25 (가)~(다)의 공통점으로 가장 적절한 것은? ①

① 대상에 주목하여 대상과 관련된 가치를 추구하는 자세를 나타내고 있다.

선지 유형	근거가 있어서 허용 가능
실전에서의 판단 과정	주제네.
해설	'자연'에 대한 가치를 추구하는 것, '망양정'에 주목하며 그와 관련된 '겸재의 그림'이 가진 가치를 추구하는 것. 이 지문들의 주제 그 자체를 나타낸 선지입니다. 역시 공통점 문제의 정답은 거시적인 차원에서 나오는 모습이네요.

② 부정적인 현실을 비판하며 좌절을 극복하려는 의지를 부각하고 있다.

선지 유형	근거가 없어서 허용 불가능
실전에서의 판단 과정	비판, 좌절은 이 지문들이랑 너무 안 맞다.
해설	1번 선지 해설에서 언급했듯이, 이 지문들은 '자연'이나 '겸재의 그림' 같은 대상의 가치를 높게 평가하고 있었습니다. '현실 비판', '좌절 극복' 같은 표현을 허용할 만한 근거를 찾을 수가 없어요.

③ 현실을 통찰하며 관용적 삶에 대한 지향을 보여 주고 있다.

선지 유형	근거가 없어서 허용 불가능
실전에서의 판단 과정	관용적 삶을 왜 지향해.
해설	지금의 현실이 어떠하다고 '통찰'하거나, 모든 걸 수용하자는 '관용적 삶'을 지향하거나 하는 모습은 나온 적이 없습니다. 아무리 허용을 하려 해도 근거를 찾을 수가 없네요.

④ 계절감을 활용하여 환경의 다양한 변화를 표현하고 있다.

선지 유형	근거가 없어서 허용 불가능
실전에서의 판단 과정	아 찾기 귀찮아. 없겠지 뭐.
해설	일단 딱히 기억나지도 않는데, 찾으려니 막막합니다. 그냥 넘어가도 될 것 같아요. 1번 선지라는 확실한 정답을 체크했으니까요. 물론 제대로 찾아 보면, (가)의 6연에서 확인할 수 있죠? '춘풍'에서 '추야'로 계절이 바뀌면서 '화만산'하던 것이 '월만대'하게 되었습니다. 다만 (나)와 (다)에서는 눈을 씻고 찾아봐도 '환경의 변화'를 표현한 부분을 찾기 어렵네요.

⑤ 가상의 상황을 제시하여 환상적 분위기를 강화하고 있다.

선지 유형	근거가 없어서 허용 불가능
실전에서의 판단 과정	가상의 상황 뭐?
해설	'가상의 상황 제시'나 '환상적 분위기' 역시 드러나지 않았습니다. 혹시나 한 지문 정도에 드러난다고 해도, 너무나 미시적인 내용이니 정답 선지가 되기는 어렵겠어요.

선지	①	②	③	④	⑤
선택률	1%	7%	4%	5%	83%

26 [A], [B]에 대한 설명으로 적절하지 <u>않은</u> 것은? ⑤

① [A]의 〈제1수〉 초장은 유사한 어휘의 반복을 통해 리듬감을 형성하고 있다.

선지 유형	근거가 있어서 허용 가능
실전에서의 판단 과정	어떠하료.
해설	굳이 설명할 필요도 없는 선지죠?

② [A]의 〈제2수〉 초장은 〈제1수〉 종장의 시상을 이어받아 자연 친화적인 모습을 드러내고 있다.

선지 유형	근거가 있어서 허용 가능
실전에서의 판단 과정	둘 다 자연 좋다는 이야기지.
해설	〈제1수〉 종장은 '자연으로 인해 얻은 병을 고쳐 무엇하냐'라는 뜻입니다. 여기서의 시상은 '자연 친화적인 모습'이라고 할 수 있고, 이를 〈제2수〉 초장에서 자연을 즐기는 모습으로 이어받고 있네요. 필수 고전시가 관련 문제답게, '천석고황'의 뜻을 당연히 알 것이라고 생각하고 출제하는 모습이죠?

③ [B]에서는 '산 그림자'가 담긴 '작은 연못'의 경관을 묘사하여 깨끗한 자연의 형상을 보여 주고 있다.

선지 유형	근거가 있어서 허용 가능
실전에서의 판단 과정	맑은 거울 같다고 했으니 깨끗하다는 거 맞지.
해설	'작은 연못'이 '산 그림자'를 잠기게 할 수 있는 것은, 그곳이 '맑은 거울'처럼 티 없기 때문이었습니다. '티 없다'라는 표현을 근거로 하면, '깨끗한 자연의 형상'은 어렵지 않게 허용할 수 있겠죠.

④ [A]의 '집을 삼고'와 '벗을 삼아'는 화자와 대상의 가까운 관계를, [B]의 '끌어 들여'와 '머물게 하니'는 화자가 대상을 가까이 하려는 행동을 제시하고 있다.

선지 유형	근거가 있어서 허용 가능
실전에서의 판단 과정	표현들이 죄다 가깝게 하려는 것들밖에 없네.
해설	어떤 대상을 '집', '벗'으로 표현한다는 것은 그 대상과의 관계가 가깝다는 것을 드러내는 근거로 보기에 충분해 보입니다. 나아가 '끌어 들여'와 '머물게 하니'는 화자가 '활수'를 자신의 '작은 연못'으로 오게 하는 모습이니, 이를 근거로 대상을 가까이 하려는 행동이라는 표현을 허용할 수 있겠네요.

⑤ [A]의 '허물이나 없고자'는 미래에 대한 화자의 바람을, [B]의 '티 없어'는 대상을 관찰하기 전에 나타난 화자의 심리를 표현하고 있다.

선지 유형	근거가 있어서 허용 불가능
실전에서의 판단 과정	연못 보면서 한 생각이잖아.
해설	일단 [A]의 '허물이나 없고자(한다)'는 미래에 대한 화자의 바람 그 자체라고 할 수 있습니다. 하지만 [B]의 '티 없어'는 '작은 연못'을 보면서 마치 '맑은 거울' 같다는 이야기를 할 때 사용한 표현이죠? '대상을 관찰하기 전'을 허용할 수 없는 근거가 확실하게 존재하니, 쉽게 답으로 고를 수 있겠습니다.

선지	①	②	③	④	⑤
선택률	5%	3%	84%	6%	2%

27 〈보기〉를 바탕으로 (가), (나)를 이해한 내용으로 적절하지 않은 것은? [3점] ③

① (가)의 '초야우생'은 인간이 지향하는 이치와 자연의 이치가 일치된 공간에 존재하는 화자가 스스로를 이르는 말이겠군.

이런들 어떠하며 저런들 어떠하료
초야우생(草野愚生)이 이렇다 어떠하료

선지 유형	근거가 있어서 허용 가능
실전에서의 판단 과정	초야우생은 원래 저런 뜻이지.
해설	필수 고전시가와 관련된 문제답게, 지문의 내용을 깊게 물어 보고 있습니다. '초야우생'은 '시골(자연)에 묻혀 사는 어리석은 사람'이라는 뜻이었죠? 이를 근거로 하면 어렵지 않게 허용할 수 있습니다.

② (나)의 '내 혼자 알았노라'는 자연에서 생활하면서 자연의 가치를 발견한 화자의 심정을 드러내는 말이겠군.

천고(千古)에 황무지를 아무도 모르더니
일조(一朝)에 진면목을 내 혼자 알았노라

선지 유형	근거가 있어서 허용 가능
실전에서의 판단 과정	진면목을 알았다고 했네.
해설	화자는 아무도 모르던 '황무지'의 '진면목'을 '혼자 알았'다고 생각하고 있습니다. '진면목'이라는 표현에서 '가치'를 충분히 허용할 수 있겠고, 화자의 심정이 드러난다는 것은 너무나 당연한 말이죠?

③ (가)의 '천석고황'은 이상적 공간에 다다르지 못한 것에 대한 화자의 아쉬움이, (나)의 '무릉도원'은 현실적 공간을 이상적 공간으로 바라보는 화자의 인식이 나타난 말이겠군.

하물며 천석고황(泉石膏肓)을 고쳐 므슴하료

무릉도원을 예 듣고 못 봤더니
이제야 알겠구나 이 진짜 거기로다

선지 유형	근거가 있어서 허용 불가능
실전에서의 판단 과정	천석고황 저런 뜻 아닌데?
해설	앞에서도 언급했지만, '천석고황'은 자연 속에서의 즐거움을 드러내는 어휘입니다. 이를 근거로 하면 '아쉬움'이라는 해석은 절대 허용할 수 없겠어요. 필수 고전시가의 위력, 확실하게 느낄 수 있겠죠? 한편, '무릉도원'의 경우 화자가 보고 있는 현실적 공간을 '이상적 공간'으로 바라보는 인식이 드러난 어휘라고 할 수 있겠습니다. '무릉도원' 자체가 '이상적 공간'을 의미하니까요.

④ (가)의 '사람과 한가지라'는 자연의 이치와 인간이 지향하는 이치가 다르지 않음을 확인한 화자의 인식이, (나)의 '가지가지 다 좋구나'는 자연의 가치를 확인한 화자의 심정이 나타난 말이겠군.

> 사시 가흥(佳興)이 <u>사람과 한가지라</u>

> 처음의 이 내 뜻은 물 머물게 할 뿐이더니
이제는 돌아보니 <u>가지가지 다 좋구나</u>

선지 유형	근거가 있어서 허용 가능
실전에서의 판단 과정	선지 그 자체로 맞는 말이네.
해설	사람과 '한가지'라는 말, '다 좋구나'라는 말 등을 근거로 하면 '이치가 다르지 않음을 확인', '자연의 가치를 확인한 화자의 심정'과 같은 표현은 너무나 쉽게 허용할 수 있겠습니다.

⑤ (가)의 '춘풍에 화만산하고 추야에 월만대라'는 계절의 양상을 통해 조화로운 자연을, (나)의 '벽류는 콸콸 흘러 옥 술잔을 때리는 듯'은 화자가 발견한 자연의 아름다운 모습을 드러낸 말이겠군.

> <u>춘풍(春風)에 화만산(花滿山)하고 추야(秋夜)에 월만대(月滿臺)라</u>

> <u>벽류는 콸콸 흘러 옥 술잔을 때리는 듯</u>

선지 유형	근거가 있어서 허용 가능
실전에서의 판단 과정	선지 그 자체로 맞는 말이네.
해설	역시 선지 그 자체로 허용할 수 있는 내용들입니다. '조화로운 자연', '자연의 아름다운 모습' 등은 지문의 주제 그 자체이기 때문에 더 확실하게 허용할 수 있겠죠?

선지	①	②	③	④	⑤
선택률	8%	5%	68%	8%	11%

28 ㉠과 ㉡을 이해한 내용으로 가장 적절한 것은? ③

> 운근(雲根)을 베어 내고 ㉠작은 정자 붙여 세워
띠 풀로 지붕 이고 자르지 않으니 이것이 어떤 집인가
남양의 제갈려인가 무이의 와룡암인가*
다시금 살펴보니 필굉 위언의 그림의 것이로다

* 남양의 제갈려, 무이의 와룡암 : 옛 현인이 은거한 거처.

> 망양정은 옛 기성면의 바닷가에서 지금의 근남면 산포리로 옮겨 세운 지가 140여 년이 넘어, 기성면의 ㉡옛 망양정 자리는 도로 공사로 단애의 허리가 잘리워 나가, 바닷물은 단애 끝으로부터 멀찌감치 쫓겨났고 그 사이는 시멘트 칠갑이 되어 있었다.

– ㉠은 화자가 집을 짓기 위해 직접 나무를 베어 만든 정자이고, ㉡은 글쓴이가 긍정적으로 평가하는 '겸재'가 들렀던 장소입니다. 근처 맥락을 독해하면서 선지를 판단할 준비를 해 봅시다.

① ㉠은 화자가 노력을 기울여 만든 인공물이고, ㉡은 글쓴이가 의도하지 않게 찾아낸 장소이다.

선지 유형	근거가 있어서 허용 불가능
실전에서의 판단 과정	망양정은 일부러 찾아간 건데?
해설	일단 (나)의 화자는 '운근'을 베어 내어 '작은 정자'를 붙여 세웠습니다. 이때 '작은 정자'는 '노력을 기울여 만든 인공물'이라고 할 수 있겠죠. 하지만 '망양정'의 경우, '겸재'가 들렀던 장소를 둘러보려는 글쓴이의 의도대로 방문하게 된 장소입니다. 명백한 근거가 있으니 허용하기 어렵겠네요.

② ⑦은 현실에서 명예를 실현하려는 의지를, ⓒ은 현실에서 편의를 실현한 결과를 보여 준다.

선지 유형	근거가 없어서 허용 불가능
실전에서의 판단 과정	명예 이야기를 언제 했냐.
해설	(나)의 화자는 그저 자연의 가치를 높게 평가하고 있을 뿐입니다. '작은 정자' 역시 그런 맥락에서 나온 것이죠? '명예욕'을 보았다는 것을 허용할 만한 근거를 찾기는 어려우니, 가볍게 지워 주시면 되겠습니다. 한편, '옛 망양정 자리'는 '공사'를 통해 '시멘트 칠갑'을 한 공간입니다. 이는 인간들의 편의를 위해 인위적으로 만든 모습이라고 할 수 있겠죠?

③ ⑦은 화자에게 만족하며 머무르는 삶에 대해, ⓒ은 글쓴이에게 허전하지 않은 이유에 대해 생각하게 한다.

선지 유형	근거가 있어서 허용 가능
실전에서의 판단 과정	주제랑 직결되는 내용들이네.
해설	'작은 정자'를 만들고 자연을 즐기던 (나)의 화자는 이곳이 '무릉도원'이라는 생각을 하면서 만족하고 있고, '옛 망양정 자리'를 보던 (다)의 글쓴이는 어차피 망양정이 그대로 있었다고 해도 '화폭 속의 정자'와는 달랐을 것이기에 허전하지 않다는 생각을 했습니다. 간단하게 허용할 수 있네요. 나아가, 이들은 모두 각 작품의 주제와 직결되는 내용이었습니다. 이 선지가 정답이라는 것에 더욱 확신을 가질 수 있었겠죠?

④ ⑦은 화자에게 일상적인 유용성을 상실한 공간이고, ⓒ은 글쓴이에게 본래적인 유용성을 상실한 공간이다.

선지 유형	근거가 있어서 허용 불가능
실전에서의 판단 과정	이들은 유용한 공간이지.
해설	(나)의 화자는 '작은 정자'를 제대로 즐기고 있습니다. 이렇게 '일상적인 유용성'을 가지고 있다는 것을 근거로 하면 '상실'이라는 표현은 절대 허용할 수 없겠네요. 나아가, '옛 망양정 자리'는 (다)의 글쓴이가 '겸재'의 그림과 관련된 생각을 떠올리게 합니다. 이 글쓴이의 입장에서 '본래적인 유용성'이란 '겸재'의

그림에 담긴 뜻을 이해하는 것이기에, 여기서도 '상실'이라는 말을 허용하기는 어렵겠네요.

⑤ ⑦은 화자에게 자신의 삶을 가다듬는 역할을 수행하고, ⓒ은 글쓴이에게 자신의 삶을 비판하는 계기로 작용한다.

선지 유형	근거가 없어서 허용 불가능
실전에서의 판단 과정	자신의 삶을 왜 비판하냐.
해설	일단 '작은 정자'는 (나)의 화자에게 자연을 즐길 수 있게 해 줍니다. 말 그대로 자연을 즐기는 데 도움을 줄 뿐이지, '삶을 가다듬는 역할'을 수행한 적은 없어요. 나아가 '옛 망양정 자리'는 (다)의 글쓴이가 '겸재'의 그림과 관련된 생각을 하게 할 뿐, 자신의 삶을 '비판'하는 계기로 작용하지는 않았습니다. 애초에 자신의 삶을 비판하는 것은 (다)의 주제와도 큰 상관이 없었죠?

선지	①	②	③	④	⑤
선택률	2%	3%	6%	86%	3%

29 〈보기〉를 바탕으로 [C]를 읽은 독자의 반응으로 적절하지 <u>않은</u> 것은? ④

① '먼 산을 그릴 때' 그 거리에 집착하지 않는 까닭은, 실물과 똑같이 그리는 것이 능사가 아니기 때문이겠군.
② '그 거리를 들여다보는 시선의 깊이를 그린다'는 뜻은, 화가가 자신의 시선으로 풍경을 재구성하는 작업이 중요하다는 의미이겠군.
③ '가깝다는 이유만으로 사실성을 부여받지 않'는 까닭은, 대상을 표현할 때 뺄 건 빼고 과장할 것은 과장할 수 있다는 화가의 생각 때문이겠군.
④ '세계를 관찰하는 인간과의 관계 속'에서 사실성이 '정립'되는 까닭은, 화가의 의도에 따라 풍경을 재구성하는 창작 작업을 통해 그림의 요체가 드러나기 때문이겠군.
⑤ '세계를 관찰하는 인간과의 관계 속'에서 사실성이 '정립'되는 까닭은, 화가의 의도에 따라 풍경을 재구성하는 창작 작업을 통해 그림의 요체가 드러나기 때문이겠군.

선지 유형	근거가 있어서 허용 가능
실전에서의 판단 과정	전부 주체 그 자체네.

해설	네 선지 모두, 실물과 똑같이 그릴 필요는 없다는 '겸재' 및 글쓴이의 생각을 그대로 드러내고 있습니다. 이처럼 주제 그 자체를 읊어 주는 선지들은 굳이 지문으로 돌아가지 않고도 허용할 수 있습니다.

④ '인간과 인간에 직접 관련된 것들'을 '비교적 명료한 사실성을 띠'도록 그린다는 뜻은, 대상을 회화의 구도 상 의미를 지닌 자리로 옮겨 풍경의 원근감을 보이는 그대로 실현해야 한다는 의미이겠군.

선지 유형	근거가 있어서 허용 불가능
실전에서의 판단 과정	주제랑 반대네.
해설	한편 이 선지는 '원근감을 보이는 그대로 실현해야 한다는' 이야기를 하고 있습니다. 이는 이 지문의 주제와 정반대되는 것이기에, 절대로 허용할 수 없겠어요. 이 선지에서 말하는 '사실성'은 '원근에 의해 정립되는 사실성'이 아니라 '세계를 관찰하는 인간과의 관계 속에서 정립되는 사실성'이었죠?

몰랐던 어휘 정리하기

| 핵심 point |

① **허용 가능성 평가** : 선지의 내용을 '허용'하려는 태도를 바탕으로 지문을 '독해'하며 '근거'를 찾아야 합니다. 허용할 수 있는 '근거'가 있어야만 허용할 수 있습니다. 주관적인 생각을 개입시키면 안 됩니다.

② **필수 고전시가** : 대부분의 교과서에 실려 있을 정도로 필수적인 고전시가들은 그 내용을 아주 디테일하게 물어보는 경우가 많습니다. 확실하게 정리해두도록 합시다.

③ **고전시가 독해** : 겁먹지 않고, 현대시를 읽듯이 읽어내면 됩니다. 현대시와 마찬가지로, 〈보기〉의 도움 등을 통해 '주제' 위주로 가볍게 읽어내면 되는 거예요. 자세한 해석은 선지가 해줄 겁니다!

④ **수필 독해** : 운문문학과 마찬가지로, 글쓴이가 하고자 하는 말인 '주제'를 파악하는 것이 핵심입니다. 수필이 어렵게 출제될 것을 대비해, 독서 지문을 읽듯이 꼼꼼하게 읽으며 주제를 파악하는 연습을 해야 해요.

〈보기〉확인

---[보기]---

　　선비들의 산수 유람에는 와유(臥遊)와 원유(遠遊)가 있다. **와유**는 일상에서 산수화나 산수 유람의 글 등을 감상하며 국내외의 여러 경치를 간접적인 방식으로 즐기는 것을 말한다. 이와 달리 **원유**는 이름난 경치를 직접 찾아가 실제의 자연을 즐기는 흔치 않은 체험으로, 유교에서 강조하는 호연지기를 기르는 기회가 되기도 하였다.

전형적인 고전시가의 주제인 '자연 감상'에 대한 지문들이 나오나 봅니다. 이러한 자연을 '와유'한다는 것은 간접적으로 즐기는 것이고, '원유'한다는 것은 실제로 즐기는 것이라고 하네요. 어떤 자연을 직간접적으로 즐기고 있는지 한 번 봅시다.

실전적 지문 독해

(가)

비로봉 상상두(上上頭)의 올라 보니 긔 뉘신고
→ 비로봉 상상두에 올라 본 이 누구 있을까

동산(東山) 태산(泰山)이 어ᄂᆞ야 놉돗던고
→ 동산 태산이 얼마나 높더냐

노국(魯國) 조븐 줄도 우리ᄂᆞᆫ 모ᄅᆞ거든
→ 노국 좁은 줄도 우리는 모르거늘

넙거나 넙은 텬하 엇찌ᄒᆞ야 젹닷 말고
→ 넓기도 넓은 천하가 어찌하여 작단 말이냐

어와 뎌 디위ᄅᆞᆯ 어이ᄒᆞ면 알 거이고
→ 저 지위를 어찌하면 알 것인가

오ᄅᆞ디 못ᄒᆞ거니 ᄂᆞ려가미 고이ᄒᆞᆯ가
→ 오르지 못하거니 내려감이 괴이할까

원통골 ᄀᆞᄂᆞᆫ 길로 사자봉을 ᄎᆞ자가니
→ 원통골 가는 길로 사자봉을 찾아가니

그 알픠 너러바회 화룡(化龍)쇠 되어셰라
→ 그 앞의 너러바위 화룡소 되었어라

천 년 노룡(老龍)이 구비구비 서려 이셔
→ 천 년 늙은 용이 굽이굽이 서려 있어

주야의 흘녀내여 창해(滄海)예 니어시니
→ 주야에 흘러내어 창해에 누웠으니

풍운(風雲)을 언제 어더 삼일우(三日雨)를 디련ᄂᆞᆫ다
→ 풍운을 언제 얻어 삼일우를 내릴 것인가

음애(陰崖)예 이온 풀을 다 살와 내여ᄉᆞ라
→ 음애에 이은 풀을 다 살려 내었어라

마하연(摩訶衍) 묘길상(妙吉祥) 안문(雁門)재 너머 디여
→ 마하연 묘길상 안문재 넘어

[A]

외나모 뻐근 ᄃᆞ리 불정대(佛頂臺) 올라ᄒᆞ니
→ 외나무 썩은 다리 불정대 올라가니

천심(千尋) 절벽을 반공(半空)애 셰여 두고
→ 천심 절벽을 반공에 세워 두고

은하수 한 구비ᄅᆞᆯ 촌촌이 버혀 내여
→ 은하수 한 굽이를 촘촘히 베어 내어

실ᄀᆞ티 플텨이셔 뵈ᄀᆞ티 거러시니
→ 실같이 풀어서 베같이 걸었으니

도경(圖經) 열두 구비 내 보매ᄂᆞ 여러히라
→ 도경 열두 굽이가 내 보기엔 여러 개라

이적선(李謫仙)이 이제 이셔 고텨 의논ᄒᆞ게 되면
→ 이적선이 이제 있어 다시 의논하면

여산(廬山)이 여긔도곤 낫단 말 못ᄒᆞ려니
→ 여산이 여기보다 낫다는 말은 못할 거다

산중을 미양 보랴 동해로 가쟈ᄉᆞ라
→ 산중을 매양 볼까 동해로 가자

남여(籃輿) 완보(緩步)ᄒᆞ야 산영루(山映樓)의 올나ᄒᆞ니
→ 수레 완보하여 산영루에 오르니

영롱벽계(玲瓏碧溪)와 수성제조(數聲啼鳥)ᄂᆞᆫ 이별을 원(怨)ᄒᆞᄂᆞᆫ 듯
→ 영롱벽계와 수성제조는 이별을 원망하는 듯하다

-정철, 「관동별곡」-

기본적으로 '관동별곡'이라는 필수 고전시가의 내용은 확실하게 알아두셔야 합니다. 강원도 지역의 여러 곳을 돌아다니면서 보고 느낀 것을 기록한 작품인데, 고전시가라면 으레 가지고 있는 주제인 '자연 예찬'과 '임금에 대한 충성'이 잘 담겨 있습니다.

사실 다른 내용은 '공간의 변화' 정도에만 신경쓰면서 위의 현대어 풀이 정도로만 읽어주시면 되는데, 미리 공부한 게 아니라면 알고 있기 어려운 내용들도 존재합니다. 하나씩 정리해보겠습니다.

1) 비로봉

공자는 동산에 올라가서 아래를 내려다보더니 '노나라가 작다'라고 말했던 적이 있습니다. 비행기를 타거나 높은 빌딩에서 아래를 볼 때, 사람들이나 건물들이 작아보이는 것 같은 느낌을 공자도 느낀 겁니다. 그러다 동산보다 높은 '태산'에 올라가서는 '천하가 작구나'라고 말했다고 합니다. 속세의 것들이 작아 보인다는 이야기는, 그만큼 공자가 큰 깨달음과 안목을 지녔다는 이야기였겠죠.

다시 이 작품으로 돌아옵시다. 정철은 금강산의 최고봉인 '비로봉'을 바라보고 있습니다. 이때 위에서 말한 공자의 고사를 떠올리면서, '내가 보기엔 노나라(노국=중국의 작은 나라)도 커 보이는데, 천하가 작다고?'라고 되묻고 있습니다. 그러면서 세상을 굽어보는 '뎌 디위(공자의 경지)'에 감탄하고 있어요. 이후 '어차피 못 올라가니까 내려가지 뭐~'(오르디 못ᄒᆞ거니 ᄂᆞ려가미 고이ᄒᆞᆯ가)라고 말하는데, 이는 '비로봉 상상두'를 올라가기엔 너무 힘드니까 그냥 밑으로 내려가자는 이야기로 이해할 수도, '공자의 지위'에 어차피 다다를 수 없으니까 그런 경지까지 가는 것은 포기하자는 이야기로 이해할 수도 있을 것 같습니다.

공자에 대한 이야기가 지문에도, 〈보기〉에도 없다는 것은 평가원 입장에서 당연히 이 정도는 알고 있을 것이라 생각했기 때문이라고 볼 수 있겠습니다. 이를 모른다면 답을 고르기 상당히 어려웠을 텐데, 2010학년도 6월 모의평가에는 다음과 같은 선지가 출제되기도 했습니다.

> ② '비로봉'에 오르는 행위의 의미를 성인의 체험에 빗대어 생각하고 있다.

이 시험에서도 '비로봉'에 대한 〈보기〉나 추가적인 설명이 제시되지 않았는데, 아무렇지 않게 출제하여 맞는 선지로 처리하는 모습이었어요. 이를 모른다면 '성인의 체험'을 허용할 근거가 없어 틀린 선지로 처리할 수밖에 없었겠죠.

2) 여산

다음은 '여산'입니다. 당나라의 유명한 시인인 '이백(이적선)'은 「망여산폭포」라는 작품에서 '여산'이라는 중국의 산에 있는 폭포의 아름다움을 예찬했었어요. 금강산의 풍경을 바라보던 정철은 만약 이백이 살아 돌아오더라도 '여산'이 여기보다 낫다고 말하지 못할 것이라는 이야기를 하고 있는 겁니다. 그만큼 '금강산'의 풍경이 아름답다는 뜻이겠죠? 포인트는 여기서 '여산'이 화자의 여정 속에 있는 곳이 아니라 중국에 있는 산이라는 것을 알고 있어야 한다는 것입니다. 평가원은 이를 당연히 알고 있다고 생각하거든요. 역시 2010학년도 6월 모의평가를 볼까요?

33 윗글을 바탕으로 금강산 답사를 계획하였다. 윗글의 내용을 잘못 이해한 것은?

> ③ '진헐디'에서 '여산' 쪽을 바라보며 변화무쌍한 경치를 즐겨본다.

이 선지는 틀린 선지입니다. 화자는 '여산' 쪽을 바라보고 있지 않기 때문이죠. 물론 이를 모르더라도 '여긔도곤 낫단 말 못ᄒᆞ려니'를 독해하여 '바라보는 게 아니라 그냥 생각하는 것이다.'라는 생각으로 지워낼 수는 있겠지만, 알았다면 더욱 쉽고 빠르게 해결이 가능했을 겁니다.

이처럼 '관동별곡'급의 필수 고전시가들은, 그 내용을 당연히 알고 있다고 가정하고 출제하는 경우가 많습니다. 나아가 필수 고전시가들을 공부하는 것만으로 다른 처음 보는 고전시가들의 내용을 파악하는 데에도 큰 도움을 받을 수 있어요. 꼭 정리해야겠죠? "P.I.R.A.M 국어 – 필수 고전시가"와 함께 하시면 됩니다^^

글쓴이는 '한라산'을 보러 간 것 같습니다. 그런데 '검은 안개'가 몰려오는 등 날씨가 심상치 않아요. 이런 경우 그냥 하산하는 것이 좋을 텐데, 만약 여기까지 와서 한라산의 진면목을 보지 못한다면 웃음거리가 될까봐 걱정하는 모습을 보이고 있습니다. 그렇다면 이렇게 궂은 날씨에도 그냥 올라가겠다는 것이겠죠? 너무 위험할 것 같은데 미쳤다고 생각하면서 계속 읽어봅시다.

> 마음을 굳게 먹고 곧장 수백 보를 전진해 북쪽 가의 오목 한곳에 당도하여 굽어보니, 상봉이 여기에 이르러 갑자기 가운데가 터져 구덩이를 이루었는데 이것이 바로 백록담이었다. 주위가 1리 남짓하고 수면이 담담한데 반은 물이고 반은 얼음이었다. 홍수나 가뭄에도 물이 줄거나 불지 않는데, 얕은 곳은 무릎에, 깊은 곳은 허리에 찼으며 맑고 깨끗하여 조금의 먼지기운도 없으니 은연히 신선이 사는 듯하였다. 사방을 둘러싼 봉우리들도 높고 낮음이 모두 균등하니 참으로 천부의 성곽이었다.

그렇게 마음을 굳게 먹고 열심히 걸어 올라갔더니, '백록담'에 도착한 모습입니다. 그곳의 풍경은 당연히 멋지겠죠. 다행히 날씨 때문에 위험해지는 일은 없었네요.

> 석벽에 매달려 백록담을 따라 남쪽으로 내려가다가 털썩 주저앉아 잠깐 휴식을 취했다. 일행은 모두 지쳐서 남은 힘이 없었지만 서쪽의 가장 높은 봉우리가 최고봉이었으므로 조심스럽게 조금씩 올라갔다. 그러나 따라오는 자는 겨우 세 명뿐이었다.
>
> [B] 　최고봉은 평평하게 퍼지고 넓어서 그리 아찔해 보이지는 않았으나, 위로는 별자리에 닿을 듯하고 아래로는 세상을 굽어보며, 좌로는 부상(扶桑)*을 돌아보고 우로는 서쪽 바다를 접했으며, 남으로는 소주와 항주를 가리키고 북으로는 내륙을 끌어당기고 있었다. 그리고 옹기종기 널려 있는 섬들이 큰 것은 구름 조각 같고 작은 것은 달걀 같아 놀랍고 괴이한 것들이 천태만상이었다.
>
> * 부상 : 해가 뜨는 동쪽 바다.

그렇게 '백록담'을 따라 내려가다가 잠깐 쉬고, 다시 '최고봉'으로 올라가는 모습입니다. 따라오는 자가 겨우 세 명이라는 것으로 보아 정말 힘든 길이었나보네요.

하지만 도착한 '최고봉'의 풍경은 역시 멋집니다. 자연 풍경은 무조건 긍정적으로 묘사하게 된다는 것을 생각하면 어렵지 않게 이

해하면서 읽을 수 있을 것 같습니다.

> 『맹자』의 "바다를 본 자에게는 다른 물이 물로 보이지 않으며 태산에 오르면 천하가 작게 보인다."라는 말에 담긴 성현의 역량을 이로써 가히 상상할 수 있다. 또 소동파에게 당시에 이 산을 먼저 보게 하였다면 그의 이른바, "허공에 떠 바람을 다스리고 신선이 되어 하늘에 오른다."라는 시구가 적벽에서만 알맞지는 않았을 것이다.
> 　이어서 "낭랑하게 읊조리며 축융봉을 내려온다."라는 주자의 시구를 읊으며 백록담 가로 되돌아오니, 하인들이 이미 정성스럽게 밥을 지어 놓았다.
>
> –최익현, 「유한라산기」–

이렇게 자연에서 멋진 풍경을 봤으면, 고사 몇 가지 떠올리는 건 너무나 자연스럽겠죠? 여러 가지를 떠올리면서 '백록담'으로 돌아왔더니 하인들이 밥을 지어놓은 모습입니다. 팔자 좋게 한라산을 구경하는 글쓴이의 여정이 드러나는 작품이었네요.

선지	①	②	③	④	⑤
선택률	3%	3%	8%	83%	3%

30 ㉠~㉤에 대한 이해로 가장 적절한 것은? ④

– 순수하게 '해석을 제대로 할 수 있냐'를 물어보는 악랄한 문제입니다. 각주도 주지 않아서, 정확하게 풀어내려면 '관동별곡' 자체에 대한 지식이 필요해요. 요즘 수능 문학은 웬만해서는 해석 자체를 묻는 문항이 출제되지 않지만, '필수 고전시가' 문제에 한해서는 해석을 묻는 문제를 자주 출제합니다. 필수 고전시가 공부가 반드시 필요한 이유 중 하나가 여기에 있어요.

① ㉠ : 여행에 대한 경륜과 많은 지식을 가지고 있음을 반어적으로 표현하고 있다.

> ㉠노국(魯國) 조븐 줄도 우리는 모르거든

선지 유형	근거가 없어서 허용 불가능
실전에서의 판단 과정	공자 이야기하는 거잖아?
해설	'노나라가 좁은 줄도 모르겠는데, 천하가 어떻게 작다는 말이냐?'라는 뜻의 구절입니다. 천하가 작다는 공자의 말을 인용한 부분인데, 이 구절을 화자의 '많은 지식'으로 연결 지을 근거는 전혀 없죠. 오히려 공자에 비해 식견이 좁은 자신을 낮추는

표현이라고 할 수 있겠습니다.

② ⓛ : 정치적 포부를 펼칠 만큼 높은 지위에 이르지 못한 데 대한 불만을 우회적으로 드러내고 있다.

ⓛ어와 뎌 디위롤 어이ᄒ면 알 거이고

선지 유형	근거가 없어서 허용 불가능
실전에서의 판단 과정	공자한테 감탄하는 거잖아?
해설	1번 선지와 이어지는 부분으로, 천하가 좁다고 말한 '공자의 지위(경지)'를 알지 못하겠다는 감탄의 말입니다. 이를 화자의 '포부'나 '불만'으로 해석할 근거는 전혀 없어요.

③ ⓒ : 자신에게 험난한 역경이 다가오고 있음을 자연현상에 비유하여 표현하고 있다.

ⓒ풍운(風雲)을 언제 어더 삼일우(三日雨)를 디련ᄂ다

선지 유형	근거가 없어서 허용 불가능
실전에서의 판단 과정	임금님 은혜 이야기하는 건데 무슨 소리야.
해설	이 구절은 '용아, 풍운을 언제 얻어 삼일(임금님의 은혜)를 내려줄거니?' 정도로 해석이 됩니다. 어떻게 알 수 있냐구요? 필수 고전시가를 공부했다면 이 정도는 당연하게 알 수 있다니까요! 이 정도를 알고 있지 않다면 반드시 필수 고전시가 공부에 나서야 합니다.

④ ⓔ : 거쳐 온 곳을 열거하면서 행위를 나타내는 서술어를 최소화하여 여정을 압축적으로 표현하고 있다.

ⓔ마하연(摩訶衍) 묘길상(妙吉祥) 안문(雁門)재 너머 디여

선지 유형	근거가 있어서 허용 가능
실전에서의 판단 과정	서술어가 생략되었으니 압축적이라고 볼 수 있지.
해설	그래도 정답 선지인 4번 선지는 쉽게 출제한 모습이네요. '마하연에 갔다가 묘길상을 지나 안문재를 넘어갔다~' 이런 식으로 써야 할 텐데, 행위를 나타내는 이러한 서술어들을 생략하고 있으니 이를 근거로 '압축적 표현'을 허용할 수 있네요.

⑤ ⓜ : 이동하는 모습을 과장되게 묘사하여 자신의 권위를 강조하고 있다.

ⓜ남여(籃輿) 완보(緩步)ᄒ야 산영루(山映樓)의 올나ᄒ니

선지 유형	근거가 없어서 허용 불가능
실전에서의 판단 과정	딱히 과장하고 있지는 않은데?
해설	일단 '남여'는 '가마'를 말해요. '완보'는 '천천히 감'이라는 뜻이구요. 알아둡시다! 가마 타고 천천히 산을 오르는 모습이니, '과장된 묘사'를 허용할 만한 근거를 찾기는 어렵죠? 산에 가마를 타고 갈 정도라면 '권위 강조' 정도는 충분히 허용할 수 있겠지만 말이에요.

FAQ

ⓠ 가마를 타고 산에 가는 게 말이 되나요? 이 정도면 과장한 거 아닌가요..?

ⓐ 조선 초중기 양반의 권위는 정말 대단했습니다. 하인들이 가마를 태워서 등산을 시켜주는 것은 당연한 일일 정도로 말이죠. 나아가 '남여 완보'는 워낙 많은 고전시가들에서 확인되는 시어이기 때문에, 고전시가 공부가 되어 있다면 당연하게 '과장'이 아니라고 생각할 수 있어야 합니다.

선지	①	②	③	④	⑤
선택률	2%	3%	4%	7%	84%

31 (나)에 대한 설명으로 적절하지 <u>않은</u> 것은? ⑤

① 기상 상황이 좋지 않음에도 불구하고 등정을 계속하려는 이유를 제시하고 있다.

이곳에까지 와서 한라산의 진면목을 보지 못한다면 이는 바로 산을 쌓는 데 아홉길의 흙을 쌓고도 한 삼태기의 흙을 얹지 못해 완성하지 못하는 것이 되어, 섬사람들의 웃음거리가 되지 않을까 하는 생각이 들었다.

선지 유형	근거가 있어서 허용 가능
실전에서의 판단 과정	섬사람들 웃음거리 되기 싫어서!
해설	1문단에 나왔듯, '섬사람들의 웃음거리'가 되기 싫어서 등정을 계속하는 모습입니다.

② 객관적인 사실에 자신의 소감을 추가하여 백록담의
　모습을 나타내고 있다.

마음을 굳게 먹고 곧장 수백 보를 전진해 북쪽 가의
오목 한곳에 당도하여 굽어보니, 상봉이 여기에 이르러
갑자기 가운데가 터져 구덩이를 이루었는데 이것이 바
로 백록담이었다. 주위가 1리 남짓하고 수면이 담담한데
반은 물이고 반은 얼음이었다. 홍수나 가뭄에도 물이 줄
거나 불지 않는데, 얕은 곳은 무릎에, 깊은 곳은 허리에
찼으며 맑고 깨끗하여 조금의 먼지기운도 없으니 은연
히 신선이 사는 듯하였다. 사방을 둘러싼 봉우리들도 높
고 낮음이 모두 균등하니 참으로 천부의 성곽이었다.

선지 유형	근거가 있어서 허용 가능
실전에서의 판단 과정	백록담 모습 객관적으로 이야기했고, 이어서 자기 생각도 이야기했네.
해설	백록담이 '주위가 1리 남짓'하고 '반은 물이고 반은 얼음'이라는 표현들은 굉장히 객관적이고 사실적인 묘사죠? 그러나 '신선이 사는 듯', '천부의 성곽' 같은 비유적 표현은 글쓴이의 개인적인 감상을 드러내는 것이기에 선지 전체를 허용할 수 있겠습니다. 나아가 자연의 풍경을 보고 자신의 생각을 말한다는 건 지문의 주제를 고려할 때 당연하다는 생각으로 지울 수도 있겠죠?

③ 일행 중 낙오한 이들이 있었음을 밝혀 등정 과정이 힘
　들었음을 드러내고 있다.

석벽에 매달려 백록담을 따라 남쪽으로 내려가다가
털썩 주저앉아 잠깐 휴식을 취했다. 일행은 모두 지쳐서
남은 힘이 없었지만 서쪽의 가장 높은 봉우리가 최고봉
이었으므로 조심스럽게 조금씩 올라갔다. 그러나 따라
오는 자는 겨우 세 명뿐이었다.

선지 유형	근거가 있어서 허용 가능
실전에서의 판단 과정	따라오는 자가 겨우 세 명이면 낙오한 이들이 있다는 거네.
해설	힘들게 올라갔더니 따라오는 자는 겨우 세 명뿐이었다고 합니다. '겨우'라는 표현을 근거로 하면 '낙오한 이들'이 있었다는 말을 허용할 수 있겠죠. 나아가 누군가가 등산 중에 낙오를 했다는 건, 그 길이 그만큼 험하다는 것을 의미한다고 볼 근거로 충분하겠습니다.

④ 최고봉에서 백록담으로 내려오는 과정을 등정 과정에
　비해 간략하게 제시하고 있다.

이어서 "낭랑하게 읊조리며 축융봉을 내려온다."라는
주자의 시구를 읊으며 백록담 가로 되돌아오니, 하인들
이 이미 정성스럽게 밥을 지어 놓았다.

선지 유형	근거가 있어서 허용 가능
실전에서의 판단 과정	내려오는 과정은 짧게 이야기했네.
해설	'마음을 굳게 먹고 수백 보를 전진해 북쪽 가'로 가고, 중간에 쉬기도 하고, 조심스럽게 올라간다는 내용은 등정 과정을 구체적으로 묘사한 것이었어요. 반면 내려오는 과정은 '시구를 읊으며 되돌아왔다' 정도로 간략하게 표현하니, 선지의 내용을 그대로 허용할 수 있겠네요.

⑤ 시구를 낭송하는 모습을 통해 등정 과정에서 있었던
　일행들 사이의 갈등이 해소되었음을 함축적으로 표현
　하고 있다.

이어서 "낭랑하게 읊조리며 축융봉을 내려온다."라는
주자의 시구를 읊으며 백록담 가로 되돌아오니, 하인들
이 이미 정성스럽게 밥을 지어 놓았다.

선지 유형	근거가 없어서 허용 불가능
실전에서의 판단 과정	갈등 해소는 이 지문의 주제와 너무 어긋나는데?
해설	일단 저 시구를 읊은 것은 그냥 기분이 좋아서 그런 것이었고, 애초에 '갈등' 상황이 없었으니 '갈등 해소'도 허용하기 어렵겠죠. 이 지문의 주제는 힘든 등정 과정을 묘사하고 자연을 예찬하는 것이기 때문에, '갈등 해소'라는 말을 허용하기는 매우 어렵겠습니다.

선지	①	②	③	④	⑤
선택률	6%	35%	5%	43%	11%

32 〈보기〉는 (가) 작품의 다른 부분이다. 〈보기〉와 [A], [B]를 비교한 내용으로 가장 적절한 것은? ④

─────[보기]─────

천근(天根)을 못내 보와 망양정(望洋亭)의 올은말이

→ 천근을 못내 봐 망양정에 올랐더니

바다 밧근 하늘이니 하늘 밧근 므서신고

→ 바다 밖은 하늘이니 하늘 밖은 무엇인가

곳득 노흔 고래 뉘라셔 놀내관디

→ 가뜩 노한 고래 누구라서 놀래는가

블거니 쓤거니 어즈러이 구논디고

→ 불거니 뿜거니 어지럽게 구는구나

은산(銀山)을 것거 내여 육합(六合)의 느리는 듯

→ 은산을 꺾어 내어 세상에 내리는 듯

오월(五月) 장천(長天)의 백설(白雪)은 므스 일고

→ 오월 장천의 백설은 무슨 일인가

─────

– 참 이놈의 관동별곡은 끝까지 우리를 놔주질 않네요. 〈보기〉가 관동별곡의 다른 부분이라고 합니다. 산을 떠나 '바다'에 온 모습이네요. 여기서 '육합=세상', '고래, 은산, 백설=파도'라는 것 정도는 알고 계셔야 합니다. 바다의 파도 치는 장관을 감상하는 부분이네요. [A]는 '불정대'에서 감상하는 상황이었죠? 선지 하나하나 따져보도록 합시다.

① [A]와 〈보기〉는 모두 자연이 시간의 흐름에 따라 변화하는 모습을 표현하고 있다.

선지 유형	근거가 없어서 허용 불가능
실전에서의 판단 과정	자연이 변화하지는 않았지.
해설	[A]와 〈보기〉 모두 화자의 눈앞에 보이는 자연을 여러 비유를 사용해 묘사한 것일 뿐, 그 자연이 변한 것은 아닙니다. 허용하기 어렵네요.

② [A]는 지상의 자연물을 천문 현상에 비유하고, 〈보기〉는 천문 현상을 지상의 자연물에 비유하고 있다.

선지 유형	근거가 없어서 허용 불가능
실전에서의 판단 과정	[A]에선 은하수 이야기가 나오는데, 〈보기〉에 천문 현상이 도대체 뭐가 있어?
해설	[A]는 금강산의 경치를 '은하수'라는 천문 현상에 비유하고 있어요. 마치 '은하수 한 굽이를 베어 낸' 것 같이 아름답다는 것이죠. 그런데 〈보기〉에서는 '천문 현상'이라고 볼 만한 내용이 나오지도 않아요. 그저 '하늘 밖', 즉 '우주'를 상상하는 내용만 있을 뿐이죠.

③ [B]와 〈보기〉는 모두 인간의 접근을 허용하지 않는 자연의 냉혹함을 드러내고 있다.

선지 유형	근거가 있어서 허용 불가능
실전에서의 판단 과정	둘 다 인간이 가서 감상하고 있잖아.
해설	'한라산'과 '망양정' 모두 인간이 접근했어요. 그 풍경을 보며 이러한 작품을 남긴 것이죠? 명백한 근거가 있어서 허용할 수 없는 선지네요.

④ [B]는 자연물을 의인화하여 제시하고, 〈보기〉는 자연물의 움직임을 비유적으로 표현하고 있다.

선지 유형	근거가 있어서 허용 가능
실전에서의 판단 과정	세상을 굽어본다는 건 의인화라고 할 수 있겠고, 파도가 여러 가지로 비유되고 있지.
해설	[B]에서는 최고봉이 세상을 굽어보고 내륙을 끌어당기는 등 '사람 같은 모습'을 보이고 있으니 이를 근거로 '의인화'를 충분히 허용할 수 있겠습니다. 또한 〈보기〉에서는 '고래'라는 표현이나 '은산'을 꺾어낸다는 표현, 백설이 내린다는 표현 등으로 '파도'라는 자연물의 움직임을 비유적으로 드러내고 있네요.

⑤ [A]와 [B]에서는 자연의 모습을 관조하고 있고, 〈보기〉에서는 자연을 통해 자신을 반성하고 있다.

선지 유형	근거가 없어서 허용 불가능
실전에서의 판단 과정	둘 다 지문 주제랑 아무 상관이 없네.
해설	'관조'와 '반성'은 자연이 좋아서 신난 이 지문들의 주제를 고려할 때 너무 헛소리죠? 어렵지 않게 지워낼 수 있네요.

선지	①	②	③	④	⑤
선택률	11%	67%	4%	8%	10%

33 〈보기〉를 참조하여 (가), (나)를 감상한 내용으로 적절하지 <u>않은</u> 것은? [3점] ②

① (가)의 화자가 '화룡소'를 보고 감상한 부분은 다른 이들이 같은 장소를 와유할 때 활용될 수 있겠군.

선지 유형	근거가 있어서 허용 가능
실전에서의 판단 과정	화자가 쓴 걸 보고 참고하면 되지.
해설	화룡소를 보고 감상한 부분뿐 아니라, 이 지문의 거의 전부가 다른 사람들의 '와유'에 도움이 되겠죠. 너무나 당연하게 허용할 수 있는 내용입니다.

② (가)의 화자는 와유를 통해 상상하던 '여산'의 모습과 원유를 통해 실제로 바라본 '여산'의 모습을 비교하며 와유의 가치를 확인하고 있군.

선지 유형	근거가 있어서 허용 불가능
실전에서의 판단 과정	여산을 어떻게 실제로 봐.
해설	'여산'은 중국의 산이라고 했습니다. '원유'를 통해 실제로 바라보는 것은 불가능해요. 필수 고전시가답게 디테일한 출제가 이뤄지는 모습입니다. 2010학년도 6월 모의평가의 선지처럼 '여긔도곤 낫단 말 못ㅎ려니'를 독해하여 '바라보는 게 아니라 그냥 생각하는 것이다.'라는 생각으로 지워낼 수는 있겠지만, '여산'이 중국에 있음을 알았다면 더욱 쉽고 빠르게 해결이 가능했을 겁니다. 필수 고전시가 공부가 꼭 필요하다는 것, 이해할 수 있겠죠?

③ (나)의 글쓴이는 원유를 통해 '백록담'에서 실감한 자연의 형세를 묘사하고 있군.

선지 유형	근거가 있어서 허용 가능
실전에서의 판단 과정	실제로 갔으니 원유 맞지.
해설	백록담에 실제로 갔으니 '원유'가 맞고, '백록담'에서 실감한 자연의 형세도 자세하게 묘사하고 있습니다. 애초에 자연을 봤으면 감상문을 자세히 쓰는 게 인지상정이죠.

④ (나)의 글쓴이가 정상에 올라 '성현'의 호연지기를 상상하는 데서 원유가 호연지기를 기르는 기회가 될 수 있음을 알 수 있군.

선지 유형	근거가 있어서 허용 가능
실전에서의 판단 과정	〈보기〉에서 원유하면 호연지기를 기르는 기회가 된다고 했지.
해설	〈보기〉도 선지 판단의 근거가 된다는 것을 한 번 더 보여 주는 선지입니다. 〈보기〉에서는 '원유'가 '호연지기'를 기르는 기회가 되기도 한다고 했어요. 지문에서도 '성현'의 '역량'을 떠올리고 있으니, 이를 근거로 '호연지기'를 충분히 허용할 수 있겠죠?

⑤ (나)의 글쓴이는 '소동파'의 시를 통해 와유했던 적벽의 모습과 원유를 통해 확인한 한라산의 모습을 비교하여 한라산의 아름다움을 강조하고 있군.

선지 유형	근거가 있어서 허용 가능
실전에서의 판단 과정	적벽은 와유한 거고 한라산은 원유한 거 맞지.
해설	글쓴이가 특정 시구를 떠올렸다는 것은, 어딘가에서 그 시구를 본 적이 있다는 뜻이겠죠. 글쓴이가 보았을 그 서적에서 저 시구를 이야기할 때 당연히 '적벽'의 풍경의 제시되었을 테니, 글쓴이는 적벽을 '와유'했다고 할 수 있겠습니다. 한편 한라산을 '원유'한다는 것은 너무나 당연하게 허용할 수 있고, 해당 시구가 '적벽'에서만 알맞지는 않다는 것은 '한라산'에도 알맞다는 말을 내포하고 있겠죠? 이는 '적벽'만큼 '한라산'도 아름답다는 것이므로, 이를 근거로 '아름다움 강조'라는 말을 충분히 허용할 수 있겠습니다.

몰랐던 어휘 정리하기

| 핵심 point |

① **허용 가능성 평가** : 선지의 내용을 '허용'하려는 태도를 바탕으로 지문을 '독해'하며 '근거'를 찾아야 합니다. 허용할 수 있는 '근거'가 있어야만 허용할 수 있습니다. 주관적인 생각을 개입시키면 안 됩니다.

② **필수 고전시가** : 대부분의 교과서에 실려 있을 정도로 필수적인 고전시가들은 그 내용을 아주 디테일하게 물어보는 경우가 많습니다. 확실하게 정리해두도록 합시다.

③ **수필 독해** : 운문문학과 마찬가지로, 글쓴이가 하고자 하는 말인 '주제'를 파악하는 것이 핵심입니다. 수필이 어렵게 출제될 것을 대비해, 독서 지문을 읽듯이 꼼꼼하게 읽으며 주제를 파악하는 연습을 해야 해요.

| 지문 내용 총정리 |

필수 고전시가의 끝판왕격인 '관동별곡'까지 공부를 해 보았습니다. 오늘은 이 지문을 복습하는 것을 넘어서 '관동별곡'에 대한 공부도 추가적으로 하시는 걸 추천드려요. "P.I.R.A.M 국어 – 필수 고전시가" 교재가 있다면 해당 교재로, 없다면 가지고 있는 다른 교재를 활용해서 말이죠! 지겹더라도 꼭 참고 한 번만 관동별곡을 정리하면, 더 이상 고전시가가 두렵지 않을 것이라고 확신합니다.

고전소설은 고통받는 이들에 대한 위로이다.

DAY 26 [1~5]
2022예시 [11~15] 고전소설 '박씨전 / 조보' ☆☆☆

〈보기〉 확인

---[보기]---

　한글 고소설 「박씨전」이 신이한 능력을 지닌 여성을 허구적으로 보여 줌으로써 여성 독자들의 소망에 부응했다면, 한문 야담 「조보」는 현실적이면서 비범한 능력을 지녔던 실재의 여성을 제시함으로써 식자층 남성 독자들의 관심을 끌었다. '박씨'는 남성보다 우월한 능력을 지녔지만 결국 전통적인 부인의 삶에 만족하고, '그녀'도 탁월한 혜안을 지녔지만 서모로서의 삶에 만족한다. 두 작품은 잠재된 능력을 인정받지 못하여 남성에게 종속된 존재로 간주되었던 여성상을 탈피하여 새로운 여성상을 모색했다. 그러나 「박씨전」은 새로운 여성상에 대한 자유로운 상상에, 「조보」는 새로운 여성상에 대한 사회적 제한에 치중했다. 두 작품은 서로 주목하는 바를 달리하여 새로운 여성상을 형상화했다는 점에서 고소설과 야담의 상호 보완성을 잘 보여 준다.

각 작품의 내용을 굉장히 자세하게 서술해주고 있습니다. 둘 다 여성으로서의 삶에 만족하는 '여성 영웅'의 이야기이지만, '박씨전'은 조금 더 '허구적 · 상상적'으로, '조보'는 조금 더 '현실적 · 사회적'으로 표현했다는 차이가 있네요. 이러한 '여성 영웅'의 이야기도 자주 다뤄지니, 익숙해지도록 합시다.

지문 독해

（가）
　일일은 박씨가 계화를 불러 왈, "대감께 여쭐 말이 있으니 아뢰거라."
하니, 계화 명을 받아 공께 아뢰니, 공이 즉시 내당에 들어가 묻기를, "무슨 말인지 듣고자 하노라."
　박씨 아뢰기를, "명일 종로에 각처 사람들이 말을 팔려고 모였을 것이니, 노복에게 그중에서 비루하고 파리하여 모양이 볼 것 없는 말을 삼백 냥을 주고 사 오게 하소서."
　공이 들음에 허황하나 자부가 범인과 다름을 알고 즉시

허락하며 근실한 노복들에게 분부 왈, "명일 종로에 가면 말 장사들이 있을 것이니, 그중에서 비루하고 파리한 말 하나를 삼백 냥을 주고 사 오라."
하며 돈을 주니, 노복들이 받아 가지고 나와 서로 이르되, "대감께서 무슨 연고로 비루하고 파리한 말을 삼백 냥이나 주고 사 오라 하시는고?"
하고 서로 의혹해 하며, 이튿날 삼백 냥을 가지고 종로에 나가 본즉 과연 여러 말이 있더라.

〈보기〉에서 '박씨'는 뭔가 신이한 능력을 가졌다고 했는데, 그런 그녀가 '대감'에게 '여쭐 말'을 전합니다. 그랬더니 '계화'는 '공'을 부르고 있네요. 그렇다면 '대감=공'이라고 정리할 수 있겠죠?

'박씨'의 이야기는 '노복'을 시켜 '종로'에서 가장 볼품이 없는 말 한 마리를 삼백 냥이라는 비싼 값에 사오라는 것이었습니다. 당연히 말도 안되는 이야기라 '들음에 허황'한데, '대감=공'은 '박씨'가 특별하다는 것을 알기 때문에 그 말대로 '노복들'에게 심부름을 시킵니다.

참고로 여기서 '자부'는 '아들의 아내'를 뜻하는 말인데, 이 단어를 몰랐어도 문맥상 '박씨'를 가리킨다는 점을 알아야 합니다! 또한 '명일'이라는 단어가 '내일'을 의미한다는 것도 알아두도록 합시다. 실제로 '명일'에 '종로'로 가라는 이야기를 들은 '노복'들이 '이튿날' 길을 나서고 있으니까요.

아무튼 '노복'들도 일단 '대감'이 시키니까 하긴 하는데, '비루하고 파리한 말'을 비싼 값을 주고 사라는 이야기에 '의혹해 하는' 모습이에요. 여러 등장인물 중 '박씨'만 그 말을 사야 하는 이유를 알고 있고, 여기서부터 박씨가 특별한 사람이라는 암시가 나오네요!

　그중에 비루하고 파리한 말을 골라 임자를 찾아 값을 물으니 임자가 말하기를, "그 말 값은 닷 냥이오. 좋은 말이 많거늘 어찌 저런 용렬한 것을 사려 하시오?"
　노복이 대왈, "우리 대감의 분부가 그러하오."
하니 장사 왈, "그러면 닷 냥만 내고 가져가시오."
하니 노복이 말하되, "우리 대감께서 삼백 냥을 내고 사 오라 하시니 삼백 냥을 받고 주시오."
[A]
　한데, 장사 왈, "본값이 닷 냥인데 어찌 비싼 값을 받으리오?"
하니 노복이 말하되, "대감 분부대로 주는 것이니 여러 말 말고 받으시오."

그렇게 '종로'로 간 '노복'들은 비루하고 파리한 말을 골라 삼백
냥에 사오려고 합니다. 이는 그 말의 '임자'(=장사)가 봐도 말이
안 되는 거래라, 실랑이를 하다가 억지로 백 냥만 주고 나머지는
감추는 '노복'들의 모습입니다. '신이한 능력'을 가진 '박씨'가 가
만히 있을 리가 없겠죠?

노복이 대감에게 말을 사 왔다 아뢰니, 공은 즉시 자부
를 부르니, 박씨 노복에게 말을 가져오라 하며 말을 한참
보다가 말하기를, "말 값이 삼백 냥을 주어야 쓸 데 있거
늘 무지한 노복이 말 장사에게 백 냥만 주고 이백 냥은 감
추었으니 도로 주거라 하옵소서."
　공이 이 말을 듣고 박씨의 신명함을 탄복하고 즉시 **외
당**에 나와 노복들을 불러 꾸짖기를, "너희들이 말 값을 제
대로 주지 않고 백 냥만 주고 왔으니 상전을 기망한 죄는
나중에 중치하려니와 감춘 돈은 말 주인에게 주고 오라.
만일 지체하면 목숨을 보전치 못하리라."
하니 노복들이 사죄 왈, "이같이 명백하시니 어찌 기망하
오리까? 과연 대감 분부대로 말 장사에게 삼백 냥을 준즉
말 값이 닷 냥이라 하고 받지 아니하옵기로 억지로 백 냥
만 주고 이백 냥은 감추었으니, 이렇듯 신령하옵시면 소
인들의 죄는 만사무석이로소이다."
하고 즉시 **종로**에 나가 말 장사를 찾아 돈 이백 냥을 주며
왈, "이 사람아, 주는 돈을 고집하고 받지 아니하더니 우리
등이 상전에게 죄를 당하게 되니 어찌 통분치 아니리오?"
하며 이백 냥을 억지로 맡기고 돌아오더라.

예상했던 그대로입니다. '박씨'는 '노복'들이 말 값을 제대로 치르
지 않았다는 것을 알아챘고, 이에 '탄복'한 '공'이 '노복'들을 꾸짖
는 모습입니다. 결국 '노복'들은 '종로'로 다시 가서 말 값을 제대
로 치르네요. '박씨'의 신이한 능력에 주목하면 어렵지 않게 이해
할 수 있는 내용들입니다.

박씨 **말을 기른 지 삼 년**에 준총(駿驄)이 되어 걸음은
비호(飛虎) 같은지라. 박씨가 공께 왈, "모월 모일에 명
나라 사신이 올 것이니, 그 말을 가져다 사신 오는 길에
놓으면 사신이 사려 할 것이며, 값은 삼만 냥이라 하고
팔아 오라 하소서."

공이 듣고 자부 말대로 노복을 불러 분부한 후
사신 오기를 기다리더라.
　과연 그날 사신 나오니, 사신이 말을 보고 파는
가 묻거늘 노복 왈, "파는 말이니다."
　사신이 또 묻기를, "값을 얼마나 받으려 하느냐?"
[B]　노복이 답 왈, "값은 삼만 냥이로소이다."
　사신이 **대희하여** 삼만 냥을 아끼지 아니하고 사
가더라.
　노복들이 받아 가지고 돌아와 공께 말 팔던 사연
을 낱낱이 아뢰고, 공은 삼만 금을 얻음에 가산이
부요하니 박씨에게 물어 왈, "삼만 냥을 받았으나
아지 못게라. 어떤 연고인고?"

'박씨'가 신이한 능력을 가졌다는 이야기가 완결성을 지니려면,
왜 그 말을 사라고 했는지 그 이유가 나와야겠죠? 그 말을 산 지
삼 년이 지난 어느 날, '박씨'가 다시 '공'에게 그 말을 사신 오는
길에 놓아서 삼만 냥에 팔게 시키라고 합니다. '사신'은 진짜 박씨
가 말한 시간, 장소에 그 곳에 와서 그 말을 삼만 냥이라는 엄청난
돈을 주고 사가죠. 심지어 대희, 크게 기뻐하면서 말이에요! '박씨'
의 말대로 모든 것이 이루어지는 건 어찌 보면 당연한 일이겠죠?

박씨 아뢰기를, "그 말은 곧 천리 준총마로 조선은 작
고 조만간 쓸 곳이 없으나, 사신은 준마를 알아보고 삼
만 금을 아끼지 아니하고 사 갈 것이니 그런 고로 사신
에게 팔았나이다."
　공이 듣고 왈, "너는 여자이나 명견만리하니 진실로
아깝도다. 만일 남자였던들 보국 충신이 될 것을 여자임
이 한이로다."
하며 **탄식**하더라. 박씨 무릎을 꿇고 왈, "소부의 원하는
바는 가군이 과거에 급제하여 부모에게 영화를 뵈옵고
입신양명하여 나라를 충성으로 돕고, 소부는 다만 유자
유손하고 만수무강하오면 죽어도 무한이로소이다."
하거늘 공이 그 말을 들음에 못내 **탄복**하더라.
-작자 미상, 「박씨전」-

이 모든 것을 알고 있던 '박씨'의 이야기를 들은 '공'은 '박씨'가
여자임을 '탄식'하고, 그럼에도 그저 전통적인 부인의 삶에 만족
한다는 '박씨'의 모습에 '탄복'합니다. 〈보기〉에서 언급한 내용 그
대로죠? 전형적인 클리셰를 따르는 작품이었으니 이해하기 어렵
지는 않았을 것 같아요.

(나)

　　그녀는 늘 우하형에게 비변사 서리를 통하여 조보(朝報)*를 구입해 오게 하여 보는데, 대개 열흘 만에 도착했다. 그녀는 조보를 통해서 조정 일을 헤아리고 전관(銓官)*이 누가 될 것인가를 미리 알아맞히는데 귀신같아 열에 하나도 틀림이 없었다. 그리하여 우하형으로 하여금 다음 전관이 될 사람에게 미리 손을 써 평안도 물화를 긁어모아 정성으로 바치니, 그 효험이 십분 나타나게 되었다. …(중략)… 봉급이 점차 불어서 위로 섬김도 더욱 풍부하여 앞길이 날로 양양해졌다. 그리고 순차로 승진하여 마침내 절도사에 이르렀다.

* 조보 : 승정원에서 재결 사항을 기록하여 반포하던 관보.
* 전관 : 문무관을 선발하는 일을 맡아보던 벼슬아치.

(나)의 '그녀'는 '조보'를 구해서 조정의 일을 알아내고, 다음 전관이 될 사람들에게 뇌물을 써서 효험을 얻었다고 합니다. 이런 '그녀'의 내조 덕분에 남편인 '우하형'은 점점 승진하여 절도사에까지 오르게 되었네요. 〈보기〉에서 이야기했던 것처럼, '박씨전'에 비하면 현실적이면서도, 조정의 사정을 속속들이 안다는 점에서 '그녀'의 비범함이 드러납니다.

　　우하형은 나이 칠십이 되어 집에서 삶을 마쳤다. 그녀는 자식들을 위로하며, "영감께서는 시골 무관으로 지위가 절도사에 이르렀고 고희 가까이 사셨으니, 당신이 보아도 유감이 없을 것이요, 자식들은 과히 애통할 것이 없소. 나의 일을 두고 말하더라도 여자가 지아비를 섬김에 자기 공치사는 아니지만 오랫동안 벼슬길을 도와서 높은 지위에 이르시도록 했으니, 내 소임 역시 다한 셈이라 또 무엇을 슬퍼하겠소."

'우하형'은 칠십까지 산 후에 삶을 마쳤는데, '그녀'는 자기가 한 일이 부인으로서 당연한 일을 한 것이라면서 겸손한 모습을 보이고, 또 자신의 소임을 다 했다며 크게 슬퍼하지는 않는 모습을 보여주네요. 큰 일을 겪으면서도 오히려 '자식들'을 위로하는 모습 등에서 '그녀'의 능력이 더 부각되는 모습입니다.

하고 겨우 장례 기간이 지나자 그녀는, "영감이 살아 계실 때에는 내가 집안을 맡았지만 영감이 돌아가신 뒤에는 큰며느리가 마땅히 이 집의 주인이 되어야 하오. 나는 한 서모(庶母)에 불과하니 가정을 큰며느리에게 맡기겠소."
하고는 창고에 저장하고 농 속에 담아둔 재물을 기록하여 열쇠와 함께 내주었다.
　　큰며느리가 울며 사양하기를, "서모님이 우리 집에서 얼마나 공로가 많으셨는지요. 아버님이 이제 별세하셨으니 저희는 아버님이 하셨던 것처럼 서모님을 의지하겠어요. 집안일 모두를 예전같이 하고 싶은데, 서모님께서는 왜 이런 말씀을 하시는지요?"
　　그러나 그녀는 큰며느리에게 기어이 집안을 맡겼다.

–작자 미상, 「조보」–

집안을 위해 큰 일을 했음에도, '그녀'는 장례가 끝난 뒤 '큰며느리'에게 집의 주인 자리를 물려주겠다고 합니다. 개인으로서의 사리사욕이 없는 모습이죠. '큰며느리'는 울면서 사양하는데, '그녀'는 결국 서모로서의 삶에 만족하며 집안의 뒤편으로 물러납니다. 참고로 '서모'는 첩을 의미해요. 〈보기〉와 엮어 읽으면 어렵지 않게 읽을 수 있는 내용이었네요. 현실적인 '여성 영웅'의 이야기라는 점에서 독특한 점이 보이기는 했지만 말이에요.

선지	①	②	③	④	⑤
선택률(예상)	6%	3%	11%	4%	76%

01 (가)의 내용에 대한 이해로 적절한 것은? ⑤

　① 계화는 박씨의 말을 듣고 자신이 짐작한 바를 공에게 전달하고 있다.

선지 유형	근거가 없어서 허용 불가능
실전에서의 판단 과정	계화가 뭘 짐작했냐.
해설	'계화'는 단순히 '박씨'의 말을 '대감'에게 전했을 뿐, '짐작' 같은 것을 한 내용은 찾을 수가 없네요. 실제로 '공'에게 전달한 내용도 그냥 '박씨'가 무언가 말할 게 있다는 내용이었고요.

② 공은 말을 사라는 박씨의 말을 듣고 한탄하다가 제안을 받아들이고 있다.

선지 유형	근거가 없어서 허용 불가능
실전에서의 판단 과정	박씨 말은 전부 잘 들었지.
해설	'공'은 말을 사라는 '박씨'의 말을 의아해 하긴 하지만, '박씨'가 무언가 특별하다는 것을 알기 때문에 그냥 '박씨'를 믿고 그대로 따랐어요. 가볍게 지워낼 수 있네요.

③ 노복은 말을 사 오라는 공의 명을 받고 의심 없이 행동하고 있다.

선지 유형	근거가 있어서 허용 불가능
실전에서의 판단 과정	의혹해 하기는 했지.
해설	말을 사 오라는 '공'의 명을 받은 '노복'들은 '의혹해 하는' 심리를 드러냈습니다. 그 이유를 생각하며 읽었던 기억이 있기에, 이를 근거로 '의심 없이'라는 해석은 절대 허용할 수 없다는 판단을 할 수 있겠습니다.

④ 박씨는 노복이 사 온 말을 관찰하면서 자기 안목에 대해 불만을 표현하고 있다.

선지 유형	근거가 있어서 허용 불가능
실전에서의 판단 과정	노복이 돈 똑바로 안 냈다고 했지.
해설	'박씨'는 '노복'이 사 온 말을 관찰하면서, '노복'들이 돈을 제대로 지불하지 않았다는 것을 지적합니다. 오히려 자신의 엄청난 안목을 또 드러내는 모습이었죠? 이를 근거로 하면 '자기 안목에 대해 불만'은 절대 허용할 수 없겠네요.

⑤ 노복들은 자신들이 돈을 감춘 죄가 드러나자 그 책임을 장사에게 전가하고 있다.

선지 유형	근거가 있어서 허용 가능
실전에서의 판단 과정	박씨가 잘못한 걸 알아차리자 장사 탓을 했지.
해설	'박씨'의 신이한 능력으로 '노복'들이 돈을 감춘 죄가 드러나자, '노복'들은 곧장 '장사'에게 가서 "주는 돈을 고집하고 받지 아니하더니"라는 말을 하며 탓을 합니다. 이를 근거로 하면, '책임 전가'라는 말을 충분히 허용할 수 있겠네요.

선지	①	②	③	④	⑤
선택률(예상)	8%	4%	70%	6%	12%

02 ㉠~㉤에 대한 설명으로 적절하지 <u>않은</u> 것은? ③

하니, 계화 명을 받아 공께 아뢰니, 공이 즉시 ㉠내당에 들어가 묻기를, "무슨 말인지 듣고자 하노라."
하고 서로 의혹해 하며, 이튿날 삼백 냥을 가지고 ㉡종로에 나가 본즉 과연 여러 말이 있더라.

공이 이 말을 듣고 박씨의 신명함을 탄복하고 즉시 ㉢외당에 나와 노복들을 불러 꾸짖기를,
하고 즉시 ㉣종로에 나가 말 장사를 찾아 돈 이백 냥을 주며 왈,

그 말을 가져다 ㉤사신 오는 길에 놓으면 사신이 사려 할 것이며, 값은 삼만 냥이라 하고 팔아 오라 하소서."

– 지문의 흐름을 정확하게 파악하고 있다면, 이 장소들이 각각 어떤 의미를 가지고 있는지 확실하게 알고 있을 겁니다. 가볍게 선지 판단해보도록 합시다.

① ㉠에서 박씨가 공에게 요청한 바가 ㉡에서 제대로 이행되지 않았음이 ㉢에서 확인된다.

선지 유형	근거가 있어서 허용 가능
실전에서의 판단 과정	외당에서 말 값 제대로 안 치렀다고 뭐라고 했으니까 맞는 말이네.
해설	'내당'에서 '박씨'는 삼백 냥을 주고 말을 사오라고 했는데, '노복'들이 '종로'에서 그 말을 제대로 이행하지 않았음이 '외당'에서 '노복'의 사죄로 인해 확인됩니다. 어렵지 않게 허용할 수 있겠네요.

FAQ

Q '박씨'가 '공'에게 '노복'들이 제대로 값을 치르지 않았다는 것을 말한 뒤에 '공'이 '외당'으로 나갔으니, '외당'에서 제대로 이행되지 않았음이 확인된다고 하면 안 되는 것 아닌가요?

A 선지에서 묻는 것을 정확하게 따져야 합니다. 선지에서는 박씨의 요청이 제대로 이행되지 않았음이 외당에서 '확인'되냐고 물어봤습니다. 즉, '박씨'가 '노복'들의 잘못을 처음 이야기한 장소가 아니라, 그것이 fact로 '확인'되는 곳이 어디냐는 것이죠. '외당'으로 나온 '공'은 '노복'들을 추궁하고, 그 공간에서 '노복'들의 사죄를 받아내며 '박씨'의 이야기가 진실임이 '확인'됩니다. 따라서 이 선지는 허용이 가능한 것이죠!

② 박씨가 ㉠에서 공에게 받았던 신뢰는 ㉢에서 타당성이 확인된다.

선지 유형	근거가 있어서 허용 가능
실전에서의 판단 과정	믿었더니 삼만 냥을 벌게 해줬지. 이 정도면 타당성 있는 신뢰였지.
해설	'내당'에서 '공'은 '허황'한 말임에도 불구하고 '박씨'의 비범함을 믿기 때문에 '노복'들에게 말을 사 오라고 시킵니다. 나중에 '사신 오는 길'에서 '사신'이 삼만 냥을 주고 그 말을 사감으로써 그 믿음이 타당한 것이었음이 확인되네요! 선지 그 자체로 허용할 수 있는 내용이죠?

③ ㉡에서 노복들이 공에게 보인 신뢰는 ㉢에서 행해진 공의 꾸짖음을 거치면서 동요된다.

선지 유형	근거가 있어서 허용 불가능
실전에서의 판단 과정	노복들이 공에게 신뢰를 보인 적은 없지.
해설	우선, '내당'에서 '노복'들이 '공'에게 신뢰를 보였다는 말부터 허용하기 어렵습니다. 이들이 '의혹해 하는' 심리를 보였다는 명백한 근거가 존재하기 때문이죠! 애초에 이 지문에서 '신뢰'를 받는 대상은 '박씨'밖에 없었죠? 나아가 '외당'에서 '공'에게 꾸짖음을 듣고서는 그저 자신들의 잘못을 사죄했을 뿐, '공'에 대한 신뢰를 잃었다거나 하는 모습을 보이지는 않았습니다. 가볍게 답으로 고를 수 있네요.

④ 노복은 ㉡에서 한 거래로 인해 ㉣에서의 행위를 해야만 했다.

선지 유형	근거가 있어서 허용 가능
실전에서의 판단 과정	처음부터 제대로 했으면 다시 갈 일은 없었지.
해설	'노복'이 ㉡에서 한 거래는 무엇인가요? 삼백 냥을 주고 말을 사 와야 하는데, 백 냥만 주고 말을 사온 것이죠. 그래서 '노복'은 '공'에게 혼나게 되고, ㉣에서 다시 남은 이백 냥을 돌려주게 된 것입니다. 지문 내용을 완벽하게 이해하고 있다면 너무나 쉽게 허용할 수 있네요.

⑤ 박씨가 ㉡에서의 사건을 문제 삼은 이유는 ㉤에서의 사건을 가능하게 하기 위함이다.

선지 유형	근거가 있어서 허용 가능
실전에서의 판단 과정	삼백 냥을 주고 사와야 사신이 비싸게 사 가는 것이었겠지.
해설	허용하려고 하면 근거를 찾을 수 있습니다. '박씨'가 ㉡에서의 사건을 문제 삼으며 강조했던 것은 '삼백 냥'에 말을 사야 한다는 것입니다. 정확한 인과 관계는 모르겠지만, 이렇게 해야만 '사신'이 그 말을 살 것이라고 생각했던 것이겠죠? 이를 근거로 하면 충분히 허용할 수 있는 선지네요.

선지	①	②	③	④	⑤
선택률(예상)	71%	10%	8%	4%	7%

03 [A]와 [B]에 대한 설명으로 가장 적절한 것은? ①

① [A]의 임자와 [B]의 공은 모두 팔린 말의 진가를 알지 못하고 있다.

선지 유형	근거가 있어서 허용 가능
실전에서의 판단 과정	말의 진가를 아는 건 박씨랑 사신뿐이지.
해설	애초에 '박씨'가 자세히 설명을 하기 전까지, 이 지문에서 팔린 말의 진가를 아는 사람은 '박씨'와 '사신' 둘뿐이었어요. [A]에서 '임자'의 "좋은 말이 많거늘 어찌 저런 용렬한 것을 사려 하시오?"와 같은 말이나 [B]에서 '공'의 "삼만 냥을 받았으나 아지 못게라. 어떤 연고인고?"와 같은 대사를 직접적인 근거로 잡을 수 있겠구요.

② [A]의 노복과 [B]의 사신은 모두 말을 사려는 사유를 밝히고 있다.

선지 유형	근거가 없어서 허용 불가능
실전에서의 판단 과정	사신은 그냥 샀지.
해설	[A]의 '노복'은 '대감'이 시켜서 산다며 그 이유를 밝혔지만, [B]의 '사신'은 말을 사가는 이유를 직접 밝히지 않죠. 이후에 '박씨'가 그 이유를 설명하면서 그녀의 신이한 능력이 극적으로 나타납니다.

③ [A]의 노복은 [B]의 사신과 달리 사려는 말의 진가를
알고 있다.

선지 유형	근거가 있어서 허용 불가능
실전에서의 판단 과정	말의 진가를 아는 건 박씨랑 사신뿐이지.
해설	1번 선지와 같은 맥락이죠? '박씨'와 '사신'을 제외하고는 모두 말의 진가를 알지 못합니다.

④ [B]의 사신은 [A]의 노복과 달리 상대의 의도에 대해
의혹을 품고 있다.

선지 유형	근거가 없어서 허용 불가능
실전에서의 판단 과정	사신은 아무런 의혹이 없지.
해설	[A]의 '노복'은 '공'의 의도에 '의혹해 하는' 반응을 보였지만, [B]의 '사신'은 '대희'하면서 말을 사 가는 모습을 보였습니다. 이들을 근거로 하면 선지의 내용이 뒤집혔다는 것을 알 수 있네요.

⑤ [A]에서는 임자가 받으려는 값대로, [B]에서는 사신이
지불하려는 값대로 말 값을 정했다.

선지 유형	근거가 있어서 허용 불가능
실전에서의 판단 과정	말 값은 전부 박씨가 정했지.
해설	[A]와 [B] 모두 '박씨'가 말 값을 정하는 모습이었습니다. 물론 [A]에서는 실랑이 끝에 '백 냥'의 절충안으로 가격을 정하기는 했지만요.

선지	①	②	③	④	⑤
선택률(예상)	3%	9%	6%	12%	70%

04 (나)의 '그녀'에 대한 평가로 적절하지 <u>않은</u> 것은? ⑤

① 조보를 읽고 전관이 될 사람을 짐작했다는 점에서는,
정보의 가치를 인지하고 이를 적극적으로 활용했다고
볼 수 있겠군.

선지 유형	근거가 있어서 허용 가능
실전에서의 판단 과정	조보는 정보니까 맞는 말이지.
해설	'조보'를 통해 정보를 얻었고, 다음 전관을 예측하는 모습을 보였으니 이를 근거로 하면 충분히 허용할 수 있는 선지네요.

② 공적 정보인 조보를 사익을 위해 이용했다는 점에서
는, 조보의 공적 가치를 훼손했다고 볼 수 있겠군.

선지 유형	근거가 있어서 허용 가능
실전에서의 판단 과정	생각해보면 공적 정보를 사익에 활용한 건 잘못한 거네.
해설	'그녀'는 조정의 정보를 담은 공적 정보인 '조보'를 남편의 승진이라는 사익을 위해 이용하는 모습을 보였습니다. 이는 조보의 '공적 가치'를 훼손했다는 말을 허용할 근거로 사용하기에 적절한 모습들이죠.

③ 굶어모은 물화로 청탁을 하여 남편을 절도사까지 이
르게 했다는 점에서는, 인사 제도의 공정성을 침해했
다고 볼 수 있겠군.

선지 유형	근거가 있어서 허용 가능
실전에서의 판단 과정	뇌물 줘서 승진시킨 게 공정하지는 않지.
해설	2번 선지와 같은 맥락입니다. 사실 뇌물로 청탁을 하여 남편을 승진시키는 모습은 인사 제도의 '공정성'을 침해하는 나쁜 행위죠.

④ 장례 중에는 자식들을 위로하고 장례 후에는 집안을
챙겼다는 점에서는, 서모의 신분임에도 불구하고 자
식들에게 귀감이 된다고 볼 수 있겠군.

선지 유형	근거가 있어서 허용 가능
실전에서의 판단 과정	자식 위로하고 집안 챙기면 귀감이 되지.
해설	자식들을 위로하고 집안을 챙기는 모습은 '귀감'이 된다는 말을 허용하기에 충분한 근거라고 할 수 있습니다. 결정적으로 '큰며느리' 역시 '그녀'에게 존경심을 표현하고 있었구요.

Q '그녀'는 남편의 장례 이후 '큰며느리'에게 집안을 맡기겠다고 했습니다. 이렇게 스스로 집안을 챙긴 것이 아니고 남에게 맡겼다는 것을 근거로 하면 허용할 수 없는 거 아닌가요?

A 원래 집안을 챙기던 '그녀'는 남편의 장례 후 '큰며느리'에게 권한을 주는 방식으로 집안이 돌아가는 시스템을 정비하고 있습니다. 이 역시 집안을 챙기는 모습이라고 할 수 있죠.

⑤ 남편의 사후 집안일 모두를 남편이 살아 있을 때와 달리하려했다는 점에서는, 신분의 한계를 뛰어넘으려 했다고 볼 수 있겠군.

선지 유형	근거가 있어서 허용 불가능
실전에서의 판단 과정	오히려 서모의 삶에 만족하는 모습이었지.
해설	우리가 이해한 내용과 정반대로 이야기하고 있네요. '그녀'는 '서모'로서의 역할에 만족하며, 집안을 '큰며느리'에게 맡깁니다. 이러한 근거가 명백하게 살아있으니, '신분의 한계를 뛰어넘으려 했다'는 해석은 절대 허용할 수 없겠죠.

선지	①	②	③	④	⑤
선택률(예상)	6%	5%	4%	78%	7%

05 〈보기〉를 참고하여 (가)와 (나)를 이해한 내용으로 적절하지 않은 것은? [3점] ④

① (가)에서 '공'이나 '노복'이 짐작하지 못하는 지략을 발휘한 '박씨'의 모습에서, 고소설의 여성 독자가 소망하였던 여성상을 확인할 수 있다.

선지 유형	근거가 있어서 허용 가능
실전에서의 판단 과정	박씨전은 여성 독자들의 소망에 부응했다고 했지.
해설	〈보기〉에서 '박씨전'은 여성 독자들의 소망에 부응했다고 밝혀주기도 했고, 남자들은 짐작하지 못하는 지략을 펼치는 여성의 모습은 '여성 독자의 소망'을 대변하기에 충분해보입니다.

② (나)에서 '그녀'가 '우하형'의 성공을 위해 노력하는 모습에서, 비범한 능력을 지녔지만 그 능력을 가정의 융성으로만 발휘하였던 실재 여성의 모습이 구현되었음을 확인할 수 있다.

선지 유형	근거가 있어서 허용 가능
실전에서의 판단 과정	자기 능력으로 남편만 잘 되게 했지.
해설	'그녀'는 비범한 능력을 가졌지만, 그것을 남편인 '우하형'의 출세와 이를 통한 '가정의 융성'으로만 발휘하는 모습입니다. 이는 〈보기〉에서 이야기한 것처럼 당대 '실재 여성'의 모습을 드러낸 것이라고 할 수 있겠죠?

③ (가)에서 '박씨'의 말을 '공'이 따르고, (나)에서는 '그녀'의 말을 '우하형'이 따르는 데에서, 남성에 종속되지 않는 새로운 여성상이 추구되고 있음을 확인할 수 있다.

선지 유형	근거가 있어서 허용 가능
실전에서의 판단 과정	여성의 말을 남성이 따르고 있으니 새로운 여성상이라고 할 수 있네.
해설	선지 내용 그대로 허용할 수 있겠죠? '박씨'와 '그녀' 같은 여성의 말을 '공'과 '우하형'과 같은 남성들이 따르는 모습에서, 남성에 종속되지 않는 여성상을 드러내고 있습니다.

④ (가)의 '박씨'는 신이한 능력을, (나)의 '그녀'는 남다른 수완을 지녔다는 점에서, 당대 여성의 사회적 제한에 대해 여성 독자가 남성 독자보다 현실적으로 인식하고 있음을 확인할 수 있다.

선지 유형	근거가 없어서 허용 불가능
실전에서의 판단 과정	여성 독자가 남성 독자보다 현실적으로 인식한다는 게 뭔 헛소리야.
해설	선지에서는 '박씨'와 '그녀'의 능력을 보고 여성 독자가 남성 독자보다 당대 여성의 사회적 제한을 현실적으로 인식하고 있음을 확인할 수 있는지 묻고 있습니다. 일단 〈보기〉에 따르면, (나)의 경우 식자층 남성 독자들의 관심을 끌었다는 점에서 여성 독자가 남성 독자보다 당대 여성의 사회적 제한을 현실적으로 인식하고 있다고 할 수 없다는 것을 알 수 있겠어요. 남성 독자들의 관심을 끌었다는 것은, 남성 독자들 역시 당대 여성의 사회적 제한에 관심을 가졌다는 말이니까요. 나아가 애초에 여성 독자와 남성 독자 중 누가 더 당대 여성의 사회적 제한을 현실적으로 인식하는지에 대해서는 〈보기〉에서도, 지문에서도 전혀 언급된 바가 없습니다. 허용을 하고 싶어도 허용할 근거가 없으니 가볍게 답으로 고를 수 있겠네요.

⑤ (가)에서 보국 충신이 될 만한 '박씨'가 유자유손을 원한다고 말하고, (나)에서 집안에 공로가 많았던 '그녀'가 '큰며느리'에게 가정을 맡기는 데에서, 전통적 부인의 삶과 서모의 삶이 형상화되었음을 확인할 수 있다.

선지 유형	근거가 있어서 허용 가능
실전에서의 판단 과정	자식을 원하는 건 전통적 부인의 삶, 큰며느리를 존중하는 건 서모의 삶이라고 할 수 있지.

해설	역시 선지 그대로 허용할 수 있겠죠? '보국 충신'이 될 만한 능력을 가지고서도 '자식' 이야기만 하는 '박씨'는 '전통적 부인의 삶'을, 실질적인 능력이 있으면서도 '큰며느리'에게 집안을 맡기겠다고 이야기하는 '그녀'는 '서모의 삶'을 잘 드러내고 있죠.

몰랐던 어휘 정리하기

| 핵심 **point** |

① **허용 가능성 평가** : 선지의 내용을 '허용'하려는 태도를 바탕으로 지문을 '독해'하며 '근거'를 찾아야 합니다. 허용할 수 있는 '근거'가 있어야만 허용할 수 있습니다. 주관적인 생각을 개입시키면 안 됩니다.

② **소설 독해** : '심리와 행동의 근거'를 바탕으로 인물에게 '공감'하며 읽어야 합니다. 이 과정이 물흐르듯 이어지면 지문의 내용을 완벽하게 이해할 수 있어요.

③ **영웅소설 클리셰** : 모든 영웅은 엄청난 능력을 가지고 여러 가지 문제를 해결합니다. 이러한 클리셰를 알고 있다면 지문 독해가 수월해질 거예요.

| 지문 내용 총정리 |

지문도 문제도 길었지만, 영웅소설의 클리셰를 적당히 활용하며 내용을 이해했다면 답을 고르는 데에는 큰 무리가 없었을 겁니다. 나아가 〈보기〉를 미리 읽는 것이 큰 도움을 준다는 것도 다시 인식해 보도록 합시다.

〈보기〉 확인

─────[보기]─────

　　정수정은 국가적 위기를 해결하는 영웅이자, 부친의 원수를 갚는 효녀이고, 부녀자로서의 덕목을 지녀야 하는 장씨 가문의 여성이다. 정수정은 주어진 상황과 조건에 따라 세 역할 사이에서 갈등하기도 하지만, 결과적으로는 모든 역할에 충실하며 다양한 능력과 덕목을 갖춘 인물로 형상화된다.

전형적인 여성 영웅소설입니다. 국가적으로도, 가정적으로도 아주 훌륭한 인물이었다고 하네요. 고전소설에서 자주 나오는 영웅 소설의 클리셰를 생각하면서 읽으면 어렵지 않을 것 같아요.

지문 독해

　　이때 예부 상서 진량을 황제 가장 총애하시니 진량이 의기양양하고 교만 방자한지라, 정 상서 일찍 진량이 소인인 줄 알고 황제께 간하되 황제 종시 그렇지 않다 하심에, 진량이 이 일을 알고 정 상서를 해하려 하더라. 차시 황제의 탄생일이 되었는지라, 마침 정 상서 병이 있어 상소하고 참석지 못하였더니 황제 만조백관더러 묻기를,
　　"정 상서의 병이 어떠하더뇨?"
하시고 사관을 보내려 하시니 진량이 나아가 왈,
　　"정 상서는 간악한 사람이라 그 병세를 신이 자세히 아옵니다. 상서가 요사이 황제께 조회하는 것이 다르옵고 신이 상서의 집에 가오니 상서의 말이 수상하옵더니 오늘 조회에 불참하오니 반드시 무슨 생각 있는 줄 아나이다."

'황제'가 총애하는 '진량'은 사실 '소인'입니다. 충신인 '정 상서'는 이를 알고 '황제'에게 '진량'을 멀리하라고 이야기했어요. '진량'은 '소인'답게 이런 '정 상서'의 모습에 복수를 다짐하는데, '황제의 탄생일'에 '정 상서'가 참석하지 못하는 기회가 오자 적극적으로 모함을 합니다. 간신에게 모함받는 충신의 모습이 나타나고 있네요. 아주 전형적인 구성이죠? 간신인 '진량'은 결국 벌을 받을 것이라는 점까지 예상할 수 있으면 더욱 좋겠습니다.

　　황제 대경하여 처벌하려 하시거늘 중관이 아뢰길,
　　"정 상서의 죄 명백함이 없으니 어찌 벌로 다스리오리까?"
　　황제 듣지 않고 절강에 귀양을 정하시니 중관이 명을 듣고 정 상서의 집에 나아가 황명을 전하니, 상서 크게 울며,
　　"내 일찍 국은을 갚을까 하였더니 소인의 참언을 입어 이제 귀양을 가니 어찌 애달프지 않으리오."
하고 칼을 빼어 서안을 치며 말하기를,
　　"소인을 없애지 못하고 도리어 해를 입으니 누구를 원망하리오."
하며 눈물을 흘리니 부인은 애원 통도하고 친척 노복이 다 서러워하더라.
　　사관이 재촉 왈,
　　"황명이 급하오니 수이 행장 차리소서."
　　정 상서가 일변 행장을 준비하여 부인더러 이르기를,
　　"나는 천만 의외에 귀양 가거니와 부인은 여아를 데리고 조상 제사를 받들어 길이 무탈하소서."
하고 즉시 발행할새, 모녀 가슴이 막혀 아무 말도 못하더라. 정 상서 여러 날 만에 귀양지에 이르니 절강 만호가 관사를 깨끗이 하고 정 상서를 머물게 하더라.

'진량'의 모함에 넘어간 '황제'는 '정 상서'를 처벌하려 합니다. 그나마 정신을 차리고 있는 '중관'이 말려보려 하지만 어쩔 수가 없는 상황이네요. 이렇게 새로운 인물이 나올 때마다 그 인물이 착한지 나쁜지를 생각할 수 있어야 합니다. 고전소설에서는 이분법적인 인물 구성이 잘 드러나니까요. '정 상서'와 '중관'이 착한 쪽이고, '진량'과 '황제'가 나쁜 쪽이라고 할 수 있겠습니다. '황제'는 나쁘다기보다는 멍청한 쪽에 가깝지만, 왕이 멍청한 것도 나쁜 것이니까 그렇다고 칩시다.

아무튼, 결국 충신인 '정 상서'는 귀양을 가게 되고 '부인'과 함께 슬퍼하고 있습니다. 심지어 간신인 '진량'에게 당했으니, '정 상서'의 억울한 심정에 십분 공감할 수 있겠습니다. 그나마 '귀양지'에서는 나름대로 좋은 대우를 받고 있네요. '절강 만호'라는 인물은 착한 편에 속한다고 할 수 있겠죠?

　　차설. 정 상서 적거한 후로 슬픔을 머금고 세월을 보내더니 석 달 만에 홀연 득병하여 마침내 세상을 영결하니 절강 만호 슬퍼 놀라 황제께 장계로 보고하고 부인께 기별하니라. 이때 부인과 정수정이 정 상서를 이별하고

눈물로 세월을 보내더니 일일 문득 시비 고하되,
"절강에서 사람이 왔나이다."
하거늘 부인이 급히 불러 물으니 답하기를,
"정 상서께서 지난달 보름께 별세하셨나이다."
하는지라. 부인과 정수정 이 말을 듣고 한마디 소리를
내며 혼절하니 시비 등이 창황망조하여 약물로 급히 구
함에 오랜 후에야 숨을 내쉬며 눈물이 비 오듯 하더라.

이렇게 '정 상서'는 '슬픔'으로 세월을 보내는데, 석 달 만에 병을
얻어 죽어버립니다. '절강 만호'는 슬프고 놀라 이 소식을 '황제'와
'부인'에게 알리는데, 이를 들은 '부인'과 '정수정'은 그냥 혼절해
버립니다. 너무나도 슬프고 충격적이겠죠. 충분히 공감이 됩니다.

나아가, 이 작품의 주인공인 '정수정'이 등장했습니다. '정수정'은
'정 상서'의 딸로 추정되는데, 아마 이 원수를 갚기 위해 영웅이 되
겠죠? 이런 뻔한 클리셰를 예상하면서 계속 읽어보도록 합시다.

[중략 부분의 줄거리] 남장을 한 정수정은 장원 급제한 뒤 북
적을 물리친다. 이후 황제에게 자신이 여성임을 밝히고 정혼자인
장연과 혼인한다. 호왕이 침공하자 정수정은 대원수, 장연은 중
군장으로 출전한다.

역시 '정수정'은 영웅이 되었습니다. 남장을 한 뒤 전쟁에서 큰 공
을 세우고, 여자임을 밝힌 뒤에 '장연'과 결혼을 했네요. 그리고
'호왕'의 침공을 막으러 가는 상황입니다. 그리고 이제 '정수정'은
'대원수'로, '장연'은 '중군장'으로 불릴 수 있다는 것도 생각할 수
있겠죠? 호칭 변화를 대놓고 예고한 것이나 다를 바 없어요.

대원수 호왕에 승리하여 황성으로 향할새 강서 지경
에 이르러 한복더러 묻기를,
"진량의 귀양지가 여기서 얼마나 되는가?"
"수십 리는 되나이다."
대원수 분부하되 철기를 거느려 결박하여 오라 하니
한복 등이 듣고 나는 듯이 가 바로 내실로 들어갈새 진
량이 대경하여 연고를 묻거늘 한복이 칼을 들어 시종을
베고 군사를 호령하여 진량을 결박하여 본진으로 돌아
와 대원수께 고하되, 대원수 이에 진량을 잡아들여 장하
에 꿇리고 노기 대발하여 부친 모해하던 죄상을 문초하
니 진량이 다만 살려 달라 빌거늘, 대원수 무사를 호령
하여 빨리 베라 하니 이윽고 무사 진량의 머리를 드리거
늘, 대원수 제상을 차려 부친께 제사 지내더라.

황제께 첩서를 올려 승전을 알리고, 중군장 장연을 기
주로 보내고 대군을 지휘하여 경사로 향하여 여러 날 만
에 궐하에 이르니, 황제 백관을 거느려 대원수를 맞아
치하하시고 좌각로 평북후를 봉하시니 대원수 사은하고
청주로 가니라.

우리의 영웅 '정수정'은 당연히 전쟁에서 승리합니다. 여기서 '대
원수'로 바꿔 부르고 있다는 걸 확인할 수 있겠죠? 그러다 '강서
지경'에 이르러 부하로 추정되는 '한복'에게 '진량'의 귀양지를 묻
습니다. 추측컨대 '진량'이 지금 귀양을 가 있나 보네요. '권선징
악'이라는 고전소설의 클리셰가 잘 작동하고 있는 모습입니다.

아무튼 '정수정'은 '한복'에게 '진량'을 잡아오라 명하고, 잡아오
자 가차없이 죽여버립니다. 아버지의 복수를 한 '정수정'은 '궐하'
에서 '황제'를 만난 뒤 '청주'로 떠나고 있네요. 모든 일이 깔끔하
게 처리되는 모습입니다.

차설. 장연이 기주에 이르러 모친 태부인 뵈옵고 전후
사연을 고하되 태부인이 듣고 통분 왈,
"너를 길러 벼슬이 공후에 이르니 기쁨이 측량없던 차
에 전쟁터에서 부인에게 욕을 보고 돌아올 줄 어찌 알
았으리오."
장연의 다른 부인들인 원 부인과 공주가 아뢰기를,
"정수정 벼슬이 높으니 능히 제어치 못할 것이요, 저
사람 또한 대의를 알아 삼가 화목할 것이니 이제는 노
하지 마소서."

이렇게 '정수정' 쪽은 승승장구하는 와중에, '장연'은 '기주'로 와
'태부인'에게 지난 일을 말해줍니다. 그러자 '태부인'이 화를 내고
있어요. 도대체 왜 그러나 했더니, 전쟁터에서 부인인 '정수정'에
게 '장연'이 욕을 본 일이 있었나 봅니다. 그걸 또 엄마한테 가서
일러 바치는 '장연'도 참 멋없네요.

아무튼 '태부인' 입장에선 아들이 욕을 보고 왔으니 화가 날 만도
합니다. 시어머니의 분노라니, '정수정'에게 드디어 위기가 찾아
오는 것일까요? 다행히 '원 부인'과 '공주'가 이를 막아주고 있네
요. '정수정'의 벼슬이 높고, 알아서 화목하게 살 것이니 노하지
말라면서 말이죠. 보통 다른 부인들은 트러블메이커인 경우가 많
은데, 독특한 구성입니다. 이렇게 클리셰에 어긋나는 독특한 내용
들이라는 생각을 하면 머릿속에 더 오래 남길 수 있겠죠?

태부인이 그렇게 여겨 이에 시녀를 정하여 서찰을 주어 청주로 보내니라. 이때 정수정은 전쟁에서 장연 징계한 일로 심사 답답하더니 시비 문득 아뢰되 기주 시녀 왔다 하거늘 불러들여 서찰을 본즉 태부인의 서찰이라. **기뻐** 즉시 회답하여 보내고 **익일**에 행장 차려 갈새, 홍군 취삼으로 봉관 적의에 명월패 차고 수십 시녀를 거느려 성 밖에 나오니, 한복이 정수정을 호위하여 기주에 이르러 태부인께 예하고 두 부인으로 더불어 예필 좌정함에, 태부인이 지난 일에 조금도 거리낌이 없으니, 정수정 또한 태부인을 지성으로 섬기더라.

-작자 미상, 「정수정전」-

'태부인'도 말이 통하는 사람이네요. 이를 수용하고, '정수정'이 있는 '청주'로 서찰을 보냅니다. 마침 '정수정'도 '장연'을 징계한 일로 답답해하던 참이었어요. '장연'이 욕을 본 일이 어떤 것인가 했더니, 더 높은 벼슬을 가진 '정수정'이 공과 사를 구분하여 징계한 일이었네요. 당연히 시어머니에게 혼날 것이라 생각하니 마음이 답답했을 만도 합니다. 충분히 공감할 수 있겠네요.

그런데 웬걸, '태부인'의 서찰이 도착합니다. 서찰을 받고서 기뻐하는 걸 보니, 아마 '장연'을 징계한 것에 대해 뭐라고 하지 않을 테니 얼른 오라는 내용이라고 할 수 있겠죠? 이에 서로 지난 일을 신경쓰지 않고 잘해주는 행복한 이야기로 마무리가 됩니다.

전형적인 고전소설의 클리셰와 그렇지 않은 부분이 적절하게 섞여 있었습니다. 이를 생각하면서 읽었다면 지문을 읽는 데에는 큰 무리가 없었을 것 같아요.

선지	①	②	③	④	⑤
선택률	4%	4%	15%	65%	12%

06 윗글의 인물에 대한 이해로 적절하지 **않은** 것은? ④

① '황제'는 자신이 총애하는 사람의 말을 듣고 정 상서를 처벌하기로 결심한다.

선지 유형	근거가 있어서 허용 가능
실전에서의 판단 과정	진량의 모함으로 처벌하기로 한 거지.
해설	'황제'는 자신이 총애하는 '진량'의 말을 듣고 '정 상서'를 처벌하기로 결심합니다. 모든 이야기의 시작이었으니 확실하게 기억하고 있죠?

② '중관'은 정 상서를 처벌하기에는 그 죄가 분명하지 않음을 황제에게 주장한다.

선지 유형	근거가 있어서 허용 가능
실전에서의 판단 과정	중관은 착한 편이었지.
해설	'중관'은 '정 상서'의 편을 들어주는 착한 인물이었습니다. 맞는 선지네요.

③ '정 상서'는 자신이 소인의 참언 때문에 뜻하지 않게 귀양을 가게 되었다고 생각한다.

선지 유형	근거가 있어서 허용 가능
실전에서의 판단 과정	진량이라는 소인 때문에 귀양간다고 슬퍼했지.
해설	'정 상서'는 '소인'이라고 생각하는 '진량'의 참언(거짓으로 꾸며서 남을 헐뜯어 윗사람에게 고하여 바침.) 때문에 귀양을 간다며 슬퍼했습니다. 우리도 이 감정에 충분히 공감했으니, 맞는 말로 처리할 수 있겠죠? 사실 '참언'이라는 말의 뜻을 미리 알고 있기는 쉽지 않습니다. 다만 지문 속에 '소인의 참언을 입어 ~'라는 말이 명시적으로 드러나 있으니 이를 바탕으로 판단할 수 있다고 봐요. 선지에서 '정 상서'가 귀양을 갈 때의 상황에 대해 물어보고 있으니, '정 상서'가 그때 왜 슬퍼했었는지 알아봐야겠다는 생각을 가진 채 지문으로 돌아갔다면 충분히 확인할 수 있었을 겁니다. 결국 또 '심리의 근거'를 묻는 선지였어요.

④ '한복'은 대원수의 명령에 따라 진량의 귀양지로 가서 그의 죄를 묻고 처벌을 내린다.

선지 유형	근거가 있어서 허용 불가능
실전에서의 판단 과정	처벌 내린 건 정수정이었잖아.
해설	'한복'은 '정수정'의 명령으로 '진량'을 잡아 왔을 뿐입니다. 죄를 묻고 처벌을 내린 건 '정수정' 본인이었죠. 애초에 아버지의 원수는 자식이 갚는 것이 더 자연스럽잖아요. 물론 기억이 나지 않을 수 있는 상세한 정보입니다. 다만 '정보의 위치' 정도는 충분히 기억할 수 있을 테니, 빠르게 돌아가서 근거를 잡았어야 해요.

⑤ '원 부인'과 '공주'는 정수정이 도리를 지켜 원만하게 지낼 것임을 내세워 태부인을 진정시킨다.

선지 유형	근거가 있어서 허용 가능
실전에서의 판단 과정	되게 의외였던 내용이지.
해설	'원 부인'과 '공주'는 '장연'의 다른 부인인데도 '정수정'을 인정하는 모습을 보였습니다. 첩들의 질투에 의해 고통받는 수많은 부인들을 여러 고전소설에서 봐 왔기에 굉장히 독특하다고 생각할 만한 정보였죠? 그런 만큼 기억에도 오래 남았을 겁니다.

선지	①	②	③	④	⑤
선택률	2%	61%	4%	22%	11%

07 ㉠~㉤에 대한 이해로 적절하지 않은 것은? ②

① ㉠으로 진량에게는 정 상서를 모함할 기회가 생긴다.

㉠마침 정 상서 병이 있어 상소하고 참석지 못하였더니

선지 유형	근거가 있어서 허용 가능
실전에서의 판단 과정	이 일로 모함했지.
해설	선지 그대로 허용할 수 있는 내용입니다. '정 상서'의 고난이 시작되는 지점이었으니 충분히 기억할 수 있었을 겁니다.

② ㉡으로 정 상서는 비보가 전해질 것을 짐작하게 된다.

"㉡황명이 급하오니 수이 행장 차리소서.

선지 유형	근거가 없어서 허용 불가능
실전에서의 판단 과정	그냥 빨리 가자는 거잖아.
해설	㉡은 '정 상서'가 귀양길에 오를 것을 재촉하는 '사관'의 말이었습니다. '정 상서'는 저 상황에서 자신이 죽는다는 '비보'가 갈 것이라고 상상할 수가 없었겠죠. 가볍게 답으로 고를 수 있습니다.

③ ㉢으로 부인과 정수정은 충격을 받고 정신을 잃게 된다.

"㉢정 상서께서 지난달 보름께 별세하셨나이다."

선지 유형	근거가 있어서 허용 가능
실전에서의 판단 과정	혼절했었지.
해설	남편/아버지가 죽었다는 소식을 들은 '부인'과 '정수정'은 혼절했었습니다. 이 감정에 충분히 공감했던 기억이 있어요.

④ ㉣로 정수정은 황제로부터 노고에 대한 보답을 받게 된다.

㉣대원수 호왕에 승리하여 황성으로 향할새 강서 지경에 이르러 한복더러 묻기를,

선지 유형	근거가 있어서 허용 가능
실전에서의 판단 과정	진량 죽이고 나서 황제한테 칭찬받았지.
해설	'정수정'은 ㉣로 큰 공을 세운 뒤, '황성'(황제가 사는 성이겠죠?)으로 가는 길에 '진량'을 죽인 다음 그대로 '황제'에게 가서 칭찬을 듬뿍 받았습니다. 애초에 전쟁에서 이기고 황제에게 칭찬받는 것 역시 영웅소설의 클리셰에 해당하니 어떻게 보면 당연한 선지네요.

⑤ ㉤으로 정수정은 걱정을 덜며 떠날 채비를 하게 된다.

㉤서찰을 본즉 태부인의 서찰이라.

선지 유형	근거가 있어서 허용 가능
실전에서의 판단 과정	신나서 바로 태부인한테 갔지.
해설	'정수정'은 남편인 '장연'을 징계해서 시어머니인 '태부인'이 화를 낼 것이라는 생각에 걱정을 하고 있었는데, '태부인'이 먼저 서찰을 보내 주어 기뻐했습니다. 이렇게 기뻐한 이유기 비로 '걱정을 덜'었기 때문이겠죠? 그리고 바로 행장을 차려 '태부인'을 만나러 갔었죠. 저 상황에서 '정수정'에게 확실하게 공감했다면 어렵지 않게 지울 수 있는 선지가 되겠어요.

선지	①	②	③	④	⑤
선택률	3%	3%	86%	5%	3%

08 ⓐ, ⓑ에 대한 이해로 가장 적절한 것은? ③

> 차설. 정 상서 적거한 후로 슬픔을 머금고 세월을 보내더니 석 달 만에 홀연 득병하여 마침내 세상을 영결하니 절강 만호 슬퍼 놀라 황제께 ⓐ장계로 보고하고 부인께 기별하니라.

> 황제께 ⓑ첩서를 올려 승전을 알리고,

– ⓐ는 '정 상서'가 죽었다는 내용을 담고 있고, ⓑ는 '정수정'이 '호왕'을 무찔렀다는 내용을 담고 있습니다. 이를 바탕으로 선지를 판단해봅시다.

① ⓐ는 자신의 귀양살이를 보고할 목적으로 작성되었다.

선지 유형	근거가 있어서 허용 불가능
실전에서의 판단 과정	정 상서는 이미 죽었는데?
해설	ⓐ를 작성한 사람은 '절강 만호'입니다. 이 사람은 귀양살이를 하고 있지 않아요. 귀양살이를 하는 사람인 '정 상서'는 ⓐ가 작성되는 시점에 이미 죽은 사람이구요.

② ⓐ는 황제와의 갈등을 해결하기 위한 목적으로 작성되었다.

선지 유형	근거가 있어서 허용 불가능
실전에서의 판단 과정	정 상서 죽은 거 알리는 게 왜 갈등 해결이야.
해설	ⓐ는 그저 '정 상서'의 죽음을 알리는 것이 목적입니다. 애초에 '절강 만호'가 '황제'와 갈등할 이유도 없구요.

③ ⓑ는 호왕과 벌인 전쟁의 결과를 보고할 목적으로 작성되었다.

선지 유형	근거가 있어서 허용 가능
실전에서의 판단 과정	뭐야 너무 쉽잖아.
해설	네... ⓑ의 내용 그대로입니다. 가볍게 답으로 골라 주시면 되겠습니다.

④ ⓑ는 황제를 직접 만나 보고하는 것을 피할 목적으로 작성되었다.

선지 유형	근거가 있어서 허용 불가능
실전에서의 판단 과정	직접 만나서 칭찬받았잖아.
해설	'정수정'은 '황제'에게 ⓑ를 올린 뒤 '궐하'에 이르러 '황제'로부터 잔뜩 칭찬을 받았습니다. 애초에 전쟁에서 이겼는데 황제를 직접 만나는 것을 피할 이유가 없죠.

⑤ ⓐ와 ⓑ에 담긴 소식은 황제 외의 사람들에게는 알려지지 않았다.

선지 유형	근거가 있어서 허용 불가능
실전에서의 판단 과정	온 백성이 다 알았을 것 같은데?
해설	'정 상서'의 죽음과 '정수정'의 승전 소식은 '황제' 외에 수많은 사람들도 아는 내용입니다. ⓐ와 ⓑ를 '황제' 혼자 봤다고 하면 모르겠지만, 그 안에 담긴 소식이 '황제'에게만 알려졌다고 하면 틀린 말이죠.

선지	①	②	③	④	⑤
선택률	2%	3%	15%	78%	2%

09 〈보기〉를 참고하여 윗글을 감상한 내용으로 적절하지 <u>않은</u> 것은? [3점] ④

① '진량의 귀양지가 여기서 얼마나 되는'지 묻는 '대원수'의 발언에서, '진량'을 찾아 부친의 한을 풀어 주려는 '정수정'의 효녀로서의 면모가 드러남을 알 수 있군.

선지 유형	근거가 있어서 허용 가능
실전에서의 판단 과정	아버지 원수 갚는 건 효녀로서의 면모지.
해설	'정수정'은 아버지인 '정 상서'를 모함해서 죽게 한 '진량'의 복수를 하려 합니다. 〈보기〉에 따르면 부친의 원수를 갚는 것은 '효녀'의 면모라고 했죠? 이를 근거로 간단하게 허용할 수 있네요.

② '제상을 차려 부친께 제사 지내'는 '대원수'의 모습에서, '정수정'은 부친의 원수를 갚는 효녀로서의 소임을 수행하여 죽은 부친의 넋을 위로하고 있음을 알 수 있군.

선지 유형	근거가 있어서 허용 가능
실전에서의 판단 과정	1번 선지랑 같은 맥락이네.
해설	아버지의 원수를 갚은 이후, 제사를 지내 부친의 넋을 위로하는 모습은 '효녀' 그 자체입니다.

③ '장연'이 '전쟁터에서 부인에게 욕을 보고 돌아'왔다며 통분하는 '태부인'의 모습에서, '태부인'은 '정수정'이 아내의 역할보다 대원수의 역할을 중시한 것에 대해 못마땅해함을 알 수 있군.

선지 유형	근거가 있어서 허용 가능
실전에서의 판단 과정	남편을 징계했으니 못마땅하겠지.
해설	'장연'이 '태부인'에게 달려가 일러바친 '전후사연'이 무엇인지 파악했어야 합니다. 이는 '정수정'의 심리에 공감하는 과정에서 알 수 있었는데, 바로 '대원수'인 '정수정'이 자신보다 계급이 낮은 남편 '장연'을 징계한 것이에요. 이는 '아내의 역할'이라는 사적인 것보다 '대원수의 역할'이라는 공적인 것을 더 강조한 결과로, '태부인'은 이에 대해 분노를 표출했었죠. 우리도 충분히 그럴 수 있다고 공감했던 내용이구요. '전쟁터에서 부인에게 욕을 보고 돌아'왔다는 내용이 무엇인지 미리 체크하지 않았다면 조금 헷갈릴 수도 있는 선지였습니다. 본인이 그랬다면, '심리의 근거'를 바탕으로 지문의 흐름을 정확하게 파악하는 연습을 많이 하도록 합시다.

④ '장연 징계한 일로 심사 답답'한 '정수정'의 모습에서, '정수정'은 군대를 통솔했던 국가적 영웅으로 돌아가고 싶어 함을 알 수 있군.

선지 유형	근거가 있어서 허용 불가능
실전에서의 판단 과정	심사 답답한 건 태부인 무서워서였잖아.
해설	역시 정답은 '심리의 근거'에서 나오는 모습입니다. '정수정'이 '심사 답답'한 심리를 보인 것은 전쟁에서 남편인 '장연'을 징계해 시어머니인 '태부인'이 화를 낼 것 같아서였어요. 이 심리에 공감하며 글을 읽었다면 정말 쉽게 답으로 고를 수 있었을 겁니다.

⑤ '한복'의 '호위'를 받으며 기주로 가서 '태부인께 예'하는 '정수정'의 모습에서, 국가적 영웅의 면모를 유지하는 '정수정'이 며느리로서의 역할도 수행함을 알 수 있군.

선지 유형	근거가 있어서 허용 가능
실전에서의 판단 과정	시어머니한테 가는 건 며느리로서의 역할이지.
해설	'한복'이라는 부하 장수의 '호위'를 받고 있다는 점에서 '국가적 영웅의 면모를 유지'하는 와중에, 그렇게 호위를 받으며 시어머니인 '태부인'을 보러 간다는 점에서 '며느리로서의 역할도 수행'하고 있다고 할 수 있겠네요.

몰랐던 어휘 정리하기

| **핵심 point** |

① **허용 가능성 평가** : 선지의 내용을 '허용'하려는 태도를 바탕으로 지문을 '독해'하며 '근거'를 찾아야 합니다. 허용할 수 있는 '근거'가 있어야만 허용할 수 있습니다. 주관적인 생각을 개입시키면 안 됩니다.

② **소설 독해** : '심리와 행동의 근거'를 바탕으로 인물에게 '공감'하며 읽어야 합니다. 이 과정이 물흐르듯 이어지면 지문의 내용을 완벽하게 이해할 수 있어요.

③ **영웅소설 클리셰** : 모든 영웅은 엄청난 능력을 가지고 여러 가지 문제를 해결합니다. 이러한 클리셰를 알고 있다면 지문 독해가 수월해질 거예요.

| **지문 내용 총정리** |

'심리의 근거'를 바탕으로 인물에게 공감하며 내용을 이해해나간다는 소설의 기본 독해법과 함께, 고전소설이 가지고 있는 여러 가지 클리셰를 활용하며 읽었다면 굉장히 쉽게 해결할 수 있는 지문이었습니다. 이 정도는 아무렇지 않게 다 맞힐 수 있는 여러분이 되었으면 좋겠습니다.

〈보기〉 확인

───────── [보기] ─────────

「김원전」은 당대의 보편적 가치인 충군을 주제로, 초
월적 능력을 지닌 주인공과 기이한 존재인 적대자의 필
연적 대결 관계를 보여 준다. 특히 적대자의 압도적 무력
에 맞서는 과정에서 인물에 따라, 혹은 인물이 처한 상황
에 따라 다른 대응 방식을 보여 줌으로써 독자의 흥미를
자극한다.

'충군'이라는 당대의 보편적 가치를 주제로 삼고, 초월적 능력을 지
닌 주인공이 기이한 적대자와 대결을 펼치는 내용이라고 합니다.
전형적인 영웅소설에 해당하니, 어렵지 않게 이해할 수 있겠죠?

지문 독해

황상과 만조백관이 어찌할 줄 모르더니 좌장군
서경태가 급히 입직군을 동원하여 칼을 들고 내달
아 크게 꾸짖길,
　"이 몹쓸 흉악한 놈아, 어찌 이런 변을 짓느냐?"
하고 칼을 들어 치니 아귀가 몸을 기울여 피하고
입을 벌려 숨을 들이쉬니 서경태가 날리어 아귀 입
으로 들어갔다. 상이 보시다가 크게 놀라,
　"짐이 여러 번 전장을 지내었으되 이런 일은 보
도 듣도 못하였으니 제신 중에 뉘 이 짐승을 잡
아 짐의 한을 씻으리오."

'황상'을 비롯한 여러 신하들이 어찌할 줄을 모르고 있습니다. 〈보
기〉를 바탕으로 생각하면 기이한 적대자에게 공격당하는 상황인
것 같아요. '서경태'는 용감하게 앞으로 나서 '아귀'라는 적대자에
게 맞서지만, '아귀'의 기이한 능력에 속수무책으로 당하는 모습
입니다. 이런 모습을 본 '황상'은 당연히 놀랄 수밖에 없겠죠?

정서장군 한세충이 나와 아뢰길,
　"소장이 비록 재주 없으나 저것을 베어 황상께
바치리이다."
[A]　하고 황금 투구에 엄신갑을 입고 팔 척 장창을 들
고 청룡마를 내달아 외쳐 말하길,
　　"흉적은 목을 늘여 내 칼을 받으라."

아귀가 크게 웃고 말하길,
　"아까는 내 숨을 들이쉬니 모기 같은 것도 삼켰
으니 지금은 숨을 내쉴 것이니 네 눈을 부릅뜨고
자세히 보라."
하고 입을 벌려 숨을 내부니 황상과 만조백관이 오
리나 밀려갔다. 아귀가 궁중이 텅 빈 것을 보고
세 공주를 등에 업고 돌아갔다.
　이때 황상이 제신과 함께 정신을 겨우 차려 환궁
하시니 세 공주가 다 없었다. 상께 이 연고를 아뢰
니 상이 크게 놀라 하교하시되,
　"이런 해괴한 변이 천고에 없으니 경들의 소견이
어떠하뇨?"
하고 용루를 흘리시니 조정에 모인 여러 신하가 감
히 우러러 보지 못하였다.

다음으로 '한세충'이 나서보지만, 이번에도 '아귀'의 압도적인 무
력에 꼼짝을 못하고 있습니다. '황상'과 만조백관(여러 신하)을
모두 날려버린 뒤, '세 공주'만 등에 업고 돌아가는 '아귀'입니다.
정신을 차린 '황상'은 당연히 너무 놀라고 슬퍼 눈물만 흘릴 것이
고, 이에 여러 신하들은 '감히 우러러 보지 못하'는 심정을 보이고
있네요. 뭘 어떻게 할 수도 없이 장수를 잃고 딸을 빼앗긴 '황상'
의 심정과, 뾰족한 수를 내지 못해 그저 지켜볼 수밖에 없는 신하
들의 심정에 충분히 공감할 수 있어야 해요.

이우영이 아뢰길,
　"전 좌승상 김규가 지모 넉넉하오니 불러 문의하심이
마땅할까 하나이다."
상이 깨달아 조서를 내려 김규를 부르셨다.
　이때 승상이 원을 데리고 평안히 지내더니 천만의외
에 사관이 조서를 가지고 왔거늘 받자와 본즉,
　"전임 좌승상에게 부치나니 그사이 고향에서 무사한
가. 짐은 불행하여 공주를 잃고 종적을 모르니 통한함
을 어찌 측량하리오. 경에게 옛 벼슬을 다시 내리나니
바삐 올라와 고명한 소견으로 짐의 아득함을 깨닫게
하라."
하였다. 승상이 사관을 후대하고 국변을 물으니 아귀 작
란하던 일과 세 공주 잃은 말을 대강 고하니 승상이 못
내 슬퍼하며 상경하여 사은숙배하니, 상이 보시고,

이렇게 슬퍼하는 '황상'에게, '이우영'은 '김규'라는 인물에게 문
의해보라는 이야기를 합니다. 그 이름을 듣자마자 당장 부르라는

것을 보니, '김규'라는 전 좌승상이 일을 굉장히 잘했나 보네요.

이때 '승상'은 '원'을 데리고 평안히 지내고 있었다고 합니다. 여기서 '승상'이 전 좌'승상'이었던 '김규'임을 알 수 있어야 합니다. 맥락상 호칭은 달라졌어도 같은 인물일 수밖에 없는 거예요. 아무튼 '아귀'의 횡포를 모르는 '승상'은 행복하게 편안하게 지내고 있었는데, '사관'으로부터 소식을 전달받고 슬퍼하며 상경하는 모습입니다.

> "경이 고향에 돌아감은 짐이 불명한 탓이로다. 국운이 불행하여 세 공주를 일시에 잃었으니 짐의 이 원을 어찌하리오? 경의 소견으로 이 일을 도모하면 평생의 한을 풀리로다."
> 승상이 엎드려 아뢰길,
> "소신이 자식이 있삽는데 창법 검술이 일세에 무쌍하와 매일 종적 없이 다니옵기 연고를 물으니 철마산에 가 무예를 익히다가 일일은 그 산에서 아귀라 하는 짐승을 만나 겨루고 그 뒤를 좇아 바위 구멍으로 들어감을 보았노라 하옵기 과연 허언이 아닌가 싶사오니 자식을 불러 들으심이 마땅하올까 하나이다."

이렇게 '황상'은 '승상'을 만나 자신의 한을 풀어달라 하고, '승상'은 자신의 자식이 '아귀'와 상대한 적이 있다고 말하며 자식을 불러 들이자는 이야기를 합니다. 맥락상 이 자식이 앞에 나온 '원'임을 생각할 수 있겠죠? 제목부터 '김원전'이기 때문에, '김규'의 아들 '김원'이 적대자를 물리치는 영웅일 것이라 생각할 수 있을 거예요.

> **[중략 부분의 줄거리]** 원은 황상을 뵙고 원수가 되어 철마산 아귀의 소굴로 들어간다.

우리의 예상 그대로네요. '김규'의 아들 '김원'이 '황상'을 만나 '원수'가 되고, '철마산'에 있는 '아귀'의 소굴로 들어갑니다. 나아가, 여기서부터는 '김원'을 '원수'라고 칭할 수도 있다는 것에 주목해야겠죠? '김원'이라는 영웅이 어떻게 '아귀'를 물리치는지 기대하면서 읽어봅시다.

> 원수가 백계를 생각하다가 갑자기 깨달아 공주께 아뢰기를,
> "독한 술을 많이 빚어 좋은 안주를 장만하여야 계교를 베풀리이다."

하고, 약속을 정해 여러 여자를 청하여 여차여차하게 계교를 갖추고 기다리라고 하였다.

아무리 '김원'이 능력이 좋아도, 괴물같은 '아귀'를 바로 처치하기는 어려울 것입니다. 이에 백계를 생각하던 '원수'(=김원)는 무언갈 갑자기 깨닫고, '공주'에게 '아귀'로 하여금 술을 많이 마시게 하라는 이야기를 하네요. 나아가 이 계획을 함께 할 여러 여자들에게도 계교를 갖추고 기다리라고 합니다. 과연 어떤 계획일까요?

> 이때 아귀가 원의 칼에 상한 머리 거의 나으니 모든 시녀를 불러 말하기를,
> "내 병이 조금 나았으니 사오일 후 세상에 나가 남두성을 잡아 죽여 이 원한을 풀리라. 너희는 나를 위하여 마음을 위로하라."
> 여자들이 이 말을 듣고 크게 기뻐하여 각각 술과 성찬을 권하기를,
> "대왕의 상처가 나으시면 첩 등의 복인가 하나이다. 수이 차도를 얻사오면 남두성 잡기야 어찌 근심하리오? 주찬을 대령하였사오니 다 드시어 첩 등의 우러르는 마음을 즐겁게 하소서."
> 아귀가 가져오라 하거늘, 여러 여자가 일시에 한 그릇씩 드리니 아홉 입으로 권하는 대로 먹으니 그 수를 알 수 없었다. 술이 취하매 여러 여자가 거짓으로 위로하여,
> "장군은 잠깐 잠을 청하여 아픔을 잊으소서."
> 아귀가 듣고 잠을 자려 하거늘, 막내 공주가 곁에 앉아 말하길,
> "보검을 놓고 주무소서. 취중에 보검을 한번 휘둘러 치면 잔명이 죄 없이 상할까 하나이다."
> 아귀가 말하기를,
> "장수가 잠이 드나 칼을 어찌 손에서 놓으리오마는 혹 실수함이 있을까 하노니 머리맡에 세워 두라."

이렇게 '원수'가 계책을 짜고 있을 때, '아귀'는 여자들을 불러놓고 조만간 '남두성'(맥락상 '원수=김원'을 의미하겠죠?)을 잡아 죽일 것이니 자신을 위로하라는 이야기를 합니다. 이때 '아귀'의 머리에 '김원'의 칼에 당한 상처가 있다는 것을 보면, '김원'의 능력과 '아귀'가 가지고 있을 '김원'에 대한 원한 등에 쉽게 공감할 수 있겠죠?

어쨌든 이를 들은 여자들은 '크게 기뻐'합니다. 이는 '원수'의 계책을 실행할 타이밍이 되었기 때문에 그런 것이라고 할 수 있겠

죠? 곧바로 미친 듯이 술을 먹여 '아귀'를 취하게 하고, 잠을 좀 자라고 하며 '거짓으로 위로'합니다. 기회가 온 것이죠! 그 와중에 철두철미한 '아귀'는 '보검'을 들고 잠에 들려고 하지만, 실수로 누군가를 죽이면 어떡하냐는 '막내 공주'의 말을 듣고 '보검'을 내려놓네요. 아마 이 '보검'을 이용하는 것이 '막내 공주'의 계책인 것 같네요.

하고 주거늘, 공주가 받아 놓고 잠들기를 기다렸다. 아귀가 깊이 잠들었거늘, 비수를 가지고 **협실**로 나와 원수에게 잠들었음을 이르고 함께 **후원**에 이르러 큰 기둥을 가리키며,

"원수의 칼로 저 기둥을 쳐 보소서."

원수가 칼을 들어 기둥을 치니 반쯤 부러졌다. 공주가 <u>크게 놀라</u> 말하기를,

"만일 그 칼을 썼더라면 성사도 못하고 도리어 큰 화가 미칠 뻔하였습니다."

아귀가 쓰던 비수로 기둥을 치니 썩은 풀이 베어지는 듯하였다.

-작자 미상, 「김원전」-

이렇게 '아귀'가 잠들고 난 후, '공주'와 '원수'는 '협실'에서 만나 '후원'으로 갑니다. 이런 공간의 이동이 머릿속에 그려지셔야 해요. 계속 장면을 상상하면서 읽고 계시죠?

어쨌든 '공주'가 '후원'의 큰 기둥을 가리키며 '원수'의 칼로 쳐 보라고 하자, 기둥은 반쯤 부러집니다. 힘이 장난이 아닌데, '공주'는 크게 놀라면서 만약 '원수'의 칼을 썼다면 일을 그르칠 뻔했다는 이야기를 하네요. 그리고 '아귀'의 비수, 즉 '보검'으로 기둥을 치니 썩은 풀이 베어지는 것처럼 쉽게 베어지는 모습입니다. '원수'의 칼로 기둥을 반쯤 부러뜨린 것은 사실 칼이 강하지 않은 모습을 나타내는 것이었네요. 이런 이유로 기둥을 풀 베듯 할 수 있을 만큼 강한 '아귀'의 칼을 훔칠 필요가 있었던 것입니다. 아마 이 칼을 가지고 '아귀'를 죽이든가 하겠죠?

전형적인 영웅소설의 구조를 보이고 있기 때문에, 내용을 이해하는 게 어렵지는 않았을 것 같습니다. 인물이 좀 많이 나오기는 하지만, 인물관계를 체크하는 것 자체가 목적이 아니라는 건 확실히 인식하고 계시겠죠? 인물들에게 '공감'하는 과정에서 자연스럽게 인물관계가 잡히게끔 해야 합니다.

선지	①	②	③	④	⑤
선택률	4%	83%	3%	5%	5%

10 [A]의 서술상 특징에 대한 설명으로 가장 적절한 것은? ②

– [A]는 '황상'과 신하들이 '아귀'의 무력에 속수무책으로 당하는 부분이었습니다. 나아가 '황상'의 슬픔에 공감했던 기억도 있죠? 이런 내용을 기반으로 답을 골라봅시다.

① 서술자가 개입하여 인물에 대한 평가를 제시하고 있다.

선지 유형	근거가 없어서 허용 불가능
실전에서의 판단 과정	서술자의 개입이 있었으면 체크했겠지.
해설	'서술자의 개입'이 있었으면 체크를 했었을 겁니다. '서술자의 개입'은 고전소설에서 중요한 포인트였으니까요. 혹시나 있었는데 못 찾은 것일까봐 겁난다고 해도, 일단 넘어가고 다른 선지부터 판단하시기 바랍니다. 답이 아닐 가능성이 높은데 써야 하는 시간은 너무 많으니까요.

② 대화를 통해 인물 간의 위계나 관계를 보여 주고 있다.

선지 유형	근거가 있어서 허용 가능
실전에서의 판단 과정	왕이랑 대화하고 있는데 당연한 거 아냐?
해설	[A]에서는 '황상'과 여러 신하들의 대화, 장수들과 '아귀'와의 대화 등을 통해 인물 간의 '위계'나 '관계'(군신 관계, 적대 관계)를 보여 주고 있습니다. 애초에 '실전에서의 판단 과정'에 적어둔 것처럼, '황상'과 대화하는 장면이 나왔는데 당연히 '위계나 관계'가 드러날 것이라고 생각하며 답으로 고를 수도 있겠습니다.

③ 현재와 과거를 교차하여 장면의 전환을 보여 주고 있다.

선지 유형	근거가 없어서 허용 불가능
실전에서의 판단 과정	과거가 어딨어.
해설	애초에 과거 장면이 나타난 적이 없죠? '아귀'에게 당하는 모습만 실시간으로 나오고 있었습니다.

④ 인물의 회상을 통해 인물 간 갈등의 원인을 암시하고
있다.

선지 유형	근거가 없어서 허용 불가능
실전에서의 판단 과정	회상이 어딨어.
해설	3번 선지와 비슷한 맥락이네요. [A] 부분은 실시간 라이브 같은 것이었기 때문에, 인물의 '회상'이 나타난 적은 없습니다. 나아가 인물 간 갈등의 원인이 무엇인지 나타난 적도 없구요.

⑤ 상황에 대한 인물의 반응을 과장되게 서술하여 사건
의 비극성을 완화하고 있다.

선지 유형	근거가 없어서 허용 불가능
실전에서의 판단 과정	아귀 같은 괴물 만나면 놀라고 슬퍼할 수도 있지. 무슨 과장?
해설	'황상'이라는 인물은 '아귀'라는 괴물에게 장수들이 속수무책으로 당하는 것을 보고 놀라고, 세 공주가 사라진 것을 알고 슬퍼합니다. 이는 충분히 각 상황에서 느낄 만한 반응이기 때문에, 딱히 '과장'되게 서술했다고 할 수도 없죠? 나아가 사건의 비극성 때문에 '황상'의 슬픔이 강조되기도 했으니, 이를 '완화'한다는 것도 허용하기 어렵겠구요.

선지	①	②	③	④	⑤
선택률	61%	5%	12%	10%	12%

11 ㉠과 관련하여 윗글을 이해한 내용으로 적절하지 <u>않은</u>
것은? ①

> 승상이 사관을 후대하고 ㉠ 국변을 물으니 아귀 작란
> 하던 일과 세 공주 잃은 말을 대강 고하니

- ㉠은 [A]의 내용 그 자체입니다. '아귀'가 '황상'과 그 신하들을
공격하고 '세 공주'를 잡아간 일이죠? 사실상 지문 내용에 대한
문제네요. 가볍게 해결해봅시다.

① 황상은 ㉠의 심각성을 이전의 '전장'과 비교하고, 그때
의 경험에 근거하여 ㉠에 대한 대처 방안을 찾아낸다.

> "짐이 여러 번 전장을 지내었으되 이런 일은 보도 듣
> 도 못하였으니 제신 중에 뉘 이 짐승을 잡아 짐의 한
> 을 씻으리오."

선지 유형	근거가 있어서 허용 불가능
실전에서의 판단 과정	이런 일은 보도 듣도 못했다며.
해설	'황상'은 ㉠을 겪으며, 여러 번 '전장'을 지냈는데 이런 일은 처음 본다며 어떻게 해야 하냐는 말을 합니다. 이는 대처 방안을 찾지 못했다는 명백한 근거가 되기 때문에, 허용할 수 없다는 판단이 가능하네요. 애초에 대처 방안을 찾았다면 '아귀' 때문에 골머리를 썩지도 않았을 것이니 당연하게 틀린 선지라고 할 수 있겠죠?

② 이우영은 ㉠의 해결을 위해 '조정'에서 황상의 질문에
답하며 ㉠에 대처할 방안을 찾아 줄 지모 있는 인물을
거명한다.

> "이런 해괴한 변이 천고에 없으니 경들의 소견이 어떠
> 하뇨?"
> 하고 용루를 흘리시니 조정에 모인 여러 신하가 감히 우
> 러러 보지 못하였다.
> 이우영이 아뢰길,
> "전 좌승상 김규가 지모 넉넉하오니 불러 문의하심이
> 마땅할까 하나이다."

선지 유형	근거가 있어서 허용 가능
실전에서의 판단 과정	김규의 이름을 말했지.
해설	'황상'이 도대체 ㉠을 어떻게 해결해야 하냐고 '조정'에 모인 신하들에게 묻자, '이우영'은 '김규'라는 지모 넉넉한 인물의 이름을 말합니다. 친절하게 굵은 글씨를 해준 부분으로 돌아가 독해하면 됩니다.

③ 황상은 ㉠의 여파가 미치지 않은 '고향'에서 편안히 지
내던 승상에게 ㉠으로 인한 위기 상황을 알린다.

> 이때 승상이 원을 데리고 평안히 지내더니 천만의외
> 에 사관이 조서를 가지고 왔거늘 받자와 본즉,
> "전임 좌승상에게 부치나니 그사이 고향에서 무사한
> 가. 짐은 불행하여 공주를 잃고 종적을 모르니 통한함
> 을 어찌 측량하리오. 경에게 옛 벼슬을 다시 내리나니
> 바삐 올라와 고명한 소견으로 짐의 아득함을 깨닫게
> 하라."

선지 유형	근거가 있어서 허용 가능
실전에서의 판단 과정	승상은 고향에서 편하게 지내고 있었지.
해설	'승상'은 '원'과 함께 '고향'에서 평안히 지내고 있었는데, '황상'이 '승상'에게 ㉠의 내용을 알렸습니다. 지문 내용 그대로 허용할 수 있겠죠?

④ 승상은 ㉠의 원흉인 아귀를 원이 '철마산'에서 본 것을 황상에게 아뢰고, ㉠을 해결할 단서를 제공할 인물을 천거한다.

> 승상이 엎드려 아뢰길,
> "소신이 자식이 있삽는데 창법 검술이 일세에 무쌍하와 매일 종적 없이 다니옵기 연고를 물으니 철마산에 가 무예를 익히다가 일일은 그 산에서 아귀라 하는 짐승을 만나 겨루고 그 뒤를 좇아 바위 구멍으로 들어감을 보았노라 하옵기 과연 허언이 아닌가 싶사오니 자식을 불러 들으심이 마땅하올까 하나이다."

선지 유형	근거가 있어서 허용 가능
실전에서의 판단 과정	승상은 자식인 김원을 추천했지.
해설	선지 내용 그대로 허용할 수 있죠? '승상'은 자신의 아들인 '김원'이 '철마산'에서 '아귀'를 상대했던 일을 이야기하면서, 자신의 아들이 ㉠을 해결할 수 있을 것이라고 이야기했습니다.

⑤ 원은 ㉠의 해결 방안을 떠올리고, '협실'에서 공주를 만나 ㉠을 해결할 수 있는 기회가 왔음을 알게 된다.

> 하고 주거늘, 공주가 받아 놓고 잠들기를 기다렸다. 아귀가 깊이 잠들었거늘, 비수를 가지고 협실로 나와 원수에게 잠들었음을 이르고 함께 후원에 이르러 큰 기둥을 가리키며,

선지 유형	근거가 있어서 허용 가능
실전에서의 판단 과정	아귀가 잠들었음을 일러줬네.
해설	'김원'은 ㉠의 해결 방안을 떠올린 뒤 '공주'에게 '아귀'가 술에 취하게 하라는 미션을 주었고, 그 미션을 수행한 '공주'와 '협실'에서 만나 '아귀'가 잠들었다는 소식을 듣습니다. 이는 ㉠을 해결할 수 있는 기회라고 할 수 있으니, 어렵지 않게 허용할 수 있는 선지네요.

선지	①	②	③	④	⑤
선택률	4%	4%	73%	7%	12%

12 ⓐ~ⓓ에 대한 설명으로 가장 적절한 것은? ③

① ⓐ와 ⓑ에서는 상대에 대한 신뢰를 바탕으로, 숨겨 온 사실을 드러내고 있다.

> "전임 좌승상에게 부치나니 그사이 고향에서 무사한가. ⓐ짐은 불행하여 공주를 잃고 종적을 모르니 통한함을 어찌 측량하리오.

> 과연 허언이 아닌가 싶사오니 ⓑ자식을 불러 들으심이 마땅하올까 하나이다."

선지 유형	근거가 있어서 허용 불가능
실전에서의 판단 과정	숨겨 온 게 아니잖아.
해설	ⓐ는 '승상'이 미처 알지 못했던 사실을 알려 주는 부분이고, ⓑ는 '승상'이 자신의 생각을 이야기하는 부분입니다. 둘 다 숨겨 온 사실을 드러내는 것은 아니죠?

② ⓑ와 ⓒ에서는 자신의 위세를 드러내어, 상대의 복종을 이끌어내고 있다.

> 과연 허언이 아닌가 싶사오니 ⓑ자식을 불러 들으심이 마땅하올까 하나이다."

> ⓒ"내 병이 조금 나았으니 사오일 후 세상에 나가 남두성을 잡아 죽여 이 원한을 풀리라. 너희는 나를 위하여 마음을 위로하라."

선지 유형	근거가 있어서 허용 불가능
실전에서의 판단 과정	왕한테 위세를 드러낸다고?
해설	ⓑ는 신하인 '승상'이 '황상'에게 이야기하는 부분입니다. '위세를 드러'낸다는 표현을 사용할 수는 없겠죠. 물론 ⓒ는 '아귀'가 자신의 위세를 드러내면서 '시녀'들의 복종을 이끌어내는 부분이라고 할 수 있겠습니다.

③ ⓐ에서는 자신의 감정을 상대에게 드러내고, ⓓ에서는 자신들의 의도를 상대에게 숨기고 있다.

> "전임 좌승상에게 부치나니 그사이 고향에서 무사한가. ⓐ짐은 불행하여 공주를 잃고 종적을 모르니 통한함을 어찌 측량하리오.

> "대왕의 상처가 나으시면 첩 등의 복인가 하나이다. ⓓ수이 차도를 얻사오면 남두성 잡기야 어찌 근심하리오? 주찬을 대령하였사오니 다 드시어 첩 등의 우러르는 마음을 즐겁게 하소서."

선지 유형	근거가 있어서 허용 가능
실전에서의 판단 과정	ⓐ에서는 통한하다고 했고, ⓓ에서는 술 먹이려고 협조하는 척하는 거지.
해설	ⓐ에서 '황상'은 '승상'에게 자신의 '통한함'을 측량할 수 없다며 자신의 감정을 직접적으로 드러내고 있습니다. 한편 ⓓ에서 '여자들'은 '아귀'에게 술을 먹이기 위해 비위를 맞춰 주는 것이죠? ⓐ와 ⓓ 부분에서 '황상' 및 '여자들'의 입장에 충분히 공감하며 읽었는지 묻는 문제였네요.

④ ⓑ에서는 당위를 내세워 상대의 행위를 요구하고, ⓓ에서는 상대의 안위를 우려하여 자제를 요청하고 있다.

> 과연 허언이 아닌가 싶사오니 ⓑ자식을 불러 들으심이 마땅하올까 하나이다."

> "대왕의 상처가 나으시면 첩 등의 복인가 하나이다. ⓓ수이 차도를 얻사오면 남두성 잡기야 어찌 근심하리오? 주찬을 대령하였사오니 다 드시어 첩 등의 우러르는 마음을 즐겁게 하소서."

선지 유형	근거가 있어서 허용 불가능
실전에서의 판단 과정	ⓓ는 아귀 걱정하는 부분 아닌데?
해설	ⓑ는 '승상'이 자신의 아들인 '김원'을 불러 계책을 들어보라고 '황상'에게 요구하는 장면이니, ⓑ에 대한 내용은 충분히 허용할 수 있겠죠. 하지만 ⓓ 부분은 '아귀'에게 술을 먹이기 위해 비위를 맞춰 주는 부분일 뿐, '아귀'의 안위를 우려하여 자제를 요청하는 부분이 아닙니다.

⑤ ⓒ에서는 상대에게 자신의 목표를 위해 행동할 것을 촉구하고, ⓓ에서는 상대의 목표를 위해 행동할 것을 약속하고 있다.

> ⓒ"내 병이 조금 나았으니 사오일 후 세상에 나가 남두성을 잡아 죽여 이 원한을 풀리라. 너희는 나를 위하여 마음을 위로하라."

> "대왕의 상처가 나으시면 첩 등의 복인가 하나이다. ⓓ수이 차도를 얻사오면 남두성 잡기야 어찌 근심하리오? 주찬을 대령하였사오니 다 드시어 첩 등의 우러르는 마음을 즐겁게 하소서."

선지 유형	근거가 있어서 허용 불가능
실전에서의 판단 과정	ⓓ는 아귀를 위하는 마음이 담긴 게 아니라니까!
해설	ⓒ의 경우, '여자들'에게 '남두성'을 죽이려는 목표를 위해 자신을 위로하라는 '아귀'의 촉구라고 할 수 있습니다. 하지만 ⓓ는 '아귀'에게 술을 먹이기 위해 비위를 맞추는 부분일 뿐, '아귀'의 목표를 위해 행동하겠다는 약속이 아닙니다. 애초에 ⓓ는 지금 당장 시킨 대로 하겠다는 이야기이기 때문에, 미래의 행동을 정한다는 의미의 '약속'이라고 볼 수도 없겠네요.

선지	①	②	③	④	⑤
선택률	6%	7%	8%	11%	68%

13 〈보기〉를 참고하여 윗글을 감상한 내용으로 적절하지 <u>않은</u> 것은? [3점] ⑤

① 서경태가 입직군을 동원해 아귀와 맞서고 원수가 계교를 마련해 아귀를 상대하는 데서, 압도적 무력을 지닌 적대자에 대응하는 양상이 서로 다름을 알 수 있군.

선지 유형	근거가 있어서 허용 가능
실전에서의 판단 과정	다르네.
해설	'서경태'는 무력으로 '아귀'에 맞서고, '원수'는 계교를 마련해 '아귀'를 상대합니다. 이는 '아귀'라는, 압도적 무력을 지닌 적대자에 대응하는 양상이 서로 다른 모습이라고 할 수 있겠죠.

② 한세충이 황상의 한을 씻고자 아귀에게 대항하고 승상이 황상의 불행에 슬퍼하며 상경하는 데서, 인물들이 충군의 가치를 지키고 있음을 알 수 있군.

선지 유형	근거가 있어서 허용 가능
실전에서의 판단 과정	황상을 위해 나서고 황상의 슬픔에 공감하니 충군의 가치를 지키고 있다고 할 수 있겠다.
해설	'한세충'은 '서경태'가 당한 뒤 '아귀'를 잡아 한을 씻을 사람이 누구냐는 '황상'의 말을 듣고 나섭니다. 또한 '승상'은 '황상'의 슬픔이 담긴 조서를 보고 슬퍼하며 상경하는 모습을 보이죠. 이는 모두 '황상'을 위해 움직이는 신하들의 모습이라는 점에서, 인물들이 충군의 가치를 지키고 있음을 알 수 있다고 할 수 있겠습니다.

③ 원이 아귀의 머리를 상하게 한 것과 아귀가 남두성인 원에게 원한을 갚겠다고 다짐하는 데서, 주인공과 적대자의 대결이 피할 수 없는 것임을 알 수 있군.

선지 유형	근거가 있어서 허용 가능
실전에서의 판단 과정	아귀가 김원에게 원한이 있으니, 언젠가는 대결할 수밖에 없는 운명이지.
해설	'김원'과 '아귀'는 '철마산'에서 이미 한 번 만난 적이 있습니다. 여기서 '아귀'는 '김원'의 칼에 맞아 머리에 상처가 난 것 같은데, 이러한 원한 관계와 〈보기〉 내용을 근거로 하면 이들이 결국 대결하게 될 운명이라는 점을 어렵지 않게 허용할 수 있겠네요.

④ 공주가 황상에게는 국운의 불행으로 잃은 대상이지만 원수에게는 약속대로 아귀를 잠들게 하는 인물인 데서, 여성 인물이 사건의 피해자이자 해결을 돕는 존재임을 알 수 있군.

선지 유형	근거가 있어서 허용 가능
실전에서의 판단 과정	그러네.
해설	'공주'는 '황상'의 입장에서는 '아귀의 공격'이라는 불행으로 잃은 대상입니다. 이는 '공주'가 곧 피해자임을 의미한다고 할 수 있겠죠. 한편 '공주'는 '원수'에게는 '아귀'를 잠들게 하는 식으로 도움을 주는 조력자입니다. 여기서는 '공주'가 사건의 해결을 돕는 존재임을 의미한다고 할 수 있겠네요.

⑤ 일세에 무쌍한 무예를 갖춘 원수가 아귀의 비수로 기둥을 베어 보는 데서, 주인공이 적대자를 처치하기 위해 자신의 계획대로 초월적 능력을 시험하고 있음을 알 수 있군.

선지 유형	근거가 있어서 허용 불가능
실전에서의 판단 과정	자기가 아니라 공주의 계획대로 한 거지.
해설	'김원'이 '아귀'의 비수로 기둥을 베어 보는 것은 '아귀'의 비수가 얼마나 강한지 확인해보는 과정이라고 할 수 있습니다. 이는 '김원'이 아닌 '공주'의 제안에 따라 일어난 것입니다. 이렇게 명백한 근거가 있으니, 주인공인 '김원'이 '자신의 계획대로' 초월적 능력을 시험하고 있다고 보기는 어렵겠습니다. 나아가 〈보기〉에 따르면 '초월적 능력'을 가지고 있는 것은 주인공인 '김원'입니다. 그런데 여기서 시험하는 '초월적 능력'은 '아귀'의 것이라는 점에서 〈보기〉를 참고한 감상이라고 보기도 어렵겠네요. 여러모로 답이 되기 어렵네요.

몰랐던 어휘 정리하기

| 핵심 point |

① **허용 가능성 평가** : 선지의 내용을 '허용'하려는 태도를 바탕으로 지문을 '독해'하며 '근거'를 찾아야 합니다. 허용할 수 있는 '근거'가 있어야만 허용할 수 있습니다. 주관적인 생각을 개입시키면 안 됩니다.
② **소설 독해** : '심리와 행동의 근거'를 바탕으로 인물에게 '공감'하며 읽어야 합니다. 이 과정이 물흐르듯 이어지면 지문의 내용을 완벽하게 이해할 수 있어요.
③ **영웅소설 클리셰** : 모든 영웅은 엄청난 능력을 가지고 여러 가지 문제를 해결합니다. 이러한 클리셰를 알고 있다면 지문 독해가 수월해질 거예요.

전형적인 영웅소설의 내용이었기에, 어렵지 않게 해결할 수 있었을 것으로 보입니다. 나아가 '김원전'은 2011학년도 9월 모의평가에도 출제된 작품이기 때문에, 해당 지문에 대한 학습이 되어 있었다면 내용을 더욱 쉽게 이해할 수 있었을 거예요. 이처럼 최근 시험에서는 과거 기출문제에 출제된 작품을 다시 출제하는 경향이 두드러지고 있으니, 문학 기출문제 학습을 더 철저하게 하도록 합시다.

〈보기〉 확인

> ─────[학습 활동]─────
>
> 「정을선전」은 모략을 중심으로 사건이 전개되므로 인물 간 소통 양상을 파악하는 것이 중요하다. 윗글을 바탕으로 인물 간에 나타난 소통의 내용을 정리해 보자.

'모략'을 중심으로 사건이 전개되는 전형적인 고전소설입니다. 어떤 '모략'이 있을지 궁금해하면서 읽어보면 되겠죠?

> ─────[보기]─────
>
> 「정을선전」은 영웅소설과 가정소설의 상투적인 면모가 혼재되어 나타난다. 이를테면, 가정 안팎의 서사는 남주인공을 매개로 연결되고, 사건이 선악 구도로 전개되며, 인물의 고난과 감정은 극대화된다. 이 과정에서 일부 나처세에서 비롯되는 가정 내 갈등이 개인의 인성 문제로 축소된다. 그러면서도 상전의 수족에 불과한 하층의 시비가 능동적인 행위자로 등장하거나, 가정과 사회에서 상층인 인물이 희화화된다.

나아가, 이 작품은 '영웅소설'과 '가정소설'의 상투적인 면모를 모두 가지고 있다고 합니다. 우리가 알고 있는 고전소설의 클리셰를 활용하면서 읽을 수 있다는 이야기겠죠? 구체적인 내용이 제시되고 있는데, 솔직히 이를 모두 기억하고 지문 독해에 활용하기는 어려워 보입니다. 슥 보면서 대충 파악한 다음 가능한 만큼만 적용하며 읽어보도록 합시다. 더 깊은 적용은 문제를 푸는 과정에서 하면 될 것 같아요.

지문 독해

> **[앞부분의 줄거리]** 승상 정을선이 출정한 사이 정렬부인의 모략으로 충렬부인이 옥에 갇히자 시비 금섬이 충렬부인을 피신시키고 자진한다. 옥에서 얼굴이 상한 금섬의 시신이 발견되자 왕비는 월매를 문초한다. 전장에서 정을선은 호첩이 전한 편지를 읽는다.

[앞부분의 줄거리]에 많은 정보가 제시되고 있습니다. 저 복잡한 인물관계와 사건을 확실하게 정리하고 가는 게 중요해보이죠? 먼저, '정을선'(=승상)이 출정한 사이 '정렬부인'의 모략으로 '충렬부인'이 옥에 갇혔다고 합니다. 전형적인 가정소설의 클리셰처

럼 부인들 간의 갈등 상황이 나타나고 있네요. 그런데 시비 '금섬'이 '충렬부인'을 피신시키고 자진(자살)했다고 합니다. '금섬'은 '충렬부인'의 편이었나 보네요. 그렇게 '금섬'의 시신이 발견되자, '왕비'는 뜬금없이 '월매'를 문초합니다. 왜 '월매'한테 난리를 치는지는 모르겠지만, 뒤에서 자세한 사정이 나올 것이니 기다려봅시다.

한편, '정을선'은 전장에서 '호첩'이 전한 편지를 읽습니다. 그 내용은 아마 '금섬'을 비롯한 가정 내 갈등에 대한 것이겠죠? 이렇게 꼼꼼하게 읽으면서 내용을 완벽하게 파악한 상태로, 아니 거의 암기한 상태로 지문을 계속 읽어보도록 합시다. [앞부분의 줄거리]는 그만큼 중요하다고 했어요!

> 원수가 대경하여 호첩을 불러 연고를 물으시고 인하여 중군장에게 분부하시되 '나는 집에 변이 있어 먼저 가니 중군장은 차후에 인솔하여 오라.' 하고 밤낮 삼 일 만에 득달하니 이때에 왕비의 시비 월매가 종시 토설치 아니하매 매를 많이 맞고 여쭈오되
> "어서 바삐 죽이시면 금섬의 뒤를 쫓아가겠나이다."

갑자기 화가 난 '원수'가 등장합니다. 새로운 인물인가 싶었는데, '원수'는 편지를 쓴 '호첩'에게 사정을 듣고 '중군장'에게 집에 변이 있어 먼저 가니 나중에 오라는 말을 하고 있어요. 이러한 정보를 종합하면, '원수'가 곧 '승상 정을선'이라고 할 수 있겠네요.

아무튼, 이때 '왕비'는 자신의 시비인 '월매'를 문초하고 있었습니다. 그런데 '월매'는 아무런 말도 하지 않고 그저 죽여달라고만 하고 있네요. '월매'의 입장에 공감해보면, 자세한 사정은 알 수 없지만 '왕비'에겐 입을 열 수 없나 봅니다. '월매'의 강직한 성격을 확실하게 파악할 수 있겠죠? 나아가 '금섬'의 뒤를 쫓아가겠다고 하는 것을 보면, '월매' 역시 '금섬'처럼 '충렬부인'의 편일 것이라고 생각할 수 있겠죠? 이렇게 인물에게 공감하는 과정에서 자연스럽게 인물관계가 잡혀야 해요!

한데 왕비 크게 노하여 목을 베라 할 즈음에 이때 승상
이 필마로 달려오다가 월매 죽이려 하는 거동을 보고 급
히 소리를 지르며 말에서 내려 이를 구호하매 문왈
　"충렬부인은 어디 계시냐?"
　월매 인사를 모르다가 승상을 보고 방성통곡 왈
　"승상은 바삐 충렬부인을 살리소서."
한데 승상이 급히 문왈
　"어디 계시냐?"
한데 월매 울며 왈
　"소인이 걷지 못하오니 어찌 가오리까?"

이 말을 듣고 화가 난 '왕비'는 '월매'의 목을 베라 하는데, 그 순간 '승상'이 나타나 급히 소리를 지르며 이를 말립니다. 다짜고짜 '월매'에게 '충렬부인'이 어딨냐고 묻는 것을 보니, '호첩'에게 들은 내용은 곧 '충렬부인이 위험하다.'였나 보네요. '월매'는 그제서야 입을 열어 '충렬부인'을 살리라고 울부짖습니다.

한데 급히 종을 불러 월매를 업히고 구덩이를 찾아가
보니 부인이 아기를 안고 있거늘 아기는 잠을 깊이 들
었는지라. 승상이 통곡 왈
　"부인은 눈을 떠 나를 보소서."
한데 부인이 눈을 떠 보니 승상이 왔거늘 정신 아득하여
인사를 모르다가 겨우 인사를 차려 왈
　"이것이 꿈인가 생시인가 구년저수의 해 같고 칠년대
한의 빗발같이 바라더니 지금 구덩이에서 만날 줄 알
았으리까. 승상은 나의 누명을 씻겨 주소서."
하며 인사를 모르는지라. 〈그 참혹한 형상을 어디에 비
하리오.〉 슬픔에 매우 야위어 뼈가 드러나게 되었는지
라. 승상이 아기를 안아 월매를 주고 부인을 구한 후에
자리를 마련하여 옥석을 구별할새, 왕비전에 뵈온대 왕
비 못내 반기시며 사연을 낱낱이 이르시되 승상 왈
　"이 일은 소자가 이미 아는 바이오니 염려 마옵소서."

그렇게 급하게 '월매'와 함께 '충렬부인'을 찾아가 보니, '충렬부인'은 구덩이에서 잠든 '아기'를 안고 있었습니다. 눈을 뜬 '충렬부인'은 기뻐하며 누명을 벗을 수 있게 해달라고 하고 있네요. 〈 〉 표시한 '서술자의 개입' 부분을 보면, '충렬부인'의 꼴이 말이 아니었다는 것을 알 수 있겠죠? 그렇게 '정을선'은 '왕비'에게 '충렬부인'을 데려가고, 무슨 일이 있었는지 말하려는 '왕비'의 말을 끊으며 자신이 다 알고 있으니 걱정 말라는 이야기를 합니다. 이미 '호첩'에게 들은 바가 있으니 이렇게 말할 수 있는 것이겠죠.

나아가, 이때 '정을선'이 '소자'라는 표현을 쓴 것으로 보아, '왕비'는 '정을선'의 어머니라는 것도 알 수 있겠네요.

하며 왈
　"처음에 그놈이 충렬부인 방에 간 줄 어찌 알으셨나
이까?"
　왕비 왈
　"사촌 오라비가 이르기로 알았노라."
하신대 승상이 복록을 찾는데 벌써 제 죄를 알고 후원에
올라가 이미 죽었는지라. 하릴없어 옥졸을 잡아들여 엄
히 문왈
　"너희는 어찌 충렬부인 아닌 줄 알았느냐? 바로 아뢰리라."
하신대 옥졸이 급히 여쭈오되
　"얼굴이 상하여 아모란 줄 모르오나 손길이 곱지 못하
오매 소인 등 소견에 충렬부인이 천하일색이라 하더니
손이 곱지 아니하더라 하올 제 정렬부인의 시비 금연
이 이를 듣고 묻기에 자세히 이르고 부디 다른 데 가서
이 말 말라 당부하옵더니, 필연 금연의 입을 통해 발설
이 된가 하나이다."

이제 '정을선'이 천천히 사건을 정리합니다. '그놈'이라는 인물이 '충렬부인'의 방에 간 것이 사건의 발단인 것 같은데, '왕비'는 자신의 '사촌 오라비'에게 그 말을 들었다고 합니다. 이에 '정을선'이 '복록'을 찾는 것을 보니, 그 '사촌 오라비'가 '복록'인 것으로 보이죠? 그런데 '복록'은 이미 자신의 죄를 알고 죽어버렸다고 합니다. 어쩔 수 없이 '옥졸'을 잡아들인 '정을선'은 뜬금없이 '너희는 어찌 충렬부인 아닌 줄 알았느냐?'라는 말을 합니다. 사건의 전모를 모르는 우리의 입장에서는 당황스러울 수밖에 없는 말들이 나타나고 있어요. 차분하게 '옥졸'의 말을 들어보니, 얼굴이 상하여 누군지 못 알아봤지만 천하일색이라던 소문과는 달리 손이 곱지 않아 자신들끼리 수군댔고, 이를 '정렬부인'의 시비인 '금연'이 듣고서 발설했다고 하네요.

[앞부분의 줄거리]와 엮어 내용을 정리하면, 옥에 갇힌 '충렬부인'을 '금섬'이 피신시킨 뒤 자신을 '충렬부인'으로 위장하여 자진했고, 이를 알게 된 '금연'이 '정렬부인'과 '왕비' 등에게 알려 '충렬부인'을 다시 찾게끔 한 것이었네요. 이 과정에서 '월매'가 문초를 당한 것이구요. 시간을 좀 쓰더라도 이렇게 파편적으로 흩어진 정보를 모을 수 있어야 합니다. 각 인물들이 하는 말과 행동들의 근거를 생각하면서 말이에요.

한데 승상이 금연을 잡아들여 문왈

　"이 말을 듣고 네게 국문하니 바른대로 고하라."

하는 소리가 벼락이 꼭두에 임한 듯하고 궁궐이 뒤집히는 듯 하더라. 이때에 정렬부인이 승상의 호통 소리를 듣고 똥을 한 무더기를 싸고 자빠졌는지라. 금연이 하릴없어 바로 아뢰나니라 하고 정렬부인 하던 말이며 제가 남복을 하고 충렬부인 침소로 들어간 말이며 이불 속에 누웠다가 달아난 말이며 정렬부인이 않는 체하고 누웠사오매 충렬부인이 약으로 구병하며 곁에 있으시매 침소로 가라 강권하여 침소로 마지못하여 가시매 복록이 왕비께 참소하던 연유를 낱낱이 아뢴대 왕비 곁에 있다가 앙천통곡하시며 왈

　"내 밝지 못하여 악녀의 꾀에 빠져 충렬부인을 죽이려 하였나니 무슨 면목으로 충렬부인을 보리오."

하시며 자결코자 하거늘 승상이 붙들고 울며 왈

　"모친이 너무 과도히 하시면 소자가 먼저 죽으려 하나이다."

이에 '정을선'은 '금연'을 잡아들여 호통을 치는데, '정렬부인'은 이를 듣고 똥을 한 무더기를 싸고 자빠집니다. 조금 더럽기는 하지만, 그만큼 '정을선'이 크게 화가 났고 '정렬부인'이 겁에 질렸다는 것에 공감할 수 있겠죠? '금연'은 어쩔 수 없이 사연을 낱낱이 고합니다. 정리하면, 아픈 척하는 '정렬부인'을 간호하려고 잠시 자리를 비운 '충렬부인' 몰래 '금연'이 남장하여 '충렬부인'의 침소로 들어갔고, '정렬부인'이 다시 '충렬부인'에게 침소로 돌아가라고 하여 오해할 만한 상황을 만들었고, 이를 '복록'이 '왕비'에게 말해 '충렬부인'을 모함한 것이었네요.

사건의 진상을 들은 '왕비'는 미안함과 부끄러움에 눈물이 흐릅니다. 이에 스스로 목숨을 끊으려고 하고, '정을선'은 내가 먼저 죽겠다고 하면서 말리는 상황이네요. 이들의 심정에 충분히 공감할 수 있겠죠?

　　왕비 금침에 누워 일어나지 못하더라. 승상이 정렬부인을 결박하여 땅에 꿇리고 크게 노하여 왈

　"너는 무엇이 부족하여 충렬부인을 해코자 하느냐. 어찌 일시를 살리리오. 내 임의로는 죽이고 싶으나 황상께 아뢰고 죽게 하리라."

하고 상소하니 그 글에 하였으되

　"대사마 대도독 대원수 정을선은 돈수백배하고 아뢰나니 신이 서융을 쳐 사로잡고, 백성을 진무하고 돌아오려 할 때, 집에서 급한 소식을 듣고 군사를 중군장에

게 맡기옵고 필마로 올라와 본즉, 정렬부인이 이러이러한 변을 일으켰사오니 세상에 이러하온 일이 있사오닛가."

하고 금연이 흉계를 꾸민 일과 월매가 당하던 고초를 낱낱이 아뢰었다.

　　　　　　　　　　－작자 미상, 「정을선전」－

'정을선'은 크게 화가 나 '정렬부인'에게 호통을 칩니다. 기분대로라면 죽이고 싶으나 '황상'에게 아뢰어 죽게 하겠다고 하면서 말이에요. 이에 '정을선'은 '상소'를 올립니다. 그 내용을 보니 자신이 '서융'을 치면서 공을 세우는 와중에 이런 끔찍한 일이 있었다는 것이네요. 고전소설의 전형적인 클리셰를 생각하면, 악인인 '정렬부인'의 최후는 비참하겠죠?

선지	①	②	③	④	⑤
선택률	11%	43%	24%	10%	12%

14 ㉠, ㉡과 관련하여 윗글을 이해한 내용으로 적절하지 <u>않은</u> 것은? ②

　　㉠"이 일은 소자가 이미 아는 바이오니 염려 마옵소서."
　　㉡"처음에 그놈이 충렬부인 방에 간 줄 어찌 알으셨나이까?"

－ ㉠은 '정을선'이 '호첩'에게 받은 편지의 내용을 통해 사건의 대강을 알고 있으니 알아서 하겠다고 '왕비'에게 말하는 부분이고, ㉡은 본격적인 사건의 조사를 위해 '왕비'에게 질문을 하는 부분입니다. 이 질문에 대한 답을 통해 '복록'을 매개로 하여 사건의 진실에 근접하게 되었죠? 이러한 이해를 바탕으로 답을 골라봅시다.

　① ㉠을 보니, 호첩에게 물은 '연고'의 내용은 왕비가 말한 '사연'의 내용과 관련이 있겠군.

선지 유형	근거가 있어서 허용 가능
실전에서의 판단 과정	당연히 관련이 있겠지.
해설	'정을선'이 '호첩'에게 물은 '연고'의 내용은 편지의 내용을 조금 더 자세히 말해보라는 것이었을 겁니다. 그리고 '왕비'가 '사연'을 이야기하자 다 알고 있다며 말을 끊는 것으로 보아, 그 '연고'의 내용이 '왕비'가 말하는 '사연'의 내용과 관련이 있다는 것을 충분히 생각할 수 있겠습니다.

애초에 하나의 사건을 바탕으로 전개되고 있으니, 이들이 관련되어 있다는 것은 어찌 보면 당연하다고도 할 수 있겠네요.

② ㉠을 보니, 승상이 황상에게 올린 '상소'에 들어 있는 내용은 '이미 아는 바'와 같겠군.

선지 유형	근거가 있어서 허용 불가능
실전에서의 판단 과정	상소는 사건의 진상이고, 이미 아는 바는 사건의 대강인데 어떻게 같냐.
해설	'정을선'이 '황상'에게 올린 '상소'의 내용은 '정렬부인'과 '금연'의 악행에 대한 것입니다. 한편 '이미 아는 바'는 '충렬부인이 고난을 당하였다.' 정도의 대략적인 내용이죠? 따라서 이 둘이 같다고 하는 것은 절대 허용할 수 없겠네요. 애초에 둘이 같다면 '정을선'이 사건을 조사할 필요도 없었을 것입니다. 대충 비슷한 내용이기에 틀렸다는 생각을 못한 학생들이 많았습니다. 그런 학생들은 '정을선'이 왜 사건을 깊게 조사하려고 하는지 그 마음에 공감하려는 시도를 했는지 점검해보시기 바랍니다. 아무리 어려워도, 결국 소설의 핵심은 '심리와 행위의 근거'를 정확하게 인식하는 것입니다.

③ ㉡을 보니, 승상은 '사연'의 진상을 밝히는 데에 왕비가 '그놈'의 행위를 알게 된 경위가 중요하다고 생각했겠군.

선지 유형	근거가 있어서 허용 가능
실전에서의 판단 과정	그러니까 물어봤겠지.
해설	'정을선'은 '사연'의 진상을 밝히기 위해 가장 먼저 '왕비'에게 ㉡을 묻습니다. 이는 '왕비'가 '그놈'의 행위를 알게 된 경위가 중요하다고 생각했기 때문이겠죠? 가장 먼저 물어봤다는 것을 근거로 하면 당연하게 허용할 수 있는 내용입니다.

④ ㉡에 대한 왕비의 대답을 보니, 왕비에게 '그놈'의 행위에 대해 제보한 사람이 있었군.

선지 유형	근거가 있어서 허용 가능
실전에서의 판단 과정	복록이었지.
해설	㉡에 대한 '왕비'의 대답을 보면, '왕비'에게 '그놈'의 행위에 대해 제보한 사람은 '왕비'의 사촌 오라비인 '복록'이었습니다. 이 내용을 그대로 옮겨 놓은 선지네요.

⑤ ㉡이 제시된 후에 드러난 복록의 상황을 보니, 복록은 자신이 지은 '죄'에 대하여 심리적 중압감을 느꼈겠군.

선지 유형	근거가 있어서 허용 가능
실전에서의 판단 과정	그러니까 죽었지.
해설	'복록'은 자신이 지은 '죄'를 알고 '후원'에 올라가 죽어버립니다. '죄를 알고'와 같은 표현을 근거로 하면, '복록'이 심리적 중압감을 느꼈을 것이라는 해석은 어렵지 않게 허용할 수 있겠습니다.

선지	①	②	③	④	⑤
선택률	5%	15%	9%	64%	7%

15 누명과 관련한 설명으로 가장 적절한 것은? ④

– '누명'은 '정렬부인'의 모략으로 인해 '충렬부인'이 쓰게 된 것입니다. 애초에 이 지문의 전부라고도 할 수 있는 핵심적인 내용이니, 가볍게 해결해봅시다.

① 누명이 벗겨지면서, 누명을 썼던 인물은 자신의 어리석음을 탓하고 있다.

선지 유형	근거가 있어서 허용 불가능
실전에서의 판단 과정	그건 왕비였는데?
해설	'누명'이 벗겨지자 자신의 어리석음을 탓한 것은 '누명'을 썼던 '충렬부인'이 아니라 '왕비'였습니다. 이런 근거가 있으니 가볍게 지워낼 수 있겠죠?

② 누명을 쓴 인물의 요청으로 남주인공은 누명을 씌운 인물의 처벌을 유보한다.

선지 유형	근거가 없어서 허용 불가능
실전에서의 판단 과정	누가 그런 요청을 했냐.
해설	'충렬부인'이 '정렬부인'의 처벌을 유보해달라는 요청을 한 적도 없고, '정을선'이 처벌을 유보한 것은 '황상'에게 보고하는 것이 먼저라고 생각했기 때문이었죠? 가볍게 지워낼 수 있겠습니다.

③ 누명의 내용은 누명을 쓴 인물이 남몰래 자신의 처소
에서 벗어나 구덩이에 있다는 사실이다.

선지 유형	근거가 있어서 허용 불가능
실전에서의 판단 과정	뭔 헛소리야.
해설	'누명'의 내용은 '충렬부인'이 자신의 침소에 남자를 들인다는 것이었을 겁니다. '충렬부인'이 남몰래 자신의 처소에서 벗어나 구덩이에 있던 것은 맞지만, 이것은 '누명' 그 자체가 아니라 '누명'으로 인해 도망가는 과정에서 벌어진 일이라고 해야겠죠?

④ 누명을 씌우기 위한 계략에는 누명을 쓰는 인물을 특
정 장소로 가게 하는 것이 포함되어 있다.

선지 유형	근거가 있어서 허용 가능
실전에서의 판단 과정	침소로 돌아가게끔 했지.
해설	'정렬부인'은 아픈 척하는 자신을 간호하는 '충렬부인'이 자신의 침소로 다시 돌아가게끔 유도합니다. 이는 남장을 하고 있던 '금연'과 함께 방에 있는 것처럼 보이게 하기 위해서였죠? 사건의 진상을 전혀 이해하지 못했더라도, 지문 속에 '정렬부인이 앓는 체하고 누웠사오매 충렬부인이 약으로 구병하며 곁에 있으시매 침소로 가라 강권하여 침소로 마지못하여 가시매'라는 명백한 근거가 있으니 답으로 고르기는 어렵지 않을 것입니다.

⑤ 누명이 벗겨지는 계기는 남주인공이 자신의 어머니가
극단적 선택을 하겠다는 것을 만류한 것이다.

선지 유형	근거가 있어서 허용 불가능
실전에서의 판단 과정	누명이 벗겨지고 나서 저런 일이 벌어진 거지.
해설	'금연'에 대한 취조의 결과로 '충렬부인'의 '누명'이 벗겨지자, '왕비'는 부끄러움을 느끼며 극단적 선택을 하겠다고 하고 '정을선'은 이를 말립니다. 이런 사건의 흐름을 정확하게 이해하고 있다면, 이것이 '누명'이 벗겨지는 계기라는 해석은 절대 허용할 수 없겠죠.

선지	①	②	③	④	⑤
선택률	47%	5%	22%	14%	12%

16 〈학습 활동〉을 수행한 결과로 적절하지 <u>않은</u> 것은? ①

	인물A	인물B	소통의 내용
①	<u>원수</u>	<u>중군장</u>	A가 B에게 군사를 이끌고 가 서융을 사로잡으라고 명령함.

선지 유형	근거가 있어서 허용 불가능
실전에서의 판단 과정	서융은 이미 사로잡았다고 했는데?
해설	'원수', 즉 '정을선'이 '중군장'에게 한 명령은 차후에 인솔하여 오라는 것이었습니다. '황상'에게 올린 '상소'의 내용을 보면 '정을선'은 이미 '서융'을 사로잡은 상태였어요. 마지막까지 '상소'의 내용에 주목했다면 어렵지 않게 답으로 골라낼 수 있겠네요.

	인물A	인물B	소통의 내용
②	승상	월매	A가 B에게 충렬부인이 있는 곳이 어디인지 물음.

선지 유형	근거가 있어서 허용 가능
실전에서의 판단 과정	그랬지.
해설	'정을선'은 '월매'에게 '충렬부인'이 있는 곳이 어디인지 물었고, '월매'는 자신이 걷지 못해서 갈 수 없다는 대답을 했습니다. 이러한 근거가 있으니 가볍게 허용할 수 있겠네요.

	인물A	인물B	소통의 내용
③	옥졸	금연	B가 A로부터 옥중 시신의 정체와 관련한 정보를 얻음.

선지 유형	근거가 있어서 허용 가능
실전에서의 판단 과정	그리고 그걸 발설한 거지.
해설	'옥졸'은 옥중 시신의 손이 곱지 않아 '충렬부인'이 아닌 것 같다는 말을 했는데, 이를 들은 '금연'이 여기저기 발설하고 다닌 바람에 '충렬부인'에게 2차 위기가 닥친 것이죠? '옥졸'의 진술을 정확하게 이해했는지 묻는 선지네요.

	인물A	인물B	소통의 내용
④	옥졸	승상	A가 B에게, 금연이 옥중 시신에 대하여 발설했을 것이라는 의혹을 제기함.

선지 유형	근거가 있어서 허용 가능
실전에서의 판단 과정	3번 선지랑 이어지는 거네.
해설	3번 선지의 내용과 이어지네요. 3번 선지 '해설'을 통해서 충분히 해결할 수 있는 선지죠?

	인물A	인물B	소통의 내용
⑤	금연	승상	B가 A로부터 정렬부인이 거짓으로 앓아 누웠었다는 정보를 얻음.

선지 유형	근거가 있어서 허용 가능
실전에서의 판단 과정	그랬지.
해설	'금연'의 말에 따르면, '정렬부인'은 '충렬부인'에게 누명을 씌우기 위해 거짓으로 앓아 눕습니다. 이는 '정을선'에게 그대로 전해졌으니, 가볍게 허용할 수 있는 선지네요.

선지	①	②	③	④	⑤
선택률	6%	6%	24%	48%	16%

17 〈보기〉를 참고하여 윗글을 이해한 내용으로 적절하지 <u>않은</u> 것은? [3점] ④

① 정을선이 황상에게 올린 상소에서, 대원수와 가장으로서의 모습이 드러나는 것으로 보아, 가정 안팎의 사건에 남주인공이 두루 관여하고 있음을 알 수 있군.

선지 유형	근거가 있어서 허용 가능
실전에서의 판단 과정	그러네.
해설	'정을선'이 '황상'에게 올린 '상소'를 보면 대원수로서 '서융'을 쳐 사로잡았다는 이야기와 가정 속 '정렬부인'으로 인해 일어난 이야기를 모두 다루고 있는 것을 알 수 있습니다. 〈보기〉를 근거로 하면, 이는 가정 안팎의 서사가 남주인공을 매개로 연결될 수 있게끔 남주인공이 두루 관여하고 있음을 보여 주는 것이라고 할 수 있겠죠.

② 승상이 충렬부인을 구출하는 장면에서, '슬픔에 매우 야위어 뼈가 드러'난 부인의 모습과 '통곡'하는 승상의 모습은 인물의 고난과 감정이 극대화된 형상임을 알 수 있군.

선지 유형	근거가 있어서 허용 가능
실전에서의 판단 과정	그렇지 뭐.
해설	'슬픔에 매우 야위어 뼈가 드러'난 '충렬부인'의 모습, 이에 '통곡'하는 '정을선'의 모습 등은 모두 인물의 고난과 감정이 극대화된 형상이라고 할 수 있겠습니다. 선지 그 자체로 허용할 수 있겠네요.

③ 왕비가 '앙천통곡'하는 장면에서, 충렬부인의 수난이 '악녀'의 탓이라는 인식이 드러나면서 일부다처제의 문제가 개인의 인성 문제로 축소되고 있음을 알 수 있군.

선지 유형	근거가 있어서 허용 가능
실전에서의 판단 과정	정렬부인 탓으로 돌리고 있으니까 그렇게 볼 수도 있겠다.
해설	〈보기〉에서도 이야기하듯이, 그리고 대부분의 가정소설이 그러하듯이, 부인 간의 갈등은 일부다처제의 문제에서 비롯된 것입니다. 그런데 이를 〈보기〉에서 말하는 것처럼 '정렬부인'이라는 악녀의 탓으로 돌리면서 개인의 인성 문제로 축소하고 있네요. 〈보기〉 역시 허용의 근거가 된다는 것을 잊지 맙시다.

④ 월매가 '매를' 맞는 장면에서, 월매는 자신이 모시는 주인에게 죽음을 각오하고 진실을 밝힘으로써 능동적인 행위자를 지향하고 있음을 알 수 있군.

선지 유형	근거가 있어서 허용 불가능
실전에서의 판단 과정	월매는 아무 말도 안 했는데?
해설	'월매'는 그저 자신도 죽여달라고 했을 뿐, 죽음을 각오하고 진실을 밝힌 적은 없습니다. '월매'가 처음 입을 연 것은 '정을선'이 도착한 뒤였어요. '월매'의 강직한 성격을 파악하며 읽었다면 이 장면을 충분히 기억할 수 있었을 것이고, 이를 바탕으로 어렵지 않게 답으로 골라낼 수 있었겠네요.

⑤ 정렬부인이 '승상의 호통 소리'에 반응하는 장면에서, 가정의 상층 인물이 자신의 위엄이 실추되는 행동을 보이면서 희화화되고 있음을 알 수 있군.

선지 유형	근거가 있어서 허용 가능
실전에서의 판단 과정	똥을 쌌다는데 희화화된 거지.
해설	'정렬부인'은 시비를 부리는 것, 나아가 가장인 '정을선'의 부인이라는 것 등을 고려하면 가정의 상층 인물이라고 할 수 있습니다. 그런 인물이 똥을 한 무더기를 싸고 자빠지는 모습을 보였으니, 이를 근거로 하면 '희화화'되었다는 것을 충분히 허용할 수 있겠네요.

몰랐던 어휘 정리하기

① **허용 가능성 평가** : 선지의 내용을 '허용'하려는 태도를 바탕으로 지문을 '독해'하며 '근거'를 찾아야 합니다. 허용할 수 있는 '근거'가 있어야만 허용할 수 있습니다. 주관적인 생각을 개입시키면 안 됩니다.

② **소설 독해** : '심리와 행동의 근거'를 바탕으로 인물에게 '공감'하며 읽어야 합니다. 이 과정이 물흐르듯 이어지면 지문의 내용을 완벽하게 이해할 수 있어요.

③ **고전소설 클리셰** : 일관된 성격을 가진 인물들이 다양한 관계를 맺지만, 악인과 선인의 구도가 두드러집니다. 나아가 악한 사람은 반드시 벌을 받고 착한 사람은 결국 보상을 얻어요. 이러한 클리셰를 알고 있다면 지문의 내용을 훨씬 쉽게 이해할 수 있을 겁니다.

| 지문 내용 총정리 |

사건에 대한 정보가 파편적으로 흩어져 있어 이를 이해하기 위해서는 종합적인 독해력을 발휘했어야 하는 어려운 지문이었습니다. 하지만 사건의 진상을 파악하기만 하면 문제 자체는 어렵지 않게 해결할 수 있었을 거예요. 이 지문은 2025학년도 EBS 연계지문에 있던 작품이었고 출제 가능성이 높아 많은 학생들이 미리 공부했던 지문이었는데, 그럼에도 정답률이 낮게 나온 것에서 많은 것을 느끼셨으면 좋겠습니다. 핵심은 줄거리를 달달 외우는 것이 아니라, 인물에게 공감하고 여러 정보들을 연결지으면서 내용을 이해하는 능력이에요. 이 능력이 갖춰져 있지 않으면 아무리 줄거리를 잘 외우고 있어도 수능날 결국 문제를 틀리게 될 것이라는 점, 절대 잊지 마세요.

〈보기〉 확인

> ──────── [보기] ────────
>
> 『박태보전』은 숙종 대의 실존 인물 박태보의 삶을 소설화한 작품이다. 이 작품에서 박태보는 임금의 부당함으로 드러나는 부도덕한 세계와의 대결에서 패배하여 숭고한 뜻을 이루지 못한다. 그럼에도 그는 가족과 국가에 윤리적 책무를 다하는 인물로 인정받음으로써 도덕적 영웅으로 고양된다. 이때 다양한 서사 장치들은 사건의 입체적 전개에 기여한다.

실존 인물을 바탕으로 한 영웅 소설이 제시되었습니다. '위기'를 겪는 모습 등은 우리가 알고 있는 클리셰 그대로를 따르고 있는데, 전형적인 영웅 소설과 달리 인물이 '도덕적 영웅'으로 평가받는다는 점이 독특하다고 할 수 있습니다. 전반적인 내용을 파악했으니, 지문 읽어보도록 합시다.

지문 독해

> 이때 태보 궐문 밖으로 나오니 그제야 정신없어 기절하거늘 좌우 제신이며 일가 제족이 구완하여 겨우 인사 차려 좌우를 돌아보며 왈,
> "이 몸이 명재경각(命在頃刻)이라. 어찌 살기를 바라리오. 군 등은 태보가 죽거든 죽기로써 간하여 왕비를 내치지 못하게 하옵소서."
> 한데 이때에 상소 중에 이름 올린 제원(諸員)이 모두 이로되,
> [A] "그대는 죽기로써 간하다 어명을 입고 사경이 되었으나 우리도 역시 한 탓이로다. 막중한 충을 몰랐으니 무슨 낯이 있으리오. 일은 여럿이 참여하고 죄는 그대만 혼자 당하였으니 죄스럽고 민망하기 측량없노라."

'태보'가 '궐문 밖'으로 나와 기절하는 모습입니다. 〈보기〉의 내용을 참고하면, '임금의 부당함'을 겪은 뒤의 모습이지 않을까 하고 추론할 수 있겠습니다. 겨우 정신을 차린 뒤에, 본인이 혹시나 죽더라도 임금께 간언을 해달라는 부탁을 하고 있어요. 죽기 직전까지 국가를 생각하는 영웅의 면모가 나타나고 있습니다.

'태보'가 올린 것으로 보이는 상소에 이름을 올린 사람들은 이러

한 '태보'의 태도에 '죄스럽고 민망'하다는 심리를 보이고 있습니다. 총대를 메고 고생하는 모습에 미안함이 생기고 그렇겠죠. '태보'의 영웅적인 면모가 강조되는 모습입니다.

> 무수히 위로하다가 형옥(刑獄)으로 전송하더라. 이튿날에 형조 판서 마지못하여 위계를 갖추고 대강 직계(直啓)로 올렸더니 상(上)이 보시고 다시 하교하사,
> "금부로 가두라."
> 하시거늘 금부 옥졸이 옹위하여 금부에 이르니 만조백관이며 장안 백성이 구름 뫼듯 하더라. 이때에 생가 친척이며 양가 제족이 애연 돌탄하거늘 태보 위로 왈,

그렇게 '태보'는 '형옥'에 갇히게 됩니다. '이튿날'이 되었고, '형조 판서'는 '마지못해' 직계로 올리는 모습입니다. 정확히 무슨 뜻인지는 몰라도, '형조 판서'라는 인물이 '태보'에 대한 내용을 직계로 올리는 것을 별로 하고 싶지 않아 한다는 것은 확실하게 체크할 수 있어야 합니다. 아마 '태보'라는 영웅에 대해 긍정적인 마음이 있기에 그런 것이라고 생각할 수 있겠죠? 충분히 공감할 수 있을 거예요.

그러나 '상'은 '태보'를 '금부'에 가두라고 명령합니다. '금부'에 도착한 '태보'를 보고 수많은 사람들이 슬퍼하고 있어요. 여러 사람들의 지지를 받는 전형적인 영웅의 모습이죠?

> [B] "인명이오면 재천이옵거늘 설마 무죄로 죽어 청춘 원혼이 되리오마는 나의 뜻은 정한 지 오래되었는지라. 하늘이 무너지고 땅이 꺼져도 변할 길이 없사오니 이 몸이 죽거든 영천수 흐르는 물에 훨훨 씻어 다른 곳에는 묻지 말고 남산하에 묻어 주오면 죽은 혼백이라도 궐내를 향하여 우리 주상 심하에 복지하여 주야로 간하여 왕비를 다시 환궁하게 하올 것이니 아무리 죽은 사람의 말이라 하옵고 저버리지 마시며 부디 명심하소서."
> 금부에 수일 잡혀 갇혔더니, 상이 구태여 왕비는 내치시고 태보는 진도로 정배하라 하시니라.

하지만 '태보'는 여기서도 나라 걱정뿐입니다. 자신이 죽더라도 '왕비'를 돌아오게 해달라는 부탁만 반복하고 있어요. 〈보기〉에서 이야기한 것처럼, '도덕적 영웅'의 전형적인 모습이 나타나고 있죠? 이러한 충신의 마음을 알지도 못한 채, '상'은 결국 '왕비'를 내치고 '태보'를 '진도'로 정배하라 합니다. '임금의 부당함'으로 위기를 겪는 영웅의 모습이네요.

참고로 '정배'는 '유배'와 같은 말로, 귀양살이를 의미한다고 보시면 돼요. 몰랐다면 알아 두도록 합시다! 다만 시험장에서 이러한 단어를 만났다면, 의미를 몰라도 맥락상 '안 좋은 것' 정도로 생각할 수는 있어야 해요. 지문의 흐름을 이해하고 있다면 충분히 할수 있을 겁니다.

> [중략 부분의 줄거리] 박태보의 정배를 따라가려다 되돌아온 박태보의 부인 은 꿈에서 남편을 만난다.

[중략 부분의 줄거리]입니다. 어떤 일이 있었을까요? '태보'의 정배를 따라가려다 되돌아온 '부인'이 꿈에서 '태보'를 만났다고 해요! 고전소설에서 늘 중요하게 사용되는 꿈속 이야기가 제시되고 있습니다. 확실하게 체크해야겠죠?

> 한림이 울어 왈,
> "내 무죄하여 탕탕한 청천이 감동하사 사생풍진을 다 버리고 전고 충신을 따라 황성에로 구경 가나니, 슬프냐! 부인은 기다리지 말고 민세 무앙하옵소서."
> 하되, 부인이 대경 왈,
> "어디를 가시며 기다리지 말라 하시니까? 한림은 그다지 독하시오. 첩도 한가지로 가사이다."
> 하며 한림의 소매를 잡고 못 가게 하니 한림이 왈,
> "부인은 안심하소서. 구구한 사정을 어찌 잊으오리까? 일후 상봉할 날이 있으오리다."
> 하고 떨치고 나가거늘 부인 한림의 손을 잡고 따라가니 어떤 남자 십여 명 이 의관을 정제하고 서 있거늘 겸연쩍어 방으로 들어앉으며 가만 보니 학발의관(鶴髮衣冠)을 갖춘 어린 제자 오륙 인이 분명하거늘 부인이 놀라 깨달으니 남가일몽이라.

'태보'를 만난 '부인'의 꿈속 이야기인데, '한림'이라는 새로운 호칭이 제시되고 있습니다. 고전소설에서 새로운 호칭이 나올 땐 정말로 새로운 인물인지 생각해보는 태도를 갖추자고 했습니다. 어렵지 않게 '태보=한림'이라는 것을 생각할 수 있겠죠? 이 정도는 기본으로 할 수 있으리라고 믿어요.

아무튼, '태보'는 울면서 '부인'에게 기다리지 말라는 이야기를 합니다. 아마 '태보'가 죽은 것으로 보이죠? '부인'은 가지 말라 애원하는데, '태보'를 따라 간 곳에는 '학발의관'을 갖춘 어린 제자들이 서 있다고 합니다. 참고로 '학발의관'은 '노인의 복장'을 의미하는데, 어린 제자들이 노인의 옷을 입고 있으니 무언가 이상한 느낌이 들 수밖에 없겠죠? 이를 본 '부인'은 '놀라'면서 잠에서 깨고 있어요.

> 부인이 몽사를 생각함에 심신이 산란하여 명월을 대하여 내념에
> '분명 한림이 기사하였도다.'
> 시비 를 데리고 몽사를 설화하더니 이미 동방이 밝았거늘 시부모 당하에 문안차로 나가니, 이화촌 에 개 짖으며 문밖에 울음소리 들리거늘 부인이 놀라 문을 열어 보니 한림의 하인 동일 이라 하는 사람이 한림의 편지를 드리거늘 대감 부부 와 부인이 망극하야 서로 붙들고 통곡하다가 기절하거늘 비복 등이 급히 구완하여 겨우 인사를 분별하는지라.

이런 꿈을 꾼 '부인'은 당연히 심란할 수밖에 없습니다. '태보'에게 무슨 일이 생겼으리라고 생각하며 '시비'와 꿈 이야기를 나누다 보니, '동방이 밝아' 아침이 되었다고 합니다. 시부모에게 문안을 드리러 가는데, '이화촌'에서 들리는 울음소리에 놀란 '부인'이 문을 열자 '동일'이라는 인물이 '태보'의 편지를 주고 있어요. 여러 가지 정황상 '태보'가 죽었다는 내용으로 보이죠? '대감 부부'와 '부인'은 펑펑 울고 있습니다. 영웅의 비극적인 죽음이 나타나고 있어요.

> 〈이때에 원근 제족과 만조백관이 다 조문 후에 장안 백성이 뉘 아니 낙루하리오. 이러구러 곡성이 진동하니 어찌 천신이 감동치 아니하리오.〉 그 편지를 떼어 보니 하였으되,
> '불효자 태보는 두어 자 문안을 부모 전에 올리나이다. 천 리원정에 가다가 과천 의 관에서 신병과 심회가 울적하거늘 구천에 들어가오니, 사람의 죄 삼천을 정하였으되 불효한 죄가 제일이라 하였으니 삼천 수죄(首罪) 지었으나 국은을 또한 갚지 못하옵고 중로 고혼이 되어 구천에 돌아가는 자식을 생각지 마옵고 말년 귀체를 안보하시다가 만세 후에 부자지정을 만분지일이나 바라나이다.'
> 하였더라.
> 이날 대감이 판서 노복 등을 거느리고 즉시 과천으로 행할새, 장안 백성이 다 애연하며 구름 뫼듯 하더라. 대감과 판서 애통함이 측량없더라. 〈초종례로 극진히 한 후에 채단으로 염습하고 도로 집으로 옮겨와 장사를 지내니 일문이 애통함을 차마 못 볼러라.〉

이렇게 슬픈 상황을 〈 〉친 부분에 나타난 '서술자의 개입'을 통해 극대화시키고 있습니다. 편지를 뜯어 보니, '태보'가 정배를 가는

길에 '과천'에서 몸이 안 좋아졌고, 결국 죽고 말았다는 내용이에요. 죽기 직전에 쓴 편지인데, 여기서도 '불효'와 '국은을 갚지 못함' 등을 언급하며 '도덕적 영웅'의 면모를 보이고 있습니다.

이러한 편지를 받은 '대감'은 바로 '과천'으로 향하는 모습이에요. 맥락상 '대감 부부'가 바로 '부인'의 '시부모'이자 '태보'의 '부모'라는 건 쉽게 파악할 수 있겠죠? 아무튼 '과천'으로 가 '태보'의 장례를 극진하게 지내는 모습입니다. '임금의 부당함' 때문에 억울한 죽음을 맞이하는 영웅의 최후가 드러나고 있네요. 마지막 〈 〉 부분에서 또 '서술자의 개입'이 사용되었다는 것도 체크해준다면 완벽하겠어요.

> 각설, 이때에 상이 민 중전을 내치시고 태보를 정배 후, 자연 <u>심신이 산란하여</u> 밤이면 성내 성외를 미복으로 순행하시더니 일일은 한 곳에 다다르니 명월은 명랑한데 어떤 아이 오륙 인이 월색 희롱하며 노래하야 즐거워하거늘 상이 몸을 은신하시고 자세히 들으니 그 노래에 하였으되,
> "저 달은 밝다마는 우리 주상은 불명하야 충신을 무슨 일로 천 리 원정에 내치시며, 무슨 일로 민 중전은 외관에 내치시고 군의신충 없었으니 이 부자자효 쓸데없다. <u>인심은 분명하건마는 국운이 말세 되어 백성도 못할 일을 국가에서 행하고</u> 한심하고 가련하다. 사백 년 사직을 뉘라서 붙들랴. 이 애야, 저 애야. 흥망성쇠는 불관하다마는 당상 부모 모셨어라. 심산궁곡에 들어가 초목으로 붓을 적시고, 금수로 벗을 삼아 세월을 보내다가 성군을 기다리자."
> 서로 비기며 애연히 가거늘 상이 그 노래를 들으시매 <u>심신이 산란하여</u> 그 아이들 성명을 묻고자 하시니 아이들이 달아나는지라 못내 애연하시며 곧 환궁하시니라.
> –작자 미상, 「박태보전」–

이렇게 '태보'가 죽음을 맞이하던 순간에, '상'은 여러 가지 일로 심란하여 '밤'에 '성내 성외'를 돌아다닙니다. 그곳에서 어떤 아이들이 즐겁게 노래하는 것을 보고 몰래 들어보는데, '상'을 비판하는 내용이에요! 어린 아이들까지 '상'을 비판할 정도로 민심이 바닥인 상황이었어요. 이런 노래를 듣고 심란해진 '상'은 아이들 이름을 묻고자 하지만, 아이들이 도망가버리는 상황이네요. 영웅을 무시한 대가를 치르는 임금의 모습이 나타나고 있습니다.

선지	①	②	③	④	⑤
선택률	4%	73%	11%	8%	4%

18 윗글의 내용에 대한 이해로 적절한 것은? ②

① 태보는 형옥에서 금부로 이송해 줄 것을 자청했다.

선지 유형	근거가 있어서 허용 불가능
실전에서의 판단 과정	왕이 보낸 거지.
해설	'태보'는 자신이 벌을 받는 것을 억울하다고 생각하고 있었어요. 그런데 스스로 '금부'로 이송해 줄 것을 자청할 리가 없겠죠. 오히려 '상'이 '태보'를 '금부'로 이송하라는 명령을 했으니, 이를 근거로 허용할 수 없겠습니다.

② <u>부인은 꿈에서 학발의관을 갖춘 사람들을 보고 놀라 꿈을 깼다.</u>

선지 유형	근거가 있어서 허용 가능
실전에서의 판단 과정	그랬었지.
해설	꿈속 이야기는 고전소설에서 항상 중요하게 다뤄지기에, 그 내용을 확실하게 체크했을 겁니다. '부인'은 '태보'의 손을 잡고 들어간 곳에서 '학발의관'을 갖춘 사람들을 봤고, 깜짝 놀라면서 잠에서 깨는 모습이었어요. 이 내용을 그대로 언급하고 있으니 가볍게 지울 수 있겠습니다.

③ 대감은 아들의 주검을 집으로 데려와 초종례를 극진히 지냈다.

선지 유형	근거가 있어서 허용 불가능
실전에서의 판단 과정	과천으로 가서 지냈지.
해설	'대감'은 아들인 '태보'의 편지를 받고, 편지에 언급된 장소인 '과천'으로 가서 초종례를 지냈습니다. 이러한 근거가 있으니 허용하기 어렵겠네요.

④ 상은 노래의 내용을 알기 위해 아이들에게 이름이 무엇인지 물었다.

선지 유형	근거가 있어서 허용 불가능
실전에서의 판단 과정	노래의 내용은 알았지.

해설	'상'은 노래를 엿들었기 때문에, 자신을 비판하는 그 노래의 내용은 확실하게 알고 있었습니다. 따라서 '노래의 내용을 알기 위해' 아이들에게 이름을 물어봤다는 건 허용하기가 어렵네요. 애초에 이름을 묻기도 전에 아이들이 달아나기도 했구요.

⑤ 형조 판서는 상의 명령대로 태보에 대한 조사 결과를 자세히 보고했다.

선지 유형	근거가 있어서 허용 불가능
실전에서의 판단 과정	마지못해 했었지.
해설	'형조 판서'는 '태보'에 대한 연민으로 '마지못해' 직계로 처리하는 모습을 보였습니다. 이러한 심리를 바탕으로 공감했던 기억이 있다면, '형조 판서'가 '상'의 명령대로 열심히 일했다는 내용은 허용하기 어렵다고 판단할 수 있겠죠. 나아가 '상'의 명령은 조사 결과를 자세히 기록하라는 것이 아니라 '태보'를 정배 보내라는 것이었죠?

선지	①	②	③	④	⑤
선택률	55%	7%	10%	11%	17%

19 윗글에 제시된 공간에 대한 설명으로 적절하지 <u>않은</u> 것은? ①

① '금부'는 임금이 권위를 실현하는 공간이고, '한 곳'은 임금이 권위를 내세우는 공간이다.

상(上)이 보시고 다시 하교하사, "금부로 가두라." 하시거늘 금부 옥졸이 옹위하여 <u>금부</u>에 이르니 만조백관이며 장안 백성이 구름 뫼듯 하더라.

각설, 이때에 상이 민 중전을 내치시고 태보를 정배 후, 자연 심신이 산란하여 밤이면 성내 성외를 미복으로 순행하시더니 일일은 <u>한 곳</u>에 다다르니 명월은 명랑한데 어떤 아이 오륙 인이 월색 희롱하며 노래하야 즐거워하거늘 상이 몸을 은신하시고 자세히 들으니 그 노래에 하였으되,

선지 유형	근거가 있어서 허용 불가능
실전에서의 판단 과정	한 곳은 그냥 임금이 산책하는 곳이었지.

해설	'금부'는 '태보'를 가두게 하는 곳이니 임금의 권위를 실현하는 곳이라 할 수 있겠지만, '한 곳'은 그저 '상'이 밤산책을 하다 다다르게 되어 자신과 관련된 노래를 엿듣는 공간이죠? 이곳에서는 임금이 욕을 먹고 있다는 점에서, '권위'를 내세우는 공간이라는 말은 절대 허용할 수 없겠습니다.

② '진도'는 임금에게 정배받은 태보가 향해야 하는 곳이고, '외관'은 임금에게 내쳐진 민 중전이 거처해야 하는 곳이다.

금부에 수일 잡혀 갇혔더니, 상이 구태여 왕비는 내치시고 태보는 <u>진도</u>로 정배하라 하시니라.

"저 달은 밝다마는 우리 주상은 불명하야 충신을 무슨 일로 천 리 원정에 내치시며, 무슨 일로 민 중전은 <u>외관</u>에 내치시고 군의신충 없었으니 이 부자자효 쓸데 없다.

선지 유형	근거가 있어서 허용 가능
실전에서의 판단 과정	그러네.
해설	'진도'로 정배하라 했으니 그곳은 '태보'가 향해야 하는 공간이라고 할 수 있겠습니다. 나아가 '외관'은 '민 중전'을 내친 곳이니, '민 중전'이 거처해야 하는 공간이라고 할 수 있겠죠?

③ '이화촌'은 부인이 시부모에게 직접 문안하는 곳이자 태보가 하인을 보내 부모에게 문안하는 곳이다.

시비를 데리고 몽사를 설화하더니 이미 동방이 밝었거늘 시부모 당하에 문안차로 나가니, <u>이화촌</u>에 개 짖으며 문밖에 울음소리 들리거늘 부인이 놀라 문을 열어 보니 한림의 하인 동일이라 하는 사람이 한림의 편지를 드리거늘 대감 부부와 부인이 망극하야 서로 붙들고 통곡하다가 기절하거늘 비복 등이 급히 구완하여 겨우 인사를 분별하는지라.

'불효자 태보는 두어 자 문안을 부모 전에 올리나이다.

선지 유형	근거가 있어서 허용 가능
실전에서의 판단 과정	부인이 시부모 문안하러 갔고, 그곳에 태보의 문안 편지도 왔지.

'이화촌'이라는 공간은 '부인'이 '시부모'를 '문안'
하러 간 곳이었습니다. 그런데 이곳에서 '태보'의
하인인 '동일'이 편지를 전하고, 그 편지의 내용은
'태보'가 부모에게 문안을 드린다는 내용이었죠.
선지에서 묻는 부분의 근처 맥락을 독해하면 어렵
지 않게 답으로 고를 수 있습니다.

| 해설 | '이화촌'이라는 공간은 '부인'이 '시부모'를 '문안'하러 간 곳이었습니다. 그런데 이곳에서 '태보'의 하인인 '동일'이 편지를 전하고, 그 편지의 내용은 '태보'가 부모에게 문안을 드린다는 내용이었죠. 선지에서 묻는 부분의 근처 맥락을 독해하면 어렵지 않게 답으로 고를 수 있습니다. |

④ '과천'은 태보가 '진도'로 가는 경유지이자, 태보의 소
식을 받은 대감이 '이화촌'을 떠나 향하는 지점이다.

'불효자 태보는 두어 자 문안을 부모 전에 올리나이다.
천 리원정에 가다가 <u>과천</u>의 관에서 신병과 심회가 울
적하거늘 구천에 들어가오니,

이날 대감이 판서 노복 등을 거느리고 즉시 <u>과천</u>으로
행할새, 장안 백성이 다 애연하며 구름 뫼듯 하더라.

선지 유형	근거가 있어서 허용 가능
실전에서의 판단 과정	태보가 진도로 가다가 과천에서 죽었고, 대감은 과천으로 가서 장례를 지냈지.
해설	'태보'는 '진도'로의 '천 리 원정'을 가다가 '과천'이라는 경유지에서 죽음을 맞이했습니다. 이에 아버지인 '대감'은 자신이 있던 공간인 '이화촌'을 떠나 '과천'으로 갔고, 여기서 '초종례'를 지냈죠? '태보의 죽음'이라는 주요 사건과 관련된 내용을 완벽하게 이해했는지 물어보는 선지입니다.

⑤ '심산궁곡'은 '성내 성외'와 대비되어 임금을 피하려는
백성의 마음이 투영된 공간이다.

각설, 이때에 상이 민 중전을 내치시고 태보를 정배
후, 자연 심신이 산란하여 밤이면 <u>성내 성외</u>를 미복으로
순행하시더니

<u>심산궁곡</u>에 들어가 초목으로 붓을 적시고, 금수로 벗
을 삼아 세월을 보내다가 성군을 기다리자."

선지 유형	근거가 있어서 허용 가능
실전에서의 판단 과정	심산궁곡은 임금이 없는 곳이니 임금을 피하려는 마음이 투영되었다고 할 수 있겠다.

| 해설 | '심산궁곡'은 백성들이 '성군'을 기다리는 곳입니다. 즉, '심산궁곡'은 현재의 임금이 존재하지 않는 곳이죠. 이는 현재의 임금이 존재하는 '성내 성외'라는 공간과 대비된다고 할 수 있고, 현재 임금이 없는 공간으로 가서 성군을 기다리겠다는 내용이라는 점에서 '현재 임금을 피하려는 백성의 마음'이 투영되었다고 볼 수 있겠습니다. |

선지	①	②	③	④	⑤
선택률	13%	17%	62%	4%	4%

20 [A]와 [B]에 대한 설명으로 가장 적절한 것은? ③

– [A]는 '태보'의 상소에 참여한 사람들이 '태보'의 희생에 '죄스
럽고 민망'한 심리를 보인 부분이고, [B]는 죽기 직전까지 나라만
생각하는 '태보'의 영웅적 면모가 드러나는 부분이었습니다. 이
내용을 바탕으로 선지를 판단해봅시다.

① [A]에서 태보의 위기에 대해 책임을 통감하는 제원들
의 탄식은, [B]에서 그 책임을 자신에게 돌리는 태보의
자책과 대비된다.

선지 유형	근거가 있어서 허용 불가능
실전에서의 판단 과정	태보가 책임을 언제 자신에게 돌렸냐.
해설	[A]에서 '태보'의 위기에 책임을 통감하는 '제원'들의 탄식은 충분히 드러납니다. 자신들도 그 상소에 참여했는데, 그 결과로 '태보'만 벌을 받았으니까요. 하지만 [B]에서 '태보'가 책임을 자신에게 돌리는 모습은 나타나지 않죠? 오히려 자신은 '무죄'라고 이야기하면서 억울하다는 반응을 보이고 있습니다. 이를 근거로 하면 절대 허용할 수 없겠네요.

② [A]에서 태보가 받은 제원들의 위로는, [B]에서 삶을
도모하여 무죄를 소명하겠다는 태보의 결심으로 이어
진다.

선지 유형	근거가 없어서 허용 불가능
실전에서의 판단 과정	태보는 죽음을 받아들였지.

| 해설 | '태보'는 [B]에서 자신이 죽은 뒤의 상황에 대해 이야기하며, 죽음을 피하지 않는 의연한 모습을 보이고 있습니다. 자신이 '무죄'라고 생각하는 것은 맞지만, 그것을 적극적으로 소명하려는 의지를 보인 적은 없죠. 충신 중의 충신인 '태보'에게 공감하며 읽었다면 어렵지 않게 지워낼 수 있는 선지입니다. |

③ [A]에서 제원들이 칭송하는 태보의 강직함은, [B]에서 소신을 지키겠다고 하는 태보의 다짐에서 확인된다.

선지 유형	근거가 있어서 허용 가능
실전에서의 판단 과정	[A]와 [B] 둘 다 태보의 영웅적 면모를 강조하는 역할을 하지.
해설	[A]에서 '제원'들은 '태보'의 '막중한 충'을 칭송합니다. 이는 [B]에서 죽음을 눈앞에 두고 '왕비의 환궁'이라는 소신을 지키겠다는 '태보'의 모습으로 구체화되네요. '태보'의 영웅적 면모에 주목했다면 어렵지 않게 허용할 수 있는 선지입니다.

④ [A]에서 제원들 간의 갈등으로 인한 태보의 심리적 상처는, [B]에서 가족과의 만남을 통해 해소된다.

선지 유형	근거가 없어서 허용 불가능
실전에서의 판단 과정	제원들 간의 갈등이 어딨어.
해설	[A]에서 '제원들'은 '태보'에게 미안해하는 것으로 마음을 모은 상태입니다. '갈등' 자체가 존재하지 않으니 허용하기 어려운 선지네요.

⑤ [A]에서 제원들의 말을 통해 드러난 태보의 후회는, [B]에서 가족들을 향한 태보의 말에서 반복된다.

선지 유형	근거가 없어서 허용 불가능
실전에서의 판단 과정	태보가 뭘 후회해.
해설	[A]에서든 [B]에서든, '태보'는 딱히 후회하는 일이 없습니다. 오히려 자신의 소신을 지키는 강직한 모습을 보이고 있죠.

선지	①	②	③	④	⑤
선택률	8%	12%	7%	20%	53%

21 〈보기〉를 참고하여 윗글을 감상한 내용으로 적절하지 <u>않은</u> 것은? [3점] ⑤

① 하늘이 태보를 무죄로 판명하여 전고 충신을 따르게 함을 몽사로 드러내어, 태보가 윤리적 명분 면에서 인정받은 도덕적 영웅임을 보여 주는군.

선지 유형	근거가 있어서 허용 가능
실전에서의 판단 과정	탕탕한 청천이 저런 뜻이었구나. 허용되겠다.
해설	선지에서 '몽사'에 대해 물어보고 있습니다. 이는 '부인'의 꿈속 이야기를 말하는 것인데, 해당 부분으로 돌아가보니 "내 무죄하여 탕탕한 청천이 감동하사"라는 '태보'의 말이 제시되어 있었어요. '탕탕한 청천'이라는 말이 의미하는 바를 파악하기가 어려웠는데, 선지에서 이야기한 것처럼 '하늘이 무죄로 판명'했다는 뜻임을 이제야 알게 되었습니다. 나아가 '전고 충신'을 따라 '황성'에 구경 간다는 이야기도 나와 있었으니, 이를 근거로 하늘이 '태보'가 '전고 충신'을 따르게 했다는 것을 허용할 수 있겠네요. '하늘'이 인정했다는 점에서, '태보'의 '윤리적 명분'은 인정받았다고 할 수 있겠죠?

② 국은을 갚지 못하고 죽는다는 태보의 한탄을 편지로 제시하여, 태보가 임금을 올바른 길로 인도하려는 숭고한 뜻을 이루지 못하고 세계와의 대결에서 패배했음을 보여 주는군.

선지 유형	근거가 있어서 허용 가능
실전에서의 판단 과정	태보가 죽기 전에 이루지 못한 건 왕비의 귀환인데, 이걸 실패했지.
해설	'태보'는 죽기 전에 '국은을 갚지 못하고' 죽는다며 아쉬워했습니다. 이는 '왕비의 귀환'이라는 '숭고한 뜻'을 의미하는데, 〈보기〉에서도 지문에서도 이것에 실패한 모습을 확인할 수가 있습니다.

③ 만세 후에도 부자지정을 바라는 태보의 염원을 편지로 제시하여, 태보가 죽음에 이른 상황에서조차 부모에 대한 윤리적 책임을 다하려 한 인물임을 보여 주는군.

선지 유형	근거가 있어서 허용 가능
실전에서의 판단 과정	부모한테 하는 말이니 그렇다고 볼 수 있지.

해설	'만세 후에 부자지정'을 언급하는 것은 부모에게 보내는 편지의 내용이었습니다. 정확한 뜻은 몰라도, 이것이 '태보'가 '부모'에 대한 윤리적 책임을 다하려 하는 모습이라고 보는 것은 무리가 없겠네요. 〈보기〉에서도 그렇다고 했구요.

④ 주상이 밝은 달의 속성과 대비되는 불명한 인물임을 노래를 통해 제시하여, 백성들이 주상을 부도덕한 인물로 평가하여 신임하지 않았음을 보여 주는군.

선지 유형	근거가 있어서 허용 가능
실전에서의 판단 과정	밝은 달과 대비되는 왕은 부도덕하게 인식되는 인물이라고 할 수 있지.
해설	'한 곳'에서 어린 아이들이 부르는 노래에 나타난 가사에는 "저 달은 밝다마는 우리 주상은 불명하야"라는 내용이 들어 있습니다. 이는 '밝은 달'과 '불명한 주상'을 대비하는 것으로, '왕비'와 '태보'를 내칠 만큼 부도덕한 왕의 모습을 비판하는 것이라고 할 수 있겠죠.

FAQ

Q 백성들이 왕을 마음에 들지 않아 하는 것은 알겠는데, 그렇다고 '부도덕'하다고 본다는 근거는 어디에 있나요?

A 〈보기〉 역시 선지 판단의 근거가 된다고 했습니다. 〈보기〉에 따르면, '태보'는 '임금의 부당함으로 드러나는 부도덕한 세계'와의 대결에서 패배한다고 했습니다. 즉, '임금'이 '부당'하게 '왕비'와 '태보'를 내치는 모습은 '부도덕한 세계'를 드러내는 것이고, 이를 근거로 하면 '임금'이 '부도덕'하다는 내용을 충분히 허용할 수 있겠죠.

참고로 문학에서 '세계'라는 개념은 단순히 'world'를 의미하는 것이 아니라, '자아 외의 모든 것'을 의미한다고 보셔야 합니다. 여기서는 '태보'라는 자아를 둘러싸고 있는 환경, 인물, 사건 등은 모두 '세계'라고 부를 수 있다는 것이죠. 따라서 '부도덕한 세계'는 '부도덕한 임금'이라는 인물을 의미한다고도 볼 수 있는 것입니다.

⑤ 태보에 대한 민심을 편집자적 논평을 통해 반복적으로 나타내어, 태보가 기우는 국운을 회복한 영웅으로 추대되어 백성들의 지지를 받았음을 보여 주는군.

선지 유형	근거가 없어서 허용 불가능
실전에서의 판단 과정	태보가 언제 기우는 국운을 회복했냐.

해설	'태보'에 대한 민심을 '편집자적 논평'을 통해 나타내는 부분은 우리가 미리 체크한 내용입니다. 하지만 '태보'가 이렇게 민심이 좋은 것은 그가 '도덕적 영웅'이기 때문이었죠? 무슨 전쟁에 나간 것도 아니고, '기우는 국운을 회복한 영웅'이라는 말을 허용할 만한 근거를 찾을 수가 없습니다.

몰랐던 어휘 정리하기

| 핵심 point |

① **허용 가능성 평가** : 선지의 내용을 '허용'하려는 태도를 바탕으로 지문을 '독해'하며 '근거'를 찾아야 합니다. 허용할 수 있는 '근거'가 있어야만 허용할 수 있습니다. 주관적인 생각을 개입시키면 안 됩니다.

② **소설 독해** : '심리와 행동의 근거'를 바탕으로 인물에게 '공감'하며 읽어야 합니다. 이 과정이 물흐르듯 이어지면 지문의 내용을 완벽하게 이해할 수 있어요.

③ **고전소설의 어휘** : 고전소설에 사용되는 어려운 어휘들은 반복되는 경우가 많습니다. 또한 자주 사용되는 한자도 있으니, 많은 기출문제를 공부하면서 익숙해지셔야 합니다.

| 지문 내용 총정리 |

역대급으로 어려운 어휘들이 많이 사용된 지문이었습니다. 어느 정도 전형적인 영웅 소설의 클리셰를 따르고 있고, 〈보기〉의 정보가 꽤나 구체적이어서 전반적인 내용을 파악하는 건 어렵지 않았겠지만 어려운 어휘 때문에 디테일한 부분을 이해하는 게 쉽지 않았을 거예요. 하지만 고전소설에 대한 경험이 충분히 쌓인 학생들은 최소한 답만큼은 쉽게 골라냈을 거예요. 그렇게 될 수 있도록, 남은 시간 동안 최대한 많은 고전소설을 경험해보도록 합시다.

〈보기〉 확인

[보기]

임진왜란(1592~1598년) 등 16세기 말~17세기 초 동아시아에서 발생한 전쟁들은 각국 백성들의 삶에 심대한 수난을 초래했다. 이러한 역사를 반영한 대표적인 작품이 조위한의 「최척전」이다. 최척에게서 체험의 전말을 전해 듣고 이 작품을 썼다는 후기로 보면 이 작품이 실제 체험에 바탕을 둔 인물들의 이산(離散)과 귀향의 과정을 그린 유랑의 서사임을 알 수 있다. 특히 서사 공간이 조선을 포함하여 아시아 여러 국가에 걸쳐 있고 국가 간 갈등을 넘어선 개인 간의 인간적 배려 및 전쟁의 참상에 대해 각국 백성들이 보인 인류애적 연민의 모습도 형상화하고 있다는 점이 주목할 만하다.

이 작품은 전쟁이라는 일을 겪은 동아시아 백성들의 실제 체험을 그린 소설이네요. 특이하게 우리나라만 다루는 것이 아니라 아시아 여러 국가의 인류애적 연민의 이야기도 담고 있다고 합니다. 어떤 식으로 나오는지 생각하면서 읽어봅시다.

지문 독해

경자년(庚子年, 1600년) 늦봄, 최척(崔陟)은 주우(朱佑)*와 함께 배를 타고 이곳저곳을 돌아다니며 차(茶)를 팔다가 마침내 안남*에 이르게 되었다. 이때 일본인 상선(商船) 10여 척도 강어귀에 정박하여 10여 일을 함께 머물게 되었다.

날짜는 어느덧 4월 보름이 되어 있었다. 〈하늘에는 구름 한 점 없고 물은 비단결처럼 빛났으며, 바람이 불지 않아 물결 또한 잔잔하였다. 이날 밤이 장차 깊어 가면서 밝은 달이 강에 비치고 옅은 안개가 물 위에 어리었으며, 뱃사람들은 모두 깊은 잠에 빠지고 물새만이 간간이 울고 있었다.〉 이때 문득 일본인 배 안에서 염불하는 소리가 은은히 들려왔는데, 그 소리가 매우 구슬펐다. 최척은 홀로 선창에 기대어 있다가 이 소리를 듣고 자신의 신세가 처량하게 느껴졌다. 그래서 즉시 행장에서 피리를 꺼내 몇 곡을 불어서 가슴속에 맺힌 회한을 풀었다. 때마침 〈바다와 하늘은 고요하고 구름과 안개가 걷히니,〉 애절한 가락과 그윽한 흐느낌이 피리 소리에 뒤섞이어 맑게 퍼져 나갔다. 이에 수많은 뱃사람들이 놀라

잠에서 깨어났으며, 그들은 처연하게 앉아 피리 소리에 조용히 귀를 기울였다. 격분해서 머리가 곤추선 사람도 피리 소리에 분을 가라앉힐 정도였다.

잠시 후에 일본인 배 안에서 조선말로 칠언절구(七言絕句)를 읊었다.

왕자진*의 피리 소리에 달마저 떨어지려 하는데,
[王子吹簫月欲底]
바다처럼 푸른 하늘엔 이슬만 서늘하구나.
[碧天如海露凄凄]

* 주우 : 최척과 함께 장사를 하는 중국인.
* 안남 : 베트남.
* 왕자진 : 주나라 영왕의 태자로, 죄를 입어 서인이 되었음.

'경자년 늦봄'이 시간적 배경이네요. '최척'이라는 사람이 '주우'라는 사람과 함께 이곳저곳을 돌아다니고 있습니다. 그러다가 '베트남'에 도착했는데, 일본인 상선도 열흘 정도를 함께 머물렀다고 해요. 날짜는 4월 15일 즈음! 이런 '시공간적 배경'은 계속 체크하고 계시죠?

그 뒤엔 〈 〉 표시한 부분과 같은 배경 묘사가 제시되고 있습니다. 전쟁 상황과는 달리 평화로운 분위기네요. 그리고 '이날 밤'도 평화롭습니다. 이처럼 '배경 묘사'를 바탕으로 작품의 전반적인 '분위기'를 잡을 수 있어야 합니다!

그런데 일본인 배 안에서 염불하는 '구슬픈' 소리를 들은 '최척'은 자신이 처량하게 느껴졌대요. 아마 타지에서 고생하는 자신의 처지가 서럽게 느껴졌겠죠. 조선 사람이 베트남까지 왔으니까 말이에요. 이렇게 '심리의 근거' 생각하면서 읽고 계시죠?

그러면서 피리를 부는데, 피리는 고전소설에서 '슬프고 처량한 감정'을 나타내는 청각적 심상으로 자주 쓰인다고 했습니다. '최척'의 상황과 찰떡이네요. 그 소리가 배경과 어우러지며 맑게 퍼져 나갔는데, 이 소리를 들은 뱃사람들이 놀라서 일어나고 처연하게 앉아서 피리 소리를 듣고 있네요. 지금 베트남에 조선인들과 일본인들이 있는 상황입니다. 서로의 처지가 비슷하니, 피리 소리에 충분히 공감할 수 있었던 것이겠네요. 이들의 처지를 간접적으로 경험했더니, 그 서러움이 확 공감되는 것 같습니다. 이렇게 읽고 있죠?

그런데 잠시 후에 갑자기 '일본인' 배 안에서 '조선말'로 시를 읊는 소리가 들렸네요! 무슨 일이죠? 일본인 배 안에 조선 사람이 있는 것 같아요.

시를 읊는 소리는 처절하여 마치 원망하는 듯, 호소하는 듯하였다. 시를 다 읊더니, 그 사람 은 길게 한숨을 내쉬었다. 최척은 그 시를 듣고 크게 놀라서 피리를 땅에 떨어뜨린 것도 깨닫지 못한 채, 마치 실성한 사람처럼 멍하니 서 있었다. 이를 보고 주우가 말했다.

"어디 안 좋은 곳이라도 있는가?"

최척은 대답을 하고 싶었으나 목이 메고 눈물이 떨어져 말을 할 수 없었다. 시간이 조금 흐른 뒤에 최척은 기운을 차려 말했다.

"조금 전에 저 배 안에서 들려왔던 시구는 바로 내 아내가 손수 지은 것이라네. 다른 사람은 평생 저 시를 들어도 절대 알아내지 못할 것일세. 게다가 시를 읊는 소리마저 내 아내의 목소리와 너무 비슷해 절로 마음이 슬퍼진 것이라네. 하지만 어떻게 내 아내가 여기까지 와서 저 배 안에 있을 수 있겠는가?"

이어서 온 가족이 왜군에게 포로로 잡혀간 일을 말하자, 배 안에 있던 사람들 가운데 비탄에 젖지 않은 사람이 없었다. 그 가운데는 두홍(杜洪)*이라는 사람이 있었는데, 젊고 용맹한 장정이었다. 그는 최척의 말을 듣더니, 얼굴에 의기를 띠고 주먹으로 노를 치면서 분연히 일어나며 말했다.

"내가 가서 알아보고 오겠소."

주우가 저지하며 말했다.

"깊은 밤에 시끄럽게 굴면 많은 사람들이 동요할까 두렵네. 내일 아침에 조용히 물어보아도 늦지 않을 것일세."

주위 사람들이 모두 말했다.

"그럽시다."

* 두홍 : 최척과 함께 장사를 하는 중국인.

그 시를 읊는 소리는 '원망'하는 듯, '호소'하는 듯했다고 합니다. 이렇게 구슬프게 시를 읊은 '그 사람'은 한숨을 쉬고 있어요. 그 사람도 착잡한가봐요. 여기까지는 뭐 그러려니 할 수 있습니다. 우리가 공감하고 있는 내용 그대로니까요.

그런데 갑자기 '최척'이 깜짝 놀랍니다. '주우'가 물어봐도 눈물이 나서 대답을 하지 못해요. 왜 그런가 했더니, 잠시 후에 자신의 아내와 가족의 사연을 이야기해 주고 있습니다. 저 시를 읊은 '그 사람'이 '최척의 아내'만 알고 있는 시를 읊었다는 것이에요! 저라도 엄청 놀라고 눈물이 뚝뚝 떨어질 것 같습니다. 이런 이야기를 들은 사람들은 전부 슬퍼하고 있네요. 이때 '두홍'이라는 사람이 당장 물어보러 간다는데 '주우'가 말리면서 '아침'까지 기다리자고 합니다. 진짜 최척의 아내일까요?

최척은 앉은 채로 **아침**이 되기를 기다렸다. 동방이 밝아 오자, 즉시 강둑을 내려가 일본인 배에 이르러 조선 말로 물었다.

"어젯밤에 시를 읊었던 사람은 조선 사람 아닙니까? 나도 조선 사람이기 때문에 한번 만나 보았으면 합니다. 멀리 다른 나라를 떠도는 사람이 비슷하게 생긴 고국 사람을 만나는 것이 어찌 그저 기쁘기만 한 일이겠습니까?"

옥영(玉英)도 어젯밤에 들려왔던 피리 소리가 조선의 곡조인데다 평소에 익히 들었던 것과 너무나 흡사하여서 남편 생각에 감회가 일어 저절로 시를 읊게 되었던 것이다. 옥영은 자기를 찾는 사람의 목소리를 듣고는 황망하게 뛰어나와 최척을 보았다. 두 사람은 서로 마주 바라보고는 놀라서 소리를 지르며 끌어 안고 모래밭을 뒹굴었다. 목이 메고 기가 막혀 마음을 안정할 수가 없었으며, 말도 할 수 없었다. 눈에서는 눈물이 다하자 피가 흘러내려 서로를 볼 수도 없을 지경이었다. 두 나라의 뱃사람들이 저잣거리처럼 모여들어 구경하였는데, 처음에는 단지 친척이나 잘 아는 친구인 줄로만 알았다. 뒤에 그들이 부부 사이라는 것을 알고 사람마다 서로 돌아보며 소리쳐 말했다.

"이상하고 기이한 일이로다! 이것은 하늘의 뜻이요, 사람이 이룰 수 있는 일이 아니로다. 이런 일은 옛날에도 들어 보지 못하였다."

최척은 옥영에게 그간의 소식을 물으며 말했다.

"산 속에서 붙들려 강가로 끌려갔다는데, 그때 아버님 과 장모님 은 어떻게 되었소?"

옥영이 말했다.

"날이 어두워진 뒤에 배에 오른 데다 정신이 없어 서로 잃어버리게 되었으니, 제가 두 분의 안위를 어찌 알 수 있었겠습니까?"

두 사람이 손을 붙들고 통곡하자, 옆에서 지켜보던 사람들도 슬퍼하며 눈물을 닦지 않는 이가 없었다.

그렇게 '아침'이 되자마자 '최척'은 배에 가서 물어봅니다. 그런데 '옥영', 즉 '최척'의 부인이 정말로 그 배에 있었네요! 여기서 '옥영'이 앞에서 봤던 '그 사람'에 해당한다는 건 굳이 설명하지 않아도 쉽게 알 수 있죠?

둘은 만나서 놀라가지고 소리 지르면서 울고 불고 난리가 났네요. 다들 이상하고 기이한 일로 생각하며 그 모습을 흐뭇하게 구경하고 있습니다. 애정소설의 클리셰대로, 고난을 겪다가 결국 행복한 결말에 이르는 모습이네요. 어느 정도 뻔한 내용들이기 때문에, 일종의 'skip 가능 구간'처럼 빠르게 읽어주시면 됩니다. 이처럼 지문이 긴 경우에는 skip 가능 구간이 있을 확률이 높아요. 적당히 뻔하고 똑같은 이야기만 하는 구간은 빠르게 넘어가시는 것도 방법입니다.

주우는 돈우(頓于)*를 만나 백금 세 덩이를 주고 옥영을 사서 데려 오려고 하였다. 그러자 돈우가 얼굴을 붉히며 말했다.

"내가 이 사람을 얻은 지 이제 4년 되었는데, 그의 단정하고 고운 마음씨를 사랑하여 친자식처럼 생각해 왔습니다. 그래서 침식을 함께하는 등 잠시도 떨어진 적이 없었으나, 지금까지 그가 아낙네인 것을 몰랐습니다. 오늘 이런 일을 직접 겪고 보니, 이는 천지신명도 오히려 감동할 일입니다. 내가 비록 어리석고 무디기는 하지만 진실로 목석은 아닙니다. 그런데 차마 어떻게 그를 팔아서 먹고살 수 있겠습니까?"

돈우는 즉시 주머니 속에서 은자(銀子) 10냥을 꺼내어 전별금(餞別金)으로 주면서 말했다.

"4년을 함께 살다가 하루아침에 이별하게 되니, 슬픈 마음에 가슴이 저리기만 하오. 온갖 고생 끝에 살아남아 다시 배우자를 만나게 된 것은 실로 기이한 일이며, 이 세상에는 없었던 일일 것이오. 내가 그대를 막는다면 하늘이 반드시 나를 미워할 것이오. 사우(沙于)*여! 사우여! 잘 가시게! 잘 가시게!"

-조위한, 「최척전(崔陟傳)」-

* 돈우 : 옥영을 데리고 장사를 하는 일본인.
* 사우 : 돈우가 옥영에게 붙여 준 이름.

그렇게 '돈우'에게서 돈을 주고 '옥영'을 데려오려 하고 있습니다. 여기서 돈을 주는 주체가 '최척'이 아닌 '주우'라는 것에 주목할 수 있어야 합니다. '최척'은 정신이 없을 테니, 친구인 '주우'가 돕고 있다는 식으로 이해해주시면 되겠죠? '주체 왜곡'을 이용한 내용일치 선지로 내기에 좋은 부분이니 확실하게 체크할 수 있어야 합니다! '최척은 돈을 주고 옥영을 데려오려 하였다.'라고 하면 너무나 매력적인 오답 선지가 만들어지니까요.

아무튼 '돈우'는 돈을 받고 '옥영'을 팔기보다는 오히려 전별금을 주며 잘 가라고 하고 있습니다. 대사를 보니 '옥영'이 여자인 것도 몰랐다고 해요. 아마 '옥영'이 장사를 하기 위해 남장을 했을 것이라 추측할 수 있겠네요. 시대적 배경이 여성의 사회 진출이 막혀 있던 조선시대라는 걸 감안하면 충분히 공감할 수 있는 내용이겠습니다.

정말 〈보기〉에서 말한 대로 동아시아 인물들이 국가 차원의 갈등을 넘어 인류애적인 이야기를 주고받고 있어요. 애정소설의 클리셰가 그대로 작동하고 있다는 점도 흥미롭습니다. 문제 한 번 풀어볼까요?

선지	①	②	③	④	⑤
선택률	10%	72%	9%	5%	3%

22 최척과 옥영의 재회에 대한 이해로 가장 적절한 것은? ②

– 이야기의 중심축에 대해 물어보고 있습니다. 우리가 이해한 내용을 바탕으로 가볍게 판단해보도록 합시다.

① 타국에서 만난 동포의 도움을 통해 우연히 이루어진다.

선지 유형	근거가 있어서 허용 불가능
실전에서의 판단 과정	동포가 아니라 외국인들 도움으로 이루어진거지.
해설	둘의 만남은 '동포'가 아닌 외국인들의 도움으로 이루어지고 있죠? 애초에 〈보기〉에서부터 이 작품이 '각국 백성들이 보인 인류애적 연민의 모습'을 형상화하고 있다는 걸 강조했습니다. 이 지문의 중심 사건인 '최척과 옥영의 재회'는 당연히 이러한 주제에 맞추어 이루어진 것이라고 보는 게 맞겠네요.

② 두 인물이 공유하고 있는 과거의 기억을 매개로 하여 이루어진다.

선지 유형	근거가 있어서 허용 가능
실전에서의 판단 과정	시와 피리를 통해 만났지.
해설	이들의 만남은 '최척'이 불던 피리 소리, '옥영'이 읊던 시로부터 시작됩니다. 모두 두 인물이 공유하고 있는 과거의 기억이죠? 중심 사건이다보니 그 맥락을 너무나 잘 기억하고 계실 겁니다. 가볍게 답으로 고르면 되겠네요.

③ 두 인물이 평소에 주변 사람들에게 베푼 자비로 인해 이루어진다.

선지 유형	근거가 없어서 허용 불가능
실전에서의 판단 과정	딱히 그런 말은 없었는데?

해설	두 인물이 평소에 자비를 베풀었다는 내용을 허용할 만한 근거가 전혀 없어요. 이들의 만남은 정말 '우연'으로 이루어진 것이기도 하구요.

④ 주변 사람들의 오해로 인해 우여곡절을 겪다가 기적적으로 이루어진다.

선지 유형	근거가 없어서 허용 불가능
실전에서의 판단 과정	딱히 우여곡절 없었는데?
해설	일단 주변 사람들의 오해라고 할 만한 게 없었습니다. 굳이 찾자면 '최척'과 '옥영'이 친척이나 잘 아는 친구인 줄 알았다고 하는 부분인데, 이걸 '오해'의 범주에 속하는 것이라고 해도 이로 인해 '우여곡절'을 겪는다는 건 말이 안 되겠죠? 나름 스무스하게 이루어진 만남이었습니다.

⑤ 주변 인물들 중 대다수에게는 환영을 받지만 일부에게는 의구심을 유발한다.

선지 유형	근거가 없어서 허용 불가능
실전에서의 판단 과정	누가 의구심을 가졌는데?
해설	'의구심'이라는 심리를 보인 사람들은 전혀 없었습니다. 만약 이런 심리를 보인 사람들이 있었다면, 우리가 먼저 그 이유를 추측했었겠죠. 허용할 만한 근거를 찾기 어렵네요.

선지	①	②	③	④	⑤
선택률	6%	7%	7%	6%	74%

23 윗글의 '밤'과 '아침'에 대한 설명으로 가장 적절한 것은? ⑤

– '밤'은 '최척'이 자신의 쓸쓸한 처지를 피리 소리로 드러내다가 '옥영'의 존재를 인식하게 되는 시간이고, '아침'은 '최척'과 '옥영'이 실제로 만나 행복한 결말을 맺게 되는 시간입니다. 이 내용 생각하면서 지문 읽어보도록 합시다.

① 밤은 주인공이 초월적 존재와 교감하고, 아침은 주인공이 현실적 문제와 대결하는 시간이다.

선지 유형	근거가 없어서 허용 불가능
실전에서의 판단 과정	초월적 존재가 어디 있었냐.

해설	'초월적 존재'라는 어마어마한 존재는 등장한 적이 없죠? '아침'을 '대결'하는 시간이라고 하기도 어렵겠구요.

② 밤은 운명과의 대결을 통해 주인공이 위기에 처하고, 아침은 조력자의 등장으로 그 위기에서 벗어나는 시간이다.

선지 유형	근거가 없어서 허용 불가능
실전에서의 판단 과정	위기는 아니지!
해설	'운명과의 대결', '위기에 처함' 등은 이 지문의 내용에 비추어 봤을 때 너무 과한 표현들이죠?

③ 밤은 폐쇄적인 공간에서 새로운 계획이 구상되고, 아침은 개방적인 공간에서 그 계획을 실행할지 논의하는 시간이다.

선지 유형	근거가 없어서 허용 불가능
실전에서의 판단 과정	논의는 밤에 했지.
해설	일단 '선창'이라는 '밤'의 공간이 딱히 폐쇄적인 것도 아니고, '아침'에 계획을 논의했다는 것도 허용하기 어렵죠. '아침'에는 '밤'에 세워 둔 계획을 바탕으로 실행에 나선 것이니까요.

④ 밤은 인물의 내면적 갈등이 점진적으로 심화되고, 아침은 그 내면적 갈등이 새로운 인물들 간의 갈등으로 비화되는 시간이다.

선지 유형	근거가 없어서 허용 불가능
실전에서의 판단 과정	아침에 갈등 다 해결됐잖아.
해설	'밤'에 내면적 갈등이 점진적으로 심화된다는 것은 어느 정도 허용이 가능한데, 아침에 새로운 인물들 간의 갈등이 나오지는 않죠. 아주 이쁘게 갈등이 마무리되고 있어요.

⑤ 밤은 주인공이 새로운 상황을 맞이하면서 서사적 긴장이 조성되고, 아침은 극적 장면이 펼쳐지면서 그 긴장이 해소되는 시간이다.

선지 유형	근거가 있어서 허용 가능
실전에서의 판단 과정	생각한 내용 그대로를 멋진 말로 풀어 썼네.

해설	일단 '밤'에 '최척'이 '옥영'의 시 소리를 들으면서 (새로운 상황 맞이) 서사적 긴장이 조성되었습니다. 이때의 '서사적 긴장'은 '독자 입장에서 흥미를 가질 부분' 정도로 생각하시면 돼요. 반드시 치고 받고 하는 싸움의 상황에서만 '서사적 긴장'이라는 말을 쓰는 게 아닙니다. '아침'이 되자, '최척'과 '옥영'의 재회라는 극적 장면이 펼쳐지면서 '밤'에 조성되었던 긴장이 해소되고 있습니다. 미리 생각한 내용 그대로인데, '서사적 긴장'이라는 개념을 사용해서 좀 더 멋지게 풀어낸 선지네요. '서사적 긴장'이라는 개념에 대해서 확실하게 알아두도록 합시다!

선지	①	②	③	④	⑤
선택률	6%	64%	12%	7%	11%

24 〈보기〉를 참고하여 윗글을 감상한 내용으로 적절하지 <u>않은</u> 것은? [3점] ②

① '경자년', '4년' 등은 최척과 옥영이 겪어야 했던 전란과 유랑체험이 역사적 실제성을 지닌 것임을 알려 주는군.

선지 유형	근거가 있어서 허용 가능
실전에서의 판단 과정	그렇지.
해설	이 작품은 실제 일어난 '임진왜란'과 같은 전쟁에 의해 벌어졌던 일을 그린 것입니다. 〈보기〉에서 의해서도 '역사적 실제성'이라는 말은 충분히 허용할 수 있겠죠.

② 처절하게 시를 읊고 한숨까지 내쉰 것은 시가 옥영 자<u>신의 이산과 유랑 체험을 계기로 지어진 것임을 알려 주는군</u>.

선지 유형	근거가 있어서 허용 불가능
실전에서의 판단 과정	저 시의 내용을 최척이 알고 있다는 건 이산과 유랑 전에 지었다는 거 아니야?
해설	조금 어려운 선지입니다. 논리적인 사고를 요구하고 있어요! 만약 '옥영'이 읊은 시가 '이산과 유랑 체험'을 계기로 지어진 것이라면, 그 시가 '최척'과 이별한 이후에 지어진 것이라고 해야 할 겁니다. 이 경우, '최척'은 시의 내용을 알 리가 없죠. 자신과 헤어진 뒤에 지은 것이니까요. 하지만 '최척'은 그 시를 듣자마자 '옥영'의 것임을 알아 낸 모습입니다. 이는 해당 시를 '옥영'이 '최척'과 헤어지기

전에 지은 것임을 의미하겠네요. 마치 독서 문제처럼 선지의 내용을 바탕으로 추론할 것을 요구하는 어려운 문제였습니다. '심리의 근거'를 바탕으로 이해한 내용을 이용해서 이 정도의 선지도 판단할 수 있게끔 준비해야겠죠?

③ '조선말', '조선의 곡조' 등이 사건 전개에 중요한 역할을 하는 것은 최척 부부의 재회가 외국에서 이루어지고 있기 때문이겠군.

선지 유형	근거가 있어서 허용 가능
실전에서의 판단 과정	베트남에서 조선말 들렸으니 조선말, 조선의 곡조가 특이했던 거지.
해설	이들의 재회가 외국에서 이루어지는데, 그 덕에 조선의 말과 곡조가 특이한 사항이 되어 재회에 결정적인 역할을 할 수 있었죠? 이 정도 선지는 충분히 허용할 수 있어야 합니다.

④ 최척 가족의 이산의 사연을 듣고 주변 사람들이 눈물 흘린 것은 전쟁의 참상에 대한 인류애적인 여민을 보여 준 사례이겠군.

선지 유형	근거가 있어서 허용 가능
실전에서의 판단 과정	그렇지 뭐.
해설	선지 그대로 허용이 가능하겠죠? 자신의 이야기도, 심지어 같은 나라의 백성도 아닌데 함께 울어 주고 있으니까요.

⑤ 돈우가 백금을 받고 옥영을 파는 대신 오히려 옥영에게 전별금을 주며 안타까이 보낸 것은 국가 간 갈등을 넘어선 인간적 배려를 보여 주는 사례이겠군.

선지 유형	근거가 있어서 허용 가능
실전에서의 판단 과정	그렇지.
해설	'돈우'는 일본인이고, '임진왜란'은 조선과 일본이 벌인 전쟁입니다. 그럼 '돈우'와 같은 일본인과 '최척'과 같은 조선인 사이에는 앙금이 있을 만도 한데, '돈우'는 '옥영'을 안타깝게 여기며 기꺼이 보내 주고 있으니 '국가 간 갈등'을 넘은 '인간적 배려'라고 할 수 있겠죠. 이렇게까지 생각하지 않더라도, 그냥 보자마자 '뭐 그렇다고 볼 수 있지'라는 생각을 하면서 지울 수 있으면 좋겠어요.

몰랐던 어휘 정리하기

| 핵심 point |

① **허용 가능성 평가** : 선지의 내용을 '허용'하려는 태도를 바탕으로 지문을 '독해'하며 '근거'를 찾아야 합니다. 허용할 수 있는 '근거'가 있어야만 허용할 수 있습니다. 주관적인 생각을 개입시키면 안 됩니다.

② **소설 독해** : '심리와 행동의 근거'를 바탕으로 인물에게 '공감'하며 읽어야 합니다. 이 과정이 물흐르듯 이어지면 지문의 내용을 완벽하게 이해할 수 있어요.

③ **애정소설 클리셰** : 조선시대의 사랑은 이루어지기 어렵습니다. 많은 장애물과 고난을 만나게 될 것이에요. 하지만 그 끝은 아름다울 겁니다. 고구마 같은 전개를 보여 주지만 결국 결말은 사이다라는 것! 이러한 클리셰를 이용하면서 지문을 읽어가도록 합시다.

| 지문 내용 총정리 |

'애정소설'의 클리셰를 충실히 따르는 지문이었습니다. 공간적 배경이 외국이라는 점에서 상당히 특이하기도 했지만, 인물들이 보여 주는 심리와 행동의 근거가 상당히 단순하게 잡히는 쉬운 지문이었어요. 다만 〈보기〉 문제의 정답 선지 판단 과정이 꽤나 복잡했었죠? 문학에서도 이렇게 복잡한 선지 판단을 물어볼 수 있다는 점. 확실하게 인지하도록 합시다.

〈보기〉 확인

———————[보기]———————
소설에서 시간 표지는 배경을 지시할 뿐 아니라, 우연하게 일어날 수 있는 사건들에 개연성을 부여하거나 사건의 전개나 장면의 전환 등에 관여된 서사적 정보를 제시하기도 한다. 또한 장면을 제시하는 것은 물론 서로 다른 장면을 연결하거나, 사건이 요약적으로 제시되었음을 가늠하게 하는 등 서사의 주요 요소들을 보조하는 기능을 한다.

'시간 표지'에 대한 내용인데, '또한' 이후의 내용은 상식적인 내용으로 알아두시면 좋을 것 같습니다. 작품 내용 이해에 크게 도움이 될 것 같지는 않고, 어차피 시간을 나타내는 표현은 산문을 읽을 때 원래 체크해야 하는 부분이니 바로 지문 읽어봅시다.

지문 독해

[앞부분의 줄거리] 김 진사의 딸 채봉은 선비 필성과 정혼하나, 우여곡절 끝에 스스로 기녀가 되어 송이로 이름을 바꾼다. 송이의 서화를 눈여겨본 감사가 송이를 데려와 관아에서 살게 한다.

[앞부분의 줄거리]가 제시되어 있습니다. 꼼꼼하게 읽어봅시다. '김 진사'라는 인물에게는 딸 '채봉'이 있는데, 그녀는 '필성'이라는 선비와 정혼을 한 사이라고 합니다. 그리고 '채봉'은 '송이'로 이름을 바꿨다고 해요. '채봉=송이'라는 것은 잊지 않고 챙겨가야겠죠?

그런데 '감사'라는 인물이 '송이'를 데려와 관아에서 살게 합니다. 애정 소설의 클리셰 냄새가 납니다. '송이'와 '필성' 사이의 사랑을 '감사'라는 외부의 인물이 방해하는 상황이에요. 이들의 눈물겨운 사랑 이야기가 전개되겠죠?

송이는 감사가 있는 **별당 건넌방**에 가 홀로 살고 지내며 감사가 시키는 일을 처리하고 지내며 마음에 기생을 면함은 다행하나, 주야로 잊지 못하는 바는 부모의 소식과 장필성을 못 봄을 한하고 이 감사가 보는 데는 감히 그 기색을 드러내지 못하니, 혼자 있을 때에는 주야 탄식으로 지내더라.

장필성이 이 소문을 듣고 또한 다행하나, 이때 감사는 송이 있는 별당은 외인 출입을 일절 엄금하니, 다시 만날 길이 없어 수심으로 지내더니, 한 계책을 생각하되,
"나도 감사 앞에서 거행하는 관속이 된다면 채봉을 만나기가 쉬우리라."
하고 여러 가지로 주선하더니, 이때 마침 감사가 문필이 있는 이방을 구하는지라. 필성이 한 길을 얻어 이방이 되어 감사에게 현신하니 감사가 일견 대희하여 칭찬하며 왈,
"가위 여옥기인(如玉其人)이로다. 필성아, 이방이라 하는 것은 승상접하(承上接下)하는 책임이 중대하니, 아무쪼록 일심봉공(一心奉公)하여 민원(民怨)이 없도록 잘 거행하라."

'송이'는 '별당 건넌방'에 혼자 살면서, '부모'와 '필성'을 그리워합니다. 그 외로움과 그리움에 충분히 공감할 수 있겠죠?

'필성'도 이 소식을 듣게 되지만, '송이'가 외부인을 만나지 못하게 하는 '감사' 때문에 '수심'으로 지내고 있습니다. 그런데 '필성'은 '감사' 밑으로 가면 '송이'를 만날 수 있으리라는 계책을 세웁니다. 그렇게 '이방'을 구하는 '감사' 밑으로 들어간 '필성'은 인정을 받게 됩니다. 드디어 둘은 만나게 되는 것일까요?

필성이 국궁수명(鞠躬受命)*하고 차후로 공사 문첩(文牒)*을 가지고 매일 드나들며 송이의 소식을 알고자 하나 별당이 깊고 깊어 지척이 천 리라 어찌 알리오.
차시 송이는 별당에 있어 이 감사가 들어와 공문을 쓰라면 쓰고 판결문을 내라면 내고 하더니, 하루는 공사 문첩 한 장을 본즉, 필성의 글씨가 완연한지라, 속으로 생각하되,
'이상하다. 필법이 장 서방님 필적 같으니, 혹 공청에를 드나드나.'
하고 감사더러 묻는다.
"요사이 공사 들어온 것을 보면 전과 글씨가 다르오니 이방이 갈리었습니까?"
"응, 전 이방은 갈고 장필성이란 사람으로 시켰다. 네 보아라, 글씨를 잘 쓰지 않느냐."
송이가 이 말을 듣고 속으로 암암이 기꺼하며, 어떻게 하면 한번 만나 볼까, 그렇지 못하면 편지 왕복이라도 할까, 사람을 시키자니 만일 대감이 알면 무슨 죄벌이 내려올지 몰라 못 하고 무슨 기회를 기다리나 때를 타지 못

하여 필성이나 송이나 서로 글씨만 보고 **창연히 지내기를 이미 반년**이라. 자연 서로 상사병이 될 지경이더라.

* 국궁수명 : 존경하는 뜻으로 몸을 굽히며 분부를 받음.
* 공사 문첩 : 관청에서 공무상 작성하는 문서.

'필성'은 매일 공사 문첩을 쓰기 시작하는데, '송이'는 그 글씨체를 보고 '필성'이 공청에 들어왔다는 것을 눈치채게 됩니다. 그런데 '감사'에게 들키는 것을 두려워하며, '필성'과 '송이'는 반년 동안이나 서로의 존재를 인지하면서도 실제로 재회하지는 못합니다. 예상한 대로 비극적인 사랑 이야기가 나오고 있습니다. 전형적인 애정 소설의 클리셰가 나타나고 있어요.

[A]

이때는 **추구월(秋九月) 보름 때**라. 〈월색은 명랑하여 남창에 비치었고, 공중에 외기러기 웅웅한 긴 소리로 짝을 찾아 날아가고, 동산의 송림 간에 두견이 슬피 울어 불여귀를 화답하니, 무심한 사람도 마음이 상하거든 독수공방에 눈물로 세월을 보내는 송이야 오죽할까. 송이가 모든 심사 잊어버리고 책상머리에 의지하여 잠깐 졸다가 기러기 소리에 놀라 눈을 뜨고 보니, 남창 밝은 달 발허리에 가득하고 쓸쓸한 낙엽성은 심회를 돕는지라.〉 잊었던 심사가 다시 가슴에 가득하여지며 눈물이 무심히 떨어진다.

송이가 남창을 가만히 열고 달빛을 내다보며 위연탄식하는데,

"달아, 너는 내 심사를 알리라. 작년 이때 뒷동산 명월 아래 우리 님을 만났더니, 달은 다시 보건마는 님은 어찌 못 보는고. 그 옛날 심양강 거문고 뜯던 여인은 만고문장 백낙천(萬古文章白樂天)을 달 아래 만날 적에 마음속에 맺힌 말을 세세히 풀었건만, 나는 어찌 박명하여 명랑한 저 달 아래서 부득설진심중사(不得說盡心中事)하니 가련하지 아니할까. 사람은 없어 말 못하나 차라리 심중사를 종이 위에나 그리리라."

하고 연상을 내어 먹을 흠씬 갈고 청황모 무심필을 덤벅 풀어 백릉화주지를 책상에 펼쳐 놓고 섬섬옥수로 붓대를 곱게 쥐고 장우단탄(長吁短歎)에 맥맥히 앉았다가 고개를 돌리어 벽공의 높은 달을 두세 번 우러러보더니, 서두에 '추풍감별곡(秋風感別曲)' 다섯 자를 쓰고, 상사가 생각 되고 생각이 노래 되고 노래가 글이 되어 붓끝을 따라 나오니 붓대가 쉴 새 없이 쓴다.

(중략)

아득한 정신은 기러기 소리를 따라 멀어지고 몸은 책상머리에 엎드렸더니, 잠시간에 잠이 들어 주사야몽(畫思夜夢) 꿈이 되어 장주(莊周)의 나비같이 두 날개를 떨치고 바람 좇아 중천에 떠다니며 사면을 살피니, 오매불망하던 장필성이 적막 공방에 혼자 몸이 전일의 답시(畓詩)를 내놓고 보며 울고 울고 보며 전전반측 누웠거늘, 송이가 달려들어 마주 붙들고 울다가 꿈 가운데 우는 소리가 잠꼬대가 되어 아주 내처 울음이 되었더라.

이런 상황이 지속되며 '추구월 보름'이 됩니다. 〈 〉 표시한 부분에서 나타난 '배경 묘사'는 '송이'의 우울한 심정을 극대화시켜주고 있네요. 차라리 어디에 있는지 모르면 모를까, 사랑하는 사람이 바로 옆에 있는 걸 알면서도 만나지 못하는 심정은 말로 다 할 수 없을 것 같아요.

이러한 '송이'는 달빛을 내다보면서, 자신의 슬픈 처지를 한탄하고 있습니다. 여기서부터 (중략) 이후 첫 문단까지는 일종의 'skip 가능 구간'으로 빠르게 넘길 수 있겠죠? '꿈' 속에서 '필성'을 만나면서 '울음'을 터뜨리고 있는 '송이'의 우울한 심정에 충분히 공감해주시기만 하면 됩니다.

사람이 늙어지면 상하물론(上下勿論)하고 잠이 없는 법이라. 이때 이 감사는 연광도 팔십여 세뿐 아니라, 일도방백(一道方伯)이 되어 밤이나 낮이나 어떻게 하면 백성의 원성이 없을까, 어떻게 하면 국은(國恩)에 보답할까 하며 잠을 이루지 못하고 누웠더니, 홀연히 송이의 방에서 흐느껴 우는 소리가 들리거늘, 깜짝 놀라 속으로 짐작하되,

'지금 송이가 나이 십팔 세라. 필연 무슨 사정이 있어 저리하나 보다.'

하고 가만히 나와 보니, 남창을 열고 책상머리에 누웠는데 불을 돋우어 놓고 책상 위에 무엇을 써서 펼쳐 놓았거늘, 마음에 괴이하여 가만히 들어가 두루마리를 펼치고 본즉 '추풍감별곡'이라.

–작자 미상, 「채봉감별곡」–

이제부터는 다시 속도를 줄여야 할 것 같습니다. '감사'의 이야기로 내용이 전환되었으니까요! 나이가 들어서 밤잠이 없는 '감사'는 '백성'과 '국은' 생각을 하며 잠을 이루지 못하고 있습니다. 앞서 '필성'에게도 '민원'이 없도록 잘 하라는 이야기를 한 것과 종합하면 굉장히 강직하고 충성스러운 관리라고 할 수 있겠어요.

그러던 와중에 '감사'는 '송이'의 방에서 우는 소리를 듣게 됩니다. 갑자기 '송이'가 울고 있으니, 당연히 깜짝 놀라는 반응을 보일 수밖에 없겠죠? '송이'에게 사정이 있을 것이라고 생각한 '감사'는 방으로 들어가 '송이'가 쓴 '추풍감별곡'을 보게 됩니다.

뒷부분이 어떻게 이어질지는 정확히 모르겠지만, 애정 소설의 클리셰에 따르면 '감사'가 조력자가 되어 이들의 사랑을 돕는 식으로 진행되겠죠? 여기까지 예상할 수 있으면 더욱 훌륭하겠습니다!

선지	①	②	③	④	⑤
선택률	62%	6%	10%	11%	11%

25 윗글의 내용에 대한 이해로 적절하지 않은 것은? ①

① 송이는 부모의 소식으로 애태우다 감사의 걱정을 산다.

선지 유형	근거가 있어서 허용 불가능
실전에서의 판단 과정	필성이 생각만 했었잖아.
해설	'감사'가 '송이'를 걱정하는 것은 '송이'의 '흐느껴 우는 소리' 때문이고, '송이'가 흐느껴 운 이유는 '필성'을 그리워하고 있었기 때문입니다. '송이'가 힘들어하며 우는 심리의 근거가 무엇인지 묻는 선지입니다. 가볍게 해결할 수 있겠죠?

② 송이는 필성이 이방이 되었음을 감사를 통해 알게 된다.

선지 유형	근거가 있어서 허용 가능
실전에서의 판단 과정	감사가 알려줬었지.
해설	'송이'는 '공사 문첩'을 보고 글씨체가 '필성'의 것임을 알아차리고, '감사'에게 혹시 이방이 바뀌었냐고 물어봅니다. 이에 '감사'는 '장필성'이란 사람이 이방이 되었다고 말하며 '송이'의 생각이 맞음을 확인시켜 줬었죠. 이러한 근거가 있으니 충분히 허용할 수 있겠죠?

③ 감사는 필성의 문필 능력을 높이 평가하고 기대를 건다.

선지 유형	근거가 있어서 허용 가능
실전에서의 판단 과정	글 잘 쓴다고 칭찬한 부분이 있었지.
해설	'필성'이 '감사'에게 인정받았다는 것은 이미 확실하게 체크한 내용이었습니다. '필성' 입장에서는 '송이'를 만나기 위해서라도 더 열심히 일한 것이겠죠?

④ 송이는 필성과 꿈속에서나마 일시적으로 만남을 이룬다.

선지 유형	근거가 있어서 허용 가능
실전에서의 판단 과정	꿈에서 필성 만났었지.
해설	'송이'는 '필성'을 그리워하는 도중에 꿈에서 그를 만나게 되고, 이는 '송이'의 감정을 극대화시키는 역할을 했습니다. '송이'에게 열심히 공감하며 읽었다면 어렵지 않게 허용할 수 있겠네요.

⑤ 필성은 송이를 그리워하는 마음을 감사에게 숨기고 있다.

선지 유형	근거가 있어서 허용 가능
실전에서의 판단 과정	숨기고 있으니까 서로 못 만나는 거 아니야?
해설	'필성'과 '송이'는 '감사'가 알면 무슨 벌이 내려올지 몰라 두려워 만나려는 시도를 쉽게 하지 못합니다. 그 상태로 반년 넘게 서로를 그리워하죠. '감사'는 이러한 이들의 마음을 눈치채지 못하고 있었으니, 이를 근거로 충분히 허용할 수 있겠네요.

선지	①	②	③	④	⑤
선택률	5%	5%	74%	8%	8%

26 ⓐ와 ⓑ에 대한 설명으로 가장 적절한 것은? ③

차시 송이는 별당에 있어 이 감사가 들어와 공문을 쓰라면 쓰고 판결문을 내라면 내고 하더니, 하루는 ⓐ공사 문첩 한 장을 본즉, 필성의 글씨가 완연한지라, 속으로 생각하되,

하고 가만히 나와 보니, 남창을 열고 책상머리에 누웠는데 불을 돋우어 놓고 책상 위에 무엇을 써서 펼쳐 놓았거늘, 마음에 괴이하여 가만히 들어가 ⓑ두루마리를 펼치고 본즉 '추풍감별곡'이라.

\- ⓐ는 '송이'가 '필성'이 공청에 왔음을 알아차리게 하는 소재였고, ⓑ는 '송이'가 '필성'을 그리워하는 마음을 적은 글로 '감사'가 '송이'의 사연을 알아차리게 하는 소재였죠. 이렇게 주관식으로 답을 미리 골라놓고, 이와 가장 유사한 말을 정답으로 골라야 합니다.

① ⓐ에 대해 대화하며 송이의 그리움을 눈치챈 감사는, ⓑ를 읽으며 그 대상이 필성임을 알게 된다.

선지 유형	근거가 없어서 허용 불가능
실전에서의 판단 과정	감사는 아무것도 몰랐는데?
해설	'감사'는 '송이'와 ⓐ에 대해 대화하며 '필성'의 존재를 확인시켜 줄 뿐, 무언가를 눈치채지는 못합니다. 만약 눈치챘다면 도와주든 벌을 주든 어떠한 액션을 보였겠죠.

② ⓐ를 작성한 사람에 대한 궁금증을 갖게 된 송이는, ⓑ를 통해 자신의 궁금증을 필성에게 알린다.

선지 유형	근거가 없어서 허용 불가능
실전에서의 판단 과정	송이는 필성에게 연락할 수가 없는데?
해설	ⓐ를 작성한 사람에 대해 궁금증을 가졌다는 것은 충분히 허용할 수 있겠습니다. 혹시 '필성'이 아닐까 하는 궁금증이라고 할 수 있으니까요. 하지만 ⓑ를 통해 그 궁금증을 '필성'에게 알린다는 건 절대로 허용할 수 없겠죠? 애초에 ⓑ는 그저 자신의 우울한 처지를 한탄하는 내용일 뿐 아니라, 해당 시점에서 '송이'는 '필성'과 연락할 방법이 없는 상황입니다.

③ ⓐ를 본 송이는 필성이 가까운 곳에 있음을 알게 되고, ⓑ에 필성을 만나지 못하는 마음을 풀어낸다.

선지 유형	근거가 있어서 허용 가능
실전에서의 판단 과정	미리 생각한 내용이네.
해설	발문을 보고서 정리한 내용 그 자체죠? 이렇게 특정 소재에 대한 의미를 묻는 문제를 해결할 때는 그 내용을 미리 정리할 수 있어야 해요.

④ ⓐ를 감사로부터 전달받은 필성은 송이의 마음을 알게 되고, ⓑ를 쓰면서 송이에 대한 자신의 그리움을 드러낸다.

선지 유형	근거가 없어서 허용 불가능
실전에서의 판단 과정	뭔 헛소리야.
해설	'필성'은 ⓐ를 전달받지도, ⓑ를 쓰지도 않았습니다. 지문의 내용을 이해하고 있다면 고를 수가 없는 선지네요.

⑤ ⓐ를 보면서 필성이 자신을 찾고 있음을 알게 된 송이는, ⓑ를 쓰면서 필성과 재회하고자 하는 의지를 드러낸다.

선지 유형	근거가 없어서 허용 불가능
실전에서의 판단 과정	재회하고자 하는 의지가 어디에 있어.
해설	'송이'는 '필성'이 자신을 찾고 있다고도, '필성'을 꼭 만나겠다고도 생각하지 않습니다. 그저 우연히 '필성'이 공청에 들어왔다고 생각하고, '감사'의 벌이 무서워 감히 만날 생각을 하지도 못하죠. 인물들에게 공감하며 지문을 이해했다면 도저히 고를 수가 없는 선지입니다.

선지	①	②	③	④	⑤
선택률	55%	9%	12%	16%	8%

27 [A]의 '달'에 대한 이해로 적절하지 <u>않은</u> 것은? ①

– [A]의 '달'은 '송이'가 자신의 외로운 처지를 한탄하는 대상이었습니다. 이를 통해 '송이'가 느끼는 슬픈 감정을 극대화시키는 역할을 했었죠? 이 내용을 바탕으로 선지 판단해 보도록 합시다.

① 송이가 필성의 안녕을 기원하는 마음을 의탁하는 대상이다.

선지 유형	근거가 없어서 허용 불가능
실전에서의 판단 과정	필성의 안녕을 기원한다는 내용은 없었던 것 같은데?
해설	'필성'을 보고 싶어한다는 내용은 많지만, 그의 안녕을 기원하는 부분은 찾을 수 없습니다. 근거가 없으니 허용할 수 없겠네요. 디테일한 선지 판단을 요구하고 있기 때문에, 일단 판단을 보류하고 다른 선지를 먼저 확인하는 것도 방법이었을 것 같아요.

② 자연물의 다양한 소리와 어울려 송이의 외로움을 심화한다.

선지 유형	근거가 있어서 허용 가능
실전에서의 판단 과정	자연물이 있나? 외기러기 소리 같은 거 있네.
해설	'외기러기 소리', '두견이 슬피 우는 소리' 등 자연물의 다양한 소리가 '달'과 함께 어울려 '송이'의 외로움을 강조하고 있었습니다. 허용할 만한 근거가 있으니, 충분히 허용할 수 있네요.

③ 송이가 자신의 심사를 들추어내어 감정을 토로하는
인격화된 상대이다.

선지 유형	근거가 있어서 허용 가능
실전에서의 판단 과정	미리 생각한 내용이네.
해설	'송이'는 '달'을 자신의 외로운 감정을 토로하는 대상으로 인격화하는 모습을 보였습니다. 미리 생각한 내용이죠?

④ 송이의 처지와 대조되는 옛 이야기를 환기시켜 송이
가 스스로에 대한 연민을 표하게 한다.

선지 유형	근거가 있어서 허용 가능
실전에서의 판단 과정	옛 이야기 있나? 옛날 심양강 거문고 뜯던 여인 이야기 있네. 연민 표하는 건 당연한 것이고.
해설	'옛 이야기'를 허용할 만한 근거를 지문 속에서 찾아보니, 마음속에 맺힌 말을 세세히 풀어 낸 '옛날 심양강 거문고 뜯던 여인'의 이야기가 제시되어 있네요. '송이'는 이 여인과 달리 외로운 처지를 말하지도 못하고 있으니 '대조되는 처지'를 충분히 허용할 수 있겠습니다. 나아가 [A]의 역할 자체가 외로운 자신의 처지를 한탄하며 스스로에 대한 '연민'을 표하는 '송이'의 이야기라는 것을 생각하면, 선지 뒷부분도 어렵지 않게 허용할 수 있겠죠?

⑤ 송이에게 필성과의 추억을 떠올리게 하면서 재회를
기약할 수 없는 현재 상황을 부각한다.

선지 유형	근거가 있어서 허용 가능
실전에서의 판단 과정	추억이라 할 만한 게 있나? 작년 이야기가 있구나.
해설	'송이'는 '달'에게 이야기를 하면서, '필성'을 처음 만난 '작년 이때'를 떠올리고 있습니다. 그러면서 '필성'을 다시 볼 수 없는 현재의 상황을 한탄하고 있죠. 4번 선지와 비슷한 맥락인데, 이렇게 '대조'를 통해 현재의 상황을 부각하는 것은 문학에서 자주 나타나는 표현법이니 알아두도록 합시다.

선지	①	②	③	④	⑤
선택률	6%	15%	62%	7%	10%

28 〈보기〉를 참고하여 ㉠~㉤을 이해한 내용으로 적절하지 않은 것은? [3점] ③

[보기]

소설에서 시간 표지는 배경을 지시할 뿐 아니라, 우연하게 일어날 수 있는 사건들에 개연성을 부여하거나 사건의 전개나 장면의 전환 등에 관여된 서사적 정보를 제시하기도 한다. 또한 장면을 제시하는 것은 물론 서로 다른 장면을 연결하거나, 사건이 요약적으로 제시되었음을 가늠하게 하는 등 서사의 주요 요소들을 보조하는 기능을 한다.

– 〈보기〉가 단순히 지문의 내용을 설명하는 것이 아니라 '시간 표지'에 대한 지식을 전달하고 있었으니, 선지 판단에 적극적으로 활용해 주셔야 합니다. 이 태도를 가지고 문제를 풀어 보도록 합시다.

① ㉠은 우연으로 보이는 감사의 이방 선발이, 필성이 송이와 만나기 위해 애써 왔던 시간과 맞물려 있음을 드러냄으로써 필성의 관아 입성에 개연성을 부여한다.

"나도 감사 앞에서 거행하는 관속이 된다면 채봉을 만나기가 쉬우리라."
하고 여러 가지로 주선하더니, ㉠이때 마침 감사가 문필이 있는 이방을 구하는지라.

선지 유형	근거가 있어서 허용 가능
실전에서의 판단 과정	만나려고 노력하는데 마침 이방을 구하니 개연성이 부여된다고 할 수 있지.
해설	'감사'의 이방 선발은 사실 우연적인 사건이라고 할 수 있는데, '이때 마침'이라는 표현은 '송이'를 만나기 위해 여러 가지로 주선하던 '필성'의 시간(이때)과 맞물려 있음을 드러냅니다. 이렇게 '필성'과 '감사'의 필요가 서로 맞아떨어진 모습이니, '필성'이 관아에 입성하는 것은 충분히 '개연성'이 있다고 할 수 있겠죠. 〈보기〉에서 이야기한 것처럼 '시간 표지'가 사건에 개연성을 부여하는 모습입니다. 사실 이렇게까지 생각할 것도 없이, 선지 그 자체로 허용된다고 생각하고 넘길 수 있으면 좋겠어요.

② ⓛ은 평범한 일상을 지내던 송이와 감사의 대화를 통해 중요한 서사적 정보가 드러난 시간을 부각하여, 필성과 재회하고자 하는 송이의 바람을 심화하게 되는 서사적 전환에 관여한다.

차시 송이는 별당에 있어 이 감사가 들어와 공문을 쓰라면 쓰고 판결문을 내라면 내고 하더니, ⓛ하루는 공사 문첩 한 장을 본즉, 필성의 글씨가 완연한지라, 속으로 생각하되,

선지 유형	근거가 있어서 허용 가능
실전에서의 판단 과정	공문 쓰는 평범한 일상에서 필성을 떠올리게 되는 계기가 되었으니 허용할 수 있겠네.
해설	'송이'는 '공문'을 쓰고 '판결문'을 내리는 평범한 일상을 지내고 있었는데, ⓛ을 계기로 '필성'의 존재를 인식하게 됩니다. 이후에 '송이'와 '감사'의 대사에서 '필성의 존재'라는 중요한 서사적 정보가 드러나게 되고, 이는 '필성'과 재회하려는 '송이'의 바람을 심화한다고 할 수 있습니다. 선지가 워낙 길어 설명이 중언부언 붙기는 했지만, 역시 선지 그 자체로 허용할 수 있으면 좋겠어요.

FAQ

Q 서사적 '전환'이라고 했는데, '전환'이 도대체 어디에 있나요?

A 결국 〈보기〉가 핵심입니다. 〈보기〉에선 '서사적 정보'가 '장면의 전환'에 관여되어 있을 수 있다고 했습니다. 즉, '서사적 전환'이라는 말은 곧 '장면의 전환'이라고도 볼 수 있다는 것이죠. ⓛ을 기점으로 '송이의 평범한 일상'에서 '필성의 공청 입성을 알게 되는 날'이라는 장면으로 바뀌었으니, '전환'을 허용할 수 있는 것입니다. 〈보기〉도 선지 판단의 근거가 된다는 사실을 잊지 맙시다!

③ ⓒ은 공청에서 일어난 최근의 변화에 송이가 주목하고 있음을 보여 주는 한편, 송이가 공청의 일을 돕게 되기까지의 과정이 요약적으로 제시되었음을 드러낸다.

"ⓒ요사이 공사 들어온 것을 보면 전과 글씨가 다르오니 이방이 갈리었습니까?"
"응, 전 이방은 갈고 장필성이란 사람으로 시켰다. 네 보아라, 글씨를 잘 쓰지 않느냐."

선지 유형	근거가 있어서 허용 불가능
실전에서의 판단 과정	요사이는 공청에 들어온 이후의 시간인데?

ⓒ이 공청에서 일어난 변화에 '송이'가 주목하고 있다는 것을 보여 준다는 건 당연하게 허용할 수 있습니다. '필성'의 존재를 인식하는 중요한 순간이니까요. 하지만 이때의 '요사이'는 '송이'가 공청의 일을 돕게 된 이후 '공사'의 글씨가 달라진 때를 의미하죠? 선지에선 '요사이'가 한참 전인 '공청의 일을 돕게 되기까지의 과정'을 드러낸다고 했으니, 어렵지 않게 답으로 골라낼 수 있겠습니다.

선지 유형	
해설	결국 정답 선지는 '시간의 흐름 체크'라는 당연한 포인트에서 나오는 모습입니다. 지문을 잘 이해했다면 선지를 보자마자 무언가 이상하다는 걸 캐치할 수 있었을 거예요.

④ ⓔ은 송이와 필성의 만남이 이루어지지 않은 상태에서 상당한 시간이 흘렀음을 드러내면서, 송이와 필성이 가진 그리움의 깊이를 함축한 서사적 정보로 기능한다.

송이가 이 말을 듣고 속으로 암암이 기꺼하며, 어떻게 하면 한번 만나 볼까, 그렇지 못하면 편지 왕복이라도 할까, 사람을 시키자니 만일 대감이 알면 무슨 죄벌이 내려올지 몰라 못 하고 무슨 기회를 기다리나 때를 타지 못하여 필성이나 송이나 서로 글씨만 보고 창연히 지내기를 ⓔ이미 반년이라. 자연 서로 상사병이 될 지경이더라.

선지 유형	근거가 있어서 허용 가능
실전에서의 판단 과정	반년이면 상당한 시간이라고 할 수 있지.
해설	'송이'와 '필성'이 만나지 못한지 어느덧 '반년'이라는 시간이 흘렀다고 했습니다. 이를 근거로 하면 '상당한 시간'이라는 말을 허용할 수 있겠고, 여기에는 이러한 시간 속에서 깊어만 가는 인물들의 서로에 대한 그리움이 함축되어 있다고 할 수 있겠습니다.

⑤ ⓜ은 감사의 사람됨과 감사가 잠을 이루지 못하는 이유를 관련짓게 하는 한편, 흐느껴 울던 송이를 감사가 발견하는 사건의 시간적 배경을 지시한다.

사람이 늙어지면 상하물론(上下勿論)하고 잠이 없는 법이라. ⓜ이때 이 감사는 연광도 팔십여 세뿐 아니라, 일도방백(一道方伯)이 되어 밤이나 낮이나 어떻게 하면 백성의 원성이 없을까, 어떻게 하면 국은(國恩)에 보답할까 하며 잠을 이루지 못하고 누웠더니, 홀연히 송이의

방에서 흐느껴 우는 소리가 들리거늘, 깜짝 놀라 속으로
짐작하되,

선지 유형	근거가 있어서 허용 가능
실전에서의 판단 과정	지문 읽으면서 생각했던 내용이다.
해설	지문을 읽으면서 미리 생각했던 내용이 그대로 적혀 있죠? '감사'가 백성을 생각하는 괜찮은 사람이라는 점이 잠을 이루지 못하는 이유로 엮어 제시되었고, 나아가 흐느껴 우는 '송이'를 발견하게 되는 시간으로 기능하고 있었습니다. 어렵지 않게 허용할 수 있네요.

몰랐던 어휘 정리하기

| 핵심 point |

① **허용 가능성 평가** : 선지의 내용을 '허용'하려는 태도를 바탕으로 지문을 '독해'하며 '근거'를 찾아야 합니다. 허용할 수 있는 '근거'가 있어야만 허용할 수 있습니다. 주관적인 생각을 개입시키면 안 됩니다.

② **소설 독해** : '심리와 행동의 근거'를 바탕으로 인물에게 '공감'하며 읽어야 합니다. 이 과정이 물흐르듯 이어지면 지문의 내용을 완벽하게 이해할 수 있어요.

③ **애정소설 클리셰** : 조선시대의 사랑은 이루어지기 어렵습니다. 많은 장애물과 고난을 만나게 될 거예요. 하지만 그 끝은 아름다울 겁니다. 고구마 같은 전개를 보여 주지만 결국 결말은 사이다라는 것! 이러한 클리셰를 이용하면서 지문을 읽어가도록 합시다.

| 지문 내용 총정리 |

전형적인 애정 소설의 클리셰를 따르는 쉬운 지문이었습니다. 선지에서 다소 디테일한 판단을 요구하기는 했지만, 모의평가의 특성이라고 생각하셔도 무방할 정도의 수준이었던 것 같아요. 'skip 가능 구간'을 활용하는 등의 여러 가지 독해 태도와 함께 정리해보도록 합시다.

비평문 확인

〈보기〉가 따로 존재하지는 않지만, 비평문인 (가)가 길게 제시되어 있으니 필요한 정보들을 챙겨보도록 합시다. 이렇게 길게 제시되는 경우에는 선지 판단의 근거로 많이 활용될 수밖에 없으니, 쉬운 독서 지문을 읽는다는 생각으로 조금 시간을 들여주시는 게 좋다고 했습니다.

> **(가)**
>
> 　우리나라 전기소설(傳奇小說)은 중국의 전기(傳奇)와 우리의 설화 등 다양한 서사 갈래의 영향을 받아 성립했다. 중국의 전기는 기이한 사건을 다채로운 문체로 엮은 서사 양식이다. 이는 당나라 문인들이 자신의 글 솜씨가 담긴 작품집을 출세의 수단으로 삼았던 관습에서 유래했다. 기이한 사건은 흥미를 끌기 위한 소재로만 쓰여서, 서사 구조가 유기적이지 못했고 결말의 양상도 다양했다. 이에 비하면 우리의 전기소설에서 <u>기이한 사건은 작가의 불우함을 위로하기 위한 창작 동기에 걸맞게 유기적으로 짜였다.</u> 작가의 분신으로서 불우한 처지에 놓인 전기소설의 남주인공은 기이한 사건을 겪으면서 <u>자신의 능력을 인정받고 위로받지만, 결국 비극적 종결을 맞이하는 전형성을 보인다.</u> 이처럼 우리의 **전기소설**은 중국 전기의 영향을 받아 기이한 사건을 다루면서도, 비극적 종결을 통해 전기와 구별되는 독자성을 보인다.

우리나라 전기소설과 중국의 전기를 비교하면서 글이 시작됩니다. 둘의 공통점과 차이점을 정확하게 인지하는 것이 중요하겠죠? '기이한 사건'을 다룬다는 공통점이 있지만, '전기소설'은 작가의 불우함을 위로받기 위해 이러한 사건을 다룬다는 차이점이 있네요. 나아가 '비극적 종결'이라는 전형성을 보인다는 점도 주목할 만합니다. 어려운 내용은 아니니 확실하게 정리할 수 있겠죠?

> 　우리 전기소설의 성립에는 민담과 전설 등 <u>설화도 영향을 끼쳤다.</u> 구전되던 설화를 기록하면서 작가의 역량이 발휘되었고, 이 과정에서 <u>새로운 유형의 인물이 등장</u>하여 전기소설의 갈래적 성격을 드러내었다. **전기소설 주인공의 특질은 다음과 같다.** 첫째는 외로움이다. 주인공은 사회적으로 소외된 존재이거나 짝을 얻지 못한 상태에서 실의에 빠져 있는 존재이다. 외로운 주인공은 현실에서의 소외를 부당하다고 느껴 온갖 금기를 넘어선 사랑을 하거나 용궁과 같은 이계(異界)에 가기를 주저하지 않는다. 둘째는 내면성이다. 주인공은 풍부한 감성을 지녀서 외로움을 토로하거나 시를 자주 짓고 시를 통해 자신의 능력을 인정받거나 서로 소외감을 나누고 싶어 한다. 셋째는 소극성이다. 남주인공은 소심하고 나약한 존재로서 자신으로서는 받아들이기 어려운 상황이나 모순된 현실에 대해 적극적으로 저항하지는 않는다. 사랑에 몰두하거나 세상을 등지는 등 세상과 소통하지 않으려는 폐쇄성을 통해 모순된 현실에 대한 비극적 인식을 보여 줄 뿐이다. 이처럼 전기소설의 주인공은 서사 문학사에서 새로운 인물이었다. 이런 주인공을 내세운 작품들은 설화로부터 분기되어 '소설'로 접근하게 되었고 동시에 다른 작품들과 달리 '전기소설'로 구분되었다.

이러한 '전기소설'의 성립에는 설화가 영향을 끼치기도 했다고 합니다. 이로 인해 새로운 유형의 인물이 등장했다고 해요. 그 특징은 크게 '외로움, 내면성, 소극성'이라고 합니다. 외로운 주인공이 자신의 내면을 여러 방법으로 표출하지만, 적극적으로 문제를 해결하려고 하지는 않는 모습인 것입니다. (나)와 (다)에도 이런 내용이 반영되겠죠?

> 　물론 전기소설의 정립은 점진적으로 진행되어서, 「조신」, 「김현감호」, 「최치원」 등은 정도의 차이는 있지만 설화와 전기소설 중 어느 한쪽만으로 갈래적 성격을 규정할 수 없는 작품들로 평가받는다. 이들 작품은 <u>남녀의 기이한 만남과 파국을 그린다는 점에서 전기소설의 성격을 지녔지만, 기이한 사건으로써 환기되는 현실에 대한 이해는 전설의 성격을 띤다.</u> 전설에서 인물은 <u>특정한 시공간에서 현실의 문제에 부딪히지만 이것은 인간의 힘으로는 어찌할 수 없는 경이로운 세계의 일부분으로 다루어진다.</u> 가령 「**김현감호**」는 벼슬에 대한 김현의 <u>간절함에 부처가 감동하여 범의 희생으로 응답하고, 김현이 이를 기린다는 이야기</u>이다. 개인의 욕망을 포용하는 부처의 전능함을 형상화한 것이다. 전설과 달리 **소설**에서 인물은 <u>구체적인 사회현실에서 현실의 문제에 부딪히고 갈등함으로써 인간과 세계는 서로 맞서는 관계</u>로 다루어진다. 가령 「**이생규장전**」은 <u>사랑하는 남녀가 전쟁 때문에 이별했다가 기이한 방식으로 다시 결연하지만 결국 비극적으로 종결되는 이야기</u>이다. 생사를 초월한 사랑을 통해 개인과 세계의 갈등 관계를 형상화한

것이다. 전기소설은 『금오신화』를 통해 소설사에 안착
했고, 『금오신화』는 현실의 문제를 드러내는 다양한 소
설적 면모를 보였다. 그리고 이는 후대로 계승되었다. 사
대부 남성이 이계를 체험하고 돌아오는 구도는 몽유록
소설로, 이원적 공간 구도는 적강한 영웅의 일생을 다룬
영웅 소설로 계승되었다. 금기에 도전하는 애정 추구의
구도와 능동적인 여인상 그리고 애정 교류의 매개로써
의 시의 활용은 애정 소설로 이어졌다. 이렇게 보면 전
기소설은 우리나라 최초의 소설 양식인 것이다.

그러면서도 '전기소설' 중에서 '설화'와 구분이 힘든 작품도 있다
고 하네요. 이들은 '전기소설'의 성격과 '전설'의 성격을 동시에
가지고 있는데, (나)에 등장할 '김현감호'도 그 중 하나라고 합니
다. 친절하게 내용을 요약해주고 있어요. 전체 줄거리를 알려 주
고 있으니, 확실하게 챙겨가도록 합시다.

이런 식으로 그냥 쭉 읽고 넘어가려는데, 문제 중에 (가) 단독 문제
가 있네요! 먼저 처리하고 가는 게 좋겠죠? 가볍게 해결해봅시다.

선지	①	②	③	④	⑤
선택률	5%	10%	9%	12%	64%

29 (가)에서 설명한 중국의 전기와 우리의 전기소설에 대한
이해로 가장 적절한 것은? ⑤

– 중국의 '전기'와 우리의 '전기소설'은 '기이한 사건'을 다룬다는
공통점이 있지만, '전기소설'은 작가의 불우함을 위로받기 위해
이러한 사건을 다룬다는 차이점이 있었습니다. 이 내용을 바탕으
로 답을 골라봅시다.

① 전기에서 작가는 현실적 사건을 통해 독자들의 관심
을 유도했다.

선지 유형	근거가 있어서 허용 불가능
실전에서의 판단 과정	기이한 사건이 공통점이었는데?
해설	'전기'와 '전기소설'의 공통점은 '기이한 사건'이었습니다. 현실적 사건은 말도 안 되겠네요.

② 전기와 전기소설의 결말은 모두 유기적인 서사 구조
속에서 전형성을 보여 주었다.

선지 유형	근거가 있어서 허용 불가능
실전에서의 판단 과정	그랬었나? 확인해보니까 전기는 유기적이지 않았다고 했네.
해설	잘 기억이 나지 않을 수도 있지만, 1문단으로 돌아가보니 '유기적인 서사 구조'는 우리의 '전기소설'만이 가지는 특징이라고 했네요.

③ 전기소설은 작가가 자신의 글 솜씨가 담긴 작품집을
출세의 수단으로 삼기 위해 창작하였다.

선지 유형	근거가 있어서 허용 불가능
실전에서의 판단 과정	이건 당나라만 그랬던 것 같은데.
해설	이번에도 기억이 안 날 수 있지만, 돌아가서 확인해보면 출세의 수단으로 삼은 건 당나라 문인들이었다는 걸 쉽게 알 수 있죠?

④ 전기는 전기소설의 영향을 받아 다채로운 문체를 활
용하면서도 서사적 독자성을 지향했다.

선지 유형	근거가 있어서 허용 불가능
실전에서의 판단 과정	전기소설이 전기의 영향을 받은 것이지.
해설	전기소설이 전기의 영향을 받은 것이지, 전기가 전기소설의 영향을 받은 것은 아니죠. 이건 꽤나 중요한 정보였으니 기억이 났을 겁니다.

⑤ 전기소설의 작가는 불우한 처지에 놓여 있는 자신의
삶을 작품 속 주인공을 통해 위로받고자 했다.

선지 유형	근거가 있어서 허용 가능
실전에서의 판단 과정	중요한 차이점이었지.
해설	이는 '전기소설'이 가지는 중요한 특징으로, '전기'와의 큰 차이점이었죠? 정답 선지는 중요한 정보로 구성된 모습이네요.

(나)

　　김현이 말하기를, "사람과 사람의 사귐은 인륜의 도리이지만 다른 유와 사귀는 것은 대개 정상이 아닙니다. 이미 조용히 만난 것은 진실로 천행이라고 할 것인데, 어찌 차마 배필의 죽음을 팔아서 일생의 벼슬을 바랄 수 있겠소?"라고 하였다.

　　처녀가 말하기를, "낭군은 그런 말 마십시오. 지금 제가 일찍 죽는 것은 천명이며, 또한 저의 소원이요, 낭군의 경사요, 우리 일족의 복이요, 나라 사람들의 기쁨입니다. 한 번 죽어 다섯 이로움이 갖춰지니 어떻게 그것을 어길 수 있겠습니까? 다만 저를 위하여 절을 짓고 불경을 강하여 불법(佛法)을 얻도록 도와주시면 낭군의 은혜는 더없이 클 것입니다."라고 하였다.

　　드디어 서로 울면서 헤어졌다.

(가)에 따르면, (나)는 '김현'이라는 인물이 벼슬을 원하자 부처가 감동하여 '범'을 희생시켜 준다는 내용이었습니다. 이를 생각하고 읽으면 어렵지 않게 이해할 수 있습니다. '김현'과 '처녀'의 대화를 보니, '처녀'가 (가)에서 말한 '범'으로 보이죠? 둘은 사랑하는 사이인데, '처녀'는 자신이 희생하여 '다섯 이로움'이 갖춰질 것이라며 말하고 있습니다.

　　다음 날 과연 사나운 범이 성 안으로 들어왔는데, 매우 사나워 감당할 수가 없었다. 원성왕이 이 소식을 듣고 범을 잡은 자에게는 벼슬 2급을 주라고 하였다. 김현이 대궐로 들어가서, "소신이 잡을 수 있습니다."라고 아뢰자, 임금이 우선 벼슬을 주어 그를 격려하였다. 김현이 단도를 지니고 숲 속으로 들어갔다. 범이 처녀로 변하여 반갑게 웃으면서, "간밤에 낭군과 함께 마음속 깊이 정을 맺던 일을 잊지 마십시오. 오늘 내 발톱에 상처를 입은 사람들은 모두 흥륜사의 간장을 바르고 그 절의 나발 소리를 들으면 나을 것입니다."라고 하였다.

　　이에 처녀가 김현의 칼을 뽑아 스스로 목을 찔러 쓰러지니 곧 범이었다. 김현이 숲 속에서 나와, "지금 범을 쉽게 잡았다."라고 소리쳤다. 그 사정은 누설하지 않았다. 일러 준 대로 상한 사람들을 치료하니 그 상처가 모두 나았다. 지금도 세간에서는 그 방법을 쓰고 있다.

　　김현은 등용된 뒤 서천(西川)에 절을 세워 호원사(虎願寺)라고 하고 항상 『범망경』을 강설하여 범의 저승길을 인도하고, 범이 제 몸을 죽여서 자기를 성공시켜 준 은혜에 보답하였다.

그 뒤의 내용은 (가)를 통해 알고 있던 그대로입니다. '김현'은 사랑하는 '처녀'의 본 모습인 '범'을 잡아 큰 벼슬을 얻게 되고, 절을 세워 은혜에 보답하는 결말이네요. 사실상 (가)의 내용을 확인하는 방식으로 읽어주시면 충분했습니다.

(다)

　　"장차 백년해로의 낙을 누리려 했는데 어찌 횡액(橫厄)을 만나 구렁에 넘어질 줄 알았겠습니까? 이리 같은 놈들에게 정조를 잃지는 않았으나, 육체는 진흙탕에서 찢겼사옵니다. 절개는 중하고 목숨은 가벼워 해골은 들판에 던져졌으나, 혼백을 의탁할 곳이 없었습니다. 가만히 옛일을 생각하면 원통한들 어찌하겠습니까? 당신과 그날 깊은 산골짜기에서 헤어진 뒤 속절없이 짝 잃은 새가 되었던 것입니다. 이제 저의 환신은 이승에 돌아와 남은 인연을 맺어 옛날의 굳은 맹세를 결코 헛되게 하지 않으려 하는데 당신 생각은 어떠십니까?"

　　이생은 매우 기뻐하고 감사히 여기며, "그것이 원래 나의 소원이오."라고 대답했다. 둘은 말을 주고받았다.

(가)에 의하면, (다)는 사랑하는 남녀가 전쟁으로 인해 헤어진 후 '기이한 방식'으로 다시 만나지만 비극적 결말을 맞는 내용이라고 했습니다. 이를 알고 읽으니, 목숨을 잃은 여인과 '이생'이 '귀신과 인간의 사랑'이라는 기이한 방식으로 다시 만나는 모습에 주목할 수 있습니다. 귀신이 되어서도 만나고 싶을 만큼 서로 사랑하고 있네요.

　　이생은, "모든 가산은 어떻게 되었소?"라고 물었다.

　　"하나도 잃지 않고 어떤 골짜기에다 묻어 두었습니다."

　　"그럼 양가 부모님의 유골은 어찌 되었소?"

　　"하는 수 없이 어떤 곳에 그냥 내버려 두었습니다."

　　이야기를 마치고 함께 취침하니 기쁜 정은 옛날과 조금도 다를 바 없었다. 이튿날 부부는 가산을 묻어 둔 곳을 찾아갔다. 그곳에는 금은 몇 덩이와 약간의 재물이 있었다. 그들은 양가 부모의 유골을 거두고 금은, 재물을 팔아 각각 오관산 기슭에 합장하고는 나무를 세우고 제사를 드려 모든 예를 다 마쳤다.

　　그 후 이생은 벼슬을 구하지 않고 최낭과 함께 살았고, 피란 갔던 노복들도 찾아왔다. 이생은 이제 세상사를 완전히 잊은 채 친척의 길흉사에도 가 보지 않고 집에서 늘 최낭과 함께 시를 지어 주고받으며 <u>즐거이 세월을 보냈다.</u>

어느덧 **몇 년이 지난 어느 날 밤**에 최낭은, "세 번 가약을 맺었건만, 세상일은 뜻대로 되지 않나 봅니다. 즐거움도 다하기 전에 슬픈 이별이 닥쳐왔습니다."라고 말하고는 <u>오열하였다.</u>

그렇게 양가 부모의 제사도 지내고, 재물도 다시 찾아온 뒤 행복한 시간을 보내는 둘입니다. 그런데 '몇 년이 지난 어느 날 밤', '최낭'은 이별의 시간이 왔다며 오열합니다. 현재 '최낭'은 귀신이기에, 하늘의 뜻에 따라 이별할 수밖에 없는 것이죠. (가)에서 이야기했던 '비극적 결말'이 다가온 모습입니다.

(중략)

[A]
"나도 부인과 함께 황천으로 갔으면 하오. 어찌 무료히 홀로 여생을 보내겠소. 지난번에 난리를 겪어 친척들과 노복들이 뿔뿔이 흩어지고, 부모님의 유골이 들판에 버려졌을 때, 부인이 아니었더라면 누가 능히 장사를 지내 주었겠소. 옛사람 말씀에, '부모님이 살아 계실 때에 예의를 다하여 섬기고 돌아가신 뒤에 예의를 다하여 장례 지낸다.' 했는데, 부인이 이를 실천했소. 그것은 부인의 천성이 순효하고 인정이 두터운 때문이니, 감격해 마지않았으며 스스로 부끄러움을 이기지 못하였소. 이승에서 함께 오래 살다가 백 년 후에 같이 세상을 떠날 수는 없겠소?"

최낭은, "낭군의 수명은 아직 남아 있으나 저는 이미 저승의 명부에 이름이 올라 있어 더 이상 머물 수 없습니다. 만일 제가 인간 세상을 그리워해 미련을 가지면 저승의 법에 위반되고, 죄가 제게만이 아니라 낭군님께도 미칠 것입니다. 다만 제 유골이 아무 곳에 흩어져 있으니 은혜를 베풀어 유골을 거두어 비바람 맞지 않게 해 주십시오." 하였다.

두 사람은 <u>서로 바라보며 눈물을 흘렸다.</u>

"낭군님 부디 안녕히 계십시오." 말을 마치자 점점 사라져서 마침내 자취를 감추었다. 이생은 아내가 말한 대로 그녀의 시신을 거두어 부모의 무덤 곁에 묻어 주었다.

그 후 이생은 최낭을 지극히 생각한 나머지 병이 나서 **두어 달** 만에 세상을 떠났다.

<u>이 소식을 들은 사람들은 모두 슬퍼하고 탄식하면서 그들의 절개를 사모하지 않는 사람이 없었다.</u>

-김시습, 「이생규장전」-

이렇게 이별을 맞이해야 할 순간이 오자, '이생'은 차라리 함께 죽겠다며 대단한 사랑을 보이고 있습니다. 하지만 '최낭'은 '저승의 법'을 이야기하며 자신의 시신만 잘 수습해달라는 이야기를 하고 있습니다.

이 부탁을 들어 준 '이생'은 '두어 달' 만에 세상을 떠났고, 사람들은 이를 슬퍼하고 탄식했다는 비극적인 사랑 이야기가 제시된 모습이네요. (가)의 내용 그대로죠?

| 생각 심화 |

(나)와 (다)는 애정 소설의 형태를 취하고 있지만, 우리가 배운 전형적인 클리셰와는 조금 어긋나는 모습을 보이고 있습니다. 주인공들의 위기가 깔끔하게 해결된 후 해피엔딩을 맞이하는 것이 아니라, '죽음'이라는 비극적 결말을 맞고 있으니까요.

다만 (나)의 경우 주인공인 '김현'의 소원이 이루어졌다는 점에서, 그리고 (다)의 경우 저승에서라도 둘의 사랑이 이루어질 것이라는 점에서 기본적인 클리셰의 내용을 벗어나지는 않는다는 걸 알 수 있습니다. 나아가 만약 알고 있던 클리셰와 달라 당황스럽더라도, 예상한 내용과 다르다는 사실만으로도 지문을 더욱 깊게 이해할 수 있을 겁니다. 생각한 것과 다르다는 임팩트 있는 사실이 지문 이해에 도움을 주는 것이죠.

요컨대, 이 지문을 통해 '소설의 클리셰'를 배운 목적을 다시 한 번 상기하셨으면 좋겠다는 말을 하고 싶었습니다. '소설의 클리셰'를 배운 목적은 이를 이용해서 지문의 이해도를 올리는 것에 있지, 클리셰와 하나하나 대응시키며 지문의 내용을 정리하는 것에 있지 않습니다. 따라서 우리가 알고 있던 클리셰대로 전개된다면 적극적으로 활용하시고, 그렇지 않다면 특이하다는 생각을 하면서 임팩트 있게 내용을 이해하시면 됩니다. 항상 이렇게 무언가를 배우면 그 목적이 무엇인지 생각해보는 습관을 들이도록 해요.

선지	①	②	③	④	⑤
선택률	10%	9%	11%	11%	59%

30 (가)를 바탕으로 (나), (다)의 인물에 대해 설명한 것으로 적절하지 <u>않은</u> 것은? [3점] ⑤

– 발문에서 (가)를 바탕으로 선지 판단할 것을 요구했습니다. 선지 판단의 근거를 (가)에서도 찾아야 한다는 것이죠? 이를 확실하게 인지한 채로 문제를 풀어봅시다.

① (나)의 김현은 배필의 죽음을 결국 막지 못하는 나약한 모습을 보인다는 점에서 '소극성'을 지닌 인물임을 알 수 있다.

선지 유형	근거가 있어서 허용 가능
실전에서의 판단 과정	배필이 죽는 걸 지켜만 보고 있었으니 소극적이라고 할 수 있지.
해설	'김현'은 '최낭'의 죽음에 저항하지 않고, 시키는 대로 나약한 모습을 보이고 있습니다. 이 정도면 전기소설 인물의 특징인 '소극성'을 가지고 있다고 할 수 있겠죠?

② (나)의 범은 자신의 죽음을 통해 불법을 얻을 수 있도록 도와달라고 김현에게 부탁한다는 점에서 (나)에서 갈등 해결은 종교적 차원에서 모색되고 있음을 알 수 있다.

선지 유형	근거가 있어서 허용 가능
실전에서의 판단 과정	부처 이야기니까 종교적 차원이지.
해설	(가)를 통해 미리 정리하고 있던 내용이었죠? (나)의 내용은 '김현'의 바람에 대한 '부처'의 응답으로 구성되어 있었고, 이러한 내용이 선지에서 말하는 것처럼 '범'의 '불법'에 대한 언급 등으로 나타났습니다. 이는 '불교'라는 '종교적 차원'에서 갈등 해결을 모색하고 있는 것이라고 할 수 있겠죠.

③ (다)의 이생은 최낭의 환신과 더불어 지낼 뿐 벼슬을 구하려하지 않는다는 점에서 '폐쇄성'을 지닌 인물임을 알 수 있다.

선지 유형	근거가 있어서 허용 가능
실전에서의 판단 과정	폐쇄성은 세상과 소통하지 않으려는 모습이구나.
해설	(가)에서 '사랑에 몰두하거나 세상을 등지는 등 세상과 소통하지 않으려는 특성'을 '폐쇄성'의 정의로 제시했습니다. 단어의 의미 그대로 '폐쇄'적인 모습을 의미하는 것이죠? 이를 바탕으로 하면, 사람들도 만나지 않고 집에서 '최낭'과만 시간을 보내는 '이생'이 '폐쇄성'을 지닌 인물이라는 것은 충분히 허용할 수 있겠네요.

④ (다)의 최낭은 혼백을 의탁할 곳이 없어서 기이한 방식으로 이생과 인연을 이어 가려 한다는 점에서 '외로움'을 지닌 인물임을 알 수 있다.

선지 유형	근거가 있어서 허용 가능
실전에서의 판단 과정	귀신이 되어서도 만나자고 할 정도면 어지간히 외롭다고 볼 수 있지.
해설	혼백을 의탁할 곳이 없는 '최낭'은 귀신이 되어서도 '이생'과 인연을 이어 가려 합니다. 이렇게 '기이한 방식'을 사용해서라도 사랑을 이루려고 한다는 점에서, (가)에서 말한 '외로움'을 지닌 인물임이 드러난다고 할 수 있네요.

⑤ <u>(다)의 최낭이 이생의 말을 따르지 않고 자취를 감춘다는 점에서 (다)에서 현실의 문제는 서로 대등하게 맞서는 개인 사이의 갈등에서 비롯되고 있음을 알 수 있다.</u>

선지 유형	근거가 있어서 허용 불가능
실전에서의 판단 과정	개인 사이의 갈등이 어딨어.
해설	(다)에서 나타난 현실의 문제는 '개인 사이의 갈등'이 아니라, '전쟁'이라는 외부 상황 때문에 나타난 것이었습니다. 애초에 '이생'과 '최낭'은 갈등을 겪지 않아요. (가)에서도 (다)는 '개인과 세계의 갈등' 관계를 형상화한 것이라고 했었죠? 이렇게 여러 가지 근거를 종합하면 절대 허용할 수 없는 선지라고 할 수 있겠습니다.

선지	①	②	③	④	⑤
선택률	63%	15%	9%	8%	5%

31 (나)와 [A]를 비교한 내용으로 가장 적절한 것은? ①

① (나)의 남주인공은 여주인공이 스스로 희생을 선택한 것을 안타까워하고, [A]의 남주인공은 여주인공과 영원히 함께하고 싶은 마음을 드러낸다.

선지 유형	근거가 있어서 허용 가능
실전에서의 판단 과정	요약한 것과 다름이 없네.
해설	(나)와 [A]를 요약한 것과 다름이 없는 선지입니다. (나)의 '김현'은 '처녀'가 스스로 희생을 선택한 것을 안타까워하며 그녀의 소원을 들어주고 있고, [A]에서 '이생'은 '최낭'과 죽어서도 함께 하고자 하는 마음을 드러내고 있습니다. 가볍게 답으로 고를 수 있겠네요.

② (나)의 여주인공은 자신의 죽음이 서로에게 이로운 일이라며, [A]의 여주인공은 자신의 죽음이 저승의 법을 어긴 대가라며 남주인공을 설득한다.

선지 유형	근거가 있어서 허용 불가능
실전에서의 판단 과정	저승의 법을 아직 어기진 않았지.
해설	(나)의 여주인공인 '처녀'가 자신의 죽음은 '다섯 이로움'을 가져다 준다며 서로에게 좋다고 한 것은 맞습니다. 하지만 [A]의 여주인공이 저승으로 돌아가야 하는 것은 그저 '죽을 때가 되어서'였죠? 만약 이를 거스르면 '저승의 법'을 어기는 것이 된다고 한 것입니다. 선후 관계를 뒤집은 선지네요. 내용을 이해한 것을 바탕으로 쉽게 지울 수 있겠죠?

③ (나)의 여주인공은 남주인공에게 타인과의 관계에서 맺힌 한을 풀어달라는, [A]의 여주인공은 생전에 자신에게 맺힌 한을 풀어달라는 부탁을 한다.

선지 유형	근거가 없어서 허용 불가능
실전에서의 판단 과정	한을 언제 품었냐.
해설	우리가 이해한 바에 따르면, (나)와 [A]의 여주인공은 한을 품은 적은 없어요. 한을 품은 적이 없는데, 한을 풀어달라는 부탁을 한다는 건 말이 안 되겠죠? 각각 '불법'을 얻도록 도와달라는 것과 시신을 수습해달라는 부탁만 하고 있을 뿐입니다.

④ (나)의 남주인공은 여주인공의 부탁을 실현함으로써 사회로부터 인정을 받고, [A]의 남주인공은 여주인공의 부탁을 실현함으로써 사회로부터의 소외감을 해소한다.

선지 유형	근거가 있어서 허용 불가능
실전에서의 판단 과정	이생은 두 달 뒤에 죽었는데 무슨 소외감 해소야.
해설	(나)의 '김현'이 '처녀'의 부탁을 실현하여 벼슬을 얻는 등 사회로부터 인정을 받은 것은 맞지만, [A]의 '이생'이 사회로부터의 소외감을 해소한다는 건 허용할 수가 없죠? '이생'은 '최낭'이 죽은 뒤 혼자서 지극히 생각하다가 두 달 만에 죽었습니다. 이를 근거로 하면 '소외감 해소'는 절대 허용할 수 없죠.

⑤ (나)의 남주인공은 세속적 삶에 회의를 느끼며 속세를 등지고, [A]의 남주인공은 세속적 삶의 무의미함을 견디지 못하고 세상을 떠난다.

선지 유형	근거가 있어서 허용 불가능
실전에서의 판단 과정	김현은 벼슬을 했는데 무슨 속세를 등져.
해설	(나)의 '김현'은 '속세'의 상징과도 같은 벼슬에 욕심을 부렸습니다. 이를 근거로 하면 '속세를 등지고'라는 해석을 절대 허용할 수 없겠죠. 나아가 [A]의 '이생'이 힘들어하며 세상을 떠난 이유는 '최낭의 죽음' 때문입니다. 이러한 '심리의 근거'를 바탕으로 하면, '세속적 삶의 무의미함'을 허용하기는 어렵겠죠?

선지	①	②	③	④	⑤
선택률	57%	8%	10%	13%	12%

32 ㉠을 참고하여 (나)를 이해한 것으로 가장 적절한 것은? ①

가령 「김현감호」는 벼슬에 대한 김현의 간절함에 부처가 감동하여 범의 희생으로 응답하고, 김현이 이를 기린다는 이야기이다. ㉠개인의 욕망을 포용하는 부처의 전능함을 형상화한 것이다.

– (나)의 내용을 이끌어가는 부분이었죠? '김현'이라는 개인의 욕망을 '부처'가 포용하는 모습이었어요.

① 처녀가 자신의 죽음을 '낭군의 경사'라고 말하는 장면
은 김현에 대한 부처의 응답을 암시한다.

선지 유형	근거가 있어서 허용 가능
실전에서의 판단 과정	주제 그 자체네.
해설	'처녀'가 자신의 죽음을 '낭군의 경사'라고 말하는 것은, '김현'에게 벼슬을 주겠다는 암시라고 할 수 있죠? 이는 (나)의 주제와 직결되는 내용이니, 가볍게 답으로 고를 수 있겠습니다.

② 매우 '사나운 범'이 사람들을 해치는 장면은 김현 개인
의 욕망 실현을 가로막는 현실의 경이로움을 보여 준다.

선지 유형	근거가 있어서 허용 불가능
실전에서의 판단 과정	범은 김현을 돕는 존재지.
해설	'사나운 범'이 사람들을 해치는 것은 '김현' 개인의 욕망을 실현하는 데 도움을 줍니다. 내용을 이해했다면 고를 수가 없는 선지네요.

③ 김현이 임금에게 범을 '잡을 수 있'다고 아뢰는 장면은
김현과 범 사이의 긴장감이 해소됨을 보여 준다.

선지 유형	근거가 있어서 허용 불가능
실전에서의 판단 과정	김현과 범 사이에 긴장감이 어딨어.
해설	'김현'과 '범'은 긴장감을 보이는 사이가 아닙니다. 오히려 둘은 협력 관계라고 봐야 하기 때문에, 이를 근거로 하면 '긴장감 해소'라는 말을 절대로 허용할 수 없네요.

④ 임금이 김현에게 '벼슬을 주어' 격려하는 장면은 부처
의 전능함을 실현하려는 임금 개인의 의지를 드러낸다.

선지 유형	근거가 있어서 허용 불가능
실전에서의 판단 과정	벼슬 준 건 범 잡아달라고 한 것이었지.
해설	'임금'이 '김현'에게 벼슬을 준 것은 맞지만, 그 이유는 그저 '범'을 잡는 것을 격려하기 위해서였습니다. '임금'은 '부처'의 의지를 알지 못해요. 행동의 근거를 생각했다면 어렵지 않게 지울 수 있네요.

⑤ 범이 김현 앞에서 '처녀로 변하여 반갑게 웃'는 장면은
부처가 남녀의 기이한 만남에 감동하는 계기를 드러
낸다.

선지 유형	근거가 있어서 허용 불가능
실전에서의 판단 과정	범은 부처가 아닌데?
해설	일단 '범'은 '부처'가 아니기 때문에, '범'이 웃는 장면을 '부처'가 감동하는 계기로 해석하는 것은 어렵겠습니다. 나아가 '부처'가 감동한 것은 '김현'의 벼슬에 대한 열망과 관련되어 있지, 남녀의 기이한 만남과 관련된 것이 아니었죠? 어렵지 않게 지워 낼 수 있겠습니다.

선지	①	②	③	④	⑤
선택률	6%	6%	9%	73%	6%

33 (다)에 나타난 주인공들의 사랑에 대한 감상으로 적절하지
않은 것은? ④

① 최낭이 '횡액을 만나 구렁에' 넘어졌다고 하는 것에서,
주인공들의 사랑이 외부적 요인에 의해 좌절되었음을
알 수 있군.

선지 유형	근거가 있어서 허용 가능
실전에서의 판단 과정	횡액은 외부적 요인이라고 할 수 있지.
해설	'횡액'이 바로 그 '외부 요인'을 나타내는 것이겠죠. '횡액'이라는 단어의 뜻(뜻밖에 닥쳐오는 불행)을 몰랐더라도, (가)에서 (다)의 주인공들은 '전쟁' 때문에 이별한 것이라 했으니 '횡액'이 의미하는 바가 '전쟁'이라는 외부적 요인과 관련되었을 것이라 추론할 수 있겠습니다.

② 최낭이 '깊은 산골짜기에서' 이생과 이별한 자신을 '짝
잃은 새'로 표현하는 것에서, 사랑을 잃은 여주인공의
슬픔을 알 수 있군.

선지 유형	근거가 있어서 허용 가능
실전에서의 판단 과정	짝 잃은 새는 슬프네.
해설	자기 자신을 '짝 잃은 새'에 비유했고, 그 앞에 '원통함'이라는 감정도 제시되었으니 선지 그대로 허용할 수 있겠습니다.

③ '굳은 맹세'를 지키자는 최낭의 말에 이생이 '그것이 원래 나의 소원'이라고 대답하는 것에서, 사랑을 지속하고 싶었던 남녀주인공의 마음을 알 수 있군.

선지 유형	근거가 있어서 허용 가능
실전에서의 판단 과정	굳은 맹세가 같이 살자는 거니까 맞지.
해설	'최낭'은 자신이 환신으로 이승에 남아 '굳은 맹세'를 지키겠다고 합니다. '굳은 맹세'의 내용은 당연히 오래오래 사랑하면서 함께 지내자는 것이겠죠. '이생'은 기뻐하며 이를 수락하므로, 어렵지 않게 허용할 수 있겠습니다.

④ 최낭이 이생에게 '세 번 가약을 맺었건만, 세상일은 뜻대로 되지 않나 봅니다'라고 하는 것에서, 현세에서 좌절된 사랑을 저승에서 완성하고자 하는 여주인공의 의지를 알 수 있군.

선지 유형	근거가 없어서 허용 불가능
실전에서의 판단 과정	저승에서 완성한다는 이야기를 한 적이 없지.
해설	세상일이 뜻대로 되지 않는다는 건 계속 같이 있고 싶은데 떠나야 한다는 의미입니다. 단순히 아쉬움을 표하는 것이기에, 저승에서 사랑을 완성하고자 하는 '의지'가 있다고 하기는 어렵겠네요. 허용하고자 해도 도저히 근거를 찾을 수가 없습니다.

⑤ 최낭이 자신의 '죄'가 이생에게도 미칠 것을 염려하는 것에서, 남주인공의 안위를 우선시하는 여주인공의 사랑에 대한 인식을 알 수 있군.

선지 유형	근거가 있어서 허용 가능
실전에서의 판단 과정	당연히 염려가 사랑 때문이겠지.
해설	저승으로 돌아가기 전까지 자신의 죄가 '이생'에게 미칠까 걱정하는 모습은, 충분히 '남주인공의 안위를 우선시하는 사랑'이라는 말을 허용할 근거라고 할 수 있겠습니다.

선지	①	②	③	④	⑤
선택률	50%	11%	16%	11%	12%

34 (다)에서 구현된 ⓛ에 대한 이해로 적절하지 <u>않은</u> 것은? ①

전기소설은 「금오신화」를 통해 소설사에 안착했고, 「금오신화」는 현실의 문제를 드러내는 ⓛ 다양한 소설적 면모를 보였다. 그리고 이는 후대로 계승되었다. 사대부 남성이 이계를 체험하고 돌아오는 구도는 몽유록 소설로, 이원적 공간 구도는 적강한 영웅의 일생을 다룬 영웅 소설로 계승되었다. 금기에 도전하는 애정 추구의 구도와 능동적인 여인상 그리고 애정 교류의 매개로써의 시의 활용은 애정 소설로 이어졌다. 이렇게 보면 전기소설은 우리나라 최초의 소설 양식인 것이다.

– (가)에서 이야기한 '다양한 소설적 면모'로는 '사대부 남성의 이계 체험', '이원적 공간 구도', '금기에 도전하는 애정 추구', '능동적인 여인상', '애정 교류의 매개로써의 시의 활용'이 있네요. 이 중에서 (다)는 '사대부 남성의 이계 체험'을 제외하고 모두 반영했다고 할 수 있겠죠? '이생'이 이계를 체험하는 모습은 없으니까요.

① 사대부 남성이 이계를 체험하고 돌아오는 구도는 이생이 '가산을 묻어 둔 곳'을 찾아가 금은과 재물을 가져오는 데에서 나타나고 있다.

선지 유형	근거가 없어서 허용 불가능
실전에서의 판단 과정	가산을 묻어 둔 곳이 왜 이계야.
해설	'가산을 묻어 둔 곳'은 '이생'과 '최낭'이 이승에서 접근한 공간입니다. 이곳을 '이계'라고 볼 만한 근거가 없으니, 어렵지 않게 답으로 고를 수 있겠네요. 미리 생각한 것처럼, '사대부 남성의 이계 체험'은 (다)에 반영되지 않았습니다.

② 능동적 여인상은 최낭의 '환신'이 이생에게 '남은 인연'을 맺자고 제안하는 데에서 나타나고 있다.

선지 유형	근거가 있어서 허용 가능
실전에서의 판단 과정	귀신이 되어서도 같이 살자고 하고 있으니 충분히 능동적이네.
해설	죽었는데도 스스로 이승으로 돌아와 남주인공에게 먼저 함께 지내자고 제안하니, '능동적 여인상'을 허용할 수 있겠죠?

③ 금기에 도전하는 애정 추구는 이생이 최낭의 '환신'과
옛날과 다름없이 '기쁜 정'을 누리는 데에서 나타나고
있다.

선지 유형	근거가 있어서 허용 가능
실전에서의 판단 과정	귀신과 사는 거면 금기에 도전한다고 할 수 있겠다.
해설	죽은 뒤에도 옛날과 다름없이 기쁜 정을 누리는 모습은 충분히 '금기'에 도전하는 것이라고 할 수 있겠죠? 죽은 사람과 산 사람이 사랑을 하는 것은 금기시되는 행동이라고 할 수 있으니까요.

④ 이원적 공간 구도는 최낭의 '환신'이 '이승'에 있음에도
'저승의 법'을 따라 '황천'으로 가야 한다는 데에서 나
타나고 있다.

선지 유형	근거가 있어서 허용 가능
실전에서의 판단 과정	이승에서 저승 이야기를 하고 있으니 이원적이지.
해설	'이승'과 '저승'이라는 두 공간이 이원적인 구도를 형성하고 있죠? '최낭'의 '환신'이 원래 속해야 할 곳은 저승이고, 그 연인인 '이생'은 이승에 있다는 점에서 이러한 이원적 구도가 나타납니다.

⑤ 시가 애정 교류의 매개로 활용되는 것은 이생과 최낭
이 '시를 지어 주고받'는 데에서 나타나고 있다.

선지 유형	근거가 있어서 허용 가능
실전에서의 판단 과정	그렇지.
해설	사랑하는 사람끼리 서로 시를 주고받으며 재밌게 논다고 하니까, 이것이 '애정 교류의 매개'임을 허용할 수 있겠습니다.

몰랐던 어휘 정리하기

① **허용 가능성 평가** : 선지의 내용을 '허용'하려는 태도를 바탕으로 지문을 '독해'하며 '근거'를 찾아야 합니다. 허용할 수 있는 '근거'가 있어야만 허용할 수 있습니다. 주관적인 생각을 개입시키면 안 됩니다.

② **소설 독해** : '심리와 행동의 근거'를 바탕으로 인물에게 '공감'하며 읽어야 합니다. 이 과정이 물흐르듯 이어지면 지문의 내용을 완벽하게 이해할 수 있어요.

③ **비평문** : 기본적으로 〈보기〉처럼 활용하되, 독서 지문처럼 제시되는 경우에는 지문의 '화제' 중심으로 빠르게 읽어나가면 됩니다. 이때 단독 문제가 있다면 미리 해결하고 가는 것도 잊지 마세요.

④ **애정소설 클리셰** : 조선시대의 사랑은 이루어지기 어렵습니다. 많은 장애물과 고난을 만나게 될 거예요. 하지만 그 끝은 아름다울 겁니다. 고구마 같은 전개를 보여 주지만 결국 결말은 사이다라는 것! 이러한 클리셰를 이용하면서 지문을 읽어가도록 합시다.

| 지문 내용 총정리 |

비평문이 길게 제시되던 2017학년도의 경향을 담고 있는 지문입니다. 또 다시 이렇게 출제될 확률은 높지 않지만, 〈보기〉의 내용을 지문 독해에 적용하는 것과 비슷한 메커니즘이라고 보시면 됩니다. 그 외에는 지문의 내용도 어렵지 않았고, 선지도 평이하게 출제된 모습이었어요. 아무리 길어도 묻는 것은 변하지 않는다는 점까지 다시 정리해보도록 해요.

현대소설은 암울한 현대사를 반영한다.

> **DAY 29 [1~3]**
> 2016.09B [39~41] 현대소설 '옛우물' ☆☆

〈보기〉 확인

---[보기]---

　인간은 일생 동안 출생·성년·결혼·죽음의 과정을 겪는데, 이 과정에서 일상적 경험 세계와 현실 너머의 상상의 세계에서 새로운 정체성을 탐색한다. 이때 두 세계의 어느 편에도 온전히 편입되지 못하고 경계에 선 인간은 정체성의 혼란을 겪기도 한다.
　「옛우물」에서는 경계 상황에 놓인 중년 여성 인물이 자신의 삶을 돌아보며 정체성을 탐색하는 모습을 보여 준다. 그 탐색의 과정에서 출생부터 죽음에 이르기까지 삶의 다양한 양상에 대해 성찰한다. 이를 통해, 생명과 죽음이 서로 대립되고 분리된 것이 아니라 자연의 순환 원리를 바탕으로 한다는 점이 부각된다.

이 지문은 '경계 상황'에서 정체성의 혼란을 겪는 중년 여성이 '자연의 순환 원리를 바탕'으로 성찰하는 모습을 보여 주는 지문이네요. 현실 속 자신의 모습을 성찰한다는 현대소설의 클리셰가 잘 나타나는 지문인 것 같죠? 주인공인 '중년 여성'의 자아 성찰에 공감할 준비를 하면서 읽어보도록 합시다.

지문 독해

　내가 태어난 날임을 상기시키는 아무런 특별함은 없다. 그해 봄날 바람이 불었는지 비가 내렸는지 맑았는지 흐렸는지, 이제는 층계를 오르는 일조차 잊어버린 치매 상태의 노모에게 묻는 것은 의미 없는 일이다. 다산의 축복을 받은 농경민의 마지막 후예인 그녀에게 아이를 낳는 것은, 밤송이가 벌어 저절로 알밤이 툭 떨어지는 것, 봉숭아 여문 씨들이 바람에 화르르 흐트러지는 것처럼 자연스럽고 범상한 일이었을 것이다.

'나'가 태어나던 날에 대한 설명을 합니다. 이때의 설명을 통해 '나'가 봄날에 태어났다는 것, '나'의 어머니는 현재 치매 상태라는 정보를 얻을 수 있네요. 나아가 출산에 대해 시적인 표현을 하

고 있어요. '노모'는 너무나 자연스러운 과정으로 '나'를 낳았을 것이라고 생각하고 있습니다.

　나는 막냇동생이 태어나던 때를 기억하고 있다. 깨끗한 바가지에 쌀을 담고 그 위에 마른 미역을 한 잎 걸쳐 안방 시렁에 얹어 삼신에게 바친 다음 할머니는 또다시 깨끗한 짚을 한 다발 안방으로 들여갔다. 사람도 짐승처럼 짚북데기 깔자리에서 아기를 낳나? 누구에게도 물을 수 없었던 마음속의 의문에 안방 쪽으로 가는 눈길이 자꾸 은밀하고 유심해졌다.
　할머니는 아궁이가 미어지게 나무를 처넣어 부엌의 무쇠솥에 물을 끓였다. 저녁 내내 어둡고 웅숭깊은 부엌에는 설설 물 끓는 소리와 더운 김이 가득 서렸다. 특별히 누군가 말해 준 적은 없지만 아이들은 무언가 분주하고 소란스럽고 조심스러운 쉬쉬함으로 어머니가 아기를 낳으려 한다는 눈치를 채게 마련이었다.
　할머니는 언니에게, 해지기 전에 옛우물에서 물을 길어 와 독을 채워 놓으라고 말했다. 머리카락 빠뜨리지 마라. 쓸데없이 수다 떨다 침 떨구지 마라. 부정 탄다. 할머니는 엄하게 덧붙였다.

'나'가 태어났던 일에 이어 '막냇동생'이 태어나던 날의 모습을 묘사하고 있네요. 지금 '과거' 이야기를 하고 있다는 점을 인식해주시고, '할머니'의 행동을 통해 굉장히 자연스럽고 당연한 일로 여겨지던 출산을 위해 사실 많은 것을 준비했었다는 걸 인지할 수 있겠습니다. '나'와 '막냇동생'이 태어난 날에 대해 이야기하면서, 〈보기〉에서 말하는 인간의 일생 중 '출생' 과정에 주목하고 있는 모습입니다. 〈보기〉에 따르면, 이런 이야기들은 결국 자아를 성찰하는 내용으로 이어질 것이에요.

(중략)

　한 사람의 생애에 있어서 사십오 년이란 무엇일까. 부자도 가난뱅이도 될 수 있고 대통령도 마술사도 될 수 있는 시간일뿐더러 이미 죽어서 물과 불과 먼지와 바람으로 흩어져 산하에 분분히 내리기에도 충분한 시간이다.
　나는 창세기 이래 진화의 표본을 찾아 적도 밑 일천 킬로미터의 바다를 건너 갈라파고스 제도로 갈 수도, 아프리카에 가서 사랑의 의술을 펼칠 수도 있었으리라. 무인도의 로빈슨 크루소도, 광야의 선지자도 될 수 있었으리라. 피는 꽃과 지는 잎의 섭리를 노래하는 근사한 한 권의 책을 쓸 수도 있었을 테고 맨발로 춤추는 풀밭의

무희도 될 수 있었으리라. 질량 불변의 법칙과 영혼의 문제, 환생과 윤회에 대한 책을 쓸 수도 있었을 것이다. 납과 쇠를 금으로 만드는 연금술사도 될 수 있었고 밤하늘의 별을 보고 나의 가야 할 바를 알았을는지도 모른다.

'사십오 년'이라는 자신의 인생을 되돌아보고 있는 것 같아요. '나'는 45살의 중년 여성으로 보이는데, 돌이켜보면 자신의 인생은 정말 무엇이든 할 수 있는 그런 시간들이었다는 성찰을 하고 있습니다. 이 부분의 내용은 모두 '젊은 시절이었다면 무엇이든 할 수 있었다.'라는 말로 요약할 수 있는 'skip 가능 구간'이죠? 이걸 인지한 순간 아주 빠르게 읽어내려갈 수 있어야 합니다.

그러나 나는 지금 작은 **지방 도시**에서, 만성적인 편두통과 임신 중의 변비로 인한 치질에 시달리는 중년의 주부로 살아가고 있다. 유행하는 시와 에세이를 읽고 티브이의 뉴스를 보고 보수적인 것과 진보적인 것으로 알려진 두 가지의 일간지를 동시에 구독해 읽는 것으로 세상을 보는 창구로 삼고 있다. 한 달에 한 번씩 아들의 학교 자모회에 참석하고 일주일에 두 번 장을 보고 똑같은 거리와 골목을 지나 일주일에 한 번 쑥탕에 가고 매주 목요일 재활 센터에서 지체 부자유자들의 물리 치료를 돕는 자원 봉사의 일을 하고 있다. 잦은 일은 아니지만 이름난 악단이나 연주자의 순회공연이 있을 때면 남편과 함께 성장을 하고 밤 외출을 하기도 한다.

주인공의 현재 생활에 대한 자세한 설명이 나옵니다. 지방 도시에 살고 있고, 아들 · 남편과 함께 살고 있네요. 나머지 모든 내용 역시 'skip 가능 구간'의 일종으로, 바로 앞 문단에서 이야기했던 것처럼 거창한 어떤 일을 하는 것이 아니라 그냥 평범하게 살아가고 있다는 점에만 주목하시면 됩니다. 정말 그냥 자신의 삶을 돌아보고 있을 뿐이에요.

갈라파고스를 떠올린 것도 엊그제, 벌써 한 주일 이상이나 화재가 계속되어 희귀 생물의 희생이 걱정된다는 티브이 뉴스에 비친 광경이 의식의 표면에 남긴 잔상 같은 것일 테고 더 먼저는 아들이, 자신이 사용하는 물건들에 붙여 놓은, '도도'라는 말에서 비롯된 것일 수도 있다. 도도가 무엇인가를 묻자 아들은 4백 년 전에 사라진, 나는 기능을 잃어 멸종된 새였다고 말했었다. 누구나 젊은 한 시절 자신을 전설 속의, 멸종된 종으로 여기지 않

겠는가. 관습과 제도 속으로 들어가야 하는 두려움과 항거를 그렇게 나타내지 않겠는가.

이렇게 살아가는 '나'는 '엊그제'부터 '갈라파고스'를 떠올리고 있습니다. 여기에 '아들' 덕분에 알게 된 '도도'라는 새에 대해서도 이야기를 하고 있어요. 이런 것들에 주목하던 '나'는 '도도'가 나는 기능을 잃은 것처럼 '젊은 시절'의 열정을 잃어버린 자신의 삶을 성찰하고 있습니다.

우리 삶의 풍속은 그만큼 빈약한 상상력에 기대어 부박하다. 삶이 내게 도태시킨 가능성에 대해 별반 아쉬움도 없이 잠깐 생각해 본 것은 내가 새로 보태어진 나이테에 잠깐 발이 걸렸다는 뜻일 게다. 그러나 나는 이제 혼례에나 장례에 꼭 같은 한 가지 옷으로 각각 알맞은 역할을 연출할 줄 알고 내 손으로 질서 지워지는 일들에 자부심을 갖고 있다. 마늘과 생강이 어우러져 내는 맛을 알고 행주와 걸레의 질서를 사랑하지만 종종 무질서 속으로 피신하는 것도 한 방법이라는 것을 알고 있다.

－오정희, 「옛우물」－

어려운 이야기들의 연속이지만, '나'는 이러한 '도태'에 대해 별반 '아쉬움'을 느끼지 않습니다. '나'는 자신의 일상에 '자부심'을 가지고 있으며, '질서'와 '무질서' 모두를 지향하는 존재거든요. 갈라파고스 제도로 가거나 무인도에 가거나 하는 꿈같은 이야기 속 주인공은 못 되어도 평범하게 살아가는 '성년' 시기의 자신의 모습에 나름대로 만족하는 모습입니다. 자아 성찰의 결과가 부정적이지 않다는 점에서 굉장히 특이하네요. 삶의 순환 과정에서 잘 살아가고 있는 자신의 삶을 이야기하고 있다는 점을 생각하면서 문제를 풀어봅시다.

선지	①	②	③	④	⑤
선택률	4%	88%	3%	2%	3%

01 윗글의 서술상 특징으로 가장 적절한 것은? ②

① 사건에 대한 객관적 진술을 통해 사건의 전모를 제시하고 있다.

선지 유형	근거가 있어서 허용 불가능
실전에서의 판단 과정	너무 주관적인데?

해설	객관적 진술이요? 본인 이야기만 주구장창 하는 것이 이 지문의 내용입니다. 본인이 자신의 이야기를 할 때는 객관적 진술이 되기 어렵겠죠.

② 이야기 내부 서술자의 자기 고백적 진술을 통해 내면을 제시하고 있다.

선지 유형	근거가 있어서 허용 가능
실전에서의 판단 과정	주제네.
해설	이야기 내부 서술자, 즉 '나'의 자기 고백적 진술을 통해 내면을 제시하는 것. 이 지문의 내용이자 주제 그 자체입니다.

③ 인물의 행적을 요약적으로 진술하여 갈등의 해결 방향을 제시하고 있다.

선지 유형	근거가 없어서 허용 불가능
실전에서의 판단 과정	갈등을 왜 해결해.
해설	(중략) 이후 부분을 근거로 하면 인물의 행적을 요약적으로 진술했다는 것은 허용할 수 있을 것 같은데, '갈등의 해결'이요? 애초에 이 지문은 어떠한 '갈등'을 해결하고자 하는 목적이 없습니다. 그저 자신의 삶을 돌아보고 있을 뿐이에요.

④ 의문과 추측의 진술을 통하여 다른 인물에 대한 반감을 제시하고 있다.

선지 유형	근거가 없어서 허용 불가능
실전에서의 판단 과정	딱히 반감을 가지는 인물은 없는 것 같은데.
해설	다른 인물에 대한 '반감'이라는 심리 자체가 나온 적이 없습니다. 이런 심리가 있었다면 왜 그런 심리를 보이는지 등을 생각하며 공감하려 했을 텐데 말이에요.

⑤ 감각적인 묘사를 통해 혼란스러운 시대적 분위기를 입체적으로 제시하고 있다.

선지 유형	근거가 없어서 허용 불가능
실전에서의 판단 과정	시대적 분위기와는 상관 없는 지문이지.
해설	혼란스러운 시대적 분위기? 애초에 이 지문의 내용과 맞지 않는 선지죠. 이 지문은 '자신의 이야기'가 핵심이기에, 시대적 분위기 같은 내용이 답이 될 수는 없겠어요.

선지	①	②	③	④	⑤
선택률	79%	2%	3%	4%	12%

02 도도 에 대한 이해로 가장 적절한 것은? ①

– '도도'는 '나는 기능'을 상실하여 멸종한 새로, '나'가 '젊은 시절'의 모습을 잃고 '도태'되어 버렸다는 이야기를 끌어오는 장치 역할을 했습니다. 이와 비슷한 말을 찾아보도록 합시다.

① '나는 기능'을 상실한 '도도'와 스스로를 가능성이 도태된 존재로 여겼던 주인공을 연관 짓는다는 점에서, '도도'는 주인공이 자신을 비추어 보는 대상이다.

선지 유형	근거가 있어서 허용 가능
실전에서의 판단 과정	미리 생각한 내용이네.
해설	미리 생각한 내용이죠? '도도'뿐만 아니라 이 지문에 등장하는 모든 내용들은 주인공인 '나'의 성찰에 이용된다고 할 수 있습니다. 그게 이 지문의 주제니까요!

② 주인공의 아들이 자기 물건들에 '도도'라는 이름을 붙이고 멸종된 종이라고 말한다는 점에서, '도도'는 주인공 아들의 불행한 미래를 암시하는 대상이다.

선지 유형	근거가 없어서 허용 불가능
실전에서의 판단 과정	아들의 미래가 왜 불행해.
해설	아들이 '도도'라는 이름을 물건들에 붙여놓은 건 맞는데, 아들의 불행한 미래요? 애초에 이 지문은 '나'의 심리에 초점이 맞춰져 있기 때문에, 다른 인물의 미래에 대한 내용은 나올 필요가 없겠죠. 지문 속에 '아들'의 미래가 어떻게 되었는지는 제시되어 있지 않기도 하구요.

③ 주인공이 '도도'에 대해 '멸종된 새'로서 진화의 표본으로 남아 있다는 것을 떠올리는 점에서, '도도'는 주인공이 과학을 깊이 탐구했던 이력을 알려 주는 대상이다.

선지 유형	근거가 없어서 허용 불가능
실전에서의 판단 과정	과학을 언제 탐구했어.
해설	'과학을 깊이 탐구했던 이력'을 이야기한다고 볼 근거가 전혀 없습니다.

④ '도도'를 통해 바다 건너 외딴 '갈라파고스' 섬의 희귀종
을 연상하는 점에서, 주인공에게 '도도'는 외롭게 살아
가는 현대인의 단절된 인간관계를 환기하는 대상이다.

선지 유형	근거가 있어서 허용 불가능
실전에서의 판단 과정	단절된 인간관계? 오히려 다른 사람들이랑 평범하게 잘 지낸다고 했잖아.
해설	'갈라파고스'의 '희귀 생물'에 대한 티브이 뉴스를 보기 전에 '먼저' '도도'라는 새에 대해 들었다는 점에서, '도도'를 통해 '갈라파고스' 섬의 희귀종을 연상한다는 건 허용할 수 있을 것 같습니다.
	하지만 '단절된 인간관계'를 환기한다는 건 절대 허용할 수 없는 근거들이 넘쳐나죠? '나'는 '학교 자모회'에 참석하고, '재활 센터'에서 자원 봉사를 하고, '남편'과 함께 공연을 보러 가기도 하는 등 다른 사람들과 평범하게 잘 지내는 모습이었습니다. 이를 근거로 하면 '단절된 인간관계'는 절대 허용할 수 없죠.

⑤ '도도'가 인간 앞에 '항거'하지 못하고 희생되어 '전설
속'의 존재로 여겨진다는 점에서, '도도'는 주인공이 두
려움을 느끼는 현실 사회의 '관습과 제도'를 상징하는
대상이다.

선지 유형	근거가 있어서 허용 불가능
실전에서의 판단 과정	도도는 젊은 시절을 상징하는 것이지.
해설	'도도'는 '멸종'한 '젊은 한 시절'을 상징합니다. 이 '젊은 한 시절'은 관습과 제도 속으로 들어가야 하는 '두려움과 항거'를 의미한다고 했어요. 즉, '도도=젊은 한 시절=두려움과 항거'이기 때문에, '관습과 제도'라는 두려움의 대상이 이와 같은 말이라고 볼 수는 없겠습니다.
	혹은 '도도=멸종한 새'이므로, 현재 존재하는 '관습과 제도'를 상징하지는 않는다는 식으로 해결하셔도 좋겠습니다. 어떻게 해결하든 결국 '독해'가 핵심이었네요.

선지	①	②	③	④	⑤
선택률	65%	5%	6%	14%	10%

03 〈보기〉를 참고할 때 윗글에 대한 감상으로 적절하지 않은 것은? [3점] ①

① 주인공이 주기적으로 학교나 재활 센터 등에 오가면
서도 밤 외출을 하는 행위에서, 일상 세계에서 안정된
삶을 영위하지 못하는 경계 상황에 놓여 있음을 읽을
수 있겠군.

선지 유형	근거가 있어서 허용 불가능
실전에서의 판단 과정	학교 · 재활 센터 · 밤 외출은 전부 일상의 이야기잖아. 경계 상황을 의미하지 않지.
해설	〈보기〉에서 제시한 새로운 개념의 정의를 정확하게 체크할 수 있어야 합니다. 〈보기〉에서는 '경계 상황'을 '일상과 상상 사이에서 정체성의 혼란을 겪는 상황'으로 정의했어요. 지문에 대응하면 '갈라파고스' 등을 떠올리는 모습을 생각할 수 있겠죠.
	하지만 '학교 · 재활 센터'를 오가고 공연을 보기 위해 '밤 외출'을 하는 행위는 모두 '일상'에서의 행동들입니다. '상상의 세계'와 아무런 관련이 없기에, 이를 통해 '경계 상황'이라는 말을 허용하기는 어렵죠. '밤 외출'이라는 단어의 부정적 어감만으로 선지를 판단하는 학생들을 틀리게 하는 선지였습니다. 단어의 어감이 아닌, '독해'의 과정을 통해 추출한 '맥락상 의미'에 주목할 수 있어야 해요.

② 죽음을 물과 불과 바람과 먼지로 산하에 흩어져 내리
는 것으로 보는 주인공의 생각에서, 생명과 죽음이 자
연의 순환 원리를 바탕으로 연결된 것이라는 인식을
엿볼 수 있겠군.

선지 유형	근거가 있어서 허용 가능
실전에서의 판단 과정	죽어서 자연으로 흩어지는 건 순환 원리라고 볼 수 있지.
해설	지문에서 '죽어서 물과 불과 먼지와 바람으로' 흩어져 내린다는 표현이 나타났습니다. 이 표현을 근거로 하면 〈보기〉에서 언급한 '자연의 순환 원리'라는 말을 허용할 수 있겠네요. 죽은 뒤에도 또 다른 생명력을 가지고 여기저기 흩어져 내리는 것이니까요.

③ 막냇동생이 태어나던 때에 할머니가 조심스럽게 준비
　하는 장면을 주인공이 떠올리는 것에서, 출생이라는
　생의 첫 과정에 주목하며 정체성을 탐색하려는 모습
　을 볼 수 있겠군.

선지 유형	근거가 있어서 허용 가능
실전에서의 판단 과정	태어나던 때를 떠올리는 건 출생에 주목하는 것이지.
해설	'막냇동생'이 태어나던 때에 주목하고 있던 것 맞고, 이런 생의 첫 과정에 주목하여 정체성을 탐색하려고 한다는 것도 허용할 수 있겠네요. '정체성 탐색'은 이 지문의 주제니까요.

④ 한 사람의 생애에서 사십오 년의 의미를 묻는 주인공
　이 아프리카나 광야를 상상하는 장면에서, 새로운 정
　체성을 일상과는 다른 세계에서 찾으려고 하는 것을
　확인할 수 있겠군.

선지 유형	근거가 있어서 허용 가능
실전에서의 판단 과정	아프리카나 광아는 다른 세계지.
해설	주인공은 지금 '작은 도시'라는 공간 속에 있어요. 따라서 아프리카, 광야 등은 '다른 세계'를 의미한다고 할 수 있고, 이곳을 통해 '새로운 정체성'을 탐색한다는 건 이 지문의 주제이므로 가볍게 허용할 수 있겠습니다.

⑤ 질서 지워지는 일들에 자부심을 가지면서도 무질서
　속으로 피신하는 것도 한 방법이라고 하는 부분에서,
　질서와 무질서 사이를 오가며 정체성을 탐색할 수 있
　음을 알 수 있겠군.

선지 유형	근거가 있어서 허용 가능
실전에서의 판단 과정	질서, 무질서 둘 다 언급했으니 맞지.
해설	'질서'가 있는 일들에 '자부심'을 가지면서도 언제든 '무질서' 속으로 피신할 수 있다는 게 '나'의 생각이었습니다. 이 지문의 주제가 '정체성 탐색'이므로, '질서'와 '무질서'를 오갈 수 있다는 이야기 역시 '정체성 탐색'과 연결지어 생각할 수 있겠죠.

몰랐던 어휘 정리하기

| 핵심 point |

① **허용 가능성 평가** : 선지의 내용을 '허용'하려는 태도를 바탕으로 지문을 '독해'하며 '근거'를 찾아야 합니다. 허용할 수 있는 '근거'가 있어야만 허용할 수 있습니다. 주관적인 생각을 개입시키면 안 됩니다.
② **소설 독해** : '심리와 행동의 근거'를 바탕으로 인물에게 '공감'하며 읽어야 합니다. 이 과정이 물흐르듯 이어지면 지문의 내용을 완벽하게 이해할 수 있어요.
③ **skip 가능 구간** : 인물의 똑같은 내면을 반복적으로 묘사하거나, 뻔한 이야기가 반복되는 구간은 조금 빠르게 스캔하면서 읽어주시면 됩니다.

| 지문 내용 총정리 |

'나'라는 주인공의 내면에 주목하는 전형적인 현대소설이었네요. 이렇게 인물의 '심리'가 중심이 되는 작품은 필연적으로 현학적인 수사들이 덧붙기 마련이기 때문에, 이들을 모두 이해하려는 것보다는 '심리'가 어떠한지에 초점을 두고 빠르게 읽어나가시면 됩니다. 평가원은 여러분이 '공감'하고 '독해'할 수 있는지를 궁금해하지, 문학적인 표현들을 '해석'할 수 있는지 물어보지는 않거든요.

〈보기〉 확인

[보기]

소망이나 욕구가 충족되지 못해서 갈등을 겪는 개인은 심리적으로 불안한 상태에 빠진다. 특히 사회적으로 불안정한 처지에 놓여 있는 개인은 긴장과 갈등 상황에 과민하게 반응하며 현실에 적응하는 데에 어려움을 겪는다. 이 과정에서 불쾌감, 고독, 우울, 불면 같은 심리적 불안 증세가 표출된다. 이 같은 증세를 보이는 개인은 불안을 야기하는 요소를 차단하기 위해 자기만의 세계에 몰두하려고 한다. 그렇다고 자기만의 세계에 만족하는 것은 아니며 타인의 삶에 대한 관심과 실망을 오가는 이중적 감정을 드러낸다.

이 지문의 주인공이 밑줄 친 부분의 특징을 가지고 있나봐요. 아주 암울한 내용일 것 같은데, 바로 지문 읽어봅시다. 위의 특징들을 고려하면서 인물에게 공감하면 되겠죠?

지문 독해

도시의 발전은 옛 성벽을 깨트리고, 아직도 초평(草坪)이 남아 있는 이 성 밖으로 뀌여 나오기 시작한 것이었다. 〈그리하여 아직도 자리 잡히지 않은 이 거리의 누렇던 길이 매연과 발걸음에 나날이 짙어서 꺼멓게 멍들기 시작한 이 거리를 지나면 얼마 안 가서 옛 성문이 있었다. 그 성문을 통하여 이 신작로의 수직선으로 뚫린 시가가 바라보이는 것이었다. 그 성문 밖을 지나치면 신흥 상공 도시라는 이 도시의 공장 지대에 들어서게 된다.〉 병일이가 봉직하고 있는 공장도 그곳에 있었다. 병일이는 이 길을 2년간이나 걸었다. 아침에는 집에서 공장으로, 저녁에는 공장에서 집으로 가는 가장 가까운 길이므로 이 길을 걷는 것이었다.

병일이는 취직한 지 2년이 되도록 신원 보증인을 얻지 못하였다. 매일 저녁마다 병일이가 장부의 시재(時在)를 막아 놓으면, 주인은 금고의 현금을 헤었다. 병일이가 장부에 적어 놓은 숫자와 주인이 헤인 현금이 맞맞아떨어진 후에야 그날 하루의 일이 끝나는 것이었다. 주인이 금고 문을 잠근 후에 병일이는 모자를 집어 들고 사무실 문밖에 나선다. 한 걸음 앞서 나섰던 주인은 곧 사무실 문을 잠가 버리는 것이었다. 사무실 마루를 쓸고, 훔치

고, 손님에게 차와 점심 그릇을 나르고, 수십 장의 편지를 쓰고, 장부를 정리하는 등 소사와 급사와 서사의 일을 한 몸으로 치르고 난 뒤에 하숙으로 돌아가는 병일의 다리와 머리는 물병과 같이 무거웠다.

처음부터 아주 우울하게 시작하고 있습니다. 〈 〉 표시한 부분에서 이런 느낌을 받으실 수 있겠죠? '신흥 상공 도시'라는 공간을 우울하게 묘사했다는 건, 인물의 심리가 그렇기 때문이라고 할 수 있겠습니다. 이 작품은 이렇게 우울한 심리를 가진 인물의 내면에 주목하는 작품일 확률이 높겠어요.

이곳에서 '병일이'라는 인물이 나오는데, '주인'에게 의심받으며 사는 모습 등은 더더욱 비참해 보여요. 주변 풍경도 짜증나는데, 자기 앞에서 금고와 사무실 문을 단단하게 잠그는 '주인'의 모습은 더더욱 우울함을 더한다고 할 수 있겠네요. 물론 '신원 보증인'을 구하지 못한 '병일이'의 처지를 고려하면, 저렇게 돈을 숨기고 의심하는 '주인'의 마음도 어느 정도는 공감이 됩니다.

여하튼 다시 주인공인 '병일'의 관점에서 보면, '하숙'으로 돌아가는 길에 '무거운' 다리와 머리 역시 충분히 공감할 수 있겠습니다. 저런 상황이라면 마음에 드는 게 하나도 없을 거예요.

주인에게 작별 인사를 하고 공장 문밖을 나서면 하루의 고역에서 벗어났다는 시원한 느낌보다도 작은 별들이 반짝이는 하늘 아래 말할 수 없이 호젓해짐을 금할 수 없었다. 그는 주인 앞에서 참고 있었던 담배를 가슴 속 깊이 빨아 들이켜며, 2년 내로 구하여도 얻지 못하는 신원 보증인을 다시금 궁리하여 보는 것이었다. 현금에 손을 대지 못하고, 금고에 들어 있는 서류에 참견을 못 하는 것이 책임 문제로 보아서 무한히 간편한 것이지만 취직한 첫날부터 지금까지 하루도 변함없이 자기를 감시하는 주인의 꾸준한 태도에 병일이도 꾸준히 불쾌한 감을 느껴온 것이었다. 주인의 이러한 감시에 처음 얼마 동안은 신원 보증이 없어서 그같이 못 미더운 자기를 그래도 써 주는 주인의 호의를 한없이 감사하고 미안하게 여겼다. 그다음 얼마 동안은 병일이가 스스로 믿고 사는 자기의 담박한 성정을 그리도 못 미더워하는 주인의 태도에 원망과 반감을 가지게 되었다.

다 똑같은 내용이죠? 이 부분은 일종의 'skip 가능 구간'으로 간주하고 빠르게 넘어가시면 됩니다. 이렇게 인물의 내면에 주목하는

작품의 경우에는 그 심리를 묘사하는 부분이 잔뜩 나오는 경우가 많다고 했습니다. 한 지문 내에서 인물의 심리가 변하거나 하기는 쉽지 않기 때문에, 결국 다 같은 말일 것이고 빠르게 스캔하며 읽을 수 있다는 거죠. 처음엔 고마웠는데 가만히 생각해보니까 짜증난다는 '병일'의 마음에 공감하며 계속 읽어보도록 합시다.

> (중략)
> 　근자에 병일이는 **사무실**에서 장부 정리를 할 때에도 혹시 후원에서 성낸 소와 같이 거닐고 있던 니체가 푸른 이끼 돋친 바위를 붙안고 이마를 부딪치는 것을 상상하고 작은 신음 소리가 나오려는 것을 깨닫고는 몸서리를 치기도 하였다. 그럴 때마다 곁에서 담배를 피우며 신문을 뒤적이고 있는 주인을 바라볼 때 신문 외에는 활자와 인연이 없이 살아갈 수 있는 그들의 생활이 <u>부럽도록 경쾌한 것</u> 같았다. 사실 월급에서 하숙비를 제하고 몇 푼 안 남는 돈으로 탐내어 사들인 책들이 요즈음에는 무거운 짐같이 겨웠다. 활자로 박힌 말의 퇴적이 발호하여서 풍겨 오는 문학의 자극에 자기의 신경은 <u>확실히 피곤하여졌다</u>고 병일은 생각하였다.

계속해서 '병일'의 내면에 주목하고 있습니다. 갑자기 나오는 '니체'의 이야기 같은 부분에 주목할 필요가 없어요. 소설에서 묻고자 하는 것은 추상적인 내용을 이해했는지가 아니라, 인물의 심리와 그 근거를 정확히 잡고 있느냐는 것이니까요. 결국 '니체' 이야기도 우울한 자신의 심정을 대변하는 것 이상의 의미는 없는 겁니다.

그런데 '활자'와 인연 없이 살아가는 '주인'의 생활이 '부럽도록 경쾌'한 것 같다고 합니다. 자신은 얼마 되지 않은 월급의 일부를 또 떼어서 책을 사고 하는데, 이제는 그러한 자신의 모습이 '피곤하여졌다'는 것이죠. 이렇게 무리해서라도 책을 사고 하는 건 그만큼 책이 중요하다고 생각하기 때문일 것인데, 만약 '주인'처럼 별로 책에 관심도 없고 한다면 책이 아닌 다른 곳에 돈도 신경도 쓸 수 있으니 부럽다는 의미일 것입니다. 역설적으로 자신이 얼마나 '책'을 소중히 여기는지 이야기하는 부분이기도 하네요.

> 　<u>피곤한</u> 병일이는 사무실에서 돌아올 때마다 이 **지루한 장마**는 언제까지나 계속할 셈인가고 중얼거렸다. 지금부터는 마음대로 할 수 있는 '나의 시간'이라고 생각하며 돌아가는 길에 언제나 발을 멈추고 바라보는 성문을 요즈음에는 우산 속에 숨어서 그저 지나치는 때가 많았다. 혹시 생각나서 돌아볼 때에는 수없는 빗발에 씻기며

서 있는 누각을 박쥐조차 나들지 않았다. 전날 큰 구렁이가 기왓장을 떨어쳤다는 말이 병일에게는 육친의 시체를 보는 듯한 <u>침울한 인상</u>을 주는 것이었다. 모기 소리와 빈대 냄새와 반들거리다가 새침히 뛰어오르는 벼룩이가 기다릴 뿐인 바람 한 점 없는 하숙방에서 활자로 시꺼멓게 메워진 책과 마주 앉을 용기가 없어진 병일이는 어떤 유혹에 끌리듯이 **사진관**으로 찾아가게 되었다.

'지루한 장마'가 계속되는 것을 보니, '늦여름~초가을' 정도의 시간으로 추정됩니다. 안 그래도 힘든 '병일'에게 날씨마저 우울함을 더해주고 있네요. 예전엔 열심히 바라봤던 '성문'도 잘 안 보게 되고, '책'과도 마주 앉을 용기가 없어진 '병일'의 모습입니다. 점점 무너지는 모습이라 많이 안타깝네요.

그런데 이때 '병일'은 갑자기 '사진관'을 찾아갑니다. 현실이라면 별일 아닐 수 있겠지만, 소설 작품 속에서 '새로운 공간'에 찾아갔다는 건 인물의 내면세계에 어떤 전환이 일어날 가능성을 내포하고 있다고 보셔도 돼요. '사진관'은 '병일'에게 어떤 계기를 제공할까요?

> 　<u>사진사</u>도 병일이를 환영하였다. 그리고 거기는 술과 한담이 있었다. 아직껏 취흥을 향락해 본 경험이 없던 병일이는 자기도 적지 않게 마시고 제법 사진사와 같이 한담을 주고받을 수 있다는 것이 <u>만족하게 생각되기도</u> 하였다. 사진사가 수다스럽게 주워섬기는 이야기를 듣고 있는 동안에 병일이는 문득 자기를 기다릴 듯한 어젯밤 펴놓은 대로 있을 책을 생각하고 시계를 쳐다보기도 하였으나 문밖에 빗소리를 듣고는 누구에 대한 것인지도 모른 <u>송구한 마음</u>을 가라앉히는 것이었다. 그럴 때마다 그는 이야기에 신이 나서 잊고 있는 사진사의 잔을 집어서 거푸 마셨다.
> 　**밤 12시**가 거진 되어서 **하숙**으로 돌아가는 병일이는 비를 맞는 것이 오히려 <u>마음이 편하였다</u>. '이것이 무슨 짓이냐!' 하는 <u>반성</u>은 갈라진 검은 구름 밖으로 보이는 별 밑에 한층 더하므로 '이 생활은 일시적이다. 장마의 탓이다.' 하는 생각을 오는 비에 핑계하기가 편하였던 <u>것이다</u>. 책상 앞에 돌아온 병일이는 '내 마음대로 할 수 있는 시간'이 모두 없어진 것을 새삼스럽게 느끼고 있는 자기를 발견하는 것이었다. 이른 아침 시간을 위하여 자야 할 병일이는 벌써 깊이 잠들었을 사진사의 코 고는소리가 들리는 듯하여 <u>잠이 오지 않았다</u>.
>
> -최명익, 「비 오는 길」-

'사진사'는 '주인'과 달리 '병일'에게 잘 해줍니다. 둘은 함께 술도 마시고 수다도 떠는데, 이러한 상황이 '병일'에게 은근히 '만족'스럽습니다. 중간중간 '책'에 대한 생각이 들긴 해도 빗소리와 함께 그런 감정은 씻어버립니다. 여러분도 친구와 수다 떨면서 신나게 놀다가도 '아 공부해야 하는데... 오늘만 놀지 뭐!'라는 생각을 하는 경우 많죠? 비슷한 감정을 '병일'도 느끼고 있다는 생각을 하며 공감해주시면 됩니다.

무려 '밤 12시'까지 재밌게 논 '병일'은, '하숙'으로 돌아가지만 마음이 편하기만 합니다. 책을 안 읽고 놀았다는 생각에 '반성'을 하다가도 장마 때문이라며 핑계를 대는, 쉽게 공감할 수 있는 모습을 보이기도 하네요. 원래는 '내 마음대로 할 수 있는 시간'에 책도 읽고 사색에 빠지기도 하고 해야 하는데, 그런 시간을 '사진사'와의 대화에 썼다는 것을 반성하면서도 나쁘지는 않았던 것 같습니다. '사진사'의 코 고는 소리를 상상하는 지경에 이르면서 잠도 못 자는 '병일'의 모습이네요. 어렵지 않게 공감할 수 있겠죠? 이렇게 열심히 공감한 '병일'의 내면에 관련된 문제들이 나올 거예요. 한 번 풀어봅시다.

선지	①	②	③	④	⑤
선택률	7%	78%	4%	5%	6%

04 윗글에 대한 설명으로 가장 적절한 것은? ②

– 계속 강조하지만, 결국 기본적인 어휘력과 내용 이해 여부를 묻는 문항입니다. 우리처럼 인물들에게 공감하며 지문을 잘 이해했다면, 어렵지 않게 해결할 수 있을 거예요.

① 풍자적 어조를 통해 세태를 우회적으로 비판하고 있다.

선지 유형	근거가 없어서 허용 불가능
실전에서의 판단 과정	딱히 세태 이야기를 하지는 않지.
해설	이 작품은 철저하게 '병일'의 내면에 주목하고 있을 뿐, '세태'와 같은 외부 세계에는 관심이 없습니다. 작품의 전반적인 주제를 물어보는 선지네요.

② 상황에 대한 인물의 주관적인 판단을 중심으로 이야기를 서술하고 있다.

선지 유형	근거가 있어서 허용 가능
실전에서의 판단 과정	핵심이네.
해설	지문을 제대로 읽었다면 바로 답으로 고를 수 있겠죠? '주관적인 판단'이라고 할 수 있는 '심리'가 정말 많이 제시되고 있었으니까요.

③ 인물의 과장된 말과 행동을 통해서 비극적인 분위기에 반전을 꾀하고 있다.

선지 유형	근거가 없어서 허용 불가능
실전에서의 판단 과정	과장된 말과 행동을 한 적은 없잖아.
해설	딱히 '과장된 말과 행동'이 드러나지도 않았죠? '병일'의 현재 처지가 '비극적'이라 하고, 이것이 '사진사'와의 만남을 통해 반전을 맞이했다고 해도 그것이 '과장된 말과 행동'을 통한 것이라 보기는 어렵겠습니다.

④ 자연에 대한 감각적인 묘사를 중심으로 환상적인 분위기를 그려내고 있다.

선지 유형	근거가 없어서 허용 불가능
실전에서의 판단 과정	좀 너무하네.
해설	자연에 대한 감각적 묘사.. 환상적 분위기... 내용을 이해했다면 고를 수가 없습니다.

⑤ 빈번하게 장면을 전환하여 인물들 사이에 조성된 긴장감을 해소하고 있다.

선지 유형	근거가 없어서 허용 불가능
실전에서의 판단 과정	그의 이야기만 했던 것 같은데?
해설	'빈번한 장면 전환'이라고 하긴 어렵죠? 공간의 변화도 '하숙방'에서 '사진관'으로의 변화 정도밖에 없으니까요. '빈번'이라는 말을 허용하려면 적어도 2번 이상의 변화는 나타나야 허용할 여지가 조금이라도 생긴다고 할 수 있겠습니다. 나아가 '인물들 사이의 긴장감 해소'도 찾아보기 어렵죠? '인물들 사이'의 긴장감이라면 '주인'과 '병일' 정도는 되어야 할 텐데, 둘 사이가 좋아지지는 않으니까요.

선지	①	②	③	④	⑤
선택률	5%	4%	7%	71%	13%

05 ⓐ~ⓔ에 대한 이해로 적절하지 <u>않은</u> 것은? ④

① ⓐ는 변화하고 있는 주변 환경을 말하고 있다.

> 그리하여 아직도 자리 잡히지 않은 이 거리의 누렇던 길이 매연과 발걸음에 나날이 짙어서 ⓐ <u>꺼멓게 멍들기 시작한 이 거리</u>

선지 유형	근거가 있어서 허용 가능
실전에서의 판단 과정	누렇다가 꺼멓게 멍들었으니 허용되지.
해설	항상 밑줄 근처까지 살피는 습관이 있어야 합니다. 원래 '누렇던 길'이었는데 '꺼멓게' 멍들었으니 허용할 수 있겠네요.

② ⓑ는 '병일'이 '사무실'에서 하는 반복적인 일이다.

> 사무실 마루를 쓸고, 훔치고, 손님에게 차와 점심 그릇을 나르고, 수십 장의 편지를 쓰고, 장부를 정리하는 등 ⓑ <u>소사와 급사와 서사의 일</u>

선지 유형	근거가 있어서 허용 가능
실전에서의 판단 과정	그러네.
해설	ⓑ 자체가 '사무실'에서 단순하고 반복적으로 행하는 일들을 가리키는 것이죠?

③ ⓒ는 피곤한 '병일'에게 지루함을 더하는 요인 중 하나이다.

> 피곤한 병일이는 사무실에서 돌아올 때마다 이 지루한 ⓒ <u>장마</u>는 언제까지나 계속할 셈인가고 중얼거렸다.

선지 유형	근거가 있어서 허용 가능
실전에서의 판단 과정	그렇지.
해설	'피곤한' 병일이가 장마를 '지루하다'라고 느끼고 있으니 허용할 수 있네요. 인물의 심리를 묻고 있는 선지입니다.

④ ⓓ는 노동에서 벗어난 '병일'이 '나의 시간'을 보내는 곳이다.

> 혹시 생각나서 돌아볼 때에는 수없는 빗발에 씻기며 서 있는 ⓓ <u>누각</u>을 박쥐조차 나들지 않았다.

선지 유형	근거가 있어서 허용 불가능
실전에서의 판단 과정	박쥐조차 나들지 않는다며.
해설	'누각'은 그저 '나의 시간'이라고 생각하며 길을 걷는 '병일'이 돌아보는 곳입니다. 이곳은 '박쥐'조차 나들지 않는 황량한 곳이에요. 절대로 허용할 수 없겠네요.

⑤ ⓔ는 '병일'의 휴식을 방해하는 상상의 소리이다.

> 이른 아침 시간을 위하여 자야 할 병일이는 벌써 깊이 잠들었을 사진사의 ⓔ <u>코 고는 소리</u>가 들리는 듯하여 잠이 오지 않았다.

선지 유형	근거가 있어서 허용 가능
실전에서의 판단 과정	잠 못 자게 하니 휴식 방해 허용되지.
해설	들리는 '듯'하니 상상의 소리라고 할 수 있겠고, 잠이 오지 않으니 휴식을 방해한다고 할 수 있겠네요. 근거가 있으면 허용해야 합니다!

FAQ

Q '병일이'는 '사진사'에게 나름 좋은 감정을 가지고 있는 것 같은데, '방해'라고 할 수 있나요?

A 아무리 좋아하는 사람의 소리라고 해도, 잠을 방해하는 것 자체로 '휴식을 방해'한다고 할 수 있겠죠! 쉽게 말해 '휴식을 방해'한다고 볼 수 있는, '잠이 오지 않았다'라는 근거가 있으니 허용할 수 있다는 것이에요. 해설에서도 언급했지만, 근거가 있으면 허용해야 합니다!

선지	①	②	③	④	⑤
선택률	3%	7%	15%	9%	66%

06 〈보기〉를 참고하여 ㉠~㉤을 감상한 내용으로 적절하지 **않은** 것은? [3점] ⑤

① ㉠은 사회적으로 불안정한 처지에 놓여 있는 '병일'의 상태를 보여 주는군.

> 그는 주인 앞에서 참고 있었던 담배를 가슴 속 깊이 빨아 들이켜며, ㉠2년 내로 구하여도 얻지 못하는 신원 보증인을 다시금 궁리하여 보는 것이었다.

선지 유형	근거가 있어서 허용 가능
실전에서의 판단 과정	신원 보증인을 못 구했으면 불안정하지.
해설	2년 동안 신원 보증인을 구하지 못하고 있으니 이를 근거로 '불안정한' 처지를 허용할 수 있겠네요.

② ㉡은 자신이 의심을 받는다고 생각하는 '병일'의 심리적 불안이 드러난 예이군.

> 현금에 손을 대지 못하고, 금고에 들어 있는 서류에 참견을 못 하는 것이 책임 문제로 보아서 무한히 간편한 것이지만 ㉡취직한 첫날부터 지금까지 하루도 변함없이 자기를 감시하는 주인의 꾸준한 태도에 병일이도 꾸준히 불쾌한 감을 느껴온 것이었다.

선지 유형	근거가 있어서 허용 가능
실전에서의 판단 과정	의심 받으니까 불쾌한 거지.
해설	'불쾌한 감'이라는 심리와 그 근거를 생각했다면 간단하게 허용할 수 있습니다. 자신을 '감시'하고 의심하는 주인의 모습 때문에 불쾌한 감정을 느끼는 거예요.

③ ㉢에서는 자신의 세계에 만족하지 못하는 '병일'이 타인의 세속적 삶에 관심을 갖고 있음을 알 수 있군.

> 그럴 때마다 곁에서 담배를 피우며 신문을 뒤적이고 있는 주인을 바라볼 때 ㉢신문 외에는 활자와 인연이 없이 살아갈 수 있는 그들의 생활이 부럽도록 경쾌한 것 같았다.

선지 유형	근거가 있어서 허용 가능
실전에서의 판단 과정	활자와 인연 없으면 세속적 삶이라고 할 수 있지.
해설	'신문 외엔 활자와 인연이 없다'를 통해 '세속적 삶'을 허용할 수 있고, '그들의 삶이 경쾌해 보인다'고 했으니 '관심을 가진다'는 것도 허용할 수 있겠죠. 근거가 있으면 허용할 수 있어야 합니다!

④ ㉣에서는 자신이 몰두하던 세계에서 '병일'이 더 이상 만족을 찾지 못하고 있음을 알 수 있군.

> 사실 ㉣월급에서 하숙비를 제하고 몇 푼 안 남는 돈으로 탐내어 사들인 책들이 요즈음에는 무거운 짐같이 겨웠다.

선지 유형	근거가 있어서 허용 가능
실전에서의 판단 과정	책이 무거운 짐같으면 불만족스럽다는 거지.
해설	몇 푼 안 되는 월급으로 산 책들은 병일이 '몰두하던 세계'라고 할 수 있고, 이 책들이 무겁게 느껴진다고 했으니 더 이상 만족하지 못한다는 것도 허용할 수 있겠네요. 이해한 내용을 바탕으로 가볍게 허용해주시면 됩니다!

⑤ ㉤에서는 '병일'이 타인의 삶에 대한 관심과 실망을 오가고 있음을 알 수 있군.

> 사진사가 수다스럽게 주워섬기는 이야기를 듣고 있는 동안에 병일이는 ㉤문득 자기를 기다릴 듯한 어젯밤 펴 놓은 대로 있을 책을 생각하고 시계를 쳐다보기도 하였으나 문밖에 빗소리를 듣고는 누구에 대한 것인지도 모른 송구한 마음을 가라앉히는 것이었다.

선지 유형	근거가 있어서 허용 불가능
실전에서의 판단 과정	애초에 타인의 삶에 대한 이야기가 아니잖아.
해설	일단 ㉤에 '타인의 삶'이 나오지도 않았죠? 오히려 ㉤은 '타인'인 '사진사'의 이야기를 듣다가 자신의 물건들을 떠올리는 장면이니, '타인'에게 별로 관심이 없는 부분이라고 할 수 있겠습니다. 이렇게 보면 '관심과 실망'이라는 심리 역시 나타난다고 보기 어렵겠네요. 해당 부분의 '송구한 마음'이라는 심리의 근거가 '책'에 대한 알 수 없는 의무감이라는 점에 공감했다면 바로 답으로 골라낼 수 있었을 거예요.

선지	①	②	③	④	⑤
선택률	74%	4%	5%	13%	4%

07 하숙방 과 사진관 에 대한 이해로 가장 적절한 것은? ①

> 모기 소리와 빈대 냄새와 반들거리다가 새침히 뛰어
> 오르는 벼룩이가 기다릴 뿐인 바람 한 점 없는 하숙방
> 에서 활자로 시꺼멓게 메워진 책과 마주 앉을 용기가 없
> 어진 병일이는 어떤 유혹에 끌리듯이 사진관 으로 찾아
> 가게 되었다.

– '하숙방'은 '병일'의 우울한 삶이 담겨 있는 공간이고, '사진관'
은 그 우울함에서 벗어나 모처럼 만족스러운 감정을 느끼는 공간
입니다. 물론 그 속에서 약간의 '송구한 마음'을 가지기도 하지만
요. 이처럼 '병일'에게 공감하며 이해해둔 내용을 바탕으로 어느
정도 정답을 설정해놓고 가야 합니다. 우리가 생각한 내용과 가
장 비슷한 걸 골라야 해요!

① 하숙방은 '병일'이 자신을 대면하는 고독한 곳이고, 사
　진관은 삶에 지친 '병일'이 일시적으로 도피하는 곳
　이다.

선지 유형	근거가 있어서 허용 가능
실전에서의 판단 과정	미리 생각한 내용이랑 비슷하네.
해설	'하숙방'은 혼자서 책만 읽으며 자신의 우울한 처지를 확인하는 '고독한' 공간이고, '사진관'은 삶에 지친 '병일'이 일시적이나마 만족스러운 경험을 하는 곳입니다. 이 정도면 '도피'라는 말을 허용하기에는 충분해 보이네요.

② 하숙방은 '병일'이 '니체'에 관한 상상을 하였던 곳이
　고, 사진관은 '사진사'에 대한 '병일'의 동정이 드러나
　는 곳이다.

선지 유형	근거가 있어서 허용 불가능
실전에서의 판단 과정	사진사를 왜 동정해.
해설	일단 '니체' 상상을 한 건 '사무실'입니다. 이것부터 틀리긴 했지만, '사진사'에게 '동정'하는 심리를 보인 적은 없다는 점을 바탕으로 지워내는 것이 더 쉬워보이네요. 인물의 심리와 그 근거에 주목하며 읽었는데도 찾아보기 힘든 내용이었으니까요.

③ 하숙방은 '병일'이 자신의 사회적 관계를 회복하려고
　노력하는 곳이고, 사진관은 '병일'에게 위안을 주는 곳
　이다.

선지 유형	근거가 없어서 허용 불가능
실전에서의 판단 과정	사회적 관계 회복을 언제 했냐.
해설	'하숙방'은 그저 혼자서 우울해하는 공간입니다. '사회적 관계 회복'이라는 걸 허용할 만한 근거를 찾을래야 찾을 수가 없겠죠. 물론 '사진관'이 위안을 준다는 건 충분히 허용할 수 있겠습니다.

④ 하숙방은 '주인'의 감시가 계속되는 곳이고, 사진관은
　'병일'이 이전에 해 보지 못한 경험을 하는 곳이다.

선지 유형	근거가 있어서 허용 불가능
실전에서의 판단 과정	하숙방에서 감시를 왜 하냐.
해설	'하숙방'은 혼자 있는 곳이에요! 여기서까지 '주인'이 감시한다는 건 말이 되지 않죠. 물론 '사진관'이 이전에 해 보시 못한 경험을 하게 한 공간이라는 건 당연히 허용할 수 있겠습니다.

⑤ 하숙방은 '병일'이 '고역'을 지속하는 곳이고, 사진관은
　'병일'이 자신의 과거를 긍정하는 곳이다.

선지 유형	근거가 없어서 허용 불가능
실전에서의 판단 과정	과거를 갑자기 왜 긍정해.
해설	'사무실'에서 겪는 고역을 퇴근하고서도 벗어났다는 느낌이 없다고 했으니 앞의 내용은 허용이 되는데, '사진관'에서 과거를 긍정한다는 내용을 허용할 근거는 도저히 찾을 수가 없네요.

몰랐던 어휘 정리하기

① **허용 가능성 평가** : 선지의 내용을 '허용'하려는 태도를 바탕으로 지문을 '독해'하며 '근거'를 찾아야 합니다. 허용할 수 있는 '근거'가 있어야만 허용할 수 있습니다. 주관적인 생각을 개입시키면 안 됩니다.

② **소설 독해** : '심리와 행동의 근거'를 바탕으로 인물에게 '공감'하며 읽어야 합니다. 이 과정이 물흐르듯 이어지면 지문의 내용을 완벽하게 이해할 수 있어요.

③ **skip 가능 구간** : 인물의 똑같은 내면을 반복적으로 묘사하거나, 뻔한 이야기가 반복되는 구간은 조금 빠르게 스캔하면서 읽어주시면 됩니다.

④ **현대소설 클리셰** : 현대사의 암울한 면에 주목한 소설이 많기 때문에, 현대소설에서의 세계는 부정적이고 우울하게 묘사되는 경우가 많습니다. 이를 알고 있으면 지문을 더욱 깊게 이해할 수 있어요.

| 지문 내용 총정리 |

'병일'이라는 주인공의 심리에 초점을 맞추어 전개되는 작품이었습니다. 암울한 현대사 탓에, 이렇게 우울한 주인공의 내면에 주목하는 현대소설들이 상당히 많아요. 이들의 슬픈 감정에 공감하면서 내용을 이해하는 과정을 많이 연습해보도록 합시다.

〈보기〉 확인

―――――――――[보기]―――――――――

1930년대 리얼리즘 장편 소설에는 <u>변화하는 사회적</u> <u>환경 속에서 사회적 지위가 상승한 인물형</u>이 등장한다. 이 유형의 인물들은 근대 문물에 발 빠르게 적응하면서 도 소작제와 같은 전근대적 토지 제도에 편승하는 모습 을 보인다. 이들은 근대 문물을 체험해 보지 못한 <u>사람들</u> <u>에게 자신을 과시하지만 자신만의 이익을 추구하기 때</u> <u>문에 그 지위를 인정받지 못한다.</u> 이러한 인물들을 통해 1930년대 농촌 사회에 등장한 속물적 인물형의 면모를 확인할 수 있다.

현대소설의 전형적인 클리셰인 '일제 강점기의 비극적 삶'을 담고 있는 작품이네요. 이 속에서 자신의 지위를 과시하면서 자신만의 이익을 추구하는 '속물적 인물형'이 등장한다고 합니다. 이 인물 에게 주목하면서 읽어주면 되겠습니다.

지문 독해

[A]
안승학은 원래 **이 고을 읍내**에서 살았다. 지금 부터 **이십 년 전**만 해도 그는 다 찌그러진 오막살 이에서 콩나물죽으로 연명하던 처지였다. 그러던 사람이 **오늘**은 수백 석 추수를 하고 서울 사는 민판서 집 사음*까지 얻어서 **이 동리**로 옮겨 앉은 것이다.

그것은 안승학의 근본을 아는 사람은 누구나 놀 랄 만한 일이었다. 그는 지체도 없고 형세도 없이 타관에서 떠들어온 사람이었다. 그러므로 이 고을 에는 그의 일가친척이라고는 면 서기를 다니는 아우 하나밖에 아무도 없다. 그의 부친은 경기도 죽산이라던가 어디서 호방 노릇을 하던 아전이었 다는데 승학이가 성년 되기 전에 별세하고 그의 모친도 부친이 돌아간 지 삼 년 만에 마저 세상을 떠났다 한다. 그래서 거기서는 살 수가 없어서 아내와 어린 동생 하나를 데리고 이 고장으로 들어 왔다. 이 고을 읍내에는 그의 처가가 사는 터이므로.

처가도 역시 가난하였으나 그래도 처가 끝으로 옹대 가리나마 다시 장만해 놓고 살림이라고 떠벌였다.

* 사음 : 마름. 지주를 대리하여 소작권을 관리하는 사람.

[앞부분의 줄거리]와 비슷한 역할을 하는 부분입니다. '안승학'이 라는 인물에 대해서 소개하고 있어요. 원래 '이 고을 읍내'에서 살 았고, '이십 년 전'에는 찢어지게 가난했다가 '오늘'은 여러 가지 지위를 얻게 된 모습이에요. 〈보기〉에서 말하는 '속물적 인물형' 이 바로 여기 나오는 '안승학'이겠네요.

'안승학'의 원래 가난했던 근본을 아는 사람들은 당연히 이렇게 출세한 모습에 '놀랄' 수밖에 없을 겁니다. 나아가 '안승학'의 부 모님은 모두 돌아가셨고, '아내'와 '아우'만 데리고 '처가'가 있는 '이 고장'으로 들어왔다는 정보들을 확실하게 챙겨주시면 되겠습 니다. 한 마디로 정리하자면, 원래 가난했다가 지위가 높아진 모 습이네요.

그런데 그 무렵이 마침 경부선이 개통한 직후이다. 이 근처 사람들은 생전 처음 보는 기차와 정거장과 전봇대 를 보고 <u>경이의 눈을 크게 떴다.</u>

안승학은 지금도 그때 목판차를 맨 처음으로 먼저 타 고 서울을 가 보았다는 것을 자랑삼아 말하였다. 그때 그는 어떤 친구의 심부름으로 <u>혼수 흥정을 하러 따라간</u> 것이었다.

이때는 '경부선'이 개통한 직후라고 합니다. 1905년 정도로 보시 면 되는데, 기차를 비롯한 근대 문물을 보고 여러 사람들이 '경이' 의 눈을 뜨던 시기예요. 그런데 이때 '안승학'은 자신이 서울에 가 보았다는 것을 자랑스럽게 이야기했다고 합니다. 〈보기〉에서 이 야기한 대로 '자신을 과시'하는 모습이 드러나는 것이죠. 참고로 '목판차'는 기차가 아니라 화물차를 의미합니다. 기차를 타 본 것 도 아니면서, 그저 '서울'에 가 봤다는 이유만으로 으스댔던 것이 에요. 사실은 친구 심부름으로 간 것이면서 말이죠.

[B]
<u>그의 자만(自慢)</u>은 그것뿐만 아니었다. 그는 경 기도 출생이라고 이 지방에서는 <u>제일 똑똑한 체를</u> <u>하였다.</u>

우편소가 새로 생긴 것을 보고 이웃 사람들은 그 게 무엇인지 몰라서 겁을 잔뜩 집어먹고 있었다. 장승같이 늘어선 전봇대에는 노상 잉-하는 소리가 들렸다. 그것은 전신줄을 감은 사기 안에다 귀신을 잡아넣어서 그런 소리가 무시로 난다는 것이다. 그 리고 우편소 안에는 무슨 이상한 기계를 해 앉히고 거기서는 무시로 괴상한 소리가 들렸다. 그래서 이 웃 사람들은 그것도 무슨 귀신을 잡아넣어서 그런 소리가 들리는 것이라고 하였다.

그럴 때에 안승학은 마술사처럼 이 귀신을 부리는 재주를 그들 앞에서 시험해 보였다.

그는 엽서 한 장을 사서 자기 집 통호수와 자기 이름을 쓰고 편지 사연을 써서 우편통 안으로 집어넣었다. 그리고 그들에게 장담하기를 이것이 오늘 해전 안에 우리 집으로 들어갈 터이니 가 보자는 것이었다. 과연 그날 저녁때였다. 지옥사자 같은 누렁 옷을 입은 사람은 안승학의 집에 엽서 한 장을 던지고 갔다. 그것은 아까 써 넣던 그 엽서였다.

"참, 조홧속이다!"

하고 그들은 일시에 소리를 질렀다.

계속해서 '안승학'의 '자만'을 보여 주고 있습니다. 이번에는 '우편소'에 대한 에피소드예요. 뭘 하는 곳인지를 모른 채 그저 '귀신' 이야기나 하던 사람들에게, '안승학'은 능숙하게 우편을 보내는 모습을 보여 주면서 자신의 지위를 과시하고 있습니다. <보기>에서 이야기한 것처럼 근대 문물에 잘 적응하면서 자신의 지위를 과시하는 모습이네요. 어렵지 않게 이해하면서 읽어나갈 수 있겠습니다.

(중략)

안승학이는 사랑방에서 혼자 앉아서 금테 안경을 콧잔등에 걸고는 문서질을 하다가 인동이를 앞세우고 김선달 조첨지 수동이아버지 희준이 이렇게 다섯 사람이 일시에 달려드는 것을 보고 적이 마음에 불안을 느꼈다.

(중략) 이후의 상황인데, '안승학'이 '사랑방'에 앉아 있습니다. 아마 (중략) 이전 근대 문물에 잘 적응하는 모습을 보이면서 지위가 크게 올라간 것이겠죠? 그런데 갑자기 '다섯 사람'이 오는 것을 보고 마음에 '불안'을 느낍니다. 집에 다섯 명이나 갑자기 찾아오면 저 같아도 무언가 불안할 것 같아요. 어렵지 않게 공감할 수 있겠죠?

그래 그는 붓을 놓고서 마당을 내려다보며

"무슨 일들인가? 식전 댓바람에 내 집에를 이렇게 찾아오거든 문간에서 주인을 찾고 들어와야지."

매우 위엄스럽게 하는 말이었다.

"아무도 없는데 누구보고 말하랍니까? 대문 기둥에다 대고 말씀하랍시오."

김선달이 받는 말이다.

저런 괴씸한 놈 말하는 것 좀 봐…… 그런데 행랑 놈은 어디를 갔기에 문간에 아무도 없었더람! 안승학은 속으로 분해했다.

아무튼, '안승학'은 불안함을 숨기고 '위엄스럽게' 이야기를 합니다. 하지만 '김선달'이 받아치는 것을 보니 딱히 그 위엄이 전달되지는 않는 것 같아요. <보기>에서 이야기한 것처럼, '속물적 인물형'인 '안승학'은 그 지위를 인정받지 못하는 것 같습니다. 이런 상황에서 '안승학'은 그저 분할 뿐이에요. 자기는 '사랑방'에 살 만큼 지위가 높은데 '괴씸'하게 인정을 안하고 있으니 속이 터지겠죠. 대문을 지키는 '행랑 놈'도 보이질 않구요.

그러나 호령할 용기는 생기지 않는다. 희준이와 인동이와 김선달은 신발을 벗고 마루에 올라가 앉았다.

조첨지와 수동 아버지는 뜰아래서 올라갈까 말까 하는 눈치다.

그러나 '호령할 용기'는 생기지 않습니다. 아무래도 원래부터 지위가 높았던 인물이 아니기에, 다른 사람을 윽박지르고 하는 데에 익숙하지 않겠죠. 다섯 장정이 자기 앞에 있으니 무섭기도 하겠구요.

그 와중에 '희준이', '인동이', '김선달'은 신발을 벗고 마루에 올라가 앉고, '조첨지'와 '수동 아버지'는 올라갈까 말까 하는 눈치예요. 앞의 세 인물은 '안승학'의 지위를 전혀 인정하지 않고 동등한 입장에서 대하는 모습이고, 뒤의 두 인물은 어느 정도는 인정해야 하는 거 아닌가 하면서 고민하는 모습이라고 할 수 있겠습니다. 원래 양반집의 마루에 평민이 신발을 벗고 올라가는 건 상상도 할 수 없는 일이라는 점을 알고 있다면 훨씬 쉽게 공감할 수 있겠죠? 이걸 몰랐다고 해도, '조첨지'와 '수동 아버지'는 왜 눈치를 보는지 공감하려 했다면 충분히 납득할 수 있었을 겁니다.

"하여간 무슨 일들인가?"

안승학은 얼른 이야기나 들어보고 돌려보내자는 계획이다.

"저희들이 이렇게 댁을 찾어왔을 때는 무슨 별다른 소관사가 있겠습니까…… 지난번에도 왔다가 코만 떼우고 갔습니다만 대관절 어떻게 저희들의 요구 조건을 들어주시겠습니까?"

희준이가 정식으로 말을 꺼냈다.

"그따위 이야기를 할 작정으로 이렇게들 식전 아침에 왔어? 못 들어주겠어! 발써 여러 번째 요구 조건은 들을 수 없다고 말했는데, 자꾸 조르기만 하면 될 줄 아는가? 어림없지…… 괜히 그러지들 말고 일찍이 나락을 베는 것이 당신들에게 유익할 것이야……."

안승학이는 긴 장죽에 담배를 한 대 담아 가지고 불을 붙이기 위해서 성냥을 세 개비나 허비했건만 잘 붙지 아니하므로 그래 네 번째 불을 댕겨서는 쉴 새 없이 빠끔 빠끔 빨다가 그만 입귀로 붉은 침을 주르르 흘리고서는 제 풀에 화가 나서 담뱃대를 탁 밀어 내던진다.

"괜스리 시간만 낭비하고 피차의 물질상 손해만 더 나게 하지 말고 어서 돌아가서 잘들 의논해서 오늘부터라도 일을 시작하란 말이야! 나도 아침부터 바쁜 일이 있으니 어서들 가소."

"그래 정녕코 요구 조건을 못 들어주시겠다는 말씀이지요."

"암!"

–이기영, 「고향」–

이후로 '요구 조건'을 들어달라는 '다섯 사람'의 요청에 아랑곳 않는 '안승학'의 모습이 이어지면서 마무리되고 있습니다. '요구 조건'이 정확히 무엇인지는 모르겠지만, 〈보기〉에 의하면 아마 '전근대적 토지 제도'와 관련되어 '안승학'의 이익을 나눠야 하는 그런 조건이라고 볼 수 있겠습니다. 이를 들어주지 않는 이기적인 모습을 보이면서 일제 강점기 힘들게 살아가는 농민들의 고통을 가중하고 있는 거예요. 이렇게 '속물적 인물형'들은 인정받지 못하게 되는 것입니다.

선지	①	②	③	④	⑤
선택률	4%	2%	12%	16%	**66%**

08 [A]의 서술상 특징에 대한 설명으로 가장 적절한 것은? ⑤

– [A]는 '안승학'이라는 인물의 기본적인 정보들을 설명하는 부분이었습니다. '서술상 특징'이라고 하면 '정보 제시' 정도가 되겠죠? 이 말을 생각하면서 선지 판단해보도록 합시다.

① 서술 대상에 대한 독백적 서술을 통해 서술 대상에 대한 정서적 반응이 제시되고 있다.

선지 유형	근거가 없어서 허용 불가능
실전에서의 판단 과정	독백은 인물이 하는 거잖아.
해설	'독백적 서술'이라는 말이 허용되려면 '인물'이 특정한 청자를 상정하지 않고 이야기를 해야 합니다. 그런데 [A]는 인물이 아닌 '서술자'의 정보 제시로 이루어져 있어요. 따라서 '독백적 서술'이라는 말은 허용하기 어렵죠. 물론, 서술 대상인 '안승학'에 대한 '정서적 반응'이 '누구나 놀랄 만한 일'과 같은 방식으로 제시되고 있다는 것 자체는 허용할 수 있겠습니다.

② 서술 대상에 대한 회고적 서술을 통해 서술 대상에 대한 성찰적 태도가 드러나고 있다.

선지 유형	근거가 없어서 허용 불가능
실전에서의 판단 과정	안승학에 대한 성찰을 왜 해.
해설	'안승학'의 과거 이야기를 하고 있으니 '회고적 서술'은 어느 정도 허용할 수도 있겠지만, '성찰적 태도'를 허용하기는 어렵죠? 단순히 '안승학'의 삶이 이렇다고 설명하는 것이지, '안승학'의 삶을 평가하고 반성하는 내용이 나오지는 않으니까요.

③ 서술 대상에 대한 병렬적 서술을 통해 서술 대상에 관한 정보가 반복적으로 제시되고 있다.

선지 유형	근거가 없어서 허용 불가능
실전에서의 판단 과정	안승학의 삶을 쭉 이야기하고 있는데, 병렬적이라고 보기는 어렵지.
해설	[A]에서는 '안승학'의 삶을 시간의 흐름에 따라 설명하고 있습니다. '병렬적'이라는 단어의 의미를 생각하면 여러 가지 사건을 나란히늘 어놓는 느낌이 있어야 하는데, 여기선 하나의

사건('안승학'의출세)만 다루고 있으니까요.나아가 '정보가 반복적으로 제시'되고 있다는 것 자체는 '이 동리=이 고장'으로 왔다는 정보가 반복된다는 점에서 허용될 수 있을 것 같습니다. 다만 앞서 설명한 대로 '병렬적 서술'을 허용할 수 없기에, 그것을 '통해' 반복적 제시를 한다는 건 틀린 선지가 되겠네요. 정확히는, 애초에 '병렬적 서술'을 통해 '반복적 제시'를 하는 것이 불가능하기 때문에 문장 자체가 모순이라고도 할 수 있겠습니다.

④ 서술 대상에 대한 묘사적 서술을 통해 서술 대상에 관한 정보가 단계적으로 제시되고 있다.

선지 유형	근거가 없어서 허용 불가능
실전에서의 판단 과정	딱히 묘사하는 것 같지는 않은데?
해설	[A]에선 '안승학'의 삶을 소개하고 있을 뿐, '묘사적 서술'이라고 할 만큼 묘사를 깊게 하고 있지 않습니다. 특히 '서술 대상'인 '안승학'에 대한 묘사라면 '외양 묘사' 등을 떠올릴 수 있을 텐데, 그런 부분은 도저히 찾아볼 수가 없죠? 나아가 이를 통해 '단계적'으로 정보를 제시한다는 것도 허용하기 어렵습니다. [A]에는 딱히 '단계'의 느낌이 없으니까요!

⑤ 서술 대상에 대한 요약적 서술을 통해 서술 대상에 관한 정보가 개괄적으로 제시되고 있다.

선지 유형	근거가 있어서 허용 가능
실전에서의 판단 과정	미리 생각한 내용이네.
해설	[A]에서는 '이십 년'이라는 긴 시간을 아주 짧게 '요약'하여 '안승학'의 정보를 제시하고 있습니다. 이는 정보를 '개괄적'(중요한 내용이나 줄거리를 대강 추려 내는)으로 제시하는 모습이라고도 할 수 있으니, 가볍게 답으로 골라낼 수 있습니다. '요약적 서술', '개괄적 제시'는 어떠한 문학 개념어가 아니라 그냥 하나의 '어휘'라는 것도 생각해 주세요. '문학 개념어'라는 허상을 정리하는 것에 몰두해서 보다 실질적인 국어 공부의 기회를 놓치는 일이 없도록 해요.

선지	①	②	③	④	⑤
선택률	2%	89%	4%	3%	2%

09 [B]에 대한 이해로 적절하지 <u>않은</u> 것은? ②

– [B]는 '안승학'의 '우편소'라는 근대 문물에 대한 적응력을 보여 주는 부분이었습니다. 어려운 부분이 아니었으니 쉽게 답을 고를 수 있겠죠?

① 새로운 문물의 도입이 사람들의 의식을 혼란스럽게 하는 상황이 나타나고 있다.

선지 유형	근거가 있어서 허용 가능
실전에서의 판단 과정	귀신 보는 상황이면 혼란스럽다고 할 수 있지.
해설	'우편소'라는 새로운 문물을 보고 '귀신'을 떠올리는 모습 등을 근거로 하면 '혼란스럽게 하는 상황'은 충분히 허용할 수 있겠죠?

② 새로운 문물이 실생활에 쓰이는 현장을 소개함으로써 사람들의 생활 방식이 변해야 함을 알려 주고 있다.

선지 유형	근거가 없어서 허용 불가능
실전에서의 판단 과정	변해야 한다고 강조하는 부분은 아니지.
해설	'우편소'라는 '새로운 문물'을 소개하고 있는 건 맞는데, 사람들의 생활 양식이 변해야 한다고 계몽하는 내용은 아니었죠? [B]는 단순히 '안승학'이 나서는 모습을 보여 줄 뿐이었습니다. 허용할 만한 근거를 찾을 수가 없네요.

③ 새로운 문물의 이용 방법을 알고 있는 인물과 그렇지 못한 사람들 간에 문물에 대한 이해의 차이가 있음이 드러나고 있다.

선지 유형	근거가 있어서 허용 가능
실전에서의 판단 과정	안승학과 다른 사람들은 확실히 차이가 있지.
해설	'우편소'를 보고 '안승학'은 능숙하게 편지를 보내고 있고, 다른 사람들은 겁을 먹고 놀라기만 합니다. 이 정도 근거라면 '이해의 차이'를 허용하는 건 어렵지 않겠네요.

④ 새로운 문물을 접한 사람들의 반응이 직접적으로 드
   러남으로써 새로운 세상의 도래에 대한 정서적 충격
   을 표현하고 있다.

선지 유형	근거가 있어서 허용 가능
실전에서의 판단 과정	조홧속이다!
해설	'겁을 잔뜩 집어먹고 있었다'는 표현, '참, 조홧속이다!'라는 반응, '일시에 소리를 질렀다'와 같은 표현을 근거로 해서 충분히 허용할 수 있겠죠?

⑤ 새로운 문물에서 신이한 현상을 연상하는 사람들의
   반응을 통해 낯선 문물이 도입될 당시의 문화적인 환
   경을 보여 주고 있다.

선지 유형	근거가 있어서 허용 가능
실전에서의 판단 과정	다 똑같은 말이네.
해설	정답 선지를 제외하곤 다 똑같은 말만 하고 있습니다. '우편소'라는 낯선 문물이 도입될 당시는 문화적으로 너무나 발달하지 못한 상황이라고 할 수 있어요.

선지	①	②	③	④	⑤
선택률	5%	3%	85%	3%	4%

10 요구 조건 을 중심으로 윗글을 이해한 내용으로 적절하지 않은 것은? ③

"저희들이 이렇게 댁을 찾아왔을 때는 무슨 별다른 소관사가 있겠습니까…… 지난번에도 왔다가 코만 떼우고 갔습니다만 대관절 어떻게 저희들의 요구 조건 을 들어주시겠습니까?"

- '요구 조건'은 '다섯 사람'이 '안승학'에게 들어달라고 하는 것입니다. 자세한 내용은 모르지만, '안승학'은 이를 거부하고 있었어요.

① '요구 조건'을 관철시키러 온 '김선달'의 '안승학'에 대
   한 비아냥거리는 태도가 표출되고 있다.

선지 유형	근거가 있어서 허용 가능
실전에서의 판단 과정	그래서 안승학이 분해했지.

해설	'안승학'이 '문간'에서 주인을 찾으라는 말을 하자 '김선달'은 "아무도 없던데? 기둥에다 대고 말하리?"라는 표현을 하며 비아냥거리는 모습을 보였습니다. 이는 '안승학'이 '분함'이라는 심리를 표출한 근거에 해당했으니, 확실하게 체크할 수 있는 내용이겠죠?

② '요구 조건'의 이행을 요청하는 '희준'에 대해 '안승학'
   의 거부 의사가 직접적으로 표출되고 있다.

선지 유형	근거가 있어서 허용 가능
실전에서의 판단 과정	제대로 거절하고 있지.
해설	'안승학'은 아주 제대로 거절하고 있어요. '그따위 이야기'를 할 바에야 빨리 가서 나락을 베라고 하면서 말이죠.

③ '요구 조건'의 불이행 때문에 벌어질 일을 경고하는 '희준'에 대해 '안승학'이 염려하고 있음이 암시되어 있다.

선지 유형	근거가 없어서 허용 불가능
실전에서의 판단 과정	요구 조건 안 들어주면 어떻게 하겠다고 말 한 적이 없는데?
해설	'희준'은 그저 '요구 조건'을 들어달라고 재차 이야기하고 있을 뿐, 들어주지 않았을 때 벌어질 일을 경고한 적은 없습니다. 따라서 '안승학'이 이를 염려하고 있다는 것도 절대 허용할 수 없겠죠. 애초에 '염려'라는 강력한 심리가 등장했다면 우리가 그 근거를 생각하며 이해했을 겁니다.

④ '요구 조건'의 수락 여부를 둘러싸고 빚어진 '안승학'과
   '다섯 사람' 간의 갈등 양상이 긴장된 분위기를 자아내고 있다.

선지 유형	근거가 있어서 허용 가능
실전에서의 판단 과정	당연한 말 아니야?
해설	(중략) 이후의 내용을 그냥 요약한 선지입니다. 갈등이 지속되고 있으니, '긴장된 분위기'를 자아낸다는 건 너무나 당연하겠죠.

⑤ '요구 조건'에 대한 확답을 받기 원하는 '다섯 사람'의 갑작스러운 방문에 대한 '안승학'의 심리적인 동요가 제시되고 있다.

선지 유형	근거가 있어서 허용 가능
실전에서의 판단 과정	불안해했었지.
해설	처음 '다섯 사람'이 자기 집을 찾아오자, '안승학'은 내색은 못해도 '불안함'이라는 심리를 보였습니다. 우리가 이 감정에 공감했던 기억이 있으니, 이를 근거로 '심리적인 동요'라는 말을 쉽게 허용할 수 있겠네요.

선지	①	②	③	④	⑤
선택률	5%	6%	2%	78%	9%

11 〈보기〉를 참고하여 윗글을 감상한 내용으로 적절하지 <u>않은</u> 것은? [3점] ④

① '지체도 없'이 '콩나물죽으로 연명하'다가 '사음까지' 된 인물의 모습은, 소작제를 이용하여 지위가 변한 인물형을 보여 주는군.

선지 유형	근거가 있어서 허용 가능
실전에서의 판단 과정	못 살다가 소작권 관리까지 했으면 지위가 변한 것이지.
해설	'콩나물죽으로 연명하'고 '지체도 없'던 인물이 '사음'까지 되었다는 것은 지위가 급격하게 올라갔다는 것을 의미하겠죠? 나아가 '사음'이라는 단어의 뜻을 고려하면, '소작제'를 이용했다는 것도 쉽게 허용할 수 있겠습니다.

② '경부선이 개통'할 '무렵'의 시대 변화에 적응하여 '근본'에서 벗어날 기회를 얻었던 인물의 모습은, 근대 문물이 유입되는 사회적 환경 속에서 변모해 갈 수 있었던 인물형을 보여 주는군.

선지 유형	근거가 있어서 허용 가능
실전에서의 판단 과정	지문 내용 그대로네.
해설	'경부선'과 같은 근대 문물들이 유입되는 사회적 환경 속에서, '안승학'과 같은 인물은 과거의 비참했던 '근본'에서 벗어나 지위를 높였습니다. 이는 지문의 내용 그 자체이니 쉽게 허용할 수 있겠네요.

③ '친구의 심부름으로' '목판차를 맨 처음으로' 타 보고서 '자만'하는 인물의 행동은, 근대 문물을 경험했다는 점을 앞세워 자신을 과시하는 인물의 모습을 보여 주는군.

선지 유형	근거가 있어서 허용 가능
실전에서의 판단 과정	서울 가봤다고 자랑 엄청 했었지.
해설	역시 별다른 설명이 필요없는 선지죠? '친구의 심부름' 덕에 처음 '목판차'를 타고 서울에 가 본 것이면서, 마치 엄청난 일을 한 것처럼 '자만'하는 '안승학'의 모습이 잘 드러났었습니다.

④ '위엄스럽게' 하대하면서도 '호령할 용기'를 내지 못하는 인물의 심리는, 자신의 사회적 지위를 인정하지 않는 이들에게 반감을 드러내는 인물의 모습을 보여 주는군.

선지 유형	근거가 없어서 허용 불가능
실전에서의 판단 과정	호령할 용기를 내지 않는 것은 무서워서지.
해설	'위엄스럽게' 하대하면서도 '호령할 용기'를 내지 못하는 '안승학'의 심리에 대해 묻고 있습니다. 이는 지위는 내세우면서도 사실 '다섯 사람'을 제압할 만한 용기는 부족한 '안승학'의 모습을 드러내는 것이라고 할 수 있어요. 즉, '호령할 용기'를 내지 못하는 심리의 근거는 '두려워서' 정도이지, '반감' 때문이라고 볼 수는 없습니다.

FAQ

Q 어쨌든 '안승학'이 '다섯 사람들'에게 '반감'을 가지고 있는 것은 맞지 않나요? 자신을 위협하면서 '요구 조건'을 강요하고 있다는 걸 근거로 하면 '반감'을 충분히 허용할 수 있을 것 같아요.

A 그건 맞아요. 하지만, 선지에서 묻는 것은 '호령할 용기'를 내지 못하는 이유입니다. '반감'을 가져서 '호령할 용기'를 내지 못하는 것인가요? 오히려 '반감'을 가지고 있다면 '호령할 용기'를 내야죠. 화가 나게 하는데 말이에요! '안승학'은 '다섯 사람들'에게 '반감'을 가지고 있기는 하지만, 그들이 '두렵기' 때문에 '호령할 용기'를 내지 못하는 것입니다. 선지에서 묻는 것이 정확히 무엇인지 따지고, 그것을 바탕으로 '심리의 근거'를 정확하게 체크할 수 있는지를 물어보는 선지였습니다.

⑤ '피차의 물질상 손해'를 강조하면서도 일방적으로 사
람들에게 '나락을 베는 것'을 종용하는 인물의 모습은,
다른 사람의 이익보다 사적인 이익을 우선시하는 인
물형을 보여 주는군.

선지 유형	근거가 있어서 허용 가능
실전에서의 판단 과정	자기한테 손해가 나게 하지 말고 나락을 베라고 하고 있으니 사적인 이익을 더 중시하는 것이지.
해설	'소작제'에 대한 지식이 없으면 확실하게 지우기 어려운 선지입니다. '소작제'는 농민이 지주의 땅을 빌려 농사를 짓고 그 대가로 일정한 소작료를 지급하는 형태의 제도예요. 식당을 빌려 장사를 하고 월세를 내는 것과 비슷합니다. 이러한 제도하에서는 '다섯 사람'과 같은 소작농들이 열심히 '나락을 베는 것'이 '안승학'과 같은 지주의 대리인에게 이익이 되겠죠? 따라서 '요구 조건'을 무시하고 '나락을 베는 것'을 종용하는 '안승학'의 모습은 자신의 이익만을 따지는 인물형을 보여 준다고 할 수 있습니다.

몰랐던 어휘 정리하기

| 핵심 **point** |

① **허용 가능성 평가** : 선지의 내용을 '허용'하려는 태도를 바
탕으로 지문을 '독해'하며 '근거'를 찾아야 합니다. 허용할 수
있는 '근거'가 있어야만 허용할 수 있습니다. 주관적인 생각
을 개입시키면 안 됩니다.
② **소설 독해** : '심리와 행동의 근거'를 바탕으로 인물에게 '공
감'하며 읽어야 합니다. 이 과정이 물흐르듯 이어지면 지문
의 내용을 완벽하게 이해할 수 있어요.
③ **현대소설 클리셰** : 현대사의 흐름을 바탕으로 인물들의 성
격을 유추할 수 있습니다. 이런 내용은 현대소설의 클리셰로
작용하니 확실하게 알아두도록 합시다.

| 지문 내용 총정리 |

'일제 강점기 농민의 삶'이라는 클리셰 속에서 '속물적 인물형'
을 등장시켜 갈등을 전개하는 작품이었습니다. 이러한 배경을
알고 있으면 각 인물에게 공감하는 게 그리 어렵지는 않았을 거
예요. 나아가 '문학 개념어 정리'가 아닌 '어휘력 향상'에 초점을
두어야 한다는 점, 선지에서 묻는 것이 무엇인지 정확하게 따지
는 것이 중요하다는 점 등도 추가적으로 정리하도록 합시다.

〈보기〉 독해

> ——————[보기]——————
>
> 「잔등」에서 서술자인 '나'는 해방 전후 우리 사회의 모습을 냉정하게 인식하기 위해 대상과의 객관적인 거리를 유지하고 있었다. 「잔등」에서 반복적으로 등장하는 '제삼자의 정신'이란 말은 이를 암시한다. 또한 귀로에서 접한 인물들을 통해 같은 인간으로서 지니는 측은지심을 드러냄으로써 관용의 정신을 발휘하기도 한다. 이런 점에서 노인이나 잔류 일본인 등과의 만남은 주목할 만하다.

'해방 전후'라는 시대적 배경이 제시되어 있습니다. 그리고 '나'는 이 시기 우리 사회의 모습을 냉정하게 인식하기 위해 '객관적인 거리'를 유지했다고 해요. '제삼자의 정신'으로도 표현되는데, 이 시기를 부정적으로 바라보던 다른 대부분의 작품들과 차이가 있다고 볼 수도 있겠습니다.

그러면서도 귀로에서 접한 인물들을 통해 '측은지심'과 '관용의 정신' 등을 발휘하기도 한다고 해요. 아무리 객관적으로 바라보려고 해도, 이 시기 사람들의 삶은 꽤 피폐했을 것이니 측은지심이 생길 수밖에 없었을 것 같습니다. '노인'과 '잔류 일본인' 등의 인물이 이런 감정을 불러일으킨다는 것까지 체크해 주시면 훌륭하겠어요.

지문 독해

> [앞부분의 줄거리] 해방 후 '나'는 벗인 '방(方)'과 함께, 장춘에서 서울에 이르는 귀로에 오른다. 회령에서 우연히 '방'과 헤어진 '나'는 수성에 이르러 뱀장어를 잡아 파는 한 소년을 만난다. 이후 '나'는 '방'과 재회하기 위해 청진에 도착하여 어느 국밥집 할머니를 만나게 된다.

[앞부분의 줄거리]에서 많은 정보를 제시하고 있습니다. '나'는 '해방 후'에 벗인 '방'과 함께 귀로에 올랐다고 해요. 그러다가 '회령'에서 '방'과 헤어지고, '수성'에서 뱀장어를 잡아 파는 한 '소년'을 만나기도 하고, '방'과 재회하기 위해 '청진'에 도착하여 '국밥집 할머니'를 만나게 되기도 하네요. 〈보기〉에서 이야기한 것처럼 귀로 과정에서 여러 인물들을 만나는 '나'의 모습입니다. 어쨌든 지금부터 보게 될 장면들은 '국밥집 할머니'와의 대화일 것임을 생각하며 읽어 보도록 합시다.

> 노인은 대 끝으로 국 솥을 가리키며,
>
> [A]
> "이런 걸 하던 것도 아니요, 어려서부터 배운 것도 아니지마는 **그 애가 돌아가던 해 여름**, 처음 얼마 동안은 어쩔 줄을 모르고 어리둥절해 있기만 하다가 늘 그러구 있을 수도 없고, 또 아이 몇 잃어버리는 동안에 생긴 잠 안 오는 나쁜 버릇이 다시 도져서 몇 해 만에 다시 남의 고궁살이*를 들어갔지요."
> "네에, 그러세요."
>
> * 고궁살이 : 고공살이. 남의 집 살이.

'노인'의 이야기로 시작하고 있습니다. [앞부분의 줄거리]를 고려하면 이때의 '노인'은 '국밥집 할머니'임을 알 수 있겠죠? 나아가 〈보기〉를 통해 '나'에게 '측은지심'과 '관용의 정신'을 불러일으킨 두 인물 중 하나라는 것까지 생각할 수 있겠습니다.

아무튼, '노인'은 자신의 과거 이야기를 하고 있습니다. '노인'은 원래부터 국밥 끓이는 일을 하거나 배운 것도 아니라고 해요. 그런데 '그 애'가 돌아가던 해 여름, 처음에는 어쩔 줄을 모르다가 늘 그러고 있을 수도 없고, (무엇이라도 해야겠고) '아이 몇 잃어버리는 동안'에 생긴 불면증이 도져서 일이라도 하자고 남의 고궁살이를 들어갔다고 해요. 여기서 '그 애'가 누구인지, 그 아이가 어디로 돌아간 것인지, 아이를 몇 잃어버렸다는 게 정확히 어떤 이야기인지는 알기 어렵습니다. 하지만 '노인'의 과거가 많이 힘들었다는 것, 그리고 그 상황에서 어떻게든 버티기 위해 '고궁살이'를 들어갔다는 것 정도는 이해하고 공감할 수 있겠죠?

> "그 긴 다섯 해 동안을 그저 모진 일과 고단한 잠만으로 지어 나아오다가, 하루아침은 문득 그것이 죽었으니 찾아가라는 기별이 감옥에서 나왔을 때에야 얼마나 앞이 아득하였겠어요."
> "그러셨겠습니다."

계속해서 '노인'의 과거 이야기입니다. '고궁살이'를 들어가며 5년 간 힘들게 일만 했는데, 어느날 그것(아마 앞에서 말한 '그 애'를 말하는 것이겠죠?)이 죽었으니 찾아가라는 기별이 감옥에서 나왔다고 해요. '그 애'가 어디로 돌아갔나 했더니, 감옥에 갔던 것이었습니다. 아무튼 감옥에 간 '그 애'가 죽었다는 소식을 들은 '노인'은 당연히 앞이 아득한 느낌을 받았겠죠? '노인'의 기구한 운명이 느껴진다면 잘 읽고 있는 것입니다.

그런데, '나'는 이러한 '노인'의 이야기를 듣고 "네에, 그러세요." 혹은 "그러셨겠습니다."라는 다소 무미건조한 반응을 보이고 있습니다. 〈보기〉의 내용을 참고하면, 이러한 반응은 '객관적인 거리'를 유지하려는 '나'의 모습이 반영된 것이라고 할 수도 있겠죠? 이런 식으로 '나'의 반응에도 충분히 공감하면서 읽어 주셔야 합니다.

> "사람의 가죽은 질기다고 했습니다. 병과 액으로 앞서도 자식새끼 몇 되던 것 하나씩 둘씩 이리저리 다 때우기는 하였지마는, 그런 땐들 왜 안 그럴 수야 있었겠나요마는, 이제는 힘을 줄 데라고는 하나 남지 않고 없어지고, 그것 하나만 믿고 산다 한 그놈마저 죽어 없어졌는데도 사람의 목숨은 이렇게 모진 것이니."
> 마음이 제법 단단해 보이던 그도 한 번 내달으니 비로소 젊은이 앞에서 긴 한숨을 걷잡지 못하였다.
> [B] 여기서 처음으로 나는 그를 위로할 기회를 얻었으므로,
> "그럼 어떻게 하십니까. 그러고 가는 사람도 다 제 명이 아닙니까."
> 하여 드리니까 그는,
> "하기야 명이지요. 하지만 명이란들 그럴 수야 있습니까. 해방이 되었다 해서 갇히었던 사람들은 이제 살인 강도 암질*이라도 다 옥문을 걷어차고 훨훨 튀어서 세상에 나오지 않습니까."
> 하였다.
>
> * 암질(暗質) : 어리석은 천성이나 성질.

'노인'의 이야기가 이어집니다. 앞의 내용과 엮어서 이해하니, '노인'은 자식을 여러 명 잃은 것 같습니다. 그러다가 '그것 하나만 믿고 산다 한 그놈', 아마 앞에서 나온 '그 애'로 추정되는 자식까지 감옥에서 죽은 뒤에도 살아 있는 자신의 목숨이 모질다는 이야기를 하고 있어요. '나'가 보기에 '노인'은 마음이 꽤 단단한 사람처럼 보였지만, (자식을 잃은 이야기도 덤덤하게 할 수 있으니 꽤나 단단한 사람이라고 할 수 있겠죠.) 한 번 이야기를 하다 보니 '나' 앞에서 긴 한숨을 내쉬는 모습입니다. 아무리 단단한 사람이라도 자식을 몇이나 잃은 상황이라면 이런 반응을 보이는 게 당연하다는 생각이 들죠?

그런데 여기서 '나'는 '노인'을 처음으로 위로할 기회를 얻었다고 합니다. 이는 '객관적인 거리'를 유지하려던 '나'도 위로를 하지 않고 못 배길 만한 내용을 들은 후의 반응이라고 할 수 있겠어요. 가는 사람도 다 제 명이라며 위로같지 않은 위로를 하는 것을 보니, '나'는 '노인'의 처지에 완전하게 공감하고 있지는 못하다고 할 수도 있겠습니다. 이런 '나'에게, '노인'은 아무리 명이라도 해방이 되었더니 살인 강도 암질 무엇을 해도 다 옥문을 걷어차고 세상에 나온다는 이야기를 합니다. 죄 없는 자식을 감옥에서 잃은 '노인'의 입장에서는, 해방이 되었더니 정말 나쁜 짓을 한 사람들은 감옥에서 살아 돌아오는 모습을 보면 한이 서릴 만도 합니다. 이런 식으로 '옥문'과 관련된 말을 하는 '노인'에게 공감할 수 있어야 합니다. 그 억울함이 느껴져야 해요.

> "부질없는 말로 이가 어째 안 갈리겠습니까— 하지만 내 새끼를 갖다 가두어 죽인 놈들은 자빠져서 다들 무릎을 꿇었지마는, 무릎 꿇은 놈들의 꼴을 보면 눈물밖에 나는 것이 없이 되었습니다그려. 애비랄 것 없이 남편이랄 것 없이 잃어버릴 건 다 잃어버리고 못 먹고 굶주리어 피골이 상접해서 헌 너즐떼기에 깡통을 들고 앞뒤로 허친거리며*, 업고 안고 끌고 주추 끼고 다니는 꼴들— 어디 매가 갑니까. 벌거벗겨 놓고 보니 매 갈 데가 어딥니까."
> "……"
>
> * 허친거리며 : 발을 헛디뎌 균형을 잡지 못해 이리저리 쏠리며.

'노인'의 입장에서 이러한 일들은 이가 갈리는, 화가 나는 일입니다. 그런데 '내 새끼를 갖다 가두어 죽인 놈들'은 다들 무릎을 꿇었다고 합니다. 해방이 되면서 '노인'의 자식을 괴롭히던 사람들은 힘을 잃었을 것이고, '노인'에게 용서를 구했겠죠. 이런 모습을 보면 '노인'의 입장에서는 더 화가 날 것 같은데, 뜻밖에도 '노인'은 그들의 꼴을 보면 '매 갈 데'가 없다는 이야기를 합니다. 즉, 그들의 꼴이 너무 불쌍해 보여서 뭐라고 할 수도 없다는 것이죠.

여기서 '나'는 "……"이라는 반응을 보입니다. 아무런 말을 하지 않는 상황을 굳이 대사로 표현했다는 것은, 그 대사를 통해 '나'의 심리를 드러내기 위함이라고 할 수 있겠죠. '나'의 입장에서는, '노인'의 과거 이야기를 들으며 '노인'이 당연히 저런 사람들에게 강한 증오심을 느낄 것이라 생각했을 겁니다. 그런데 '노인'은 뜻밖에 관용적인 모습을 보이고 있고, '나'는 당연히 놀랄 수밖에 없겠죠? 마치 머리를 한 대 맞은 듯한 충격이 있을 것이고, 이에 아무런 말도 하지 못했을 것입니다. 이런 식으로 공감할 수 있어야 합니다. 많이 어렵겠지만, 최대한 '노인'과 '나'의 입장에서 생각해 보면 그 심리 · 행동 · 발화의 근거를 생각할 수 있을 것입니다.

나아가, 〈보기〉를 고려하면 여기서 '노인'이 보이는 '관용의 정신'이 '나'에게도 영향을 주었다는 식으로 이해할 수 있겠죠? 이런 식으로 〈보기〉와의 연결 고리가 보인다면 적극적으로 활용할 수 있어야 합니다.

> "만주서 오셨다니깐 혹 못 보셨는지 모르지마는, 낮에 보면 이 조그마한 장터에도 그 헐벗은 굶주린 것들이 뜨문히 바닥에 깔리곤 합니다. 그것들만 실어서 보내는 고무산*인가 아오지*인가 간다는 차가 저기 와 선 채 저 차도 벌써 나 알기에 닷새도 더 되는가 봅니다만. 참다 참다 못해 자원해 나오는 것들이 한 차 되기를 기다려 떠나는 것인데, 닷새 동안이면 닷새 동안 긴내 굶은 것인들 그 속에 어째 없겠어요."
>
> 그러지 아니하여도 나는 할머니의, 아까 그것들이 업고, 안고, 끼고 다닌다는 <u>측은한 표현</u>을 한 것으로부터, 낮에 수성서 들어오는 길로 맞닥뜨린 사람이 복작거리는 <u>좁은 행상로 위에 일어난 한 장면의 짤막한 씬을 연상하기 시작하는 중이었는데, 노인은 이러고는 말을 끊고 흐응 깊은 한숨을 들여 쉬었다.</u>
>
> * 고무산, 아오지 : 함경북도에 있는 곳으로, 고무산은 농산물과 목재의 집산지였고 아오지는 석탄 산업 시설이 있었음.

'노인'은 낮에 보면 이 조그마한 장터에도 '그 헐벗은 굶주린 것들'을 많이 볼 수 있다고 합니다. '고무산·아오지' 등 고생길이 훤한 곳으로 데려다 주는 차가 와서 닷새 이상을 기다리면, 어쩌면 닷새 동안 굶었을지도 모르는 이들이 참다참다 그 차를 타고 간다는 것이죠. 비록 '고무산·아오지' 등에 가면 정말 고생은 하겠지만 끼니를 거르지는 않을 것이니까요. 이들의 고달픈 인생이 실감나게 느껴집니다.

'나'는 이러한 '노인'의 '측은한 표현'을 듣고서 아까 있었던 일을 회상하는 중이었다고 합니다. 일단, 앞의 '……'과 엮어서 '측은한'과 같은 표현을 쓴다는 점에서 '나'가 '노인'의 처지에 더 깊은 관심과 공감의 태도를 보이기 시작했다는 것을 생각할 수 있으면 좋겠습니다. '나'의 내면세계가 바뀌고 있는 것을 느낄 수 있어야 해요. 나아가 '나'도 낮에 비슷한 경험을 했나 봅니다. 어떤 일이 었을까요? 이 역시 '나'의 내면세계가 바뀌는 데에 기여하겠죠?

> [가]
>
> 참으로 그 일본 여자는 업고, 달고 또 하나는 손을 잡고, 아마 아오지 가기를 기다리는 차에서 기어 내려온 듯 폼 가까운 **행상로 위**에 우두커니 서 있었다. 〈허옇게 퉁퉁 부어오른 낯에 기름때에 전 걸레 같은 헝겊 조각으로 머리를 질끈 동이고, 업고, 달리우고, 잡힌 채, 길 바추에 비켜 서 있었다.〉 머리를 동인 것만으로는 휘둘리우는 몸을 어찌할 수 없다는 모양으로, 골살을 몇 번 찌푸렸다가는 펴서, 하늘을 쳐다보고, 또 찌푸렸다가는 펴서 쳐다보고 하기를 한참이나 하며 애를 쓰는 것을 자기는 유심히 건너다보고 있었던 것이다.

이 부분은 '나'의 회상입니다. '나'는 어떤 '일본 여자'를 보고 있는데, 그 '일본 여자'는 업고, 달고 또 하나는 손을 잡고 있다고 해요. 아이 셋을 혼자서 돌보는 모습이죠? 〈 〉 표시한 '외양 묘사'를 보면 이 '일본 여자'의 고달픈 삶을 느낄 수 있을 것 같습니다. '나'는 그러한 모습을 유심히 건너다보고 있었던 것이에요.

> 이윽고 그는 정신이 들었는지 지척지척 걸어 들어와 광주리며 함지며, 채두렝이 같은 데에 여러 가지 먹을 것을 담아 가지고 나와, 혹은 섰기도 하고, 혹은 앉았기도 한, 여인 행상꾼들 앞을 지나쳐오다가 문득 한 여인 앞에 서서 발부리에 놓인 광주리의 속을 손가락으로 가리키는 것이었다.
>
> "한 개에 오 원씩."
>
> 행상의 여인네는 허리를 꾸부리어 광주리에서 속에 담기었던 배 한 개를 집어 들고 다른 한 손을 활짝 펴서 일본인 아낙네 눈앞을 가리우매, 아낙네는 <u>실심한 사람 모양으로</u> 한참 동안이나 자기 눈앞을 가리운 활짝 편 그 손가락을 멀거니 바라만 보고 있었다.
>
> 뒤에 달린 여덟 살 난 사낼미*가 엉것바치를 움켜잡고 비어 틀듯이 앞으로 떠밀고 그보다 두어 살이나 덜 먹었을, 손을 잡혀 나오던 어린 계집아이가 어미의 손을 끌어당기었다. 그리고 업힌 것이 띤 띠개*에서 넘나와 두 손을 내어 뻗으며 어미의 어깨 너머를 솟아오르려고 한다.
>
> "이것들이 이렇게 야단이야요."
>
> 세 어린것의 어머니는 참다 못하여 일본말로 이러며 고개를 개우뜸하고는 행상 여인의 눈동자를 들여다보는 것이었다.
>
> 애걸이 없었다기로니 이것들이 어찌 <u>그것만으로 덜 비참할 리가 있을 정경이었을 것이냐.</u>

–허준, 「잔등(殘燈)」–

* 사냘미 : 사내아이의 방언.
* 띠개 : 주로 아이를 업을 때 쓰는, 너비가 좁고 기다란 천을 이르
　　는 방언.

한참을 우두커니 서 있던 '일본 여자'는 여인 행상꾼들 앞을 지나
쳐오다가 한 '여인' 앞에서 서서 광주리의 속을 가리킵니다. 그 물
건을 사겠다는 말이겠죠? '행상의 여인네'는 배 한 개를 집어 들
고 한 개에 오 원이라는 이야기를 하고, '일본 여자'는 넋이 나간
것처럼 멍을 때리는 모습입니다. 그 와중에 세 명의 아이들은 칭
얼거리고 있구요. '일본 여자'의 입장에 깊게 공감해 보면, 정말
정신없고 다 포기하고 싶은 그런 심정일 것 같습니다. "이것들이
이렇게 야단이야요."라고 하면서 일본말로 뱉은 넋두리가 너무나
잘 이해되는 것 같아요.

이 장면은 애걸, 즉 구걸 같은 것을 하는 모습은 아닙니다. 그냥
세 아이의 어머니가 시장에 배를 사러 온 평범한 장면이에요. 하
지만 그와 동시에 너무나 비참한 장면입니다. 왜 그러한시 '일본
여자'의 입장에 공감하며 이해되었다면, 지문을 완벽하게 읽었다
고 할 수 있겠습니다.

선지	①	②	③	④	⑤
선택률	6%	4%	8%	68%	14%

12 윗글의 인물에 대한 설명으로 가장 적절한 것은? ④

① '노인'은 '그 애'가 죽기 전에는 고공살이를 경험한 적
　이 없다.

선지 유형	근거가 있어서 허용 불가능
실전에서의 판단 과정	그랬나? 확인해 보니까 다시 들어간 거었네.
해설	너무나 사소한 정보여서, 기억에 남지 않을 수도 있습니다. 우리의 기억에 없다는 것은 그렇게 중요한 정보가 아니라는 뜻이니, 답이 아닐 거예요. 그래도 불안하니, '고궁살이'에 대한 이야기를 하던 초반부로 살짝 눈알을 굴리면 됩니다. '노인'은 '그 애'가 감옥에 들어간 뒤 그저 어쩔 줄 모르고 있을 수도 없고 불면증도 다시 도지고 해서 '몇 해 만에 다시' 남의 고궁살이를 들어갔네요. 명백한 근거가 있으니 허용할 수 없겠습니다. 중요한 것은, 기억이 나지 않을 때 어디로 돌아가

야 하는지 빠르게 떠올릴 수 있어야 한다는 것입
니다. 지문의 내용을 잘 이해하면서 읽었다면 충분
히 떠올릴 수 있었을 거예요.

② '아이 몇 잃어버리는' 슬픔에도 불구하고 '노인'은 불면
　의 고통을 겪지 않았다.

선지 유형	근거가 있어서 허용 불가능
실전에서의 판단 과정	불면증 때문에 고궁살이했다며.
해설	'노인'이 왜 남의 집 고궁살이를 들어갔는지 공감했다면 쉽게 지울 수 있습니다. '아이 몇 잃어버리는' 동안 생긴 불면증이 다시 도진 것은 그 이유 중 하나였어요.

③ '행상의 여인네'는 '일본인 아낙네'에게 돈을 받지 않고
　과일을 주었다.

선지 유형	근거가 없어서 허용 불가능
실전에서의 판단 과정	아직 배 주지도 않았지.
해설	우리가 이해한 바에 따르면, '행상의 여인네'와 '일본인 아낙네' 사이의 거래는 아직 성사되지 않았습니다. 돈을 받았는지 받지 않았는지 알 수도 없고, 애초에 마지막 부분은 '일본인 아낙네'에게 동정을 베푸는 장면이 아니었습니다.

④ '노인'은 마지막까지 살아남았던 자식이 옥중에서 죽
　는 순간을 보지 못했다.

선지 유형	근거가 있어서 허용 가능
실전에서의 판단 과정	그러니까 앞이 아득했지.
해설	'노인'은 남의 집 '고궁살이'를 들어간 후 5년 간 열심히 일하다가, 갑자기 자식이 옥중에서 죽었다는 소식을 받고 앞이 아득해졌다고 했습니다. 이러한 감정에 충분히 공감하며 이해했다면 어렵지 않게 허용할 수 있는 선지겠네요.

⑤ '사냘미', '어린 계집아이', '업힌 것' 등 '세 어린것'은 '행
　상의 여인네'에게 구걸하고 있었다.

선지 유형	근거가 있어서 허용 불가능
실전에서의 판단 과정	구걸하는 건 아니었지.

해설	마지막 장면은 구걸하는 장면이 아니었습니다. '세 어린것'은 그저 어머니에게 칭얼댔던 것이고, 이를 본 '일본 여자'의 넋이 나간 것이었을 뿐이에요. 이러한 상황과 감정을 정확히 이해했다면 '구걸'은 어렵지 않게 지워낼 수 있겠습니다.

선지	①	②	③	④	⑤
선택률	77%	6%	8%	4%	5%

13 다음의 학습활동을 수행한 결과로 적절하지 <u>않은</u> 것은?

[3점] ①

> 학습활동 다음을 작가가 작성한 창작 노트의 일부라고 가정하자.
> ㉠~㉤이 [A], [B]에 실현된 양상을 파악해 보자.
>
> ㉠ 대화를 통해 인물 간의 관계를 드러낼 것.
> ㉡ 비유적 표현을 사용할 것.
> ㉢ 서술과 대화를 결합해 사용할 것.
> ㉣ 인물의 심리를 드러내는 표현을 활용할 것.
> ㉤ 대상을 지칭하는 표현을 다양화할 것.

– [A], [B]는 '노인'이 '나'에게 자신의 과거 이야기를 하던 부분입니다. '학습활동'의 ㉠~㉤을 바탕으로 가볍게 해결해 봅시다.

① ㉠은 [A]에서 '노인'과 '나'의 갈등을 해소하는 장치로 실현되었군.

선지 유형	근거가 없어서 허용 불가능
실전에서의 판단 과정	둘 사이에 갈등이 어딨었어.
해설	[A]에서는 그저 '노인'의 과거 이야기에 '객관적인 거리'를 유지하며 반응하는 '나'의 모습만이 나타났을 뿐이에요. '노인'과 '나' 사이의 갈등이 나타난 적이 없기 때문에, ㉠이 이를 해소하는 장치로 실현되었다는 건 절대 허용할 수 없는 내용이네요.

② ㉡은 [B]에서 '사람의 가죽은 질기다고 했습니다'라는 표현을 사용하는 방법으로 실현되었군.

선지 유형	근거가 있어서 허용 가능
실전에서의 판단 과정	가죽이 질기다는 건 비유적 표현이지.
해설	㉡은 '비유적 표현'을 사용하라는 내용입니다. '사람의 가죽은 질기다고 했습니다.'는 사람의 목숨이 끈질기다는 것을 비유한 표현이라고 할 수 있죠?

③ ㉢은 [B]의 '마음이~하였다'에서 인물의 성격을 드러내기 위해 서술과 대화를 결합하는 방식으로 실현되었군.

선지 유형	근거가 있어서 허용 가능
실전에서의 판단 과정	서술과 대화를 결합해서 노인의 성격을 드러냈지.
해설	㉢은 '서술과 대화를 결합'하라는 내용입니다. [B]의 '마음이 ~ 하였다'에서는 '나'와 '노인'의 대화 및 '나'의 서술을 결합하여 '노인'의 성격을 드러내고 있습니다. 구체적으로는 '단단한 마음'과 그것마저도 흔들릴 정도로 큰 슬픔을 견디는 모습 등을 '노인'의 성격이라고 할 수 있겠죠? 이렇게 구체적으로 생각하지는 못하더라도, '인물의 성격을 드러낸다'는 내용은 당연히 맞는 말임을 잊지 마세요.

④ ㉣은 [B]에서 '긴 한숨을 걷잡지 못하였다'를 통해 실현되었군.

선지 유형	근거가 있어서 허용 가능
실전에서의 판단 과정	긴 한숨을 걷잡지 못하는 인물의 심리지.
해설	㉣은 '인물의 심리를 드러내는 표현'을 활용하라는 내용입니다. '긴 한숨을 걷잡지 못하였다'는 '노인'의 답답한 심리를 드러내는 표현이라고 할 수 있으니, 가볍게 허용되네요.

⑤ ㉤은 [A]와 [B]에서 동일 인물을 '그 애', '그것', '그놈'으로 바꾸어 부르는 방법으로 실현되었군.

선지 유형	근거가 있어서 허용 가능
실전에서의 판단 과정	그러네.
해설	㉤은 '대상을 지칭하는 표현을 다양화'하라는 내용입니다. [A]와 [B]에서 감옥에 간 '노인'의 자식은 동일 인물인데, 이 인물을 '그 애', '그것', '그놈' 등으로 바꿔어 부르고 있으니 허용할 수 있겠네요.

선지	①	②	③	④	⑤
선택률	82%	4%	4%	6%	4%

14 ⓐ를 참고할 때, [가]에 대한 이해로 가장 적절한 것은? ①

> ⓐ 좁은 행상로 위에 일어난 한 장면의 짤막한 씬을 연상

- ⓐ는 [가]라는 장면을 연상하는 '나'의 모습을 나타낸 부분입니다. 나아가 [가]는 '나'가 낮에 보았던 '일본 여자'의 외양을 묘사하며 그 고달픈 삶에 공감하게끔 했던 부분이었습니다. 이러한 내용을 미리 생각한 채로 선지를 판단해 봅시다.

① 나의 회상을 통해 떠오른 인물의 외양과 행동을 묘사하고 있다.

선지 유형	근거가 있어서 허용 가능
실전에서의 판단 과정	미리 생각한 내용이네.
해설	'나'가 회상을 통해 떠올린 '일본 여자'라는 인물의 꾀죄죄한 '외양'과 세 아이를 데리고 멍하니 서 있는 '행동을 묘사'하고 있다는 것, 우리가 미리 생각한 내용 그 자체입니다. 가볍게 허용할 수 있네요.

② 나의 회상 속에는 '자기'와 인물들 간의 외적 갈등이 드러나고 있다.

선지 유형	근거가 없어서 허용 불가능
실전에서의 판단 과정	외적 갈등이 어딨어.
해설	[가]는 '일본 여자'의 고달픈 삶을 드러내는 부분이었을 뿐, '자기'(=나)와 다른 인물들 간의 외적 갈등이 드러나지는 않았습니다.

③ 나의 회상을 통해 현재의 '자기'가 과거 속의 자아를 부정하고 있다.

선지 유형	근거가 없어서 허용 불가능
실전에서의 판단 과정	뭔 헛소리야.
해설	[가]는 '일본 여자'라는 외부 대상을 바라보는 '나'의 모습을 보여 주는 것이지, '과거 속의 자아'와 같은 것을 부정하는 내용이 아니었습니다.

④ 나의 회상을 통해 인물이 처한 실제의 상황을 환상적 분위기로 그려 내고 있다.

선지 유형	근거가 없어서 허용 불가능
실전에서의 판단 과정	도대체 어디가 환상적이야.
해설	문학에서 '환상적 분위기'가 허용되려면 비현실적인 내용이 나와야 합니다. [가]는 현실적이다 못해 비참하기까지 한 모습이었죠?

⑤ 나의 회상 속에는 인물의 현재의 처지와 미래의 모습이 구체적으로 제시되고 있다.

선지 유형	근거가 없어서 허용 불가능
실전에서의 판단 과정	미래의 모습을 어떻게 알아.
해설	'일본 여자'라는 인물의 현재의 처지는 너무 잘 드러나지만, '미래의 모습'을 허용할 만한 부분은 전혀 없습니다. 가볍게 지워낼 수 있겠네요.

선지	①	②	③	④	⑤
선택률	8%	6%	10%	8%	68%

15 〈보기〉를 참고하여 윗글을 감상할 때, 적절하지 <u>않은</u> 것은? ⑤

① '일본인 아낙네'의 아이들이 '야단'인 모습을 '비참'하다고 한 것에서, '나'의 객관적 태도에 변화가 있었음을 알 수 있어.

선지 유형	근거가 있어서 허용 가능
실전에서의 판단 과정	비참하다는 건 객관적인 표현은 아니지.
해설	'나'는 '노인'의 이야기를 들으면서 '객관적인 시선'에서 벗어나 '측은지심'과 '관용의 정신'을 보이기 시작합니다. 그 정점이 바로 '일본인 아낙네'의 모습이 '비참'하다고 한 것이라고 할 수 있겠죠? 이렇게까지 생각하지 못하더라도, '비참'하다는 표현은 그 자체로 '객관적 태도에 변화'를 허용할 근거가 될 수 있겠습니다.

② '일본인 아낙네'가 자신의 아이들과 함께 행상로 위에
서 있는 모습을 떠올린 것에서, '나'가 '노인'의 마음을
헤아리게 되었음을 알 수 있어.

선지 유형	근거가 있어서 허용 가능
실전에서의 판단 과정	노인의 측은한 표현을 이해하게 되었지.
해설	'노인'은 자신의 자식을 죽인 사람들에게까지 '측은지심'과 '관용의 정신'을 보여 주었는데, 이를 들으며 안타까운 처지에 처한 '일본인 아낙네'를 떠올렸다는 것은 '나'가 '노인'의 마음을 헤아리게 되었다는 것을 허용하기에 충분한 근거가 되겠습니다. '나' 역시 '일본인 아낙네'와 같은 인물에게 '측은지심'을 가지게 된 것이죠.

③ '노인'이 자신의 자식을 죽인 사람들의 처지가 바뀐 것
을 보고 '눈물'이 난다고 한 말에서, '노인'이 그들에 대
해 연민을 느꼈음을 알 수 있어.

선지 유형	근거가 있어서 허용 가능
실전에서의 판단 과정	측은지심을 느낀 거지.
해설	'노인'은 자신의 자식을 죽인 사람들의 꼴을 보고는 '눈물'밖에 나질 않고 '매 갈 데'가 없다는 이야기를 합니다. 이는 증오의 대상으로만 여겨지던 이들에게 측은지심과 연민을 느끼는 '노인'의 모습이라고 할 수 있겠죠? 이러한 감정에 공감했다면 어렵지 않게 허용할 수 있겠습니다.

④ 잔류 일본인에 대한 '노인'의 마음을 '측은한 표현'이라
한 것에서, '나'가 제삼자의 정신에서 벗어나 관용의
자세까지 보여 주고 있음을 알 수 있어.

선지 유형	근거가 있어서 허용 가능
실전에서의 판단 과정	자신을 괴롭히던 일본인에게 측은한 표현을 한다는 것은 관용의 자세라고 할 수 있지.
해설	'노인'은 '고무산·아오지'에 가는 차에 올라 탈 수밖에 없는 이들(〈보기〉를 참고하면 이들이 바로 '잔류 일본인'이라고 할 수 있겠죠?)이 안타깝다는 뉘앙스로 이야기를 했고, '나'는 이를 '측은한 표현'으로 보고 있습니다. 이렇게 '노인'의 말을 '측은한' 것으로 해석하는 모습은 '나'가 '객관적인 거리'를 유지하는 '제삼자의 정신'에서 벗어나 '관용의 자세'를 보여 주는 모습이라고 할 수 있겠습니다. 민족의 원수라고 할 수 있는 일본인에게 '측은지심'을 보이고 있는 것이니까요.

⑤ '일본인 아낙네'가 '실심한 사람 모양으로', '행상의 여인
네'의 '손가락을 멀거니 바라만 보고 있'는 모습에서, 두
사람이 서로를 위로하며 격려하고 있음을 알 수 있어.

선지 유형	근거가 없어서 허용 불가능
실전에서의 판단 과정	그냥 시장에서 장 보는 건데 뭔 소리야.
해설	'일본인 아낙네'가 '행상의 여인네'의 '손가락을 멀거니 바라만 보고 있'는 모습은 그저 넋이 나간 모습일 뿐, '위로'나 '격려' 같은 것과는 거리가 멉니다. 애초에 '행상의 여인네'는 그냥 물건을 팔고 있을 뿐이었구요. 마지막까지 '일본인 아낙네'에게 공감하며 읽을 수 있었는지 묻는 선지였습니다.

몰랐던 어휘 정리하기

| 핵심 point |

① **허용 가능성 평가** : 선지의 내용을 '허용'하려는 태도를 바탕으로 지문을 '독해'하며 '근거'를 찾아야 합니다. 허용할 수 있는 '근거'가 있어야만 허용할 수 있습니다. 주관적인 생각을 개입시키면 안 됩니다.

② **소설 독해** : '심리와 행동의 근거'를 바탕으로 인물에게 '공감'하며 읽어야 합니다. 이 과정이 물흐르듯 이어지면 지문의 내용을 완벽하게 이해할 수 있어요.

| 지문 내용 총정리 |

문제가 그리 어렵게 출제되지 않아 큰 임팩트 없이 지나갈 수 있는 지문이지만, 전반적인 상황을 이해하고 인물들에게 공감하는 것이 결코 쉽지만은 않은 지문이었습니다. 단순히 답을 다 맞히는 수준이 아니라, 각 장면들에서 인물의 심리·행동·발화의 근거가 확실하게 이해되는 수준까지 읽을 수 있어야 합니다. 이러한 태도를 연습하기에 정말 좋은 지문이니, 확실하게 복습하도록 해요.

〈보기〉 독해

〈보기〉가 하나 있기는 하지만, 지문의 주제나 내용을 알려 주지는 않죠? 나중에 문제를 풀 때 확인해야겠다는 생각 정도만 하고 넘어갑시다.

지문 독해

> (가)
>
> 　그 골목이 그렇게도 짧은 것을 그가 처음으로 느낄 수 있었을 때, 신랑의 몸은 벌써 차 속으로 사라지고, 자기와 차 사이에는 몰려든 군중이 몇 겹으로 길을 가로막았다. 이쁜이 어머니는 당황하였다. 그들의 틈을 비집고,
> 　'이제 가면, 네가 언제나 또 온단 말이냐?……'
> 　딸이 이제 영영 돌아오지 못하기나 하는 것같이, 그는 막 자동차에 오르려는 딸에게 달려들어,
> 　"이쁜아."
> 　한마디 불렀으나, 다음은 목이 메어, 얼마를 벙하니 딸의 옆 얼굴만 바라보다가, 그러한 어머니의 마음을 알아줄 턱없는 운전수가, 재촉하는 경적을 두어 번 울렸을 때, 그는 또 소스라치게 놀라며, 그 입에서 나오는 대로,
> 　"모든 걸, 정신 채려, 조심해서, 해라 ……"

'골목'이라는 공간 속에서 펼쳐지는 이야기입니다. '그'라는 인물은 골목이 너무나도 짧다고 느끼고 있어요. 여기서 말하는 '그'가 누구인지 특정하기는 어렵지만, '신랑'이라는 인물이 등장하는 것으로 보아 결혼식을 한 뒤에 부부가 차를 타고 떠나는 모습으로 보입니다. '신랑'은 차를 타 버리고 군중이 길을 가로막는 혼란스러운 상황에서, '이쁜이 어머니'는 당황하고 있어요. 여기서 '이쁜이'가 신부일 것이고, 딸을 떠나보내는 길이 너무 아쉬워 '골목'이 짧게만 느껴지는 '그'는 '이쁜이 어머니'일 것이라고 추측할 수 있겠습니다. '이쁜이 어머니'가 보여 주는 심리에 완벽하게 공감할 수 있겠죠? 딸을 시집보내는 어머니의 마음은 당연히 아쉬움 가득일 테니까요.

그러면서 '딸'에게 아쉬움을 잔뜩 표현하고 있습니다. 하지만 차를 운전하는 '운전수'는 그저 재촉할 뿐이에요. 경적 소리에 놀란 '이쁜이 어머니'는 소스라치게 놀라고, 계속 '딸'에게 말을 걸고 있습니다. 혼란스러운 상황 속 인물들의 심리가 확실하게 느껴지시죠?

> 　그러나 자동차의 문은 유난히 소리 내어 닫히고, 다시 또 경적이 두어 번 운 뒤, 달리는 자동차 안에 이쁜이 모양을, 어머니는 이미 찾아볼 수가 없었다. 그는 실신한 사람같이, 얼마를 그곳에 서 있었다. 깨닫지 못하고, 눈물이 뺨을 흐른다. 그 마음속을 알아주면서도, 아낙네들이, 경사에 눈물이 당하냐고, 그렇게 책망하였을 때, 그는 갑자기 조금 웃고, 그리고, 문득, 정신을 바짝 차리지 않으면, 그대로 그곳에서 혼도해 버리고 말 것 같은 극도의 피로와, 또 이제는 이미 도저히 구할 길 없는 마음속의 공허를, 그는 일시에 느꼈다.

그렇게 자동차가 떠나고, 떠나는 딸을 보는 '이쁜이 어머니'는 그저 '눈물'만 흐릅니다. 정말 많이 아쉽나 보네요. 주변 아낙네들의 이야기를 듣고 나서는 웃다가 피로감을 느끼다가 공허를 느끼는, 혼란스러운 심리를 보이고 있습니다. '딸이 시집가는 날'이라는 상황 하나면 이 모든 심리에 공감할 수 있겠죠?

> ### 제6절 몰락
>
> 　한편에서 이렇게 경사가 있었을 때—(그야, 외딸을 남을 주고 난 그 뒤에, 홀어머니의 외로움과 슬픔은 컸으나 그래도 아직 그것은 한 개의 경사라 할 밖에 없을 것이다)—, 또 한편 개천 하나를 건너 신전 집에서는, 바로 이날에 이제까지의 서울에서의 살림을 거두어, 마침내 애달프게도 온 집안이 시골로 내려갔다.
>
> [A] ⎡ 독자는, 그 수다스러운 점룡이 어머니가, 이미 한 달도 전에, 어디서 어떻게 들었던 것인지, 쉬이 신전 집이 낙향을 하리라고 가장 은근하게 빨래터에서 하던 말을 기억하고 계실 것이다. 이를테면 그것이 그대로 실현된 것에 지나지 않는다. 그러나 다만 그들의 가는 곳은, 강원도 춘천이라든가 그러한 곳이 아니라, 경기 강화였다. ⎦
>
> 　이 봄에 대학 의과를 마친 둘째 아들이 아직 취직처가 결정되지 않은 채, 그대로 서울 하숙에 남아 있을 뿐으로—(그러나, 그도 그로써 얼마 안 되어 충청북도 어느 지방의 '공의'가 되어 서울을 떠나고 말았다)—, 신전 집의 온 가족은, 아직도 장가를 못 간 주인의 처남까지도 바로 어디 나들이라도 가는 것처럼, 별로 남들의 주의를 끄는 일도 없이, 스무 해를 살아온 이 동리에서 사라지고 말았다.

이렇게 결혼식이라는 경사가 있을 때, '신전 집'에서는 온 집안이 시골로 내려간 모습을 보이고 있습니다. 같은 시간, 다른 공간에서 벌어지는 일들이 함께 제시되고 있네요. 상당히 특이하죠? 나아가 ( ) 부분과 [A] 부분에서 일종의 '서술자의 개입'이 나타나고 있습니다. 이 역시 특이한 부분이니 체크하는 게 좋겠죠?

이렇게 '신전 집'이 낙향하는 모습은 수다스러운 '점룡이 어머니'가 이미 예고했던 일이라고 하네요. '둘째 아들' 및 주인의 '처남' 등 '신전 집' 가족들의 이야기를 해 주면서, 이들의 낙향이 '남들의 주의'도 끌지 못하고 이루어졌음을 알려 주고 있습니다. 굉장히 쓸쓸하네요.

> 한번 기울어진 가운은 다시 어쩌는 수 없어, 온 집안사람은, 언제든 당장이라도 서울을 떠날 수 있는 준비 아래, 오직 주인 영감 의 명령만을 기다리고 있었던 것이므로, 동리 사람들도 그것을 단지 시일 문제로 알고 있었던 것이나, 그래도 이 신전 집의 몰락은, 역시 그들의 마음을 한때, 어둡게 해 주었다.
>
> 그러나 오직 그뿐이다. 이 도회에서의 패잔자는 좀 더 남의 마음에 애달픔을 주는 일 없이 무심한 이의 눈에는, 참말 어디 볼일이라도 보러 가는 사람같이, 그곳에서 얼마 안 되는 작은 광교 차부에서 강화행 자동차를 탔다. 천변에 일어나는 온갖 일에 관찰을 게을리하지 않는 이발소 소년 이, 용하게도 막, 그들의 이미 오래 전에 팔린 집을 나오는 일행을 발견하고 그래 이발소 안의 모든 사람이 그것을 알았을 뿐으로, 그들이 남부끄럽다 해서, 고개나마 변변히 못 들고 빠른 걸음걸이로 천변을 걸어나가, 그대로 큰길로 사라지는 뒷모양이라도 흘낏 본 이는 몇 명이 못 된다. **얼마 있다**, 원래의 신전은 술집으로 변하고, 또 그들의 살던 집에는 **좀 더 있다**, 하숙옥 간판이 걸렸다.
>
> ―박태원, 「천변풍경」―

계속해서 '신전 집'에 대한 이야기를 하고 있습니다. 알고 보니 이들의 가운은 예전부터 기울어 '주인 영감'의 말 한마디면 서울을 떠날 준비가 되어 있었고, 실제로 그러한 일이 일어난 모습이었어요. 이를 알고 있던 '동리 사람들'도 당연히 어두운 마음을 가질 수밖에 없겠죠. 남일 같지 않을 테니까요.

그렇게 도망치듯 서울을 떠나는 모습을 '이발소 소년'이 보고 여기저기 소문을 냈고, 시간이 흘러 '신전 집'은 '술집'에서 '하숙옥'으로 바뀌는 모습입니다. 비슷한 시간 서로 다른 장소에서 각각

딸을 시집보내는 '이쁜이 어머니'의 아쉬움과, 기울어진 가운으로 인해 서울을 떠나는 '신전 집' 가족들의 이야기가 제시되었습니다. 무언가 우울한 느낌이 든다면 제대로 공감하면서 읽어낸 것이라 볼 수 있겠네요.

> (나)
>
> #### #68. 산비탈 길
> 뚜벅뚜벅 걷고 있는 철호 .
>
> #### #69. 피난민 수용소 안(회상)
> 담요바지 철호의 아내 가 주워 모은 널빤지 조각을 이고 들어와 부엌에 내려놓고 흩어진 머리칼을 치키며 숨을 돌리고 있다.
>
> 철호 Ⓔ* : 저걸 저토록 고생시킬 줄이야.
> 담요바지 아내의 모습 위에 ―O·L* ―
> 여학교 교복을 입고 강당에 서서 노래를 부르고 있는 그 시절의 아내. 또 O·L되며 신부 차림의 아내가 노래를 부르고 있다. 그 옆에 상기되어 앉아 있는 결혼 피로연석상의 철호. 노래는 '돌아오라 소렌토'.
>
> #### #70. 산비탈
> 철호가 멍하니 시가지를 내려다보고 섰다. 황홀에 묻힌 거리.
>
> * Ⓔ : 효과음(effect). 화면에 삽입된 음향.
> * O·L(overlap) : 하나의 화면이 끝나기 전에 다음 화면이 겹치면서 먼저 화면이 차차 사라지게 하는 기법.

다음은 (나)를 읽어봅시다. 시나리오 대본을 다루는 극문학 지문에서는 각 씬마다 어떤 시간/공간에 대한 이야기인지를 정확히 파악하는 것이 중요합니다. #68에는 '산비탈 길'을 걷고 있는 '철호'의 모습이 나타나고 있는데, #69에서는 '회상'이 제시되고 있습니다. 여기서 '과거'의 이야기로 장면이 바뀌었다는 것을 파악할 수 있어야 해요! '피난민 수용소'에서의 과거 이야기에는 철호의 '아내'가 등장하고, '철호'가 Ⓔ를 통해 '아내'를 고생시켰다는 이야기를 하고 있습니다. 이때 '철호'의 목소리는 '현재'의 목소리(생각)라고 할 수 있겠죠? 영화의 한 장면이라고 생각하면 어렵지 않을 겁니다. 과거 회상 속에 현재의 생각이 들어가는 건 낯선 모습이 아니니까요.

나아가 '여학교 교복', '신부 차림'의 아내 모습이 등장하며 과거가 쭉 제시되고 있습니다. #70으로 바뀌며 다시 '산비탈'인데, 이곳에 올라온 '철호'는 '멍하니' 시가지를 바라보고 있어요. 아마 '아내'와의 과거를 회상하며 멍때리고 있는 것이겠죠. 아내를 고생시켰다는 '철호'의 대사를 통해 유추하면, 결혼 이후의 삶이 순

탄치 못했나봐요. 미안함, 공허함 등이 섞여 있을 '철호'의 '멍한 눈빛'에 공감하며 계속 읽어보도록 합시다.

> #### #71. 자동차 안
> **해방촌의 골목길**을 　운전수　가 땀을 빼며 빠져나와서 뒤를 돌아보고
> **운전수** : 손님! 이상 더 올라가지 못하겠는데요.
> **영호** : 그럼 내립시다. 시시한 동네까지 몰구 오느라고 수고했소.
> 천 환짜리 한 장을 꺼내 준다.
> **운전수** : (공손히) 감사합니다.
> #### #72. 철호의 방 안
> 철호의 아내가 만삭의 배를 안고 누더기를 꿰매고 있다. 옆에서 콜콜 자고 있는 　혜옥　.
> **영호** : (들어오며) 혜옥아!

#71부터는 또 다른 이야기인 것 같아요. 이번엔 '영호'라는 인물이 '해방촌의 골목길'에서 등장합니다. '운전수'가 더 이상 올라가지 못할 정도로 험준한 곳인가봐요. '영호'는 '철호'의 방으로 들어갑니다. '철호'의 방으로 간다는 것과 비슷한 이름 등을 통해 이들이 형제가 아닐까 하고 추측할 수 있겠죠. 그곳에는 아까 고생만 했던 철호의 '아내'와 '혜옥'이라는 새로운 인물이 있네요. '영호'는 '혜옥'을 찾으러 왔나봅니다. 정확한 상황을 이해하기는 어렵겠지만, 최소한 새롭게 등장한 인물들과 그들을 둘러싼 전반적인 상황들은 확실하게 체크할 수 있어야 합니다.

> (중략)
>
> #### #73. 철호의 집 부엌 안
> 　민호　가 팔다 남은 신문을 끼고 들어와 신들메를 끌르며
> **민호** : 에이 날씨도 꼭 겨울 같네.
> **철호ⓔ** : 어쨌든 너도 인젠 정신을 차려야지! 군대에서 나온 지도 이태나 되잖니.
> **영호ⓔ** : 정신 차려야죠. 그렇잖아도 금명간 판결이 날 겁니다.
> **철호ⓔ** : 어디 취직을 해야지.

그렇게 (중략) 이후, #73에서는 다시 '철호'의 집입니다. 이곳에는 '철호의 아내, 혜옥, 영호'가 있을 것이에요. 그런데 이번엔 또 '민호'가 들어오고 있어요. '민호'가 들어오는데, '철호'와 '영호'의 이야기가 ⓔ를 통해 제시되고 있습니다. 이는 집으로 들어온 '민호'의 귀에 '철호'와 '영호'의 이야기가 들리고 있다는 것을

의미하겠죠? 이 장면을 충분히 상상하면서 읽을 수 있어야 합니다. '철호'는 '영호'에게 정신을 차리라고 말하며, 취직할 것을 권하고 있습니다. 이렇게 형이 동생에게 조언을 건네는 모습은 어렵지 않게 상상할 수 있는 장면이네요.

> #### #74. 철호의 집 방 안
> **영호** : 취직이요. 형님처럼 전차 값도 안 되는 월급을 받고 남의 살림이나 계산해 주란 말에요? 싫습니다.
> **철호** : 그럼 뭐 뾰죽한 수가 있는 줄 아니?
> **영호** : 있지요. 남처럼 용기만 조금 있으면.
> **철호** : 용기?
> **영호** : 네. 분명히 용기지요.
> **철호** : 너 설마 엉뚱한 생각을 하고 있는 건 아니겠지.
> **영호** : 엉뚱하긴 뭐가 엉뚱해요.
> **철호** : (버럭 소리를 지르며) 영호야! 그렇게 살자면 이 형도 벌써 잘살 수 있었단 말이다.
> **영호** : 저도 형님을 존경하지 않는 건 아녜요. 가난하더라도 깨끗이 살자는 형님을……. 허지만 형님! 인생이 저 골목에서 십 환짜리를 받고 코 흘리는 어린애들에게 보여 주는 요지경이라면야 가지고 있는 돈값만치 구멍으로 들여다보고 말 수도 있죠. 그렇지만 어디 인생이 자기 주머니 속의 돈 액수만치만 살고 그만둘 수 있는 요지경인가요? 형님의 어금니만 해도 푹푹 쑤시고 아픈 걸 견딘다고 절약이 되는 건 아니죠. 그러니 비극이 시작되는 거죠. 지긋지긋하게 살아야 하니까 문제죠. 왜 우리라고 좀 더 넓은 테두리까지 못 나가라는 법이 어디 있어요.
> 영호는 반쯤 끌러 놨던 넥타이를 풀어서 방구석에 픽 던진다. 철호가 무겁게 입을 연다.
> **철호** : 그건 억설이야.
> **영호** : 억설이오?
> **철호** : 네 말대로 꼭 잘살자면 양심이구 윤리구 버려야 한다는 것 아니야.
> **영호** : 천만에요.

#74로 바뀌면서, 본격적으로 '철호'와 '영호'의 이야기에 주목하고 있습니다. 취직을 하라는 '철호'의 말에 '영호'는 감정적으로 반응하면서, '용기'를 가지면 취직하지 않고도 잘 살 수 있다는 이야기를 하고 있습니다. '철호'의 이야기를 들어보니 '영호'는 반칙을 해서라도 잘 살겠다는 입장을 가지고 있네요. '가난하더라도 깨끗이' 살자는 '철호'는 이러한 '영호'의 모습에 화를 내고 있습니다. 이렇게 의견이 대립하면 당연히 감정도 격해지겠죠? 이런

감정을 '영호'는 '넥타이'를 던지는 행위를 통해 드러내고 있네요. 답답한 것이겠죠. '철호'는 무겁게 입을 열며 최대한 '영호'를 타이르고 있습니다.

#75. 철호의 집 골목

  스카프를 두르고 핸드백을 걸친 명숙이가 엿듣고 있다.

철호 Ⓔ : 그게 바루 역설이란 말이다. 마음 한구석이 어딘가 비틀려서 하는 억지란 말이다.

영호 Ⓔ : 비틀렸죠. 분명히 비틀렸어요. 그런데 그 비틀리기가 너무 늦었단 말입니다.

-이범선 원작, 이종기 각색,「오발탄」-

그런데 또 장면이 바뀌고 있습니다. #75는 '철호'의 집 안이 아닌 '골목'입니다. 이곳에서는 또 '명숙이'라는 새로운 인물이 대화를 엿듣고 있네요. '명숙'이 '엿듣고' 있는 상황이기에, '철호'와 '영호'의 의견 대립은 Ⓔ 처리되는 모습입니다. 어렵지 않게 납득할 수 있겠죠?

전반적으로 우울한 장면들이 이어진 지문들이었습니다. 지문의 큰 흐름을 확실하게 파악하고 인물들에게 완벽하게 공감했다면 어렵지 않게 읽어낼 수 있었을 것이에요. 길어도 달라지는 건 없어요. 차분하게 독해하도록 합시다.

선지	①	②	③	④	⑤
선택률	10%	6%	6%	18%	60%

16 (가)와 (나)의 공통점으로 가장 적절한 것은? ⑤

– 두 지문의 공통점을 묻고 있습니다. 미리 생각해보면 더 좋겠죠? 두 지문 모두 도시에서 일어나는 상황을 묘사했는데, 상당히 우울한 이야기들로 구성되어 있었습니다. 이 속에서 힘들어하는 인물들의 모습도 나타났구요. 이런 내용과 비슷한 내용을 찾아보도록 합시다.

① 인물 간의 대결 의식을 통해 사건의 긴장감을 조성하고 있다.

선지 유형	근거가 없어서 허용 불가능
실전에서의 판단 과정	(가)에서 딱히 인물들의 대결 의식을 나타내지는 않았는데?
해설	(가)에서 '인물 간의 대결 의식'이 나타나지는 않았습니다. '이쁜이 어머니', '신전 집 가족들' 모두 각자의 사정 속에서 슬퍼하고 있을 뿐, 인물들끼리 갈등을 보이고 있지는 않습니다.
	물론 (나)는 허용할 수 있겠죠? '철호'와 '영호'의 갈등은 아주 표면적으로 드러나니까요. 갈등 같은 개념에 대해 깊게 알고 있는지를 묻는 게 아니라, '내용을 이해'했는지를 물어보는 겁니다! 인물들에게 공감한다는 하나의 원칙으로 지문을 읽어내려 갔다면 어렵지 않게 지울 수 있었을 것이에요.

② 인물 간의 대화를 통해 특정 인물의 생각과 행동을 희화화하고 있다.

선지 유형	근거가 없어서 허용 불가능
실전에서의 판단 과정	희화화한 부분이 어디 있어.
해설	인물의 생각이나 행동을 '희화화'한다는 건, 우울 그 자체인 두 작품의 흐름을 생각할 때 절대 허용할 수 없겠죠? 웃기려는 의도를 보이는 말장난 같은 것들을 찾을 수 없으니, 즉 '근거'를 찾을 수 없으니 허용할 수 없는 선지로 판단하면 되겠습니다.

③ 인물의 회상 장면을 통해 사건 해결의 실마리를 과거에서 찾고 있다.

선지 유형	근거가 없어서 허용 불가능
실전에서의 판단 과정	사건 해결의 실마리가 이 지문들의 핵심이 아니지.
해설	(가)에서는 애초에 어떤 인물의 '회상' 장면이 없습니다. 서술자가 강제로 과거 장면('점룡이 어머니'의 이야기, '신전 집' 둘째 아들의 이야기 등)을 보여 줄 뿐이죠.
	(나)에서는 초반부에 '철호'의 회상 장면이 등장하기는 합니다. 하지만 '사건 해결의 실마리'라는 말을 허용하기는 어렵죠? (가)도 (나)도 어떠한 사건을 해결하는 것이 핵심인 지문은 아니었으니까요. 전반적인 주제와 어긋나기에 가볍게 틀린 선지로 판단할 수 있겠습니다.

④ 인물 간의 갈등을 다각적으로 조명하여 사건 전개의
양상을 다면화하고 있다.

선지 유형	근거가 없어서 허용 불가능
실전에서의 판단 과정	(가)에는 인물 간의 갈등이 없다니까.
해설	1번 선지를 설명하면서 한 번 확인했던 내용이죠? (가)에는 '인물 간의 갈등'이 드러나지 않습니다. 따라서 바로 틀린 선지로 처리할 수 있어야 해요. 소설은 크게 '인물(자아) 간의 갈등'과 '인물(자아)과 세계의 갈등'으로 주제를 구분할 수 있어요. (가)의 경우에는 후자인데, 이처럼 어떤 갈등이 나타나는지 생각하며 읽으면 지문 내용을 훨씬 더 풍부하게 이해할 수 있을 겁니다. 한편 (나)에서는 '철호'와 '영호'의 갈등이 나타나고, 이 갈등이 '민호'의 시점, '철호&영호'의 시점, '명숙'의 시점 등 여러 시점을 통해 제시되고 있으니 이를 근거로 '다각적 조명/사건 전개의 양상 다면화'를 허용할 수 있겠습니다.

⑤ 인물의 내면을 행위로 제시하여 상황을 받아들이기
어려워하는 심리를 보여 주고 있다.

선지 유형	근거가 있어서 허용 가능
실전에서의 판단 과정	딸의 결혼과 자신의 말을 들어주지 않는 형의 모습 등의 상황을 받아들이기 어려워하는 거지.
해설	(가)에는 혼란스러운 내면(당황, 피로, 공허 등)을 가지고 있는 '이쁜이 어머니'의 여러 가지 행위가 제시되어 있었습니다. 이 심리와 행위의 근거를 '딸이 시집 가는 상황을 받아들이기 어려움'이라고 해석하는 건 어렵지 않게 허용할 수 있는 내용이네요. 한편 (나)에서는 '용기'를 내려는 자신의 생각이 받아들여지지 않아 답답해하는 '영호'의 내면이 넥타이를 던지는 것과 같은 행위를 통해 제시되고 있습니다. 이 역시 '철호'가 자신의 말에 동의하지 않고 고지식한 모습을 보이는 상황을 받아들이기 어려워하기 때문에 나타난 심리와 행동이라고 할 수 있겠죠? 이처럼 명백한 근거가 존재하므로, 어렵지 않게 허용할 수 있겠습니다.

선지	①	②	③	④	⑤
선택률	73%	4%	2%	11%	10%

17 (가)의 이발소 소년에 대한 이해로 가장 적절한 것은? ①

– '이발소 소년'은 '천변에 일어나는 온갖 일에 관찰을 게을리하지
않는' 인물입니다. 이에 '신전 집' 가족이 낙향하는 모습도 관찰하
고 소문을 낸 것이죠. 이와 관련된 내용을 찾아보도록 합시다.

① 주변을 관찰하여 일상의 변화를 포착한다.

선지 유형	근거가 있어서 허용 가능
실전에서의 판단 과정	지문에 적힌 그대로네.
해설	바로 정답이네요. '천변'이라는 주변을 관찰하여 '신전 집'의 이사와 같은 일상의 변화를 포착하고 있습니다.

② 특정 가족이 몰락하게 된 이유를 분석한다.
③ 새로운 사건을 모으고 그 진위를 논평한다.
④ 천변의 소식을 타 지역 주민에게 전해 준다.
⑤ 천변 주민들 사이에 발생하는 문제를 중재한다.

선지 유형	근거가 없어서 허용 불가능
실전에서의 판단 과정	애초에 얘가 그렇게 대단한 인물이 아니었지.
해설	'이발소 소년'은 '분석', '논평', '타 지역 주민에게 소식 전달', '문제 중재'와 같은 대단한 역할을 맡고 있지 않습니다. 어렵지 않게 지울 수 있겠네요.

선지	①	②	③	④	⑤
선택률	2%	12%	4%	79%	3%

18 [A]에 대한 설명으로 적절하지 <u>않은</u> 것은? ④

– 일종의 '서술자의 개입'으로, 특이하다고 생각했던 부분에 대한
문제입니다. 역시 가볍게 해결해봅시다.

① 독자가 가진 정보를 상기시키고 있다.

선지 유형	근거가 있어서 허용 가능
실전에서의 판단 과정	독자는 기억하고 있을 것이라며.
해설	독자가 '점룡이 어머니'에 대한 이야기를 기억하고 있을 것이라며 정보를 상기시키고 있습니다.

② 정보를 제공한 인물을 독자에게 환기시키고 있다.

선지 유형	근거가 있어서 허용 가능
실전에서의 판단 과정	점룡이 어머니가 소문을 냈다고 했지.
해설	독자들도 알고 있는 '점룡이 어머니'가 '신전 집'과 관련된 정보를 제공했음을 환기시키고 있습니다.

③ 독자를 언급하여 서술자의 개입을 드러내고 있다.

선지 유형	근거가 있어서 허용 가능
실전에서의 판단 과정	생각한 그대로네.
해설	우리는 이미 생각하고 있는 내용 그대로죠?

④ 정보가 실현되지 못한 원인을 독자의 망각에서 찾고 있다.

선지 유형	근거가 있어서 허용 불가능
실전에서의 판단 과정	정보가 실현되기도 했고, 독자가 기억하고 있을 것이라며.
해설	'점룡이 어머니'가 이야기한 '신전 집' 관련 정보는 제대로 실현되었기 때문에, 애초에 '정보가 실현되지 못한 원인'과 같은 것은 따질 수 없겠습니다. 나아가 독자의 '망각'이 아닌 '기억'을 강조하고 있으니 어렵지 않게 답으로 고를 수 있겠네요.

⑤ 인물의 행선지와 관련한 정보를 독자에게 제공하고 있다.

선지 유형	근거가 있어서 허용 가능
실전에서의 판단 과정	춘천이 아니라 강화라며.
해설	'신전 집'의 가족들이 '경기 강화'로 갔다는, '행선지와 관련한 정보'를 제공했죠?

선지	①	②	③	④	⑤
선택률	4%	58%	5%	8%	25%

19 (가)와 (나)에 대한 감상으로 적절하지 <u>않은</u> 것은? ②

① (가)의 짧게 느껴지는 '골목'은 어머니의 아쉬움을, (나)의 빠져나오기 힘든 '골목길'은 '시시한 동네'의 열악함을 보여 주고 있다.

그 골목이 그렇게도 짧은 것을 그가 처음으로 느낄 수 있었을 때, 신랑의 몸은 벌써 차 속으로 사라지고, 자기와 차 사이에는 몰려든 군중이 몇 겹으로 길을 가로막았다.

#71. 자동차 안
해방촌의 골목길을 운전수가 땀을 빼며 빠져나와서 뒤를 돌아보고
운전수 : 손님! 이상 더 올라가지 못하겠는데요.
영호 : 그럼 내립시다. 시시한 동네까지 몰구 오느라고 수고했소.

선지 유형	근거가 있어서 허용 가능
실전에서의 판단 과정	골목을 떠나는 게 아쉬워서 짧게 느껴진 것이고, 빠져나오기 힘든 골목길은 열악하다고 할 수 있지.
해설	(가)에서 '골목'을 짧게 느끼는 것은 딸을 떠나보내기 싫은 '이쁜이 어머니'의 심리 때문이라고 할 수 있습니다. '아쉬움'을 허용할 만한 근거로 충분하겠네요. 한편 (나)의 '골목길'은 운전수가 빠져나오기도 힘든 동네이고, '영호'는 이 곳을 '시시한 동네'라고 표현하고 있습니다. 차가 들어가기도 힘든 곳이라면 '열악함'이 나타난다고 할 수 있겠죠.

② (가)는 딸이 멀리 떠나는 모습을 통해, (나)는 명숙이 집 밖에서 엿듣는 모습을 통해 가족들 간의 갈등 상황을 보여 주고 있다.

선지 유형	근거가 없어서 허용 불가능
실전에서의 판단 과정	(가)에는 갈등이 없다니까!
해설	(가)에서는 가족들이든 누구든 '인물들 간의 갈등'이 나타나지 않는다는 것을 계속해서 물어보고 있습니다. 딸이 멀리 떠나는 모습을 보는 '이쁜이 어머니'의 '내적 갈등'은 나타나겠지만, 딸과 다투거나 한 것은 아니므로 '가족들 간의 갈등'을 허용할 수는 없겠습니다. 한편 (나)에서 '명숙'이 '영호'와 '철호'의 갈등 상황을 집 밖에서 엿듣는다는 건 어렵지 않게 허용할 수 있죠? 애초에 지문에 적힌 상황 그대로니까요.

③ (가)의 '눈물'은 가족을 떠나보내는 자의 아픔을, (나)의 '어금니'는 가족의 생계를 꾸려 나가는 자의 견딤을 보여 주고 있다.

그러나 자동차의 문은 유난히 소리 내어 닫히고, 다시 또 경적이 두어 번 운 뒤, 달리는 자동차 안에 이쁜이 모양을, 어머니는 이미 찾아볼 수가 없었다. 그는 실신한 사람같이, 얼마를 그곳에 서 있었다. 깨닫지 못하고, 눈물이 뺨을 흐른다.

형님의 <u>어금니</u>만 해도 품품 쑤시고 아픈 걸 견딘다고 절약이 되는 건 아니죠. 그러니 비극이 시작되는 거죠. 지긋지긋하게 살아야 하니까 문제죠. 왜 우리라고 좀 더 넓은 테두리까지 못 나가라는 법이 어디 있어요.

선지 유형	근거가 있어서 허용 가능
실전에서의 판단 과정	딸을 떠나보내고 눈물을 흘리고 있고, 절약을 위해 아픈 어금니를 참고 있으니 허용되겠네.
해설	(가)의 '눈물'은 '이쁜이 어머니'가 딸을 떠나보내는 상황에서 흘린 것입니다. 이것을 '아픔'으로 해석하는 건 어렵지 않게 허용할 수 있겠네요. 나아가 (나)의 '어금니'는 '절약'을 위해 아픈 걸 견디는 '철호'의 삶을 보여 주는 것입니다. 가정을 꾸린 '철호'가 이러한 '견딤'을 통해 '절약'을 하는 이유는 '가족의 생계'를 위해서라고 할 수 있겠죠?

④ (가)는 주인 영감의 명령만을 기다리는 신전 집 가족들을 통해, (나)는 만삭의 몸에도 누더기를 꿰매는 아내의 모습을 통해 가족이 처한 불우한 상황을 보여 주고 있다.

선지 유형	근거가 있어서 허용 가능
실전에서의 판단 과정	가운이 기울어 서울을 떠나는 모습, 임신했는데 일 하는 모습 정도면 불우하다고 할 수 있지.
해설	(가)에서 '주인 영감'의 명령만을 기다리는 '신전 집' 가족들은 가운이 기울어 서울을 떠나야 하는 처지입니다. 나아가 (나)에서 '철호의 아내'는 만삭의 몸으로도 누더기를 꿰매는 일을 하고 있어요. 이러한 모습들은 모두 '불우한 상황'에 대한 근거라고 하기에 충분해보입니다.

⑤ (가)는 '도회에서의 패잔자'가 낙향하는 모습을 통해, (나)는 영호가 취직을 거부하는 모습을 통해 현실에 적응하지 못하는 인물의 처지를 보여 주고 있다.

그러나 오직 그뿐이다. 이 <u>도회에서의 패잔자</u>는 좀 더 남의 마음에 애달픔을 주는 일 없이 무심한 이의 눈에는, 참말 어디 볼일이라도 보러 가는 사람같이, 그곳에서 얼마 안 되는 작은 광교 차부에서 강화행 자동차를 탔다.

선지 유형	근거가 있어서 허용 가능
실전에서의 판단 과정	낙향하고 취직을 거부하는 건 현실에 적응하지 못하는 모습이라고 할 수 있지.
해설	(가)의 '도회에서의 패잔자'는 서울에서의 생활을 견디지 못해 낙향하고 있습니다. 나아가 (나)의 '영호'는 남의 일만 해 주고 돈은 많이 벌지 못하는 '취직'을 거부하고 있죠. 이 모습은 모두 자신들이 처한 '현실'(서울에 살고 있음, 취직을 해야 함)에 적응하지 못해 대안을 찾는 모습이라고 할 수 있겠습니다. 일단 '허용'하겠다는 생각을 하면 '근거'를 잡을 수 있습니다. 자신이 생각과 다른 선지라도, '근거'가 있다면 허용해야 합니다!

선지	①	②	③	④	⑤
선택률	3%	2%	4%	3%	88%

20 (나)의 '#68~#71'에 대한 이해로 적절하지 <u>않은</u> 것은? ⑤

① #68의 장면에 이어지는 #69에서 '철호ⓔ'를 삽입하여 회상의 주체가 철호임을 알려 주고 있다.

#68. 산비탈 길
　뚜벅뚜벅 걷고 있는 철호.
#69. 피난민 수용소 안(회상)
　담요바지 철호의 아내가 주워 모은 널빤지 조각을 이고 들어와 부엌에 내려놓고 흩어진 머리칼을 치키며 숨을 돌리고 있다.
철호ⓔ* : 저걸 저토록 고생시킬 줄이야.

* ⓔ : 효과음(effect). 화면에 삽입된 음향.

선지 유형	근거가 있어서 허용 가능
실전에서의 판단 과정	미리 생각한 내용이네.
해설	지문 독해 과정에서 미리 생각했던 내용이죠? '회상'하는 상황에 '현재'의 '철호'의 목소리가 나타나고 있으니, 이 회상의 주체가 '철호'라고 할 수 있겠습니다.

② #69에서 '철호ⓔ'를 삽입하여 아내에 대한 연민을 드러내고 있다.

> **철호ⓔ*** : 저걸 저토록 고생시킬 줄이야.
>
> * ⓔ : 효과음(effect). 화면에 삽입된 음향.

선지 유형	근거가 있어서 허용 가능
실전에서의 판단 과정	저토록 고생시켰다는데 무슨 말이 더 필요해.
해설	'아내'의 모습을 회상하면서, 아내를 저렇게까지 '고생'시킬 줄은 몰랐다는 이야기를 하고 있습니다. 이는 아내의 '고생'을 인정한다는 뜻이므로, 이를 근거로 '연민'이라는 심리가 나타난다는 것을 허용할 수 있겠죠.

③ #69에서 '노래'를 활용하여 학창 시절 아내의 화면을 결혼 피로연장 아내의 화면으로 전환하고 있다.

> 여학교 교복을 입고 강당에 서서 노래를 부르고 있는 그 시절의 아내. 또 O·L되며 신부 차림의 아내가 노래를 부르고 있다. 그 옆에 상기되어 앉아 있는 결혼 피로연 석상의 철호. 노래는 '돌아오라 소렌토'.

선지 유형	근거가 있어서 허용 가능
실전에서의 판단 과정	학창 시절과 결혼 피로연장 모두 아내가 노래를 부르고 있으니 허용되겠다.
해설	'여학교 교복'을 입고 있는 학창 시절의 아내와, '신부 차림'의 결혼 피로연장 아내 모두 '노래'를 부르고 있습니다. 이 '노래'를 이용하여 화면이 오버랩되고 있으므로, '노래'를 활용하여 화면을 전환한다는 내용은 어렵지 않게 허용할 수 있겠네요.

④ #70에서 침묵하는 철호의 모습과 시가지의 분위기를 대비하여, 거리를 바라보는 철호의 심리를 암시하고 있다.

> **#70. 산비탈**
> 철호가 멍하니 시가지를 내려다보고 섰다. 황홀에 묻힌 거리.

선지 유형	근거가 있어서 허용 가능
실전에서의 판단 과정	철호는 멍한데 시가지는 황홀에 묻혀 있네. 철호의 마음이 착잡하겠다.
해설	'철호'는 시가지를 '멍하니' 쳐다보면서, 아무런 말을 하고 있지 않습니다. 이를 통해 '침묵하는 모습'을 허용할 수 있겠고, 쓸쓸한 '철호'의 처지와 '황홀에 묻힌 거리'가 대비되는 것은 '철호'의 착잡한 심리를 암시한다고 할 수 있겠어요. 애초에 인물의 모든 행동에는 '심리'가 내포되어 있다고 보셔도 좋아요. 당연하게 허용할 수 있어야 합니다.

⑤ #70의 침묵과 #71의 대화를 상호 대비하여 영호의 소심함을 드러내고 있다.

> **#70. 산비탈**
> 철호가 멍하니 시가지를 내려다보고 섰다. 황홀에 묻힌 거리.
> **#71. 자동차 안**
> 해방촌의 골목길을 운전수가 땀을 빼며 빠져나와서 뒤를 돌아보고
> 운전수 : 손님! 이상 더 올라가지 못하겠는데요.
> 영호 : 그럼 내립시다. 시시한 동네까지 몰구 오느라고 수고했소.
> 천 환짜리 한 장을 꺼내 준다.
> 운전수 : (공손히) 감사합니다.

선지 유형	근거가 있어서 허용 불가능
실전에서의 판단 과정	영호가 왜 소심해?
해설	일단 #70에서 침묵하는 건 '철호'이고, #71에서 대화를 하는 건 '영호'입니다. 애초에 #70과 #71은 별다른 연결고리가 없는, 아예 다른 장면이기에 이들을 상호 대비한다는 것부터 허용하기 어렵습니다. 나아가 #71의 '영호'는 '운전수'에게 할 말을 하는 모습을 보여 주고 있죠? 이를 근거로 하면 '소심함'이라는 성격은 절대로 허용할 수 없겠습니다.

선지	①	②	③	④	⑤
선택률	7%	11%	24%	14%	44%

21 〈보기〉를 바탕으로 (가)의 ㉠~㉢과 (나)의 '#71~#75'에 대해 이해한 내용으로 적절하지 <u>않은</u> 것은? [3점] ⑤

> 그러나 ㉠자동차의 문은 유난히 소리 내어 닫히고, 다시 또 경적이 두어 번 운 뒤, 달리는 자동차 안에 이쁜이 모양을, 어머니는 이미 찾아볼 수가 없었다.

> 또 ㉡한편 개천 하나를 건너 신전 집에서는, 바로 이 날에 이제까지의 서울에서의 살림을 거두어, 마침내 애달프게도 온 집안이 시골로 내려갔다.

> ㉢얼마 있다, 원래의 신전은 술집으로 변하고, 또 그들의 살던 집에는 좀 더 있다, 하숙옥 간판이 걸렸다.

―――― [보기] ――――

> 작가는 시간의 흐름에 따라 나타나는 모든 상황을 서술하지는 않는다. 일련의 상황이나 사건들 중 작가의 시선에 의해 특정한 부분이 부각되어 서술되는 것이다. 즉, 서사는 시간과 공간을 배경으로 하는 사건의 선택과 결합을 통해 구성된다. 선택이란 시간과 공간을 분할한 후 의미 있는 부분을 선택하는 것을, 결합이란 이렇게 선택된 시간과 공간을 다양한 방식으로 연결하여 새롭게 사건을 구성하는 것을 의미한다. 이렇게 서사는 다양한 사건 구성의 방식을 통해 인간의 문제를 총체적으로 파악하고자 하는 고민을 담고 있다.

- 작가의 시선에 포착된 특정한 사건이 '선택'되고 '결합'되어 서사를 형성한다는 내용입니다. 어려운 말이지만, 사실은 당연한 내용이죠? 가볍게 선지를 판단해보도록 합시다.

① ㉠에서는 두 인물 사이에서 발생한 여러 상황에서 몇 개의 상황만을 선택적으로 제시하여 그 상황에 대한 인물의 심리를 암시하고 있고, #71과 #72에서는 서로 다른 두 공간을 동일 인물의 등장으로 연결하여 인물의 공간 이동을 나타내는군.

#71. 자동차 안
　해방촌의 골목길을 운전수가 땀을 빼며 빠져나와서 뒤를 돌아보고

운전수 : 손님! 이상 더 올라가지 못하겠는데요.

영호 : 그럼 내립시다. 시시한 동네까지 몰구 오느라고
　　　수고했소.
　　　천 환짜리 한 장을 꺼내 준다.

운전수 : (공손히) 감사합니다.

#72. 철호의 방 안
　철호의 아내가 만삭의 배를 안고 누더기를 꿰매고 있다. 옆에서 콜콜 자고 있는 혜옥.

영호 : (들어오며) 혜옥아!

선지 유형	근거가 있어서 허용 가능
실전에서의 판단 과정	㉠에서는 이쁜이와 어머니 사이에 있던 일 중 문이 닫히고 경적이 울리는 데에만 주목하고 있네. 이를 통해 어머니의 심리를 드러내고 있다고 할 수 있겠다. 그리고 #71~#72에서는 영호가 두 장면에 나타나고 있으니 공간 이동이라고 할 수 있겠다.
해설	㉠의 상황에서 '이쁜이'와 '어머니'라는 두 인물 사이에 일어난 일들은 징말로 많을 겁니다. 작가는 그 중에서 문이 닫히고 경적이 울리는 일, '이쁜이'를 태운 자동차가 지나가는 일 등만을 '선택'해서 제시하고 있네요. '이쁜이'가 차에 타는 모습 등에는 주목하지 않은 것이죠. 나아가 이러한 '선택'을 통해 '어머니'의 아쉬운 심리를 효과적으로 암시하고 있다고 할 수 있습니다. '선택'된 장면들은 모두 '어머니' 입장에서는 '이쁜이'가 곧 떠난다는 신호에 해당하니까요. 한편 #71~#72에서는 '자동차 안'과 '철호의 방 안'이라는 서로 다른 두 공간을 '영호'라는 동일한 인물의 등장으로 연결하고 있습니다. 이는 '영호'라는 인물의 공간 이동을 나타낸다고 할 수 있겠죠.

② ㉡에서는 같은 날에 서로 다른 공간을 배경으로 하는 사건이 일어났음을 밝혀 ㉡의 공간에서 일어나는 사건과 ㉠의 공간에서 일어나는 사건을 결합하고 있고, #73과 #74의 서로 다른 공간은 동일한 인물들의 이어지는 대화를 통해 서로 결합하고 있군.

#73. 철호의 집 부엌 안
　민호가 팔다 남은 신문을 끼고 들어와 신들메를 끌르며

민호 : 에이 날씨도 꼭 겨울 같네.

철호㉢ : 어쨌든 너도 인젠 정신을 차려야지! 군대에서 나온 지도 이태나 되잖니.

영호ⓔ : 정신 차려야죠. 그렇잖아도 금명간 판결이 날
　　　 겁니다.

철호ⓔ : 어디 취직을 해야지.

#74. 철호의 집 방 안

영호 : 취직이요. 형님처럼 전차 값도 안 되는 월급을 받
　　　 고 남의 살림이나 계산해 주란 말에요? 싫습니다.

철호 : 그럼 뭐 뾰죽한 수가 있는 줄 아니?

영호 : 있지요. 남처럼 용기만 조금 있으면.

(하략)

선지 유형	근거가 있어서 허용 가능
실전에서의 판단 과정	㉠, ㉡ 내용은 지문 읽으면서 했던 생각이고, #73~#74는 영호와 철호의 대화로 결합되지.
해설	㉡은 ㉠에 제시된 '결혼식'이 있던 날 동시에 벌어진 사건에 해당합니다. 이는 지문을 읽으면서 미리 생각했던 내용이죠? 둘은 '골목'과 '신전 집'이라는 서로 다른 공간을 배경으로 하면서 같은 날에 일어난 사건이라는 점에서 '결합'된다고 할 수 있겠습니다. 한편 #73과 #74는 '철호의 집 부엌 안'과 '철호의 집 방 안'으로 서로 다른 공간에서 펼쳐지는 이야기인데, 이 공간들은 '철호'와 '영호'라는 인물들의 이어지는 대화를 통해 결합되고 있습니다. 길어서 그렇지 어렵지는 않아요.

③ ㉡에서는 일련의 상황을 선택적으로 제시하면서 인물
　들에 대한 감정을 서술하고 있고, #73~#75에서는 두
　인물의 대화를 매개로 서로 다른 공간을 결합함으로
　써 #73과 #75의 장면에 등장하는 인물들이 #74의 상
　황을 공유할 수 있도록 구성하고 있군.

#73. 철호의 집 부엌 안

　민호가 팔다 남은 신문을 끼고 들어와 신들메를 끌르며

민호 : 에이 날씨도 꼭 겨울 같네.

철호ⓔ : 어쨌든 너도 인젠 정신을 차려야지! 군대에서
　　　 나온 지도 이태나 되잖니.

영호ⓔ : 정신 차려야죠. 그렇잖아도 금명간 판결이 날
　　　 겁니다.

철호ⓔ : 어디 취직을 해야지.

#74. 철호의 집 방 안

영호 : 취직이요. 형님처럼 전차 값도 안 되는 월급을 받
　　　 고 남의 살림이나 계산해 주란 말에요? 싫습니다.

철호 : 그럼 뭐 뾰죽한 수가 있는 줄 아니?

영호 : 있지요. 남처럼 용기만 조금 있으면.

(중략)

#75. 철호의 집 골목

　스카프를 두르고 핸드백을 걸친 명숙이가 엿듣고 있다.

철호ⓔ : 그게 바루 억설이란 말이다. 마음 한구석이 어
　　　 딘가 비틀려서 하는 억지란 말이다.

영호ⓔ : 비틀렸죠. 분명히 비틀렸어요. 그런데 그 비틀
　　　 리기가 너무 늦었단 말입니다.

선지 유형	근거가 있어서 허용 가능
실전에서의 판단 과정	㉡에서는 낙향하는 모습을 선택적으로 제시하면서 애달프다는 감정 서술했고, #73~#75 관련 내용은 영호와 철호의 대화를 민호와 명숙이가 듣고 있으니 허용되겠다.
해설	㉡에서는 낙향하는 '신전 집' 가족들의 모습을 제시하고 있습니다. 이들이 낙향하기까지는 정말 많은 일이 있었을 것인데, 작가는 이 중에서 '살림을 거두어'라는 부분에만 주목하고 있습니다. 이렇게 '선택적 제시'를 하면서, 그 속에 '애달프게도'라는 표현으로 자신의 감정을 드러내고 있어요. #73~#75에서는 '영호'와 '철호'의 대사가 ⓔ로 제시되기도 하면서 '민호'와 '명숙이'라는 인물들이 이 상황을 공유할 수 있도록 하고 있죠? 어렵지 않게 허용할 수 있습니다.

④ ㉠과 ㉡의 연결은 같은 날에 서로 다른 공간에서 발생
　하는 사건의 연결이라는 점에서는 #74와 #75의 연결
　과 유사하지만, 인물의 목소리를 활용하는 #74와 #75
　의 연결과 비교하면 연결 방식에서 구별되는군.

#74. 철호의 집 방 안

(중략)

철호 : 네 말대로 꼭 잘살자면 양심이구 윤리구 버려야
　　　 한다는 것 아니야.

영호 : 천만에요.

#75. 철호의 집 골목

　스카프를 두르고 핸드백을 걸친 명숙이가 엿듣고 있다.

철호ⓔ : 그게 바루 억설이란 말이다. 마음 한구석이 어
　　　 딘가 비틀려서 하는 억지란 말이다.

영호Ⓔ : 비틀렸죠. 분명히 비틀렸어요. 그런데 그 비틀리기가 너무 늦었단 말입니다.

선지 유형	근거가 있어서 허용 가능
실전에서의 판단 과정	㉠과 ㉡은 같은 날, 서로 다른 공간이고 서술자의 목소리로 연결되고 있지. 한편 #74~#75 역시 같은 날, 서로 다른 공간인데 인물의 목소리로 연결되고 있네.
해설	사실 선지 그대로 허용할 수 있는 내용입니다. ㉠과 ㉡이 '같은 날'에 '다른 공간'에서 발생하는 사건이라는 건 여러 번 확인했던 내용이에요. 나아가 #74와 #75 모두 '영호'와 '철호'가 말싸움을 벌이는 '같은 날'에 서로 '다른 공간'에서 발생하고 있으니, 이 점에서는 유사하다고 할 수 있겠습니다. 하지만 ㉠과 ㉡은 '인물'의 목소리가 아닌 '서술자'의 목소리를 통해 연결되고 있습니다. 이는 '영호'와 '철호'라는 '인물'의 목소리를 통해 연결되는 #74~#75와 구분되는 점이라고 할 수 있겠네요.

⑤ ㉢은 시간의 흐름을 분할하고 대상의 특징적인 변화를 선택하여 제시한다는 점에서 #75와 유사하지만, 서로 다른 두 공간의 결합이 나타나지 않는다는 점에서는 #75와 구별되는군.

#75. 철호의 집 골목
　스카프를 두르고 핸드백을 걸친 명숙이가 엿듣고 있다.
철호Ⓔ : 그게 바루 역설이란 말이다. 마음 한구석이 어딘가 비틀려서 하는 억지란 말이다.
영호Ⓔ : 비틀렸죠. 분명히 비틀렸어요. 그런데 그 비틀리기가 너무 늦었단 말입니다.

선지 유형	근거가 없어서 허용 불가능
실전에서의 판단 과정	#75에서는 시간의 흐름이 분할되지 않았는데?
해설	㉢이 '얼마 있다', '좀 더 있다'라는 표현을 통해 '시간의 흐름'을 분할하고, '신전 집'이 '술집'에서 '하숙옥'으로 바뀌는 '변화'를 선택하여 제시한다는 건 당연하게 허용할 수 있겠습니다. 하지만 #75에는 '시간의 흐름'을 분할하는 모습이 나타나지 않습니다. 4번 선지에서 이야기한 것처럼 #73부터 #75까지는 동일한 시간의 흐름 속에 있으니까요.

한편, ㉢에서는 '서로 다른 두 공간의 결합'이 나타나지 않습니다. '신전 집'이라는 같은 공간에 대한 이야기이니까요. 이는 '철호의 집 방 안'과 '철호의 집 골목'이라는 서로 다른 두 공간이 결합되고 있는 #75와 구별된다고 할 수 있겠습니다. 선지의 뒷부분은 맞는 말이네요.

진짜 좀 너무하지 않나 하는 생각이 드는 문제였습니다. 그 생각을 대변하듯 정답률은 낮지만, 사실 크게 어렵지는 않은 문제였습니다. 선지에서 묻는 부분으로 돌아가서 차분하게 판단하면 선지 그 자체로 허용 가능한 내용들밖에 없거든요. 하지만 선지의 길이가 지나치게 길고, 선지 하나하나 확인해야 하는 내용들이 너무 많아 시간을 오래 쓰게 하는 문제였습니다.

2019학년도 수능 이후 이렇게 긴 〈보기〉, 선지를 가진 문제의 출제를 지양하겠다고 공개적으로 밝힌 평가원의 입장을 고려해보면 이 정도의 문제를 다시 만나기는 쉽지 않다고 볼 수 있습니다. 하지만 우리가 배울 것은 명확합니다. 선지가 아주 길지만, 새로운 걸 물어보는 건 아니라는 것이에요. 그저 인물들에게 공감하며 이해한 내용을 선지에서 묻는 것과 연결지어 차근차근 생각해주시면 됩니다. '길고 긴 지문', '길고 긴 선지'가 나왔을 때, '와 진짜 어렵다.'가 아닌 '아... 귀찮게 하네.'라는 생각을 가지고 해결할 수 있도록 합시다.

몰랐던 어휘 정리하기

① **허용 가능성 평가** : 선지의 내용을 '허용'하려는 태도를 바탕으로 지문을 '독해'하며 '근거'를 찾아야 합니다. 허용할 수 있는 '근거'가 있어야만 허용할 수 있습니다. 주관적인 생각을 개입시키면 안 됩니다.

② **소설 독해** : '심리와 행동의 근거'를 바탕으로 인물에게 '공감'하며 읽어야 합니다. 이 과정이 물흐르듯 이어지면 지문의 내용을 완벽하게 이해할 수 있어요.

③ **극문학 독해** : 소설과 마찬가지로, '심리와 행동의 근거'를 바탕으로 인물에게 '공감'하며 읽어야 합니다. 이 과정이 물 흐르듯 이어지면 지문의 내용을 완벽하게 이해할 수 있어요. 이때 '대사 외 부분'에 주목하며 장면을 상상하면서 읽으면 훨씬 깊게 받아들일 수 있을 거예요.

④ **길고 긴 지문/선지** : 어려운 게 아닙니다. 귀찮은 겁니다. 겁먹지 말고, 시간 쓸 각오하면서 차분하게 해결하도록 합시다.

| 지문 내용 총정리 |

무지막지한 비주얼에 비하면 문제의 난이도는 그렇게 어렵지 않았습니다. 평범한 소설 지문/문제였다고 봐도 무방해요. 긴 지문/긴 선지가 나왔을 때, 그저 '귀찮은' 문제로 생각하며 차분하게 해결하는 태도를 꼭 갖춰주도록 합시다.

현대시는 이렇게 만들어진다.

기형도, 「질투는 나의 힘」

> 아주 오랜 세월이 흐른 뒤에
> 힘없는 책갈피는 이 종이를 떨어뜨리리

'아주 오랜 세월이 흐른 뒤'를 떠올리며 시작하고 있습니다. 화자는 그때 '힘없는 책갈피'가 '이 종이'를 떨어뜨릴 것이라고 합니다. 책갈피가 정말로 종이를 떨어뜨리는 것은 아닐 것이고, '아주 오랜 세월이 흐른 뒤' 우연히 이 책을 폈을 때 '이 종이'가 툭 떨어질 것이라는 의미겠죠? 화자가 쓰고 있는 이 글을 담은 종이를 '아주 오랜 세월이 흐른 뒤' 우연히 발견하게 될 것이라는 의미로 이해하면 적절하겠습니다. 과연 '이 종이'에는 어떤 내용이 담겨 있을까요?

> 그때 내 마음은 너무나 많은 공장을 세웠으니
> 어리석게도 그토록 기록할 것이 많았구나
> 구름 밑을 천천히 쏘다니는 개처럼
> 지칠 줄 모르고 공중에서 머뭇거렸구나

지금부터는 '아주 오랜 세월이 흐른 뒤'라는 미래의 시점에서의 상황을 상상하는 것입니다. 즉, 여기서 말하는 '그때'는 현재, 혹은 지금까지 살아온 인생 전체를 말하는 것이죠. 화자는 그동안 '너무나 많은 공장'을 세웠고, '기록할 것'이 너무 많았다고 합니다. 이런 태도를 '어리석게도'라고 표현하는 것을 보니, '너무나 많은 공장'을 세우고 '기록할 것'이 많았던 그동안의 삶을 반성적으로 성찰하고 있는 것 같습니다. 마치 마음속에 공장을 세우는 것처럼 하고 싶은 것도 많고, 잊지 않도록 기록해놓고 꼭 이룰 것이라고 다짐하는 것도 많은 젊은 날의 모습을 부정적으로 바라보는 것이죠. '구름'과 같은 높은 이상 아래를 천천히 쏘다니는 '개'가 된 것처럼, 지칠 줄도 모르고 '공중'에서 머뭇거리고 허우적대던 화자였나 봅니다. 화자는 이렇게 앞만 보고 달려가며 살아왔던 것을 미래에 후회할 것이라고 생각하는 거죠.

> 나 가진 것 탄식밖에 없어
> 저녁 거리마다 물끄러미 청춘을 세워 두고
> 살아온 날들을 신기하게 세어 보았으니
> 그 누구도 나를 두려워하지 않았으니
> 내 희망의 내용은 질투뿐이었구나

그렇게 살아온 미래의 화자가 가진 것은 공장은커녕 '탄식'밖에 없습니다. 그동안 살아온 청춘의 모습을 하나하나 회상해보는데, 미래의 화자는 그 누구도 자신을 두려워하지 않았다는 것을 깨닫습니다. 스스로는 '공장'도 세우고, '기록'도 하고 하면서 열심히 달려왔지만, 사실 그 누구도 화자를 신경쓰지 않았던 것이죠. 화자가 가지고 있던 '희망'의 내용은 그저 '질투'였던 것입니다. 즉, 화자가 정말로 어떤 것을 이루고 싶어 열망한 것이 아니라, 그래서 남들이 두려워할 만큼 제대로 몰입한 것이 아니라 그저 남들이 이루어 놓은 좋은 성과를 '질투'했을 뿐이라는 것이죠. 이런 생각에 다다르다 보니 그동안의 삶을 반성적으로 바라볼 수밖에 없던 것이었습니다.

> 그리하여 나는 우선 여기에 짧은 글을 남겨 둔다
> 나의 생은 미친 듯이 사랑을 찾아 헤매었으나
> 단 한 번도 스스로를 사랑하지 않았노라
>   -기형도, 「질투는 나의 힘」-

이런 성찰이 끝나고, 현재의 화자로 돌아왔습니다. 현재의 화자는 우선 여기에 '짧은 글'을 남겨 둔다고 해요. 그 내용은 마지막 두 행의 내용입니다. 미친 듯이 '사랑'을 찾아 헤매었으나, 사실 그것은 '질투'에 불과했고 스스로를 '사랑'한 적은 단 한 번도 없다는 것이죠. 여기서 '사랑'은 연애와 같은 행위를 의미하기보다는, '공장'과 같이 이루고자 했던 꿈과 희망 같은 것을 의미하겠죠? 하지만 결국 이는 화자 스스로가 꿈꾸던 것이 아니라, '질투'에 눈이 멀었던 결과일 뿐이라는 반성을 남겨 놓는 모습입니다. 미래의 화자가 '이 종이'를 찾았을 때, 자신의 젊은 날이 어땠는가를 다시금 반성할 수 있도록 말이죠.

이준관, 「가을 떡갈나무 숲」

> 떡갈나무 숲을 걷는다. 떡갈나무 잎은 떨어져
> 너구리나 오소리의 따뜻한 털이 되었다. 아니면,
> 쐐기 집이거나, 지난여름 풀 아래 자지러지게
> 울어 대던 벌레들의 알의 집이 되었다.

'떡갈나무 숲'을 걷고 있는 화자입니다. '떡갈나무'의 잎은 떨어져 동물들의 털이 되기도 하고, 쐐기 집 혹은 벌레들의 알의 집이 되기도 했다고 합니다. 화자가 걷고 있는 숲의 '떡갈나무'들은 여러 존재들을 위해 자신의 잎을 내어주었던 것 같습니다.

> 이 숲에 그득했던 풍뎅이들의 혼례(婚禮),
> 그 눈부신 날개짓 소리 들릴 듯 한데,
> 텃새만 남아
> 산(山) 아래 콩밭에 뿌려 둔 노래를 쪼아
> 아름다운 목청 밑에 갈무리한다.

화자가 있는 '떡갈나무 숲'에는 원래 풍뎅이들의 혼례가 그득했습니다. 풍뎅이들이 끊임없이 혼례, 즉 결혼을 할 정도로 풍뎅이들이 많았다는 뜻이겠죠. 그들의 눈부신 날개짓 소리가 들릴 것처럼 그 풍경이 눈에 선하지만, 지금의 '떡갈나무 숲'에는 '텃새'만 남아 있습니다. 이들은 산 아래 콩밭에 뿌려 둔 노래를 쪼아 아름다운 목청 밑에 갈무리하고 있다고 해요. 쉽지 않은 표현이지만, '텃새'들이 주체라는 점을 고려하면 '텃새'들이 콩밭의 콩을 쪼아 먹으며 지저귀는 모습을 묘사한 것이라고 이해할 수 있겠습니다. 비록 풍뎅이들은 가고 없지만, '떡갈나무 숲'은 '텃새'들과 함께 나름 평화로운 것 같아요.

> 나는 떡갈나무 잎에서 노루 발자국을 찾아본다.
> 그러나 벌써 노루는 더 깊은 골짜기를 찾아,
> 겨울에도 얼지 않는 파릇한 산울림이 떠내려오는
> 골짜기를 찾아 떠나갔다.

화자는 이번엔 '노루 발자국'을 찾아봅니다. 하지만 '노루'는 겨울에도 얼지 않는 파릇한 산울림이 떠내려오는, 더 깊은 골짜기를 찾아 떠났다고 해요. '풍뎅이'처럼 '노루'들 역시 떠나고 '텃새'만이 '떡갈나무 숲'을 지키고 있는 것이네요.

> 나무 등걸에 앉아 하늘을 본다. 하늘이 깊이 숨을 들이켜
> 나를 들이마신다. 나는 가볍게, 오늘 밤엔
> 이 떡갈나무 숲을 온통 차지해 버리는 별이 될 것 같다.

화자는 이러한 '떡갈나무'의 등걸에 앉아 하늘을 보고 있습니다. 그러자 하늘이 깊이 숨을 들이켜 자신을 들이마시는 것 같다고 해요. 그런 느낌이 들 정도로 하늘과 그 아래 있는 풍경에 일체감을 느끼고 있다는 것이겠죠. 화자는 오늘 밤엔 자신이 '떡갈나무 숲'을 온통 차지해 버리는 별이 될 것 같다고 합니다. 하늘이 자신을 들이마셔 별로 만들어 '떡갈나무 숲'을 마음껏 즐기게 해줄 것 같은 느낌이 들 정도로 지금의 풍경에 심취해 있는 것이죠.

> 떡갈나무 숲에 남아 있는 열매 하나.
> 어느 산(山)짐승이 혀로 핥아 보다가, 뒤에 오는
> 제 새끼를 위해 남겨 놓았을까? 그 순한 산(山)짐승의
> 젖꼭지처럼 까맣다.

화자는 이번엔 '떡갈나무 숲'에 남아 있는 열매 하나를 봅니다. 화자가 생각하기에, 이는 어느 '산짐승'이 먹을까 하면서 혀로 핥아 보다가, 뒤에 오는 제 새끼를 위해 남겨 놓은 것 같다고 해요. 그 열매는 자신의 배고픔을 희생하면서까지 새끼를 위하는 그 순한 '산짐승'의 젖꼭지처럼 까맣다고 합니다. 이런 풍경이 머릿속에 그려지시면 됩니다.

> 나는 떡갈나무에게 외롭다고 쓸쓸하다고
> 중얼거린다.
> 그러자 떡갈나무는 슬픔으로 부은 내 발등에
> 잎을 떨군다. 내 마지막 손이야. 뺨에 대 봐,
> 조금 따뜻해질 거야, 잎을 떨군다.
>   -이준관, 「가을 떡갈나무 숲」-

사실 화자는 외롭고 쓸쓸했나 봐요. '떡갈나무'에게 자신의 내면 세계를 토로합니다. 그러자 '떡갈나무'는 외로움과 쓸쓸함, 그리고 슬픔으로 부은 화자의 발등에 '마지막 손'에 해당하는 잎을 떨굽니다. 사실 가을이 되어 그냥 잎이 떨어지는 것인데, 화자는 이를 자신의 상처를 보듬어주는 것으로 인식하고 있어요. 그만큼 화자가 힘든 상황이고, 또 '떡갈나무'에게 큰 위로를 받고 있다는 것으로 이해할 수 있겠죠? 화자가 그리고 있는 '떡갈나무 숲'을 머릿속으로 잘 떠올렸다면 완벽하게 읽었다고 할 수 있겠습니다.

한용운, 「거짓 이별」

화자는 '당신'과 이별한 때가 언제인지를 묻고 있습니다. 이는 '나의 입술이 당신의 입술에 닿지 못하는' 순간이라고 할 수 있을 것 같아요. 이별을 하면 입맞춤을 못할 것이니까요.

그런데 화자는 이에 대해서 '우리가 좋을 대로 말하는 것과 같이'라든지, '거짓 이별'이라든지 하는 표현을 쓰고 있습니다. '좋을 대로 말하는'과 같은 표현은 남들이 자신의 이야기를 함부로 할 때 주로 쓰는 표현이에요. 그러니까, 남들이 '이별'을 곧 '입맞춤을 못하는 때'라고 하는 것은 우리가 함부로 막 하는 그런 말이라는 뜻이에요. 입맞춤을 못한다고 해서 '당신'과 이별했다고 볼 수는 없다는 화자의 생각이 드러난다고 할 수 있는 것이죠. 이러한 맥락에서 화자는 현재 상황을 '거짓 이별'로 인식하고 있습니다. 실제로는 입맞춤을 못하는 이별의 상황이 맞는데, 그건 그냥 '거짓 이별'일 뿐이라고 합리화하는 모습인 것이죠.

화자는 이러한 '거짓 이별'은 언젠가 떠날 것이라고 보고 있습니다. 즉, '당신'과 다시 만날 수 있을 것이라고 믿는 것이죠. 그러나 '거짓 이별'이 언제 떠날지는 모릅니다. '한 해 두 해 가는 것'은 '얼마 아니 된다고 할 수' 없는, 화자 입장에서는 피말리는 시간들이에요.

이런 시간의 흐름 속에서 화자의 두 볼에 핀 '도화'(복숭아꽃)는 봄바람에 몇 번이나 스쳐서 낙화가 된다고 합니다. 봄을 몇 번이나 겪을 정도로 오랜 시간이 지나면서 화자의 두 볼에 핀 '도화'가 떨어진다는 것인데, 이때 '도화'가 의미하는 것이 무엇인지 정확히 알 수는 없을 것 같아요.

그런데 바로 뒤를 보면, '두 귀밑의 푸른 구름'이 '백설'이 된다는 내용이 보입니다. 이는 주로 고전시가에서 자주 나오는 표현인데, 귀밑에 백설, 즉 흰머리가 잔뜩 앉을 정도로 오랜 시간이 흘렀다는 표현이죠? 결국 같은 맥락의 표현임을 생각하면, '도화'가 '낙화'가 되는 것 역시 '거짓 이별'이 떠나기를 기다리다 늙어가는 화자의 모습을 표현한 것이라고 할 수 있겠습니다. 이런 식으로, 화자의 일관된 '내면세계'를 바탕으로 시구들을 연결시켜 이해할 수 있어야 해요.

이처럼 화자는 늙어가며 머리가 희어 가고, 피가 식어 가지만 마음은 더 붉어지고 눈물은 더워져요. 이는 맥락상 '당신'에 대한 사랑은 더 커져간다는 것을 의미하겠죠? '거짓 이별'이 와서 '사랑의 언덕'에 사태가 났지만, '당신'과 다시 만날 수 있을 것이라는 '희망의 바다'엔 여전히 물결이 뛰놀고 있습니다. 늘 '당신'을 만날 것이라는 희망에 살고 있다는 강한 의지를 드러내고 있어요. 이 정도면 좀 무서울 정도입니다.

화자는 이른바 '거짓 이별'이라고 하는 것이 언제든지 떠날 것임을 믿고 있습니다. 그러나 한 손으로 '이별'을 가지고 가는 날은 또 한 손으로 '죽음'을 가지고 온다고 해요. 이때 '이별'과 '죽음'을 옮기는 주체는 화자일 것인데, 이에 따르면 마지막 행은 '거짓 이별'이 아닌 진짜 '이별'이 와서 그걸 가져가야 하는 날에는 '죽음'도 가져오겠다는, 즉 그냥 죽어버리겠다는 무시무시한 의미를 담고 있네요. '당신'과의 재회를 강하게 원하고 있는 화자의 내면세계를 파악했다면 충분히 잘 읽었다고 할 수 있겠습니다.

적산 가옥 구석에 짤막한 층층계……
그 이 층에서
나는 밤이 깊도록 글을 쓴다.
써도 써도 가랑잎처럼 쌓이는
공허감.
이것은 내일이면
지폐가 된다.
어느 것은 어린것의 공납금.
어느 것은 가난한 시량대*.
어느 것은 늘 가벼운 나의 용전*.

* 시량대 : 땔감과 식량을 마련할 비용.
* 용전 : 개인이 자질구레하게 쓰는 돈.

적산 가옥 구석 짤막한 층층계의 2층, 화자는 그곳에서 밤이 깊도록 글을 쓰고 있습니다. 그런데 글을 써도 써도 '공허감'이 가랑잎처럼 쌓인다고 해요. 글을 쓰는 것이 즐거우면 이런 감정을 느낄 이유가 없는데, 화자는 글을 쓰는 것이 그리 즐겁지는 않아 보입니다.

이렇게 열심히 쓴 글은 내일이면 '지폐'가 된다고 합니다. 화자가 조폐공사에서 일하는 것은 아닐 테니, 열심히 글을 쓰면 원고료를 받을 것이라는 이야기로 이해할 수 있겠네요. 그 돈은 '공납금', '시량대', '용전' 등으로 쓰일 것입니다. 이렇게 돈을 벌기 위해 어쩔 수 없이 글을 쓰는 자신의 모습에서 '공허감'을 느끼는 화자네요. 이러한 내면세계를 충분히 파악할 수 있겠죠?

밤 한 시, 혹은
두 시. 용변을 하려고.
아래층으로 내려가면
아래층은 단칸방.
온 가족은 잠이 깊다.
서글픈 것의
저 무심한 평안함.
아아 나는 다시
층층계를 밟고
이 층으로 올라간다.
(사닥다리를 밟고 원고지 위에서
곡예사들은 지쳐 내려오는데……)

새벽까지 일을 하는 화자는 용변을 하려고 아래층으로 내려가는데, 그곳은 단칸방입니다. 그 단칸방에서 '온 가족'은 '무심한 평안함'을 가지고 잠을 자고 있어요. 이를 바라보는 화자의 마음을 생각하면, '서글픈 것'이라는 표현은 어렵지 않게 공감할 수 있을 것 같습니다. 가족들을 책임지기 위해 쓰기 싫은 글도 억지로 쓰는 자신의 처지에서 크나큰 슬픔을 느끼고 있는 것이에요.

결국 화자는 다시 층층계를 밟고 글을 쓰러 올라갑니다. 그런데 갑자기 '곡예사' 이야기를 하고 있어요. 화자가 어떠한 외부세계 속 대상을 떠올렸다는 것은, 당연히 자신의 내면세계와 관련된 대상이기 때문에 그럴 것이라고 할 수 있습니다. '사닥다리'와 '원고지' 모두 네모 칸이라는 점에서 유사성을 가지고 있는데, '사닥다리'를 올라가 '원고지'에 글을 쓰는 자신의 처지가 지쳐 내려오는 '곡예사'의 처지와 비슷하다는 것으로 이해할 수 있는 것이죠. 화자든 '곡예사'든 모두 진정한 예술보다는 돈을 벌기 위한 억지 노동을 하고 있다는 점에서 유사하다고 할 수 있는 것입니다. 이런 식으로 외부세계의 대상과 화자의 내면세계를 연결시키면, 시를 이해할 수 있습니다.

나는 날마다
생활의 막다른 골목 끝에 놓인
이 짤막한 층층계를 올라와서
샛까만 유리창에
수척한 얼굴을 만난다.
그것은 너무나 어처구니없는
〈아버지〉라는 것이다.
                    *
나의 어린것들은
왜놈들이 남기고 간 다다미방에서
날무처럼 포름쪽쪽 얼어 있구나.

-박목월, 「층층계」-

화자는 날마다 '생활의 막다른 골목 끝'에 놓인 층층계를 올라옵니다. 화자에게 층층계는 생활을 유지하기 위한 마지막 보루와 같은 역할을 하고 있는 거예요. 그런데 그곳을 올라와서 '샛까만 유리창'을 보면, '수척한 얼굴'이 있다고 합니다. 자신의 얼굴이 비치는 사물을 보는 것은 곧 자아 성찰을 위한 것이라고 했습니다. 성찰을 통해 바라본 자신의 내면세계는 '수척함' 그 자체인 거예요. 화자는 가족들의 생활을 책임지기 위해 '공허함'과 '수척함'을 견디며 억지로 글을 쓰는 〈아버지〉인 것입니다.

그 와중에 바라본 '나의 어린것들'은 다다미방에서 날무처럼 포름쪽쪽 얼어 있습니다. 정확히 어떤 모습인지는 알 수 없어도, 화자가 미안함과 연민을 느끼기에 충분한 모습이라는 것 정도는 생각할 수 있겠죠? 어떻게든 살아보려고 쓰기 싫은 글을 쓰는 〈아버지〉인 화자의 '공허감', '수척함', 나아가 '고독감' 등의 내면세계를 파악했다면 충분히 잘 읽어냈다고 할 수 있겠습니다.

김남조, 「정념의 기(旗)」

> 내 마음은 한 폭의 기(旗)
> 보는 이 없는 시공(時空)에
> 없는 것 모양 걸려 왔더니라

화자는 자신의 마음을 한 폭의 '기'로 비유합니다. 내면세계를 직접적으로 드러내고 있으니, '기'의 의미를 파악하는 것이 중요하겠죠? 화자는 '기'라는 마음을 가지고 있는 자신은 '없는 것'의 모양으로(없는 것처럼) 걸려 왔다고 하는데, 그 이유는 '보는 이 없는 시공'에 있었기 때문입니다. 화자의 고독한 내면세계에 주목하며 시상이 전개되고 있습니다.

> 스스로의
> 혼란과 열기를 이기지 못해
> 눈 오는 네거리에 나서면

이렇게 고독한 화자는 '스스로의 / 혼란과 열기를 이기지 못'하는 상황이라고 합니다. 이 '열기'를 이기지 못해 '눈 오는 네거리'에 나서는 화자의 모습이네요. 눈이 오는 곳이면 '열기'를 식힐 수 있을 것이니까요.

> 눈길 위에
> 연기처럼 덮여 오는 편안한 그늘이여
> 마음의 기(旗)는
> 눈의 음악이나 듣고 있는가

그렇게 '눈길'로 나선 화자는 연기처럼 덮여 오는 '편안한 그늘'을 느낍니다. 계속해서 화자의 '마음'으로 비유되고 있는 '기'는 '눈의 음악'을 들으면서 '열기'를 식히고 있어요. 그렇다면 자연스럽게 이 작품 속 '눈'은 화자의 고독한 내면세계를 달래주는 긍정적인 대상이라고 할 수 있겠네요.

> 나에게 원이 있다면
> 뉘우침 없는 일몰(日沒)이
> 고요히 꽃잎인 양 쌓여가는
> 그 일이란다

화자의 소원은 '일몰'이 '고요히' 쌓여가는 일이라고 합니다. 마치 '눈길' 위에서 '편안한 그늘'을 즐기고 있는 현재 상황처럼 '일몰'(=죽음)을 맞이하고 싶다는 것이죠. 여기서 조금 더 깊게 들어가면, 제목에 있는 '정념'은 '감정에 따라 일어나는, 억누르기 어려운 생각'을 의미한다는 점을 이용할 수 있습니다. 그동안은 자신의 마음이 '정념의 기'였는데, 이제는 '눈길' 위에서 그런 것처럼 '편안'하고 '고요히' 쌓여가는 일몰을 즐기고 싶을 뿐인 것이에요. 결국 화자가 진짜 하고 싶은 말은 '고요한 삶에 대한 지향'이었네요.

> 황제의 항서(降書)와도 같은
> 무거운 비애(悲哀)가
> 맑게 가라앉은
> 하얀 모랫벌 같은 마음씨의
> 벗은 없을까

'황제의 항서'는 상대에게 항복하는 뜻을 담은 문서입니다. 이는 당연히 '무거운 비애'와 연결될 것인데, 화자는 이러한 '비애'가 '맑게 가라앉은' 마음씨를 가진 벗을 찾고 있어요. 시가 결국 하나의 주제 의식, 즉 화자의 내면세계로 이어진다는 걸 생각하면, 이때 '하얀 모랫벌 같은 마음씨'는 앞에서 나온 '편안함 · 고요함'과 같은 말이라고 할 수 있겠습니다. 즉, '정념'과는 반대되는 말인 것이죠. 화자는 계속해서 일관된 지향점을 보여 주고 있습니다.

> 내 마음은 한 폭의 기(旗)
> 보는 이 없는 시공(時空)에서
> 때로 울고 때로 기도드린다

수미상관으로 마무리됩니다. 화자는 그동안 자신의 '정념'을 이기지 못하고 괴로워하며 울었지만, '눈길'에서 '편안함 · 고요함'을 느낀 뒤 이와 같은 마음씨를 가진 '벗'을 찾고자 하는 '원'이 이루어지길 바라며 기도를 드리기도 하는 것이죠. 단순히 '없는 것 모양' 걸려 있던 과거를 극복하고 울고 기도하는 등의 의지를 보이는 모습으로 바뀌었다는 것 역시 이해할 수 있겠죠?

김명인, 「김정호의 대동여지도」

> 나를 쫓아온 눈발 어느새 여기서 그쳐
> 어둠 덮인 이쪽 능선들과 헤어지면 바다 끝까지
> 길게 걸쳐진 검은 구름 떼

화자는 눈발이 그칠 때까지 어딘가로 가고 있는 것 같습니다. '나를 쫓아온 눈발'이라는 표현은 말이 되질 않으니, 화자가 눈발을 피해 '여기'까지 왔다는 식으로 이해할 수 있겠죠. '여기'서 어둠 덮인 이쪽 능선들과 헤어지면, 반대편엔 바다 끝까지 길게 걸쳐진 검은 구름 떼가 보입니다. 이런 장면을 충분히 상상할 수 있겠죠? 골짜기 사이 능선 반대편에 바다가 있고, 눈이 와 먹구름이 잔뜩 껴 있는 모습입니다.

> 헛디뎌 내 아득히 헤맨 날들 끝없이 퍼덕이던
> 바람은 다시 옷자락에 와 붙고
> 스치는 소매 끝마다 툭툭 수평선 끊어져 사라진다

화자는 그동안 '헛디뎌 내 아득히 헤맨 날들'을 보내고 있었나 봅니다. 나아가 끝없이 퍼덕이던 바람이 '다시' 옷자락에 와 붙는다는 것을 보니, 화자는 여전히 '아득히 헤맨 날들'을 보내고 있는 것 같습니다. 눈앞에 보이는, '길게 펼쳐진 검은 구름 떼'와 엮어서 생각하면 화자의 현재 처지가 그리 좋아 보이지는 않습니다.

마지막 행은 정확하게 이해하기 어렵습니다. 하지만 부정적인 처지에 있는 화자의 상황을 생각했을 때, 그리 좋은 말은 아닌 것처럼 보입니다. 조금 더 읽어 보면 이해할 수도 있을 것 같아요.

> 사라진다 일념도 세상 흐른 웃음소리에 감추며
> 여기까지 끌고 왔던 사랑 헤진 발바닥의
> 무슨 감발*에 퍼진 피얼룩도
> 저렇게 저문 바다의 파도로서 풀어지느냐
>
> * 감발 : 양말의 일종.

이때 '사라진다'라는 표현이 반복되고 있습니다. 앞에서는 수평선이 끊어져 사라진다고 했는데, 여기서는 '일념'이 사라진다고 해요. 정확한 의미는 모르겠지만, '세상 흐른 웃음소리'로 인해 화자의 '일념'이 사라졌다고 하는 것 역시 화자의 부정적인 처지를 강조하는 것이라고 할 수 있겠어요. 화자는 '세상 흐른 웃음소리' 때문에 '수평선'이 끊어지고, '일념'이 사라지는 느낌을 받고 있는 것입니다.

화자는 '여기'까지 '사랑 헤진 발바닥'을 끌고 왔다고 해요. 이런 상태로 계속 걸으니 발을 다쳐 양말 속에 피얼룩이 잔뜩 졌을 것인데, 화자는 이러한 피얼룩이 '저렇게 저문 바다의 파도'로서 풀어지느냐고 묻고 있습니다. 이는 풀어지지 않을 것이라는 의미의 설의적 표현이라고 할 수 있겠죠? '눈발' 등을 피해 힘겹게 '바다'로 왔지만, 여전히 고통스러운 화자입니다.

> 폐선된 목선 하나 덩그렇게 뜬 모래벌에는
> 무엇인가 줍고 있는
> 남루한 아이들 몇 몇

이렇게 힘든 화자는 모래사장 위에 있는 '폐선된 목선'을 바라봅니다. 그곳에는 무언가를 줍고 있는 '남루한 아이들'이 있어요. 화자가 '남루한 아이들'에 주목한다는 것은, 화자 자신의 처지와 비슷하다고 느꼈기 때문이겠죠? 계속해서 힘들고 지친 화자의 처지를 강조하고 있습니다.

> 굽은 갑*에 부딪혀 꺾어지는 목소리가 들린다
> 어둡고 외진 길목에 자식 두엇 던져 놓고도
> 평생의 마음 안팎으로 띄워 올린
> 별빛으로 환해지던 어느 밤도 있었다.
>
> * 갑(岬) : 바다 쪽으로, 부리 모양으로 뾰족하게 뻗은 육지.

이때 갑자기 '굽은 갑'에 부딪혀 꺾어지는 목소리를 듣는 화자입니다. 누구의 목소리일까요? 화자는 '어둡고 외진 길목'에 두 명의 자식을 두고 길을 나선 것 같은데, 이에 따르면 이 목소리는 자식들의 목소리라고 할 수 있겠습니다. 너무나 힘든 상황에서 내면을 들여다보던 화자는 자식의 목소리를 발견한 것이죠. 나아가 앞의 '남루한 아이들'과 엮어서 이해하면, 화자는 '남루한 아이들'의 모습을 바탕으로 성찰하다가 자식들의 목소리를 떠올린 것이라고 할 수도 있겠습니다.

자식까지 두고서 길을 나서 도착한 '여기'에서, 화자는 힘들기만 합니다. 하지만 돌이켜보면 '평생의 마음 안팎으로 띄워 올린 / 별빛으로 환해지던 어느 밤도 있었다'고 해요. 자식을 두고 올 정도면 자신의 마음을 뛰게 하는 별빛과도 같은 꿈을 좇은 것일 테고, 실제로 그런 적이 있기도 했다는 식으로 회상을 하고 있는 것이죠.

희미한 빛 속에서는 수없이 물살 흩어지면서
흩어 놓은 인광만큼이나 그리움 끝없고
마주 서면 아직도
등불을 켜고 어디론가 가고 있는 돛배 한 척이 보인다
　　　　　　　　　-김명인, 「김정호의 대동여지도」-

이렇게 회상을 하던 화자는 다시 눈앞의 바다를 바라봅니다. 그곳에서는 '희미한 빛'(인광) 속에서 물살이 흩어지고 있는데, 이를 바라보는 화자는 끝없는 '그리움'을 느끼고 있어요. 이때의 '그리움'을 단순히 자식에 대한 감정이라고 할 수도 있겠지만, '희미한 빛', '인광'이라는 표현을 바탕으로 하면 자신의 꿈에 대한 감정이라고도 할 수 있습니다. 앞에서 자신의 꿈을 '별빛'으로 비유했으니, 같은 '빛'의 이미지로 표현한 감정은 꿈에 대한 것이라고 할 수 있는 것이죠.

그곳에 마주 선 화자는, '등불'을 켜고 어디론가 가고 있는 '돛배' 한 척을 봅니다. '등불' 역시 '빛'의 이미지를 가지고 있다는 점에서, 이 '돛배'는 화자의 꿈을 상징한다고 볼 수 있습니다. 치열한 성찰 끝에, 다시 한번 꿈을 향해 나아가겠다는 화자의 의지가 보이는 작품이네요.

결국 화자는 남들이 다 비웃는 것(세상 흐른 웃음소리)을 감내할 만큼, 그리고 두 자식을 두고 올 만큼 간절한 꿈을 위해 돌아다니는 고생스러운 여정 속에서 바다가 있는 '여기'에 도착한 모습이네요. 이 이미지를 상상할 수 있어야 합니다.

나아가 제목을 보면서 눈치채신 분도 계시겠지만, 이 작품의 화자는 대동여지도를 만든 김정호라고 할 수 있습니다. 남들의 비웃음도 무시하고, 자식까지 두고 올 정도로 대동여지도라는 꿈이 김정호에게 있어 컸을 것이라는 생각, 그리고 그 과정이 결코 순탄치 않았을 것이라는 생각이 담긴 작품이라고 할 수 있겠습니다.

박재삼, 「한(恨)」

감나무쯤 되랴,
서러운 노을빛으로 익어 가는
내 마음 사랑의 열매가 달린 나무는!

화자는 자신의 사랑을 '서러운 노을빛 감'에 비유하고 있습니다. '서러운 노을빛' 같은 표현을 보면, 화자의 '사랑'이 '서러움'이라는 감정과 관련되어 있다는 것을 읽어낼 수 있겠습니다. 화자는 '감나무'라는 외부세계의 대상을 보고서 자신의 내면세계 속 '서러운 사랑'을 떠올린 것이죠.

이것이 제대로 벌을 데는 저승밖에 없는 것 같고
그것도 내 생각하던 사람의 등 뒤로 벋어 가서
그 사람의 머리 위에서나 마지막으로 휘드러질까 본데,

'이것'은 1연에 나온, 사랑의 열매가 달린 감나무를 말할 것이고, 이 나무의 가지가 뻗을 곳이 저승밖에 없다고 합니다. 그리고 '내 생각하던 사람(아마 사랑의 대상이겠죠?)'의 등 뒤로 뻗어 간다는데, 여기서 우리는 화자가 사랑하는 이가 이미 죽어서 '저승'에 있다는 것을 읽어낼 수 있겠습니다. 이런 이유로 화자의 사랑이 제대로 뻗을 곳은 '저승'밖에 없는 것이에요. 그곳에 진짜 사랑하는 사람이 있으니까요.

그러나 그 사람이
그 사람의 안마당에 심고 싶던
느꺼운* 열매가 될는지 몰라!

* 느꺼운 : 어떤 느낌이 마음에 북받쳐서 벅차는.

그런데 '그 사람'이 그 사람의 안마당, 즉 '마음'에 심고 싶던 '느꺼운 열매'가 될지도 모른다고 합니다. 여기서 '심고 싶던'의 주체는 맥락상 화자라고 할 수 있는데, 이에 따르면 '느꺼운 열매'는 화자가 심고자 했던 것이라고 할 수 있겠습니다. '그 사람'이 화자가 심고 싶어하던 '느꺼운 열매'가 되었을지도 모른다는 것이죠.

나아가 앞에서 '열매=화자의 사랑'임을 파악했기 때문에, 열매가 '느껍다'는 것은 화자 자신의 사랑이 느껍다는 것으로 이해할 수 있겠습니다. 나아가 '그 사람의 안마당에 심고 싶던'이라는 표현을 바탕으로 하면, 화자가 그 '느꺼운 열매'를 '그 사람'의 마음 속에 실제로 심지는 못했다는 것을 읽어낼 수 있습니다. 즉, '그 사람'이 죽기 전에 제대로 '사랑'을 전한 적도 없다는 것이죠. 이러한 이유로 화자는 '그 사람'이 '느꺼운 열매'가 되어 나타날지도 모른다는 생각을 하는 것입니다. 결국 '그 사람'이 '느꺼운 열매'가 되었다는 것은 '그 사람'이 죽은 후에라도 화자의 마음이 전달된 것이라고 할 수 있는 것입니다. '그 사람'이 화자의 마음을 전달받고 '느꺼운 열매'로 화답한 모습이라고 할 수 있는 것이죠.

물론 이것은 화자의 바람일 뿐입니다. '될는지 몰라!'라는 표현을 보면, 화자도 이런 일이 일어나기 어려울 것이라고 생각하고 있다고 할 수 있겠어요.

> 새로 말하면 그 열매 빛깔이
> 전생(前生)의 내 전(全) 설움이요 전(全) 소망인 것을
> 알아내기는 알아낼는지 몰라!

'전(全)'은 '모든'이라는 뜻입니다. 그리고 '그 열매'는 '그 사람'에 대한 화자의 사랑을 의미했고, '서러운', '느꺼운' 빛깔을 띠고 있었습니다. 이렇게 앞선 구절들과 엮어서 생각해보면, 임에 대한 사랑의 서러움은 자기 전생의 모든 서러움과 같고, 임에 대한 사랑의 느꺼움은 전생의 모든 소망과 같다는 이야기로 읽을 수 있겠네요. 엄청나게 사랑했다는 이야기긴데, 정작 임은 이러한 사실을 알아내지 못한 것 같습니다. 사랑을 전하지 못했을 것이라는 앞의 내용과 이어지네요. 전반적으로 화자의 서러움과 회의감이라는 내면세계가 반복되고 있다는 게 느껴지시죠?

> 아니, 그 사람도 이 세상을
> 설움으로 살았던지 어쨌던지
> 그것을 몰라, 그것을 몰라!

'그 사람'도 살아 있을 무렵에 서러웠는지 모르겠다고 합니다. 자기는 '그 사람'이 자신의 사랑을 모르고 지냈을 것이라 생각하지만, 알고 보니 '그 사람'도 자신의 사랑으로 인해 '설움'을 느끼지는 않았을지 하는 생각을 하고 있어요. 그랬다면 더욱 슬픈 일이겠죠? 이루어질 수도 있었을 사랑이 죽음으로 인해 좌절된 것이니까요. 물론 '그 사람'은 화자에 대해 아무런 생각이 없었다고 해도, 이 역시 화자의 서러움을 증폭시키는 일이라고 할 수 있겠습니다. 어떻게 생각해도, 화자의 서러움은 극대화되어 제목처럼 '한(恨)'의 내면세계를 가지게 되었을 것이라 할 수 있겠습니다.

이육사, 「황혼」

> 내 골방의 커-튼을 걷고
> 정성된 마음으로 황혼(黃昏)을 맞아들이노니
> 바다의 흰 갈매기들같이도
> 인간(人間)은 얼마나 외로운 것이냐

화자는 지금 '골방'에 있습니다. 여기서 '커튼'을 걷고 '황혼'을 맞아들이고 있어요. 그리고 그 상황에서 '인간'의 '외로움'에 대해 생각하고 있습니다. '성찰'을 통해 인간 전체에 대한 생각을 하고 있는 자신의 내면세계를 인식하는 것이죠. 화자는 기본적으로 '인간'은 '바다의 흰 갈매기들'처럼 '외로운' 존재라고 생각하고 있네요.

> 황혼아 네 부드러운 손을 힘껏 내밀라
> 내 뜨거운 입술을 맘대로 맞추어 보련다
> 그리고 네 품 안에 안긴 모든 것에
> 나의 입술을 보내게 해 다오

화자는 '황혼'을 그저 바라보기만 하는 것이 아닙니다. '부드러운 손'을 내밀어 자신의 '뜨거운 입술'과 맞추어 보려고 하고 있어요. 그리고 이렇게 '손'에 '입술'을 맞추어 보는 것에서 그치는 것이 아니라, '황혼'의 '품 안에 안긴 모든 것'에 자신의 '입술'을 보내고 싶어합니다. 화자가 보고 있는 '황혼'은 다른 사람들도 함께 보고 있을 것이기 때문에, '황혼의 품에 안긴 모든 것'이라는 표현을 쓸 수 있는 것이에요. 마치 '황혼'이 사람들을 안고 있는 모양새니까요.

여기서 앞의 내용을 연결하면, 화자가 '황혼'의 손과 그 안에 안긴 모든 것들에 관심을 보이는 것은 이들이 '외로운' 존재이기 때문이라고 생각할 수 있습니다. 화자는 단순히 '인간이 외롭다.'에서 끝나는 게 아니라, 그 '외로움'을 해소해 주어야 한다는 내면세계를 가지고 있는 것이죠. 이렇게 '주제' 중심으로 독해할 수 있어야 합니다.

> 저- 십이성좌(十二星座)의 반짝이는 별들에게도
> 종(鐘)소리 저문 삼림(森林) 속 그윽한 수녀(修女)들에게도
> 시멘트 장판 위 그 많은 수인(囚人)들에게도
> 의지할 가지 없는 그들의 심장(心腸)이 얼마나 떨고 있는가

'별들', '수녀들', '수인들'은 앞에서 이야기한 '황혼'이 안고 있는 대상들에 해당할 것입니다. 이들은 '의지할 가지 없'이 '떨고 있'을 것이라고 해요. 이는 곧 이들이 '외로운' 처지라는 것과 같은 말이라고 할 수 있겠죠? 계속해서 똑같은 말만 하고 있습니다. 화자는 이러한 이들의 삶에 주목해야 한다는 생각을 하는 거예요.

> 고비 사막(沙漠)을 걸어가는 낙타(駱駝) 탄 행상대(行商隊)에게나
> 아프리카 녹음(綠陰)속 활 쏘는 토인(土人)들에게라도
> 황혼아 네 부드러운 품 안에 안기는 동안이라도
> 지구(地球)의 반(半)쪽만을 나의 타는 입술에 맡겨 다오

'행상대', '토인들' 역시 마찬가지입니다. 화자는 이렇게 '외로운' 대상들을 자신의 '입술'에 맡겨 달라고 하고 있습니다. '황혼'에 안기고 있는 현재 상황만이라도 말이죠! 여기서 '지구의 반쪽만'이라는 것은 '모든 인간'까지는 아니어도 '절반의 인간' 정도의 외로움은 달래주고 싶다는 화자의 마음이 드러난 표현이라고 할 수 있겠습니다. 계속해서 똑같은 말이 반복되고 있네요.

조금 더 깊게 생각해보면, 화자가 지금 보고 있는 '황혼'은 '지구의 반쪽만' 함께 볼 수 있습니다. 따라서 그 '황혼'을 보고 안겨 있는 '지구의 반쪽'들이라도 외로움을 달래주고 싶은 화자의 마음이 드러난다고 할 수 있겠어요.

> 내 오월(五月)의 골방이 아늑도 하니
> 황혼아 내일(來日)도 또 저-푸른 커-튼을 걷게 하겠지
> 암암(暗暗)히* 사라지긴 시냇물 소리 같아서
> 한번 식어지면 다시는 돌아올 줄 모르나 보다
>
> * 암암히 : 기억에 남은 것이 눈앞에 아른거리는 듯하게. 또는 깊숙하고 고요하게.

1연에서는 '외로움'을 느끼게 했던 '골방'인데, 이제는 '아늑'하게 느껴집니다. '지구의 반쪽'이 느끼는 외로움을 달랠 수 있는 '황혼'이 또 다가올 것이기 때문이죠. '내일'도 이 시간이 오면 화자는 '커튼'을 걷고, '황혼'의 손에 자신의 '뜨거운 입술'을 실어 '지구의 반쪽'에 보낼 수 있다는 기대감을 보이고 있습니다.

하지만 '황혼'은 하루 중 아주 짧은 시간만 찾아오는 것입니다. 이를 아는 화자는 '황혼'이 마치 '암암히' 사라지는 '시냇물' 같다고 말하며 '다시는 돌아올 줄 모'른다고 하고 있어요. '황혼'을 기다리는 시간이 마치 '다시는 돌아올 줄 모르'는 것처럼 아주 길게 느

껴진다는 것이겠죠. '황혼'을 간절하게 기다리고, 그 시간에 외로운 인간들을 위로하고 싶다는 화자의 내면세계를 파악했다면 잘 읽은 것이라고 할 수 있겠습니다.

〈보기〉 독해

———————————[보기]———————————

　　김춘수는 샤갈의 그림 「나와 마을」에서 받은 느낌을 시로 표현함으로써 상호 텍스트성을 구현했다. 올리브빛 얼굴을 가진 사나이와 당나귀가 서로 마주 보고 있는 그림에서 영감을 받은 시인은, "특히 인상 깊었던 것은 커다란 당나귀의 눈망울이었고, 그 당나귀의 눈망울 속에 들어앉아 있는 마을이었다."라고 느낌을 말했다. 또한 밝고 화려한 색감을 지닌 이질적 이미지들의 병치로 이루어진 샤갈의 초현실주의적 그림에 대한 감각적 인상을, 자신의 고향 마을에 투사하여 다양한 이미지의 병치로 변용했다. 이는 봄을 맞이한 생동감과 고향 마을의 따뜻한 풍경에 대한 그리움을 형상화한 것이라고 할 수 있다.

(나)에 대한 〈보기〉입니다. 작가가 샤갈의 그림을 보고 받은 느낌을 시로 표현한 것이라고 해요. 이 느낌을 표현할 때, 여러 방법을 활용하여 '봄을 맞이한 생동감'과 '고향 마을의 따뜻한 풍경에 대한 그리움'을 형상화했다고 합니다. 작품의 창작 방식과 주제 의식까지 친절하게 제시하고 있으니, 확실하게 챙겨 가시면 되겠죠?

실전적 지문 독해

(가)

　　검정 포대기 같은 까마귀 울음소리 고을에 떠나지 않고 ⌉
　　밤이면 부엉이 괴괴히 울어　　　　　　　　　[A]
　　남쪽 먼 포구의 백성의 순탄한 마음에도
　　상서롭지 못한 세대의 어둔 바람이 불어오던
　　-융희(隆熙) 2년!

　　그래도 계절만은 천 년을 다채(多彩)하여 ⌉
　　지붕에 박넌출 남풍에 자라고　　　　　　　[B]
　　푸른 하늘엔 석류꽃 피 뱉은 듯 피어
　　나를 잉태한 어머니는
　　짐짓 어진 생각만을 다듬어 지니셨고
　　젊은 의원인 아버지는　　　　　　　　　　[C]
　　밤마다 사랑에서 저릉저릉 글 읽으셨다

왕고못댁 제삿날 밤 열나흘 새벽 달빛을 밟고 ⌉
유월이가 이고 온 제삿밥을 먹고 나서　　　[D]
희미한 등잔불 장지 안에
번문욕례 사대주의의 욕된 후예로 세상에 떨어졌나니

신월(新月)같이 슬픈 제 족속의 태반을 보고 ⌉
내 스스로 고고(呱呱)*의 곡성(哭聲)*을 지른 것이 아니련만　　　　　　[E]
명(命)이나 길라 하여 할머니는 돌메라 이름 지었다오

　　　　　　　　　　　　　-유치환, 「출생기(出生記)」-

* 고고 : 아이가 세상에 나오면서 처음 우는 울음소리.
* 곡성 : 사람이 죽어 슬퍼서 크게 우는 소리.

〈보기〉가 따로 제시되지 않았으니, 전반적인 상황과 내면세계를 바탕으로 주제를 체크할 수 있어야 합니다. 일단 '융희 2년'이라는 시간적 배경이 제시되고 있는데, '상서롭지 못한', '어둔 바람' 등의 묘사를 바탕으로 생각하면 그리 긍정적인 상황은 아니라고 할 수 있겠어요. 2연~4연의 내용을 보면 이렇게 긍정적이지는 않은 상황에서 화자가 태어난 모습을 드러내고 있다는 걸 알 수 있겠죠? 제목 그대로, 화자의 '출생'을 묘사한 작품이었습니다.

(나)

　　샤갈의 마을에는 삼월에 눈이 온다.
　　봄을 바라고 섰는 사나이의 관자놀이에
　　새로 돋은 정맥이
　　바르르 떤다.
　　바르르 떠는 사나이의 관자놀이에
　　새로 돋은 정맥을 어루만지며
　　눈은 수천수만의 날개를 달고
　　하늘에서 내려와 샤갈의 마을의
　　지붕과 굴뚝을 덮는다.
　　삼월에 눈이 오면
　　샤갈의 마을의 쥐똥만 한 겨울 열매들은
　　다시 올리브빛으로 물이 들고
　　밤에 아낙들은
　　그해의 제일 아름다운 불을
　　아궁이에 지핀다.
　　　　　　　　　　　-김춘수, 「샤갈의 마을에 내리는 눈」-

<보기>의 내용을 적극적으로 이용하면서 읽으면 어렵지 않게 이해할 수 있는 작품입니다. '삼월'이라는 '봄'을 맞이한 '사나이'의 '정맥이 바르르' 떠는 '생동감'을 드러내고, '아낙들'이 불을 지피는 따뜻한 풍경을 묘사하면서 그에 대한 '그리움'을 드러내고 있다는 식으로 이해할 수 있을 것 같습니다. 자세한 해석은 선지 판단 과정에서 만나 보면 되겠죠?

선지	①	②	③	④	⑤
선택률	66%	3%	12%	3%	16%

01 (가)와 (나)의 공통점으로 가장 적절한 것은? ①

① 시간과 관련된 표지를 제시하여 시적 분위기를 조성하고 있다.

선지 유형	근거가 있어서 허용 가능
실전에서의 판단 과정	융희 2년, 삼월!
해설	'융희 2년'과 '삼월'이라는 시간 표지를 체크했던 기억이 있기 때문에, 가볍게 답으로 고를 수 있겠습니다. (가)에서는 화자의 '상황' 중심으로 이해하려는 노력을 통해, (나)에서는 <보기>를 통해 알게 된 '봄'에 대한 인식을 통해 체크할 수 있었죠?

② 과거 시제를 사용하여 서사적 사건을 들려주는 형식을 취하고 있다.

선지 유형	근거가 없어서 허용 불가능
실전에서의 판단 과정	(나)에는 없는 것 같네.
해설	'시제'는 각 행의 끝부분만 보고 빠르게 확인할 수 있겠죠? (가)에서는 '불어오던', '지니셨고', '읽으셨다' 등 과거 시제를 많이 확인할 수 있고, 이를 통해 (가)가 화자의 '출생'이라는 '서사적 사건'을 들려주는 형식을 취하고 있다고 할 수 있습니다. 하지만 (나)에서는 현재 시제만 나타날 뿐, '과거 시제'는 찾아 볼 수가 없죠? '서사적 사건'을 들려주는 것도 아니구요. (가)의 특징을 이야기하는 선지였습니다.

③ 시적 상황의 객관적 관찰에 초점을 둠으로써 주관적 의미의 서술을 배제하고 있다.

선지 유형	근거가 없어서 허용 불가능

실전에서의 판단 과정	이게 시에서 맞을 수 있는 선지인가?
해설	(가)의 경우에는 화자가 태어나던 상황을 주관적으로 해석하여 보여 주고 있고, (나)의 경우에도 화자가 본 샤갈의 그림을 주관적으로 묘사하고 있습니다. 애초에 '객관적 관찰' 및 '주관적 의미의 서술 배제'는 실험 보고서 쓸 때나 하는 것이지, '시 창작' 과정에서 생각할 내용은 아니겠죠?

④ 암울하고 비관적인 정서를 내포한 시어를 사용하여 비극적 상황을 고조하고 있다.

선지 유형	근거가 없어서 허용 불가능
실전에서의 판단 과정	뭐가 비극적이야.
해설	(가)의 경우, '융희 2년'이라는 시간에 어느 정도 암울하고 비관적인 정서가 내포되어 있다고 할 수 있지만, 전반적인 상황은 결국 화자의 '출생'입니다. 화자의 '출생'이 비극적 상황이라고 하기는 어렵죠. 나아가 (나)의 경우, '봄의 생동감' 및 '고향 마을의 따뜻한 풍경에 대한 그리움'을 형상화한 작품이었습니다. 역시 '비극적 상황'을 허용하기는 어렵죠.

⑤ 자연물을 살아 있는 대상으로 묘사하여 화자가 느끼는 이국적인 세계의 모습을 담아내고 있다.

선지 유형	근거가 있어서 허용 불가능
실전에서의 판단 과정	(가)는 우리나라 이야기인데?
해설	(가)의 경우, '융희 2년'이라는 조선(정확히는 대한제국)의 시간에 태어난 조선(대한제국) 사람인 화자의 '출생기'를 다루고 있습니다. 이렇게 명백한 근거가 있는데, '이국적인 세계의 모습'을 허용하기는 어렵겠죠. 물론 '석류꽃 피 뱉은 듯' 등에서 '자연물을 살아 있는 대상으로 묘사'했다는 것은 허용할 수 있겠지만요. 한편 (나)의 경우, '눈은 수천수만의 날개를 달고' 등의 표현에서 '자연물을 살아 있는 대상으로 묘사'했고, '샤갈'이라는 외국인의 그림을 보고 쓴 작품이라는 점에서 '이국적인 세계'를 허용할 여지가 있어 보입니다. 물론 결국에는 화자의 고향을 묘사한 것이기도 하다는 점에서 애매하기는 하지만요.

선지	①	②	③	④	⑤
선택률	4%	5%	7%	77%	6%

02 [A]~[E]에 대한 이해로 적절하지 <u>않은</u> 것은? [3점] ④

① [A]: 청각의 시각화를 통해 음산한 시적 상황을 조성하고 있다.

선지 유형	근거가 있어서 허용 가능
실전에서의 판단 과정	까마귀 울음소리가 검정 포대기 같다고 했네.
해설	'까마귀 울음소리'라는 청각을 '검정 포대기'로 시각화하였고, 이는 전반적으로 어둡고 음산한 시적 분위기를 조성하는 데 기여했다고 할 수 있겠죠.

② [B]: 시대 상황과 대비되는 자연의 모습을 통해 생명력을 표현하고 있다.

선지 유형	근거가 있어서 허용 가능
실전에서의 판단 과정	시대와 달리 계절은 천 년을 다채했다고 했네.
해설	'융희 2년'이라는 시대 상황은 암울했지만, '계절'이라는 자연은 '천 년을 다채'하여 '박년출'을 만들고 '석류꽃'을 피어 냈습니다. 이는 시대 상황과 대비되면서 '생명력'을 표현한 자연의 모습이라고 할 수 있겠죠.

③ [C]: 대구 형식을 활용하여 화자의 출생을 앞둔 집안의 분위기를 드러내고 있다.

선지 유형	근거가 있어서 허용 가능
실전에서의 판단 과정	그러네.
해설	'~한 누구는 ~했다.'라는 형식의 문장을 반복하여 화자의 출생을 앞둔 집안의 분위기를 드러냈죠. 이러한 집안의 분위기는 주제 그 자체이므로 가볍게 허용하고 넘어갈 수 있겠습니다.

④ [D]: 화자가 태어난 날의 상황을 구체적으로 서술하여 출생에 대한 감격을 드러내고 있다.

선지 유형	근거가 없어서 허용 불가능
실전에서의 판단 과정	감격은 도저히 허용이 안 되네.
해설	화자가 태어난 날의 상황을 서술하는 것은 맞는데, 이를 통해 출생에 대한 '감격'이라는 내면세계를 드러내지는 않았죠? 허용하고 싶어도 도저히 근거를 찾을 수가 없어요. 심지어 [D]는 화자의 출생 전에 일어난 상황들이구요.

⑤ [E]: 울음소리에서 연상되는 상반된 의미와 연결하여 화자의 이름이 지어진 이유를 제시하고 있다.

선지 유형	근거가 있어서 허용 가능
실전에서의 판단 과정	고고와 곡성은 상반되는 의미이고, 명이나 길라 하는 이름을 지어 줬네.
해설	화자의 울음소리('고고')는 '곡성', 즉 사람이 죽어 슬퍼서 우는 소리 같았다고 합니다. 이는 태어남과 죽음이라는 '상반된 의미'가 연상되는 것이라고 할 수 있는데, 이와 연결하여 할머니는 '명이나 길라 하'는 의미로 '돌메'라는 이름을 지어 줬다고 해요. 이러한 독해의 결과를 근거로 하면 어렵지 않게 허용할 수 있을 것 같습니다. '태어남&죽음'과 '오래 살라는 것'은 충분히 연결되니까요.

선지	①	②	③	④	⑤
선택률	4%	12%	64%	10%	10%

03 〈보기〉를 참고하여 (나)를 감상한 내용으로 적절하지 <u>않은</u> 것은? ③

① '샤갈의 마을'은 시인이 그림 속 마을 풍경에서 받은 인상을 자신의 고향 마을에 투사하여 표현한 것이군.

<u>샤갈의 마을</u>에는 삼월에 눈이 온다.

선지 유형	근거가 있어서 허용 가능
실전에서의 판단 과정	그렇다며.
해설	〈보기〉에서 이야기한 내용 그대로입니다. '주제'까지는 아니어도 핵심적인 정보에 해당하는 내용이니, 가볍게 허용할 수 있겠죠?

② '삼월에 눈', '봄을 바라고 섰는 사나이', '새로 돋은 정맥' 등은 시인이 그림 속 이질적 이미지들의 병치를 다양한 이미지들의 병치로 변용하여 봄의 생동감을 형상화한 것이군.

> 샤갈의 마을에는 <u>삼월에 눈</u>이 온다.
> <u>봄을 바라고 섰는 사나이</u>의 관자놀이에
> <u>새로 돋은 정맥</u>이

선지 유형	근거가 있어서 허용 가능
실전에서의 판단 과정	〈보기〉 내용 그대로네.
해설	일단 '그림 속 이질적 이미지들의 ~ 병치로 변용'은 〈보기〉에서 설명한 내용 그 자체이니 가볍게 허용할 수 있겠습니다. 〈보기〉 문제를 풀 때 선지 판단이 쉽게 되지 않으면 반드시 〈보기〉를 꼼꼼하게 독해하는 태도가 필요해요. 나아가 '삼월의 눈', '봄을 바라고 섰는 사나이'는 모두 '봄'과 관련된 내용들이고, 이 사나이의 '새로 돋은 정맥' 역시 '봄'이 되면서 얻게 된 것이라는 점에서, 이러한 표현들이 '봄의 생동감'을 형상화한다는 것도 충분히 허용할 수 있겠죠. 애초에 '봄의 생동감 형상화'는 이 작품의 주제이기도 하구요.

③ '날개', '하늘', '지붕과 굴뚝' 등은 시인이 밝고 화려한 색감을 지닌 그림 속 마을의 모습을 공감각적 이미지의 풍경으로 변용한 것이군.

> 눈은 수천수만의 <u>날개</u>를 달고
> <u>하늘</u>에서 내려와 샤갈의 마을의
> <u>지붕과 굴뚝</u>을 덮는다.

선지 유형	근거가 없어서 허용 불가능
실전에서의 판단 과정	공감각적 이미지가 없는데..?
해설	'날개', '하늘', '지붕과 굴뚝'은 그저 시각적 이미지일 뿐, '공감각적 이미지'가 아닙니다. 진짜 허용하고 싶어도, 근거가 없으니 허용할 수 없다는 판단을 하면 되겠죠? 참고로 (나)와 같이 '묘사'가 주를 이루는 시의 경우에는 그 표현법을 디테일하게 묻는 문제가 출제될 가능성이 높으니 주의하세요.

④ '올리브빛'은 시인이 그림 속에서 영감을 받은 것으로 '겨울 열매들'을 물들이는 따뜻한 봄의 이미지를 표상한 것이군.

> 샤갈의 마을의 쥐똥만 한 <u>겨울 열매들</u>은
> 다시 <u>올리브빛</u>으로 물이 들고

선지 유형	근거가 있어서 허용 가능
실전에서의 판단 과정	〈보기〉 내용 그대로네.
해설	〈보기〉에 따르면, '올리브빛'은 샤갈의 그림에 나타난 사나이의 얼굴색이었습니다. 이러한 내용을 근거로 하면 '시인이 그림 속에서 영감을 받은 것'이라는 말을 쉽게 허용할 수 있겠죠? 나아가 '겨울 열매들'이 '올리브빛'에 물들었다고 했다는 점, 지문의 주제를 고려할 때 이것은 '봄'이 왔음을 의미한다고 할 수 있는 점 등을 생각하면 충분히 허용할 수 있는 선지가 되겠네요.

⑤ '아낙', '아궁이' 등은 시인이 초현실주의적 그림 속 풍경에 대한 감각적 인상을 고향 마을을 떠올리게 하는 이미지로 전이시킨 것이군.

> 밤에 <u>아낙</u>들은
> 그해의 제일 아름다운 불을
> <u>아궁이</u>에 지핀다.

선지 유형	근거가 있어서 허용 가능
실전에서의 판단 과정	미리 생각한 내용이네.
해설	'실전적 지문 독해' 과정에서 미리 생각한 내용이죠? '샤갈의 마을'에 있는 사람들을 '아낙'이라고 부르지는 않을 것이고, '아궁이' 등이 있지는 않을 것이니 이 부분은 화자의 고향 마을을 떠올리게 하는 이미지로 전이시킨 것이라 할 수 있습니다.

> (가)
> 검정 포대기 같은 까마귀 울음소리 고을에 떠나지 않고
> 밤이면 부엉이 괴괴히 울어
> 남쪽 먼 포구의 백성의 순탄한 마음에도
> 상서롭지 못한 세대의 어둔 바람이 불어오던
> ─융희(隆熙) 2년!

'까마귀 울음소리'가 떠나지 않고, 밤에는 '부엉이'가 울고, '순탄한 마음'을 가진 백성들에게도 '상서롭지 못한 세대의 어둔 바람'이 불 정도로 암울한 '융희 2년'이었다고 합니다. 참고로 '융희 2년'은 1908년을 의미하는데, 이 시기는 일제강점기가 시작되기 직전으로 아주 우울했던 시기였다고 할 수 있어요.

> 그래도 계절만은 천 년을 다채(多彩)하여
> 지붕에 박넌출 남풍에 자라고
> 푸른 하늘엔 석류꽃 피 뱉은 듯 피어
> 나를 잉태한 어머니는
> 짐짓 어진 생각만을 다듬어 지니셨고
> 젊은 의원인 아버지는
> 밤마다 사랑에서 저릉저릉 글 읽으셨다

이렇게 우울한 시대였지만, '계절만은 천 년을 다채'했다고 합니다. 자연은 아랑곳하지 않고 '박넌출'과 '석류꽃' 등을 내놓았다는 것이죠. 이렇게 자연이 제 할 일을 제대로 하는 상황 속에서, 화자를 잉태한 '어머니'는 태교를 위해 '어진 생각만을' 했고, '아버지'는 사랑방에서 글을 읽었다고 합니다. 화자가 태어나기 전의 어느 정도 평화로운 집안 분위기가 묘사되고 있네요. 비록 시대는 우울했지만, 자연은 여전했고 화자의 집안도 화자를 평화롭게 기다리고 있는 상황이었나 봅니다.

> 왕고못댁 제삿날 밤 열나흘 새벽 달빛을 밟고
> 유월이가 이고 온 제삿밥을 먹고 나서
> 희미한 등잔불 장지 안에
> 번문욕례 사대주의의 욕된 후예로 세상에 떨어졌나니

그러던 와중에 '왕고못댁'에서는 제사가 있었고, 14일이라는 시간이 지나 '유월이'가 이고 온 '제삿밥'을 먹은 뒤에 '희미한 등잔불 장지 안'에서 태어난 화자의 모습입니다. 참고로 '번문욕례'는 '허례허식'을 의미하는데, '번문욕례 사대주의의 욕된 후예'라는 표

현은 이렇게 '허례허식'과 '사대주의'를 일삼는 우리 민족에 대한 비판적인 의미를 담고 있다고 할 수 있겠죠. '융희 2년'이라는 시대적 배경과 엮어서 이해하면 화자가 느끼는 감정에 더 쉽게 공감할 수 있을 것 같습니다.

> 신월(新月)같이 슬픈 제 족속의 태반을 보고
> 내 스스로 고고(呱呱)*의 곡성(哭聲)*을 지른 것이 아니련만
> 명(命)이나 길라 하여 할머니는 돌메라 이름 지었다오
> ─유치환, 「출생기(出生記)」─
>
> * 고고 : 아이가 세상에 나오면서 처음 우는 울음소리.
> * 곡성 : 사람이 죽어 슬퍼서 크게 우는 소리.

이렇게 화자가 우리 민족에 대해 가지고 있는 비판적인 태도는 '신월같이 슬픈 제 족속의 태반'에서 다시 나타납니다. '태반'은 태아의 탯줄과 연결된 부분을 의미하는데, 슬픈 우리 민족의 핏줄을 이어받았다는 것에 대해 부정적인 태도를 보인다고 할 수 있는 것이죠. 이렇게 '슬픈 제 족속의 태반'을 본 화자는 누가 죽은 것처럼 슬프게 '고고의 곡성'을 지르고, 이를 들은 '할머니'는 그냥 오래 살기나 하라며 '돌메'라는 이름을 지어 주었다고 합니다. 우울한 시대적 배경과 그 속에서 태어나 슬펐던 화자의 태도를 읽어냈다면 훌륭하겠습니다.

> (나)
> 샤갈의 마을에는 삼월에 눈이 온다.

'샤갈의 마을'이라는 곳에 대해 묘사하고 있습니다. 이곳은 '삼월에 눈이 온다'고 해요. '삼월'은 봄인데, '샤갈의 마을'이라는 곳에서는 '삼월'에도 눈이 오나 봅니다. 사실 지금은 '삼월'에 눈을 보는 것이 어렵지 않기는 하지만, 일단 '봄'에 눈이 온다는 것이 독특하다는 생각을 하면서 읽어 보도록 합시다.

> 봄을 바라고 섰는 사나이의 관자놀이에
> 새로 돋은 정맥이
> 바르르 떤다.

그곳에 사는 어떤 '사나이'는 '봄을 바라고' 있는데, '삼월의 눈'은 '봄'이 왔다는 신호이기 때문에 그 '사나이'는 '정맥'이 새로 돋을 정도로, 그리고 관자놀이의 그 '정맥'이 바르르 떨릴 정도로 기쁠 것입니다. 이는 '사나이'에게 마치 새 생명을 불어넣은 것 같은 느낌일 거예요. '봄'을 바라고 기다린 보람이 있을 것 같습니다.

> 바르르 떠는 사나이의 관자놀이에
> 새로 돋은 정맥을 어루만지며
> 눈은 수천수만의 날개를 달고
> 하늘에서 내려와 샤갈의 마을의
> 지붕과 굴뚝을 덮는다.

이렇게 '삼월의 눈'은 '사나이'의 '새로 돋은 정맥'을 어루만지기
도 하고, '샤갈의 마을의 지붕과 굴뚝'을 덮어 주기도 하면서 '봄'
의 생명력을 전달하고 있습니다.

> 삼월에 눈이 오면
> 샤갈의 마을의 쥐똥만 한 겨울 열매들은
> 다시 올리브빛으로 물이 들고

그리고 이렇게 '삼월에 눈이 오면', 즉 '봄'이 오면 '샤갈의 마을'의
'겨울 열매들'은 '올리브빛'으로 물이 든다고 합니다. 이는 '눈'이
직접적으로 히는 일은 아니지만, '봄'이 오면 일어 나는 일이라고
이해할 수 있겠죠?

> 밤에 아낙들은
> 그해의 제일 아름다운 불을
> 아궁이에 지핀다.
> -김춘수, 「샤갈의 마을에 내리는 눈」-

나아가 '밤'이 되면 '아낙들'은 '아궁이'에 '그해의 제일 아름다운
불'을 지핀다고 합니다. 지문 전체적으로 '같은 말'만 한다는 원칙
에 의거하면, 이러한 행위 역시 '봄의 생명력'이 나타나는 모습이
라고 할 수 있겠죠. '불'이라는 뜨거운 생명력을 가진 이미지를 활
용해서 '봄'의 생명력을 형상화했다고 이해하시면 됩니다.

사실 이 정도까지 깊게 이해할 것도 없이, '샤갈의 마을'에 온 '봄'
의 모습을 묘사하고 있다는 것만 읽어내셔도 충분할 것 같습니다.

몰랐던 어휘 정리하기

〈보기〉 확인

―――――[보기]―――――

　(가), (나)의 화자는 특정한 대상에 대한 인식을 통해 자신을 성찰하고 대상에 공감한다. (가)의 화자는 병원에서 본 '여자'의 모습에 주목하고 '여자'의 아픔에 비추어 자신의 처지를 성찰하며 '여자'가 지닌 치유에 대한 소망에 공감한다. (나)의 화자는 여행 중에 만난 '나무'들의 모습에 주목하고 '나무'들에 비추어 자신의 내면을 성찰하며 '나무'들의 모습에서 드러나는 정서에 공감한다. 이를 통해 (가), (나)의 화자는 대상과의 동질성을 확인한다.

두 지문이 각각 '여자'와 '나무'라는 '대상'에 대한 인식을 통해 '성찰 및 공감'이라는 '반응'을 보이고 있다는 내용입니다. 이것이 곧 주제 그 자체이니, 적극적으로 활용할 준비를 하면서 읽어 보도록 합시다. 나아가 이렇게 어떠한 '대상'에 '공감'하고 '동질성'을 느끼는 것은 현대시의 가장 기본적인 창작 원리라는 것, 다시 한 번 정리하도록 합시다.

실전적 지문 독해

(가)

　살구나무 그늘로 얼굴을 가리고, 병원 뒤뜰에 누워, 젊은 여자가 흰옷 아래로 하얀 다리를 드러내 놓고 일광욕을 한다. 한 나절이 기울도록 가슴을 앓는다는 이 여자를 찾아오는 이, 나비 한 마리도 없다. 슬프지도 않은 살구나무 가지에는 바람조차 없다.

　나도 모를 아픔을 오래 참다 처음으로 이곳에 찾아왔다. 그러나 나의 늙은 의사는 젊은이의 병을 모른다. 나한테는 병이 없다고 한다. 이 지나친 시련, 이 지나친 피로, 나는 성내서는 안 된다.

　여자는 자리에서 일어나 옷깃을 여미고 화단에서 금잔화 한 포기를 따 가슴에 꽂고 병실 안으로 사라진다. 나는 그 여자의 건강이―아니 내 건강도 속히 회복되기를 바라며 그가 누웠던 자리에 누워 본다.

-윤동주, 「병원」-

'여자'라는 대상에 주목하며 자신의 '아픔'을 떠올리고, 그가 누웠던 자리에 누워 공감하고 있는 모습입니다. 전체적으로 〈보기〉의 내용 그대로인 작품이니 어렵지 않게 읽어낼 수 있겠네요.

(나)

　유성에서 조치원으로 가는 어느 들판에 우두커니 서 있는 한 그루 늙은 나무를 만났다. 수도승일까. 묵중하게 서 있었다.

　다음날은 조치원에서 공주로 가는 어느 가난한 마을 어귀에 그들은 떼를 져 몰려 있었다. 멍청하게 몰려 있는 그들은 어설픈 과객일까. 몹시 추워 보였다.

　공주에서 온양으로 우회하는 뒷길 어느 산마루에 그들은 멀리 서 있었다. 하늘 문을 지키는 파수병일까, 외로워 보였다.

　온양에서 서울로 돌아오자, 놀랍게도 그들은 이미 내 안에 뿌리를 펴고 있었다. 묵중한 그들의. 침울한 그들의. 아아 고독한 모습. 그 후로 나는 뽑아낼 수 없는 몇 그루의 나무를 기르게 되었다.

-박목월, 「나무」-

역시 〈보기〉에서 이야기한 그대로네요. 공간의 이동이 나오고, 그 이동의 순간에서 확인한 나무들의 모습에 '공감'하고 있습니다. 자신의 내면을 '성찰'한다는 〈보기〉의 내용을 봤을 때, 춥고 외로운 건 나무뿐 아니라 화자 자신이라는 것까지 잡아주시면 좋겠죠?

선지	①	②	③	④	⑤
선택률	3%	5%	8%	74%	10%

04 (가), (나)에 대한 설명으로 가장 적절한 것은? ④

　① (가)와 (나)는 모두 색채 이미지를 활용하여 사물의 역동성을 드러내고 있다.

선지 유형	근거가 없어서 허용 불가능
실전에서의 판단 과정	사물의 역동성은 좀 오버지.
해설	(가)에는 '여자'의 모습에서 하얀 색채 이미지가 드러나지만, 이게 '사물의 역동성'을 드러낸다고 보기는 어렵죠? 하얀 색과 관련된 내용은 '누워서 일광욕을 하는 모습'이니까요. (나)에는 아예 색채 이미지가 드러나지 않네요.

② (가)와 (나)는 모두 일상을 벗어난 공간과 대비하여 일
상의 공간에 의미를 부여하고 있다.

선지 유형	근거가 없어서 허용 불가능
실전에서의 판단 과정	일상을 벗어난 공간이 없는데?
해설	일단 (가)와 (나)에 나타난 공간인 '병원', '유성→조치원→공주→온양→서울' 등에서 '일상을 벗어난 공간'을 찾기는 어려워 보이죠? 물론 (나)의 공간들은 여행 중에 거친 곳이라는 점에서 '일상을 벗어난 공간'이라고 할 수도 있을 것 같기는 하지만, 애초에 대비를 통해 '공간'에 의미를 부여하는 것(=내면세계를 투영하는 것)은 이 지문들의 주제의식과 너무 동떨어진 부분이라고 할 수 있겠습니다. (가)는 '여자'에게, (나)는 '나무'에게 의미를 부여하고 있을 뿐이에요.

③ (가)는 (나)와 달리, 사물의 속성을 분석하여 미래에
대한 긍정적인 전망을 제시하고 있다.

선지 유형	근거가 없어서 허용 불가능
실전에서의 판단 과정	전망을 하는 부분은 없지.
해설	(가)에 여자가 빨리 나으면 좋겠다고 '소망'하는 모습은 나타나지만, 나을 것이라는 '전망'은 찾아보기 어렵네요. '사물의 속성을 분석'한다는 부분도 허용하기 어렵겠구요.

④ (나)는 (가)와 달리, 추측을 나타내는 표현을 변주하여
사물이 연상시키는 의미를 심화하고 있다.

선지 유형	근거가 있어서 허용 가능
실전에서의 판단 과정	추측하는 표현은 (나)에만 있네.
해설	일단 (가)에는 아예 추측을 나타내는 표현이 없습니다. 따라서 '(가)와 달리'는 맞는 말이라고 할 수 있겠네요. 한편 (나)에서는 '수도승일까→어설픈 과객일까→하늘 문을 지키는 파수병일까'와 같은 방식으로 추측을 나타내는 표현을 '변주'하고 있죠? 조금이라도 바뀌면 변주라고 할 수 있으니까요! 나아가 이러한 변주를 통해 '나무'라는 사물이 연상시키는 의미를 조금 더 깊게 심화시킨다는 것도 어렵지 않게 허용할 수 있겠습니다. 애초에 '사물이 연상시키는 의미'를 생각하여 자신을 성찰하는 것 자체가 이 작품의 주제이기 때문에,

더욱 확실하게 정답이라고 할 수도 있겠네요.

'사물이 연상시키는 의미 심화'를 조금 더 엄밀하게 설명해 보겠습니다. (나)의 화자는 '나무'라는 사물을 보고서 '수도승일까→어설픈 과객일까→하늘 문을 지키는 파수병일까'와 같은 방식으로 추측을 나타내는 표현을 '변주'하고 있는데, 이때마다 '묵중하게 서 있었다→몹시 추워 보였다→외로워 보였다'는 식으로 서로 다른 의미를 만들어 내고 있습니다. 여기서 묵중하게 서 있는 것은 외양만으로 알 수 있는 것이고, 몹시 추워 보였다는 것은 외양을 통해 알 수 있는 내면이고, 외로워 보였다는 것은 외양으론 알 수 없는 내면이라고 할 수 있죠? 즉 화자는 '나무'를 볼 때마다 그들의 외양이 아닌 더 깊은 내면을 들여다 보고 그로부터 의미를 생성하고 있는 것입니다. 이렇게 갈수록 더 깊은 내면과 관련된 의미를 생성한다는 점에서, '사물이 연상시키는 의미 심화'를 확실하게 허용할 수 있겠습니다.

⑤ (가)는 현재형 시제로 계절의 상징성을, (나)는 과거형
시제로 시간에 따른 사물의 변화상을 보여 주고 있다.

선지 유형	근거가 없어서 허용 불가능
실전에서의 판단 과정	계절의 상징성, 사물의 변화상은 주제와 너무 동떨어진 내용이지.
해설	일단 (가)에서 '현재형 시제'가 쓰인 것 자체는 맞습니다. 나아가 '살구나무', '금잔화'와 같은 표현으로 계절을 드러내는 것까지도 어떻게 허용할 수 있겠지만, '현재형 시제'를 통해 그 계절이 가진 '상징성'을 보여 준다는 건 허용하기 어렵겠죠. 한편 (나)에서도 '과거형 시제'가 쓰인 것 자체는 맞지만, 과거형을 바탕으로 '사물의 변화상'을 드러낼 수 있다는 건 언어적으로 말이 되지 않네요. 가볍게 지워낼 수 있겠습니다. 애초에 (가)와 (나)의 주제는 '대상'에 대한 인식을 통해 '화자 자신'을 성찰하며 동질성을 확인하는 것입니다. 그런데 '계절의 상징성'은 '대상'(나무)이나 '화자 자신' 모두와 아무런 상관이 없는 내용이고, '사물의 변화상' 역시 '대상'에만 주목할 뿐 그것을 '화자 자신'으로 끌고 온다는 내용이 빠져 있네요. 이렇게 주제와 어긋나는 선지는 답이 되기 어렵다는 것까지 챙겨가도록 합시다.

선지	①	②	③	④	⑤
선택률	3%	6%	83%	4%	4%

05 〈보기〉의 관점에서 (가), (나)의 '화자와 대상의 관계'에 대해 이해한 내용으로 적절하지 <u>않은</u> 것은? [3점] ③

– 〈보기〉에 제시된 (가), (나)의 '화자와 대상의 관계'는 쉽게 말해 '동질적 관계'입니다. '대상에 대한 인식', '자신의 성찰', '대상에 대한 공감'이라는 포인트를 생각하면서 선지를 판단해보도록 합시다.

① (가)의 화자는 '병원 뒤뜰'에 누워 있는 '여자'를 관찰함으로써, (나)의 화자는 여로에서 만난 '나무'를 반복적으로 제시함으로써 대상을 인식하고 있음을 보여 주고 있다.

> 살구나무 그늘로 얼굴을 가리고, <u>병원 뒤뜰</u>에 누워, 젊은 <u>여자</u>가 흰옷 아래로 하얀 다리를 드러내 놓고 일광욕을 한다.

선지 유형	근거가 있어서 허용 가능
실전에서의 판단 과정	뭐 당연한 말이네.
해설	'여자'와 '나무'라는 대상을 인식하고 있다는 것, 〈보기〉에서도 언급한 당연한 내용이죠?

② (가)의 화자는 찾는 이가 없는 '가슴을 앓는다는 이 여자'의 처지에, (나)의 화자는 '나무'에게서 본 '수도승', '과객', '파수병'의 모습에 자신을 비추어 보고 있다.

> 한 나절이 기울도록 <u>가슴을 앓는다는</u> 이 여자를 찾아오는 이, 나비 한 마리도 없다. 슬프지도 않은 살구나무 가지에는 바람조차 없다.
>
> 나도 모를 아픔을 오래 참다 처음으로 이곳에 찾아왔다.

> <u>수도승</u>일까. 묵중하게 서 있었다.
> 어설픈 <u>과객</u>일까. 몹시 추워 보였다.
> <u>파수병</u>일까, 외로워 보였다.
> 온양에서 서울로 돌아오자, 놀랍게도 그들은 이미 내 안에 뿌리를 펴고 있었다.

선지 유형	근거가 있어서 허용 가능
실전에서의 판단 과정	주제 그 자체네.
해설	(가)에서 찾는 이가 없어 '가슴을 앓는다는 이 여자'와 (나)에서 '수도승', '과객', '파수병'처럼 보이는 '나무'의 모습은 모두 화자와 동질감을 가진 대상들입니다. 이러한 대상들에 자신을 비추어 보는 것이 이 지문의 주제 그 자체였죠?

③ (가)의 화자는 '젊은이의 병'을 모르는 '늙은 의사'에 대한 원망을 '여자'와 공유함으로써, (나)의 화자는 '멀리 서 있'는 '나무'들의 위치를 확인함으로써 대상과 자신의 거리를 좁히려 하고 있다.

> 나도 모를 아픔을 오래 참다 처음으로 이곳에 찾아왔다. 그러나 나의 <u>늙은 의사</u>는 젊은이의 병을 모른다. 나한테는 병이 없다고 한다. 이 지나친 시련, 이 지나친 피로, 나는 성내서는 안 된다.

> 공주에서 온양으로 우회하는 뒷길 어느 산마루에 그들은 <u>멀리 서 있</u>었다. 하늘 문을 지키는 파수병일까, 외로워 보였다.

선지 유형	근거가 없어서 허용 불가능
실전에서의 판단 과정	여자랑 원망을 공유하는 게 아니지.
해설	(가)의 화자는 '아픔'이 있어 '늙은 의사'를 찾아갔지만, 정작 그 의사는 '젊은이(=화자)의 병'을 모른다고 합니다. 화자의 입장에서 자신의 아픔을 알아주지 않는 의사에게 '원망'이라는 감정을 느낄 수는 있겠죠. (조금 과하긴 하지만요.) 하지만 이 지문의 주제는 '여자'와 '치유에 대한 소망'을 공유하는 것이지, '원망'을 공유하는 것은 아닙니다. 이를 허용할 만한 근거를 찾을 수도 없기 때문에 쉽게 답으로 골라낼 수 있겠네요. 한편 (나)의 화자는 '멀리 서 있'는 '나무'들의 위치를 확인하고 그로부터 '외로움'을 느낍니다. 그런데 선지에서는 화자가 이를 통해 '대상과 자신의 거리를 좁히려' 했는지 물어보고 있어요. 지문의 전체적인 주제를 고려했을 때, 화자는 '나무'들에게서 느껴지는 '외로움'을 함께 느끼고 있다는 것을 생각할 수 있습니다. 그리고 원래는 관심을 두기도 어려운 '멀리 서 있'는 '나무'들의 위치를 굳이 확인한다는 점을 근거로 하면, 화자 자신과 '나무'

라는 대상 사이의 심리적 거리를 좁히려고 한다는
말도 충분히 허용할 수 있겠습니다. 심리적 거리
를 좁히고자 '멀리 서 있'는 '나무'를 굳이 찾았다
는 식의 선지의 해석은 근거가 충분한, 허용 가능
한 내용이니까요.

화자에게 공감하며 독해한 내용을 바탕으로 선지
의 '허용 가능성'을 평가한다는 원칙을 확인하기에
좋은 문제였습니다. 확실하게 체크하도록 하세요.

④ (가)의 화자는 '금잔화 한 포기'를 꽂고 병실로 들어가
는 '여자'에게서 '회복'에 대한 소망을 읽어 냄으로써,
(나)의 화자는 '나무'들이 '외로워 보였다'고 표현함으
로써 대상에 공감하고 있다.

> 여자는 자리에서 일어나 옷깃을 여미고 화단에서 <u>금
> 잔화 한 포기</u>를 따 가슴에 꽂고 병실 안으로 사라진다.
> 나는 그 여자의 건강이 — 아니 내 건강도 속히 <u>회복</u>되
> 기를 바라며 그가 누웠던 자리에 누워 본다.

> 공주에서 온양으로 우회하는 뒷길 어느 산마루에 그
> 들은 멀리 서 있었다. 하늘 문을 지키는 파수병일까, <u>외
> 로워 보였다</u>.

선지 유형	근거가 있어서 허용 가능
실전에서의 판단 과정	주제 그 자체라고 할 수 있겠다.
해설	(가)의 화자는 '금잔화 한 포기'를 가슴에 꽂고 병 실 안으로 사라진 '여자'가 누웠던 자리에 누워 보 면서, 그 '여자'와 화자 자신의 건강이 '회복'되기를 소망하고 있습니다. 굳이 그 자리에서 '회복'을 소 망한다는 것은, '여자'의 '회복'에 대한 소망을 읽 어냄을 허용할 근거로 충분한 내용이겠습니다. '여 자'도 그 자리에서 '회복'을 소망했을 것이니, 화자 자신도 그렇게 하겠다는 뜻이죠. 물론 〈보기〉에 제시된 '여자가 지닌 치유에 대한 소망에 공감'을 바탕으로 허용할 수도 있을 것 같습니다. 한편, (나)의 화자가 나무들을 보고서 '외로움'을 읽어내는 게 '공감'의 태도라는 것은 이미 생각했 었죠?

⑤ (가)의 화자는 '그가 누웠던' 곳에 '누워 본다'고 함으로
써, (나)의 화자는 '뽑아낼 수 없'는 '나무를 기르게 되
었다'고 함으로써 대상과 자신의 동질성을 드러내고
있다.

> 여자는 자리에서 일어나 옷깃을 여미고 화단에서 금
> 잔화 한 포기를 따 가슴에 꽂고 병실 안으로 사라진다.
> 나는 그 여자의 건강이 — 아니 내 건강도 속히 회복되
> 기를 바라며 <u>그가 누웠던</u> 자리에 <u>누워 본다</u>.

> 온양에서 서울로 돌아오자, 놀랍게도 그들은 이미 내
> 안에 뿌리를 펴고 있었다. 묵중한 그들의. 침울한 그들
> 의. 아아 고독한 모습. 그 후로 나는 <u>뽑아낼 수 없</u>는 몇
> 그루의 <u>나무를 기르게 되었다</u>.

선지 유형	근거가 있어서 허용 가능
실전에서의 판단 과정	똑같은 자리에 누워 보고, 자기 안에 뿌리를 펴고 하면 동질적이라고 할 수 있지.
해설	(가)와 관련된 부분은 앞 선지들을 판단하면서 충 분히 이해한 내용이라고 할 수 있겠습니다. (나)의 경우에도, 화자의 '안에 뿌리를 펴고 있'고 화자는 그것을 '뽑아낼 수 없'다고 하는 것으로 보아 마치 나무와 하나가 된 것 같은 '동질성'을 느끼고 있다 는 것을 허용할 수 있겠습니다. 독해를 하면 근거가 보입니다. 그리고 근거가 있으면 허용하면 됩니다.

(가)

> 살구나무 그늘로 얼굴을 가리고, 병원 뒤뜰에 누워, 젊
> 은 여자가 흰옷 아래로 하얀 다리를 드러내 놓고 일광욕
> 을 한다. 한 나절이 기울도록 가슴을 앓는다는 이 여자
> 를 찾아오는 이, 나비 한 마리도 없다. 슬프지도 않은 살
> 구나무 가지에는 바람조차 없다.

화자는 '병원 뒤뜰'에 누워 '일광욕'을 하는 '젊은 여자'를 바라보
고 있습니다. '병원'에 있고, '한 나절이 기울도록 가슴을 앓는다
는' 것을 보니 '여자'는 아픈 상태인 것 같아요. 그런데 그렇게 아
픈 '여자'를 찾아오는 사람도, 나비도 없습니다. 그녀가 누워 있는
살구나무에는 바람도 찾아오질 않아요. 이러한 표현을 통해 '여자'
는 아픈 자신을 찾아 올 사람도 없는 쓸쓸한 처지라고 할 수 있겠
습니다. 화자는 이러한 '여자'에게 관심을 보이고 있는 것이에요.

　　나도 모를 아픔을 오래 참다 처음으로 이곳에 찾아왔다. 그러나 나의 늙은 의사는 젊은이의 병을 모른다. 나한테는 병이 없다고 한다. 이 지나친 시련, 이 지나친 피로, 나는 성내서는 안 된다.

이번엔 화자인 '나'의 이야기를 하고 있습니다. 화자도 '아픔'을 겪고 있는 상태네요. 참다 참다 이 '병원'으로 온 화자인데, '늙은 의사'는 '젊은이(=화자)의 병'을 몰라주고 있습니다. 화자 입장에선 자신의 '아픔'에 공감하지 못하는 '의사' 때문에 더 짜증이 나겠죠? 그렇게 '시련'과 '피로'를 겪지만, 화자는 '성내서는 안 된다'고 생각합니다. 어차피 다른 사람들도 '의사'처럼 자신의 심정에 공감해 주지 못할 테니까요.

　　여자는 자리에서 일어나 옷깃을 여미고 화단에서 금잔화 한 포기를 따 가슴에 꽂고 병실 안으로 사라진다. 나는 그 여자의 건강이—아니 내 건강도 속히 회복되기를 바라며 그가 누웠던 자리에 누워 본다.

-윤동주, 「병원」-

다시 '여자'를 바라봅니다. 살구나무 아래 누워 있는 그녀는 자리에서 일어나 '금잔화' 한 포기를 따 병실 안으로 사라집니다. 여기서 '금잔화'가 의미하는 것이 무엇인지 정확히는 알 수 없지만, 일반적으로 '꽃'이 가지고 있는 희망적인 이미지를 고려하면 '희망'과 같은 것을 읽어낼 수 있을 것 같습니다.

화자는 '그가 누웠던 자리'에 누워 봅니다. 그러면서 '여자'와 자신의 건강이 속히 회복되기를 바라고 있죠. 이러한 소망에 비추어 봤을 때, 화자가 '그가 누웠던 자리'에 눕는 것은 '여자'가 가지고 있는 상처와 치유에 대한 희망에 공감했음을 의미한다고 할 수 있겠습니다. 화자의 입장에 최대한 공감하면서 읽어 보도록 합시다.

　(나)
　　유성에서 조치원으로 가는 어느 들판에 우두커니 서 있는 한 그루 늙은 나무를 만났다. 수도승일까. 묵중하게 서 있었다.

'유성'에서 '조치원'으로 가는 들판에서, 화자는 '한 그루 늙은 나무'를 만납니다. '나무'라는 대상에 주목하면서 시작하고 있네요. 이에 대해 어떤 이야기를 할까요?

　　다음날은 조치원에서 공주로 가는 어느 가난한 마을 어귀에 그들은 떼를 져 몰려 있었다. 멍청하게 몰려 있는 그들은 어설픈 과객일까. 몹시 추워 보였다.
　　공주에서 온양으로 우회하는 뒷길 어느 산마루에 그들은 멀리 서 있었다. 하늘 문을 지키는 파수병일까, 외로워 보였다.

시간이 흘러 다른 길들을 가는 화자는, '그들'(=나무)이 '떼를 져 몰려 있'는 것을 봅니다. 전에는 '한 그루'의 나무를 봤는데, 이제는 나무들이 모여 있는 것을 본 것이에요. 그런데 화자는 이들이 '추워 보'이고 '외로워 보'인다는 이야기를 하고 있습니다. '나무'라는 대상에 대해 연민을 느끼고 공감하고 있네요.

　　온양에서 서울로 돌아오자, 놀랍게도 그들은 이미 내 안에 뿌리를 펴고 있었다. 묵중한 그들의. 침울한 그들의. 아아 고독한 모습. 그 후로 나는 뽑아낼 수 없는 몇 그루의 나무를 기르게 되었다.

-박목월, 「나무」-

그렇게 다시 서울로 돌아 온 화자는, 그 나무들이 자기 '안에 뿌리를 펴고 있'다는 것을 알게 됩니다. 나무들에게서 느꼈던 추움, 외로움과 같은 감정들이 사실은 화자가 가지고 있는 감정이었나 봐요. 이처럼 자연물에 주목하며 그 자연물이 어떠한 감정을 가진 것처럼 묘사하는 경우, 화자 역시 그러한 감정을 가지고 있을 확률이 높다고 했습니다. 이러한 '현대시 창작 원리'를 미리 알고 있었다면 더 쉽게 읽어낼 수 있었겠죠?

몰랐던 어휘 정리하기

| 지문 내용 총정리 |

정답 선지가 선명하게 제시되어 가볍게 넘어갈 수도 있지만, 화자에게 공감하며 독해하는 태도를 배우기에 좋은 지문들로 구성된 세트였습니다. 나아가 현대시를 창작하는 기본적인 원리에 대해서도 배울 수 있었죠? 지문이 완벽하게 읽히고, 선지들이 선명하게 뚫리는 순간까지 확실하게 복습해 보도록 합시다.

〈보기〉 확인

──────[보기]──────

자아 성찰의 주제를 담은 현대시에서는 시적 자아가 분열된 모습으로 등장하는 경우가 많다. (가)와 (나)의 화자는 자아 성찰을 통해 <u>자아의 부정적인 모습과 단절</u>하고 새로운 존재로 거듭나려 한다는 점에서 공통적이다. 하지만 (가)의 화자는 시선을 <u>자신의 내면으로 돌려</u> 자아의 부정적, 긍정적 면모를 발견한 후 이들을 상징적 시어로 표현하고 있고, (나)의 화자는 시선을 <u>바깥으로 돌려</u> 자신의 삶의 태도를 외부의 상징적 존재에 투영하여 표현하고 있다.

두 작품 모두 '자아 성찰'의 주제를 가지고 있습니다. 나아가 '새로운 존재로 거듭나려 한다는' 반응을 보이고 있네요. 그런데 (가)는 '화자 자신에게 주목'하고 있고, (나)는 '외부 대상에게 주목'한다는 점에서 차이가 있습니다. 주제를 정확하게 잡았으니, 어렵지 않게 내용을 이해할 수 있을 것 같습니다.

두 번째 〈보기〉는 (다)의 시상 전개를 나타낸 것이니, 굳이 먼저 읽을 필요는 없겠죠? 바로 (가)부터 읽어 봅시다.

실전적 지문 독해

──────────────

(가)

<u>고향에 돌아온 날 밤에</u>
내 백골이 따라와 한방에 누웠다.

어둔 방은 우주로 통하고
하늘에선가 소리처럼 바람이 불어온다.

어둠 속에 곱게 풍화작용하는
백골을 들여다보며
<u>눈물짓는 것이 내가 우는 것이냐</u>
백골이 우는 것이냐
아름다운 혼이 우는 것이냐

지조 높은 개는
밤을 새워 어둠을 짖는다.

어둠을 짖는 개는
나를 쫓는 것일 게다.

가자 가자
쫓기우는 사람처럼 가자
백골 몰래
<u>아름다운 또 다른 고향에 가자.</u>

　　　　　　　　-윤동주, 「또 다른 고향(故鄕)」-

──────────────

'고향에 돌아온 날 밤'이라는 상황에서, '내 백골'을 보며 자아 성찰을 하고 있는 화자입니다. 눈물을 짓기도 하면서 자신의 처지를 돌아보고 있는데, '아름다운 또 다른 고향'에 가겠다는 다짐을 드러내고 있습니다. 이미 고향에 있는데 '또 다른 고향'에 간다니 무슨 말인지는 모르겠지만, 〈보기〉에서 이야기하는 것처럼 '새로운 존재로 거듭나려' 하는 모습을 확인할 수 있겠네요.

──────────────

(나)

전신이 검은 까마귀,
까마귀는 까치와 다르다.
마른 가지 끝에 높이 앉아
먼 설원을 굽어보는 저
형형한* 눈,
고독한 이마 그리고 날카로운 부리.
얼어붙은 지상에는
그 어디에도 낱알 한 톨 보이지 않지만
그대 차라리 눈발을 뒤지다 굶어 죽을지언정
결코 까치처럼
인가의 안마당을 넘보진 않는다.
검을 테면
철저하게 검어라. 단 한 개의 깃털도
남기지 말고……
겨울 되자 온 세상 수북이 눈은 내려
저마다 하얗게 하얗게 분장하지만
나는
빈 가지 끝에 홀로 앉아
<u>말없이</u>
<u>먼 지평선을 응시하는 한 마리</u>
<u>검은 까마귀가 되리라.</u>

　　　　　　　　-오세영, 「자화상 · 2」-

──────────────

* 형형한 : 광채가 반짝반짝 빛나며 밝은.

역시 〈보기〉의 내용 그대로입니다. '까마귀'라는 '외부 대상에게 주목'하여 자아 성찰하고, '검은 까마귀'와 같은 '새로운 존재'가 되겠다는 다짐을 드러내고 있습니다. '검은 까마귀'가 가지고 있는 단호하고 곧은 이미지가 곧 화자가 지향하는 자신의 모습이라고 할 수 있겠죠?

(다)

[A]
굳어지기 전까지 저 딱딱한 것들은 물결이었다
파도와 해일이 쉬고 있는 바닷속
지느러미의 물결 사이에 끼어
유유히 흘러 다니던 무수한 갈래의 길이었다

[B]
그물이 물결 속에서 멸치들을 떼어냈던 것이다
햇빛의 꼿꼿한 직선들 틈에 끼이자마자
부드러운 물결은 팔딱거리다 길을 잃었을 것이다

[C]
바람과 햇볕이 달라붙어 물기를 빨아들이는 동안
바다의 무늬는 뼈다귀처럼 남아
멸치의 등과 지느러미 위에서 딱딱하게 굳어갔던 것이다
모래 더미처럼 길거리에 쌓이고
건어물집의 푸석한 공기에 풀리다가
기름에 튀겨지고 접시에 담겨졌던 것이다

[D]
지금 젓가락 끝에 깍두기처럼 딱딱하게 집히는 이 멸치에는
두껍고 뻣뻣한 공기를 뚫고 흘러가는
바다가 있다 그 바다에는 아직도
지느러미가 있고 지느러미를 흔드는 물결이 있다

[E]
이 작은 물결이
지금도 멸치의 몸통을 뒤틀고 있는 이 작은 무늬가
파도를 만들고 해일을 부르고
고깃배를 부수고 그물을 찢었던 것이다

-김기택, 「멸치」-

'멸치'라는 '외부 대상에게 주목'하여 시상을 전개하고 있습니다. 지금은 딱딱하게 굳어 반찬이 되어 버렸지만, 사실 이들은 '고깃배를 부수고 그물을 찢'을 만큼 강력한 생명력을 가지고 있었다고 해요. 이렇게 '외부 대상에게 주목'하는 경우, 결국 화자도 그 외부 대상과 같은 처지일 가능성이 높다고 했죠? 화자가 생각하기엔, 결국 본인도 왕년의 생명력을 잃고 딱딱하게 굳어 접시 위에 올려진 것과 같은 신세인 것입니다. 그러한 자신의 처지를 한탄하는 작품이겠네요.

선지	①	②	③	④	⑤
선택률	6%	6%	75%	2%	11%

06 (가)~(다)의 공통점으로 가장 적절한 것은? ③

– 오랜만에 보는 공통점 문제네요. '거시적'인 내용 위주로 빠르게 답을 골라낼 수 있어야 합니다.

① 영탄법을 활용하여 화자의 정서를 표출하고 있다.

선지 유형	근거가 없어서 허용 불가능
실전에서의 판단 과정	(다)에 영탄법이 없네. 너무하네..
해설	'화자의 정서 표출'이라는 거시적인 내용이 담겨 있습니다. 답일 가능성이 매우 높은 선지죠? 찾아 보니, (가)와 (나)에서는 '–것이냐', '–되리라'와 같은 부분에서 '영탄법'을 확인할 수 있지만 (다)에서는 찾을 수가 없네요. 어떻게든 시간을 끌게 하려는 의도가 엿보이는 얄미운 선지입니다.

② 동일한 시행의 반복을 통해 운율감을 자아내고 있다.

선지 유형	근거가 없어서 허용 불가능
실전에서의 판단 과정	동일한 건 없는 것 같네.
해설	유사한 시행의 반복(~우는 것이냐, ~가자 등)은 조금씩 보이지만, '동일한' 시행의 반복을 찾기는 어렵습니다. '동일'이라는 말을 허용하려면 완벽하게 똑같아야 해요.

③ 공간의 대비를 통해 지향하는 가치를 드러내고 있다.

선지 유형	근거가 있어서 허용 가능
실전에서의 판단 과정	공간의 대비 있고, 지향하는 가치 드러내는 건 주제라고 할 수 있겠다.
해설	'공간의 대비'를 묻고 있습니다. 귀찮지만 하나씩 찾아 봅시다. (가)의 경우 화자가 자아 성찰하는 공간인 '어둔 방'이 지향하는 공간인 '또 다른 고향'과 대비된다고 할 수 있겠습니다. (나)의 경우에는 '까치'가 넘보는 '인가의 안마당'과 '까마귀'가 바라보는 '먼 지평선'이 대비된다고 할 수 있겠구요. (다)의 경우에는 '멸치'가 헤엄치던 '바다'와 반찬이 되어버린 '건어물집'이 대비되는 공간이네요. 이렇게 '공간의 대비'를 통해, 화자들은 각각 '또 다른 고향', '먼 지평선', '바다'라는 공간에서의 삶을 지향하고 있습니다. 이렇게 특정 공간을 지향하는 모습은 세 작품의 공통적인 주제 의식이었으니,

어렵지 않게 답으로 고를 수 있겠습니다. 다소 미시적인 내용이라고도 할 수 있지만, 결국 '지향하는 가치'처럼 주제와 직결되는 내용이 정답 선지로 제시되었음을 인식하도록 합시다.

④ 과거에 대한 회상을 통해 그리움의 정서를 환기하고 있다.

선지 유형	근거가 없어서 허용 불가능
실전에서의 판단 과정	그리움은 주제랑 너무 멀지.
해설	'과거'에 대한 이야기, '그리움'이라는 반응 등은 모두 찾아 볼 수 없는 내용이었습니다.

⑤ 반어적 표현을 활용하여 현실에 대한 비판적 태도를 드러내고 있다.

선지 유형	근거가 없어서 허용 불가능
실전에서의 판단 과정	반어적 표현이 어딨었냐.
해설	'반어적 표현'이 나타난 적은 없습니다. '반어적 표현'은 꽤나 강력한 표현이기에, 혹시나 나타난다면 우리가 충분히 인식할 수 있을 거예요.

선지	①	②	③	④	⑤
선택률	3%	5%	6%	4%	82%

07 〈보기〉를 참고하여 (가)와 (나)를 감상한 내용으로 적절하지 **않은** 것은? [3점] ⑤

① (가)의 '들여다보며'에서는 '백골'로 상징화된 부정적 자아를 향한 화자의 내면의 시선을 확인할 수 있군.

어둠 속에 곱게 풍화작용하는
백골을 들여다보며
눈물짓는 것이 내가 우는 것이냐

선지 유형	근거가 있어서 허용 가능
실전에서의 판단 과정	백골을 들여다보는 건 자아 성찰하는 거지.
해설	화자는 '어둔 방'에서 '내 백골'을 바라보며 자아 성찰을 했습니다. 나아가 '백골'의 의미를 생각하면, 이것이 '부정적 자아'를 상징한다는 것도 어렵지 않게 허용할 수 있겠습니다. 지문의 내용 그 자체인 선지였네요.

② (가)의 '지조 높은 개'는 자아의 부정적인 모습과 대비되어 화자를 새로운 존재로 거듭나게 하는군.

지조 높은 개는
밤을 새워 어둠을 짓는다.

어둠을 짓는 개는
나를 쫓는 것일 게다.

가자 가자
쫓기우는 사람처럼 가자
백골 몰래
아름다운 또 다른 고향에 가자.

선지 유형	근거가 있어서 허용 가능
실전에서의 판단 과정	지조 높은 개가 나를 쫓고 있네.
해설	'지조 높은 개'는 '밤을 새워 어둠을 짓는' 존재이고, 그 행위의 의미는 '나를 쫓는 것'이라고 합니다. '어둠을 짓는' 것이 정확히 어떤 뜻인지는 몰라도, 부정적인 화자의 자아를 쫓는다는 점에서 '대비'된다는 말을 충분히 허용할 수 있겠어요. 그리고 이 개의 울음 소리를 듣고 화자가 '또 다른 고향'에 가자는 의지를 다지고 있으니, 이를 근거로 '화자를 새로운 존재로 거듭나게' 한다는 것도 허용할 수 있겠습니다. 이 정도의 선지 판단은 자연스럽게 해낼 수 있겠죠?

③ (나)에서 먼 설원을 굽어보는 '형형한 눈'은 바람직한 삶을 지향하는 화자의 태도를 떠올리게 하는군.

전신이 검은 까마귀,
까마귀는 까치와 다르다.
마른 가지 끝에 높이 앉아
먼 설원을 굽어보는 저
형형한* 눈,

* 형형한 : 광채가 반짝반짝 빛나며 밝은.

선지 유형	근거가 있어서 허용 가능
실전에서의 판단 과정	화자는 까마귀의 삶을 지향했지.

| 해설 | 지문을 읽으면서부터 파악했듯이, (나)의 화자는 '까마귀'처럼 되기를 바라고 있습니다. 이런 내용들을 근거로 하면 '까마귀'가 가지고 있는 속성인 '형형한 눈'은 화자가 지향하는 태도를 떠올리게 한다는 내용을 허용할 수 있겠습니다. |

④ (나)에서 인가의 안마당을 넘보는 '까치'는 화자가 단절하고자 하는 삶의 태도를 나타내는군.

> 얼어붙은 지상에는
> 그 어디에도 낟알 한 톨 보이지 않지만
> 그대 차라리 눈발을 뒤지다 굶어 죽을지언정
> 결코 까치처럼
> 인가의 안마당을 넘보진 않는다.

선지 유형	근거가 있어서 허용 가능
실전에서의 판단 과정	까치는 까마귀랑 반대되는 대상이겠지.
해설	(나)의 화자는 '까마귀'를 지향하고 있고, '까치'는 그러한 '까마귀'와는 다른 속성을 가지고 있습니다. 자연스럽게 '까치'는 화자가 단절하고자 하는 삶의 태도를 드러낸다고 할 수 있겠죠.

⑤ (가)의 '방'은 화자의 어두운 내면을, (나)의 '먼 지평선'은 화자가 처한 부정적 현실을 상징하는군.

> 어둔 방은 우주로 통하고
> 하늘에선가 소리처럼 바람이 불어온다.

> 나는
> 빈 가지 끝에 홀로 앉아
> 말없이
> 먼 지평선을 응시하는 한 마리
> 검은 까마귀가 되리라.

선지 유형	근거가 있어서 허용 불가능
실전에서의 판단 과정	먼 지평선은 화자의 지향점인데?
해설	'어둔 방'이 화자의 어두운 내면을 상징한다는 것은 다른 선지를 판단하는 과정에서도 충분히 납득했던 내용입니다. 그런데 '먼 지평선'은 (나)의 화자가 지향하는 대상이죠? 이러한 독해의 결과를 근거로 하면, '먼 지평선=부정적 현실'이라는 해석은 절대로 허용할 수 없겠습니다.

선지	①	②	③	④	⑤
선택률	5%	80%	10%	3%	2%

08 (나)의 ㉠에 대한 설명으로 가장 적절한 것은? ②

> 겨울 되자 온 세상 수북이 ㉠눈은 내려
> 저마다 하얗게 하얗게 분장하지만
> 나는
> 빈 가지 끝에 홀로 앉아
> 말없이
> 먼 지평선을 응시하는 한 마리
> 검은 까마귀가 되리라.

– (나)의 '눈'은 세상을 '하얗게 하얗게 분장'시키는 대상입니다. 얼핏 보면 좋아 보이지만, 화자는 그러한 상황에서도 '말없이 / 먼 지평선을 응시하'겠다고 했어요. 이렇게 맥락을 독해하면, ㉠이 의미하는 바는 결국 '먼 지평선을 보지 못하도록 하얗게 분장하는 것'이라고 할 수 있겠네요. '눈'의 포근한 이미지와는 달리, 이 지문 속에서는 그저 세상을 '분장'해 화자의 지향을 방해하는 대상인 것입니다.

① 충만한 느낌을 통해 평온한 삶을 드러낸다.

선지 유형	근거가 없어서 허용 불가능
실전에서의 판단 과정	좋은 거 아닌데?
해설	㉠은 '충만', '평온' 같은 긍정적인 내용과는 어울리지 않습니다. 간단하게 지울 수 있어야 해요.

② 본질을 가리는 속성을 통해 세상의 허위를 암시한다.

선지 유형	근거가 있어서 허용 가능
실전에서의 판단 과정	분장한다는 말을 멋있게 풀어 썼네.
해설	세상을 '하얗게 분장'시키는 ㉠의 속성을 '본질을 가리는 속성'으로 표현하고 있습니다. 여기서의 '본질'은 '먼 지평선'을 의미할 것이고, 이렇게 겉으로는 아름답지만 실상은 '먼 지평선'을 제대로 보지 못하도록 하는 ㉠은 '세상의 허위'를 의미한다고 할 수 있겠죠. 결국 '독해력'이 핵심입니다. 이 문제가 묻고자 하는 것이 문학적인 해석 능력이 아님을 확실하게 이해해 주세요.

③ 색채 이미지를 통해 화자의 순결한 정신을 드러낸다.

④ 하강 이미지를 통해 화자가 연약한 존재임을 보여 준다.

⑤ 역동적 이미지를 통해 미래에 대한 화자의 소망을 나타낸다.

선지 유형	근거가 없어서 허용 불가능
실전에서의 판단 과정	셋 다 헛소리네.
해설	세 선지 모두 ㉠을 제대로 독해했다면 도저히 허용할 수 없는 내용들입니다.

선지	①	②	③	④	⑤
선택률	3%	6%	7%	77%	7%

09 〈보기〉를 바탕으로 (다)의 시상 전개를 이해할 때, 적절하지 않은 것은? ④

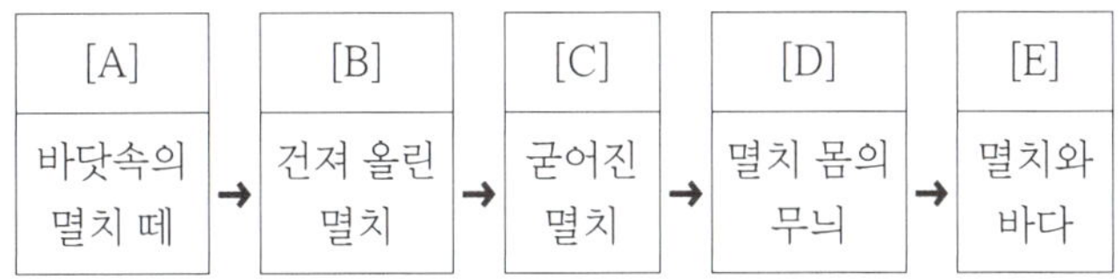

– 다소 소외되어 있었던 (다) 작품의 단독 문제입니다. 〈보기〉에서 제시하는 부분을 독해하면서 해결하면 되겠죠?

① [A]에서 멸치 떼의 유유한 움직임은 '무수한 갈래의 길'과 연결되어 바닷속의 자유로운 분위기를 보여 주고 있다.

선지 유형	근거가 있어서 허용 가능
실전에서의 판단 과정	선지 그 자체로 허용되네.
해설	'무수한 갈래의 길'에서 유유히 흘러 다니는 '멸치'의 모습. 그 자체로 충분히 '바닷속의 자유로운 모습'이라고 할 수 있겠죠.

② [B]에서 '그물', '햇빛의 꼿꼿한 직선들'은 멸치의 생명을 앗아가려는 외부 세계의 폭력성을 환기하고 있다.

선지 유형	근거가 있어서 허용 가능
실전에서의 판단 과정	얘들 땜에 멸치가 생명력을 잃었으니까 맞지.
해설	[A]에서 바다를 자유롭게 돌아다니던 '멸치'는, '그물'과 '햇빛'으로 인해 '길'을 잃고 생명력을 잃은 반찬이 되어 버립니다. 이 정도면 '외부 세계의 폭력성'을 충분히 허용할 수 있겠죠.

③ [C]는 멸치가 본래의 속성을 잃어 가는 과정을 순차적으로 보여 주고 있다.

선지 유형	근거가 있어서 허용 가능
실전에서의 판단 과정	갈수록 반찬이 되어가고 있네.
해설	'바다의 무늬'가 딱딱하게 굳어가고, 기름에 튀겨진 뒤 접시에 담기는 과정. '본래의 속성을 잃어 가는 과정' 그 자체네요.

④ [D]는 바다 물결의 실제 움직임을 사실적으로 묘사하여 마른 멸치의 몸에 남은 무늬에 시선을 집중시키고 있다.

선지 유형	근거가 있어서 허용 불가능
실전에서의 판단 과정	[D]에서의 바다 모습은 상상이잖아?
해설	[D]는 반찬이 되어 버린 '멸치'를 보고서 화자가 상상하는 부분입니다. 이를 근거로 하면 여기서의 '바다 물결' 모습은 '실제 움직임'이라고 할 수 없겠네요. 간단하게 답으로 골라주실 수 있어야 합니다.

⑤ [E]는 '파도'와 '해일'의 움직임을 통해 멸치가 본래 지녔던 생명력을 환기하며 시상을 마무리하고 있다.

선지 유형	근거가 있어서 허용 가능
실전에서의 판단 과정	파도 만들고 해일 부를 정도면 생명력 있는 거지.
해설	'멸치'가 가지고 있는 '작은 무늬'는 '파도'를 만들고 '해일'을 부를 정도의 힘을 가지고 있었습니다. 비록 지금은 생명력을 잃고 반찬이 되었지만요. 이를 근거로 하면, '멸치가 본래 지녔던 생명력'이라는 말을 충분히 허용할 수 있겠습니다.

현대시 독해 연습

> (가)
> 고향에 돌아온 날 밤에
> 내 백골이 따라와 한방에 누웠다.

'고향'에 돌아온 뒤 '밤'을 보내고 있는 화자입니다. 그런데 그곳에 화자의 '백골'이 따라왔다고 해요. '백골'은 죽은 사람의 뼈를 의미하는데, 이 '백골'이 화자와 '한방'에 누웠다는 것으로 보아 화자 스스로 자신의 처지를 부정적으로 느끼고 있는 것 같아요. 정말로 뼈가 같이 누웠다기보다는, 자신의 처지가 '백골'처럼 죽은 상태나 마찬가지라고 생각하고 있다고 보는 것이 더 알맞으니까요.

> 어둔 방은 우주로 통하고
> 하늘에선가 소리처럼 바람이 불어온다.

이렇게 화자가 '백골'과 함께 누워 있는 '어둔 방'은 '우주'로 통하는 공간입니다. 그곳에선 '하늘'로부터 불어오는 '바람'을 느낄 수도 있어요. '우주'와 '바람'이 의미하는 바가 무엇인지 정확하게 알기는 어렵지만, 화자가 처해 있는 상황을 머릿속으로 충분히 그릴 수는 있겠습니다.

> 어둠 속에 곱게 풍화작용하는
> 백골을 들여다보며
> 눈물짓는 것이 내가 우는 것이냐
> 백골이 우는 것이냐
> 아름다운 혼이 우는 것이냐

이러한 '어둠 속'에서, '백골'이 곱게 '풍화작용'을 하고 있다고 합니다. '풍화작용'은 '햇빛·공기' 등에 의해 바위ㅏ 돌 따위가 부서지는 것을 의미하는데, 이러한 의미를 생각하면 앞 연에 제시되었던 '바람'이 '풍화작용'을 유발하고 있다고 할 수 있겠습니다. 즉, '바람'은 화자의 '백골'을 조금씩 부수는 역할을 하는 것이에요. 그렇다면 이 '바람'은 화자에게 있어 피해야 하는 부정적인 대상일까요?

그런데 화자는 그러한 '백골'을 들여다보며, '눈물'짓고 있습니다. 그것이 화자 자신이 우는 것인지, '백골'이 우는 것인지, '아름다운 혼'이 우는 것인지는 모르겠지만요. '백골'은 화자 자신의 것이기 때문에, 그것을 바라보며 '눈물'짓는 것은 '화자 자신에게 주목'하여 자아 성찰하는 모습이라고 할 수 있겠습니다. 결국 '풍화작용'하는 '백골'은 화자의 자아 성찰 과정을 의미하는 것이고, '바람'은 이를 돕는 매개체 역할이었던 것이죠. 조금 어렵지만 지문의 맥락과 주제를 바탕으로 충분히 읽어낼 수 있겠죠?

> 지조 높은 개는
> 밤을 새워 어둠을 짖는다.
>
> 어둠을 짖는 개는
> 나를 쫓는 것일 게다.

그런데 이 상황에서 '지조 높은 개'는 '어둠'을 짖고, 이는 화자 자신을 '쫓는 것'이라고 합니다. '어둠'은 현재 화자가 있는 공간인

'어둔 방'과 연결되는 것일 텐데, 이렇게 '어둠'을 짖는 것은 화자를 '쫓는 것'이라고 하네요. '쫓다'라는 단어의 일상적 의미를 살려서 읽으면, 결국 '지조 높은 개'는 화자가 '어둠'으로부터 벗어나도록 짖는 것이라고 이해할 수 있겠습니다. 자아 성찰을 하고 있는 화자를 일깨워 주는 대상인 것이죠.

> 가자 가자
> 쫓기우는 사람처럼 가자
> 백골 몰래
> 아름다운 또 다른 고향에 가자.
>
> -윤동주, 「또 다른 고향(故鄕)」-

이러한 '지조 높은 개'의 영향인지, 화자는 드디어 '어둠'을 벗어나 '또 다른 고향'에 가려고 합니다. 중요한 것은 '풍화작용'하고 있는 '백골'이 모르게 간다는 점이에요. 부정적인 자아를 상징하는 '백골'은 두고, 더 나은 자아를 찾아서 '또 다른 고향'에 가겠다는 의지를 보이는 것이 화자의 자아 성찰 결과라고 할 수 있겠습니다.

> (나)
> 전신이 검은 까마귀,
> 까마귀는 까치와 다르다.
> 마른 가지 끝에 높이 앉아
> 먼 설원을 굽어보는 저
> 형형한* 눈,
> 고독한 이마 그리고 날카로운 부리.
>
> * 형형한 : 광채가 반짝반짝 빛나며 밝은.

'까마귀'에 주목하면서 시작하고 있습니다. 그리고 그 '까마귀'는 '까치'와는 다르다고 해요. '형형한 눈', '고독한 이마', '날카로운 부리' 등을 가지고 '먼 설원'을 굽어보는 '까마귀'는 꽤 멋있는 존재인 것 같습니다. 자연스럽게 '까치'는 안 그렇다는 것까지 생각할 수 있겠죠?

> 얼어붙은 지상에는
> 그 어디에도 낱알 한 톨 보이지 않지만
> 그대 차라리 눈밭을 뒤지다 굶어 죽을지언정
> 결코 까치처럼
> 인가의 안마당을 넘보진 않는다.

'까마귀'가 바라보는 곳은 '먼 설원(눈이 쌓여 있는 곳)'입니다. 이렇게 '얼어붙은 지상'에는 당연하게도 '낱알 한 톨' 없을 거예요. '까마귀'는 차라리 굶어 죽는 한이 있어도, '까치'처럼 '인가의 안마당'을 넘보진 않는다고 합니다. 다시 한번 '까마귀'와 '까치'를 비교하고 있죠? '까치'는 배고픔을 참지 못하는 나약한 존재이지만, '까마귀'는 그저 '먼 설원'을 응시하며 고고한 자세를 유지하는 존재입니다.

'검을 테면 / 철저하게 검어라.'라는 말을 하는 것으로 보아, 화자가 긍정적으로 바라보는 '까마귀'는 '단 한 개의 깃털'도 남김 없이 검은색으로 뒤덮인 존재인 것 같습니다. 반면 '인가의 안마당'을 넘보는 '까치'는 확실하게 검은색이 아니겠죠? 실제로 '까마귀'와 '까치'의 사진을 찾아 보시면 충분히 이해할 수 있을 겁니다.

어쨌든, 화자가 '철저하게 검'은 '까마귀'의 삶을 지향하고 있는 것은 확실해 보입니다.

계속해서 똑같은 말만 하고 있습니다. '까마귀'는 '먼 설원'을 바라보고 있습니다. 이렇게 '눈'이 내려 세상이 '하얗게 분장'하고 있지만, 마치 '까마귀'가 그러하듯이 화자도 말없이 '먼 지평선'을 응시하겠다는 다짐을 보여 주고 있습니다. 기회주의적인 '까치'가 아니라 자신의 이상을 흔들림없이 추구하는, '철저하게 검'은 '까마귀'가 되고 싶은 화자의 마음이 잘 드러나는 작품이었네요.

'저 딱딱한 것들'이라는 외부 대상에 주목하면서 시작하고 있습니다. 정확히 어떤 대상인지는 모르겠지만, '저 딱딱한 것들'은 '물결'이었고 '바닷속 무수한 갈래의 길'이었다고 해요. 맥락상 생선인 것 같은데, 원래는 바다의 생명력을 담고 있던 그 대상이 어쩌다가 '딱딱한 것'이 되어 버린 걸까요?

그 대상은 '멸치'였습니다. 제목을 먼저 봤다면 더 빨리 알아챌 수 있었겠죠? 원래 '바다'의 생명력을 지니고 있던 '멸치'는 '그물'에 잡힌 뒤 '물기'를 잃어버리고, '건어물집'에서 '기름'에 튀겨진 뒤 '접시'에 담겨진 것입니다. '멸치'가 생명력을 잃어 가는 모습을 쭉 나열하면서 안타까움을 드러내고 있네요. 이렇게 '외부 대상에게 주목'하는 것은 그 대상의 처지가 화자와 비슷하기 때문이겠죠? 화자가 스스로 자신이 생명력을 잃은 존재라고 생각하기에, 남들은 맛있게 먹는 멸치를 보고서 이런 생각을 하게 된 것입니다.

다시 한번 '멸치'가 가지고 있던 생명력을 떠올리고 있습니다. 비록 지금은 '깍두기처럼 딱딱하게 집히'지만, 이 '멸치'는 바다의 생명력을 가지고 있었어요. 아마 화자도 한때는 왕성한 생명력을 가지고 살아갔겠죠? 그러한 시절을 상상하면서 마무리하고 있습니다.

몰랐던 어휘 정리하기

| 핵심 point |

① **허용 가능성 평가** : 선지의 내용을 '허용'하려는 태도를 바탕으로 지문을 '독해'하며 '근거'를 찾아야 합니다. 허용할 수 있는 '근거'가 있어야만 허용할 수 있습니다. 주관적인 생각을 개입시키면 안 됩니다.

② **현대시 독해** : 〈보기〉의 도움 등을 통해 '주제' 위주로, 그리고 일상 언어의 감각으로 읽어내면 됩니다. 현대시도 읽을 수 있는 하나의 글입니다.

| 지문 내용 총정리 |

전반적인 문제의 난이도는 쉬운 편이었지만, '현대시 창작 원리'라는 클리셰를 익히기에 아주 좋은 지문이었습니다. '현대시 창작 원리'를 바탕으로 지문을 이해하는 과정, 여러 선지들을 명쾌하게 뚫어내는 과정을 중심으로 정리하도록 합시다.

〈보기〉 확인

> 〈학습 활동〉
>
> 「하늘과 돌멩이」는 사물에 대한 우리의 고정관념을 버리고 새로운 시각으로 사물들을 바라보려고 시도한다. 각 연의 서술어에 주목하여, 이 시에 나타난 새로운 관점을 사물에 대한 고정관념과 비교하여 탐구해 보자.

(나) 작품에 대한 〈보기〉 대신 〈학습 활동〉이 하나 있습니다. 이를 읽어보니, 사물에 대한 고정관념을 버리고 새로운 시각으로 보고자 했다는 내용이 들어 있습니다. 주제를 확실하게 인식했으니, 이를 바탕으로 지문을 읽고 선지를 판단해보도록 합시다.

실전적 지문 독해

> (가)
>
> 낙엽은 폴 – 란드 망명정부의 지폐
> 포화(砲火)에 이즈러진
> 도룬 시(市)의 가을 하늘을 생각케 한다
> 길은 한 줄기 구겨진 넥타이처럼 풀어져
> 일광(日光)의 폭포 속으로 사라지고
> 조그만 담배 연기를 내어 뿜으며
> 새로 두 시의 급행차가 들을 달린다
> 포플라 나무의 근골(筋骨) 사이로
> 공장의 지붕은 흰 이빨을 드러내인 채
> 한 가닥 구부러진 철책이 바람에 나부끼고
> 그 위에 세로팡지(紙)로 만든 구름이 하나
> 자욱 – 한 풀벌레 소리 발길로 차며
> 호올로 황량한 생각 버릴 곳 없어
> 허공에 띄우는 돌팔매 하나
> 기울어진 풍경의 장막 저쪽에
> 고독한 반원을 긋고 잠기어 간다
>
> —김광균, 「추일서정」—

〈보기〉가 없어 주제를 스스로 파악해야 하는 작품입니다. 일단 '낙엽'을 통해 화자가 쓸쓸한 가을의 풍경 속에 있다는 것을 인식할 수 있겠죠? 그곳에서 '홀로' '황량'하다는 반응을 보이는 화자의 모습입니다. '화자 자신에게 주목'하여, 쓸쓸한 가을 도시에서 느끼는 고독감·황량감을 표현하는 주제를 가지고 있네요. 이 정도는 어렵지 않게 읽어낼 수 있겠죠?

> (나)
>
> 담쟁이덩굴이 가벼운 공기에 업혀 허공에서
> 허공으로 이동하고 있다
>
> 새가 푸른 하늘에 눌려 납작하게 날고 있다
>
> 들찔레가 길 밖에서 하얀 꽃을 버리며
> 빈자리를 만들고
>
> 사방이 몸을 비워놓은 마른 길에
> 하늘이 내려와 누런 돌멩이 위에 얹힌다
>
> 길 한켠 모래가 바위를 들어올려
> 자기 몸 위에 놓아두고 있다
>
> —오규원, 「하늘과 돌멩이」—

〈학습 활동〉을 통해 얻은 주제 그대로인 작품입니다. 우리의 고정관념에 어긋나는 표현들을 보여 주고 있네요. 딱히 추가로 얻을 건 없을 것 같습니다.

선지	①	②	③	④	⑤
선택률	2%	4%	4%	3%	87%

10 (가)에 대한 설명으로 가장 적절한 것은? ⑤

① 수미상관의 기법을 활용하여 구조적 안정감을 얻고 있다.

선지 유형	근거가 없어서 허용 불가능
실전에서의 판단 과정	처음과 끝이 너무 다른데?
해설	'수미상관'이 있는지를 따지는 건 어렵지 않죠? 처음과 끝의 내용이 너무 달라 허용하기 어렵습니다.

② 유사한 문장 형태를 변주하여 시간의 흐름을 드러내고 있다.

선지 유형	근거가 없어서 허용 불가능
실전에서의 판단 과정	유사한 문장 형태라고 할 만한 게 없네.
해설	아무리 봐도 유사한 문장 형태라고 볼 만한 내용이 없고, '시간의 흐름'을 허용하기도 어렵죠? '시간의 흐름'과 같은 내용은 너무나 중요한 상황의 변화이기에 우리가 놓쳤을 리가 없을 거예요.

③ 의도적으로 변형한 시어를 통해 현실 극복 의지를 드러내고 있다.

선지 유형	근거가 없어서 허용 불가능
실전에서의 판단 과정	현실 극복 의지는 없었는데?
해설	'호올로' 등에서 의도적으로 변형한 시어는 보이지만, '현실 극복 의지'라는 대단한 '반응'은 보이지 않습니다. 애초에 화자의 쓸쓸함을 강조하는 이 작품의 주제와도 크게 어긋나구요.

④ 추측을 나타내는 표현을 통해 대상에 대한 회의감을 드러내고 있다.

선지 유형	근거가 없어서 허용 불가능
실전에서의 판단 과정	추측을 나타내는 표현이 없는데?
해설	일단 아무리 살펴봐도 '추측을 나타내는 표현'(~인 것 같다)을 찾기가 어렵습니다. 이것만으로도 답이 되기 어렵겠죠? 나아가 '대상에 대한 회의감'이라는 말을 허용할 근거를 찾기도 어렵습니다.

⑤ 자연물을 인공물에 빗대어 풍경에 대한 화자의 인상을 드러내고 있다.

선지 유형	근거가 있어서 허용 가능
실전에서의 판단 과정	자연물을 인공물에 빗댄 거 여러 가지 보이네.
해설	'낙엽'이라는 자연물을 '지폐'라는 인공물에 빗대거나, '구름'이라는 자연물을 '세로팡지'라는 인공물에 빗대는 모습이 보이네요. 이를 통해 풍경에 대한 화자의 황량한 인상을 드러내는 것은 이 지문의 주제 그 자체이므로, 어렵지 않게 답으로 고를 수 있겠습니다.

선지	①	②	③	④	⑤
선택률	76%	3%	7%	12%	3%

11 다음은 (나)에 대한 〈학습 활동〉 과제이다. 이를 수행한 결과로 적절하지 <u>않은</u> 것은? [3점] ①

① ㉠: '업혀'에 주목하면, 담쟁이덩굴은 벽에 붙어 자라는 것이 아니라 공기를 누르며 수직 상승하는 강인한 존재로 볼 수 있다.

	사물	사물에 대한 고정관념	서술어	새로운 관점
1연	담쟁이 덩굴	담쟁이덩굴은 벽에 붙어 자란다.	업혀	㉠

담쟁이덩굴이 가벼운 공기에 업혀 허공에서 허공으로 이동하고 있다

선지 유형	근거가 있어서 허용 불가능
실전에서의 판단 과정	업혀 있는데 어떻게 수직 상승이야.
해설	선지에서 물어보는 대로, '담쟁이덩굴'을 '수직 상승하는 강인한 존재'라고 볼 만한 근거가 있는지를 생각해야 합니다. 1연을 독해해보면, '담쟁이덩굴'은 공기에 '업혀' 허공으로 이동하고 있습니다. '업혀' 있다는 건 공기에게 '의존'하고 있다는 것이고, 이는 '수직 상승하는 강인한 존재'로 볼 수 없다는 근거로 작용하네요. 강인하다기엔 너무나 의존적이니까요. 어렵지 않죠?

② ㉡: '눌려'에 주목하면, 새가 아무 제약 없이 하늘을 나는 것이 아니라 하늘의 무게를 견디며 나는 것으로 볼 수 있다.

	사물	사물에 대한 고정관념	서술어	새로운 관점
2연	새	새는 자유롭게 하늘을 난다.	눌려	㉡

새가 푸른 하늘에 눌려 납작하게 날고 있다

선지 유형	근거가 있어서 허용 가능
실전에서의 판단 과정	눌린다는 건 하늘의 무게를 견딘다는 것이지.

	'하늘의 무게를 견디며 나는 것'을 허용할 만한 근거가 있으면 됩니다. 선지에서 말하는 것 그대로, '눌려 납작하게'라는 말을 근거로 가져올 수 있겠네요. 새는 자유롭게 난다는 고정관념과는 달리, 화자가 보기엔 새가 하늘의 무게를 견디며 날고 있다는 것이에요.
해설	

③ ⓒ : '버리며'에 주목하면, 꽃이 저절로 떨어지는 것이 아니라 들찔레가 스스로 꽃을 떨어뜨리는 것으로 볼 수 있다.

	사물	사물에 대한 고정관념	서술어	새로운 관점
3연	들찔레	들찔레의 꽃이 떨어진다.	버리며	ⓒ

들찔레가 길 밖에서 하얀 꽃을 <u>버리며</u>
빈자리를 만들고

선지 유형	근거가 있어서 허용 가능
실전에서의 판단 과정	버리는 건 꽃을 떨어뜨리는 것이지.
해설	역시 '버리며'라는 강력한 근거를 토대로 '스스로 꽃을 떨어뜨림'을 허용할 수 있습니다. 우리의 고정관념과 달리, 화자가 보기에 들찔레는 자신의 꽃을 스스로 떨어뜨리는 존재인 거예요.

④ ㉣ : '엎힌다'에 주목하면, 하늘은 땅과 멀리 떨어져 있지 않고 길에 가깝게 내려와 돌멩이 위에 닿는 존재로 볼 수 있다.

	사물	사물에 대한 고정관념	서술어	새로운 관점
4연	하늘	하늘은 땅에서 멀리 떨어져 있다.	엎힌다	㉣

사방이 몸을 비워놓은 마른 길에
하늘이 내려와 누런 돌멩이 위에 <u>엎힌다</u>

선지 유형	근거가 있어서 허용 가능
실전에서의 판단 과정	엎히는 건 닿아 있을 때 가능한 거지.
해설	'엎히다'라는 표현은 선지에서 말하는 것처럼 '닿아 있을 때' 사용하는 것이죠? 이를 근거로 하면 하늘이 돌멩이 위에 '닿는 존재'라는 해석을 충분히 허용할 수 있겠습니다.

⑤ ㉤ : '들어올려'에 주목하면, 모래는 바위 밑에 깔려 있지 않고 자신의 힘으로 거대한 바위를 지탱할 수 있는 존재로 볼 수 있다.

	사물	사물에 대한 고정관념	서술어	새로운 관점
5연	모래	모래가 바위 밑에 깔려 있다.	들어올려	㉤

길 한켠 모래가 바위를 들어올려
자기 몸 위에 놓아두고 있다

선지 유형	근거가 있어서 허용 가능
실전에서의 판단 과정	들어올리는 건 지탱하는 거지.
해설	역시 '들어올려'라는 말을 근거로 하여, 모래가 바위를 '지탱'하고 있다는 해석을 허용할 수 있겠죠? 근거가 있으면 허용해야 합니다!

선지	①	②	③	④	⑤
선택률	4%	6%	6%	71%	12%

12 이미지의 활용을 중심으로 (가)와 (나)를 감상한 내용으로 적절하지 <u>않은</u> 것은? ④

① (가)는 '낙엽'을 '망명정부의 지폐'에 연결하여 낙엽의 이미지에서 연상되는 무상감을 드러내고 있군.

<u>낙엽</u>은 폴 – 란드 망명정부의 <u>지폐</u>

선지 유형	근거가 있어서 허용 가능
실전에서의 판단 과정	망명정부의 지폐는 참 무상하지.
해설	'낙엽'을 '망명정부'의 지폐와 연결했으니, '망명정부'가 주는 무상감을 드러낸다고 볼 수 있겠죠. '망명정부'(다른 나라에 의한 정복, 전쟁, 혁명 따위로 인해 외국으로 피신하여 세운 정부)가 무엇인지를 몰랐다면 어휘력이 많이 부족한 거예요. 모르는 어휘가 나올 때마다 항상 찾아보는 습관을 들입시다.

② (가)는 '돌팔매'가 땅으로 떨어지는 이미지를 '고독한
반원'으로 표현하여 외로움의 정서를 부각하고 있군.

선지 유형	근거가 있어서 허용 가능
실전에서의 판단 과정	고독하다고 했으니 외로움의 정서 맞지.
해설	해당 부분을 독해해보면, '돌팔매'가 '고독한 반원'을 긋는다고 합니다. 이는 '돌팔매'를 '고독한 반원'으로 표현한 것이라고 할 수 있겠죠? 나아가 '고독'하다는 말을 근거로 하면 '외로움'이라는 정서를 쉽게 허용할 수 있겠죠.

③ (나)는 '빈자리'를 '들찔레'가 의도적으로 만들어 낸 대
상인 것처럼 표현하여 비어 있는 공간의 이미지를 떠
올릴 수 있도록 의미를 부여하고 있군.

선지 유형	근거가 있어서 허용 가능
실전에서의 판단 과정	선지 그대로 허용되네.
해설	'들찔레'가 빈자리를 '만든다'고 했으니 의도적으로 만들었다는 것이 자연스럽게 허용되겠습니다. 나아가 '들찔레'에 있는 '빈자리'를 강조하고 있으니, 독자로 하여금 그곳을 '비어 있는 이미지'로 떠올릴 수 있도록 한다는 것도 쉽게 허용할 수 있겠죠.

④ (가)는 '길'을 '구겨진 넥타이'의 이미지와 연결하여 도
시에서 느껴지는 소외감을 표현하고, (나)는 '길 밖'과
'길 한켠'처럼 중심에서 벗어난 공간의 이미지를 활용
하여 대상들 간의 거리감을 드러내고 있군.

선지 유형	근거가 있어서 허용 불가능
실전에서의 판단 과정	길이 넥타이처럼 풀어진 모습에서 어떻게 소외감을 표현하냐.
해설	결론부터 말씀드리면, 평가원이 굉장히 애매하게 출제해버린, '6평스러운' 선지입니다. 이에 대한 해설은 엄청나게 갈리기 때문에, 여러분이 생각하기에 맞는 방향으로 정리하시면 됩니다. 수능에서는 절대 이렇게 애매한 출제를 하지 못할 테니까요. 여기서는 그냥 제가 이 선지를 처음 봤을 때의 사고 과정을 바탕으로 해설을 하겠습니다. 하나하나 따져봅시다. 먼저 (가)의 화자는 '길'이 '구겨진 넥타이'처럼 풀어져 있다고 표현하며, 둘의 이미지를 연결하고 있습니다. 하지만 이는 구불구불한 '길'의 모습을 묘사한 것일 뿐, 여기서 '소외감'을 읽어낼 만한 근거를 찾기는 어려워 보여요. 이를 바탕으로 하면 일단 이 선지가 정답이라는 건 확실히 정리할 수 있겠습니다. 다음은 (나)에 대한 내용입니다. (나)에서는 '길 밖'과 '길 한켠'이라는, '중심에서 벗어난 공간의 이미지'를 활용하고 있습니다. 여기까진 쉽게 허용할 수 있는데, 중요한 건 이로부터 '대상들 간의 거리감'을 드러내고 있다는 부분이네요. '길 밖'의 '대상들'은 '들찔레'이고, '길 한켠'의 '대상들'은 '모래'와 '바위'입니다. 이 '대상들'은 각각 '길 밖', '길 한켠'으로 표현된 다른 공간에 존재하기에, 이렇게 떨어져 있다는 것을 근거로 하여 '거리감'을 허용할 수 있겠습니다. 근거가 있으면 허용해야 하니까요!

앞에서도 이야기했듯이, 이 선지는 정말 많은 논란을 낳았던 선지입니다. 크게 '소외감'에 대한 판단과 '거리감'에 대한 판단으로 나누어 이 논란을 정리해봅시다.

1) '소외감'에 대한 판단
– 시구의 의미를 바탕으로 판단 : 제 해설에 해당하는 내용입니다. '길'과 '넥타이'라는 의미만으로 판단을 하게 되면, 여기서 '소외감'을 허용할 만한 근거를 찾는 것은 불가능합니다. 그저 길이 꼬불꼬불하다는 것이니까요. 따라서 선지의 내용 중 '소외감' 관련 부분은 허용할 수 없습니다.

– 시 전체의 주제를 바탕으로 판단 : 미리 생각했듯이, (가)의 주제는 '도시에서 느끼는 고독감 · 황량감'입니다. 그리고 기본적으로 시의 모든 표현은 주제 의식을 드러내기 위해 존재합니다. 이러한 관점에 의거하면, '길'을 '구겨진 넥타이'로 표현한 부분에서도 '소외감'을 읽어낼 수 있습니다. '소외감'은 '고독감 · 황량감'이라는 주제와 일맥상통하는 내용이니까요. <u>따라서 선지의 내용 중 '소외감' 관련 부분은 충분히 허용할 수 있습니다.</u>

⇒ 둘 다 충분히 일리 있는 설명이라고 생각하고, 그동안의 평가원 출제 방식을 생각하면 후자처럼 생각하는 것이 옳다고 할 수 있습니다. 평가원이 문학에서 '주제'를 강조한 것은 하루이틀 일이 아니니까요. 하지만 이렇게 출제하는 경우 보통 정말로 그 주제와 직결되는 부분을 선지 판단의 근거로 사용하게 했다는 점에서, '길'을 '구겨진 넥타이'로 표현한 부분을 활용한 것은 조금 아쉽다고 볼 수 있습니다. EBS 연계를 과하게 의식하다가 생긴 애매함이라고 생각해요.

2) '거리감'에 대한 판단

'거리감'에 대한 판단은 선지에서 이야기하는 '대상들'이 정확히 무엇을 가리키는지에 따라 두 가지로 나눌 수 있습니다.

– '길 밖 ↔ 길 한켠'의 구도 : 이 경우, '길 밖'의 '대상들'인 '들찔레, 하얀 꽃'과 '길 한켠'의 '대상들'인 '모래, 바위'라는 대상들 사이의 거리감으로 선지를 해석할 수 있습니다. 그리고 해설에서 언급했듯이, '길 밖'과 '길 한켠'은 분명히 다른 공간이라는 점에서 이를 근거로 하여 '거리감'을 허용하는 데에는 무리가 없어 보입니다.

– '들찔레 ↔ 하얀 꽃', '모래 ↔ 바위'의 구도 : 반면 이 경우에는, '각 공간에 있는 대상들' 간의 거리감으로 해석이 됩니다. 그리고 이렇게 보면, '모래, 바위'는 분명히 붙어 있으니 <u>거리감이 없다</u>고 할 수 있게 됩니다.

– 주제를 고려하면? : 문학의 선지 판단에서는 '주제'가 중요하게 쓰인다는 점을 고려하면, <u>'거리감'을 허용하기 어렵다</u>고 할 수 있습니다. 이 작품은 '고정관념 탈피'라는 주제를 가지고 있을 뿐, 각 대상들의 '거리감'을 드러낸다는 말은 조금 쌩뚱맞으니까요.

⇒ 이 역시 평가원이 조금 오버스럽게 출제한 선지라고 할 수 있습니다. 논리적으로 딱 떨어지는 판단이 불가능하다는 점에서 굉장히 아쉬운 선지라고 생각해요. 다만 '소외감'이나 '거리감' 둘 중 하나에서 이질감을 느끼고 4번 선지를 답으로 골라내는 것 자체는 어렵지 않다고 생각합니다. 이 논란 자체는 중요한 것이 아니니, 여러분의 선지 판단 태도를 다듬는 것 정도로 정리하면 될 것 같습니다.

⑤ (가)는 '허공'을 '황량한 생각'이 드러나는 공허한 이미지로 활용하고, (나)는 '담쟁이덩굴'의 움직임을 활용하여 '허공'을 감각적으로 경험할 수 있는 대상으로 묘사하고 있군.

호올로 황량한 생각 버릴 곳 없어
허공에 띄우는 돌팔매 하나

담쟁이덩굴이 가벼운 공기에 업혀 허공에서
허공으로 이동하고 있다

선지 유형	근거가 있어서 허용 가능
실전에서의 판단 과정	그러고 있네.
해설	(가)부터 천천히 판단해봅시다. 화자는 '황량한 생각'을 버릴 곳이 없어 '허공'에 돌팔매를 던집니다. 그렇다면 '돌팔매'에는 화자의 '황량한 생각'이 깃들어 있다고 할 수 있겠죠? 따라서 '허공'은 '황량한 생각'이 깃든 공간이니, 이를 근거로 '공허한 이미지'를 허용할 수 있겠습니다. 한편 (나)의 '허공'은, '담쟁이덩굴'이 움직이는 공간입니다. 덩굴의 움직임은 눈으로 확인할 수 있는, 즉 '감각적으로 경험할 수 있는' 것이죠? 쉽게 허용할 수 있겠네요. 실전에서는 그냥 당연하다는 생각이 들어야 합니다. 문학 시간 단축의 핵심은 '당연한 선지'의 양을 늘리는 것이에요.

현대시 독해 연습

(가)

　낙엽은 폴 – 란드 망명정부의 지폐
　포화(砲火)에 이즈러진
　도룬 시(市)의 가을 하늘을 생각케 한다

'낙엽'을 '폴란드 망명정부의 지폐'에 빗대고 있습니다. 그리고 이 '낙엽'을 보면서 포화를 맞은 '도룬 시'의 가을 하늘을 떠올리고 있어요. 아마 '도룬 시'는 포화(전쟁)로 인해 망명정부가 들어선 '폴란드'에 있는 곳이겠죠? 화자는 '낙엽'을 보고 전쟁통의 도시를 떠올릴 만큼 우울한 내면세계를 가지고 있는 것 같습니다.

> 길은 한 줄기 구겨진 넥타이처럼 풀어져
> 일광(日光)의 폭포 속으로 사라지고
> 조그만 담배 연기를 내어 뿜으며
> 새로 두 시의 급행차가 들을 달린다

'길'을 '한 줄기 구겨진 넥타이'에 비유하고 있습니다. 구불구불한 길의 모습을 묘사하는 것이겠죠? 이 길은 '일광의 폭포', 즉 태양(日光) 속으로 사라지고, '담배 연기'와 같은 연기를 뿜으면서 급행차가 달리는 모습입니다. 앞서 제시된 화자의 내면세계를 생각하면, 이러한 풍경은 화자의 입장에서는 꽤나 우울한 풍경이라고 할 수 있겠죠? 모든 화자는 자신의 내면세계대로 외부 세계를 인식하니까요.

> 포플라 나무의 근골(筋骨) 사이로
> 공장의 지붕은 흰 이빨을 드러내인 채
> 한 가닥 구부러진 철책이 바람에 나부끼고
> 그 위에 세로팡지(紙)로 만든 구름이 하나

'흰 이빨'을 드러낸 공장의 지붕, 바람에 나부끼는 철책, 세로팡지로 만든 것 같은 구름. 이런 풍경 역시 화자에게는 우울하게만 느껴지는 풍경일 것입니다. 우울한 풍경이 눈앞에 그려지신다면 잘 읽고 계신 것입니다.

> 자욱 - 한 풀벌레 소리 발길로 차며
> 호올로 황량한 생각 버릴 곳 없어
> 허공에 띄우는 돌팔매 하나
> 기울어진 풍경의 장막 저쪽에
> 고독한 반원을 긋고 잠기어 간다
>
>   -김광균, 「추일서정」-

풀벌레 소리를 정말 발로 찰 수는 없을 것이고, 아마 풀벌레 소리가 들리는 길을 걸어가는 모습을 묘사한 것이겠죠? 이렇게 걸어가는 화자는 '호올로 황량한 생각'을 버릴 곳이 없다고 합니다. 우리가 미리 생각한 것처럼, 화자는 우울하고 '황량한' 생각에 빠져 있는 것이에요. 심지어 허공에 띄우는 돌팔매가 '고독한 반원'을 긋고 잠기어 가는 것처럼 보일 정도로 말이죠. 돌팔매가 그 자체로 고독할 리는 없는데, 화자가 고독함을 느끼고 있으니 그렇게 보이는 것이라고 이해할 수 있겠습니다. '기울어진 풍경'과 같은 표현에서도 화자가 바라보는 풍경을 어떻게 인식하고 있는지 충분히 느낄 수 있겠구요. 이러한 화자의 내면세계대로 이해했다면 훌륭하겠습니다.

(나) 작품의 경우, 〈학습 활동〉에서 이야기했던 것처럼 고정관념에서 탈피하려는 모습만 체크해 주시면 어렵지 않게 정리할 수 있겠습니다. 추가적으로 읽어낼 만한 내용이 없으니 그냥 넘어가도록 합시다.

몰랐던 어휘 정리하기

| 핵심 point |

① **허용 가능성 평가** : 선지의 내용을 '허용'하려는 태도를 바탕으로 지문을 '독해'하며 '근거'를 찾아야 합니다. 허용할 수 있는 '근거'가 있어야만 허용할 수 있습니다. 주관적인 생각을 개입시키면 안 됩니다.

② **현대시 독해** : 〈보기〉의 도움 등을 통해 '주제' 위주로, 그리고 일상 언어의 감각으로 읽어내면 됩니다. 현대시도 읽을 수 있는 하나의 글입니다.

| 지문 내용 총정리 |

아쉬운 선지가 하나 있어 짜증은 나지만, 주제 중심으로 독해하고 '허용 가능성 평가'의 원칙에 맞춰 선지를 판단하는 연습을 하기에 제격인 지문이었습니다. 나아가 '외부 대상에게 주목'하다가 '화자 자신에게 주목'하는 것으로 이어지는 전형적인 '현대시 창작 원리'도 확인할 수 있었죠? 이러한 기본적인 태도 위주로 가볍게 정리해 보도록 합시다.

〈보기〉 확인

> **선생님** : 문학 작품을 통해 우리는 특정한 상황이나 대상
> 에 대한 화자나 글쓴이의 인식을 확인할 수 있어요.
> (가)에서는 인생의 황혼기를 맞는 화자의 인식이,
> (다)에서는 사물의 형태와 주관적 판단의 관련성에
> 대한 글쓴이의 인식이 나타나 있지요.

15번 문제의 〈보기〉는 작품의 내용이나 주제를 설명하는 〈보기〉
가 아니기 때문에 굳이 먼저 읽을 필요는 없을 것 같습니다. 17번
문제의 〈보기〉(사실 〈보기〉가 아니지만, 편의상 〈보기〉라고 부르
겠습니다.)를 통해 (가)와 (다)의 주제 의식만 체크해봅시다.

먼저 (가)에서는 '인생의 황혼기를 맞는 화자의 인식', (다)에서는
'사물의 형태와 주관적 판단의 관련성에 대한 글쓴이의 인식'이
나타나 있다고 합니다. 〈보기〉가 추상적으로 출제된 모습입니다.
저 '인식'이 정확히 어떤 것인지, 즉 화자와 글쓴이의 내면세계
가 무엇인지 스스로 독해해내길 바라고 있어요. 이에 주목하면서
지문을 읽어봅시다.

실전적 지문 독해

> **(가)**
>
> 유자낢에 유자가 열리고 귤나무에는 귤이 열리는 이
> 지순한 길은 바다로 기울었다.
>
> 길에는 자갈이 빛났다. 건조한 가을길에 가뿐한 나의
> 신발(겨우 무거운 젊음의 젖은 구두를 벗은⋯⋯) 길은 바
> 다로 기울고 발바닥에 느껴지는 이 신비스러운 경사감.
>
> 겨우 시야가 열리는 남색, 심오한, 잔잔한 세계. 하늘
> 과 맞닿을 즈음에 이 신비스러운 수평의 거리감.
>
> 유자낢에 유자가 열리고, 귤나무에는 귤이 열리는 이
> 당연한 길은 바다로 기울고, 가뿐한 나의 신발.
>
> 나의 뒤통수에는 해가 저물고. 설레는 구름과 바람. 저
> 녁 햇살 속에 자갈이 빛나는 길은 바다로 기울고, 나의
> 발바닥에 이 신비스러운 경사감. 오오 기우는 세계여.

> ‍ ‍‍ –박목월, 「경사」–

〈보기〉를 참고하면, 반복되는 '신비스러운 경사감'이라는 표현은
인생의 '황혼기'를 맞는 화자의 인식이 응축된 것이라고 할 수 있
겠죠? 화자가 내리막길로 표현된 '황혼기'를 '신비스러운' 것으로
인식하고 있다는 것 정도는 충분히 이해할 수 있겠고, '가뿐한 나
의 신발'과 같은 표현을 통해서 이 '신비스러움'이 인생의 무게를
내려놓고 한결 가벼워진 화자의 내면세계와 맞닿아 있다는 것까
지 읽어낼 수 있다면 완벽하겠어요.

> **(나)**
>
> 내 조상은 뜨겁고 부신
> 태양 체질이 아니었다. 내 조상은
> 뒤안처럼 아늑하고
> 조용한
> 달의 숭배자였다.
>
> 그는 달빛 그림자를 밟고 뛰어놀았으며
> 밝은 달빛 머리에 받아 글을 읽고
> 자라서는, 먼 장터에서
> 달빛과 더불어 집으로 돌아왔다.
>
> 낮은
> 이 포근한 그리움
> 이 크나큰 기쁨과 만나는
> 힘겨운 과정일 뿐이었다.
>
> 일생이 달의 자장(磁場) 속에
> 갇히기를 원했던 내 조상의 달빛 체질은
> 지금
> 내 몸 안에 피가 되어 돌고 있다.
>
> 밤하늘 떠오르는 달만 보면
> 왠지 가슴이 멍해져서
> 끝없이 야행(夜行)의 길을 더듬고 싶은 나는
>
> 아, 그것은 모체의 태반처럼 멀리서도
> 나를 끌고 있다는 생각이 든다.
> 마치
> 보이지 않는 인력(引力)이 바닷물을 끌듯이.
>
> ‍ ‍‍ –이수익, 「달빛 체질」–

주제를 알려주는 <보기>가 없었기 때문에, 스스로 이해해야 합니다. 밑줄 친 부분들 위주로 읽으면, 자신의 조상이 '달빛 체질'이 었으며 자신 역시 그러하다는 말의 반복으로 읽히네요. 더 자세한 독해는 문제를 풀면서 해보도록 하고 이 정도로 넘어갑시다.

> (다)
>
>   천지 만물에는 큼이 있고 작음이 있다. 큼과 작음은 사물의 형태이다. 형태가 처음 생겨나면 그 종류가 이미 구별되니, 누가 바꿀 수 있겠는가. <u>하지만 작으면서도 크고 크면서도 작은 이치가 또한 없지 아니하다.</u> 무엇보다 작은 것이 대나무 도시락의 밥과 한 그릇의 국인데, 그것에서 표정이 드러나는 사람이 있으니, 이는 사물은 작은데 사람이 그것을 보고 크게 여기는 것이다. 무엇보다 큰 것이 진나라와 초나라의 부유함인데, 성인(聖人)은 "내가 무슨 부족할 것이 있겠는가."라고 하였으니, 이것은 사물은 큰데 사람이 그것을 보고 작게 여기는 것이다. <u>그렇다면 사물에는 큼과 작음이 일찍이 없었던 것이고, 사람의 마음이 그것을 대처함이 어떠한지에 달린 것일 뿐이다.</u>

<보기>에서 말한 것처럼, '사물의 형태와 주관적 판단의 관련성'에 대한 이야기를 하고 있습니다. 천지 만물에는 크고 작은 '형태'가 있다고 해요. 이는 바꿀 수 없는 것이지만, '작으면서도 크고 크면서도 작은 이치'도 존재한다고 합니다. 도대체 무슨 말인가 하면서 읽어 보니, 크고 작음은 사물의 '형태'와 무관하게 사람의 마음, 즉 '주관적 판단'이 그것을 대처함이 어떠한지에 달려 있다는 게 글쓴이의 생각이네요. 첫 문단에서 주제를 확실하게 잡을 수 있습니다. 결국 글쓴이가 하고자 하는 말은 '사람의 주관적 판단에 따라 사물의 형태가 결정된다.'는 것이에요. 이를 확실하게 인지한 채로 계속 읽어보도록 합시다. 수필 역시 하나의 글이기 때문에, 이렇게 '주제'를 정확히 인지하고 이를 중심으로 읽어나갈 필요가 있어요.

>   우 상사 사앙(禹上舍士仰)은 약봉의 아래에 자리를 잡고 산다. 집터가 몇 이랑도 되지 않고 띠로 지붕을 이었으니, <u>집 가운데서도 지극히 작은 경우이다.</u> 그래도 사앙은 그 집을 편히 여기며, 자고 거처하는 집을 '용연사(容燕舍)'라고 명명하였다. 그 집이 제비 둥지를 겨우 수용할 수 있는 정도라는 의미이다. 사앙이 언젠가 나에게 집의 규모를 말한 적이 있었는데, <u>표정에 스스로 작다고 여기는 듯한 기색이 있었다.</u> 그래서 나는 웃으며 말해 주었다.

'우 상사 사앙'이라는 사람의 집 이야기로 넘어가고 있습니다. 이를 사례로 하여, '사람의 주관적 판단에 따라 사물의 형태가 결정된다.'는 글쓴이의 주장을 구체적으로 설명하고자 하겠죠? '사앙'의 집은 누가 봐도 작은 집이었고, 이에 '사앙' 역시 글쓴이에게 스스로 집이 작다고 여기는 듯한 기색을 내비칩니다. 이에 글쓴이가 웃으면서 무언가를 말해 주었다고 해요. 그 내용은 당연히 '네가 마음 먹기에 따라 집의 크기가 결정될 뿐이야.'겠죠? 이렇게 주제 중심으로 내용을 예측한 상태에서 다음 문단을 읽어보도록 합시다.

>   <u>"군(君)의 집은 정말 작네. 하지만 작다고 여기면 작은 것이고 크다고 여기면 큰 것이니, 군이 어떻게 여기느냐에 달렸을 뿐일세.</u> 저 집이 이미 군을 수용하고, 그 남은 공간에 다시 군의 처와 자식을 수용하며, 뜰에는 국화를 많이 심어 매년 가을이면 향기와 빛깔이 서로 한데 모이고, 처마 밖에는 종남산 일대가 아침저녁으로 푸르른 산 빛을 보내오네. 집이 이 모든 것을 사양하지 않고 다 수용하니, 군의 집은 수용하는 것이 많네. <u>하지만 이것은 모두 외면의 것이지 내면이 아니라네.</u> 군은 독서하는 사람이니 가까운 내면의 것을 시험 삼아 생각해 보게. 군에게 몸을 주재하는 것은 마음이 아닌가. 마음의 자리는 사방 한 치일 뿐이니, 비록 지극히 작은 사물이라고 말해도 될 것이네. 하지만 한량이 없고 방향이 없는 마음으로서 의로운 행동을 쌓아 생기는 것을 병졸로 삼아 제대로 기르면 천지 사이에 가득하게 된다네. 그래서 소자(邵子)는 '베 이불로 몸을 따뜻하게 하고 명아주 국으로 배를 불리고 나서 흉중의 기를 토해 내니 우주에 가득하도다.'라고 하였지. 안락한 오두막 하나가 천지 사이의 커다란 구역이 된다는 것을 누가 알겠는가. <u>지금 군은 집으로 군의 몸을 수용하고, 몸으로 군의 마음을 수용하고, 마음으로 과연 능히 천지 사이에 가득한 것을 수용하였으니, 수용한 것의 근본을 바탕으로 정진한다면 집이 그것을 주인으로 삼지 않음이 없을 것이네."</u>
>
> -채제공, 「용연사기」-

밑줄 친 부분을 위주로 읽으면, 우리가 미리 생각한 내용 그 자체라는 것을 알 수 있겠죠? '사앙'의 집은 정말 작지만, 그것은 마음 먹기 나름이라는 거예요. 심지어 글쓴이는 '사앙'의 집이 '사앙'과 그의 가족 및 여러 자연물을 모두 수용한다는 이야기를 하면서도, 이렇게 커 보이는 것은 그저 '외면'일 뿐 '내면'이 아니라는 이야기를 합니다. 무엇보다 중요한 것은 '사앙' 자신의 넓은 내면으로 집을 크다고 여겨야 한다는 것이에요. 자신의 작은 집을 '천지 사이의 커다란 구역'으로 여기고 이를 수용하기만 하면 된다는 게 글쓴이의 생각이었습니다.

수필은 이렇게 글쓴이의 주장을 재진술하는 방식으로 흘러갑니다. 이번에는 다소 쉬운 작품이 나왔지만, 어려운 작품이 나왔을 때도 이 원칙을 잊지 않고 꼼꼼하게 독해하도록 합시다.

선지	①	②	③	④	⑤
선택률	8%	8%	9%	73%	2%

13 (가)~(다)에 대한 설명으로 가장 적절한 것은? ④

① (가)는 일부 시행을 명사로 종결하여, 바라는 바를 이루고자 하는 화자의 의지를 부각하고 있다.

선지 유형	근거가 없어서 허용 불가능
실전에서의 판단 과정	무슨 의지?
해설	(가)가 일부 시행을 '경사감' 등의 명사로 종결하고 있는 것은 맞습니다. 하지만 이것이 '바라는 바를 이루고자 하는 화자의 의지'와 연결된다는 것은 허용하기 어렵죠? 〈보기〉와 지문 독해를 통해 알게 된 (가)의 주제는 '황혼기에 대한 수용'일 뿐이니까요. 이렇게 주제를 고려하면 선지를 지워내기가 쉽습니다.

② (나)는 의인화된 대상을 활용하여, 대상이 가지는 의미의 변화를 드러내고 있다..

선지 유형	근거가 없어서 허용 불가능
실전에서의 판단 과정	무슨 의미의 변화?
해설	(나)의 화자는 '달'이라는 대상을 '더불어 집으로 돌아'오거나 화자를 '끌고 있'는 의인화된 대상으로 제시하고 있습니다. 하지만 이는 화자와 '달'의 일체감을 드러내기 위한 것일 뿐, '달'의 의미 변화를 드러내는 것은 아니죠? 애초에 이 작품에서 '달'의 의미 변화가 나타나질 않습니다.

③ (다)는 서로 다른 관점을 대비하여, 글쓴이가 주목한 세태에 대한 냉소적 태도를 드러내고 있다.

선지 유형	근거가 없어서 허용 불가능
실전에서의 판단 과정	냉소적 태도는 말이 되질 않지.
해설	굳이 따지자면 (다)에서는 '사상'의 집을 크다고 보는 관점과 작다고 보는 관점을 대비하고 있습니다. 하지만 이는 글쓴이의 주장인 '사람의 주관적 판단에 따라 사물의 형태가 결정된다.'를 강조하기 위한 것일 뿐, '세태에 대한 냉소적 태도'와는 무관하죠? 애초에 주제와 무관한 내용이니 빠르게 지워낼 수 있어야 합니다.

④ (가)는 유사한 통사 구조를 반복하여, (나)는 동일한 시어를 반복하여 주제 의식을 부각하고 있다.

선지 유형	근거가 있어서 허용 가능
실전에서의 판단 과정	거시적인 선지다. 유사한 통사 구조/동일한 시어다 나오니 정답이네.
해설	일단 '주제 의식을 부각'한다는, 당연히 맞는 말이 포함되어 있는 거시적인 선지입니다. 답일 가능성이 매우 높겠죠? 앞부분만 확인해봅시다. (가)에서는 1연과 4연이 거의 같은 통사 구조로 반복되고 있고, (나)에서는 '달' 혹은 '달빛'이라는 동일한 시어를 반복하고 있죠? 그렇다면 정답이라고 보기 충분하겠습니다. 이렇게 늘 '거시적인' 선지를 먼저 확인하는 습관을 들이도록 해요.

⑤ (가), (나), (다)는 모두 감탄사를 활용하여, 대상에서 촉발된 정서의 변화를 부각하고 있다.

선지 유형	근거가 없어서 허용 불가능
실전에서의 판단 과정	정서의 변화는 무슨.
해설	'정서의 변화'는 화자/글쓴이의 내면세계라는 주제 자체가 중간에 바뀐다는 것이기에 어마어마한 변화이고, 그렇기에 답이 되기 힘든 선지라고 했습니다. 일단 (가)와 (나)에서는 감탄사를 찾아볼 수 있긴 한데, 이게 중요한 게 아니라 세 작품 모두 '정서의 변화'가 나타난 적이 없다는 것이 핵심이에요. 가볍게 지워낼 수 있어야 합니다.

선지	①	②	③	④	⑤
선택률	3%	5%	74%	9%	9%

14 (나)에 대한 이해로 적절하지 <u>않은</u> 것은? ③

① 2연과 4연을 통해, 1연에서 화자가 자신의 조상을 '달의 숭배자'라고 생각한 이유를 짐작할 수 있군.

> 내 조상은 뜨겁고 부신
> 태양 체질이 아니었다. 내 조상은
> <u>뒤안처럼 아늑하고</u>
> <u>조용한</u>
> <u>달의 숭배자</u>였다.

선지 유형	근거가 있어서 허용 가능
실전에서의 판단 과정	2연과 4연 내내 똑같은 소리만 하고 있지.
해설	2연과 4연은 화자의 조상이 '달빛'과 늘 함께였으며 '달빛 체질'을 가지고 있었다는 이야기만 반복하고 있습니다. 이는 당연히 1연의 '달의 숭배자'라는 표현의 재진술로 이해할 수 있겠죠?

② 4연을 통해, 화자의 '몸 안'에 '돌고 있'는 '피'의 속성은 '일생' 동안 '내 조상'이 '원했던' 것과 관련이 있음을 알 수 있군.

> <u>일생</u>이 달의 자장(磁場) 속에
> <u>갇히기를 원했던 내 조상</u>의 달빛 체질은
> 지금
> 내 <u>몸</u> 안에 <u>피</u>가 되어 <u>돌고 있다</u>.

선지 유형	근거가 있어서 허용 가능
실전에서의 판단 과정	둘 다 달빛에 대한 거지.
해설	4연에서는 '조상'의 '달빛 체질'이 화자의 '피'가 되어 돌고 있다는 이야기를 합니다. 애초에 '조상'의 체질이 그대로 화자의 '피'가 된 것이기에, 화자의 '몸 안'에 '돌고 있'는 '피'의 속성이 '조상'이 '원했던' 것과 관련이 있다는 것은 당연하게 허용할 수 있겠습니다. 관련이 있는 수준이 아니라 아예 같은 것이라고 이해해야죠.

③ 6연을 통해, '그것'이 '멀리' 있음으로 인해 화자가 느끼는 아쉬움이 '모체의 태반'을 떠올리는 행위로 해소되고 있음을 알 수 있군.

> 아, <u>그것</u>은 모체의 태반처럼 <u>멀리</u>서도
> 나를 끌고 있다는 생각이 든다.
> 마치
> 보이지 않는 인력(引力)이 바닷물을 끌듯이.

선지 유형	근거가 없어서 허용 불가능
실전에서의 판단 과정	도대체 뭐가 아쉬워.
해설	화자는 '그것', 즉 '달빛'이 '멀리' 있다고 해서 '아쉬움'이라는 내면세계를 가진 적이 없습니다. 오히려 '멀리' 있다고 해도 '달빛'이 자신을 끌어당기고 있다고 생각하며 강한 일체감을 보이고 있죠. 애초에 '아쉬움'이 없었기에, '모체의 태반'을 떠올리는 행위로 이를 해소한다는 것은 절대로 허용할 수 없겠습니다. 가볍게 답으로 고를 수 있겠네요.

④ 2연과 3연을 통해 알 수 있는, 함께하는 대상에 대한 '그'의 정서를 바탕으로, 6연에서 '나를 끌고 있다'고 생각되는 '그것'에 대한 화자의 인식을 짐작할 수 있군.

> 아, <u>그것</u>은 모체의 태반처럼 멀리서도
> <u>나를 끌고 있다</u>는 생각이 든다.
> 마치
> 보이지 않는 인력(引力)이 바닷물을 끌듯이.

선지 유형	근거가 있어서 허용 가능
실전에서의 판단 과정	인식이 정말 좋지.
해설	2연과 3연에서는 화자의 '조상'이 '달빛'과 함께 즐거웠으며, 심지어 '달빛'이 없는 '낮'을 '힘겨운 과정'으로, '달빛'을 만나는 것을 '포근한 그리움'이자 '크나큰 기쁨'으로 표현하고 있습니다. 이를 통해 알 수 있는 함께 하는 대상, 즉 '달빛'에 대한 '그'(=조상)의 정서는 긍정적 그 자체이고, 그의 '달빛 체질'을 물려받았다고 하는 화자의 '그것'에 대한 인식 역시 긍정적이겠죠. 작품의 주제를 직접적으로 묻고 있으니 이를 바탕으로 해결해주시면 됩니다.

⑤ 6연의 '바닷물'과 관련된 자연 현상을 통해, 4연의 '달의 자장'과 화자가 맺고 있는 관계의 특징을 알 수 있군.

아, 그것은 모체의 태반처럼 멀리서도
나를 끌고 있다는 생각이 든다.
마치
보이지 않는 인력(引力)이 바닷물을 끌듯이.

일생이 달의 자장(磁場) 속에
갇히기를 원했던 내 조상의 달빛 체질은
지금
내 몸 안에 피가 되어 돌고 있다.

선지 유형	근거가 있어서 허용 가능
실전에서의 판단 과정	달이 화자를 끌어주는 거지.
해설	일생을 '달의 자장' 속에 갇히기를 원했던 '조상'의 '달빛 체질'을 물려받은 화자는 6연에서 '달빛'이 '바닷물'을 인력이라는 자연 현상으로 끌어당기듯이 자신도 끌어당기고 있다고 생각합니다. 그렇다면 4연의 '달의 자장'과 화자가 맺고 있는 관계의 특징 역시 '달이 화자를 끌어 준다'는 것임을 알 수 있겠네요. 역시 주제와 직결되는 선지이기에 가볍게 허용할 수 있겠습니다.

선지	①	②	③	④	⑤
선택률	6%	9%	8%	16%	61%

15 〈보기〉를 참고하여 (가), (나)를 감상한 내용으로 적절하지 <u>않은</u> 것은? [3점] ⑤

[보기]

<u>시는 보조 관념을 통해 원관념을 드러내는데</u>, 이때 추상적인 개념도 구체적인 이미지로 형상화될 수 있다.

– 〈보기〉부터 확실하게 독해해봅시다. 보조 관념을 통해 원관념을 드러낸다는 '비유'에 대한 설명이네요. 여기서 설명하는 것처럼, 추상적인 개념인 '원관념'을 구체적인 이미지인 '보조 관념'으로 형상화하는 것이 기본적인 '비유'의 구조이니 알아두도록 합시다. '원'래 설명하고자 하는 '관념'을 '보조'적인 '관념'으로 설명한다고 이해하시면 돼요. 예를 들어 '하늘 같은 사랑'이라는 표현에서는 '사랑'이라는 추상적인 개념인 '원관념'을 '하늘'이라는 구체적인 이미지인 '보조 관념'으로 형상화한 것으로 볼 수 있는 거예요.

잘 와닿지 않는 원관념을 구체적인 보조 관념에 비유하여 잘 와닿게 하는 방법이 바로 '비유법'인 것이죠.

[보기]

시에서 **형상화**는 <u>개념과 이미지 간의 유사성</u>을 바탕으로 하는데, 이러한 유사성은 밝은 속성을 가진 대상은 긍정적으로, 어두운 속성을 가진 대상은 부정적으로 여기는 것처럼 보편적 인식에 바탕을 두는 것이 일반적이다. 하지만 개념과 이미지 간의 유사성이 <u>화자 개인의 경험이나 인식에 기반해 개성적으로 나타나는 경우도 있다.</u>

– 이런 형상화는 추상적인 개념과 구체적인 이미지 간의 '유사성'을 바탕으로 한다고 합니다. 당연한 말이죠? 앞서 든 예시에서, '하늘'과 '사랑'은 모두 '끝없다'는 '유사성'을 가지고 있기에 비유(=형상화)가 성립할 수 있었던 겁니다. 이러한 '유사성'은 '보편적 인식'에 바탕을 두는 것이 일반적인데, 화자 개인의 경험이나 인식(=내면세계)에 기반해 개성적(=주관적)으로 나타나는 경우도 있다고 해요. '시'라는 것이 결국 화자의 내면세계를 표현하는 수단임을 알고 있는 우리의 입장에서는 너무나 당연한 내용이죠?

이런 〈보기〉의 내용을 바탕으로 선지에서 제시하는 부분을 독해하고 허용 가능성을 평가해봅시다. 최근 현대시 〈보기〉 문제가 굉장히 까다롭기 때문에, 처음부터 〈보기〉의 내용을 최대한 적용하면서 풀려고 해야 정확하게 답을 고를 수 있어요.

① (가)에서는 '젊음'에 대한 화자의 인식과 '젖은 구두'를, 무거움이라는 유사성을 바탕으로 연관 지어, 과거를 힘겨웠다고 여기는 화자의 인식을 드러내고 있군.

길에는 자갈이 빛났다. 건조한 가을길에 가뿐한 나의 신발(겨우 무거운 <u>젊음의 젖은 구두</u>를 벗은⋯⋯) 길은 바다로 기울고 발바닥에 느껴지는 이 신비스러운 경사감.

선지 유형	근거가 있어서 허용 가능
실전에서의 판단 과정	무거움이라는 유사성으로 형상화했네.
해설	(가)의 화자는 '젊음'을 무거운 것으로 표현했는데, 이렇게 추상적인 개념을 '젖은 구두'라는 구체적인 이미지로 형상화하는 모습을 보였습니다. 이는 '무거움'이라는 '유사성'을 바탕으로 연관 지어 형상화한 모습이라고 할 수 있겠죠? 나아가 이렇게 '젊음'이라는 과거를 '무거움'이라는 속성과 연관 짓는 것을 근거로 하면 '과거를 힘겨웠다고 여기는 화자의 인식'을 충분히 허용할 수 있겠습니다.

② (가)에서는 '시야가 열리는' '바다'에 대한 인식과 '잔잔한' 모습을, 고요하고 평화롭다는 유사성을 바탕으로 연관 지어, 화자의 평온한 내면 상태를 드러내고 있군.

> 겨우 시야가 열리는 남색, 심오한, 잔잔한 세계. 하늘과 맞닿을 즈음에 이 신비스러운 수평의 거리감.

선지 유형	근거가 없어서 허용 불가능
실전에서의 판단 과정	고요하고 평화로운 유사성은 평온한 내면 상태를 드러내기에 충분하지.
해설	(가)의 화자는 '잔잔한 세계'라는 추상적인 개념을 '시야가 열리는 바다'라는 구체적인 이미지가 존재하는 곳으로 표현하고 있습니다. 이는 선지에서 말하는 것처럼 '고요하고 평화롭다'는 '유사성'을 기반으로 '잔잔한 세계'를 형상화한 것이라고 할 수 있겠죠? '시야가 열리는 바다', 즉 탁 틔어 있는 바다의 모습은 충분히 '고요하고 평화롭다'고 할 수 있으니까요. 나아가 이러한 형상화는 결국 고요하고 평화로워 평온한 화자의 내면세계를 드러내기 위한 것이라는 점도 충분히 허용할 수 있겠습니다. '고요하고 평화롭다'를 근거로 '평온한 내면세계'를 허용하는 것은 어렵지 않으니까요.

③ (나)에서 '태양 체질'을 '뜨겁'다는 것과, '달빛 체질'을 '뒤안'처럼 '아늑하'고 '조용한' 것과 연관 지어 표현한 것은, 추상적 개념을 감각적 이미지로 형상화한 것이겠군.

> 내 조상은 뜨겁고 부신
> 태양 체질이 아니었다. 내 조상은
> 뒤안처럼 아늑하고
> 조용한
> 달의 숭배자였다.

선지 유형	근거가 있어서 허용 가능
실전에서의 판단 과정	체질이라는 추상적 개념을 감각적 이미지로 형상화했네.
해설	'태양 체질'과 '달빛 체질'은 추상적인 개념이자 '원관념'입니다. 이를 '뜨겁'다, '뒤안처럼 아늑하고 조용'하다는 구체적이고 감각적인 이미지(보조관념)로 형상화하고 있네요. 이렇게 '체질'이라는 추상적인 개념을 구체적으로 이해할 수 있게끔 한 것이 화자의 의도입니다.

④ (가)에서 '해가 저물' 때의 심리를 '설레는 구름'과, (나)에서 밤에 느끼는 심리를 '크나큰 기쁨과 만나는' 상황과 연관 지어 표현한 것은, 모두 화자의 개성적 인식에 바탕을 둔 것이겠군.

> 나의 뒤통수에는 해가 저물고. 설레는 구름과 바람. 저녁 햇살 속에 자갈이 빛나는 길은 바다로 기울고, 나의 발바닥에 이 신비스러운 경사감. 오오 기우는 세계여.

> 낮은
> 이 포근한 그리움
> 이 크나큰 기쁨과 만나는
> 힘겨운 과정일 뿐이었다.

선지 유형	근거가 있어서 허용 가능
실전에서의 판단 과정	어두운 속성을 긍정적으로 이야기하고 있으니 개성적 인식이지.
해설	(가)의 화자는 '해가 저물' 때의 심리라는 추상적인 개념을 '구름'이라는 구체적인 이미지를 통해 형상화하여 '설렘'이라는 내면세계를 드러내고 있고, (나)의 화자는 '밤에 느끼는 심리'라는 추상적인 개념을 '상황'이라는 구체적인 이미지와 연관 지어 '기쁨'이라는 내면세계를 드러내고 있습니다. 〈보기〉에 의하면, 해가 저물고, 구름이 끼고, 밤이 오는 것은 일반적으로 '어두움'이라는 속성을 가지고 있다는 점에서 부정적으로 여기는 것이 '보편적 인식'입니다. 하지만 이를 '설렘', '기쁨' 등 긍정적 정서와 연결짓고 있으니, 역시 〈보기〉에 따르면 이는 화자 개인의 경험이나 인식에 기반해 '개성적'으로 '유사성'을 활용하는 모습이라고 할 수 있겠네요. 〈보기〉에서 제시한 구체적인 사례는 반드시 선지에 활용된다는 것도 알아두도록 합시다.

⑤ (가)에서 '길'에 놓인 '자갈'을 '빛나는' 것으로, (나)에서 '달빛'을 '밝은' 것으로 표현한 것은, 각각 눈이 부신 속성을 가졌다는 유사성을 바탕으로 연관 지어, 희망을 추구하는 화자의 내적 지향을 드러낸 것이겠군.

> 나의 뒤통수에는 해가 저물고. 설레는 구름과 바람. 저녁 햇살 속에 자갈이 빛나는 길은 바다로 기울고, 나의 발바닥에 이 신비스러운 경사감. 오오 기우는 세계여.

그는 달빛 그림자를 밟고 뛰어놀았으며
밝은 달빛 머리에 받아 글을 읽고
자라서는, 먼 장터에서
달빛과 더불어 집으로 돌아왔다.

선지 유형	근거가 없어서 허용 불가능
실전에서의 판단 과정	갑자기 희망 추구가 왜 나와?
해설	일단 '자갈'을 '빛나는' 것으로, '달빛'을 '밝은' 것으로 표현한 것은 비유가 아닙니다. 비유가 되려면 원관념과 보조 관념, 즉 두 가지 이상의 대상이나 관념이 있어야 하는데, 둘 다 한 대상의 특징을 설명하는 것에 불과하니까요. 따라서 이는 〈보기〉를 참고한 감상이 아니기에 틀린 선지입니다. 다만 이것만 가지고 판단하는 것은 비현실적이고 찝찝합니다. 조금 더 읽어 보니, 이들을 '빛나는' 것과 '밝은' 것으로 보고 있다는 점에서 '눈이 부신 속성'을 가지고 있다는 것은 충분히 허용할 수 있겠습니다. 하지만 이렇게 '자갈'과 '달빛'을 눈이 부신 것으로 표현한 것은 그저 그만큼 화자가 밝은 환경에 있음을 묘사하기 위한 것이지, 이것이 '희망을 추구하는 내적 지향'을 드러내기 위한 것이라고 보기는 어렵겠습니다. (가)는 황혼기를 수용하는 내용, (나)는 자신의 체질이 '달빛'에 있음을 설명하는 내용이지 '희망'을 노래하는 내용은 아니니까요. 주제를 고려해도, 근처 맥락을 고려해도 '희망'을 허용할 근거가 없기 때문에 답으로 골라주시면 되겠습니다.

정확하게는 '달빛'에 '눈이 부신 속성'이 부여되어 있다는 것도 틀린 내용입니다. 1연의 내용을 보면, '뜨겁고 부신' 것은 '태양'임을 명시적으로 드러내고 있거든요. '태양'은 화자가 지향하는 '달빛'과 대조되는 대상이기에, 이 작품 속에서는 '태양'의 속성을 '달빛'이 가질 수 없습니다. 일상적인 언어의 감각으로 보면 '눈이 부신 속성'을 허용할 수 있지만, 작품의 맥락을 보면 허용할 수 없는 독특한 상황이었던 것이에요.

| 생각 심화 |

3번 선지를 제외한 이 문제의 선지들은 모두 "원관념과 보조 관념을 유사성으로 연관 지어 ~~을 드러내고 있군."의 구조를 가지고 있습니다. 여기서 '연관 지어'까지는 〈보기〉의 내용인데, '~~을 드러내고 있군.'은 〈보기〉에서 언급하지 않은 내용이죠? 이는 너무나 당연하기에 굳이 〈보기〉에서 언급하지 않은 것이라고 할 수 있습니다. 시의 모든 표현은 결국 '화자의 내면세계'를 드러내기 위한 것이니까요. 특히 이렇게 '유사성'을 바탕으로 두 대상을 연관 지을 때는 '새로운 의미'(저의 표현이 아니라, 2024학년도 9월 모의평가 27번 문제에서 평가원이 언급한 표현입니다.)가 만들어지는데, 그 의미는 대부분 '화자의 내면세계'임을 잊지 맙시다. 복잡하고 추상적인 〈보기〉가 제시되는 경우에도, 결국 묻고자 하는 것은 '화자의 내면세계'를 정확하게 체크했느냐는 것이에요.

이러한 관점에서 보면, 5번 선지가 묻고자 한 것은 결국 '자갈과 달빛의 밝음에 대한 표현이 만든 새로운 의미가 무엇이니?'를 정확히 독해했는지의 여부라고 할 수 있어요. 그 새로운 의미는 단순히 화자가 밝은 환경에 있음을 드러내는 것, 조금 더 나아간다면 그 속에서 만족감 혹은 기쁨의 정서를 가지고 있다는 것이지 '희망'을 지향한다는 내용은 아니라는 게 핵심입니다. '희망' 역시 긍정적인 내면세계이기에 학생들이 과해석을 할 가능성이 높았고, 이렇게 내면세계를 '대충' 체크하는 습관이 있는 학생들을 틀리게 하기 위한 고난도 문항이라고 할 수 있습니다. 화자의 내면세계라는 '주제'를 정확하게 인식하는 습관이 무엇보다 중요하다는 것을 또 강조드릴게요.

선지	①	②	③	④	⑤
선택률	4%	7%	76%	9%	4%

16 ㉠~㉤에 대해 이해한 내용으로 적절하지 <u>않은</u> 것은? ③

① ㉠: 물음의 방식을 활용하여, 사물의 외적 형태에 대한 '나'의 생각을 드러내는 진술이다.

㉠ 형태가 처음 생겨나면 그 종류가 이미 구별되니, 누가 바꿀 수 있겠는가.

선지 유형	근거가 있어서 허용 가능
실전에서의 판단 과정	잘 설명했네.
해설	물음의 방식을 활용하고 있고, 사물의 외적 '형태'에 대한 '나'의 생각을 드러내고 있습니다. 너무나 당연하게 허용할 수 있겠네요.

② ㉡: 인용의 방식을 활용하여, 사물의 크기에 대한 '나'의 관점을 뒷받침하는 진술이다.

㉡내가 무슨 부족할 것이 있겠는가.”라고 하였으니,

선지 유형	근거가 있어서 허용 가능
실전에서의 판단 과정	잘 설명했네.
해설	'성인'의 말을 인용하면서, 큰 것을 작게 여기는 경우가 있다는 '나'의 관점을 뒷받침하고 있습니다. 애초에 이런 사례를 제시한 것 자체가 당연히 자신의 주장을 뒷받침하기 위해서라는 점에서 가볍게 허용할 수 있겠어요.

③ ㉢: 경험을 상기하는 표현을 통해, 자기 집의 크기에 대한 '사앙'의 인식이 변화하였음을 보여 주는 진술이다.

사앙이 언젠가 ㉢나에게 집의 규모를 말한 적이 있었는데, 표정에 스스로 작다고 여기는 듯한 기색이 있었다.

선지 유형	근거가 없어서 허용 불가능
실전에서의 판단 과정	언제 인식이 변화했냐.
해설	'사앙'은 인식 변화를 보인 적이 없습니다. 그냥 집을 스스로 작다고 여기는 듯한 기색을 보였을 뿐이고, 글쓴이가 이에 대해서 훈수를 두고 있는 거예요. 앞서 확인한 '정서의 변화'처럼, '인식 변화'와 같은 내면세계의 변화는 답이 되기 어렵다는 걸 꼭 알아둡시다.

④ ㉣: 명령하는 표현을 통해, '나'의 생각을 이해하는 데 도움이 되는 방법을 '사앙'에게 권유하는 진술이다.

㉣군은 독서하는 사람이니 가까운 내면의 것을 시험 삼아 생각해 보게.

선지 유형	근거가 있어서 허용 가능
실전에서의 판단 과정	그렇지.
해설	'~게'라는 표현은 '하게체'를 사용한 명령문입니다. 몰랐다면 알아두세요. 어쨌든 이런 표현을 통해, '나'의 생각을 이해하는 데 도움이 되는 방법, 즉 '가까운 내면의 것을 시험 삼아 생각해 보는' 방법을 '사앙'에게 권유하고 있습니다. 이 내용 그대로 선지화했네요.

⑤ ㉤: 연쇄적 표현을 바탕으로, '나'가 중요하게 생각하는 바를 '사앙'에게 적용하여 설명하는 진술이다.

㉤지금 군은 집으로 군의 몸을 수용하고, 몸으로 군의 마음을 수용하고, 마음으로 과연 능히 천지 사이에 가득한 것을 수용하였으니,

선지 유형	근거가 있어서 허용 가능
실전에서의 판단 과정	그렇지.
해설	역시 설명이 필요없죠? '집→몸→마음'이라는 연쇄적 표현을 통해 '나'가 중요하게 생각하는 바를 '사앙'에게 적용하여 설명하고 있습니다.

선지	①	②	③	④	⑤
선택률	6%	8%	7%	71%	8%

17 다음에 따라 (가)와 (다)를 감상한 내용으로 가장 적절한 것은? ④

–'다음'에서는 두 작품의 주제를 다루고 있습니다. 이 내용과 작품 독해의 결과로 얻은 두 작품의 주제는 각각 '인생의 황혼기를 수용하는 화자의 인식', '사람의 주관적 판단에 따라 결정되는 사물의 형태'였습니다. 이를 기반으로 선지를 판단해봅시다.

① (가)에서 화자는 '유자낡에 유자가 열리'는 자연의 섭리에 주목해 나이 듦이 당연함을, (다)에서 글쓴이는 '사양하지 않'는 '집'에 주목해 이견을 포용하는 삶의 중요성을 부각하고 있군.

유자나무에 유자가 열리고 귤나무에는 귤이 열리는 이 지순한 길은 바다로 기울었다.

집이 이 모든 것을 사양하지 않고 다 수용하니, 군의 집은 수용하는 것이 많네.

선지 유형	근거가 없어서 허용 불가능
실전에서의 판단 과정	이견을 포용하는 삶이 왜 나와.
해설	'유자나무에 유자가 열리'는 것은 '지순한' 것, 즉 자연의 섭리 그 자체입니다. 이에 주목하여 나이 드는 것이 당연함을 수용한다는 건 (가)의 주제 그 자체이니 허용할 수 있겠네요.

반면, '사양하지 않'는 '집'은 '집'의 크기를 크다고 볼 수 있다는 이야기를 하기 위한 표현일 뿐, '이견을 포용하는 삶의 중요성'을 이야기하기 위한 것이 아닙니다. 애초에 (다)의 주제와도 너무 무관하니 절대 허용할 수 없겠네요.

② (가)에서 화자는 '신비스러운 경사감'에 주목해 황혼기에 대한 기대감을, (다)에서 글쓴이는 '향기와 빛깔이 서로 한데 모이'는 '뜰'에 주목해 더불어 사는 삶의 가치를 드러내고 있군..

길에는 자갈이 빛났다. 건조한 가을길에 가뿐한 나의 신발(겨우 무거운 젊음의 젖은 구두를 벗은……) 길은 바다로 기울고 발바닥에 느껴지는 이 <u>신비스러운 경사감</u>.

뜰에는 국화를 많이 심어 매년 가을이면 <u>향기와 빛깔이 서로 한데 모이</u>고,

선지 유형	근거가 없어서 허용 불가능
실전에서의 판단 과정	더불어 사는 삶 이런 얘기하는 게 아니라니까.
해설	(가)의 화자는 자신의 황혼기를 의미하는 '경사감'을 '신비스러운' 것으로 표현하고 있습니다. 조금 애매하긴 하지만, '신비스러움'을 느끼고 있고 황혼기를 수용하고 있다는 주제를 고려하면 어느 정도 황혼기에 대한 '기대감'을 가지고 있다고 할 수도 있겠습니다. 하지만 (다)에서 '향기와 빛깔이 서로 한데 모이'는 '뜰'을 이야기한 것은 '사양'의 집이 생각보다 작지 않음을 강조하기 위한 것일 뿐, '더불어 사는 삶의 가치'를 드러내기 위한 것이 아닙니다. 후자를 읽어낸 건 '한데 모임'이라는 표현만 보고 떠올린 여러분만의 생각이죠. '주제' 혹은 '맥락'이라는 근거가 없으니 절대 허용할 수 없습니다.

③ (가)에서 화자는 '하늘과 맞닿'아 있는 대상을 통해, (다)에서 글쓴이는 '푸르른 산 빛을 보내오'는 현상을 통해 자연으로부터 위로를 받고 있음을 드러내고 있군.

겨우 시야가 열리는 남색, 심오한, 잔잔한 세계. <u>하늘과 맞닿을</u> 즈음에 이 신비스러운 수평의 거리감.

처마 밖에는 종남산 일대가 아침저녁으로 <u>푸르른 산 빛을 보내오</u>네.

선지 유형	근거가 없어서 허용 불가능
실전에서의 판단 과정	자연으로부터 위로를 받는 게 주제가 아니지.
해설	'하늘과 맞닿'아 있는 '바다'의 모습은 화자의 평온한 내면세계와 연결되는 표현일 뿐이고, '푸르른 산 빛을 보내오'는 현상은 '사양'의 집이 작지 않다는 이야기를 하기 위한 표현일 뿐입니다. 자연으로부터 위로를 받는 건 이 작품의 주제와 너무 무관한 내용이에요.

④ (가)에서 화자는 '저녁 햇살'이 비추는 대상을 통해 황혼기의 아름다움을, (다)에서 글쓴이는 '큼과 작음'을 통해 대상의 가치는 마음먹기에 따라 달라질 수 있음을 드러내고 있군.

나의 뒤통수에는 해가 저물고. 설레는 구름과 바람. 저녁 햇살 속에 자갈이 빛나는 길은 바다로 기울고, 나의 발바닥에 이 신비스러운 경사감. 오오 기우는 세계여.

그렇다면 사물에는 <u>큼과 작음</u>이 일찍이 없었던 것이고, 사람의 마음이 그것을 대처함이 어떠한지에 달린 것일 뿐이다.

선지 유형	근거가 있어서 허용 가능
실전에서의 판단 과정	주제네.
해설	두 작품의 주제를 그대로 표현하고 있는 선지입니다. 가볍게 허용할 수 있겠죠? 실전에서는 위와 같은 생각으로 굉장히 빠르게 답을 골라낼 수 있어야 해요.

⑤ (가)에서 화자는 '기우는 세계'에 주목해 황혼기의 불완전함을, (다)에서 글쓴이는 '편히 여기며, 자고 거처하는 집'에 주목해 주어진 상황에 순응하는 삶의 중요성을 부각하고 있군.

나의 뒤통수에는 해가 저물고. 설레는 구름과 바람. 저녁 햇살 속에 자갈이 빛나는 길은 바다로 기울고, 나의 발바닥에 이 신비스러운 경사감. 오오 <u>기우는 세계</u>여.

그래도 사앙은 그 집을 편히 여기며, 자고 거처하는 집을 '용연사(容燕舍)'라고 명명하였다.

선지 유형	근거가 없어서 허용 불가능
실전에서의 판단 과정	황혼기의 불완전함을 이야기하는 건 아니지.
해설	(가)의 화자가 황혼기를 '기우는 세계'로 표현한 것은 그저 자신이 아름답게 여기고 수용하고 있는 황혼기를 '경사'로 표현한 앞의 내용을 이어받은 것일 뿐입니다. 황혼기의 '불완전함'을 이야기한다는 것은 이러한 주제를 고려할 때 절대 허용할 수 없죠. 한편, (다)에서 '사앙'이 자신의 집을 '편히 여기고, 자고 거처하는 집'으로 생각하는 것은 '사앙'이 주어진 상황에 순응하는 모습이라고 할 수 있습니다. 하지만 글쓴이가 이러한 삶을 살아야 한다고 주장하는 것은 아니죠. 글쓴이의 주장은 '사물의 형태는 생각하기에 달려 있다.'는 것이지, '작은 집에 살아도 그냥 크다고 생각하고 순응하라.'가 아닙니다. 둘은 전혀 다른 주장이에요.

현대시 독해 연습

> (가)
> 유자나무에 유자가 열리고 귤나무에는 귤이 열리는
> 이 지순한 길은 바다로 기울었다.

유자나무에는 유자가 열리고, 귤나무에는 귤이 열립니다. 이는 너무나 당연하고, 지순한(더 할 수 없이 순결한) 일이에요. 이런 일들이 벌어지는 '길'은 '바다'로 기울었다고 합니다. 유자나무와 귤나무가 가득한 경사진 길이 바다로 향해 있는 모습을 상상하면서 읽으면 되겠죠?

> 길에는 자갈이 빛났다. 건조한 가을길에 가뿐한 나의
> 신발(겨우 무거운 젊음의 젖은 구두를 벗은……) 길은 바
> 다로 기울고 발바닥에 느껴지는 이 신비스러운 경사감.

그 '길'에는 자갈이 빛나고 있습니다. 지금 계절은 건조한 가을인데, 화자의 걸음은 가벼워 보여요. ( ) 안의 설명을 보면, 화자는 지금 '무거운 젊음의 젖은 구두'를 벗고 인생의 황혼기를 향하고 있는 것 같죠? 이제 젊음의 부담을 내려놓았더니 가벼운 발걸음으로 '길'을 걸을 수 있는 것입니다. 바다로 향한 그 '길'은 '경사'가 있기 때문에, 화자의 발바닥에도 '신비스러운 경사감'이 느껴지고 있어요. 이런

경사를 신비스럽다고 표현한 것을 보니, 화자는 그 '경사'를 자신의 인생과 연결지어 생각하고 있는 것 같습니다. 인생의 내리막이 온 것처럼 인식을 하게 되니, 신비스럽고 묘한 감정이 드는 것이겠죠.

> 겨우 시야가 열리는 남색, 심오한, 잔잔한 세계. 하늘과 맞닿을 즈음에 이 신비스러운 수평의 거리감.
>
> 유자나무에 유자가 열리고, 귤나무에는 귤이 열리는이 당연한 길은 바다로 기울고, 가뿐한 나의 신발.

계속해서 비슷한 이야기입니다. '경사'를 내려가 보니 드디어 수평선에 닿아 있는 '바다'가 보입니다. 경사의 위쪽에 있을 때는 '바다'가 잘 보이지 않았을 것인데, 다 내려오니 시야가 열리는 거죠. 그래서 '겨우'라는 표현을 사용한 것입니다. 어쨌든 화자는 그 '신비스러운 수평의 거리감'을 보면서 묘한 감정에 빠져듭니다. 그러면서 앞서 말한 유자나무와 귤나무를 떠올리고 있어요. 이는 너무나 '당연한' 일이었는데, 화자 스스로 자신의 황혼기를 '당연한' 것으로 받아들이게 된 것이죠. 이에 화자의 신발은 너무나 가뿐합니다.

> 나의 뒤통수에는 해가 저물고. 설레는 구름과 바람. 저녁 햇살 속에 자갈이 빛나는 길은 바다로 기울고, 나의발바닥에 이 신비스러운 경사감. 오오 기우는 세계여.
> -박목월, 「경사」-

화자의 뒤통수에는 해가 저뭅니다. 황혼기를 상징하는 여러 요소들을 가져다 놓은 모습이죠? 하지만 화자는 '설레는' 구름과 바람을 느껴요. '신비스러운' 황혼기를 기쁜 마음으로 받아들일 준비가 된 것이죠. 뒷내용은 앞 연 내용들의 반복이니, 화자의 두근거리는 내면세계에 공감하면서 마무리할 수 있겠습니다.

> (나)
> 내 조상은 뜨겁고 부신
> 태양 체질이 아니었다. 내 조상은
> 뒤안처럼 아늑하고
> 조용한
> 달의 숭배자였다.

화자의 조상을 소개하면서 시작하고 있습니다. 화자의 조상은 '뜨겁고 부신' '태양 체질'이 아니라, '뒤안처럼 아늑하고 / 조용한' '달'의 숭배자였다고 해요. '태양'처럼 강렬한 것보다는 '달'처럼 아늑한 것을 더 좋아했다는 식으로 이해할 수 있겠네요.

> 그는 달빛 그림자를 밟고 뛰어놀았으며
> 밝은 달빛 머리에 받아 글을 읽고
> 자라서는, 먼 장터에서
> 달빛과 더불어 집으로 돌아왔다.
>
> 낮은
> 이 포근한 그리움
> 이 크나큰 기쁨과 만나는
> 힘겨운 과정일 뿐이었다.

'그', 즉 화자의 조상은 '달빛 그림자'를 밟고 뛰어놀았으며, '달빛'을 머리에 받아 글을 읽고 '달빛'과 더불어 집으로 돌아오는 등 '달'을 숭배하는 모습을 계속 보였습니다. 심지어 '태양'이 존재하는 '낮'은 '달'과 함께 하는 포근함과 기쁨을 만나는 '힘겨운 과정'일 뿐이라고까지 하면서 말이에요. 그만큼 '달'을 좋아했다는 식으로 이해할 수 있겠죠?

> 일생이 달의 자장(磁場) 속에
> 갇히기를 원했던 내 조상의 달빛 체질은
> 지금
> 내 몸 안에 피가 되어 돌고 있다.

이처럼 일생이 '달의 자장' 속에 갇히기를 원했던 화자의 '조상', 그가 가지고 있던 '달빛 체질'은 지금 화자의 몸 안에 피가 되어 돌고 있습니다. 후손답게 조상의 '체질'을 그대로 물려받은 모습이네요. 그렇다면 화자 역시 '조상'처럼 '달'을 좋아하고 일체감을 느끼는 모습을 보인다는 것이겠네요.

> 밤하늘 떠오르는 달만 보면
> 왠지 가슴이 멍해져서
> 끝없이 야행(夜行)의 길을 더듬고 싶은 나는
>
> 아, 그것은 모체의 태반처럼 멀리서도
> 나를 끌고 있다는 생각이 든다.
> 마치
> 보이지 않는 인력(引力)이 바닷물을 끌듯이.
>
>   -이수익, 「달빛 체질」-

이런 '달빛 체질'을 물려받은 화자는 밤하늘 떠오르는 '달'만 보면 왠지 가슴이 멍해지고 끝없이 야행의 길을 더듬고 싶어집니다.

마치 인력이 바닷물을 끄는 것처럼, '달빛'이 멀리서도 화자를 끌고 있는 것이죠. 자신과 조상의 '달빛 체질'을 반복적으로, 그리고 자세하게 설명하고 있는 작품이었습니다.

상당히 어려운 작품이었습니다. 하지만 결국 핵심은 또 '내면세계 중심으로 독해하기'였어요. 그 어떤 외부의 도움 없이도 이 정도는 읽어낼 수 있으니, 포기하지 말고 많은 현대시를 경험하면서 연습하시기 바라겠습니다.

몰랐던 어휘 정리하기

| 핵심 point |

① **허용 가능성 평가** : 선지의 내용을 '허용'하려는 태도를 바탕으로 지문을 '독해'하며 '근거'를 찾아야 합니다. 허용할 수 있는 '근거'가 있어야만 허용할 수 있습니다. 주관적인 생각을 개입시키면 안 됩니다.

② **현대시 독해** : 〈보기〉의 도움 등을 통해 '주제' 위주로, 그리고 일상 언어의 감각으로 읽어내면 됩니다. 현대시도 읽을 수 있는 하나의 글입니다.

③ **수필 독해** : 운문문학과 마찬가지로, 글쓴이가 하고자 하는 말인 '주제'를 파악하는 것이 핵심입니다. 수필이 어렵게 출제될 것을 대비해, 독서 지문을 읽듯이 꼼꼼하게 읽으며 주제를 파악하는 연습을 해야 해요.

| 지문 내용 총정리 |

주제도 명확하고 독해도 그리 어렵지 않은 작품들이 출제되어 전반적으로 무난하게 해결할 수 있는 지문이었습니다. 하지만 15번 문제를 올바르게 해결하는 것이 쉽지 않아 처음 풀 때 과감하게 답을 고르지 못하는 현상이 일어났을 지문이에요. 해당 문제 해설에서도 반복해서 언급했지만, 결국 묻고자 하는 것은 화자의 내면세계를 정확하게 인식했는지입니다. 이를 절대 잊지 않고 반복해서 연습하도록 해요.

〈보기〉 확인

─────────────[보기]─────────────

　이 시에서 성년이 된 화자는 얼음 아래의 물고기를 보면서 유년 시절 자신의 생가를 회상한다. 화자는 물고기의 움직임을 지켜보면서 '물고기네'의 여기저기를 본다. 그리고 '물고기네'의 모습에 화자의 생가에 대한 기억이 겹쳐진다. 화자는 자신을 물고기에 투영하면서, 성년이 된 지금도 여전히 생가에서의 '시린' 기억을 간직하고 있는 자신을 발견한다.

(나)의 내용을 자세하게 소개하는 〈보기〉입니다. 얼음 아래의 물고기를 보면서 화자의 유년 시절 생가를 회상한다는 명확한 주제를 가지고 있네요. 확실하게 이용하면서 지문을 읽고 문제를 풀면 되겠죠?

─────────────[보기]─────────────

선생님 : 여러분, 「이문원노종기」는 이문원의 늙은 나무가 인간의 도움을 받아 오랫동안 무성하게 자라고 있는 점에 착안한 글입니다. 서로 다른 생명체가 각각 이익을 주거나 받는 현상을 중심으로, 「이문원노종기」를 다시 읽어 보려고 해요. 이런 관점에서 이 작품을 감상해 볼까요?

'서로 다른 생명체가 각각 이익을 주거나 받는 현상'을 중심으로 읽을 수 있는 글이라고 합니다. 이는 (다)의 주제가 그 내용에서 크게 벗어나지 않는다는 말이겠죠? 이번에도 주제를 파악하는 데 있어 큰 힌트를 얻은 상황이니, 적극적으로 활용해보도록 합시다.

실전적 지문 독해

──────────────────────

(가)
아득한 옛날에 나는 떠났다
부여를 숙신을 발해를 여진을 요를 금을
흥안령을 음산을 아무우르를 숭가리를
범과 사슴과 너구리를 배반하고
송어와 메기와 개구리를 속이고 나는 떠났다

나는 그때

──────────────────────

자작나무와 이깔나무의 슬퍼하던 것을 기억한다
갈대와 장풍의 붙드던 말도 잊지 않았다
오로촌이 멧돝을 잡아 나를 잔치해 보내던 것도
쏠론이 십릿길을 따라 나와 울던 것도 잊지 않았다

나는 그때
아무 이기지 못할 슬픔도 시름도 없이
다만 게을리 먼 앞대로 떠나 나왔다
그리하여 따사한 햇귀에서 하이얀 옷을 입고 매끄러운 밥을 먹고 단 샘을 마시고 낮잠을 잤다
밤에는 먼 개소리에 놀라나고
아침에는 지나가는 사람마다에게 절을 하면서도
나는 나의 부끄러움을 알지 못했다

그동안 돌비는 깨어지고 많은 은금보화는 땅에 묻히고 가마귀도 긴 족보를 이루었는데
이리하여 또 한 아득한 새 옛날이 비롯하는 때
이제는 참으로 이기지 못할 슬픔과 시름에 쫓겨
나는 나의 옛 하늘로 땅으로 — 나의 태반으로 돌아왔으나

이미 해는 늙고 달은 파리하고 바람은 미치고 보래구름만 혼자 넋 없이 떠도는데

아, 나의 조상은 형제는 일가친척은 정다운 이웃은 그리운 것은 사랑하는 것은 우러르는 것은 나의 자랑은 나의 힘은 없다 바람과 물과 세월과 같이 지나가고 없다
　　　　　　　　 -백석, 「북방에서-정현웅에게」-

〈보기〉도 없고 길이도 길어서 부담스러움을 느낄 수 있는 작품입니다. 하지만 늘 그렇듯이 주제, 즉 화자의 내면세계를 파악한다는 것을 목적에 두고 가볍게 읽어내면 됩니다.

화자는 아득한 옛날에 떠나왔다고 합니다. 떠나는 화자를 보고 여러 사물들도 슬퍼했는데, 화자는 그걸 뿌리치고 떠나왔다고 해요. 그렇게 '게을리' 떠나온 화자는 부끄러움이라는 내면세계를 가지고 있었는데 그걸 몰랐고, 여러 일이 있는 동안 이기지 못할 슬픔과 시련에 쫓겨 다시 '태반'으로 돌아온 상황입니다. 하지만 돌아온 '태반'에는 화자를 맞이하는 것이 아무 것도 없습니다. 떠나올 때는 몰랐지만 사실 화자에게 굉장히 소중했던 것들을 모두 잃고 슬퍼하는 내면세계가 느껴지셔야 합니다. 굉장히 어려운 작품이지만, 최소한 문제를 풀면서라도 이런 파악이 가능해야 해요.

(나)

　　겨울 아침 언 길을 걸어
　　물가에 이르렀다
　　나와 물고기 사이
　　창이 하나 생겼다
　　물고기네 지붕을 튼 살얼음의 창
　　투명한 창 아래
　　물고기네 방이 한눈에 훤했다
　　나의 생가 같았다
　　창으로 나를 보고
　　생가의 식구들이
　　나를 못 알아보고
　　사방 쪽방으로 흩어졌다
　　젖을 갓 뗀 어린것들은
　　찬 마루서 그냥저냥 그네끼리 놀고
　　어미들은
　　물속 쌓인 돌과 돌 그 틈새로
　　그걸 깊은 데라고
　　그걸 가장 깊은 속이라고 떼로 들어가
　　나를 못 알아보고
　　무슨 급한 궁리를 하느라
　　그 비좁은 구석방에 빼곡히 서서
　　마음아, 너도 아직 이 생가에 살고 있는가
　　시린 물속 시린 물고기의 눈을 달고
　　　　　　　-문태준, 「살얼음 아래 같은 데 2 - 생가(生家)」-

〈보기〉에서 설명한 내용 그대로 제시되어 있습니다. '물고기네 방'을 보면서 화자 자신의 유년 시절 '생가'를 떠올리고, 자신의 마음이 아직 그 '생가'에 살고 있음을 깨달으면서 어린 시절에 대한 마음을 표현하고 있습니다. 어렵지 않게 이해할 수 있겠죠?

(다)

　　이문원 동쪽 늙은 나무가 있는데 적어도 백여 년은 된 것 같다. 그 몸통은 울퉁불퉁 옹이가 졌고 가지는 구불구불 뻗어서 멀찍이서 보면 가파른 산등성이나 성난 파도 같았고 다가가서 보면 둥그스름한 큰 집채 같았다. 기둥으로 나무를 받쳐 놓았는데 그 기둥이 모두 열두 개이다. 나무 옆에 누각이 있는데 바로 내가 이불을 들고 가서 숙직하는 장소이다. 좌우에 책을 쌓아 놓고 교정하느라 바쁘게 시간을 보내다가 이따금 나무 곁을 산책하였다. 쏴쏴 불어오는 긴 바람 소리를 들으며 널찍이

드리운 서늘한 그늘 아래를 거닐면 몸은 대궐 안 관청에 있어도 숲속의 소나무와 바위 사이로 훌쩍 벗어나 있는 기분이 든다.

〈보기〉에서 말한 것처럼, '이문원 동쪽 늙은 나무'를 보면서 시작하고 있습니다. 굉장히 큰 나무인데, 그 나무를 기둥이 받쳐 놓고 있다고 해요. 글쓴이는 그 나무 옆 누각에서 숙직을 하며 나무 곁을 산책하곤 했는데, 그때마다 상당히 좋았다고 합니다. 전형적인 고전 문학처럼 자연과 함께하는 삶을 긍정적으로 묘사하고 있네요.

하루는 내가 동료에게 다음과 같이 말했다.
"이 나무는 정말 특이하군! 대체로 풀과 나무가 살아가려면 제각기 몸을 보전하는 계책이 있기 마련일세. 풀명자나 배, 귤이나 유자, 사과나 석류 같은 나무들은 열매가 커도 가지가 그 무게를 충분히 감당할 수 있다네. 하지만 질경이나 냉이, 강아지풀 같은 풀들은 살아가려면 땅바닥에 붙어 있어야 하네. 그래야 말발굽이 짓밟거나 수레가 밟고 지나가도 더 손상을 입지 않지. 지금 저 늙은 나무는 줄기의 길이가 몸통보다 갑절로 뻗어 사방에 드리워도 잘라 낼 줄 모르네. 만약 받쳐 주는 기둥이 없으면 부러지고야 말 걸세. 조물주가 이 나무에게는 사람의 손을 빌려 온전하도록 한 것인가?"

글쓴이는 동료에게 이 나무가 특이하다고 말합니다. 원래 풀과 나무들은 살아가기 위해 각자의 계책을 가지고 있는데, 이 나무는 줄기의 길이가 너무 길어도 그것을 잘라내지 않고 있다는 것이죠. 사람이 받쳐 놓은 기둥이 없다면 금방 부러지고 말 텐데, 그 기둥 덕에 긴 줄기도 버텨내고 있다는 걸 발견한 것입니다. 〈보기〉에서 말하는 것처럼 사람과 나무라는 서로 다른 생명체가 각각 이익을 주고받고 있는 것이죠. 사람은 나무가 번성하게 자랄 수 있도록 하고, 나무는 사람에게 편안한 쉼터를 제공하는 식으로 말이에요.

아! 내가 암소의 뿔을 보니 뿔이 구부러져 안쪽으로 향했는데 심한 것은 사람이 반드시 톱으로 잘라 내야만 광대뼈를 뚫는 걱정을 모면하였다. 이제야 알겠구나. 늙은 나무를 가축에 견주자면 뿔을 잘라 내야 온전해질 수 있는 암소와 같다. 가축이 인간에게 의지하여 살아가듯이 늙은 나무도 인간에게 의지하여 살아간다.

> 나는 저 깊은 산중 인적 끊긴 골짜기에 이렇듯이 번성
> 하게 자란 늙은 나무를 아직까지 보지 못했다.
>
>   -유본예, 「이문원노종기(摛文院老樅記)」-

글쓴이는 사람이 반드시 뿔을 잘라 내야만 살 수 있는 암소처럼, 늙은 나무도 인간에게 의지하며 살아간다는 것을 새롭게 깨닫습니다. 인적 끊긴 골짜기에는 번성하게 자란 늙은 나무가 없다고 말하면서, 인간이 나무에게 큰 도움을 준다는 말을 반복하며 마무리하고 있습니다. 〈보기〉의 도움을 받으면 어렵지 않게 이해할 수 있는 작품이었네요.

선지	①	②	③	④	⑤
선택률	3%	3%	78%	6%	10%

18 (가)~(다)의 공통점으로 가장 적절한 것은? ③

① 비판적 태도로 현실의 부정적 측면을 부각하고 있다.

선지 유형	근거가 없어서 허용 불가능
실전에서의 판단 과정	비판하는 게 주제가 아니지.
해설	(가)~(다) 모두 비판적 태도로 현실의 부정적 측면을 부각하는 주제를 가진 작품이 아닙니다. 주제와 지나치게 무관한 내용이니 답이 되긴 어렵겠죠?

② 역사적 상황을 묘사하여 비극적 현실을 부각하고 있다.

선지 유형	근거가 없어서 허용 불가능
실전에서의 판단 과정	이것도 주제랑 좀 머네.
해설	애초에 (가)~(다) 모두 역사적 상황을 묘사하는 부분을 찾아보기 어렵고, 비극적 현실을 부각한다는 것 역시 각 작품들의 주제와는 거리가 있죠? (가)의 경우에는 화자에게 소중하던 것들이 모두 사라진 비극적 현실이라는 식으로 억지를 부릴 수는 있겠지만, 어쨌든 답이 되긴 어렵습니다.

③ 빗대어 표현하는 방식으로 '나'의 인식을 드러내고 있다.

선지 유형	근거가 있어서 허용 가능
실전에서의 판단 과정	뭐야 당연한 소리네.
해설	빗대어 표현하는 방식, 즉 비유를 통해 '나'의 인식, 즉 내면세계를 드러낸다는 것은 시라면 당연히 맞는 말이라고 할 수 있겠죠? 너무나 거시적이기에 가볍게 답으로 골라주시면 되겠습니다. 구체적으로 찾아볼까요? (가)에서는 자작나무, 이깔나무를 의인화하거나 돌비, 은금보화 등으로 역사의 흐름을 비유하는 등의 표현을 통해 고향을 떠난 뒤 많은 시간이 흐르는 동안 느꼈던 화자의 인식을 표현하고 있습니다. (나)에서는 '생가'를 '물고기네 방'에 비유하는 방식으로 '생가'를 회상하는 화자의 인식을 표현했고, (다)에서는 '늙은 나무'의 모습을 여러 대상에 빗대어 '늙은 나무'를 바라보는 글쓴이의 인식을 드러냈죠. 실전에서는 이렇게 구체적으로 찾는 게 아니라, 선지를 보자마자 '당연한 말이네~'라는 생각이 들어야 합니다.

④ 영탄적 어조로 대상에 대한 '나'의 경외감을 드러내고 있다.

선지 유형	근거가 없어서 허용 불가능
실전에서의 판단 과정	경외감은 주제랑 너무 멀다.
해설	(가)의 '아, 나의 조상은~'이나 (다)의 '아! 내가 암소의~' 부분에서 영탄적 어조를 찾아볼 수 있긴 합니다. 하지만 '경외감'이라는 내면세계가 드러난 적은 없죠? 주제와도 너무 동떨어진 내용이구요. '경외감'이 허용되려면 단순히 감탄하는 것을 넘어 두려워하는 마음이 있어야 합니다.

⑤ 향토적 소재를 활용하여 '나'의 과거에 대한 그리움을 드러내고 있다.

선지 유형	근거가 없어서 허용 불가능
실전에서의 판단 과정	(나)랑 (다)에 향토적 소재는 없는 것 같은데?
해설	(가)에서는 '자작나무', '이깔나무', '갈대', '멧돝' 등을 억지로나마 향토적 소재로 볼 여지가 있을 것 같습니다. 하지만 이는 고향을 떠나던 화자의 내면세계(슬픔, 시름)를 강조하기 위한 것이지, 과거에 대한 그리움을 드러내기 위한 것은 아니죠? 나아가 (나)와 (다)에는 아예 향토적 소재가 없고, (다)에서는 과거에 대한 그리움이라는 내면세계가 표현되지 않았습니다. 해설이 굉장히 길어졌지만, 실전에서는 보자마자 아니라는 생각이 들었으면 좋겠어요.

선지	①	②	③	④	⑤
선택률	82%	5%	5%	6%	2%

19 태반과 생가에 대한 설명으로 가장 적절한 것은? ①

– (가)의 '태반'과 (나)의 '생가'는 모두 화자가 원래 살던 곳들을 표현한 것입니다. 나아가 '태반'은 화자가 소중하게 여기던 것들이 모두 없어진 곳이고, '생가'는 여전히 화자의 마음속에 남아 있는 공간이에요. 이런 내용을 바탕으로 답을 골라보도록 해요.

① (가)의 화자는 태반에서 상실감을 느끼고 있고, (나)의 화자는 생가에서 서글픔을 느끼고 있다.

선지 유형	근거가 있어서 허용 가능
실전에서의 판단 과정	내면세계 그 자체네.
해설	(가)의 화자는 '태반'에서 자신의 조상, 형제, 일가친척처럼 소중하게 여기던 것들이 모두 없다는 것을 깨닫습니다. 이를 알게 된 화자의 마음에 공감해보면, 그가 '상실감'이라는 내면세계를 가지고 있다는 것은 충분히 허용할 수 있겠죠. 나아가 (나)의 화자는 자신의 마음에게 '너도 아직 이 생가에 살고 있는가 / 시린 물속 시린 물고기의 눈을 달고'라고 말합니다. 이는 자신의 마음이 '시린' 물속, '시린' 물고기의 눈을 단 것처럼 시리다는 의미인데, 이렇게 '생가'만 떠올리면 마음이 시리다는 것을 근거로 하면 '서글픔'이라는 내면세계를 가지고 있다는 것은 어렵지 않게 허용할 수 있겠죠. 애초에 '생가'를 생각하는 화자의 내면세계에 공감하면 '서글픔'이라는 단어를 생각하는 것이 그리 어렵지는 않을 것이니, 가볍게 답으로 고를 수 있겠습니다.

② (가)의 화자는 태반에서 소외감을 느끼고 있고, (나)의 화자는 생가에서 느꼈던 수치심을 떠올리고 있다.

선지 유형	근거가 없어서 허용 불가능
실전에서의 판단 과정	갑자기 수치심이 왜 나와.
해설	(가)의 화자가 '태반'에서 '소외감'을 느낀다는 것은 좀 애매합니다. 자신에게 소중한 것들이 모두 사라졌다는 점에서 상실감을 느끼기는 하겠지만, '소외감'의 핵심은 '남들에게 따돌림을 당한 느낌'이거든요. 화자에게 소중한 것들이 화자를 따돌리고 있다기보다는 말 그대로 없어진 것이기에 '소외감'을 허용하기는 어렵다고 할 수 있겠습니다. 물론 앞에서도 언급했듯이 조금 애매하긴 해요.

하지만 (나)의 화자가 '생가'에서 '수치심'을 느꼈다는 것은 허용하려고 해도 근거를 찾을 수가 없죠? 이 부분 때문에 절대 답이라고 할 수는 없겠네요.

③ (가)에서 태반은 이별을 수용하는 공간이고, (나)에서 생가는 만남을 기약하는 공간이다.

선지 유형	근거가 없어서 허용 불가능
실전에서의 판단 과정	수용하는지는 안 나왔고, 만남을 기약하기는 어려워 보이는데?
해설	(가)의 화자는 '태반'에서 자신이 소중히 여기던 것들과 이별했다는 것을 깨닫습니다. 하지만 이를 깨달았다는 것까지만 나올 뿐, 수용하는지 거부하는지를 알 수 있는 근거는 나타나지 않습니다. 근거가 없으니, 이별을 '수용'한다는 말을 허용하기는 어렵겠네요. 한편, 화자의 상상 속에서 (나)의 '생가'의 식구들은 화자를 알아보지 못하고 흩어졌다고 했습니다. 이에 '생가'는 화자의 마음속에나 존재할 뿐인 것이에요. 이를 근거로 하면, 화자가 '생가'에서 누군가와의 만남을 기약한다고 볼 수는 없겠습니다.

④ (가)에서 태반은 화자의 희망이 드러나는 공간이고, (나)에서 생가는 화자의 절망이 드러나는 공간이다.

선지 유형	근거가 없어서 허용 불가능
실전에서의 판단 과정	무슨 희망?
해설	(가)의 '태반'은 화자에게 소중한 것들이 모두 사라진 공간입니다. 화자의 입장에서 어떠한 희망도 느낄 수 없을 거예요. 희망을 느낀다는 말을 허용할 만한 구절이 나오지도 않았구요. 한편, (나)의 화자는 '생가'에서 식구들로부터 외면받았던 기억을 가지고 있는 것으로 보입니다. 그렇기에 자신을 외면하고 도망가는 '물고기'들로부터 '생가'를 떠올린 것이겠죠. 이런 내용을 근거로 하면, '생가'로부터 화자의 '절망'이 드러난다는 것은 억지로나마 허용할 수 있을 것 같습니다. 식구들에게 외면받는 것은 절망스러운 일이라고 할 수 있으니까요.

⑤ (가)에서 태반은 생명의 섭리를 지향하는 공간이고,
(나)에서 생가는 생명의 섭리를 거부하는 공간이다.

선지 유형	근거가 없어서 허용 불가능
실전에서의 판단 과정	생명의 섭리는 뭔 헛소리야.
해설	(가)의 '태반'과 (나)의 '생가' 모두 화자 개인의 체험과 관련된 공간일 뿐, '생명의 섭리'와 같은 거창한 개념과는 관련이 없죠?

선지	①	②	③	④	⑤
선택률	4%	14%	7%	72%	3%

20 ㉠~㉫을 이해한 것으로 적절하지 <u>않은</u> 것은? ④

① ㉠에서는 여러 민족, 나라, 지명을 열거하여, 화자가 떠나온 공간을 북방으로 포괄되는 동질적 공간으로 표현하고 있다.

> 아득한 옛날에 나는 떠났다
> ㉠부여를 숙신을 발해를 여진을 요를 금을
> 흥안령을 음산을 아무우르를 숭가리를

선지 유형	근거가 있어서 허용 가능
실전에서의 판단 과정	결국 화자가 떠나온 동질적 공간으로 표현한 거네.
해설	㉠에서 화자는 '부여, 숙신, 발해, 여진, 요, 금, 흥안령, 음산, 아무우르, 숭가리'와 같은 여러 민족, 나라, 지명을 열거하고 있습니다. 그리고 이 모든 공간은 결국 화자가 떠나온 곳이라는 '동질적 공간'으로 표현되고 있는데, 제목을 고려하면 이들이 모두 '북방'으로 포괄된다는 것 역시 충분히 허용할 수 있겠네요.

② ㉡에서는 의인화된 자연물을 제시하여, 화자가 북방을 떠나면서 느낀 슬픔을 드러내고 있다.

> 나는 그때
> ㉡자작나무와 이깔나무의 슬퍼하던 것을 기억한다
> 갈대와 장풍의 붙드던 말도 잊지 않았다

선지 유형	근거가 있어서 허용 가능
실전에서의 판단 과정	자기가 슬프니까 외부세계도 슬퍼하는 걸로 보인 거겠지.

㉡에서 화자는 '자작나무', '이깔나무'가 슬퍼했다고 하고, '갈대'와 '장풍'이 자신을 붙들었다고 합니다. 사람이 아닌 사물이 사람이 할 수 있는 것을 하는 것처럼 표현했으니 '의인화'는 당연하게 허용할 수 있겠죠? 나아가 화자가 외부세계의 대상에게 주목하는 것은 자신의 내면세계와 관련되기 때문이라고 했습니다. 여기서는 화자 자신이 '슬픔' 혹은 '아쉬움'이라는 내면세계를 가지고 있으니 저 사물들도 그러한 것처럼 보인 것이라고 이해할 수 있겠죠. 이러한 현대시의 창작 원리를 이해하고 있다면 어렵지 않게 허용할 수 있겠습니다.

FAQ

Q ㉣ 부분을 보면, 화자는 '그때', 즉 북방을 떠날 때 아무런 슬픔도 시름도 없었다고 했습니다. 이러한 근거가 있으니, 화자가 북방을 떠나면서 느낀 슬픔을 드러낸다는 것은 허용할 수 없는 것 아닌가요?

A 시도 하나의 글이기에, 일관된 하나의 주제를 가집니다. 그리고 시의 주제는 화자의 내면세계이기에, 화자의 내면세계 역시 특별히 전환된다는 말이 명시되지 않은 이상 일관되어야 해요. 즉, 화자가 ㉡ 부분에서 자신이 북방을 떠닐 때 슬픔을 느꼈다는 것을 밝혔으니, 같은 상황을 이야기하고 있는 ㉣ 부분에서도 당연히 그 내면세계를 일관되게 유지하고 있다는 것이에요. 즉, ㉣은 '아무런 슬픔도 시름도 없었다'가 아니라 '이기지 못할 슬픔과 시름은 아무 것도 없다고 생각했다'로 이해해야 한다는 것입니다. 슬픔과 시름이 있기는 한데, 이겨낼 만하다고 생각했다는 것이죠. 이렇게 '일관된 내면세계'라는 핵심 포인트를 바탕으로 독해해야 정확하게 작품을 이해할 수 있습니다. 최근 평가원이 어려운 현대시 문제를 낼 때는 이 부분에 주목하는 경우가 많으니, 확실하게 알아두도록 해요.

③ ㉢에서는 이별하던 장면을 유사한 통사 구조로 제시하여, 화자가 북방에서의 기억을 여전히 간직하고 있음을 보여 주고 있다.

> ㉢오로촌이 멧돝을 잡아 나를 잔치해 보내던 것도
> 쏠론이 십릿길을 따라 나와 울던 것도 잊지 않았다

선지 유형	근거가 있어서 허용 가능
실전에서의 판단 과정	잊지 않았다고 했으니 여전히 간직하는 거지.
해설	㉢은 화자가 북방을 떠나 여러 사물들과 이별하던 장면입니다. 이를 '~이 ~을 ~해서 ~하던 것'이라는 유사한 통사 구조로 제시하면서, 이를 여전히 '잊지 않았다'는 표현을 통해 화자가 북방에서의

기억을 여전히 간직하고 있음을 보여 주고 있네요.

④ ㉣의 시구가 ㉤에서 반복, 변주되는 것을 통해, 상반된 상황이 시간의 추이에 따라 일치되는 과정을 드러내고 있다.

> 나는 그때
> ㉣아무 이기지 못할 슬픔도 시름도 없이
> 다만 게을리 먼 앞대로 떠나 나왔다
>
> (중략)
>
> 그동안 돌비는 깨어지고 많은 은금보화는 땅에 묻히고 가마귀도 긴 족보를 이루었는데
> 이리하여 또 한 아득한 새 옛날이 비롯하는 때
> ㉤이제는 참으로 이기지 못할 슬픔과 시름에 쫓겨
> 나는 나의 옛 하늘로 땅으로 — 나의 태반으로 돌아왔으나

선지 유형	근거가 있어서 허용 불가능
실전에서의 판단 과정	㉣ 때는 떠난 거고 ㉤ 때는 다시 돌아온 거니까 일치하는 건 아니지.
해설	화자는 '그때', 즉 북방을 떠나는 상황에서 ㉣을 느낍니다. 그렇게 '돌비는 깨어지고 ~ 족보를 이루'는 오랜 시간이 흘러, ㉤을 느끼면서 다시 '태반', 즉 북방으로 돌아오고 있어요. 정리하면, ㉣의 시구가 ㉤에서 반복(이기지 못할 슬픔, 시련), 변주(아무 ~ 없이→이제는 참으로 ~ 쫓겨)되는 것을 통해 상반된 상황(북방을 떠남↔북방으로 돌아옴)이 시간의 추이에 따라 일어나는 것을 표현했다까지는 맞는 말이지만, '일치되는 과정'을 허용할 수는 없겠네요. 말 그대로 '상반된 상황'이 일어난 것이지, 이들이 '일치되는 과정'이 나타난 적은 없으니까요.

⑤ ㉥에서 '없다'와 그 앞에 열거된 시어들을 통해, 화자가 가깝게 느끼고 가치를 부여했던 것들이 부재함을 표현하고 있다.

> ㉥아, 나의 조상은 형제는 일가친척은 정다운 이웃은 그리운 것은 사랑하는 것은 우러르는 것은 나의 자랑은 나의 힘은 없다 바람과 물과 세월과 같이 지나가고 없다

선지 유형	근거가 있어서 허용 가능
실전에서의 판단 과정	그러네.

해설	㉥의 내용 그 자체죠? 화자가 가깝게 느끼고 가치를 부여했던 여러 대상들이 부재함을 깨달은 모습을 표현하고 있습니다.

선지	①	②	③	④	⑤
선택률	2%	11%	14%	70%	3%

21 〈보기〉를 참고하여 (나)를 감상한 내용으로 적절하지 <u>않은</u> 것은? [3점] ④

① '투명한 창'을 통해 본 물고기의 생활 공간을 '물고기네 방'이라고 표현한 것을 보니, 화자는 얼음 아래 물고기의 공간과 자신의 생가를 겹쳐 보고 있군.

> 투명한 창 아래
> 물고기네 방이 한눈에 훤했다
> 나의 생가 같았다

선지 유형	근거가 있어서 허용 가능
실전에서의 판단 과정	주제 상황 그 자체네.
해설	〈보기〉에서 제시한 주제 그 자체죠? 구체적으로, 화자는 '투명한 창'을 통해 본 물고기의 생활 공간을 물고기네 '방'이라고 표현하면서 사람이 사는 공간처럼 표현했고, 이곳이 '나의 생가 같았다'라고 표현하면서 그곳에 자신의 생가를 겹쳐 보고 있음을 드러내고 있습니다.

② '창으로 나를 보'고 '사방 쪽방으로 흩어'지는 물고기들의 움직임을, 화자는 '생가의 식구들'이 자신을 못 알아본 것으로 표현하였군.

> 창으로 나를 보고
> 생가의 식구들이
> 나를 못 알아보고
> 사방 쪽방으로 흩어졌다

선지 유형	근거가 있어서 허용 가능
실전에서의 판단 과정	그러네.
해설	화자는 지금 얼음 아래의 물고기를 보고 있습니다. 따라서 화자를 쳐다보는 것은 물고기일 거예요. 그런데 화자는 그런 물고기들을 자신을 못 알아보고 '사방 쪽방으로 흩어'지는 '생가의 식구들'로 인식

하고 있습니다. 이는 〈보기〉에서 말한 것처럼 화자가 물고기를 보면서 유년 시절 자신의 생가를 회상하기 때문이라고 할 수 있겠죠?

③ '젖을 갓 뗀 어린것들'이 '그네끼리 놀고'라고 표현한 것을 보니, 화자는 물고기들이 노는 모습을 통해 유년 시절 생가에서 지내던 아이들의 모습을 떠올리고 있군.

> 젖을 갓 뗀 어린것들은
> 찬 마루서 그냥저냥 그네끼리 놀고

선지 유형	근거가 있어서 허용 가능
실전에서의 판단 과정	그러네.
해설	2번 선지와 유사한 방식으로 허용할 수 있겠습니다. 〈보기〉에 따르면 화자는 지금 물고기들을 보면서 유년 시절의 생가를 떠올리고 있습니다. 즉, 여기서 말하는 '젖을 갓 뗀 어린것들'은 물고기를 보면서 떠올린 유년 시절 '생가'의 아이들 모습이라고 할 수 있는 것이죠. 이렇게 〈보기〉의 내용을 근거로 하면 어렵지 않게 허용할 수 있겠습니다.

④ 화자는 '비좁은 구석방에'서 '급한 궁리를 하는' 물고기의 모습에 유년 시절 생가에서 외따로 지내야 했던 자신의 모습을 투영하고 있군.

> 어미들은
> 물속 쌓인 돌과 돌 그 틈새로
> 그걸 깊은 데라고
> 그걸 가장 깊은 속이라고 떼로 들어가
> 나를 못 알아보고
> 무슨 급한 궁리를 하느라
> 그 비좁은 구석방에 빼곡히 서서

선지 유형	근거가 있어서 허용 불가능
실전에서의 판단 과정	그건 어미들인데?
해설	근처 맥락을 독해해보면, '비좁은 구석방에'서 '급한 궁리를 하'는 것은 '어미들'입니다. 화자가 지금 물고기들을 보면서 자신의 유년 시절 생가를 떠올리고 있다는 것을 바탕으로 하면, 이때의 '어미들'은 생가에 살던 여러 가족의 어머니들을 의미하는 것이겠죠. 따라서 여기서 자신의 모습을 투영한다는 것은 절대 허용할 수 없겠습니다.

물론, 화자는 식구들에게 외면받았기에 유년 시절 '외로움'이라는 내면세계를 가지고 있었을 것이라는 내용은 충분히 허용할 수 있겠습니다. 다만 이것이 '급한 궁리를 하'는 '어미들'에 대응되지 않을 뿐이죠.

⑤ 화자는 '마음아, 너도 아직' 생가에서 '살고 있는가'라고 하여, 성년인 자신의 마음속에 유년의 기억이 자리 잡고 있음을 드러내고 있군.

> 마음아, 너도 아직 이 생가에 살고 있는가
> 시린 물속 시린 물고기의 눈을 달고

선지 유형	근거가 있어서 허용 가능
실전에서의 판단 과정	마음이 아직 살고 있다는 건 잊을 수 없다는 거지.
해설	화자는 자신의 '마음'에게 아직 '생가'에서 살고 있냐고 묻습니다. 이는 화자 자신의 내면에 여전히 유년 시절 '생가'에 대한 기억이 가득하다는 것을 잘 보여 주는 표현이라고 할 수 있겠죠? 어렵지 않게 허용할 수 있겠습니다.

선지	①	②	③	④	⑤
선택률	12%	6%	5%	15%	62%

22 ⓐ와 ⓑ에 대한 이해로 가장 적절한 것은? ⑤

> 물고기네 지붕을 튼 ⓐ살얼음의 창
> ⓑ기둥으로 나무를 받쳐 놓았는데 그 기둥이 모두 열두 개이다.

– ⓐ는 물고기들을 볼 수 있는 곳으로, (나)의 화자가 유년 시절의 '생가'를 떠올리게 되는 계기로 작용합니다. 한편 ⓑ는 (다)의 글쓴이가 '이문원 동쪽 늙은 나무'를 보다가 '인간의 도움'이라는 새로운 생각을 하게 되는 계기로 작용하죠. 즉, ⓐ와 ⓑ는 모두 '나'가 각 작품의 주제 의식을 떠올리게 하는 계기인 것입니다. 이와 가장 비슷한 말을 찾아보도록 합시다.

① ⓐ는 화자의 불안을 심화하는, ⓑ는 글쓴이의 의지를
북돋아 주는 역할을 한다.

선지 유형	근거가 없어서 허용 불가능
실전에서의 판단 과정	불안이랑 의지가 왜 나오냐.
해설	(나)와 (다)에서는 각각 '불안', '의지'라는 내면세계가 드러나지 않습니다. 애초에 나타나지도 않은 내면세계를 심화하고 북돋아준다는 것은 말이 되지 않겠죠? 근거가 없으니 허용할 수 없습니다.

② ⓐ는 화자의 이상향을 형상화하는, ⓑ는 글쓴이의 태
도를 전환하는 역할을 한다.

선지 유형	근거가 없어서 허용 불가능
실전에서의 판단 과정	이상향이 왜 나오며, 태도가 왜 전환되냐.
해설	(나)의 화자가 유년 시절의 '생가'를 떠올리기는 하지만, 그것을 이상향, 즉 최종 지향 지점으로 삼고 있는 것은 아닙니다. 이런 점에서 ⓐ가 화자의 이상향을 형상화한다는 것은 절대 허용할 수 없는 내용이겠죠. 나아가 (다)의 글쓴이는 ⓑ를 보고 새로운 깨달음을 얻었을 뿐, 태도의 변화를 보여 주고 있지는 않습니다.

③ ⓐ는 ⓑ와 달리, 화자에게 책임감을 떠올리게 하는 계
기가 된다.

선지 유형	근거가 없어서 허용 불가능
실전에서의 판단 과정	유년 시절 생가를 이제 와서 책임진다고?
해설	ⓐ는 (나)의 화자에게 유년 시절의 '생가'를 떠올리게 합니다. 이미 존재하지도 않는 과거의 '생가'를 갑자기 화자가 책임진다는 것도 웃길 뿐 아니라, '책임감'과 관련된 말을 허용할 수 있는 근거가 전혀 보이지 않네요. ⓑ도 마찬가지겠구요.

④ ⓑ는 ⓐ와 달리, 글쓴이가 처한 상황을 극복하게 하는
역할을 한다.

선지 유형	근거가 없어서 허용 불가능
실전에서의 판단 과정	뭘 극복하냐.
해설	(나)의 화자도, (다)의 글쓴이도 극복해야 할 만큼 어려운 상황에 처해있지 않습니다. ⓑ는 그저 (다)의 글쓴이에게 깨달음의 계기가 될 뿐이에요.

⑤ ⓐ와 ⓑ는 모두 대상을 새롭게 주목하게 하는 계기를
마련하고 있다.

선지 유형	근거가 있어서 허용 가능
실전에서의 판단 과정	그렇지 이거지.
해설	미리 생각한 내용과 일맥상통하는 선지네요. ⓐ와 ⓑ는 모두 (나)의 화자와 (다)의 글쓴이가 '물고기'와 '나무'라는 대상을 각각 '유년 시절 생가를 떠올리는 하는 매개체', '새로운 깨달음을 얻게 하는 매개체'로 새롭게 주목하게 하는 계기가 되고 있습니다. 가볍게 답으로 고를 수 있겠네요.

선지	①	②	③	④	⑤
선택률	3%	9%	68%	6%	14%

23 〈보기〉의 [A]에 들어갈 학생의 말로 적절하지 <u>않은</u> 것은?

③

---[보기]---

선생님 : 여러분, 「이문원노종기」는 이문원의 늙은 나무가 인간의 도움을 받아 오랫동안 무성하게 자라고 있는 점에 착안한 글입니다. 서로 다른 생명체가 각각 이익을 주거나 받는 현상을 중심으로, 「이문원노종기」를 다시 읽어 보려고 해요. 이런 관점에서 이 작품을 감상해 볼까요?

학 생 : _______________[A]_______________

선생님 : 네, 잘 말했습니다.

---

① '이문원 동쪽 늙은 나무'가 '백여 년'을 살 수 있었던 것
은, 인간이 나무를 보살펴 주었기 때문입니다.

<u>이문원 동쪽 늙은 나무</u>가 있는데 적어도 백여 년은 된
것 같다.

선지 유형	근거가 있어서 허용 가능
실전에서의 판단 과정	그렇지. 이게 주제지.
해설	'이문원 동쪽 늙은 나무'가 '기둥'을 놓아 준 인간의 보살핌 덕에 '백여 년'을 살 수 있었다는 깨달음. 이 작품의 주제 그 자체죠? 어렵지 않게 허용할 수 있겠네요.

② 글쓴이가 '널찍이 드리운 서늘한 그늘'로 인해 '훌쩍 벗어나 있는 기분'이 든 것은, '이문원 동쪽 늙은 나무'에게서 인간이 이익을 얻은 경우에 해당합니다.

> 쏴쏴 불어오는 긴 바람 소리를 들으며 <u>널찍이 드리운 서늘한 그늘</u> 아래를 거닐면 몸은 대궐 안 관청에 있어도 숲속의 소나무와 바위 사이로 <u>훌쩍 벗어나 있는 기분</u>이 든다.

선지 유형	근거가 있어서 허용 가능
실전에서의 판단 과정	미리 생각한 내용이네.
해설	나무가 사람에게 편안한 쉼터를 제공하는 방식으로 이익을 준다는 것, 지문을 읽으면서부터 미리 생각한 내용입니다. 가볍게 허용할 수 있겠죠?

③ '풀과 나무'가 '몸을 보전하는 계책'이 있는 것은, '조물주'가 서로 다른 생명체가 이익을 주고받도록 해 준 경우에 해당합니다.

> "이 나무는 정말 특이하군! 대체로 풀과 나무가 살아가려면 제각기 <u>몸을 보전하는 계책</u>이 있기 마련일세.
>
> (중략)
>
> <u>조물주</u>가 이 나무에게는 사람의 손을 빌려 온전하도록 한 것인가?"

선지 유형	근거가 있어서 허용 불가능
실전에서의 판단 과정	제각기 몸을 보전한다는데 어떻게 이익을 주고받는 거냐.
해설	'풀과 나무'는 제각기 '몸을 보전하는 계책'을 가지고 알아서 살아남지만, 희한하게도 '이문원 동쪽 늙은 나무'는 인간이 만들어준 기둥의 도움 덕에 살아갑니다. '조물주'가 이 나무를 이렇게 살아가도록 만들어 둔 것이냐는 게 (다)의 글쓴이가 가진 생각이구요. (다)의 글쓴이는 이렇게 '이문원 동쪽 늙은 나무'로부터 얻은 깨달음을 강조하기 위해 대비되는 것으로 '풀과 나무'를 제시했을 뿐입니다. 이런 독해의 결과를 근거로 하면 어렵지 않게 허용할 수 없는 선지로 처리할 수 있겠네요.

④ '암소'의 '뿔이 구부러져 안쪽으로 향'하는 위험을 인간이 '톱으로 잘라'서 해결해 주는 것은, '가축'이 인간에게 의지하며 살아가는 경우에 해당합니다.

> 아! 내가 <u>암소의 뿔</u>을 보니 <u>뿔이 구부러져 안쪽으로 향</u>했는데 심한 것은 사람이 반드시 <u>톱으로 잘라</u> 내야만 광대뼈를 뚫는 걱정을 모면하였다. 이제야 알겠구나. 늙은 나무를 가축에 견주자면 뿔을 잘라 내야 온전해질 수 있는 암소와 같다. <u>가축</u>이 인간에게 의지하여 살아가듯이 늙은 나무도 인간에게 의지하여 살아간다.

선지 유형	근거가 있어서 허용 가능
실전에서의 판단 과정	그렇지.
해설	'암소의 뿔'에 대한 이야기 역시 (다)의 글쓴이가 주제를 강조하기 위해 제시한 예시입니다. '암소'와 같은 '가축'이 인간에게 의지하며 살아간다는 것을 보여 주는 내용이었어요. 이러한 독해의 결과를 그대로 적어 놓은 선지이니 가볍게 허용할 수 있겠습니다.

⑤ 글쓴이가 '이문원 동쪽 늙은 나무'가 '저 깊은 산중 인적 끊긴 골짜기'에서 자란 나무보다 번성하게 자랐다고 한 것은, 인간의 도움이 필요하다는 것을 말하기 위함입니다.

> 나는 <u>저 깊은 산중 인적 끊긴 골짜기</u>에 이렇듯이 번성하게 자란 늙은 나무를 아직까지 보지 못했다.

선지 유형	근거가 있어서 허용 가능
실전에서의 판단 과정	주제!
해설	'저 깊은 산중 인적 끊긴 골짜기'에서 자란 나무에 대한 이야기 역시 '이문원 동쪽 늙은 나무'로부터 얻은 깨달음을 강조하기 위한 것입니다. 주제 그 자체를 읊어주고 있는 선지이기도 하니 가볍게 허용할 수 있겠네요.

> (가)
>
> 아득한 옛날에 나는 떠났다
> 부여를 숙신을 발해를 여진을 요를 금을
> 흥안령을 음산을 아무우르를 숭가리를
> 범과 사슴과 너구리를 배반하고
> 송어와 메기와 개구리를 속이고 나는 떠났다

아득한 옛날, 화자는 어딘가를 떠났다고 합니다. 그 어딘가는 '부여, 숙신, 발해, 여진, 요, 금, 흥안령, 음산, 아무우르, 숭가리' 등 여러 가지로 불리는 곳이네요. 역사에 대한 지식이 조금 갖춰져 있고, 제목을 참고한 학생이라면 화자가 말하는 곳이 결국 '북방' 임을 생각할 수 있겠죠?

어쨌든 화자는 '범, 사슴, 너구리'를 배반하고, '송어, 메기, 개구리'를 속이고 '북방'을 떠났다고 합니다. 이러한 동물들이 정확히 무엇을 비유하는지는 알 수 없지만, 화자는 '북방'에서 함께 하던 이들을 뿌리치고 떠나온 것으로 보이네요.

> 나는 그때
> 자작나무와 이깔나무의 슬퍼하던 것을 기억한다
> 갈대와 장풍의 붙드던 말도 잊지 않았다
> 오로촌이 멧돝을 잡아 나를 잔치해 보내던 것도
> 쏠론이 십릿길을 따라 나와 울던 것도 잊지 않았다

화자는 그때, 즉 '북방'을 떠날 때 '자작나무'와 '이깔나무'가 슬퍼하던 것을 기억한다고 합니다. 정말 나무들이 눈물을 흘리며 슬퍼했을 리는 없고, '북방'을 떠나던 화자가 슬펐기에 외부세계의 대상인 나무들도 그러한 것처럼 느껴진 것이겠죠. 모든 화자는 자신의 내면세계대로 외부세계의 대상을 인식하니까요. 같은 맥락에서 '갈대'와 '장풍'에 대한 이야기도 이해할 수 있겠죠? 저들이 정말 화자를 붙든다는 게 아니라, '북방'을 떠나고 싶지 않아 하는 화자의 내면세계를 강조하는 것입니다.

그 와중에 '오로촌', '쏠론'은 화자에게 잔치를 베풀어주고 울며 배웅을 했다고 합니다. 이 역시 화자의 내면세계대로 이해할 필요가 있어요. 화자가 '북방'을 떠나는 것이 많이 아쉬웠기 때문에, '오로촌', '쏠론'과 같은 이들이 화자가 떠나는 것을 아쉬워했다는 식으로 표현했다는 거예요.

> 나는 그때
> 아무 이기지 못할 슬픔도 시름도 없이
> 다만 게을리 먼 앞대로 떠나 나왔다

다시 한번 '북방'을 떠나던 그때를 이야기하고 있습니다. 화자는 '아무 이기지 못할 슬픔도 시름도 없이', 그리고 '다만 게을리' 떠나 나왔다고 해요. 이 부분의 독해가 꽤 어려운데, 철저하게 화자의 내면세계대로 파악하셔야 합니다. 화자는 지금 '북방'을 떠나는 것을 슬퍼하고 아쉬워하는 상황이에요. 그렇기에 '아무 이기지 못할 슬픔도 시름도 없이'는 '슬픔과 시름은 있지만, 이기지 못할 정도는 아니야. 난 충분히 떠날 수 있어!'와 같은 의미로 이해해야 한다는 것이죠. 이렇게 마음을 다잡고 '북방'을 떠나면서도, 여전히 아쉬움이 큰 것은 사실이기에 '게을리', 즉 아주 천천히 '북방'을 떠나왔다는 것입니다.

> 그리하여 따사한 햇귀에서 하이얀 옷을 입고 매끄러운 밥을 먹고 단 샘을 마시고 낮잠을 잤다
> 밤에는 먼 개소리에 놀라나고
> 아침에는 지나가는 사람마다에게 절을 하면서도
> 나는 나의 부끄러움을 알지 못했다

그렇게 '북방'을 떠난 화자는 '따사한 햇귀'에서 '하이얀 옷'을 입고 '매끄러운 밥'을 먹고 '단 샘'을 마시고 '낮잠'을 잡니다. 굉장히 편안하고 안락한 삶을 누렸다는 것이죠. '북방'을 떠나 여유로운 삶을 살게 되었지만, 화자는 여전히 밤의 '먼 개소리'에 놀라고, 아침에는 '지나가는 사람'에게 절을 합니다. 이게 정확히 어떤 의미인지까지는 몰라도, 최소한 '북방'을 떠난 화자의 모습이 그렇게 좋아보이지만은 않는다는 생각을 할 수 있어야 해요.

화자는 이러한 자신의 모습을 '부끄러움'이라는 내면세계로 표현하고 있습니다. 화자 스스로도 '북방'을 버리고 와서 여유를 즐기면서도 두려움과 비굴함을 가지고 살아가는 모습이 부끄러웠다는 것이죠. '북방'을 떠난 직후인 그때는 몰랐지만 말이에요.

> 그동안 돌비는 깨어지고 많은 은금보화는 땅에 묻히고 가마귀도 긴 족보를 이루었는데
> 이리하여 또 한 아득한 새 옛날이 비롯하는 때
> 이제는 참으로 이기지 못할 슬픔과 시름에 쫓겨
> 나는 나의 옛 하늘로 땅으로 — 나의 태반으로 돌아왔으나

그렇게 화자가 '부끄러운' 삶을 살고 있는 동안에, '돌비'는 깨지고 '은금보화'는 땅에 묻히고 '가마귀'도 긴 족보를 이룹니다. 다시 말해 길고 긴 시간이 흘렀다는 것이죠. 이리하여 '한 아득한 새 옛날'이 비롯하는 때, 즉 '현재'가 시간이 흘러 새로운 '옛날'로 비롯했을 정도로 오랜 시간이 흘렀을 때, 화자는 '참으로 이기지 못할 슬픔과 시름'에 쫓겨 자신의 '태반'으로 돌아옵니다. 이곳은 화자 자신의 '옛 하늘'이자 '땅'입니다. 즉, 오래 전에 떠나온 '북방'이 되겠죠. 처음 떠날 때는 충분히 이길 만한 '슬픔과 시름'이라고 생각했는데, 막상 시간이 지나고 나니 그 '슬픔과 시름'은 이기지 못할 만큼 컸던 것이에요. 이에 결국 '북방'으로 다시 돌아왔다는 것입니다.

> 이미 해는 늙고 달은 파리하고 바람은 미치고 보래구름만 혼자 넋 없이 떠도는데
>
> 아, 나의 조상은 형제는 일가친척은 정다운 이웃은 그리운 것은 사랑하는 것은 우러르는 것은 나의 자랑은 나의 힘은 없다 바람과 물과 세월과 같이 지나가고 없다
> -백석, 「북방에서-정현웅에게」-

그렇게 '북방'으로 돌아왔지만, 이미 '해'는 늙고, '달'은 파리하고, '바람'은 미치고 '보래구름'만 혼자 떠돕니다. 시간이 너무 많이 지나버린 것이죠. '조상', '형제', '일가친척', '이웃'처럼 화자에게 '그리운 것', '사랑하는 것', '우러르는 것'도, 화자가 가지고 있던 '자랑', '힘' 등도 모두 사라진 것입니다. 이런 상황에 놓인 화자의 '슬픔과 시름'은 당연히 해소되지 못할 것이고, 화자에게 남은 것은 오로지 커다란 상실감뿐이겠네요.

> (나)
> 겨울 아침 언 길을 걸어
> 물가에 이르렀다
> 나와 물고기 사이
> 창이 하나 생겼다
> 물고기네 지붕을 튼 살얼음의 창
> 투명한 창 아래
> 물고기네 방이 한눈에 훤했다
> 나의 생가 같았다

'겨울 아침 언 길'을 걷다가 '물가'에 이른 화자는 자신과 '물고기' 사이의 '살얼음의 창'을 발견합니다. 강이 꽁꽁 얼어 있는데, 그 얼음 아래로 물고기들이 보이는 장면을 상상하면 되겠죠? 그렇게 한눈에 훤한 '물고기네 방'을 바라보던 화자는 불현듯 자신의 '생가'를 떠올립니다. 성찰과 회상이 시작되는 지점이죠?

> 창으로 나를 보고
> 생가의 식구들이
> 나를 못 알아보고
> 사방 쪽방으로 흩어졌다

화자는 지금 '물고기'들을 보면서 '생가'의 식구들을 떠올리고 있습니다. 그렇기에 '물고기'가 화자를 발견하고 도망간 것을 보고서 '생가'의 식구들이 자신을 못 알아보고서 여기저기로 흩어졌다고 표현하는 것이죠. 이렇게 회상하고 있는 화자의 모습을 충분히 떠올릴 수 있겠죠? 나아가 '물고기'들의 모습을 보고서 이와 같은 회상을 하는 것을 보면, 화자가 유년 시절에 정말로 '생가'에서 식구들로부터 외면받았을 것이라는 생각까지 할 수 있겠습니다. 그런 적이 없다면 굳이 자신을 외면하는 '물고기'들을 보고 '생가'를 떠올릴 이유가 없으니까요.

> 젖을 갓 뗀 어린것들은
> 찬 마루서 그냥저냥 그네끼리 놀고
> 어미들은
> 물속 쌓인 돌과 돌 그 틈새로
> 그걸 깊은 데라고
> 그걸 가장 깊은 속이라고 떼로 들어가
> 나를 못 알아보고
> 무슨 급한 궁리를 하느라
> 그 비좁은 구석방에 빼곡히 서서

계속해서 화자는 '물고기'들을 보고 있습니다. 그중에서 '어린것들'은 멀뚱멀뚱 서서 자기들끼리 모여 있는 것 같은데, 화자는 이를 보며 '생가'의 '찬 마루'에서 자기들끼리 모여 놀던 어린아이들을 떠올리고 있네요. 그리고 큰 '물고기'들, 화자가 '어미들'로 표현한 '물고기'들은 화자를 보고서 놀라 '깊은 데'로 들어가버립니다. 이 모습 역시 '생가'의 식구들이 자신을 외면하고 '급한 궁리'를 하는 것처럼 '비좁은 구석방'에 빼곡이 서 있는 모습과 겹쳐 보이는 화자예요. 아마 어머니들이 '생가'의 '비좁은 구석방'에까지 들어갈 정도로 화자를 외면하면서 모여 있었던 것을 회상하는 것이겠죠. 정말 이런 일이 있었다면 화자 입장에선 상당히 힘들었을 것 같습니다.

이렇게 '생가'를 떠올리던 화자는 '마음'에게 묻습니다. 너도 아직 이 '생가'에 살고 있냐며 말이에요. 화자는, 그리고 화자의 마음은 여전히 '생가'를 한켠에 담아두고 잊지 않고 있습니다. 그리고 그 기억은 '시린' 물속 '시린' 물고기의 눈처럼 시려요. 앞에서 이해 했듯이, 화자는 '생가'에 그리 좋은 추억을 가지고 있지 못합니다. 그러다 보니 '생가'에 대한 기억만 떠올리면 '시린' 느낌이 드는 것이겠죠. 이렇게 화자의 내면세계를 정확히 파악하면서 읽을 수 있어야 해요.

몰랐던 어휘 정리하기

| 핵심 point |

① **허용 가능성 평가** : 선지의 내용을 '허용'하려는 태도를 바탕으로 지문을 '독해'하며 '근거'를 찾아야 합니다. 허용할 수 있는 '근거'가 있어야만 허용할 수 있습니다. 주관적인 생각을 개입시키면 안 됩니다.

② **현대시 독해** : 〈보기〉의 도움 등을 통해 '주제' 위주로, 그리고 일상 언어의 감각으로 읽어내면 됩니다. 현대시도 읽을 수 있는 하나의 글입니다.

③ **수필 독해** : 운문문학과 마찬가지로, 글쓴이가 하고자 하는 말인 '주제'를 파악하는 것이 핵심입니다. 수필이 어렵게 출제될 것을 대비해, 독서 지문을 읽듯이 꼼꼼하게 읽으며 주제를 파악하는 연습을 해야 해요.

| 지문 내용 총정리 |

최근 평가원의 트렌드처럼, 독해하기 어려운 작품들을 제시하여 체감 난이도를 높인 지문입니다. 그나마 문제가 평이하게 나와 정답률 자체가 낮지는 않았지만, 지문 이해와 선지 판단 모두 완벽하게 하기는 쉽지 않은 지문이었어요. 완벽하게 뚫었다는 생각이 들 때까지 복습해보도록 합시다.

비평문 확인

제시문 복합 지문이네요. 이렇게 비평문과 함께 제시되는 경우, 비평문을 일종의 〈보기〉로 생각하며 미리 확인해주시는 것이 좋습니다. 최근에는 비평문이 문제풀이에 아주 중요하게 사용되는 경우도 많으니, 독서 지문을 읽듯이 꼼꼼하게 읽고 넘어가도록 합시다.

(다)

[A]
　　시는 인간의 삶을 반영한다. 시에서 반영은 현실과 인생을 모방한다는 의미에서 외부 현실을 시 속에 담아내는 것으로, 역사와 현실의 상황을 시를 통해 어떻게 재현할 것인가에 초점을 둔다. 여기서 반영은 '있는 그대로의 현실'로서의 반영과 '있어야 하는 현실'로서의 반영으로 구분할 수 있다. 전자는 역사와 현실의 모습을 사실 그대로 보여 주는 일상적 진실을 반영하는 것을 말하고, 후자는 일상적 현실을 넘어 화자가 지향하는 당위적 진실을 반영하는 것을 말한다.

시가 인간의 삶을 반영한다는 당연한 이야기를 하고 있습니다. 그런데 반영의 방법을 '있는 그대로의 현실'과 '있어야 하는 현실'의 두 가지로 나누고 있어요. 일상적 진실을 반영하느냐, 지향하는 당위적 진실을 반영하느냐의 두 가지가 있다는 것이죠. 어렵지 않게 이해할 수 있죠?

　　한편 '시에 대한 시 쓰기'라는 형식을 통해 시 그 자체를 반영하는 특수한 경우도 있다. 이때 반영의 대상은 외부 현실이 아니라 시 쓰기 상황이나 시를 쓰는 시인이 된다. 이 경우 시는 그 자체로 시론 혹은 시인론의 성격을 지닌다. 이러한 성격의 작품에서 시는 노래나 기타 여러 갈래의 글로 표상되기도 한다.

이게 끝이 아니었습니다. '시에 대한 시 쓰기'라는 형식도 있다고 해요. 현실이 아닌 '시'를 반영하는 경우가 있다는 것이죠. 이때 '시'는 그 자체로 시론/시인론이 되기도 하고, '시'를 노래나 다른 글로 표현하기도 하네요. 독특한 형태이니 기억을 하는 게 좋을 것 같아요.

　　이처럼 시인들은 시 속에 형상화된 세계를 통해 인간이 지향해야 할 바람직한 삶의 방향을 모색한다. 이를 통해 시는 무엇을 말해야 하고, 시인은 어떤 존재로 살아가야 하는가에 대한 자기 성찰의 태도를 드러내는 것이다.

이렇게 '시'에 있는 그대로의 현실, 지향하는 현실, 시 그 자체를 반영하는 방식을 통해 인간이 지향해야 할 바람직한 삶의 방향을 모색하는 이들이 시인들이라고 합니다. '시'의 역할을 자세하게 소개하는 글이었네요. 이러한 시 창작 방식은 현대시에서 '클리셰'라고 부를 수 있을 만큼 자주 나타나는 것이라고 했어요. 수능에 출제되는 현대시가 가지고 있는 기본 전제라는 것을 생각하면서 정리해 보도록 합시다.

실전적 지문 독해

(가)

　　섣달에도 보름께 달 밝은 밤
　　앞내강 쨍쨍 얼어 조이던 밤에
　　내가 부른 노래는 강 건너 갔소

　　강 건너 하늘 끝에 사막도 닿은 곳
　　내 노래는 제비같이 날아서 갔소

　　못 잊을 계집애 집조차 없다기에
　　가기는 갔지만 어린 날개 지치면
　　그만 어느 모래불에 떨어져 타서 죽겠죠.

　　사막은 끝없이 푸른 하늘이 덮여
　　눈물 먹은 별들이 조상* 오는 밤

　　밤은 옛일을 무지개보다 곱게 짜내나니
　　한 가락 여기 두고 또 한 가락 어디멘가
　　내가 부른 노래는 그 밤에 강 건너 갔소.
　　　　　　　　　　　　　　　－이육사, 「강 건너간 노래」－

* 조상 : 남의 죽음에 대하여 슬퍼하는 뜻을 드러내어 위문함.

상당히 어려운 시입니다. (다)의 내용을 이리저리 적용해보려고 해도 쉽지 않네요. 실선에서는 화자가 '노래'를 보내는 시간이 추운 밤이라는 것, 계속해서 노래가 강을 건너 가고 있다는 것 정도만 읽어 내셔도 됩니다. 어떠한 상황, 반응이나 주제를 잡기도 매우 어렵죠? 이럴 때는 선지를 믿고 가시는 겁니다. 이 작품은 스스로 읽어 보는 과정이 꼭 필요한데, 자세한 건 뒤에서 만나보기로 해요!

(나)

　한 줄의 시(詩)는커녕
　단 한 권의 소설도 읽은 바 없이
　그는 한평생을 행복하게 살며
　많은 돈을 벌었고
　높은 자리에 올라
　이처럼 훌륭한 비석을 남겼다
　그리고 어느 유명한 문인이
　그를 기리는 묘비명을 여기에 썼다
　비록 이 세상이 잿더미가 된다 해도
　불의 뜨거움 꿋꿋이 견디며
　이 묘비는 살아 남아
　귀중한 사료(史料)가 될 것이니
　역사는 도대체 무엇을 기록하며
　시인(詩人)은 어디에 무덤을 남길 것이냐

-김광규, 「묘비명(墓碑銘)」-

시도, 소설도 읽은 바 없이 행복하게 살다 간 어떤 이의 '훌륭한 비석'에 대한 이야기입니다. 그런데 어투가 조금 이상합니다. 그 비석이 귀중한 '사료'가 된다면, 역사는 무엇을 기록하고 시인은 어디에 무덤을 남겨야 하냐고 물어보고 있어요. '시인'에 대한 이야기라는 걸 파악하고 (다)의 내용을 끌고 오면, 이 작품에 '반어법'이 쓰였다는 것을 알 수 있겠네요. (다)에선 시인들이 시를 통해 어떻게 살아가야 하는지를 이야기한다고 했는데, 이 시의 주인공은 시도 소설도 한 번 읽지 않은 사람이니까요. 그 사람이 행복하게 살고 훌륭한 비석을 남겼다고 평가받으면, 도대체 시인들은 어디에 무덤을 남겨야 하냐며 비판하는 주제를 가지고 있습니다. 꽤 어려웠지만, (다)를 적용하기에 어렵지 않았고 현대시의 클리셰적인 내용을 주제로 하고 있기 때문에 충분히 읽어낼 수 있었을 겁니다.

선지	①	②	③	④	⑤
선택률	7%	5%	50%	6%	32%

24 (가)와 (나)의 공통점으로 가장 적절한 것은? ③

- 공통점 문제네요! 역시 거시적인 내용이 답이 될 가능성이 높다는 생각을 하면서 선지 판단을 해보도록 합시다.

① 청자를 명시적으로 설정하여 풍자적으로 비판하고 있다.

선지 유형	근거가 없어서 허용 불가능
실전에서의 판단 과정	청자를 설정한 적이 없는데?
해설	둘 다 청자를 명시적으로 설정하지는 않았으니 바로 틀렸네요. 풍자적 '비판'이라는 반응은 (나)에서만 허용할 수 있겠구요.

② 유사한 시구를 반복함으로써 화자의 의지를 강조하고 있다.

선지 유형	근거가 없어서 허용 불가능
실전에서의 판단 과정	(나)에는 유사한 시구가 없는데?
해설	(가)는 '강 건너 갔소'라는 유사한 시구를 반복하고 있고 '의지'도 허용할 수 있겠지만('노래'가 의지를 가지고 있는데 '내 노래'라고 했으니 '나'='노래'라고 볼 수 있고, 이를 통해 '화자'도 의지를 가지고 있다고 할 수 있겠죠. 문학에서 'A의 B'와 같은 표현에서는 'A=B'로 볼 수 있다는 것. 기출에도 자주 나왔으니 알아 둡시다.) (나)에는 '유사한 시구'도 '화자의 의지'도 없네요. 나름대로 거시적인 선지여서 답이 될 가능성이 높아보였는데 답이 아니었네요.

③ 시적 대상에 생명력을 부여하여 의지를 지닌 존재로 나타내고 있다.

선지 유형	근거가 있어서 허용 가능
실전에서의 판단 과정	노래는 가고 있고 묘비명은 불을 견디고 있네.
해설	먼저 (가)부터 허용해봅시다. (가)에서는 '노래'에 '간다'라는 표현을 쓰면서 생명력을 부여하고 있습니다. '생명력 부여'라는 말은 생명을 가진 존재가 할 수 있는 행위를 하는 것처럼 표현했을 때 쓴다고 보시면 됩니다. 그리고 이와 같은 말이 바로 '의지 부여'예요. 생명력을 가지고 있다는 건, 무언가 할 수 있는 '의지'를 지닌다는 것과 같은 말이거든요.

(나) 역시 '묘비명'이라는 대상이 '불의 뜨거움'을 꿋꿋이 견딘다는 표현을 통해 '생명력'과 '의지'를 부여하고 있네요. 가볍게 답으로 골라주시면 됩니다. 나아가 '생명력=의지'와 같은 내용은 미리 알아두는 것으로 합시다.

④ 다양한 이미지를 통해 자연의 모습을 감각적으로 드러내고 있다.

선지 유형	근거가 없어서 허용 불가능
실전에서의 판단 과정	(나)에는 자연의 모습이 없네.
해설	가장 유력한 답의 후보처럼 보였던 선지죠? 그런데 (가)에서는 자연의 모습이 나온다고 할 수 있는데, (나)에는 자연의 모습이 아예 나오질 않네요. 웬만하면 답이 되는 선지를 오답 처리한 것으로 보아 어렵게 내겠다는 의지가 보이는 문제였네요.

⑤ 반어적 어조를 활용하여 현실에 대한 비판적 태도를 드러내고 있다.

선지 유형	근거가 없어서 허용 불가능
실전에서의 판단 과정	(가)에는 반어적 어조가 없잖아.
해설	이 문제의 오답률 1위 선지입니다. (나)는 사실 당시의 EBS 연계교재였는데, EBS를 열심히 공부한 학생들이 (나)에 있는 반어법을 보고 그냥 찍어 버렸어요. (나)는 허용되지만 (가)에서는 반어법이 드러나지 않죠? 이처럼 문학 문제를 풀 때 배경지식'만으로' 해결하는 습관은 매우 위험합니다. 우리가 배운 원칙을 최대한 이용해서 읽어낸 내용만으로 해결하려고 하셔야 합니다.

선지	①	②	③	④	⑤
선택률	2%	6%	3%	85%	4%

25 [A]의 관점에서 ㉠~㉭을 이해한 내용으로 적절하지 <u>않은</u> 것은? ④

– 각 표현을 보고 허용 가능성을 따지는 문제입니다. [A]가 〈보기〉의 역할을 하고 있으니, 그 안에 서술된 내용도 선지 판단의 근거로 사용하면서 풀어주셔야 해요!

① ㉠: 극한의 추위를 드러내는 시간적 배경을 제시하여, 화자나 인물이 처한 상황을 드러내고 있다.

> 섣달에도 보름께 달 밝은 밤
> ㉠앞내강 쨍쨍 얼어 조이던 밤에
> 내가 부른 노래는 강 건너 갔소

선지 유형	근거가 있어서 허용 가능
실전에서의 판단 과정	쨍쨍 얼면 극한의 추위지.
해설	앞내강이 쨍쨍 얼어 조인다고 했으니 '극한의 추위'를 허용할 수 있겠네요. 나아가 '노래'는 '나'와 동일시되는 대상이라고 했으니, '화자나 인물'이 처한 상황이라는 말도 쉽게 허용할 수 있겠습니다.

② ㉡: 현실의 모습을 사막으로 표상하여, 화자나 인물이 직면하게 될 공간적 배경을 드러내고 있다.

> ㉡강 건너 하늘 끝에 사막도 닿은 곳
> 내 노래는 제비같이 날아서 갔소

선지 유형	근거가 있어서 허용 가능
실전에서의 판단 과정	사막이라는 공간에 노래가 갔으니 허용되네.
해설	[A]에 따르면 시는 '현실'을 반영할 수 있습니다. 이를 근거로 하면 공간적 배경인 '사막'을 '현실'이라 부르는 것은 큰 문제가 없을 것이고, 그 공간은 '나'와 동일시되고 있는 '노래'가 날아서 갈 곳과 연결되어 있으니 충분히 허용할 수 있겠네요.

③ ⓒ : 죽음의 상황을 가정하여, 화자에게 닥친 일상적
현실이 절망적인 상황임을 노래에 투영하여 드러내고
있다.

못 잊을 계집애 집조차 없다기에
가기는 갔지만 어린 날개 지치면
ⓒ 그만 어느 모래불에 떨어져 타서 죽겠죠.

선지 유형	근거가 있어서 허용 가능
실전에서의 판단 과정	죽으면 절망적이지.
해설	'죽겠죠'라는 직접적인 표현을 근거로 '죽음의 상황 가정'을 허용할 수 있겠고, 마찬가지의 근거로 '절망적인 상황'이라는 것도 허용할 수 있겠죠. 나아가 [A]의 내용을 근거로 하면, 지금 이 모든 것들은 이 시에서 반영하고 있는 '일상적 현실'이라고 할 수 있겠습니다.

④ ⓔ : 자연물에 대한 화자의 태도 변화를 통해, 일상적
현실이 희망적으로 바뀌었음을 보여 주고 있다.

사막은 끝없이 푸른 하늘이 덮여
ⓔ 눈물 먹은 별들이 조상* 오는 밤

* 조상 : 남의 죽음에 대하여 슬퍼하는 뜻을 드러내어 위문함.

선지 유형	근거가 없어서 허용 불가능
실전에서의 판단 과정	태도가 어떻게 바뀌었는데?
해설	태도 변화? 태도 변화라면 '반응'이 변했다는 건데 그건 절대 허용할 수 없겠죠. 반응이 변했다는 걸 허용하려면 명시적으로 제시되거나 최소한 어떠한 반응이 나오기라도 해야겠죠. ⓔ은 그냥 '밤'이라는 '상황'만 제시하고 있으니 '태도 변화'는 절대 허용할 수 없습니다. 심지어 '조상'을 오고 있는데 '희망적'이라니요! 시의 내용은 굉장히 어려웠지만, 선지를 판단하는 것은 그리 어렵지 않네요.

⑤ ⓜ : 밤과 무지개의 이미지를 대응시켜, 화자가 추구하
는 당위적 진실에 대한 소망을 담아내고 있다.

ⓜ 밤은 옛일을 무지개보다 곱게 짜내나니
한 가락 여기 두고 또 한 가락 어디멘가
내가 부른 노래는 그 밤에 강 건너 갔소.

선지 유형	근거가 있어서 허용 가능
실전에서의 판단 과정	밤과 무지개 대응한 거 맞고, 당위적 진실 반영한다고 했으니 뭐 맞겠지.
해설	사실 실전에서 완벽하게 지워내기는 쉽지 않은 선지입니다. 이럴 땐 '실전에서의 판단 과정' 정도로만 정리하고, 답인 게 확실한 4번 선지를 고르고 넘어갈 수 있어야 해요. 그럼 제대로 한 번 풀어볼까요? 일단 천천히 ⓜ을 독해해봅시다. 이에 따르면, '밤'은 '옛일'을 '곱게' 짜낼 수 있다고 합니다. '곱게'라는 말을 근거로 하면, 이때의 '옛일'은 무언가 '아름다운 추억' 정도를 의미한다고 할 수 있겠죠. 그런데 이걸 '무지개'라는 아름다운 것보다 더 '곱게' 짜낼 수 있다고 합니다. '옛일'이 꽤나 아름다운 것인가 봅니다. 이러한 독해의 결과를 근거로 하면, '밤'이라는 어두운 이미지와 '무지개'라는 밝은 이미지가 '대응'된다는 것은 충분히 허용할 수 있겠습니다. 그렇다면 이때의 '옛일'은 무엇을 의미할까요? 역시 지문의 맥락을 바탕으로 '독해'하면, 이 작품 속에서 '옛일'이라고 부를 만한 것은 '노래가 강을 건너 가는 것'밖에 없다고 볼 수 있습니다. 따라서 '밤'은 '노래가 강을 건너 가는 일'을 짜내는 상황이 되는 것입니다. 심지어 ⓜ 이후에서도 화자가 부른 '노래'는 강을 건너 가고 있네요. '옛일'을 반복하는 것이죠! 이때, [A]에서는 화자가 시를 통해 지향하는 '당위적 진실'을 반영할 수도 있다고 했습니다. 그런데 화자가 '노래가 강을 건너 가는 것'이라는 상황을 반복해서 이야기하고 있다는 것에 주목하면, 이 상황이 바로 화자가 지향하는 '당위적 진실'이라고 할 수 있겠습니다. 즉, 화자는 ⓜ에서 '밤'과 '무지개'의 이미지를 대응시키며 '옛일'(=노래가 강을 건너 가는 것)이라는 '당위적 진실'의 아름다움을 강조하고, '밤'이 계속 이 '당위적 진실'을 짜내면서 현실화시키기를 '소망'하고 있는 것이었습니다. 열심히 독해했더니 충분히 허용할 수 있겠네요. 조금 어려웠죠? 하지만 이 선지를 판단하는 과정에서 문학적 지식 등을 하나도 활용하지 않았다는 점에 주목하셔야 합니다. [A]의 도움을 바탕으로, 객관적인 '독해력'만을 활용한 사고과정이에요. 문학이 어려워지면 이렇게 어려워지는 것입니다. 계속해서 연습해보도록 합시다.

선지	①	②	③	④	⑤
선택률	5%	6%	19%	9%	**61%**

26 (다)를 참고하여, (가)의 노래와 (나)의 묘비명을 이해한 것으로 적절하지 않은 것은? [3점] ⑤

– 이 문제에서 사용되는 (다)의 내용상 핵심은 시인이 생각하는 '있는 그대로의 현실'과 '있어야 하는 현실'을 파악하는 것입니다. 이는 각 시인의 가치관이나, 추구하는 삶의 방향에 대한 이야기죠. 이를 바탕으로 허용 가능성을 판단해 나가면 되겠습니다.

① '노래'가 시를 표상한다면, 이 '노래'는 (가)를 쓴 시인 자신이 추구하는 바람직한 삶의 방향을 반영하고 있다고 할 수 있겠군.

선지 유형	근거가 있어서 허용 가능
실전에서의 판단 과정	노래가 시라면 바람직한 삶이라고 할 수 있겠지.
해설	(다)의 2문단에서, '시에 대한 시 쓰기' 형식을 사용하는 경우 '시'를 '노래'로 표현하는 경우가 많다고 했습니다. 선지의 표현대로 '노래'가 시를 표상한다고 가정하면, 이는 화자가 '시에 대한 시 쓰기'를 한 것이라고 할 수 있겠죠. 이런 상황에서 '시'는 화자가 생각하는 바람직한 삶의 방향을 내포한다고 볼 수 있습니다. 그렇다면 '시=노래'가 저런 역할을 한다는 건 쉽게 허용할 수 있겠네요. 이렇게 푸는 게 엄밀하지만, 실제 시험장에선 '실전에서의 판단 과정'처럼 가볍게 허용하고 넘어가시면 됩니다. 선지 자체가 딱히 틀린 말이 없는 것처럼 보이니까요.

② '노래'가 시를 표상한다면, 이 '노래'는 시가 '집조차 없'는 처지에 있는 이의 삶에 다가서야 한다는, (가)를 쓴 시인의 관점을 드러내고 있겠군.

선지 유형	근거가 있어서 허용 가능
실전에서의 판단 과정	노래에 시인의 관점이 녹아 있다고 했지.
해설	화자가 생각하는 바람직한 삶을 담고 있는 '노래'가 집조차 없는 계집애에게 '갔다'고 했으니, 이를 근거로 저러한 이들에게 다가서야 한다는 화자의 관점을 충분히 허용할 수 있겠죠. 이런 해석을 지문을 읽으면서 바로 하는 것은 매우 어렵지만, 이 해석을 보고 '나쁘지 않네~'는 할 수 있어야 합니다. 이런 선지 '평가의 태도'가 핵심입니다.

③ '묘비명'이 시를 표상한다면, 이 '묘비명'은 (나)를 쓴 시인 자신이 추구하는 삶과는 거리가 있는 사람의 인생을 반영하고 있겠군.

선지 유형	근거가 있어서 허용 가능
실전에서의 판단 과정	묘비명의 주인공을 비판했지.
해설	'묘비명'의 주인공을 비판하고 있었으니 허용할 수 있겠네요. '반어적 표현'을 잡지 못했으면 해결하기 어려웠을 것이에요. 여기서 조금만 더 자세히 설명해보겠습니다. 1번, 2번 선지와 마찬가지로, 여기서도 '시'를 '묘비명'이라는 '여러 갈래의 글'로 표상하고 있는 모습입니다. 그렇다면 해당 선지는 (나)가 '시에 대한 시 쓰기'를 수행하고 있다는 가정하에 판단하라는 의미를 담고 있겠네요. 그렇다면 '묘비명' 역시 화자가 '바람직한 삶의 방향'이라고 생각하는 것을 내포하고 있을 것이고, 이는 곧 '저런 묘비명의 주인이 되면 안 돼.'라는 생각을 담고 있다는 생각으로 이어진다고 볼 수 있겠습니다. 실전이 아닌 공부하는 과정에서는 이렇게까지 생각할 수 있으면 좋겠어요! 발문에서 (다)를 참고하라고 했으니까요.

④ '묘비명'이 시를 표상한다면, 이 '묘비명'은 (나)를 쓴 시인이 시 쓰기를 통해 '무엇을 기록'해야 하는지에 대해 자기 성찰을 하게 되는 계기라 할 수 있겠군.

선지 유형	근거가 있어서 허용 가능
실전에서의 판단 과정	저런 묘비명이 쓰이면 안 된다고 이야기하는 것이지.
해설	3번 선지와 이어지는 내용입니다. '묘비명'은 '바람직한 삶의 방향'을 담고 있는 것으로, 어떤 내용을 기록해야 하는지에 대한 화자의 자기 성찰을 담고 있다고 할 수 있는 것이에요.

⑤ '묘비명'이 시를 표상한다면, 이 '묘비명'은 한 줄의 시조차 읽지 않아도 '행복하게 살' 수 있다는, (나)를 쓴 시인의 관점을 드러내는 소재라 할 수 있겠군.

선지 유형	근거가 있어서 허용 불가능
실전에서의 판단 과정	주제와 반대되는 이야기잖아.
해설	답은 상당히 쉽게 나왔네요. 한 줄의 시조차 읽지 않고 행복하게 살다 간 사람을 비판하는 것이 이 시의 주제입니다. 주제와 반대되는 이야기를 하고 있으니, 가볍게 답으로 골라내면 되겠어요.

> (가)
>
> 섣달에도 보름께 달 밝은 밤
> 앞내강 쨍쨍 얼어 조이던 밤에
> 내가 부른 노래는 강 건너 갔소
>
> 강 건너 하늘 끝에 사막도 닿은 곳
> 내 노래는 제비같이 날아서 갔소

화자가 처한 상황은 '달 밝은 밤'입니다. 그런데 '앞내강'이 '쨍쨍 얼어 조'인다고 한 것을 보니, 정확히는 '겨울밤'이라고 할 수 있겠네요. 이러한 '겨울밤'에 화자가 부른 '노래'가 강을 건너 갔다고 합니다. 무슨 말인지 알 수가 없습니다. '겨울밤에 노래가 강을 건너 갔다.'는 객관적인 상황만 정확하게 체크합시다.

그리고 이 '노래'가 간 곳은 '강 건너 하늘 끝에 사막도 닿은 곳'입니다. 굉장히 멀리 날아간 것 같아요. 마치 '제비'처럼 말이죠.

> 못 잊을 계집애 집조차 없다기에
> 가기는 갔지만 어린 날개 지치면
> 그만 어느 모래불에 떨어져 타서 죽겠죠.

'~다기에'라는 표현이 쓰였습니다. 이는 특정한 행동을 하게 된 '원인'을 의미하는 것인데, 지금까지 나온 행동이라 하면 '노래가 강을 건너 멀리 가는 것'밖에 없었어요. 이를 연결하면, 화자의 '노래'가 '강을 건너 멀리 가는 것'은 '못 잊을 계집애'가 '집조차 없다'고 했기 때문입니다. 아주 자연스럽게 '못 잊을 계집애'를 '위로'하는 것이라고 생각할 수 있겠죠? 화자가 가진 '노래'는 이렇게 강력한 힘을 가지는 것이었습니다.

그런데 이 '노래'가 가진 '날개'는 어리다고 합니다. 이 날개가 지치면, '모래불'에 떨어져 타서 죽을 것이라고 해요. 이때 '모래불'은 앞에서 말한 '사막'에 있는 것이라고 할 수 있겠죠? '노래'는 '계집애'를 위해 열심히 날아가다가 그만 '사막'에 떨어져 타 죽을 운명이었습니다.

> 사막은 끝없이 푸른 하늘이 덮여
> 눈물 먹은 별들이 조상* 오는 밤
>
> * 조상 : 남의 죽음에 대하여 슬퍼하는 뜻을 드러내어 위문함.

이러한 '사막'에는 '푸른 하늘'이 덮이고, '눈물 먹은 별들'은 '조상'을 옵니다. 이때 '별들'이 '조상'하는 대상은 '노래'라고 할 수 있겠죠? 바로 앞에서 '노래'가 불에 타서 죽었다고 했으니까요. '계집애'를 위로하기 위해 희생한 '노래'를 '조상'하는 것은 자연스럽다고 할 수 있겠습니다.

> 밤은 옛일을 무지개보다 곱게 짜내나니
> 한 가락 여기 두고 또 한 가락 어디멘가
> 내가 부른 노래는 그 밤에 강 건너 갔소.
>
> —이육사, 「강 건너간 노래」—

1연에서부터 이야기했듯이, 현재 화자가 처한 상황은 '겨울밤'이었어요. 그런데 이러한 '밤'은 '옛일'을 짜낸다고 합니다. 일단 '옛일'을 짜낸다는 것은 마치 옷을 만드는 것처럼 '옛일'을 눈앞에 펼쳐내는 것이라고 할 수 있겠습니다. 화자에 따르면 '밤'은 이러한 '옛일'을 무려 '무지개'보다도 더 '곱게' 짜낸다고 하네요. '밤'이 가지고 있는 힘이 엄청나게 강력한 것 같습니다.

그런데 이 작품에서 '옛일'이라고 할 만한 것은, '노래'가 강을 건너 가다가 '모래불'에 떨어져 타서 죽은 것밖에 없습니다. 화자는 '밤'이 이러한 '옛일'을 '곱게' 짜낸다고 생각하고 있는 것이에요. 이게 도대체 무슨 의미일까요?

조금 더 읽어보니, 화자는 '한 가락'을 '여기' 두고 또 '한 가락'이라는 '노래'를 강 건너 보내고 있습니다. 이제 조금 확실하게 이해가 되는 것 같습니다. '밤'은 '옛일'을 아주 '곱게' 짜낼 수 있기 때문에, '한 가락'을 여기 두면 '밤'이라는 시간이 '강 건너 가는 것'이라는 '옛일'이 반복되게 할 수 있는 것이었어요. 따라서 화자는 '한 가락'이라는 재료를 남겨둔 채, 계속해서 '노래'가 강을 건너 가게끔 하는 것입니다. 즉, '옛일'을 반복하는 것이죠.

그렇다면 화자는 왜 이렇게 '옛일'을 반복하는 것일까요? 당연히 그 '옛일'이 계속해서 반복되기를 '바라기' 때문이겠죠. '이육사'라는 이름을 바탕으로 외부 정보를 조금만 넣으면, 우리 조선 민족(=계집애)을 위해서라도 독립운동(=옛일)을 멈출 수 없다는 주제를 가지고 있다고 볼 수도 있겠습니다. 굉장히 어려운 작품이었지만, 결국 철저하게 지문 속 어휘들의 일상적 표현을 바탕으로 '독해'할 수 있었어요.

(나)
　　한 줄의 시(詩)는커녕
　　단 한 권의 소설도 읽은 바 없이
　　그는 한평생을 행복하게 살며
　　많은 돈을 벌었고
　　높은 자리에 올라
　　이처럼 훌륭한 비석을 남겼다

'그'에 대한 시입니다. '그'는 '한 줄의 시', '한 권의 소설'도 읽은 바 없이 '행복하게', '많은 돈을 벌'고, '높은 자리에 올'랐다고 합니다. 이 정도 지위를 가진 사람이었다면, 죽어서 '훌륭한 비석'을 남길 수 있겠죠.

그런데 일반적인 현대시의 생산 메커니즘을 생각하면, 이때의 '그'는 결코 바람직한 삶을 살았다고 볼 수 없습니다. '시'와 '소설', 즉 '문학'의 가치를 제대로 누리지 못했으니까요. 결국 화자는 '그'를 비판하고 있는 것이었습니다. 이때의 '훌륭한'은 반어적 표현이었어요.

　　그리고 어느 유명한 문인이
　　그를 기리는 묘비명을 여기에 썼다

아이러니하게도, 문학과는 담을 쌓고 살았던 '그'를 위해 '유명한 문인'이 '묘비명'을 써 주었다고 합니다. 전반적인 주제 의식을 고려하면, 이때의 '유명한'이라는 표현도 비아냥이 섞인 반어적 표현이라고 할 수 있겠네요. 기본적인 현대시의 생산 메커니즘을 바탕으로 이러한 생각을 할 수 있어야 합니다.

　　비록 이 세상이 잿더미가 된다 해도
　　불의 뜨거움 꿋꿋이 견디며
　　이 묘비는 살아 남아
　　귀중한 사료(史料)가 될 것이니

이 세상이 '잿더미'가 되어도 '묘비'는 꿋꿋이 살아 남을 것이라고 합니다. 문맥상 '잿더미'가 된다는 것은 문학이 설 자리를 잃은 세상을 의미한다고도 볼 수 있겠죠? 이러한 상황에서 '훌륭한 사람'이었던 '그'의 묘비는 당연히 살아남을 것이고, '귀중한 사료'가 되어 역사에 이름을 남길 것입니다.

　　역사는 도대체 무엇을 기록하며
　　시인(詩人)은 어디에 무덤을 남길 것이냐
　　　　　－김광규, 「묘비명(墓碑銘)」－

이 작품의 진짜 주제가 제시되고 있습니다. 화자는 정말로 이러한 상황이 된다면, '역사'는 기록할 것이 없고 '시인'은 무덤을 남길 곳이 없다고 합니다. 문학과 함께 하지 않은 삶은 '기록'할 가치가 없는 삶이고, '시인'이 무덤을 남길 자리가 마련되어야 한다는 화자의 생각이 잘 드러나는 부분이네요. 여기를 읽으면서라도 이 작품에 '반어적 표현'이 쓰였다는 것을 알 수 있으면 좋겠습니다.

몰랐던 어휘 정리하기

| 핵심 **point** |

① **허용 가능성 평가** : 선지의 내용을 '허용'하려는 태도를 바탕으로 지문을 '독해'하며 '근거'를 찾아야 합니다. 허용할 수 있는 '근거'가 있어야만 허용할 수 있습니다. 주관적인 생각을 개입시키면 안 됩니다.

② **비평문** : 기본적으로 〈보기〉처럼 활용하되, 독서 지문처럼 제시되는 경우에는 지문의 '화제' 중심으로 빠르게 읽어나가면 됩니다. 이때 단독 문제가 있다면 미리 해결하고 가는 것도 잊지 마세요.

③ **현대시 독해** : 〈보기〉의 도움 등을 통해 '주제' 위주로, 그리고 일상 언어의 감각으로 읽어내면 됩니다. 현대시도 읽을 수 있는 하나의 글입니다.

| 지문 내용 총정리 |

(가)의 내용을 이해하기도, (나)의 '반어적 표현'을 끌어내기도 어려웠지만 '객관적인 요소를 통해 허용 가능성을 평가한다.'라는 대원칙은 여전히 지켜진 지문이었네요. 시험장에서 시가 읽히지 않더라도, 당황하지 않고 객관적인 요소 위주로 독해하며 풀어나가는 태도! 잊지 맙시다.

〈보기〉 확인

―――――――[보기]―――――――

「구름의 파수병」에는 시와 생활 사이에서 갈등하는
화자의 진솔한 자기 성찰이 드러난다. 화자는 ㉠생활에
몰두하려는 자아와 이러한 자아를 극복하고자 하면서
㉡시를 새롭게 지향하려는 자아를 등장시킨다. ㉠은 시
선을 고정하려는 태도나 움츠러들어 있는 이미지로 나
타나는데, ㉠에서 벗어나 ㉡으로 변모하고자 하는 화자
는 '날아간 제비'를 떠올리다가 '반역의 정신'을 추구하는
데 이른다.

(가)의 주제를 알려주는 친절한 〈보기〉입니다. '시와 생활 사이에
서 갈등'하는 모습, 나아가 '시'를 지향하는 쪽으로 변모하려는 의
지 등을 드러낸다는 점에 주목해주시면 되겠습니다. '날아간 제
비'와 '반역의 정신'이 의미하는 바가 이러한 의지라는 것도 미리
체크하면 좋겠죠?

―――――――[보기]―――――――

(가)의 공간이 화자의 내면이 투영된 상징적 공간이라
면, (나)의 공간은 제한된 시간 내에 인생을 압축해서 보
여 줘야 하는 극의 특성상 극중 인물의 현실이 상징화된
공간이라고 할 수 있다. (가)와 (나)에서, 공간들은 때로
대비되면서 여러 가지 상징적인 의미를 지닌다.

내용을 이해하는 데 직접적으로 도움이 되는 〈보기〉는 아닌 것 같
지만, '공간들'에 집중해서 읽어야 한다는 사실은 알 수 있겠네요.

실전적 지문 독해

(가)
만약에 나라는 사람을 유심히 들여다본다고 하자
그러면 나는 내가 시와는 반역된 생활을 하고 있다는
것을 알 것이다

먼 산정에 서 있는 마음으로 나의 자식과 나의 아내와
그 주위에 놓인 잡스러운 물건들을 본다

그리고

나는 이미 정해진 물체만을 보기로 결심하고 있는데
만약에 또 어느 나의 친구가 와서 나의 꿈을 깨워 주고
나의 그릇됨을 꾸짖어 주어도 좋다

함부로 흘리는 피가 싫어서
이다지 낡아빠진 생활을 하는 것은 아니리라
먼지 낀 잡초 우에
잠자는 구름이여
고생도 마음대로 할 수 없는 세상에서는
철 늦은 거미같이 존재 없이 살기도 어려운 일

방 두 칸과 마루 한 칸과 말쑥한 부엌과 애처로
운 처를 거느리고
외양만이라도 남과 같이 살아간다는 것이 이다
지도 쑥스러울 수가 있을까 [A]

시를 배반하고 사는 마음이여
자기의 나체를 더듬어 보고 살펴볼 수 없는 시인처럼
비참한 사람이 또 어디 있을까
거리에 나와서 집을 보고 집에 앉아서 거리를 그리던
어리석음도 이제는 모두 사라졌나 보다
날아간 제비와 같이

날아간 제비와 같이 자국도 꿈도 없이
어디로인지 알 수 없으나
어디로이든 가야 할 반역의 정신

나는 지금 산정에 있다―
시를 반역한 죄로
이 메마른 산정에서 오랫동안 꿈도 없이 바라보아야
할 구름
그리고 그 구름의 파수병인 나.

―김수영, 「구름의 파수병」―

〈보기〉에서 이야기한 그대로네요. '시와는 반역된 생활'을 하던
화자는 성찰의 시간을 거쳐 '쑥스러움'을 느끼고 '반역의 정신'을
떠올리고 있습니다. 그러면서 '메마른 산정'에서 오랫동안 '구름'
을 바라보겠다는 이야기를 하고 있네요. '시'를 지향하는 쪽으로
변모한 모습이 보이죠?

나아가 두 번째 〈보기〉를 통해, 화자가 현재 '집'과 '거리', 혹은
'먼 산정', '메마른 산정'이라는 공간 속에 자신의 내면을 투영

하고 있다는 것도 생각할 수 있겠죠. 이렇게 〈보기〉의 내용을 이용할 수 있다면 적극적으로 활용하도록 합시다.

(나)

함이정 : 처녀 때 난 생각했었지. 영리하고 듬직한 아들 하나 있으면 얼마나 좋을까…… 기쁜 일 슬픈 일 뭐든지 의논할 수 있는 내 아들…… 그러다가 너를 느꼈고…… 네 느낌과 이야기하길 즐겼다. 사람들은 나 혼자 중얼중얼거린다고 괴상하게 보더라. 사실은 너와 나, 둘이서 함께 말하고 있었는데…….

조숭인 : 처음부터 다시 이야기해 주세요, 어머니.

함이정 : 처음부터……?

조숭인 : 네. 제가 태어나기 전, 어머니의 처녀 시절부터요. 그때 두 분 아버지의 관계는 어땠죠?

함이정 : 그땐 좋았다. 두 분 다 우리 집에서 가족처럼 살면서, 우리 아버님한테 불상 제작을 배우는 제자였지. **그런데 어느 날**, 스승인 아버님이 불상 제작장에 가 보니까 두 제자들이 자릴 비우고 없었어. 몹시 화가 난 아버님은 집 안으로 들어와 제자들의 이름을 부르셨지. "동연아! 서연아!" 아버님 목소리가 어찌나 쩌렁쩌렁 울렸는지, 천 리 밖까지 들릴 것 같더라.

(조명, 밝게 변화한다. 한가운데 펼쳐 있던 천막이 접혀지면서 무대 천장 위로 올라간다. 함묘진의 집. 함묘진이 성난 모습으로 등장한다. 함이정과 조숭인은 서연의 관, 촛대, 향로 등을 무대 밖으로 갖고 나간다.)

'함이정'과 '조숭인'이라는 인물의 대화로 시작하고 있습니다. '함이정'이 아들인 '조숭인'에게 옛날 이야기를 해 주는 것으로 보이는데, '조숭인'은 자신이 태어나기 전부터의 이야기를 해달라고 합니다. 그 중에서도 '두 분 아버지'의 관계에 대해 묻고 있어요. 아버지가 두 명이었나 보네요. '함이정'은 그때의 이야기를 해주는데, '어느 날'이라는 특정 시점에 주목하고 있습니다. 이때는 '함이정'의 아버지가 갑자기 없어진 두 제자, '동연'과 '서연'을 찾는 날이었습니다. 여기서 '두 분 아버지'가 '함이정'의 아버지에게 불상 제작을 배우는 제자였다는 점에서, '동연'과 '서연'이 '조숭인'의 '두 분 아버지'임을 파악할 수 있겠습니다.

이렇게 인물관계를 집요하게 파악하는 것은 기본이고, '과거'로 시간적 배경이 바뀌었다는 것을 꼭 생각해야 합니다. 시간적 배경을 체크하는 것은 기본 중의 기본이니까요.

함묘진 : 동연아! 서연아! 어디 있느냐?

함이정 : (무대 밖에서) 여긴 없어요, 아버지.

함묘진 : 여기 집 안에도 없다……?

함이정 : (무대 밖에서) 내가 나가서 찾아올까요?

함묘진 : 넌 가만 있거라. (다시 외쳐 부른다.) 동연아! 서연아!

(상복을 벗고 밝은 색 옷을 입은 함이정과 조숭인, 무대 안으로 나온다.)

조숭인 : 할아버지 목청은 왜 저렇게 커요?

함이정 : 귀머거리도 들을 정도야. 그치?

함묘진 : 동연아! 서연아!

(동연과 서연, 등장한다. 그들은 당황한 모습으로 함묘진 앞에 선다.)

동연, 서연 : 부르셨습니까?

함묘진 : 작업장엔 너희들이 없더구나!

동연 : 죄송합니다. 잠깐 밖에 나가 있었습니다.

함묘진 : 밖에는 왜?

동연 : 말다툼 때문에…… 서로 의견이 달라서요.

함묘진 : 말다툼?

동연 : 네.

함묘진 : 서연아, 네가 다툰 이유를 말해 봐라.

서연 : 송구스럽습니다…….

함묘진 : 너흰 생각도 행동도 똑같았다. 그런 너희들이 말다툼을 하다니, 도대체 다르다면 뭐가 달랐더냐?

서연 : 동연은 부처의 모습을 만들면, 그 모습 속에 부처의 마음도 있다고 했습니다.

함묘진 : 그런데, 너는?

서연 : 그런데 저는…… 부처의 모습을 만들어도, 부처의 마음이 그 안에 없다면 무슨 소용이 있겠는가 했습니다.

동연 : 사부님, 서연을 꾸짖어 주십시오. 서연은 쓸데없는 주장으로 저를 괴롭힙니다.

본격적으로 과거의 장면이 나타나고 있습니다. '함묘진'이 '동연'과 '서연'을 찾는 상황인데, '함이정'이 '무대 밖'에서 대사를 하고 있습니다. 극문학의 특성상, '무대 안'과 '무대 밖'은 중요한 출제 포인트 중 하나입니다. 이렇게 대놓고 '무대 밖'이라고 하는 경우에는 더더욱 확실하게 체크할 수 있어야겠죠?

나아가, 여기서 '상복'을 벗고 '밝은 색 옷'으로 갈아 입은 뒤 '무대'에 등장한 '함이정'과 '조숭인'의 모습에 주목해야 합니다. 여기서 두 가지 정보를 얻어야 해요. 하나는 '함이정'과 '조숭인'이 '무대 안'으로 들어왔으니 과거의 상황으로 들어왔다는 점(지금은 과거 장면이니까요.), 그리고 또 하나는 '상복'을 벗었다는 것에서 '현재' 시점은 장례식이었다는 점입니다. 이렇게 '대사 외 부분'에 제시되는 디테일한 내용들에 주목할 수 있어야 합니다. 선지화되면 오답률이 치솟는 부분들이에요.

아무튼, 화난 스승의 모습에 '당황'한 '동연'과 '서연'은 알고보니 밖에서 말다툼을 하고 있었네요. 불상에 '부처의 마음'이 들어가야 하는지에 대해 논쟁을 하고 있었어요. 완벽하게 이해할 수는 없지만, '동연'에 비해 '서연'은 조금 더 근본적인 것까지 따지는 성격이라는 걸 체크할 수 있겠네요. '두 분 아버지'의 성격이 확실히 다른 모습입니다.

> (중략)
>
> (서연과 함이정, 일어선다. 돌부처를 만들면서 길을 따라간다. 물 흐르는 소리가 점점 가깝게 들려온다. 조명, 개울물의 흐름을 나타낸다.)
>
> **함이정** : 개울물이에요, 서연 오빠. 여기서 길은 끊겼어요.
> **서연** : (개울가로 다가가서 두 손으로 물을 떠서 마시며) 너도 마시렴. 목마를 텐데……
> **함이정** : (서연 곁으로 가서 개울물을 바라본다.) 물 위에 비쳐 보여요, 우리 얼굴이…… 얼굴 뒤엔 구름이…… 구름 뒤엔 하늘이……. (물을 떠서 마신다.) 물이 맑고 시원해요.　[B]
>
> (서연, 장난스럽게 개울물을 마치 눈덩이처럼 뭉치는 동작을 한다.)
>
> **함이정** : 오빠…… 뭘 하는 거죠?
> **서연** : 물부처를 만든다.
> **함이정** : 물부처요?
> **서연** : 돌로도 부처님을 만드는데, 물이라고 안 될 건 없지.
>
> (서연, 흐르는 물 속으로 들어가 물로 만든 부처를 세워 놓는다. 부처의 느낌은 남고 형태는 사라진다.)
>
> **함이정** : 오빠, 이쪽으로 나와요.
> **서연** : (개울물을 건너가며) 난 이제 저쪽으로 간다.

> **함이정** : 서연 오빠…….
> **서연** : 넌 나중에 건너와.
> **함이정** : (손을 흔든다.) 그래요, 오빠…… 먼저 가요. 나는 나중에…….

(중략) 이후입니다. '서연'과 '함이정'이 함께 걸어가는 모습이에요. '돌부처'를 만들다가, '개울가'에서 '물부처'를 만들기도 하는 '서연'입니다. '동연'과 다투는 모습에서도 확인할 수 있었지만, 불상의 형태보다는 '마음'에 더 주목하는 모습이에요.

그런데 '서연'은 '함이정'이 있는 곳이 아닌 '저쪽'으로 가겠다고 하고 있습니다. 정확히 무엇을 의미하는 건지 알 수는 없지만, '함이정'은 그걸 받아들이고 있네요. 확실한 의미보다도, '길'을 걷던 두 사람이 '개울가'에서 '이쪽', '저쪽'이라는 공간으로 갈리게 되었다는 점을 생각해주시면 되겠습니다. 〈보기〉에서 '공간'의 의미에 주목해보라고 했으니까요.

> (서연과 함이정, 잠시 개울물 양쪽에서 서로를 바라본다. 조숭인이 피아노 앞에 앉아 건반을 두드리며 작곡 중이다. 개울물 건너쪽, 눈부시도록 밝아진다. 때를 놓치지 않으려는 듯 함묘진이 다급하게 휠체어 바퀴를 굴리면서 들어온다. 그는 피아노 옆을 지나 개울물을 건너간다. / 코러스(돌부처)들, 개울물을 건너가는 서연을 배웅하듯이, 따라가듯이, 마중하듯이, 서연과 함께 어우러져 춤을 추며 간다. 개울 저쪽, 눈부시도록 빛이 밝다. 함묘진이 다급하게 휠체어 바퀴를 굴리며 들어온다.)
>
> **조숭인** : 할아버지, 어딜 그렇게 급히 가세요?
> **함묘진** : 극락문이 열렸다! 극락문이 열렸어!
>
> (함묘진, 휠체어에서 일어난다. 그는 서연의 뒤를 따라 빛 안으로 들어간다. 무대 조명, 변화한다. 동연, 등장한다. 그는 조숭인에게 다가와서 전보 용지를 내놓는다.)
> 　　　　　　　　　　　　　　　　　－이강백, 「느낌, 극락같은」－

상당히 혼란스러운 전개입니다. 그렇게 '개울물'에서 갈라진 '서연'과 '함이정'의 모습 근처에서 '조숭인'이 피아노를 치고 있습니다. 그 옆을 지나는 '함묘진'은 휠체어를 굴리며 지나가고 있구요. 그 이유는 '서연'이 있는 '저쪽'에서 빛이 나오기 때문이죠? '함묘진'은 그곳을 '극락문'으로 여기며, 열심히 따라갑니다. 이해하기는 어렵지만, '함묘진'이 '서연'의 길을 따라간다는 객관적인 사실은 확실하게 챙겨갈 수 있어야겠네요.

그러다가 '무대 조명'이 변화하네요. 무대 조명이 바뀌었다는 것은, 시간이나 공간의 변화가 있는 것이라고 할 수 있겠죠? '동연'이 '조숭인'에게 전보 용지를 내놓고 있습니다. 그 내용을 정확히 알 수는 없지만 아마 '서연'과 관련된 것이겠죠. 이해하기 어려운 내용들로 점철된 마무리였습니다.

선지	①	②	③	④	⑤
선택률	6%	81%	5%	4%	4%

27 (가)를 이해한 내용으로 적절하지 <u>않은</u> 것은? ②

① 화자는 자신과 가족뿐만 아니라 '주위'의 '물건들'까지 살펴보면서 자기의 생활을 성찰하고 있다.

> 먼 산정에 서 있는 마음으로 나의 자식과 나의 아내와
> 그 <u>주위</u>에 놓인 잡스러운 <u>물건들</u>을 본다

선지 유형	근거가 있어서 허용 가능
실전에서의 판단 과정	가족들, 물건들 보는 거 맞고 자기 이야기하니까 성찰이라고 할 수 있지.
해설	화자는 자식과 아내, 즉 '가족'들을 보는 데서 그치지 않고, '주위'에 놓인 '물건들'까지 살펴보고 있습니다. 화자가 '시와는 반역된 생활'을 하고 있는 자신의 모습을 '성찰'한다는 건 이 작품의 주제 그 자체이기 때문에, 자신의 '생활'과 관련된 것들을 살펴보는 것이 '성찰'하는 행위라는 건 충분히 허용할 수 있겠습니다.

② 화자는 '나의 친구'가 방문한 뒤에야 비로소 자신의 삶이 '그릇됨'을 자각하고 있다.

> 그리고
> 나는 이미 정해진 물체만을 보기로 결심하고 있는데
> 만약에 또 어느 <u>나의 친구</u>가 와서 나의 꿈을 깨워 주고
> 나의 <u>그릇됨</u>을 꾸짖어 주어도 좋다

선지 유형	근거가 있어서 허용 불가능
실전에서의 판단 과정	친구가 오기 전부터 그릇되었다는 걸 알고 있는 거잖아.

	'나의 친구'가 자신의 '그릇됨'을 꾸짖어도 좋다고 했습니다. 즉, 화자는 이미 자신의 삶이 잘못되었다는 것을 알고 있는 것이죠. 심지어 아직 친구가 방문한 것도 아니기 때문에, 절대 허용할 수 없는 선지네요. 객관적인 '독해'를 바탕으로 '근거'를 잡아낼 수 있었습니다.
해설	

③ 화자는 '고생도 마음대로 할 수 없는 세상'에서 '존재 없이' 살아가는 것이 어렵다고 느끼고 있다.

> 고생도 마음대로 할 수 없는 세상에서는
> 철 늦은 거미같이 존재 없이 살기도 어려운 일

선지 유형	근거가 있어서 허용 가능
실전에서의 판단 과정	지문 내용 그대로네.
해설	지문의 내용을 그대로 읊어주는 것과 같은 선지네요. 가볍게 허용해주시면 됩니다.

④ 화자는 자신을 '자기의 나체를 더듬어 보고 살펴볼 수 없는' 비참한 존재로 인식하고 있다.

> 시를 배반하고 사는 마음이여
> <u>자기의 나체를 더듬어 보고 살펴볼 수 없는</u> 시인처럼
> 비참한 사람이 또 어디 있을까

선지 유형	근거가 있어서 허용 가능
실전에서의 판단 과정	지문 내용 그대로네.
해설	'자기의 나체를 더듬어 보고 살펴볼 수 없는' 것은 맥락을 고려하면 '시를 배반'했기 때문이라고 할 수 있습니다. 이는 화자의 모습 그 자체를 의미하죠? 이러한 자신을 '비참한' 사람으로 여기고 있으니, 이를 근거로 충분히 허용할 수 있는 선지네요.

⑤ 화자는 '시와는 반역된 생활'을 '죄'로 받아들이면서 자신을 '구름의 파수병'으로 규정하고 있다.

> 나는 지금 산정에 있다—
> 시를 반역한 <u>죄</u>로
> 이 메마른 산정에서 오랫동안 꿈도 없이 바라보아야 할 구름
> 그리고 그 <u>구름의 파수병</u>인 나.

선지 유형	근거가 있어서 허용 가능
실전에서의 판단 과정	지문 내용 그대로네.
해설	역시 지문 내용 그대로입니다. '시와는 반역된 생활'을 하는 자신의 모습을 '시를 반역한 죄'를 지은 것으로 인식하고 있고, '메마른 산정'에서 오랫동안 바라보아야 하는 '구름의 파수병'이 자기 자신이라는 말도 했으니 어렵지 않게 허용할 수 있네요.

선지	①	②	③	④	⑤
선택률	4%	73%	7%	8%	8%

28 〈보기〉를 고려하여 (가)를 감상한 내용으로 적절하지 <u>않은</u> 것은? ②

① '내가 시와는 반역된 생활을 하고 있다'에서는 화자의 진솔한 성찰의 어조가 느껴지는군.

> 그러면 나는 내가 시와는 반역된 생활을 하고 있다는 것을 알 것이다

선지 유형	근거가 있어서 허용 가능
실전에서의 판단 과정	자기 이야기하니까 성찰이지.
해설	〈보기〉에서 '진솔한 자기 성찰'이 있다고도 했고, '시와는 반역된 생활'은 화자 자신의 이야기이므로 '성찰'이라는 것을 허용할 수 있겠습니다.

② '나는 이미 정해진 ~ 결심하고'는 ㉠과 ㉡의 갈등을 해소한 화자의 심정을 드러낸 것이겠군.

> 그리고
> 나는 이미 정해진 물체만을 보기로 결심하고 있는데
> 만약에 또 어느 나의 친구가 와서 나의 꿈을 깨워 주고
> 나의 그릇됨을 꾸짖어 주어도 좋다

선지 유형	근거가 있어서 허용 불가능
실전에서의 판단 과정	저런 결심을 꾸짖어 달라고 하면 아직 결정 안 했다는 거 아니야?
해설	화자는 '이미 정해진 물체만을 보기로 결심하고' 있다고 하면서도, 친구가 와서 자신을 꾸짖어 주어도 좋다고 했습니다. 정말 확실하게 마음을 굳히고 '갈등을 해소'한 것이라면, 친구에게 자신을 꾸짖

어 달라는 이야기를 하지 않았겠죠? 이를 근거로 하면 절대 허용할 수 없겠네요.

조금 더 명확하게 처리해볼까요? 〈보기〉를 자세히 읽어보면, ㉠이 '시선을 고정하려는 태도나 움츠러들어 있는 이미지'로 나타난다고 했습니다. 그리고 선지에서 묻는 부분은 '정해진' 물체만을 보는, '시선을 고정하려는 태도'입니다. 이는 〈보기〉에 의하면 ㉠에 해당한다고 할 수 있겠습니다. 아직 ㉠에 머물러 있으니, '갈등 해소'를 허용할 수는 없는 것이죠. 〈보기〉 역시 선지 판단의 근거가 될 수 있다는 걸 잊지맙시다.

이 선지에는 '결심'이라는 단어의 사전적 의미만을 보고 '갈등 해소'와 연결짓게 하는 함정이 들어 있습니다. 하지만 이때의 '결심'은 '생활'에 몰두하는 자신의 모습을 나타낸 것으로, 진짜 '생활' 쪽으로 자신의 마음을 정한 모습을 드러내는 것이 아니에요. 선지에 쓰인 단어의 사전적 의미에 매몰되는 것이 아니라, 지문의 전체적인 맥락을 바탕으로 선지를 판단하는 태도를 갖춰 주셔야 해요.

③ 화자가 자신을 '어디로이든 가야 할' 존재로 여기는 것은 ㉠에서 ㉡으로 나아가려는 의지에서 비롯한 것이겠군.

④ 화자가 '메마른 산정'에서 지향하는 '반역의 정신'은 ㉡이 추구하는 것이겠군.

⑤ '구름의 파수병'은 두 자아의 갈등 속에서 시를 새롭게 지향하려는 화자의 의식이 반영된 이미지이겠군.

> 날아간 제비와 같이 자국도 꿈도 없이
> 어디로인지 알 수 없으나
> <u>어디로이든 가야 할 반역의 정신</u>
>
> 나는 지금 산정에 있다—
> 시를 반역한 죄로
> 이 <u>메마른 산정</u>에서 오랫동안 꿈도 없이 바라보아야 할 구름
> 그리고 그 <u>구름의 파수병</u>인 나.

선지 유형	근거가 있어서 허용 가능
실전에서의 판단 과정	어딘가 간다는 건 자기 상황에서 벗어난다는 거니까 시 쪽으로 가려는 의지라고 할 수 있지.

해설	이 세 선지는 같은 맥락에서 해결할 수 있습니다. 화자는 현재 자신이 '날아간 제비'와 같은 처지에 있다고 인식하고 있습니다. 이러한 상황에서 화자는 '어디로이든' 가야 한다는 마음을 먹고 있어요. 어딘가 가겠다는 것은 현재 상황에서 벗어나겠다는 뜻으로 해석할 수 있고, 〈보기〉를 통해 주제와도 엮으면 자신의 '생활'에서 벗어나 '시'를 새롭게 지향하려는 화자의 의지가 드러나는 부분이라고 할 수 있겠습니다. 나아가 이렇게 '어디로이든 가야 할' 자신의 모습을 '반역의 정신'으로 표현하고 있습니다. 맥락을 독해해보면, 이때의 '반역'은 '시'가 아닌 '생활'에 대한 반역이라고 해야겠죠. '어디로이든 가야 할' 자신의 모습은 곧 '시를 지향'하는 것이니까요. 이런 마음을 가진 화자는 '메마른 산정'에서 구름을 바라보고 있습니다. 구름을 바라보는 것은 '시를 반역한 죄'로 인해 하는 행동이므로, '생활'에 반역하는 정신을 가진 화자가 '메마른 산정'에서 '반역의 정신'을 추구한다는 것도 어렵지 않게 허용할 수 있겠네요. 나아가 자신이 그곳에서 바라봐야 할 '구름의 파수병'이라고 했으니, '구름의 파수병' 역시 '시를 지향'하려는 화자의 의식이 포함된 이미지라고 할 수 있겠습니다. '생활'에 '반역'하는 정신을 가진 채로 바라보는 '구름'은 당연히 '시', 즉 '생활'과 반대되는 것에 대한 지향이라고 할 수 있을 테니까요. 이렇게 허용하려고 하면 근거를 찾을 수 있습니다. 객관적인 '독해'를 기반으로 한 선지 판단의 태도를 잊지 맙시다!

선지	①	②	③	④	⑤
선택률	70%	15%	3%	6%	6%

29 [A]와 [B]에 대한 설명으로 가장 적절한 것은? ①

– [A]는 화자가 자신의 주변을 둘러보며 '쑥스러움'이라는 반응을 보인 부분이고, [B]는 '서연'과 함께 있던 '함이정'이 개울물을 바라보며 여러 대상을 떠올리던 장면입니다. 이 정도로는 정리해 두고 선지 판단에 나서는 걸 추천해요.

① [A]는 대상을 나열함으로써 화자의 정서가 촉발된 상황을 제시하고 있다.

선지 유형	근거가 있어서 허용 가능
실전에서의 판단 과정	대상 나열, 쑥스러움이라는 정서 촉발. 모두 허용되지.
해설	사실상 미리 생각한 내용 그 자체입니다. 화자 주변의 대상을 나열하고 있고, 그렇게 '외양만이라도 남과 같이 살아'가는 자신의 모습을 쑥스러워하고 있습니다. 이러한 맥락을 근거로 하면 '쑥스럽다'라는 '정서'가 촉발된 상황이 제시되었다는 내용을 허용할 수 있겠네요.

② [B]는 의미가 확장되는 대상들의 연쇄를 통해 인물의 혼란스러운 내면을 보여 주고 있다.

선지 유형	근거가 없어서 허용 불가능
실전에서의 판단 과정	뭐가 혼란스러워.
해설	'얼굴→구름→하늘'로 의미가 확장되는 대상들을 '연쇄'하고 있다는 건 충분히 허용할 수 있는데, '혼란스러운 내면'을 허용할 만한 근거는 찾기가 어렵죠? 오히려 '서연'과 함께 즐거워하는 모습이라고 보는 게 더 적절하겠죠.

③ [A]의 대상들은 화자의 만족을, [B]의 대상들은 인물의 불만을 드러내는 기능을 하고 있다.

선지 유형	근거가 있어서 허용 불가능
실전에서의 판단 과정	도대체 뭐가 만족스러워.
해설	[A]에서 화자는 '쑥스럽다'고 했어요. 강력한 근거가 있으니, '만족'이라는 말을 허용하기는 힘들죠? [B] 역시 행복하게 개울가에 있는 장면이니 이를 근거로 하면 '불만'을 허용하기 힘들구요.

④ [A]에서는 화자와 대상들 간의 연속성이 드러나고, [B]에서는 인물 간의 단절감이 암시된다.

선지 유형	근거가 있어서 허용 불가능
실전에서의 판단 과정	같이 있는데 단절감은 말도 안 되지.
해설	일단 허용하려고 하고 독해해보도록 합시다. [A]에 나타난 여러 가지 대상들은 화자의 '생활'을 이루는 것들입니다. 나아가 화자는 자신을 '외양만이라도 남과 같이 살아'가는, 즉 '생활' 속에서 살아가는 존재로 규정하고 있어요. 이렇게 화자와 대

상들 모두 '생활'과 관련되어 있다는 점에서, '연속
성'이라는 해석을 허용할 수 있을 것 같습니다.

반면, [B]의 두 인물은 '함께' 개울가에서 즐거운
시간을 보내고 있습니다. 이렇게 명백한 근거가 존
재하니, '단절감'을 허용하기는 어렵겠네요.

⑤ [A]와 [B]는 대상의 속성을 반어적으로 표현함으로써
화자나 인물의 심리적 상황을 드러내고 있다.

선지 유형	근거가 없어서 허용 불가능
실전에서의 판단 과정	반어적 표현이 어딨어.
해설	'반어적 표현'은 찾아보기 어렵습니다. 애초에 이런 표현이 나타난 작품이 거의 없으니, 시험장에서 과감하게 넘길 수 있는 용기가 필요합니다.

선지	①	②	③	④	⑤
선택률	5%	72%	6%	12%	5%

30 무대 상연을 전제로 하는 희곡의 특성을 고려할 때,
ⓐ~ⓔ를 설명한 내용으로 가장 적절한 것은? ②

– '무대 상연을 전제로 하는 희곡의 특성'이라고 했습니다. 극문
학을 읽을 때는 이렇게 '무대'를 상상하며 읽어주시는 게 좋아요.

① ⓐ: 무대 장치의 이동으로 극중 공간을 좌우로 분리시
킨다.

(조명, 밝게 변화한다. ⓐ한가운데 펼쳐 있던 천막이 접
혀지면서 무대 천장 위로 올라간다. 함묘진의 집. 함묘진
이 성난 모습으로 등장한다. 함이정과 조승인은 서연의
관, 촛대, 향로 등을 무대 밖으로 갖고 나간다.)

선지 유형	근거가 있어서 허용 불가능
실전에서의 판단 과정	위로 올라가는데 왜 좌우로 분리되냐.
해설	한가운데 펼쳐 있던 천막이 '위'로 올라간다고 했습니다. '좌우'로 분리되어 있던 공간이 통합되는 것이겠죠? 이를 근거로 하면 '좌우로 분리'시키는 건 절대 허용할 수 없겠습니다.

② ⓑ: 등장인물들의 의상 교체로 장면 전환을 나타낸다.

(ⓑ상복을 벗고 밝은 색 옷을 입은 함이정과 조승인, 무
대 안으로 나온다.)

선지 유형	근거가 있어서 허용 가능
실전에서의 판단 과정	의상이 바뀌면서 과거로 왔다는 걸 확실하게 알 수 있었지.
해설	지문을 읽으면서 미리 생각한 내용이죠? 현재 시점에 입고 있던 '상복'을 벗고 과거 시점의 옷인 '밝은 색 옷'으로 갈아입었다는 것을 통해 과거 장면이 되었음을 명확하게 알려 주었습니다. 이들이 '무대 안'으로 들어오는 모습을 상상하면, 관객들이 '장면 전환'을 인식했다는 말을 충분히 허용할 수 있겠죠.

③ ⓒ: 조명 변화를 통해 등장인물들의 갈등 해소를 보여
준다.

(서연과 함이정, 일어선다. 돌부처를 만들면서 길을 따
라간다. 물 흐르는 소리가 점점 가깝게 들려온다. ⓒ조
명, 개울물의 흐름을 나타낸다.)

선지 유형	근거가 없어서 허용 불가능
실전에서의 판단 과정	갈등이 없는데 어떻게 해소해.
해설	'조명 변화'는 있는데, 저 장면에서 인물들의 갈등을 허용할 만한 근거가 없죠? 갈등이 없는데 갈등 해소는 말이 안 되네요.

④ ⓓ: 등장인물이 무대 밖에서 피아노로 음향 효과를 낸다.

(서연과 함이정, 잠시 개울물 양쪽에서 서로를 바라본
다. ⓓ조승인이 피아노 앞에 앉아 건반을 두드리며 작곡
중이다. 개울물 건너쪽, 눈부시도록 밝아진다. 때를 놓
치지 않으려는 듯 함묘진이 다급하게 휠체어 바퀴를 굴
리면서 들어온다. 그는 피아노 옆을 지나 개울물을 건너
간다.

선지 유형	근거가 있어서 허용 불가능
실전에서의 판단 과정	함묘진이 피아노 옆을 지나고 있다고 했으니 무대 안이라고 해야지.

| 해설 | '조숭인'이 피아노를 치고 있는데, '함묘진'이 그 옆을 지나면서 개울물을 건너고 있습니다. '개울물'은 '서연'이 있는 공간으로 가는 길로, '무대 안'에 있는 곳이라고 할 수 있겠죠. 이러한 공간으로 가는 길에 '피아노'를 지났다는 것은, 피아노 역시 '무대 안'에 있는 소품임을 의미하겠습니다. 이번에도 근처 맥락을 정확히 독해하는 것이 핵심이었네요. |

⑤ ⓔ: 소품을 이용해서 극적 긴장감을 완화시킨다.

> 코러스(돌부처)들, 개울물을 건너가는 서연을 배웅하듯이, 따라가듯이, 마중하듯이, 서연과 함께 어우러져 춤을 추며 간다. 개울 저쪽, 눈부시도록 빛이 밝다. ⓔ함묘진이 다급하게 휠체어 바퀴를 굴리며 들어온다.)

선지 유형	근거가 있어서 허용 불가능
실전에서의 판단 과정	극적 긴장감 최고조에 이르는데?
해설	'극적 긴장감'은 독자의 흥미에 비례하는 것이라고 했습니다. ⓔ 부분은 내용이 절정에 달하는 부분이니 '극적 긴장감'이 극대화된다고 해야겠죠.

선지	①	②	③	④	⑤
선택률	7%	9%	5%	72%	7%

31 〈보기〉를 바탕으로 (가), (나)를 감상한 내용으로 적절하지 않은 것은? [3점] ④

① (가)의 '집'과 '거리'는 삶의 방향을 정하지 못했던 화자에게 대비적으로 인식되었던 공간이군.

> 거리에 나와서 집을 보고 집에 앉아서 거리를 그리던 어리석음도 이제는 모두 사라졌나 보다

선지 유형	근거가 있어서 허용 가능
실전에서의 판단 과정	거리에선 집을 보고 집에선 거리를 보면 대비되는 공간이라고 할 수 있지.
해설	'거리'에서는 '집'을, '집'에서는 '거리'를 본다고 했습니다. 서로 바라볼 수 있는 다른 공간으로 표현되었으니 이를 근거로 하면 두 공간을 '대비'되는 공간으로 인식하고 있다고 할 수 있겠죠? 나아가 화자가 '삶의 방향을 정하지 못했'다는 것은 주제를 고려할 때 당연히 맞는 말이구요.

② (가)에서 생활공간과 대비되는 '먼 산정'은 화자가 자신의 현실을 응시하기 위해 상정한 공간이군.

> 먼 산정에 서 있는 마음으로 나의 자식과 나의 아내와 그 주위에 놓인 잡스러운 물건들을 본다

선지 유형	근거가 있어서 허용 가능
실전에서의 판단 과정	먼 산정에 서 있는 마음으로 자신의 현실을 보고 있으니 맞지.
해설	'먼 산정'에서는 나의 자식, 아내, 그리고 잡스러운 물건들을 본다고 합니다. 이것들은 모두 '생활', 즉 자신의 현실과 관련된 것이라고 할 수 있겠죠? 그럼 '먼 산정'에서 자신의 현실을 응시한다는 것은 충분히 허용할 수 있겠습니다. 결국 '먼 산정'을 '생활공간과 대비되는 곳'으로 볼 수 있느냐가 핵심인데, 충분히 그렇게 생각할 수 있겠죠? '먼'이라는 거리감이 느껴지는 표현이 있다는 점, 그리고 먼 산정에 서 있는 '마음으로' 본다고 했다는 점 등을 근거로 하면 '먼 산정'은 본인의 생활공간이 아니라는 것으로 볼 수 있는 것이죠.

③ (나)에서 '작업장'은 불상을 제작하는 과정에서 동연과 서연의 예술관이 부딪치는 공간이군.

> **동연, 서연** : 부르셨습니까?
> **함묘진** : 작업장엔 너희들이 없더구나!
> **동연** : 죄송합니다. 잠깐 밖에 나가 있었습니다.
> **함묘진** : 밖에는 왜?
> **동연** : 말다툼 때문에…… 서로 의견이 달라서요.

선지 유형	근거가 있어서 허용 가능
실전에서의 판단 과정	작업장에서 싸우다가 밖으로 나간 것이니 예술관 부딪친 거 맞지.
해설	'동연'과 '서연'은 '작업장'에서 불상을 제작하다가, '부처의 마음'과 관련된 예술관이 충돌하여 '말다툼'을 했고, 이에 잠시 밖에 나가 있었다고 합니다. 내용 그 자체를 읊은 선지이므로 어렵지 않게 허용할 수 있겠네요.

④ (나)의 '돌부처'를 만들며 가는 '길'은 '하늘'과 대비되는 곳으로 서연의 예술관이 조숭인에게 전수되는 공간이군.

(서연과 함이정, 일어선다. 돌부처를 만들면서 길을 따라간다. 물 흐르는 소리가 점점 가깝게 들려온다. 조명, 개울물의 흐름을 나타낸다.)

함이정 : 개울물이에요, 서연 오빠. 여기서 길은 끊겼어요.
서연 : (개울가로 다가가서 두 손으로 물을 떠서 마시며) 너도 마시렴. 목마를 텐데…….
함이정 : (서연 곁으로 가서 개울물을 바라본다.) 물 위에 비쳐 보여요, 우리 얼굴이…… 얼굴 뒤엔 구름이…… 구름 뒤엔 하늘이…… (물을 떠서 마신다.) 물이 맑고 시원해요.

선지 유형	근거가 없어서 허용 불가능
실전에서의 판단 과정	갑자기 왜 조숭인에게 전수를 해.
해설	'길'과 '하늘'이 대비된다고 하는 건 조금 애매한데, 서연의 예술관이 조숭인에게 전수된 적이 있나요? 애초에 서연과 조숭인이 대화를 하는 장면도 없어요. 근거가 없으니 허용할 수 없겠네요.

⑤ (나)의 개울물 '저쪽'은 개울물 '이쪽'과 대비되는 곳으로 예술의 본질을 추구하던 서연이 도달하게 되는 공간이군.

함이정 : 오빠, 이쪽으로 나와요.
서연 : (개울물을 건너가며) 난 이제 저쪽으로 간다.

선지 유형	근거가 있어서 허용 가능
실전에서의 판단 과정	이쪽/저쪽은 당연히 대비되고, 서연이 예술의 본질을 추구하는 것도 맞지.
해설	'저쪽'과 '이쪽'은 단어 자체로도 대비되지만, 각각 '서연'과 '함이정'이 있는 곳이라는 점에서 확실하게 대비된다고 할 수 있습니다. 나아가 '서연'이 예술의 본질을 추구한다는 건 지문 전체 내용을 근거로 충분히 허용할 수 있죠?

선지	①	②	③	④	⑤
선택률	3%	5%	84%	5%	3%

32 (나)의 등장인물에 대한 이해로 적절하지 <u>않은</u> 것은? ③

① "그런데 어느 날, 스승인 아버님이 ~ 두 제자들이 자리 비우고 없었어."라는 대사에서 함이정은 극 중의 사건을 현재에서 과거로 전환시키는 기능을 한다.

함이정 : 그땐 좋았다. 두 분 다 우리 집에서 가족처럼 살면서, 우리 아버님한테 불상 제작을 배우는 제자였지. 그런데 어느 날, 스승인 아버님이 불상 제작장에 가 보니까 두 제자들이 자리 비우고 없었어. 몹시 화가 난 아버님은 집 안으로 들어와 제자들의 이름을 부르셨지. "동연아! 서연아!" 아버님 목소리가 어찌나 쩌렁쩌렁 울렸는지, 천 리 밖까지 들릴 것 같더라.

선지 유형	근거가 있어서 허용 가능
실전에서의 판단 과정	저 대사 이후로 과거로 돌아갔으니 허용되지.
해설	저 대사를 할 때 '함이정'은 '조숭인'과 함께 누군가의 장례식을 치르고 있었습니다. 그러다 저 대사를 기점으로 과거 장면으로 사건이 전환되는 모습을 보였죠? 가볍게 허용할 수 있습니다.

② "동연아! 서연아! 어디 있느냐?"라는 대사에서 함묘진은 '어머니의 처녀 시절' 이야기 속의 인물들을 무대로 등장하게 하는 기능을 한다.

조숭인 : 네. 제가 태어나기 전, 어머니의 처녀 시절부터요. 그때 두 분 아버지의 관계는 어땠죠?

(중략)

함묘진 : 동연아! 서연아! 어디 있느냐?

선지 유형	근거가 있어서 허용 가능
실전에서의 판단 과정	저 대사 이후에 동연이랑 서연이가 등장하지.
해설	'어머니의 처녀 시절' 이야기 속의 대표적인 인물들로 '동연, 서연'을 꼽을 수 있습니다. '함묘진'이 이들을 찾자 '동연'과 '서연'이 무대로 등장했었죠?

③ "할아버지 목청은 왜 저렇게 커요?"라는 대사에서 조
숭인은 등장인물의 행동을 평하면서 다른 인물들 간
의 갈등을 유발하는 기능을 한다.

조숭인 : 할아버지 목청은 왜 저렇게 커요?
함이정 : 귀머거리도 들을 정도야. 그치?

선지 유형	근거가 없어서 허용 불가능
실전에서의 판단 과정	그냥 할아버지 목소리 크다고 하는 건데 갈등을 어떻게 유발해.
해설	단순히 할아버지 목소리가 크다는 건데, 이것이 '갈등'을 유발한다는 건 너무 근거가 없는 생각이죠? 그리고 애초에 '조숭인'이 저 대사를 하기 전부터 인물들 간의 갈등(동연vs서연, 함묘진vs동연/서연)은 존재하는 모습이었습니다. '조숭인'이 갈등을 유발하는 것이 아예 불가능한 것이죠.

④ "서연은 쓸데없는 주장으로 저를 괴롭힙니다."라는 대
사에서 알 수 있듯 동연은 '어머니의 처녀 시절' 이야
기 속 갈등의 한 축으로서 기능한다.

조숭인 : 네. 제가 태어나기 전, 어머니의 처녀 시절부터
요. 그때 두 분 아버지의 관계는 어땠죠?

(중략)

서연 : 그런데 저는…… 부처의 모습을 만들어도, 부처의
마음이 그 안에 없다면 무슨 소용이 있겠는가 했습니다.
동연 : 사부님, 서연을 꾸짖어 주십시오. 서연은 쓸데없
는 주장으로 저를 괴롭힙니다.

선지 유형	근거가 있어서 허용 가능
실전에서의 판단 과정	동연이가 갈등의 한 축인 건 확실하지.
해설	'어머니의 처녀 시절' 이야기에서 핵심적인 갈등은 '동연'과 '서연'의 예술관에 대한 갈등입니다. '동연'이 '서연'의 주장을 '쓸데없'다고 하는 데에서 이러한 모습이 잘 드러나죠? 따라서 '동연'이 갈등의 한 축이라는 것은 너무나 당연하게 허용이 되겠습니다.

⑤ "돌로도 부처님을 ~ 안 될 건 없지."라는 대사에서 알
수 있듯 서연은 작품의 주제 의식을 전달하는 인물 중
하나로 기능한다.

함이정 : 오빠…… 뭘 하는 거죠?
서연 : 물부처를 만든다.
함이정 : 물부처요?
서연 : 돌로도 부처님을 만드는데, 물이라고 안 될 건 없지.

선지 유형	근거가 있어서 허용 가능
실전에서의 판단 과정	당연한 소리 아니야?
해설	애초에 모든 인물은 작품의 '주제 의식'을 전달하는 기능을 할 것이고, 특히 '서연'은 '부처의 마음'에 집중하면서 그 기능을 더욱 잘 수행하고 있었습니다.

> (가)
> 　만약에 나라는 사람을 유심히 들여다본다고 하자
> 　그러면 나는 내가 시와는 반역된 생활을 하고 있다는
> 　것을 알 것이다

화자는 자신의 모습을 들여다보면서 자아성찰을 하고 있습니다. 그리고 자신이 '시와는 반역된 생활'을 하고 있다는 것을 깨닫고 있어요. 시인이라는 작가의 정체성을 생각해보면 이에 대해 반성하는 방식으로 내용이 전개되겠죠?

> 　먼 산정에 서 있는 마음으로 나의 자식과 나의 아내와
> 　그 주위에 놓인 잡스러운 물건들을 본다

화자는 '먼 산정'에서 '자식·아내·잡스러운 물건들'을 보고 있습니다. '시와는 반역된 생활'인 화자의 일상적인 모습들을 멀리서 바라보는 것이겠죠? 이 역시 화자 주변의 풍경이라는 점에서 자아성찰을 하는 모습의 연장선상이라고 할 수 있겠습니다.

> 　그리고
> 　나는 이미 정해진 물체만을 보기로 결심하고 있는데
> 　만약에 또 어느 나의 친구가 와서 나의 꿈을 깨워 주고
> 　나의 그릇됨을 꾸짖어 주어도 좋다

이러한 상황에서, 화자는 이미 정해진 물체만을 보기로 결심하고 있다고 해요. 화자는 현재 '시와는 반역된 생활'을 하고 있으니, 여기서 '정해진 물체만을 보는 것'은 '시'를 지향하는 태도는 아니라고 할 수 있겠죠?

하지만 화자는 자신이 잘못하고 있다는 것을 알고 있습니다. '나의 친구'가 와서 자신의 '꿈'을 깨워 주고, 자신의 '그릇됨'을 꾸짖어 주어도 좋다고 하고 있어요. '나의 친구'라는 표현을 사용하기는 했지만, 사실은 화자 자신이 지금 스스로의 '꿈'을 깨우고 싶고 자신의 '그릇됨'을 반성하고 싶은 모습이라고 할 수 있겠습니다. 화자는 앞에서부터 계속 자아성찰을 하고 있었으니까요.

그리고 이때의 '꿈'은 당연히 '시를 지향하는 것'이라고 할 수 있겠죠? '시와는 반역된 생활'을 하는 자신을 꾸짖고 있으니, 현실과 반대되는 '꿈'은 '시와 반역되지 않은 생활'이라고 할 수 있으니까요.

> 　함부로 흘리는 피가 싫어서
> 　이다지 낡아빠진 생활을 하는 것은 아니리라

화자는 '함부로 흘리는 피'가 싫어서 이렇게 '낡아빠진 생활'을 하는 것은 아니라고 합니다. '낡아빠진 생활'은 당연히 '시와는 반역된 생활'을 의미하는 것이겠고, '함부로 흘리는 피'는 반대로 '시를 지향'할 때 발생하는 결과라고 할 수 있겠죠. '시를 지향'하면서 '피'를 흘리는 것이 싫어서 '시와는 반역된 생활'을 하는 것은 아니라는 겁니다. 다른 이유가 있다는 것이죠!

> 　먼지 낀 잡초 우에
> 　잠자는 구름이여

추상적이고 어려운 행들이지만, '잠자는'이라는 말과 앞에서 봤던 '꿈'을 연결지을 수 있을 것 같습니다. 화자는 '나의 친구'가 와서 자신의 '꿈'을 '깨워' 주기를 바라고 있었어요. 즉, 자신의 '꿈'이 현재는 잠들어 있다는 것인데, 이로부터 '잠자는 구름'이 곧 화자의 '꿈'이라는 것을 읽어낼 수 있는 것이죠.

화자는 자신의 현재 처지를 '먼지 낀 잡초'로 보고, 그 위에 자신의 '꿈'이 잠자고 있다는 이야기를 하는 것입니다. '시를 지향'하지 못하는 자신의 처지를 계속해서 비판적으로 보고 있네요.

> 　고생도 마음대로 할 수 없는 세상에서는
> 　철 늦은 거미같이 존재 없이 살기도 어려운 일

화자는 '시를 지향'하여 피도 흘리고 '고생'도 하고 싶지만, 그것을 마음대로 할 수는 없습니다. 역시 앞쪽의 내용과 연계해서 이해하면, '나의 자식과 나의 아내'라는 표현에 집중할 수 있겠죠? '고생'하고 싶어도 가족들이 있기 때문에 마음대로 할 수는 없는 상황입니다.

하지만 그렇다고 '철 늦은 거미'같이 사는 것도 쉽지 않아요. '존재 없이'라는 말은 아마 '시와 반역된 생활'을 의미할 텐데, 이렇게 살자니 그것도 참 괴로운 일이니까요.

> 　방 두 칸과 마루 한 칸과 말쑥한 부엌과 애처로운 처
> 를 거느리고
> 　외양만이라도 남과 같이 살아간다는 것이 이다지도
> 쑥스러울 수가 있을까

화자는 다시 자신의 생활을 성찰하고 있습니다. 적당한 집에서 처와 함께 '외양만이라도 남과 같이 살아'가는 것에 '쑥스러움'을 느끼고 있어요. '시와는 반역된 생활'에 대해 부정적으로 생각하는 화자의 마음이 계속해서 재진술되고 있습니다.

> 　시를 배반하고 사는 마음이여
> 　자기의 나체를 더듬어 보고 살펴볼 수 없는 시인처럼
> 비참한 사람이 또 어디 있을까

계속해서 '시와 반역된 생활'을 하는 자신의 모습을 비판적으로 바라보고 있습니다. 화자가 생각하기에 시를 쓰는 것은 '자신의 나체를 더듬어 보고 살펴보는 행위'인데, 그것을 못하는 자신의 모습을 '비참'하게 바라보고 있네요. 마치 독서 지문처럼 재진술의 향연이죠?

> 　거리에 나와서 집을 보고 집에 앉아서 거리를 그리던
> 어리석음도 이제는 모두 사라졌나 보다
> 　날아간 제비와 같이

화자는 원래 '거리'에 나와서 '집'을 보고, '집'에서는 '거리'를 그리는 '어리석음'을 가지고 있었습니다. 맥락상 '거리=시와 관련된 곳', '집=시와는 반역된 곳'이라고 할 수 있겠죠? 눈앞에 있는 가족들 생각에 제대로 시를 지향할 수도 없고, 집에 있으면 계속해서 시가 아른거리는 갈등의 모습을 보였던 것입니다.

그런데 화자는 이제 이러한 '어리석음'이 '날아간 제비'처럼 모두 사라졌다고 말하고 있어요. 갈등 상황에서 벗어나려는 모습을 보이고 있어요! 시인이라는 작가의 정체성을 고려하면, 그리고 시인의 삶을 노래하고 있다는 주제를 고려하면 '시를 지향하는 삶'을 선택할 것이라고 생각할 수 있겠습니다. 마치 고전시가에서 '속세vs자연'의 대립이 있으면 언제나 '자연'이 승리하는 것처럼 당연한 것이에요.

> 　날아간 제비와 같이 자국도 꿈도 없이
> 　어디로인지 알 수 없으나
> 　어디로이든 가야 할 반역의 정신

이렇게 '어리석음'이 사라졌으니 화자는 어딘가로 가야 합니다. 화자는 '자국도 꿈도 없이', 어디든 가야겠다는 의지를 보여 주고 있어요. 그러면서 '반역의 정신'을 이야기하고 있네요. 이때의 '반역'을 '시와는 반역된 생활'의 '반역'과 같은 의미로 읽는 건 독해력이 부족한 것이겠죠? 화자는 분명 '시를 지향하는 삶'을 선택할 것이고, 따라서 이때의 '반역'은 '그동안의 삶'에 대한 것으로 보아야 합니다.

> 　나는 지금 산정에 있다—
> 　시를 반역한 죄로
> 　이 메마른 산정에서 오랫동안 꿈도 없이 바라보아야
> 할 구름
> 　그리고 그 구름의 파수병인 나.
> 　　　　　　　　　　　　　-김수영, 「구름의 파수병」-

화자는 다시 아까의 '산정'으로 옵니다. 아까의 '산정'은 자신의 일상을 되돌아보는 공간이었는데, 이번엔 '구름'을 바라보아야 한다고 하고 있어요. 앞에서 '구름'은 화자의 '꿈'으로 '시'와 관련된 것임을 파악했는데, 화자는 자신이 '시를 반역한 죄'를 지었기에 그에 대한 벌로 자신의 '꿈'인 '구름'을 바라보기만 해야 한다고 생각하는 것이죠. 그 전에는 '산정'에서 자신의 일상을 바라보았는데 이제는 '꿈'을 바라본다는 점에서 화자의 '시'에 대한 명확한 지향이 드러나는 모습입니다.

나아가 화자는 자신을 그 '구름의 파수병'으로 인식하고 있어요. '파수병'은 무언가를 지키는 병사를 의미하는데, 자신을 '구름'이라는 '꿈'을 바라보고 지키기만 하는 존재로 인식하는 모습인 것이죠.

이때 '오랫동안 꿈도 없이'와 같은 표현에 주목하면, 화자가 적극적으로 '시를 지향'하는 것이 아닌 그저 자신의 '꿈'을 바라보고 지키기만 하는 소극적인 지향을 하고 있다는 것도 생각할 수 있을 것 같아요. 가족들의 생활 등 현실적인 이유 때문에 정말로 '꿈'을 이룰 수는 없지만, 그동안 그 '꿈'을 외면하고 살았으니 그에 대한 벌로 그 '꿈'을 바라보고 지키는 '파수병' 역할을 하겠다는 것이죠.

몰랐던 어휘 정리하기

| 핵심 **point** |

① **허용 가능성 평가** : 선지의 내용을 '허용'하려는 태도를 바탕으로 지문을 '독해'하며 '근거'를 찾아야 합니다. 허용할 수 있는 '근거'가 있어야만 허용할 수 있습니다. 주관적인 생각을 개입시키면 안 됩니다.

② **현대시 독해** : 〈보기〉의 도움 등을 통해 '주제' 위주로, 그리고 일상 언어의 감각으로 읽어내면 됩니다. 현대시도 읽을 수 있는 하나의 글입니다.

③ **극문학 독해** : 소설과 마찬가지로, '심리와 행동의 근거'를 바탕으로 인물에게 '공감'하며 읽어야 합니다. 이 과정이 물 흐르듯 이어지면 지문의 내용을 완벽하게 이해할 수 있어요. 이때 '대사 외 부분'에 주목하며 장면을 상상하면서 읽으면 훨씬 깊게 받아들일 수 있을 것이에요.

| 지문 내용 총정리 |

현대시와 극문학이 섞인 독특한 형태의 지문이었습니다. 다만 둘 사이의 연계성이 그리 강하지는 않아 현대시 지문 하나, 극문학 지문 하나를 푸는 느낌이었어요. '독해'를 기반으로 한 '허용 가능성 평가'라는 원칙을 이용하면 시간은 좀 걸려도 어렵지 않게 해결할 수 있는 세트였을 것으로 보입니다.

실전 문제풀이

DAY 35 [1~4]
2026.06 [27~30] 고전소설 '김진옥전' ☆☆

〈보기〉 확인

[보기]

「김진옥전」의 영웅 서사가 보여 주는 바다 세계에서의 모험담에서는 초월적 세계에 대한 변모된 서술 양상이 드러난다. 이 작품 속 초월적 세계는 다른 영웅소설에서처럼 인간 세계와의 간극을 지닌 곳으로 인식되지만, 인간 세계에나 있을 법한 갈등이 일어나는 곳으로도 그려진다. 주인공은 초월적 존재의 요청으로 초월적 세계의 문제를 대신 해결하는데, 이 과정에서 초월적 세계의 존재에게 우월한 능력을 인정받고, 약속된 보상을 받아 영웅의 자격을 증명한다.

이번 작품은 전형적인 영웅 소설이네요. 그런데 '초월적 세계에 대한 변모된 서술 양상'이 드러난다고 합니다. '인간 세계와의 간극'을 지닌 곳으로 인식되는 것은 뻔한 내용이지만, '인간 세계에나 있을 법한 갈등이 일어나는 곳'으로 그려지는 것이 '변모된 서술 양상'에 해당하겠네요. 영웅인 주인공이 이 '초월적 세계'의 문제를 대신 해결하면서 영웅으로 인정받는 전형적인 구성입니다.

지문 독해

[앞부분 줄거리] 진옥은 월국에 승전한 일을 황제에게 전하고 돌아오다 문득 대풍을 만나 외딴섬에 이르러 한 노인을 만난다.

[앞부분 줄거리]입니다. 꼼꼼하게 확인해볼까요? '진옥'이 이 작품의 주인공인 것 같습니다. '진옥'은 월국과의 전쟁에서 이긴 뒤 이를 '황제'에게 전하고 돌아오는 길에 대풍을 만납니다. 그렇게 '외딴섬'에 이르러 한 '노인'을 만나는데, 고전소설의 클리셰를 생각하면 이 '노인'이 큰 역할을 하겠죠?

그 노인이 눈물을 흘리며 왈
"사십 후에 한 자식을 두었다가 갑자년 난중에 잃었나이다."
진옥이 왈
"그 자식의 이름을 아시나이까?"
노인이 답왈
"내 자식의 이름은 김진옥이거니와 화초암에서 공부하다가 이별하였더니 지금 사생존망을 모르나이다."
하거늘 원수가 그제야 부친인 줄 알고 그 노인을 붙들고 대성통곡 왈
"소자의 이름이 진옥이로소이다."
하니 그 노인이 진옥이란 말을 듣고 대성통곡하고 기절하고 엎어지니 진옥이 눈물을 그치고 부친을 위로하며 전후사를 낱낱이 설화하더라.

그 '노인'은 '눈물을 흘리며' 자식을 잃은 이야기를 하는데, 너무나 뻔하게도 그 자식이 곧 '진옥'이었습니다. 이렇게 상봉한 부자는 서로 붙들고 대성통곡하고 있어요. '노인'이 조력자 역할을 하려나 했더니 무려 잃어버린 아버지였네요.

그런 뒤에 배를 타고 만경창파에 떠서 고국으로 향하더니 한곳에 다다르니 바람결에 청아한 옥피리 소리 들리거늘 살펴보니 일위 동자가 <청의를 입고 머리에 화관을 쓰고 일엽편주를 타고> 살같이 오며 왈
"김 원수는 배를 잠시 멈추소서."
하며 급히 불러 왈
"수부 왕이 청하시니 가사이다."
하거늘 원수가 대왈
"용왕은 수부 용신이요, 진옥은 진세지인이라. 용궁과 인세가 길이 다르니 어찌 서로 미치리오?"
원수가 부친께 고하여 왈
"어찌 하오리까?"
하니 그 부친이 왈
"용왕이 청하시니 어찌 거역하리오. 아모케든 가리라."
하시니 원수가 동자를 따라 수부에 이르니 <일월이 명랑하고 천지가 광활하고 주궁이 장려하고 위의가 거룩하더라.>

그렇게 고국으로 돌아가던 길, '한곳'에 다다른 '진옥' 부자는 '동자'를 만납니다. < > 표시한 외양 묘사 부분을 보면, 누가 봐도 '초월적 세계'의 인물이라는 생각을 할 수 있겠죠? 무언가 신비스

러운 복장을 갖추고 있으니까요. 이런 생각을 하면서 〈보기〉의 내용을 끌고 올 준비를 한다면 더욱 훌륭하겠습니다.

아무튼, '동자'는 '진옥'에게 '수부 왕'이 부르니 가자는 이야기를 합니다. 이때 '진옥'을 '김 원수'라고 부르는 것을 바탕으로 '진옥=원수'임을 알 수 있겠죠? 이 호칭은 언제든 바뀔 수 있으니 확실하게 체크를 해 두어야 합니다.

한편, '진옥'의 대사를 보니 '수부 왕'은 용궁의 용왕을 뜻하는 듯합니다. '진옥'의 부친은 '진옥'에게 용왕의 명을 거역할 수는 없다며 가 보라고 하고, '진옥'은 '동자'를 따라 휘황찬란한 '수부'에 이릅니다. '수부'의 배경 묘사를 보며 대충이나마 화려한 모습을 상상할 수 있어야 해요. 이제부터는 너무나 당연하게 '수부'라는 '초월적 세계'에서 펼치는 '진옥'(원수)의 맹활약이 제시되겠죠?

이때 용왕이 원수를 맞아 **백옥상**에 좌정한 후 왈
"원수의 존명을 들은 지 오래더니 오늘에서야 처음 보는도다."
원수가 대왈
"저는 인간 사람이라. 이다지 관대하시니 감사무지로소이다."
한참이나 자리를 즐기더니 한 신하가 아뢰어 왈
"동곡 대병이 지경을 범하오니 대왕은 급히 막으소서."
하였더라.
이때 용왕이 원수를 돌아보아 왈
"과인이 김 원수를 청한 것은 다름 아니라 동곡 용왕이 지경을 침노하니 원수는 일신을 아끼지 말고 공을 이루라. 만일 적병을 소멸하면 수부의 영광이 될 것이요, 또 공을 표창하리라."
하니 원수가 대왈
"저는 진세 사람이라 어찌 수부 용왕을 당하리오. 그러나 힘을 다하여 보겠나이다."
용왕이 대희하여 즉시 정병 팔만을 조발하여 주거늘 동곡 용왕과 대진하니 <천지가 진동하고 남해 용궁이 가득 찬 듯하더라. 원수 사은하고 물러 나오니 군영이 엄숙하고 위엄이 진동하는지라.>

그렇게 '용왕'은 '원수'를 '백옥정'이라는 곳에서 맞이합니다. 앞에서 확인한 '수부'의 배경 묘사를 생각하면 이 '백옥적'이라는 곳도 상당히 화려한 곳이겠죠? 그렇게 화려한 곳에서 '용왕'과 '원수'는 즐겁게 이야기를 나누는데, 한 '신하'가 '동곡 대병'의 침입 이야기를 합니다. 그러자 '용왕'은 본론을 꺼내기 시작하네요. '동곡 용왕'이 '지경'(맥락상 당연히 '수부'가 있는 곳을 말하겠죠?)에 쳐들

어왔는데, '원수'가 이를 막아달라는 부탁이었습니다. 겸손을 떨면서도 자신감을 보이는 '원수'의 태도에 '용왕'은 기뻐하고, 병사를 내어줍니다. < > 표시된 배경 묘사를 보면, 그 위엄 있는 모습을 충분히 상상할 수 있겠죠?

여기서, 〈보기〉에서 말한 것처럼 '초월적 세계'가 '인간 세계에나 있을 법한 갈등이 일어나는 곳'으로 표현되고 있음을 생각할 수 있다면 더욱 훌륭하겠습니다. 전쟁을 벌이는 모습은 인간 세계에나 있을 법한 갈등이라고 할 수 있으니까요.

각설, 이때 중국 대병이 회환하다가 일야 대풍에 원수 탄 배 표풍하여 간 곳이 없는지라. 군중이 황황하여 두루 찾았으나 종적을 모르는지라. 삼 삭 만에 **본국**에 돌아와 황제께 아뢰길 '대원수 김진옥을 중도에 잃어버렸다.'라고 하니 황제가 그 말을 듣고 대경차탄하시고 다른 제장 군졸들은 무사 귀국함을 기꺼하시나 원수 표풍함을 슬퍼하시고 또한 이상하게 여기시더라.

같은 시각, '중국'의 대병은 회환하다가 '원수'가 탄 배를 잃어버립니다. 이렇게 무리에서 떨어져 나온 '원수'가 아버지인 '노인'과 '용왕'을 만난 것이네요. 아무튼, '본국'으로 돌아와 '황제'에게 이 사실을 알리자, '황제'는 크게 놀라고 탄식합니다. '원수'와 같은 인재를 잃었다고 생각하니 당연히 저런 반응을 보일 것이라고 생각하며 공감할 수 있겠죠.

여기서, '또한 이상하게 여기시더라'에 주목하셔야 합니다. 다른 제장 군졸들은 무사 귀국했는데, '원수'처럼 훌륭한 인재만 중간에 잃어버렸다는 게 아무리 생각해도 조금 이상하긴 합니다. 슬퍼하면서도 의아해하는 '황제'의 표정을 상상할 수 있어야 해요.

이때 유 승상이 이 말을 듣고 대경실색하여 부인과 소저와 주야 근심하여 천만다행으로 살아 돌아옴을 두 손 모아 기도하더라. 이에 앞서 우양 공주가 김진옥이 파혼하매 형성군의 며느리 되었으니, 김진옥이 부마됨을 지극히 피함을 시기하여 항상 모해할 뜻을 두고 그윽이 틈을 엿보더니, 원수 표풍하여 사생 모름을 듣고 대희하여 병부상서 정동한 등으로 통하여 황제께 여쭈오되
"갑자년 난중에 김진옥의 아비 시광도 오랑캐와 내응하다가 성사치 못함으로 월국으로 들어가더니 지금 진옥이 월국을 치는 체하다가 월국으로 도망하여 제 아비와 동심합력하여 중국을 해코자 하오니 그 처자를 어찌 살려 두리까? 황제는 앞날을 생각하소서."

황제 그 말을 듣고 <u>그러할 듯한지라</u> 즉시 유 승상을 삭탈관직하고 진옥의 처 유 씨를 잡아다가 죽이려 하더라.

그런데 이 말을 듣고 '유 승상'이라는 인물도 '대경실색'합니다. 정확한 관계는 모르겠지만, '원수'와 가까운 인물이겠죠? 단순히 '황제'처럼 아까운 인물을 잃었다는 것에 놀란 것일 수도 있지만, '부인'과 '소저'라는 인물들과 함께 '원수'가 살아 돌아옴을 기도한다는 것을 보니 가족처럼 깊은 관계인 것은 확실해 보입니다.

이번엔 또 갑자기 '우양 공주'라는 인물이 나오는데, 보아 하니 '김진옥'과 결혼하고 싶었으나 '김진옥'이 원치 않아 '형성군'이라는 인물의 아들과 결혼한 상태네요. 그렇다면 당연히 '김진옥'에 대한 감정이 좋지 않을 것이라고 공감할 수 있겠는데, 이를 기회 삼아 '황제'에게 '김진옥'을 모함합니다. 그 내용을 보니 '김진옥'의 부친도 모함당하고 있는 상황임을 알 수 있죠? 멍청한 '황제'는 이를 그럴듯하다고 여기며 '유 승상'의 관직을 빼앗고 '김진옥'의 처인 '유 씨'를 죽이려 합니다.

여기서 '유 씨'가 '김진옥'의 처라는 것에 주목해야 합니다. '유 씨'라는 새로운 호칭이 나왔을 때 이 인물이 정말로 새로운 인물인지를 생각해 봐야 하는데, 일단 '유 씨'라는 성에서 '유 승상'의 딸이라는 것을 추론할 수 있을 겁니다. 그렇다면 자연스럽게 '유 승상'은 '김진옥'의 장인임을 알 수 있겠네요. 이를 생각해 내면, '유 승상'이 '김진옥'의 소식에 과잉 반응한 것과 '우양 공주'가 '유 승상'의 삭탈관직을 유도한 것 모두 확실하게 이해할 수 있겠습니다. '우양 공주' 입장에서는 자신이 관심을 보이던 '김진옥'과 혼사를 맺은 '유 승상'이 꼴보기 싫었을 테니까요.

(중략)

각설, 이때 원수 수부에서 용궁 대병을 거느리고 일자장사진을 쳐 제장을 호령하시니 선봉 [장신갑]이 아뢰어 왈
"동곡 용왕은 유수진을 쳤거늘 원수께서는 어찌 일자장사진을 쳤나니까?"
원수 <u>웃으며</u> 왈
"오행 중에 상극이 있으니 유수진을 치고 들면 어찌 살기를 바라리오."
제장이 서로 돌아보고 왈
"원수의 진법은 과연 명장이라."
하며 칭찬하더라.
　이때 원수가 군법을 정제하고 싸움을 돋우더니 '동곡

용왕은 들어보라.' 하며 풍운조화를 부리니 동곡 용왕이 대로하여 비룡마를 타고 청전검을 들고 달려들거늘 원수가 응하여 동서남북으로 충돌하다가 용왕의 머리를 베어 들고 만군 중에 횡행하니 <u>수중 명장이 대경실색하더라.</u>
　이때 적진 군중에서 항서를 써 올리거늘 원수가 받은 후에 군사를 몰아 돌아오니 용왕이 대희하여 원수와 그 부친을 좌상에 앉히고 원수 공덕을 무수히 치사하시더라. 그 부친으로 서해군을 봉하시고 원수로서 동해군을 봉하시니라.

-작자 미상, 「김진옥전」-

이 와중에 '원수'인 '김진옥'은 용궁 전장에서 대활약을 펼칩니다. 기가 막힌 '진법'으로 '동곡 용왕'의 머리를 베어 들고 '용왕'으로부터 큰 보상을 받는 모습이네요. 〈보기〉에서도 언급한 전형적인 영웅의 모습을 보이고 있죠?

선지	①	②	③	④	⑤
선택률	73%	5%	7%	7%	8%

01 ㉠~㉤에 대한 이해로 적절하지 <u>않은</u> 것은? ①

① ㉠: '노인'과 함께 전란을 극복했던 과거를 떠올린 '진옥'의 반응이며, '진옥'이 서러움을 토로하는 모습으로 이어지는군.

하거늘 원수가 그제야 부친인 줄 알고 그 노인을 붙들고 ㉠대성통곡 왈

선지 유형	근거가 있어서 허용 불가능
실전에서의 판단 과정	아니 그냥 부친인 걸 알고 놀란 거잖아.
해설	㉠ 바로 앞에 있듯이, '원수'는 그저 '노인'이 '부친'인 것을 깨달아 놀랍고 반가운 마음에 '대성통곡'한 것입니다. 이렇게 우리가 공감했던 것과 전혀 다른 내용이기도 하고, 애초에 둘이 함께 전란을 극복했던 과거가 없기 때문에 절대로 허용할 수 없는 선지네요.

② ⓛ : 자신이 알지 못했던 의외의 사실을 확인한 '노인' 의 반응이며, '노인'이 격한 감정을 못 이기는 모습으로 이어지는군.

하니 그 노인이 진옥이란 말을 듣고 ⓛ대성통곡하고 기절하고 엎어지니 진옥이 눈물을 그치고 부친을 위로하며 전후사를 낱낱이 설화하더라.

선지 유형	근거가 있어서 허용 가능
실전에서의 판단 과정	오랜만에 아들을 보면 격한 감정이 생기지.
해설	'노인'은 '진옥'이 자신의 아들이라는 의외의 사실을 확인한 후 '대성통곡'합니다. 이런 격한 반응을 보이는 것에 공감하는 게 어렵지는 않겠죠?

③ ⓒ : '진옥'의 태도에 만족한 '용왕'의 반응이며, '용왕'이 '진옥'에게 목표 달성을 위한 수단을 제공하는 행위로 이어지는군.

"저는 진세 사람이라 어찌 수부 용왕을 당하리오. 그러나 힘을 다하여 보겠나이다."
용왕이 ⓒ대희하여 즉시 정병 팔만을 조발하여 주거늘 동곡 용왕과 대진하니 천지가 진동하고 남해 용궁이 가득 찬 듯하더라.

선지 유형	근거가 있어서 허용 가능
실전에서의 판단 과정	만족해서 정병 팔만을 조발해줬지.
해설	'동곡 용왕'을 막으라는 '용왕'의 제안을 '진옥'이 승낙하자, 이에 만족하여 '대희'한 '용왕'은 '정병 팔만'이라는 목표 달성을 위한 수단을 제공합니다. 가볍게 허용할 수 있겠네요.

④ ⓔ : '진옥'의 실종 소식에 대한 '유 승상'의 반응이며, 가족들과 '유 승상'이 '진옥'의 생환을 비는 모습으로 이어지는군.

이때 유 승상이 이 말을 듣고 ⓔ대경실색하여 부인과 소저와 주야 근심하여 천만다행으로 살아 돌아옴을 두 손 모아 기도하더라.

선지 유형	근거가 있어서 허용 가능
실전에서의 판단 과정	이걸 보고 유 승상이 진옥과 어떤 관계가 있으리라 짐작했었지.

| 해설 | '유 승상'이 가족들과 함께 '진옥'의 생환을 기도하는 모습을 보면서, 이 정도까지 하는 것을 보면 '유 승상'과 '진옥'이 깊은 관계가 있을 것 같다는 생각을 했던 기억이 있죠? 그 내용이 그대로 담겨 있는 선지네요. |

⑤ ⓜ : 싸움을 걸며 조화를 부리는 '진옥'에 대한 '동곡 용왕'의 반응이며, '동곡 용왕'이 '진옥'을 제압하려는 행위로 이어지는군.

이때 원수가 군법을 정제하고 싸움을 돋우더니 '동곡 용왕은 들어보라.' 하며 풍운조화를 부리니 동곡 용왕이 ⓜ대로하여 비룡마를 타고 청전검을 들고 달려들거늘

선지 유형	근거가 있어서 허용 가능
실전에서의 판단 과정	원수가 싸움을 돋우더니 동곡 용왕이 화나서 달려들었네.
해설	'실전에서의 판단 과정' 그대로죠? ⓜ 근처의 맥락을 그대로 읊고 있는 선지이므로 가볍게 허용할 수 있겠습니다.

선지	①	②	③	④	⑤
선택률	75%	6%	5%	11%	3%

02 ⓐ~ⓔ에 대한 설명으로 가장 적절한 것은? ①

① ⓐ는 환상적 분위기를 조성하여, 새롭게 등장하는 존재에 대한 인물의 주의를 환기하는 소재이다.

그런 뒤에 배를 타고 만경창파에 떠서 고국으로 향하더니 한곳에 다다르니 바람결에 청아한 ⓐ옥피리 소리 들리거늘 살펴보니 일위 동자가 청의를 입고 머리에 화관을 쓰고 일엽편주를 타고 살같이 오며 왈

선지 유형	근거가 있어서 허용 가능
실전에서의 판단 과정	옥피리 소리는 충분히 환상적이고, 진옥의 입장에선 동자에게 주목할 수밖에 없겠다.
해설	ⓐ가 들리자, '청의를 입고 머리에 화관을 쓰고 일엽편주를 탄' 신비로운 분위기의 '동자'가 나타납니다. 고전소설의 경험치가 충분하신 분들이라면 이를 보고서 '환상적(비현실적) 분위기'를 허용하는 건 어렵지 않겠죠?

나아가 '김진옥'이라는 인물의 입장에서도, 이렇게 신비로운 분위기의 인물이 나타났으니 주의를 환기하게 되는 것은 당연하겠습니다.

② ⓑ는 인물들이 계획했던 항해가 무사히 지속될 수 있도록 안내하여, 당초 목적한 곳에 이를 수 있도록 하는 소재이다.

> 그런 뒤에 배를 타고 만경창파에 떠서 고국으로 향하더니 한곳에 다다르니 바람결에 청아한 옥피리 소리 들리거늘 살펴보니 일위 동자가 청의를 입고 머리에 화관을 쓰고 ⓑ일엽편주를 타고 살같이 오며 왈

선지 유형	근거가 없어서 허용 불가능
실전에서의 판단 과정	갑자기 수부로 끌고 갔잖아.
해설	'김진옥'은 '동자'를 만나기 직전 기적적으로 부친을 만난 상황이었습니다. 여기서 목적지를 어디로 설정했는지 등은 알 수 없지만, 최소한 ⓑ가 이들을 목적한 곳에 이를 수 있도록 한다는 것은 허용할 수 없겠습니다. ⓑ를 타고 온 '동자'는 '김진옥'에게 갑자기 '수부'로 가서 '용왕'을 만나라는 이야기를 했으니까요. 이런 엄청난 일을 미리 계획했다는 근거가 없으니 가볍게 지워낼 수 있겠습니다.

③ ⓒ는 주변 풍광을 보여 주는 앞선 장면과 대비되어, 인물이 당면한 처지에 안절부절못함을 상징적으로 나타내는 소재이다.

> 하시니 원수가 동자를 따라 수부에 이르니 일월이 명랑하고 천지가 광활하고 주궁이 장려하고 위의가 거룩하더라.
> 이때 용왕이 원수를 맞아 ⓒ백옥상에 좌정한 후 왈
> "원수의 존명을 들은 지 오래더니 오늘에서야 처음 보는도다."

선지 유형	근거가 없어서 허용 불가능
실전에서의 판단 과정	용왕이 왜 안절부절못해.
해설	일단 ⓒ는 '일월이 명랑하고 ~ 위의가 거룩하더라.'로 표현된 주변 풍광과 연결되는 소재라고 할 수 있습니다. 저렇게 멋진 용궁 속 '용왕'이 앉아 있는 자리는 누가 봐도 멋질 것이니까요.

이렇게 생각하지 못하더라도, '용왕'이 안절부절못하고 있다는 것에 공감한 기억이 아예 없기 때문에 절대 허용할 수 없는 선지가 되겠죠? 오히려 '용왕'은 시종일관 위엄 있는 모습을 보였습니다.

④ ⓓ는 인물이 지닌 비범함을 돋보이게 하여, 직면한 공격에 상대가 미처 대응하지 못하게 도움을 주는 소재이다.

> 이때 원수가 군법을 정제하고 싸움을 돋우더니 '동곡 용왕은 들어보라.' 하며 풍운조화를 부리니 동곡 용왕이 대로하여 비룡마를 타고 ⓓ청전검을 들고 달려들거늘 원수가 응하여 동서남북으로 충돌하다가 용왕의 머리를 베어 들고 만군 중에 횡행하니 수중 명장이 대경실색하더라.

선지 유형	근거가 있어서 허용 불가능
실전에서의 판단 과정	원수가 잘 대응해서 심지어 이겼는데?
해설	ⓓ는 '동곡 용왕'의 무기입니다. 이걸 들고 달려드는 '동곡 용왕'에게 '원수'가 응하여 충돌하다가 '용왕'의 머리를 베어 들었다는 말이 대놓고 나와 있죠? ⓓ를 사용하는 인물의 상대인 '원수'가 대응을 완벽하게 한 모습이 나타나 있으니 절대 허용할 수 없는 선지가 되겠네요. 마음이 급해서 지문을 대충 확인하고 뭔가 쎄 보이는 무기는 당연히 주인공의 것이라고 생각하는 실수만 하지 않았다면 이 선지를 고른 11%가 되지는 않았을 거예요.

⑤ ⓔ는 갈등의 양상을 감추어, 건네받는 인물이 상대의 진의를 파악할 수 없도록 기능하는 소재이다.

> 이때 적진 군중에서 ⓔ항서를 써 올리거늘 원수가 받은 후에 군사를 몰아 돌아오니 용왕이 대희하여 원수와 그 부친을 좌상에 앉히고 원수 공덕을 무수히 치사하시더라. 그 부친으로 서해군을 봉하시고 원수로서 동해군을 봉하시니라.

선지 유형	근거가 있어서 허용 불가능
실전에서의 판단 과정	그랬다면 용왕이 저렇게 좋아할 리가 없지.
해설	ⓔ는 갈등의 양상을 적나라하게 보여 주는 소재라고 할 수 있습니다. '동곡'과 '수부'의 전쟁에서

'동곡'이 졌다는 것이 드러나 있을 테니까요. 일단 여기서부터 틀렸고, 이를 건네받는 인물인 '용왕'이 이를 의심했다면 '원수'와 '부친'에게 벼슬을 내리고 좋아하는 모습을 보였을 리가 없죠. 이 '항서'가 진짜 항복하는 문서라고 생각했으니 저런 조치를 취했을 것입니다. '용왕'의 입장에서 생각해 보면 너무나 황당한 선지네요.

선지	①	②	③	④	⑤
선택률	5%	8%	72%	9%	6%

03 다음은 학생이 윗글을 읽고 작성한 감상문의 일부이다. ㉮~㉲ 중 적절하지 <u>않은</u> 것은? ③

㉮ 진옥과 부친이 이별하였을 때의 상황이 언급되었고
㉯ 진옥이 부친과 함께 배를 타고 고국으로 출발하는 이야기가 이어졌다

선지 유형	근거가 있어서 허용 가능
실전에서의 판단 과정	그랬지.
해설	지문 속에 확실하게 제시된 팩트 그 자체입니다. 굳이 주절주절 설명할 필요가 없겠죠?

㉰ 황제는 진옥이 귀환하지 못했다는 상황이 그러할 듯하다고 이해했지만

선지 유형	근거가 있어서 허용 불가능
실전에서의 판단 과정	이상하게 여겼잖아.
해설	'원수'가 돌아오지 못했다는 말을 들은 '황제'는 슬퍼하면서도 뭔가 이상하다는 생각을 합니다. 이 감정에 확실하게 공감했던 기억이 있죠? 쉬운 문제였지만 그 와중에도 결국 '공감'을 제대로 했는지 묻고 있네요.

㉱ 공주는 진옥의 부재를 기회로 삼아 계략을 꾸몄다
㉲ 진옥을 모함하는 말을 들은 황제에 의해 진옥의 가족은 위기에 처하게 되었다.

선지 유형	근거가 있어서 허용 가능
실전에서의 판단 과정	그랬지.
해설	이 역시 지문 속 팩트 그 자체입니다. 가볍게 허용할 수 있을 거예요.

선지	①	②	③	④	⑤
선택률	7%	58%	14%	11%	10%

04 〈보기〉를 참고하여 윗글을 감상한 내용으로 적절하지 <u>않은</u> 것은? [3점] ②

① 진옥이 '청의'를 입은 '동자'와 이야기하는 장면에서 '용궁과 인세가 길이 다르'다고 하는 것을 보면, 진옥이 초월적 세계와의 간극을 인식하고 있음을 알 수 있군.

선지 유형	근거가 있어서 허용 가능
실전에서의 판단 과정	다르다고 했으니 간극을 인식하고 있는 거지.
해설	'용궁'과 같은 초월적 세계와 자신이 있는 '인세'가 길이 다르다고 했습니다. 이렇게 명백한 근거가 있으니 '진옥'이 초월적 세계와의 간극을 인식하고 있다는 것은 당연하게 허용할 수 있겠죠.

② 용왕이 '공을 이루라'고 한 장면에서 '적병'의 처치를 진옥에게 요청한 것을 보면, 진옥으로 하여금 인간 세계와 초월적 세계 사이에서 생긴 문제를 대신 해결하게 하려 함을 알 수 있군.

선지 유형	근거가 있어서 허용 불가능
실전에서의 판단 과정	초월적 세계 안에서의 문제인데?
해설	'용왕'이 '진옥'에게 요청한 '적병'은 인간 세계가 아닌 초월적 세계 속 '동곡 용왕'의 군사들입니다. 명백하게 초월적 세계 사이에서 생긴 문제임을 알 수 있고, 〈보기〉에서도 초월적 세계가 인간 세계에나 있을 법한 갈등(즉, 인간 세계와 비슷하지만 인간 세계가 개입하지는 않은 갈등)이 그려진 세계라고 표현했기 때문에 어렵지 않게 답으로 골라낼 수 있겠네요.

③ 진옥이 '지경'을 침입한 적과 '대진'하는 장면에서 '남해 용궁'에서도 '중국'처럼 전란이 생기는 것을 보면, 초월적 세계에도 인간 세계에나 있을 법한 갈등이 나타남을 확인할 수 있군.

선지 유형	근거가 있어서 허용 가능
실전에서의 판단 과정	미리 생각한 내용이네.
해설	지문을 읽으면서 〈보기〉와 엮어 미리 생각한 내용이죠? 이 정도는 충분히 미리 생각할 수 있을 것이라고 믿어요.

④ 진옥이 '진법'을 펼치는 장면에서 용궁의 '제장'이 '명
   장'이라고 '칭찬'하는 것을 보면, 진옥이 초월적 세계의
   존재에게 뛰어난 능력을 인정받고 있음을 확인할 수
   있군.

선지 유형	근거가 있어서 허용 가능
실전에서의 판단 과정	칭찬받고 있으니 인정받는 거지.
해설	'용궁'이라는 초월적 세계의 존재인 '제장'이 '진옥'을 칭찬하고 있습니다. 칭찬한다는 명백한 근거가 있으니, '뛰어난 능력을 인정받'는다는 것은 너무나 당연하게 허용할 수 있네요.

⑤ 용왕이 진옥을 '치사'하는 장면에서 진옥을 '동해군'으
   로 '봉하'며 '표창'하는 것을 보면, 진옥이 약속된 보상
   을 받아 영웅으로서의 자격을 증명하고 있음을 알 수
   있군.

선지 유형	근거가 있어서 허용 가능
실전에서의 판단 과정	그렇지.
해설	'진옥'은 '용왕'으로부터 전쟁에서 이겨서 공을 표창하겠다는 약속된 보상을 받습니다. 이는 '진옥'이 영웅으로서의 자격을 증명한 모습이라고 할 수 있겠죠?

몰랐던 어휘 정리하기

〈보기〉 확인

───[보기]───

　권호문의 「한거십팔곡」은 지향하는 삶을 실천하는 태도의 변화 과정을 형상화한 연시조로, 〈제1수〉부터 〈제19수〉까지의 내용이 긴밀히 연결되어 있다.

2019학년도 9월 모의평가에도 출제되었던 '한거십팔곡'입니다. '지향하는 삶을 실천하는 태도의 변화 과정'이라는 내용이 핵심입니다. 여기서 '지향하는 삶'은 무엇일까요?

───[보기]───

　(가)와 (나)에는 작가가 <u>유학자로서의 신념을 바탕으로 자신이 선택한 가치를 추구하는 삶</u>이 나타난다. (가)에는 출사와 은거 사이에서의 고민과 그 해소 과정이, (나)에는 경제적 문제로 인해 곤란을 겪은 상황에 대한 성찰이 나타난다. 한편 (나)는 세속적 가치를 떨치지 못해 과오를 저질렀던 상황이 나타난다는 점에서 (가)와 차이를 보인다.

다음 〈보기〉를 보면 자세하게 알 수 있습니다. '한거십팔곡'인 (가)에는 '출사'(속세)와 '은거'(자연) 사이에서 고민하고 그것을 해소하는 과정이 나타나고 있어요. 이 해소가 당연히 '자연' 쪽이라는 건 굳이 설명하지 않아도 되겠죠?

나아가 (나)는 경제적 문제로 인해 곤란을 겪은 상황에 대한 성찰을 드러낸다고 합니다. 다만 '곤란'에서 그치지 않고, 경제적 문제를 해결하기 위해 세속적 가치를 떨치지 못하고 과오를 저지르는 상황이 드러난다고 해요. 비교적 주제 의식과 전반적인 내용을 자세하게 설명해 주고 있습니다. 적극적으로 활용해 보도록 합시다.

실전적 지문 독해

(가)

　<u>평생에 원하느니 다만 충효뿐이로다</u>
　이 두 일 말면 금수(禽獸)나 다르리야
　마음에 하고자 하여 십재 황황(十載遑遑)*하노라
　　　　　　　　　　　〈제1수〉

비록 못 이뤄도 임천(林泉)이 좋으니라
무심 어조(魚鳥)는 절로 한가하였나니　　[A]
조만간 세상일 잊고 너를 좇으려 하노라
　　　　　　　　　　　〈제3수〉

출(出)하면 치군택민* 처(處)하면 조월경운*
명철 군자는 이것을 즐기나니
<u>하물며 부귀 위기라 가난하게 살리로다</u>
　　　　　　　　　　　〈제8수〉

날이 저물거늘 도무지 할 일 없어
소나무 문을 닫고 달 아래 누웠으니　　[B]
세상에 티끌 마음이 일호말(一毫末)도 없다
　　　　　　　　　　　〈제13수〉

성현의 가신 길이 만고(萬古)에 한가지라
은(隱)커나 현(見)커나 도(道)가 어찌 다르리　　[C]
<u>한가지 길이오 다르지 않으니 아무 덴들 어떠리</u>
　　　　　　　　　　　〈제17수〉

강가에 누워서 강물 보는 뜻은
세월이 빠르니 백세(百歲)인들 길겠느뇨
십 년 전 진세(塵世) 일념이 얼음 녹듯 한다
　　　　　　　　　　　〈제19수〉
　　　　　　　　　-권호문, 「한거십팔곡」-

* 십재 황황 : 십 년을 허둥지둥함.
* 치군택민 : 임금에게 충성하고 백성에게 혜택을 베풂.
* 조월경운 : 달 아래 고기 낚고 구름 속에서 밭을 갊.

앞에서도 언급했듯이, 이 작품은 2019학년도 9월 모의평가에도 출제되었던 작품입니다. 해당 기출을 공부한 경험을 바탕으로 가볍게 읽어낼 수 있어야 해요. 원래는 '충효', 즉 '속세'에서의 가치를 지향했는데, 십 년 동안 이루지 못해 자연 속으로 들어 왔고, 결국 자연에서 성현의 도를 이루겠다는 식으로 갈등을 해소하는 내용이었습니다. 밑줄 친 부분 위주로 이러한 주제 의식을 체크해 주시면 충분하겠습니다.

(나)

　몇 칸의 집을 수선하려 함에, 아내가 취서사로 들어가 겨름*을 구해 오길 권하였다. 유택은 안 된다고 하고, 유평은 해 보자고 하는데, 나도 스스로 생각해 보니, 절은 기와를 쓰기에 겨름은 그다지　[D] 아끼는 것이 아니고, 다만 민간의 요구와 요청에

응하는 것이기에, 이를 요구하더라도 의리를 심히
해치지 않을 듯하였다. 그래서 다시 의견을 널리
구해 보지 않았다.

* 겨릅 : 껍질을 벗긴 삼대

수필입니다. 〈보기〉를 통해 대략적인 내용은 알고 있을 겁니다.
경제적 문제로 인해 어떤 곤란을 겪었는지, 그리고 어떤 과오를
저질렀는지 궁금해하면 되겠죠? 이를 위해선 일단 글쓴이가 처한
상황에 대해 이해할 필요가 있겠습니다.

아내가 '취서사'라는 곳에 가서 '겨릅'을 구해 오라고 한 상황입니
다. 아마 경제적 문제를 해결하는데 '겨릅'이 도움이 되는 것 같아
요. 그런데 '유택'은 안 된다고 하고, '유평'은 해 보자고 합니다. 왜
안 된다는 것인지는 모르겠지만, '나'는 '겨릅'을 요구해도 의리를
심히 해치는 것은 아니라고 생각했다고 합니다. 의견을 널리 구해
보지 않았다는 건, 그냥 구해 오기로 결심했다는 의미겠죠?

마침 처숙부 상사공이 약을 지으려고 취서사로 가게
되었는데, 내가 가고자 함을 알고 따르게 하였다. 대개
공 또한 안 된다고 생각하지는 않았기 때문이다.
이윽고 취서사에 도착하니 근방 마을에서 모여든 자
가 거의 승려들 수와 맞먹었는데, 모두 겨릅 때문에 온
자들이었다. 좌우에서 낚아채 가며 많이 가지려 다투고,
시끌벅적하게 뒤섞여 밟아 대어 곧 시장판을 만들었으
며, 가져감이 많고 적음은 그 힘의 강약에 따랐으나 승
려들은 참견하는 바가 없었다. 그런데 늦게 도착하여 종
도 없는 자는 승려들을 나무라며, 심지어 가혹한 일을
하기까지 했지만 또한 얻을 수 없었다.

그때 '상사공'도 '취서사'로 가는 길이었는데, '나'를 데리고 간 상
황입니다. '상사공' 역시 '겨릅'을 구하는 게 안 될 일은 아니라고
생각했기 때문이라고 해요. 도대체 '겨릅'을 구하는 게 뭐가 그렇
게 나쁜 일인지는 모르겠다는 생각을 하면서 계속 읽어 봅시다.

아무튼 '취서사'에 도착했는데, '겨릅' 때문에 온 이들이 너무나
많았다고 합니다. 서로 조금이라도 더 가져가려고 다투는 모습이
나타나는데, 이것이 곧 '유택'과 같은 인물이 '겨릅'을 구하는 일
을 반대한 이유라고 할 수 있겠네요. '겨릅'을 얻으려는 욕심 때
문에 싸우는 모습은 '나'가 처음에 말한 '의리'를 해치는 일이라고
할 수 있으니까요.

(중략)

나는 마음속으로 민망히 생각하였지만, 이미 그 속에
가 있었기에 의리를 이욕에 빼앗겨서 초연히 버리고 돌
아오지 못하였다. 상사공의 힘으로 수십 묶음을 얻어 햇
빛에 말려 보관할 수 있었으니, 다 상사공의 도움 덕분
이었다.

[E]
스스로 헛걸음하지 않은 것을 매우 다행스럽게
여겼는데, 집으로 돌아오자 멍하기가 마치 술에서
막 깨어난 사람이 잔뜩 취했을 때를 되짚어 생각하
는 듯하였다.

내 아내는 비록 원대한 식견이 있는 사람은 아니지만,
내가 항상 곤궁함 때문에 치욕을 입을까 걱정하였으니,
가령 이와 같을 줄 알았다면 반드시 나의 행차를 권하지
않았을 것이고, 유평도 또한 마땅히 찬동하지 않았을 것
이다.

상사공은 청렴하고 정직하여 주고받음이 구차하지 않
다. 거처하는 집 아래채가 세 칸의 초가집이니, 마땅히
겨릅이 필요하였을 것이다. 그리고 막 산계 서원 원장이
되었는데, 취서사가 바로 삼계 서원에 귀속된 절이었다.
그때 서원의 노비가 개인적으로 취서사에 가서 머물고
있는 자가 서너 명 있었으니, 진실로 가지려고 하면 힘
이 없을 걱정이 없었다. 그런데 담담하게 한마디도 간섭
함이 없었으니, 그 마음속으로 반드시 나를 비난하였을
것이다. 그런데도 애써 나를 위하여 저와 같이 마음과
힘을 써 주신 것은 다만 나의 곤궁함을 불쌍히 여겨서일
뿐이리라.

이런 일을 겪고 난 뒤, '나'는 '의리'를 '이욕'에 빼앗겨서 초연히
버리고 돌아오지 못한 것을 반성하고 있습니다. 이것이 바로 〈보
기〉에서 말한 '세속적 가치를 떨치지 못해 과오를 저지른 상황'이
라고 할 수 있겠죠? 이 정도 이해했으면 마지막 두 문단은 굳이
읽지 않아도 될 것 같습니다. 다른 인물들은 '의리'를 중시했는데,
'나'는 '이욕'에 눈이 멀었다는 것에 대해 반성하는 모습이니까요.

맹자는 "궁해도 의(義)를 잃지 않는다." 하였고, 이극
은 "궁할 때에 그 해서는 안 될 일을 살펴본다." 하였다.
나는 궁함 때문에 이미 스스로 의를 잃어서 평소에 하지
않던 행동을 했고, 또 어른에게까지 폐를 끼쳤으니 참으
로 부끄러워할 일이다. 이미 뉘우칠 줄 알았으니, 이후에
는 마땅히 조심해야겠기에 이를 갖추어 기록하고, 또 유
택이 나를 아껴 약이 되는 유익한 말을 했음을 드러낸다.

-김낙행, 「기취서행」-

마지막까지 '세속적 가치를 떨치지 못하고 과오를 저지른 것'에 대해 반성하는 모습을 보이며, 앞으로는 '궁함' 때문에 '의'를 잃지 않겠다는 다짐을 하고 있습니다.

한 번 주제 의식을 잡기만 하면 어렵지 않은데, 그 한 번이 쉽지 않은 형태의 지문입니다. 최근에는 이렇게 수필의 난이도를 높이는 방식으로 체감 난이도를 높이는 경우가 많습니다. 수필이 조금 어렵다고 느껴지거나, 주제 의식이 잘 보이지 않는다면 초반부에 보여 드린 것처럼 독서 지문을 읽듯이 꼼꼼하게 독해하는 태도를 갖추도록 합시다.

선지	①	②	③	④	⑤
선택률	4%	3%	6%	6%	81%

05 [A]~[E]의 표현상 특징에 대한 설명으로 가장 적절한 것은? ⑤

① [A]는 자연물을 대상화하여 그 자연물에 역동성을 부여하고 있다.

선지 유형	근거가 있어서 허용 불가능
실전에서의 판단 과정	어조가 한가하다며.
해설	[A]에서는 '임천', '어조' 등의 자연물을 대상화하고 있습니다. 하지만 '임천'의 역동성에 대해서는 언급한 바가 없고, '어조'는 '한가하'다고 했어요. 한가하다는 것은 역동적인 모습과는 거리가 멀기 때문에, 절대 허용할 수 없는 선지가 되겠습니다.

② [B]는 근경에서 원경으로 시선을 이동하여 인간과 자연의 차이점을 강조하고 있다.

선지 유형	근거가 있어서 허용 불가능
실전에서의 판단 과정	자연에 동화된 모습인데?
해설	일단 '근경'과 '원경'이라고 할 만한 풍경이 나타나지 않습니다. 화자는 그저 '소나무 문'을 닫고 '달' 아래 누워 있다고 할 뿐이에요. 나아가 화자라는 인간은 자연에 동화된 모습을 보이고 있기 때문에, 이를 근거로 하면 '인간과 자연의 차이점'이라는 말을 절대 허용할 수 없습니다.

③ [C]는 성현의 말을 인용함으로써 화자가 지닌 궁금증을 드러내고 있다.

선지 유형	근거가 있어서 허용 불가능
실전에서의 판단 과정	궁금한 게 아니지.
해설	일단 '성현'의 말을 인용하지도 않았습니다. 그저 '성현'이 갔던 길에 대해 생각하고 있을 뿐이죠. 나아가 중장의 '다르리'와 종장의 '어떠리'는 자신의 감정을 드러내는 영탄적 표현이지, '궁금증'을 드러내는 표현이 아닙니다.

④ [D]는 점층적인 표현으로 앞으로 해야 할 일의 중요성을 환기하고 있다.

선지 유형	근거가 없어서 허용 불가능
실전에서의 판단 과정	그렇게 중요하면 여기저기 물을 이유가 없지.
해설	일단 '점층적인 표현'을 찾을 수가 없습니다. 억지로라도 허용하고 싶어도 관련된 내용을 찾기가 어려워요. 나아가, '앞으로 해야 할 일'은 '겨릅'을 구해 오는 것일 텐데, 만약 이 일이 중요하다고 생각해서 그 중요성을 환기하고 싶다면 여기저기 물어볼 것이 아니라 설득을 했어야겠죠? 뒤쪽도 확실하게 틀렸으니 허용하기 어렵습니다.

⑤ [E]는 비유적 표현을 통해 자신의 행동을 돌아보는 글쓴이의 상태를 부각하고 있다.

선지 유형	근거가 있어서 허용 가능
실전에서의 판단 과정	이욕에 빼앗겼던 자신의 모습을 반성하는 거지.
해설	[E]는 '술에서 막 깨어난 사람'에 비유하며, '겨릅'을 구하느라 의리를 잊고 이욕에 사로잡혔던 자신의 모습을 반성하는 부분입니다. 나아가 곤란을 겪은 상황에 대한 '성찰'은 이 지문의 주제이기 때문에, 맞는 선지라는 것을 더 확신할 수 있겠네요.

선지	①	②	③	④	⑤
선택률	2%	11%	13%	66%	8%

06 ㉠~㉤을 이해한 내용으로 적절하지 <u>않은</u> 것은? ④

① ㉠은 화자의 인생을 포괄한다는 점에서 충효를 중요하게 여겨 온 화자의 생각을 강조한다.

> ㉠평생에 원하느니 다만 충효뿐이로다

선지 유형	근거가 있어서 허용 가능
실전에서의 판단 과정	평생은 인생을 포괄하지.
해설	화자는 자신의 인생 전체를 포괄하는 '평생' 동안 '충효'만을 원했다고 합니다. 이 정도면 충분히 중요하게 여겨 왔다고 할 수 있겠죠?

② ㉡은 화자가 돌이켜 보는 삶의 기간을 가리킨다는 점에서 충효를 실현하려고 애쓴 세월을 나타낸다.

> 평생에 원하느니 다만 충효뿐이로다
> 이 두 일 말면 금수(禽獸)나 다르리야
> 마음에 하고자 하여 ㉡십재 황황(十載遑遑)*하노라
> 〈제1수〉
>
> * 십재 황황 : 십 년을 허둥지둥함.

선지 유형	근거가 있어서 허용 가능
실전에서의 판단 과정	십 년을 허둥지둥했다며.
해설	화자는 '충효'만을 원했는데, 그것을 마음에 하고자 하여 '십 년'을 허둥지둥했다고 합니다. 허둥지둥했다는 것은 열심히 노력했다는 의미를 담고 있다고 볼 수 있으니, 이를 근거로 하면 '충효를 실현하려고 애쓴 세월'을 충분히 허용할 수 있겠네요. 화자가 지난 '십 년'을 허둥지둥했다고 하면서 그 시간들을 돌이켜 보고 있다는 것 역시 당연하게 허용이 되겠구요.

③ ㉢은 유구한 세월이라는 의미를 드러낸다는 점에서 성현의 도는 예나 지금이나 변함없음을 강조한다.

> 성현의 가신 길이 ㉢만고(萬古)에 한가지라

선지 유형	근거가 있어서 허용 가능
실전에서의 판단 과정	만고면 오랜 시간이지.
해설	'만고'는 유구한 세월이라는 의미를 드러낸다고 할 수 있는데, 이렇게 오랜 시간 동안 성현이 가신 길은 한가지라고 했습니다. 그렇다면 그 오랜 시간 동안 성현의 도가 변함없다는 의미이니, 충분히 허용할 수 있는 선지네요.

④ ㉣은 흘러간 시간이 길다는 의미를 드러낸다는 점에서 세월이 빨리 지나가는 것에 대한 화자의 안타까움을 강조한다.

> 강가에 누워서 강물 보는 뜻은
> 세월이 빠르니 ㉣백세(百歲)인들 길겠느뇨

선지 유형	근거가 있어서 허용 불가능
실전에서의 판단 과정	안타까움을 강조하는 부분은 아니지.
해설	화자는 지금 강가에서 자연을 즐기고 있는데, 세월이 빠르니 '백세'인들 길겠냐고 했습니다. 이는 '백세'까지 금방 갈 정도로 지금이 너무나 즐겁다는 것이죠? 즉, 아직 화자가 '백세'가 된 것이 아니라 그때까지 금방 시간이 흐를 것 같다는 것이기 때문에, 이를 근거로 '흘러간 시간'이 길다는 의미를 드러낸다는 말은 허용할 수가 없습니다. 나아가 이 부분은 화자의 즐거움을 강조하는 부분이지, '안타까움'을 강조하는 부분이라고 보기는 어렵죠? 물론 이렇게 좋은 시간이 빠르게 지나는 것에 대해 안타까움을 느낄 여지가 있다고도 할 수 있겠지만, 해당 부분에서 '안타까움' 자체를 허용할 만한 근거를 찾기는 어렵다고 할 수 있겠습니다.

⑤ ㉤은 과거의 한때를 가리킨다는 점에서 현재 자연에서 여유를 느끼는 상황과 대비되는 시절을 나타낸다.

> ㉤십 년 전 진세(塵世) 일념이 얼음 녹듯 한다

선지 유형	근거가 있어서 허용 가능
실전에서의 판단 과정	진세 일념은 속세에서의 생각이라고 할 수 있으니 맞네.
해설	'십 년 전'은 화자가 '충효'라는 속세에서의 뜻을 이루기 위해 노력하던 때입니다. 따라서 이때 가지고

있던 '진세 일념'은 속세에서의 뜻을 의미한다고
할 수 있겠죠. 결국 '십 년 전'이 과거의 한때를 가
리킨다는 것과, 현재 자연에서 여유를 느끼는 상
황과 대비된다는 것 모두 가볍게 허용할 수 있겠
네요.

선지	①	②	③	④	⑤
선택률	41%	16%	19%	16%	8%

07 〈보기〉를 참고하여 (가)를 이해한 내용으로 가장 적절한
것은? ①

– 자연 예찬의 주제 의식을 가지고 있는 작품입니다. 이러한 작품
과 관련된 문제를 해결할 때는 '자연↔속세'의 이분법적 구도를
적극적으로 활용하는 것이 좋다고 했어요. 가볍게 해결해 봅시다.

① 〈제3수〉의 '임천이 좋으니라'에는 〈제1수〉의 '마음에
하고자 하여'에 담긴 태도와는 다른 태도가 나타난다.

비록 못 이뤄도 임천(林泉)이 좋으니라
무심 어조(魚鳥)는 절로 한가하였나니
조만간 세상일 잊고 너를 좇으려 하노라
〈제3수〉

평생에 원하느니 다만 충효뿐이로다
이 두 일 말면 금수(禽獸)나 다르리야
마음에 하고자 하여 십재 황황(十載遑遑)*하노라
〈제1수〉

* 십재 황황 : 십 년을 허둥지둥함.

선지 유형	근거가 있어서 허용 가능
실전에서의 판단 과정	임천은 자연이고 〈제1수〉에서 마음에 하고자 한 건 속세지.
해설	〈제3수〉에서 화자는 '임천'이 좋다는 이야기를 하 면서, '무심 어조'와 함께 '세상일'을 잊고 자연을 즐기고 있습니다. 한편 〈제1수〉에서 화자가 '마음 에 하고자' 했던 것은 '충효', 즉 속세에서의 가치 였죠. 둘은 다른 태도이니 가볍게 허용할 수 있겠 습니다.

② 〈제3수〉의 '너를 좇으려' 했던 태도는 〈제8수〉에서
'출'하는 모습으로 실현되어 나타난다.

비록 못 이뤄도 임천(林泉)이 좋으니라
무심 어조(魚鳥)는 절로 한가하였나니
조만간 세상일 잊고 너를 좇으려 하노라
〈제3수〉

출(出)하면 치군택민* 처(處)하면 조월경운*
명철 군자는 이것을 즐기나니
하물며 부귀 위기라 가난하게 살리로다
〈제8수〉

* 치군택민 : 임금에게 충성하고 백성에게 혜택을 베풂.
* 조월경운 : 달 아래 고기 낚고 구름 속에서 밭을 갊.

선지 유형	근거가 있어서 허용 불가능
실전에서의 판단 과정	〈제3수〉에서 좇는 건 자연이고 '출'은 속세지.
해설	〈제3수〉에서 화자가 좇으려는 '너'는 '무심 어조', 즉 자연입니다. 한편 〈제8수〉에서 '출'은 '치군택 민'이라는, 속세의 가치와 연관된 내용이죠? 자연 을 지향하는 태도가 속세의 가치를 실현하는 모습 으로 나타난다는 것은 절대 허용할 수 없겠습니다.

③ 〈제8수〉의 '이것을 즐기나니'에는 〈제1수〉의 '이 두 일'
을 더 이상 추구하지 않겠다는 의도가 드러난다.

출(出)하면 치군택민* 처(處)하면 조월경운*
명철 군자는 이것을 즐기나니
하물며 부귀 위기라 가난하게 살리로다
〈제8수〉

* 치군택민 : 임금에게 충성하고 백성에게 혜택을 베풂.
* 조월경운 : 달 아래 고기 낚고 구름 속에서 밭을 갊.

평생에 원하느니 다만 충효뿐이로다
이 두 일 말면 금수(禽獸)나 다르리야
마음에 하고자 하여 십재 황황(十載遑遑)*하노라
〈제1수〉

* 십재 황황 : 십 년을 허둥지둥함.

선지 유형	근거가 있어서 허용 불가능
실전에서의 판단 과정	즐기는 건 유교적 출처관인데, 이건 충효도 추구한다는 것이지.
해설	〈제8수〉에서 '명철 군자'가 즐기는 '이것'은 유교적 출처관입니다. 이 지문에서 설명된 것은 아니고, '한거십팔곡'이 출제되었던 2019학년도 9월 모의평가의 〈보기〉에 제시되었던 내용이었죠? '출'하면, 즉 벼슬을 하면 속세에서 '치군택민'하고, '처'하면, 즉 벼슬을 하지 못하면 자연에서 '조월경운'하라는 것이 '유교적 출처관'이었습니다. 〈제1수〉의 '이 두 일'은 속세에서의 '충효'를 의미하니, '유교적 출처관'에 따라 '충효'를 더 이상 추구하지 않겠다는 것은 틀린 내용이 됩니다. 이렇게 기출문제를 풀었던 경험을 바탕으로 해결하는 것을 권하고 싶습니다. 물론 이렇게 해결하지 못하더라도, '이것을 즐기나니'가 의미하는 것은 '출하면 치군택민 처하면 조월경운'이니 '충효'라는 '출'의 가치를 추구하는 것도 포함한다는 식으로 해결하면 되겠죠? 결국 핵심은 '이것을 즐기나니'의 의미를 정확하게 독해하는 것이었습니다.

④ 〈제13수〉의 '달 아래 누'운 모습에는 〈제3수〉에서 '절로 한가하였'던 삶으로 되돌아가고 싶어 하는 태도가 나타난다.

> 날이 저물거늘 도무지 할 일 없어
> 소나무 문을 닫고 달 아래 누웠으니
> 세상에 티끌 마음이 일호말(一毫末)도 없다
> 〈제13수〉

> 비록 못 이뤄도 임천(林泉)이 좋으니라
> 무심 어조(魚鳥)는 절로 한가하였나니
> 조만간 세상일 잊고 너를 좇으려 하노라
> 〈제3수〉

선지 유형	근거가 있어서 허용 불가능
실전에서의 판단 과정	한가하였던 건 화자가 아니라 무심 어조인데?
해설	〈제13수〉의 '달 아래 누'운 모습은 자연을 즐기는 모습입니다. 따라서 한가하게 누워 있는 모습과 대응된다고도 할 수 있는데, 〈제3수〉에서 '절로 한가하였'던 것은 화자가 아니라 '무심 어조'였죠? 〈제3수〉에서 화자는 '절로 한가하였'다고 한 적이 없기 때문에, 그러한 삶으로 되돌아가고 싶어 하는 태도가 나타난다고 보기 어렵겠습니다.

⑤ 〈제17수〉에서 '아무 덴들' 상관없다고 하는 화자의 생각은 〈제19수〉에서 '일념'으로 바뀌어 나타난다.

> 성현의 가신 길이 만고(萬古)에 한가지라
> 은(隱)커나 현(見)커나 도(道)가 어찌 다르리
> 한가지 길이오 다르지 않으니 아무 덴들 어떠리
> 〈제17수〉

> 강가에 누워서 강물 보는 뜻은
> 세월이 빠르니 백세(百歲)인들 길겠느뇨
> 십 년 전 진세(塵世) 일념이 얼음 녹듯 한다
> 〈제19수〉

선지 유형	근거가 있어서 허용 불가능
실전에서의 판단 과정	화자가 원하는 건 자연이고, 일념은 속세에 대한 생각이잖아.
해설	〈제17수〉에서 화자는 '성현'의 '도'가 '은'(숨다=자연)커나 '현'(나타나다=속세)커나 다르지 않다고 생각하면서, 자신이 즐기고 있는 지연을 즐기는 것도 '성현'의 '도'에 어긋나지 않는다고 생각하고 있습니다. 따라서 '아무 덴들'은 곧 '자연'에서의 삶을 의미한다고 할 수 있겠죠. 그런데 '일념'은 화자가 속세에서의 가치를 추구하던 '십 년 전'에 가지고 있던 생각입니다. 따라서 '아무 덴들'이 '일념'으로 바뀐다고 하면 안 될 것이고, '일념'은 과거에 했던 생각이기 때문에 그것으로 '바뀐다'는 표현도 허용할 수 없다고 할 수 있겠죠.

선지	①	②	③	④	⑤
선택률	10%	9%	61%	11%	9%

08 의리와 이욕을 중심으로 (나)를 이해한 내용으로 적절하지 않은 것은? ③

– (나)의 글쓴이는 '이욕'을 추구하려 '의리'를 잃어 버렸던 자신의 모습을 반성하고 있었습니다. 이러한 주제 의식을 생각한 채로 문제를 풀어 보도록 합시다.

① 글쓴이는 겨릅을 얻은 것을 다행스럽게 여겼던 것은
자신이 '이욕'에 빠졌기 때문이라고 본다.

선지 유형	근거가 있어서 허용 가능
실전에서의 판단 과정	겨릅 얻기가 이욕의 상징이었지.
해설	글쓴이는 '겨릅' 얻기에 몰두했고, 그렇게 '겨릅'을 얻는 것에 성공하여 '취서사'로 헛걸음하지 않았던 것에 대해 '매우 다행스럽게' 여기는 자신의 모습을 반성했습니다. 이것은 곧 '이욕'에 빠져 '의리'를 버린 모습이었으니까요. 이는 첫 번째 문제를 풀면서 미리 확인했던 내용이기도 하죠? 작품의 주제 의식과도 직결되는 선지네요.

② 글쓴이는 아내가 자신에게 취서사에 가길 권한 것은 글
쓴이가 '이욕'에 빠지게 될 줄 몰랐기 때문이라고 본다.

선지 유형	근거가 있어서 허용 가능
실전에서의 판단 과정	아내가 만약 알았다면 행차를 권하지 않았을 것이라고 했지.
해설	글쓴이가 만약 자신이 '이욕'에 빠져 '의리'를 버린 모습을 보일 줄 알았다면 자신의 행차를 권하지 않았을 것이라고 말했습니다. 이 내용을 근거로 쉽게 허용할 수 있는 선지죠?

③ 글쓴이는 겨릅을 얻도록 상사공이 자신을 도와준 것
은 글쓴이가 '의리'를 해칠 것을 걱정했기 때문이라고
본다.

선지 유형	근거가 있어서 허용 불가능
실전에서의 판단 과정	그냥 곤궁함을 불쌍히 여겨서였지.
해설	'상사공'은 글쓴이가 겨릅을 얻도록 도왔는데, 글쓴이가 생각하기에 이것은 자신의 '곤궁함'을 불쌍히 여겨서일 뿐이었습니다. 이렇게 명백한 근거가 있으니 글쓴이가 '의리'를 해칠 것을 걱정했다는 내용을 허용하기는 어렵겠죠? 나아가, 글쓴이는 이미 '의리'를 해치고 '이욕'에 빠져 있었던 상태입니다. 그런데 '의리'를 해칠 것을 걱정했다는 것은 앞뒤가 맞지 않죠? 이렇게까지 생각할 수 있다면 이 선지가 답이라는 것에 더욱 확신을 가질 수 있을 것 같습니다.

④ 글쓴이는 취서사에 가는 것을 유택이 반대한 것은 글
쓴이를 아껴 '의리'를 해치지 않기를 바랐기 때문이라
고 본다.

선지 유형	근거가 있어서 허용 가능
실전에서의 판단 과정	유택이 자신을 아껴서 반대했다고 생각했지.
해설	'유택'은 글쓴이가 취서사에 '겨릅'을 구하러 가는 것을 반대했는데, 마지막 문단에서 글쓴이는 '유택'이 자신을 아껴 약이 되는 유익한 말을 했다고 생각하고 있음이 드러났습니다. 이 지문의 주제를 고려하면, 여기서의 '유익한 말'은 곧 '의리를 지켜라' 정도가 되겠죠? 이러한 독해의 결과를 근거로 충분히 허용할 수 있겠네요.

⑤ 글쓴이는 겨릅을 구하러 가는 것에 유평이 동의한 것
은 그 일이 '이욕'에 빠지는 것은 아니라고 생각했기
때문이라고 본다.

선지 유형	근거가 있어서 허용 가능
실전에서의 판단 과정	아내와 마찬가지로 유평도 알았으면 동의를 안 했을 것이라고 했지.
해설	'유평'은 글쓴이가 취서사에 '겨릅'을 구하러 가는 것을 찬성했습니다. 그런데 글쓴이는 [E] 아래에서 '아내'와 마찬가지로 '유평'도 자신이 '의리'를 해칠 것이라고 생각했다면 찬성하지 않았을 것이라고 생각했어요. 애초에 이 작품의 인물들은 모두 '이욕'에 빠져 '의리'를 해치는 것에 부정적이었다는 것을 생각하면 더 쉽게 허용할 수 있었겠습니다.

이 문제는 선지에서 묻는 부분을 특정하지도 않고 세세한 정보에 대해 이해하고 있는지 묻는다는 점에서, 학생들의 체감 난이도를 크게 높이는 형태의 문제입니다. 다만 '주제' 중심으로 선지를 판단하라는 원칙에 의거하면 쉽게 답을 고를 수 있어요. 이 지문은 결국 '이욕'에 빠져 '의리'를 해친 글쓴이의 반성 및 '이욕'보다 '의리'를 중시하는 주변인들의 모습이 핵심인데, 화자가 아직 '의리'를 해치지 않았다는 뉘앙스가 담긴 3번 선지를 제외한 나머지 선지들은 모두 이러한 주제 속에 들어와 있는 모습이죠? 시험장에서 '주제'라는 명확한 기준을 중심으로 사고한다면 충분히 쉽게 해결할 수 있었을 거예요.

물론, 시험장에서 이러한 풀이가 부담스러울 수 있습니다. 이 경우에는 그냥 수필 작품 전체를 꼼꼼하게 독해하는 것이 답이라고 할 수 있어요. 시간을 들여서 (나)를 꼼꼼하게 독해하면, 선지에서 묻는 부분들을 모두 간단하게 찾을 수 있거든요. '주제' 중심으로 답만 골라내는 풀이가 가장 이상적이지만, 불안하다면 정공법이 답이라는 것. 확실하게 알아두도록 합시다.

선지	①	②	③	④	⑤
선택률	10%	9%	61%	11%	9%

09 〈보기〉를 참고하여 (가), (나)를 감상한 내용으로 적절하지 않은 것은? [3점] ③

① (가)의 '부귀 위기라 가난하게 살리로다'에서 자신이 선택한 가치를 추구하려는 작가의 태도를 엿볼 수 있군.

> 하물며 부귀 위기라 가난하게 살리로다

선지 유형	근거가 있어서 허용 가능
실전에서의 판단 과정	가난하게 산다며.
해설	대놓고 '가난하게 살'겠다고 하고 있습니다. 이는 작가 자신이 선택한 가치를 추구하려는 태도라고 할 수 있죠?

② (나)의 '궁해도 의를 잃지 않는다.'에서 작가가 추구하는 유학자로서의 신념을 엿볼 수 있군.

> 맹자는 "궁해도 의(義)를 잃지 않는다." 하였고,

선지 유형	근거가 있어서 허용 가능
실전에서의 판단 과정	주제네.
해설	아무리 가난해도 '의리'를 잃으면 안 된다는 것. (나)의 주제 그 자체죠? 이는 〈보기〉에서 말하는 것처럼 작가가 추구하는 유학자로서의 신념이라고 할 수 있겠습니다.

③ (가)의 '세상에 티끌 마음이 일호말도 없다'에서 세속적 가치에 구애되지 않은 모습을, (나)의 '버리고 돌아오지 못하였다'에서 세속적 가치를 떨치지 못한 모습을 엿볼 수 있군.

> 세상에 티끌 마음이 일호말(一毫末)도 없다

> 나는 마음속으로 민망히 생각하였지만, 이미 그 속에 가 있었기에 의리를 이욕에 빼앗겨서 초연히 버리고 돌아오지 못하였다.

선지 유형	근거가 있어서 허용 가능
실전에서의 판단 과정	그러네.
해설	'세상에 티끌 마음이 일호말도 없다'는 것은 속세에서 벗어나 자연을 추구하는 모습이고, '초연히 버리고 돌아오지 못'한 것은 바로 앞에 나온 것처럼 '이욕'이라는 세속적 가치에 마음을 빼앗긴 모습입니다. 선지 그 자체로 허용할 수 있네요.

④ (가)의 '도무지 할 일 없어'에서 출사하지 못한 것에 대해 고민하는 모습을, (나)의 '시끌벅적하게 뒤섞여 밟아 대'는 모습에서 경제적 문제로 곤란을 겪는 상황을 확인할 수 있군.

> 날이 저물거늘 도무지 할 일 없어
> 소나무 문을 닫고 달 아래 누웠으니

> 좌우에서 낚아채 가며 많이 가지려 다투고, 시끌벅적하게 뒤섞여 밟아 대어 곧 시장판을 만들었으며,

선지 유형	근거가 있어서 허용 불가능
실전에서의 판단 과정	할 일 없는 건 자연 즐기는 모습인데?
해설	일단 (가)의 '도무지 할 일 없어'는 소나무 문을 닫고 달 아래 누워 자연을 즐기는 화자의 모습과 관련되어 있습니다. 이를 근거로 하면, '출사하지 못한 것에 대해 고민하는 모습'은 절대 허용할 수 없겠죠? 애초에 화자는 십 년 동안 속세에서의 가치를 추구하다가 포기한 상황이니까요. 나아가 (나)의 '시끌벅적하게 뒤섞여 밟아 대'는 모습은 글쓴이가 보인 모습이 아니라, 취서사에 모인 사람들이 보인 모습입니다. 물론 그 사람들이 경제적 문제로 곤란을 겪고 있는 것은 맞지만, 〈보기〉를 참고하면 이 선지에서 묻는 것은 글쓴이의 상황이라고 할 수 있겠죠? 이러한 독해의 결과를 근거로 하면 (나) 부분도 허용할 수 없겠네요.

⑤ (가)의 '도가 어찌 다르리'에서 출사와 은거 사이에서의 고민이 해소되었음을, (나)의 '의를 잃'은 것에 대해 '이후에는 마땅히 조심'하겠다는 다짐에서 성찰적 태도를 확인할 수 있군.

은(隱)커나 현(見)커나 도(道)가 어찌 다르리

나는 궁함 때문에 이미 스스로 의를 잃어서 평소에 하지 않던 행동을 했고, 또 어른에게까지 폐를 끼쳤으니 참으로 부끄러워할 일이다. 이미 뉘우칠 줄 알았으니, 이후에는 마땅히 조심해야겠기에 이를 갖추어 기록하고, 또 유택이 나를 아껴 약이 되는 유익한 말을 했음을 드러낸다.

선지 유형	근거가 있어서 허용 가능
실전에서의 판단 과정	주제네.
해설	(가)의 화자는 '도가 어찌 다르리'라고 생각하면서 출사와 은거 중 '은거'의 삶을 선택하겠다는 다짐을 보이고 있습니다. 이는 충분히 '고민 해소'라고 할 수 있겠고, (나)의 글쓴이가 '의를 잃'은 것에 대해 '이후에는 마땅히 조심'하겠다고 생각하는 것은 지문의 주제 그 자체죠? 가볍게 허용할 수 있겠네요.

몰랐던 어휘 정리하기

| 핵심 point |

① **허용 가능성 평가** : 선지의 내용을 '허용'하려는 태도를 바탕으로 지문을 '독해'하며 '근거'를 찾아야 합니다. 허용할 수 있는 '근거'가 있어야만 허용할 수 있습니다. 주관적인 생각을 개입시키면 안 됩니다.

② **고전시가 독해** : 겁먹지 않고, 현대시를 읽듯이 읽어내면 됩니다. 현대시와 마찬가지로, 〈보기〉의 도움 등을 통해 '주제' 위주로 가볍게 읽어내면 되는 거예요. 자세한 해석은 선지가 해줄 겁니다!

③ **수필 독해** : 운문문학과 마찬가지로, 글쓴이가 하고자 하는 말인 '주제'를 파악하는 것이 핵심입니다. 수필이 어렵게 출제될 것을 대비해, 독서 지문을 읽듯이 꼼꼼하게 읽으며 주제를 파악하는 연습을 해야 해요.

| 지문 내용 총정리 |

고전시가+수필 세트의 정석과도 같은 지문이었습니다. '속세↔자연'의 이분법을 바탕으로 '자연 예찬'의 주제를 가진 고전시가를 대하는 태도, '주제' 중심으로 독해하고 선지를 판단하는 수필 문제 해결의 태도 등을 확실하게 점검해 보도록 합시다.

〈보기〉 확인

> [보기]
>
>   부정적인 방향으로 응고된 기억을 돌이켜 긍정적인 방향으로 재편함으로써 심리적 안정을 도모하는 기회를 마련할 수 있다. 심리 요법의 일환으로 적용되는 '기억 재응고화'는 마음의 상처로 남은 기억을 재구성하여 다른 의미와 가치에 대응시킴으로써, 사람들로 하여금 부정적 기억으로 빚어진 심리적 불안정에 대응할 힘을 회복하도록 돕는 원리이다.

부정적인 방향으로 응고된 기억, 즉 일종의 트라우마를 돌이켜 긍정적인 방향으로 재편하는 '기억 재응고화'에 대한 〈보기〉입니다. 이를 통해 심리적 안정을 도모하는 기회를 마련할 수 있다고 해요. 이런 〈보기〉가 제시되었다는 건, 이 지문의 인물이 '기억 재응고화' 과정을 기치기 때문이라고 할 수 있겠죠? 일종의 트라우마를 가지고 있을 그 인물을 만나러 가봅시다.

지문 독해

>   어머니의 변명은 끝끝내 내 마음을 어루만져 주지 못했다. 그 후로 나는 좀처럼 아버지에 대한 얘기를 꺼내지 않게 되었다. 뜻밖에도 아버지의 죄를 순순히 시인하는 그녀의 한마디가 내게는 그토록 엄청난 충격으로 깊이 남겨졌던 탓이리라. 바로 그 순간부터 나는 아버지의 그 죄라는 것을 내 스스로 함께 나누어 지니고 만 느낌이었고, 그 때문에 나이에 걸맞지 않게 나는 눈빛이 깊고 어두운 아이가 되어 가고 있었다.

'어머니'가 무언가 변명을 했는데, 이것이 '나'에게는 그리 도움이 되지 않은 것 같습니다. 그 후로 '나'가 '아버지'에 대한 이야기를 꺼내지 않게 되었다는 내용으로 보아, '어머니'의 변명은 '아버지'의 잘못에 대한 것이라고 할 수 있겠습니다. '아버지'의 죄를 순순히 시인하는 '어머니'의 변명은 '나'에게는 엄청난 충격이었나 봐요. 정확히 어떤 일이 있었던 것인지는 모르겠지만, 〈보기〉에서 말한 '부정적인 방향으로 응고된 기억'이 형성되는 순간을 나타내고 있다는 것은 생각할 수 있겠죠?

'아버지'에 대한 이야기가 얼마나 충격적이었는지, '나'는 '아버지'의 죄를 함께 나누어 지니고 만 느낌을 받았다고 합니다. 스스로를 죄인이라고 생각하니, '나'는 나이에 걸맞지 않게 눈빛이 깊고 어두운 아이가 되었을 것입니다. 이러한 모습에 충분히 공감할 수 있겠죠?

>   〈그리고 그때부터 아버지의 무서운 환영은 저주처럼 내 곁을 따라다니기 시작했다. 그는 언제나 시커먼 어둠 저편에 숨어서 음산하기 그지없는 눈빛으로 나를 쏘아보고 있었다. 그는 어디에나 숨어 있었다. 내 어릴 때 이따금 고개를 디밀어 들여다보면 마루 밑 저편 깊숙이 도사리고 있던 그 까마득한 어둠 속에도 그 어둠 속에서 술술 기어 나오던 그 눅눅하고 음습한 냄새 속에서도 내가 한 번도 얼굴을 본 적이 없는 그 사내는 핏발 선 눈알을 번득이며 나를 쏘아보고 있는 것이었다.〉 그건 어디서 묻었는지도 모르는, 오랜 시간이 흐른 뒤에까지 지워지지 않는 핏자국처럼 내게는 저주와 공포의 낙인으로 깊이 박혀져 있었다. 그리고 그 낙인을 가슴에 지닌 채, 나는 끝끝내 나를 휘감고 있는 어떤 엄청난 죄악감과 불길한 예감으로부터 영영 벗어날 수가 없었다.

'나'는 스스로 '아버지'의 죄를 함께 나누어 지니고 있다는 느낌을 받고 있습니다. 이런 상황이니, '아버지'의 무서운 환영이 저주처럼 따라다니는 느낌을 받는 것에도 충분히 공감할 수 있겠네요. 〈 〉 표시한 부분은 일종의 'skip 가능 구간'으로, 결국 '아버지'의 환영이 무서운 모습으로 자신을 따라다녔다는 내용의 반복이라는 생각을 하며 가볍게 넘어갈 수 있겠죠?

이런 '아버지'의 환영은 '나'에겐 '저주와 공포의 낙인'으로까지 표현될 만큼 트라우마였을 것입니다. '나'는 '엄청난 죄악감과 불길한 예감'으로부터 영영 벗어날 수 없는 느낌을 받을 정도로 이에 억눌리는 모습이에요. 그렇다면 앞으로는 이렇게 '부정적인 방향으로 응고된 기억'을 '재응고화'하는 모습이 나타나겠죠? 기대하면서 읽어봅시다.

>   **[중략 부분의 줄거리]** 나와 부대원들은 훈련에 대비해 참호를 파다가 발견한 유해를 인근 마을의 노인과 함께 수습하여 매장하는 일을 행한다.

[중략 부분의 줄거리]입니다. 시간이 흘러, '나'가 군대에 간 상황인 것으로 보입니다. '나'와 부대원들은 참호를 파다가 유해를 발견하는데, 이를 인근 마을의 '노인'과 함께 수습하여 매장하고 있습니다. 아마 이 사건을 통해 '나'의 '기억 재응고화'가 이루어지겠죠?

두개골과 다리뼈를 꼼꼼히 문질러 닦은 뒤, 노인은 몸
통뼈에 묶인 줄을 풀어내기 시작했다. 완강하게 묶인 매
듭은 마침내 노인의 손끝에서 풀리어졌다. 금방이라도
쩔걱쩔걱 쇳소리를 낼 듯한 철삿줄은 싱싱하게 살아 있
었다. 살을 녹이고 뼈까지도 녹슬게 만든 그 오랜 시간
과 땅 밑의 어둠을 끝끝내 견뎌 내고 그렇듯 시퍼렇게
되살아 나오는 그것의 놀라운 끈질김과 냉혹성이 <u>언뜻
소름끼치도록 무서움증을 느끼게 했다.</u>
　　노인은 손목과 팔에 묶인 결박까지 마저 풀어낸 다음
허리를 펴고 일어서더니 줄 묶음을 들고 저만치 걸어 나
갔다. 그가 허공을 향해 그것을 멀리 내던지는 순간 나
는 <u>까닭 모르게 마당가에서 하늘을 치어다보며 서 있는
어머니의 가녀린 목 줄기와 그녀가 아침마다 소반 위에
떠서 올리곤 하던 하얀 물 사발이 눈앞에 떠올랐다가 스
러져 버리는 것이었다.</u>

'나'를 포함한 부대원들이 '노인'과 함께 유해를 수습하고 있습니
다. 유해를 묶고 있던 철삿줄은 살과 뼈가 녹을 때까지도 싱싱하
게 살아 있습니다. 이런 철삿줄의 '끈질김과 냉혹성'이 소름끼치
도록 무서웠다는 '나'의 감정에 공감하는 것은 그리 어렵지 않겠
죠? 전쟁의 참혹함, 죽음에 대한 두려움 등을 간접적으로나마 체
험할 수 있는 상황이니까요.

아무튼 '노인'은 그 '줄 묶음'을 허공을 향해 멀리 내던집니다. 그
런데 이를 보던 '나'는 '어머니'의 모습과 그녀가 아침마다 소반
위에 떠서 올리곤 하던 '하얀 물 사발'을 떠올립니다. '나'에게 트
라우마를 안긴 '어머니'가 떠올랐다는 것은, '노인'의 행동으로부
터 '기억 재응고화' 과정이 시작되었다는 의미라고도 할 수 있겠
습니다. 물론 단순히 트라우마가 다시 떠오르는 상황일 수도 있
겠지만, 〈보기〉의 내용을 최대한 적용하면 이와 같이 생각할 수
있겠죠?

　　나는 담배를 피워 물었다. 멀리 메마른 초겨울의 야산
이 헐벗은 등을 까 내놓고 죽은 듯이 엎드려 있었다. 사
위는 온통 잿빛의 풍경이었다. <u>피잉, 현기증이 일었다.</u>
　　광주리를 머리에 인 어머니가 모래밭을 걸어오고 있
었다. 〈돌돌거리며 흐르는 물소리를 거슬러 강변 모래밭
을 어머니가 혼자 저만치서 다가오고 있었다. 모래밭은
하얗게 햇살을 되받아 쏘며 은빛으로 반짝였다. 허리띠
를 질끈 동인 어머니의 치맛자락이 흐느적이며 바람결
에 흔들리고 있었다. 나는 햇살에 부신 눈을 가늘게 오므
리고 줄곧 그녀를 지켜보고 있었다.〉 그때였다. 꿈속에

서처럼 나는 그녀의 뒤를 바짝 따라오고 있는 한 사내의
환영을 보았다. <u>그건 아버지였다.</u> 언젠가 어머니의 낡은
반닫이 깊숙한 옷가지 밑에 숨겨져 있던 액자 속에서 학
생복 차림으로 서 있던 그대로 그건 영락없는 그 사내였
다. 나를 어머니의 배 속에 남겨 놓은 채 어느 바람이 몹
시 부는 날 밤, 산길을 타고 지리산인가 어디로 황황히
떠나가 버렸다는 사내. 〈창백해 뵈는 뺨에 마른 몸집〉의
그 사내가 어머니와 함께 걸어오고 있는 것이었다.

갑자기 '어머니'가 떠오른 '나'는 담배를 피워 뭅니다. 그런데 그
순간 현기증이 나면서 '메마른 초겨울의 야산'을 보고 있어요. 정
말로 이런 풍경을 보고 있는 것은 아닐 테고, 아마 과거 장면을 회
상하는 것이거나 어떤 장면을 상상하는 것이라고 할 수 있겠죠?

그곳에서는 '어머니'가 광주리를 머리에 이고 모래밭을 걸어오고
있습니다. 〈　〉 부분에서 묘사된 배경 및 외양을 참고하여 이 장
면을 생생하게 상상할 수 있어야 합니다. 그런 '어머니' 뒤를, '한
사내의 환영'이 바짝 따라옵니다. 바로 '나'에게 트라우마를 안긴
'아버지'예요. '어머니'가 숨겨 놓은 액자 속 학생복 차림으로 서
있던 그대로의 모습을 한 '아버지'가 '어머니'를 바짝 따라오고 있
는 것입니다.

우리가 미리 생각한 것처럼, 이는 '노인'의 모습을 통해 연상한
'어머니'의 모습에서 나아가 '아버지'까지 떠올리며 '나'의 '기억
재응고화'가 이루어지고 있는 상황이라고 할 수 있습니다. 〈보
기〉의 내용을 가져오면, 이는 '아버지'를 긍정적인 방향으로 인식
하는 모습이겠죠. 그저 죄인이라고만 여겼던 '아버지'도 사실은
'어머니'와 함께 하고자 했던 평범한 남자였다는 식으로 인식의
전환이 이루어지고 있는 것입니다. '창백해 뵈는 뺨에 마른 몸집'
이라는 외양 묘사를 보면 '아버지'에게 연민을 느끼는 '나'의 모습
을 확인할 수 있겠죠? 이렇게 '아버지'에 대한 인식을 바꾸면서
'기억 재응고화'를 하고 있는 '나'의 내면세계에 주목할 수 있어야
해요.

　　<u>놀란 눈으로 풀밭에 앉아 나는 그들을 지켜보고 있었
다.</u> 이윽고 어머니의 〈눈썹과 코, 입의 윤곽과 야윈 목
줄기〉까지 뚜렷이 드러날 만큼 가까워졌을 때 <u>사내의
환영은 어느 틈에 사라져 버리고 없었다.</u> 몇 번이나 눈
을 비비고 보았으나 역시 마찬가지였다. 하얗게 반짝이
는 모래밭 위로 어머니가 찍어 내는 발자국만 유령처럼
끈질기게 그녀의 발꿈치를 뒤따라오고 있을 뿐이었다.

당연히 '나'는 놀랄 수밖에 없습니다. 풀밭에 앉아 그들을 지켜본다고 하지만, 사실은 자신의 내면세계 깊숙이 들어가 더 자세하게 상상하는 모습을 표현한 것이라고 할 수 있겠죠? 아무튼 '어머니'의 모습을 자세히 떠올릴 수 있을 만큼 깊은 상상에 빠진 그때, '아버지'의 환영은 어느 틈에 사라져 버리고 맙니다. '아버지'가 아닌, 그저 '어머니'의 발자국만 '어머니'를 뒤따라오고 있을 뿐이에요.

딱 이 정도로만 읽어도 충분합니다. 하지만 이 상황을 '나'가 '아버지'에 대해 더 자세히 인식하고 싶지만 그러한 경험의 부족, '아버지'에 대한 정보의 부족 등으로 인해 제대로 인식하지 못하는 한계를 보이고 있다는 식으로 이해할 수 있다면 더 훌륭할 것 같습니다. '나'는 지금 '아버지'에 대한 재인식을 통해 '기억 재응고화'를 시도하고 있는데, 이러한 내면세계에 주목한다면 충분히 떠올릴 수 있는 생각일 거예요.

> 우리는 관 대신에 신문지로 싼 유해를 맨 처음 그 자리에 다시 묻어 주었다. 도톰하니 봉분을 만들고 뗏장까지 입혀 놓고 보니 엉성한 대로 형상은 갖춘 듯싶었다. 노인은 술을 흙 위에 뿌려 주었다. 그리고 자신이 먼저 한 모금 마신 다음에 잔을 돌렸다. 오 일병이 노파가 준 북어를 내놓았고, 덕분에 작은 술판이 벌어졌다. 음복인 셈이었다.
>
> "얌마, 이런 느닷없는 장례식도 모두 너희 두 놈들 때문이니까, 자 한 잔씩 마셔라."
>
> "그래그래, 어쨌든 너희들은 좋은 일 했으니 천당 가도 되겠다."
>
> 소대장이 병을 기울였고 다른 녀석들도 낄낄대며 한 마디씩 보태었다.

'나'의 성찰이 끝나고, 다시 현실입니다. '나'와 부대원들, 그리고 '노인'은 유해에 대한 일종의 제사를 치르고 작은 술판을 벌입니다. 어찌 되었든 좋은 일을 한 것이니 서로 기분 좋게 술을 마시며 마무리하자는 취지라고 할 수 있겠죠? 그렇게 '오 일병', '소대장'을 비롯한 이들은 '낄낄대며' 즐거워 보입니다.

하지만 '나'의 내면세계에 공감하며 읽고 있는 여러분들은 전혀 즐겁지 않을 것입니다. 지금은 '아버지'에 대한 재인식을 통해 '기억 재응고화'를 할 수 있는 기회예요. 마음도 싱숭생숭할 것이기 때문에, 술자리에 제대로 집중하지 못하고 계속해서 성찰하는 '나'의 모습이 떠올라야 합니다. 이 모습이 떠올랐다면 지문을 정말 잘 읽은 것이라고 할 수 있는 거예요.

> 술이 가득 차오른 반합 뚜껑을 나는 두 손으로 받쳐 들었다. 저것 봐라이. 날짐승도 때가 되면 돌아올 줄 아는 법이다. 어머니가 말했다. 〈저만치 웬 사내가 서 있었다. 가슴과 팔목에 철삿줄을 동여맨 채 사내는 이쪽을 응시하며 구부정하게 서 있었다. 퀭하니 열려 있는 그 사내의 눈은 잔뜩 겁에 질려 있는 채로였다. 애앵. 총성이 울렸고 그는 허물어지듯 앞으로 고꾸라지고 있었다.〉 불현듯 시야가 부옇게 흐려 왔다.

그렇게 술을 받던 '나'는 또 '어머니'의 모습을 떠올립니다. '날짐승'도 때가 되면 돌아올 줄 아는 법이라고 말하면서 '아버지'를 기다리던 '어머니'의 모습을 말이에요. 그러자 또 한쪽에선 웬 사내가 보입니다. '나'가 수습한 유해의 모습처럼, 가슴과 팔목에 철삿줄을 동여맨 채 이쪽을 응시하며 구부정하게 서 있는 모습이에요. 잔뜩 겁에 질린 그 사내를 향해 총성이 울렸고, 허물어지듯 앞으로 고꾸라집니다. 불현듯 시야가 부옇게 흐려 옵니다. 총을 맞은 사내의 시야가 흐려진다는 의미일 수도 있겠고, 이런 생각을 하던 '나'의 시야가 흐려진다는 의미일 수도 있겠죠? 어쨌든 '나'의 성찰이 절정에 다다르고 있다는 생각을 할 수 있어야 합니다.

맥락상 당연히 이 사내는 '아버지'를 의미할 것입니다. '나'는 '아버지' 역시 오늘 만난 유해의 주인처럼 비참한 최후를 맞이했을 것이라 생각하고 있는 거예요. 정확히 어떤 일이었는지는 모르겠지만, 이는 '나'가 '아버지'에 대해 느끼는 감정에 큰 변화를 불러일으켰을 것입니다. 굳이 말을 만들어보자면 '연민' 혹은 '안타까움' 정도가 되겠죠?

> 아아. 아버지는 지금 어디에 쓰러져 누워 있을 것인가. 해마다 머리맡에 무성한 쑥부쟁이와 엉겅퀴꽃을 지천으로 피워 내며 이제 아버지는 어느 버려진 밭고랑, 어느 응달진 산기슭에 무덤도 묘비도 없이 홀로 잠들어 있을 것인가.
>
> -임철우, 「아버지의 땅」-

이에 '나'는 어딘가 쓰러져 누워 있을 '아버지'를 떠올리며 안타까워합니다. '아버지'가 정말 저러한 최후를 맞이했다면, 오늘 만난 유해의 주인처럼 '아버지'는 머리맡에 '쑥부쟁이와 엉겅퀴꽃'을 지천으로 피워 내며 어딘가에 묘비도 없이 잠들어 있을 것이에요. '아버지'가 어떤 죄를 지었든 간에, 이는 '나'의 입장에서 너무나 슬픈 상상입니다. 어쨌든 '나'가 성공적으로 '기억 재응고화'를 이루어낸 모습이라고 할 수 있겠죠?

선지	①	②	③	④	⑤
선택률	4%	45%	18%	8%	25%

10 ㉠~㉤의 서술 방식에 대한 설명으로 적절하지 <u>않은</u>
것은? ②

① ㉠ : '나'의 지각 내용을 '나'가 서술하는 상황으로 인물
과 서술자가 겹쳐 있다.

㉠바로 그 순간부터 나는 아버지의 그 죄라는 것을 내
스스로 함께 나누어 지니고 만 느낌이었고, 그 때문에
나이에 걸맞지 않게 나는 눈빛이 깊고 어두운 아이가 되
어 가고 있었다.

선지 유형	근거가 있어서 허용 가능
실전에서의 판단 과정	그렇지.
해설	'나'가 '아버지'의 죄를 스스로 함께 나누어 지닌 것과 같은 느낌을 가지고 있다는 지각 내용을 '나' 가 직접 서술하고 있습니다. 이는 인물과 서술자가 겹쳐 있는 모습이라고 할 수 있겠죠.

② ㉡ : 서술의 주체를 알 수 있는 표지가 분명하게 제시
되어 서술자와 지각의 주체가 뚜렷이 구분된다.

㉡나는 담배를 피워 물었다. 멀리 메마른 초겨울의 야
산이 헐벗은 등을 까 내놓고 죽은 듯이 엎드려 있었다.
사위는 온통 잿빛의 풍경이었다. 피잉, 현기증이 일었다.

선지 유형	근거가 있어서 허용 불가능
실전에서의 판단 과정	서술자와 지각의 주체 둘 다 '나'잖아.
해설	㉡에는 서술의 주체를 알 수 있는 '나'라는 표지가 분명하게 제시되어 있습니다. 나아가 '메마른 초겨 울의 야산'을 떠올리고, '현기증'을 느끼는 등의 지 각의 주체 역시 '나'예요. 이렇게 서술자와 지각의 주체가 동일하다는 명백한 근거가 있으니, 이들이 뚜렷이 구분된다는 내용은 허용하기 어렵습니다.

③ ㉢ : '나'가 아니라 '나'가 지각하는 대상을 주어로 서술
함으로써 지각의 대상을 부각하는 효과가 나타난다.

㉢언젠가 어머니의 낡은 반닫이 깊숙한 옷가지 밑에
숨겨져 있던 액자 속에서 학생복 차림으로 서 있던 그대
로 그건 영락없는 그 사내였다.

선지 유형	근거가 있어서 허용 가능
실전에서의 판단 과정	주어가 '그건'이고, 이건 '나'가 지각하는 대상이지.
해설	㉢의 주어는 '그건'입니다. 맥락을 고려하면 '아버 지의 환영'이라고 할 수 있겠죠? 이렇게 '나'가 아 니라 '나'가 지각하고 있는 '아버지의 환영'을 주어 로 서술하고 있는데, 이렇게 하면 지각의 대상인 '아버지의 환영'을 부각하는 효과가 나타날 것입니 다. 독자 입장에서 문장의 주어에 주목하는 것은 자연스럽다고 할 수 있으니까요.

④ ㉣ : 인용 부호 없이 서술된 발화에서 인물의 목소리가
드러난다.

㉣저것 봐라이. 날짐승도 때가 되면 돌아올 줄 아는
법이다.

선지 유형	근거가 있어서 허용 가능
실전에서의 판단 과정	그러네.
해설	㉣은 그 어떤 인용 부호 없이 '어머니'의 발화를 서술하고 있습니다. 이런 방식으로 '어머니'라는 인물의 목소리를 드러내고 있죠?

⑤ ㉤ : 지각의 주체를 알리는 표지가 나타나지 않아서 누
가 지각한 바를 서술한 것인지 모호한 상황이 빚어진다.

㉤불현듯 시야가 부옇게 흐려 왔다.

선지 유형	근거가 있어서 허용 가능
실전에서의 판단 과정	미리 생각한 내용이네.
해설	㉤의 앞은 '나'가 상상하는, 총을 맞아 최후를 맞 이하는 '아버지'의 모습입니다. 이에 ㉤은 총을 맞 아 의식이 흐려지는 '아버지'의 지각을 서술한 것 인지, 아니면 '아버지'의 최후를 상상하고 정신이 아득해진 '나'의 지각을 서술한 것인지 모호한 상 황이 빚어지죠? 지문을 읽으면서 미리 생각하지 못했더라도, 최소한 '나'와 '아버지' 모두 시야가 부옇게 흐려 올 만한 상황이라는 것을 근거로 허 용할 수는 있어야 해요.

선지	①	②	③	④	⑤
선택률	5%	9%	62%	5%	19%

11 윗글에서 ⓐ와 ⓑ의 서사적 기능에 대한 설명으로 가장 적절한 것은? ③

> 뜻밖에도 아버지의 죄를 순순히 시인하는 그녀의 ⓐ<u>한 마디</u>가 내게는 그토록 엄청난 충격으로 깊이 남겨졌던 탓이리라.

> 소대장이 병을 기울였고 다른 녀석들도 낄낄대며 ⓑ<u>한 마디</u>씩 보태었다.

– ⓐ는 '아버지'의 죄를 순순히 시인하여 '나'에게 트라우마를 만든 '어머니'의 말이고, ⓑ는 한창 '아버지'에 대한 생각에 빠져 있는 '나'와는 달리 술자리를 즐기는 이들의 말입니다. 이러한 내용을 바탕으로 선지를 판단해봅시다.

① ⓐ가 이야기의 심화된 주제를 구현하는 제재라면, ⓑ는 이야기의 주제를 가늠하도록 하는 단서이다.

선지 유형	근거가 없어서 허용 불가능
실전에서의 판단 과정	ⓑ랑 주제랑 뭔 상관이야.
해설	이 지문의 주제는 '아버지에 대한 나의 인식 변화' 정도로 정리할 수 있습니다. 일단 ⓐ는 이러한 인식 '변화'의 한 축으로 기능한다는 점에서 주제를 '구현'하는 제재라고 할 수도 있겠지만, '심화된 주제'를 구현한다고 보기는 어렵겠죠. '심화'는 어떠한 대상이 반복되며 깊어질 때 허용할 수 있는 개념인데, ⓐ는 반복되는 부분이 아닌 시작하는 부분이라는 점에서 '심화된 주제를 구현'하는 제재로 보기는 어렵습니다. 나아가, ⓑ는 '아버지에 대한 나의 인식 변화'와는 전혀 무관한 이들이 나누는 말입니다. 이를 통해 이야기의 주제를 가늠할 수 있다는 것은 절대 허용할 수 없겠습니다.

Q 이 작품의 주제가 '전쟁과 분단의 상처와 이해와 연민을 통한 상처의 치유'라고 배웠습니다. ⓑ는 전쟁과 분단으로 인해 희생된 유골을 치우는 일을 '좋은 일'이라고 하는 등의 내용을 담고 있는데, 이를 고려하면 전쟁의 피해를 회복하는 것을 긍정한다는 점에서 ⓑ가 이야기의 주제를 가늠하도록 하는 단서라고 할 수 있지 않나요?

A 잘못된 연계학습의 폐해를 단적으로 보여 주는 사례입니다. 수능 문학 지문에서의 주제는 무조건 '중심인물의 내면세계'라고 봐야 합니다. 지금까지의 모든 기출문제는 그렇게 풀립니다. 수능 문학은 줄거리를 알고 있는지 묻는 시험이 아니라, 화자나 인물의 내면세계를 파악하고 공감할 수 있는지 묻는 시험이니까요. 이 지문이 2025학년도 연계교재에 있던 작품이다 보니 이런 판단을 하는 학생들이 많았는데, 철저하게 지문 내용에 근거해서 해결해야 한다는 것을 잊지 말도록 합시다. 이 지문 속에서는 그 어디에서도 '전쟁과 분단의 상처와 이해와 연민을 통한 상처의 치유'를 강조하는 부분을 찾을 수 없습니다.

② ⓐ가 이야기를 절정에 치닫도록 하는 추진력이라면, ⓑ는 이야기를 결말에 이르게 하는 원동력이다.

선지 유형	근거가 있어서 허용 불가능
실전에서의 판단 과정	ⓐ는 시작하는 부분인데 뭔 소리야.
해설	ⓐ는 '나'의 내적 갈등이 시작되게끔 하는 지점입니다. 이를 근거로 하면, ⓐ가 이야기를 '절정'에 치닫도록 하는 추진력이라는 해석은 허용하기 어렵겠죠. 나아가 ⓑ는 그저 '나'의 내면세계와 대비되는 모습을 보여 주는 것일 뿐, 결말에 이르게 하는 원동력이 된다고 보기는 어렵습니다. 이 이야기를 결말에 이르게 하는 원동력은 철저하게 '나'의 성찰이었어요.

③ ⓐ가 이야기의 긴장감이 형성되는 요인이라면, ⓑ는 이야기의 긴장감이 완화됨을 드러내는 표지이다.

선지 유형	근거가 있어서 허용 가능
실전에서의 판단 과정	와 진짜 멋지게 써놨네.
해설	'실전에서의 판단 과정'과 같은 생각이 들어야 합니다. ⓐ는 '나'의 내적 갈등이 시작되게 하면서 이야기의 긴장감이 형성되게끔 하는 요인이고, ⓑ는 '아버지'에 대한 성찰을 지속하며 긴장감이 고조되는 '나'의 내면세계와 대비되는 상황을 보여 줌으로써 일시적으로 이야기의 긴장감이 완화됨을 드러내는 표지라고 할 수 있겠습니다. 특히 ⓑ의 경우 '낄낄대며' 하는 말이라는 점에서 이러한 해석을 허용할 근거가 된다고 할 수 있겠죠? 우리가 미리 생각한 내용을 멋진 표현으로 써 둔 것에 불과한 선지이니, 가볍게 답으로 고를 수 있어야 합니다.

이 문제를 통해 결국 묻고자 한 것은 '나'의 내면세계 중심으로 독해했는지입니다. ⓐ는 '나'의 내면세계 그 자체고, ⓑ는 '나'의 내면세계와 대비되는 모습이니까요. '나'의 내면세계에 차분하게 공감하며 읽지 않았다면, ⓑ를 읽으면서 아무 생각이 들지 않았을 것입니다. 이 경우 이 문제가 어렵게 느껴졌을 거예요. 이렇게 되지 않도록, '인물의 내면세계에 대한 공감'이라는 핵심적인 포인트를 잊지 않고 공부하도록 합시다. 정말 소설에서는 이것 하나만 묻습니다.

④ ⓐ가 이야기의 위기감이 해소된 종착점이라면, ⓑ는 이야기의 위기감이 고조된 정점이다.

선지 유형	근거가 있어서 허용 불가능
실전에서의 판단 과정	ⓐ는 시작점이라니까.
해설	몇 번이고 이야기하지만, ⓐ는 이야기의 위기감이 시작되는 지점입니다. 이를 근거로 하면 '해소된 종착점'이라는 표현은 절대 허용할 수 없겠죠. 나아가 ⓑ는 이야기의 위기감을 일시적으로 완화하는 지점입니다. 3번 선지를 판단하는 과정에서 미리 생각했던 내용이죠? 가볍게 지워낼 수 있겠네요.

⑤ ⓐ가 이야기를 일으키는 시발점이라면, ⓑ는 이야기의 전모가 드러나게 되는 귀결점이다.

선지 유형	근거가 없어서 허용 불가능
실전에서의 판단 과정	ⓑ에서 뭔 전모가 드러나는데?
해설	ⓐ가 이야기를 일으키는 시발점이라는 것은 충분히 허용할 수 있습니다. 하지만 ⓑ가 이야기의 전모를 드러내는 귀결점이라는 것은 허용하기 어렵죠? ⓑ는 '나'의 내면세계 속 이야기의 전모와는 무관한 상황이니까요. '나'의 내면세계를 제대로 캐치하지 못한 약 20%의 학생들이 그저 ⓑ가 뒤쪽에 있다는 이유만으로 골라버린 선지입니다. 만약 여러분이 이 선지를 답으로 골랐다면 앞으로의 공부 방향을 더 많이 고민하셔야 합니다.

선지	①	②	③	④	⑤
선택률	15%	9%	16%	43%	17%

12 ㉮와 ㉯에 대한 이해로 가장 적절한 것은? ④

> 저것 봐라이. ㉮날짐승도 때가 되면 돌아올 줄 아는 법이다. 어머니가 말했다.

> 아아. 아버지는 지금 어디에 쓰러져 누워 있을 것인가. 해마다 머리맡에 무성한 ㉯쑥부쟁이와 엉겅퀴꽃을 지천으로 피워 내며 이제 아버지는 어느 버려진 밭고랑, 어느 응달진 산기슭에 무덤도 묘비도 없이 홀로 잠들어 있을 것인가.

– ㉮는 '아버지'가 돌아오길 바라는 '어머니'가 '아버지'에 비유한 대상이고, ㉯는 어딘가에서 유해가 되어 있을 '아버지'의 머리맡에 피어 있는 것들입니다. 이에 대한 이해로 적절한 것을 골라봅시다.

① ㉮는 ㉯에 비해 능동적이므로 인물이 처한 문제 상황에 미치는 영향력이 크다.

선지 유형	근거가 없어서 허용 불가능
실전에서의 판단 과정	날짐승이 어떻게 '나'의 문제 상황에 영향을 미쳐.
해설	㉮는 그저 '아버지'에 대한 비유일 뿐, 진짜 '날짐승'을 의미하는 것이 아닙니다. '아버지'가 돌아오면 모를까, '날짐승' 자체는 인물이 처한 문제 상황에 아무런 영향을 미치지 못해요. 오히려 ㉯를 정말로 확인하는 경우 '나'가 '아버지'에 대한 마음을 정리할 수 있을 것이라는 점을 고려하면, ㉯가 '나'의 문제 상황에 더 큰 영향을 미칠 수 있을 것이라고 생각할 수 있습니다.

② ㉮는 ㉯와 달리, 시간과 공간에 관여되면서 이야기의 배경에 실감을 더하게 된다.

선지 유형	근거가 없어서 허용 불가능
실전에서의 판단 과정	둘 다 실제 대상이 아닌데 뭔 소리야.
해설	㉮와 ㉯는 각각 '어머니'와 '나'가 떠올리는 가상의 존재일 뿐, 실제 시공간에 관여되어 존재하는 대상이 아닙니다. 따라서 이야기의 배경에 실감을 더할 수는 없어요.

③ ⓛ는 ㉮와 달리, 희망적인 성격이 강하므로 인물이 원하는 바를 집약한 결과이다.

선지 유형	근거가 있어서 허용 불가능
실전에서의 판단 과정	ⓛ가 왜 희망적이야.
해설	㉮는 '아버지'가 돌아올 것이라는 것에 대한 '어머니'의 희망이 반영된 것, 나아가 '어머니'라는 인물이 원하는 바를 집약한 것이라고 할 수 있습니다. 하지만 ⓛ는 '아버지'가 죽었을 것이라는 의미를 담고 있기에 오히려 '어머니'의 희망이 무너진 상황을 표현한 것이라고 할 수 있겠죠? ㉮와 ⓛ를 반대로 써놨기에 틀린 선지라고 할 수 있겠네요.

④ ⓛ에서 연상되는 상황이 현실이 될 경우 ㉮에 투영된 염원은 실현 가능성이 사라진다.

선지 유형	근거가 있어서 허용 가능
실전에서의 판단 과정	그럼 아버지가 죽었다는 거니까 돌아올 수 없지.
해설	ⓛ에서 연상되는 상황은 '아버지'가 어딘가에서 쓸쓸히 죽었다는 것입니다. 이것이 현실이 될 경우, 이미 죽은 '아버지'가 '날짐승'처럼 '어머니'에게 돌아올 수는 없겠네요. 즉, ㉮에 투영된, '아버지'가 돌아올 것이라는 '어머니'의 염원은 실현 가능성이 사라지는 것이죠. ㉮와 ⓛ 부분에서 '나'가 어떤 상상을 하고 있는지 정확하게 인식했다면 어렵지 않게 답으로 고를 수 있겠습니다.

⑤ ㉮와 ⓛ 모두, 관념적 의미가 부여됨으로써 인물이 이념에 편향되어 있음이 알려진다.

선지 유형	근거가 없어서 허용 불가능
실전에서의 판단 과정	뭔 소리야.
해설	㉮와 ⓛ는 각각 '아버지'에 대한 '어머니'의 개인적 염원, '나'의 개인적 추측을 담고 있습니다. 염원과 추측이라는 '관념적 의미'가 부여된 것은 맞지만, 이를 통해 인물이 '이념에 편향'되어 있음이 알려진다는 것은 도저히 근거를 찾을 수 없기 때문에 허용할 수 없겠습니다. 어설프게 연계교재 학습을 하고서 이 어처구니없는 선지를 고른 학생들이 무려 17%나 되는 모습입니다.

선지	①	②	③	④	⑤
선택률	4%	4%	71%	11%	10%

13 〈보기〉를 참고하여 윗글을 감상한 내용으로 적절하지 <u>않은</u> 것은? [3점] ③

① '낙인'과도 같은 유년의 기억을 성인이 되어서도 떨쳐 버리지 못했다는 고백에 비추어 보면, 응고된 기억의 영향력에서 벗어나는 일이 쉽지 않음을 짐작할 수 있겠군.

선지 유형	근거가 있어서 허용 가능
실전에서의 판단 과정	그러네.
해설	선지 그 자체로 허용할 수 있겠죠? '나'가 처한 상황을 〈보기〉의 내용을 바탕으로 그대로 적어놓은 선지입니다.

② '죄악감과 불길한 예감'을 유발한 동인을 추적해보면, '아버지'에 관한 기억이 마음의 상처로 남음으로써 '나'의 심리적 불안정이 비롯되고 있음을 추정할 수 있겠군.

선지 유형	근거가 있어서 허용 가능
실전에서의 판단 과정	아버지에 관한 기억 때문에 죄악감과 불길한 예감에 시달린 거 맞지.
해설	'나'의 '죄악감과 불길한 예감'을 유발한 동인(직접적인 원인)은 '아버지'의 죄를 자기 스스로 함께 나누어 지고 있다는 느낌이라고 할 수 있습니다. 이렇게 '아버지'에 관한 기억이 마음의 상처로 남아 '나'의 심리적 불안정이 비롯되고 있다는 것, 이 지문의 내용 그 자체네요.

③ '줄묶음'을 '내던지'는 '노인'의 행위와 '물사발'을 올리는 '어머니'의 행위가 이어지며 제시되는 부분을 보면, '나'의 기억을 재응고화하기 위한 이들의 노력을 확인할 수 있겠군.

선지 유형	근거가 있어서 허용 불가능
실전에서의 판단 과정	저게 '나'의 기억 재응고화랑 뭔 상관이냐.
해설	'줄묶음'을 '내던지'는 '노인'의 행위는 그저 유해를 수습하는 과정 중의 하나일 뿐입니다. '나'는 그 행위를 보며 '물사발'을 올리는 '어머니'의 행위를 떠올렸기 때문에, 두 행위가 이어지며 제시되는 것은 맞습니다. 하지만 이는 '나'가 스스로 '기억 재응고화'의 과정을 거치며 연결시킨 것일 뿐, '노인'과 '어머니'가 '나'의 '기억 재응고화'를 돕는다는

것은 절대 허용할 수 없겠죠? 이 지문에서 '나'의 '기억 재응고화'는 철저하게 '나'의 성찰에서 비롯된다는 명백한 근거가 있으니까요.

④ '모래밭'에서의 '어머니' 형상과 '사내의 환영'이 어우러지는 장면에서, '아버지'에 대해 굳어져 있던 기억이 재편될 수 있는 가능성이 시사된다고 할 수 있겠군.

선지 유형	근거가 있어서 허용 가능
실전에서의 판단 과정	기억 재응고화 시작이지.
해설	지문을 읽으면서도 미리 생각했듯이, '모래밭'에서의 '어머니' 형상과 '사내의 환영'이 어우러지는 '나'의 상상 장면은 '아버지'에 대한 '기억 재응고화'가 이루어지기 시작하는 부분이라고 할 수 있습니다. 구체적으로, 그저 죄인으로만 여겨졌던 '아버지'가 '어머니'와 함께 하고자 했던 평범한 남자로 인식되는 순간이었죠.

⑤ '아버지'에 대한 이미지가 '유해'에 대응되면서 '나'의 정서적 반응에 변화가 생기는 것을 보면, 부정적인 기억을 재구성함으로써 심리적 안정을 회복해 가는 경위를 엿볼 수 있겠군.

선지 유형	근거가 있어서 허용 가능
실전에서의 판단 과정	아버지를 연민함으로써 심리적 안정을 회복할 수 있겠지.
해설	'아버지'에 대한 '기억 재응고화'의 결과로, '나'는 '아버지'에 대한 이미지를 '유해'에 대응시키며 '아버지'에게 연민을 느낍니다. 이러한 정서적 반응의 변화는, 부정적인 기억을 재구성하여 심리적 안정을 도모하는 기회를 마련할 수 있다는 〈보기〉의 내용과 연결지을 수 있겠죠. '아버지'에게 연민을 느낀다는 것은, 더 이상 '아버지'의 죄 때문에 '죄악감과 불길한 예감'과 같은 감정을 느낄 필요가 없다는 의미라고도 할 수 있으니까요.

몰랐던 어휘 정리하기

| 핵심 point |

① **허용 가능성 평가** : 선지의 내용을 '허용'하려는 태도를 바탕으로 지문을 '독해'하며 '근거'를 찾아야 합니다. 허용할 수 있는 '근거'가 있어야만 허용할 수 있습니다. 주관적인 생각을 개입시키면 안 됩니다.
② **소설 독해** : '심리와 행동의 근거'를 바탕으로 인물에게 '공감'하며 읽어야 합니다. 이 과정이 물흐르듯 이어지면 지문의 내용을 완벽하게 이해할 수 있어요.
③ **skip 가능 구간** : 인물의 똑같은 내면을 반복적으로 묘사하거나, 뻔한 이야기가 반복되는 구간은 조금 빠르게 스캔하면서 읽어주시면 됩니다.

| 지문 내용 총정리 |

〈보기〉를 바탕으로 얻은 힌트를 이용하여 '나'의 내면세계를 추적해가는, 전형적인 현대소설이었습니다. 단순히 주어진 텍스트를 바탕으로 내용일치 문제를 푼다는 관점을 가지고 있었다면, 답이 잘 보이지 않게끔 까다로운 문제가 많이 출제되기도 했구요. '인물의 내면세계에 대한 공감'이라는 수능 소설의 핵심적인 포인트를 잊지 않은 채로 분석해보도록 합시다.

〈보기〉 확인

[보기]

　시인은 결핍을 느끼는 상황에서 새로운 가치를 발견하고 이를 통해 삶을 성찰하는 경우가 많다. 예컨대 「연륜」은 축적된 인생 경험에서, 「대장간의 유혹」은 현대인이 추구하는 편리함에서 결핍을 발견한 화자를 통해 일상에서 경험하는 것들이 재해석된다. 두 작품은 결핍된 상황에서 벗어나려는 의지를 구심점으로 삼아 시상을 전개한다.

'결핍'을 느끼는 '상황', 여기서 '성찰'하고 이로부터 벗어나려는 '의지'를 보이는 두 작품이 제시되고 있습니다. 지문의 전반적인 주제를 알려 주는 친절한 〈보기〉네요.

실전적 지문 독해

(가)
　무너지는 꽃 이파리처럼
　휘날려 발 아래 깔리는
　서른 나문 해야

　구름같이 피려던 뜻은 날로 굳어
　한 금 두 금 곱다랗게 감기는 연륜(年輪)

　갈매기처럼 꼬리 떨며
　산호 핀 바다 바다에 나려앉은 섬으로 가자

　비취빛 하늘 아래 피는 꽃은 맑기도 하리라
　무너질 적에는 눈빛 파도에 적시우리

　초라한 경력을 육지에 막은 다음
　주름 잡히는 연륜마저 끊어버리고
　나도 또한 불꽃처럼 열렬히 살리라

　　　　　　　　　　　　　　　-김기림, 「연륜」-

자신의 삶을 '연륜'으로 표현하면서 돌아보고, 마지막엔 어떠한 의지를 표출하고 있습니다. 〈보기〉에 의하면 이는 자신의 삶 속에서 발견한 '결핍'으로부터의 극복 의지를 의미하겠죠? 〈보기〉의 내용이 그대로 들어있는 작품입니다. 나머지는 선지의 도움을

받아 보도록 합시다!

(나)
　제 손으로 만들지 않고
　한꺼번에 싸게 사서
　마구 쓰다가
　망가지면 내다 버리는
　플라스틱 물건처럼 느껴질 때
　나는 당장 버스에서 뛰어내리고 싶다
　현대 아파트가 들어서며
　홍은동 사거리에서 사라진
　털보네 대장간을 찾아가고 싶다
　풀무질로 이글거리는 불 속에
　시우쇠처럼 나를 달구고
　모루 위에서 벼리고
　숫돌에 갈아
　시퍼런 무쇠 낫으로 바꾸고 싶다
　땀 흘리며 두들겨 하나씩 만들어 낸
　꼬부랑 호미가 되어
　소나무 자루에서 송진을 흘리면서
　대장간 벽에 걸리고 싶다
　지금까지 살아온 인생이
　온통 부끄러워지고
　직지사 해우소
　아득한 나락으로 떨어져 내리는
　똥덩이처럼 느껴질 때
　나는 가던 길을 멈추고 문득
　어딘가 걸려 있고 싶다

　　　　　　　　　　　　　-김광규, 「대장간의 유혹」-

'털보네 대장간'으로 대표되는, 과거의 대상을 그리워하는 화자의 마음이 드러나는 작품이네요. 〈보기〉에서 이야기한 것처럼 시대가 바뀌며 새롭게 생긴 여러 가지 것들에 부정적인 모습을 보이고, '과거에 아끼던 대상의 결핍'이라는 상태에서 벗어나고자 하는 의지도 보이고 있습니다. 역시 〈보기〉에서 말한 주제가 그대로 반영되어 있는 모습이네요.

선지	①	②	③	④	⑤
선택률	7%	9%	13%	63%	8%

14 (가)와 (나)에 대한 설명으로 가장 적절한 것은? ④

① (가)는 (나)와 달리 과정을 나타내는 시어들을 나열하여 시간의 급박한 흐름을 드러내고 있다.

선지 유형	근거가 없어서 허용 불가능
실전에서의 판단 과정	(가)가 막 급박하진 않은데?
해설	'과정을 나타내는 시어들', '시간의 급박한 흐름' 등을 허용할 만한 근거를 찾을 수는 없죠? 애초에 주제와 아무런 관련이 없어요.

② (나)는 (가)와 달리 자연물에 빗대어 화자의 움직임을 드러내고 있다.

선지 유형	근거가 없어서 허용 불가능
실전에서의 판단 과정	너무 미시적이네. 주제와도 별 상관 없어 보이니 없겠다.
해설	(나)에서, 화자의 '움직임' 자체를 자연물에 빗대어 드러낸 표현은 없습니다. 애초에 지문의 주제를 고려하면 화자의 '움직임'이 드러날 이유가 없죠?

③ (나)는 (가)와 달리 색채어를 활용하여 공간적 배경이 만들어내는 분위기를 드러내고 있다.

선지 유형	근거가 없어서 허용 불가능
실전에서의 판단 과정	비취빛!!
해설	(가)에는 '비취빛'이라는 색채어가 공간적 배경이 만들어내는 분위기를 드러내고 있습니다. 한편 (나)에서도 '시퍼런'이라는 색채어가 쓰이긴 했지만, 이는 '무쇠 낫'의 속성일 뿐 공간적 배경이 만들어내는 분위기와는 무관하죠?

④ (가)와 (나)는 모두 하강의 이미지가 담긴 시어를 활용하여 화자의 인식을 드러내고 있다.

선지 유형	근거가 있어서 허용 가능
실전에서의 판단 과정	꽃 이파리가 무너지고 똥덩이가 떨어져 내리는 건 하강의 이미지라고 할 수 있겠지. 화자의 인식은 주제 그 자체고.
해설	(가)는 자신의 '서른 나문 해'가 꽃 이파리처럼 무너져 내린다고 말하며, 자신의 연륜의 덧없음과 인생 경험에서의 결핍을 드러냅니다. (나)는 '지금까지 살아온 인생'이 '떨어져 내리는' 똥덩이 같다고 말하면서, 플라스틱 물건처럼 느껴지는 자신의 삶 속에서의 결핍을 보여 준다고 할 수 있겠네요. 여기까지 생각하지 못하더라도, '화자의 인식'은 '주제'와 직결되는 무조건 맞는 '거시적'인 선지이기 때문에 '하강의 이미지'만 찾았다면 바로 허용해주시면 됩니다.

⑤ (가)와 (나)는 모두 표면에 드러난 청자에게 말을 건네는 방식으로 화자의 정서를 드러내고 있다.

선지 유형	근거가 없어서 허용 불가능
실전에서의 판단 과정	(가)는 좀 애매한데 (나)는 확실히 없네.
해설	'화자의 정서를 드러낸다.'라는 너무나 거시적인 선지가 나와서 집중했는데, '청자에게 말을 건네는 방식'을 허용하기는 좀 그렇죠? (가)에서 '서른 나문 해야'를 의인화된 청자를 부르는 것이라고 말하는 것도 좀 억지일 것 같은데, (나)에서는 확실히 드러나 있지 않잖아요.

선지	①	②	③	④	⑤
선택률	3%	10%	8%	13%	66%

15 (가), (나)의 시어에 대한 이해로 적절하지 <u>않은</u> 것은? ⑤

① (가)에서 '열렬히'는 화자가 추구하는 삶에 대한 적극적인 태도를 표방한다.

> 초라한 경력을 육지에 막은 다음
> 주름 잡히는 연륜마저 끊어버리고
> 나도 또한 불꽃처럼 <u>열렬히</u> 살리라

선지 유형	근거가 있어서 허용 가능
실전에서의 판단 과정	열렬히 사는 건 적극적인 태도라고 할 수 있지.
해설	화자는 '불꽃'처럼 '열렬히' 살겠다고 하고 있습니다. 어떠한 모습으로 살겠다고 했으니 '추구하는 삶'을 충분히 허용할 수 있겠고, '열렬히'라는 표현을 근거로 하면 '적극적인 태도'도 쉽게 허용할 수 있겠죠.

② (나)에서 '한꺼번에'와 '하나씩'의 대조는 개별적인 존
재의 고유성을 부각한다.

> 제 손으로 만들지 않고
> <u>한꺼번에</u> 싸게 사서
> 마구 쓰다가
> 망가지면 내다 버리는
> 플라스틱 물건처럼 느껴질 때
> 나는 당장 버스에서 뛰어내리고 싶다

> 땀 흘리며 두들겨 <u>하나씩</u> 만들어 낸
> 꼬부랑 호미가 되어
> 소나무 자루에서 송진을 흘리면서
> 대장간 벽에 걸리고 싶다

선지 유형	근거가 있어서 허용 가능
실전에서의 판단 과정	한꺼번에 쓰는 거랑 하나씩 만드는 건 대조적이고, 하나씩 만드는 것을 지향하고 있으니 개별적 존재의 고유성도 허용이 되겠지.
해설	'한꺼번에'와 '하나씩'이 대조된다는 것은 너무나 쉽게 허용할 수 있는 부분입니다. '한꺼번에' 쓰는 플라스틱 물건과 대조되는 '꼬부랑 호미'는 '하나씩' 만들어지는 것이기에, 이를 근거로 '개별적인 존재', '고유성'이라는 말을 쉽게 허용할 수 있겠습니다.

③ (나)에서 '온통'은 화자의 성찰적 시선이 자신의 삶 전
반에 걸쳐 있음을 부각한다.

> 지금까지 살아온 인생이
> <u>온통</u> 부끄러워지고

선지 유형	근거가 있어서 허용 가능
실전에서의 판단 과정	온통이면 삶 전반을 의미한다고 할 수 있지.
해설	지금까지 살아온 인생이 '온통' 부끄럽다고 했으니 '자신의 삶' 전반에 대한 이야기를 한다는 건 쉽게 허용할 수 있겠죠? 나아가 '부끄러움'이라는 감정은 '성찰'의 근거로 손색이 없을 것 같습니다.

④ (가)에서 '날로'는 부정적 상황의 지속적인 심화를,
(나)에서 '당장'은 당면한 상황에서 벗어나려는 절박감
을 강조한다.

> 구름같이 피려던 뜻은 <u>날로</u> 굳어
> 한 금 두 금 곱다랗게 감기는 연륜(年輪)

> 플라스틱 물건처럼 느껴질 때
> 나는 <u>당장</u> 버스에서 뛰어내리고 싶다

선지 유형	근거가 있어서 허용 가능
실전에서의 판단 과정	날로 굳었다고 하면 부정적 상황이 심화되었다고 할 수 있겠고, 당장 뛰어내리고 싶다는 건 절박감이라고 할 수 있지.
해설	(가)의 화자는 자신이 살아온 인생, 즉 '연륜'을 부정적으로 인식하고 있습니다. 특히 피려던 뜻이 '날로' 굳어간다는 것을 근거로 하면, 꿈이 굳는 부정적 상황이 지속적으로 반복·심화되었음을 허용할 수 있겠죠. 한편 (나)의 화자는 버스를 타고 있다는 '당면한 상황'에서 '당장' 벗어나려고 하면서 '절박감'을 강조하고 있다고 할 수 있겠죠. '당장'이라는 표현을 근거로 '절박감'을 허용하는 건 그리 어렵지 않죠?

⑤ (가)에서 '또한'은 긍정적인 존재와 화자의 동질성을,
(나)에서 '마구'는 부정적으로 취급되는 대상과 화자
간의 차별성을 부각한다.

> 초라한 경력을 육지에 막은 다음
> 주름 잡히는 연륜마저 끊어버리고
> 나도 <u>또한</u> 불꽃처럼 열렬히 살리라

> <u>마구</u> 쓰다가
> 망가지면 내다 버리는
> 플라스틱 물건처럼 느껴질 때
> 나는 당장 버스에서 뛰어내리고 싶다

선지 유형	근거가 있어서 허용 불가능
실전에서의 판단 과정	마구 쓰는 플라스틱 물건처럼 느껴진다며. 그럼 차별성을 부각 못하겠지.

불꽃처럼 열렬히 살겠다고 하는 것으로 보아, (가)의 화자는 '불꽃'을 긍정적인 존재로 여기고 있음을 알 수 있습니다. 나아가 불꽃'처럼'이라는 말을 근거로 하면 '동질성'을 충분히 허용할 수 있겠죠. 화자도 불꽃'처럼' 열렬히 살고자 하는 바람을 보이고 있으니, 화자가 가지고 있는 그 바람과 불꽃이 '동질성'을 가진다고 볼 수 있는 것입니다.

그러나 (나)에서는 화자가 플라스틱 물건처럼 느껴질 경우 버스에서 뛰어내리고 싶다고 했습니다. 이를 근거로 하면 '플라스틱 물건=부정적으로 취급되는 대상'은 충분히 허용할 수 있겠는데, 여기서도 '처럼'이라는 말을 쓰고 있으니 '차별성'을 허용하는 건 너무 어렵겠죠. 허용할 수 없다고 해야만 하는 근거가 있기 때문에 틀린 선지가 되겠습니다.

선지	①	②	③	④	⑤
선택률	12%	32%	9%	15%	32%

16 〈보기〉를 참고하여 (가), (나)를 감상한 내용으로 적절하지 **않은** 것은? [3점] ②

① (가)에서 '서른 나문 해'를 '초라한 경력'으로 표현한 것은, 화자가 자신이 살아온 인생을 변변치 않은 경험으로 재해석한 것이겠군.

무너지는 꽃 이파리처럼
휘날려 발 아래 깔리는
서른 나문 해야

       (중략)

초라한 경력을 육지에 막은 다음
주름 잡히는 연륜마저 끊어버리고
나도 또한 불꽃처럼 열렬히 살리라

선지 유형	근거가 있어서 허용 가능
실전에서의 판단 과정	초라하다고 했으니 변변치 않은 경험으로 재해석했다고 볼 수 있지.
해설	(가)의 맥락을 〈보기〉와 연결지어 독해해보면, '서른 나문 해'와 '초라한 경력' 모두 '결핍'을 발견한 '축적된 인생 경험'이라고 할 수 있겠습니다. '결핍'이 있다는 말을 근거로 하면 '변변치 않은 경험'으로 재해석했다는 말을 충분히 허용할 수 있겠죠.

② (가)에서 '불꽃'을 긍정적인 이미지로 표현한 것은, '주름 잡히는 연륜'에 결핍되어 있는 속성을 끊을 수 있는 수단이라는 의미로 재해석한 것이겠군.

초라한 경력을 육지에 막은 다음
주름 잡히는 연륜마저 끊어버리고
나도 또한 불꽃처럼 열렬히 살리라

선지 유형	근거가 있어서 허용 불가능
실전에서의 판단 과정	주름 잡히는 연륜에 결핍되어 있는 속성은 좋은 거 아냐?
해설	(가)에서 '불꽃'을 긍정적인 이미지로 표현한다는 것은 몇 번이고 확인한 내용입니다. 나아가 '주름 잡히는 연륜'에 결핍되어 있는 속성은 '좋은 것'이라고 할 수 있습니다. '주름 잡히는 연륜'은 부정적인 이미지를 의미하니까요. 그런데 '불꽃'이라는 긍정적인 이미지가 이러한 '좋은 것'을 끊을 수 있다는 건 말이 안 되겠죠? 그동안의 인생에 결핍되어 있던 것을 끊어버리면 다시 '결핍'을 느끼는 상태로 돌아가게 되는 것이니까요!

혹은 '불꽃'은 어떠한 '수단'이 아닌 '목적'이라는 점을 들어 해결해서도 좋습니다. 맥락을 '독해'해보면, '불꽃'은 화자가 동일시하려는 '최종 목표'입니다. 이를 '수단'으로 격하하는 건 허용하기 어렵겠죠. 어떤 방식으로 해결하든, 핵심은 '독해'였습니다. |

③ (나)에서 지금은 사라진 '털보네 대장간'을 '찾아가고 싶다'고 표현한 것은, 일상에서 결핍된 가치를 찾고자 하는 화자의 열망을 공간에 투영한 것이겠군.

현대 아파트가 들어서며
홍은동 사거리에서 사라진
털보네 대장간을 찾아가고 싶다

선지 유형	근거가 있어서 허용 가능
실전에서의 판단 과정	사라진 것이면 결핍된 가치라고 할 수 있고, 찾아가고 싶다는 건 찾고자 하는 열망이지.
해설	'털보네 대장간'은 '현대 아파트'가 들어서면서 '사라진' 것입니다. 사라졌다는 것을 근거로 하면, '결핍된 가치'라는 말을 충분히 허용할 수 있겠습니다. 나아가 화자는 이렇게 사라진 것을 '찾아가고 싶'어 하네요. 이를 근거로 하면 '찾고자 하는 화자의 열망'은 당연하게 허용할 수 있죠?

④ (나)에서 '가던 길을 멈추고' '걸려 있고 싶다'고 표현
한 것은, 화자가 추구하는 가치를 표상하는 사물의 상
태가 되고 싶다고 진술함으로써 결핍에서 벗어나고자
하는 의지를 드러낸 것이겠군.

> 땀 흘리며 두들겨 하나씩 만들어 낸
> 꼬부랑 호미가 되어
> 소나무 자루에서 송진을 흘리면서
> 대장간 벽에 걸리고 싶다
> 지금까지 살아온 인생이
> 온통 부끄러워지고
> 직지사 해우소
> 아득한 나락으로 떨어져 내리는
> 똥덩이처럼 느껴질 때
> 나는 <u>가던 길을 멈추고</u> 문득
> 어딘가 <u>걸려 있고 싶다</u>

선지 유형	근거가 있어서 허용 가능
실전에서의 판단 과정	화자가 추구하는 호미처럼 걸려 있고 싶어한다는 것은 결핍에서 벗어나려는 의지라고 할 수 있지.
해설	화자는 대장간 벽에 걸린 '호미'처럼 어딘가 '걸려 있고' 싶어합니다. '호미'처럼 되고 싶다는 말은 '화자가 추구하는 가치 표상', '결핍에서 벗어나려는 의지' 등을 모두 담고 있다고 할 수 있겠죠?

⑤ (가)에서 '육지'를 지나간 시간을 막아 둘 공간으로,
(나)에서 '버스'를 벗어나고 싶은 공간으로 표현한 것
은, '육지'와 '버스'를 화자가 결핍을 느끼는 공간으로
재해석한 것이겠군.

> 갈매기처럼 꼬리 떨며
> 산호 핀 바다 바다에 나려앉은 섬으로 가자
>
> (중략)
>
> 초라한 경력을 <u>육지</u>에 막은 다음
> 주름 잡히는 연륜마저 끊어버리고
> 나도 또한 불꽃처럼 열렬히 살리라

> 플라스틱 물건처럼 느껴질 때
> 나는 당장 <u>버스</u>에서 뛰어내리고 싶다

선지 유형	근거가 있어서 허용 가능
실전에서의 판단 과정	육지에 경력을 막아 두고, 버스에서 뛰어내리고 싶어하는 건 둘 다 부정적인 거고 이는 결핍을 느끼는 공간인 거지.
해설	'육지'는 '결핍'을 느끼는 '경력'을 막아 두는 곳입니다. 화자는 이러한 '육지'에 그동안의 인생을 막아 두고, '섬'에 가려고 해요. 이렇게 지향하는 '섬'과 반대되는 공간이라는 점에서, '육지'는 화자가 결핍을 느끼는 공간이라고 할 수 있겠습니다. 나아가 '버스' 역시 화자가 뛰어내리려 하는, '결핍'이 가득한 공간이라고 할 수 있겠네요. 지문 전체적인 맥락을 제대로 독해했다면, 애초에 처음부터 '결핍'을 느끼는 공간과 느끼지 않은 공간으로 나누어 이해할 수 있었을 거예요. 시도 결국 하나의 '글'이기 때문에, '주제' 중심으로 독해하면 확실하게 이해하면서 읽을 수 있습니다!

> **(가)**
> 무너지는 꽃 이파리처럼
> 휘날려 발 아래 깔리는
> 서른 나문 해야
>
> 구름같이 피려던 뜻은 날로 굳어
> 한 금 두 금 곱다랗게 감기는 연륜(年輪)

'서른 나문 해'가 '무너지는 꽃 이파리'처럼 발 아래 깔리고 있습니다. '서른 나문 해'가 의미하는 바가 무엇인지 파악하기는 쉽지 않은데, 2연의 '연륜'이라는 말과 엮어서 생각하면 '화자의 인생'을 의미함을 알 수 있겠네요. 화자는 30대이고, 그동안 자신이 살아 온 인생을 성찰하고 있습니다.

그런데 '무너지는 꽃 이파리', '뜻은 날로 굳어'와 같은 표현을 보니 화자가 자신의 인생을 그리 긍정적으로 평가하고 있는 것 같지는 않습니다. 화자도 어린 시절 뜻하는 바가 있었을 텐데, 그 뜻은 '날로 굳어' 이제는 '연륜'의 형태로밖에 남지 않았다고 해요. 뜻도 이루지 못한 채, 남은 건 30대라는 숫자밖에 없다는 그런 의미라고 할 수 있겠죠?

갈매기처럼 꼬리 떨며
산호 핀 바다 바다에 나려앉은 섬으로 가자

비취빛 하늘 아래 피는 꽃은 맑기도 하리라
무너질 적에는 눈빛 파도에 적시우리

이러한 상황에서, 화자는 '산호 핀 바다에 나려앉은 섬'으로 가자는 말을 합니다. 그 '섬'은 '비취빛 하늘'을 가지고 있고, 그 아래 피는 '꽃'은 맑을 것입니다. 그리고 이 '섬'에서는 혹시나 무너지더라도 (힘든 일이 있더라도) 눈빛을 '파도'에 적시면서 힐링할 수 있을 것이에요. 어쨌든 이 '섬'은 화자의 현재 처지와는 대비되는, 이상적인 공간이라고 할 수 있겠네요.

초라한 경력을 육지에 막은 다음
주름 잡히는 연륜마저 끊어버리고
나도 또한 불꽃처럼 열렬히 살리라

-김기림, 「연륜」-

'섬'으로 가겠다고 한 것으로 보아, 화자는 지금 '육지'에 있다고 할 수 있습니다. 그동안 살아온 '초라한 경력'(=서른 나문 해=주름 잡히는 연륜)은 '육지'에 막아 두고, 끊어버린 뒤 '불꽃'처럼 열렬히 살겠다는 의지를 드러내고 있네요. 화자가 '불꽃'처럼 열렬히 살 곳은 당연히 '섬'이겠죠? 이렇게 각 연의 내용을 유기적으로 엮어 이해해주시면 아주 훌륭하겠습니다.

(나)
제 손으로 만들지 않고
한꺼번에 싸게 사서
마구 쓰다가
망가지면 내다 버리는
플라스틱 물건처럼 느껴질 때
나는 당장 버스에서 뛰어내리고 싶다

우리는 다이소 등에서 '플라스틱 물건'을 많이 삽니다. 이는 화자가 말하는 것처럼 직접 만드는 것도 아니고, 하나하나 소중하게 여기는 것도 아니에요. 화자는 가끔 스스로가 이런 '플라스틱 물건'처럼 느껴질 때가 있는 것 같은데, 이럴 때마다 '당장 버스에서 뛰어내리고 싶다'고 합니다. 무의미하게 사는 것 같은 순간, 가던 길을 멈추고 버스에서 내려 버리고 싶은 것이죠. 이렇게 버스에서 내려서 어딜 가고 싶은 걸까요?

현대 아파트가 들어서며
홍은동 사거리에서 사라진
털보네 대장간을 찾아가고 싶다
풀무질로 이글거리는 불 속에
시우쇠처럼 나를 달구고
모루 위에서 벼리고
숫돌에 갈아
시퍼런 무쇠 낫으로 바꾸고 싶다
땀 흘리며 두들겨 하나씩 만들어 낸
꼬부랑 호미가 되어
소나무 자루에서 송진을 흘리면서
대장간 벽에 걸리고 싶다

버스에서 내린 뒤, 화자는 '털보네 대장간'을 찾아가고 싶어 합니다. 이곳은 앞에서 나온 '플라스틱 물건'과는 정반대되는 성질을 가진 물건을 만드는 곳이겠죠? '시퍼런 무쇠 낫'이나 '꼬부랑 호미'에 대한 설명을 보면, 앞에서 '플라스틱 물건'에 대해 설명하던 내용과 정반대의 성질을 가지고 있음을 쉽게 알 수 있습니다. 화자는 하나하나 정성을 다해서 만들어지는 '무쇠 낫', '꼬부랑 호미'처럼 의미 있는 삶을 살고 싶어 하는 것 같아요.

지금까지 살아온 인생이
온통 부끄러워지고
직지사 해우소
아득한 나락으로 떨어져 내리는
똥덩이처럼 느껴질 때
나는 가던 길을 멈추고 문득
어딘가 걸려 있고 싶다

-김광규, 「대장간의 유혹」-

'지금까지 살아온 ~ 똥덩이처럼 느껴질 때'는 앞에서 말한 '플라스틱 물건처럼 느껴질 때'와 같은 말이라고 볼 수 있습니다. 이렇게 자신의 인생이 무의미하다고 느껴질 때, '어딘가 걸려 있고 싶'은 화자입니다. 그리고 걸려 있는 모습은 당연히 '시퍼런 무쇠 낫', '꼬부랑 호미' 같겠죠? 역시 처음부터 끝까지 같은 말만 하고 있어 내용 파악이 어렵지 않은 작품이었습니다.

몰랐던 어휘 정리하기

| 핵심 point |

① **허용 가능성 평가** : 선지의 내용을 '허용'하려는 태도를 바탕으로 지문을 '독해'하며 '근거'를 찾아야 합니다. 허용할 수 있는 '근거'가 있어야만 허용할 수 있습니다. 주관적인 생각을 개입시키면 안 됩니다.
② **현대시 독해** : 〈보기〉의 도움 등을 통해 '주제' 위주로, 그리고 일상 언어의 감각으로 읽어내면 됩니다. 현대시도 읽을 수 있는 하나의 글입니다.

| 지문 내용 총정리 |

'시'도 하나의 글이므로, '주제' 중심으로 맥락을 독해하고 선지를 판단하면 된다는 것을 배울 수 있는 지문이었습니다. 지금까지 연습한 내용 그대로죠? 이제는 익숙해졌을 것이라고 생각합니다.

〈보기〉 확인

---[보기]---

「최고운전」은 비범한 인물로서의 최치원을 형상화했다. 주인공은 문제 해결의 국면에서 치밀함, 기지, 당당함을 보인다. 또한 초월적 존재의 도움을 받으면서도 이에 전적으로 의존하지 않고 자신이 지닌 신이한 능력을 발휘하여 개인의 문제와 국가의 과제를 직접 해결한다. 이는 당대 독자들이 원했던 새로운 영웅상을 최치원에 투영하여 작품 속에서 구현한 것이다.

'최치원'이라는 실존 인물을 영웅처럼 그린 작품이라고 합니다. '초월적 존재'의 도움을 받으면서도 '신이한 능력'을 발휘하는, 전형적인 '영웅'의 모습을 그린 작품이네요. 클리셰를 활용하며 가볍게 이해해보도록 합시다.

지문 독해

승상 나업은 딸 하나가 있었다. 재예(才藝)가 당대에 빼어났다. 아이는 이 말을 듣고 헌 옷으로 갈아입고 거울 고치는 장사라 속여 승상 집 앞에 가서 "거울 고치시오!"라 외쳤다. 소저는 이 말을 듣고 거울을 꺼내 유모에게 주어 보냈다. 소저는 유모 뒤를 따라 바깥문 안쪽까지 나가 문틈으로 엿보았다. 장사가 소저의 얼굴을 언뜻 보고 반해, 손에 쥐었던 거울을 일부러 떨어뜨려 깨뜨렸다. 유모가 놀라 화내며 때리자 장사가 울며 말했다.

"거울이 이미 깨졌거늘 때려 무엇 하세요? 저를 노비로 삼아 거울 값을 갚게 해 주세요."

유모가 들어가 이를 승상께 아뢰니 허락하였다. 승상은 그의 이름을 거울을 깨뜨린 노비라는 뜻으로 파경노(破鏡奴)라 짓고 말 먹이는 일을 시켰다. 말들은 저절로 살쪄 여윈 것이 하나도 없었다.

다양한 인물들이 등장하는데, 호칭이 순간적으로 변하고 있습니다. '승상=나업', '딸=소저', '아이=장사=파경노' 정도는 충분히 잡아낼 수 있죠? 항상 새로운 호칭이 나오면, 정말 새로운 인물인지 생각해보는 습관을 들이자고 했습니다.

'아이'는 '소저'가 재예(재능과 기예)에 빼어나다는 소문을 듣고 찾아갔다가, '소저'의 얼굴을 보고 반해버린 뒤 기지를 발휘합니다.

'거울'을 일부러 깨뜨려 '승상' 집에 취업을 한 것이죠. 말 먹이는 일을 맡겼더니 말들이 저절로 살쪘다고 하네요. '신이한 능력'을 가진 영웅의 어린 시절이 소개되고 있는 모습입니다.

하루는 천상의 선관들이 구름처럼 몰려와 말 먹일 꼴을 다투어 그에게 주었다. 이에 파경노는 말들을 풀어놓고 누워만 있었다. 날이 저물어 말들이 파경노가 누워 있는 곳에 와 그를 향해 머리를 숙이며 늘어서자 보는 자마다 모두 기이하게 여겼다. 승상 부인은 이 말을 듣고 승상에게 말했다.

"파경노는 용모가 기이하고 탄복할 일이 많으니 필시 비범한 사람일 것입니다. 마부 일도, 천한 일도 맡기지 마세요."

승상이 옳게 여겨 그 말을 따랐다. 이전에 승상은 동산에 꽃과 나무를 많이 심었는데, 파경노에게 이를 기르게 했다. 이때부터 동산의 화초가 무성하며 조금도 시들지 않아, 봉황이 쌍쌍이 날아들어 꽃가지에 깃들었다.

열흘이 지났다. 파경노는 소저가 동산의 꽃을 보고 싶으나 파경노가 부끄러워 오지 못한다는 말을 들었다. 이에 파경노는 승상을 뵙고 말했다.

"제가 이곳에 온 지 여러 해 지났습니다. 한 번도 노모를 뵙지 못했으니, 노모를 뵙고 올 말미를 주십시오."

승상은 닷새를 주었다. 소저는 파경노가 귀향했다는 소식을 듣고 동산에 들어와 꽃을 보고,

"꽃이 난간 앞에서 웃는데 소리는 들리지 않네."라고 시를 지었다. 파경노는 꽃 사이에 숨어 있다가,

"새가 숲 아래서 우는데 눈물 보기 어렵네."라고 시로 화답했다. 소저가 부끄러워 얼굴을 붉히며 돌아갔다.

'선관들'과 같은 '초월적 존재'들의 도움을 받기도 하는 등 계속해서 '파경노'에게 기이한 일이 일어나자, '승상 부인'(새로운 호칭이 나와서 생각해보니 새로운 인물이죠? 정확하게 체크해야 해요!)은 '승상'에게 '파경노'가 다른 일을 하게끔 하자고 말합니다. 이 덕에 '파경노'는 동산의 꽃과 나무를 기르는 일을 맡게 되었네요. '파경노'는 엄청난 능력을 가진 인물이기에, 당연히 이 꽃과 나무들은 잘 자라겠죠?

그러다 열흘이 지났습니다. 이런 시간의 변화, 민감하게 반응하고 계시죠? '파경노'는 '소저'가 자신을 '부끄러워'한다는 이야기를 듣고 또 꾀를 부리고 있어요. 그 내용을 읽어보면, 정말 기가 막히게 작업을 거는 모습이죠? 영웅 소설의 클리셰를 잘 익히고 있다면 이해하는 게 그리 어렵지 않을 것 같습니다. 계속 읽어봅시다.

[중략 부분 줄거리] 중국 황제 는 신라 왕 에게 석함을 보내,
그 안에 있는 물건을 알아내 시를 지어 올리라 명한다. 신라 왕은
이를 해결하지 못하고 나업에게 과업을 넘긴다.

[중략 부분 줄거리]입니다. 꼼꼼하게 읽어야겠죠? '중국 황제'가
'신라 왕'에게 무엇인가를 시킨 모습이에요. '신라 왕'은 이걸 '나
업'에게 넘겼구요. 그동안 고전소설을 풀면서 생긴 경험치가 조금
있다면, 여기서 '나업'이 문제를 해결하지 못할 것이라는 느낌이
들어야 합니다. '나업'은 영웅이 아닌 일반인이니까요! 영웅인 '파
경노'가 활약할 기회가 있어야 해요.

나업은 집으로 돌아와 석함을 안고 통곡했다. 파경노
는 이 말을 듣고 사람들에게 왜 우는지를 물었다. 사람
들이 모두 말해 주자, 자못 기쁨을 띠며 꽃가지를 꺾어
외청으로 갔다.
소저가 슬피 울다가 문득 벽에 걸린 거울에 비친 그림
자를 보았다. 속으로 놀라 창틈으로 엿보니 파경노가 꽃
을 들고 서 있었다. 소저가 이상히 여겨 문사, 시치미를
떼며 말했다.
"그대가 이 꽃을 보고 싶다 하여 그대를 위해 가져 왔
소. 시들기 전에 받아 보시오."
소저가 한숨을 크게 쉬니, 파경노가 위로하며 말했다.
"거울 속에 비친 이가 반드시 그대 근심을 없애 줄 것
이오. 근심치 말고 꽃을 받으시오."
소저가 꽃을 받고 부끄러워하며 안으로 들어갔다.

아니나다를까 '나업'은 통곡하고 있습니다. 왜죠? 자기가 해결하
지 못할 걸 알고 있으니까요! 그런데 영웅 '파경노'는 '기쁨'을 보
이고 있습니다. 본인이 해결할 수 있다고 생각하는 것이죠. 이렇
게 기본적으로 영웅소설에서의 영웅은 모든 문제를 해결할 수 있
는 대단한 존재라고 봐 주시는 게 좋습니다.

'파경노'는 슬퍼하는 '소저'에게 눈치 없이 '꽃'으로 장난이나 치
면서, 자신이 근심을 없애주겠다며 위로하고 있습니다. '파경노'
는 이 문제를 어떻게 해결할까요?

얼마 뒤 소저는 파경노의 말을 괴이히 여겨 승상께 말
했다.
"파경노가 비록 어리지만 재주가 남보다 뛰어나고, 신
인(神人)의 기운이 있어 석함 속의 물건을 알아내어
시를 지을 수 있을 것입니다."

승상이 말했다.
"너는 어찌 쉽게 말하느냐? 만약 파경노가 할 수 있다
면 나라의 이름난 선비 가운데 한 명도 시를 짓지 못
해 이 석함을 나에게 맡겼겠느냐?"
소저가 말했다.
"뱁새는 비록 작지만 큰 새매를 살린다 합니다. 그가
비록 노둔하나 큰 재주를 지니고 있는지 어찌 알겠습
니까?"
이어서 파경노가 걱정하지 말라고 했음을 고했다.
"만약 그가 시를 지을 수 없다면 어찌 그런 말을 냈겠습
니까? 원컨대 그를 불러 시험 삼아 시를 짓게 하소서."

이런 일이 있고 난 후, '소저'는 '파경노'의 이야기를 '승상'에게 전
합니다. '승상'은 '파경노'가 문제를 해결하지 못할 것이라고 생각
하지만, '소저'는 강하게 밀어붙이는 모습이에요. 계속해서 영웅
이 활약할 수 있는 판을 깔아주는 모습이에요.

승상이 파경노를 불러 구슬리며 말했다.
"만약 이 석함 속의 물건을 알아내 시를 짓는다면 후
한 상을 줄 것이며, 마땅히 네 뜻을 이루어 주겠다."
파경노가 거절하며 말했다.
"비록 후한 상을 준다 한들 제가 어찌 시를 짓겠습니까?"
소저가 이 말을 듣고 승상에게 말했다.
"살고 싶고 죽기 싫은 것이 인지상정입니다. 옛날에
어떤 이가 사형을 당하게 되었을 때, 그에게 '네가 만
약 시를 짓는다면 내 마땅히 사면해 주겠다.' 했습니
다. 그 사람은 무식한 이였으나 그 명을 따랐습니다.
하물며 파경노는 문학이 넉넉해 시를 지을 수 있지만
거짓으로 못하는 체하고 있습니다. 지금 아버님께서
그를 겁박하시면 어찌 삶을 좋아하고 죽음을 싫어하
는 마음이 없어 복종치 않겠습니까?"
승상이 그럴듯하다 여기고 파경노를 불렀다.
-작자 미상, 「최고운전」-

결국 '승상'은 '파경노'를 구슬려 시를 짓게 하는데, 의외로 '파경
노'는 거절하는 모습입니다. 그래도 우리의 '소저'는 포기하지 않
고 '승상'을 설득하고 있어요. 그런데 그 내용이 좀 살벌합니다.
좋게 말하지 말고, '겁박'하여 복종하게 하자는 것이에요. 조금 과
격한 방법이기는 하지만, 어쨌든 이 뒤엔 '파경노'라는 영웅이 문
제를 멋지게 해결하겠죠?

'신이한 능력'을 가진 영웅의 모습이 잘 드러나는 작품이었습니다. 이런 클리셰를 살리며 읽었다면 정말 쉽게 이해할 수 있었을 거예요.

선지	①	②	③	④	⑤
선택률	2%	11%	3%	83%	1%

17 윗글의 서술상 특징으로 가장 적절한 것은? ④

① 시간의 역전을 통해 사건의 진상을 밝히고 있다.

선지 유형	근거가 있어서 허용 불가능
실전에서의 판단 과정	시간은 순차적으로 흘렀지.
해설	시간의 역전은 드러나 있지 않고, 오히려 '열흘' 뒤, '얼마 뒤'처럼 시간의 흐름이 순차적으로 구성되고 있었죠? '시간의 역전'과 같은 엄청난 일이 있었다면 우리가 놓쳤을 리가 없습니다. '사건의 진상'을 밝히는 것이 이 작품의 주제가 아니기도 하구요.

② 서술자의 개입을 통해 사건의 전모를 밝히고 있다.

선지 유형	근거가 없어서 허용 불가능
실전에서의 판단 과정	서술자의 개입은 없었던 것 같은데?
해설	서술자의 개입 역시 우리가 선제적으로 체크하고 있는 부분이죠? 있었다면 먼저 체크했을 겁니다. 불안하다면 일단 넘어가셔도 좋아요. 귀찮은 건 나중으로 미뤄두는 것도 훌륭한 실전 전략이에요. 1번 선지와 비슷하게 '사건의 전모'와 작품의 주제가 무관하기도 하구요.

③ 인물의 희화화를 통해 사건의 반전 효과를 나타내고 있다.

선지 유형	근거가 없어서 허용 불가능
실전에서의 판단 과정	뭔 헛소리야.
해설	'인물의 희화화'도, '사건의 반전 효과'도 나타난 적이 없습니다. 작품의 주제와 너무 무관해요.

④ 인물 간의 대화를 통해 사건 해결의 방안을 제시하고 있다.

선지 유형	근거가 있어서 허용 가능
실전에서의 판단 과정	대화를 통해 석함 문제를 해결하려고 했지.
해설	'소저', '승상'의 대화를 통해 '석함'과 관련된 사건의 해결 방안이 나오고 있었습니다. '파경노'를 겁박하자는 것이죠? 이러한 내용을 이해했다면 바로 답으로 고를 수 있었겠네요.

⑤ 꿈과 현실의 교차를 통해 앞으로 일어날 사건을 암시하고 있다.

선지 유형	근거가 없어서 허용 불가능
실전에서의 판단 과정	꿈을 꾼 적이 없잖아.
해설	애초에 '꿈'을 꾸는 인물의 모습이 나타난 적이 없습니다. 절대로 허용할 수 없겠네요.

선지	①	②	③	④	⑤
선택률	8%	51%	12%	7%	22%

18 윗글의 내용에 대한 이해로 적절하지 않은 것은? ②

① 유모에게 주어 보낸 '거울'은 아이가 소저의 얼굴을 보게 되는 계기를 만들고, 벽에 걸린 '거울'은 파경노가 소저에게 자신의 존재감을 드러내는 계기를 만든다.

선지 유형	근거가 있어서 허용 가능
실전에서의 판단 과정	선지 자체로 허용할 수 있겠네.
해설	'소저'가 '유모'에게 '거울'을 주어 보내면서 몰래 따라 나간 덕에 '아이'가 '소저'의 얼굴을 보게 되었으니, '계기를 만든다'는 내용을 충분히 허용할 수 있겠네요. 또 '소저'가 벽에 걸린 '거울'에 비친 그림자를 본 뒤 '파경노'의 모습을 확인했으니, '존재감을 드러내는 계기' 역시 충분히 허용할 수 있겠습니다.

② 깨뜨린 '거울'은 아이가 파경노라는 이름을 얻고 승상의 집안으로 들어가는 계기가 되고, 파경노가 관리한 동산의 '화초'는 승상 부인으로부터 인정받는 계기로 작용한다.

선지 유형	근거가 있어서 허용 불가능
실전에서의 판단 과정	승상 부인이 인정해서 화초 관리를 한 거 아냐?
해설	'거울'을 깨뜨려 '파경노'(거울을 깨뜨린 노비)라는 이름을 얻고 승상의 집안으로 들어갔다는 건 너무나 쉽게 허용할 수 있습니다. 그런데 뒤쪽의 내용은 사건의 선후 관계를 뒤집은 것이죠? '말 먹이는 일'을 기가 막히게 하는 '파경노'의 모습을 본 '승상 부인'이 저런 하찮은 일 말고 '화초' 관리와 같은 일을 시키자고 한 것입니다. 따라서 '화초' 관리가 '승상 부인'으로부터 인정받는 계기라는 것은 허용하기 어렵죠. 사건의 선후 관계를 묻는 선지가 포함된 문제들은 언제나 높은 오답률을 기록합니다. 사건의 선후 관계 파악이 이루어지기 위해서는 지문 전체의 흐름이 완벽하게 잡혀야 하기 때문이에요. 각 인물들이 등장할 때마다 어떤 행동, 생각을 왜 하는지 생각하면서 읽어내는 게 아주 중요했습니다!

③ 동산의 '꽃'은 소저가 보고 싶었으나 파경노로 인해 접근하기 어렵게 된 대상이고, 파경노가 들고 서 있던 '꽃'은 소저에게 자신의 마음을 전달하기 위한 수단이다.

선지 유형	근거가 있어서 허용 가능
실전에서의 판단 과정	선지 그 자체로 맞는 말이네.
해설	'소저'는 동산의 '꽃'을 보고 싶었지만, '파경노'가 언제나 지키고 있기에 '부끄러워' 보러 가지 못했다고 했습니다. '부끄러움'이라는 심리의 근거를 정확히 이해했는지 묻고 있죠? 나아가 '파경노'가 들고 서 있던 '꽃'은 '소저'를 위로하고 안심시킬 때 사용한 것이었어요. 이를 근거로 하면 '자신의 마음 전달'이라는 해석을 충분히 허용할 수 있겠습니다.

④ 동산에서 화답한 '시'는 파경노가 소저와 교감하기 위해 읊은 것이고, 석함 속 물건에 대한 '시'는 파경노가 해결할 수 있다고 소저가 기대하는 과제이다.

선지 유형	근거가 있어서 허용 가능
실전에서의 판단 과정	선지 그 자체로 허용할 수 있네.
해설	동산에서 '파경노'가 화답한 '시'는 '소저'에게 작업을 걸기 위한 것이었습니다. 이를 근거로 하면 '소저와 교감'이라는 말을 충분히 허용할 수 있겠네요. 한편 석함 속 물건에 대한 '시'는 영웅인 '파경노'가 해결해야 하는 문제이자, 그럴 수 있으리라고 '소저'가 기대하는 과제였어요. 쉽게 허용할 수 있죠.

⑤ 석함 속 물건에 대한 '시'는 나업에게 슬픔을 유발하는 과업이지만, 파경노에게는 소저의 슬픔을 해소시켜 줄 수 있는 수단이다.

선지 유형	근거가 있어서 허용 가능
실전에서의 판단 과정	나업은 해결 못할 것 같아서 울었고, 파경노는 소저에게 이를 해결할 수 있다고 했지.
해설	'나업'이 '통곡'하는 '이유'를 생각했다면 너무나 쉽게 지워낼 수 있습니다. '나업'은 석함의 '시'와 관련된 문제를 해결하지 못할 것이라 생각하기에 '통곡'했던 것이에요. '통곡'했다는데, '슬픔 유발' 정도는 가볍게 허용할 수 있겠죠. 그리고 '소저'가 '슬피' 우는 이유도 여기에 있었습니다. 하지만 우리의 영웅 '파경노'는 이 문제를 해결할 수 있을 거예요. 그럼 이 과제가 '소저'의 슬픔을 해소시켜 줄 수 있는 수단이라고 볼 수 있겠네요. '심리의 근거'를 생각하며 지문을 읽었다면 이런 선지를 아주 빠르게 지워낼 수 있습니다.

선지	①	②	③	④	⑤
선택률	4%	11%	4%	21%	60%

19 〈보기〉를 참고하여 윗글을 감상한 내용으로 적절하지 <u>않은</u> 것은? [3점] ⑤

① 아이가 헌 옷으로 바꾸어 입고 거울 고치는 장사라 속이는 장면은 최치원이 치밀한 면모를 지닌 인물임을 보여 주는군.

선지 유형	근거가 있어서 허용 가능
실전에서의 판단 과정	일부러 접근한 거니까 치밀하다고 할 수 있지.
해설	'소저와의 만남'이라는 목적을 위해 '헌 옷으로 바꾸어' 입고 '거울 고치는 장사'라 속이는 정도면 '치밀한 면모'라는 말은 충분히 허용할 수 있겠죠?

② 파경노에게 선관들이 몰려와 말먹이를 가져다주는 장면은 최치원이 초월적 존재에게 도움을 받는 인물임을 보여 주는군.

선지 유형	근거가 있어서 허용 가능
실전에서의 판단 과정	선관들은 초월적 존재였지.
해설	'선관들'이 몰려와 '파경노'의 일인 '말먹이'를 가져다주고 있습니다. 이 정도면 '초월적 존재'에게 도움을 받는다고 할 수 있겠죠? 지문을 읽으면서부터 생각했어야 하는 내용입니다! '선관'이라는 단어의 뜻을 몰랐다면 반성하시구요.

③ 파경노가 기른 뒤로 화초가 시들지 않아 봉황이 날아드는 장면은 최치원이 신이한 능력을 지닌 인물임을 보여 주는군.

선지 유형	근거가 있어서 허용 가능
실전에서의 판단 과정	저 정도면 충분히 신이하지.
해설	화초가 시들지 않고, 봉황이 날아들고 하는데 '신이한 능력'이 아니라고 하는 게 더 어렵겠죠.

④ 파경노가 노모를 핑계 삼아 말미를 얻는 장면은 최치원이 원하는 바를 얻기 위해 기지를 발휘하는 인물임을 보여 주는군.

선지 유형	근거가 있어서 허용 가능
실전에서의 판단 과정	노모 이야기는 결국 소저랑 만나고 싶어서였지.
해설	'파경노'가 '노모' 핑계를 대는 이유를 생각하면 쉽게 지울 수 있습니다. 바로 '소저'를 화초밭으로 오게 하기 위해서였죠? 자신이 원하는 바('소저'와의 만남)를 위해 '노모' 핑계라는 기지를 발휘하고 있으니 충분히 허용할 수 있네요. '행동'의 근거를 물어보는 선지였네요.

⑤ 파경노가 승상의 제안을 거절하는 장면은 최치원이 보상을 추구하기보다 스스로 국가의 과제를 해결하려는 당당한 인물임을 보여 주는군.

선지 유형	근거가 없어서 허용 불가능
실전에서의 판단 과정	파경노는 국가 과제 해결에 딱히 관심이 없지.
해설	'파경노'가 '승상'의 제안을 거절하는 이유는 정확히 알 수 없습니다. (아마 '소저'와의 결혼과 같은 보상을 함께 받기 위한 것이라고 할 수 있을 것입니다. 더 나은 제안을 위해 일단 거절한 것이죠.) 어쨌든 그것이 '국가의 과제 해결'을 위한 것은 아니라는 건 확실하죠? '파경노'는 지금 온통 '소저' 생각뿐이에요. 오히려 앞에서 말한 것처럼 '소저'와 관련된 어떤 '보상'을 추구한다고 보는 것이 더 합리적일 것입니다. 허용할 만한 근거가 없으니, 틀린 선지라고 해야겠네요.

몰랐던 어휘 정리하기

| 핵심 point |

① **허용 가능성 평가** : 선지의 내용을 '허용'하려는 태도를 바탕으로 지문을 '독해'하며 '근거'를 찾아야 합니다. 허용할 수 있는 '근거'가 있어야만 허용할 수 있습니다. 주관적인 생각을 개입시키면 안 됩니다.

② **소설 독해** : '심리와 행동의 근거'를 바탕으로 인물에게 '공감'하며 읽어야 합니다. 이 과정이 물흐르듯 이어지면 지문의 내용을 완벽하게 이해할 수 있어요.

③ **영웅소설 클리셰** : 모든 영웅은 엄청난 능력을 가지고 여러 가지 문제를 해결합니다. 이러한 클리셰를 알고 있다면 지문 독해가 수월해질 거예요.

| 지문 내용 총정리 |

영웅소설의 클리셰를 활용하며 읽었다면 지문 자체는 쉽게 이해할 수 있었을 겁니다. 다만 '심리의 근거' 및 '행동의 근거'를 집요하게 체크하지 않았다면 디테일함을 요구하는 선지들에 당할 수도 있었을 거예요. 정답률이 도대체 왜 저렇게 낮게 나왔는지 이해가 안 된다는 생각을 하면서 정리할 수 있어야 합니다.

〈보기〉 확인

[보기]

　자연과 절대자는 각각 인간에게 안식을 주거나 인간과 세계를 규정하는 중요한 준거로 인식되어 왔다. (가)는 세속의 일상을 떠나 자연에 들어온 화자가 점차 자연에 동화되어 가는 과정과 심리 상태를 그리고 있다. (나)는 자신과 세계 인식의 준거였던 절대자와의 관계를 회의하고 자신이 경험한 사실에 기초하여 존재를 인식하겠다는 태도를 표명하고 있다.

(가)와 (나)의 주제를 친절하게 제시하고 있습니다. 두 지문은 '자연'과 '절대자'와 같은 인간과 세계를 규정하는 중요한 준거에 대한 이야기를 한다고 해요. 먼저 (가)의 경우, '세속의 일상'을 떠나 '자연'에 들어온 화자가 점차 '자연'에 동화되어 가는 과정과 심리 상태를 그리고 있다고 합니다. 한편 (나)의 경우 '절대자'와의 관계를 회의하고 자신이 경험한 사실에 기초하여 존재를 인식하겠다는 태도를 표명하고 있다고 하구요. 인간과 세계를 규정하는 중요한 준거에 대해 (가)는 동화되어 가는 모습을, (나)는 회의하고 멀어지려는 모습을 드러내고 있다는 내용입니다. 이렇게 주제를 정확히 체크하고, 이를 중심으로 독해하고 문제를 풀어보도록 합시다.

실전적 지문 독해

(가)
　손 흔들고 떠나갈 미련은 없다
　며칠째 청산에 와 발을 푸니
　흐리던 산길이 잘 보인다.
　상수리 열매를 주우며 인가를 내려다보고
　쓰다 둔 편지 구절과 버린 칫솔을 생각한다.
　남방으로 가다 길을 놓치고
　두어 번 허우적거리는 여울물
　산 아래는 때까치들이 몰려와
　모든 야성을 버리고 들 가운데 순결해진다.
　길을 가다가 자주 뒤를 돌아보게 하는
　서른 번 다져 두고 서른 번 포기했던 관습들
　서쪽 마을을 바라보면 나무들의 잔숨결처럼
　가늘게 흩어지는 저녁 연기가
　한 가정의 고민의 양식으로 피어오르고

　생목 울타리엔 들거미줄
　맨살 비비는 돌들과 함께 누워
　실로 이 세상을 앓아 보지 않은 것들과 함께
　잠들고 싶다.

　　　　　　　　　　　　　-이기철, 「청산행」-

'손 흔들고 떠나갈 미련', 즉 '세속의 일상'에 대한 미련 없이 떠나와 '청산'에 도착한 화자는 '흐리던 산길이 잘 보인다'는 표현을 하며 '청산'이라는 '자연'에 동화되어 가는 모습을 보이고 있습니다. '쓰다 둔 편지 구절', '버린 칫솔'처럼 '세속의 일상'에서 경험하던 것들이 이따금 생각나기도 하지만, 결국 마지막 두 행에서 말하는 것처럼 '자연'에 완전하게 동화된 모습을 보여 주고 있네요. 〈보기〉에서 설명한 주제 그 자체죠?

(나)
　나는 차를 앞에 놓고
　고즈넉한 저녁에 호을로 마신다.
　내가 좋아하는 차를 마신다.
　그러나 이것은 다만 사실일 뿐,
　차의 짙은 향기와는 관계 없이
　이것은 물과 같이 담담한 사실일 뿐이다.

　누구의 시킴을 받아
　참새 한 마리가 땅에 떨어지는 것도 아니고
　누구의 손으로 들국화를 어여삐 가꾼 것도 아니다.
　차를 마시는 것은
　이와 같이 스스로 달갑고 가장 즐거울 뿐,
　이것은 다만 사실이며 또 관습이다.
　나의 고즈넉한 관습이다.

　물에게 물은 물일 뿐
　소금물일 뿐,
　앞으로 남은 십년을 더 살든지 죽든지
　나에게도 나는 나일 뿐,
　이제는 차를 마시는 나일 뿐,

　이 짙은 향기와는 관계도 없이
　차를 마시는 사실과 관습은
　내가 아는 내게 대한 모든 것이다.
　그리고 모든 것에 대한 모든 것도 된다.

　　　　　　　　　　　　-김현승, 「사실과 관습: 고독 이후」-

<보기>가 없었다면 이해하기가 상당히 어려웠을 작품입니다. 화자는 '고즈넉한 저녁'에 홀로 차를 마시면서 성찰하고, 이를 통해 여러 가지를 깨닫고 있습니다. 예컨대 '누구의 시킴'이 아니라는 표현은 '절대자와의 관계에 대한 회의'를 의미할 것인데, 이렇게 화자는 결국 자신이 경험한 사실에만 기초하여 '나'와 '모든 것'을 인식하겠다는 모습을 보여 주고 있네요. 더 자세한 건 문제를 풀면서 이해해보고, 일단 이 정도로만 넘어가도 괜찮을 것 같습니다.

선지	①	②	③	④	⑤
선택률	10%	9%	13%	11%	57%

20 (가), (나)에 대한 설명으로 적절하지 <u>않은</u> 것은? ⑤

① (가)는 인격화한 대상을 통해 화자의 심리를 내포하고 있다.

선지 유형	근거가 있어서 허용 가능
실전에서의 판단 과정	때까치들이 순결해지고, 맨살 비비는 돌들이랑 함께 눕는다고 했네.
해설	(가)에는 '몰려와 모든 야성을 버리고 들 가운데 순결해지는 때까치'의 모습이 묘사되어 있기도 하고, '맨살 비비는 돌들'과 함께 눕겠다는 내용이 제시되어 있기도 합니다. 이렇게 '때까치', '돌들'과 같은 인격화된 대상을 통해, 화자가 '청산'에 익숙해지고 있다는 심리를 내포하고 있다는 것은 충분히 허용할 수 있겠네요. 애초에 '화자의 심리 내포' 자체가 틀리기 어려운 내용이니, '인격화된 대상'만 찾아도 허용할 수 있을 것입니다.

② (나)는 대상을 한정하는 어휘들을 사용하여 주제 의식을 강조하고 있다.

선지 유형	근거가 있어서 허용 가능
실전에서의 판단 과정	~ㄹ 뿐이 많이 반복되네.
해설	(나)에서는 '~ㄹ 뿐'이라는, 대상을 한정하는 어휘들이 많이 사용되고 있습니다. 이는 '절대자'와 같은 존재가 아닌 자신의 경험에 따라 세계를 인식할 수 있을 뿐이라는 주제 의식을 강조하기 위해 사용된 것이라고 할 수 있겠죠?

③ (가)는 (나)와 달리, 공간의 이동에 따라 포착된 사물을 통해 화자의 태도를 드러내고 있다.

선지 유형	근거가 있어서 허용 가능
실전에서의 판단 과정	청산으로 왔으니 공간의 이동이 있는 거지.
해설	(가)의 화자는 '세속의 일상'을 보내던 어딘가에서 '청산'으로 이동한 상태입니다. 이에 따라 '인가', '여울물', '때까치들', '나무들', '들거미줄', '돌들'과 같은 여러 사물을 포착하고 있어요. 이를 통해 점차 '청산'에 동화되어 가는 화자의 태도를 드러내고 있다고 할 수 있겠죠? 한편 (나)의 경우, 그저 차를 마시는 화자의 상황만이 제시되었을 뿐 '공간의 이동'을 허용할 근거는 찾기가 어렵죠?

④ (나)는 (가)와 달리, 화자를 거듭 명시하면서 시상을 전개하고 있다.

선지 유형	근거가 있어서 허용 가능
실전에서의 판단 과정	'나'라는 표현이 거듭 명시되어 있지.
해설	(나)의 경우, '나'라는 표현을 계속 반복하면서 화자를 거듭 명시하고 있습니다. 하지만 (가)의 경우에는 화자를 직접 명시한 적이 없네요. 어렵지 않게 허용할 수 있겠습니다.

⑤ <u>(가)와 (나)는 모두, 자연물에 화자의 정서를 투영함으로써 대상에 대한 친밀감을 드러내고 있다.</u>

선지 유형	근거가 없어서 허용 불가능
실전에서의 판단 과정	(나)에서 친밀감이 왜 나와.
해설	(가)의 경우, '들거미줄', '돌들'과 같은 자연물에 함께 하고 싶다는 화자의 정서를 투영함으로써 대상에 대한 친밀감을 드러내고 있습니다. 애초에 이렇게 자연과 동화되는 것이 (가)의 주제였기 때문에, 당연하게 허용할 수 있겠죠? 한편, (나)에서도 '참새', '들국화', '물'과 같은 자연물이 등장하기는 합니다. 하지만 이들은 모두 '절대자'와의 관계를 회의하는 화자의 태도를 강조하기 위한 것일 뿐, '친밀감'을 드러내기 위한 것은 아니죠? 애초에 (나)의 주제를 고려할 때, '대상에 대한 친밀감'은 허용하기 어렵다는 생각을 한다면 더욱 강한 확신을 가지고 지워낼 수 있겠습니다.

선지	①	②	③	④	⑤
선택률	7%	7%	10%	70%	6%

21 ⓐ, ⓑ에 대한 이해로 가장 적절한 것은? ④

> 길을 가다가 자주 뒤를 돌아보게 하는
> 서른 번 다져 두고 서른 번 포기했던 ⓐ<u>관습들</u>

> 차를 마시는 것은
> 이와 같이 스스로 달갑고 가장 즐거울 뿐,
> 이것은 다만 사실이며 또 ⓑ<u>관습</u>이다.

– ⓐ의 경우, '청산'에 온 화자가 자꾸 뒤를 돌아보게 하고, 서른 번 다졌다가도 서른 번 포기하게 하는 것입니다. (가)의 주제를 고려하면, 이는 '세속의 일상'과 '자연에의 동화' 사이에서 갈등하던 화자의 모습을 나타낸다고 할 수 있겠습니다. 마음이 계속 왔다갔다 하던 것이 반복되면서 일종의 '관습'이 되었다는 의미겠죠.

한편 ⓑ의 경우, 화자가 '달갑고 가장 즐거'워하는 행위인 '차를 마시는 것'을 표현한 것입니다. 역시 (나)의 주제를 고려하면, 이는 '절대자'의 의지가 아닌 화자 스스로의 의지를 통해 반복적으로 '차를 마시는 행위'를 즐겼음을 깨닫는 모습이라고 할 수 있겠죠.

이렇게 주제 중심으로 독해하며 ⓐ와 ⓑ의 의미를 파악할 수 있어야 합니다. 일상 언어의 감각을 이용하면 충분히 할 수 있어요.

① ⓐ는 '길을 가다가 자주 뒤를 돌아보게' 하는 것이라는 점에서 다시 돌아갈 수 없는 그리움의 대상이다.

선지 유형	근거가 있어서 허용 불가능
실전에서의 판단 과정	다져 두고 포기할 수 있는 대상인데?
해설	ⓐ는 '서른 번'씩이나 다졌다가 포기하다가 할 수 있는 대상입니다. 즉, 화자가 마음만 먹으면 언제든 얻을 수 있는 대상이라는 의미이죠. 동시에 화자는 ⓐ와 단절하고 '청산'이라는 자연에 동화되고자 하는 모습을 보입니다. 이것이 곧 주제 그 자체였죠? 단절하고자 하는 대상을 그리워한다는 건 말이 되지 않겠죠. 이렇게 ⓐ를 '그리움'의 대상이라고 볼 수 없는 근거들이 가득하기에, 허용할 수 없겠습니다.

② ⓑ는 '호을로' 하는 행위라는 점에서 행위 주체의 사회적 고립을 드러내고 있다.

선지 유형	근거가 있어서 허용 불가능
실전에서의 판단 과정	화자는 이거 좋아하는데?
해설	ⓑ가 '호을로' 하는 행위인 것은 맞습니다. 하지만 화자는 이렇게 혼자서 차를 마시는 것을 즐기고, 이를 통해 깨달음을 얻고 있을 뿐 '사회적 고립'을 느끼고 있지는 않아요. 혼자서 즐겁게 취미를 즐기는 모습을 보고 '사회적 고립'에 빠져 있다고 표현하기는 어렵겠죠?

③ ⓐ는 바라봄의 대상인 '서쪽 마을'과 관련되어 있다는 점에서 피안에 대한 지향을, ⓑ는 일과를 마친 '저녁'과 관련되어 있다는 점에서 안식에 대한 지향을 드러내고 있다.

선지 유형	근거가 없어서 허용 불가능
실전에서의 판단 과정	피안에 대한 지향이 왜 나와.
해설	'피안'이라는 단어를 모르는 학생들에게는 굉장히 당황스러울 수 있는 선지였습니다. '피안'은 '현실 밖의 세계', '관념적 세계' 정도의 의미를 가진 단어입니다. 참고로 '현실 세계'를 의미하는 단어는 '차안'이라고 한다는 것도 알아둡시다. 아무튼, ⓐ를 떠올린 화자는 '서쪽 마을'을 바라봅니다. 따라서 ⓐ가 '서쪽 마을'과 관련되어 있다는 것은 충분히 허용할 수 있겠죠. 하지만 '서쪽 마을'은 '청산'에 있는 현실적 공간일 뿐, 이것을 '피안'이라고 볼 근거는 없습니다. 화자가 '피안에 대한 지향'을 한다는 것도 주제를 고려하면 너무 뜬금없구요. 참고로, 우리나라의 문화에서 일반적으로 '서쪽'은 '저승의 방향'을 의미합니다. 이를 이용해서 만든 선지라고 생각하시고 알아만 두면 될 것 같아요. 어쨌든 허용하기는 어렵겠죠. 한편, ⓑ가 일과를 마친 '고즈넉한 저녁'에 차를 마시는 행위를 의미한다는 것, 그리고 스스로 달갑고 가장 즐겁게 여기는 행위를 의미한다는 것을 근거로 하면 ⓑ가 '안식에 대한 지향'을 드러낸다는 것은 충분히 허용할 수 있겠습니다.

④ ⓐ는 '서른 번 다져 두고 서른 번 포기'한 것이라는 점
에서 내면의 갈등을, ⓑ는 '고즈넉한' 상황에서 이루어
지는 '담담한 사실'이라는 점에서 내면의 평정함을 내
포한다.

선지 유형	근거가 있어서 허용 가능
실전에서의 판단 과정	서른 번 고민했으니 갈등이고, 고즈넉하고 담담하면 평정함이라고 할 수 있겠네.
해설	ⓐ는 '서른 번'이나 다져 두었다가 포기했던 것입니다. 이는 미리 생각한 것처럼 '세속의 일상'과 '자연에의 동화' 사이에서 갈등하던 화자의 모습을 나타낸다고 할 수 있죠? 나아가 ⓑ는 '고즈넉한' 저녁에 '담담한 사실'로 받아들여지는 일입니다. 고즈넉하고 담담하다는 것은 내면세계가 안정되어 있다는 의미라고 할 수 있으니, ⓑ는 화자가 혼자서 차를 즐기는 데서 얻는 '평정함'을 내포한다고 할 수 있겠죠. 이렇게 근거가 있으면 허용할 수 있습니다.

⑤ ⓐ는 사물들을 '내려다보'아 촉발된 것이라는 점에서
자기 연민의 성격을, ⓑ는 '달갑고', '좋아하는' 것이라
는 점에서 자기 위안적 성격을 띠고 있다.

선지 유형	근거가 없어서 허용 불가능
실전에서의 판단 과정	자기를 왜 연민해.
해설	화자가 상수리 열매를 주우며 인가를 '내려다'볼 때, '쓰다 둔 편지 구절과 버린 칫솔', 즉 '세속적 일상'을 떠올립니다. 이렇게 인가의 사물들을 '내려다보'는 과정에서 ⓐ와 같은 갈등이 촉발되었다는 것 자체는 충분히 허용할 수 있겠지만, 이는 말 그대로 '갈등'하는 모습이지 '자기 연민'의 모습은 아니죠? 화자는 스스로를 안쓰러워 하는 내면세계를 가지고 있지 않습니다. ⓑ의 경우, 화자가 달가워하고 '좋아하는' 것이기는 합니다. 하지만 말 그대로 좋아서 하는 행동일 뿐, 자기 스스로를 위로하는 것은 아니죠? '위로'한다는 것은 화자의 부정적인 정서를 달래 주는 것을 의미하는데, 화자는 부정적인 정서를 보여 준 적이 없습니다.

이 문제는 '고립', '피안', '고즈넉하다', '평정함', '위안'과 같은
단어들의 뜻을 '정확하게' 알고 있는지 묻는 문제이기도 합니다.
'피안' 정도를 제외하면 다들 모르는 단어는 아니겠지만, 그 뜻

을 대충 알고 있다면 오답을 고를 수도 있는 문제였다는 것이죠.
예를 들어, 2번 선지를 판단하는 과정에서 '고립'을 대충 '혼자
있는 것' 정도로만 이해하고 있었다면 '홀로 있으니까 고립 맞
지'와 같은 판단을 할 수도 있고, 5번 선지를 판단하는 과정에서
'위안'을 대충 '기분 좋게 하는 것' 정도로만 이해하고 있었다면
'좋아하는 거 하는 거니까 자기 위안 맞지'와 같은 판단을 할 수
있었다는 것이에요. 이처럼 최근 평가원은 '어휘력'이 정말 탄탄
하게 갖춰져 있어야 좋은 결과를 얻을 수 있게끔 문제를 출제하
고 있습니다. 이를 잊지 말고, 단순히 뜻만 외우는 것이 아니라
다양한 예문을 통해 단어들의 정확한 뜻에 익숙해지는 식으로
'어휘력'을 키우셔야 합니다.

선지	①	②	③	④	⑤
선택률	3%	7%	72%	8%	10%

22 ㉠~㉤에 대한 이해로 적절하지 <u>않은</u> 것은? ③

① ㉠은 대상이 이전에는 제대로 파악되지 않았음을 드
러내는 표현이다.

> 며칠째 청산에 와 발을 푸니
> ㉠흐리던 산길이 잘 보인다.

선지 유형	근거가 있어서 허용 가능
실전에서의 판단 과정	과거엔 흐렸다는 거지.
해설	흐리'던'이라는 어미에 주목하면, 원래는 잘 파악되지 않던 '산길'이 이제 잘 보인다는 식으로 독해할 수 있겠죠? 이를 근거로 하면 충분히 허용할 수 있겠습니다.

② ㉡은 '저녁 연기'의 형상으로 '한 가정'의 상황과 처지
를 시각화한 표현이다.

> ㉡가늘게 흩어지는 저녁 연기가
> 한 가정의 고민의 양식으로 피어오르고

선지 유형	근거가 있어서 허용 가능
실전에서의 판단 과정	한 가정의 고민의 양식!
해설	㉡은 '저녁 연기'가 흩어지는 형상을 묘사한 것입니다. 화자는 이를 '한 가정의 고민의 양식'과 연결 짓고 있어요. 즉, '한 가정'이 가지고 있을 '고민'이라는 추상적인 개념을 피어오르는 '저녁 연기'의

모습을 통해 구체적으로 시각화한 것이죠. 충분히
허용할 수 있겠네요.

③ ⓒ은 '맨살'을 드러낸 '돌들'이 부대끼는 형상으로 세
파에 시달리는 모습을 나타내는 표현이다.

> 생목 울타리엔 들거미줄
> 맨살 ⓒ비비는 돌들과 함께 누워
> 실로 이 세상을 앓아 보지 않은 것들과 함께
> 잠들고 싶다.

선지 유형	근거가 있어서 허용 불가능
실전에서의 판단 과정	세상을 앓아 보지 않은 것들 중 하난데?
해설	화자는 '들거미줄', '맨살 비비는 돌들'과 같은 '실로 이 세상을 앓아 보지 않은 것들'과 함께 잠들고자 합니다. 이처럼 ⓒ의 형상을 가진 '돌들'은 아직 세상을 앓아 보지 못한, 즉 세파에 시달리지 않은 대상 중 하나를 표현한 것이기에 절대 허용할 수 없겠네요. 애초에 이 지문의 주제가 '자연과의 동화'임을 고려하면, 화자가 함께 하고자 하는 대상은 곧 세파에 시달리지 않은 '자연'이라는 식으로 해결할 수도 있겠습니다.

④ ⓔ은 '차를 마시는 것'이 화자의 선호에 따른 주체적
행위임을 드러내는 표현이다.

> 차를 마시는 것은
> 이와 같이 ⓔ스스로 달갑고 가장 즐거울 뿐,

선지 유형	근거가 있어서 허용 가능
실전에서의 판단 과정	그렇지.
해설	화자는 '차를 마시는 것'이 '스스로' 달갑고 가장 즐거운 일임을 생각하고 있습니다. 이는 곧 '차를 마시는 것'이 화자의 선호에 따른 주체적 행위임을 드러내는 것이죠?

⑤ ⓜ은 '나'에 대한 현재의 인식이 이전과는 달라졌음을
드러내는 표현이다.

> 앞으로 남은 십년을 더 살든지 죽든지
> 나에게도 나는 나일 뿐,
> ⓜ이제는 차를 마시는 나일 뿐,

선지 유형	근거가 있어서 허용 가능
실전에서의 판단 과정	이제는 바뀌었다는 거지.
해설	이제'는'이라는 조사에 주목하면, 과거에는 인식하지 못했던 것을 이제 인식할 수 있게 되었다는 식으로 독해할 수 있겠습니다. 이를 근거로 하면 어렵지 않게 허용할 수 있겠네요.

선지	①	②	③	④	⑤
선택률	14%	16%	31%	30%	9%

23 〈보기〉를 참고하여 (가), (나)를 감상한 내용으로 적절하지
않은 것은? [3점] ③

① (가)의 '쓰다 둔 편지 구절과 버린 칫솔을 생각한다'는
것은 자연에 온전히 동화되지 못하는 화자의 심리를
보여 주는 것이겠군.

> 쓰다 둔 편지 구절과 버린 칫솔을 생각한다.

선지 유형	근거가 있어서 허용 가능
실전에서의 판단 과정	세속의 일상과 관련된 거라고 할 수 있지.
해설	지문을 읽으면서도 미리 생각했던 내용입니다. '쓰다 둔 편지 구절과 버린 칫솔'은 (가)의 화자가 '세속의 일상'에서 경험하던 것들입니다. 화자는 지금 '청산'에 와 있는데, '편지'와 '칫솔'은 과거의 것으로 표현되어 있다는 점에서 '세속의 일상'을 상징한다고 할 수 있겠죠? 이를 생각하는 것은 '청산'이라는 자연에 아직 완전히 동화되지는 못해 '세속의 일상'을 떠올리는 화자의 심리를 보여 주는 것이라고 할 수 있겠습니다.

② (나)의 '차를 마시는' 행위가 '내가 아는 내게 대한 모
든 것', '모든 것에 대한 모든 것'으로 확장되는 것은 경
험적 사실을 '나'와 모든 존재들에 대한 인식의 유일한
근거로 삼겠다는 의식이 반영된 것이겠군.

> 이 짙은 향기와는 관계도 없이
> 차를 마시는 사실과 관습은
> 내가 아는 내게 대한 모든 것이다.
> 그리고 모든 것에 대한 모든 것도 된다.

선지 유형	근거가 있어서 허용 가능
실전에서의 판단 과정	주제네.
해설	(나)의 화자는 '차를 마시는' 행위를 '사실과 관습'으로 표현하면서, 이것이 곧 '내가 아는 내게 대한 모든 것'이자 '모든 것에 대한 모든 것'이라고 표현합니다. 이는 선지에서 말하는 것처럼 '사실과 관습'과 같은, 화자가 직접 경험한 사실만을 근거로 하여 '나'와 '모든 것'이라는 존재를 인식하겠다는 의식이 반영된 모습이라고 할 수 있겠죠. '사실과 관습'만이 '모든 것'이라고 하고 있으니까요. 애초에 〈보기〉에서 제시한 주제 그 자체이기도 하니, 가볍게 허용할 수 있겠죠?

③ (가)의 '발을 푸니' '잘 보인다'는 것은 화자가 자연에 친숙해지는 심리 상태를, (나)의 '앞으로 남은 십년을 더 살든지 죽든지'는 절대자에 대해 회의하고 현실에 얽매이지 않겠다는 태도를 드러내고 있겠군.

> 며칠째 청산에 와 발을 푸니
> 흐리던 산길이 잘 보인다.

> 앞으로 남은 십년을 더 살든지 죽든지
> 나에게도 나는 나일 뿐,
> 이제는 차를 마시는 나일 뿐,

선지 유형	근거가 있어서 허용 불가능
실전에서의 판단 과정	현실에 얽매이지 않겠다는 건 주제랑 어긋나는데?
해설	(가)에서 '청산'에 와 '발을 푸니' 흐리던 산길이 '잘 보인다'는 것은, 화자가 '청산'이라는 자연에 친숙해지는 심리 상태를 표현한 것이라고 할 수 있습니다. 친숙해지니 원래 잘 안 보이던 것이 잘 보이게 된 것이라는 의미죠. 한편, (나)의 '앞으로 남은 십년을 더 살든지 죽든지'는 화자가 남은 인생에서 '나에게도 나는 나일 뿐'이라는 깨달음, 즉 '절대자'가 아닌 스스로가 경험한 것만이 존재 인식의 근거라는 깨달음을 계속해서 이어가겠다는 의미로 이해할 수 있습니다. 따라서 '절대자'에 대해 회의하는 것은 맞지만, '현실에 얽매이지 않겠다는 태도'를 드러낸다고 볼 수는 없죠. 오히려 현실에 얽매여 경험한 사실만을 존재 인식의 근거로 삼겠다는 의미이니까요.

〈보기〉에서 제시한 주제를 디테일하게 적용하며 선지를 판단할 수 있는지 묻는 선지였습니다. 이렇게 〈보기〉의 주제를 적극적으로 활용하게끔 하는 것은 최근 평가원 현대시 〈보기〉 문제의 전형이라고도 할 수 있으니, 확실하게 알아두도록 합시다.

FAQ

Q 〈보기〉에 따르면 (나)의 화자는 '절대자와의 관계'를 회의한다고 했지, '절대자'의 존재 그 자체를 회의하지는 않았습니다. 그런데 이 선지는 '절대자에 대해 회의'한다고 했으니 이 부분도 틀렸다고 볼 수 있지 않을까요?

A 일단 (나)의 화자가 '절대자'의 존재 그 자체를 회의하는지는 알 수 없습니다. 나아가 이 선지에서는 명시적으로 '절대자의 존재에 대해 회의하고'라고 써 놓은 것이 아니라 그저 '절대자에 대해 회의하고'라고만 써 놓았어요. 이는 '절대자'와 관련된 여러 것들을 회의한다는 의미로 해석할 수 있기 때문에, '절대자와의 관계' 역시 포함되는 개념이라고 볼 수 있겠습니다. 아무래도 애매하기 때문에 뒷부분에 더 확실하게 틀린 부분을 제시한 것이라고 이해하면 될 것 같아요.

④ (가)의 '여울물'과 '때까치들'에는 자연에 들어와서 느끼는 화자의 심리가 투사되어 있음을, (나)의 '참새'의 떨어짐이 '누구'에 의한 것이 '아니'라는 데에서 절대자와의 관계에 대한 회의가 드러나 있음을 알 수 있겠군.

> 남방으로 가다 길을 놓치고
> 두어 번 허우적거리는 여울물
> 산 아래는 때까치들이 몰려와
> 모든 야성을 버리고 들 가운데 순결해진다.

> 누구의 시킴을 받아
> 참새 한 마리가 땅에 떨어지는 것도 아니고

선지 유형	근거가 있어서 허용 가능
실전에서의 판단 과정	(가)의 화자의 심리가 투사된 건 당연할 거고, (나) 부분은 주제 그 자체네.
해설	(가)의 '여울물'은 남방으로 가다 '길을 놓치고' 두어 번 '허우적거'립니다. 이는 자연으로의 동화를 어색해하는 화자의 심리가 투사된 것이라고 할 수 있겠죠. 나아가 모든 야성을 버리고 '순결해'졌다는 '때까치들'은 여전히 '순결해'지지 못한 채 세속의 더러움을 품고 있는 화자와 대비되는 존재입니다. 따라서 '때까치들'을 보는 화자의 내면세계에 공감해보면, 자신과는 달리 순결한 모습을 보인다는 점에서 부러움과 같은 심리를 보이겠죠. 이러한

심리가 투사되어 있으니, 충분히 허용할 수 있겠습니다. 애초에 모든 자연물은 화자의 내면세계와 관련되어 있다는 것을 바탕으로 주제를 고려하여 독해했다면 이와 같은 판단이 가능할 것입니다.

한편, (나)의 화자는 '참새'의 떨어짐이 '누구'(=절대자)에 의한 것이 '아니'라는 인식을 드러내고 있습니다. 이는 '참새'와 같은 존재를 인식하는 데 있어 '절대자'와의 관계를 생각할 필요가 없다는 의미로, 주제와 직결되는 내용이기에 가볍게 허용할 수 있겠네요.

⑤ (가)의 '이 세상을 앓아 보지 않은 것들과 함께'는 자연에 동화되려는 태도를, (나)의 '물은 물일 뿐'은 경험적 사실로만 대상을 인식하겠다는 태도를 드러내는 것이겠군.

> 실로 이 세상을 앓아 보지 않은 것들과 함께
> 잠들고 싶다.

> 물에게 물은 물일 뿐

선지 유형	근거가 있어서 허용 가능
실전에서의 판단 과정	주제네.
해설	(가)의 '이 세상을 앓아 보지 않은 것들'은 자연 속의 대상들을 의미하는데, 화자는 이들과 '함께' 잠들고자 합니다. 이는 자연에 동화되려는 태도를 드러내는 표현이라고 할 수 있겠죠. 한편, (나)의 화자는 '물에게 물은 물일 뿐'이라는 깨달음을 얻고 있습니다. 이는 '물'의 입장에서는 자신이 경험한 그대로 '물'이 곧 '물'로만 인식된다는 의미겠죠? 화자는 이와 같이 자신도 자신이 경험한 사실로만 대상을 인식하겠다는 태도를 드러내는 것이죠. 이렇게 허용할 수 있겠습니다. 실전에서는 '실전에서의 판단 과정'처럼 애초에 〈보기〉에서 설명한 두 작품의 주제 그 자체가 제시되어 있으니 가볍게 답으로 고를 수 있어야 합니다. 주제 중심으로 독해하고 허용 가능성을 평가한다는 기본 원리를 잊지 마세요.

> (가)
>
> 손 흔들고 떠나갈 미련은 없다
> 며칠째 청산에 와 발을 푸니
> 흐리던 산길이 잘 보인다.

화자는 어딘가를 떠나는 것 같습니다. 그런데 '손 흔들고 떠나갈 미련은 없다'고 한 것으로 보아, 그곳에 미련은 없나 봐요. 미련이 남았다면 손을 흔들면서 잘 있으라고 이야기하겠지만, 그렇지 않다라는 의미겠죠? 그렇게 화자가 도착한 곳은 '청산'입니다. 이곳에 며칠 동안 머문 화자는 '흐리던 산길'이 잘 보이는 경험을 하고 있어요. 눈이 좋아졌다거나 하는 건 당연히 아닐 테고, '청산'이라는 공간에 익숙해졌다는 식으로 이해할 수 있겠죠?

| 생각 심화 |

사실 엄밀하게 말하면, '손 흔들고 떠나갈 미련은 없다'는 '안녕~' 하면서 떠나갈 '미련'이라는 친구가 없다는 식으로 이해하는 게 맞습니다. 정확히는 '내가 가지고 있는 그 어떤 미련도 손을 흔들면서 떠나지는 않을 거야.'라고 보는 게 적절해요. 즉, 화자는 현재 미련이 가득하다는 것인데 이를 '손 흔들고 떠나갈 미련은 없다'와 같이 표현한 것입니다. 물론 이걸 바로 생각하는 건 매우 힘듭니다. 아래 해설에서 다시 설명하겠습니다.

> 상수리 열매를 주우며 인가를 내려다보고
> 쓰다 둔 편지 구절과 버린 칫솔을 생각한다.

화자는 '청산'에서 '상수리 열매'를 주우면서 '인가'를 내려다봅니다. 그런데 갑자기 '쓰다 둔 편지 구절과 버린 칫솔을 생각'하고 있어요. '인가'는 사람이 사는 집인데, 이렇게 사람을 보니 '쓰다 둔 편지 구절과 버린 칫솔'이 생각난 것이죠. 이는 화자가 '청산'에 오기 전에 있던 공간(자연과 반대되는 속세의 공간)의 물건이라고 할 수 있겠죠? 손 흔들고 떠나갈 미련은 없다고 하더니, 사람이 사는 곳을 보니 속세에 미련 가득한 모습이 나타나는 화자입니다.

| 생각 심화 |

다시 말하지만, 정확히는 미련이 가득하다는 첫 행의 내용을 재진술한 것에 불과한 행들입니다. 위의 해설은 첫 행을 '미련이 없다'로 이해했을 때의 생각을, '생각 심화'는 첫 행을 '미련이 가득하다'로 이해했을 때의 생각을 적어 둔 것이라고 이해하면 돼요.

만약 첫 행을 읽고 '미련이 없다'로 이해했다고 해도, 지금 읽고 있는 행들을 보면서 '미련이 있다는 말이구나'로 바꿔 이해할 수 있으면 더 좋겠습니다. 화자는 특별한 표지를 활용하지 않는 이상 하나의 내면세계만을 재진술할 테니까요.

> 남방으로 가다 길을 놓치고
> 두어 번 허우적거리는 여울물

또한 화자는 '남방으로 가다 길을 놓치고 / 두어 번 허우적거리는 여울물'을 보고 있어요. 화자가 주목하는 대상은 화자의 내면세계와 관련되어 있거나 반대되는 대상이라고 했습니다. 즉, '여울물' 역시 화자의 내면세계와 관련되어 있기에 화자가 주목한 것이라고 할 수 있는 것이죠. 이에 따르면, '길을 놓치고' 거기에 '허우적거리는' 모습을 보이는 '여울물'은 화자의 처지와 유사하다고 할 수 있겠죠? 화자 역시 '청산'에 온지 얼마 되지 않았기 때문에, '길을 놓치'기도 하고 '허우적거리는' 모습도 보이고 있는 것입니다. 이에 비슷한 모습을 보이는 '여울물'에 주목하게 된 것이죠.

> 산 아래는 때까치들이 몰려와
> 모든 야성을 버리고 들 가운데 순결해진다.

한편 '때까치들'은 모든 야성을 버리고 '순결해진' 모습입니다. 아직 '여울물'처럼 '청산' 속에서 '허우적거리는' 화자의 입장에서, 이렇게 '청산'에 완벽하게 적응한 '때까치들'의 모습은 그저 부러울 따름이겠죠. 나아가 화자의 입장에서 '때까치들'은 일종의 롤 모델로 기능하면서 '청산'에 제대로 적응해야겠다는 의지를 불러 일으킬 수 있을 것입니다.

> 길을 가다가 자주 뒤를 돌아보게 하는
> 서른 번 다져 두고 서른 번 포기했던 관습들

이런 상황에서 화자는 '길을 가다가 자주 뒤를 돌아'봅니다. 이는 '서른 번 다져 두고 서른 번 포기했던 관습들' 때문이라고 해요. 작품의 맥락상 화자는 속세를 떠나 '청산'이라는 자연에 도착한 상황인데, 계속 뒤를 돌아본다는 것은 뒤에 두고 온 속세에 대한 미련을 표현한 것이라고 할 수 있겠죠. 그동안 속세를 떠나려고 서른 번이나 다짐했다가 또 서른 번이나 포기했던, 마치 '관습'과도 같은 경험들이 있었는데 드디어 속세를 떠나 '청산'에 온 것이죠. 하지만 여전히 화자는 속세에 미련이 가득하기에, 길을 가다가 자주 뒤를 돌아보는 것입니다. '때까치들'을 보고서 적응해

볼까 하다가도, 어쩔 수 없이 미련이 피어오르는 모습을 상상하실 수 있겠죠?

> 서쪽 마을을 바라보면 나무들의 잔숨결처럼
> 가늘게 흩어지는 저녁 연기가
> 한 가정의 고민의 양식으로 피어오르고

이런 상황에서 화자는 '서쪽 마을'을 바라봅니다. 그곳에서는 '나무들의 잔숨결처럼 / 가늘게 흩어지는 저녁 연기'가 피어오르고 있어요. 그런데 화자는 이를 '한 가정의 고민의 양식'으로 인식하고 있습니다. 단순한 저녁 연기가 '고민의 양식'으로 느껴지는 것은, 화자의 내면세계가 '고민'으로 가득했기 때문이라고 할 수 있겠죠? 화자는 자신의 내면세계를 바탕으로 세계를 인식할 테니까요. 조금 더 깊게 생각하면, 화자는 속세에서 '고민' 가득한 삶을 살았기에 속세를 떠나 '청산'으로 온 것이라고 할 수 있겠습니다.

> 생목 울타리엔 들거미줄
> 맨살 비비는 돌들과 함께 누워
> 실로 이 세상을 앓아 보지 않은 것들과 함께
> 잠들고 싶다.
>   –이기철, 「청산행」–

화자는 결국 '들거미줄', '돌들'과 함께 누워 잠들고자 합니다. '이 세상을 앓아 보지 않은 것들'이라는 표현은 '고민을 해 본 적이 없는 것들'과 같은 의미라고 할 수 있겠죠? 화자는 '편지', '칫솔', '관습들' 등을 떠올리면서 속세에 대한 미련을 보이다가도, '서쪽 마을'의 '저녁 연기'를 보고 어차피 속세는 '고민'으로 가득했다는 것을 다시금 깨닫고 '청산'에 적응하기로 결심한 것이죠. '고민'을 해 본 적 없는 순수한 자연물들과 함께 말이에요.

> (나)
> 나는 차를 앞에 놓고
> 고즈넉한 저녁에 호을로 마신다.
> 내가 좋아하는 차를 마신다.
> 그러나 이것은 다만 사실일 뿐,
> 차의 짙은 향기와는 관계 없이
> 이것은 물과 같이 담담한 사실일 뿐이다.

'고즈넉한 저녁'에 혼자서 좋아하는 차를 마시는 화자입니다. 그런데 이를 '다만 사실일 뿐'이라고 표현하고 있어요. 차는 짙은 향기를 가지고 있을 것인데, 그러한 향기를 가지지 않은 '물'과 같

이 '차를 마시는 것'은 '담담한 사실'일 뿐이라고 하네요. 무슨 말을 하고 싶은지는 정확하지 않지만, 화자는 짙은 향기가 있든 없든 지금 스스로 차를 마시고 있다는 것 자체는 사실이라는 인식을 보여 주고 있네요.

> 누구의 시킴을 받아
> 참새 한 마리가 땅에 떨어지는 것도 아니고
> 누구의 손으로 들국화를 어여삐 가꾼 것도 아니다.
> 차를 마시는 것은
> 이와 같이 스스로 달갑고 가장 즐거울 뿐,
> 이것은 다만 사실이며 또 관습이다.
> 나의 고즈넉한 관습이다.

'참새 한 마리가 땅에 떨어지는 것', '들국화를 어여삐 가꾼 것'은 '누구'의 시킴을 받은 것도, '누구'의 손으로 직접 한 것도 아니라고 합니다. 즉, '누구'로 표현된 존재의 의지가 개입하여 이런 일이 벌어진 것이 아니라는 것이죠. 화자는 '차를 마시는 것' 역시 이와 유시한 것으로 보고 있습니다. 그저 자기 자신이 달갑고 즐거워 차를 마시고 있을 뿐, '누구'의 의지로 차를 마시는 것이 아니라는 것입니다. 화자는 이를 '사실'이자 '관습'으로 표현하고 있네요. 1연에서도 이야기했듯이 '차를 마시는 것'은 그저 있는 그대로 확인할 수 있는 '사실'이면서, 화자 스스로 꾸준히 반복해 온 '관습'과도 같은 행위라는 것이죠.

> 물에게 물은 물일 뿐
> 소금물일 뿐,
> 앞으로 남은 십년을 더 살든지 죽든지
> 나에게도 나는 나일 뿐,
> 이제는 차를 마시는 나일 뿐,

'물'의 입장에서는 경험하는 것이 주변의 '물'밖에 없을 것입니다. 잘 쳐줘도 '소금물'일 뿐이죠. 이처럼, 화자는 자신의 남은 인생을 살아가면서 '나는 나일 뿐'이라는 생각을 인식을 가지겠다는 결심을 하고 있어요. 그저 그대로 확인할 수 있는, 이를테면 '차를 마시는 나'와 같은 '사실'에만 집중하며 살아가겠다는 것이죠.

> 이 짙은 향기와는 관계도 없이
> 차를 마시는 사실과 관습은
> 내가 아는 내게 대한 모든 것이다.
> 그리고 모든 것에 대한 모든 것도 된다.
>   -김현승, 「사실과 관습: 고독 이후」-

이와 같은 '사실과 관습'은 차에서 느껴지는 '짙은 향기'와는 관계도 없습니다. 그저 그대로 확인할 수 있는 '사실'일 뿐이니까요. 화자가 알고 있는 자신에 대한 모든 것은 그저 직접 확인할 수 있는 '사실과 관습'밖에는 없고, '물'을 비롯한 '모든 것' 역시 그러할 것이라는 인식을 보여 주면서 마무리하고 있습니다.

몰랐던 어휘 정리하기

| 핵심 point |

① **허용 가능성 평가** : 선지의 내용을 '허용'하려는 태도를 바탕으로 지문을 '독해'하며 '근거'를 찾아야 합니다. 허용할 수 있는 '근거'가 있어야만 허용할 수 있습니다. 주관적인 생각을 개입시키면 안 됩니다.
② **현대시 독해** : 〈보기〉의 도움 등을 통해 '주제' 위수로, 그리고 일상 언어의 감각으로 읽어내면 됩니다. 현대시도 읽을 수 있는 하나의 글입니다.

| 지문 내용 총정리 |

〈보기〉를 바탕으로 주제를 파악하고, 이를 통해 지문을 독해하고 선지를 판단할 수 있는지 묻는 전형적인 현대시 세트였습니다. 나아가 단어의 의미 하나하나 정확하게 끌고 와서 디테일하게 독해하는 태도를 요구하기도 했어요. 최근 현대시 세트는 기본적으로 어렵게 출제되는 편이니, 이에 대한 대비를 확실하게 하도록 합시다.

〈보기〉 확인

[보기]

「배꼽을 주제로 한 변주곡」은 주인공이 배꼽을 잃어버렸다는 허구적 설정으로 시작하여, 이후 배꼽을 둘러싼 희화적 에피소드들이 이어진다. 주인공은 으레 있어야 할 것이 없어져 불편한 생활을 이어 가던 중 배꼽에 관심을 갖는 이들이 늘어나고 있음을 알게 된다. 이 과정에서 배꼽에 관련된 개인적 상황은 물론 인간 존재와 사회 상황에 대한 심층적 의미의 탐색이 이루어진다.

주인공이 '배꼽'을 잃어버렸다는 독특한 설정이 담긴 작품이라고 합니다. 그러다가 주인공은 '배꼽'에 관심을 갖는 이들이 늘어나고 있음을 알게 되고, 이로부터 개인적 상황, 인간 존재, 사회 상황에 대한 심층적 의미의 탐색을 한다고 합니다. 전반적으로 한 인물의 내면세계 위주로 서술될 것으로 보이네요. 너무 복잡한 내면세계만 아니라면 크게 어렵지 않을 것이니 자신 있게 지문을 읽어보도록 합시다.

지문 독해

불편스런 일이 한두 가지가 아니었다. 하지만 허원은 그렇게 스스로 주의하고 고통을 감내해 냈기 때문에 자신의 비밀을 남 앞에 감쪽같이 숨겨 나갈 수 있었다. 아무도 그의 비밀을 눈치챈 사람이 없었다. 비밀이 탄로나지 않는 한 그의 일상생활은 더 이상 불편을 겪을 필요도 없었다. 인체 생리나 해부학 서적 같은 걸 뒤져 봐도 성인의 배꼽은 거의 아무런 기능도 수행하지 않음을 알 수 있었다. 적어도 그의 외모나 바깥 생활은 정상을 유지할 수 있었다. 그 점만이라도 무척 다행이었다. 그는 일단 안도의 한숨을 내쉬었다.
— 그깟 놈의 배꼽, 안 가지고 있음 어때.

〈보기〉에서 말한 것처럼, '허원'이라는 인물의 배꼽이 사라진 상황입니다. 이는 당연히 불편스런 일들을 불러올 것입니다. 하지만 다행히도 '허원'은 아무에게도 그의 비밀을 들키지 않았고, 여러 서적을 통해 성인의 배꼽은 별로 큰 역할을 하지 않는다는 것도 알게 되었습니다. 이는 당연히 '허원'의 입장에선 참 다행이고 안도할 만한 일이겠죠? 여러분도 갑자기 원래 있던 신체 부위가 사라지면 당황스러울 수도 있고, 또 한편 그 부위가 큰 역할을 하지

않는다고 하면 안도할 수도 있을 것 아니에요. 이런 식으로 공감하면서 읽어주시면 됩니다.

그쯤 체념을 하고 될 수 있으면 배꼽에 관한 일들을 잊어버리려 했다. 자신으로부터 배꼽이 사라져 버린 사실을, 그리고 그 때문에 생긴 모든 불편을 잊고, 그 배꼽 없는 생활에 스스로 익숙해져 버리기를 바라 마지않았다. 하지만 문제는 그렇게 간단하지 않았다. 아무리 일상생활에선 드러나게 불편한 점이 없다 해도 그는 역시 배꼽이 없는 자신에 대해 좀처럼 익숙해질 수가 없었다. 그는 자꾸만 허전해서 견딜 수가 없어지곤 했다. 있느니라 여기고 지낼 때는 그처럼 무심스럽던 일이 그런 식으로 한번 의식의 끈을 건드려 오자 허원의 상념은 잠시도 그 잃어 버린 배꼽에서 떠나 있을 수가 없었다.
그는 마침내 회사 출근마저 단념하기에 이르렀다. 그러자 신통하게도 늦잠 버릇이 깨끗이 자취를 감춰 버렸다. 그는 눈만 뜨면 사라져 없어진 배꼽 때문에 기분이 허전했고, 그러면 그 허망감을 쫓기 위해 배꼽에 관한 끝없는 상념들을 쌓기 시작했다.

이렇게 '체념'한 채 잊어버리고, '배꼽' 없는 생활에 익숙해지려고 노력한 '허원'입니다. 하지만 자꾸 허전한 것은 어쩔 수 없어요. 있을 때는 별로 신경도 쓰이지 않던 '배꼽'의 존재가 한 번 의식된 순간부터는 계속해서 '허원'의 상념을 붙잡아놓습니다. 심지어 출근마저 단념할 정도로 말이에요. '배꼽'에 대한 생각을 하느라 정신이 없는 탓인지, '허원'은 늦잠 버릇까지 고쳐 버립니다. 회사 출근을 할 때는 다른 생각을 할 겨를이 없으니 그저 가기 싫어 늦잠을 잤는데, '배꼽'에 대한 상념에 꽂히고 나니 잠을 자는 것도 잊을 정도로 몰입하게 되었다는 식으로 이해할 수 있겠네요. 그렇게 없어진 '배꼽'에 대한 허망감이 들 때마다 또 '배꼽'에 대한 상념을 쌓고 있는 '허원'의 모습입니다. 조금 과하다는 생각이 들면서도, 또 한편으론 이런 모습에 충분히 공감할 수 있겠죠?

그리하여 배꼽에 관한 허원의 지식과 사념은 자꾸 더 심오하고 추상적인 것이 되어 갔다. 그에게는 어느덧 그 나름의 독특한 배꼽론 같은 것이 윤곽을 지어 가고 있었다. 하지만 그러면 그럴수록 허원은 더욱더 허전해지고, 아무 곳에도 발이 닿아 있는 것 같지 않고, 혼자서 외롭게 허공을 둥둥 떠다니고 있는 것처럼 느껴졌다. 그러면 그는 또 거듭 그 허망감을 쫓기 위해 자신의 배꼽론을 완벽하게 발전시켜 나갔다. 마치 그렇게 하여 그는 자신의 사념 속에서 잃어버린 배꼽을 되찾아내고, 그것으로

그 실물을 대신해 어떤 식으로든 자신과 세상 간에 큰 불편이 없도록 화해시키고 그것으로 그 난감스런 허망감을 채우려는 듯이. 그의 배꼽론은 가령 이런 식으로까지 발전되어 있었다.

이런 과정을 거치다 보니, '배꼽'에 대한 '허원'의 지식과 사념은 자꾸 더 심오하고 추상적인 것이 되어 갔다고 합니다. 끊임없이 한 분야에 대해 생각하다 보니 그 사념이 엄청 깊어진 것이죠. 그런데 이런 생각을 끊임없이 하다 보면 현타가 올 수도 있을 것 같습니다. 그때마다 또 그 허망감을 쫓기 위해 자신의 '배꼽론'을 완벽하게 발전시켜 나가는 '허원'의 모습입니다. 이렇게 자신의 사념 속에서라도 완벽한 '배꼽'의 형상을 만들어내면, 그것이 없어진 '실물 배꼽'을 대체할 수 있을 것처럼 말이죠. 그냥 미친 것 같다고 생각하는 게 아니라, '하나에 몰입하면 저런 식으로 미쳐갈 수도 있겠다.'라고 '공감'해주시는 게 중요합니다.

〈─우리는 누구나 배꼽을 가지고 있다…… 우리는 우리들의 어머니로부터 탯줄이 끊어지는 순간 이 우주의 한 단자(單子)로서 고독하게 존재하게 되었다. 그러나 우리는 영원히 그 탯줄의 기억을 잊지 않는다. 우리 영혼은 언제까지나 그 어머니의 탯줄과 이어지려 하고, 또 다시 그 어머니의 어머니의 탯줄과 이어져 나가면서 우리 존재를 설명하고 근원을 밝혀 나가며, 마침내는 마지막 어머니의 탯줄이 이어지는 우리들의 우주와 만나게 된다…… 우리의 배꼽은 우리가 그 마지막 우주와 만나고자 하는 향수의 표상이며 가능성의 상징이며 존재의 비밀로 나아가는 형이상학이다. 그 비밀의 문이다……〉

그는 어느덧 배꼽에 대해 당당한 일가견을 이룬 배꼽 전문가가 되어 가고 있었다.

'허원'의 '배꼽론'은 이렇게까지 발전되어 버렸습니다. 어머니의 탯줄부터 시작해서 영혼으로, 그리고 우주 이야기까지 나오고 있어요. 이걸 이해해보겠다고 덤빌 필요는 없겠죠? 우리가 해야 하는 건 이런 생각을 하고 있는 '허원'의 내면세계를 파악하는 것이지, '허원'의 주장에 대한 완벽한 이해가 아닙니다. 이 부분은 그저 〈보기〉에서 말한 대로 '심층적 의미의 탐색'을 하고 있다는 것 정도로만 생각하고 일종의 'skip 가능 구간'으로 취급하며 넘길 수 있어야 합니다. 어차피 문제에서도 자세한 이해를 물을 리가 없어요. 이 지문은 독서가 아니라 문학 파트니까요.

어느 해 여름이었다. 하니까 그것은 허원이 자신의 배꼽을 잃어버리고 나서 불편하기 그지없는 세 번째의 여름을 맞고 있을 때였다. 그는 물론 배꼽을 잃어버린 자신에 대해 아직도 완전힌 익숙해지질 못하고 있었다. 그의 사념 역시 언제나 그 눈에 보이지 않는 배꼽에 매달려 거기에서밖에는 영영 더 이상 자유로워질 수가 없었다. 그 대신 허원은 이제 그 자신의 배꼽론에 대해선 매우 확고한 경지에 도달해 있었다.

약 3년의 시간이 흐른 '어느 해 여름', '허원'은 여전히 '배꼽'이 없는 자신의 처지에 완전히 익숙해지지는 못했습니다. 아직도 '배꼽론'이라는 사념에 사로잡혀 있는 모습이구요. 그 대신, '허원'은 '배꼽론'에 대해선 매우 확고한 경지에 도달해 있었다고 합니다. 관련된 생각을 너무 많이 하다 보니 탄탄한 논리로 무장한 완벽한 '배꼽론'을 만들 수 있게 된 것이라고 이해할 수 있겠습니다.

그럴 즈음이었다. 허원은 문득 세상 사람들이 수상쩍어지기 시작했다. 어느 때부턴지는 확실히 일 수 없었지만, 〈세상 사람들 역시 무슨 이유에선지 이 인간 장기의 한 조그만 흔적에 대해 심상찮은 관심을 나타내기 시작한 것이다. 배꼽에 대한 사람들의 관심 역시 기왕부터 있어 온 것을 여태까지 서로 모르고 지내 오다가 비로소 어떤 기미를 알아차리게 된 것인지, 혹은 사람들로 하여금 그런 관심을 내보이게 할 만한 무슨 우연찮은 계기가 마련되었는지는 확실치가 않았다. 그리고 무엇 때문에 사람들에게서 그런 관심이 시작되었는지 그 이유를 알 수도 없었다. 하지만 그것은 어쨌든 사실이었다. 주의를 기울여 보니 관심의 정도도 여간이 아니었다. 한두 사람, 한두 곳에서만 나타난 현상이 아니었다. 그것은 이미 일반적인 현상이 되어 가고 있었다. 그리고 그렇듯 배꼽 이야기가 일반화의 기미를 엿보이기 시작하자 사람들은 이제 그걸 신호로 아무 흉허물 없이 터놓고 지껄이거나 신문, 잡지 같은 데서 진지하게 논의의 대상을 삼기도 하였다. 배꼽에 관한 논의가 그렇듯 갑자기 시중 일반에까지 성행하기 시작한 것이다.〉

기묘한 현상이었다.

-이청준, 「배꼽을 주제로 한 변주곡」-

그러던 어느 날, '허원'은 문득 세상 사람들이 수상쩍어집니다. 〈보기〉에서 말했던 것처럼, '배꼽'에 관심을 갖는 사람들이 많아졌다는 것을 알게 된 모습이죠? 〈 〉 부분 역시 일종의 'skip 가능

구간'으로, 결국 사람들도 '배꼽'에 관심을 보이고 있음을 인식한
다는 내용의 반복으로 이해할 수 있겠습니다. 이렇게 뻔한 말들
이 반복되는 구간, 내면의 서술이 반복되는 구간은 가볍게 읽고
넘어가면서 시간을 아낄 수 있어야 한다는 것, 확실하게 익혀 두
세요.

물론 이건 말이 되지 않는 상황입니다. '배꼽'에 대해서 너무 많이
생각하던 '허원'이 미쳐버린 것으로 이해하는 게 적절하겠죠? 그
리고 그렇게 되어 버린 가엾은 '허원'의 처지에 공감하는 것도 어
렵지 않을 것이구요. 그렇게만 읽어주시면 충분합니다.

선지	①	②	③	④	⑤
선택률	2%	3%	4%	88%	3%

24 ㉠~㉤의 서술 방식에 대한 설명으로 가장 적절한 것은? ④

– '서술 방식'이라는 말에 겁먹을 필요가 없습니다. 대단한 문학
개념어 문제가 아니라, 일상적으로 사용하는 언어에 대한 이해를
물을 거예요!

① ㉠: 누구의 생각을 누가 말하는지 명시한 표현을 나타
내어 서술하고 있다.

> ㉠불편스런 일이 한두 가지가 아니었다.

선지 유형	근거가 없어서 허용 불가능
실전에서의 판단 과정	전혀 명시되어 있지 않은데?
해설	'허원'의 생각인 것은 확실해 보이지만, 누가 말하는지 명시한 표현을 사용하지 않았죠? 서술자의 서술로도, '허원'의 내면 서술로도 생각할 수 있으니 허용할 수 없겠습니다.

② ㉡: 인물의 생각을 서술자가 평가하며 그 심화된 의미
를 함축하여 서술하고 있다.

> 그는 일단 안도의 한숨을 내쉬었다.
> ㉡—그깟 놈의 배꼽, 안 가지고 있음 어때.

선지 유형	근거가 있어서 허용 불가능
실전에서의 판단 과정	서술자의 평가가 아닌데?

㉡은 '허원'이 안도의 한숨을 내쉬면서 하는 생각
을 서술한 것입니다. 인물의 생각을 해당 인물의
목소리로 제시하고 있을 뿐, 서술자가 평가하는 것
은 아니죠? 이를 반복해서 제시하는 식으로 심화
된 의미를 서술한 것도 아니구요.

| 해설 | |

③ ㉢: 인물의 의식을 인물 자신의 생생한 목소리를 통해
서술하고 있다.

> 그쯤 체념을 하고 될 수 있으면 배꼽에 관한 일들을
> 잊어버리려 했다. ㉢자신으로부터 배꼽이 사라져 버린
> 사실을, 그리고 그 때문에 생긴 모든 불편을 잊고, 그 배
> 꼽 없는 생활에 스스로 익숙해져 버리기를 바라 마지않
> 았다.

선지 유형	근거가 있어서 허용 불가능
실전에서의 판단 과정	인물의 목소리가 아니지.
해설	㉢은 서술자가 '허원'의 의식을 표현해주고 있는 부분입니다. ㉡과 ㉢을 비교하면 어떤 것이 '허원'의 목소리인지 확실하게 알 수 있겠죠?

④ ㉣: 인물의 상황에 관련된 정보를 부가하여 서술하고
있다.

> ㉣어느 해 여름이었다. 하니까 그것은 허원이 자신의
> 배꼽을 잃어버리고 나서 불편하기 그지없는 세 번째의
> 여름을 맞고 있을 때였다.

선지 유형	근거가 있어서 허용 가능
실전에서의 판단 과정	여름에 대해서 부가하여 서술하고 있네.
해설	'어느 해 여름'이라는, '허원'이 처한 상황에 관련된 정보를 '하니까 ~ 맞고 있을 때였다.'를 통해 부가하여 서술하고 있습니다. 가볍게 답으로 고를 수 있겠네요.

⑤ ㉤: 인물 행동의 진행 과정을 순차적으로 서술하고 있다.

> ㉤배꼽에 관한 논의가 그렇듯 갑자기 시중 일반에까
> 지 성행하기 시작한 것이다.

선지 유형	근거가 있어서 허용 불가능
실전에서의 판단 과정	갑자기라고 했는데?
해설	'배꼽에 관한 논의'라는 인물 행동이 '갑자기' 성행했다고 했습니다. 이렇게 순차적인 과정 없이 나타났다는 명백한 근거가 있기 때문에, '순차적으로 서술'했다는 말은 허용하기 어렵겠습니다.

선지	①	②	③	④	⑤
선택률	9%	3%	81%	4%	3%

25 비밀의 서사적 기능으로 가장 적절한 것은? ③

– '비밀'은 '허원'의 '배꼽'이 사라졌다는 내용입니다. '허원'은 이에 대해 생각하다가 허망감에 빠지고, 또 그럴수록 더더욱 '배꼽론'을 발전시키는 형태로 상념이 깊어지는 모습을 보였어요. 이러한 내용이 바로 '배꼽'의 '서사적 기능', 즉 이야기의 흐름 속에서 하는 역할이 되겠죠? 이 내용을 찾아봅시다.

① 자신의 신념을 인물이 돌이켜 본 결과로, 새로운 세계관을 바탕으로 하는 주제를 형성한다.

선지 유형	근거가 없어서 허용 불가능
실전에서의 판단 과정	신념을 돌이켜 본 결과 배꼽이 사라졌다는 거야?
해설	이 선지의 말대로라면, '허원'이 자신의 신념을 돌이켜 보자 '비밀'이 생겼다는 것이 됩니다. 이 지문에서 '비밀'은 말 그대로 갑자기 생겼을 뿐, 신념을 돌이켜 보는 행위를 했기 때문에 생긴 것이 아니에요. 물론 '새로운 세계관', 즉 '배꼽론'을 바탕으로 하는 주제를 형성한다는 건 허용할 여지가 있네요.

② 얽힌 인간관계를 인물이 성찰하는 전환점으로, 갈등으로 인한 위기감을 완화한다.

선지 유형	근거가 없어서 허용 불가능
실전에서의 판단 과정	인간관계가 어딨냐.
해설	이 지문은 처음부터 끝까지 '허원'의 내면만 제시되고 있습니다. 다른 인물이 나온 적도 없고, '허원'이 인간관계를 걱정한 적도 없기 때문에 절대 허용할 수 없는 선지네요.

③ 일상적이지 않은 경험을 인물이 의식한다는 표지로, 인물의 심리적 동요를 부른다.

선지 유형	근거가 있어서 허용 가능
실전에서의 판단 과정	심리적 동요!
해설	'배꼽'이 사라졌다는 일상적이지 않은 경험을 '허원'은 '비밀'로 의식하고 있습니다. 이는 '허원'으로 하여금 계속 상념에 빠지게 하고 허망감을 불러일으키고 있죠? 이런 모습을 근거로 하면 '심리적 동요'라는 말을 충분히 허용할 수 있겠습니다. 발문을 보면서 미리 생각했던 내용을 멋지게 정리한 것이나 다름없는 선지네요.

④ 상충된 이해관계를 인물이 조정하는 단서로, 심화된 사회적 갈등을 해소한다.

선지 유형	근거가 없어서 허용 불가능
실전에서의 판단 과정	뭔 헛소리야.
해설	일단 '상충된 이해관계'가 나오지도 않고, 이를 '허원'이 조정한다는 것도 말이 되지 않습니다. 나아가 '심화된 사회적 갈등'이라는 내용은 '허원'의 내면을 탐구하는 주제와는 너무 동떨어진 내용이죠?

⑤ 기성의 질서에 인물이 저항한다는 신호로, 돌발적 사건의 발생을 알린다.

선지 유형	근거가 없어서 허용 불가능
실전에서의 판단 과정	기성의 질서에 왜 저항해.
해설	'배꼽'이 사라진 '비밀'은 '허원'이 기성의 질서에 저항하면서 생긴 것이 아니라, 말 그대로 갑자기 생긴 것입니다. '돌발적 사건의 발생'은 당연히 맞는 말이지만, 그 전의 내용은 허용할 근거가 없네요.

선지	①	②	③	④	⑤
선택률	3%	7%	9%	7%	74%

26 '허원'을 중심으로 윗글을 이해한 내용으로 적절하지 않은 것은? ⑤

– 애초에 이 지문은 '허원'의 생각에 대한 이야기밖에 나타나지 않습니다. 사실상 지문의 내용을 이해하고 있는지 묻는 문제네요. 가볍게 해결해보도록 합시다.

① '허원'은 '실물'과 관련하여 시작된 '사념'을 통해 '존재'의 의미를 발견해 간다.

선지 유형	근거가 있어서 허용 가능
실전에서의 판단 과정	그랬지.
해설	'허원'의 생각의 흐름 그대로를 적어둔 선지입니다. '실물', 즉 '배꼽'과 관련하여 시작된 '사념'을 통해 '존재'의 의미를 발견해 나가는 것처럼 심오한 생각을 하고 있는 '허원'이었어요.

② '허원'은 '실물'이 몸에서 큰 기능을 하지 않는다는 것을 알고 일단 안도감을 느끼게 된다.

선지 유형	근거가 있어서 허용 가능
실전에서의 판단 과정	공감한 적이 있지.
해설	'허원'은 여러 서적을 통해 '실물', 즉 '배꼽'이 몸에서 큰 기능을 하지 않는다는 것을 알고 일단 안도의 한숨을 내쉬었습니다. 이 감정에 공감했던 기억이 있으니, 어렵지 않게 허용할 수 있겠죠?

③ '허원'은 '사념'을 방편으로 삼아 자신의 현재 상태에 대해 다른 방향에서 접근하고자 한다.

선지 유형	근거가 있어서 허용 가능
실전에서의 판단 과정	배꼽이 없어진 상태에서 배꼽론을 발전시키는 방향으로 접근했지.
해설	'허원'은 '사념'을 방편으로 삼아 '배꼽'이 없어졌다는 자신의 현재 상태에 대해 '배꼽론'을 발전시키는 형태로 접근하고자 합니다. '다른 방향'이라는 말이 좀 낯설 수도 있을 것 같은데, 없어진 '배꼽'을 어색해하며 거기에만 매달려 있는 대신에 '배꼽론'을 발전시키는 방향으로 자신의 상황이 큰 문제가 아니라는 생각을 하는 식으로 접근했다고 이해하면 되겠습니다. 이렇게 '다른 방향'을 허용할 근거가 있으니 허용을 해 주시면 됩니다.

④ '허원'은 '심상찮은 관심'의 원인에 대해 궁금해하면서 '세상 사람들'에게 주의를 기울이게 된다.

선지 유형	근거가 있어서 허용 가능
실전에서의 판단 과정	그랬지.
해설	'허원'은 사람들이 '배꼽'에 대해서 '심상찮은 관심'을 보이기 시작한 것에 관심을 보입니다. 그러면서 '기왕부터 있어 온 것을 ~ 그 이유를 알 수도

없었다.' 부분을 통해 그 원인에 대해서도 궁금해하는 모습을 보였어요. 그러면서 '세상 사람들'에게 주의를 기울이는 '허원'의 모습이 잘 드러났었죠? 내용을 이해했다면 정말 쉬운 선지입니다.

⑤ '허원'은 '실물'에 대한 인식을 '세상 사람들'과 공유하게 되면서, 그간 이어 온 '사념'을 더 이상 지속하지 않게 된다.

선지 유형	근거가 있어서 허용 불가능
실전에서의 판단 과정	공유한 건 아니지.
해설	일단 '세상 사람들'이 정말로 '허원'과 '실물'에 대한 인식을 공유하고 있을 리가 없죠? '세상 사람들'이 '배꼽'에 관심을 보이고 있다는 건 그런 내면 세계를 가진 '허원'의 입장에서 일방적으로 서술된 것이니까요. 나아가 '허원'은 '세상 사람들'에 대한 인식을 한 뒤에도 '사념'을 계속 이어가고 있습니다. 이렇게 보나 저렇게 보나 절대 허용할 수 없는 선지죠?

선지	①	②	③	④	⑤
선택률	3%	3%	6%	81%	7%

27 〈보기〉를 참고하여 윗글을 감상한 내용으로 적절하지 <u>않은</u> 것은? [3점] ④

① '의식의 끈'이 '건드려'짐으로써 주인공이 비정상적 문제 상황에 지속적으로 주목하게 된 것이겠군.

> 있느니라 여기고 지낼 때는 그처럼 무심스럽던 일이 그런 식으로 한번 의식의 끈을 건드려 오자 허원의 상념은 잠시도 그 잃어 버린 배꼽에서 떠나 있을 수가 없었다.

선지 유형	근거가 있어서 허용 가능
실전에서의 판단 과정	그랬지.
해설	'배꼽'이 없다는 것을 한 번 의식한 순간부터, '허원'의 상념은 잠시도 그 잃어 버린 '배꼽'에서 떠나지 못합니다. 우리가 확실하게 공감했던 모습이니, 어렵지 않게 허용할 수 있겠어요.

② '회사 출근'을 포기하게 되고 '늦잠 버릇'이 사라진 상
　 황은, 주인공의 일상이 변화된 모습을 보여 준다고 할
　 수 있겠군.

> 그는 마침내 <u>회사 출근</u>마저 단념하기에 이르렀다. 그
> 러자 신통하게도 <u>늦잠 버릇</u>이 깨끗이 자취를 감춰 버렸
> 다. 그는 눈만 뜨면 사라져 없어진 배꼽 때문에 기분이
> 허전했고, 그러면 그 허망감을 쫓기 위해 배꼽에 관한
> 끝없는 상념들을 쌓기 시작했다.

선지 유형	근거가 있어서 허용 가능
실전에서의 판단 과정	확실하게 변화했지.
해설	늘 하던 '회사 출근'을 단념하고, 늘 가지고 있던 '늦잠 버릇'이 사라졌습니다. 이는 '배꼽'이 사라졌다는 이상한 현상 때문에 '허원'에게 발생한 '변화'라고 할 수 있겠죠?

③ '배꼽'을 '탯줄'에 연관하여 이해하는 것은, 개인에 관
　 련된 생각을 '우주와 만나'는 '심오하고 추상적인' 생각
　 으로 확장하는 실마리가 된다고 할 수 있겠군.

> 그리하여 배꼽에 관한 허원의 지식과 사념은 자꾸 더
> <u>심오하고 추상적</u>인 것이 되어 갔다.
>
> (중략)
>
> ―우리는 누구나 배꼽을 가지고 있다…… 우리는 우리
> 들의 어머니로부터 <u>탯줄</u>이 끊어지는 순간 이 우주의 한
> 단자(單子)로서 고독하게 존재하게 되었다. (중략) 마침
> 내는 마지막 어머니의 탯줄이 이어지는 우리들의 <u>우주
> 와 만나</u>게 된다……

선지 유형	근거가 있어서 허용 가능
실전에서의 판단 과정	뭔 말인진 모르겠지만 참 심오하고 추상적이지.
해설	'skip 가능 구간'으로 가볍게 넘겼던 부분에 대해 묻고 있습니다. 그 내용을 완벽하게 이해하진 못해도, '배꼽'이 '탯줄'로 이어지다가 마침내 '우주' 이야기까지 나올 정도로 심오하고 추상적인 생각을 하게 되었다는 것은 확실하게 체크했었죠? 이렇게 소설에서는 추상적인 내면 서술 부분에서 그 내용을 이해하고 있는지가 아니라, 인물이 어떤 심정으로 이런 생각을 하게 되었는지를 묻습니다. 여기에 주목할 수 있어야 합니다.

④ '그의 사념'이 도달한 '배꼽론'의 '확고한 경지'는 사소
　 한 것의 심층적 의미를 탐색할 때 이를 수 있으므로,
　 그 사소한 것에 얽매이지 않는 자유로운 상태에서 실
　 현이 가능해지겠군.

> <u>그의 사념</u> 역시 언제나 그 눈에 보이지 않는 배꼽에
> 매달려 거기에서밖에는 영영 더 이상 자유로워질 수가
> 없었다. 그 대신 허원은 이제 그 자신의 <u>배꼽론</u>에 대해
> 선 매우 <u>확고한 경지</u>에 도달해 있었다.

선지 유형	근거가 있어서 허용 불가능
실전에서의 판단 과정	완전 자유롭지 못한 상황에서 도달한 거잖아.
해설	'그의 사념'이 도달한 '배꼽론'의 '확고한 경지'가 '배꼽'이라는 사소한 것의 심층적 의미를 탐색할 때 이를 수 있는 것은 맞습니다. 하지만 이는 그 사소한 것에 얽매여 자유로워질 수가 없는 상태에서 도달할 수 있는 것이기도 했죠? 오로지 그 사소한 것에 대한 생각만 하다 보니까 그 부분에 있어서는 '확고한 경지'에 오를 수 있게 된 것입니다. 이렇게 명백한 근거가 있으니, 어렵지 않게 이 선지를 답으로 골라낼 수 있겠네요.

⑤ '기묘한 현상'은, '배꼽 이야기'가 '일반화'되는 상황이
　 뜻밖이지만 '사실'로 나타나는 현상을 두고 일컬은 말
　 이라고 할 수 있겠군.

> 하지만 그것은 어쨌든 <u>사실</u>이었다. (중략) 그리고 그
> 렇듯 배꼽 이야기가 일반화의 기미를 엿보이기 시작하
> 자 사람들은 이제 그걸 신호로 아무 흉허물 없이 터놓고
> 지껄이거나 신문, 잡지 같은 데서 진지하게 논의의 대
> 상을 삼기도 하였다. 배꼽에 관한 논의가 그렇듯 갑자기
> 시중 일반에까지 성행하기 시작한 것이다.
> <u>기묘한 현상</u>이었다.

선지 유형	근거가 있어서 허용 가능
실전에서의 판단 과정	정확하네.
해설	'배꼽 이야기'가 '일반화'되는 상황은 다소 비정상적인 상황입니다. 너무나 뜻밖인 상황이지만, '허원'이 보기에 어쨌든 그것은 '사실'이에요. 이런 현상을 보고 '허원'은 '기묘한 현상'이라는 표현을 합니다. '허원'이 지문 후반부에서 보여 주었던 생각의 흐름을 그대로 옮겨 놓은 선지죠? 가볍게 허용할 수 있겠습니다.

몰랐던 어휘 정리하기

| 핵심 **point** |

① **허용 가능성 평가** : 선지의 내용을 '허용'하려는 태도를 바탕으로 지문을 '독해'하며 '근거'를 찾아야 합니다. 허용할 수 있는 '근거'가 있어야만 허용할 수 있습니다. 주관적인 생각을 개입시키면 안 됩니다.

② **소설 독해** : '심리와 행동의 근거'를 바탕으로 인물에게 '공감'하며 읽어야 합니다. 이 과정이 물흐르듯 이어지면 지문의 내용을 완벽하게 이해할 수 있어요.

③ **skip 가능 구간** : 인물의 똑같은 내면을 반복적으로 묘사하거나, 뻔한 이야기가 반복되는 구간은 조금 빠르게 스캔하면서 읽어주시면 됩니다.

| 지문 내용 총정리 |

인물의 반복되는 내면을 길게 서술하는 형태여서, '내면세계'에 집중한다는 태도가 잡혀 있었다면 어렵지 않게 읽어낼 수 있는 지문이었습니다. 나아가 'skip 가능 구간'을 활용한 완급 조절도 연습할 수 있는 지문이었죠? 문제가 어렵지 않게 나와 답을 고르는 건 어렵지 않았겠지만, 순간순간 '허원'에게 제대로 공감하며 읽었는지를 점검해보도록 합시다.

〈보기〉 확인

[보기]

　고전 시가에서 자연은 작품에 따라 다양하게 그려진다. (가)의 자연은 속세와 구별되는 청정한 이상 세계로 그려지며, 신선의 이미지를 통해 탈속적이고 고고한 가치를 추구하는 곳이다. (나)의 자연은 풍요롭게 그려지는 현실적 풍류의 장으로, 활달하고 흥겹게 놀이를 펼치는 곳이며, 신선의 이미지를 통해 멋이 고조된다.

(가)와 (나)에 반영된 자연의 모습을 소개하는 〈보기〉입니다. (가)의 자연은 속세와 구별되는 청정한 이상 세계이며, 탈속적이고 고고한 가치를 추구하는 곳이라고 해요. 한편 (나)의 자연은 풍요롭게 그려지는 현실적 풍류의 장으로, 활달하고 흥겹게 놀이를 펼치는 곳이라고 합니다.

또한 (가)와 (나)의 자연은 모두 '신선'의 이미지와 연관된 곳이에요. (가)는 '신선'의 이미지를 통해 탈속적이고 고고한 가치를, (나)는 '신선'의 이미지를 통해 멋이 고조된다는 내용 체크하고 갑시다. 화자의 내면세계를 친절하게 설명해 주고 있으니, 적극적으로 활용할 수 있겠죠?

실전적 지문 독해

(가)

　청강 녹초변에 소 먹이는 아이들이
　석양에 흥이 겨워 피리를 빗기 부니
　물 아래 잠긴 용이 잠 깨어 일어날 듯
　내 기운에 나온 학이 제 깃을 던져 두고 반공에 솟아 뜰 듯
　소선(蘇仙)* 적벽은 추칠월이 좋다 하되
　팔월 십오야를 모두 어찌 칭찬하는가
　구름이 걷히고 물결이 다 잔 적에
　하늘에 돋은 달이 솔 위에 걸렸거든
　잡다가 빠진 줄이 적선(謫仙)*이 헌사할샤
　공산에 쌓인 잎을 삭풍이 거둬 불어
　떼구름 거느리고 눈조차 몰아오니
　천공이 호사로워 옥으로 꽃을 지어
　만수천림을 꾸며곰 낼세이고
　앞 여울 가리 얼어 독목교(獨木橋) 비꼈는데

　막대 멘 늙은 중이 어느 절로 간단 말고
　산옹의 이 부귀를 남더러 자랑 마오
　경요굴(瓊瑤窟)* 숨은 세계 찾을 이 있을세라
　산중에 벗이 없어 서책을 쌓아 두고
　만고 인물을 거슬러 혜여하니
　성현도 많거니와 호걸도 하도 할샤
　하늘 삼기실 제 곧 무심할까마는
　어찌한 시운(時運)이 흥망이 있었는고
　모를 일도 하거니와 애달픔도 그지없다
　기산의 늙은 고블* 귀는 어찌 씻었던고
　박 소리 핑계하고 지조가 가장 높다
　인심이 낯 같아야 볼수록 새롭거늘
　세사는 구름이라 험하기도 험하구나
　엊그제 빚은 술이 얼마나 익었느냐
　잡거니 밀거니 실컷 기울이니
　마음에 맺힌 시름 조금은 풀리나다

[A]

-정철, 「성산별곡」

* 소선 : 소동파를 신선에 빗댄 말.
* 적선 : 이태백을 신선에 빗댄 말.
* 경요굴 : 눈 내린 성산의 모습을 빗댄 말.
* 고블 : 기산에 은거한 인물인 허유.

필수 고전시가의 하나인 '성산별곡'입니다. 그 내용을 자세하게 알고 있다면 더 좋겠지만, 일단 전반적인 주제 의식만 체크하고 넘어가도록 합시다. 석양에 흥이 겨워 피리를 불고, 자연을 즐기고, 마지막엔 술을 마시고 마음에 맺힌 시름을 푸는 전형적인 고전시가입니다. 자세한 독해는 선지 판단 과정에서 하고 넘어갑시다.

(나)

　생매 잡아 길 잘 들여 먼 산 두메로 꿩 사냥 보내고 흰 말 구불구종* 갈기 솔질 활활 솰솰 하여 임의 집 송정 뒤 잔디 잔디 금잔디 밭에 말 말뚝 꽝꽝쌍쌍 박아 숭마 바고삐 길게 늘려 매고
　앞내 여울 고기 뒷내 여울 고기 오르는 고기 내리는 고기 자나 굵으나 굵으나 자나 주섬주섬 낚아 내여 시내 동으로 뻗은 움버들 가지 와지끈 뚝딱 꺾어 거꾸로 잡고 잎사귀 셋만 남기고 주루룩 훑어 아가미 너슬너슬 꿰어 시내 잔잔 흐르는 물에 납작 실죽 청바둑돌로 임도 모르고 아무도 모르게 가만히 살짝 자기자 장단 맞춰 지근지근 눌러 놓고 동자야 이 뒤에 학 타신 선관이 날 찾거든 그물 낚싯대 종이 종다래끼* 파리 밥풀통 고추장 술병까지 가지고 뒷내 여울로 오라고 일러만 주소

<u>아마도 산중호걸이 나뿐인가 하노라</u>

-작자 미상, 사설시조-

* 구불구종 : 말 모는 하인.
* 종다래끼 : 작은 바구니.

이번에도 자연에서의 삶을 즐기는 화자의 모습이 나타나고 있습니다. '생매'를 잡아 길을 들여 사냥을 보내기도 하고, '고기'를 낚아 보기도 하면서 즐거운 모습을 보이고 있어요. 화자는 스스로를 '산중호걸'이라 하며 이러한 생활에 큰 만족감을 보이고 있네요. 이 정도 생각하면서 문제를 풀어보도록 합시다.

선지	①	②	③	④	⑤
선택률	6%	70%	11%	7%	6%

28 (가), (나)에 대한 설명으로 가장 적절한 것은? ②

① (가)는 영탄적 표현을 통해 인물에 대한 그리움을 드러내고 있다.

선지 유형	근거가 없어서 허용 불가능
실전에서의 판단 과정	그리움은 주제랑 너무 멀다.
해설	'적선이 헌사햘샤', '호걸도 하도 할샤' 등에서 영탄적 표현이 드러나기는 하지만, 이는 각각 이태백이 요란하다는 것과 호걸이 많다는 이야기일 뿐 이태백이나 호걸 같은 인물에 대한 '그리움'을 드러내는 것은 아닙니다. 애초에 '그리움'이라는 감정을 가지려면 화자가 이들과 어떠한 추억이 있어야 하는데, 그런 내용을 허용할 근거는 찾기 어렵죠? '실전에서의 판단 과정'에서 언급한 것처럼 '그리움'은 자연을 즐기고 있는 (가)의 주제와 너무 무관하기도 하구요.

② (나)는 음성 상징어를 통해 인물의 역동성을 드러내고 있다.

선지 유형	근거가 있어서 허용 가능
실전에서의 판단 과정	활활 솰솰 꽝꽝쌍쌍
해설	'활활 솰솰', '꽝꽝쌍쌍', '주섬주섬' 등 많은 음성 상징어를 통해 솔질하는 모습, 말뚝 박는 모습, 고기 낚는 모습 등 인물의 역동성을 드러내고 있죠? 가볍게 허용할 수 있겠습니다. 1번 선지의 '영탄적 표현'이나 2번 선지의 '음성 상징어'는 찾기 쉬운

표현법에 해당하니, 지문을 조금만 뒤져도 쉽게 근거를 찾을 수 있을 것입니다.

③ (가)는 (나)와 달리 공간의 이동을 통해 다양한 대상의 면모를 드러내고 있다.

선지 유형	근거가 있어서 허용 불가능
실전에서의 판단 과정	아으 귀찮아. 답 나왔는데 넘어가자.
해설	'영탄적 표현', '음성 상징어'와 달리, '공간의 이동'은 쉽게 눈에 띄지 않는 포인트라고 할 수 있습니다. 2번 선지와 같은 정답을 확실하게 고른 경우에는 '실전에서의 판단 과정'처럼 그냥 넘어가셔도 괜찮습니다. 평가원은 이렇게 '귀찮은' 선지에서는 웬만해서 답을 주지 않거든요. 아무튼, (가)의 경우 '청강 녹초변→공산→경요굴'과 같은 식의 공간의 이동을 통해, (나)의 경우 '사냥터→낚시터'와 같은 식의 공간의 이동을 통해 다양한 자연물의 면모를 드러내고 있다고 할 수 있습니다. 따라서 (가)는 (나)와 '달리' 부분이 틀린 선지라고 해야겠네요.

| 생각 심화 |

엄밀하게 말하면, (가)의 '청강 녹초변', '공산', '경요굴'은 모두 작가가 즐기고 있는 '성산'의 풍경입니다. '청강 녹초변'은 '성산'의 가을 풍경을, '공산'과 '경요굴'은 '성산'의 겨울 풍경을 의미해요. 따라서 (가)에는 '공간의 이동'이 없다고 보는 것이 더 정확하겠죠? '성산별곡'이 '필수 고전시가'의 하나인 만큼 이 정도까지 알고 있으면 더 좋을 것 같습니다. 이 지문이 어려웠다면 '성산별곡' 전문을 공부해 보도록 해요. 다른 고전시가 학습에도 큰 도움이 될 것이니까요.

④ (나)는 (가)와 달리 시간의 흐름에 따라 인물의 심리 변화를 드러내고 있다.

선지 유형	근거가 있어서 허용 불가능
실전에서의 판단 과정	심리 변화는 없는 것 같은데?
해설	(나)의 경우, 처음부터 끝까지 자연이 좋고 그곳에서 행복하다는 이야기만 하고 있기 때문에 '심리 변화'를 허용하기는 어려울 것 같습니다. 물론 사냥을 하고 그 뒤에 낚시를 하는 등 '시간의 흐름'은 제시되고 있지만요. (가)의 경우, '가을→겨울(인물 생각→술 먹기)'이라는 '시간의 흐름'이 나타나고 이에 따라 '흥겨움

→애달픔→시름 해소'와 같은 '심리 변화'가 드러
난다고 할 수 있겠죠?

실전에서는 이렇게까지 생각할 필요는 없고, '실전
에서의 판단 과정'처럼 (나)에는 '심리 변화'가 없
다는 식으로 넘어가시면 되겠습니다.

⑤ (가)와 (나)는 모두 대구를 사용하여 대조적 대상의 속
　성을 드러내고 있다.

선지 유형	근거가 있어서 허용 불가능
실전에서의 판단 과정	아오 귀찮아.
해설	일단 길고 긴 (가)에서 '대구'를 찾아야 한다는 생각을 하면 많이 귀찮습니다. 따라서 그냥 넘어가도 크게 상관없기는 해요. 그래도 공부하는 입장이니 찾아 보면, (가)에서는 '성현도 많거니와 호걸도 하도 할샤'를, (나)에서는 '앞내 여울 고기 뒷내 여울 고기', '오르는 고기 내리는 고기' 등을 '대구'가 사용된 예라고 할 수 있겠네요. 여기서 '오르는 고기'와 '내리는 고기'는 '대조적 대상'이라고 할 수도 있겠지만, '성현, 호걸'과 '앞내 여울 고기, 뒷내 여울 고기'는 모두 동질적인 의미를 형성하고 있다는 점에서 '대조적 대상의 속성'을 드러낸다는 것은 허용할 수 없겠습니다.

선지	①	②	③	④	⑤
선택률	5%	14%	21%	49%	11%

29 [A]에 대한 이해로 적절하지 <u>않은</u> 것은? ④

① '삭풍'이 가을 잎을 쓸고 간 자리에 구름을 불러와 '공
　산'을 눈 세상으로 만들었다고 한 것에는, 인물이 거처
　한 공간의 아름다움에 대한 인식이 계절에 따른 자연
　의 변화를 통해 드러난다.

공산에 쌓인 잎을 삭풍이 거둬 불어
떼구름 거느리고 눈조차 몰아오니

선지 유형	근거가 있어서 허용 가능
실전에서의 판단 과정	가을→겨울이면 계절에 따른 자연의 변화 맞지.
해설	'삭풍'은 '공산'에 쌓인 잎을 거두고, '떼구름'을 거느리며 '눈'을 몰아오는 역할을 하고 있습니다. 일

단 '눈'을 몰아온다는 점에서 그 전에 쌓여 있던 잎
은 '가을 잎'이라고 할 수 있겠고, '삭풍'이 '공산'을
눈 세상으로 만들었다는 것도 충분히 허용할 수
있겠네요.

나아가 이는 인물이 거처한 공간의 아름다움에 대
한 인식이 '가을→겨울'이라는 계절에 따른 자연의
변화를 통해 드러난다고 할 수 있겠네요. 차분하게
독해하면 쉽게 근거를 찾을 수 있습니다.

② '앞 여울'을 건너가는 노승을 발견하고 '경요굴'이 들키
　지 않기를 바라는 것에는, 빼어난 경치를 소중하게 여
　기는 태도가, 숨어 있는 세계가 알려질 것에 대한 염려
　를 통해 드러난다.

앞 여울 가리 얼어 독목교(獨木橋) 비꼈는데
막대 멘 늙은 중이 어느 절로 간단 말고
산옹의 이 부귀를 남더러 자랑 마오
경요굴(瓊瑤窟)* 숨은 세계 찾을 이 있을세라

* 경요굴 : 눈 내린 성산의 모습을 빗댄 말.

선지 유형	근거가 있어서 허용 가능
실전에서의 판단 과정	경요굴 숨은 세계 찾을 이가 있을까봐 걱정하고 있으니 염려한다고 볼 수 있지.
해설	화자는 '앞 여울'이 가리 얼어(가리면서 얼어) '독목교'가 비스듬히 누워 있는데도 막대 멘 늙은 중, 즉 '노승'이 건너가는 것을 발견합니다. 그러면서 '산옹'의 부귀를 자랑하지 말라는 이야기를 하죠. 그렇게 자랑한다면 '경요굴 숨은 세계'를 누군가가 찾을 것이라고 하면서요. 정리하면, 화자는 노승이 '앞 여울'을 건너가 '산옹'이 즐기고 있는 '경요굴 숨은 세계'를 찾을까봐 걱정하고 있는 것입니다. 이는 화자가 '경요굴 숨은 세계'와 같은 빼어난 경치를 소중하게 여기는 태도를 드러낸 것이라고 할 수 있겠죠. 아무에게도 들키고 싶지 않아 하는 것이니까요.

③ 만족스러운 외적 풍경에서 눈을 돌려 벗이 없는 '산중'
　에서 '만고 인물'을 생각하는 것에는, 정신적 세계에
　주목하는 태도가, 적적한 상황에 놓인 인물의 행위를
　통해 드러난다.

산중에 벗이 없어 서책을 쌓아 두고
만고 인물을 거슬러 혜여하니

성현도 많거니와 호걸도 하도 할샤
하늘 삼기실 제 곧 무심할까마는
어찌한 시운(時運)이 흥망이 있었는고
모를 일도 하거니와 애달픔도 그지없다

선지 유형	근거가 있어서 허용 가능
실전에서의 판단 과정	벗도 없이 혼자 만고 인물 생각하고 있는 건 적적한 상황이지.
해설	화자는 그 전까지는 '경요굴 숨은 세계'로 표현된 만족스러운 외적 풍경을 보다가, 벗이 없는 '산중'에서 '만고 인물'을 거슬러 생각하고 있습니다. 나아가 그러한 인물들로부터 '시운'의 '흥망'을 떠올리고 있죠. 이는 외적 풍경에서 눈을 돌려 '정신적 세계'에 주목하는 태도라고 할 수 있겠네요. 세상의 흐름을 생각하는 건 '정신적 세계'를 바탕으로 이루어지는 것이라 할 수 있으니까요. 이렇게 벗도 없이 자신의 '정신적 세계'에 주목하는 화자의 모습은 그가 '적적한 상황'에 놓여 있다는 것을 허용하기에 충분한 근거가 되겠습니다.

④ 하늘의 이치가 제대로 구현되지 못했음을 '시운'의 '흥망'에서 발견하고도 모를 일이 많다고 한 것에는, 인물의 담담한 태도가, 이상에 미치지 못하는 현실을 수용하는 것을 통해 드러난다.

하늘 삼기실 제 곧 무심할까마는
어찌한 시운(時運)이 흥망이 있었는고
모를 일도 하거니와 애달픔도 그지없다

선지 유형	근거가 있어서 허용 불가능
실전에서의 판단 과정	애달픔이 끝이 없다는데 왜 담담해.
해설	화자는 하늘이 세상을 만들 때 무심하지는 않았겠지만 '시운'에 '흥망'이 있었음을 생각하며 '모를 일'도 많다는 이야기를 하고 있습니다. 이는 '시운'의 '흥망'이 하늘의 뜻이 아니었다는 걸 발견하면서, 아직 자신이 모르는 게 많다는 표현을 한 것이라고 할 수 있겠죠. 여기에 화자는 이러한 상황에서 '애달픔'을 느끼고 있습니다. 즉, '시운'의 '흥망' 등 자신이 모르는 일이 많다는 점에 대해 애달픈 감정을 보이고 있는 것입니다. 이를 근거로 하면 '담담한 태도'는 절대 허용할 수 없겠네요. 나아가 화자는 그저 자신의 무지와 시도 때도 없

이 변하는 인간사에 대해 '애달픔'을 느끼고 있을 뿐, 이상에 미치지 못하는 현실을 '수용'하고 있지는 않습니다. 오히려 자신의 처지를 애달파한다는 것은 그러한 처지에서 벗어나고자 하는 의지를 보이는 것이라고 할 수 있겠죠. 여러모로 허용하기 힘든 선지였습니다.

⑤ 세상을 등진 인물의 삶을 '기산'의 '고블'에 비유한 것에는, 험한 세사와의 단절과 은거 지향에 대한 긍정적 인식이 인물의 선택에 대한 평가를 통해 드러난다.

기산의 늙은 고블* 귀는 어찌 씻었던고
박 소리 핑계하고 지조가 가장 높다

* 고블 : 기산에 은거한 인물인 허유.

선지 유형	근거가 있어서 허용 가능
실전에서의 판단 과정	허유의 지조가 높다고 했네.
해설	'기산'의 '고블'은 '기산'에 은거한 인물인 '허유'를 의미합니다. 이는 세상을 등진 인물의 삶을 비유한 것이라고 할 수 있고, '고블'의 지조가 가장 높다고 한 것은 험한 세사와의 단절과 은거 지향에 대한 긍정적 인식을 인물의 선택(허유의 선택)에 대한 평가(지조가 가장 높다)를 통해 드러낸 것이라고 할 수 있겠습니다. 주제 그 자체이니 더 쉽게 허용할 수 있겠죠? 참고로, '소부'와 '허유'의 고사에 대해서는 미리 알고 계셔야 합니다. 고사까지는 몰라도, 둘 다 속세를 등지고 자연을 선택한 인물이라는 것 정도는 알고 있도록 합시다.

선지	①	②	③	④	⑤
선택률	39%	10%	23%	18%	10%

30 〈보기〉를 바탕으로 (가)와 (나)를 감상한 내용으로 적절하지 <u>않은</u> 것은? [3점] ①

① (가)의 '용'은 피리 소리로 조성된 탈속적 분위기를 환상적으로 표현하는 소재이고, (나)의 '생매'는 고고한 취향을 사실적으로 보여 주는 소재이군.

청강 녹초변에 소 먹이는 아이들이
석양에 흥이 겨워 피리를 빗기 부니

물 아래 잠긴 용이 잠 깨어 일어날 듯

생매 잡아 길 잘 들여 먼 산 두메로 꿩 사냥 보내고

선지 유형	근거가 있어서 허용 불가능
실전에서의 판단 과정	딱히 틀린 건 없는 것 같은데... 〈보기〉를 볼까? 아 (나)의 자연은 고고한 거랑은 상관이 없구나.
해설	일단 '용'이 탈속적 분위기를 환상적으로 표현하는 소재라는 점, '생매'가 고고한 취향을 보여 준다는 점은 억지로나마 허용할 여지가 있어 보입니다. '용'은 '피리 소리'로 조성된 이상 세계의 탈속적 분위기를 표현하는 비현실적(환상적)인 소재이고, '생매'를 잡아 길을 들이는 건 세상일에 초연하여 홀로 고상하게 즐길 수 있는, 어느 정도는 고고한 취향이라고 할 수도 있으니까요. 애매하니 〈보기〉를 꼼꼼하게 독해해 봅시다. 일단 (가)의 경우, 화자가 즐기는 자연은 청정한 이상 세계입니다. 이에 비추어 보았을 때 역시 틀린 점을 찾을 수가 없을 것 같아요. 한편 (나)에 제시된 자연의 모습은 '현실적' 풍류의 장이라고 했습니다. 이에 '고고함', 즉 세상일에 초연하여 홀로 고상하게 즐기는 것은 (나)의 화자가 추구하는 가치라고 보기 어렵겠죠? 따라서 세상일에 초연하지 않고 '현실적' 풍류를 즐기는 (나)의 화자가 '고고한 취향'을 가지고 있다는 것은 〈보기〉를 바탕으로 감상한 내용이라고 볼 수 없겠습니다. '고고하다'라는 단어의 의미를 바탕으로 하면, (나)의 내용과는 정반대되는 해석이었던 것이네요. 〈보기〉에 대한 디테일한 독해를 요구한 어려운 선지였습니다. 평가원은 이렇게 '독해력'을 통해 문학에서의 변별력을 확보하려는 모습을 보이고 있다는 것을 잊지 맙시다.

Q 〈보기〉에 따르면 (가)는 '신선'의 이미지를 통해 '탈속적' 가치를 드러낸다고 했습니다. 이에 따르면 '피리' 소리를 통해 '탈속적 분위기'를 조성한다는 건 〈보기〉를 바탕으로 감상한 내용이 아니지 않나요?

A 일리 있는 지적입니다. 만약 이 선지가 맞는 선지로 나왔다면, 위와 같은 이유로 이의제기도 가능할 것이라고 생각해요. 하지만 크게 두 가지 이유를 생각하면 (가)의 내용을 허용할 수 있습니다.

첫 번째는 '이상 세계'에 애초에 '탈속적 분위기'가 전제되어 있다는 것입니다. '이상 세계'는 그 자체로 현재 화자가 처한 속세와는 대비되는 '탈속적' 세계이기 때문에, 이상 세계인 자연 속에서 듣는 '피리' 소리는 충분히 '탈속적 분위기'를 조성한다고 할 수 있고 그것을 '용'이 일어난다는 묘사를 통해 환상적으로 표현했다고 볼 수 있는 것이죠.

나아가 '신선'의 이미지가 드러내는 건 탈속적 '가치'이지 '분위기'가 아닙니다. 즉, '소선 · 적선' 같은 '신선'의 이미지를 통해 자연을 선택하여 즐기는 것이 탈속적 '가치'를 드러낸다는 점이 핵심이지, '신선'의 이미지가 있어야만 탈속적 '분위기'를 드러낸다고 할 수는 없는 거예요.

이상 세계에는 '탈속적 분위기'가 전제되어 있다는 것, 그리고 탈속적 '분위기'와 탈속적 '가치'는 다르다는 점을 독해할 수 있어야 한다는 것을 확실하게 정리하도록 합시다.

② (가)의 '학'은 이상적 세계의 아름다움을 구현하는 소재이고, (나)의 '고기'는 풍요롭고 생동하는 세계를 표현하는 소재이군.

내 기운에 나온 학이 제 깃을 던져 두고 반공에 솟아 뜰 듯

앞내 여울 고기 뒷내 여울 고기 오르는 고기 내리는 고기 자나 굵으나 굵으나 자나 주섬주섬 낚아 내여

선지 유형	근거가 있어서 허용 가능
실전에서의 판단 과정	주제 그 자체네.
해설	'학'과 같은 소재를 통해 자연이라는 이상적 세계의 아름다움을 구현하는 것, '고기'와 같은 소재를 통해 풍요로운 세계를 표현하는 것 모두 (가)와 (나)의 주제에 딱 들어맞는 내용이죠? 가볍게 허용할 수 있겠습니다.

③ (가)의 '소선', '적선'은 청정한 강호의 세계에서 떠올린 인물의 이미지이고, (나)의 '선관'은 '나'가 현재의 행위를 함께 하고 싶은 인물을 멋스럽게 표현한 이미지이군.

소선(蘇仙)* 적벽은 추칠월이 좋다 하되
팔월 십오야를 모두 어찌 칭찬하는가
구름이 걷히고 물결이 다 잔 적에
하늘에 돋은 달이 솔 위에 걸렸거든

잡다가 빠진 줄이 적선(謫仙)*이 헌사할샤

* 소선 : 소동파를 신선에 빗댄 말.
* 적선 : 이태백을 신선에 빗댄 말.

동자야 이 뒤에 학 타신 선관이 날 찾거든 그물 낚싯대 종이 종다래끼* 파리 밥풀통 고추장 술병까지 가지고 뒷내 여울로 오라고 일러만 주소

* 종다래끼: 작은 바구니.

선지 유형	근거가 있어서 허용 가능
실전에서의 판단 과정	신선들의 이미지 잘 활용했네.
해설	(가)의 '소선'과 '적선'의 경우, 화자가 청정한 이상 세계인 자연을 즐기다가 떠올린 인물들을 신선에 빗댄 말입니다. 이는 〈보기〉에서 말한 것처럼 '탈속적이고 고고한 가치'를 추구하는 화자의 마음이 드러난 것이라고 할 수 있겠죠. 나아가 (나)의 화자는 '동자'에게 '선관'이 자신을 찾거든 이것저것 먹을 것을 들고 '뒷내 여울'로 오라고 일러달라고 하고 있습니다. 이는 '선관'과 함께 놀고 싶은 화자의 마음이 드러나는 것이라고 할 수 있고, 〈보기〉를 바탕으로 하면 '선관'이라는 신선의 이미지를 통해 멋을 고조한 표현이라고 할 수 있겠죠. 멋을 고조했기에 화자가 함께 하고 싶은 인물을 '선관'이라는 멋스러운 인물에 빗댄 것이라고 할 수 있는 것입니다.

④ (가)의 '산옹'은 계절에 따른 산의 모습을 바라보며 이상 세계의 삶을 지향하는 인물이고, (나)의 '나'는 사냥과 고기잡이를 통해 현실의 즐거움을 향유하는 인물이군.

산옹의 이 부귀를 남더러 자랑 마오

아마도 산중호걸이 나뿐인가 하노라

선지 유형	근거가 있어서 허용 가능
실전에서의 판단 과정	주제 그 자체네.

'산옹'과 '나'는 두 작품에 제시된 자연을 마음껏 즐기는 인물들입니다. 따라서 (가)의 '산옹'은 '가을→겨울' 속 '성산'의 풍경을 즐기면서 청정한 이상 세계의 삶을 지향하는 인물이라고 할 수 있고, (나)의 '나'는 '생매'를 이용한 사냥과 '고기'잡이를 통해 현실적 풍류를 즐기는 인물이라고 할 수 있겠죠.

이렇게 자세하게 생각하지 않아도, 〈보기〉를 기반으로 한 두 작품의 주제 그 자체에 해당하는 선지이니 가볍게 허용할 수 있어야 합니다.

(이 해설 칸은 '해설'로 표시됨)

⑤ (가)의 '술'은 강호에서 세상에 대한 시름을 달래 주는 소재이고, (나)의 '술병'은 풍류의 장에 흥취를 더해 줄 소재이군.

인심이 낯 같아야 볼수록 새롭거늘
세사는 구름이라 험하기도 험하구나
엊그제 빚은 술이 얼마나 익었느냐
잡거니 밀거니 실컷 기울이니
마음에 맺힌 시름 조금은 풀리나다

선관이 날 찾거든 그물 낚싯대 종이 종다래끼* 파리 밥풀통 고추장 술병까지 가지고 뒷내 여울로 오라고 일러만 주소

* 종다래끼 : 작은 바구니.

선지 유형	근거가 있어서 허용 가능
실전에서의 판단 과정	주제 그 자체네.
해설	(가)의 화자는 '세사'가 험하다는 생각을 하면서 '술'을 마시고, 이에 마음에 맺힌 시름이 풀린다는 이야기를 하고 있습니다. 이는 '술'이 강호에서 세상에 대한 시름을 달래 주는 소재로 기능하고 있음을 의미한다고 볼 수 있겠죠. 한편 (나)의 화자는 '선관'에게 '술병'을 가지고 오라고 일러달라 하고 있습니다. 이는 '선관'과 함께 신나게 술판을 벌이겠다는 의미로, '술병'은 현실적 풍류의 장에 흥취를 더해 줄 소재라고 할 수 있겠습니다. 이번에도 주제 그 자체를 담고 있는 선지이니 가볍게 허용할 수 있겠죠?

| 핵심 **point** |

① **허용 가능성 평가** : 선지의 내용을 '허용'하려는 태도를 바탕으로 지문을 '독해'하며 '근거'를 찾아야 합니다. 허용할 수 있는 '근거'가 있어야만 허용할 수 있습니다. 주관적인 생각을 개입시키면 안 됩니다.

② **고전시가 독해** : 겁먹지 않고, 현대시를 읽듯이 읽어내면 됩니다. 현대시와 마찬가지로, 〈보기〉의 도움 등을 통해 '주제' 위주로 가볍게 읽어내면 되는 거예요. 자세한 해석은 선지가 해줄 겁니다!

③ **필수 고전시가** : 대부분의 교과서에 실려 있을 정도로 필수적인 고전시가들은 그 내용을 아주 디테일하게 물어보는 경우가 많습니다. 확실하게 정리해두도록 합시다.

| 지문 내용 총정리 |

주제 의식이 다소 간단하기는 했지만, 매우 디테일한 독해를 요구하는 선지들이 많아 답 고르기가 까다로웠을 세트입니다. 결국 고난도 문학 문제 해결의 열쇠는 지문 및 〈보기〉의 '독해력'이라는 것과 '필수 고전시가'에 대한 대비를 게을리 하지 않아야 한다는 것을 생각하면서 정리해 봅시다.

〈보기〉 확인

33번 문제의 〈보기〉는 딱히 지문 내용을 설명하지는 않네요. 제문(제사 지낼 때 쓰는 글), 표문(임금에게 올리는 글) 등과 같은 다양한 글이 활용될 것이라는 미시적인 내용밖에 없습니다. 34번 문제의 〈보기〉를 먼저 읽어보도록 합시다.

> [보기]
>
> 「이대봉전」에서 주인공은 공적 가치와 사적 목표를 실현하기 위해 노력한다. 공적 가치는 국가 차원의 사건에 참여하는 당위로 제시되고, 사적 목표는 가문의 일원으로서 그 사건 해결에 가담하는 동력이 된다. 현실계나 비현실계의 존재들 또한 주인공의 이러한 문제 해결 과정에 조력한다. 공적 활약을 통해 공적 가치의 권위를 인정하는 이면에 사적 목표의 추구를 배치하는 이러한 구도는 영웅소설이 지향하는 '충'이라는 이념을 훼손하지 않으면서도 사적 목표의 추구를 정당화한다.

이 지문의 주인공은 '공적 가치'와 '사적 목표'를 실현하기 위해 노력한다고 합니다. 나아가 현실계나 비현실계의 존재들이 주인공의 문제 해결 과정에 조력한다고 해요. 이들은 모두 고전소설의 전형적인 클리셰라고 할 수 있겠죠? 이를 바탕으로 지문을 읽어보도록 합시다.

지문 독해

> 장 소저 가 남복을 벗고 담장 소복으로 여복을 개착하고 금로에 향을 사르며 시랑 의 영위 먼저 차린 후 제문을 읽으니, 그 글에 하였으되,

어휘가 상당히 어렵습니다. 이는 최근 고전소설의 경향이기도 한데, 모든 어휘를 알 수 없으니 최대한 맥락과 전형적인 고전소설의 줄거리 등을 통해 그 뜻을 추론할 수 있어야 합니다. 이렇게 한 번 읽어봅시다.

'장 소저'가 남복을 벗고 여복을 '개착'(옷을 갈아입음)했다고 합니다. '개착'이라는 단어를 몰라도, 남장을 했던 여성 인물 '장 소저'가 다시 여자 옷으로 갈아입었다는 상황을 그릴 수 있겠죠? 여성 인물이 남장하는 것은 고전소설에 지겹도록 많이 나오는 상황이니까요. 아무튼, 금로에 향을 사르며 '시랑'의 영위를 먼저 차린

후 제문을 읽었다고 합니다. 금로(금으로 만든, 향을 피우는 그릇), 영위(죽은 사람을 기리는 위패)와 같은 단어를 모른다고 해도, '제문'을 보고서 제사를 지내는 상황임을 인식할 수 있어야 합니다. '제문'이라는 단어는 2014학년도 9월 모의평가 A형에도 출제되었던 단어이면서, '제'사를 위한 '문'장이라는 식으로 그 의미를 충분히 추론할 수 있으니까요.

만약 이걸 못했다면, 남장을 벗은 '장 소저'가 어떤 글을 읽고 있다는 상황 정도만 체크한 채로 계속 읽어보도록 합시다.

> '유세차 **기축 삼월 정묘 삭 십오 일**에 기주 장 한림의 딸 애황은 감히 이부 시랑 이 공 영위 앞에 아뢰나이다. 오호 애재라!

상황이 이해되지 않을수록 천천히 읽어야 합니다. '장 소저'는 자신을 기주 '장 한림'의 딸 '애황'으로 소개합니다. 이제부터 '장 소저'의 이름이 '장애황'이라는 것을 잊지 않은 채로 읽을 수 있어야 해요. 아무튼 '장 소저'는 '이부 시랑 이 공' 영위 앞에 아뢴다고 하고 있습니다. '영위'라는 단어가 반복되었고, 앞에서도 '시랑의 영위'라고 표현했으니 '시랑=이부 시랑 이 공'임을 알 수 있겠습니다. 앞서 파악하지 못했더라도, 여기서 최소한 '시랑'이 높은 사람임을 파악할 수 있어야 하는 것이죠.

> 소첩의 부친이 대인과 사귐이 깊사옵더니, 그 후에 대인은 귀자 를 두시고 부친은 소첩을 얻으시니 피차에 동년 동일생이라. 부친이 신기한 꿈을 꾸고는 대인과 진진지연*을 깊이 맺었더니, 슬프다, 양가 시운이 불리하여 대인은 간신의 모해를 입어 외딴섬에 유배 가시고, 부친은 대인의 억울함과 소첩의 앞길이 그릇됨을 원통히 여겨 걱정과 분노가 병이 되어 중도에 세상을 버리시니, 모친 또한 부친의 뒤를 따라 별세하시니, 외롭고 연약한 소첩은 의지할 곳이 없더라.
>
> * 진진지연(秦晉之緣) : 혼인의 인연.

소첩(장애황)의 부친, 즉 '장 한림'은 대인, 즉 '시랑'과 친구 사이였다고 합니다. 그리고 '시랑'은 '귀자'라는 아들(子)을 두었고, '장 한림'은 '장애황'을 낳은 것이죠. '장 한림'은 신기한 꿈을 꾸고서 '시랑'과 혼인의 인연을 맺었다고 합니다. '장애황'과 '시랑'의 아들이 혼인을 약속한 사이였던 것이죠. 하지만 슬프게도 시운이 불리하여 '시랑'은 간신의 모해로 유배를 갔고, '장 한림'은 '시랑'의 억울함과 '장애황'의 앞길이 그릇됨을 원통히 여겨 중도에 죽어

버린 상황입니다. '장애황'의 '모친' 역시 죽은 상황이구요. 예비 시아버지와 부모님 모두 유배가거나 죽은 '장애황'은 엄청 외로웠겠어요.

이렇게 어려운 어휘가 쏟아지는 고전소설에서는 충분한 시간을 들여 내용을 이해하고, 이를 바탕으로 자연스럽게 인물관계가 잡히게끔 하셔야 합니다. 복잡한 인물관계를 체크해야겠다는 목적을 가지고 읽으면 훨씬 어려워요. '장애황'이라는 주인공을 중심으로 벌어진 상황을 이해하다 보면 자연스럽게 인물관계가 잡힐 것입니다.

> 간적 왕희가 첩의 고독함을 업신여겨 혼인을 강제하옵기로 변복 도주하였다가, 남자로 행세하여 용문에 올라 남적을 멸하고 대공을 이룸은, 적자 왕희를 없이하여 원통함을 풀고 대인과 공자를 찾아 혼약을 이루기 위함이었는데, 사신의 말을 들으니 대인 부자가 형적이 없다 하니, 반드시 수중고혼이 되신지라. 어찌 참통치 않으리잇고. 이에 한 잔 술을 바치옵나니 삼가 바라건대 존령은 흠향하옵소서.'
> 하였더라.

그 와중에 간적(간악한 도적) '왕희'는 '장애황'에게 혼인을 강제합니다. 일반적으로 절대적인 악인 한 명이 등장하는 고전소설의 클리셰를 생각하면, '왕희'가 '시랑'을 유배 보낸 간신임을 생각할 수 있겠죠? '장애황'의 입장에서는 집안의 원수와 혼인하는 것은 죽어도 싫을 것이기에 남장을 하여 '변복 도주'한 것이네요. 이런 감정과 행동에 충분히 공감할 수 있겠습니다.

어쨌든 〈보기〉에서 말한 것처럼, 남장을 한 '장애황'은 '남적'을 멸하고 대공을 이루며 공적 가치를 실현합니다. 하지만 이는 원수같은 '왕희'를 없애 원통함을 풀고 '시랑'과 그의 아들인 '공자'를 찾아 혼약을 이루기 위함이었다고 해요. 즉, 사적 목표를 달성하기 위해 공적 가치를 실현하려고 한 것이었죠. 공을 세워서 힘이 생기면 '시랑'과 '공자'를 찾는 것이 쉬워질 테니까요.

하지만 '사신'에게서 '시랑' 부자가 형적(남은 흔적)이 없다는 소식을 듣고서 이들이 수중고혼(물에 빠져 죽은 사람의 외로운 넋)이 되었을 것이라 생각한 '장애황'은 슬퍼하며 '시랑'에게 '제문'을 올리고 있었던 것이었네요. '형적', '수중고혼'과 같은 단어를 모르더라도, '제문'을 올리는 상황 및 맥락을 고려해 '시랑' 부자가 죽었으리라 생각하는 '장애황'을 모습을 떠올릴 수 있어야 합니다.

수능 소설에서 근본적으로 요구하는 것은 줄거리 파악이 아닙니다. 중심인물의 내면세계에 '공감'하는 과정에서 자연스럽게 줄거리를 이해하며 읽을 수 있는지를 묻습니다. 줄거리를 파악해야겠다는 목적의식을 가지고 읽기보다는, '장애황'의 내면세계 중심으로 읽고 공감했더니 자연스럽게 줄거리가 파악되었다는 느낌이 드셔야 합니다.

> (중략)
>
> 각설. 이 공자 대봉이 부친을 모시고 용궁을 떠나 여러 날 만에 황성에 올라와 머물 곳을 정한 후, 흉노의 머리 벤 것을 봉하여 성상께 올릴새 상소를 지어 전후사연을 주달하였거늘, 이때 성상이 이 시랑 부자의 생사를 알지 못하시고 장 소저의 앞길을 애련히 여기사 마음에 잊지 못하시더니, 또 장 소저의 상표가 이르렀거늘 상이 반기사 급히 열어 보시니 왈,

한편, '이 공자 대봉'은 '부친'을 모시고 '용궁'을 떠나 '황성'에 도삭안 상황입니다. '공자'라는 말을 보고서 '시랑'의 아들임을 파악할 수 있어야겠죠? 죽은 줄 알았던 '시랑' 부자는 사실 살아있던 것입니다. 그것도 흉노의 머리를 베는 공을 세우면서 말이에요. 전후사연을 적어 '성상'에게 상소를 올린 상황인데, 아직 그 상소를 받지 못한 '성상'은 '시랑' 부자의 생사를 알지 못하고 '장애황'의 앞길을 애련히 여기고 있습니다. '성상'이 직접 신경을 쓸 만큼 주인공들이 높은 지위를 가지고 있다는 것을 알 수 있겠죠? 아무튼, 이러한 상황에서 '장애황'이 올린 상표가 '성상'에게 도착했습니다. 이를 반갑게 열어 보는 '성상'의 모습을 상상하고 이에 공감하면서, 그 내용을 알아보러 갑시다.

> '신첩 장애황은 일장 표를 용탑 하에 올리나이다. 신첩이 성상의 큰 은혜를 받자와 바닷가에서 제를 올려 고혼을 위로하오나, 이승과 저승이 판이하게 달라 영혼이 자취가 없사오니, 비록 앞에 와 흠향하온들 어찌 알리 있사오리잇가. 아득한 경상과 슬픈 마음을 진정치 못하와 제를 지내며 통곡하옵더니, 천우신조하와 삭발 승려를 만나오니 이 곧 시랑 이익의 처 양씨라. 비록 성혼 행례는 아니 하였사오나 어찌 시어머니와 며느리 사이가 아니리잇가. 일비일희하여 즐겁기 무궁하오니, 이는 다 성상의 넓으신 덕택으로 말미암음이라. 그러나 왕희 부자는 국가를 혼란스럽게 한 간신이옵고 신첩의 원수라. 바라건대 폐하는 왕희 부자를 엄형 국문하사 국법을 밝히시고, 그 부자를 신첩에게 내

어 주시면 남선우 베던 칼로 난신을 죽여 이익의 부자
에게 제하여 영혼을 위로하리이다.'
하였더라.

'장애황'이 바닷가에서 제를 올리는 상황, 즉 (중략) 이전의 상황
에서 보낸 상표로 보입니다. '제문'을 올린 뒤 슬퍼하고 있던 '장
애황'은 천우신조(하늘과 신이 도움)로 '시랑'의 부인인 '양 씨'를
만납니다. 비록 결혼은 하지 않았으나 사실상 시어머니와 며느리
관계인 둘은 서로 기뻐하고, '장애황'은 이를 '성상'의 덕으로 돌
리고 있어요. 이는 임금에게 절대적으로 충성한다는, 전형적인 고
전문학의 세계관이 잘 드러나는 대목이라고 할 수 있겠죠?

아무튼 '장애황'은 이 와중에 '성상'에게 집안의 원수 '왕희' 부자
에 대한 처벌을 요구합니다. 공적 가치를 실현하면서 동시에 사
적 목표를 이루려고 한다는 〈보기〉의 내용이 잘 드러나죠?

상이 다 보신 후 정히 처결코자 하시더니, 이때 또 하
나의 표문이 올라오거늘, 상이 의괴하여 열어 보시니 그
소에 하였으되,
'죄신 이대봉은 황공함과 두려운 마음으로 머리를 조
아려 절을 올리며 한 장 표문을 황상 용탑 하에 바치
옵나이다. 신의 부자가 간신 왕희의 모함을 입었사오
나, 폐하의 성덕을 입사와 이 한목숨에 너그러움을 베
풀어 해도에 내치신 덕택으로 유배지로 가옵더니, 도
중을 향하와 배를 타고 대해 중에 행하옵더니, 뜻밖에
뱃사람들이 달려들어 아비를 결박하여 물에 던지거
늘, 신의 아비 죽는 양을 보고 또한 뒤를 따라 수중에
빠지오매 거의 죽게 되었삽더니, 마침 서해 용왕의 구
함을 입어 살아나 서역 천축국 백운암에 가 팔 년을
의탁하였나이다.

'성상'은 이러한 '장애황'의 부탁을 흔쾌히 들어주려 합니다. 그런
데 이때 또 하나의 표문이 올라왔어요. 이상하게 여긴 '성상'은 이
를 열어보는데, 이는 '이대봉', 즉 '시랑'의 아들이 올린 것입니다.
'성상' 입장에서는 궁금해하던 이들의 사정을 다 알게 되었네요.

우리가 미리 생각한 대로, '이대봉' 부자는 '왕희'의 모함으로 유
배를 떠난 상황이었습니다. 그렇게 배를 타고 유배지로 가던 중,
'뱃사람들'이 달려들어 '시랑'을 결박해 물에 던져버렸다고 합니
다. '이대봉' 역시 이를 따라 물에 뛰어들었는데, '서해 용왕'의 도
움으로 '백운암'에서 '팔 년'을 살았다고 합니다. 〈보기〉에서 말한
것처럼 비현실적 존재의 조력이 나타나는 모습이네요. (중략) 이

전에 비해서는 훨씬 이해하기가 수월합니다. 어쨌든 '장애황'의
생각과 달리, 다행히 '시랑' 부자는 살아있네요.

생각하옵건대 신의 부자가 국가의 죄인이라. 타처에
오래 있사옴이 옳지 않아 세상에 나와 수중에 빠진 아
비 유골이나마 찾고 고국에 있는 어미를 찾아보고자
하와 중원으로 돌아가옵다가, 농서에서 한나라 장수
이릉의 영혼을 만나 갑옷과 투구를 얻고, 사평에서
오추마를 얻으며, 화용도에서 관 공의 영혼을 만나
칼을 얻어, 황성으로 향코자 하옵다가, 반적 흉노가
천자의 자리를 범하여 황성을 함몰하고 어가가 금릉
으로 행하셨다 함을 듣고, 분심을 이기지 못하와 전죄
를 무릅쓰고 천 리를 달려와 금릉에 이르러 자칭 충의
장군이라 하옵고 필마단창으로 적군을 파하고 적장
묵특남과 동돌수를 베어 성상의 급하심을 구하옵고,
흉노가 도망하는 것을 따라 서릉도에 들어가 흉노를
베었나이다.

비록 모함에 빠진 것이기는 하지만, '이대봉'은 국가의 죄인입니
다. 죄인의 몸으로 타처에 오래 있는 것이 옳지 않다고 생각한(사
실 임금에게 충성하는 모습을 보이려고 그럴듯한 핑계를 댄 것이
겠죠?) '이대봉'은 '백운암'을 떠나 '중원'으로 돌아갑니다. 그 과
정에서 '이릉'의 영혼, '관 공'의 영혼 등 비현실적 존재들의 도움
을 받으며 여러 장비를 얻는 모습이죠? 이렇게 장비를 갖춘 '이대
봉'은 '황성'으로 향하려다가, '흉노'가 역모를 꾀하여 어가(임금의
수레)가 '금릉'으로 행했다는 말에 분심을 이기지 못하여 '흉노'를
비롯한 역적들을 처단했다고 합니다. 전형적인 영웅소설의 클리
셰들이 드러나고 있습니다. 이렇게 클리셰를 활용하며 내용을 이
해하고, '어가'와 같은 단어들의 뜻도 유추할 수 있어야 해요.

돌아오는 길에 해중에서 풍랑을 만나 나흘 밤낮을 정
처 없이 가다가 천우신조하옵고, 성상의 하해지덕으
로 무인절도에 다다라 바람이 그치오며, 그 섬에 올라
가 죽었던 아비를 만났사오니 황명을 기다리지 아니
하고 감히 함께 와 대죄하옵나니, 신의 부자의 죄 만
번 죽어도 아까울 것이 없나이다. 그러하오나 왕희는
국가의 난신적자요 신의 원수라. 뱃사람이 재물 없이
적소로 가는 죄수를 무단히 살해하올 일은 만무하온
즉, 이는 반드시 왕희의 사주를 받은 것으로, 의심할
바 없는지라 바라옵건대 성상은 엄형 국문하옵신 후
왕적을 내어 주시고 신의 죄를 다스리옵소서.'

하였더라.

-작자 미상, 「이대봉전」-

그렇게 다시 '황성'으로 돌아오는 길, '이대봉'은 풍랑을 만나 나흘 밤낮을 정처 없이 가다가 '무인절도'에서 '시랑'을 만납니다. 여기서도 '성상'의 덕을 칭송하는 모습이 나타나네요. 나아가 집안의 원수인 '왕희'의 처벌을 요구하는 것까지 '장애황'과 똑같습니다. '성상'의 입장에서는 궁금해하던 이들의 소식을 모두 알게 되었고, 이들의 원수까지 정확하게 특정했으니 안도감을 느낄 것입니다. 이러한 모습을 상상하면서 읽어주실 수 있어야 해요.

선지	①	②	③	④	⑤
선택률	4%	11%	18%	60%	7%

31 ㉠~㉤에 대한 설명으로 가장 적절한 것은? ④

① ㉠은 이대봉이 이릉의 영혼을 만나 갑옷과 칼을 얻은 공간이다.

㉠용궁

선지 유형	근거가 있어서 허용 불가능
실전에서의 판단 과정	중원으로 가는 길에 얻은 것인데?
해설	'이대봉'은 '백운암'에서 '중원'으로 향하는 길에 '이릉'의 영혼 등 비현실적 존재들을 만나 갑옷과 칼을 얻습니다. 이곳이 '용궁'은 아니기 때문에, 이를 근거로 절대 허용할 수 없겠습니다. '농서'와 같은 정확한 장소를 기억하지 못하더라도, 최소한 '중원'으로 향하는 길이었다는 것 정도는 기억할 수 있어야 해요.

② ㉡은 흉노가 침범한 곳이자 이대봉이 흉노를 처단한 공간이다.

㉡황성

선지 유형	근거가 있어서 허용 불가능
실전에서의 판단 과정	황성은 다 끝내고 도착한 곳이잖아.
해설	'황성'은 현재 '성상'이 계신 곳으로, '흉노'가 침범한 곳은 맞습니다. 이에 어가가 '금릉'으로 도망치는 일이 있었죠. 그러나 '황성'은 '흉노'를 베는 등

공을 세운 '이대봉'이 '시랑'을 모시고 나서야 도착한 곳입니다. 즉, '황성'은 '이대봉'이 '흉노'를 처단한 다음에야 도착한 곳이기에 허용하기 어려운 선지네요. 정확하게는 '서릉도'에서 벤 것이지만, 이를 기억하기보다는 '이대봉'의 행적을 바탕으로 자연스럽게 판단할 수 있으면 좋겠습니다.

③ ㉢은 장 한림 부부가 간신의 모해로 유배 간 공간이다.

폐하의 성덕을 입사와 이 한목숨에 너그러움을 베풀어 ㉢해도에 내치신 덕택으로 유배지로 가옵더니,

선지 유형	근거가 있어서 허용 불가능
실전에서의 판단 과정	이 시랑 부자가 유배간 것이지.
해설	'장 한림' 부부가 아닌 '이 시랑' 부자가 유배를 간 것이죠? '장애황'의 부친인 '장 한림'은 억울하게 유배를 간 '시랑' 때문에 원통해하며 죽은 인물일 뿐입니다. 지문 내용을 이해했다면 이런 인물관계가 '자연스럽게' 잡혀 있을 것입니다.

④ ㉣은 이대봉이 중원으로 향하기 전에 머물던 공간이다.

㉣백운암

선지 유형	근거가 있어서 허용 가능
실전에서의 판단 과정	오 그렇지.
해설	'백운암'은 '서해 용왕'의 도움으로 살아난 '이대봉'이 팔 년을 의탁한 곳입니다. 이곳에 있던 '이대봉'은 국가의 죄인 신분으로 타처에 오래 머무는 것이 옳지 않다고 생각해 '중원'으로 떠났었죠? 이런 '이대봉'의 심리에 공감했던 기억이 있다면, 이와 같은 내용이 기억날 것입니다. 이렇게 풀어야 합니다. 공감을 통해 자연스럽게 줄거리를 파악하는 것이지, 줄거리만 파악하겠다고 덤비면 오히려 더 헷갈리기만 할 것입니다. 수능 소설에서는 공감 능력을 묻는다는 걸 잊지 마세요.

⑤ ㉤은 동돌수가 이대봉을 피해 달아난 공간이다.

㉤금릉

선지 유형	근거가 있어서 허용 불가능
실전에서의 판단 과정	어가가 도망간 곳이지.
해설	'금릉'은 기본적으로 어가가 도망간 곳입니다. 나아가 '동돌수'는 '금릉'에서 '이대봉'에게 죽임을 당하긴 했지만, '이대봉'을 피해 달아난 것은 아닙니다. 아마 '성상'을 잡으러 갔다가 '이대봉'에게 당한 것이겠죠.

선지	①	②	③	④	⑤
선택률	6%	8%	65%	11%	10%

32 장 소저 에 대한 이해로 적절하지 않은 것은? ③

– 이 지문의 주인공인 '장애황'에 대해 묻고 있습니다. 초반에 제시된 제문, (중략) 이후에 제시된 상표의 내용을 정확하게 이해했다면 어렵지 않게 해결할 수 있을 거예요.

① 부친과 이 시랑이 '진진지연'을 맺은 데에는 신기한 꿈이 영향을 미쳤을 것이라고 알고 있다.

선지 유형	근거가 있어서 허용 가능
실전에서의 판단 과정	그랬지.
해설	'장애황'은 자신의 부친인 '장 한림'이 신기한 꿈을 꾸고는 '시랑'과 진진지연을 깊이 맺었다고 했습니다. 이 내용 그대로 근거가 되어 허용할 수 있겠죠? 결국 '장애황'의 내면세계에 공감하는 과정에서 자연스럽게 '부친', '대인'과 같은 표현이 누구를 가리키는지를 이해했느냐가 관건입니다.

② 이 시랑이 '간신의 모해'를 입은 것은 시운이 좋지 않았기 때문이라고 생각했다.

선지 유형	근거가 있어서 허용 가능
실전에서의 판단 과정	그랬지.
해설	'양가 시운이 불리하여' 대인, 즉 '이 시랑'이 간신의 모해를 받았다는 서술이 정확하게 드러나 있죠? '대인'의 정체만 밝혔다면 당연하게 허용할 수 있겠습니다.

③ 부친이 '세상을 버'린 까닭은 혼약이 어그러진 것과 이 시랑의 죽음에 대한 분노 때문이라고 여겼다.

선지 유형	근거가 있어서 허용 불가능
실전에서의 판단 과정	죽음에 대한 분노가 아닌데?
해설	'장애황'의 부친인 '장 한림'은 '시랑'의 억울함과 '장애황'의 앞길이 그릇됨을 원통히 여기다가 죽었습니다. 혼약이 어그러진 것은 '장애황'의 앞길이 그릇됨과 억지로라도 연결할 수 있겠지만, '장 한림'은 '이 시랑'의 '죽음'에 대한 분노가 아닌 '억울한 유배'에 대한 분노 때문에 죽은 것이기에 허용할 수 없겠습니다. '장 한림'의 원통함의 근거를 아주 디테일하게 묻고 있네요. '장 한림'이 왜 원통해하고 걱정과 분노가 병이 될 정도로 힘들었는지, 그 감정에 공감했다면 충분히 기억할 수 있는 내용일 것입니다. 단순한 내용일치 문제로 치부하시면 안 됩니다. '공감'이라는 중요 포인트에 주목하세요.

④ 왕희가 '혼인을 강제하'는 것으로 판단하여 변복 도주했다.

선지 유형	근거가 있어서 허용 가능
실전에서의 판단 과정	남장을 한 이유였지.
해설	집안의 원수인 '왕희'가 혼인을 강제하자 이에 수치심을 느끼고 남장하여 도망가는 '장애황'의 모습, 미리 생각하고 공감했던 내용이죠? 가볍게 허용할 수 있겠네요.

⑤ '성혼 행례'는 하지 않았으나, 승려가 된 양씨를 시어머니로 대했다.

선지 유형	근거가 있어서 허용 가능
실전에서의 판단 과정	그랬지.
해설	'장애황'은 천우신조로 만난 '이 시랑'의 처 '양씨'를 시어머니로 대합니다. 비록 성혼 행례는 하지 않았지만, 약혼이 억울하게 깨진 사이이니 사실상 시어머니로 대할 수 있다는 것이 '장애황'의 입장이었죠. 이에 기뻐하는 '장애황'과 '양씨'의 모습에 공감했던 기억이 있으니 이를 근거로 가볍게 허용할 수 있겠습니다.

선지	①	②	③	④	⑤
선택률	6%	11%	49%	25%	9%

33 〈보기〉의 [A]에 들어갈 말로 적절하지 <u>않은</u> 것은? ③

─────────[보기]─────────

선생님 : 고전 소설에서는 제문, 표문 등과 같은 다양한 글이 활용되기도 해요. 윗글의 ⓐ와 ⓑ에서 글을 바치는 사람과 받는 상대가 누구인지 고려하여, 글의 특징이나 기능에 대해 말해 보세요.

학　생 : ____[A]

선생님 : 네, 맞아요.

───────────────────────

　　장 소저가 남복을 벗고 담장 소복으로 여복을 개착하고 금로에 향을 사르며 시랑의 영위 먼저 차린 후 제문을 읽으니, ⓐ그 글에 하였으되,

　　상이 다 보신 후 정히 처결코자 하시더니, 이때 또 하나의 표문이 올라오거늘, 상이 의괴하여 열어 보시니 ⓑ그 소에 하였으되,

– 〈보기〉의 '선생님'이 요구하는 대로 글을 바치는 사람과 받는 상대를 고려하면서 ⓐ, ⓑ를 정리해봅시다. ⓐ는 '장애황'이 '시랑'에게 바치는 제문으로, '장애황' 부녀 및 '시랑' 부자와 관련된 여러 정보가 제시되는 글입니다. ⓑ는 '이대봉'이 '성상'에게 바치는 표문으로, '이대봉'과 '시랑'이 겪었던 일들에 대해 적혀 있죠?

① ⓐ는 망자에게 바치는 제문이고, ⓑ는 성상에게 바치는 표문이에요.

선지 유형	근거가 있어서 허용 가능
실전에서의 판단 과정	그렇지.
해설	ⓐ는 '장애황'이 망자로 생각하고 있는 '시랑'에게 바치는 제문이고, ⓑ는 미리 생각했듯이 '이대봉'이 '성상'에게 바치는 표문입니다.

② ⓐ는 상대의 원통함을 위로하기 위하여, ⓑ는 상대에게 사건 경과를 알려 특별한 조치를 요청하기 위하여 작성되었어요.

선지 유형	근거가 있어서 허용 가능
실전에서의 판단 과정	그렇지.
해설	ⓐ는 '장애황'이 '시랑'의 원통함을 위로하기 위해 작성한 제문이고, ⓑ는 '이대봉'이 '성상'에게 자신이 겪은 일들의 경과를 알려 '왕희'를 처단해달라는 특별한 조치를 요청하기 위해 작성한 것입니다.

③ ⓐ와 달리 ⓑ에는 글을 바치는 사람이 스스로를 낮추는 표현이 사용되었어요.

선지 유형	근거가 있어서 허용 불가능
실전에서의 판단 과정	둘 다 낮추는 표현이 있는데?
해설	ⓐ에서 '장애황'은 스스로를 '소첩'(결혼한 여자가 스스로를 낮추는 표현)이라고 표현했고, ⓑ에서 '이대봉'은 스스로를 '죄신'으로 표현했습니다. 이는 모두 글을 바치는 사람이 스스로를 낮추는 표현이 사용된 것이라고 할 수 있겠네요. 애초에 글의 대상이 예비 시아버지 및 임금임을 고려하면 당연히 자신을 낮춘 표현을 사용할 것입니다.

④ ⓐ에서 글을 바치는 사람이 오해했던 사건의 실상이 ⓑ에서 드러나고 있어요.

선지 유형	근거가 있어서 허용 가능
실전에서의 판단 과정	사실 시랑 부자는 살아있었지.
해설	ⓐ에서 글을 바치는 사람인 '장애황'은 '시랑' 부자가 죽었을 것이라고 오해합니다. 하지만 이들은 '서해 용왕'의 도움으로 살아있었죠? 이러한 사건의 실상이 ⓑ에서 드러나고 있으니 허용할 수 있겠습니다. 지문을 읽으면서도 미리 생각한 내용이네요.

⑤ ⓐ와 ⓑ는 모두 글을 바치는 사람과 상대를 서두에서 밝히고 있어요.

선지 유형	근거가 있어서 허용 가능
실전에서의 판단 과정	그러네.
해설	ⓐ는 "기주 장 한림의 딸 '애황'은 감히 이부 '시랑' 이 공 영위 앞에 아뢰나이다."라며 시작했고, ⓑ는 "죄신 '이대봉'은 황공함과 두려운 마음으로 머리를 조아려 절을 올리며 한 장 표문을 '황상' 용탑 하에 바치옵나이다."라며 시작하고 있습니다. 이를 근거로 쉽게 허용할 수 있겠네요.

선지	①	②	③	④	⑤
선택률	15%	12%	15%	48%	10%

34 〈보기〉를 참고하여 윗글을 감상한 내용으로 적절하지 않은 것은? [3점] ④

① 장애황이 혼약을 이루기 위해 대공을 세웠다고 한 데에서, 혼약이 국가 차원의 사건에 참여하는 동력이 되었음을 알 수 있군.

선지 유형	근거가 있어서 허용 가능
실전에서의 판단 과정	혼약은 사적 목표니까 맞지.
해설	〈보기〉에서 언급한 바와 같이, '장애황'은 혼약이라는 '사적 목표'를 동력으로 삼아 국가 차원의 사건에 참여합니다. 공을 세워 지위가 높아지면 '시랑' 부자를 찾을 수 있을 것이니까요. 지문을 읽으면서 미리 공감했던 내용이죠?

② 장애황이 난신 왕희를 국법으로 다스린 후 자신에게 내어 달라고 한 데에서, 공적 권위를 존중하되 사적 목표도 실현하고자 하는 마음을 알 수 있군.

선지 유형	근거가 있어서 허용 가능
실전에서의 판단 과정	국법을 먼저 제시했네.
해설	'장애황'은 '성상'에게 '왕희'를 국법으로 다스린 후 자신에게 내어 달라는 이야기를 합니다. 이는 국법을 사용한다는 '공적 권위'를 존중하되, 〈보기〉에서 말하는 것처럼 자신의 원수를 갚겠다는 '사적 목표'도 실현하고자 하는 마음이 드러나는 모습이라고 할 수 있겠습니다.

FAQ

Q 〈보기〉에서 공적 가치의 권위는 '공적 활약'과 관련되어 있습니다. 그런데 '왕희'를 국법으로 다스려 달라는 것은 '장애황' 자신의 '공적 활약'과는 무관하지 않나요? 아직 '장애황'은 '왕희'를 잡지 못했으니까요. 그럼 〈보기〉를 참고한 감상이 아닌 것 아닐까요?

A 말씀하신 〈보기〉의 내용은 '공적 가치의 권위'에 대한 것입니다. 즉, '공적 활약'을 펼침으로써 '공적 가치'인 '성상의 보호'에 대한 '권위'를 인정한다는 것이죠. 그런데 선지에서 묻는 것은 '공적 권위'입니다. 언뜻 비슷해 보이지만, 이는 '공적 가치의 권위'와는 전혀 다른 의미입니다. 각각 '공적으로 떨치는 권위'와 '가치에 대한 권위'라는 의미니까요. 따라서 이 선지는 그저 '공적 권위'를 존중한다는 〈보기〉 외부의 정보와 '사적 목표'를 추구한다는 〈보기〉 내부의 정

보를 섞어 물어본 것이라고 생각하시면 됩니다. 〈보기〉를 참고하여 '장애황'이라는 주인공이 '사적 목표'를 추구하고 있다는 감상을 한 것이죠.

③ 흉노의 침입으로 성상이 피신했다는 소식에 분노하여 이대봉이 출전한 데에서, 국가 차원의 문제 해결에 참여하는 당위성을 확인할 수 있군.

선지 유형	근거가 있어서 허용 가능
실전에서의 판단 과정	공적 가치가 국가 차원 문제 해결의 당위가 되지.
해설	〈보기〉에 따르면, '성상의 보호'와 같은 '공적 가치'는 '국가 차원의 문제 해결'에 참여하는 당위가 됩니다. 이를 참고하면, '흉노'의 침입으로 '성상'이 '금릉'으로 피신했다는 소식에 분노하여 출전하는 '이대봉'의 모습은, '공적 가치'라는 당위를 바탕으로 '국가 차원의 문제 해결'에 참여하는 모습을 나타낸 것이라고 할 수 있겠습니다.

④ 표류하던 이대봉이 천우신조로 무인절도에서 이 시랑과 재회한 데에서, 비현실계의 존재가 이대봉의 공적 활약에 조력한 것을 확인할 수 있군.

선지 유형	근거가 있어서 허용 불가능
실전에서의 판단 과정	공적 활약에 조력하다니. 그냥 아빠 만난 건데.
해설	'이대봉'이 천우신조로 '무인절도'에서 아버지인 '시랑'과 재회한 것은 비현실계의 존재가 개입한 것이 아니라 우연한 사건입니다. '천우신조'는 하늘과 신이 도왔다는 의미이지만, 그만큼 우연한 일을 비유적으로 이르는 표현일 뿐이에요. 나아가 '이대봉'이 '시랑'과 만난 것은 그저 가족끼리 상봉한 모습일 뿐, '이대봉'의 '공적 활약'과는 무관하죠? 이러한 내용들을 근거로 하면 가볍게 답으로 고를 수 있겠네요.

⑤ 이대봉이 흉노 제압을 공으로 드러낸 후 성상에게 왕희의 처벌을 요구한 데에서, 충의 이념을 훼손하지 않으면서도 사적 목표의 정당성을 확보하려는 인물의 의중을 확인할 수 있군.

선지 유형	근거가 있어서 허용 가능
실전에서의 판단 과정	공적 활약을 통해 공적 가치의 권위를 인정하는 이면에 사적 목표의 추구가 배치되어 있네.

해설	'실전에서의 판단 과정'에 적힌 〈보기〉의 내용이 그대로 녹아있는 선지네요. '이대봉'은 '흉노' 제압이라는 '공적 활약'을 드러내며 '공적 가치의 권위'를 인정하는 한편, 자신의 원수인 '왕희'의 처벌을 요구하며 '사적 목표'를 추구하고 있습니다. 이는 〈보기〉에서 말한 것처럼 영웅소설이 지향하는 '충'이라는 이념을 훼손하지 않으면서도 '사적 목표'의 추구를 정당화하는 인물의 의중이 드러나는 장면이라고 할 수 있겠네요.

몰랐던 어휘 정리하기

| 핵심 **point** |

① **허용 가능성 평가** : 선지의 내용을 '허용'하려는 태도를 바탕으로 지문을 '독해'하며 '근거'를 찾아야 합니다. 허용할 수 있는 '근거'가 있어야만 허용할 수 있습니다. 주관적인 생각을 개입시키면 안 됩니다.

② **소설 독해** : '심리와 행동의 근거'를 바탕으로 인물에게 '공감'하며 읽어야 합니다. 이 과정이 물흐르듯 이어지면 지문의 내용을 완벽하게 이해할 수 있어요.

③ **고전소설 클리셰** : 일관된 성격을 가진 인물들이 다양한 관계를 맺지만, 악인과 선인의 구도가 두드러집니다. 나아가 악한 사람은 반드시 벌을 받고 착한 사람은 결국 보상을 얻어요. 이러한 클리셰를 알고 있다면 지문의 내용을 훨씬 쉽게 이해할 수 있을 겁니다.

| 지문 내용 총정리 |

어려운 어휘가 정말 많이 사용되었고, 인물의 대사를 통해 사건의 정황을 제시하는 낯선 형태로 체감 난이도를 상당히 높인 지문입니다. 하지만 결국 '장애황'과 '이대봉'이라는 주인공들의 내면세계에 공감하며 읽어나가면 자연스럽게 인물관계와 줄거리가 잡히는, 전형적인 형태의 '소설' 지문이었어요. 줄거리를 파악하고 인물관계를 잡으려고 애쓰는 것이 아닌, 그저 공감하려고 애썼더니 문제가 자연스럽게 풀리는 경험을 하셔야 합니다. 이 본질적인 내용을 잊지 마세요!

지문 독해

비평문 융합 유형이 조금 더 독서스러워진 지문입니다. 당황하지 말고, 차분하게 독해하면서 읽어주시면 됩니다.

> 고전 시가의 세계에서는 많은 사람들에게 애창되던 작품이 후대로 전승되다가, 창작 당시와는 다른 상황에 놓이면서 변모하는 사례가 종종 발견된다. '개'를 소재로 한 아래의 시조들이 이러한 사례에 해당한다.
>
> 국립중앙박물관에는 '하기야키'라고 불리는 도자기 가운데 한 점이 소장되어 있다([사진]). '하기야키'는 진주 지방에서 도자기 비법을 이어 오다가 임진왜란 때에 일본으로 끌려간 도공 형제와 그 후손들이 일본 하기 지방에서 만든 도자기이다. [사진]의 도자기에는 한글로 (가)와 같은 시조가 씌어 있다.

[사진]
추철회시문다완(萩鐵繪詩文茶碗)

고전 시가가 '변모'하는 사례에 대한 내용인가봅니다. '개'를 소재로 한 시조들을 소개할 것인데, 여러 시조들의 '변화' 양상을 잡을 준비를 해 주시면 되겠습니다.

그 아래 문단의 '하기야키'는 사실 별로 중요한 정보가 아니에요. 핵심은 (가)와 같이 '개'를 소재로 한 시조가 어떻게 '변화'하는지니, 이에 주목해야 하는 거죠? 이렇게 화제를 확실하게 인식한 채로 계속 읽어봅시다.

> (가)
> 개야 즈치 말라 밤 사롬 다 도듯가
> → 개야 짖지 마라 밤 사람 다 도둑이냐
> 주목지 호고려 님 지슘 덩겨ᄉ라
> → ???
> 그 개도 호고려 개로다 듯고 즘즘ᄒᆞ느라
> → 그 개도 호고려 개로다 듣고 잠잠하다

중장의 내용은 이해하기가 어렵습니다. '개'에 대해 이야기한다는 '주제'만 잡아주시고 넘어가면 되겠어요.

> 그런데 18세기의 가집인 『고금명작가』에 이와 유사하면서도 그보다 더 이른 시기에 창작된 작품 (나)가 수록되어 있어 주목된다.

그런데 (가)보다도 더 '이른 시기'에 창작된 (나)라는 작품이 있다고 해요. '변화'가 포인트가 되므로 '더 이른 시기'와 같은 말에 주목할 수 있어야 합니다. (나)는 어떤 내용일까요?

> (나)
> 개야 즛지 마라 밤 ᄉ람이 다 도적가
> → 개야 짖지 마라 밤 사람이 다 도적이냐
> 두목지* 호걸이 님 츄심 단니노라*
> → 두목지 호걸이 님을 찾으러 다닌다
> 그 개도 호걸의 집 갠지 듯고 즘즘ᄒᆞ더라
> → 그 개도 호걸의 집 개인지 듣고 잠잠하더라
>
> * 두목지 : 기생들에게 인기가 많았던 당나라 시인 두목(杜牧).
> * 츄심 단니노라 : 찾으러 다니노라.

각주가 제시되니 비로소 이해되는 내용입니다. '두목지 호걸' 같은 사람이 '도적'도 아닌데 왜 자꾸 짖어서 쫓아내냐고 개를 나무라는 내용이에요. 나아가 종장에서는 '개'가 화자의 말을 들었는지 조용히 하는 모습도 제시되어 있습니다. 이 정도는 읽어낼 수 있겠죠? 이렇게 작품을 독해하면서도 중요한 건, (나)가 (가)로 바뀌었다는 걸 체크하는 거예요. 화제의 흐름에 해당하는 정보니까요.

> (가)와 (나)는, 일부 시어의 표기가 다르기는 하지만 대부분의 구절과 표현이 일치하기 때문에 같은 작품으로 간주된다. (나)가 우리나라에 전하고 있을 뿐 아니라 오기가 거의 없다는 점에서, 조선에서 오래전부터 전승되어 오던 (나)를 고국에서 익힌 도공들이 일본으로 끌려가 도자기를 구울 때 (가)를 기록해 넣은 것으로 판단된다. (나)는 화자를 여성으로 간주할 경우, 두목지 같은 남성이 찾아오기를 기다리는 한 여인의 마음을 노래한 것으로 해석된다.

(나)와 (가)의 변화 양상을 다시 설명해주고 있습니다. (나)를 알고 있던 도공들이 일본으로 끌려갔을 때 (가)를 기록해 넣은 것으로 보인다고 해요. 이는 둘의 '차이점'이자 '변화 양상'이 되기 때문에 확실하게 인식해야 하는 정보인 것이죠!

한편 (나)는 화자를 여성으로 간주할 경우 저런 방식으로 해석할 수 있다고 합니다. 정말로 〈보기〉의 역할을 하는 내용이네요. 주제를 제시하고 있으니, 확실하게 체크하는 것이 중요하겠죠?

임병양란 이후에 개를 소재로 한 작품은 <u>기존 평시조의 틀을 벗고 다른 양식의 갈래인 사설시조로 다시 창작</u>되었다. 사설시조 (다)는 수많은 가집에 수록될 정도로 인기 있던 작품인데, 여기에서는 중심 소재가 개이고 화자가 여성인 점은 그대로 이어지고 있지만 이를 담아내는 양식은 달라졌다.

(나) 작품은 다른 양식인 '사설시조'로 다시 창작되었다고 합니다. 이번에도 '변화'가 있을 텐데, 어떤 식으로 바뀌었는지 알아봅시다.

(다)

　개를 여남은이나 기르되 <u>요 개같이 얄미우랴</u>

　→ 개를 열 마리 넘게 기르되 요 개처럼 얄미울까

　미운 임 오면은 꼬리를 회회 치며 치뛰락 내리뛰락 반겨서 내닫고 고운 임 오면은 뒷발을 버둥버둥 무르락 나으락 캉캉 짖어서 돌아가게 한다

　→ 미운 임 오면은 꼬리를 치고 반가워 하고, 고운 임 오면은 뒷발을 버둥버둥하고 캉캉 짖어서 돌아가게 한다

　쉰밥이 그릇그릇 난들 너 먹일 줄이 있으랴

　→ 쉰밥이 많이 있어도 너는 안 먹일 거다

내용 자체는 크게 다르지 않네요. 다만 양식은 확실히 바뀐 모습입니다. 지문의 내용을 〈보기〉 삼아 읽으면 그 주제를 체크하는 게 어렵지는 않습니다.

1907년 한일신협약이 체결된 이후, 개를 소재로 한 (다)는 그 조약의 조인에 찬성한 이완용 등의 정미칠적(丁未七賊)을 비판하기 위한 수단으로 다시 쓰였다. 작품이 창작된 시점을 고려할 때 (라)의 '일곱 마리 요 박살할 개'는 정미칠적을 비유한 것으로 해석된다. 제목 '살구(殺狗)'는 '개를 죽이다.'라는 뜻이다.

이 작품은 1907년 한일신협약 체결 이후 '정미칠적'을 비판하기 위한 수단으로 다시 쓰였다고 합니다. 이번에도 '변화'가 제시되어 있어요. 단순히 사랑에 대한 내용이었던 (나)가 역사적 맥락을 등에 업은 모습입니다. 어떻게 바뀌었을까요?

(라)

　개를 여러 마리나 기르되 <u>요 일곱 마리같이 얄밉고 잦미우랴</u>

　→ 개를 여러 마리 길러도 이 일곱 마리같이 얄미울까

　낯선 타처 사람 보게 되면 꼬리를 회회 치며 반겨라고 내달아 요리 납작 조리 갸웃하되 낯익은 집안사람 보면은 두 발을 뻗디디고 콧살을 찡그리고 이빨을 엉성거리고 컹컹 짖는 일곱 마리 요 박살할 개야

　→ 낯선 타처 사람 보게 되면 꼬리를 치며 반기고 납작 갸웃하는데, 낯익은 집안사람 보면은 두 발을 뻗대고 콧살을 찡그리고 이빨을 엉성거리고 컹컹 짖는 정미칠적들아

　보아라 근일에 새로 개 규칙 반포되어 개 임자의 성명을 개 목에 채우지 아니하면 박살을 당한다 하니 자연(自然) 박살

　→ 보아라 근일에 새로 개 규칙이 반포되어 개 임자의 성명을 개 목에 채우지 않으면 박살을 당한다고 한다. 자연 박살

－작자 미상, 「살구」－

20세기에 쓰인 작품인 만큼 훨씬 읽기 편합니다. 누가 봐도 '개'로 표현된 정미칠적을 비판하는 내용이죠? '개'를 소재로 한 시조들이 이런 식으로 변화해 온 것이죠.

이상과 같은 변모의 사례들에서는 앞선 작품의 형식과 내용이 그대로 이어지기도 하지만, 표기·표현·주제·양식 등에서 다양한 변모가 이루어지기도 한다. 이러한 변모는 이본, 작품, 갈래의 세 가지 차원으로 구분할 수 있다. <u>이본 차원의 변모</u>는 앞선 작품의 표기나 표현 가운데 일부가 바뀌기는 하지만, 주제·양식 등은 대체로 그대로 유지되는 경우를 말한다. <u>작품 차원의 변모</u>는 앞선 작품의 양식은 그대로 따르지만, 표현·주제 등이 바뀌어서 후속 작품을 새로운 작품으로 인정할 수 있는 경우를 말한다. <u>갈래 차원의 변모</u>는 새로운 작품이 앞선 작품과 다른 양식에 근거하여서 후속 작품을 새로운 갈래로 보아야 하는 경우를 말한다.

이러한 '변모'를 세 가지 유형으로 나누어 주고 있습니다. 그냥 그렇구나~ 하고 넘어가는 게 아니라, 이렇게 잘 읽었다면 각 변모가 지문 내용 어느 부분에 대응하는지 생각하면 좋을 것 같네요. 먼저 '이본 차원의 변모'는 표기 및 표현이 바뀌지만 '주제·양식' 등은 그대로인 경우입니다. (나)에서 (가)로 바뀐 경우라고 할 수 있겠죠? 한편 '작품 차원의 변모'는 양식은 그대로지만 '표현·주제' 등이 바뀌는 경우입니다. (가)와 (나)의 경우 표현 및 주제가

거의 동일했으니, (다)에서 (라)로의 변모를 드러내는 내용이겠죠? '갈래 차원의 변모'는요? 애초에 양식 자체가 바뀐 경우입니다. 이 지문에서 양식이 변하는 경우는 (나)에서 (다)로의 변모밖에 없었습니다. 어렵지 않죠? 이 정도는 미리 생각할 수 있어야 해요!

이걸 생각하면, 37번 문제가 가볍게 해결이 되겠네요.

선지	①	②	③	④	⑤
선택률(예상)	6%	23%	8%	56%	7%

37 (가)~(라) 사이에 이루어진 변모의 양상을 ⓐ~ⓒ에 따라 적절하게 구별한 것은? ④

	ⓐ	ⓑ	ⓒ
①	(가)→(나)	(나)→(다)	(다)→(라)
②	(가)→(나)	(다)→(라)	(나)→(다)
③	(나)→(가)	(나)→(다)	(다)→(라)
④	(나)→(가)	(다)→(라)	(나)→(다)
⑤	(다)→(라)	(나)→(다)	(가)→(나)

– 위에서 설명한 내용이 전부죠? 2번 선지를 고르면 안 돼요. (가)에서 (나)가 아니라 (나)에서 (가)로 바뀌었다는 것이 중요한 '변화 양상'이었으니까요.

그럼 본격적으로 나머지 문제도 해결해봅시다!

선지	①	②	③	④	⑤
선택률(예상)	8%	68%	7%	5%	14%

35 ㉠을 바탕으로 (나)를 감상한 내용으로 적절하지 <u>않은</u> 것은? ②

> ㉠ (나)는 화자를 여성으로 간주할 경우, 두목지 같은 남성이 찾아오기를 기다리는 한 여인의 마음을 노래한 것으로 해석된다.

– 이 지문은 결국 문학 지문임을 드러내는 문제입니다. ㉠을 일종의 〈보기〉로 해서, (나)를 감상해보자는 거죠. 고전시가 문제를 푸는 방법과 똑같습니다. 선지에서 묻는 '부분'으로 돌아가서 그 맥락을 바탕으로 '독해'하면 돼요.

① 초장에서 화자가 개에게 '즛지 마라'라고 한 것은 '밤 사람'이 개가 짖는 소리에 발걸음을 되돌릴까 염려했기 때문이겠군.

> 개야 즛지 마라 밤 사람이 다 도적가
> 두목지* 호걸이 님 츄심 단니노라*
> 그 개도 호걸의 집 갠지 듯고 즘즘ᄒ더라
>
> * 두목지 : 기생들에게 인기가 많았던 당나라 시인 두목(杜牧).
> * 츄심 단니노라 : 찾으러 다니노라.

선지 유형	근거가 있어서 허용 가능
실전에서의 판단 과정	개가 짖으면 밤 사람이 발걸음을 되돌리겠지.
해설	'개야 짖지 마라 밤 사람이 다 도적이냐'라는 식으로 해석하면, '밤 사람'이 도적을 쫓아내는 개 짖는 소리에 놀라기 때문에 짖지 말라는 식으로 '독해'할 수 있겠네요. 허용할 수 있습니다.

② 초장의 '도적'과 중장의 '두목지 호걸'은 모두 화자가 기다리는 사람을 가리키는군.

> 개야 즛지 마라 밤 사람이 다 <u>도적</u>가
> <u>두목지</u>* 호걸이 님 츄심 단니노라*
> 그 개도 호걸의 집 갠지 듯고 즘즘ᄒ더라
>
> * 두목지 : 기생들에게 인기가 많았던 당나라 시인 두목(杜牧).
> * 츄심 단니노라 : 찾으러 다니노라.

선지 유형	근거가 있어서 허용 불가능
실전에서의 판단 과정	도적을 왜 기다려.
해설	'개야 짖지 마라 밤 사람이 다 도적이냐'는 말에는, '도적'인 경우에는 짖어도 된다는 내용이 포함되어 있다고 할 수 있겠죠? '도적이면 짖는 거 인정하겠는데, 다 도적도 아니고 왜 이렇게 짖어대냐'는 식의 의미니까요. 그럼 '도적'이 화자가 기다리는 사람이라고 하는 건 절대로 허용할 수 없겠네요. '해석'한 것이 아니라, '독해'한 겁니다. 한편 '두목지 호걸'은 화자가 기다리는 대상 그 자체죠. ㉠에서도 알려 준 내용이니, 어렵지 않게 생각할 수 있겠습니다.

③ 중장의 '두목지 호걸'은 '두목지 같은 호걸'로 풀이되어 '호걸'에 대한 화자의 호감을 드러내는군.

> 개야 즛지 마라 밤 스람이 다 도적가
> <u>두목지*</u> 호걸이 님 츄심 단니노라*
> 그 개도 호걸의 집 갠지 듯고 즘즘ᄒ더라
>
> * 두목지 : 기생들에게 인기가 많았던 당나라 시인 두목(杜牧).
> * 츄심 단니노라 : 찾으러 다니노라.

선지 유형	근거가 있어서 허용 가능
실전에서의 판단 과정	㉠의 내용 그대로네.
해설	㉠에서 '두목지 같은 남성'을 기다리는 여인의 마음이 표현된 것이 바로 (나)라고 했습니다. 따라서 '두목지 호걸'은 '두목지 같은 호걸'을 의미한다고 할 수 있고, 화자가 이러한 '호걸'에 대한 호감을 드러낸다는 건 주제를 고려할 때 너무나 당연하네요.

④ 종장의 '즘즘ᄒ더라'는 '호걸'이 '님 츄심'하기에 용이한 상황이 되었음을 암시하는군.

> 개야 즛지 마라 밤 스람이 다 도적가
> 두목지* <u>호걸</u>이 님 츄심 단니노라*
> 그 개도 호걸의 집 갠지 듯고 <u>즘즘ᄒ더라</u>
>
> * 두목지 : 기생들에게 인기가 많았던 당나라 시인 두목(杜牧).
> * 츄심 단니노라 : 찾으러 다니노라.

선지 유형	근거가 있어서 허용 가능
실전에서의 판단 과정	잠잠하면 찾아다니기 쉽겠지.
해설	'개'가 잠잠하면 '호걸'은 마음 놓고 님을 찾아 다닐 수 있겠죠. '개'가 일종의 장애물로 기능하고 있다는 걸 독해해내면 쉽게 허용할 수 있습니다.

⑤ 중장은 초장에서 화자가 개에게 '즛지 마라'라고 부탁한 이유를, 종장은 그 결과를 드러내는군.

> 개야 <u>즛지 마라</u> 밤 스람이 다 도적가
> 두목지* 호걸이 님 츄심 단니노라*
> 그 개도 호걸의 집 갠지 듯고 즘즘ᄒ더라
>
> * 두목지 : 기생들에게 인기가 많았던 당나라 시인 두목(杜牧).
> * 츄심 단니노라 : 찾으러 다니노라.

선지 유형	근거가 있어서 허용 가능
실전에서의 판단 과정	두목지 호걸 도망갈까봐 짖지 말라고 한 것이고, 결과적으로 개가 잠잠해진 것이지.
해설	'두목지 호걸'이 님을 찾기 위해 다니므로, 도망가지 않게 짖지 말라는 식으로 독해할 수 있습니다. 이를 근거로 하면 중장이 초장의 '이유'라는 말을 허용할 수 있겠습니다. 나아가 그 부탁 이후 '개'가 정말 짖지 않고 '잠잠' 해졌습니다. 이는 화자의 부탁에 따른 '결과'라고 하기에 충분하겠습니다. 지문 내용을 '독해'하는 것이 중요한 문제였습니다.

선지	①	②	③	④	⑤
선택률(예상)	11%	5%	6%	13%	65%

36 '개'를 중심으로 (나)와 (다)를 비교한 내용으로 적절하지 않은 것은? ⑤

– 어렵게 생각할 필요가 없습니다. 다 똑같은 문학 문제입니다!

① (나)와 (다)의 개는 모두 화자의 기다림을 표현하는 매개물로 기능하고 있다.

선지 유형	근거가 있어서 허용 가능
실전에서의 판단 과정	개가 화자가 기다리는 사람이 오는 것을 방해하고 있으니 맞지.
해설	(나)의 '개'와 (다)의 '개' 모두 화자가 기다리고 있는 대상들을 오지 못하게 막는 장애물로 기능하고 있습니다. (나)에서는 '두목지 호걸'을, (다)에서는 '고운 임'을 쫓아내고 있으니까요. 이를 근거로 하면 '개'가 화자의 '기다림'을 표현하는 '매개물'이라는 말을 충분히 허용할 수 있네요.

FAQ

Q 말씀하신 대로 '개'는 화자가 기다리는 대상들을 오지 못하게 하고 있는데, '기다림을 표현'한다고 보기는 어렵지 않나요?

A '개' 자체가 '기다림'의 대상이라고 하면 물론 틀린 말이겠지만, 선지에서 묻는 것은 '개'가 기다림을 표현하는 '매개물'인지입니다. '개'를 '매개물'로 하여 화자의 기다림을 표현한다고 하면 충분히 허용할 수 있겠죠? '선지에서 묻는 것'을 정확하게 따지는 게 중요해요!

② (나)와 (다)에서는 모두 지시어에 의해 개와 화자 간의
물리적 거리가 환기되고 있다.

선지 유형	근거가 있어서 허용 가능
실전에서의 판단 과정	지시어가 있으니 맞지.
해설	'그 개', '요 개'라는 표현을 통해 쉽게 허용할 수 있겠죠? 애초에 '지시어'는 발화자와 대상 간의 거리를 나타내는 역할을 합니다. 기본적인 개념으로 알아두면 좋겠죠?

③ (나)와 (다)에서는 모두 기다리는 사람에 대한 화자의
기대와 개의 반응이 다른 데서 시적 상황이 조성되고
있다.

선지 유형	근거가 있어서 허용 가능
실전에서의 판단 과정	개가 기다리는 사람 쫓아내고 있으니 맞지.
해설	이 작품들을 독해하면, '개'들은 결국 화자가 기다리는 대상이 오지 못하게 하는 장애물 역할을 합니다. 이를 근거로 하면 화자의 기대와 개의 반응이 다르다는 말을 어렵지 않게 허용할 수 있네요.

④ (나)의 개는 화자와 교감이 가능한 대상으로, (다)의
개는 화자와 교감을 나누기 어려운 대상으로 간주되
고 있다.

선지 유형	근거가 있어서 허용 가능
실전에서의 판단 과정	부탁 들어주는 걸 교감하는 걸로 본다면 맞는 말이네.
해설	(나)의 '개'는 화자의 말을 알아듣고 '잠잠'해지는데, (다)의 '개'는 끝까지 화자의 바람을 들어주지 않고 있네요. 화자의 부탁을 들어준다는 말을 근거로 하면, '교감한다'라는 해석은 충분히 허용할 수 있겠죠? 따라서 (나)의 개는 교감이 가능하고 (다)의 개는 교감이 불가능하다는 해석은 적절하다고 볼 수 있네요.

⑤ (나)의 개가 상황이 변해도 행동을 바꾸지 않는 존재
라면, (다)의 개는 상황이 변하면 행동을 바꾸는 존재
로 제시되고 있다.

선지 유형	근거가 있어서 허용 불가능
실전에서의 판단 과정	(나)의 개는 행동 바꾸고 있잖아?
해설	(나)의 개는 화자가 짖지 말라고 하는 '상황의 변화'가 발생하자 짖는 것을 멈추는 '행동의 변화'를

보이고 있습니다. 바로 틀린 선지로 처리할 수 있
겠죠? 한편 (다)의 개 역시 누가 방문했느냐라는
'상황의 변화'에 따라 '행동의 변화'를 보여 주고 있
죠? 뒤쪽의 내용은 맞는 말로 처리할 수 있겠네요.

선지	①	②	③	④	⑤
선택률(예상)	3%	3%	22%	63%	9%

38 (가), (다), (라)의 향유 양상에 대한 추론으로 적절하지
<u>않은</u> 것은? [3점] ④

① (가)가 일본으로 끌려간 도공들이 기록한 것이라면,
한글 표기를 통해 그들이 고국에 대한 기억을 간직하
고 있었음을 알 수 있겠군.

선지 유형	근거가 있어서 허용 가능
실전에서의 판단 과정	한글 표기를 했으면 고국에 대한 기억과 관련되어 있다고 할 수 있지.
해설	일본까지 끌려갔는데도 도자기에 고국의 시조를 한글로 적었다는 것은, 그만큼 고국이 그리웠던 것이라고 생각할 수 있겠죠? 어렵지 않게 허용할 수 있습니다.

② (가)가 일본에서 태어난 도공들의 후손이 기록한 것이
라면, 그들이 조선인임을 잊지 않으려 노력했음을 알
수 있겠군.

선지 유형	근거가 있어서 허용 가능
실전에서의 판단 과정	한글 썼다는 건 조선인 정체성이라고 할 수 있지.
해설	일본에서 도공으로 살고 있음에도 한글을 사용한 것은 조선인으로서의 정체성을 지키려고 했던 것으로 생각해 볼 수 있습니다. 1번 선지와 같은 논리라고 할 수 있죠?

③ (다)가 만나지 못하는 '고운 임'에 대한 원망(怨望)을
표현한 것이라면, 개는 '고운 임' 탓에 부당하게 대접
받고 있는 셈이겠군.

개를 여남은이나 기르되 요 개같이 얄미우랴
미운 임 오면은 꼬리를 홰홰 치며 치뛰락 내리뛰락 반
겨서 내닫고 고운 임 오면은 뒷발을 버둥버둥 무르락 나
으락 캉캉 짖어서 돌아가게 한다
쉰밥이 그릇그릇 난들 너 먹일 줄이 있으랴

선지 유형	근거가 있어서 허용 가능
실전에서의 판단 과정	개는 그냥 짖는 건데 화자가 고운 임 안 오니까 뭐라고 하는 거지.
해설	(다)를 '만나지 못하는' 고운 임에 대한 원망으로 해석하라고 합니다. 이에 맞춰 해석해보면, '개'는 부당하게 대접받고 있다고 할 수 있겠죠. 화자는 어차피 '고운 임'을 만날 수 없는데, 괜히 '개'가 방해해서 그렇다는 식으로 투덜거리는 것이니까요. '개'는 그냥 짖는 것인데 괜히 화자의 원망을 듣고 있으므로, '부당한 대접'이라는 말을 충분히 허용할 수 있겠습니다.

④ (라)가 한일신협약을 비판하기 위해 지어진 것이라면, '개 규칙'은 한일신협약을 비유적으로 가리키는 표현이겠군.

개를 여러 마리나 기르되 요 일곱 마리같이 얄밉고 잦미우랴

낯선 타처 사람 보게 되면 꼬리를 회회 치며 반겨라고 내달아 요리 납작 조리 갸웃하되 낯익은 집안사람 보면은 두 발을 뻗디디고 콧살을 찡그리고 이빨을 엉성거리고 컹컹 짖는 일곱 마리 요 박살할 개야

보아라 근일에 새로 개 규칙 반포되어 개 임자의 성명을 개 목에 채우지 아니하면 박살을 당한다 하니 자연(自然) 박살

선지 유형	근거가 있어서 허용 불가능
실전에서의 판단 과정	개 규칙은 개에 대한 규칙이잖아? 정미칠적에게 적용되는 건데 한일신협약이라고 보기는 어렵지.
해설	'개 규칙'에 대해서 묻고 있습니다. 해당 부분을 '독해'해보니, '개 규칙'은 개 임자의 성명을 개 목에 채워야 한다는 규칙이라고 할 수 있습니다. 즉, '개'들에게 적용되는 규칙이라는 것이죠. 여기서 '개'는 '정미칠적'을 의미하므로, '정미칠적'의 목에 임자의 성명을 채워야 한다는 '개 규칙'을 '한일신협약'으로 볼 수는 없겠습니다. '한일신협약'은 '정미칠적'들이 체결을 찬성한 조약이지, '정미칠적'에게만 적용되는 내용이 아니니까요. '규칙'이라는 말을 보고 '협약'과 같은 말이라고 생각하면서 맞다고 하면 안 되는 거예요. 선지에서 묻는 부분을 정확하게 독해해야 합니다!

화자의 '내면세계'에 주목하면 조금 더 정확하고 확실하게 납득할 수 있습니다. 만약 선지에서 말하는 것처럼 '개 규칙'이 '한일신협약'이라면, '개 규칙'에 의해 '자연 박살'되는 것은 일반 민중이라고 할 수 있을 것입니다. 그런데 (라)의 화자가 가지고 있는 내면세계는 이렇게 일반 민중들이 박살나는 상황에 대한 안타까움이 아니라, '정미칠적'을 강하게 비판하는 것입니다. 이렇게 화자의 내면세계와 무관한 내용을 말하고 있다는 점에서 이 선지는 허용할 수 없다고 볼 수 있겠네요. 결국 평가원은 화자의 '내면세계'라는 주제를 정확하게 인식할 수 있는지 묻는 것입니다.

⑤ (라)가 정미칠적에 대한 비판의 의도로 지어진 것이라면, '타처 사람'과 '집안사람'은 일본과 조선을 대조하는 표현이겠군.

개를 여러 마리나 기르되 요 일곱 마리같이 얄밉고 잦미우랴

낯선 타처 사람 보게 되면 꼬리를 회회 치며 반겨라고 내달아 요리 납작 조리 갸웃하되 낯익은 집안사람 보면은 두 발을 뻗디디고 콧살을 찡그리고 이빨을 엉성거리고 컹컹 짖는 일곱 마리 요 박살할 개야

보아라 근일에 새로 개 규칙 반포되어 개 임자의 성명을 개 목에 채우지 아니하면 박살을 당한다 하니 자연(自然) 박살

선지 유형	근거가 있어서 허용 가능
실전에서의 판단 과정	정미칠적이 잘 보이는 건 일본이고 못살게 구는 건 조선이겠지.
해설	독해할 때 이미 생각했던 내용이죠? '타처 사람'은 일본 사람을, '집안사람'은 조선 사람을 뜻하는데, 정미칠적이라는 '개'가 자기 집안 사람들한테는 못되게 굴고 타처 사람들한테는 아부한다는 내용인 것이죠.

사실 이 선지는 엄밀하게 보면 오류입니다. 1907년은 '대한제국' 시절인데, '집안사람'이 '조선'을 나타내는 표현이라고 했으니까요. 뭐 굳이 이렇게까지 생각해야 할까 싶긴 하지만, 그래도 한국사 필수 세대인 여러분들은 알아두시면 좋겠다 해서 적어봤어요.

| 핵심 **point** |

① **허용 가능성 평가** : 선지의 내용을 '허용'하려는 태도를 바탕으로 지문을 '독해'하며 '근거'를 찾아야 합니다. 허용할 수 있는 '근거'가 있어야만 허용할 수 있습니다. 주관적인 생각을 개입시키면 안 됩니다.

② **고전시가 독해** : 겁먹지 않고, 현대시를 읽듯이 읽어내면 됩니다. 현대시와 마찬가지로, 〈보기〉의 도움 등을 통해 '주제' 위주로 가볍게 읽어내면 되는 거예요. 자세한 해석은 선지가 해줄 겁니다!

| 지문 내용 총정리 |

특이한 구성이지만, 고전시가를 읽는 태도와 객관적으로 답을 골라내는 방식에 있어서는 여타 기출과 다르지 않습니다. 예시 문항인 탓에 자주 회자되지는 않지만, 실제로 출제되었다면 오답률이 높았을 것으로 예측되는 만큼 여러 번 복습하시길 바랍니다. 요즘의 '문학의 독서화' 기조를 대비하는 데 많은 도움이 되는 세트입니다.

〈보기〉 확인

〈보기〉가 하나 있기는 하지만, 지문의 내용을 설명하지는 않으니 문제를 풀 때 다시 읽는 게 좋을 것 같습니다. 지문부터 바로 읽어 봅시다.

지문 독해

> 한참 정이 와 별의별 말이 다 오고 가고 하였을 때, '**불단집***'에서 마악 설거지를 하고 있던 갑순이 할머니 가 뛰어나왔다. 갑득이 어미 는, 경우에 따라서는 그들 모녀를 상대하여서도, 할 말에 궁하지는 않다고 은근히 마음에 준비가 있었던 것이나, 뜻밖에도 갑순이 할머니는 자기 딸의 역성을 들려고는 하지 않고,
> "애최에 늬가 말 실수헌 게 잘못이지, 남을 탄해 뭘 허니? 이게 모두 모양만 숭업구……, 온, 글쎄, 그만 허구 들어가아. 늬가 잘못했어. 네 잘못이야."
> 하고 도리어 딸을 나무라던 것을, 갑득이 어미는 그 당장에는, 귀에 솔깃하여,
> "그렇지. 자계가 먼저 말을 냈지. 나야 그저 대꾸헌 죄밖엔 없으니까. 잘했든 잘못했든 자계가 시초를 낸 게니까——"
>
> * 불단집 : 집 밖에도 전등을 단, 살림이 넉넉한 집.

'갑득이 어미'가 '정이'와 말싸움을 하고 있는 중인 것 같습니다. 이때 '불단집'에서 '갑순이 할머니'가 뛰어나오고 있어요. 이를 본 '갑득이 어미'는 그들 '모녀'를 상대하여서도 할 말에 궁하지는 않다고, 즉 말싸움에 지지 않을 자신이 있다며 마음의 준비를 한 상태입니다. '모녀'라는 표현을 보면 '갑순이 할머니'가 '정이'의 어머니일 텐데, 당연히 '정이'의 편을 들 것이니 '갑득이 어미'는 여차하면 두 명과 말싸움을 해야 할 거예요. 어느 정도 마음의 준비를 하는 게 맞겠죠?

그런데 뜻밖에도 '갑순이 할머니'는 자기 딸인 '정이'의 역성을 들기보다는, '정이'가 말을 잘못한 것이니 그냥 어서 집에 들어가자는 이야기를 합니다. 이는 '갑득이 어미' 입장에서는 '귀에 솔깃'한 말이라고 할 수 있겠죠? '정이'가 잘못한 것이라는 자신의 생각을 심지어 그의 어머니까지 인정하고 있으니까요. 이에 '정이'가 시초를 낸 것이니 '정이'의 잘못이라며 한마디를 덧붙입니다. 이 상황을 충분히 이해할 수 있겠죠?

하고, 뽐내도 보았던 것이나, 나중에 깨달으니, 그것은 얼토당토않은 생각으로, 갑순이 할머니가 그렇게 자기 딸을 꾸짖으며 한사코 집으로 데리고 들어간 것에는,
> "아, 그 배지 못헌 행랑것허구, 쌈이 무슨 쌈이냐?"
> "똥이 무서워 피허니? 더러우니까 피허는 게지!"
하고, 그러한 사상이 들어 있었던 것이 분명하였다.

이처럼 '갑득이 어미'는 자신이 옳다는 생각에 의기양양했지만, 사실 이것은 얼토당토 않은 생각이었다고 합니다. '갑순이 할머니'는 집으로 돌아간 뒤 '정이'에게 '배지 못헌 행랑것'이랑 왜 싸우냐며 나무라는 모습이에요. 이제 보니, '갑순이 할머니'는 정말로 '정이'가 잘못했다고 생각한 것이 아니라, '배지(배우지) 못한 행랑것'이라고 생각하는 '갑득이 어미'와 말싸움을 하는 것 자체가 마음에 들지 않았던 것입니다. '불단집'의 의미를 생각해보면, '갑순이 할머니'의 가족은 어느 정도 여유가 있는 집안일 거예요. 이에 상대적으로 여유가 없는 '갑득이 어미'네와 엮이는 것 자체가 불쾌한 것이죠. 좀 어이없기는 하지만, 최대한 '갑순이 할머니'의 마음에 공감하면서 읽어주셔야 합니다.

> 사실, 을득이 녀석이 나중에 보고하는데 들으니까, **저녁때** 돌아온 집주름 영감 이 그 얘기를 듣고 나자,
> "걔두 그만 분별은 있을 아이가, 그래 그런 상것허구 욕지거리를 허구 그러다니……."
> 쩻, 쩻, 쩻 하고 혀를 차니까, 늙은 마누라는 또 마주 앉아서,
> "그렇죠, 그렇구 말구요. 쌈을 허드래두 같은 양반끼리 해야지, 그런 것허구 허는 건, 꼭 하늘 보구 침 뱉기지. 그 욕이 다아 내게 돌아오지, 소용 있나요."
> 그리고 후유우 하고 한숨조차 내쉬는데, 방 안에서들 그러는 소리가 대문 밖까지 그대로 들리더라 한다.

'을득이'는 이러한 사실을 보고하는데, (맥락상 '갑득이 어미'에게 보고한 것이겠죠? 이를 들은 '갑득이 어미'는 많이 화가 날 것 같기도 합니다.) 저녁이 되어 '집주름 영감'이 돌아온 뒤 그 이야기를 듣고서는 '갑순이 할머니'와 비슷한 이야기를 했다고 합니다. 평소에 분별도 있을 만한 '정이'가 왜 '그런 상것'하고 '욕지거리'를 했냐며 혀를 차는 모습이에요. 이를 듣고 있는 '늙은 마누라'는 당연히 '갑순이 할머니'라고 할 수 있겠죠? '마누라'라는 표현을 보니, '집주름 영감'은 '갑순이 할머니'의 남편인 것 같습니다. 인물관계를 잡으려고 애를 쓰는 게 아니라, 이 상황을 상상하면서 자연스럽게 이들이 부부 관계임을 인식할 수 있어야 해요. 평가

원은 인물에게 '공감'하는 과정에서 자연스럽게 체크될 수밖에 없는 인물관계 이상으로는 묻지 않습니다.

어쨌든, 남편이 자신의 말에 동조를 해 주니 '갑순이 할머니'는 당연히 신나서 더 거들겠죠. 그러면서 대문 밖까지 들릴 정도로 크게 '한숨'을 쉬는 그 마음에 확실하게 공감하셔야 합니다. 분별 있다고 생각한 자신의 딸이 '갑득이 어미'같은 사람과 싸웠다는 게 정말 속상한 것이죠.

> **[중략 부분의 줄거리]** 골목 안 아홉 가구가 공동변소처럼 쓰는 불단집 소유의 뒷간에 양 서방 이 갇힌다.

[중략 부분의 줄거리]입니다. '불단집'은 어느 정도 여유가 있는 집이기에, 그 소유의 '뒷간'(화장실)을 골목 안 아홉 가구가 공동변소처럼 쓴다는 것은 충분히 이해할 수 있겠죠? 그런데 이곳에 '양 서방'이 갇힌 모습입니다. '양 서방'은 누구이고, 도대체 왜 갇힌 것일까요?

> 그는 아무리 상고하여 보아도 도무지 나갈 도리가 없는 것에 은근히 울화가 올랐다.
>   '제 집 뒷간두 아니구 남의 집 것을 그렇게 기가 나서 꼭꼭 잠그구 그럴 건 뭐 있누? 늙은이두 제엔장헐⋯⋯'
>   인제는 할 수가 없으니, 소리를 한번 질러 볼까?――하기도 하였으나, 이러한 경우에 있어, 사람들은, 흔히 자기가 꼭 어떠한 수상한 인물인 듯싶게 스스로 느껴지는 경향이 있다. 그래, 그는 생각 끝에,
>   "아, 누가 문을 잠겄어어어?"
>   "문 좀 여세요오. 아, 누가⋯⋯."
> 하고, 그러한 말을 제법 외치지도 못하고 그저 중얼대며, 한참이나 문을 잡아, 흔들어 자물쇠 소리만 덜거덕거렸던 것이다.

뒷간에 갇힌 '양 서방'은 도무지 나갈 방법이 없자 은근히 울화가 치밀어 오릅니다. '늙은이'('불단집'의 뒷간이니까 '집주름 영감'이거나 '갑순이 할머니'라고 할 수 있겠죠?)가 뒷간 문을 잠근 것이라고 생각하면 당연히 짜증이 날 법도 합니다. 그런데 분명히 [중략 부분의 줄거리]에서는 이 뒷간이 '불단집' 소유라고 했는데, '양 서방'은 '제 집 뒷간도 아니구 남의 집 것을~'이라고 이야기를 하고 있어요. 이를 보면 이 뒷간을 '불단집'의 소유로 인정하지 않는 것이라고도 볼 수 있겠죠?

아무튼 소리라도 질러 볼까 하는데, 괜히 자기가 수상한 인물인 것처럼 느껴지는 그런 기분에 문 좀 열라는 말만 중얼대며 문을 흔드는 '양 서방'의 모습입니다. '양 서방'의 소심한 성격이 느껴지면 좋겠죠? 이런 성격의 소유자라면, 여기서 크게 소리를 지르지 못한다는 것에 충분히 공감할 수 있겠습니다.

>   을득이한테 저의 아비가 불단집 뒷간에 가 갇히어 있다는 말을 듣고, 어인 까닭을 모르는 채 그곳까지 뛰어온 갑득이 어미는, 대강 사정을 알자, 곧 이것은 평소에 자기에게 좋지 않은 생각을 품고 있는 갑순이 할머니가 계획적으로 한 일임에 틀림없다고 혼자 마음에 단정하고,
> [A]   "아아니, 그래, 애아범이 미우면 으떻게는 못 해서, 그 더러운 뒷간 숙에다 글쎄 가둬야만 헌단 말예요? 그래 노인이 심사를 그렇게 부려야 옳단 말예요?"
> 하고, 혼자 흥분을 하였다. 갑순이 할머니는, 그것은 전혀 예기하지 못하였던 억울한 말이라, 그래, 눈을 둥그렇게 뜨고, 손조차 내저어 가며,
> [B]   "그건, 괜한 소리유, 괜한 소리야. 이 늙은 사람이 미쳐서 남을 뒷간 속에다 가둬? 모르구 그랬지, 모르구 그랬어. 난 꼭 아무두 없는 줄만 알구서, 그래, 모르구 자물쇨 챘지. 온, 알구야 왜 미쳤다구 잠그겠수?"
> 발명을 하였으나,
> [C]   "모르긴 왜 몰라요. 다아 알구서 한 짓이지. 그래 자물쇨 챌 때, 안에서 말하는 소리두 못 들었단 말예요? 듣구두 모른 체했지. 듣구두 그냥 잠가 버린 거야."

이번에도 '을득이'는 '갑득이 어미'에게 자신의 아버지가 '불단집 뒷간'에 가 갇혀 있다는 말을 합니다. 일단 '양 서방'은 '을득이'의 아버지이고, '갑득이, 을득이'라는 표현으로 보았을 때 '갑득이 어미'는 '을득이'의 어머니라고 할 수 있겠죠? 사실 이런 의식을 하지 않아도 지문 내용을 이해하고 있다면 당연하게 잡혔을 인물관계입니다.

아무튼 '갑득이 어미'는 '갑순이 할머니'가 자기한테 품고 있는 좋지 않은 생각에 일부러 자신의 남편을 가둔 것이라고 단정하며, 곧바로 '갑순이 할머니'에게 따져 묻는 모습입니다. 그런데 '갑순이 할머니'는 억울해하고 있어요. 정확한 팩트는 알 수 없지만, '갑순이 할머니'는 자신이 일부러 그런 것이 아니라며 억울해하는 모습입니다. '갑득이 어미'는 다 알고서 한 것이면서 발뺌하지 말라는 이야기를 하고 있구요. 이들의 갈등은 끝나질 않네요.

하고, 갑득이 어미는 덮어놓고 시비만 걸려는 것을, 구경
나온 이웃 사람들이,

　　"아무러기서루니 갑순이 할머니께서 아시구야 그러셨
　　겠소?"
　　"노인이 되셔서 귀두 어두시구 그래 몰르셨지!"
하고 말들이 있었고, 정작, 양 서방이 <u>또</u> 머뭇거리다가,
　　"자물쇨 채실 때, 내가 얼른 소리를 냈어두 아셨을 텐
　　데, 미처 못 그래 그리 된 거야."
하고, <u>그러한 말을 매우 겸연쩍게 하여</u>, 갑득이 어미는
<u>집주름집 마누라를 좀더 공박할 것을 단념하여 버릴 수</u>
<u>밖에 없는 동시에,</u>
　　"오오, 그러니까, 채, 무어, 말할 새두 없이 문이 잠겨
　　져서, 그냥 갇힌 채, 누구 오기만 기대린 게로군?"
　　"그래, 얼마 동안이나 들어가 있었어?"
　　"뭐어 오래야 갇혔겠수? 동안이야 잠깐이겠지만……."

-박태원, 「골목 안」-

이렇게 '갑득이 어미'는 잘 걸렸다 싶어서 시비를 걸려고 하는데,
'이웃 사람들'은 '갑순이 할머니'의 편을 듭니다. 아무래도 이런
공개적인 싸움에서 여론전에서 밀리면 승산이 없죠? 눈치를 보
던 '양 서방'마저 머뭇거리다가 자기 잘못이라며 겸연쩍은 태도를
보입니다. '갑득이 어미' 입장에서는 남(의)편까지 자기 편을 들
어주지 않으니, 더는 '집주름집 마누라'(=갑순이 할머니)를 공박
할 수 없을 것 같다는 생각이 들었나 봅니다. 이에 말을 더듬으며
상황을 무마하려고 하고, '양 서방' 역시 잠깐 갇혀 있었다며 별일
아니라는 식으로 대응하고 있습니다.

'양 서방'이 뒷간에 갇혔다는 것 자체가 중요한 게 아니라, '갑순
이 할머니'와의 갈등 관계에서 우위에 서고자 애를 쓰는 '갑득이
어미'의 마음, 그리고 그것이 잘 되지 않는 상황 등을 정확하게 파
악하는 게 더 중요합니다. 지문이 아무리 어려워도 소설에서 요
구하는 것은 달라지지 않는다는 걸 잊지 마세요.

선지	①	②	③	④	⑤
선택률	37%	36%	12%	8%	7%

39 윗글에 대한 설명으로 가장 적절한 것은? ①

① 집 안에서의 대화가 이웃에 노출되어 인물의 속내가
　드러난다.

선지 유형	근거가 있어서 허용 가능
실전에서의 판단 과정	을득이가 보고했다고 했지.
해설	'불단집' 안에서 '정이', '갑순이 할머니', '집주름 영감' 등이 대화한 내용이 '을득이'라는 인물에 의해 '갑득이 어미'에게 전달되었고, 이에 '배지 못한 행랑것'과 다투는 것 자체가 마음에 들지 않는다는 '불단집' 가족들의 속내가 드러났습니다. '불단집' 가족들의 마음에 공감하면서 읽고, '을득이'가 그것을 전달한 뒤 '갑득이 어미'의 마음이 어땠을지 등에도 공감했다면 당연하게 답으로 고를 수 있는 선지네요. 인물에게 '공감'하는 과정을 통해 지문의 내용을 이해하는 것, 소설 독해의 핵심입니다.

② 서로의 말실수에 대한 비난이 인물 간 다툼의 원인임
　이 드러난다.

선지 유형	근거가 없어서 허용 불가능
실전에서의 판단 과정	다툼의 원인은 드러나지 않지.
해설	이 지문에는 '정이'와 '갑득이 어미'의 다툼, '갑득이 어미'와 '갑순이 할머니'와의 다툼이 제시되었습니다. 전자의 경우 그 다툼의 원인이 제대로 제시되지 않았고, ('정이'가 말실수를 한 것이 잘못이라는 건 '갑순이 할머니'가 빨리 '정이'를 싸움에서 빼내기 위해 그냥 한 말입니다. '정이'는 '갑득이 어미'가 말실수를 했다는 이야기를 한 적이 없구요.) 후자의 경우 '갑순이 할머니'가 '양 서방'을 뒷간에 일부러 가뒀다고 생각하는 '갑득이 어미'의 마음이 다툼의 원인이었습니다. '서로의 말실수에 대한 비난'이 다툼의 원인이었던 적은 없기 때문에, 허용하기 어려운 선지네요.

③ 이웃의 갈등을 곁에서 지켜보고 있는 인물들의 냉담
　함이 드러난다.

선지 유형	근거가 있어서 허용 불가능
실전에서의 판단 과정	적극적으로 개입했잖아.

| 해설 | '갑득이 어미'와 '갑순이 할머니'의 갈등을 곁에서 지켜보고 있던 이웃 사람들은, '갑순이 할머니'가 모르고 그랬을 것이라며 적극적으로 개입하는 모습을 보입니다. 이는 '냉담함'을 보이지 않았다는 명백한 근거가 되기 때문에 허용할 수 없는 선지가 되네요. |

④ 이웃을 무시하는 인물의 차별적 언행을 함께 견뎌 내려는 사람들의 결연함이 드러난다.

선지 유형	근거가 없어서 허용 불가능
실전에서의 판단 과정	견뎌 내려는 결연함이 언제 나왔냐.
해설	'불단집' 가족들은 '갑득이 어미'를 무시하는 차별적 언행을 하지만, '갑득이 어미'를 비롯한 다른 인물들은 이러한 차별적 언행을 '견뎌 내려는 결연함'을 보이지 않습니다. 이런 모습을 보였다면, 우리가 충분히 공감을 했겠죠.

⑤ 곤경에 빠진 가족의 상황을 다른 가족에게 전한 것이 이웃 간 앙금을 씻는 계기가 됨이 드러난다.

선지 유형	근거가 있어서 허용 불가능
실전에서의 판단 과정	앙금은 계속 남아 있잖아.
해설	'을득이'는 뒷간에 갇혀 곤경에 빠진 아버지, 즉 '양 서방'의 상황을 '갑득이 어미'라는 다른 가족에게 전합니다. 이에 '갑득이 어미'는 화가 나서 '갑순이 할머니'를 쏘아붙이지만, 이웃 사람들 및 남편이 자신의 편을 들어주지 않자 이러한 공박을 단념하는 모습을 보이죠. 이는 아직 '갑득이 어미'와 '갑순이 할머니' 간의 앙금이 씻기지 않았다는 근거가 되기 때문에, 어렵지 않게 공감할 수 있겠습니다.

선지	①	②	③	④	⑤
선택률	4%	3%	7%	82%	4%

40 [A]~[C]에 대한 설명으로 적절하지 않은 것은? ④

① [A]에서 인물은 상대의 행위가 옳지 않다고 판단하여, 반복적으로 추궁하며 상대가 잘못했음을 분명히 한다.

선지 유형	근거가 있어서 허용 가능
실전에서의 판단 과정	그러네.

| 해설 | [A]에서 '갑득이 어미'는 '갑순이 할머니'가 '양 서방'을 뒷간에 가둔 것이 옳지 않다고 판단하고, '~헌단 말예요?', '~옳단 말예요?'와 같이 반복적으로 추궁하는 모습을 보입니다. 이는 상대가 잘못했음을 분명히 하기 위한 것이라고 할 수 있겠죠. |

② [B]에서 인물은 상대의 주장이 '사실과 다르다며, 모르고 그랬다는 말을 반복함으로써 자신의 억울함을 알린다.

선지 유형	근거가 있어서 허용 가능
실전에서의 판단 과정	억울하다는 얘기였지.
해설	[B]는 '갑순이 할머니'가 억울해하는 부분이었습니다. 모르고 그랬다는 말을 반복한 것도 맞으니, 어렵지 않게 허용할 수 있겠네요.

③ [C]에서 인물은 추측을 바탕으로 상대의 발언이 신뢰하기 어렵다고 반박하고, 상대의 반응에 아랑곳하지 않고 거짓으로 답했다며 몰아붙인다.

선지 유형	근거가 있어서 허용 가능
실전에서의 판단 과정	듣고도 모른 척한 것이라며 몰아붙이고 있네.
해설	[C]에서 '갑득이 어미'는 '갑순이 할머니'가 듣고도 모른 척한 것이라는 추측을 바탕으로 모르고 그랬다는 '갑순이 할머니'의 말이 신뢰하기 어렵다고 반박합니다. 이는 '갑순이 할머니'의 반응에 아랑곳하지 않고 거짓으로 답했다며 몰아붙이는 모습이라고 할 수 있겠죠?

④ [A]에서 인물은 상대의 행위와 동기를 함께 비난하고, [B]에서 인물은 상대의 비난을 파악하지 못해 자신의 행위에 대해서만 인정한다.

선지 유형	근거가 있어서 허용 불가능
실전에서의 판단 과정	갑득이 어미의 비난을 파악했잖아.
해설	[A]에서 '갑득이 어미'는 '갑순이 할머니'의 뒷간에 가뒀다는 행위와 '양 서방'이 미워서 그랬다는 동기를 함께 비난하고 있습니다. 한편 [B]에서 '갑순이 할머니'는 '갑득이 어미'가 자신을 비난하는 것을 정확하게 파악했습니다. 비록 결과적으로 자신이 '양 서방'을 뒷간에 가둔 것은 인정했지만, 그건 실수였다며 억울해하는 모습을 보였죠. 어쨌든 상대의 비난을 파악했고, 그에 맞는 대응을 했다는 점을 근거로 하면 절대 허용할 수 없는 선지라고 할 수 있겠습니다.

⑤ [A]에서 인물이 상대에게 화를 내자, [B]에서 인물은 당황하며 자신을 방어하지만, [C]에서 갈등 상황은 지속된다.

선지 유형	근거가 있어서 허용 가능
실전에서의 판단 과정	그렇지.
해설	[A]~[C]의 상황을 요약한 것이나 다름없는 선지죠? 이들의 갈등 상황이 지속되고 있다는 것을 확실하게 이해했어야 해요.

선지	①	②	③	④	⑤
선택률	30%	15%	20%	26%	9%

41 집주름 영감과 양 서방에 대한 이해로 가장 적절한 것은? ①

① 집주름 영감이 딸의 행동을 분별없다고 탓한 이유는 아내가 갑득이 어미 앞에서 딸을 나무란 뒤 남편에게 밝힌 생각과 같다.

선지 유형	근거가 있어서 허용 가능
실전에서의 판단 과정	배지 못한 행랑것과 싸운 게 분별없다고 한 거지.
해설	'집주름 영감'은 '정이'가 '상것허구 욕지거리'를 한 것에 대해 분별없는 행동이라는 말을 합니다. 이를 들은 '늙은 마누라', 즉 '갑순이 할머니'는 신나서 거드는 모습이었어요. 이는 '갑순이 할머니'가 '갑득이 어미' 앞에서 '정이'를 나무란 뒤 '집주름 영감'에게 밝힌 생각과 같겠죠? 저녁에 집에 돌아온 남편에게 '글쎄 정이가 이런 짓을 했대요.'라는 이야기를 했을 것이고, 이를 들은 '집주름 영감'도 이에 동의한 것일 테니까요. 결국 '집주름 영감'과 '갑순이 할머니'의 마음에 확실히 공감했는지 묻는 선지였습니다. 늘 묻는 게 똑같다는 생각이 들어야 해요.

FAQ

Q '집주름 영감'은 '걔(정이)도 그만 분별은 있을 아이가'라는 말을 했습니다. 이를 근거로 하면 '집주름 영감'이 '정이가 분별없다고 탓했다는 것은 허용할 수 없는 거 아닌가요?

A 선지를 판단하는 과정에서 근거를 찾으려는 것은 좋은 태도이지만, 그저 명시적인 근거만 찾아서 해결하려고 하면 이런 오류를 범하게 됩니다. 소설의 핵심은 인물에게 '공감'하는 것이라고 했어요. '집주름 영감'의 말은 '정이가 원래 분별없는 애가 아닌데, 왜 그런 분별없는 짓을 했지?'입니다. 이 말을 들은 '갑순이 할머니'의 반응 등을 종합하면 충

분히 공감할 수 있는 생각이에요. 따라서 '집주름 영감'이 '정이'의 행동을 분별없다고 탓했다는 내용은 당연하게 허용할 수 있는 것이죠.

나아가, 선지에서 묻는 것은 '집주름 영감'이 '정이'의 '행동'을 분별없다고 탓했다는 것이지, '정이'라는 사람 자체가 분별없다고 탓했다는 것이 아닙니다. 선지에서 묻는 것을 정확하게 따지는 태도도 요구하고 있다고 할 수 있겠네요.

② 집주름 영감은 아내와 갑득이 어미의 갈등이 드러나지 않게 하는, 양 서방은 결과적으로 이들의 갈등을 완화하는 역할을 한다.

선지 유형	근거가 없어서 허용 불가능
실전에서의 판단 과정	집주름 영감이 갈등을 왜 숨겨.
해설	'집주름 영감'은 딸이 '갑득이 어미'와 다툰 것을 부정적으로 보는 이야기를 했는데, '을득이'가 이를 엿듣고 '갑득이 어미'에게 전달합니다. 이로 인해 '갑순이 할머니'와 '갑득이 어미'의 갈등이 드러납니다. 이렇게 갈등이 드러나기도 했고, '집주름 영감'이 이러한 갈등이 드러나지 않게 하는 역할을 할 이유도 없기 때문에 앞부분은 허용하기 힘들죠. 한편, '양 서방'은 '갑순이 할머니'와 갈등 관계에 있는 아내, 즉 '갑득이 어미'의 편을 들지 않고 상황을 무마합니다. 물론 이로 인해 갈등이 '해소'된 것은 아니지만, 당장의 충돌은 막았다는 점에서 갈등이 '완화'되었다고 볼 여지는 있겠죠? 따라서 '양 서방'이 '결과적으로' 이들의 갈등을 완화했다는 것은 허용할 수 있겠습니다.

③ 양 서방이 여러 궁리를 하면서도 뒷간을 빠져나오지 못한 이유는 아내에게 밝힌 사건의 경위와 무관하다.

선지 유형	근거가 있어서 허용 불가능
실전에서의 판단 과정	자기가 소리를 크게 못 낸 게 뒷간을 빠져나오지 못한 이유이자 아내에게 밝힌 사건의 경위잖아.
해설	'양 서방'은 뒷간에 갇힌 뒤 여러 궁리를 하면서도, 소심한 성격 탓에 소리를 크게 지르지 못해 뒷간을 빠져나오지 못했다고 할 수 있습니다. 그 뒤 이웃 사람들이 '갑순이 할머니'의 편을 드는 모습을 보이자, '양 서방'은 머뭇거리며 '갑득이 어미'에게 자기가 소리를 금방 내지 않아서 갇힌 것이라는 경위를 밝히고 있습니다. 이처럼 '양 서방'이 뒷간을 빠져나오지 못한 이유와 아내에게 밝힌 사건의 경위는 자신이 소리를 크게 내지 못했다는 내용으

로 엮여 있기 때문에, 둘이 무관하다는 이 선지의
내용은 허용하기 어렵네요.

④ 양 서방은 아내가 갑순이 할머니에게 한 말과 이에 대
한 이웃들의 반응을 듣고도 아내에게 무덤덤한 태도
를 보이고 있다.

선지 유형	근거가 있어서 허용 불가능
실전에서의 판단 과정	머뭇거리고 겸연쩍어 했잖아.
해설	'양 서방'은 아내인 '갑득이 어미'가 '갑순이 할머니'에게 한 말과 이에 대한 이웃들의 반응을 듣고, 머뭇거리며 자기가 잘못한 것이라는 이야기를 '겸연쩍게' 합니다. 이러한 근거가 명백하니, '무덤덤한 태도'는 절대 허용할 수 없겠죠? 애초에 이 상황의 '양 서방'에게 공감하며 읽었다면, '무덤덤한 태도'를 가지고 있다는 것은 말도 안 된다는 생각을 할 수 있을 겁니다.

⑤ 양 서방이 자신의 상황을 갑순이 할머니에게 알리지
못했다고 말한 것은 누가 뒷간 문을 잠갔는지에 대한
의문이 풀려서 화가 누그러졌기 때문이다.

선지 유형	근거가 있어서 허용 불가능
실전에서의 판단 과정	그냥 이웃 사람들 눈치 봐서 그런 거지.
해설	'양 서방'은 '갑순이 할머니'가 자물쇠를 채울 때 소리를 내지 못해 '자신의 상황'을 알리지 못했다는 이야기를 합니다. 그런데 이는 이웃 사람들이 모두 '갑순이 할머니' 편을 들자 눈치를 보면서 상황을 무마하려고 한 말이지, 누가 뒷간 문을 잠갔는지에 대한 의문이 풀려서 화가 누그러졌기 때문이 아니었어요. 애초에 '양 서방'은 '갑순이 할머니'가 문을 잠근 것을 알고 있기도 했구요. 결국 인물의 심리와 행동의 근거를 묻는 전형적인 선지네요.

선지	①	②	③	④	⑤
선택률	8%	42%	21%	10%	19%

42 〈보기〉를 참고하여 ㉠~㉢을 이해한 내용으로 적절하지 않은 것은? [3점] ②

[보기]

서술자는 자신의 시선만으로 서술하기도 하고 인물의 시선으로 초점화하여 서술하기도 한다. 그런데 이 작품에서는 두 서술 방식이 겹쳐 나타나는 경우가 있다. 이때 서술자는 인물과 거리를 둠으로써 그들의 말이나 생각, 감정 등에 대한 태도를 드러낸다. 이 밖에도 쉼표의 연이은 사용은 시간의 지연이나 인물의 상황 등을 드러낸다. 이러한 서술 기법은 문맥 속에서 글의 의미를 다양하게 보충한다.

– 2023학년도 6월 모의평가 '미스터 방' 지문에서도 출제되었던 '인물의 시선으로 초점화 개념'이 쓰였습니다. 이는 해당 인물의 내면세계를 중심으로 서술하는 것이라고 보면 되겠죠? 그런데 이 작품에서는 서술자의 시선과 인물의 시선으로 초점화한 것이 겹쳐 나타나는 경우가 있다고 해요. 이렇게 두 서술 방식이 겹쳐 나타나는 경우, 서술자는 인물과 거리를 두게 된다고 합니다. 일반적으로 '인물의 시선으로 초점화'를 하면 해당 인물과 거리가 가까워지는 것과 달리, 서술자의 시선과 겹쳐서 사용하는 경우에는 거리가 멀어진다는 것이죠. 이는 당연히 인물의 말이나 생각, 감정 등에 대한 태도를 드러내기 위한 것이겠죠?

이 밖에도 '쉼표의 연이은 사용'을 통해 '시간의 지연'이나 '인물의 상황'을 드러내는 모습도 나타난다고 하네요. 선지를 판단하는 과정에서 이 내용들을 적극적으로 활용하면 되겠죠?

① ㉠: 말줄임표 이후 쉼표를 연이어 사용한 것은, 인물이 자신의 생각을 감추거나 다른 할 말을 떠올리면서 시간의 지연이 있음을 드러낸 것이겠군.

㉠ "애최에 늬가 말 실수헌 게 잘못이지, 남을 탄해 뭘 허니? 이게 모두 모양만 숭업구……, 온, 글쎄, 그만 허구 들어가아. 늬가 잘못했어. 네 잘못이야."

선지 유형	근거가 있어서 허용 가능
실전에서의 판단 과정	빨리 상황 무마하려고 한 거니까, 생각을 감추거나 다른 할 말 떠올리는 모습이라고 할 수 있겠다.

해설	말줄임표 이후 쉼표를 연이어 사용하는 모습입니다. 〈보기〉에서는 이러한 경우 ‘시간의 지연’을 나타낼 수 있다고 했죠? ㉠은 ‘갑순이 할머니’가 ‘정이’를 이 상황에서 빨리 빼내기 위해 아무 말이나 하는 부분이기 때문에, ‘자신의 생각을 감추거나 다른 할 말을 떠올리는’ 모습이라는 것을 충분히 허용할 수 있겠습니다. 빨리 빼내려고 아무 말이나 생각나는 대로 하다 보니 쉼표를 연이어 사용해야 할 정도의 ‘시간의 지연’이 생긴 것이죠.

② ㉡: 서술자 시선의 서술과 인물의 시선으로 초점화한 서술이 겹쳐 나타난 것은, 상황을 잘못 인지한 채 상대의 생각을 추측하는 인물에게 서술자가 거리를 두고 있음을 드러낸 것이겠군.

하고 도리어 딸을 나무라던 것을, 갑득이 어미는 그 당장에는, 귀에 솔깃하여,
　“그렇지. 자계가 먼저 말을 냈지. 나야 그저 대꾸헌 죄밖엔 없으니까. 잘했든 잘못했든 자계가 시초를 낸 게니까——”
하고, 뽐내도 보았던 것이나, 나중에 깨달으니, 그것은 얼토당토않은 생각으로, 갑순이 할머니가 그렇게 자기 딸을 꾸짖으며 한사코 집으로 데리고 들어간 것에는,
　㉡“아, 그 배지 못헌 행랑것허구, 쌈이 무슨 쌈이냐?”
　“똥이 무서워 피허니? 더러우니까 피허는 게지!”
하고, 그러한 사상이 들어 있었던 것이 분명하였다.

선지 유형	근거가 있어서 허용 불가능
실전에서의 판단 과정	상황을 잘못 인지한 게 아니지.
해설	근처 맥락을 고려하면, ㉡에는 서술자 시선의 서술과 ‘갑득이 어미’라는 인물의 시선으로 초점화한 서술이 겹쳐 나타나고 있음을 알 수 있습니다. ㉡은 서술자가 설명하는 ‘갑득이 어미’의 깨달음, 즉 내면세계에 대한 내용이니까요. 하지만 이는 ‘상황을 잘못 인지한’ 채 상대의 생각을 추측하는 것이 아니죠? ‘을득이’가 보고한 내용에 따르면, ‘집주름 영감’과 늙은 마누라인 ‘갑순이 할머니’는 ㉡에 나타난 ‘갑득이 어미’의 깨달음과 일맥상통하는 대화를 했으니까요. 정확히는 상황을 잘못 인지한 채로 상대에게 대응했다가, 상황을 잘못 인지했음을 깨닫고 새롭게 추측을 하는 모습을 담은 것이 ㉡이라고 해야겠습니다. ‘시선으로 초점화’와 같은 어려운 개념을 사용하는 척하면서 결국 여러 인물들의 심리에 공감했는지를 묻고 있네요.

물론, 〈보기〉에 따르면 두 서술 방식이 겹쳐 나타나는 경우 서술자는 인물에게 거리를 둔다고 했으니 ‘인물에게 서술자가 거리를 두고 있음을 드러낸 것’은 충분히 허용할 수 있겠습니다.

③ ㉢: 말을 전하는 ‘~라 한다’의 주체가 인물일 수도 있고 서술자일 수도 있게 서술한 것은, 인물의 경험을 전하기만 하고 특정 인물의 편에 서지 않으려는 서술자의 태도를 드러낸 것이겠군.

　㉢그리고 후유우 하고 한숨조차 내쉬는데, 방 안에서 들 그러는 소리가 대문 밖까지 그대로 들리더라 한다.

선지 유형	근거가 있어서 허용 가능
실전에서의 판단 과정	을득이의 말을 전한 걸 수도 있고, 서술자 자신의 생각을 말하는 걸 수도 있지.
해설	㉢의 ‘~라 한다’의 주체는 그 말을 전하는 ‘을득이’라고 볼 수도 있고, 그냥 ‘서술자’라고 볼 수도 있습니다. 즉, ㉢은 서술자의 시선과 ‘을득이’라는 인물의 시선으로 초점화한 것이 겹쳐 나타나는 경우라고 할 수 있는데, 〈보기〉에 따르면 이는 인물과의 거리를 두는 것이라고 할 수 있겠죠? ㉢에서는 서술자가 인물들과 거리를 두고서 특정 인물의 편에 서지 않으려는 태도를 보이고 있다고 할 수 있겠습니다. 우리가 스스로 하기에는 어려운 해석이지만, ‘허용’하는 것은 그리 어렵지 않죠?

④ ㉣: 인물의 생각에 대해 쉼표를 연이어 사용하며 설명한 것은, 인물이 생각을 실행에 옮기지 못하고 망설이는 상황을 드러낸 것이겠군.

　㉣인제는 할 수가 없으니, 소리를 한번 질러 볼까?——하기도 하였으나, 이러한 경우에 있어, 사람들은, 흔히 자기가 꼭 어떠한 수상한 인물인 듯싶게 스스로 느껴지는 경향이 있다.

선지 유형	근거가 있어서 허용 가능
실전에서의 판단 과정	망설이는 부분 맞지.
해설	㉣은 뒷간에 갇힌 ‘양 서방’이 도와달라고 소리를 질러 볼까 하다가, 괜히 자기가 수상한 사람이 된 것 같은 느낌이 들어 망설이는 상황입니다. 이러한 인물의 상황을 쉼표를 연이어 사용하여 드러내고 있죠?

⑤ ⑩: 감탄사 이후 쉼표를 연이어 사용한 것은, 인물이
새로운 정보를 바탕으로 사건을 파악하는 상황을 드
러낸 것이겠군.

> ⑩ "오오, 그러니까, 채, 무어, 말할 새두 없이 문이 잠
> 겨져서, 그냥 갇힌 채, 누구 오기만 기대린 게로군?"

선지 유형	근거가 있어서 허용 가능
실전에서의 판단 과정	양 서방 이야기를 듣고 사건을 파악하는 상황이지.
해설	⑩에서는 '오오'라는 감탄사 이후, 쉼표를 연이어 사용하고 있습니다. 이는 '갑득이 어미'가 '양 서방'의 진술이라는 새로운 정보를 바탕으로 사건을 파악하고 당황스러워하는 상황을 드러내는 것이라고 할 수 있겠죠? 〈보기〉와 인물의 심리를 적당히 잘 섞으면 어렵지 않게 허용의 근거를 찾을 수 있는 선지였습니다.

몰랐던 어휘 정리하기

| 핵심 point |

① **허용 가능성 평가** : 선지의 내용을 '허용'하려는 태도를 바탕으로 지문을 '독해'하며 '근거'를 찾아야 합니다. 허용할 수 있는 '근거'가 있어야만 허용할 수 있습니다. 주관적인 생각을 개입시키면 안 됩니다.

② **소설 독해** : '심리와 행동의 근거'를 바탕으로 인물에게 '공감'하며 읽어야 합니다. 이 과정이 물흐르듯 이어지면 지문의 내용을 완벽하게 이해할 수 있어요.

| 지문 내용 총정리 |

사투리를 심하게 사용하고 있어 대화의 양상을 쉽게 파악하기 어렵고, 인물관계가 복잡해 실전에서 독해가 매우 어려울 수 있는 지문입니다. 하지만 결국 문제에서 묻는 것은 각 장면에서 인물에게 얼마나 '공감'하고 있는지였죠? 인물관계가 복잡한 지문을 해결할 때, 인물관계를 체크하는 것 자체가 목적이 되면 독해의 방향성을 잃어버리기 쉽습니다. 인물에게 '공감'하며 내용을 이해한다는 대전제를 바탕으로 지문을 읽으면서, 인물관계는 자연스럽게 체크되는 느낌을 받으셔야 해요. 아무리 어려워도 요구하는 것은 다 똑같다는 점을 상기하면서 여러 번 복습하도록 합시다.

〈보기〉 독해

> [보기]
>
> (가)와 (나)는 시간적 속성에 주목하여 시적 대상을 의미화한다는 점에서 공통적이지만, 구체적 이미지와 추상적 관념을 통합하는 방식의 측면에서 차이를 보인다. (가)는 대상의 일시성에 주목하며 포착한 경험 세계를 비유와 묘사를 통해 그려 냄으로써 생명과 자연에 대한 내적 인식을, (나)는 대상의 영속성에 주목하며 인식한 관념적 세계를 감각적으로 형상화함으로써 역사에 대한 상징적 의미를 드러내고 있다.

(가)와 (나)의 주제 의식을 명확하게 설명하고 있는 〈보기〉입니다. 두 작품의 공통점과 차이점을 설명하는 방식으로 되어 있네요. 일단 두 작품은 공통적으로 '시간적 속성'에 주목하여 '시적 대상을 의미화'한다고 합니다. '시적 대상을 의미화'한다는 것은 대상을 통해 자신의 내면세계라는 '의미'를 표현한다는 말이니 당연하지만, '시간적 속성'이라는 포인트를 기억하면 좋겠네요.

반면, 두 작품은 '구체적 이미지'와 '추상적 관념'을 종합하는 방식의 측면에서 차이를 보인다고 합니다. 이런 방식으로 '시적 대상을 의미화'하는 것 같은데, (가)는 대상의 '일시성'이라는 '시간적 속성'에 주목하며 포착한 '경험 세계,' 즉 '구체적 이미지'를 비유와 묘사를 통해 그려 냄으로써 '생명과 자연에 대한 내적 인식'이라는 '의미'를 만들어 낸다고 해요. 한편 (나)는 대상의 '영속성'이라는 '시간적 속성'에 주목하며 인식한 '관념적 세계'를 감각적으로 형상화하는 방법으로 '역사에 대한 상징적 의미'라는 '의미'를 드러내고 있구요. 이런 식으로 앞 문단의 내용과 엮어서 읽어낼 수 있겠죠? 평가원은 문학에서도 결국 '독해력'을 묻는다는 점을 잊지 맙시다.

나아가, 〈보기〉에서 제시한 주제 의식이 '생명과 자연에 대한 내적 인식', '역사에 대한 상징적 의미'처럼 상당히 추상적이라는 점에도 주목합시다. 일반적으로 평가원은 〈보기〉에서 주제를 제시할 때 '자연에 동화되는 모습', '강인한 힘을 가지고 있는 역사'와 같은 표현을 통해 구체적으로 제시하는 경우가 많은데, 이번엔 상당히 추상적으로 제시했어요. 이는 사실상 학생들이 스스로 내면세계를 체크할 수 있는지 묻고자 하는 것이라고 할 수 있겠죠? 가벼운 힌트를 줬으니 알아서 해보라는 겁니다. 조금 더 집중하고 늘 하던 대로 해결해봅시다.

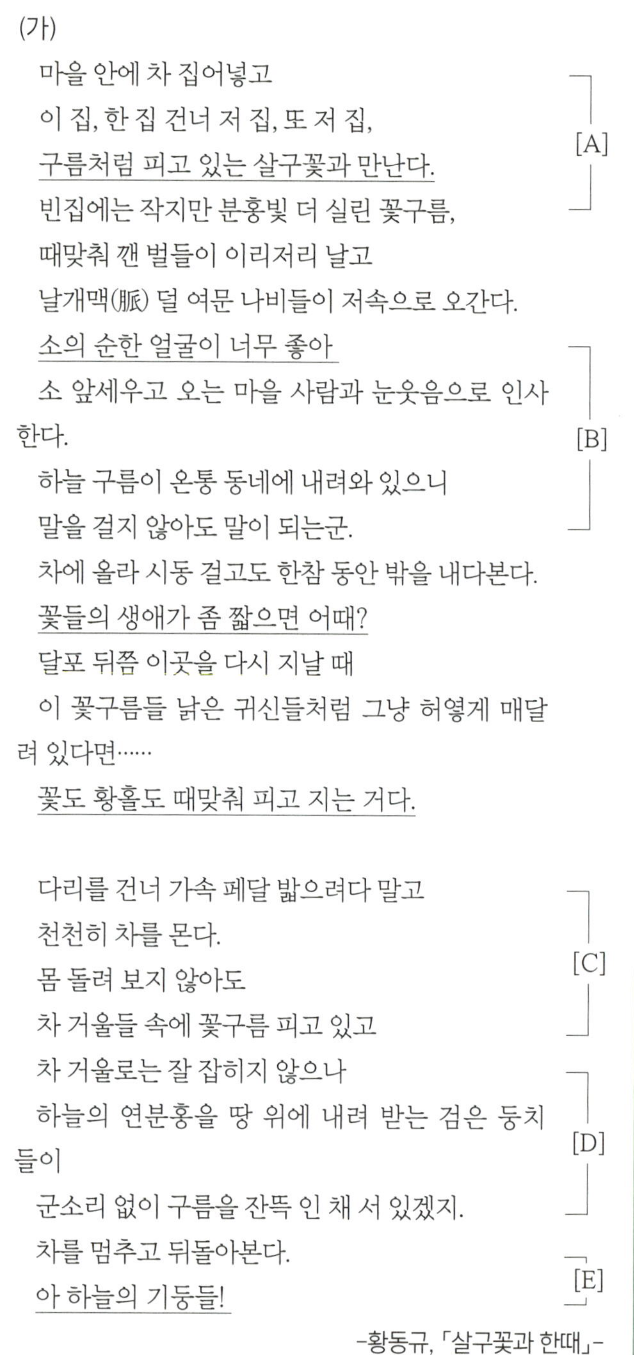

〈보기〉와 엮어서 가볍게 주제만 체크해봅시다. 화자는 어떤 마을에서 '살구꽃'을 보고 있어요. '소'의 얼굴 같은 자연의 모습을 좋아하는 화자는 이 '살구꽃'이 피어 있는 마을의 풍경이 꽤 마음에 드는 것 같습니다. 이때 〈보기〉의 내용을 떠올리면서 '꽃들의 생애가 좀 짧은 어때?'나 '꽃도 황홀도 때맞춰 피고 지는 거다.'와 같은 구절들이 바로 '대상의 일시성에 주목'한 모습이라고 이해할 수도 있겠죠?

나아가, 〈보기〉에서 말한 '생명과 자연에 대한 내적 인식'이 긍정적인 방향이라는 것까지 생각할 수 있다면 훌륭하겠습니다. 작품 전체적으로 자연을 예찬하는 내면세계가 드러나고 있으니까요.

이 정도로 주제만 체크했다면 훌륭하겠습니다.

(나)

1

　저 하잘것없는 한 송이의 달래꽃을 두고 보드래도, 다
사롭게 타오르는 햇볕이라거나 보드라운 바람이라거나
거기 모여드는 벌나비라거나 그보다도 이 하늘과 땅 사
이를 어렴풋이 이끌고 가는 크나큰 그 어느 알 수 없는
마음이 있어 저리도 조촐하게 한 송이의 달래꽃은 피어
나는 것이요 <u>길이 멸하지 않을 것이다.</u>

2

　바윗돌처럼 꽁꽁 얼어붙었던 대지를 뚫고 솟아오른
저 애잔한 달래꽃의 긴긴 역사라거나 그 막아 낼 수 없
는 위대한 힘이라거나 이것들이 빚어내는 아름다운 모
든 것을 내가 찬양하는 것도 오래오래 우리 마음에 걸친
거추장스러운 푸른 수의(囚衣)를 자작나무 허울 벗듯 훌
훌 벗고 싶은 달래꽃같이 <u>위대한 역사와 힘을 가졌기에
이렇게 살아가는 것이요 살아가야 하는 것이다.</u>

3

　한 송이의 달래꽃을 두고 보드래도 햇볕과 바람과 벌
나비와 그리고 또 무한한 마음과 입 맞추고 살아가듯 너
의 뜨거운 심장과 아름다운 모든 것이 샘처럼 윈통 괴어
있는 그 눈망울과 그리고 항상 내가 꼬옥 쥘 수 있는 그
뜨거운 핏줄이 나뭇가지처럼 타고 오는 뱅어같이 예쁘
디예쁜 손과 네 고운 청춘이 나와 더불어 가야 할 저 환
히 트인 길이 있어 <u>늘 이렇게 죽도록 사랑하는 것이요
사랑해야 하는 것이다.</u>

-신석정, 「역사」-

이번에도 〈보기〉와 엮어서 주제만 체크해보겠습니다. '달래꽃'이
라는 대상에 주목하고 있는데, '길이 멸하지 않'는다는 말 등을 보
면 〈보기〉에 나온 것처럼 대상의 '영속성'에 주목하고 있다는 걸
알 수 있네요. 그러면서 '역사'에 대한 상징적 의미를 드러내고 있
습니다. 위대한 역사처럼 살아가고, 죽도록 사랑해야 한다는 것
말이에요. '달래꽃'을 보면서 그와 관련된 '역사'로부터 여러 가지
의미(=주제 의식)를 도출하고 있는 화자의 모습입니다. 자세한
건 선지를 판단하면서 알아보도록 합시다.

선지	①	②	③	④	⑤
선택률	18%	5%	68%	5%	4%

43 (가)와 (나)의 공통점으로 가장 적절한 것은? ③

① 공감각적 심상을 활용하여 대상의 외양을 묘사하고
있다.

선지 유형	근거가 없어서 허용 불가능
실전에서의 판단 과정	공감각 없겠지 뭐.
해설	'공감각적 심상'과 같은 미시적인 포인트는 답이 되기 어렵다고 했습니다. 이를 찾는 것도 너무나 귀찮은 일이기 때문에, 이런 경우 일반적으로 선지의 다른 부분이 틀렸기를 바라는 게 가장 좋습니다. 그런데 '대상의 외양 묘사'는 '살구꽃'과 '달래꽃'을 너무 자세히 묘사하고 있는 두 작품의 특성을 고려할 때 틀렸다고 하기엔 찝찝합니다. 그렇다면? 그냥 넘어가면 됩니다. 없을 거라 믿고 다른 선지에서 정답을 찾으세요. 실제로도 두 작품 모두 '공감각적 심상'으로 볼 만한 표현을 찾을 수 없습니다. 이것이 있는지 없는지보다 이런 미시적인 선지를 대하는 태도가 훨씬 중요하다는 것을 강조하고 싶어요.

② 영탄적 어조를 통해 대상에 대한 그리움을 부각하고
있다.

선지 유형	근거가 없어서 허용 불가능
실전에서의 판단 과정	갑자기 왜 그리워.
해설	(가)의 '아 하늘의 기둥들!'과 같은 표현에서 '영탄적 어조'를 찾을 수는 있지만, 대상에 대한 '그리움'은 두 작품에서 찾아볼 수 없는 내면세계죠? 〈보기〉를 바탕으로 두 작품의 주제를 대강이나마 파악한 상황이기에, '그리움'과는 무관하다는 판단을 할 수 있는 겁니다.

③ 중심 소재를 반복적으로 제시하여 주제 의식을 드러
내고 있다.

선지 유형	근거가 있어서 허용 가능
실전에서의 판단 과정	살구꽃, 달래꽃!
해설	'주제 의식'이라는 거시적인 표현이 있으니 일단 답의 후보가 되는데, '중심 소재를 반복적으로 제시'한다는 것은 '살구꽃'와 '달래꽃'에 주목하고 있는 두 작품을 고려했을 때 당연히 맞는 말이 되겠죠? 애초에 〈보기〉에서도 두 작품이 모두 하나의 대상에 주목하는 모습을 보인다고 했기 때문에, 어떻게 보면 이 선지는 두 작품의 주제 그 자체라고도 할 수 있겠습니다. 가볍게 답으로 고를 수 있겠네요.

④ 대립적인 의미의 시어를 통해 현실에 대한 비판 의식
을 강조하고 있다.

선지 유형	근거가 없어서 허용 가능
실전에서의 판단 과정	갑자기 뭘 비판해.
해설	일단 '대립적인 의미의 시어'라는 말을 보자마자 한숨부터 나옵니다. 찾을 생각을 하니까 막막하잖아요. 이럴 땐 그냥 과감하게 넘어가고 다른 부분을 확인하라고 했습니다. '현실에 대한 비판 의식'이 걸리네요. 두 작품의 주제를 고려할 때, '현실에 대한 비판 의식'은 절대 허용할 수 없겠죠? 참고로 '대립적인 의미의 시어'는 찾으려고 하면 한두 개 보이기는 하지만 굳이 찾으면서 시간 낭비하지 않으셨으면 좋겠습니다.

⑤ 말을 주고받는 방식을 사용하여 의인화된 대상과의
교감을 나타내고 있다.

선지 유형	근거가 있어서 허용 불가능
실전에서의 판단 과정	말을 주고받은 적은 없지.
해설	'말을 주고받는 방식'은 꽤나 특이한 표현 방식이기에 찾기가 어렵지 않습니다. 그런데 찾아볼 수가 없네요. '의인화된 대상'은 (나)의 '푸른 수의를 자작나무 허울 벗듯 훌훌 벗고 싶은 달래꽃'과 같은 표현에서 찾아볼 수 있겠지만, 역시 이를 찾으려고 시간 낭비하는 것은 추천하고 싶지 않네요.

선지	①	②	③	④	⑤
선택률	10%	7%	19%	8%	56%

44 [A]~[E]에 대한 이해로 적절하지 <u>않은</u> 것은? ⑤

① [A]: '이 집', '저 집'과 '빈집'으로 시선을 이동하며 대상
의 형태와 색채를 인식하고 있다..

선지 유형	근거가 있어서 허용 가능
실전에서의 판단 과정	집들을 보면서 살구꽃의 작은 형태와 분홍빛 색채를 인식하고 있네.
해설	화자는 '이 집', '저 집', '빈집' 등으로 시선을 옮기면서, '작지만 분홍빛 더 실린 꽃구름'인 '살구꽃'을 인식합니다. '살구꽃'이라는 대상의 작은 '형태'와 분홍빛 '색채'를 인식한다는 것, 어렵지 않게 허용할 수 있겠죠?

② [B]: '소'와 '마을 사람'에게 호의적 시선을 보내고 '하
늘 구름'의 영향을 의식하고 있다.

선지 유형	근거가 있어서 허용 가능
실전에서의 판단 과정	요약한 수준이네.
해설	화자는 '소'의 순한 얼굴을 좋아하고, '마을 사람'과는 눈웃음으로 인사합니다. 이 정도 근거면 '호의적 시선'을 허용하기는 어렵지 않겠죠? 나아가 이렇게 말을 걸지 않고도 말이 되는 것이 '하늘 구름'이 온통 동네에 내려와 있는 덕이라고 했으니, '하늘 구름'의 영향을 의식한다는 것도 쉽게 허용할 수 있겠습니다.

③ [C]: '다리를 건너'며 '꽃구름'과 이별하는 상황에서도
'차 거울들'에 비친 대상을 보고 있다.

선지 유형	근거가 있어서 허용 가능
실전에서의 판단 과정	그러고 있네.
해설	'다리를 건너'면 '꽃구름'이 잔뜩 피어 있는 이 마을을 떠나게 될 것입니다. 그렇게 이별하는 상황에서도, 화자는 '차 거울들' 속에 비친 '꽃구름'들을 보고 있어요. 이는 떠나는 순간까지도 '살구꽃'의 아름다운 모습을 눈에 담고자 하는 화자의 마음이라고 할 수 있겠죠?

④ [D]: '차 거울로는' 시야에 온전히 들어오지 않는 '검은 둥치들'이 묵묵히 서 있는 모습을 떠올리고 있다.

선지 유형	근거가 있어서 허용 가능
실전에서의 판단 과정	차 거울로는 잘 잡히지 않는 것들이 서 있을 거라고 추측하고 있네.
해설	화자는 '차 거울로는' 잘 잡히지 않는 '검은 둥치들', 즉 '살구꽃'들이 '군소리 없이'(묵묵히) 구름을 잔뜩 인 채 서 있을 것이라는 추측을 하고 있습니다. 이런 추측을 하고 있으니 그러한 모습을 떠올린다는 것은 너무나 당연하겠죠?

⑤ [E]: 대상과의 정서적 거리가 멀어지는 상황에서 '차를 멈추고 뒤돌아'봄으로써 경외감을 드러내고 있다.

선지 유형	근거가 있어서 허용 불가능
실전에서의 판단 과정	정서적 거리가 왜 멀어져.
해설	화자는 '살구꽃'과의 물리적 거리가 멀어지는 상황에서, 차를 멈추고 뒤돌아본 뒤 '아 하늘의 기둥들!'이라는 감탄을 내뱉습니다. 이렇게 '살구꽃'에게 동화된 모습을 보인다는 근거가 명확하게 있으니, '대상과의 정서적 거리가 멀어'진다는 것은 절대로 허용할 수 없겠네요.

FAQ

Q '경외감' 부분은 어떻게 판단하면 될까요? '살구꽃'을 아름답다고 표현하고 있으니 맞는 것 같으면서도 두려움까지는 아닌 것 같고 애매합니다.

A '경외감'은 '공경하면서 두려워하는 감정'으로 풀이됩니다. 여기서 '공경한다'는 것은 긍정적인 시선으로 바라보기만 해도 충분히 허용되는 부분이기에 어렵지 않은데, 많이들 '두려움'이라는 표현을 헷갈려 해요. 수능 문학에서 사용하는, 아니 사실 우리가 일상에서 사용하는 '두려움'은 '알 수 없음'으로 이해하면 쉽습니다. 우리는 일반적으로 잘 모르는, '알 수 없는' 장소에 있거나 '알 수 없는' 사람들과 함께 있을 때 '두려움'을 느낍니다. 이런 '무지'의 상태가 곧 '두려움'이기 때문에, '경외감' 역시 '잘 모르겠는데 너무 멋지다고 느끼는 감정' 정도로 이해할 수 있습니다. 흔히들 금강산이나 그랜드 캐니언처럼 압도적인 자연 경관을 보고서 느끼는 감정이죠. 도대체 저게 어떻게 만들어졌는지 가늠이 되지 않는, 그 기원과 끝을 알 수도 없어서 너무나 두려운데 멋지다고 느껴지는 그 감정을 '경외감'이라고 하는 것입니다.

따라서 [E]에서 화자가 '경외감'을 느낀다는 것은 허용할 수 없습니다. 화자는 그저 '살구꽃'의 아름다움을 영탄법으로

표현하고 있을 뿐, '살구꽃'의 규모에 압도당하거나 무언가 알 수 없어 두려워하는 모습을 보이고 있지 않으니까요.

선지	①	②	③	④	⑤
선택률	3%	4%	7%	8%	78%

45 (나)에 대한 설명으로 적절하지 <u>않은</u> 것은? ⑤

① 1에서 '저 하잘것없는 한 송이의 달래꽃을 두고' 본다는 것은 사소해 보일 수 있는 대상에 대한 관심을 드러낸다.

> <u>저 하잘것없는 한 송이의 달래꽃을 두고</u> 보드래도,

선지 유형	근거가 있어서 허용 가능
실전에서의 판단 과정	하잘것없는 것에 주목하고 있네.
해설	선지 그대로 허용할 수 있겠죠? '저 하잘것없는 한 송이의 달래꽃', 즉 사소해 보일 수 있는 대상에 주목하고 있는 화자의 모습입니다.

② 2에서 '얼어붙었던 대지'라는 부정적 여건을 극복하여 '뚫고 솟아오른'다는 것은 '달래꽃'의 강인한 모습을 드러낸다.

> 바윗돌처럼 꽁꽁 <u>얼어붙었던 대지를 뚫고 솟아오른</u> 저 애잔한 <u>달래꽃</u>의 긴긴 역사라거나

선지 유형	근거가 있어서 허용 가능
실전에서의 판단 과정	얼어붙었던 대지를 뚫고 솟아오르는 건 강인한 모습이지.
해설	역시 선지 그대로 허용할 수 있습니다. '얼어붙었던 대지'와 같은 부정적 여건을 '뚫고 솟아오'르는 것은 강인한 모습 그 자체죠.

③ 2에서 '이것들이 빚어내는 아름다운 모든 것'을 '찬양'
한다는 것은 '역사와 힘'의 위대함을 기리는 태도를 드
러낸다.

> 그 막아 낼 수 없는 위대한 힘이라거나 <u>이것들이 빚어</u>
> <u>내는 아름다운 모든 것을 내가 찬양하는</u> 것도 오래오래
> 우리 마음에 걸친 거추장스러운 푸른 수의(囚衣)를 자작
> 나무 허울 벗듯 훌훌 벗고 싶은 달래꽃같이 위대한 <u>역사</u>
> <u>와 힘</u>을 가졌기에 이렇게 살아가는 것이요 살아가야 하
> 는 것이다.

선지 유형	근거가 있어서 허용 가능
실전에서의 판단 과정	찬양하는 모습은 위대함을 기리는 태도라고 할 수 있지.
해설	화자는 '이것들', 즉 '달래꽃'들이 빚어내는 '아름 다운 모든 것'을 '찬양'합니다. 그리고 이런 '달래 꽃'은 '위대한 역사와 힘'을 가졌다고 이야기해요. 이를 연결하면 '달래꽃이 가진 위대한 역사와 힘 을 찬양한다'는 것으로 이해할 수 있겠네요. 이렇 게 '찬양'하는 모습은 당연하게도 '위대함을 기리 는 태도'로 이어진다고 할 수 있겠죠.

④ 3에서 '예쁘디예쁜 손'을 '항상 내가 꼬옥 쥘 수 있'다
는 것은 함께하는 존재와의 결속에 대한 화자의 인식
을 드러낸다.

> <u>항상 내가 꼬옥 쥘 수 있는</u> 그 뜨거운 핏줄이 나뭇가
> 지처럼 타고 오는 뱅어같이 <u>예쁘디예쁜 손</u>과 네 고운 청
> 춘이 나와 더불어 가야 할 저 환히 트인 길이 있어 늘 이
> 렇게 죽도록 사랑하는 것이요 사랑해야 하는 것이다.

선지 유형	근거가 있어서 허용 가능
실전에서의 판단 과정	예쁜 손을 항상 꼭 쥘 수 있다는 건 함께하는 존재 와 결속을 의미한다고 할 수 있지.
해설	화자는 '달래꽃'의 '예쁘디예쁜 손'을 '항상 내가 꼬옥 쥘 수 있는' 것으로 인식합니다. 함께하는 존 재인 '달래꽃'의 손을 잡는다는 건 그 존재와의 '결 속'에 대한 화자의 인식, 즉 기쁨과 행복함을 드러 내는 표현이라고 할 수 있겠죠.

⑤ 3에서 '네 고운 청춘'을 '죽도록 사랑하'겠다는 것은 공
동체의 갈등을 해소하기 위한 화자의 희생정신을 드
러낸다.

> 항상 내가 꼬옥 쥘 수 있는 그 뜨거운 핏줄이 나뭇가
> 지처럼 타고 오는 뱅어같이 예쁘디예쁜 손과 <u>네 고운 청</u>
> <u>춘</u>이 나와 더불어 가야 할 저 환히 트인 길이 있어 늘 이
> 렇게 <u>죽도록 사랑하</u>는 것이요 사랑해야 하는 것이다.

선지 유형	근거가 없어서 허용 불가능
실전에서의 판단 과정	갑자기 공동체 갈등이랑 희생정신은 무슨 말이야.
해설	화자는 '네 고운 청춘'과 더불어 '죽도록 사랑하'면 서 함께 살아가고 싶을 뿐, '공동체의 갈등을 해소 하기 위한 희생' 같은 거창한 목표를 가지고 있지 않습니다. 담백하게 선지에서 제시한 부분을 독해 하시면 됩니다. 화자가 '희생'해서 '공동체의 갈등' 을 해소하겠다는 해석을 허용할 근거를 전혀 찾을 수 없어요.

선지	①	②	③	④	⑤
선택률	5%	7%	10%	72%	6%

46 〈보기〉를 참고하여 (가), (나)를 감상한 내용으로 적절하지
않은 것은? [3점] ④

① (가)에서 꽃을 '구름'으로, 나무둥치를 '하늘의 기둥'으
로 비유한 것을 통해, '때맞춰' 꽃을 피워 하늘과 땅을
연결하고 있는 생명에 대한 내적 인식이 드러나는군.

> 마을 안에 차 집어넣고
> 이 집, 한 집 건너 저 집, 또 저 집,
> <u>구름</u>처럼 피고 있는 살구꽃과 만난다.
>
> (중략)
>
> 꽃들의 생애가 좀 짧으면 어때?
> 달포 뒤쯤 이곳을 다시 지날 때
> 이 꽃구름들 낡은 귀신들처럼 그냥 허옇게 매달려 있
> 다면……
> 꽃도 황홀도 <u>때맞춰</u> 피고 지는 거다.

(중략)

하늘의 연분홍을 땅 위에 내려 받는 검은 둥치들이
군소리 없이 구름을 잔뜩 인 채 서 있겠지.
차를 멈추고 뒤돌아본다.
아 하늘의 기둥들!

선지 유형	근거가 있어서 허용 가능
실전에서의 판단 과정	이제 보니 구름과 하늘의 기둥은 전부 하늘과 땅을 연결하는 표현들이긴 하네.
해설	(가)의 화자는 '꽃'을 '구름'으로, '검은 둥치들'을 '하늘의 기둥'으로 표현했습니다. 그리고 이러한 '살구꽃'은 '때맞춰' 꽃을 피우는 '일시성'을 가진 대상이에요. 화자가 보기에 일시적으로 피는 '살구꽃'은 하늘과 땅을 연결하는 것 같기에 '구름', '하늘의 기둥'과 같은 표현을 사용한 것이겠죠? '구름'과 '하늘의 기둥'은 모두 하늘과 땅 사이에 있는 것이니까요. 이런 해석을 작품을 보면서 바로 해낼 수는 없겠지만, '허용'할 수는 있어야 합니다. 근거가 명확하게 존재하니까요!

② (가)에서 '분홍빛 더 실린' 꽃의 모습과 '때맞춰 깬 벌'의 움직임을 포착하여 그려 낸 것을 통해, 작은 생명이 선명하게 드러나는 순간에 대한 관심을 엿볼 수 있군.

빈집에는 작지만 분홍빛 더 실린 꽃구름,
때맞춰 깬 벌들이 이리저리 날고
날개맥(脈) 덜 여문 나비들이 저속으로 오간다.

선지 유형	근거가 있어서 허용 가능
실전에서의 판단 과정	꽃과 벌 같은 작은 생명에 주목하고 있네.
해설	(가)의 화자는 '분홍빛 더 실린 살구꽃'의 모습이나 '때맞춰 깬 벌'의 모습에 주목하고 있습니다. 분홍빛이 더 실렸다거나 때를 맞춰서 깼다는 건 그 작은 생명들이 선명하게 드러나는 순간이라고 할 수 있는데, 이런 순간에 관심을 보이고 있는 것이죠. 어렵지 않게 허용할 수 있겠네요. 나아가, '때맞춰 깬 벌'이라는 표현을 왜 강조했는지도 생각할 수 있겠죠? 〈보기〉에서 말한 '대상의 일시성'에는 '살구꽃'뿐만 아니라 '벌'도 포함되는 것이었습니다. 이를 '묘사'를 통해 그려 냄으로써 생명과 자연에 대한 내적 인식을 드러낸 것이죠.

③ (나)에서 온 세상의 역사를 '이끌고 가는' 힘은 '크나큰' '마음'으로 표현되며, '한 송이의 달래꽃'이 '피어나는 것'이라는 구체적인 이미지를 통해 감각적으로 형상화되는군.

저 하잘것없는 한 송이의 달래꽃을 두고 보드래도, 다사롭게 타오르는 햇볕이라거나 보드라운 바람이라거나 거기 모여드는 벌나비라거나 그보다도 이 하늘과 땅 사이를 어렴풋이 이끌고 가는 크나큰 그 어느 알 수 없는 마음이 있어 저리도 조촐하게 한 송이의 달래꽃은 피어나는 것이요 길이 멸하지 않을 것이다.

선지 유형	근거가 있어서 허용 가능
실전에서의 판단 과정	선지에서 말하는 표현 전부 역사를 의미한다고 할 수 있겠다.
해설	(나)의 화자는 '그 어느 알 수 없는 마음'이 '하늘과 땅 사이'를 '이끌고 가는 크나큰' 힘을 가지고 있다고 표현합니다. 그리고 그 덕에 '한 송이의 달래꽃'이 '피어나는 것'이라고 하고 있죠. 〈보기〉를 참고할 때, 이 작품에서 '달래꽃'과 관련된 이야기는 모두 '역사'에 대한 상징적 의미를 드러내기 위한 것이라고 할 수 있습니다. 즉, 화자는 '크나큰 마음'이 온 세상의 역사(길이 멸하지 않는 '영속성'을 가지고 있는 '달래꽃'이 피는 것과 같은)를 '이끌고 가는' 힘을 가지고 있다고 이해하고, 이런 추상적 관념을 '달래꽃이 피어난다'는 구체적 이미지를 통해 감각적으로 형상화하고 있는 것입니다. 글로 해설하려니 조금 난잡해졌지만, 실제 시험장에서는 보자마자 '실전에서의 판단 과정'처럼 가볍게 넘어갈 수 있어야 합니다. 핵심은 〈보기〉를 참고한 감상 그 자체라는 것이니까요.

④ (가)에서 '살구꽃'이 '허옇게 매달'린 모습에 대한 지향은 '달포 뒤쯤' 회복될 생명에 대한 기대로, (나)에서 '수의'를 '벗고 싶은' 소망은 '환히 트인 길'로 상징된 역사적 전망으로 이어지는군.

꽃들의 생애가 좀 짧으면 어때?
달포 뒤쯤 이곳을 다시 지날 때
이 꽃구름들 낡은 귀신들처럼 그냥 허옇게 매달려 있다면……
꽃도 황홀도 때맞춰 피고 지는 거다.

오래오래 우리 마음에 걸친 거추장스러운 푸른 <u>수의</u>
(<u>囚衣</u>)를 자작나무 허울 벗듯 훌훌 벗고 싶은 달래꽃같
이 위대한 역사와 힘을 가졌기에 이렇게 살아가는 것이
요 살아가야 하는 것이다.

(중략)

그리고 항상 내가 꼬옥 쥘 수 있는 그 뜨거운 핏줄이
나뭇가지처럼 타고 오는 뱅어같이 예쁘디예쁜 손과 네
고운 청춘이 나와 더불어 가야 할 저 <u>환히 트인 길</u>이 있
어 늘 이렇게 죽도록 사랑하는 것이요 사랑해야 하는 것
이다.

선지 유형	근거가 있어서 허용 불가능
실전에서의 판단 과정	회복될 생명에 대한 기대가 아니라 잠깐 피는 일시성에 주목하는 거지.
해설	(가)의 화자는 현재 '살구꽃'이 잔뜩 피어 있는 마을을 지나고 있습니다. 그러면서, '달포 뒤쯤' 이곳을 다시 지날 때 그 꽃구름들이 '허옇게 매달려 있'을 것이라고 했어요. 이는 '살구꽃'은 일시적으로 피기에 나중에 다시 왔을 때는 마치 '귀신들'처럼 죽어 있을 것이라는 의미의 표현이겠죠. 이것이 '회복될 생명'이라고 보기도 어려울 뿐 아니라, 화자는 '회복될 생명에 대한 기대' 및 그에 대한 지향이라는 내면세계를 전혀 가지고 있지 않기 때문에 허용할 수 없겠습니다. 화자는 그저 이렇게 잠깐 피었다가 죽는 '살구꽃'의 일시성에 주목하여 생명과 자연에 대한 내적 인식을 드러내고 있을 뿐이었어요. 한편, (나)의 화자는 '달래꽃'이 '푸른 수의'를 '벗고 싶'을 것이라고 했습니다. 외부세계의 사물에 주목하는 형태의 시에서는 그 외부세계의 사물에 부여한 내면세계가 곧 화자의 내면세계와 일맥상통하는 경우가 많다고 했어요. 이 역시 그렇게 이해한다면, (나)의 화자가 '수의'를 '벗고 싶은' 소망을 가지고 있다는 것은 어렵지 않게 허용할 수 있겠네요. 나아가 '환히 트인 길'은 화자가 이러한 '달래꽃'과 함께 손을 잡고 걸어갈 길이며, 제목과 〈보기〉를 고려할 때 이를 '역사'의 한 과정이라고 표현할 수 있겠습니다. 이런 해석을 기반으로 하면 '수의'를 '벗고 싶은' 소망(달래꽃의 소망이기도 하면서 화자의 소망이기도 하죠.)은 '환히 트인 길'로 상징된 '역사적 전망'으로 이어진다고 할 수 있겠습니다. '수의'와 같은 속박을 벗어던지고 '달래꽃'과 함께 '환히 트인 길'이라는 역사의 한 지점으로 나아가고 싶은 게 화자의 마음이니까요.

⑤ (가)에서 '꽃들의 생애가 좀 짧'아도 괜찮다는 것은 일
시성에 주목하여 자연의 섭리를, (나)에서 '길이 멸하지
않을 것'은 영속성에 주목하여 '긴긴 역사'의 의미를 인
식함을 보여 주는군.

<u>꽃들의 생애가 좀 짧</u>으면 어때?

저 하잘것없는 한 송이의 달래꽃을 두고 보드래도, 다
사롭게 타오르는 햇볕이라거나 보드라운 바람이라거나
거기 모여드는 벌나비라거나 그보다도 이 하늘과 땅 사
이를 어렴풋이 이끌고 가는 크나큰 그 어느 알 수 없는
마음이 있어 저리도 조촐하게 한 송이의 달래꽃은 피어
나는 것이요 <u>길이 멸하지 않을 것</u>이다.

선지 유형	근거가 있어서 허용 가능
실전에서의 판단 과정	〈보기〉 내용 그 자체네.
해설	〈보기〉에서 말한 '시간적 속성'을 이용한 해석 그 자체죠? (가)는 '일시성'을, (나)는 '영속성'을 통해 '자연의 섭리' 및 '역사의 의미'를 인식하고 있습니다. 주제 그 자체를 설명하는 선지였습니다.

현대시 독해 연습

(가)

마을 안에 차 집어넣고
이 집, 한 집 건너 저 집, 또 저 집,
구름처럼 피고 있는 살구꽃과 만난다.
빈집에는 작지만 분홍빛 더 실린 꽃구름,
때맞춰 깬 벌들이 이리저리 날고
날개맥(脈) 덜 여문 나비들이 저속으로 오간다.

'마을'로 와서 차를 집어넣고 여러 집을 돌아다니는 화자의 모습
입니다. 그러면서 '구름'처럼 피고 있는 '살구꽃'을 만났어요. 여
러 집에 '꽃구름' 모양으로 핀 '분홍빛' 살구꽃들을 상상하면서 읽
어주면 되겠죠? 그곳에서는 '벌들'이 이리저리 날아다니고, '나
비'들도 오가고 있습니다. 전형적인 봄철 '살구꽃'의 풍경이네요.

소의 순한 얼굴이 너무 좋아
소 앞세우고 오는 마을 사람과 눈웃음으로 인사한다.

이번엔 '소 앞세우고 오는 마을 사람'을 만난 화자입니다. 화자는 '소'의 순한 얼굴이 너무 좋다고 해요. 이렇게 좋은 얼굴을 만났으니, 이와 함께하는 '마을 사람'과 '눈웃음'으로 인사한다는 것 역시 당연하게 받아들일 수 있겠습니다. '살구꽃'을 비롯한 자연물들에 따뜻한 애정을 보이는 화자의 내면세계가 잘 그려지시죠?

> 하늘 구름이 온통 동네에 내려와 있으니
> 말을 걸지 않아도 말이 되는군.

화자가 바라본 이 마을의 풍경은 '하늘 구름'이 온통 동네에 내려와 있는 모습입니다. 이때의 '구름'은 진짜 구름을 의미할 수도 있고, 앞서 '꽃구름'으로 표현한 '살구꽃'을 의미한다고 볼 수도 있겠죠. 어쨌든 마을과 자연이 하나된 모습 속에서, 화자는 '말을 걸지 않아도 말이 되는군.'이라며 인간과 자연 사이의 조화로운 소통을 느끼고 있습니다. 굳이 말을 하지 않아도, 마치 '살구꽃', '소' 등의 자연물과 말이 통하는 것 같다는 의미죠.

> 차에 올라 시동 걸고도 한참 동안 밖을 내다본다.

이제 갈 시간인가 봅니다. 차에 올라 시동 걸고도, 한참 동안 밖을 내다보는 화자입니다. 그 마음에 충분히 공감할 수 있겠죠? 이제 가야 하지만, '살구꽃'을 비롯한 마을의 풍경을 조금이라도 더 눈과 마음에 담고 싶은 겁니다.

> 꽃들의 생애가 좀 짧으면 어때?
> 달포 뒤쯤 이곳을 다시 지날 때
> 이 꽃구름들 낡은 귀신들처럼 그냥 허옇게 매달려 있다면……
> 꽃도 황홀도 때맞춰 피고 지는 거다.

이때 화자는 갑자기 '꽃들의 생애가 좀 짧으면 어때?'라는 질문을 던집니다. 앞의 내용과 엮어서 이해하면, '살구꽃'을 비롯한 꽃들의 생애는 짧기 때문에 화자가 지금 마을을 떠나면 지금 보고 있는 이 '살구꽃'들을 다시는 볼 수 없을 것입니다. 그렇기에 한참 동안 밖을 내다보면서 미련을 보인 것이겠죠.

하지만 화자는 '살구꽃'을 다시 볼 수 없다는 것을 수용하는 모습입니다. 꽃들의 생애가 좀 짧더라도, '달포 뒤쯤' 이곳을 다시 지날 때 '꽃구름'들이 져서 '낡은 귀신들'처럼 허옇게 매달려 있다고 해도 뭐 어떻냐는 것이죠. 꽃도 황홀도 때맞춰 피고 지는 것일 뿐이니까요. 화자는 이런 자연의 섭리를 다시금 깨닫고 쿨하게 돌아서려는 모습입니다.

> 다리를 건너 가속 페달 밟으려다 말고
> 천천히 차를 몬다.

그렇게 다리를 건너 가속 페달 밟으려다 말고, 천천히 차를 몹니다. 비록 다시는 이 '살구꽃'들을 만날 수 없다는 것을 수용하긴 했지만, 그렇다고 급하게 떠날 필요는 없으니까요.

> 몸 돌려 보지 않아도
> 차 거울들 속에 꽃구름 피고 있고
> 차 거울로는 잘 잡히지 않으나
> 하늘의 연분홍을 땅 위에 내려 받는 검은 둥치들이
> 군소리 없이 구름을 잔뜩 인 채 서 있겠지.

굳이 몸 돌려 보지 않아도, '차 거울들' 속에 '꽃구름'은 여전히 피어 있고, '차 거울'로는 잘 잡히지 않으나(화자가 눈으로 확인하는 게 아니라 상상할 수밖에 없으나) '하늘의 연분홍을 땅 위에 내려 받는 검은 둥치들', 즉 '살구나무'가 구름을 잔뜩 인 채 서 있을 것입니다. 화자의 입장에선 당연하게 상상할 수 있는 그림인 것이죠.

> 차를 멈추고 뒤돌아본다.
> 아 하늘의 기둥들!
>   -황동규, 「살구꽃과 한때」-

하지만 화자도 사람인지라, 여전히 아쉬움이 남는 것은 어쩔 수 없습니다. 그렇게 차를 멈추고 뒤돌아본 화자는 '아 하늘의 기둥들!'이라는 감탄을 내뱉습니다. 자신이 상상한 그대로, '살구나무'가 '하늘'을 떠받친 형태로 웅장하게 서 있었나 보네요. 그 아름다운 모습에 예찬을 보내는 화자의 내면세계가 그려진다면 완벽하겠습니다.

> (나)
> 1
>   저 하잘것없는 한 송이의 달래꽃을 두고 보드래도, 다사롭게 타오르는 햇볕이라거나 보드라운 바람이라거나 거기 모여드는 벌나비라거나 그보다도 이 하늘과 땅 사이를 어렴풋이 이끌고 가는 크나큰 그 어느 알 수 없는 마음이 있어 저리도 조촐하게 한 송이의 달래꽃은 피어나는 것이요 길이 멸하지 않을 것이다.

화자는 '하잘것없는' 것처럼 보이는 한 송이의 '달래꽃'에 주목하고 있어요. 이를 보면서 '햇볕', '바람', '별나비' 등 '달래꽃'이 피어나는 데 도움을 주는 여러 요소들을 떠올리고 있습니다. 그런데 화자는 '그보다도 이 하늘과 땅 사이를 어렴풋이 이끌고 가는 크나큰 그 어느 알 수 없는 마음'이 있다고 생각하네요. 이렇게 '알 수 없는 마음'으로 표현된 힘이 있기 때문에 '조촐하게'라도 한 송이의 '달래꽃'은 피어나고, 길이 멸하지 않을 것이라고 합니다. 그 '마음'이 어떤 것인지 정확히는 모르겠지만, 화자의 입장에서는 엄청난 힘을 가진 것이라고 할 수 있겠죠?

2

　　바윗돌처럼 꽁꽁 얼어붙었던 대지를 뚫고 솟아오른 저 애잔한 달래꽃의 긴긴 역사라거나 그 막아 낼 수 없는 위대한 힘이라거나 이것들이 빚어내는 아름다운 모든 것을 내가 찬양하는 것도 오래오래 우리 마음에 걸친 거추장스러운 푸른 수의(囚衣)를 자작나무 허울 벗듯 훌훌 벗고 싶은 달래꽃같이 위대한 역사와 힘을 가졌기에 이렇게 살아가는 것이요 살아가야 하는 것이다.

이번엔 '꽁꽁 얼어붙었던 대지를 뚫고 솟아오른' 엄청난 '달래꽃'의 긴긴 역사, 혹은 '그 막아 낼 수 없는 위대한 힘'을 이야기하고 있습니다. 1연의 내용과 엮어서 이해하면, 1연에서 말한 '그 어느 알 수 없는 마음'은 다름아닌 '달래꽃'의 의지였다고 할 수 있겠네요. '조촐하게'나마 피어오르게 하고, 길이 멸하지 않게 하는 엄청난 힘을 가진 '달래꽃'의 의지를 화자는 '긴긴 역사'로 표현하고 있습니다. 화자의 입장에서 '역사'란 곧 '의지'로 표현할 수 있는 강한 마음을 의미하는 것이었어요.

나아가, 화자는 이런 힘을 가진 것들(='이것들')이 빚어내는 아름다운 모든 것을 찬양한다고 해요. 이는 '달래꽃'이 거추장스러운 '푸른 수의'를 훌훌 벗고 싶어('바윗돌처럼 꽁꽁 얼어붙었던 대지'로부터 탈출하고자 하는 마음의 재진술이라고 볼 수 있겠죠.) 이런 '위대한 역사와 힘'을 발휘한 것처럼, 우리도 이렇게 살아가야 한다는 화자의 의지 표명이라고도 할 수 있겠습니다. 그렇기에 '달래꽃'이 벗어 던지고자 했던 '푸른 수의'를 '우리 마음에 걸친' 것으로 표현한 것이겠죠. 우리 모두 '푸른 수의'와 같은 것을 걸치고 있고 벗어던지고자 하니, '달래꽃'처럼 '위대한 역사와 힘'을 발휘해보자는 것입니다.

3

　　한 송이의 달래꽃을 두고 보드래도 햇볕과 바람과 벌나비와 그리고 또 무한한 마음과 입 맞추고 살아가듯 너의 뜨거운 심장과 아름다운 모든 것이 샘처럼 왼통 괴어 있는 그 눈망울과 그리고 항상 내가 꼬옥 쥘 수 있는 그 뜨거운 핏줄이 나뭇가지처럼 타고 오는 뱅어같이 예쁘디예쁜 손과 네 고운 청춘이 나와 더불어 가야 할 저 환히 트인 길이 있어 늘 이렇게 죽도록 사랑하는 것이요 사랑해야 하는 것이다.

-신석정, 「역사」-

화자는 다시 한번 '달래꽃'에 주목하고 있습니다. '햇볕', '바람', '별나비'와 같은 외부 요인 외에도, '무한한 마음'(=위대한 역사)과 입 맞추고 살아가는 '달래꽃'이에요. 화자는 이처럼 '너'도 '뜨거운 심장', '눈망울', '뜨거운 핏줄', '예쁘디예쁜 손', '고운 청춘' 등의 요소를 '나'와 함께 죽도록 사랑하며 살아가자는 이야기를 하고 있습니다. 척박한 환경 속에서도 '역사'의 힘으로 피어난 '달래꽃'처럼, 화자 역시 '너'와 함께 어떤 힘을 발휘해 최선을 다하며 사랑하고 살아가겠다는 다짐을 보이고 있는 것이죠.

부자연스럽게 이어진 하나의 문장 형태로 되어 있어서 많이 어려웠을 텐데, 이럴 땐 최대한 독립적인 문장처럼 끊어 가면서 의미를 파악하면 됩니다. 결국 화자는 하나의 내면세계를 재진술할 뿐이라는 것만 잊지 마세요.

몰랐던 어휘 정리하기

① **허용 가능성 평가** : 선지의 내용을 '허용'하려는 태도를 바탕으로 지문을 '독해'하며 '근거'를 찾아야 합니다. 허용할 수 있는 '근거'가 있어야만 허용할 수 있습니다. 주관적인 생각을 개입시키면 안 됩니다..

② **현대시 독해** : 〈보기〉의 도움 등을 통해 '주제' 위주로, 그리고 일상 언어의 감각으로 읽어내면 됩니다. 현대시도 읽을 수 있는 하나의 글입니다.

| 지문 내용 총정리 |

추상적인 〈보기〉와 내용으로 인해 현대시에 약한 학생들에게는 다소 괴로운 지문이었을 것입니다. 하지만 결국 〈보기〉의 도움을 통해 주제를 잡아내고, 이를 통해 선지에서 묻는 부분을 정확하게 독해하며 허용 가능성을 평가했다면 네 문제 모두 답을 골라내는 데에는 큰 지장이 없었을 것이라 생각합니다. 평가원이 묻고자 하는 바는 늘 같다는 것을 잊지 마세요!

〈보기〉 확인

─────[보기]─────

　　음모 모티프는 인물이 욕망을 실현하기 위해 음모를 실행하는 이야기 단위이다. 음모의 진행 과정에 환상적 요소가 사용되기도 하고 조력자가 등장해 음모자를 돕기도 한다. 음모가 실행되면서 서사적 긴장이 고조되는데, 음모자의 욕망 실현이 지연되면 서사적 긴장은 일시적으로 이완된다. 이때 음모자가 또 다른 음모를 꾸미나 결국 음모의 실체가 드러나며 죄상에 따라 처벌된다.

고전소설에서 자주 드러나는 클리셰를 가지고 있는 작품으로 보입니다. '음모'를 실행하는 악인의 모습이 드러날 것이고, '환상적 요소 · 조력자의 등장' 같은 내용도 있을 것입니다. 참고로 '환상적'이라는 것은 무슨 놀이공원처럼 즐겁고 멋진 느낌을 말하는 것이 아니라, '비현실적'이라는 말을 의미한다는 것을 알아두세요. 나아가 고전소설의 기본 정신인 권선징악도 구현된다고 하네요. 전반적으로 뻔한 이야기일 것이라 생각하면서 가볍게 읽어보도록 합시다.

지문 독해

　　상서의 셋째 부인 여씨는 둘째 부인 석씨의 행실과 마음 씀이 매사 뛰어남을 보고 마음속에 불평하여 생각하되, '이 사람이 있으면 내게 상서의 총애가 오지 않으리라.' 하여 좋은 마음이 없더라. 날이 늦어져 모임이 흩어진 후 상서의 서모(庶母) 석파가 청운당에 오니 여씨가 말하길,

'상서'에게는 세 명 이상의 부인이 있습니다. 그런데 셋째 부인 '여씨'는 둘째 부인 '석씨'가 뛰어난 것을 보고 '불평'하고 있어요. 바로 뒤에서 나오듯이, '석씨'가 있으면 남편의 사랑을 제대로 받을 수 없을 것 같기에 '불평'하고 '좋은 마음이 없'는 심리가 나온 것이겠죠? 이렇게 심리의 근거를 정확하게 짚으면서 '공감'해 주시면 됩니다.

그러다 날이 늦어져 모임이 흩어졌다고 합니다. 아마 모여서 함께 시간을 보내고 있었나 보네요. 그 후 상서의 서모(아버지의 첩)인 '석파'가 '청운당'이라는 곳에서 '여씨'와 대화를 하고 있습니다.

　　"석 부인은 실로 적강선녀라. 상공의 총애가 가볍지 않으리로다."
　　석파가 취해 실언함을 깨닫지 못하고 왈,
　　"석 부인은 비단 얼굴뿐 아니라 덕행을 겸비하여 시모이신 양 부인이 더욱 사랑하시나이다."

'여씨'는 '석파'에게 '석 부인', 즉 둘째 부인 '석씨'를 칭찬하고 있습니다. 그런데 눈치없는 '석파'는 취해 실언을 합니다. '석 부인'이 이쁘고 착해서 '양 부인'도 사랑한다고 하며 말이죠! 앞에서 확인했듯이 '여씨'는 '석씨'에게 질투심을 가지고 있는데, 시어머니인 '양 부인'도 '석씨'를 더 사랑한다는 말을 들으면 그 질투심이 배가 될 것입니다. 이렇게 각 인물의 입장에 공감하면서 읽어주시면 되는 거예요.

　　이때 석씨가 석파를 청하자 석파가 벽운당에 이르러 웃고 왈,
　　"나를 불러 무엇 하려 하느뇨? 내 석 부인이 받는 총애를 여 부인에게 자랑하였나이나."
　　석씨가 내키지 않아 하며 당부하되,
　　"후일은 그런 말을 마소서."
　　하니, 석파 웃더라.

이렇게 '여씨'의 질투심은 무르익어가는데, '석씨'가 '석파'를 부릅니다. 그리고 '석파'가 '벽운당'으로 가고 있어요. '청운당'에서 '벽운당'이라는 곳으로 공간이 이동했다는 것도 놓치면 안 됩니다!

그곳에서 '석파'는 자신이 '여씨'에게 '석씨'가 받는 총애를 자랑했다고 이야기하고, '석씨'는 앞으로 그런 말 하지 말라고 당부하는 모습입니다. 여기서 '석파'의 말 한마디 한마디에 아슬아슬함을 느껴주신다면 완벽하게 이해하고 있는 것입니다.

　　여씨의 거동이 점점 아름답지 않으나 양 부인과 상서는 내색하지 않더라. 일일은 상서가 문안 후 청운당에 가니 여씨 없고, 녹운당에 이르니 희미한 달빛 아래 여씨가 난간에 엎드려 화씨의 방을 엿듣는지라, 도로 청운당에 와 시녀로 하여금 청하니 여씨가 급히 돌아오니 상서가 정색하고 문 왈,
　　"부인은 깊은 밤에 어디 갔더뇨?"
　　여씨 답 왈,
　　"문안 후 소 부인의 운취각에 갔더이다."
　　상서는 본래 사람을 지극한 도로 가르치는지라 책망

하며 왈,

> "부인이 여자의 행실을 전혀 모르는지라. 무릇 여자의
> 행세 하나하나 몹시 어려운지라. 어찌 깊은 밤에 분주
> 히 다니리오? 더욱이 다른 부인의 방을 엿들음은 금수
> 의 행동이라 전일 말한 사람이 있어도 전혀 믿지 않았
> 더니 내 눈에 세 번 뵈니 비로소 그 말이 사실임을 알
> 지라. 부인은 다시 이 행동을 말고 과실을 고쳐 나와
> 함께 늙어갈 일을 생각할지어다."

하며 기세가 엄숙하니, 여씨가 크게 <u>부끄러워하더라.</u>

'여씨'의 모습은 점점 아름다움과 거리가 멀어지지만, '양 부인'
과 '상서'는 크게 내색하지 않습니다. 여러 가지로 해석할 수 있겠
지만, '여씨'에게도 나름대로 공평한 애정을 주려고 노력하는 모
습이라고 할 수 있겠죠? '석파'의 말처럼 '석씨'를 더 사랑한다고
해도, 겉으로 보이는 모습만큼은 비슷하게 하려고 노력하는 좋은
사람들입니다.

그런데 어느날, '상서'가 문안 후 '청운당'으로 갑니다. 이곳은 '석
파'가 '여씨'와 함께 대화를 나누던 장소였어요. 그런데 그곳에는
'여씨'가 없고, '녹운당'에 가 보니 '여씨'가 '화씨'의 방을 엿듣고
있었다고 해요. 일단 '청운당', '벽운당', '녹운당'과 같은 공간이
각각 '여씨', '석씨', '화씨'가 있는 공간이라는 점, 나아가 '화씨'가
첫째 부인일 것이라는 점을 생각할 수 있어야 합니다. 인물관계
는 확실하게 체크하면서 읽어야 해요!

어쨌든, '화씨'의 방을 엿듣고 있는 '여씨'의 모습을 본 '상서'는 다
시 '청운당'으로 돌아와 '여씨'를 부릅니다. 그리고 어디 갔다 오
냐고 묻는데, '여씨'는 '소 부인'이 사는 '운취각'에 갔다고 거짓말
을 치고 있어요. 모든 일을 알고 있는 '상서'는 다른 부인의 방을
엿듣는 것을 '금수의 행동'이라며 나무라고, '여씨'는 자신이 잘못
했다고 생각했는지 크게 부끄러워하고 있습니다.

초반부에 정보가 조금 많습니다. 시간을 충분히 들여서 인물관
계 및 심리의 근거를 정확히 잡아주셔야 해요. 나아가 지문 전체
를 이렇게 많은 정보량으로 도배하는 경우는 거의 없기 때문에,
여기만 버티면 된다는 생각으로 꾹 참고 읽어주시면 됩니다.

> 이후 여씨 밤낮으로 생각하더니, 문득 옛날 강충이란
> 자가 저주로써 한 무제와 여 태자를 이간했던 일을 떠올
> 리고, <u>저주의 말을 꾸미며 취성전을 범하니</u> 〈일이 치밀한
> 지라 뉘 능히 알리오?〉

이렇게 여기저기서 수난을 겪는 '여씨'는 '저주'의 말을 꾸밉니다.
그래서 '취성전'을 범했다고 해요. '취성전'은 어떤 공간일까요?
그리고 '여씨'가 꾸민 저주는 무엇일까요? 이런 궁금증을 가지고,
〈 〉 표시한 부분의 '서술자의 개입'을 체크하며 계속 읽어봅시다.

> 일일은 취성전에서 양 부인이 일찍 일어나 앉았으나
> 석씨가 마침 병이 나서 문안에 불참하매 시녀 계성 에게
> 청소시키니, 계성이 짐짓 침상 아래를 쓸다가 갑자기 봉
> 한 것을 얻어 내며,
>
> > "알지 못하겠도다. 누가 잃은 것인고? 필연 동료 중 잃
> > 은 것이니 임자를 찾아 주리라."
>
> 하고 스스로 혼잣말 하거늘 부인이 <u>수상히 여겨</u> 가져오
> 라 하여 풀어 보니, 그 글에 품은 한이 흉악하여 차마 보
> 지 못할 바이러라. 필적이 산뜻하니 <u>완연히 석씨의 것이</u>
> <u>라 크게 괴히 여겨</u> 다시 보니 그 언사의 흉함이 차마 바
> 로 보지 못할지라. 양 부인이 불을 가져다가 사르고 시
> 녀들을 당부하여 왈,
>
> > "너희들이 이 일을 누설한즉 죽을죄를 당하리라."
>
> 좌우 시녀 듣고 송구하여 입을 봉하되, 홀로 계성은 <u>누</u>
> <u>설치 못함을 조급해하고</u> 양 부인은 이후 석씨와 자녀를
> 보나 <u>내색하지 않더라.</u>

'여씨'가 저주를 꾸민 '취성전'의 일이 제시되고 있습니다. 알고
보니 이곳은 '양 부인'이 사는 곳이었네요. 원래는 '석씨'가 문안
을 와야 하는데 병이 나서 오지 않자, '시녀 계성'에게 청소를 시
킵니다.

그런데 '계성'이 갑자기 '봉한 것'을 하나 얻고 혼잣말을 하기 시작
합니다. '양 부인'은 당연히 이를 수상하게 여길 것이고, 가져 오라
하여 내용을 살핍니다. 그런데 '석씨'의 필적으로 흉악한 한이 가
득 적힌 글이 나왔어요. 이게 바로 '여씨'가 꾸민 저주인 것 같은
데, '양 부인'은 침착하게 불을 지르고 시녀들의 입을 막습니다.

여기서 다른 시녀들은 입을 봉하는데, 이상하게도 '계성'은 '누설
치 못함을 조급해하고' 있습니다. 이런 심리를 본 이상 그냥 넘어
가면 안 됩니다. 최대한 그 근거를 생각하며 '조급함'이라는 심리
에 공감해주셔야 하는 것이에요.

생각을 해보면, 두 가지 정도를 떠올릴 수 있을 것 같습니다. 하나
는 '계성'이 소문을 내고 싶어서 입이 근질근질하다는 것입니다.
누설하고 싶은데 그렇지 못해서 조급해한다는 것이죠. 그런데 또
앞쪽 내용과 연결지어 생각해보면, '계성'의 행동 자체가 어딘가

부자연스럽다는 생각이 듭니다. 침상 아래를 쓸다가 갑자기 '봉한 것'을 얻고, 굳~이 혼잣말을 하면서 '양 부인'의 관심을 끌고, 누설치 못하는 것에 '조급함'을 느끼고 하는 것으로 보아 애초에 이 일을 일부러 벌인 것이 아닌가 하는 생각이 드는 것이죠. 〈보기〉의 내용을 근거로 생각하면, 혹시 '계성'이 '여씨'의 조력자가 아닐까 하는 생각도 할 수 있겠습니다.

그래도 여기까지는 추측이기 때문에, 일단 '계성'의 행동에 이상함을 느낀 채로 계속 읽어보도록 합시다. 그나저나 '양 부인'은 이런 일이 있어도 '석씨'를 보고 내색하지 않을 만큼 침착한 인물이네요. 이런 성격도 자연스럽게 캐치가 되어야 합니다.

> [중략 부분의 줄거리] 석씨가 쫓겨난 후, 첫째 부인 화씨를 모함하려고 여씨가 여의개용단을 먹고 화씨로 둔갑해 나타나자, 상서는 친누나 소씨, 의남매 윤씨, 석파를 불러 모아 함께 실상을 밝히려 여씨의 심복을 찾는다.

[중략 부분의 줄거리]입니다. 외울 듯이 꼼꼼하게 읽어주셔야 합니다. 일단 '석씨'가 쫓겨난 상황입니다. 저주가 통한 것인지는 모르겠지만, 어쨌든 '여씨'의 바람대로 흘러가고 있네요. 이제 남은 것은 첫째 부인인 '화씨'밖에 없기 때문에, '여씨'는 '화씨'를 모함하기 시작합니다. 이를 위해 '여의개용단'이라는 약을 먹고 '화씨'로 둔갑한 모습이에요. 〈보기〉에서 이야기한 '환상적 사건'이 일어나는 모습이죠?

'상서'는 이 문제를 해결하기 위해 '소씨', '윤씨', '석파'를 불러 모으고 있습니다. 이들의 인물관계도 확실하게 체크해놓은 상태로 읽어야겠죠? 이들은 '여씨'의 '심복'을 찾고 있어요. '심복'을 찾으면 사건의 진실을 밝힐 수 있을 테니까요.

참고로 '심복'은 '배와 가슴'을 아울러 이르는 말로, '배와 가슴'처럼 옆에 두고 부릴 수 있는 사람을 상징하는 표현입니다. '누군가의 오른팔'과 비슷한 표현이죠. 몰랐다면 알아두세요!

> 시녀가 여씨 심복 미양을 가리켜 아뢰니, 상서가 미양을 잡아내어 엄하게 조사하더라. 미양이 혼비백산하여 사실대로 고하고 두 가지 약을 내어 드리니, 소씨 등이 다투어 보고 웃되, 상서는 홀로 눈을 들어 보지 않으니 사악한 빛을 보지 않으려 함이라.

이들은 '여씨'의 심복인 '미양'을 찾아 조사했고, '미양'은 사실을 말하며 두 가지 약을 줍니다. '소씨' 등은 어이가 없어서 웃고 있

는데, 강직한 '상서'는 또 '사악한 빛'을 보지 않겠다고 눈을 들지 않고 있어요. 인물들의 성격이 잘 드러나는 모습이죠?

> 석파가 그중 회면단을 물에 풀어 두 화씨에게 나누어 주니 진짜 화씨 노기 가득하여 먹고 왈,
> "약을 먹더라도 부모님 남긴 몸이 달리 되랴? 네 굳이 내 얼굴이 되고자 하니, 이 무슨 괴이한 생각으로 패악을 떨려 하느뇨?"
> 상서 왈,
> "어지럽게 굴지 말라."
> 진짜 화씨는 회면단을 마시되 용모 변치 않더라. 상서가 또 여씨에게 권하니, 여씨 먹지 않거늘 윤씨 웃고 왈,
> "아니 먹는 죄 의심되도다."
> 소씨 나아가 우김질로 들이붓더라. 여씨가 마지못하여 먹으니 화씨 변하여 여씨 되는지라. 좌우 사람들이 박장대소하더라. 상서 바야흐로 단정히 고쳐 앉으며 왈,

'석파'는 두 약 중 '회면단'을 두 화씨에게 나누어 주고 있습니다. 진짜 '화씨' 입장에선 너무나 짜증나고 억울한 상황이겠죠? 진짜 '화씨'는 '회면단'을 마시지만 아무런 변화가 없고, '여씨'는 먹지 못해 의심을 사고 있습니다. 결국 '소씨'가 억지로 '회면단'을 먹이고, 자신의 본래 얼굴로 돌아가는 모습이에요. '여씨'라는 악인의 음모가 낱낱이 밝혀지는 순간입니다.

> "군자 있는 곳에는 요사스러운 일이 없거늘 이 아우가 어질지 못하여 집안에 이런 변이 있으니 대장부 되어 아녀자를 거느리지 못하여 이런 행동거지 있으니 어찌 부끄럽지 않으리오. 석씨를 모함함도 여씨의 일이니 누님은 따져 물으소서."
> 석파가 먼저 나서며 미양을 붙들고 물으니 미양이 당초부터 여씨가 계교를 꾸몄던 일들을 낱낱이 말하더라. 소씨, 윤씨 두 사람이 웃으며 왈,
> "이제 보건대, 당초 우리 의심이 그르지 않았도다."

'상서'는 자신이 어질지 못해서 이런 일이 벌어졌다며 누나인 '소씨'와 '윤씨'에게 '여씨'를 혼내라고 합니다. 그러면서 이미 쫓겨난 '석씨'를 모함한 것도 '여씨'라는 것을 알려주고 있어요. '미양'으로부터 모든 사건의 전말을 들은 '소씨'와 '윤씨'는 자신들의 의심이 틀리지 않았다며 좋아하고 있습니다.

석파가 몹시 좋아해 뛰면서 기쁨을 이기지 못하고, 여씨는 부끄러움을 이기지 못하여 움직이지 못하고, 화씨는 꾸짖기를 마지않더라. 날이 새어 **취성전**에 들어가 **어젯밤 일**을 일일이 아뢰더라. 양 부인이 놀라고 여씨를 불러 마루 아래에 꿇리고 벌주니 가장 엄숙하여 언어 명백하며 들음에 모골이 송연하더라.

이런 상황에서, '석파'와 '여씨', '화씨' 등의 심정이 어떨지는 충분히 공감할 수 있을 것 같습니다. 나아가 '양 부인'이 살고 있는 '취성전'으로 가서 자세한 이야기를 전하고, '여씨'라는 악인을 벌주는 모습입니다.

이에 여씨를 내치고 계성과 미양 등을 엄히 다스리고 집안을 평정하더라.

–작자 미상, 「소현성록」–

그렇게 '여씨'를 내치게 되는데, '계성'과 '미양' 등을 엄히 다스렸다고 합니다. 잠시만요. '계성'이요? '미양'은 '여씨'의 심복이었으니 엄히 다스리는 게 이해가 되는데, '계성'은 갑자기 왜 엄하게 다스리는 것일까요?

여기서 [중략 부분의 줄거리] 이전에 '계성'이 왜 '누설치 못함을 조급해'했는지 알 수 있을 것 같습니다. '여씨'가 쫓겨났는데 '계성'이 크게 혼났다는 것은 둘이 관련이 있다는 것이고, 결국 '봉한 것'을 발견하여 '양 부인'에게 전한 것이 '여씨'의 명령으로 인한 의도적 행동이었다는 걸 알 수 있네요.

마치 독서 지문에서 '같은 말의 반복'을 활용하듯이 문학에서도 '같은 인물의 반복'을 바탕으로 내용을 이해시키는 모습입니다. 평가원이 이제 하다하다 문학에서도 '불친절한 서술'을 이용하고 있는 것이네요. 앞으로 중요하게 다뤄질 수 있는 포인트이니, 확실하게 정리하는 게 좋겠죠?

선지	①	②	③	④	⑤
선택률	4%	3%	4%	87%	2%

47 윗글에 대한 설명으로 가장 적절한 것은? ④

① 배경 묘사를 통해 인물의 성격 변화를 암시하고 있다.

선지 유형	근거가 없어서 허용 불가능
실전에서의 판단 과정	배경 묘사는 찾기 귀찮은데, 성격 변화는 절대 아니지.
해설	'여씨'가 '화씨'의 방을 엿듣는 장면에서 '희미한 달빛 아래 난간'처럼 짧게라도 '배경 묘사'가 등장했다고 볼 수는 있지만, '성격 변화'를 허용하기는 어렵겠죠? 애초에 '성격 변화'는 맞는 말이 되기 굉장히 어렵습니다. 특히 고전소설처럼 인물들의 성격이 평면적(잘 변하지 않고 일관된)인 경우에는 더더욱 말이죠.

② 독백을 반복하여 내적 갈등의 해결 과정을 드러내고 있다.

선지 유형	근거가 없어서 허용 불가능
실전에서의 판단 과정	독백을 반복한 적이 있긴 한가?
해설	'독백'이라고 해봤자 '계성'이 일부러 혼잣말하던 부분밖에 없는데, 이것이 '반복'된다고 볼 수도 없을 뿐 아니라 이를 통해 '내적 갈등의 해결 과정'을 드러낸다는 건 더더욱 헛소리죠.

③ 과거와 현재를 교차하여 사건을 입체적으로 전개하고 있다.

선지 유형	근거가 없어서 허용 불가능
실전에서의 판단 과정	과거가 있으면 체크했겠지.
해설	우리는 시간적 표현에 민감하기 때문에, '과거'가 제시되었다면 분명히 체크를 했을 겁니다. 그런 기억이 없다는 건 틀린 선지라는 의미겠죠?

④ 한 인물과 다른 인물들 간의 다면적 갈등 관계를 제시하고 있다.

선지 유형	근거가 있어서 허용 가능
실전에서의 판단 과정	주제네.

<table>
<tr><td>해설</td><td>'여씨'라는 한 인물(=악인)과 그를 둘러싼 여러 선인들의 갈등이 이 작품의 주제 그 자체입니다. 나아가 여러 사람과 갈등을 겪고 있으니, '다면적'이라는 말을 충분히 허용할 수 있겠죠.</td></tr>
</table>

⑤ 두 공간에서 동시에 일어나는 사건을 병렬적으로 배치하고 있다.

선지 유형	근거가 없어서 허용 불가능
실전에서의 판단 과정	동시에 일어나는 일을 배치한 적은 없는데?
해설	공간의 변화가 자주 나타나기는 했지만, 두 공간에서 '동시에' 일어나는 사건을 배치한 적은 없죠. 애초에 이렇게 미시적인 내용이 답이 되기도 쉽지 않을 것이구요.

선지	①	②	③	④	⑤
선택률	3%	5%	83%	4%	5%

48 윗글의 내용에 대한 이해로 적절하지 <u>않은</u> 것은? ③

① 석파는 집안사람들과 교류하며 집안일에 관여한다.

선지 유형	근거가 있어서 허용 가능
실전에서의 판단 과정	석파는 여기저기서 등장했지.
해설	'석파'는 '여씨', '석씨'와 대화하기도 하고, '진짜 화씨 찾기'라는 사건에 관여하기도 했습니다. 당연하게 맞는 선지죠.

② 상서는 남의 말의 진위를 직접 확인하여 판단한다.

선지 유형	근거가 있어서 허용 가능
실전에서의 판단 과정	성격을 생각하면 그런 것 같다.
해설	물론 엄밀하게 근거를 찾자면, '화씨'의 방을 엿들은 '여씨'를 나무라는 과정에서 나온 "전일 말한 사람이 있어도 전혀 믿지 않았더니 내 눈에 세 번 뵈니 비로소 그 말이 사실임을 알지라."라고 할 수 있습니다. 그런데 사실 이를 기억하는 건 쉽지 않을 것 같아요. 시험장에서는 '상서'가 보여 준 강직한 성격을 고려했을 때, 그리고 진짜 '화씨'가 밝혀질 때까지 조용히 하고 있는 모습 등을 고려했을 때 당연히 허용할 수 있다고 보는 게 맞겠습니다.

③ 여씨는 상서의 책망에도 부끄러워하지 않는다.

선지 유형	근거가 있어서 허용 불가능
실전에서의 판단 과정	뭐라고 하니까 부끄러워했잖아?
해설	'여씨'는 '화씨'의 방을 엿듣다가 '상서'에게 크게 혼났고, 이에 '부끄러움'이라는 심리를 보였습니다. 우리는 이에 공감했던 기억도 있구요. '심리의 근거'에 주목하며 지문을 읽었더니 간단하게 한 문제를 해결할 수 있게 되었네요.

④ 양 부인은 권위를 지니고 가족과 시녀들을 통솔한다.

선지 유형	근거가 있어서 허용 가능
실전에서의 판단 과정	그러고 있었지.
해설	일단 '양 부인'은 '상서'라는 가장의 어머니라는 점에서 권위가 장난이 아닐 것입니다. 실제로 '여씨'나 '계성·미양' 등에게 직접 벌을 주는 모습도 보여 주었구요.

⑤ 소씨는 여씨를 압박하여 의혹을 해소하려 한다.

선지 유형	근거가 있어서 허용 가능
실전에서의 판단 과정	회면단 억지로 먹였잖아.
해설	'소씨'는 '회면단'을 먹을 것을 거부하는 '여씨'에게 '회면단'을 억지로 들이붓습니다. 이 정도면 '압박'한다는 것을 충분히 허용할 수 있겠죠?

선지	①	②	③	④	⑤
선택률	12%	3%	5%	76%	4%

49 맥락을 고려하여 ㉠과 ㉡을 이해한 내용으로 가장 적절한 것은? ④

> "나를 불러 무엇 하려 하느뇨? 내 석 부인이 받는 총애를 여 부인에게 자랑하였나이다."
> 석씨가 내키지 않아 하며 당부하되,
> "㉠후일은 그런 말을 마소서."
> 하니, 석파 웃더라.

> "부인은 깊은 밤에 어디 갔더뇨?"
> 여씨 답 왈,
> "㉡문안 후 소 부인의 운취각에 갔더이다."

– ㉠은 '석파'가 눈치없이 '여씨'에게 '석씨' 칭찬을 하자 조심하라며 일러주는 부분이었고, ㉡은 '상서'에게 혼날 것이 두려운 '여씨'가 거짓말을 치는 부분입니다. 이 정도 내용 미리 생각해놓고 선지를 판단해봅시다.

① ㉠은 석파의 독선을 질책하는 말이고, ㉡은 상서의 오해를 증폭시키는 말이다.

선지 유형	근거가 없어서 허용 불가능
실전에서의 판단 과정	㉡이 오해를 증폭시키지는 않지.
해설	일단 ㉠이 '석파'의 '독선'이라고 보기도 어렵습니다. '독선'이라는 말 자체가 '자기 자신만이 옳다고 믿고 행동하는 일'을 의미하는데, '석파'의 대사가 이런 쪽이라고 보기는 어렵죠. 만약 '독선'의 정확한 의미를 잘 몰랐다고 하더라도, ㉡이 오해를 '증폭'시키는 것이라는 건 절대 허용할 수 없으니 지워낼 수 있어야 합니다. '상서'는 이미 '여씨'가 잘못을 했다는 걸 알고 있기 때문에, ㉡을 듣고 화가 증폭되었을지언정 '오해'가 증폭되지는 않았을 거예요.

② ㉠은 석파의 안전을 도모하기 위한 말이고, ㉡은 상서를 위험에 빠뜨리기 위한 말이다.

선지 유형	근거가 없어서 허용 불가능
실전에서의 판단 과정	상서를 왜 위험에 빠뜨려.
해설	안전/위험과는 너무나 무관한 이야기들입니다. '석파'가 '석씨' 이야기를 했다고 안전이 위협받거나, '여씨'가 거짓말한다고 '상서'가 위험에 빠지거나 하지는 않으니까요.

③ ㉠은 석파에 대한 호의를 표현하는 말이고, ㉡은 상서에 대한 불신을 표현하는 말이다.

선지 유형	근거가 없어서 허용 불가능
실전에서의 판단 과정	호의/불신이랑은 상관이 없지.
해설	역시 너무나 무관한 이야기들이죠? 가볍게 지워낼 수 있겠습니다.

④ ㉠은 석파의 경솔함을 염려하는 말이고, ㉡은 상서의 의심을 피하기 위해 한 말이다.

선지 유형	근거가 있어서 허용 가능
실전에서의 판단 과정	미리 생각한 내용이네.
해설	미리 생각한 내용 그 자체입니다. 가볍게 답으로 골라주시면 되겠습니다. 이렇게 소설에서 밑줄 친 부분을 묻는 문제가 나오는 경우에는 지문을 읽으면서 바로 해결해도 좋습니다.

⑤ ㉠은 석파에게 얻은 정보를 불신하는 말이고, ㉡은 상서가 가진 정보를 몰라서 하는 말이다.

선지 유형	근거가 없어서 허용 불가능
실전에서의 판단 과정	석파를 못 믿어서 나무라는 게 아니지.
해설	'석씨'가 ㉠과 같은 이야기를 한 것은 말조심하라는 뜻이지, 그 말을 못 믿겠다는 것이 아닙니다. '정보를 불신'한다는 것은 절대로 허용할 수 없겠네요. 한편 ㉡은 '상서'가 가진 정보를 모르기에 거짓말 친 것이므로, 선지의 뒤쪽은 허용할 수 있겠어요.

선지	①	②	③	④	⑤
선택률	3%	18%	16%	10%	53%

50 〈보기〉를 참고하여 윗글을 감상한 내용으로 적절하지 **않은** 것은? [3점] ⑤

① 여씨가 자신을 석씨와 견주고 양 부인과 석씨를 '이간' 하려는 데서, 석씨와의 경쟁 관계를 의식한 여씨의 욕망에서 음모가 비롯됨을 알 수 있군.

선지 유형	근거가 있어서 허용 가능
실전에서의 판단 과정	주제네.
해설	'여씨'가 '석씨'에 대한 경쟁 의식으로부터 여러 가지 욕망을 가지게 된다는 것, 이 지문의 주제 그 자체입니다. 가볍게 지워낼 수 있겠네요.

② 여씨가 꾸민 '봉한 것'이 계성을 통해 양 부인에게 건
네진 데서, 상하 관계에 있는 음모자와 조력자에 의해
서사적 긴장이 고조됨을 알 수 있군.

선지 유형	근거가 있어서 허용 가능
실전에서의 판단 과정	계성은 여씨를 도우려고 양 부인이 봉한 것을 보게 한 것이지.
해설	'봉한 것'이 '계성'을 통해 '양 부인'에게 전해진 것은 '여씨'의 명령에 따른 철저하게 계획된 행동이었습니다. 우리는 이를 '계성'의 조급해하는 심리와 지문의 마지막 문장 등을 통해 파악했어요. '여씨'와 '계성'은 신분관계상 '상하 관계'에 있을 것이고, 이렇게 음모가 실현되면 '서사적 긴장'이 고조된다는 것은 〈보기〉에 제시되기도 한 당연한 말입니다.

다음 표현을 근거로도 '계성'이 '여씨'의 조력자임을 알 수 있습니다.

일일은 취성전에서 양 부인이 일찍 일어나 앉았으나 석씨가 마침 병이 나서 문안에 불참하매 시녀 계성에게 청소시키니, 계성이 짐짓 침상 아래를 쓸다가 갑자기 봉한 것을 얻어 내며,
"알지 못하겠도다. 누가 잃은 것인고? 필연 동료 중 잃은 것이니 임자를 찾아 주리라."

여기서 '짐짓'이라는 표현은 '마음으로는 그렇지 않으나 일부러'라는 의미를 가지고 있습니다. 즉, '계성'은 의도적으로 침상 아래를 쓰는 행동을 했던 것이죠. 이는 '봉한 것'을 얻기 위한 것으로, '계성'이 '여씨'의 조력자임을 드러냅니다. 어휘력을 강조하는 최근의 경향을 살필 때, 이와 같은 단어의 의미를 알고 해결하는 것도 좋은 풀이로 보여요. 수능의 그날까지 최대한 어휘력을 쌓으려는 노력을 해 주시기 바랍니다.

③ '그 글'이 불살라지고 시녀들의 누설이 금지된 데서,
양 부인에 의해 음모의 실행이 저지되어 서사적 긴장
이 일시적으로 이완됨을 알 수 있군.

선지 유형	근거가 있어서 허용 가능
실전에서의 판단 과정	욕망 실현이 지연되면 서사적 긴장이 이완된다며.
해설	〈보기〉도 선지 판단의 근거라는 것을 잘 보여 주는 선지입니다. '봉한 것'에 있던 '그 글'은 '양 부인'의 명령에 의해 비밀이 되었습니다. 이렇게 되면 '여씨'의 음모 실행이 저지되겠죠? 〈보기〉에서는

이런 경우 '서사적 긴장이 일시적으로 이완'된다고
했으니 충분히 허용할 수 있겠습니다.

④ '회면단'을 먹고 여씨가 본래 모습으로 돌아오는 데서,
음모자가 욕망의 실현을 위해 준비한 환상적 요소가
음모의 실체를 드러내는 도구로 작용함을 알 수 있군.

선지 유형	근거가 있어서 허용 가능
실전에서의 판단 과정	약 먹으면 얼굴 바뀌는 환상적 요소 때문에 음모의 실체가 드러났지.
해설	음모자인 '여씨'는 약을 먹으면 얼굴이 바뀌는 '환상적 요소'를 바탕으로 '화씨'를 모함할 준비를 했습니다. 그런데 결국 그 약을 자신이 먹게 되어 음모의 실체가 드러나게 되었어요. 자기 꾀에 자기가 당한 꼴인 것이죠. 지문 내용을 그대로 읊어주는 것과 같은 선지였습니다.

Q '여씨'가 먹은 약은 '여의개용단'이었습니다. 그리고 '회면단'은 '여씨'가 아닌 '미양'이 가져 온 '두 가지 약' 중 하나였어요. 그렇다면 '회면단'을 '음모자가 욕망의 실현을 위해 준비한 것'이라고 보기는 어렵지 않나요?

A 일단 '여씨'가 '여의개용단'을 먹고 평생 '화씨'의 모습으로 살 것이 아니라면, 원래 상태로 돌아올 수 있는 약도 당연히 준비를 해야 할 것입니다. 이것이 바로 '회면단'인 것이죠. 따라서 '회면단'도 '여씨'가 준비한 것이라고 추론할 수 있는 겁니다.

이렇게 생각하면 조금 어려울 수도 있으니, 늘 하던 대로 '선지에서 묻는 것'을 정확하게 따져봅시다. 선지에서는 '회면단'을 '여씨'가 준비했냐고 물어본 적이 없습니다. '여씨'라는 음모자가 욕망 실현을 위해 준비한 '환상적 요소'에 대해 묻고 있어요. 즉, '여씨'는 '약을 먹으면 얼굴이 변한다.'라는 '환상적 요소'를 준비했고, 이를 바탕으로 음모를 꾀했으나 결국 이 '환상적 요소' 때문에 자신이 준비한 음모의 실체가 드러나는 것입니다. '선지에서 묻는 것'이 '회면단'이 아니라 '환상적 요소'에 대한 내용임을 깨닫는 것, 디테일한 선지 판단을 위해 꼭 필요한 태도라고 할 수 있겠죠?

⑤ 상서는 '금수의 행동'을 한 여씨를 교화하려 했지만 양
부인은 '어젯밤 일'로 여씨를 내친 데서, 처벌 방법을
두고 대립이 있음을 알 수 있군.

선지 유형	근거가 있어서 허용 불가능
실전에서의 판단 과정	애초에 서로 다른 일에 대한 처벌인데 대립이라고 할 수는 없지.

| 해설 | '금수의 행동'과 '어젯밤 일'은 각각 '화씨의 방을 엿들은 것', '화씨의 모습을 하고 모함한 것'입니다. 즉, 애초에 서로 다른 사건인 것이죠. 서로 다른 사건에 대해 서로 다른 처벌이 내려진 것을 '대립'이라고 보기는 어려울 뿐 아니라, 애초에 '상서'와 '양 부인' 사이에 '대립'이 나타난 적은 없으니 절대로 허용할 수 없는 선지가 되겠습니다. |

몰랐던 어휘 정리하기

| 핵심 point |

① **허용 가능성 평가** : 선지의 내용을 '허용'하려는 태도를 바탕으로 지문을 '독해'하며 '근거'를 찾아야 합니다. 허용할 수 있는 '근거'가 있어야만 허용할 수 있습니다. 주관적인 생각을 개입시키면 안 됩니다.

② **소설 독해** : '심리와 행동의 근거'를 바탕으로 인물에게 '공감'하며 읽어야 합니다. 이 과정이 물흐르듯 이어지면 지문의 내용을 완벽하게 이해할 수 있어요.

③ **고전소설 클리셰** : 일관된 성격을 가진 인물들이 다양한 관계를 맺지만, 악인과 선인의 구도가 두드러집니다. 나아가 악한 사람은 반드시 벌을 받고 착한 사람은 결국 보상을 얻어요. 이러한 클리셰를 알고 있다면 지문의 내용을 훨씬 쉽게 이해할 수 있을 겁니다.

| 지문 내용 총정리 |

악인의 음모, 권선징악이라는 전형적인 클리셰를 따르는 작품이었어요. 인물관계, 심리 등 정보량이 상당하고, '계성'의 정체를 간접적으로 제시하는 등 독해 과정에서 요구하는 능력치가 굉장히 높았던 지문이었습니다. 나아가 〈보기〉 문제에서는 디테일한 선지 판단까지 요구했네요. 최근 평가원의 '고난도 문학' 기조를 잘 보여 주는 지문이니, 확실하게 복습하도록 합시다.

〈보기〉 확인

――――――――[보기]――――――――

(가)에서 순환하는 자연이 가진 변화의 힘은 인간 역
사의 쇠락과 생성에 관여한다. 인간의 역사는 쇠락의 과
정에서도 생성의 기반을 잃지 않고, 자연과 어우러지며
자연의 힘을 탐색하거나 수용한다. 이를 통해 '문'은 새
로운 역사를 생성할 가능성을 실현하게 되고, 인간의 역
사는 '깃발'로 상징되는 이상을 향해 다시 나아갈 수 있
게 된다.

(가)의 주제를 자세하게 설명하는 〈보기〉입니다. '순환하는 자연'
은 '변화의 힘'을 가지고 있는데, 이는 '인간 역사의 쇠락과 생성'
에 관여한다고 해요. 기본적으로 '자연이 인간에게 영향을 미친
다.'라는 주제 의식을 전제로 깔고 있다고 할 수 있겠죠? 이처럼
인간의 역사는 쇠락의 과정에서도 '자연'의 도움을 받아 새로운
역사를 생성할 가능성을 실현하고, 이상을 향해 다시 나아갈 수
있다고 합니다. 이러한 주제 의식을 확실하게 체크하고 가셔야
합니다.

――――――――[보기]――――――――

(나)와 (다)에는 주체가 대상을 바라보고 사유하여 얻
은 인식이 드러난다. 이는 대상에서 발견한 새로운 의미
를 보여 주는 방식이나, 대상의 속성에 주목하여 얻은 깨
달음을 제시하는 방식으로 나타난다.

(나)와 (다)는 주체가 대상을 바라보고 사유하여 얻은 인식을 드
러낸다고 합니다. 주제 의식을 명시적으로 설명하지는 않지만, 주
체가 대상으로부터 발견한 '의미'나 '깨달음'이 곧 주제일 것이니,
어떤 내용일지 궁금해하면서 읽어보도록 합시다.

실전적 지문 독해

(가)

　흰 벽에는――
　어련히 해들 적마다 나뭇가지가 그림자 되어 떠오를
뿐이었다.
　그러한 정밀*이 천년이나 머물렀다 한다.

단청은 연년(年年)이 빛을 잃어 두리기둥에는 틈이 생
기고, 볕과 바람이 쓰라리게 스며들었다. 그러나 험상궂
어 가는 것이 서럽지 않았다.

기왓장마다 푸른 이끼가 앉고 세월은 소리없이 쌓였
으나 문은 상기 닫혀진 채 멀리 지나가는 바람 소리에
귀를 기울이는 밤이 있었다.

주춧돌 놓인 자리에 가을풀은 우거졌어도 봄이면 돋
아나는 푸른 싹이 살고, 그리고 한 그루 진분홍 꽃이 피
는 나무가 자랐다.

유달리도 푸른 높은 하늘을 눈물과 함께 아득히 흘러
간 별들이 총총히 돌아오고 사납던 비바람이 걷힌 낡은
처마 끝에 찬란히 빛이 쏟아지는 새벽, 오래 닫혀진 문
은 산천을 울리며 열리었다.

　――그립던 깃발이 눈뿌리에 사무치는 푸른 하늘이
었다.

-김종길, 「문」-

* 정밀 : 고요하고 편안함.

'단청'이 빛을 잃고 틈이 생기고 별과 바람이 쓰라리게 스며드는
모습은 인간의 역사가 쇠락하는 데에 대응시킬 수 있겠죠? 그러
나 '단청'은 이렇게 험상궂어 가는 것이 서럽지 않았다고 합니다.
'자연'의 도움으로 다시 새로운 역사를 생성할 수 있을 테니까요.
마지막 부분을 보면, '푸른 싹'이나 '꽃이 피는 나무' 등이 자라는
모습이 나타난다는 것을 통해 새로운 역사를 생성할 가능성이 보
이는 것을 확인할 수 있습니다. 지문이 어려웠지만, 〈보기〉에 맞
춰 읽어내면 주제 의식 정도는 충분히 확인할 수 있겠죠? 더 자세
한 건 선지 판단 과정에서 알아보도록 합시다.

(나)

　이를테면 수양의 늘어진 가지가 담을 넘을 때
　그건 수양 가지만의 일은 아니었을 것이다
　얼굴 한번 못 마주친 애먼 뿌리와
　잠시 살 붙였다 적막히 손을 터는 꽃과 잎이
　혼연일체 믿어주지 않았다면
　가지 혼자서는 한없이 떨기만 했을 것이다

[A]

한 닷새 내리고 내리던 고집 센 비가 아니었으면
밤새 정분만 쌓던 도리 없는 폭설이 아니었으면
담을 넘는다는 게
가지에게는 그리 신명 나는 일이 아니었을 것이다
무엇보다 가지의 마음을 머뭇 세우고
담 밖을 가둬두는   [B]
저 금단의 담이 아니었으면
담의 몸을 가로지르고 담의 정수리를 타 넘어
담을 열 수 있다는 걸
수양의 늘어진 가지는 꿈도 꾸지 못했을 것이다

그러니까 목련 가지라든가 감나무 가지라든가
줄장미 줄기라든가 담쟁이 줄기라든가
가지가 담을 넘을 때 가지에게 담은   [C]
무명에 획을 긋는
도박이자 도반*이었을 것이다
                                    -정끝별, 「가지가 담을 넘을 때」-

* 도반 : 함께 도를 닦는 벗.

'가지'라는 대상을 바라보고 사유하여 얻은 주체의 인식이 드러나고 있습니다. 수양 가지가 담을 넘을 때 그것은 수양 가지만의 일은 아니었을 것이라고 하면서, 담을 넘는다는 행위를 도운 존재들이 많다는 인식을 드러내는 것이죠. 이런 의미에서 가지에게 담은 '도반'이었을 것이라는 이야기로 마무리한다고 이해할 수 있겠죠? '도반'이라는 단어가 이 지문의 주제를 함축하고 있다는 것을 인식했다면 그걸로 충분하겠습니다.

(다)
나는 이홍에게 이렇게 말했다.
"너는 잊는 것이 병이라고 생각하느냐? 잊는 것은 병이 아니다. 너는 잊지 않기를 바라느냐? 잊지 않는 것이 병이 아닌 것은 아니다.

'잊'이라는 글자가 반복되어서 정신이 나가버릴 것 같은 지문입니다. 쉽지 않겠지만, 이럴수록 더욱 정신을 차리셔야 합니다. 우리의 목표는 결국 '글쓴이의 깨달음'이라는 주제를 찾는 것이라는 점만 생각하면서 말이에요. 〈보기〉에서도 이야기했던 내용이죠? 계속 강조했지만, 최근 수필의 난이도 상승이 심상치 않습니다. 독서 지문처럼 정독하면서 '주제'를 정확히 인식하는 연습을 하도록 합시다.

글쓴이는 '이홍'에게 어떤 이야기를 합니다. 보아하니 '이홍'은 자신이 무언가를 잊는 것을 병이라고 생각하고 있는 것 같아요. 그런데 글쓴이는 '이홍'에게 잊는 것은 병이 아니라고 이야기를 하고 있어요. 오히려 잊지 않는 것이 병이 아닌 것은 아니다, 즉 병일 수도 있다고 하면서 말이죠. 조금 헷갈리니, 정리를 해볼까요? 글쓴이는 '이홍'에게 잊는 것은 문제가 되지 않고, 잊지 않는 것이 오히려 문제가 될 수 있다는 이야기를 하는 것입니다.

그렇다면 잊지 않는 것이 병이 되고, 잊는 것이 도리어 병이 아니라는 말은 무슨 근거로 할까? 잊어도 좋을 것을 잊지 못하는 데서 연유한다. 잊어도 좋을 것을 잊지 못하는 사람에게는 잊는 것이 병이라고 치자. 그렇다면 잊어서는 안 되는 것을 잊는 사람에게는 잊는 것이 병이 아니라고 말할 수 있다. 그 말이 옳을까?

잊지 않는 것이 병이 되고, 잊는 것이 도리어 병이 아니라는 말은 글쓴이의 생각입니다. 글쓴이는 이 말의 근거가 '잊어도 좋을 것'을 잊지 못하는 데서 연유한다고 생각하고 있어요. 즉, '잊어도 좋을 것'을 굳이 잊지 않고 기억하고 있는 것은 그리 좋은 일이 아니라는 것이죠.

그런데 갑자기 '잊어도 좋을 것'을 잊지 못하는 사람에게는 잊는 것이 병이라고 치자고 합니다. 이는 글쓴이의 생각과는 다른 말이에요. 글쓴이는 '잊어도 좋을 것'을 잊지 못하는 사람에게는 잊지 못하는 것이 병이라고 했으니까요. 즉, 자신의 생각과 다른 상황을 한 번 가정해보자는 것입니다. 이 경우, '잊어서는 안 되는 것'을 잊는 사람에게는 잊는 것이 병이 아니라고 말할 수 있습니다. '잊어도 좋을 것'을 잊지 못하는 사람의 상황과 '잊어서는 안 되는 것'을 잊는 사람의 상황은 정확히 반대되는 것이기 때문에, 전자의 경우 잊지 못하는 것이 병이 아니라면 후자의 경우에는 잊는 것이 병이 아닌 게 되는 것이죠. '그 말이 옳을까?'라는 표현을 보니, 글쓴이는 이러한 가정이 잘못되었다는 이야기를 하고 싶은 것 같습니다.

다시 정신을 차리고 정리를 해야 합니다. 글쓴이의 주장은 결국 '잊어도 좋을 것'을 잊지 못하는 건 잘못된 것이기에, 그것을 잊는 것은 잘못된 것이 아니라는 것입니다. 어쨌든 글쓴이가 하고 싶은 말은 한마디일 것이니, 이를 확실하게 잡아 놓고 계속 읽어보도록 합시다.

    천하의 걱정거리는 어디에서 나오겠느냐? 잊어도 좋
을 것은 잊지 못하고 잊어서는 안 될 것은 잊는 데서 나
온다. 눈은 아름다움을 잊지 못하고, 귀는 좋은 소리를
잊지 못하며, 입은 맛난 음식을 잊지 못하고, 사는 곳은
크고 화려한 집을 잊지 못한다. 천한 신분인데도 큰 세
력을 얻으려는 생각을 잊지 못하고, 집안이 가난하건만
재물을 잊지 못하며, 고귀한데도 교만한 짓을 잊지 못하
고, 부유한데도 인색한 짓을 잊지 못한다. 의롭지 않은
물건을 취하려는 마음을 잊지 못하고, 실상과 어긋난 이
름을 얻으려는 마음을 잊지 못한다.

글쓴이는 '천하의 걱정거리'가 '잊어도 좋을 것'을 잊지 못하고
'잊어서는 안 될 것'을 잊는 데서 나온다고 보고 있습니다. 앞에서
했던 말과 같은 말을 하고 있는 것이죠? 그 뒤의 내용들은 모두
'잊어도 좋을 것'을 잊지 못하는 모습의 사례를 제시한 것이라고
할 수 있습니다. 여기서부터 방향성을 잡고 어느 정도 주제가 명
확해지는 느낌을 받으셔야 해요.

    그래서 잊어서는 안 될 것을 잊는 자가 되면, 어버이에
게는 효심을 잊어버리고, 임금에게는 충성심을 잊어버
리며, 부모를 잃고서는 슬픔을 잊어버리고, 제사를 지내
면서 정성스러운 마음을 잊어버린다. 물건을 주고받을
때 의로움을 잊고, 나아가고 물러날 때 예의를 잊으며,
낮은 지위에 있으면서 제 분수를 잊고, 이해의 갈림길에
서 지켜야 할 도리를 잊는다.

이번엔 '잊어서는 안 될 것'을 잊는 자의 사례를 제시하고 있습니
다. 두 문단에 걸쳐서, 글쓴이는 '잊어도 좋은 것'을 잊지 못하는
것은 잘못인데, '잊어서는 안 되는 것'을 잊는 것도 잘못이라는 이
야기만 반복하는 것입니다.

    먼 것을 보고 나면 가까운 것을 잊고, 새것을 보고 나
면 옛것을 잊는다. 입에서 말이 나올 때 가릴 줄을 잊고,
몸에서 행동이 나올 때 본받을 것을 잊는다. 내적인 것
을 잊기 때문에 외적인 것을 잊을 수 없게 되고, 외적인
것을 잊을 수 없기 때문에 내적인 것을 더더욱 잊는다.

계속해서 같은 말입니다. '가까운 것', '옛것', '가릴 줄', '본받을
것', '내적인 것' 등이 모두 '잊어서는 안 되는 것'이라고 할 수 있
습니다. 반대로 '먼 것', '새것', '외적인 것'은 모두 '잊어도 좋을 것'

이라고 할 수 있겠죠? '잊어도 좋을 것'은 잊지 못하고, '잊어서는
안 되는 것'은 죄다 잊어버리는 사람들의 모습을 비판적으로 제시
하고 있습니다.

    그렇기 때문에 하늘이 잊지 못해 벌을 내리기도 하고,
남들이 잊지 못해 질시의 눈길을 보내며, 귀신이 잊지
못해 재앙을 내린다. 그러므로 잊어도 좋을 것이 무엇인
지를 알고 잊어서는 안 되는 것이 무엇인지를 아는 사람
은 내적인 것과 외적인 것을 서로 바꿀 능력이 있다. 내
적인 것과 외적인 것을 서로 바꾸는 사람은, 다른 사람
의 잊어도 좋을 것은 잊고 자신의 잊어서는 안 될 것은
잊지 않는다."

-유한준, 「잊음을 논함」-

이렇게 '잊음'에 대해 제대로 행하지 못하는 사람들은 '하늘', '남
들', '귀신'에 의해 대가를 치르게 될 것이라는 것이 글쓴이의 생
각입니다. 나아가 '잊음'에 대해 제대로 행하는 사람들은 '내적인
것'과 '외적인 것'을 서로 바꾸어서, 다른 사람(외적인 것)의 '잊어
도 좋을 것'은 잊고 자신(내적인 것)의 '잊어서는 안 될 것'은 잊지
않는 바람직한 삶을 살 수 있다는 것이죠.

지나치게 복잡한 초반부 내용을 잘 정리하여 글쓴이의 내면세계
라는 주제를 인식했다면, 중후반부 내용은 모두 글쓴이의 내면세
계와 '같은 말'만 한다는 생각으로 쉽게 이해할 수 있었을 겁니다.
수필의 핵심은 결국 글쓴이가 하고자 하는 말, 혹은 깨달음을 인
식하는 것임을 잊지 맙시다.

선지	①	②	③	④	⑤
선택률	3%	60%	6%	29%	2%

51 (가)~(다)에 대한 설명으로 가장 적절한 것은? ②

① (가)는 명시적 청자에게 말을 건네는 방식으로 화자의
감정을 드러낸다.

선지 유형	근거가 없어서 허용 불가능
실전에서의 판단 과정	명시적 청자가 없는데?
해설	(가)는 화자가 바라본 외부 대상을 묘사하고 있을 뿐, '명시적 청자'에게 말을 건네는 방식을 사용하고 있지 않습니다. 애초에 너무 미시적인 내용이니 답으로 볼 이유가 없죠?

② (가)는 동일한 색채어를, (나)는 유사한 문장 구조를 반복적으로 제시하며 시상을 전개한다.

선지 유형	근거가 있어서 허용 가능
실전에서의 판단 과정	나름 거시적인 것들이네. (가)에는 푸른이 반복되었고, (나)에는 유사한 문장 구조 많네.
해설	'색채어'와 '유사한 문장 구조'는 감각적·운율적으로 묘사하는 것이 특징인 시에서 자주 등장하는 '거시적'인 내용입니다. 답의 후보라고 생각하면서 찾아보면 되겠죠? (가)를 보면 '푸른'이라는 색채어가 반복되는 것을 확인할 수 있고, (나)에서는 '~가 아니었으면', '가지가 담을 넘을 때 했을 것이다'처럼 유사한 문장 구조를 많이 확인할 수 있죠? 가볍게 답으로 고를 수 있겠네요.

③ (가)와 (나)는 모두, 사라져 가는 대상에 대한 화자의 안타까움을 드러낸다.

선지 유형	근거가 없어서 허용 불가능
실전에서의 판단 과정	안타까움은 주제가 아니지.
해설	'사라져 가는 대상에 대한 화자의 안타까움'이라는 내면세계를 발견한 적이 없습니다. 애초에 (가)의 주제는 '희망'이고, (나)의 주제는 '가지'로부터 함께 하는 것의 가치를 발견한다는 것인데 이 주제들과는 굉장히 먼 내용이니 허용하기 어렵겠네요.

④ (나)는 사물을 관조함으로써, (다)는 세태를 관망함으로써 주제 의식을 부각한다.

선지 유형	근거가 있어서 허용 불가능
실전에서의 판단 과정	(다)에서 관망한다기에는 너무 오지랖 부리고 있는 것 같은데?
해설	(나)의 화자가 '가지'라는 사물을 관조한다는 것은 조금 애매합니다. '가지'가 담을 넘는 모습을 가만히 바라보고 있는 것은 맞지만, 함께 하는 것이 가치 있다는 내면세계를 바탕으로 바라보고 있다고 할 수도 있으니까요. 하지만 (다)의 글쓴이가 세태를 '관망'한다는 건 절대로 허용하기 어렵죠? (다)의 글쓴이는 '잊음'에 대해 잘못된 태도를 가진 사람들이 많은 세태를 적극적으로 비판하는 모습을 보였어요.

⑤ (가), (나), (다)는 모두, 대상과 소통하며 문제 해결 과정을 연쇄적으로 제시한다.

선지 유형	근거가 없어서 허용 불가능
실전에서의 판단 과정	대상과 소통하는 건 (다)밖에 없지.
해설	일단 (가)와 (나)는 특정 대상과 '소통'하는 모습이 나타나지 않습니다. 여기서 바로 틀렸다고 생각할 수 있겠죠? 물론 정말 억지로나마 허용을 해보면, (가)에서는 '단청'이 빛을 잃어가는 문제의 해결 과정을, (나)에서는 '가지'가 담을 넘어야 한다는 문제의 해결 과정을 나름대로 연쇄적으로 제시하고 있다고 할 수도 있겠습니다. 물론 두 작품 모두 문제를 '해결'하기보다는 자연스럽게 '해소'되는 상황을 보여 주고 있다는 점에서 애매하기는 하지만요. 한편 (다)의 경우, 글쓴이가 '이홍'이라는 대상과 소통하고 있으며, '잊음'에 대한 문제 해결 과정을 논리적·연쇄적으로 제시하고 있다고 볼 여지가 있을 것 같습니다. 굉장히 애매하지만, '대상과 소통' 부분에서 확실한 근거를 찾을 수 있을 뿐 아니라 (가)와 (나)의 주제에 딱 들어맞지 않는 내용임을 바탕으로 지울 수 있는 선지였습니다.

선지	①	②	③	④	⑤
선택률	58%	11%	16%	9%	6%

52 〈보기〉를 참고하여 (가)를 감상한 내용으로 적절하지 <u>않은</u> 것은? ①

① '흰 벽'에 나뭇가지가 그림자로 나타나는 것은, 천년을 쇠락해 온 인간의 역사가 자연의 힘을 탐색하는 과정에서 자연의 모습에 영향을 미친 결과를 보여 주는군.

> 흰 벽에는——
> 　어련히 해들 적마다 나뭇가지가 그림자 되어 떠오를 뿐이었다.
> 　그러한 정밀*이 천년이나 머물렀다 한다.
>
> * 정밀 : 고요하고 편안함.

선지 유형	근거가 있어서 허용 불가능
실전에서의 판단 과정	자연이 인간한테 영향 주는 거라며.
해설	일단 '흰 벽'에 나뭇가지가 그림자로 나타나는 것은 맞습니다. 화자는 이러한 모습을 '정밀'로 표현하면서, 천년이라는 시간 동안 이와 같은 모습이 지속되었다는 이야기를 하고 있어요. 〈보기〉에 따르면 이 지문은 '쇠락의 과정'에서도 '생성의 기반'을 잃지 않은 인간의 역사를 보여 주고 있기 때문에, 천년 동안 지속된 '정밀'은 천년을 쇠락해 온 인간의 역사라고 할 수 있겠습니다. 이때 '흰 벽'은 인간들의 삶 속에 있는, '인간의 역사'를 대표하는 대상이라고 할 수 있습니다. 〈보기〉와 지문의 맥락을 고려하면, 이때의 '흰 벽'은 새로운 역사를 생성할 가능성을 엿보는 '문'이 있는 곳이라고 할 수 있으니까요. 그런데 지문에서는 이러한 '흰 벽'에 나뭇가지가 그림자로 나타나고 있을 뿐, '흰 벽'이 '자연의 힘을 탐색하는 과정'이 나타난다고 보기는 어렵습니다. '흰 벽'이 나뭇가지가 그림자가 된 것을 직접 탐색한 게 아니라, '이 련히'(알아서) 그렇게 된 것이니까요. 결정적으로, 〈보기〉에서 제시한 이 지문의 주제는 자연이 인간의 역사에 영향을 미친다는 것입니다. 그런데 이 선지는 인간의 역사가 자연의 모습에 영향을 미치고 있다고 했으니 절대로 허용할 수 없겠죠? 실전에서는 다른 건 몰라도 이 부분에서 바로 답으로 골라주실 수 있어야 합니다. '주제'와 반대되는 말을 하는 선지는 답이 될 수 없으니까요.

② '두리기둥'의 틈에 볕과 바람이 쓰라리게 스며드는 것을 서럽지 않다고 한 것은, 쇠락해 가는 인간의 역사가 자연이 가진 변화의 힘을 수용함을 드러내는군.

> 단청은 연년(年年)이 빛을 잃어 <u>두리기둥</u>에는 틈이 생기고, 볕과 바람이 쓰라리게 스며들었다. 그러나 험상궂어 가는 것이 서럽지 않았다.

선지 유형	근거가 있어서 허용 가능
실전에서의 판단 과정	수용했으니까 서럽지 않은 것이겠지.
해설	'두리기둥'에 틈이 생겨 볕과 바람이 쓰라리게 스며드는 것은, 〈보기〉를 고려할 때 인간의 역사가 쇠락해가는 모습이라고 할 수 있습니다. 그런데 화

자는 이렇게 '험상궂어 가는 것'이 '서럽지 않았다'고 하고 있어요. 인간의 역사가 쇠락해가는 것이 서럽지 않다는 것은, 이러한 쇠락을 낳은 '자연이 가진 변화의 힘'을 수용했기 때문에 나타난 반응이라고 할 수 있겠죠. 여러 근거들을 모으니 어렵지 않게 허용할 수 있네요.

③ '기왓장마다' 이끼와 세월이 덮여 감에도 멀리 있는 바람 소리에 귀를 기울이는 것은, 자연의 영향을 받으면서도 자연이 가진 변화의 힘에서 생성의 가능성을 찾는 모습이겠군.

> <u>기왓장마다</u> 푸른 이끼가 앉고 세월은 소리없이 쌓였으나 문은 상기 닫혀진 채 멀리 지나가는 바람 소리에 귀를 기울이는 밤이 있었다.

선지 유형	근거가 있어서 허용 가능
실전에서의 판단 과정	주제네.
해설	'기왓장마다' 이끼와 세월이 덮이는 것은, 〈보기〉를 고려할 때 인간의 역사가 쇠락해가는 모습이라고 할 수 있습니다. 그런데 〈보기〉에 따르면 이렇게 인간의 역사가 쇠락하는 것은 자연의 영향이지만, 이것을 탐색하거나 수용하여 새로운 역사를 생성할 가능성을 찾을 수 있다고 했죠? 애초에 이 지문의 주제 그 자체에 해당하는 선지이기에, 가볍게 허용할 수 있겠습니다.

④ '주춧돌 놓인 자리'에 봄이면 푸른 싹이 돋고 나무가 자라는 것은, 생성의 기반을 잃지 않은 인간의 역사가 자연과 어우러져 생성의 힘을 수용하는 모습이겠군.

> <u>주춧돌 놓인 자리</u>에 가을풀은 우거졌어도 봄이면 돌아나는 푸른 싹이 살고, 그리고 한 그루 진분홍 꽃이 피는 나무가 자랐다.

선지 유형	근거가 있어서 허용 가능
실전에서의 판단 과정	주제네.
해설	'주춧돌 놓인 자리'에는 '푸른 싹'과 '나무'가 자랍니다. 이는 쇠락의 상황에서도 생성의 기반을 잃지 않고 자연과 어우러진 인간의 역사가 생성의 힘을 수용하는 모습이라고 할 수 있겠죠? 역시 주제 그 자체이므로 어렵지 않게 허용할 수 있겠습니다.

⑤ '닫혀진 문'이 별들이 돌아오고 낡은 처마 끝에 빛이 쏟아지는 새벽에 열리는 것은, 순환하는 자연 속에서 인간의 역사를 다시 생성할 가능성이 나타남을 보여 주는군.

유달리도 푸른 높은 하늘을 눈물과 함께 아득히 흘러간 별들이 총총히 돌아오고 사납던 비바람이 걷힌 낡은 처마 끝에 찬란히 빛이 쏟아지는 새벽, 오래 <u>닫혀진 문</u>은 산천을 울리며 열리었다.

선지 유형	근거가 있어서 허용 가능
실전에서의 판단 과정	주제네.
해설	새로운 역사를 생성할 가능성을 가진 '문'이 오래 닫혀 있다가 별들이 돌아오고 빛이 쏟아지는 새벽에 열린다는 것은 그 가능성을 실현하는 모습이라고 할 수 있겠습니다. '문'이 가지고 있는 성질(열고 닫는다)과 작품의 주제를 근거로 하면 어렵지 않게 허용할 수 있겠네요.

선지	①	②	③	④	⑤
선택률	6%	12%	48%	19%	15%

53 (나)에 대한 이해로 가장 적절한 것은? ③

① [A]에서는 '얼굴 한번 못 마주친' 상황과 '손을 터는' 행위가 '한없이' 떠는 가지의 마음으로 인한 것임을 드러낸다.

선지 유형	근거가 있어서 허용 불가능
실전에서의 판단 과정	저런 게 없었다면 가지 혼자서 한없이 떨었을 것이라는 내용이지.
해설	화자는 '얼굴 한번 못 마주친' 뿌리와 '손을 터는' 꽃과 잎이 '가지'를 믿어주지 않았다면 '가지' 혼자서는 '한없이' 떨기만 했을 것이라는 인식을 보여 주고 있습니다. 일단 '가지'가 '한없이' 떨기만 한 것은 실제로 일어난 일이 아니기에 어떤 일의 원인이 될 수도 없고, 실제로 일어난 일이었다고 하더라도 '가지'가 혼자서 '한없이' 떠는 것은 '얼굴 한번 못 마주친' 뿌리와 '손을 터는' 꽃과 잎이 '가지'를 믿어주지 않았을 때의 결과이기 때문에 허용할 수 없습니다. 맥락을 제대로 독해했다면 어렵지 않게 지워낼 수 있어요.

② [B]에서는 '고집 센'과 '도리 없는'을 통해 가지가 '꿈도 꾸지 못'하게 만든 두 대상의 성격을 부각한다.

선지 유형	근거가 있어서 허용 불가능
실전에서의 판단 과정	비랑 폭설이 가지가 꿈도 꾸지 못하게 만든 게 아니잖아.
해설	화자는 [B]에서 '고집 센' 비와 '도리 없는' 폭설이 아니었다면 '가지'가 담을 넘는 것이 그리 신명 나는 일이 아니었을 것이라는 인식을 보여 주고 있습니다. 그리고 애초에 '담'이 아니었으면 '가지'가 담을 넘는 것을 '꿈도 꾸지 못'했을 것이라고 이야기하고 있죠. '담'이 아닌 비와 폭설은 '가지'가 '꿈도 꾸지 못'하는 것과 아무런 관련이 없기도 하고, 이런 요소들이 '없었으면' '가지'가 담을 넘는 것을 '꿈도 꾸지 못'했을 것이라는 이야기이기 때문에 비와 폭설이 이러한 상황을 만들었다는 선지의 내용은 허용하기 어렵겠습니다.

③ [B]에서는 '가지의 마음을 머뭇 세우'는 대상을 '신명 나는 일'에 연결하여 '정수리를 타 넘'는 행위의 의미를 드러낸다.

선지 유형	근거가 있어서 허용 가능
실전에서의 판단 과정	한마디로 가지가 담을 넘는 행위의 의미를 드러낸다는 거잖아? 주제네.
해설	맥락상, '가지의 마음을 머뭇 세우'는 대상은 '담'입니다. 그리고 '신명 나는 일'은 '가지'가 '담'을 넘는 일이에요. 이를 근거로 하면 '가지의 마음을 머뭇 세우'는 대상을 '신명 나는 일'에 연결한다는 것은 당연하게 허용할 수 있겠죠. 모두 '담'을 넘는 것과 연결되어 있으니까요! 나아가 '정수리를 타 넘'는 것 역시 '담'을 넘는 행위입니다. 이처럼 '가지'가 '담'을 넘는 행위를 여러 가지로 표현하여 그 의미를 나타내는 것이 (나)의 주제 그 자체이기 때문에, 가볍게 답으로 골라낼 수 있겠습니다.

④ [A]에서 '가지만의'와 '혼자서는'에 나타난 가지의 상황은, [B]에서 '담 밖'을 가두어 [C]에서 '획'을 긋는 가지의 모습으로 이어진다.

선지 유형	근거가 있어서 허용 불가능
실전에서의 판단 과정	담 밖을 가두는 건 가지가 아닌데?
해설	[A]에서 '가지만의'와 '혼자서는'에 나타난 가지의 상황은, '가지'가 담을 넘는 것은 가지 혼자만의 일

이 아닌 다른 여러 존재들의 도움이 필요한 일이라는 것을 의미하죠? 이것이 [C]에서 무명에 '획'을 긋는 '가지'의 모습으로 이어진다는 건 충분히 허용할 수 있겠는데, '가지'가 [B]에서 '담 밖'을 가둔다구요? '담 밖'을 가둬두는 것은 '저 금단의 담'이라는 것이 명시적으로 드러나 있기 때문에, 이를 근거로 허용할 수 없는 선지라고 할 수 있겠습니다. 결국 핵심은 독해력이에요!

⑤ [A]에서 '않았다면'과 [B]에서 '아니었으면'이 강조하는 대상들의 의미는, [C]에서 '목련'과 '감나무' 사이의 관계에서도 나타난다.

선지 유형	근거가 없어서 허용 불가능
실전에서의 판단 과정	목련이랑 감나무가 서로 협력하는 건 아닌데?
해설	[A]에서 '않았다면'과 [B]에서 '아니었으면'이 강조하는 대상들의 의미, '가지'가 담을 넘는 것을 돕는 대상들의 것이라고 할 수 있습니다. 그런데 '목련'과 '감나무'는 수양 '가지'처럼 담을 넘어서려는 손재늘을 의미할 뿐, 이들이 서로 돕거나 하는 관계를 가지고 있지는 않죠? '목련'과 '감나무'의 의미를 정확히 독해하지 못했다고 해도, 이들이 서로 협력하는 관계를 맺고 있다는 근거가 없기 때문에 허용할 수 없는 선지로 처리해주시면 되겠습니다.

선지	①	②	③	④	⑤
선택률	3%	6%	64%	17%	10%

54 ⓐ~ⓔ에 대한 설명으로 적절하지 <u>않은</u> 것은? ③

① ⓐ : 잊는 것에 대한 '나'의 생각을 전개하기 위한 물음이다.

ⓐ너는 잊는 것이 병이라고 생각하느냐? 잊는 것은 병이 아니다. 너는 잊지 않기를 바라느냐? 잊지 않는 것이 병이 아닌 것은 아니다.

선지 유형	근거가 있어서 허용 가능
실전에서의 판단 과정	저 물음 던진 뒤에 자기 생각 전개하고 있네.
해설	(다)의 글쓴이는 ⓐ의 물음을 던진 다음, '잊는 것'이 병이 아니고 '잊지 않는 것'이 병이 아닌 것은 아니라는 자신의 생각을 전개하고 있습니다.

이러한 근거를 바탕으로 하면 ⓐ는 자신의 생각을 전개하기 위한 물음이라고 할 수 있겠죠.

② ⓑ : 잊음에 대한 '나'의 생각이 어디에서 비롯된 것인지에 대한 답을 제시하기 위해 던지는 물음이다.

ⓑ그렇다면 잊지 않는 것이 병이 되고, 잊는 것이 도리어 병이 아니라는 말은 무슨 근거로 할까?

선지 유형	근거가 있어서 허용 가능
실전에서의 판단 과정	ⓑ 자체가 자기 생각이니까 허용되겠다.
해설	ⓑ는 앞에서 이야기한 글쓴이의 생각에 해당합니다. 이때 '무슨 근거로 할까?'라는 말을 하는 것을 바탕으로 하면, ⓑ는 글쓴이 자신의 생각이 어디에서 비롯된 것인지에 대한 답을 제시하기 위해 던지는 물음이라고 할 수 있겠습니다.

③ ⓒ : 잊음에 대해 '나'가 제시한 가정적 상황이 틀리지 않았음을 강조하기 위한 물음이다.

잊어도 좋을 것을 잊지 못하는 데서 연유한다. 잊어도 좋을 것을 잊지 못하는 사람에게는 잊는 것이 병이라고 치자. 그렇다면 잊어서는 안 되는 것을 잊는 사람에게는 잊는 것이 병이 아니라고 말할 수 있다. ⓒ그 말이 옳을까?

선지 유형	근거가 있어서 허용 불가능
실전에서의 판단 과정	저 가정이 틀렸다는 말을 하고 싶은 것이지.
해설	(다)의 글쓴이의 주장은 '잊어도 좋을 것'을 잊지 못하는 것과 '잊어서는 안 되는 것'을 잊는 것이 문제라는 것입니다. 그런데 ⓒ 앞의 가정은 '잊어도 좋을 것'을 잊는 것은 잘못된 것이고, '잊어서는 안 되는 것'을 잊는 것은 잘못된 것이 아니라는(병이 아니라는) 것입니다. 이는 글쓴이가 하고자 하는 말과 반대되는 가정이기 때문에, ⓒ는 이러한 가정이 틀렸다는 것을 강조하기 위한 물음이라고 할 수 있습니다.

굉장히 헷갈리는 내용을 가지고 출제하기는 했지만, 결국 평가원이 묻고자 한 것은 (다)의 글쓴이가 하고자 하는 말, 즉 '주제'를 정확하게 인식했는지였네요. |

④ ⓓ: 잊지 못하는 것과 잊어버리는 것의 관계를 대비적 표현을 통해 제시하며 잊음에 대한 '나'의 생각을 드러내는 진술이다.

> ⓓ먼 것을 보고 나면 가까운 것을 잊고, 새것을 보고 나면 옛것을 잊는다.

선지 유형	근거가 있어서 허용 가능
실전에서의 판단 과정	주제네.
해설	ⓓ에서는 '먼 것'과 '새것'은 잊지 못하는 것으로, '가까운 것'과 '옛것'은 잊어버리는 것으로 표현하고 있습니다. 이렇게 잊지 못하는 것과 잊어버리는 것의 관계를 대비시키는 방식으로 표현하여, '잊음'에 대한 글쓴이의 생각(=주제)을 드러내고 있네요.

⑤ ⓔ: 잊음의 대상을 제대로 구분하지 못할 때 일어날 수 있는 일을 열거하여 잊음에 대한 '나'의 생각이 옳음을 강조하는 진술이다.

> ⓔ그렇기 때문에 하늘이 잊지 못해 벌을 내리기도 하고, 남들이 잊지 못해 질시의 눈길을 보내며, 귀신이 잊지 못해 재앙을 내린다.

선지 유형	근거가 있어서 허용 가능
실전에서의 판단 과정	잊음의 대상을 제대로 구분하지 못하면 저런 대가를 치른다는 것이지.
해설	글쓴이는 '잊음'의 대상을 제대로 구분하는 것이 중요하다는 말을 반복하면서, 이렇게 하지 못할 경우 '하늘', '남들', '귀신'에게 대가를 치르게 될 것이라는 경고를 합니다. 이는 글쓴이의 생각이 옳음을 강조하는 진술이라고 할 수 있겠죠.

선지	①	②	③	④	⑤
선택률	8%	76%	7%	7%	2%

55 ㉠과 ㉡에 대한 이해로 가장 적절한 것은? ②

> 기왓장마다 푸른 이끼가 앉고 세월은 소리없이 쌓였으나 ㉠문은 상기 닫혀진 채 멀리 지나가는 바람 소리에 귀를 기울이는 밤이 있었다.

> 이를테면 수양의 늘어진 ㉡가지가 담을 넘을 때
> 그건 수양 가지만의 일은 아니었을 것이다

– ㉠은 닫혀진 채로 '멀리 지나가는 바람 소리'에 귀를 기울이는 존재였고, ㉡은 여러 존재들의 도움을 받아 '담'을 넘는 존재였습니다. 모두 각 작품의 주인공이라고 할 만한 대상들이죠? 가볍게 해결해봅시다.

① ㉠은 주변 대상의 도움을 받으며 미래로 나아가고, ㉡은 주변 대상에게 도움을 주며 미래를 대비한다.

선지 유형	근거가 있어서 허용 불가능
실전에서의 판단 과정	㉡은 주변 대상의 도움을 받지.
해설	일단 ㉠은 주변 대상의 도움을 받지 않고 가만히 닫혀진 채 '바람 소리'를 듣고 있는 존재입니다. 마지막에 열리는 것(미래)도 누군가의 도움을 받아 나아간 것은 아니었죠? 나아가 ㉡은 주변 대상에게 도움을 받는 존재라는 것이 확실하기 때문에, 이를 근거로 하면 ㉡이 주변 대상에게 도움을 준다는 것도 허용하기 어렵죠.

② ㉠은 자신의 자리를 지켜 내는, ㉡은 자신의 영역을 확장하는 모습을 보인다.

선지 유형	근거가 있어서 허용 가능
실전에서의 판단 과정	문은 가만히 있을 거고, 가지는 담을 넘네.
해설	㉠은 자신의 자리를 지키고 가만히 닫혀 있는 존재입니다. 그에 비해 ㉡은 '담'을 넘어 자신의 영역을 확장하는 모습을 보이는 존재죠? 이러한 생각을 근거로 하면 가볍게 허용할 수 있겠네요.

③ ㉠은 주변과 단절된 상황을 극복하려 하고, ㉡은 외부의 간섭을 최소화하려 한다.

선지 유형	근거가 있어서 허용 불가능
실전에서의 판단 과정	㉡은 외부의 간섭을 최대한 이용하지.
해설	일단 ㉠이 주변과 '단절된 상황'이라는 것을 허용할 근거가 없습니다. 오히려 '이끼'가 껴 있고 '바람 소리'를 듣고 하는 것을 보면 주변과 연결되어 있다고 보는 것이 더 적절하겠죠. 한편 ㉡은 외부의 간섭(도움)을 잔뜩 받아 '담'

을 넘는 존재이기 때문에, 외부의 간섭을 최소화하려 한다는 것은 절대 허용할 수 없겠습니다.

④ ㉠과 ㉡은 외면의 변화를 통해 내면의 불안을 감추려 한다.

선지 유형	근거가 없어서 허용 불가능
실전에서의 판단 과정	뭔 헛소리야.
해설	㉠은 닫혀진 상태 그대로라는 점에서, '외면의 변화'를 허용하기 어렵습니다. 나아가 ㉠이 '내면의 불안'을 가지고 있거나 그것을 감추려 한다는 것은 도저히 근거를 찾을 수 없는 내용이죠? ㉡의 경우에도, 그냥 '담'을 넘을 뿐 '외면의 변화'를 보이지는 않습니다. 나아가 ㉡이 '내면의 불안'을 가지고 있거나 감추려 한다는 것도 근거를 찾기 어려운 해석이죠?

⑤ ㉠과 ㉡은 과거의 행위에 대해 반성하는 모습을 보인다.

선시 유형	근거가 없어서 어용 불가능
실전에서의 판단 과정	얘들이 뭘 잘못했냐.
해설	㉠과 ㉡은 아무런 잘못을 하지 않았고, 스스로의 내면을 성찰하지도 않았습니다. 과거의 행위에 대해 '반성'하는 모습을 보인다는 것을 허용할 근거를 도저히 찾아볼 수 없으니 어렵지 않게 지워낼 수 있겠네요.

선지	①	②	③	④	⑤
선택률	12%	8%	12%	31%	37%

56 〈보기〉를 참고하여 (나), (다)를 감상한 내용으로 적절하지 **않은** 것은? [3점] ⑤

① (나)는 '수양'을 부분으로 나눠 살피고 부분들의 관계가 '혼연일체'라는 것을 발견해 수양이 하나의 통합된 대상이라는 인식을 드러내는군.

이를테면 수양의 늘어진 가지가 담을 넘을 때
그건 수양 가지만의 일은 아니었을 것이다
얼굴 한번 못 마주친 애먼 뿌리와
잠시 살 붙였다 적막히 손을 터는 꽃과 잎이
혼연일체 믿어주지 않았다면
가지 혼자서는 한없이 떨기만 했을 것이다

선지 유형	근거가 있어서 허용 가능
실전에서의 판단 과정	뿌리, 꽃, 잎이 혼연일체라고 했네.
해설	(나)의 화자는 '수양'을 '뿌리', '꽃', '잎'이라는 부분으로 나눠 살피고, 이들이 모두 '혼연일체' 가치를 믿어주었다는 것을 발견합니다. 이는 선지에서 말하는 것처럼 '수양'이 사실은 하나의 통합된 대상이라는 인식을 드러낸다고 할 수 있겠죠?

② (다)는 '잊어도 좋을 것'과 '잊어서는 안 될 것'에 대해 사유하여 타인과 자신의 관계 속에서 지켜야 할 자세에 대한 깨달음을 드러내는군.

선지 유형	근거가 있어서 허용 가능
실전에서의 판단 과정	충성심, 의로움, 예의 같은 거 나왔지.
해설	(다)의 글쓴이는 '잊음'에 대해 사유하면서, 타인과 자신의 관계 속에서 지켜야 할(=잊으면 안 되는) 자세에 대한 깨달음을 드러내고 있습니다. 3문단의 내용들이 이에 대한 예시라고 할 수 있겠죠? 이런 선지를 빠르게 판단하기 위해서라도, 수필의 경우에는 지문 내용을 정독하는 태도가 필요합니다.

③ (다)는 '내적인 것과 외적인 것을 서로 바꾸는 사람'의 특성에 주목해 잊음의 본질에 대한 깨달음이 바람직한 삶의 태도를 이끈다는 인식을 드러내는군.

그렇기 때문에 하늘이 잊지 못해 벌을 내리기도 하고, 남들이 잊지 못해 질시의 눈길을 보내며, 귀신이 잊지 못해 재앙을 내린다. 그러므로 잊어도 좋을 것이 무엇인지를 알고 잊어서는 안 되는 것이 무엇인지를 아는 사람은 내적인 것과 외적인 것을 서로 바꿀 능력이 있다. 내적인 것과 외적인 것을 서로 바꾸는 사람은, 다른 사람의 잊어도 좋을 것은 잊고 자신의 잊어서는 안 될 것은 잊지 않는다."

선지 유형	근거가 있어서 허용 가능
실전에서의 판단 과정	저런 사람이 좋은 사람이라는 내용이었지.
해설	(다)의 글쓴이는 '내적인 것과 외적인 것을 서로 바꾸는 사람'은 '잊음'의 대상을 제대로 구분하는 바람직한 삶을 살 것이라고 보고 있습니다. 이러한 사람은 (다)의 글쓴이가 생각하는 이상적인 인간상에 해당하니, 어렵지 않게 허용할 수 있겠죠?

④ (나)는 '담쟁이 줄기'의 속성에 주목해 담쟁이 줄기가
담을 넘을 수 있다는, (다)는 잊어서는 안 될 것을 잊는
데 주목해 '내적인 것'을 잊으면 '외적인 것'에 매몰된
다는 인식을 드러내는군.

> 그러니까 목련 가지라든가 감나무 가지라든가
> 줄장미 줄기라든가 담쟁이 줄기라든가
> 가지가 담을 넘을 때 가지에게 담은
> 무명에 획을 긋는
> 도박이자 도반*이었을 것이다
>
> * 도반 : 함께 도를 닦는 벗.

먼 것을 보고 나면 가까운 것을 잊고, 새것을 보고 나
면 옛것을 잊는다. 입에서 말이 나올 때 가릴 줄을 잊고,
몸에서 행동이 나올 때 본받을 것을 잊는다. 내적인 것
을 잊기 때문에 외적인 것을 잊을 수 없게 되고, 외적인
것을 잊을 수 없기 때문에 내적인 것을 더더욱 잊는다.

선지 유형	근거가 있어서 허용 가능
실전에서의 판단 과정	담쟁이 줄기도 담 넘을 수 있는 존재로 나온 것이고, 내적인 것을 잊으면 외적인 것을 잊을 수 없게 된다고 했네.
해설	(나)의 화자는 '목련 가지', '감나무 가지', '줄장미 줄기', '담쟁이 줄기' 등도 모두 '수양 가지'처럼 담을 넘는 '도박이자 도반'을 하는 존재로 표현하고 있습니다. 이를 근거로 하면 '담쟁이 줄기'가 담을 넘을 수 있다는 인식을 드러낸다고 할 수 있겠죠. 한편 (다)의 글쓴이는 '잊어서는 안 되는 것'을 잊는 상황을 비판하면서, '내적인 것'(=잊어서는 안 되는 것)을 잊으면 '외적인 것'(=잊어야 할 것)을 잊을 수 없게 된다는 인식을 드러내고 있습니다. 잊을 수 없게 된다는 것을 근거로 하면, 여기에 '매몰된다'는 해석은 충분히 허용할 수 있겠죠? 차분하게 선지에서 요구하는 방향대로 '독해'하면 해결할 수 있습니다.

⑤ (나)는 담의 의미를 사유하여 담이 '도박이자 도반'이
라는, (다)는 '예의'나 '분수'를 잊지 않아야 함에 주목
해 '잊지 않는 것이 병이 아닌 것은 아니'라는 깨달음
을 드러내는군.

> 가지가 담을 넘을 때 가지에게 담은
> 무명에 획을 긋는

도박이자 도반*이었을 것이다

* 도반 : 함께 도를 닦는 벗.

그래서 잊어서는 안 될 것을 잊는 자가 되면, 어버이에
게는 효심을 잊어버리고, 임금에게는 충성심을 잊어버
리며, 부모를 잃고서는 슬픔을 잊어버리고, 제사를 지내
면서 정성스러운 마음을 잊어버린다. 물건을 주고받을
때 의로움을 잊고, 나아가고 물러날 때 예의를 잊으며,
낮은 지위에 있으면서 제 분수를 잊고, 이해의 갈림길에
서 지켜야 할 도리를 잊는다.

선지 유형	근거가 있어서 허용 불가능
실전에서의 판단 과정	잊지 않는 것이 병이 아닌 것은 아니... 아 짜증나네. 이건 잊지 않는 것이 문제라는 거고, 예의나 분수는 잊으면 안 되는 거니까 대응이 안 되네.
해설	일단 (나)의 화자는 담의 의미를 사유하여 담이 '도박이자 도반'이라는 깨달음을 드러내고 있습니다. 지문 내용을 그대로 읊어주는 것과 다름없으니, 어렵지 않게 허용할 수 있겠죠? 한편 (다)의 글쓴이는 '예의'나 '분수'처럼 '잊어서는 안 되는 것'을 잊는 것은 문제라는 이야기를 하고 있습니다. 그런데 선지가 말하는 것처럼 '잊지 않는 것이 병이 아닌 것은 아니'라는 말은 '잊지 않는 것은 문제'라는 말과 같은 말이 됩니다. 병이 아니면 좋은 거고, 그것이 또 아니면 나쁜 것이라 볼 수 있으니까요. 하지만 (다)의 글쓴이는 지금 잊는 것이 문제라는 이야기를 하고 있지, 잊지 않는 것이 문제라는 이야기를 하는 것이 아니기에 '예의'나 '분수'를 잊지 않아야 함에 주목해 '잊지 않는 것은 문제'라는 깨달음을 드러낸다는 것은 허용하기 어렵겠습니다. 치사하게 이중 부정을 써서 헷갈리게 하는 모습입니다. 하지만 결국 묻고자 하는 것은 '독해력'이었어요. '예의'와 '분수'가 어떤 맥락에서 제시된 개념인지 확실하게 인식하고, 이것이 선지에서 묻는 잊지 않는 것이 병이 아닌 것은 아니'라는 말과 어떤 관계를 맺고 있는지를 확실하게 읽어낼 수 있어야 합니다. '잊지 않는 것이 병이 아닌 것은 아니'라는 말과 어떤 관계를 맺고 있는지를 확실하게 읽어낼 수 있어야 합니다. 이렇게 수필 지문을 통해 '독해력'을 물어보는 경향은 계속 강화될 것이니, 확실하게 준비하도록 하세요.

> **(가)**
>
> 흰 벽에는——
>
> 어련히 해들 적마다 나뭇가지가 그림자 되어 떠오를
> 뿐이었다.
>
> 그러한 정밀*이 천년이나 머물렀다 한다.
>
> * 정밀 : 고요하고 편안함.

화자는 '흰 벽'을 보고 있습니다. '흰 벽'에는 해가 들 때마다 알아서 나뭇가지의 그림자가 졌다고 해요. 이런 모습을 충분히 상상할 수 있겠죠? 화자는 이러한 풍경을 '정밀'로 표현하고 있는데, '정밀'은 무려 천년이나 머물렀다고 합니다. 즉, '흰 벽'에 해가 들 때마다 나뭇가지의 그림자가 지는 것은 천년이나 반복될 만큼 당연한 일인 것이에요.

> 단청은 연년(年年)이 빛을 잃어 두리기둥에는 틈이 생기고, 볕과 바람이 쓰라리게 스며들었다. 그러나 험상궂어 가는 것이 서럽지 않았다.

이렇게 천년이 흐를 동안, '단청'(목조건물의 무늬장식)은 매년 빛을 잃었다고 합니다. 이에 '두리기둥'에는 틈이 생기고, 그 틈으로 볕과 바람이 쓰라리게 스며들었다고 해요. 천년이라는 시간이 흘렀으니, 당연히 이렇게 낡아가는 모습을 보이겠죠?

그러나 '단청'이나 '두리기둥'은 험상궂어 가는 것, 즉 낡아가는 것이 그리 서럽지 않았다고 합니다. 본인의 쓰임이 다해가는 걸 느끼면 서러울 수도 있을 텐데, 이들은 왜 서럽지 않은 것일까요?

> 기왓장마다 푸른 이끼가 앉고 세월은 소리없이 쌓였으나 문은 상기 닫혀진 채 멀리 지나가는 바람 소리에 귀를 기울이는 밤이 있었다.

동시에 '기왓장'마다 푸른 이끼가 앉고, 세월은 소리없이 쌓입니다. 계속해서 낡아가는 모습이죠? 그런데 이 와중에 '문'은 상기(아직도) 닫혀진 채 '멀리 지나가는 바람 소리'에 귀를 기울이곤 했다고 합니다. 앞에서 낡아가는 것을 서러워하지 않던 '단청', '두리기둥' 등의 모습과 엮어서 생각하면, '문'이 바람 소리를 듣고 있는 것 역시 낡아가는 것에 개의치 않는 모습이라고 읽어낼 수 있겠습니다. 무슨 믿는 구석이 있는 것인지, 이 대상들은 모두 낡아가는 것을 크게 신경쓰지 않는 것 같아요.

> 주춧돌 놓인 자리에 가을풀은 우거졌어도 봄이면 돋아나는 푸른 싹이 살고, 그리고 한 그루 진분홍 꽃이 피는 나무가 자랐다.

그런데 '주춧돌 놓인 자리'를 보니, 봄이면 돋아나는 '푸른 싹'과 '한 그루 진분홍 꽃이 피는 나무'가 자라는 모습입니다. 비록 '가을풀'이 우거져 있는 것으로 보아 아직 제대로 된 봄이 온 것은 아니지만, 조만간 제대로 된 봄이 올 것이라는 희망적인 모습이 나타나는 것이죠.

> 유달리도 푸른 높은 하늘을 눈물과 함께 아득히 흘러간 별들이 총총히 돌아오고 사납던 비바람이 걷힌 낡은 처마 끝에 찬란히 빛이 쏟아지는 새벽, 오래 닫혀진 문은 산천을 울리며 열리었다.

그렇게 아득히 흘러갔던 별들이 돌아오고, 비바람이 걷혀 낡은 처마 끝에 찬란한 빛이 쏟아지는 '새벽'이 된 모습이에요. 이런 상황이 되자, '오래 닫혀진 문'이 산천을 울리면서 열리는 모습입니다. 그동안 '바람 소리'를 들으며 차분하게 낡아감을 감내하던 '문'이 어떤 결실을 맺은 모습이라고 할 수 있겠네요.

> ——그립던 깃발이 눈뿌리에 사무치는 푸른 하늘이었다.
>
> -김종길,「문」-

이렇게 '문'이 열리는 순간은, '그립던 깃발'이 눈뿌리에 사무치는, 즉 눈앞에 보이는 '푸른 하늘'이었다고 합니다. 화자는 '문'이 열린 뒤 '그립던 깃발'을 흔드는 상황을 기대하고 있었나 보네요. 여기서 느끼는 감각을 '푸른 하늘'이라는 청명한 이미지를 통해 드러내고 있다는 식으로 읽어낼 수 있겠죠?

> **(나)**
>
> 이를테면 수양의 늘어진 가지가 담을 넘을 때
> 그건 수양 가지만의 일은 아니었을 것이다
> 얼굴 한번 못 마주친 애먼 뿌리와
> 잠시 살 붙였다 적막히 손을 터는 꽃과 잎이
> 혼연일체 믿어 주지 않았다면
> 가지 혼자서는 한없이 떨기만 했을 것이다

화자는 '수양의 늘어진 가지'가 담을 넘는 순간을 상상하고 있습니다. '수양'은 버드나무의 한 종류를 의미하는데, 이걸 모르더라도 '가지'가 있으니 나무일 것이라 생각할 수 있어야 합니다.

어쨌든 화자는 '수양 가지'가 담을 넘는 것은 '수양 가지'만의 일은 아니었을 것이라 생각하고 있어요. 이를 위해서는 땅속에 있어 얼굴 한번 볼 수 없는 '뿌리', 잠시 살을 붙였다가 가을이 되면 떨어지는 '꽃'과 '잎'들이 '혼연일체 믿어 주'어야 한다는 것이죠. '수양 가지'가 자라기 위해서는 이렇게 많은 존재들의 도움이 필요한 것입니다. 만약 이 도움이 없었다면, '가지' 혼자서는 담을 넘을 생각도 하지 못한 채 한없이 떨기만 했겠죠. 즉, 제대로 자랄 수 없었겠죠.

> 한 닷새 내리고 내리던 고집 센 비가 아니었으면
> 밤새 정분만 쌓던 도리 없는 폭설이 아니었으면
> 담을 넘는다는 게
> 가지에게는 그리 신명 나는 일이 아니었을 것이다

이번엔 '비'와 '폭설'에 대한 이야기를 하고 있습니다. 물론 적당한 비는 좋겠지만, '한 닷새 내리고 내리던 고집 센 비'는 나무의 성장에 크게 도움을 주지 못할 겁니다. '도리 없는 폭설' 역시 그러하겠죠. 하지만 화자는 이들이 없었으면 '수양 가지'가 담을 넘는 것이 '그리 신명 나는 일이 아니었을 것'이라고 합니다.

즉, 이때 '비'와 '폭설'은 '뿌리, 꽃, 잎'처럼 '수양 가지'가 담을 넘는 데 도움을 주는 존재라기보다는, '수양 가지'로 하여금 담을 넘는 것이 '신명 나는 일'이 될 수 있도록, 즉 더 가치 있는 일이 될 수 있도록 하는 일종의 시련이라는 의미로 읽어낼 수 있어야 합니다. 어떤 것을 너무 쉽게 이뤄내는 것보다, 온갖 시련을 이겨내고 이뤄낼 때 그 성취가 더 값질 것이라고 생각할 수 있겠죠? '고집 센', '도리 없는', '신명 나는 일' 등의 표현이 가지고 있는 언어적 의미를 바탕으로 이렇게 독해할 수 있어야 합니다.

> 무엇보다 가지의 마음을 머뭇 세우고
> 담 밖을 가둬 두는
> 저 금단의 담이 아니었으면
> 담의 몸을 가로지르고 담의 정수리를 타 넘어
> 담을 열 수 있다는 걸
> 수양의 늘어선 가지는 꿈도 꾸지 못했을 것이다

이렇게 '비'와 '폭설'이 '수양 가지'가 담을 넘는 행위를 가치 있게 만들기는 하지만, 무엇보다 '수양 가지'에게 담을 넘어야겠다는 꿈을 꾸게 한 것은 '담'이라는 장애물 그 자체입니다. 이 장애물이

없었다면, 애초에 '수양 가지'는 담을 넘을 수 있다는 생각 자체를 못했을 것이니까요. 그리고 '뿌리, 꽃, 잎'들의 도움을 받고, '비, 폭설' 등의 시련을 견뎌 내지도 못했을 것이니까요.

> 그러니까 목련 가지라든가 감나무 가지라든가
> 줄장미 줄기라든가 담쟁이 줄기라든가
>
> 가지가 담을 넘을 때 가지에게 담은
> 무명에 획을 긋는
> 도박이자 도반*이었을 것이다
>
>   -정끝별, 「가지가 담을 넘을 때」-

* 도반 : 함께 도를 닦는 벗.

'수양 가지' 외에도, 다른 모든 가지 및 줄기, 나아가 우리 인간까지도 담을 넘을 때 그 담은 '무명에 획을 긋는' 것입니다. 즉, 아무 것도 아닌 '무명'에서 담을 넘었다는 하나의 성취를 이뤄내며 '획을 긋는' 존재가 될 수 있다는 것이죠. 이러한 의미에서, 가지를 포함한 우리 모두에게 담은 '도박이자 도반'입니다. 실패의 가능성이 있는 도전이라는 의미에서 '도박'이고, 우리의 성취를 도와준다는 점에서 '도반'인 것이죠. 화자가 하고 싶은 말, 즉 주제 의식이 명확한 작품이었습니다.

몰랐던 어휘 정리하기

| 핵심 point |

① **허용 가능성 평가** : 선지의 내용을 '허용'하려는 태도를 바탕으로 지문을 '독해'하며 '근거'를 찾아야 합니다. 허용할 수 있는 '근거'가 있어야만 허용할 수 있습니다. 주관적인 생각을 개입시키면 안 됩니다.

② **현대시 독해** : ⟨보기⟩의 도움 등을 통해 '주제' 위주로, 그리고 일상 언어의 감각으로 읽어내면 됩니다. 현대시도 읽을 수 있는 하나의 글입니다.

③ **수필 독해** : 운문문학과 마찬가지로, 글쓴이가 하고자 하는 말인 '주제'를 파악하는 것이 핵심입니다. 수필이 어렵게 출제될 것을 대비해, 독서 지문을 읽듯이 꼼꼼하게 읽으며 주제를 파악하는 연습을 해야 해요.

〈보기〉 확인

[보기]

　'중도적 주인공'은 자신이 속한 집단의 논리를 비판적으로 인식하면서도 집단의 논리를 따를지 여부를 결정하지 못하는 상태에 있는 인물이다. '중도적 주인공'은 인식 측면에서는 집단의 논리에 숨겨진 문제를 읽어 내는 주체적인 관점을 보인다. 그러나 행동 측면에서는 자신의 인식에 따라 적극적으로 행동하지 못하거나, 집단에 동화되지 못한 채 집단 논리의 수용 여부를 두고 머뭇거리는 모습을 보인다.

'중도적 주인공'이라는 개념에 대해 소개하는 〈보기〉입니다. 이 지문에도 이러한 인물이 나온다는 의미로 받아들일 수 있겠죠? 이러한 인물은 인식 측면에서는 자신이 속한 집단의 논리를 비판적으로 받아들이지만, 행동 측면에서는 그 인식에 따라 적극적으로 행동하지 못하거나, 집단에 동화되지 못한 채 집단 논리의 수용 여부를 두고 머뭇거리는 모습을 보인다고 해요. 머리로는 잘못된 것을 알아도 행동으로 실행할지 말지 머뭇거린다는 점에서 '중도적'이라는 표현을 쓰는 것이겠죠? 어떤 인물이 이런 모습을 보일지 기대하면서 읽어봅시다.

지문 독해

　[앞부분의 줄거리] 동림산업은 사무직 남자 사원들에게까지 제복 착용을 확대하는 정책을 시행하기로 했다. 이를 위해 준비 위원회를 결성해 전체 사원이 새로운 제복을 착용하도록 결정했으나, 그 결과에 불만을 품은 사무직 남자 사원들이 있었다.

'동림산업'이라는 회사가 배경인 것으로 보입니다. 이 회사에서는 사무직 남자 사원들에게까지 제복 착용을 확대하는 정책을 시행하기로 하고, 준비 위원회를 통해 이를 결정했습니다. 그런데 그 결과에 불만을 품은 사무직 남자 사원들이 있었다고 해요. 제복은 생산직에서 주로 입는 것이라고 생각하고 있는 사무직 남자 사원들 입장에서 제복을 입는 것이 불만스러울 수도 있겠네요. 이러한 감정이 옳다 그르다를 떠나서 일단 '그럴 수도 있겠다~'라는 마음으로 공감해주시는 것이 중요합니다.

어쨌든, 이들의 불만이 기폭제가 되어 어떠한 사건들이 일어나겠죠? 이렇게 예상한 상태로 계속 읽어보도록 합시다.

　"이미 끝난 일이야. 지금 와서 아무리 떠들어대 봤자 제복은 벌써 우리 몸에 절반쯤이나 입혀져 있어."
　민도식이 나서서 험악해진 분위기를 간신히 가라앉혔다.
　"준비 위원회를 구성하고 회의를 소집한 건 처음부터 요식 행위에 지나지 않았던 거야. 경영자 독단으로 처리하지 않고 사원들의 의사를 물어서 전폭적인 지지를 얻어 가지고 결정했다는 인상을 대내외에 풍길 필요가 있었던 거야. 이제 길은 두 가지뿐야. 나머지 절반을 찾아서 마저 몸에 꿰든가, 아니면 기왕 우리 몸에 입혀진 절반을 아예 벗어 버리든가 각자가 알아서 결정할 일이야. 저기 좀 보라고. 저 사람 아까부터 우릴 비웃고 있어. 제복 얘기 앞으로는 그만하기로 하지."
　〈생산부 공원 복장을 한〉 사내가 엇비뚜름한 자세로 이쪽을 돌아다보며 야릇한 웃음을 입가에 물고 있었다. 그를 보더니 장상태가 화를 벌컥 내면서 큰 소리로 미스 윤을 불렀다.
　"이봐, 저기 앉은 저 사람 내가 좀 보잔다고 전해!"

'민도식'이라는 인물이 나서서 이렇게 험악해진 분위기를 가라앉히고 있습니다. 어차피 준비 위원회를 통해 제복을 입는 것으로 결정되었으니, 사실상 벌써 제복의 절반쯤은 입고 있는 것이나 다름없고 자신들끼리 떠들어봤자 무의미하다는 것이죠. 그저 나머지 절반을 입을 것인지 벗어버릴 것인지, 즉 그냥 회사의 결정을 따를 것인지, 아니면 이에 저항할 것인지 결정하는 것만이 남은 일이라고 합니다.

그런데 생산부 공원 복장을 한 '사내'가 이들을 바라보며 '야릇한 웃음'을 입가에 물고 있다고 합니다. '민도식'에 따르면 계속해서 자신들을 비웃고 있다고 하는데, 이 '사내'는 왜 비웃고 있는 것일까요? 어쨌든 자신들을 비웃는다는 생각에 기분이 나빠진 '장상태'는 화를 벌컥 내면서 큰 소리로 '미스 윤'을 부릅니다.

　눈이 휘둥그레진 미스 윤이 종종걸음으로 그에게 다가가기 전에 그쪽에서 자진해서 먼저 일어섰다. 그가 충분히 알아들을 수 있을 정도로 장의 목소리가 컸던 것이다.
　"저를 부르셨습니까?"
　여전히 웃음기를 입에 문 얼굴이 장을 정면으로 상대했다.
　"당신 뭐야? 뭔데 어제부터 남의 얘길 엿듣고 비웃지, 비웃길?"

"비웃음으로 보셨다면 용서하십쇼. 엿듣고 싶은 생각
은 없었습니다. 가만히 앉아 있어도 들릴 정도로 선생
님들 말소리가 컸습니다. 말씀 내용이 동림산업에 계
신 분들 같아서 저도 모르게 관심이 갔나 봅니다."
"오오라, 그러고 보니 당신도 동림 가족의 일원이 분
명하군. 부서가 어디야?"
"생산부 제1 공장입니다. 거기서 잡역부로 근무하고
있습니다."
"이름은?"
"권입니다."
"이름이 권이다? 그럼 성까지 아주 짝을 채워 보게."
"성이 권입니다."

당연히 '미스 윤'은 깜짝 놀라 눈이 휘둥그레질 것입니다. 그런데
'미스 윤'이 '사내'에게 다가서기도 전에, '사내'가 먼저 일어납니
다. '장상태'의 목소리가 굉장히 컸나 봐요.

'사내'는 여전히 웃음기를 입에 물고 있습니다. '사내' 입장에선
이들의 모습이 그저 웃기기만 한 것 같습니다. '장상태'는 화가 나
'사내'에게 따지고, '사내'는 자신이 '동림산업'의 생산부에서 잡
역부로 근무하고 있다는 이야기를 해요. 그런데 이름을 묻는 '장
상태'에게 '사내'는 그저 '권'이라고만 대답합니다. 성이 '권'인데
이름은 굳이 가르쳐 주지 않으려고 하는 것이죠. '권'은 꽤나 기가
센 사람인 것 같습니다. 여러분도 그런 느낌을 받을 수 있으면 좋
겠어요.

만만한 상대를 만난 장은 권 씨를 <u>노리갯감으로 삼아
화풀이할 작정임을 분명히 하면서</u> 동료들에게 은밀히
눈짓을 보냈다. 함께 놀이에 끼어들라는 뜻일 것이다.
　　그러나 도식이 보기엔 첫눈에 결코 만만한 상대
　　<u>가 아니었다.</u> 그는 참을성 좋게 여전히 웃고 있었
　　다. 그것은 생산부 공원들이 본사의 사무직을 대할
　　때 일반적으로 갖는 비굴한 표정이 아니었다. 그렇
　　다고 적대감도 아닌 그것은 <u>일종의 자신감의 표현
　　임이 분명했다.</u> 〈두툼한 입술과 커다란 눈이 얼핏
[A]　눈에 띄는 특징이었다. 장상태하고 비교해서 둘이
　　서로 어금어금할 정도로 작은 체구였다. 실제 나이
　　는 장보다 두세 살쯤 위일 것 같은데 적어도 이삼
　　십 년은 더 세상을 살아 냈을 법한 관록 같은 게 엿
　　보이는 얼굴이었고, 그것이 교양이라는 것하고도
　　연결되어 잡역부라던 자기소개가 아무래도 믿어
　　지지 않는 그런 사람이었다.〉

'장상태'는 '권 씨'를 만만한 사람으로 인식하고, 그에게 화풀이할
작정으로 동료들에게 은밀히 눈짓을 보냅니다. 아무래도 사무직
인 '장상태' 입장에서는 생산부에서 일하는 '권 씨'가 만만해보일
수도 있겠죠.

하지만 [A]에 드러난 '민도식'의 생각은 다른 것 같습니다. 그는
우리가 생각했던 것처럼 '권 씨'를 만만치 않은 상대로 보고 있어
요. 참을성 좋게 웃고 있다는 점, 일반적으로 생산부 공원들이 본
사의 사무직을 대할 때 갖는 비굴한 표정을 보이지 않고 일종의
자신감의 표현을 하고 있다는 점이 그 근거가 되겠네요. 〈 〉 표시
한 부분은 '권 씨'의 외양 묘사인데, 이를 보면 '민도식'이 '권 씨'
를 얼마나 높게 평가하고 있는지 잘 알 수 있겠죠? 나아가 '민도
식'이 대고 있는 여러 근거를 통해 이 평가에 어느 정도 공감할 수
있어야 해요.

"짝을 채우기 싫다 이거지? 좋았어. 그런데 자네가 하
는 잡역 일하고 무슨 상관이 있어서 우리 얘기에 이틀
동안이나 관심이 갔지?"
"물론 상관은 없습니다. 그렇지만 한쪽에선 작업 중에
팔이 뭉텅 잘려져 나간 사람이 있고 그 팔 값을 찾아
주려고 투쟁하는 사람들이 있는 반면에 다른 한쪽에
선 몸에 걸치는 옷 때문에 자기 인생을 걸려는 분들도
계시구나 하는 생각이 들어서 그냥 지나칠 수가 없었
습니다."
그 순간 장상태의 얼굴색이 <u>하얗게 질리는 것 같았다.</u>

'장상태'는 계속해서 '권 씨'에게 시비를 겁니다. 그런데 '권 씨'는
생산부에선 팔이 잘린 사람을 위해 투쟁하는데, 여기서는 고작
옷 때문에 인생을 거는 사람이 있다는 것에 그냥 지나칠 수가 없
었다는 이야기를 해요. 이 말을 들은 '장상태'의 얼굴색은 하얗게
질릴 수밖에 없겠죠? 본인이 생각해도 '권 씨'의 입장에서는 자신
들의 불만이 웃길 만하다고 생각할 테니까요. '민도식'의 말처럼
'권 씨'는 보통내기가 아니었습니다. 말 한 마디로 상대를 제압하
는 모습이에요.

체육 대회가 열리는 제1 공장까지 가자면 다른 날보다
더 일찍 나서야 되는데도 여전히 밍기적거리고만 있는
남편 곁에서 아내는 시종 근심스런 눈초리를 거두지 않
았다. 제복 때문에 총각 사원 하나가 사표를 던졌다는
소문을 아내는 믿지 않았다. <u>사표를 제출한 게 아니라
강제로 모가지가 잘린 거라고 굳게 믿고 있었다.</u>

"까짓것 난 필요 없어. 거기 아니면 밥 빌어먹을 데 없는 줄 알아? 세상엔 아직도 유니폼 안 입는 회사가 수두룩하단 말야!"

거듭되는 재촉에 이렇게 큰소리로 대거리를 했지만 결국 민도식은 뒤늦게나마 집을 나서고 말았다.

(중략) 이후입니다. '권 씨'가 근무하다던 제1 공장에서는 체육 대회가 열린다고 해요. 평소보다 일찍 나서야 되는데도 여전히 '남편'은 밍기적거리기만 하고, '아내'는 그런 '남편'을 보며 근심스런 눈초리를 보냅니다. '아내'는 왜 근심스러울까요? 바로 제복 때문에 '총각 사원 하나'가 사표를 던졌다는 소문이 돌고 있기 때문입니다. 그런데 고작 제복 때문에 사표를 던졌다는 것은 너무나 말이 되지 않기 때문에, '아내'는 사표를 던진 게 아니라 해고를 당한 것이라고 굳게 믿고 있어요. 그리고 그 '총각 사원 하나'가 바로 평소보다도 빨리 나가야 하는데 밍기적거리고 있는 자신의 남편은 아닐까 하는 생각에 근심스러운 것이겠죠. 충분히 공감할 수 있겠죠?

그 남편은 바로 '민도식'이었습니다. '민도식'은 계속해서 재촉하는 '아내'에게 제복 안 입는 회사에 가면 된다며 큰소리를 치지만, 결국 뒤늦게나마 집을 나서고 있어요. 여기서 〈보기〉의 '중도적 주인공'이 떠오르면 좋겠습니다. '민도식'은 강제로 제복을 입히는 집단의 논리를 비판적으로 인식하기는 하지만, 그것에 따를지 말지를 결정하지 못하는 상태에 있는 것이죠. 그러니 그냥 회사를 때려치겠다며 큰소리를 치다가도 마지못해 출근하는 '중도적'인 모습을 보이고 있는 것입니다.

시내를 멀리 벗어나서 교외에 널찍하게 자리 잡은 제1 공장 앞에 당도했을 때는 벌써 개회식이 시작된 뒤였다. 공장 정문 철책 너머로 검정 곤색 일색의 운동장을 넘어다보는 순간 민도식은 갑자기 숨이 턱 막혀 옴을 느꼈다. 새로 맞춘 제복으로 단장한 남녀 전 사원이 각 부서별로 군대처럼 질서 정연하게 도열해 서서 연단에 선 지휘자의 손끝을 우러러보며 사가(社歌)를 제창하기 직전의 예비 운동으로 목청을 가다듬는 헛기침들을 하고 있었다. 이윽고 공장 일대를 한바탕 들었다 놓는 우렁찬 노래가 터지기 시작했다. 노래 부르는 사원들 모두가 작당해서 지각한 사람을 야유하는 듯한 기분이 들었다. 검정 곤색의 제복들이 일치단결해 가지고 사복 차림으로 꽁무니에 따라붙으려는 유일한 사람을 완강히 거부하는 듯한 기분에 사로잡혔다. 세상 전체가 온통 제복투성이

인 가운데 저 혼자만 외돌토리로 떨어져 있는 셈이었다. 자기 한 사람쯤 불참한다 해도 아무렇지도 않게 체육 대회 개회식은 진행될 수 있다는 사실이 민도식을 무척 화나면서도 그지없이 외롭게 만들었다. 정문으로 들어서지도 못하고 그렇다고 뒤돌아서서 나오지도 못한 채 그는 일단 멈춘 자리에 붙박여 버린 듯 언제까지고 움직일 줄을 몰랐다.

－윤흥길, 「날개 또는 수갑」－

그렇게 '민도식'은 '제1 공장 앞'에 도착하는데, 이미 개회식은 시작한 상황입니다. '민도식'은 새로 맞춘 제복으로 단장한 남녀 전 사원이 도열해 서 있는 것을 보고 숨이 턱 막혀 옴을 느껴요. '민도식'은 이렇게 획일화된 모습에 심한 거부감을 가지고 있는 것 같죠? 그러니까 제복을 그렇게까지 반대하는 것이구요.

아무튼 '민도식'은 사가를 제창하는 사원들의 목소리가 마치 지각한 자신을 야유하는 듯이 들리고, 사복 차림으로 꽁무니에 따라붙으려는 유일한 사람인 자신을 완강히 거부하는 듯한 기분에 사로잡힙니다. 사실 사원들은 별 생각없이 노래를 부르고 있는 것인데, '민도식'이 획일화된 사원들의 모습에 큰 거부감을 느끼고 있으니 이와 같이 느껴지는 것이겠죠. 이렇게 자신이 없어도 아무렇지 않게 행사가 진행될 수 있다는 사실은 '민도식'에게 큰 화와 외로움을 가져다줍니다. '민도식'의 입장에서는 마치 획일화된 집단이 개인의 개성을 짓밟는 것 같다는 생각이 든 것이겠죠.

'민도식'은 '중도적 주인공'답게, 정문으로 들어서지도 못하고 그렇다고 뒤돌아서서 나오지도 못한 채 가만히 서 있기만 합니다. 〈보기〉에서 말한 것처럼, 집단에 동화되지 못한 채 집단 논리의 수용 여부를 두고 머뭇거리는 모습을 보이는 것이죠. 그리고 이렇게 갈등하며 가만히 서 있을 수밖에 없는 '민도식'의 모습에 공감하는 것도 어렵지 않겠죠?

선지	①	②	③	④	⑤
선택률	3%	2%	3%	90%	2%

57 [A]의 서술상의 특징으로 가장 적절한 것은? ④

– [A]는 '민도식'의 시선에서 '권 씨'에 대한 평을 내리는 부분이었습니다. '민도식'은 '장상태'와 달리 '권 씨'를 만만하지 않은 상대로 평가했어요. 이 내용과 관련된 것을 답으로 골라봅시다.

① 인물의 행위를 사실적으로 그려 내어 내적 갈등을 표면화하고 있다.

선지 유형	근거가 없어서 허용 불가능
실전에서의 판단 과정	무슨 내적 갈등을 표면화해?
해설	'권 씨'가 웃고 있다는 행위를 사실적으로 그려 냈다고는 할 수 있겠지만, '민도식' 혹은 '권 씨'의 내적 갈등을 표면화하지는 않습니다. 애초에 [A]에서는 그 누구의 내적 갈등도 드러나지 않는다고 보는 게 옳겠죠.

② 과거와 현재를 교차하여 인물이 겪는 인식의 변화를 드러내고 있다.

선지 유형	근거가 없어서 허용 불가능
실전에서의 판단 과정	과거가 어딨어.
해설	애초에 과거에 대한 묘사가 전혀 없습니다. 인식의 변화도 허용하기 어렵구요.

③ 공간적 배경을 구체적으로 묘사하여 인물이 처한 상황을 드러내고 있다.

선지 유형	근거가 없어서 허용 불가능
실전에서의 판단 과정	외양 묘사밖에 없는데?
해설	'권 씨'에 대한 외양 묘사는 있지만, 공간적 배경을 구체적으로 묘사한 부분은 없습니다.

④ 서술자가 특정 인물의 시선을 통해 인물의 특징을 관찰하여 알려 주고 있다.

선지 유형	근거가 있어서 허용 가능
실전에서의 판단 과정	민도식의 시선으로 권 씨의 특징을 관찰했지.
해설	미리 생각한 내용 그 자체죠? 서술자가 '민도식'이라는 특정 인물의 시선을 통해 '권 씨'라는 인물의 특징을 관찰하여 알려 주고 있습니다.

⑤ 서술자가 인물의 경험을 삽화 형식으로 나열하여 사건을 입체적으로 보여 주고 있다.

선지 유형	근거가 없어서 허용 불가능
실전에서의 판단 과정	삽화 형식으로 나열은 완전 헛소리네.
해설	'민도식'이든 '권 씨'든 누군가의 경험을 삽화 형식으로 나열한 모습이 보이지는 않습니다. 그저 '민도식'이 현재 상황에서 바라본 '권 씨'에 대한 평가가 드러나 있을 뿐이에요.

선지	①	②	③	④	⑤
선택률	5%	4%	83%	5%	3%

58 ㉠이 이미아 관련하여 윗글을 이해한 내용으로 적절하지 않은 것은? ③

> ㉠나머지 절반

– '민도식'은 이미 준비 위원회를 통해 결정된 바에 따라 제복의 절반은 입고 있은 것이나 다름없고, ㉠을 찾아서 마저 입든지 아니면 몸에 입혀진 절반을 아예 벗어 버리든지 결정해야 한다고 말했습니다. 요컨대 ㉠을 수용하는 것은 제복을 입어야 한다는 회사의 결정에 따르기로 결심하는 것과 다름없다는 거예요. 이를 바탕으로 문제를 풀어봅시다.

① '이미 끝난 일이야'라는 말로 보아, 남자 사원들 중에 ㉠을 마저 입을지를 결정해야 하는 상황에 직면했다고 생각하는 사람이 있음을 알 수 있다.

선지 유형	근거가 있어서 허용 가능
실전에서의 판단 과정	그게 바로 민도식이지.
해설	'민도식'은 '이미 끝난 일이야'라고 말하면서, ㉠을 마저 입을지를 결정해야 하는 상황에 직면했다고 주장합니다. 이 내용을 그대로 선지화하고 있네요.

② '험악해진 분위기'로 보아, ㉠과 관련된 문제로 남자
사원들 사이에 소란스러운 일이 있었음을 알 수 있다.

선지 유형	근거가 있어서 허용 가능
실전에서의 판단 과정	그렇겠지.
해설	'민도식'이 간신히 가라앉힌 '험악해진 분위기'는 당연히 ㉠과 관련된 문제로 인해 격앙된 남자 사원들이 만들어낸 것이라고 생각할 수 있습니다. 구체적으로 어떤 일인지는 몰라도, 소란스러운 일이 있었으니 '험악해진 분위기'가 형성되었다는 것은 어렵지 않게 허용할 수 있겠죠?

③ '그냥 지나칠 수가 없었습니다'라는 말로 보아, 권 씨
도 남자 사원들과 마찬가지로 ㉠을 마저 입을지를 선
택하는 일이 무엇보다 중요한 문제라고 생각하고 있
음을 알 수 있다.

선지 유형	근거가 있어서 허용 불가능
실전에서의 판단 과정	㉠과 관련된 문제가 하찮다고 생각했잖아.
해설	'권 씨'가 ㉠과 관련한 대화를 하고 있는 남자 사원들 무리를 '그냥 지나칠 수가 없었'던 이유는 ㉠을 마저 입을지를 선택하는 일 따위로 고민하는 것이 웃겨서였습니다. '권 씨'가 속해 있는 생산부는 팔이 잘린 사람을 위해 투쟁하고 있는데, 이들은 고작 ㉠ 때문에 자기 인생을 걸려고 하는 것이 어이가 없다는 것이죠. 이러한 '권 씨'의 마음에 공감했다면, '권 씨'가 ㉠과 관련된 일이 무엇보다 중요한 문제라고 생각하고 있다는 말은 절대로 허용할 수 없겠습니다.

④ '총각 사원 하나'에 대한 아내의 반응으로 보아, 아내
는 총각 사원이 ㉠ 때문에 회사를 스스로 그만두었다
는 소문을 믿지 않고 있음을 알 수 있다.

선지 유형	근거가 있어서 허용 가능
실전에서의 판단 과정	그랬지.
해설	'아내'는 '총각 사원'이 ㉠ 때문에 회사에 사표를 던졌다는 소문은 전혀 믿지 않고, 그저 해고를 당한 것이라고 굳게 믿고 있었습니다. 이 때문에 '남편'을 보고서 '근심스런 눈초리'를 거두지 않았던 것이었죠? 이러한 '아내'의 마음에 공감했다면 너무나 당연하게 허용하고 넘어갈 수 있겠습니다.

⑤ '검정 곤색 일색'으로 보아, 체육 대회에 참석한 전체
사원이 ㉠을 마저 입게 되었음을 알 수 있다.

선지 유형	근거가 있어서 허용 가능
실전에서의 판단 과정	새로 맞춘 제복으로 질서 정연하게 도열했다며.
해설	'검정 곤색 일색'은 새로 맞춘 제복으로 단장한 남녀 전 사원이 각 부서별로 군대처럼 질서 정연하게 도열해 선 모습을 비유한 것입니다. 모두가 검정 곤색의 ㉠을 마저 입었기 때문에 '검정 곤색 일색'과 같은 풍경이 나온 것이겠죠. 가볍게 허용할 수 있겠습니다.

선지	①	②	③	④	⑤
선택률	4%	3%	12%	4%	77%

59 ⓐ~ⓔ에 대한 이해로 적절하지 <u>않은</u> 것은? ⑤

① ⓐ는 권 씨가 사무직 사원들의 대화에 관심이 있었음
을 나타내는 반응이다.

생산부 공원 복장을 한 사내가 엇비뚜름한 자세로 이
쪽을 돌아다보며 ⓐ <u>야릇한 웃음</u>을 입가에 물고 있었다.

선지 유형	근거가 있어서 허용 가능
실전에서의 판단 과정	관심이 있으니까 이쪽을 보면서 웃었지.
해설	'권 씨'는 사무직 직원들 쪽을 돌아다보고, 그 대화를 들으면서 ⓐ를 입가에 물고 있습니다. 이는 사무직 직원들의 대화에 관심이 있어 나타난 반응이라고 할 수 있겠죠? 실제로도 그러했구요.

② ⓑ는 장상태가 화를 내며 큰 소리로 명령하였기 때문
에 미스 윤이 드러낸 반응이다.

ⓑ<u>눈이 휘둥그레진</u> 미스 윤이

선지 유형	근거가 있어서 허용 가능
실전에서의 판단 과정	그랬지.
해설	'장상태'가 갑자기 '미스 윤'에게 화를 벌컥 내면서 '권 씨'를 부르라고 하자, '미스 윤'은 ⓑ와 같은 반응을 보입니다. 깜짝 놀랐을 '미스 윤'의 마음에 공감했던 적이 있으니 어렵지 않게 허용할 수 있겠죠?

③ ⓒ는 아내가 집을 나서지 않고 있는 남편 때문에 걱정
하여 보인 반응이다.

> ⓒ거듭되는 재촉에 이렇게 큰소리로 대거리를 했지
> 만 결국 민도식은 뒤늦게나마 집을 나서고 말았다.

선지 유형	근거가 있어서 허용 가능
실전에서의 판단 과정	걱정이 되니까 재촉을 했겠지.
해설	'아내'는 평소보다 더 서둘러야 하는데도 집을 나서지 않는 '남편'에게 근심스런 눈초리를 보냅니다. 이런 상황에서 '남편'인 '민도식'을 거듭 재촉하는 것은 당연히 '아내'겠죠? 이는 '남편'이 정말로 회사에서 해고되었을까봐 걱정하여 보인 반응이라고 할 수 있을 것입니다.

④ ⓓ는 전체 사원들이 같은 옷을 입고 군대처럼 도열한
모습을 본 민도식에게 나타난 반응이다.

> 공장 정문 철책 너머로 검정 곤색 일색의 운동장을 넘
> 어다보는 순간 민도식은 갑자기 ⓓ 숨이 턱 막혀 옴을
> 느꼈다.

선지 유형	근거가 있어서 허용 가능
실전에서의 판단 과정	그렇지.
해설	이 선지와 똑같은 생각을 하면서 이미 공감했던 감정이죠? 가볍게 허용할 수 있겠습니다.

⑤ ⓔ는 사원들이 사복을 입은 민도식에 대한 불만을 드
러내는 반응이다.

> 노래 부르는 사원들 모두가 작당해서 ⓔ지각한 사람
> 을 야유하는 듯한 기분이 들었다.

선지 유형	근거가 있어서 허용 불가능
실전에서의 판단 과정	그냥 민도식 혼자 그렇게 느낀 거지.
해설	역시 지문 독해 과정에서 미리 생각했던 내용입니다. 사실 사원들은 그저 노래를 부르고 있었을 뿐, 지각한 사람인 '민도식'을 야유하려는 의도는 없었을 것입니다. 다만 '검정 곤색 일색'의 사원들을 보고 거부감을 느낀 '민도식'의 내면세계에서 ⓔ와 같은 착각을 만들어낸 것이죠. 이러한 감정에 공감했던 기억을 근거로 하면 절대 허용할 수 없는

> 선지가 되겠습니다.

선지	①	②	③	④	⑤
선택률	5%	53%	6%	17%	19%

60 〈보기〉를 바탕으로 윗글을 감상한 내용으로 적절하지 않은 것은? [3점] ②

① 동료에게 '준비 위원회'의 '회의'에 담긴 '경영자'의 숨은 의도를 파악하여 발언하는 것을 보니, 민도식은 '동림산업'이 내세우는 논리에 대해 비판적으로 인식하는 주체적인 관점을 지니고 있다고 볼 수 있군.

선지 유형	근거가 있어서 허용 가능
실전에서의 판단 과정	경영자의 의도를 정확히 파악한 건 비판적으로 인식하는 모습이라고 할 수 있지.
해설	'민도식'은 '경영자'가 '준비 위원회'를 열었다는 표면적인 모습만 보는 것이 아니라, 그 숨은 의도까지 정확하게 파악하고 있습니다. 이는 〈보기〉에서 말한 것처럼 자신이 속한 집단의 논리를 비판적으로 인식하는 주체적인 관점을 보이는 모습이라고 할 수 있겠죠?

② 권 씨를 '노리갯감'으로 삼자는 장상태의 '눈짓'을 읽었지만 이에 선뜻 동참하지 않은 것을 보니, 민도식은 '작업 중' 사고를 둘러싼 '투쟁'과 '몸에 걸치는 옷'을 둘러싼 논쟁에 적극적으로 참여하고 있지 않다고 볼 수 있군.

선지 유형	근거가 있어서 허용 불가능
실전에서의 판단 과정	장상태의 눈짓에 동참하지 않는 거랑 저 논쟁에 적극적으로 참여하지 않는 거랑 뭔 상관이야.
해설	'민도식'은 '권 씨'를 노리갯감으로 삼자는 '장상태'의 눈짓을 읽었지만, 이에 선뜻 동참하지 않습니다. '민도식'이 이러한 행동을 하게 된 근거는 무엇인가요? 그렇죠. [A]에서 잘 드러나듯이, '민도식'이 보기에 '권 씨'는 결코 만만한 상대가 아니었기 때문이었습니다. 그런데 이 선지에서는 이를 통해 '민도식'이 작업 중 사고를 둘러싼 투쟁과 몸에 걸치는 옷을 둘러싼 논쟁에 적극적으로 참여하고 있지 않다는 것을 알 수 있다고 합니다. 일단 '민도식'은 생산부 직원이 아니기 때문에, 작업 중 사고를 둘러싼 투쟁에는 당연히 적극적으로 참여하지 않을 것입니다. 하지만 몸에 걸치는 옷, 즉 제복을 둘러싼 논쟁에는

먼저 나서는 등 적극적으로 참여하고 있죠? 여기서부터 틀린 선지인 데다가, 이게 만약 맞는 말이었다고 해도 '장상태'의 눈짓에 동참하지 않은 것과는 아무런 상관이 없는 내용이기에 허용하기 어려운 선지입니다.

결국 소설의 〈보기〉 문제에서 묻고자 하는 것은 '심리·행동의 근거'입니다. 단순히 선지에 나온 말 하나하나가 맞냐 틀리냐를 고민하는 데에서 그치지 말고, 선지에서 묻는 심리나 행동의 '근거'가 적절한지까지 고민하는 습관을 들이셔야 한다는 것, 절대 잊지 마세요.

③ 아내에게 '큰소리'로 자신의 생각을 말하면서도 '뒤늦게나마 집을 나서'는 것을 보니, 민도식은 '동림산업'의 문제를 인식하고 있으면서도 회사를 떠나지 못하는 상황에 놓여 있다고 볼 수 있군.

선지 유형	근거가 있어서 허용 가능
실전에서의 판단 과정	그러네.
해설	지문을 읽으면서부터 미리 생각했던 내용이었습니다. '아내'에게 자신의 비판적인 관점을 말할 정도로 집단의 논리에 숨겨진 문제를 잘 인식하면서도, 결국 집을 나서는 것은 '민도식'이 적극적으로 행동하지 못하고 집단의 논리에 따를 수밖에 없는 상황에 놓여 있음을 잘 보여 준다고 할 수 있겠죠.

④ '사복 차림'으로 체육 대회에 가지만 자신을 '꽁무니에 따라붙으려는' 사람이라고 생각하는 것을 보니, 민도식은 집단의 논리를 거부하고 싶지만 집단에 소속되고 싶은 마음도 지니고 있다고 볼 수 있군.

선지 유형	근거가 있어서 허용 가능
실전에서의 판단 과정	꽁무니에 붙으려는 건 어쨌든 소속되고 싶어하는 마음이라고 할 수 있겠다.
해설	'민도식'이 '사복 차림'으로 체육 대회에 간 것은 제복을 입으라는 집단의 논리를 어느 정도 거부하려는 의지를 표현한 것이라고 할 수 있습니다. 하지만 그러면서 자신을 '꽁무니에 따라붙으려는' 사람으로 생각하고, 자신 없이도 체육 대회 개회식이 진행될 수 있다는 사실에 화를 내고 외로움을 느끼고 있어요. 이는 동시에 집단에 소속되고 싶은 마음도 지니고 있기 때문이라고 할 수 있겠죠? 이 역시 집단 논리의 수용 여부를 두고 머뭇거리는 '민도식'의 '중도적 주인공'으로서의 면모가 드러나는 모습이라고 볼 수 있을 것입니다.

⑤ '제1 공장' 정문 앞에서 '붙박여 버린 듯' 움직이지 않는 모습을 보니, 민도식은 '동림산업'의 정책에 대한 비판을 적극적인 행동으로 옮길지 여부를 결정하지 못하고 있다고 볼 수 있군.

선지 유형	근거가 있어서 허용 가능
실전에서의 판단 과정	어떻게 해야 할지 몰라서 가만히 서 있던 거지.
해설	'민도식'은 자기 자신이 없어도 질서 정연하게 진행되는 개회식의 모습을 보면서, 정문 앞에 멈춰 갈등하며 가만히 서 있습니다. 이는 〈보기〉에서 말하는 것처럼, '민도식'이 '동림산업'이라는 집단의 정책, 즉 논리에 대해 가지고 있는 비판적 인식을 적극적인 행동으로 옮길지 여부를 결정하지 못했기 때문이라고 할 수 있겠죠. 그대로 돌아서서 회사를 그만두거나, 제복을 입은 사원들 사이로 들어가서 항의를 하는 등의 적극적인 행동을 하지 못하고 머뭇거리는 모습에서 '중도적 주인공'이라는 이름을 붙일 수 있다는 것이 〈보기〉의 내용인 것이에요.

몰랐던 어휘 정리하기

| 핵심 point |

① **허용 가능성 평가** : 선지의 내용을 '허용'하려는 태도를 바탕으로 지문을 '독해'하며 '근거'를 찾아야 합니다. 허용할 수 있는 '근거'가 있어야만 허용할 수 있습니다. 주관적인 생각을 개입시키면 안 됩니다.
② **소설 독해** : '심리와 행동의 근거'를 바탕으로 인물에게 '공감'하며 읽어야 합니다. 이 과정이 물흐르듯 이어지면 지문의 내용을 완벽하게 이해할 수 있어요.

지문 내용 총정리

인물의 입체적이고 복잡한 심리에 공감하면서 읽을 수 있는지 묻는 전형적인 현대소설 지문이었습니다. 문제를 풀 때 단순한 내용일치 문제로 접근하는 것이 아니라, 인물의 내면세계에 제대로 공감하고 있는지를 묻는다는 생각으로 접근해야 쉽게 해결이 될 것입니다. 여러분은 후자였길 바랍니다.

〈보기〉 확인

---[보기]---

 '어부'는 정치 현실과 거리를 둔 은자로 형상화된다. 이때 '어부 형상'은 어부 관련 소재, 행위, 정서 등의 어부 모티프와 연관하여 작품별로 공통적인 속성을 가지면서 다양한 변주를 보인다. (가)는 어부와 관련된 상황의 일부를 초점화하여 유유자적한 삶을 사는 어부를, (나)는 어부와 관련된 여러 상황을 이어 가며 흥취 있는 삶을 사는 어부를 형상화하고 있다.

'자연 예찬'이라는 전형적인 고전시가의 주제를 가진 두 지문입니다. 심지어 '어부'라는 소재를 활용하는 것은 정말 자주 나오는 내용 중 하나죠? (가)와 (나)가 각각 '유유자적한 어부', '흥취 있는 어부'의 삶을 다루고 있다는 것을 생각하면서 읽어보도록 합시다.

실전적 지문 독해

(가)
이 중에 시름없으니 어부(漁父)의 생애로다
일엽편주를 만경파(萬頃波)에 띄워 두고
인세(人世)를 다 잊었거니 날 가는 줄을 아는가
〈제1수〉

굽어보면 천심 녹수 돌아보니 만첩 청산
십장 홍진(十丈紅塵)이 얼마나 가렸는가　　[A]
강호에 월백(月白)하거든 더욱 무심(無心)하여라
〈제2수〉

청하(青荷)에 밥을 싸고 녹류(綠柳)에 고기 꿰어
노적 화총(蘆荻花叢)에 배 매어 두고
일반 청의미(一般清意味)를 어느 분이 아실까
〈제3수〉

산두(山頭)에 한운(閑雲) 일고 수중(水中)에 백구(白鷗) 난다
무심코 다정한 것 이 두 것이로다
일생에 시름을 잊고 너를 좇아 놀리라
〈제4수〉
-이현보, 「어부단가」-

필수 고전시가급으로 중요한 작품인 '어부단가'입니다. 밑줄 친 부분들 위주로 읽으면, 〈보기〉에서 말한 것처럼 '유유자적한 삶을 사는 어부'의 모습이 잘 드러난다고 할 수 있겠습니다.

(나)
때마침 부는 추풍(秋風) 반갑게도 보이도다
말술이 다나 쓰나 술병 메고 벗을 불러
언덕 너머 어촌에 내 놀이 가자꾸나
흰 두건을 젖혀 쓰고 소정(小艇)을 타고 오니
바람에 떨어진 갈대꽃 갠 하늘에 눈이 되어
석양에 높이 날아 어지러이 뿌리는데
갈잎에 닻 내리고 그물로
잔잔한 강물 속 자린은순(紫鱗銀脣)* 수없이 잡아내어
연잎에 담은 회와 항아리에 채운 술을
실컷 먹은 후에
태기 넓은 돌에 높이 베고 누웠으니
희황천지(羲皇天地)*를 오늘 다시 보는구나
잠시 잠들어 뱃노래에 깨어 보니
추월(秋月)이 만강(滿江)하여 밤빛을 잃었거늘　┐
반쯤 취해 시 읊으며 배 위로 건너오니　　　　│
강물 아래 잠긴 달은 또 어인 달인 게오　　　　│
달 위에 배를 타고 달 아래 앉았으니　　　　　[B]
문득 의심은 월궁(月宮)에 올랐는 듯　　　　　│
물외(物外)의 기이한 경관 넘치도록 보이도다　┘
청경(清景)을 다투면 내 분에 두랴마는
즐겨도 말리는 이 없으니 나만 둔가 여기노라
놀기를 탐하여 돌아갈 줄 잊었도다
아이야 닻 들어라 만조(晩潮)에 띄워 가자
푸른 물풀 위로 강풍(江風)이 짐짓 일어
귀범(歸帆)을 재촉하는 듯
아득하던 앞산이 뒷산처럼 보이도다
잠깐 사이 날개 돋아 연잎배 탄 신선된 듯
연파(烟波)를 헤치고 월중(月中)에 돌아오니
동파(東坡) 적벽유(赤壁遊)*인들 이내 흥(興)에 미치겠는가
강호 흥미(興味)는 나만 둔가 여기노라
-박인로, 「소유정가」-

* 자린은순 : 물고기를 아름답게 표현하는 말.
* 희황천지 : 복희씨(伏羲氏) 때의 태평스러운 세상.
* 동파 적벽유 : 중국 송나라 때 소식(蘇軾)이 적벽에서 했던 뱃놀이.

이번에도 지문은 길지만, 처음부터 끝까지 '흥취 있는 삶을 사는 어부'라는 하나의 주제 의식으로 전개되는 작품입니다. 이렇게 고전 시가는 주제 의식이 일정한 경우가 많아 독해하기가 쉽습니다. '추풍'과 '추월'이라는 표현에서 현재 계절이 가을이라는 것만 체크해 놓고 넘어가면 되겠습니다. 자세한 건 선지가 도와줄 것이니까요!

선지	①	②	③	④	⑤
선택률	4%	6%	7%	76%	7%

61 ㉠~㉤에 대한 이해로 적절하지 <u>않은</u> 것은? ④

① ㉠은 대구를 통해 자연 경물의 모습을 제시함으로써 한적한 분위기를 조성하고 있다.

> ㉠산두(山頭)에 한운(閑雲) 일고 수중(水中)에 백구(白鷗) 난다

선지 유형	근거가 있어서 허용 가능
실전에서의 판단 과정	대구 맞고, 자연 묘사 맞네.
해설	'~에 ~하다'라는 문장 구조를 반복하는 대구를 통해 '산두'와 '수중'이라는 자연 경물의 모습을 제시하고 있습니다. '한적한 분위기'는 애초에 주제 그 자체이니 의심하면 안 되겠죠?

② ㉡은 자연 경물을 '너'로 지칭하여 관계를 맺음으로써 이들과 동화하려는 의지를 표출하고 있다.

> 산두(山頭)에 한운(閑雲) 일고 수중(水中)에 백구(白鷗) 난다
> 무심코 다정한 것 이 두 것이로다
> ㉡일생에 시름을 잊고 너를 좇아 놀리라

선지 유형	근거가 있어서 허용 가능
실전에서의 판단 과정	너를 좇아 논다고 했으니 동화하려는 의지라고 할 수 있겠다.
해설	㉡에서 말하는 '너'는 '한운'과 '백구'라고 할 수 있습니다. 이러한 자연 경물을 '너'라고 지칭하면서, 그 자연 경물을 좇아 놀겠다는 의지를 표출하고 있죠. '좇아 놀리라'라는 표현을 근거로 하면 '동화하려는 의지'를 허용하는 것도 어렵지 않겠습니다.

③ ㉢은 자연 경물의 모습을 감각적으로 표현함으로써 물가의 아름다운 풍경을 묘사하고 있다.

> 언덕 너머 어촌에 내 놀이 가자꾸나
> 흰 두건을 젖혀 쓰고 소정(小艇)을 타고 오니
> ㉢바람에 떨어진 갈대꽃 갠 하늘에 눈이 되어
> 석양에 높이 날아 어지러이 뿌리는데

선지 유형	근거가 있어서 허용 가능
실전에서의 판단 과정	어촌의 풍경 맞지.
해설	화자는 '어촌'이라는 '물가'에 놀이를 간 상황입니다. 여기서 ㉢을 통해 자연 경물의 모습을 감각적으로 표현하고 있네요.

④ ㉣은 명령형 어미를 사용하여 '아이'가 해야 할 행동을 제시함으로써 자연 경물에 대한 인식의 변화를 촉구하고 있다.

> 청경(淸景)을 다투면 내 분에 두랴마는
> 즐겨도 말리는 이 없으니 나만 둔가 여기노라
> 놀기를 탐하여 돌아갈 줄 잊었도다
> ㉣아이야 닻 들어라 만조(晚潮)에 띄워 가자

선지 유형	근거가 없어서 허용 불가능
실전에서의 판단 과정	그냥 배 띄우라는 건데 어떻게 인식 변화 촉구냐.
해설	화자는 물가에 와서 '놀기'를 탐하고 있고, 이에 '아이'에게 '닻'을 들라고 명령하고 있습니다. 말 그대로 재밌게 놀자는 의미인 건데, 여기서 '자연 경물에 대한 인식의 변화를 촉구'하는 모습의 근거를 찾기는 어렵겠네요. 애초에 '인식 변화', '태도 변화'와 같은 말이 허용되려면 정말 명백한 근거가 필요합니다. 저런 말이 보이면 일단 의심하는 것도 좋은 전략이 될 수 있을 것 같아요.

⑤ ㉤은 유사한 놀이를 즐겼던 과거 인물과 비교함으로써 화자의 자긍심을 드러내고 있다.

> 연파(煙波)를 헤치고 월중(月中)에 돌아오니
> ㉤동파(東坡) 적벽유(赤壁遊)*인들 이내 흥(興)에 미치겠는가
>
> * 동파 적벽유 : 중국 송나라 때 소식(蘇軾)이 적벽에서 했던 뱃놀이.

선지 유형	근거가 있어서 허용 가능
실전에서의 판단 과정	소식이 즐긴 것도 내 흥에 못 미친다고 말하고 있네.
해설	화자는 '소식'이라는 과거 인물이 즐겼던 '뱃놀이'가 자신의 현재 '흥'에 미치지 못한다고 말하고 있습니다. 이는 그만큼 자신의 '흥'이 제대로라는 것을 의미하겠죠? 이를 근거로 하면 '자긍심'이라는 말을 충분히 허용할 수 있겠습니다.

선지	①	②	③	④	⑤
선택률	5%	8%	76%	6%	4%

62 [A], [B]에 대한 설명으로 가장 적절한 것은? ③

① [A]에서 화자는 달을 절대적 존재로 인식하고 강호 자연에서 '무심'한 삶을 살 수 있도록 기원하고 있다.

선지 유형	근거가 없어서 허용 불가능
실전에서의 판단 과정	지금 이미 무심하다는 거잖아.
해설	'강호에 월백'하다는 것은 그저 달이 밝다는 것을 의미하는 표현입니다. '달'을 '절대적 존재'로 인식했다는 것을 허용하기도 어렵고, 화자는 이미 '무심'한 삶을 살고 있어요. 따라서 이러한 삶을 기원한다는 것도 허용하기 힘드네요.

② [A]에서 화자는 달에 인격을 부여하여 '녹수'와 '청산'으로 둘러싸인 강호 자연의 가을 달밤 정경을 묘사하고 있다.

선지 유형	근거가 없어서 허용 불가능
실전에서의 판단 과정	달에 어떤 인격을 부여했는데?
해설	되게 그럴듯한 선지이지만, 1번 선지 해설에서 언급했듯 [A]에서 '달'은 그냥 풍경을 만드는 요소에 불과합니다. 그 어떤 의지도 보이지 않고 있기 때문에, '인격을 부여'한다는 말은 절대 허용할 수 없겠어요. 물론 뒤쪽 내용은 '가을'을 제외하고는 그 자체로 허용이 가능하겠지만요. [A] 부분 풍경을 '가을'이라고 할 만한 근거를 찾기는 어렵죠?

③ [B]에서 화자는 하늘의 달과 강물에 비친 달 사이에 놓임으로써 '월궁'에 오른 듯한 신비로움을 표현하고 있다.

선지 유형	근거가 있어서 허용 가능
실전에서의 판단 과정	[B]의 내용 그대로네.
해설	[B]를 독해해보면, '추월'(가을달)이 너무 밝아서 '밤빛'을 잃을 정도가 되어 '강물 아래 잠긴 달'이 보일 정도인 상황입니다. 화자는 강물에 비친 달 '위'에 배를 타고 하늘에 있는 달 '아래'에 앉아 마치 '월궁'에 오르는 것 같은 '의심'을 하고 있죠. 이러한 상황은 굉장히 신비로운 분위기를 자아낸다고 할 수 있겠습니다.

④ [B]에서 화자는 시간의 흐름에 따라 모양을 달리 하는 달의 특성을 활용하여 계절의 변화를 다채롭게 나타내고 있다.

선지 유형	근거가 없어서 허용 불가능
실전에서의 판단 과정	달의 모양이 변하지는 않는데?
해설	일단 '달'의 모양이 변하지도 않을 뿐 아니라, 계절적 배경은 가을로 동일합니다. '계절의 변화'를 허용하기도 어렵겠네요.

⑤ [A]와 [B]에서 강호 자연에 은거한 화자는 달을 대화 상대이면서 동시에 위안의 대상으로 여기고 있다.

선지 유형	근거가 없어서 허용 불가능
실전에서의 판단 과정	달이랑 대화하지는 않는 것 같은데?
해설	[A]와 [B] 그 어디에서도 화자가 '달'과 대화하는 모습은 나타나지 않습니다. '달'은 그저 풍경을 만드는 요소에 불과했어요. 나아가 (가)와 (나)의 화자 모두 현재 상황에 매우 만족하고 있으므로, '위안'이라는 감정을 느낄 이유가 없겠습니다. 주제와도 무관하네요.

선지	①	②	③	④	⑤
선택률	4%	50%	13%	7%	26%

63 〈보기〉를 바탕으로 (가), (나)를 감상한 내용으로 적절하지
않은 것은? [3점] ②

① (가)의 '어부'는 '십장 홍진'으로 표현된 정치 현실에서
　벗어나 뱃놀이를 즐기며 '인세'의 근심과 시름을 다 잊
　고 한가로움을 추구하려고 하는군.

이 중에 시름없으니 어부(漁父)의 생애로다
일엽편주를 만경파(萬頃波)에 띄워 두고
인세(人世)를 다 잊었거니 날 가는 줄을 아는가
　　　　　　　　　　　　　　　　〈제1수〉

굽어보면 천심 녹수 돌아보니 만첩 청산
십장 홍진(十丈紅塵)이 얼마나 가렸는가
강호에 월백(月白)하거든 더욱 무심(無心)하여라
　　　　　　　　　　　　　　　　〈제2수〉

선지 유형	근거가 있어서 허용 가능
실전에서의 판단 과정	주제네.
해설	'십장 홍진', 특히 '홍진'이 '속세'를 의미한다는 것은 당연히 알고 계실 겁니다. '어부'인 화자는 이러한 '속세'(=인세)에서 벗어나 한가로움을 추구하고 있어요. 이 지문의 주제 그 자체입니다.

② (나)의 '추풍'은 뱃놀이의 흥취를 북돋우는 자연 현상
　이고, '강풍'은 흥취의 대상을 강에서 산으로 옮겨 가
　는 자연 현상이라 볼 수 있군.

때마침 부는 추풍(秋風) 반갑게도 보이도다
말술이 다나 쓰나 술병 메고 벗을 불러
언덕 너머 어촌에 내 놀이 가자꾸나

푸른 물풀 위로 강풍(江風)이 짐짓 일어
귀범(歸帆)을 재촉하는 듯
아득하던 앞산이 뒷산처럼 보이도다

선지 유형	근거가 없어서 허용 불가능
실전에서의 판단 과정	흥취의 대상을 갑자기 왜 산으로 옮겨.
해설	일단 '추풍'이 뱃놀이의 흥취를 북돋는다는 것은 너무나 당연하게 허용할 수 있겠습니다. 하지만 '강풍'이 '흥취의 대상'을 강에서 산으로 옮긴다구요? 참고로 이 부분은 '강풍'이 불어 '앞산'이 '뒷산'처럼 보일 정도로 빠르게 움직인다는 의미입니다. 만약 이걸 읽어내지 못했다고 해도, '앞산이 뒷산처럼 보'인다는 것을 근거로 '산을 흥취의 대상으로 삼고 있다.'는 해석을 허용하기는 어렵겠죠. 화자는 그냥 '산'을 보고 있을 뿐, '산'에서 무언가 즐거움을 느끼지는 않는다는 뜻입니다. 단순히 근처에 '산'이 보인다고 맞다고 판단해버리면 안 됩니다. 맥락을 정확하게 독해할 수 있어야 해요. 나아가, 이 작품은 애초에 '어부'의 삶을 그리고 있습니다. 그런데 갑자기 '산'으로 흥취의 대상을 옮긴다는 것은 이러한 주제와도 어긋나죠. 여러모로 허용하기 힘든 선지였습니다.

③ (가)의 '일엽편주'와 (나)의 '소정'은 화자가 소박한 뱃
　놀이를 즐기고 있다는 것을 알려 주는 어부 형상 관련
　소재라고 할 수 있군.

이 중에 시름없으니 어부(漁父)의 생애로다
일엽편주를 만경파(萬頃波)에 띄워 두고
인세(人世)를 다 잊었거니 날 가는 줄을 아는가
　　　　　　　　　　　　　　　　〈제1수〉

흰 두건을 젖혀 쓰고 소정(小艇)을 타고 오니

선지 유형	근거가 있어서 허용 가능
실전에서의 판단 과정	작은 배니까 소박한 뱃놀이라고 할 수 있겠지.
해설	'일엽편주'와 '소정'은 아주 작은 배를 의미합니다. 이를 근거로 하면 '소박한 뱃놀이'를 쉽게 허용할 수 있겠죠. 이걸 몰랐다고 해도, 지문의 주제와 깊은 관련을 맺고 있으니 맞는 선지라고 판단할 수 있어야 합니다.

④ (가)의 '녹류에 고기 꿰어'에는 어부의 삶과 관련된 일부 행위를 통해 유유자적한 삶이, (나)의 '그물로', '수없이 잡아 내어', '실컷 먹은'에는 뱃놀이의 여러 상황들이 연결되어 흥취를 즐기는 삶이 나타나고 있군.

> 청하(靑荷)에 밥을 싸고 녹류(綠柳)에 고기 꿰어
> 노적 화총(蘆荻花叢)에 배 매어 두고
> 일반 청의미(一般淸意味)를 어느 분이 아실까
>
> 〈제3수〉

> 갈잎에 닻 내리고 그물로
> 잔잔한 강물 속 자린은순(紫鱗銀脣)* 수없이 잡아내어
> 연잎에 담은 회와 항아리에 채운 술을
> 실컷 먹은 후에
> 태기 넓은 돌에 높이 베고 누웠으니
> 희황천지(羲皇天地)*를 오늘 다시 보는구나

선지 유형	근거가 있어서 허용 가능
실전에서의 판단 과정	주제 그 자체네.
해설	'녹류에 고기 꿰'는 것은 '어부의 삶'과 관련된 일부 행위라고 할 수 있고, (나)의 밑줄 친 부분들은 '뱃놀이의 여러 상황들'이라고 할 수 있습니다. '유유자적한 삶'과 '흥취를 즐기는 삶'은 각 지문의 주제에 해당하니 당연히 허용할 수 있겠죠?

⑤ (가)의 '어부'는 강호 자연의 삶 속에서 홀로 자족감을 표출하고 있고, (나)의 어부는 벗들과 함께한 흥겨운 뱃놀이를 통해 만족감을 표출하고 있군.

선지 유형	근거가 있어서 허용 가능
실전에서의 판단 과정	주제네.
해설	역시 주제 그 자체를 다루고 있기에 가볍게 허용하고 넘어가시면 됩니다.

FAQ

Q (나)의 어부가 '벗들'과 함께하고 있다고 했는데, 이는 (나)의 초반부에만 잠깐 언급됩니다. 시험장에서 여기에 주목하는 게 쉽지는 않을 것 같은데, 어떻게 판단할 수 있을까요?

A 말씀하신 대로 시험장에서 '벗'의 존재를 인식하는 것은 쉽지 않습니다. 하지만 평가원은 기본적으로 지문에 있는 단어들을 활용해서 선지를 구성한다는 것을 생각해주세요. 즉, 선지에서 '벗'을 언급했다면 지문 속 어딘가에 '벗'이 있다는 가정하에 선지를 판단하면 된다는 것입니다. 시간이 있다면 빠르게 지문을 훑어 찾는 것이 가장 좋은 방법이겠지만요.

나아가, 평가원이 문학에서 제시하는 '틀린 선지'는 일반적으로 '주제'와 반대되거나 무관한 내용인 경우가 많습니다. 그런데 '벗'의 존재 여부는 이 작품의 주제에 아무런 영향을 미치지 않습니다. 따라서 '벗'의 존재와 무관하게, '해설'에서 언급한 것처럼 '주제 그 자체구나~' 하고 넘어가실 수 있어야 합니다.

Q2 그런데 선지에선 벗'들'이라고 했는데, 지문에서는 '벗'이라고만 했습니다. 벗이 여러 명이라는 근거도 없는 거 아닌가요?

A2 평가원이 그렇게 찌질하게 출제하지는 않습니다. '벗'을 불렀다는 것을 근거로 하면, '벗들'이 여러 명 나왔다는 말을 충분히 허용할 수 있을 것 같아요. (물론 제가 생각해도 출제 과정에서 조금 부주의했던 것으로 보이기는 합니다.) 나아가 '벗'이 몇 명이든 지문의 전체 주제를 해치지는 않기 때문에, 이런 부분에 과몰입해서 선지 판단을 그르치는 일은 없어야 합니다.

몰랐던 어휘 정리하기

| 핵심 **point** |

① **허용 가능성 평가** : 선지의 내용을 '허용'하려는 태도를 바탕으로 지문을 '독해'하며 '근거'를 찾아야 합니다. 허용할 수 있는 '근거'가 있어야만 허용할 수 있습니다. 주관적인 생각을 개입시키면 안 됩니다.

② **고전시가 독해** : 겁먹지 않고, 현대시를 읽듯이 읽어내면 됩니다. 현대시와 마찬가지로, 〈보기〉의 도움 등을 통해 '주제' 위주로 가볍게 읽어내면 되는 거예요. 자세한 해석은 선지가 해줄 겁니다!

| **지문 내용 총정리** |

'자연 예찬'이라는 전형적인 주제를 가진 작품들이 출제되었습니다. '자연 예찬'의 주제, 특히 '어부의 삶'을 다룬 작품들 역시 '필수 고전시가'의 일부라고 할 수 있어요. 고전시가 공부가 된 학생들이라면, 너무나 쉽고 친숙하게 읽을 수 있었어야 합니다. 나아가 '주제' 중심으로 선지를 판단하는 것을 연습하기에도 정말 좋은 지문이었네요.

2026학년도 수능

〈보기〉 확인

> **선생님:** 「수궁가」는 우화에서 판소리 사설로 발전한 작품입니다. 동물들이 인물로 등장하는 우화 속 세상에 청중의 현실 속 다양한 요소를 중첩하는 방식으로 이야기의 변모가 이루어졌어요. 이로써 부정적 면모를 지닌 다양한 인간에 대한 비판을 드러내거나, 현실감을 부여하여 인물이 처한 상황을 강조하거나, 현실이라면 불가능한 상황을 가능한 것으로 과장되게 표현하여 청중의 흥미를 높였어요.

우리가 흔히 알고 있는 '수궁가'입니다. 판소리 사설인데, 이러한 양식을 바탕으로 '인간에 대한 비판'을 드러내거나, '현실감을 부여'하여 인물이 처한 상황을 강조하거나, '과장되게 표현'하는 등 청중의 흥미를 높이기 위한 여러 장치를 사용했다고 해요. 모두 어렵지 않게 이해할 수 있는 내용들이죠? 이런 내용들이 보이면 체크할 준비를 하면서 지문을 읽어보도록 합시다.

지문 독해

> [중모리] 그때에 사슴이 발론하되 근래 인간이 하 무서워 짐승을 잡아먹기 온갖 꾀가 다 생기고 산중에 수목이 없어 은신할 곳 없어지니 각기 의견 들어 보면 방책이 있을런가 이 모임을 했사오니 수령님의 좋은 꾀를 일러 주옵소서
>
> [아니리] 호랑이가 수령 말을 듣더니마는 거두름을 피우며 오늘은 노소고하를 막론하고 자세히 말해 보라 토끼가 여짜오되
>
> [자진모리] 사냥개라 허는 것은 같은 우리 모족(毛族)으로 사람 집에 기식허니 제 무슨 아첨으로 내 잘 맡는 자랑허여 심산궁곡 층암절벽 찾고 찾어 들어와 동제간 살해만 허니 수령님 이후로는 사냥개를 있는 대로 다 잡어 잡수오면 그 덕이 모든 금수에게 미치오리다

> [아니리] 호랑이 듣더니만 다 잡어 먹었으면 네 원통함도 풀고 나도 배부른 꼴을 보련마는 일등 포수가 따러다녀 어설피 물랴다가 조총에 불이 번듯 탄환이 쑥 나오면 거 내 신세는 어쩔 것이냐

일단 [중모리], [아니리] 등을 보고 당황할 필요가 없습니다. 자세히 알고 있다면 활용하면서 읽어도 되지만, 평가원이 저걸 모른다고 문제를 틀리게 하지는 않을 테니까 말이죠. 철저하게 인물에 대한 '공감'을 바탕으로 내용을 이해해보도록 합시다.

'사슴'이 이야기를 꺼냅니다. 최근 들어 인간이 너무 무서운데 마땅한 방책이 있을까 하여 모임을 주최했다고 하네요. '호랑이'를 '수령님'이라 부르며 좋은 꾀를 알려 달라고 합니다. 처음부터 '인간에 대한 비판'이라는 '선생님의 설명' 속 내용이 제시되는 모습이죠?

어쨌든, '수령님' 소리를 듣고 기분이 좋아진 '호랑이'는 거드름을 피우며 아무나 말을 해보 라고 하고, '토끼'는 인간과 붙어 다니는 '사냥개'를 잡아 없애자는 이야기를 합니다. 그런데 '호랑이'는 인간의 조총이 무서워 그럴 수 없다고 하네요. 천하의 '호랑이'에게도 인간은 무서운 존재인 것 같습니다.

> 그때에 별주부 저기 토 선생 계시오 부른다는 것이 수로 팔천 리를 아래턱으로 밀고 오자니 아래턱이 빳빳허여 토 자가 살짝 늘어져 호 자로 되었것다 저기 호 생원 계시오 불러 놓으니 첩첩산중 호랑이가 생원 말 듣기는 제 평생 처음이라 반기 듣고 내려오는듸
>
> [엇모리] 범 내려온다 범이 내려온다 송림 깊은 골로 한 짐승이 내려온다 〈누에머리를 흔들며 양 귀 찢어지고 몸은 얼숭덜숭 꼬리는 잔득 한 발이 남고 동아 같은 뒷다리 전동 같은 앞다리 새낫 같은 발톱으로 엄동설한 백설 격으로 잔디 뿌리 왕모래를 좌르르르 흩으며 주홍 같은 입 벌리고 홍행행 허는 소리 산천이 진동하고 강산이 뒤눕고 땅이 뚝 꺼지난 듯〉 자라가 깜짝 놀래여 목을 움치고 가만히 엎졌을 제

이렇게 동물들이 의논을 하고 있을 때, '별주부'가 '토끼'를 찾으러 옵니다. 그런데 '토 선생'이라고 부르려다가 발음을 잘못하여 '호 생원'이라고 부르게 되었고, '생원' 소리에 기분이 좋아진 '호랑이'가 내려옵니다. 호랑이가 내려오는 모습이 [엇모리]를 통해 제시되고 있는데, 〈 〉 표시한 외양 묘사를 보면 '호랑이'를 아주 위엄 있는 존재로 표현하고 있다는 걸 알 수 있겠죠? 이런 모습을

본 '자라'는 당연히 깜짝 놀라 목을 움츠리고 가만히 엎드립니다. '토끼'를 불렀는데 '호랑이'가 나온 상황에서 '자라'가 느낄 공포 감에는 어렵지 않게 공감할 수 있겠죠?

[아니리] 호랑이 척 내려와 이것 무엇인고 이리 보아
　도 둥글　둥굴 저리 보아도 둥굴 둥굴아 하고 불러도
　대답이 없것다 옳다 이것 한 입가심 허여 볼까
　자라가 깜짝 놀래여 여보 당신이 뉘라 허시오
　호랑이 깜짝 놀래 에끼 이것 보아라 도리줌치 속에 배
　암 잡어 넣어 놓은 것같이 생긴 것이 인사성은 밝네 나
　는 이 산중 지키는 호 생원 어른이로다
　자라가 호랑이란 말을 듣고서 겁짐에 바로 일러 나는
　명색이 자라 새끼요

[중모리] 호랑이 반기 듣고 얼시구나 좋을시고 내 평생
　에 원하기를 왕배탕이 원일러니 오늘날 만났구나 맛진
　진미를 먹어 보자 으르르으앙 허고 달려드니 자라 듣
　고 깜짝 놀래여 아이고 내 자라 아니오 이놈 그러면 무
　엇인고 내가 두꺼비요 두꺼비 같으면 더욱 좋다 너를
　산 채로 불에 살라 술에 타 먹었으면 만병회춘 명약이
　라니 너를 먹으리라 아이고 내 남생이요 남생이 같으
　면 더욱 좋다 습기에는 제일이라 허니 너를 산 채로 먹
　으리라

[아니리] 별주부 듣고 기가 막혀 이 급살 맞어 죽을 놈이
　동의보감을 얼마나 통달허였는지 보는 대로 약 취해
　먹기로만 드니 기왕 죽을 바에는 속임수나 한번 써 보
　고 죽을 밖에 없구나 허고 목을 길게 내놓으며 네 이놈
　호랑아 내 목 나간다

'호랑이'가 내려와 '자라'를 보고 호기심을 보이며 한 입 먹어볼까 하자, '자라'는 깜짝 놀라 자신을 소개합니다. 그랬더니 '호랑이' 는 몸에 좋은 '자라'로 왕배탕을 끓여 먹자며 신나 하는 모습을 보 이고, 이에 놀란 '자라'가 자신을 '두꺼비' 혹은 '남생이'라고 말을 바꾸자 그것도 다 몸에 좋으니 맛있게 먹겠다는 말만 반복하고 있습니다.

'자라' 입장에서는 어이가 없는 상황이죠? '동의보감'을 통달했는 지 보는 대로 약 취해 먹기로만 든다는 재밌는 표현을 하면서, 이 왕 죽을 바에야 속임수나 써 보고 죽어야겠다며 '호랑이'에게 오 히려 겁을 주는 모습입니다. 2021학년도 6월 모의평가에 출제된 '황만근은 이렇게 말했다'의 내용이 떠오르시면 좋겠어요. 약자가 강자에게 강한 척을 해서 상황을 모면한다는 점에서 거의 똑같은 장면이니까요.

　호랑이 깜짝 놀래 에끼 이것 목 나온다 고만 나오시오
　하루 수천 발 나오겠소 대체 당신 명색이 무엇이오
　나는 수국 전옥주부 공신 사대손 별주부 별나리로다
　이놈 내 목 이 모양 된 내력을 들어 보아라

[자진모리] 우리 수궁 퇴락허여 영덕전 새로 질 제 일천
　팔백 칸 기와를 내 손으로 올리다가 추녀 끝에 뚝 떨어
　져 목으로 잘칵 꺼꾸러져 이 모양이 되얏기로 명의다려
　문의한즉 호랑이 쓸개를 열 보만 먹으면 목이 즉효헌다
　기로 우리 수궁 도리랑귀신 잡어 타고 호랑이 사냥을
　나왔더니 쓸개 한 보 못 주겠느냐 도리랑귀신 게 있느
　냐 이 호랑이 배 갈라라 앞으로 기어 들며 도리랑 도리
　랑 허고 달려들어 호랑이 아랫도리를 꽉 물고 뺑 돌아
　놓으니

[아니리] 호랑이 질색허여 아이고 별나리 이것 좀 놓아
　주시오 이놈 잔말 말고 쓸개만 내놓아라 호랑이 그 육
　중헌 놈이 자라에게 매달려 애걸을 허는듸

[중모리] 별나리 전에 비나이다 나는 오대독신으로 오
　십이 다 되도록 슬하 일점혈육이 없소 만일 내가 죽게
　되면 선영에 죄가 망극허오 차라리 내 왼눈이나 하나
　빼 잡수시오 이놈 잔말 말고 쓸개만 내놔라 여기만 놓
　아주면 당장에 쓸개를 드리리다

갑자기 '자라'가 목을 내놓으며 위협하자, 깜짝 놀란 '호랑이'는 도대체 정체가 뭐냐고 묻습니다. 그러면서 '자라'는 자신이 엄청 난 존재인 것처럼 혼신을 다해서 연기를 하고 있어요. [자진모리] 부분을 일종의 'skip 가능 구간'으로 생각하면서 '자라가 살아보 려고 발악하는구나'라는 느낌을 받으시면 훌륭하겠습니다.

이에 질색한 '호랑이'는 '자라'에게 제발 놓아달라는 이야기를 하 며 애걸을 합니다. 마치 인간처럼 죽으면 조상들에게 죄가 되니 살려달라며, 놓아주면 '자라'가 원하는 쓸개를 주겠다는 이야기까 지 하면서 완전히 속은 모습을 보이고 있어요.

[아니리] 별주부 가만히 생각한즉 쓸개 주겠다고 놓아
　달라는 것이 얼주검이 된 모양이라 꽉 물었던 호랑이
　아랫도리를 슬그머니 늦춰 놓으니

[휘모리] 호랑이 몽그랏다 후다닥 뛰어갈 제 급한 난리
　화살 닫듯 조총에서 철환 닫듯 오림에서 조조 닫듯 산
　을 넘고 바다 건너 훌연히 간 곳 없네

[아니리] 전라도 해남에서 냅다 뛴 놈이 의주 압록강 가
에서 숨을 내쉬고 한편을 살펴보는데 남생이 한 마리
가 뾰쪼롬허고 내다보니 별주부로 알았것다 에끼 저
놈 그 새 저기 쫓아왔구나 게서 또 후다닥 빼 놓은 것이
함경도 세수람 고개에다 덜럼 올라앉어 장담을 허것다
내 용맹이나 된 게 여기까지 살아왔지 잡놈 같았으면
하마 그놈 뱃속에 굳었으렷다

-작자 미상,「수궁가」-

'호랑이'가 완전히 속았다고 판단한 '자라'는 '호랑이'를 슬쩍 놓
아 주고, 이를 기회로 삼은 '호랑이'는 후다닥 도망갑니다. '전라
도 해남'에서 '압록강 가'까지 냅다 뛰어갔다는 내용은 '선생님의
설명'에서 말했던 '과장된 표현'의 일종이라고 할 수 있겠죠? 이
렇게 〈보기〉 혹은 그와 유사한 역할을 하는 것에서 설명한 내용
과 엮을 수 있는 부분들은 미리 생각하고 넘어가는 게 좋습니다.

아무튼, 그 와중에 '남생이'를 보고 '자라'로 착각한 '호랑이'는 또
급하게 도망가고, '함경도 세수람 고개'에서 자신의 용맹 덕에 살
았다며 허세를 부리는 모습입니다. 이렇게 허세를 부리는 모습
역시 여러 고전소설과 고전시가에서 반복되는 클리셰이니, 반갑
게 받아들일 수 있겠죠?

선지	①	②	③	④	⑤
선택률	7%	73%	7%	8%	5%

18 윗글에 대한 이해로 적절하지 <u>않은</u> 것은? ②

① 사슴이 호랑이에게 대책을 구하자 호랑이는 거드름을
부리며 다른 동물들에게 발언하게 하였다.

선지 유형	근거가 있어서 허용 가능
실전에서의 판단 과정	호랑이 기분 아주 좋았지.
해설	'사슴'이 자신을 '수령님'이라 부른 것에 기분이 좋아진 '호랑이'는 거드름을 부리며 다른 동물들에게 발언하게 했습니다. '호랑이'의 이런 모습을 상상했다면 어렵지 않게 허용하고 넘어갈 수 있겠죠?

② 호랑이가 자라의 외양에 주목하여 관심을 보이자 자
라는 호랑이보다 먼저 자신의 정체를 밝혔다.

선지 유형	근거가 있어서 허용 불가능
실전에서의 판단 과정	처음에는 무서워서 숨었잖아.
해설	단순히 '자라'보다 '호랑이'가 먼저 자신의 정체를 밝혔다는 식으로 해결하기보다는, '토끼'를 불렀는데 '호랑이'가 나오자 너무 놀라고 무서워 숨어버렸던 '자라'의 모습을 떠올리면서 해결할 수 있어야 합니다. 무서워서 숨고 아무 것도 못하는 상황에서 자신 있게 자신을 먼저 소개한다는 것은 말이 되질 않으니까요. 이렇게 수능 문학에서는 상황을 '상상'하고 그 속에 있는 인물들에게 '공감'했는지를 내용일치의 형식으로 묻는다는 걸 잊지 맙시다.

③ 자라는 자신을 해치려고 드는 호랑이에게 목을 내밀
어 놀라게 한 후 도리랑귀신을 들먹이며 맞섰다.

선지 유형	근거가 있어서 허용 가능
실전에서의 판단 과정	마지막 발악이었지.
해설	일종의 'skip 가능 구간'으로 처리했던 부분에서 등장한 내용이죠? '자라'가 '호랑이'에게 센 척을 하면서 마지막 발악을 했던 부분을 보면 '도리랑귀신'을 들먹이며 맞서는 모습을 확인할 수 있습니다.

④ 호랑이가 쓸개를 주겠다며 놓아 달라는 것을 듣고 자
라는 호랑이가 얼주검 상태가 되었다고 생각하였다.

선지 유형	근거가 있어서 허용 가능
실전에서의 판단 과정	이때를 틈타서 슬쩍 놓았지.
해설	'호랑이'가 '쓸개'를 주겠다는 말을 할 정도로 자신의 허풍에 제대로 속았다고 판단한 '자라'는 '호랑이'를 슬쩍 놓아 줍니다. 이 장면을 상상하며 읽었다면 너무나 당연하게 허용할 수 있었을 거예요.

⑤ 호랑이는 남생이가 내다보는 것을 보고 자신이 매달
려 애걸했던 자라가 자신을 쫓아왔다고 생각하였다.

선지 유형	근거가 있어서 허용 가능
실전에서의 판단 과정	마지막까지 무서워했었지.
해설	'압록강 가'에서 '남생이'를 만난 '호랑이'는 그것이 '자라'인 줄 알고 깜짝 놀라 후다닥 도망갑니다. 이러한 '호랑이'의 모습을 상상했다면 역시 어렵지 않게 허용할 수 있겠죠.

선지	①	②	③	④	⑤
선택률	2%	8%	13%	72%	5%

19 ㉠~㉢에 대한 이해로 가장 적절한 것은? ④

> 나는 ㉠이 산중 지키는 호 생원 어른이로다

> 우리 ㉡수궁 퇴락허여 영덕전 새로 질 제

> 함경도 ㉢세수람 고개에다 덜렁 올라앉아 장담을 허것다

– 이 작품에 등장한 여러 장소에 대해 묻는 문제입니다. ㉠은 '호랑이'가 왕처럼 군림하며 '자라'를 우연히 만나게 되는 장소이고, ㉡은 '자라'가 사는 곳으로 '호랑이'를 속이기 위해 언급한 장소입니다. ㉢은 '자라'를 피해 도망간 '호랑이'가 마지막 허세를 부리는 장소였죠? 이러한 생각을 바탕으로 가볍게 답을 골라봅시다.

① ㉠은 공동의 문제를 해결하기 위한 모족의 노력이 나타나는 공간으로, 이곳에서 자라와 호랑이의 화해가 이루어진다.

선지 유형	근거가 없어서 허용 불가능
실전에서의 판단 과정	자라랑 호랑이가 왜 화해해.
해설	㉠이 공동의 문제를 해결하기 위한 모족(毛族:털을 가진 네발짐승)의 노력이 나타나는 공간인 것은 맞습니다. 하지만 이곳에서 '자라'와 '호랑이'가 화해한다는 것은 말이 되질 않죠? '호랑이'는 '자라'를 무서워하면서 ㉠에서 도망치는 모습을 보였어요.

② ㉡은 자라가 자신의 내력을 소개하며 언급한 공간으로, 자라는 호랑이와의 만남을 예상하고 이곳에서 이를 대비하였다.

선지 유형	근거가 있어서 허용 불가능
실전에서의 판단 과정	전혀 예상치 못하게 만났지.
해설	㉡이 '자라'가 자신의 내력을 소개하며 언급한 공간인 것은 맞습니다. 하지만 '자라'는 '호랑이'와의 만남을 전혀 예상하지 못하고 있었죠? '토끼'를 만나려고 했는데 '호랑이'가 나오자 깜짝 놀라는 모습을 보였으니까요.

③ ㉢은 호랑이가 안도감을 나타내는 공간으로, 이곳에서 호랑이는 살아남은 것을 자신의 능력을 넘어서는 뜻밖의 행운이라고 여겼다.

선지 유형	근거가 있어서 허용 불가능
실전에서의 판단 과정	완전 허세 부렸는데 무슨 소리야.
해설	㉢은 '호랑이'가 안도감을 나타내는 공간입니다. 그러면서 자신의 용맹 덕에 살아왔다며 끝까지 허세를 부리는 공간이기도 했어요. 이를 근거로 절대 허용할 수 없는 선지네요.

④ ㉠은 자라가 자신의 행위로 인해 위험에 빠지게 된 공간이며, ㉡은 자라가 위험에서 벗어나고자 언급한 공간이다.

선지 유형	근거가 있어서 허용 가능
실전에서의 판단 과정	그러네.
해설	㉠은 '자라'가 발음을 잘못했다는 행위로 인해 '호랑이'와의 만남이라는 위험에 빠지게 된 공간입니다. ㉡은 이러한 위험에서 벗어나고자 허풍을 떤 '자라'가 언급한 공간이구요. 이 내용을 그대로 담고 있으니, 어렵지 않게 답으로 고를 수 있겠죠?

⑤ ㉠은 호랑이의 지위가 다른 존재의 발언을 통해 확인되는 공간이며, ㉢은 호랑이가 다른 존재와의 비교를 통해 자신의 위엄을 부정하는 공간이다.

선지 유형	근거가 있어서 허용 불가능
실전에서의 판단 과정	위엄 있는 척 엄청 하고 있잖아.
해설	㉠에서 '사슴'은 '호랑이'에게 '수령님'이라고 부르며 '호랑이'의 지위를 확인시켜 줍니다. 이를 근거로 ㉠과 관련된 부분은 충분히 허용할 수 있겠지만, ㉢이 '호랑이'가 자신의 위엄을 부정하는 공간이라는 건 절대 허용할 수 없죠. 오히려 '잡놈'과 같은 다른 존재와의 비교를 통해 자신의 위엄을 강조하는 공간이 ㉢이었습니다.

선지	①	②	③	④	⑤
선택률	2%	12%	73%	5%	8%

20 ⓐ~ⓕ에 대한 설명으로 가장 적절한 것은? ③

– 대놓고 시간을 끌기 위해 여러 부분을 동시에 물어보는 문제입니다. 이런 문제를 만나면 시간을 쓸 각오를 하셔야 합니다. 빨리 풀 수 있으면 다행이고, 오래 걸리는 게 당연하다고 생각하셔야 한다는 것이죠.

① ⓐ와 ⓑ는 각기 다른 주체가 예의를 갖춘 상대의 태도에 대해 보인 반응이다.

> 호랑이가 생원 말 듣기는 제 평생 처음이라 ⓐ<u>반기 들</u>고 내려오는듸

> 자라가 ⓑ<u>깜짝 놀래여</u> 목을 움치고 가만히 엎졌을 제

선지 유형	근거가 없어서 허용 불가능
실전에서의 판단 과정	호랑이가 예의를 갖추지는 않았지.
해설	ⓐ는 '호 생원'이라며 예의를 갖춰 자신을 불러 주는 '자라'의 태도에 대해 보인 반응이 맞습니다. 하지만 ⓑ는 그저 '호랑이'의 위엄 있는 모습에 놀란 것일 뿐, '호랑이'의 예의 바른 모습에 대해 보인 반응은 아니죠?

② ⓑ와 ⓒ는 동일한 주체가 상대의 당황하는 모습에 대해 보인 반응이다.

> 자라가 ⓑ<u>깜짝 놀래여</u> 목을 움치고 가만히 엎졌을 제

> 자라가 ⓒ<u>깜짝 놀래여</u> 여보 당신이 뉘라 허시오

선지 유형	근거가 없어서 허용 불가능
실전에서의 판단 과정	호랑이는 처음에 당황한 적이 없지.
해설	ⓑ와 ⓒ는 각각 '호랑이'의 위엄과 자신을 잡아 먹으려는 '호랑이'의 행동에 대해 보인 반응입니다. 이때까지는 '호랑이'가 당황하는 모습을 보인 적이 없어요.

③ ⓒ와 ⓕ는 각기 다른 주체가 상대의 말이나 행동으로 인해 생긴 위기 상황에서 보인 반응이다.

> 자라가 ⓒ<u>깜짝 놀래여</u> 여보 당신이 뉘라 허시오

> 호랑이 ⓕ<u>질색허여</u> 아이고 별나리 이것 좀 놓아주시오

선지 유형	근거가 있어서 허용 가능
실전에서의 판단 과정	그러네.
해설	ⓒ는 '호랑이'가 자신을 잡아 먹으려고 한다는 위기 상황에서 '자라'가 보인 반응이고, ⓕ는 '자라'가 자신의 쓸개를 빼려고 한다는 위기 상황에서 '호랑이'가 보인 반응입니다. 이 내용 그대로 선지화되어 있으니, 어렵지 않게 허용할 수 있겠네요.

④ ⓓ와 ⓔ는 동일한 주체가 자신의 숙원이 성취될 수 있음을 확인하면서 보인 반응이다.

> 호랑이 ⓓ<u>반기 듣고</u> 얼시구나 좋을시고

> 호랑이 ⓔ<u>깜짝 놀래</u> 에끼 이것 목 나온다 고만 나오시오

선지 유형	근거가 없어서 허용 불가능
실전에서의 판단 과정	ⓔ는 진짜 놀란 건데?
해설	ⓓ는 '호랑이'가 왕배탕을 먹어보고자 하는 자신의 숙원이 성취될 수 있음을 확인하면서 보인 반응입니다. 하지만 ⓔ는 갑자기 '자라'의 목이 튀어나온 것을 보고 정말로 놀라는 반응이었죠? ⓔ는 선지 내용과 아무런 관련이 없기에 답이 될 수 없네요.

⑤ ⓔ와 ⓕ는 동일한 주체가 상대의 예상 밖 제안에 대해 보인 반응이다.

> 호랑이 ⓔ<u>깜짝 놀래</u> 에끼 이것 목 나온다 고만 나오시오

> 호랑이 ⓕ<u>질색허여</u> 아이고 별나리 이것 좀 놓아주시오

선지 유형	근거가 없어서 허용 불가능
실전에서의 판단 과정	언제 제안을 했냐.

해설	ⓔ는 '자라'의 목이 튀어 나온 것을 보고 놀라는 반응이고, ⓕ는 '자라'가 자신의 쓸개를 빼려고 한다는 위기 상황에서 '호랑이'가 보인 반응입니다. 두 상황에서 모두 '자라'라는 상대의 제안이 나오지는 않았죠.

선지	①	②	③	④	⑤
선택률	8%	50%	26%	13%	3%

21 다음에 제시된 선생님의 설명을 참고하여 윗글을 감상한 내용으로 적절하지 <u>않은</u> 것은? [3점] ②

① '사냥개'에 대한 토끼의 평가에서, 현실에서 사냥개가 사람에게 길들여진 것을 우화 속 상황에 중첩함으로써 강자의 환심을 사 이익을 얻는 인간에 대한 비판이 드러남을 알 수 있군.

> 사냥개라 허는 것은 같은 우리 모족(毛族)으로 사람 집에 기식허니

선지 유형	근거가 있어서 허용 가능
실전에서의 판단 과정	그렇게 볼 수도 있겠다.
해설	단순히 '사냥개'에 대한 비판이라고만 생각했는데, '선생님의 설명'을 참고하면 이를 작품 속 '인간'과 같은 강자의 환심을 사 이익을 얻는 인간에 대한 비판이 드러난다고도 할 수 있겠습니다. 미리 생각하기는 어렵지만, '선생님의 설명'을 근거로 하면 충분히 허용할 수 있는 해석이네요.

② 자라가 '동의보감'을 떠올린 데서, 현실의 의서를 우화 속 상황에 중첩함으로써 명약을 탐하는 속내를 지식을 내세워 숨기는 위선적 인간에 대한 비판이 드러남을 알 수 있군.

> 별주부 듣고 기가 막혀 이 급살 맞어 죽을 놈이 동의보감을 얼마나 통달허였는지

선지 유형	근거가 있어서 허용 불가능
실전에서의 판단 과정	호랑이는 명약을 탐하는 속내를 숨긴 적이 없는데?

해설	'자라'가 '동의보감'을 떠올린 것은 자신을 무엇이라 소개하든 전부 명약이라고 생각하며 먹으려고만 하는 '호랑이'가 어이없었기 때문입니다. 이처럼 '호랑이'는 '명약을 탐하는 속내'를 숨긴 적이 없었기에, 이를 근거로 하면 명약을 탐하는 속내를 숨기려는 인간에 대한 비판이라는 이 선지의 해석은 허용하기 어렵겠네요. 결국 또 '호랑이'의 내면세계 및 그로 인해 '동의보감'을 떠올리게 된 '자라'의 내면세계에 대해서 묻는 문제였습니다.

③ '포수'에 대한 호랑이의 태도에서, 현실의 인간이 지닌 힘을 우화 속 인물들의 위계질서에 중첩함으로써 권력자가 상대에 대한 두려움을 보여 위신을 잃는 상황이 강조됨을 알 수 있군.

> 일등 포수가 따러다녀 어설피 물랴다가 조총에 불이 번듯 탄환이 쑥 나오면 거 내 신세는 어쩔 것이냐

선지 유형	근거가 있어서 허용 가능
실전에서의 판단 과정	포수의 힘을 우화 속에 중첩해서 상황을 강조하고 있네.
해설	'호랑이'는 '포수'를 두려워하는 모습을 보입니다. '선생님의 설명'과 엮어서 이해하면, 이는 동물들이 인물로 등장하는 우화 속 세상의 위계질서('호랑이'가 가장 높음)에 청중의 현실 속 요소 중 '포수'와 같은 인간이 지닌 힘을 중첩한 것이라고 볼 수 있습니다. 이를 통해 현실감을 부여하고, '호랑이'와 같은 권력자가 '포수'와 같은 상대에 대한 두려움을 보여 위신을 잃는 상황을 강조하고 있는 것이죠. 이 역시 지문을 읽을 때는 생각하기 어려운 부분이지만, 〈보기〉 역할을 하는 '선생님의 설명'과 엮으면 근거가 있으니 허용할 수 있어야 합니다.

④ 호랑이가 '선영'을 언급한 데서, 현실의 윤리를 우화 속 인물이 내세운 구실에 중첩함으로써 자손의 도리를 말하며 곤란한 처지를 벗어나려는 인물의 절박한 상황이 강조됨을 알 수 있군.

> 만일 내가 죽게 되면 선영에 죄가 망극허오

선지 유형	근거가 있어서 허용 가능
실전에서의 판단 과정	현실의 윤리를 우화 속에 중첩해서 상황을 강조하고 있네.

<table>
<tr><td>해설</td><td>3번 선지와 같은 논리로 해결할 수 있습니다. '호랑이'가 '선영'을 언급한 것은 우화 속 인물이 내세운 구실에 청중의 현실 속 요소 중 '윤리'를 중첩하는 방식으로 현실감을 부여하고, 이를 통해 곤란한 처지를 벗어나려는 인물의 절박한 상황을 강조한다고 할 수 있습니다. 이 역시 먼저 해내기는 어려운 해석이지만 '선생님의 설명'을 근거로 충분히 허용할 수 있는 내용이죠.

3번 선지, 4번 선지처럼 〈보기〉를 근거로 활용하여 높은 수준의 해석을 허용할 수 있는지를 묻는 문제는 자주 출제됩니다. 너무 과한 '느낌'이라서 틀렸다고 판단하는 게 아니라, 〈보기〉를 근거로 최대한 '허용'하려고 해 보는 과정을 거쳐야 한다는 것을 잊지 마세요.</td></tr>
</table>

⑤ 호랑이가 '해남'에서 '압록강 가'까지 뛴 데서, 현실의 지명을 우화 속 공간에 중첩함으로써 실제라면 단숨에 닿기 불가능한 거리를 이동하는 상황이 과장되게 표현된 것임을 알 수 있군.

> 전라도 해남에서 냅다 뛴 놈이 의주 압록강 가에서 숨을 내쉬고

선지 유형	근거가 있어서 허용 가능
실전에서의 판단 과정	미리 생각한 내용이네.
해설	미리 생각했던 내용이죠? 미리 생각하지 못했더라도, 이 정도는 '선생님의 설명'과 엮어 어렵지 않게 허용할 수 있을 겁니다.

몰랐던 어휘 정리하기

| 핵심 point |

① **허용 가능성 평가** : 선지의 내용을 '허용'하려는 태도를 바탕으로 지문을 '독해'하며 '근거'를 찾아야 합니다. 허용할 수 있는 '근거'가 있어야만 허용할 수 있습니다. 주관적인 생각을 개입시키면 안 됩니다.
② **소설 독해** : '심리와 행동의 근거'를 바탕으로 인물에게 '공감'하며 읽어야 합니다. 이 과정이 물흐르듯 이어지면 지문의 내용을 완벽하게 이해할 수 있어요.

| 지문 내용 총정리 |

대부분의 학생들이 큰 틀의 내용을 알고 있는 '수궁가'이고, 인물들의 상황을 상상하고 공감하는 것이 그리 어렵지 않아 판소리라는 형식에 당황하지만 않았다면 쉽게 해결할 수 있는 지문이었습니다. 다만 〈보기〉를 적용하며 선지의 허용 가능성을 따지는 것에 익숙하지 않은 학생들은 마지막 문제의 3~4번 선지에서 고생했을 가능성이 높았겠습니다. 해설의 내용을 다시 한 번 읽어보면서 이런 형태의 문제에 대한 접근법을 다시 세워보도록 합시다.

⟨보기⟩ 확인

---[보기]---

　　(가)와 (나)는 밝음과 어두움의 이미지를 활용하는 양상이 서로 다르다. (가)는 연대를 상실한 암울한 현실 상황을 어두운 밤으로 표상하고, 빛이 회복되는 미래에 대한 소망을 드러낸다. 이러한 소망은 소금을 뿌리며 그리운 이를 찾아다니는 행동으로 형상화된다. (나)는 자연 속에서 공존하고 있는 명암의 이미지를 바탕으로 성숙에 대한 성찰을 드러낸다. 이러한 성찰은 자연물과 내면을 동일시하며 시간의 흐름에 따른 변화의 양상을 그려내는 방식으로 나타난다.

(가)와 (나)의 주제를 친절하게 알려주는 ⟨보기⟩입니다. 두 작품 모두 '밝음과 어두움의 이미지'를 활용하는데, 먼저 (가)는 '연대를 상실한 암울한 현실 상황'에서 '빛이 회복되는 미래에 대한 소망'을 드러내는 작품입니다. 화자의 상황과 내면세계가 명확하게 제시되어 있네요.

(나)의 경우, 자연 속에서 공존하고 있는 명암의 이미지를 바탕으로 '성숙에 대한 성찰'을 드러낸다고 합니다. 화자가 자신의 내면세계를 들여다보며 '성숙'을 추구한다는 주제를 체크해 놓고, 이를 확인하며 지문을 읽어보도록 합시다.

---[보기]---

　　(다)는 마음에서 기가 움직여 뜻이 소리로 나오는 데 있어 도리에 합당해야 좋은 글[文]이라는 글쓴이의 문학론을 바탕으로, 상대의 문장을 평가하며 칭찬과 당부를 전하고 있다.

(다)의 주제도 친절하게 제시되고 있습니다. 마음에서 '기'가 움직여 뜻이 소리로 나오는 데 있어 '도리'에 합당해야 좋은 글이라는 것이 글쓴이의 문학론이에요. (다)에서는 처음부터 끝까지 이 이야기만 하겠죠? 기대하면서 읽어봅시다.

실전적 지문 독해

(가)

　두고 온 것들이 빛나는 때가 있다
　빛나는 때를 위해 소금을 뿌리며

우리는 이 저녁을 떠돌고 있는가
사방을 둘러보아도
등불 하나 켜 든 이 보이지 않고
등불 뒤에 속삭이며 밤을 지키는
발자국 소리 들리지 않는다
잊혀진 목소리가 살아나는 때가 있다
잊혀진 한 목소리 잊혀진 다른 목소리의 끝을 찾아
목메이게 부르짖다 잦아드는 때가 있다
잦아드는 외마디 소리를 찾아 칼날 세우고
우리는 이 새벽길 숨가쁘게 넘고 있는가
하늘 올려보아도
함께 어둠 지새던 별 하나 눈뜨지 않는다
그래도 두고 온 것들은 빛나는가
빛을 뿜으면서 한 번은 되살아나는가
우리가 뿌린 소금들 반짝반짝 별빛이 되어
오던 길 환히 비춰 주고 있으니

　　　　　　　　　　-이시영, 「그리움」-

⟨보기⟩에서 이야기한 것처럼, '어둠'의 이미지로 표현된 암울한 현실 상황에서 '빛'의 이미지로 포함된 미래에 대한 소망을 드러내고 있는 작품입니다. 이렇게 주제 정도만 체크해놓고 자세한 독해는 문제를 푸는 과정에서 해보도록 합시다.

(나)

　감나무 잎새를 흔드는 게
　어찌 바람뿐이랴.
　감나무 잎새를 반짝이는 게
　어찌 햇살뿐이랴.
　아까는 오색딱다구리가
　따다다닥 찍고 가더니
　봐 봐, 시방은 청설모가
　쪼르르 타고 내려오네.
　사랑이 끝났기로서니
　그리움마저 사라지랴,
　그 그리움 날로 자라면
　주먹송이처럼 커 갈 땡감들.
　때론 머리 위로 흰 구름 이고
　때론 온종일 장대비 맞아 보게.
　이별까지 나눈 마당에
　기다림은 웬 것이랴만,
　감나무 그늘에 평상을 놓고
　그래 그래, 밤이면 잠 뒤척여

산이 우는 소리도 들어 보고
새벽이면 퍼뜩 깨어나
계곡 물소리도 들어 보게.
그 기다림 날로 익으니
서러움까지 익어선
저 짙푸른 감들, 마침내
형형 등불을 밝힐 것이라면
세상은 어찌 환하지 않으랴.
하늘은 어찌 부시지 않으랴.

　　　　　　　　　-고재종, 「감나무 그늘 아래」-

'감나무'라는 자연물 속에서 익어가는 감을 보며 '성숙'이라는 주제를 떠올리고 있습니다. 역시 〈보기〉에서 말한 그대로죠? 마지막에는 (가)와 비슷하게 세상이 밝게 빛날 것이라는 이야기까지 하고 있네요. 역시 자세한 건 문제를 풀면서 확인해보도록 합시다.

> (다)
> 　천지간에 만물이 소리를 내게 만드는 것은 무엇인가? 초목은 움직이지 않으면 그 자체로 소리가 나지 않으나 바람이 불면 소리가 난다. 그런즉 초목이 소리를 내게 하는 것은 바람이다. 금석은 때리지 않으면 그 자체로는 소리가 나지 않으나 물건이 때리면 소리가 난다. 그런즉 금석이 소리를 내게 하는 것은 물건이다. 무릇 크고 작은 만물이 소리를 내는 것은 또한 반드시 그렇게 만드는 것이 있다. 사람이 세상에 태어나면 안으로는 오장이 있고 밖으로는 형체가 있지만 그것만으로 어찌 소리를 내겠는가. 기(氣)가 안에 쌓이고 밖으로 드러난 뒤라야 소리가 나는 것이다. 그런즉 <u>사람이 소리를 내게 하는 것은 기이다.</u>

만물이 소리를 내게 하는 요소에 대해 언급하면서 시작하고 있습니다. '초목', '금석'과 같은 예를 들면서, 결국 '사람'의 소리에 대해 이야기하고 있어요. 모든 문학 작품은 인간의 이야기라는 걸 생각하면 당연하게 받아들일 수 있겠죠? 어쨌든, 글쓴이가 보기에 사람이 소리를 내게 하는 것은 '기'라고 합니다. 〈보기〉에서 말한 것처럼, '기'에 주목하여 자신의 문학론을 펼치려는 모습이죠?

> 　<u>소리는 한 가지가 아니니, 쓸모없는 소리가 있고 쓸모 있는 소리가 있다.</u> 재채기 소리와 코 고는 소리는 사람의 소리 가운데 쓸모없는 것이고, 탄식하고 담소하는 소리는 사람의 소리 가운데 쓸모 있는 것이다.

그러면서 '소리'를 여러 가지로 분류하고 있습니다. 이를 하나하나 정보로 처리하기보다는, 최대한 당연한 말로 납득하면서 읽을 수 있어야 해요. 결국 어떤 사람의 '주장'일 뿐이니, 글을 읽다보면 나름대로 납득이 될 것입니다. 재채기 소리, 코 고는 소리처럼 의미를 담고 있지 않은 소리는 쓸모없는 소리이고, 탄식하거나 담소하는 것처럼 어떤 의미를 담고 있는 소리는 쓸모 있는 소리라고 해요. 지금 보여드린 것처럼, '의미를 담고 있다'는 것과 같은 요소를 떠올리면서 납득할 수 있어야 해요.

> 　<u>쓸모 있는 소리에는 아름다운 소리와 추한 소리가 있다.</u> 사람이 그 소리를 듣고 좋아하면 아름다운 소리이고, 미워하면 추한 소리이다. <u>아름다운 소리에는 실상이 있는 소리가 있고 흩어지는 소리가 있다.</u> 입에서 나와 글로 쓰이지 못하면 흩어지는 소리가 되고, 입에서 나와 글로 쓰이면 실상이 있는 소리가 된다. <u>실상이 있는 소리에는 바른 것이 있고 삿된 것이 있다.</u> 또 바른 것 같으면서 삿된 것도 있고, 혹 삿된 것 같으면서 바른 것도 있다. <u>사람의 소리로서 남에게 듣기 좋고, 남에게 듣기 좋아 글로 쓰이고, 글로 쓰였으면서 바름에 합당하다면 그것을 일컬어 좋은 소리라 한다.</u> 좋은 소리를 내는 것은 참으로 어려운 일이구나.

이번엔 '쓸모 있는 소리'를 '아름다운 소리'와 '추한 소리'로 나누고 있습니다. 사람들이 좋아하는 '아름다운 소리'는 또 '실상이 있는 소리'와 '흩어지는 소리'로 나뉘고 있구요. 역시 당연하게 받아들이면 됩니다. 글로 쓰일 정도라면 '실상이 있는 소리'가 되겠지만, 글로 쓰이지 못하면 그렇지 않은 소리가 되겠죠. 마지막으로 '실상이 있는 소리'에는 '바른 것'이 있고 '삿된 것'이 있다고 합니다. 결국 글쓴이는 '쓸모 있는 소리' 중 '아름다운 소리', 또 그 중에서도 '실상이 있는 소리'이면서 '바른 소리'인 경우를 '좋은 소리'로 정의하고 있습니다. 그리고 이는 〈보기〉에서 말한 것처럼 '기'가 움직여 뜻이 소리로 나오는 데 있어 '도리'에 합당한 경우라고 힐 수 있겠죠. 이걸 하나하나 정보로 서리하면 복잡해시지만, 그냥 납득해버리면 어렵지 않습니다.

> 　<u>최립은 좋은 소리를 내는 사람에 가깝다.</u> 그의 문장이 비록 완성된 것은 아니지만 그 뜻은 바름을 향한다. 그러니 학업을 게을리하지 않는다면 바르게 되는 데 무슨 어려움이 있겠는가. 내가 들으니 소리를 내는 만물은 그 본체가 크면 그 소리 또한 크고, 그 본체가 작으면 그 소리 또한 작다고 한다. 최립은 소리가 크니 그 본체가 큰 것을 알 만하다. <u>사람의 본체는 마음이니 그의 마음이</u>

가히 크다고 하겠다. 내가 또 들으니 크게 부딪치면 큰
소리가 나며, 작게 부딪치면 작은 소리가 난다고 한다.
큰 바람이 초목을 움직이면 천지를 뒤흔들 듯하나, 작은
바람이 불면 한 번 살랑거림에 불과할 뿐이다. 금석을
치는 것도 또한 이와 같다. 사람의 소리는 기가 크면 그
소리가 크게 나고 기가 작으면 그 소리가 작게 나니, 최
립의 기는 가히 크다고 하겠다.

-이이, 「최립에게 주는 글」-

마지막 문단에서 글쓴이는 '최립'이 이러한 '좋은 소리'를 내는 사
람에 가깝다며, 조금만 공부를 더 하면 뜻을 바르게 펼 수 있을 것
이라는 평가를 내립니다. 밑줄 친 부분들을 보며 글쓴이가 '최립'
을 아주 높게 평가한다는 것을 알 수 있겠죠? 〈보기〉의 내용이
잘 녹아 있는 작품이었기에 어렵지 않게 독해할 수 있었을 것 같
습니다.

선지	①	②	③	④	⑤
선택률	2%	28%	6%	9%	55%

22 (가)~(다)에 대한 설명으로 가장 적절한 것은? ⑤

① (가)는 계절을 나타내는 소재로 시적 분위기를 조성하
고 있다.

선지 유형	근거가 없어서 허용 불가능
실전에서의 판단 과정	무슨 계절인지 모르겠는데?
해설	'실전에서의 판단 과정'에서 언급한 것처럼, '계절을 나타내는 소재'가 있는 경우 대부분 그 작품 속 상황이 어느 계절인지 확연하게 느껴지는 경우가 많습니다. (가)에서는 그런 느낌을 받지 못했죠? 사실 꽤 거시적인 내용이라 답일 가능성이 높은 선지이지만, (가)에는 정말로 '계절을 나타내는 소재'가 없어서 허용하기 어렵네요.

② (나)는 자연을 관조하며 시적 상황을 탈속적 태도로
바라보고 있다.

선지 유형	근거가 없어서 허용 불가능
실전에서의 판단 과정	무슨 관조야.
해설	(나)의 화자는 '감나무'라는 자연을 자신의 내면세계를 잔뜩 투영하며 인식하고 있습니다. 이렇게 자신의 내면세계를 거쳐 외부세계의 대상을 인식하

고 있으니 '관조'는 절대 허용할 수 없겠죠? 나아
가 화자가 '탈속적 태도'를 보이는 것도 허용하기
어렵습니다. 화자는 그저 '성숙'을 지향하고 있을
뿐이었어요.

③ (다)는 글쓴이와 타인의 생각을 비교하며 세태를 비판
하고 있다.

선지 유형	근거가 없어서 허용 불가능
실전에서의 판단 과정	이런 내용 아닌데.
해설	(다)의 주제를 완전히 잘못 이해하고 있는 선지네요. (다)의 글쓴이는 타인과 생각을 비교하지도 않았고, 세태를 비판하고 있지도 않습니다. 그저 '좋은 소리'에 대한 자신의 견해를 소개하고 이를 '최립'이라는 인물에게 적용하며 칭찬하고 있을 뿐이었어요.

④ (가)와 (다)는 모두, 연쇄적 표현을 통해 주체의 태도
변화 과정을 보여 주고 있다.

선지 유형	근거가 없어서 허용 불가능
실전에서의 판단 과정	연쇄적 표현 찾기 귀찮은데... 태도 변화는 없었지.
해설	(다)에서 '소리'를 구분하며 제시하는 부분은 충분히 '연쇄적 표현'이라고 할 만합니다. 하지만 (가)에서는 이런 표현을 찾아보기가 어렵죠? 긴박한 시험장에서 '연쇄적 표현'처럼 미시적인 표현을 찾는 것은 쉽지 않으니, '주체의 태도 변화'는 없었다는 것을 바탕으로 지우는 게 맞겠습니다. 인물의 내면세계가 변하는 것은 정말 엄청난 일이기 때문에 나타나기 어렵다고 했어요.

⑤ (나)와 (다)는 모두, 가정적 표현을 통해 대상의 속성
을 드러내고 있다.

선지 유형	근거가 있어서 허용 가능
실전에서의 판단 과정	이제 보니 가정적 표현 많네.
해설	일단 '대상의 속성을 드러내고 있다'는 것은 너무나 당연하게 맞는 말이니, '가정적 표현'만 찾아보면 되겠습니다. (나)에서는 '그 그리움 날로 자라면', '형형 등불을 밝힐 것이라면' 등에서 찾아볼 수 있죠? 이를 통해 '그리움'과 '등불'의 속성을 드러내고 있다고 할 수 있겠구요.

(다)에서는 정말 많은 '가정적 표현'이 쓰이고 있습니다. 애초에 첫 문단에서부터 '움직이지 않으면'과 같은 표현을 찾을 수 있죠? '가정적 표현'은 나름대로 찾기 쉬운 표현에 속하기 때문에 이렇게 찾아서 답으로 골라주시면 되겠습니다.

FAQ

Q 4번 선지의 '연쇄적 표현'은 미시적이라서 찾기 어렵다 하시고, 5번 선지의 '가정적 표현'은 나름대로 찾기 쉬운 표현이라고 하셨는데 이걸 어떻게 구분하나요?

A 기본적으로는 많은 문제풀이 경험을 통해 체득하는 '감'의 영역입니다. 하지만 조금 구체적으로 설명드리면, '연쇄적 표현'은 '형식'만으로 판단하기가 어렵다는 특징이 있어요. (다)의 '연쇄적 표현'처럼 정말로 말들이 반복되면서 이어나가는 식으로 제시되고 있는지 그 '내용'까지 살펴봐야 하죠. 반대로 '가정적 표현'은 그냥 '~면'이라는 '형식'만 찾으면 됩니다. 그냥 각 행이나 문장의 끝부분만 빠르게 살피면 되기 때문에 상대적으로 찾기 쉽다고 표현한 것이죠.

전자의 예시로 '역설적 표현', '공감각적 표현' 같은 것을 들 수 있고, 후자의 예시로 '명사로 시행을 끝맺음', '의문의 형식' 같은 것을 들 수 있겠습니다. 문학 기출분석을 많이 하면서 이런 '감'도 끌어올리도록 합시다.

선지	①	②	③	④	⑤
선택률	52%	8%	15%	15%	10%

23 〈보기〉를 참고하여 (가), (나)를 감상한 내용으로 적절하지 **않은** 것은? [3점] ①

① (가)에서 '사방을 둘러보'며 '발자국 소리'가 '들리지 않'음을 확인하는 것은, '밤을 지키는' 이의 눈을 피해 다니며 그리운 존재를 찾고 있는 암울한 현실 상황을 보여 주는군.

> 사방을 둘러보아도
> 등불 하나 켜 든 이 보이지 않고
> 등불 뒤에 속삭이며 밤을 지키는
> 발자국 소리 들리지 않는다

선지 유형	근거가 있어서 허용 불가능
실전에서의 판단 과정	오히려 밤을 지키는 소리를 찾고 있는 건데?

해설	'밤을 지키는'이라는 단어만 보면 왠지 그럴듯한 선지입니다. 그렇게 당하지 않으려면 늘 근처 맥락까지 살피면서 '독해'하라고 했어요. 독해를 해 보니, 화자는 '사방을 둘러보'며 '밤을 지키는 / 발자국 소리'를 찾으려고 애쓰는 모습이라고 할 수 있습니다. 둘러보아도 그런 소리가 들리지 않는다는 말을 한다는 것은, 결국 그 소리를 듣고자 하는 마음이 있다는 뜻이라고 볼 수 있으니까요. 이런 독해의 결과를 근거로 하면, '밤을 지키는' 이의 눈을 피해 다닌다는 것은 절대로 허용할 수 없겠습니다. 가볍게 답으로 고를 수 있겠네요.

② (가)에서 '오던 길'을 '소금들'이 '환히 비춰 주'는 것은, '두고 온 것들'이 되살아날 미래를 기대하게 한다는 점에서 빛의 회복에 대한 소망이 실현될 수 있음을 암시하겠군.

> 그래도 두고 온 것들은 빛나는가
> 빛을 뿜으면서 한 번은 되살아나는가
> 우리가 뿌린 소금들 반짝반짝 별빛이 되어
> 오던 길 환히 비춰 주고 있으니

선지 유형	근거가 있어서 허용 가능
실전에서의 판단 과정	주제 그 자체네.

해설	화자는 '두고 온 것들'이 빛나면서 되살아날 미래를 소망하며, 그동안 뿌렸던 '소금들'이 별빛이 되어 '오던 길'을 '환히 비춰 주기'를 바라고 있습니다. 〈보기〉에서 이야기했던 '빛이 회복되는 미래에 대한 소망'을 잘 보여 주는 대목이네요.

③ (나)에서 '반짝'이는 '잎새'와 '그늘'을 함께 지닌 '감나무' 아래에 '평상을 놓'는 것은, 밝음과 어두움이 어우러져 있는 자연에서 내면에 대한 성찰을 이어 가고 있음을 나타내는군.

> 감나무 잎새를 반짝이는 게
> 어찌 햇살뿐이랴.
>
> (중략)
>
> 감나무 그늘에 평상을 놓고
> 그래 그래, 밤이면 잠 뒤척여
> 산이 우는 소리도 들어 보고
> 새벽이면 퍼뜩 깨어나
> 계곡 물소리도 들어 보게.

그 기다림 날로 익으니

선지 유형	근거가 있어서 허용 가능
실전에서의 판단 과정	주제네.
해설	이번에도 주제 그 자체라고 할 수 있는 내용을 선지화한 모습입니다. 화자는 '반짝'이는 밝음의 이미지와 '그늘'이라는 어두움의 이미지를 동시에 가지고 있는 '감나무'라는 자연 속에서 '성숙에 대한 성찰'을 하고 있어요. 구체적으로, '감나무' 아래에서 자연물과 내면을 동일시하여 (성숙에 대한) '기다림'이라는 자신의 내면세계를 들여다보고 있는 것이라고 할 수 있겠죠?

④ (가)에서 '별 하나 눈뜨지 않'는 밤은 함께하던 이가 보이지 않는 상실의 상황을, (나)에서 '잠 뒤척'이는 '밤'은 마음이 감처럼 '익어' 가는 데 필요한 성숙의 시간을 의미하겠군.

하늘 올려보아도
함께 어둠 지새던 <u>별 하나 눈뜨지 않는다</u>

그래 그래, 밤이면 잠 뒤척여
산이 우는 소리도 들어 보고
새벽이면 퍼뜩 깨어나
계곡 물소리도 들어 보게.
그 기다림 날로 익으니
서러움까지 <u>익어선</u>

선지 유형	근거가 있어서 허용 가능
실전에서의 판단 과정	함께 하던 게 눈을 뜨지 않으면 상실이라고 할 수 있겠고, 성숙하려면 많은 밤을 보내야지.
해설	(가)의 화자는 '함께 어둠 지새던' 별이 눈을 뜨지 않는다는 표현을 합니다. 〈보기〉에서 제시한 화자의 현재 상황을 고려하면, 이는 함께하던 이가 보이지 않는 상실의 상황을 상징한다고 할 수 있겠죠? 한편, (나)의 화자는 '잠 뒤척'이는 '밤'을 지내며 '기다림'과 '서러움'이 '익어' 가는 시간을 보내고 있습니다. 역시 〈보기〉를 바탕으로 생각하면, 이렇게 '기다림'과 '서러움'이 '익어' 가는 것은 '성숙'해가는 모습이라고 할 수 있겠죠? 〈보기〉에서 제시한 주제 중심으로 생각하면 선지를 판단하기가 이렇게 쉬워집니다.

⑤ (가)에서 '빛나는 때를 위해' '저녁'부터 '새벽'까지 길을 걷는 행동과, (나)에서 '짙푸른 감들'이 '등불을 밝힐 것'이라는 전망은 모두, 밝음이 나타날 것이라는 인식을 드러내는군.

두고 온 것들이 빛나는 때가 있다
<u>빛나는 때를 위해</u> 소금을 뿌리며
우리는 이 <u>저녁</u>을 떠돌고 있는가

(중략)

잦아드는 외마디 소리를 찾아 칼날 세우고
우리는 이 <u>새벽길</u> 숨가쁘게 넘고 있는가

저 짙푸른 감들, 마침내
형형 <u>등불을 밝힐 것</u>이라면
세상은 어찌 환하지 않으랴.
하늘은 어찌 부시지 않으랴.

선지 유형	근거가 있어서 허용 가능
실전에서의 판단 과정	둘 다 밝음을 쫓고 있네.
해설	'빛나는 때를 위해' 길을 걷는 것과 '짙푸른 감들'이 '등불을 밝힐 것'을 기다리는 것은 모두 '밝음'을 쫓는 화자의 내면세계를 드러낸다고 할 수 있겠죠? 어렵지 않게 허용할 수 있겠습니다.

선지	①	②	③	④	⑤
선택률	3%	20%	14%	57%	6%

24 ㉠~㉣에 대한 이해로 적절하지 <u>않은</u> 것은? ④

① ㉠이 '목메이게 부르짖'는 것과 ㉡을 찾고자 '숨가쁘게' 길을 넘는 것에는 모두, 대상을 향한 간절한 마음이 드러난다.

잊혀진 ㉠한 목소리 잊혀진 다른 목소리의 끝을 찾아
목메이게 부르짖다 잦아드는 때가 있다
잦아드는 ㉡외마디 소리를 찾아 칼날 세우고
우리는 이 새벽길 숨가쁘게 넘고 있는가

선지 유형	근거가 있어서 허용 가능
실전에서의 판단 과정	간절함 그 자체지.

해설	㉠이 '목메이게 부르짖'고, ㉡을 찾고자 '숨가쁘게' 길을 넘는 모습은 모두 '간절한 마음'을 허용할 근거로 보기에 충분하겠습니다. '목메다'와 '숨가쁘다'라는 단어의 뜻만 생각해도 어렵지 않게 허용할 수 있겠어요.

② ㉢ 중에는 쓸모는 있지만 남들이 듣고 미워하는 소리가 있는 한편, ㉣은 아니지만 남들이 듣고 좋아하는 소리도 있다.

> 또 바른 것 같으면서 삿된 것도 있고, 혹 삿된 것 같으면서 바른 것도 있다. ㉢사람의 소리로서 남에게 듣기 좋고, 남에게 듣기 좋아 글로 쓰이고, 글로 쓰였으면서 바름에 합당하다면 그것을 일컬어 ㉣좋은 소리라 한다.

선지 유형	근거가 있어서 허용 가능
실전에서의 판단 과정	그랬지.
해설	㉢ 중에는 쓸모는 있지만 남들이 듣고 미워하는 소리, 즉 '추한 소리'가 있었습니다. 한편 ㉣은 아니지만 남들이 듣고 좋아하는 소리, 즉 '아름다운 소리'도 있었죠. 다양하게 제시된 여러 소리를 납득하면서 읽었다면 이걸 충분히 기억할 수 있었을 거예요.

③ ㉠이 잦아드는 것은 '다른 목소리의 끝'에 닿지 못하고 있는 상태를, ㉢이 흩어지는 것은 아름다운 소리가 글로써 실현되지 못한 상태를 의미한다.

> 잊혀진 ㉠한 목소리 잊혀진 다른 목소리의 끝을 찾아 목메이게 부르짖다 잦아드는 때가 있다

> ㉢사람의 소리

선지 유형	근거가 있어서 허용 가능
실전에서의 판단 과정	그러네.

해설	㉠은 '다른 목소리의 끝'을 찾다가 잦아드는 소리입니다. 무언가를 찾다가 잦아들었다는 점을 근거로 하면, 이는 '다른 목소리의 끝'에 닿지 못해 포기하는 모습이라고 볼 수 있겠습니다. 한편, ㉢ 중에는 '아름다운 소리'가 있는데, 이것이 입에서 나와 글로 쓰이지 못하면 '흩어지는 소리'가 된다고 했습니다. 역시 (다)에서 제시한 '소리의 구분'을 잘 납득했다면 어렵지 않게 지워낼 수 있는 선지였네요.

④ ㉠은 '잊혀진' 상태이지만 다시 '살아'날 수 있다고 화자가 생각하는 대상이고, ㉣은 바른 것 같으면서도 삿된 것일 수 있다고 글쓴이가 생각하는 대상이다.

> 잊혀진 목소리가 살아나는 때가 있다
> 잊혀진 ㉠한 목소리 잊혀진 다른 목소리의 끝을 찾아 목메이게 부르짖다 잦아드는 때가 있다

> 실상이 있는 소리에는 바른 것이 있고 삿된 것이 있다. 또 바른 것 같으면서 삿된 것도 있고, 혹 삿된 것 같으면서 바른 것도 있다. 사람의 소리로서 남에게 듣기 좋고, 남에게 듣기 좋아 글로 쓰이고, 글로 쓰였으면서 바름에 합당하다면 그것을 일컬어 ㉣좋은 소리라 한다.

선지 유형	근거가 있어서 허용 불가능
실전에서의 판단 과정	좋은 소리는 그냥 완벽 그 자체인 소린데?
해설	(가)의 화자는 '잊혀진' ㉠이 다시 살아나 '다른 목소리의 끝'을 찾아 목메이게 부르짖는 때가 있다고 생각합니다. 이 내용 그대로 선지화되어 있으니 당연하게 허용할 수 있겠죠? 그런데, ㉣은 '쓸모 있는 소리' 중 '아름다운 소리', 또 그 중에서도 '실상이 있는 소리'이면서 '바른 소리'인 경우를 모두 충족해야만 하는 까다로운 것이었습니다. 선지에서 말하는 것처럼 '바른 것 같으면서도 삿된 것일 수 있'다면 '좋은 소리'라고 할 수 없을 거예요. (다)의 글쓴이가 ㉣의 기준을 아주 높게 세우고 있다는 걸 정확하게 체크했다면 어렵지 않게 답으로 골라낼 수 있었을 것입니다.

⑤ ⓛ을 찾기 위해 화자는 미세한 소리에도 '칼날'을 '세우'듯이 민감하게 반응하려 하고, ⓒ 중에서 담소하는 소리뿐만 아니라 탄식하는 소리도 글쓴이는 쓸모 있다고 여기고 있다.

잦아드는 ⓛ외마디 소리를 찾아 칼날 세우고 우리는 이 새벽길 숨가쁘게 넘고 있는가	

ⓒ사람의 소리	

선지 유형	근거가 있어서 허용 가능
실전에서의 판단 과정	그렇지.
해설	(가)의 화자는 ⓛ을 찾기 위해 '칼날'을 세울 정도로 민감한 상태에서 '새벽길'을 '숨가쁘게' 넘고 있습니다. 이런 독해의 결과 그대로 선지화되었으니 어렵지 않게 허용할 수 있겠죠? 또, (다)의 글쓴이는 ⓒ 중에서 '쓸모 있는 소리'에는 '탄식하고 담소하는 소리'가 있다고 보고 있습니다. 우리는 이를 '의미가 있는 소리' 정도로 정리해서 납득해 놓은 상태였죠?

선지	①	②	③	④	⑤
선택률	3%	6%	17%	68%	6%

25 ⓐ~ⓔ를 중심으로 (나)를 이해한 내용으로 가장 적절한 것은? ④

① 화자는 ⓐ가 흔드는 것이 감나무 잎새뿐이라고 여기다가 ⓑ를 보며 그 생각을 바로잡고 있다.

감나무 잎새를 흔드는 게 어찌 ⓐ바람뿐이랴. 감나무 잎새를 반짝이는 게 어찌 햇살뿐이랴. 아까는 ⓑ오색딱다구리가 따다다닥 찍고 가더니	

선지 유형	근거가 없어서 허용 불가능
실전에서의 판단 과정	뭔 생각을 바로잡아.

해설	(나)의 화자는 '감나무 잎새'를 흔드는 게 ⓐ뿐일 리가 없다며, '햇살' 및 ⓑ와 같은 대상들도 '감나무'에게 영향을 준다는 생각을 하고 있습니다. 오히려 '감나무 잎새'에 영향을 주는 대상이 많다는 생각을 반복하며 '심화'하고 있지, 생각을 바로잡는 모습을 보이지는 않아요.

② 화자는 ⓑ가 내는 소리와 ⓒ의 움직임을 통해 감나무 열매가 충분히 익은 상태임을 짐작하고 있다.

아까는 ⓑ오색딱다구리가 따다다닥 찍고 가더니 봐 봐, 시방은 ⓒ청설모가 쪼르르 타고 내려오네.	

선지 유형	근거가 없어서 허용 불가능
실전에서의 판단 과정	아직 안 익었는데?
해설	일단 ⓑ와 ⓒ가 나오는 부분만 보고서는 화자가 '감나무 열매'가 익었다고 생각하는지를 알 수 없습니다. 하지만 우리는 앞 문제들을 푸는 과정에서 '감나무 열매'가 익는 것, 즉 '성숙'하는 것은 후반부임을 알고 있죠? ⓑ와 ⓒ가 등장하는 초반부는 아직 '성숙'이 이루어지기 전이었습니다.

③ 화자는 ⓑ와 ⓒ가 감나무에서 만났다가 한순간에 헤어지는 것을 보며 자신의 사랑이 끝났음을 떠올리고 있다.

아까는 ⓑ오색딱다구리가 따다다닥 찍고 가더니 봐 봐, 시방은 ⓒ청설모가 쪼르르 타고 내려오네. 사랑이 끝났기로서니 그리움마저 사라지랴,	

선지 유형	근거가 있어서 허용 불가능
실전에서의 판단 과정	한순간에 헤어진 게 아니잖아.

	ⓑ는 '감나무'를 '아까' 찍고 갔고, ⓒ는 '시방'(지금) '감나무'를 타고 내려오고 있습니다. ⓑ와 ⓒ가 '한순간에 헤어지는' 것 자체가 틀린 말이기에 일단 허용할 수 없는 선지네요.
해설	한편, 이것을 '보며' 자신의 사랑이 끝났음을 떠올리고 있다는 건 좀 애매합니다. 화자가 사랑이 끝났다고 인식하고 있는 것은 맞지만, ⓑ와 ⓒ를 보면서 이를 떠올렸다고 볼 근거는 부족하니까요. 또 한편으로는 ⓑ와 ⓒ가 '떠나는 것'을 보고서 자신의 사랑이 '떠나간 것'을 떠올렸다고 볼 여지도 있기 때문에, 좀 더 확실하게 틀린 선지로 만들어 주기 위해 앞쪽을 틀리게 한 것이라고 이해할 수 있겠습니다.
	사실 수능에서는 이런 방식으로 틀린 선지를 만드는 경우가 많지 않다는 점을 생각하면 여러모로 아쉬운 선지이긴 합니다. 그래도 우리가 지금까지 배운 대로 '주제'와 큰 관련이 없으니 답이 되긴 아쉽다는 생각을 하면서 다음 선지로 넘어갈 수 있었으면 좋겠어요.

④ 화자는 감나무 열매가 자라는 과정에서 ⓓ를 만나기도 하고 ⓔ를 만나기도 하는 일이 유의미하다고 여기고 있다.

때론 머리 위로 ⓓ흰 구름 이고
때론 온종일 ⓔ장대비 맞아 보게.
이별까지 나눈 마당에
기다림은 웬 것이랴만,

(중략)

그 기다림 날로 익으니
서러움까지 익어선
저 짙푸른 감들, 마침내

선지 유형	근거가 있어서 허용 가능
실전에서의 판단 과정	그러다 보면 감이 익어가겠지.
해설	화자는 '감나무 열매'가 ⓓ와 ⓔ를 만나면서 '기다림'이라는 과정을 거치다 보면, '기다림'과 '서러움'이 익는 것처럼 '감들'도 익을 것이라고 생각하고 있습니다. 이 작품의 주제를 고려하면, ⓓ와 ⓔ를 거치다 보면 '성숙'이라는 경지에 다다를 수 있다는 의미로 이해할 수 있겠죠? 이렇게 화자가 중요시하는 가치(성숙)로 이어지는 과정이라는 점을

| | 근거로 하면, 화자가 ⓓ와 ⓔ를 만나는 일을 유의미하다고 여긴다는 해석은 충분히 허용할 수 있겠습니다. 결국 또 '주제'를 정확히 인식하고 있는지 묻는 선지였습니다. |

⑤ 화자는 ⓑ와 ⓒ가 감나무를 떠난 후에 ⓓ와 ⓔ가 오는 것을 보며 머지않아 새로운 사랑이 시작될 것을 기대하고 있다.

아까는 ⓑ오색딱다구리가
따다다닥 찍고 가더니
봐 봐, 시방은 ⓒ청설모가
쪼르르 타고 내려오네.
사랑이 끝났기로서니
그리움마저 사라지랴,
그 그리움 날로 자라면
주먹송이처럼 커 갈 땡감들.
때론 머리 위로 ⓓ흰 구름 이고
때론 온종일 ⓔ장대비 맞아 보게.

선지 유형	근거가 있어서 허용 불가능
실전에서의 판단 과정	사랑은 이미 끝났는데?
해설	3번 선지와 4번 선지를 판단한 경험을 바탕으로 쉽게 허용할 수 있는 선지입니다. 3번 선지를 판단하면서 화자가 사랑이 끝났음을 인식하고 있다는 걸 알았고, 4번 선지를 판단하면서 ⓓ와 ⓔ는 '성숙'으로 가는 길목이라는 것을 독해했으니까요. 즉, 화자는 이미 사랑이 끝났음을 인식하고 '기다림'과 '서러움'의 '성숙'을 맞이하려고 할 뿐, 새로운 사랑이 시작될 것을 기대하지는 않는다는 것입니다. 이 정도는 충분히 독해할 수 있겠죠?

선지	①	②	③	④	⑤
선택률	5%	58%	14%	17%	6%

26 〈보기〉를 참고하여 (다)를 감상한 내용으로 적절하지 않은 것은? ②

① '만물'이 소리 나는 이치에서 시작하여 '사람'이 소리를 내는 이치를 밝히며, 소리를 화두로 삼아 문장에 대해 말하고 있군.

선지 유형	근거가 있어서 허용 가능
실전에서의 판단 과정	그랬지.
해설	지문 내용을 요약한 것과 다름이 없는 선지죠? (다)는 '소리'에서 시작하여 '문장'에 대해 말하고 있는 지문이었습니다.

② '소리'가 지닌 상반된 특성들이 서로 균형을 이루어야 '좋은 소리'임을 제시하여, 문장이 궁극적으로 도달해야 할 바를 드러내고 있군.

선지 유형	근거가 있어서 허용 불가능
실전에서의 판단 과정	균형 저런 게 아니라 그냥 완벽한 게 좋은 소리지.
해설	(다)의 글쓴이는 '쓸모 있는 소리' 중 '아름다운 소리', 또 그 중에서도 '실상이 있는 소리'이면서 '바른 소리'인 경우를 '좋은 소리'로 정의하고 있습니다. 이렇게 까다로운 조건을 모두 갖춰야 '좋은 소리'가 되는 것이지, '소리'가 지닌 상반된 특성들이 균형을 이루어야 되는 것이 아니었어요. 역시나 주제를 잘못 파악한 선지가 정답으로 제시된 모습입니다.

③ 최립의 문장이 완성된 것은 아니지만 '참으로 어려운 일'에 가까움을 언급하며, 그의 문장에 대한 평가를 드러내고 있군.

선지 유형	근거가 있어서 허용 가능
실전에서의 판단 과정	최립을 칭찬했지.
해설	'최립'의 문장이 '참으로 어려운 일'에 해당하는 '좋은 소리'에 가까움을 언급하면서 그의 문장을 칭찬하는 것이 이 지문의 핵심 내용이었습니다.

④ 최립의 문장에 담긴 '뜻'이 도리에 합당함을 향하고 있음을 언급하며, 그가 학업에 정진할 것을 당부하고 있군.

선지 유형	근거가 있어서 허용 가능
실전에서의 판단 과정	공부하라고 했지.
해설	(다)의 글쓴이는 '최립'이 '학업을 게을리하지 않는다면' 바르게 되는 데 어려움이 없을 것이라는 당부를 합니다. 〈보기〉에서 말한 것처럼, '최립'의 문장을 평가하며 칭찬과 '당부'를 드러내는 모습이었죠? 이런 선지에 당하지 않으려면 지문 내용을 어느 정도 꼼꼼하게 읽어나가는 태도가 필요합니다. 수필의 경우에는 독서 지문을 읽듯이 꼼꼼하게 읽자는 태도를 항상 강조드렸어요!

⑤ 글로 드러난 최립의 소리가 크게 나는 것이 그의 '마음'과 '기'에서 비롯됨을 언급하여, 그의 문장이 뜻을 크게 드러내고 있음을 칭찬하고 있군.

선지 유형	근거가 있어서 허용 가능
실전에서의 판단 과정	그렇지.
해설	'최립'을 칭찬한 내용을 그대로 설명하고 있죠? 칭찬의 내용 역시 (다)의 주제 그 자체이니 어렵지 않게 허용할 수 있어야 합니다.

현대시 독해 연습

(가)
두고 온 것들이 빛나는 때가 있다
빛나는 때를 위해 소금을 뿌리며
우리는 이 저녁을 떠돌고 있는가

'두고 온 것들'이 빛나는 때가 있다는 이야기로 시작하고 있습니다. 화자가 뭘 두고 온 것인지는 모르겠지만, 화자는 그 '빛나는 때'를 위해 소금을 뿌리며 '이 저녁'을 떠돌고 있다고 합니다. '우리'라는 표현을 통해 이렇게 떠도는 게 화자 혼자가 아니라는 것까지 알 수 있겠죠? '두고 온 것들'이 '빛나는 때'가 바로 화자가 기다리는 때일 것이라는 생각을 하면서 계속 읽어봅시다.

사방을 둘러보아도
등불 하나 켜 든 이 보이지 않고
등불 뒤에 속삭이며 밤을 지키는
발자국 소리 들리지 않는다

'우리'가 함께 떠돌고 있는 '이 저녁', 사방을 둘러보아도 등불 하나 켜 든 이 보이지 않습니다. 등불을 킨 사람이 없으니, 그 뒤에서 속삭이며 밤을 지키는 발자국 소리도 하나 들리지 않겠죠. '이 저녁'은 어둡고 고요한 시간이네요.

> 잊혀진 목소리가 살아나는 때가 있다
> 잊혀진 한 목소리 잊혀진 다른 목소리의 끝을 찾아
> 목메이게 부르짖다 잦아드는 때가 있다
> 잦아드는 외마디 소리를 찾아 칼날 세우고
> 우리는 이 새벽길 숨가쁘게 넘고 있는가

그때, '잊혀진 목소리'가 살아나는 때가 있다고 합니다. 조용한 가운데 '잊혀진 목소리'는 '잊혀진 다른 목소리의 끝'을 찾아 목메이게 부르짖습니다. 하지만 고요한 '이 저녁'에는 아무도 대답을 하지 않고, 이에 잦아들고 있어요. 화자를 비롯한 '우리'는 이렇게 잦아드는 '외마디 소리'를 찾아 '새벽길'을 숨가쁘게 넘고 있습니다. '저녁'에서 '새벽'으로 시간이 조금씩 변화하고 있다는 게 느껴지시죠? 화자가 기다리는 '빛나는 때'가 얼마 남지 않은 것 같습니다.

> 하늘 올려보아도
> 함께 어둠 지새던 별 하나 눈뜨지 않는다
> 그래도 두고 온 것들은 빛나는가
> 빛을 뿜으면서 한 번은 되살아나는가
> 우리가 뿌린 소금들 반짝반짝 별빛이 되어
> 오던 길 환히 비춰 주고 있으니
>
>   -이시영, 「그리움」-

하늘을 올려보아도 여전히 '함께 어둠 지새던 별 하나'도 눈뜨지 않는 어둡고 고요한 새벽입니다. 하지만 화자는 '두고 온 것들', 즉 '소금들'이 빛날 것이라고 생각하고 있어요. 이렇게 '소금들'이 별빛처럼 빛나는 때가 오면, 어둡기만 하던 이 길을 밝게 비춰 줄 것입니다. 화자는 이렇게 '두고 온 것들', 우리가 무심코 잊고 지내던 것들이 '빛나는 때'를 기다리고 있습니다.

(나)
> 감나무 잎새를 흔드는 게
> 어찌 바람뿐이랴.
> 감나무 잎새를 반짝이는 게
> 어찌 햇살뿐이랴.
> 아까는 오색딱다구리가
> 따다다닥 찍고 가더니
> 봐 봐, 시방은 청설모가
> 쪼르르 타고 내려오네.

'감나무'를 바라보고 있는 화자입니다. '감나무'의 잎새를 건드리는 건 '바람', '햇살', '오색딱다구리', '청설모' 등 여러 존재가 있다는 이야기를 하고 있어요. 모든 시는 결국 인간의 이야기라고 했습니다. 화자는 '감나무'로부터 인간의 이야기를 하고 싶은 거예요. 즉, '감나무'를 흔들리고 반짝이게 하는 여러 요소가 있듯이 인간도 그러하다는 말을 하고 싶은 것이죠. 이를 통해 무슨 말을 하고 싶은 걸까요?

> 사랑이 끝났기로서니
> 그리움마저 사라지랴,
> 그 그리움 날로 자라면
> 주먹송이처럼 커 갈 땡감들.

앞에서 했던 생각을 바탕으로 '사랑'을 읽어낼 수 있어야 합니다. 뜬금없이 '사랑' 이야기를 하는 게 아니라, '감나무'가 흔들리고 빛나는 걸 '사랑'이 끝나가는 과정으로 비유를 한 것으로 읽을 수 있어야 한다는 것이죠. 화자는 '사랑'이 끝난 상황인데, 그렇다고 해서 '그리움'마저 사라지겠냐는 이야기를 합니다. '그리움'이라는 화자의 내면세계가 드러나는데, 이 '그리움'은 '감'이 커가는 것처럼 날로 자라고 있습니다.

> 때론 머리 위로 흰 구름 이고
> 때론 온종일 장대비 맞아 보게.
> 이별까지 나눈 마당에
> 기다림은 웬 것이랴만,
> 감나무 그늘에 평상을 놓고
> 그래 그래, 밤이면 잠 뒤척여
> 산이 우는 소리도 들어 보고
> 새벽이면 퍼뜩 깨어나
> 계곡 물소리도 들어 보게.

이런 상황에서, 화사는 때로 머리 위에 '흰 구름'을 이고 온종일 '장대비'를 맞아 보자는 이야기를 합니다. 이별까지 나눈 마당에 '기다림'은 웬 것이냐고 이야기를 하는 것을 보니, '구름'과 '장대비'를 만나면서 다시 기다려보겠다는 의지를 드러내고 있는 것 같아요. '감나무 그늘'에 평상을 놓고 이런저런 소리도 들어 보며 기다리겠다는 것이죠. 맥락상 떠나간 사랑의 상대를 기다린다는 것 같은데, 이렇게 '감나무' 아래에서 시간을 보내며 기다리고 있는 화자의 모습을 상상해주시면 훌륭합니다.

> 그 기다림 날로 익으니
> 서러움까지 익어선
> 저 짙푸른 감들, 마침내
> 형형 등불을 밝힐 것이라면
> 세상은 어찌 환하지 않으랴.
> 하늘은 어찌 부시지 않으랴.
>
> —고재종, 「감나무 그늘 아래」—

화자는 자신의 '기다림'이 날로 익을 것이라고 생각하고 있어요. 그러면서 '서러움'까지 익어 간다는 것이죠. 단순히 하염없이 기다리기만 하는 게 아니라, '기다림'과 '서러움'이 익을 때까지 성숙의 시간을 보내겠다는 의미로 이해할 수 있겠죠. 그렇게 많은 시간이 지나면, 화자 위에 있는 '감나무'에는 '감들'이 짙푸르게 익어 갈 것입니다. 그 '감들'이 마치 '형형 등불'처럼 밝게 빛나는 때가 오면, 세상은 환할 것이고 하늘은 부실 것이라는 화자의 생각을 전하면서 마무리하고 있어요.

결국 화자는 '이별'에 좌절하지 않고 기다리면서 '성숙'의 시간을 보내고, 이게 결국 세상을 환하게 만드는 긍정적인 결과를 낳을 것이라는 말을 하고 싶었던 것입니다.

몰랐던 어휘 정리하기

| 핵심 **point** |

① **허용 가능성 평가** : 선지의 내용을 '허용'하려는 태도를 바탕으로 지문을 '독해'하며 '근거'를 찾아야 합니다. 허용할 수 있는 '근거'가 있어야만 허용할 수 있습니다. 주관적인 생각을 개입시키면 안 됩니다.

② **현대시 독해** : 〈보기〉의 도움 등을 통해 '주제' 위주로, 그리고 일상 언어의 감각으로 읽어내면 됩니다. 현대시도 읽을 수 있는 하나의 글입니다.

③ **수필 독해** : 운문문학과 마찬가지로, 글쓴이가 하고자 하는 말인 '주제'를 파악하는 것이 핵심입니다. 수필이 어렵게 출제될 것을 대비해, 독서 지문을 읽듯이 꼼꼼하게 읽으며 주제를 파악하는 연습을 해야 해요.

| 지문 내용 총정리 |

〈보기〉에서 주제를 굉장히 친절하게 제시했고, 선지에서 요구한 독해의 수준도 그리 높지 않았다는 점에서 어렵지 않게 넘어갈 수 있는 지문이었습니다. 특히 문제들이 대부분 '주제'라는 핵심적인 부분을 건드리는 방식으로 출제되었다는 점에 주목해야 해요. 결국 평가원이 묻고자 하는 것은 명확합니다.

〈보기〉 확인

[보기]

윗글에서 서술자는 <u>부정적 인물인 허명두에게 초점화하여 그의 내면을 서술</u>하였다. 이를 통해 허명두가 자신의 생각이나 경험을 일반화하거나, 주어진 상황을 주관화하거나, 상대의 생각을 헤아리는 모습을 보여 준다. 이는 인물의 생각을 타당한 것처럼 보이게 하지만 한편으로는 상황을 자신에게 유리하게 해석하는 인물의 태도를 드러내어, 서술의 이면에 그 <u>부정성에 대한 서술자의 비판</u>이 함께 있음을 보여 준다.

최근 자주 등장하는 '특정 인물에게 초점화' 개념이 사용되고 있습니다. '허명두'라는 부정적 인물의 내면세계를 중심으로 서술될 것이지만, 서술자는 '허명두'가 가지고 있는 부정성에 대한 비판을 드러내려고 한다는 것을 생각하면서 읽어보도록 합시다.

지문 독해

"8·15 이후의 비극은…… 주민들이, 그러니까 국민들이 중요하지 않은 것처럼 되는 가운데에 그 마을과 동네가 이루어지고 역사가 이루어져 왔다는 바로 그 점에 있는 것 아니겠습니까? 그게 앞으로도 그럴까요? 적어도 이 <u>독가촌</u>에서만은 그렇게 되지 않을 겁니다."
이 세상에서 서로 말이 통하지 않는 두 종류의 인간군들이 사는가 보았다.
"역사에 관해서 말씀을 하시니, 나는 무식하고 먹고살기에 바빠서. 도무지 그런 얘기라는 것이…… 글쎄요."
허명두 씨는 하품을 하였다.

'8·15 이후'의 비극에 대해서 이야기하며 시작하고 있습니다. 이 말을 하는 사람은 국민들이 중요하지 않은 것처럼 되는 가운데에 역사가 흘러왔다며 아쉬움을 표하고 있습니다. 그러면서 '독가촌'에서는 앞으로 그럴 일이 없다는 말을 하고 있어요. 이 사람은 주민들의 삶을 신경써주는 마을을 만들고 싶은가 보네요.

그런데 이 말을 들은 '허명두 씨'는 하품을 하면서 잘 모르겠다는 이야기를 합니다. 서술자의 표현처럼, 서로 말이 통하지 않는 두 종류의 인간군들처럼 보이네요. 한 명은 진지하게 자신의 신념을 이야기하는데 다른 한 명은 하품을 하면서 딴청을 피우고 있으니까요.

"실례지만 선생께서는 8·15 직후에 무슨 청년당 일에……?"
온 씨의 어조가 진지한 것이 아니었다면 허명두 씨는 욕설을 퍼부어 네가 무슨 사찰 요원이냐고 따질 뻔하였다. 하지만 허명두 씨는 오랜만에 증오가 되살아나서 온 씨를 냉담하게 바라보며 입을 열었다.
"8·15 직후라? 그때 참 별의별 못난 것들이 제 세상 만났다고 착각하며 날뛰었지요."
"역시 그러셨구만."
"왜? 나를 본 적이라도?"
"많이 보았지요. 지금도 많이 보고 있고, 이봐요. 허 선생. 더 이상 서툰 짓은 하지 마시오. 당신이 무슨 짓을 꾸미고 있는지 다들 알고 있소. 그런데 이제 당신 같은 사람들이 날뛰던 시대는 서서히 지나가고 있는 거요. 우리의 피땀으로 이룩한 독가촌을 가지고 서툰 짓을 벌이려고 하다가는 당신이 온전치는 못할 거요."

[A]

"나한테 협박을 하는 것이라면…… 그런 협박은 하나도 무섭지 않으니 어디 한번 해볼 대로 해보라지."
허명두 씨는 증오를 억누르며 말했는데 온 씨도 거연히 일어났다.
"내가 한 말 명심하시오. 당신 같은 사람이 날뛰던 시대는 서서히 지나가고 있다는 것을."

'온 씨'는 갑자기 '허명두 씨'에게 무슨 청년단 일에 가담했냐고 묻습니다. 뜬금없이 정치 성향을 물어보고 있으니, '허명두 씨'가 욕설을 할 뻔했다는 것에는 어렵지 않게 공감할 수 있겠죠? 그럼에도 오랜만에 '증오'가 되살아난 '허명두 씨'는 '온 씨'를 냉담하게 바라보며 비아냥거립니다. 과거에도 이런 상황이 있었나 보네요.

이 말을 들은 '온 씨'는 '허명두 씨'가 역시 그 쪽일 줄 알았다며 경고를 날립니다. 이제는 '허명두 씨' 같은 사람들이 날뛰던 시대는 지났다고 하면서 말이죠. '허명두 씨'는 '증오'를 억누르면서 자신은 무서울 것 없다는 이야기를 하고, '온 씨'도 거연히(급하게) 자리에서 일어납니다. 마지막까지 경고를 날리는 것을 보니, '온 씨'는 '허명두 씨'와 같은 인물에게 굉장히 적대적인 것으로 보이네요. 도대체 무슨 상황일까요?

그러고 나서 온 씨는 가 버렸는데, 독가촌 일대에는 금방 그 소문이 돌 대로 돌았다. 온 씨가 만나는 사람에게마다 이야기를 퍼뜨렸기 때문이었다.

허명두 씨로서는 마지막 안간힘을 내어 그가 일으켜 보려는 이번 싸움이 과거 어느 때보다도 어렵다는 것은 알고 있었다. 그리고 온 씨의 말이 단순한 협박만은 아니라는 것도 알았다. 그러나 그렇기는 하지만 <u>명분이나 사리의 옳음이란 것이 싸움에 무슨 필요가 있단 말인가.</u>

그렇게 가버린 '온 씨'는 '허명두 씨'에 대한 이야기를 퍼뜨립니다. 도대체 '허명두 씨'가 뭘 잘못했길래 이렇게까지 싫어하는 걸까요? 그 와중에 '허명두 씨'는 '온 씨'가 준비하는 싸움이 어려울 것이고, '온 씨'의 말이 단순한 협박만이 아니라는 것도 안다고 합니다. 그러면서도 명분이나 사리의 옳음, 즉 '온 씨'가 강조하는 것으로 보이는 것들이 싸움에 무슨 필요가 있냐는 물음을 던지는 '허명두 씨'입니다. '온 씨'를 이해하는 것 같으면서도 자신의 입장을 굽힐 생각이 없는 모습이네요.

이러한 사단이 벌어지게 된 것은 다름이 아니었다. 아무도 거들떠보지 않던 심심산골, 불모의 황무지였던 이곳 독가촌 일대가 하루아침에 각광을 받는 지대로 둔갑이 되었기 때문에 생긴 일이었다. 특히 독가촌은 오늘의 달라진 인문지리의 환경으로 따져 보았을 적에 고속도로와 접속이 되게 될 교통 요충지가 되었을 뿐 아니라 관광지로서의 좋은 조건을 모두 구비하고 있다는 것이었다.

드디어 자세한 사정이 제시되고 있습니다. 아무도 관심없던 '독가촌'이 최근 고속도로와 접속이 되는 등 관광지로서 발전할 준비를 하고 있었던 것입니다. 아마 '온 씨'와 같은 인물들은 이를 반대하고, '허명두 씨'와 같은 사람들은 이를 적극적으로 추진하는 상황인가 봅니다. 각자의 입장이 이렇게 첨예하게 대립하고 있으니, 앞에서 본 것처럼 적대적인 관계가 나타났던 것이죠. 사정을 알고 나니 훨씬 쉽게 공감할 수 있겠네요.

[중략 부분 줄거리] 허명두는 온 씨와의 **언쟁 전**에 있었던, 외부 기업 측으로부터 독가촌의 주택 매입을 요청받은 일을 회상한다.

'허명두'는 '온 씨'와의 언쟁 전에 외부 기업 측으로부터 '독가촌'의 주택 매입을 요청받았던 모습입니다. 관광지로 개발되면 어마어마한 수익이 생길 것이니 '허명두'를 통해서 미리 주택들을 사 두려고 했던 것이겠죠? '허명두'는 이때의 일을 회상하고 있습니다.

행정 당국은 지목(地目) 변경은 해 두었지만 서류상으로는 그 모든 가옥들이 무허가 주택이나 다름없었으며, 따라서 집들의 매매는 권리금에 다름이 아니었다. 물론 불하를 내게 될 적에는 이미 지어진 집 임자에게 기득권을 부여하게 될 터이었다. 허명두 씨가 관청을 들락거리고 야금야금 집들을 사두게 된 것이 이 때문이었다.

사실 '독가촌'의 집들은 전부 무허가 주택이나 다름없었다고 합니다. 소유권이 없는 상태이니 집들의 매매는 사실상 권리금만 내면 되는 수준으로 저렴했던 상황이에요. 여기서 불하(공공의 땅을 개인에게 팔아넘기는 것)를 하게 되면 이미 지어진 집(무허가 주택) 임자에게 기득권(우선권 정도겠죠.)을 부여하게 될 것이니, '허명두'는 지금부터 야금야금 집들을 사두는 모습입니다. 무허가 주택이라는 것은 지금 '독가촌'의 땅이 대부분 국가 소유라는 것이고, 관광지로 개발될 때 이 땅을 불하할 것인데 그때 이미 지어진 집의 임자에게 우선권을 준다는 뜻입니다. '온 씨'에게는 소중한 터전인 '독가촌'이 '허명두' 입장에서는 아주 훌륭한 투자 수단이었던 것이죠. 이렇게 디테일하게까지는 이해하지 못해도, '허명두가 부동산 투자를 하고 있구나' 정도의 느낌은 들어야 합니다.

그러다가 그는 소문을 듣고 찾아온 온 씨와 만나 언쟁을 벌이게 되었던 것이지만, <u>온 씨가 무슨 이야기를 하고 싶어 하는지 모르는 바는 아니었다.</u> 전국 각처에서 찾아든 사람들이 이곳 독가촌에 정착하여 그럭저럭 안정을 얻을 만하게 된 이즈음 이곳이 외부의 자본에 의해 관광지로 돼 버린다면 도대체 이 사람들은 또 어느 곳으로 찾아들어 가 얼마만큼 방황을 해야 한다는 말인가? 그러니 두메산골이었던 곳을 피땀 흘려 오늘의 독가촌으로 개척해 온 이곳 사람들이 이 마을을 지켜야 한다는 것이 틀린 말일 수는 없는 것이었다. 더구나 농촌 부락으로서는 어느 정도 자립할 수 있는 터전도 굳혀 놓은 게 사실이었다. 온 씨의 주장은 옳은 것이었다. 허명두 씨의 입장에서도 그것은 부정할 수 없었다. 피땀 흘려 가꾼 땅이 도시의 온갖 잡것들이 논다니를 치는 관광지로 되려는 것을 어찌 귀농 개척자들이 가만 보고만 있을 것인가. 하지만 <u>그런 사리만을 가지고는 모자라는 것이 현실인 것이고, 그 모자라는 부분을 채워 놓고 있는 게 무엇이겠느냐를 따져 보면서 허명두 씨는 웃음을 짓</u>

는 것이었다. 대한청년단 시절의 일하며 화랑동지회의 체험들을 그가 요 근래 부쩍 회상해 보는 것도 그 때문이었다. 명분보다는 실리를 추구해 오는 측이 항상 이겨오고 있었던 게 아닌가. 온 씨가 찾아와서 자신에게 하였던 말을 그가 곰곰 생각해 보는 것도 그 때문이었다. '이제 당신 같은 사람들이 날뛰던 시대는 서서히 지나가고 있다'는 말을 그는 물론 실감으로 받아들이고는 있으되, 문제는 그것이 아직까지는 완전히 지나간 게 아니라는 데 있었다.

-박태순, 「독가춘 풍경」-

이제 보니 '허명두'가 이렇게 부동산 투자를 하며 '독가촌'을 관광지로 변모시켜려 한다는 소문을 들은 '온 씨'가 찾아왔던 것입니다. 그래서 그렇게 적대적인 모습을 보였던 것이네요. 그런데 '허명두'는 '온 씨'의 주장이 옳다고 생각하고 있습니다. 힘들게 자립할 수 있는 터전을 잡은 '독가촌' 사람들 입장에서 땅이 불하되고 개발되어 다시 쫓겨나 방황을 하는 것은 너무나 가혹하다는 것이죠.

'허명두'도 이를 부정하지는 않지만, 다시금 그런 사리만을 가지고는 모자라는 것이 현실이라는 냉철한 모습을 보이고 있습니다. 웃음을 짓는 것을 보면, 자신의 생각이 옳다는 확신에 가득찬 모습이라고 할 수 있겠죠? 정확히 어떤 일이 있었는지는 모르겠지만, '대한청년단' 시절의 일, '화랑동지회'에서의 체험 등을 회상하면서 명분보다는 실리를 추구해 오는 측이 이긴다는 자신의 생각을 강화하고 있습니다. 언젠가는 '온 씨'의 말처럼 자신과 같은 이들이 날뛰지 못하겠지만, 아직은 그렇지 않다는 '허명두'의 생각을 전하면서 마무리되고 있습니다.

〈보기〉에서 말하는 것처럼 철저하게 '허명두'의 입장에서 전개되지만 은근슬쩍 '허명두'의 부정적인 면모를 강조하고 있죠? 이런 느낌을 받았다면 훌륭하게 읽은 것이라고 할 수 있겠습니다.

선지	①	②	③	④	⑤
선택률	2%	4%	5%	7%	82%

27 [A]에 대한 이해로 적절하지 <u>않은</u> 것은? ⑤

– [A]는 '온 씨'와 '허명두'의 갈등이 첨예하게 드러나던 구간입니다. 내용을 잘 이해하고 인물들에게도 충분히 공감하고 있으니 가볍게 해결해보도록 합시다.

① 온 씨와 허명두는 서로에게 질문을 하며 상대의 반응을 살폈다.

선지 유형	근거가 있어서 허용 가능
실전에서의 판단 과정	그랬지.
해설	'온 씨'는 '허명두'에게 8 · 15 이후 무슨 청년당 일을 했냐고 물었고, '허명두'는 자신을 본 적이 있냐는 질문을 하면서 상대의 반응을 살피고 있습니다. 이들의 갈등이 본격적으로 시작되는 지점이었으니 충분히 기억할 수 있겠죠?

② 허명두는 온 씨의 발언에 불쾌해하며 과거에 자신이 느꼈던 감정을 떠올렸다.

선지 유형	근거가 있어서 허용 가능
실전에서의 판단 과정	증오가 되살아났지.
해설	8 · 15 이후 무슨 청년당 일을 했냐고 물어보는 '온 씨'의 발언에 '허명두'는 오랜만에 '증오'가 되살아납니다. 이렇게 과거에 자신이 느꼈던 '증오'라는 감정을 다시금 떠올리는 '허명두'의 입장에 공감했던 기억이 있죠? 가볍게 허용할 수 있겠습니다.

③ 온 씨는 허명두와 대화를 나누며 상대에 대한 자신의 짐작이 맞았다고 생각하였다.

선지 유형	근거가 있어서 허용 가능
실전에서의 판단 과정	역시 그러셨구만.
해설	'온 씨'는 '허명두'가 비아냥거리자 "역시 그러셨구만."이라는 표현을 쓰면서 상대에 대한 자신의 짐작이 맞았다는 생각을 드러냈습니다. 이런 말을 하는 '온 씨'의 표정 등을 상상하며 읽었다면 당연하게 허용할 수 있겠어요.

④ 온 씨는 상대의 행위를 평가하는 표현을 반복하며 허명두에게 꾸미고 있는 일을 그만두라고 경고하였다.

선지 유형	근거가 있어서 허용 가능
실전에서의 판단 과정	그랬지.
해설	'온 씨'는 '허명두'가 '무슨 짓'을 벌이며 날뛰는 행위를 반복적으로 비하하면서, 꾸미고 있는 일을 그만두라고 경고합니다. '허명두'는 이에 '증오'를 억누르며 자신은 무섭지 않으니 알아서 하라는 반응을 보였죠? 이런 일련의 감정들에 공감했다면 어렵지 않게 허용할 수 있었을 거예요.

⑤ 온 씨가 공격적인 태도를 보이자 허명두는 에둘러 말하여 상대의 관심을 다른 곳으로 돌릴 수 있었다.

선지 유형	근거가 있어서 허용 불가능
실전에서의 판단 과정	허명두는 피하지 않았지.
해설	'온 씨'가 공격적인 태도를 보이자, '허명두' 역시 공격적인 태도로 나가면서 정면으로 맞서는 모습을 보였습니다. 에둘러 말하며 상대의 관심을 다른 곳으로 돌리려고 한 것은 '온 씨'가 공격적인 태도를 보이기 전 예의 있게 물어볼 때였죠. 지문의 흐름에 맞춰 인물의 내면세계에 공감했다면 이런 생각을 하는 것이 크게 어렵지 않을 겁니다.

선지	①	②	③	④	⑤
선택률	5%	11%	6%	6%	72%

28 ⓐ와 ⓑ에 대한 이해로 가장 적절한 것은? ⑤

> 온 씨가 만나는 사람에게마다 ⓐ<u>이야기</u>를 퍼뜨렸기 때문이었다.

> 그러다가 그는 ⓑ<u>소문</u>을 듣고 찾아온 온 씨와 만나 언쟁을 벌이게 되었던 것이지만,

‒ ⓐ는 '온 씨'가 '허명두'의 진짜 모습을 알고서 뒷담화를 한 내용이고, ⓑ는 '허명두'가 '독가촌'의 집들을 사 모으고 있다는 내용의 소문입니다. ⓑ를 듣고 찾아온 '온 씨'가 '허명두'와 대화한 뒤 ⓐ를 퍼뜨린 흐름이죠? 이를 바탕으로 문제를 풀어봅시다.

① ⓐ가 형성된 과정은 ⓑ가 주변에 전해진 것과 무관하다.

선지 유형	근거가 있어서 허용 불가능
실전에서의 판단 과정	ⓑ가 전해져서 온 씨가 허명두를 찾아간 건데?
해설	ⓑ를 전해들은 '온 씨'가 '허명두'를 찾아가고, 이에 ⓐ가 만들어져 이를 '온 씨'가 퍼뜨린 것이었습니다. ⓐ와 ⓑ는 정말 큰 관련이 있어요.

② ⓐ가 처음 퍼진 시점은 ⓑ가 처음 퍼진 시점보다 앞선다.

선지 유형	근거가 있어서 허용 불가능
실전에서의 판단 과정	ⓑ가 먼저지.
해설	1번 선지와 같은 맥락에서 해결할 수 있죠? ⓑ를 듣고 찾아온 '온 씨'가 '허명두'와 대화를 나눈 이후에 만들어진 ⓐ를 퍼뜨린 거예요.

③ ⓐ는 ⓑ로 인한 인물 간의 갈등을 해결할 실마리를 제공하고 있다.

선지 유형	근거가 있어서 허용 불가능
실전에서의 판단 과정	갈등은 전혀 해결되지 않지.
해설	ⓐ는 오히려 '온 씨'와 '허명두' 사이의 갈등을 증폭시키는 역할을 했습니다. 애초에 둘 사이의 갈등이 해결될 기미가 보이지 않았으니 절대로 허용할 수 없겠죠?

④ ⓐ가 주변에 빠르게 확산된 것은 ⓑ가 거짓으로 판명되었기 때문이다.

선지 유형	근거가 있어서 허용 불가능
실전에서의 판단 과정	ⓑ는 진실인데?
해설	ⓑ는 진실이었습니다. 오히려 '독가촌' 주민들에게는 ⓑ와 ⓐ가 같은 맥락의 이야기이기에 ⓐ가 빠르게 확산된 것이라고 할 수 있겠죠? '허명두가 우리가 생각하던 그런 나쁜 사람이 맞았대.'라는 식으로 말이죠.

⑤ ⓐ에는 ⓐ를 처음 퍼뜨린 인물이 ⓑ와 관련하여 찾아가 만난 인물에게 확인한 내용이 반영되어 있다.

선지 유형	근거가 있어서 허용 가능
실전에서의 판단 과정	그렇지.

| 해설 | ⓐ와 ⓑ를 보면서 미리 했던 생각 그 자체네요. ⓐ에는 ⓐ를 처음 퍼뜨린 인물인 '온 씨'가 ⓑ와 관련하여 찾아가 만난 '허명두'로부터 확인한 내용이 반영되어 있습니다. |

선지	①	②	③	④	⑤
선택률	52%	25%	10%	8%	5%

29 '독가촌'에 대한 설명으로 가장 적절한 것은? ①

– '독가촌'은 원래 아무도 관심없는 불모지였지만, 고속도로와 접속이 되면서 관광지로 발돋움하려는 지역이었습니다. 이를 개발하려는 '허명두' 측과 농촌의 모습을 유지하려는 '온 씨' 측의 갈등이 첨예하게 드러났었죠?

① 고속도로가 연결될 것이 알려진 후 외부 사람들의 관심을 받게 된 곳이다.

선지 유형	근거가 있어서 허용 가능
실전에서의 판단 과정	그래서 싸운 거지.
해설	바로 정답이네요. 이러한 이유 때문에 '허명두'와 같은 사람들이 나서게 된 것이고, '온 씨'와 같은 사람들과의 갈등이 생긴 것이었죠.

② 허명두가 지목 변경으로 기득권을 부여받고서 집들을 사들이고 있는 곳이다.

선지 유형	근거가 있어서 허용 불가능
실전에서의 판단 과정	아직은 아니지.
해설	지목 변경은 되었지만 아직은 무허가 주택만 있던 곳이 '독가촌'이었습니다. '허명두'는 나중에 정부가 불하를 하게 되면 기득권을 부여받고자 지금 집을 사모으고 있던 것이었어요.

③ 마을 사람들이 농사를 지어 왔지만 여전히 경제적으로 자립하기 어려운 곳이다.

선지 유형	근거가 있어서 허용 불가능
실전에서의 판단 과정	자립할 터전을 마련했다니까.
해설	'허명두'의 말에 따르면, '독가촌'은 어느 정도 자립할 수 있는 터전도 굳혀 놓은 상태입니다. 그렇기에 '독가촌' 주민들은 더더욱 개발에 반대하는 것이었죠?

④ 온 씨가 마을 사람들과 함께 농업 중심의 기존 생활양식을 바꾸려 하는 곳이다.

선지 유형	근거가 있어서 허용 불가능
실전에서의 판단 과정	지금의 삶을 지키려는 것이지.
해설	'온 씨'는 농업 중심의 기존 생활양식을 지키려고 하고, '허명두'와 같은 사람들은 관광지로 바꿔보려고 하는 상황입니다. '온 씨'의 성격을 이해했다면 절대로 허용할 수 없는 선지죠?

⑤ 관광지로서의 좋은 조건을 갖추게 하려고 마을 사람들이 피땀 흘려 노력한 곳이다.

선지 유형	근거가 있어서 허용 불가능
실전에서의 판단 과정	마을 사람들은 관광지 되는 거 싫어한다니까?
해설	'실전에서의 판단 과정' 그대로 해설할 수 있겠네요. 마을 사람들은 관광지로서의 좋은 조건을 갖추게 된 현재의 상황에 저항하고 있습니다.

선지	①	②	③	④	⑤
선택률	4%	9%	71%	10%	6%

30 〈보기〉를 참고하여 ㉠~㉣을 이해한 내용으로 적절하지 않은 것은? [3점] ③

① ㉠: 인물과 상대를 '두 종류의 인간군'으로 일반화함으로써 상대와의 인식 차이가 좁힐 수 없는 것임을 드러내어, 상대와 소통이 어렵다는 인물의 생각이 타당한 것처럼 서술하였다.

㉠이 세상에서 서로 말이 통하지 않는 두 종류의 인간군들이 사는가 보았다.

선지 유형	근거가 있어서 허용 가능
실전에서의 판단 과정	그러네.
해설	인물의 상대를 '두 종류의 인간군'으로 일반화했고, 이를 통해 '온 씨'와 소통이 어렵다는 '허명두'의 생각이 타당한 것처럼 서술하고 있습니다. 〈보기〉의 내용을 입히면 어렵지 않게 허용할 수 있겠네요.

② ⓛ: 마을의 상황을 '싸움'으로 주관화함으로써 상대가 추구하는 '사리의 옳음'이 싸움에서 이기는 데에 유용하지 않음을 드러내어, 인물의 생각이 타당한 것처럼 서술하였다.

ⓛ그러나 그렇기는 하지만 명분이나 사리의 옳음이란 것이 싸움에 무슨 필요가 있단 말인가.

선지 유형	근거가 있어서 허용 가능
실전에서의 판단 과정	그러고 있네.
해설	선지 그 자체로 허용할 수 있겠죠? '온 씨'가 추구하는 '명분이나 사리의 옳음'이라는 것은 자신이 주관적으로 '싸움'이라고 생각하는 현 상황에 유용하지 않다는 것이 '허명두'의 생각입니다.

③ ⓒ: 상황 변화가 '안정'을 위협한다는 상대의 생각을 헤아림으로써 변화의 부정성을 인정하면서도 무엇이 변화의 원인인지는 달리 보아, 인물의 왜곡된 시선이 드러나도록 서술하였다.

ⓒ전국 각처에서 찾아든 사람들이 이곳 독가촌에 정착하여 그럭저럭 안정을 얻을 만하게 된 이즈음 이곳이 외부의 자본에 의해 관광지로 돼 버린다면 도대체 이 사람들은 또 어느 곳으로 찾아들어 가 얼마만큼 방황을 해야 한다는 말인가?

선지 유형	근거가 없어서 허용 불가능
실전에서의 판단 과정	변화의 원인을 달리 본 게 아니지.
해설	ⓒ은 '허명두'가 상황 변화가 '안정'을 위협한다는 '온 씨'의 생각을 헤아림으로써 변화의 부정성을 인정하는 부분입니다. 하지만 변화의 원인을 달리 본 것은 아니죠? '온 씨'도 '허명두'도 모두 '독가촌'이 관광지로 개발될 가능성이 생겼다는 점을 변화의 원인으로 볼 것입니다. 나아가, ⓒ은 철저하게 '허명두'가 '온 씨'의 마음을 헤아리는 부분입니다. 이를 '인물의 왜곡된 시선'이라는 표현을 쓰며 부정적으로 묘사하는 건 좀 너무하다는 생각이 들죠?

④ ⓔ: '실리'를 추구한 측이 언제나 우위를 차지했다며 과거의 경험을 일반화함으로써 현재 상황에서도 실리가 우선되어야 한다고 합리화하여, 인물의 생각이 타당한 것처럼 서술하였다.

ⓔ명분보다는 실리를 추구해 오는 측이 항상 이겨 오고 있었던 게 아닌가.

선지 유형	근거가 있어서 허용 가능
실전에서의 판단 과정	완전 합리화하고 있지.
해설	역시 선지 그 자체로 허용할 수 있겠습니다. '대한청년단', '화랑동지회' 시절의 과거 경험을 일반화하면서 명분보다는 실리를 추구하는 것이 맞다는 인물의 생각이 타당한 것처럼 서술하고 있죠.

⑤ ⓜ: '그것'이 지나가고 있음에도 '아직'은 유효하다고 주관화함으로써 현실의 변화를 인식하면서도 기존의 선택을 고수하여, 인물의 자기중심적 태도가 드러나도록 서술하였다.

ⓜ문제는 그것이 아직까지는 완전히 지나간 게 아니라는 데 있었다.

선지 유형	근거가 있어서 허용 가능
실전에서의 판단 과정	변화를 인식하면서 기존의 선택을 고수하고 있지.
해설	'온 씨'가 말한 것처럼 '허명두'와 같은 사람들이 날뛰던 시대가 서서히 지나가고 있음을 실감하긴 하지만, '허명두'는 기존의 선택을 고수하는 자기중심적 태도를 드러냅니다. 그런 시대가 오긴 하겠지만, 자기가 돈을 벌 수 있는 '아직'까지는 괜찮을 것 같다는 생각을 하는 것이니 이를 근거로 '자기중심적'이라는 말을 허용할 수 있는 거예요.

비어있는 상자

| 핵심 point |

① **허용 가능성 평가** : 선지의 내용을 '허용'하려는 태도를 바탕으로 지문을 '독해'하며 '근거'를 찾아야 합니다. 허용할 수 있는 '근거'가 있어야만 허용할 수 있습니다. 주관적인 생각을 개입시키면 안 됩니다.
② **소설 독해** : '심리와 행동의 근거'를 바탕으로 인물에게 '공감'하며 읽어야 합니다. 이 과정이 물흐르듯 이어지면 지문의 내용을 완벽하게 이해할 수 있어요.

| 지문 내용 총정리 |

내용도 어렵지 않고 공감하기 쉬운 내면세계 위주로 제시되어 있어 가볍게 해결할 수 있는 지문이었습니다. 여러분도 이렇게 느끼셨으면 좋겠어요.

〈보기〉 확인

> [보기]
>
> 이 시가들은 경험의 실상과 외적 대상을 다양한 모습으로 표현한다. (가)는 장면 속에서 묘사된 행위를 통해 정서나 의미를 드러내기도 하고, 화자를 대상화하며 해학의 대상으로 삼기도 한다. (나)와 (다)는 동일한 소재를 중심으로 시상을 전개하며, 구체적이고 생동감 있는 표현을 통해 대상이 그 자체로 부각되는 모습을 보여 준다. 하지만 (나)는 화자가 가지고 있는 정서를 대상과 행위에 담아내고, (다)는 대상으로부터 화자의 정서가 촉발되는 모습을 보여 준다.

이것저것 정보가 많은 것 같지만, 구체적으로 주제를 알려 주지는 않는다는 점에서 사실 쓸모없는 〈보기〉입니다. 자세한 건 문제를 풀면서 확인하도록 하고 일단 넘어가도록 합시다.

실전적 지문 독해

(가)
온성이 몇 리런고 우리 말이 지쳤구나
서성 밖에 잠깐 쉬어 말 얻어 먹이려니
홀연히 소주 장사 앞에 와 팔려 하니
그 술을 먹어 보자 촌인(村人)의 솜씨 아녀
분명 관가 술일네 그 곡절 모를쏘냐
이 사람이 술 즐김을 태수가 들었더라
미리 독에 빚어 예 와서 기다린 지
여러 날이 되었더라 수상히 오는 손을
나인 줄 짐작하고 짐짓 싸게 파는구나
자연히 이 소식을 바람결에 들으니
알은체 무엇 하리 담뱃대 둘을 주고
한 병을 기울이니 감홍로와 진배없네
유심터라 이 부사야 너 언제 날 알더냐
여기에서 종성 가기 오십 리가 된다 하니
바삐 가는 저문 길에 얼음 밑에 빠지고나
버선 행전 다 적시고 동태가 되었더라
이 몰골 이 거동을 남 뵈기 부끄럽다
만인 중에 출두하고 남여 위에 높게 앉아
억지로 발 드리운들 그 누가 저어하리

(중략)

여러 달 주리다가 혹시 혹시 출두하면
음식은 장하건만 하나나 살로 가랴
여러 날 칩떨다가 더운 방에 들어오면
가슴에 열이 나니 먹느니 냉수로다
뉘라서 어사 벼슬 좋다고 하던가
봉고파출* 쾌한 일가 형문 곤장 차마 하랴
못할 일 마지못하니 제 심정 글러지고
송사 진 이 원통하여 몹쓸 말 지어내니
모르는 이 어이 알리 그 말을 곧이듣네
고맙단 이 잠깐이오 원수는 대대로다
괴롭기는 저 혼자라 못할 것이 어사로다

－구강, 「북새곡」－

* 봉고파출 : 어사가 고을 원을 파면하고 관가의 창고를 잠금.

(중략) 이전에는 어딘가로 가는 길에 '서성 밖'이라는 공간에서 말과 함께 쉬며 술을 먹고 이런저런 생각을 하는 장면이, (중략) 이후에는 '어사'의 삶이 고달프다는 한탄을 하는 장면이 나타나고 있습니다. 이 정도로 큰 주제만 잡아놓고, 자세한 독해는 문제를 풀면서 해보도록 해요.

(나)
이 시름 저 시름 여러 가지 시름 방패연에 세세히 적어
정월 대보름에 서풍이 고이 불 제 하얀 실 한 얼레를 끝까지 풀어 띄울 제 큰 잔에 술을 부어 마지막 전송하자 둥게 둥게 둥둥 떠서 높고 높이 솟아올라 백룡의 굽이같이 굼틀뒤틀 뒤틀어져 구름 속에 들거고나 동해 바다 건너가서 외로이 섰는 나무에 걸렸다가
풍소소 우낙락할 제* 자연 소멸 하여라

－작자 미상, 사설시조－

* 풍소소(風蕭蕭) 우낙락(雨落落)할 제 : 바람 솔솔 불고 비가 후둑후둑 내릴 때에.

시름이 가득한 화자가 그 시름을 '방패연'에 적어 띄우는 모습입니다. '방패연'이 날아가는 모습을 묘사하면서 간단하게 마무리되고 있죠?

(다)
　　강원도 설화지를 제 크기로 연을 지어
　　대사(大絲) 황사(黃絲) 백사(白絲) 줄을 통 얼레에 살
이 없이 바람이 한창인 제 삼간 퇴김 사간 근두* 반공에
솟아올라 구름에 걸쳤으니 풍력도 있거니와 줄맥*이 없
이 그러하랴
　　먼 데 임 줄맥을 길게 대어 낚아 올까 하노라
-작자 미상, 사설시조-

* 삼간 퇴김 사간 근두 : 갖은 재주를 부려 연을 날리는 것을 말함.
* 줄맥(脈) : 줄의 힘.

이번에도 '강원도 설화지'를 가지고 연을 지은 모습입니다. '시름'
을 날려보내려는 목적으로 연을 날렸던 (나)의 화자와 달리, (다)
의 화자는 '임'을 낚아 오기 위한 목적으로 연을 날렸네요. 이런
내면세계를 파악하는 것 정도면 충분하겠죠?

선지	①	②	③	④	⑤
선택률	9%	52%	22%	13%	4%

31 (가), (나)에 대한 설명으로 가장 적절한 것은? ②

① (가)는 남의 말을 인용하여 목적지의 위험성을 드러내
고 있다.

선지 유형	근거가 없어서 허용 불가능
실전에서의 판단 과정	목적지가 뭐가 위험해?
해설	(가)에서 남의 말을 인용한 부분을 굳이 찾아보면 '여기에서 종성 가기 오십 리가 된다 하니' 부분이 되겠죠? 일단 이는 목적지의 위험성을 드러내는 것이 아닐 뿐더러, '목적지의 위험성'은 이 작품의 주제를 고려했을 때 도저히 나타나기 힘든 부분이니 이를 바탕으로 가볍게 지워낼 수 있겠습니다.

② (가)는 대구와 대조 표현을 함께 사용하여 화자의 괴
로운 처지를 드러내고 있다.

선지 유형	근거가 있어서 허용 가능
실전에서의 판단 과정	괴로운 처지는 주제 그 자체네. 대구와 대조도 (중략) 바로 뒤에 나오고.
해설	'화자의 괴로운 처지'는 어사의 삶이 힘들다며 한탄하던 (중략) 이후의 주제 그 자체입니다. 주제

와 직결되니 답일 가능성이 높다는 생각을 하면서
(중략) 이후를 확인하니, '여러 ~ 하다가 ~ 하면'
이라는 대구 표현과 '가슴에 열이 나니 먹느니 냉
수로다'와 같은 대조 표현을 찾아볼 수 있네요. 역
시 주제와 직결되는 선지는 답일 가능성이 높았습
니다.

③ (나)는 가상의 존재에 빗대는 표현을 사용하여 자연
현상의 변화를 드러내고 있다.

선지 유형	근거가 있어서 허용 불가능
실전에서의 판단 과정	방패연은 자연 현상이 아니지.
해설	(나)는 '백룡의 굽이'라는 가상의 존재에 빗대어 '방패연'의 움직임을 표현하고 있습니다. '방패연'은 자연 현상이 아니라는 명백한 근거가 있으니 절대로 허용할 수 없겠죠? (나)와 (다)처럼 짧은 지문들은 지문 전체를 읽어보면서 근거를 찾는 것도 좋습니다. 시간이 오래 걸리지 않으니까요.

④ (나)는 방위의 의미를 포함한 두 어휘를 사용하여 대
상이 서로 반대 방향으로 이동함을 드러내고 있다.

선지 유형	근거가 없어서 허용 불가능
실전에서의 판단 과정	대상은 하나인데?
해설	'서풍', '동해'와 같은 방위의 의미를 포함한 어휘를 찾아볼 수는 있지만, (나)에서 이동하는 것은 '방패연'밖에 없죠? 반대 방향으로 이동하는 여러 대상이 나타난 적이 없습니다.

⑤ (가)와 (나)는 모두, 색채를 나타내는 표현을 통해 배
경 속에서 대상의 움직임을 뚜렷하게 드러내고 있다.

선지 유형	근거가 없어서 허용 불가능
실전에서의 판단 과정	(가)는 딱히 색채어가 없는데?
해설	일단 (가)에서는 색채어를 찾아보기 어렵습니다. 나아가 '대상의 움직임'은 (가)의 주제와 크게 관련이 없으니, 이를 허용할 만한 근거를 찾기도 어렵겠네요. 한편, (나)에서는 '하얀 실', '백룡' 등 색채를 나타내는 표현을 통해 배경 속에서 '방패연'이라는 대상의 움직임을 뚜렷하게 드러내고 있습니다. 이 선지는 (나)의 내용을 잘 설명하는 내용일 뿐이었네요.

선지	①	②	③	④	⑤
선택률	3%	6%	9%	66%	16%

32 ㉠~㉤에 대한 이해로 적절하지 <u>않은</u> 것은? ④

① ㉠은 행로를 잠시 멈추게 된 이유가 되는 인식으로, 서성 밖까지 이르는 여정이 고단했음을 드러내고 있다.

> 온성이 몇 리런고 ㉠우리 말이 지쳤구나
> 서성 밖에 잠깐 쉬어 말 얻어 먹이려니

선지 유형	근거가 있어서 허용 가능
실전에서의 판단 과정	말이 지칠 정도로 고단했구나.
해설	화자는 '온성'으로 가는 길에 말이 지쳤다는 이유로 '서성 밖'에 잠깐 쉬기로 합니다. 말이 지칠 정도면 '서성 밖'까지 이르는 여정이 굉장히 고단했을 것이라고 할 수 있겠죠?

② ㉡은 술맛에 대한 평가로, 장사가 홀연히 등장했다는 인식과 함께 술의 출처를 판단하는 근거가 된다.

> 홀연히 소주 장사 앞에 와 팔려 하니
> 그 술을 먹어 보자 ㉡촌인(村人)의 솜씨 아녀
> 분명 관가 술일네 그 곡절 모를쏘냐
> 이 사람이 술 즐김을 태수가 들었더라

선지 유형	근거가 있어서 허용 가능
실전에서의 판단 과정	너무 맛있어서 술이 관가에서 왔다는 걸 알게 됐지.
해설	화자는 '홀연히' 나타난 '장사'가 파는 술을 먹고 '촌인의 솜씨'가 아니라 분명히 '관가 술'이라는 생각을 합니다. 참고로 과거에는 쌀을 빚어 술을 만들었기 때문에 쌀이 부족한 농촌에서 '촌인'들이 만든 술은 그리 맛이 없었다고 해요. 아무래도 많은 쌀을 쓸 수 없어 물을 많이 섞었을 테니까요. 이에 화자는 술이 맛있다는 것, '장사'가 '홀연히' 나타났다는 것을 근거로 이 술이 관가에서 '태수'가 미리 준비한 것임을 알게 된 것이죠. 고전시가에서 '술'과 관련된 내용들은 자주 출제되니 이런 정보들을 확실하게 알아두도록 합시다.

③ ㉢은 장사에게 화자가 어떻게 보였을지 추측한 진술로, 화자에게 물건을 싸게 판 이유를 추정하는 단서가 되고 있다.

> 미리 독에 빚어 예 와서 기다린 지
> 여러 날이 되었더라 ㉢<u>수상히 오는 손</u>을
> 나인 줄 짐작하고 짐짓 싸게 파는구나

선지 유형	근거가 있어서 허용 가능
실전에서의 판단 과정	그러네.
해설	화자는 '장사'가 자신을 '수상히 오는 손'으로 여겼을 것이라고 생각하며, 태수가 화자를 맞아 미리 준비한 술이기에 술을 싸게 판 것이라는 추정을 하고 있습니다. 이러한 독해의 결과를 그대로 선지화한 모습이죠?

④ ㉣은 이 부사에 대한 평가로, 좋은 술을 얻은 것은 그가 옛 인연이 있었던 화자를 알아보았기 때문이라는 생각을 바탕으로 한다.

> ㉣<u>유심터라 이 부사야 너 언제 날 알더냐</u>

선지 유형	근거가 있어서 허용 불가능
실전에서의 판단 과정	너 언제 날 알았냐는데?
해설	㉣은 '이 부사'를 긍정적으로 평가하는 표현입니다. 그러면서 '너 언제 날 알아서 이런 걸 준비했니?'라는 맥락의 이야기를 하고 있어요. 이걸 근거로 하면 화자는 '이 부사'와 인연이 없었다는 것을 알 수 있겠죠. 인연이 있었다면 '이 부사'는 화자가 술을 좋아하는 것을 알았을 것이고, 이를 미리 준비한 것에 대해 화자가 이렇게 놀라고 기특해하는 반응을 보이지는 않았을 것이니까요. 결국 또 '독해'의 결과를 근거로 하여 답을 찾아냈습니다.

⑤ ⓜ은 발을 내려 모습을 가리는 행위의 효과를 의심하는 표현으로, 위엄을 세우기 어렵겠다는 인식과 연결되고 있다.

> 바삐 가는 저문 길에 얼음 밑에 빠지고나
> 버선 행전 다 적시고 동태가 되었더라
> 이 몰골 이 거동을 남 뵈기 부끄럽다
> 만인 중에 출두하고 남여 위에 높게 앉아
> ⓜ억지로 발 드리운들 그 누가 저어하리

선지 유형	근거가 있어서 허용 가능
실전에서의 판단 과정	그 누가 저어하겠냐고 했네.
해설	화자는 가는 길에 '얼음 밑'에 빠져 버려 이에 바지와 신발이 다 젖은 상황입니다. 이런 모습을 '부끄럽다'고 표현했다는 점, 나아가 억지로 발을 가려 본들 누구도 저어하지(두려워하지) 않을 것이라고 말했다는 점을 근거로 하면 위엄을 세우기 어렵겠다는 인식을 충분히 허용할 수 있겠죠? '저어하다' 정도의 단어는 정말 자주 나오는 것이니 알아두셔야 해요!

선지	①	②	③	④	⑤
선택률	64%	9%	7%	14%	6%

33 ⓐ, ⓑ에 대한 이해로 가장 적절한 것은? ①

> ⓐ방패연 / ⓑ연

- (나)와 (다)의 공통적인 소재였던 '연'에 대해 묻는 문제입니다. ⓐ는 화자의 시름을 담아 날려 보내는 용도, ⓑ는 '먼 데' 있는 '임'을 낚아 오기 위한 용도였어요. 이런 생각을 바탕으로 답을 골라봅시다.

① ⓐ는 감긴 실을 끝까지 풀어서 멀리 떠나보내려는 대상이다.

선지 유형	근거가 있어서 허용 가능
실전에서의 판단 과정	멀리 떠나보내려는 거 맞지.
해설	ⓐ는 '하얀 실 한 얼레를 끝까지 풀어' 띄운 것으로, 화자의 시름을 담고 멀리 떠나보내려는 대상이었습니다. 역시 핵심적인 내용을 답으로 제시했네요.

② ⓐ는 비를 기원하여 바다 건너 자연물에 걸어 두려는 대상이다.

선지 유형	근거가 없어서 허용 불가능
실전에서의 판단 과정	갑자기 비를 왜 기원해.
해설	지금 기우제를 지내는 게 아닙니다. 주제와 너무나 무관한 선지네요.

③ ⓑ는 바람이 잦아들었을 때 하늘에 유유히 띄워 두는 대상이다.

선지 유형	근거가 있어서 허용 불가능
실전에서의 판단 과정	풍력을 타고 날아가야지.
해설	ⓑ는 '먼 데' 있는 '임'을 낚아 오기 위한 용도입니다. 지문에서 말하는 것처럼 '풍력'을 이용해서라도 멀리 날아가야겠죠?

④ ⓐ와 ⓑ는 모두, 임에게 보내려는 전언을 담고 있는 대상이다.

선지 유형	근거가 있어서 허용 불가능
실전에서의 판단 과정	ⓐ는 아닌데?
해설	ⓐ는 화자의 시름을 날려보내기 위한 용도이지, ⓑ처럼 '임'을 향해 날려보낸 것이 아니에요. 심지어 ⓑ도 그저 '임'을 낚아 오기 위한 것일 뿐, '임에게 보내려는 전언'을 담고 있는 것이 아닙니다.

⑤ ⓐ와 ⓑ는 모두, 집단의 의지를 실현하기 위해 날리는 대상이다.

선지 유형	근거가 있어서 허용 불가능
실전에서의 판단 과정	ⓑ는 아닌데?
해설	ⓐ는 '이 시름 저 시름 여러 가지 시름'이라는 표현을 근거로 했을 때 시름을 극복하고자 하는 '집단의 의지를 실현'하기 위한 것이라고 할 수 있겠습니다. 화자 혼자만의 시름이 아닌 집단의 시름을 모두 담고 있는 것이죠. 하지만 ⓑ는 그저 '먼 데' 있는 '임'을 낚아 오기 위한 것일 뿐, '집단의 의지'와는 무관한 것이었습니다. 주제만 잘 잡아도 간단하게 해결할 수 있어요.

선지	①	②	③	④	⑤
선택률	5%	13%	49%	22%	11%

34 〈보기〉를 참고하여 (가)~(다)를 감상한 내용으로 적절하지 <u>않은</u> 것은? [3점] ③

① (가)에서 얼음물에 빠져 '버선 행전' 다 적시는 대목은 경험을 실감 나게 보여 주면서 화자를 장면 속에서 대상화하여 '동태가 되었더라'라고 우스꽝스럽게 표현하는군.

> 바삐 가는 저문 길에 얼음 밑에 빠지고나
> <u>버선 행전</u> 다 적시고 <u>동태가 되었더라</u>

선지 유형	근거가 있어서 허용 가능
실전에서의 판단 과정	그러네.
해설	〈보기〉에서 말한 것처럼, (가)에서는 화자가 얼음 밑에 빠진 장면 속에서 화자를 '동태가 되었더라'라고 우스꽝스럽게 표현하며 해학의 대상으로 삼고 있습니다. 가볍게 허용할 수 있겠죠?

② (나)는 정월 보름날에 '큰 잔에 술을' 붓는 행위로 예를 갖추며 연을 '마지막 전송'하는 모습을 통해 평안함에 대한 화자의 바람을 담아내는군.

> 정월 대보름에 서풍이 고이 불 제 하얀 실 한 얼레를 끝까지 풀어 띄울 제 큰 잔에 술을 부어 마지막 전송하자

선지 유형	근거가 있어서 허용 가능
실전에서의 판단 과정	충분히 예를 갖추고 있고, 평안함에 대한 바람은 주제 그 자체지.
해설	큰 잔에 술을 붓고 전송하는 행위로 예를 갖추고 있고, 이런 행위를 통해 시름이 없어진 평안함에 대한 화자의 바람을 드러내고 있죠. 주제와 직결되는 내용이니 어렵지 않게 허용할 수 있겠습니다.

③ (다)에서 연이 '솟아올라 구름'에 걸치는 것을 보고 화자가 연줄의 힘을 빌려 '먼 데 임'에게 가려고 하는 것은 대상의 역동성이 화자의 욕망을 불러일으키는 모습을 보여 주는군.

> 대사(大絲) 황사(黃絲) 백사(白絲) 줄을 통 얼레에 살이 없이 바람이 한창인 제 삼간 퇴김 사간 근두* 반공에 솟아올라 구름에 걸쳤으니 풍력도 있거니와 줄맥*이 없이 그러하랴
> 먼 데 임 줄맥을 길게 대어 낚아 올까 하노라

* 삼간 퇴김 사간 근두 : 갖은 재주를 부려 연을 날리는 것을 말함.
* 줄맥(脈) : 줄의 힘.

선지 유형	근거가 있어서 허용 불가능
실전에서의 판단 과정	임을 낚아 오려고 하는 거라니까.
해설	작품을 '상상'하면서 잘 '독해'했는지를 묻는 선지입니다. (다)의 화자는 '연'이 구름에 걸칠 정도로 높이 떠오른 상태에서 '풍력'도 있고, '줄맥'이 없이 그러겠냐는 이야기를 합니다. 여기서 조금 헷갈릴 수도 있지만, 맥락상 '줄맥도 있는데 그러하다'로 읽을 수 있어야 합니다. 여기서의 '그러하다'는 '먼 데 임을 데려 오지 못한다'의 의미라고 할 수 있겠구요. 즉, '풍력도 있는 데다가 줄맥이 없는 것도 아니고 왜 임을 못 만나는 거야!'라는 의미로 독해할 수 있어야 한다는 것이죠. 이런 생각을 한 화자는 그 '줄맥'을 '먼 데 임'에게 길게 대어 낚아 올까 한다는 말을 합니다. 이 모습을 상상해보면, 연을 마치 낚싯대처럼 이용하여 '임'을 낚아 오는 모습을 떠올릴 수 있겠죠? 이러한 상상과 독해의 결과를 근거로 하면, 화자가 '먼 데 임'에게 가려고 한다는 것은 절대 허용할 수 없겠습니다. '먼 데 임'에게 가는 것은 '연'이지 화자가 아니었어요. 단순히 치사한 내용일치가 아니라, '상상'하고 '독해'한다는 기본적인 문학의 원칙을 지키고 있는지 묻는 문제였습니다. 물론, 연이 날아간다는 '대상의 역동성'이 '임'을 만나고 싶은 화자의 욕망이라는 정서를 불러일으킨다는 것은 〈보기〉의 내용을 바탕으로 허용할 수 있겠죠?

④ (가)에서 '가슴에 열'이 나서 '냉수'를 먹는 행위는 임무 수행에서 느낄 수 있는 고충을 드러내고, (나)에서 근심을 '세세히 적'는 행위는 문제 해소를 원하는 화자의 마음을 보여 주는군.

여러 날 칩떨다가 더운 방에 들어오면
<u>가슴에 열</u>이 나니 먹느니 <u>냉수</u>로다

이 시름 저 시름 여러 가지 시름 방패연에 <u>세세히 적</u>어

선지 유형	근거가 있어서 허용 가능
실전에서의 판단 과정	주제네.
해설	'가슴에 열'이 나서 '냉수'를 먹는 행위가 나오는 (가)의 (중략) 이후는 어사로서의 임무 수행에서 느낄 수 있는 고충을 드러내는 부분이었습니다. 이런 주제를 고려하면 당연하게 허용할 수 있는 선지죠? 나아가 근심(시름)을 '세세히 적'는 행위는 당연히 문제 해소를 원하는 (나)의 화자의 내면세계를 잘 보여 준다고 할 수 있겠구요.

⑤ (나)는 연이 '굼틀뒤틀 뒤틀어져' 올라가는 모습을 생동감 있게 묘사하여, (다)는 연의 재료를 '강원도 설화지'로 구체적으로 제시하고 '크기'까지 언급함으로써 대상 자체를 부각하는군.

백룡의 굽이같이 <u>굼틀뒤틀 뒤틀어져</u> 구름 속에 들거고나

<u>강원도 설화지</u>를 제 <u>크기</u>로 연을 지어

선지 유형	근거가 있어서 허용 가능
실전에서의 판단 과정	〈보기〉에서 말한 그대로네.
해설	〈보기〉에서는 (나)와 (다)가 구체적이고 생동감 있는 표현을 통해 대상을 그 자체로 부각한다고 했습니다. '굼틀뒤틀 뒤틀어져' 올라가는 모습은 충분히 생동감 있고, '강원도 설화지', '제 크기'와 같은 정보를 제시하는 것은 충분히 구체적인 표현이라고 할 수 있겠네요. 역시 〈보기〉에서 말한 것처럼 이는 '연'이라는 대상이 그 자체로 부각되는 효과를 낳겠죠?

몰랐던 어휘 정리하기

| 핵심 point |

① **허용 가능성 평가** : 선지의 내용을 '허용'하려는 태도를 바탕으로 지문을 '독해'하며 '근거'를 찾아야 합니다. 허용할 수 있는 '근거'가 있어야만 허용할 수 있습니다. 주관적인 생각을 개입시키면 안 됩니다.
② **고전시가 독해** : 겁먹지 않고, 현대시를 읽듯이 읽어내면 됩니다. 현대시와 마찬가지로, 〈보기〉의 도움 등을 통해 '주제' 위주로 가볍게 읽어내면 되는 거예요. 자세한 해석은 선지가 해줄 겁니다!

| 지문 내용 총정리 |

화자의 내면세계 위주로 파악하며 읽었다면 주제를 찾기도 어렵지 않았고, 선지에서 요구하는 독해의 수준이 지나치게 높은 것도 아니었기에 어렵지 않게 해결할 수 있는 지문이었을 것이라고 믿습니다. 중간중간 고전시가에서 자주 등장하는 표현이 사용되었으니, 이 지문이 어려웠다면 고전시가에 대한 경험을 더 많이 쌓아보도록 합시다.

빠른 정답 (문학편 2권)

Day 23~Day 25

고전시가의 세계관은 단순하다.

[1~5] 2020.06 [32~36]

01	02	03	04	05
①	④	⑤	④	③

[6~10] 2019.09 [16~20]

06	07	08	09	10
①	②	⑤	③	③

[11~15] 2020.09 [16~20]

11	12	13	14	15
⑤	④	②	③	⑤

[16~18] 2022.09 [32~34]

16	17	18
④	②	②

[19~21] 2019.06 [32~34]

19	20	21
④	⑤	②

[22~24] 2015.06B [43~45]

22	23	24
③	④	③

[25~29] 2023.11 [22~26]

25	26	27	28	29
①	⑤	③	③	④

[30~33] 2015.11B [31~34]

30	31	32	33
④	⑤	④	②

Day 26~Day 28

고전소설은 고통받는 이들에 대한 위로이다.

[1~5] 2022예시 [11~15]

1	2	3	4	5
⑤	③	①	⑤	④

[6~9] 2023.09 [18~21]

6	7	8	9
④	②	③	④

[10~13] 2024.11 [18~21]

10	11	12	13
②	①	③	⑤

[14~17] 2025.11 [18~21]

14	15	16	17
②	④	①	④

[18~21] 2022.11 [28~31]

18	19	20	21
②	①	③	⑤

[22~24] 2017.06 [43~45]

22	23	24
②	⑤	②

[25~28] 2022.06 [28~31]

25	26	27	28
①	③	①	③

[29~34] 2017.09 [40~45]

29	30	31	32	33	34
⑤	⑤	①	①	④	①

Day 29~Day 30
현대소설은 암울한 현대사를 반영한다.

[1~3] 2016.09B [39~41]		
1	**2**	**3**
②	①	①

[4~7] 2019.09 [42~45]			
4	**5**	**6**	**7**
②	④	⑤	①

[8~11] 2021.09 [16~19]			
8	**9**	**10**	**11**
⑤	②	③	④

[12~15] 2016.09A [39~42]			
12	**13**	**14**	**15**
④	①	①	⑤

[16~21] 2019.11 [21~26]					
16	**17**	**18**	**19**	**20**	**21**
⑤	①	④	②	⑤	⑤

Day 31~Day 34
현대시는 이렇게 만들어진다.

[1~3] 2019.11 [33~35]		
1	**2**	**3**
①	④	③

[4~5] 2017.09 [19~20]	
4	**5**
④	③

[6~9] 2013.09 [27~30]			
6	**7**	**8**	**9**
③	⑤	②	④

[10~12] 2020.06 [43~45]		
10	**11**	**12**
⑤	①	④

[13~17] 2026.09 [22~26]				
13	**14**	**15**	**16**	**17**
④	③	⑤	③	④

[18~23] 2025.09 [22~27]					
18	**19**	**20**	**21**	**22**	**23**
③	①	④	④	⑤	③

[24~26] 2018.11 [20~22]		
24	**25**	**26**
③	④	⑤

[27~32] 2017.11 [27~32]					
27	**28**	**29**	**30**	**31**	**32**
②	②	①	②	④	③

Day 35~Day 38
실전 문제풀이

[1~4] 2026.06 [27~30]			
1	**2**	**3**	**4**
①	①	③	②

[5~9] 2024.06 [22~26]				
5	**6**	**7**	**8**	**9**
⑤	④	①	③	③

[10~13] 2025.06 [27~30]			
10	**11**	**12**	**13**
②	③	④	③

[14~16] 2022.06 [32~34]		
14	**15**	**16**
④	⑤	②

[17~19] 2021.12 [31~33]		
17	**18**	**19**
④	②	⑤

[20~23] 2025.06 [31~34]			
20	**21**	**22**	**23**
⑤	④	③	③

[24~27] 2025.11 [28~31]			
24	25	26	27
④	③	⑤	④

[28~30] 2024.09 [32~34]		
28	29	30
②	④	①

[31~34] 2025.06 [18~21]			
31	32	33	34
④	③	③	④

[35~38] 2022예시 [22~25]			
35	36	37	38
②	⑤	④	④

[39~42] 2024.11 [28~31]			
39	40	41	42
①	④	①	②

[43~46] 2026.06 [31~34]			
43	44	45	46
③	⑤	⑤	④

[47~50] 2023.06 [18~21]			
47	48	49	50
④	③	④	⑤

[51~56] 2024.11 [22~27]					
51	52	53	54	55	56
②	①	③	③	②	⑤

[57~60] 2025.09 [28~31]			
57	58	59	60
④	③	⑤	②

[61~63] 2023.09 [32~34]		
61	62	63
④	③	②

Day 39~Day 40

2026학년도 수능

[18~21] 2026.11 [18~21]			
18	19	20	21
②	④	③	②

[22~26] 2026.11 [22~26]				
22	23	24	25	26
⑤	①	④	④	②

[27~30] 2026.11 [27~30]			
27	28	29	30
⑤	⑤	①	③

[31~34] 2026.11 [31~34]			
31	32	33	34
②	④	①	③